Denkmalpflege in der DDR – Rückblicke

Denkmalpflege in der DDR

Rückblicke

Beiträge zur Denkmalpflege in Berlin, Band 41

Herausgegeben vom Landesdenkmalamt Berlin

Titelbild: Das Schauspielhaus in Berlin, Aufnahme von 1990 (Landesdenkmalamt Berlin, Wolfgang Bittner)

Umschlagrückseite:
- Wernigerode, Oberlufter Gasse, Aufnahme von 1995 (Fotoarchiv LA f. Denkmalpflege u. Archäologie Sachsen-Anhalt)
- Frankfurt/Oder, Marienkirche, mittelalterliches Glasfenster um 1370, Aufnahme von 2002 (Peter Thieme und Florian Profitlich)
- Schloss Güstrow mit wiederhergestelltem Renaissance Garten, Aufnahme um 1990 (Fotoarchiv LA f. Kultur und Denkmalpflege Mecklenburg-Vorpommern)
- Berlin, Nicolai-Haus Brüderstr. 13, Projektzeichnung für die Wiederherstellung der Fassade, 1955 (Archiv Landesdenkmalamt Berlin)

Die Deutsche Bibliothek – CIP Einheitsaufnahme
Denkmalpflege in der DDR
Rückblicke
Beiträge zur Denkmalpflege in Berlin, Band 41

Herausgeber: Jörg Haspel, Hubert Staroste, Landesdenkmalamt Berlin

Konzeption und Betreuung: Ludwig Deiters, Peter Goralczyk, Ernst Wipprecht

Nicolai Verlag, Berlin
Erstauflage Berlin 2014

Koordination: Hubert Staroste

Redaktion: Cornelia Beitl, Hubert Staroste

nicolai *Der Hauptstadtverlag*

Herstellung: Virginia Illner
Printed in the EU

ISBN 978-3-89479-838-3

Inhalt

III. 2. Schlösser, Herrenhäuser, Burgen und andere Baudenkmale

III. 3. Kirchen

III. 4. Die Restaurierungswerkstätten und Restaurierungsateliers

VI. Anhang

Editorial

Jörg Haspel / Hubert Staroste

Vor mehr als zwanzig Jahren fiel in Europa der sogenannte Eiserne Vorhang zwischen Ost und West. Die Berliner Mauer öffnete sich, die Grenze zwischen der Bundesrepublik und der DDR folgte. Der sogenannte Ostblock und die politische Nachkriegsordnung in Europa formierten sich neu. Deutschland und Berlin feierten die wieder gewonnene Einheit. Der Protest gegen den schleichenden Verfall oder gar die geplante Zerstörung historischer Altstadtquartiere in der DDR und gegen den Niedergang eines hochkarätigen baukulturellen Erbes in Stadt und Land war eine wichtige Triebfeder des politischen Widerstands gegen den SED-Staat und seine Bau- und Denkmalpolitik.

Kollegen aus aller Welt beglückwünschten deutsche Konservatoren und Archäologen zu der von einer friedlichen Revolution eingeleiteten politischen Wende 1989/90 und freuten sich mit uns. Fast eine Generation nach dem Mauerfall und der Vereinigung gehören die beiden deutschen Nachkriegsstaaten der Vergangenheit an. Auch die Denkmalpflege in der alten Bundesrepublik Deutschland und der vormaligen Deutschen Demokratischen Republik ist Geschichte und damit zum Gegenstand der historischen Forschung und Dokumentation geworden. Ein Thema, zu dem Zeitzeugen befragt, um Aufklärung und Einschätzung von Sachverhalten, Hintergrundinformation und Schilderung ihrer Erlebnisse gebeten werden.

Es gab schon bald nach der Wiedervereinigung Berlins und der Vereinigung beider deutscher Staaten Initiativen, verantwortliche Akteure über die Denkmalpflege in der DDR selber berichten zu lassen. Hartwig Beseler gelang es, Hans Berger, Peter Goralczyk, Hans Nadler, Hans Schoder und andere für Beiträge in der Wissenschaftlichen Zeitschrift der Vereinigung der Landesdenkmalpfleger der Bundesrepublik Deutschland zu gewinnen.[1] Einige Jahre später lieferten Artikel von Denkmalpflegern und Planern aus den sogenannten Neuen Bundesländern einen ersten Überblick über die Entwicklung der städtebaulichen Denkmalpflege in einem Sammelband des Bundesbauministeriums, der Deutschen Stiftung Denkmalschutz und des Instituts für Regional- und Strukturplanung.[2] Beiträge zur Geschichte der Denkmalpflege in einzelnen östlichen Ländern folgten, darunter von Heinrich Magirius für Sachsen.[3] Im zweiten Jahrzehnt nach dem Mauerfall entstanden erste umfangreiche Darstellungen von jüngeren Hochschulabsolventen, die auch Zeitzeugen befragten, wie die veröffentlichte Dissertationsschrift von Sigrid Brandt für den sächsischen Raum vor dem Mauerbau[4] oder ein institutioneller Überblick von Roland Sommer für die letzten zwei Jahrzehnte vor dem Mauerfall.[5]

In Berlin kam der Prozess der Vereinigung und Neuorganisation der Denkmalkompetenzen mit der Verabschiedung eines neuen Denkmalschutzgesetzes 1995 vergleichsweise spät zum Abschluss. Auch für die komplexe und komplizierte Geschichte der Nachkriegsdenkmalpflege in der gespaltenen deutschen Hauptstadt war eine zusammenfassende Darstellung oder besser eine Sammlung von persönlichen Erinnerungen, Erfahrungen und Erlebnissen aus den Jahren 1945 bis 1989/90 von höchstem Interesse. Zumal die einzigartige politische Konstellation in der geteilten Stadt, die für den Kalten Krieg und die folgende Phase der Entspannungsversuche in der Deutschlandpolitik charakteristischen biographischen Brüche und organisatorische Fragmentierung der Denkmalverantwortung in beiden Stadthälften geradezu zeit- und berlintypische Züge angenommen zu haben scheint, zumindest wenn man die höchst heterogene Aktenüberlieferung der Vorgängereinrichtungen des für die Gesamtstadt und alle Denkmaldisziplinen neu gebildeten Landesdenkmalamtes zum Maßstab nimmt. Über vereinzelte Anläufe, Autoren aus Ost und West sozusagen im Rückblick für eine Gesamtdarstellung zu gewinnen, kam das Vorhaben freilich nicht hinaus.[6] Die für hauptamtlich aktive Denkmalpfleger und für viele aktiv gebliebene Konservatoren und Archäologen im Ruhestand dramatischen Veränderungen und Chancen der Nachwendejahre und ihre Herausforderungen verlangten andere Arbeitsschwerpunkte als die retrospektive Aufarbeitung der jüngsten Geschichte der eigenen Profession oder die autobiographischen Erinnerungsarbeiten.

Es war Sybille Schulz, die vor wenigen Jahren für das Berliner Landesdenkmalamt erneut die Initiative ergriff, Ostberliner Denkmalakteure um eine Dokumentation ihrer Erinnerungen zu bitten, nicht zuletzt um die im Landesdenkmalamt überlieferte Archiv- und Aktenlage zu ergänzen. Und es war dankenswerter Weise Ludwig Deiters, der Generalkonservator a. D. des Instituts für Denkmalpflege (IfD) der DDR, der der Bitte nachkam, seine Erlebnisse und Erfahrungen als Architekt und Konservator in der DDR niederzuschreiben und dem Landesdenkmalamt die Möglichkeit gab, über eine geeignete Form der Veröffentlichung nachzudenken. Den Entwurf seines aus der Erinnerung verfassten Überblicks über die Geschichte des Instituts für Denkmalpflege der DDR legte der 1987 in den Ruhestand getretene und im darauf folgenden Jahr mit dem Karl-Friedrich-Schinkel-Ring des Deutschen Nationalkomitees für Denkmalschutz ausgezeichnete Generalkonservator auch ehemaligen Mitarbeitern des Instituts und früheren Kollegen vor, von denen einige sich jährlich zu einem Gedankenaustausch mit gemeinsamer Exkursion zusammenfinden. Aus diesem »inner circle« von Alt-Konservatoren entstand auch die Idee, den vorliegenden Text des ehemaligen Behördenchefs mit Erinnerungen und Schilderungen aus der eigenen Arbeit in der Denkmalpflege zu ergänzen und zu vertiefen.

Mit dem Gewinn weiterer Kolleginnen und Kollegen hat Ernst Wipprecht – er war 40 Jahre bis 2003 im Dienst der Denkmalpflege und zuletzt stellvertretender Landeskonservator am Brandenburgischen Landesamt für Denkmalpflege und Archäologischen Landesmuseum (BLDAM) – dafür gesorgt, dass möglichst viele Arbeitsbereiche der Bau- und Kunstdenkmalpflege mit einem Beitrag vertreten sind. Nicht repräsentiert sind hingegen Aspekte der Bodendenkmalpflege, da dieser Bereich der Denkmalpflege während der DDR-Zeit nicht zum Institut für Denkmalpflege gehörte – wie überhaupt die eingegangenen Textbeiträge weniger systematisch und auf Vollständigkeit und Vergleichbarkeit hin angelegt sind, sondern eher lose als Erinnerungen nebeneinander stehen, persönliche Rückblicke auf die Zeitgeschichte der Denkmalpflege in Mittel- und Ostdeutschland bieten oder sich sogar als Beitrag zur Aufarbeitung der eigenen Berufsbiographie verstehen. Die Sammlung der Artikel gibt die persönliche Sicht der Autoren wieder, teilweise über die subjektive Erinnerung hinaus unterstützt durch die Hinzuziehung eigener Unterlagen und Materialien aus Privatbesitz, nur ausnahmsweise unter Inanspruchnahme von Quellen, die in Nachfolgebehörden des Instituts für Denkmalpflege der DDR oder anderen Denkmalinstitutionen überliefert sind, und weitgehend auch ohne Verwendung von Hintergrundmaterialien und ergänzenden Informationen aus staatlichen Archiven des Bundes und der Länder. Die Aufsatzsammlung ersetzt also keine quellenkritische historische Aufarbeitung der Entwicklung der deutsch-deutschen Nachkriegsdenkmalpflege oder auch der Geschichte der Denkmalpflege in der SBZ und DDR, liefert aber dazu einige wichtige Facetten, deren Auswertung auch künftig lohnen sollte.

Das Landesdenkmalamt Berlin dankt allen Autoren und Bildautoren für die Mitwirkung an diesem im Laufe der Bearbeitung immer aufwändiger geratenen Erinnerungs- und Dokumentationsprojekt und für die honorarfreie Überlassung der Rechte zur Veröffentlichung in der Reihe »Beiträge zur Denkmalpflege in Berlin«. Cornelia Beitl danken wir für das wie immer sorgfältige Textlektorat und die Erarbeitung der Register und Wolfgang Bittner für die Aufbereitung des Bildmaterials. Besonders danken wir Ludwig Deiters, Peter Goralczyk und Ernst Wipprecht für ihre Bereitschaft, möglichst viele ehemalige Kollegen um ihre Beiträge und Sicht auf die Berufstätigkeit zu bitten und als Koordinatoren für ein sich stetig vergrößerndes Autorenteam zu fungieren. Ohne ihr unermüdliches Engagement und ohne die ehrenamtliche Produktivität der beteiligten Alt-Konservatoren wären die vorliegenden Zeitzeugenberichte weder zustande noch als Publikation in die interessierte Öffentlichkeit gekommen.

Prof. Dr. Jörg Haspel
Landeskonservator und Direktor des Landesdenkmalamtes Berlin

Dr. Hubert Staroste
Fachbereichsleiter Inventarisation und Vermittlung des Landesdenkmalamtes Berlin

Anmerkungen

1 Deutsche Kunst und Denkmalpflege 49 (1991) 1. Darüber hinaus haben Mitarbeiter des IfD Statements zur Denkmalpflege in der DDR abgegeben, so Heinrich Magirius und Elisabeth Hütter in der Kunstchronik 1990, Heft 6 und Ernst Badstübner in der Tageszeitung Neue Zeit Nr. 65 und in UNESCO heute 7–9.

2 Bundesministerium für Raumordnung, Bauwesen und Städtebau (Hrsg.): Alte Städte Neue Chancen. Städtebaulicher Denkmalschutz. Mit Beispielen aus den östlichen Ländern der Bundesrepublik Deutschland. Deutsche Stiftung Denkmalschutz und Institut für Regionalentwicklung und Strukturplanung (IRS). Bonn 1996; vgl. Zander, Dieter: Städtebaulicher Denkmalschutz in Mecklenburg-Vorpommern 1945–1989. In: Juliane Kirschbaum (Red.): Verfallen und vergessen oder aufgehoben und geschützt? Architektur und Städtebau der DDR (Schriftenreihe des Deutschen Nationalkomitees für Denkmalschutz, Bd. 51). Bonn/Bühl 1995, S. 79–83.

3 Magirius, Heinrich: Die Geschichte der Denkmalpflege Sachsens 1945–1989, Hans Nadler zum 100. Geburtstag (Arbeitsheft 16 des Landesamtes für Denkmalpflege Sachsen), Dresden 2010.

4 Brandt, Sigrid: Geschichte der Denkmalpflege in der SBZ/DDR, dargestellt an Beispielen aus dem sächsischen Raum 1945–1961, Berlin 2003.

5 Sommer, Roland: Denkmalpflege in der DDR. Institutionen und Strukturierung im Zeitraum von 1970 bis 1990, Masterarbeit an der Europa-Universität Viadrina, Frankfurt (Oder) 2007; einen Vergleich mit der Bundesrepublik und dem bayerischen Raum bietet: Körner, Burkhard: Zwischen Bewahren und Gestalten. Denkmalpflege nach 1945, Diss. Univ. Bamberg 1999, Petersberg 2000.

6 Vgl. Schnedler, Hendrik: Zur Geschichte der Berliner Denkmalpflege, ihrer Institutionen und rechtlichen Grundlagen, in: Denkmalschutz und Denkmalpflege in Berlin, Jahrbuch 1994 (Beiträge zur Denkmalpflege in Berlin, H. 7). Berlin 1996, S. 9–13; zur Geschichte der Gartendenkmalpflege vgl. die historischen Beiträge von Klaus von Krosigk, Gabriele Schulz u. a. in: Gartenkunst Berlin – 20 Jahre Gartendenkmalpflege in der Metropole, hrsg. v. Landesdenkmalamt Berlin, Berlin 1999; zur Geschichte der Bodendenkmalpflege vgl. Kirsch, Eberhard: Die Arbeitsstelle für Bodendenkmalpflege am Märkischen Museum unter Heinz Seyer, in: Landesdenkmalamt Berlin in Verbindung mit dem Museum für Vor- und Frühgeschichte SMB-PK: Miscellanea Archaeologica II. Festschrift für Heinz Seyer, hrsg. v. Jörg Haspel und Wilfried Menghin (Beiträge zur Denkmalpflege in Berlin, Band 20), Petersberg 2004, S. 20–31 und Wagner, Karin: Bodendenkmalpflege in Berlin seit 1945, in: Landesdenkmalamt Berlin in Verbindung mit dem Museum für Vor- und Frühgeschichte SMB-PK: Miscellanea Archaeologica III. Berlin und Brandenburg – Geschichte der archäologischen Forschung, hrsg. v. Jörg Haspel und Wilfried Menghin (Beiträge zur Denkmalpflege in Berlin, Band 22), Petersberg 2006, S. 198–219.

Organisation und Praxis der Denkmalpflege in der DDR – Vorbemerkungen

Ludwig Deiters / Ernst Wipprecht

Angesichts der in Erinnerung gebliebenen Abrisse, beispielsweise der Ruinen der Stadtschlösser in Berlin und Potsdam und des allgemeinen Verfalls in den Altstädten war es nicht verwunderlich, wenn manch einer der DDR-Kollegen gefragt worden ist, ob die Denkmalpflege als gesellschaftliche Aufgabe in der DDR überhaupt anerkannt und geregelt war, ob Fachinstitutionen vorhanden waren, wie sie arbeiteten und was sie im Laufe der Jahrzehnte erreichen konnten. Deshalb dürfte es sinnvoll sein, den hier veröffentlichten Berichten eine kurze Information über Regelungen zur Denkmalpflege, insbesondere über die Arbeitsvoraussetzungen der Denkmalpfleger, und über die Entwicklung der denkmalpflegerischen Praxis in der DDR voranzustellen.

Verwaltung und Recht

Als nach dem Krieg die sowjetische Militäradministration in den fünf traditionellen Ländern und im Ostteil Berlins ihrer Besatzungszone den Aufbau deutscher Verwaltungsstrukturen zuließen, entstanden bei den Landesverwaltungen auch Landesdenkmalämter, zum Teil mit dem Personal und den überlieferten Aktenbeständen, teilweise sogar in Räumen der früheren Denkmalämter. Gleichzeitig baute die sowjetische Administration in ihrem Sektor von Berlin Zentralverwaltungen auf und dabei in der Zentralverwaltung für Volksbildung ein Referat für Museen und Denkmalpflege, das der Vorläufer einer künftigen Abteilung gleichen Namens im Ministerium für Kultur der DDR war.

Nach der Gründung der DDR und der 1952 erfolgten Aufteilung der Länder in 14 zentral geleitete Bezirke wurden die Landesämter für Denkmalpflege in Außenstellen eines dem Minister für Kultur unterstellten Instituts für Denkmalpflege umgewandelt. Die staatlichen Aufgaben der Denkmalpflege sollten fortan von den Mitarbeitern der Abteilungen für Kultur bei den Räten der Bezirke und den entsprechenden Institutionen bei den Räten der Städte und Landkreise wahrgenommen werden, allerdings fachlich beraten vom Institut für Denkmalpflege. Dieses selbst hatte also nunmehr den Charakter einer beratenden Facheinrichtung. Gleichwohl behielten die Außenstellenleiter des Instituts die Berufsbezeichnung Konservator, später Chefkonservator, als der Konservatorentitel für das gesamte Fachpersonal des Instituts angewandt wurde. Das Zurückdrängen der Fachleute in eine nur beratende Funktion spiegelt durchaus die noch lange Zeit vorherrschenden Schwierigkeiten für die Denkmalpflege in der DDR wider.

Tatsächlich haben die Konservatoren aber auch aus einer nachgeordneten Stellung heraus einen wesentlichen Einfluss auf den – trotz aller Restriktionen – sehr beachtlichen Umfang der Denkmalpflege in der DDR gehabt. Vor allem haben sie die Qualität der denkmalpflegerischen Maßnahmen geprägt. Und sie waren auch Träger der kollegialen Zusammenarbeit mit den Denkmalpflegern der Bundesrepublik Deutschland und der internationalen Fachschaft.

In den ersten zwei Jahrzehnten nach dem Krieg war es besonders schwer, die notwendigen Wiederherstellungs- und Erhaltungsarbeiten an den vielen zerstörten oder jahrzehntelang vernachlässigten Denkmalen zu erreichen. Angesichts der gewaltigen Kriegszerstörungen in Stadt und Land sowie des Umfangs von Wiederaufbauarbeiten, und des bald auch entstandenen Neubaubedarfs, reichten in der nun durchgesetzten Planwirtschaft weder die finanziellen Mittel noch die Kräfte aus, die für Baureparaturen und Denkmalpflege zur Verfügung gestellt wurden. Die Politik, insbesondere die Verantwortlichen für die Volkswirtschaftsplanung setzten Prioritäten, bei denen die Denkmalpflege zurückstand. Bei der Neubebauung zerstörter Stadtzentren entwickelten sich zudem von den 1950er Jahren an Aufbauplanungen – später auch Planungen zur sozialistischen Umgestaltung genannt – in die die dort befindlichen, oft ebenfalls stark beschädigten, Denkmale sehr willkürlich einbezogen, nicht selten aber abgerissen wurden. Vielfach vermochten damals verantwortliche Politiker in ihrer grundlegenden Ablehnung der politischen Vergangenheit den überdauernden Wert des Denkmalerbes nicht wahrzunehmen.

Die zuständigen Mitarbeiter der Kulturabteilungen bei den Räten der Bezirke und Kreise konnten die Anforderungen der Denkmalpflege nicht ausreichend vertreten, geschweige denn durchsetzen. Aus eigener Initiative, oft auch von den an den Denkmalen interessierten Bürgern zu Hilfe gerufen, mussten die Konservatoren des Instituts deshalb hartnäckig versuchen, die notwendigen denkmalpflegerischen Maßnahmen einzufordern. Sie mussten Zielstellungen erarbeiten, hatten auf die Notwendigkeit denkmalerhaltender Arbeiten aufmerksam zu machen, auch wenn sie dabei oft ihre Leistungsgrenzen überschritten. Wenn schließlich ein Konsens erreicht war, konnten die Konservatoren endlich mit ihrer eigentlichen Aufgabe, der fachlichen Vorbereitung und Anleitung der denkmalpflegerischen Maßnahmen, beginnen. Hierbei entwickelte sich nach und nach eine Besonderheit. Die Planung von Baumaßnahmen wurde in der DDR zunehmend den Planungsbüros der großen volkseigenen Baubetriebe übertragen, die für Neubauaufgaben oder Baureparatur zuständig waren. Für die freiberufliche Tätigkeit von Architekten wurden keine Neuzulassungen mehr vergeben. Infolgedessen standen für die besonderen Planungsaufgaben der Baudenkmalpflege immer weniger Architekten zur Verfügung. So waren insbesondere die Architekten unter den Konservatoren in zunehmendem Maße herausgefordert, die zeichnerischen Darstellungen der denkmalpflegerischen Aufgaben in skizzenhafter, oft auch in ausgearbeiteter Projektform vorzugeben. Das war einerseits eine zusätzliche Belastung, stärkte andererseits aber auch die Autorität der Denkmalpflege. Diese Arbeitsweise, die außerhalb vieler Vorschriften lag, von allen Beteiligten aber stillschweigend akzeptiert wurde, war außerordentlich lehrreich und trug nicht wenig zur Verbundenheit der für die praktische Denkmalpflege Verantwortlichen untereinander bei.

Denkmalschutz und Denkmalpflege – Fallbeispiele

In den Jahren unmittelbar nach 1945 mussten sich die Anstrengungen zunächst auf die Sicherung und Wiederherstellung von Mauerkronen und Dächern konzentrieren. Die Sorge um die Dächer stand auch weiterhin im Vordergrund. Hiervon und von den typischen politischen und materiellen Schwierigkeiten dieser Zeit zeugt der Bericht von Ernst Wipprecht über die Instandsetzungen in Neuhardenberg (Marxwalde).

In der frühen Nachkriegszeit begannen aber auch Instandsetzungsarbeiten, die mit umfangreichen Konservierungs- und Präsentationsmaßnahmen verbunden waren und sich meist über Jahrzehnte hinzogen, wie Gotthard Voß über die Sicherungs- und Restaurierungsarbeiten am Kloster Hamersleben oder Peter Goralczyk am Haus Brüderstraße 13, dem sogenannten Nicolai-Haus, in Berlin berichten.

In den 1960er Jahren musste noch immer gegen eine radikale Denkmalfeindlichkeit gekämpft werden, wie der Bericht von Gerhard Glaser über den Abriss der Sophienkirchenruine in Dresden zeigt. Andererseits wurden umfassende Restaurierungsleistungen möglich, wie Dieter Zander am Beispiel des Schlosses in Güstrow darstellen kann. Solche Arbeiten fanden vor allem dann offizielle Unterstützung, wenn sie mit einem sogenannten gesellschaftlichen Ereignis, zum Beispiel einem großen öffentlichen Fest oder mit Jubiläen verbunden waren, wie Gotthard Voß schreibt.

Im Zusammenhang mit den Versuchen des Staates, ein spezielles Heimatbewusstsein in der DDR zu entwickeln, wurde in den frühen 1970er Jahren den kulturellen Traditionen und Besonderheiten der Region und damit auch den Denkmalen mehr Aufmerksamkeit zugewandt. Sie sollten im Heimatbild und im gesellschaftlichen Leben eine größere Rolle spielen. Damit hatten langjährige Bemühungen der Denkmalpfleger um umfangreiche Wiederherstellungsmaßnahmen nunmehr Aussicht auf Erfolg. Das zeigt zum Beispiel der Bericht von Hans Burmeister über die Wiederherstellungsarbeiten an der Marienkirche in Prenzlau oder der Beitrag von Peter Goralczyk über den Wiederaufbau der Großbauten auf dem Gendarmenmarkt in Berlin.

Die neue Aufmerksamkeit der Politik für die Instandsetzung und bessere Erschließung der Denkmale förderte die Tendenz zur wirkungsvollen Erhaltung und Wiederherstellung der Denkmale, die sich schon früher entwickelt hatte, nicht zuletzt, um weitere Verbündete zu gewinnen. Diese Entwicklung wurde bereits bei der Restaurierung der Abtei des Klosters Zinna erkennbar, wie Ludwig Deiters feststellt.

Aber selbst in diesem Entwicklungsabschnitt besaß die Denkmalpflege in der zentralen politischen Führung noch mächtige Widersacher, und die örtlich Verantwortlichen konnten nur mit vorsichtigen Schritten denkmalpflegerische Maßnahmen fördern. Hartnäckigkeit war weiter von Seiten der Konservatoren notwendig, wie Ernst Wipprecht am Beispiel der Wiederherstellung der Marienkirche in Frankfurt an der Oder darstellt und daraus die verständliche Forderung nach Kontinuität der Wiederaufbauziele bis in die Gegenwart ableitet.

Stets musste um die Erkenntnis des Wertes und der Bedeutung der Denkmale gerungen werden, prinzipiell und für jedes Objekt. Was die dafür notwendige Definition des Denkmalbegriffs anbetrifft, so waren die gesetzlichen Bestimmungen von 1952 an in der erforderlichen Klarheit und Breite abgefasst. Sie betonten die künstlerische und geschichtliche Bedeutung der Denkmale und umfassten bereits neben den klassischen Bau- und Kunstdenkmalen solche der politischen Geschichte und der Technikgeschichte sowie des Städtebaus und der Landschaftsgestaltung.

Die wissenschaftliche Erfassung des Bestandes war Aufgabe des Instituts für Denkmalpflege, der Vollzug einer Denkmalerklärung stand jedoch den Räten der Stadt und Landkreise zu, in Berlin dem Magistrat und den Stadtbezirksverwaltungen, und war mit der Eintragung in Denkmallisten und Mitteilung an die Eigentümer verbunden. Später wurde auch eine Kennzeichnung der Denkmale verlangt, die allerdings flächendeckend nie erreicht wurde. Großer Widerstand gegen die Erfassung des Denkmalbestands nach wissenschaftlichen Maßstäben kam stets von den örtlich für die Wirtschaftsplanung und die Bauwirtschaft zuständigen Verantwortlichen. Sie verlangten, in bestimmten Regionen die Anzahl der Denkmale zu begrenzen. Dieser Tendenz folgten auch die Beschlüsse, die Denkmale zu klassifizieren und Schwerpunktlisten für die Einflussnahme des Ministeriums für Kultur bzw. für die Räte der

Bezirke und Kreise zu konstituieren (Zentrale Denkmalliste, vgl. *Liste der Denkmale von besonderer nationaler und internationaler Bedeutung – Zentrale Denkmalliste – vom 25. 9. 1979, in: Gesetzblatt der DDR, Sonderdruck Nr. 1017, 5. Oktober 1979* sowie die Bezirks- und Kreislisten, in Berlin die Listen des Magistrats von Ostberlin und der elf Stadtbezirke), was schon damals als nachteilig angesehen wurde und den Konservatoren zusätzliche Belastungen abverlangte. Über die Kriterien und Ergebnisse der Denkmalinventarisation in der DDR schreibt Ernst Badstübner in seinem Beitrag.

In den späten 1970er und in den 1980er Jahren brachten der internationale Entspannungsprozess und der Versuch der DDR-Führung, sich in eine geschichtliche Kontinuität einzuordnen, für die Denkmalpflege noch einmal einen gewissen Aufschwung mit sich. Auf einer Regionalkonferenz 1977 und der Generalkonferenz des ICOMOS 1984 in Rostock und Dresden wurden die von der UNESCO gestellten Themen „Jugend und Denkmalpflege" sowie „Denkmale und kulturelle Identität" behandelt, was unter anderem denkmalpflegerische Maßnahmen an zahlreichen Denkmalobjekten bewirkte, die an den Exkursionsrouten der Konferenzen lagen.

Die Vorbereitungen der Feiern zur 750. Wiederkehr der Erstbeurkundung von Berlin 1987 ermöglichten einige große Instandsetzungsarbeiten in Ostberlin, insbesondere an der Berliner Nikolaikirche. Altstädte, Straßen- und Platzräume wurden jetzt auch anderenorts komplex aufgewertet. Angesichts der enttäuschenden Produktivitätsentwicklung, besonders in der Bauwirtschaft, und der rasch zunehmenden Handlungsunfähigkeit der politischen Führung konnten aber solche Einzelerfolge in Wirklichkeit kaum noch Breitenwirkung entfalten. So blieb auch auf dem Gebiet der Denkmalpflege vieles ungetan, was längst dringend erforderlich war und erst nach der Wiedervereinigung zustande kam. An den Denkmalen jedoch, an denen dennoch gearbeitet werden konnte, wurde von allen Beteiligten mit Enthusiasmus und Zähigkeit um ein hohes fachliches Niveau der denkmalpflegerischen Maßnahmen bis zuletzt gerungen.

Der Blick zurück

Auf allen Feldern der Auseinandersetzung um die Denkmalpflege agierte das Institut für Denkmalpflege der DDR (IfD) mit seinen Konservatoren trotz seiner nach und nach besseren Verankerung bis zuletzt tatsächlich allein aufgrund der rechtlichen Stellung als eine beratende Facheinrichtung. Da aber das IfD dem Minister für Kultur direkt unterstellt war, sahen sich die Konservatoren berechtigt, gewissermaßen im Namen und im Auftrag des Ministers als dem obersten Denkmalpfleger des Staates aufzutreten. Und tatsächlich haben die Persönlichkeiten, die das Amt des Ministers versahen, den Denkmalpflegern immer wieder auch den notwendigen Rückhalt gegeben und selbst in hochangebundenen Streitfällen nie ein Entscheidung getroffen, ohne die Leitung der nachgeordneten Fachinstitution in die Vorbereitung einzubeziehen.

Der Einfluss des Denkmalinstituts der DDR beruhte insbesondere auf der gemeinsamen Kompetenz und der Verbundenheit seiner Mitarbeiter in der praktischen Arbeit, der steten Wachsamkeit und Streitbarkeit, letzten Endes auch auf der Überzeugungskraft und Konsensfähigkeit. Von all den Schwierigkeiten und auch den Möglichkeiten, die wir in der Praxis hatten, zeugen die folgenden Beiträge. Sie sind eine Sammlung zu sehr unterschiedlichen Themen aus der denkmalpflegerischen Arbeit, die von den Autoren unabhängig voneinander erarbeitet worden sind. Einige, wie es beispielsweise Horst Ende in seiner Arbeit über die Anfänge der Denkmalpflege in Mecklenburg-Vorpommern tat, haben spezifische Aktenbestände des dortigen Landesdenkmalamtes ausgewertet. Für andere waren die eigenen Erinnerungen der eigentliche Leitfaden ihrer Gedanken über das damals Erlebte.

Naturgemäß sind die Beiträge unterschiedlich entsprechend dem Temperament der Verfasser und der Art und Weise, wie sie sich mit den damaligen gesellschaftlichen Verhältnissen auseinandergesetzt haben. Gemeinsam war uns allen, der Gesellschaft mehr Denkmalpflege anzubieten bzw. abzuringen und dabei mehr Denkmalpflege auf hohem fachwissenschaftlichem Niveau zu erreichen. In diesem Ringen leisteten die Konservatoren kollegiale Unterstützung untereinander und fanden zugleich zahlreiche Verbündete außerhalb der Behörden, insbesondere bei den vielen ehrenamtlichen Vertrauensleuten und Heimatfreunden. Mit diesem Engagement sahen sich die meisten Denkmalpfleger in der DDR in der Nachfolge früherer Generationen von deutschen Denkmalpflegern und fühlten sich in besonderer Weise auch mit den Kolleginnen und Kollegen in der Bundesrepublik und in Westberlin verbunden, ja verstanden sich als Teil einer internationalen Gemeinschaft von Gleichgesinnten, die ein gemeinsames konservatorisches Anliegen verfolgten.

Die Autoren haben in ihren Beiträgen versucht, einerseits einen Überblick über die DDR-Denkmalpflege in den Jahrzehnten bis 1990, zum Teil noch bis in den Übergang der Institutionen und Arbeiten in die deutsche Wiedervereinigung zu geben. Sie waren andererseits bestrebt, über die verschiedenen Aufgabengebiete der Denkmalpflege in der DDR zu berichten. Vollständigkeit war nicht das Ziel. Es kam darauf an, Fakten über Ergebnisse und Misserfolge der Denkmalpflege in jener Zeit sowie Gedanken über Zusammenhänge und Grenzen zu überliefern. Nicht zuletzt sollen damit Gesichtspunkte und Anregungen zu weiteren Forschungen vermittelt werden.

Heute freuen wir uns über die Verbundenheit, die unter den Mitarbeitern des einstigen Instituts für Denkmalpflege weiter besteht und sich wie selbstverständlich auch auf viele gegenwärtig in den Denkmalämtern aller Bundesländer Tätigen ausdehnt. Vor allem sind wir Jörg Haspel und Hubert Staroste vom Landesdenkmalamt Berlin dankbar für ihr Interesse an unserer Arbeit und unseren Niederschriften. Wir danken ihnen für ihren großen Einsatz beim Zustandekommen dieser Veröffentlichung.

I.

Institutionelle Entwicklung der Denkmalpflege

Das Institut für Denkmalpflege in der DDR – Erinnerungen und Reflexionen

Ludwig Deiters

I. Entwicklung und Stellung des Instituts für Denkmalpflege

Persönliche Vorbemerkung

Im Januar 1957 trat ich mein Amt als Konservator für die Bezirke Potsdam und Frankfurt an der Oder an. Was ich über die Entwicklung seit 1945 erfuhr, schreibe ich – ohne jetzt Nachforschungen anzustellen – hier in Kürze nieder.

Von 1957 an gehörte ich zu den Mitbetroffenen, auch Handelnden, und kommentiere aus der Erinnerung die weitere Institutsgeschichte. Dabei will ich die Suche nach etwa noch auffindbaren Dokumenten zunächst nicht selbst betreiben, wohl aber anregen.

Die Landesämter für Denkmalpflege 1945–1952

Auch in der Sowjetischen Besatzungszone erfolgte unmittelbar nach dem Kriege beim Aufbau deutscher Verwaltungen die Neukonstitution der traditionellen Länderregierungen. Da es bei der Auflösung Preußens blieb, wurden nun zum Teil ehemalige preußische Provinzen zu Ländern. So entstanden die Länder Sachsen, Thüringen, Sachsen-Anhalt, Mecklenburg-Vorpommern und Brandenburg. Die Stadt Berlin stand gesondert unter der Verwaltung der vier Besatzungsmächte. Bei den Landesregierungen entstanden nach und nach Landesdenkmalämter.

In Dresden sorgten Mitarbeiter des früheren sächsischen Denkmalamtes, unter ihnen Walter Bachmann und Hans Nadler, für die Weiterführung der bedeutenden Tradition. Die Bestände an Akten, Archivalien und Literatur wurden noch durch die Übernahme von wissenschaftlichem Gut im Zuge der Bodenreform vermehrt. In Halle wurde die Kontinuität der denkmalpflegerischen Arbeit durch das Weiterbeschäftigen des Personals, sogar durch das Beibehalten der alten Büro- und Werkstatträume des Provinzialkonservators im Komplex des Landesmuseums begünstigt. In Schwerin gehörte Walter Ohle, in der Vorkriegszeit Mitarbeiter des Provinzialkonservators in Stettin, zu den ersten Mitarbeitern des neuen Landesamtes. Im Lande Thüringen, das in seinen neuen Grenzen keine lange Tradition hatte, scheint der Neuanfang schwer gewesen zu sein. Mir ist nur der Name eines Kollegen Böcking in Erinnerung. Auch für das Land Brandenburg ist mir keine personelle Kontinuität bekannt geworden. Einige ausgelagerte Aktenbestände sind jedoch dem in Potsdam unter Leitung des Regierungsbaurats Gottfried Müller gegründeten Landesdenkmalamt übergeben worden.

Zur Koordination der Tätigkeit der fünf Länder in ihrer Besatzungszone gründeten die Sowjets eine Zentrale Plankommission und Zentralverwaltungen für verschiedene Fachgebiete in Berlin-Mitte. In der Zentralverwaltung für Volksbildung in der Wilhelmstraße – im Gebäude des ehemaligen preußischen Kultusministeriums – wurde ein Referat für Museen und Denkmalpflege unter Leitung von Gerhard Strauß eingerichtet. Mir ist wenig über die Wirksamkeit des Referats bekannt – sie kann nicht groß gewesen sein, denn die Landesämter waren regional unterstellt. Strauß scheint sich um Tagungen zur Propagierung der Denkmalpflege sogar im gesamtdeutschen Rahmen bemüht zu haben, eine soll in Erfurt zustande gekommen sein. In Erinnerung ist nur sein Blick auf die städtebauliche Dimension der Denkmalpflege im Zusammenhang mit der Aufgabe des Wiederaufbaus der zerstörten Innenstädte. Ich lernte Strauß und diese Gedanken näher kennen, als wir uns um 1951 als Mitarbeiter der neu gegründeten Deutschen Bauakademie öfter begegneten. Inzwischen war nach der Gründung der DDR am 7.10.1949 die Anleitung der Landesdenkmalämter auf eine zentrale Kunstkommission übergegangen, der Vorläuferin des späteren Ministeriums für Kultur.

Dem Leiter der Kunstkommission Helmut Holzhauer ist die erste Denkmalschutzverordnung der DDR zu verdanken. Nachdem die junge DDR-Regierung eine allgemeine Verpflichtung zur Bewahrung des Kulturerbes in einer Kulturverordnung des Jahres 1950 formuliert hatte, enthielt die nachfolgende Denkmalschutzverordnung 1952 alle notwendigen Bestimmungen eines spezifischen Denkmalpflegegesetzes. Das war möglich, weil Helmut Holzhauer, der zuvor als sächsischer Kultusminister Hans Nadler kennengelernt hatte, von diesem das sächsische Denkmalpflegegesetz aus dem Anfang der 1930er Jahre erhielt, ein Gesetz, an dem auf Anregung eines deutschen Denkmalpflegetages in Dresden vom Anfang des 20. Jahrhunderts an gearbeitet worden war. Bemerkenswert an dieser Verordnung erscheint mir noch heute die ausformulierte Breite des Denkmalbegriffs. Neben den Geschichts-, Bau- und Kunstdenkmalen werden ausdrücklich Denkmale des Städtebaus und der Landschaftsgestaltung benannt.

Die Aufgaben der Landesdenkmalämter hatten ihren entsprechenden Platz in der Verordnung, aber gerade in dieser Hinsicht war die Verordnung alsbald außer Kraft. Eine grundlegende Verwaltungsreform löste die Länderstruktur auf. Anstelle der fünf Länder entstanden fünfzehn Bezirke. Diese Reform war ein radikaler Akt, um den traditionellen Regionalismus zu beenden. Im Endeffekt hat sie diesen zwar verdreifacht und dennoch das Funktionieren des Zentralismus erreicht.

Angesichts des sehr geringen Personalbestands schien den Verantwortlichen der Kunstkommission und den Denkmalpflegern selbst eine Aufteilung der Landesämter auf die Bezirke nicht sinnvoll. Man beschloss, die Mitarbeiter und den zugehörigen Apparat in ein zentral unterstelltes Institut für Denkmalpflege mit regionalen Außenstellen zu übernehmen. Dem Institut wurde die wissenschaftliche Vorbereitung und Anleitung der Denkmalpflege übertragen. Die Hoheitsaufgaben der Denkmalpflege sollten von nun an die Abteilungen für Kultur der Räte der Bezirke und Kreise wahrnehmen. Da sich dort zunächst weder spezifisch orientierte Planstellen noch fachliche Kompetenz entwickelten, nahm man bereitwillig die fachlichen Fähigkeiten der Institutsmitarbeiter weiter in Anspruch. Über Schwierigkeiten ist an anderer Stelle zu berichten.

Das erste zentrale Institut für Denkmalpflege und seine Aufteilung 1953–1956

Das Institut für Denkmalpflege wurde im Jahr 1953 gegründet. Als Sitz seiner Zentrale wurde das Nicolai-Haus in der Brüderstraße 13 in Berlin-Mitte ausgebaut. Dieses Haus hatte besonders an seinen Hofflügeln Kriegsschäden erlitten, die nach und nach bis in die 1970er Jahre beseitigt wurden. Zu einem der letzten Bauabschnitte gehörte der Einbau eines auf Schinkel zurückgehenden Treppenhauses, das aus dem in den 1930er Jahren abgerissenen Weydingerhaus stammte und zwischenzeitlich in einem Hinterflügel des Ermelerhauses aufgestellt war.

Das Institut für Denkmalpflege gliederte sich in eine zentrale Leitung und zunächst drei Außenstellen. Der Arbeitsbereich der Außenstelle Nord, die ebenfalls im Nicolai-Haus untergebracht wurde, umfasste die Bezirke Potsdam und Frankfurt/Oder, außerdem die Bezirke Schwerin, Rostock und Neubrandenburg. Der Arbeitsbereich der Außenstelle Südwest mit Sitz in Halle umfasste die Bezirke Magdeburg, Halle, Erfurt, Gera und Suhl. Der Arbeitsbereich Südost mit Sitz in Dresden umfasste die Bezirke Dresden, Karl-Marx-Stadt (Chemnitz) und Leipzig, außerdem den Bezirk Cottbus. Letzterer wurde bis 1990 von Dresden aus bearbeitet – immer mit dem Hinweis auf die sächsische Tradition des Gebiets, das ja großenteils erst ab 1815 an Preußen gefallen sei. Im Jahr 1956 wurde das allzu weitläufige Arbeitsgebiet der Außenstelle Nord unterteilt und für die Bezirke, die aus dem Land Mecklenburg-Vorpommern hervorgegangen waren, eine eigene Außenstelle in Schwerin gegründet.

Die zentrale Leitung des Instituts für Denkmalpflege sollte übergreifend – im Auftrag des inzwischen gegründeten Ministeriums für Kultur – für die kulturpolitische und volkswirtschaftliche Einbindung der Denkmalpflege in der DDR sowie für den Haushalt des Gesamtinstituts sorgen. Der Aufbau der sogenannten Zentrale gestaltete sich schwierig. Ausgewiesenen Denkmalpflegern und Museumsleitern wurde die Leitung der Zentrale in Berlin vergeblich angetragen. Im Jahr 1953 war Kurt Lade, bis dahin Leiter der Abteilung Stadtbildpflege beim Chefarchitekten von Berlin bereit, die Aufgabe eines Direktors zu übernehmen. Kurt Lade war von Beruf Bildhauer und besaß eine breite künstlerische Bildung. Ehe jedoch die Wirksamkeit der Zentrale nach außen hin genügend in Erscheinung trat, wurde sie ein Opfer weiterer struktureller Reformbewegungen, die jetzt gegen eine zu große Zahl von zentralen Instituten angestrengt wurden. Ein Hauptziel war das Einsparen von Stellen. Durch einen Referenten für Denkmalpflege in der Abteilung für Bildende Kunst, Museen und Denkmalpflege des Ministeriums für Kultur sollten künftig die als selbständige Kleininstitute mit regionalem Arbeitsgebiet ab 1957 konstituierten Arbeitsstellen des ehemaligen Zentralinstituts angeleitet werden. Diese Referentenposition übernahm der junge Kunsthistoriker Hans Schoder. Er bemühte sich von Anfang an sehr kollegial, seine Aufgaben in Zusammenarbeit mit den Leitern der regionalen Institute auf sogenannten Konservatorenberatungen zu lösen. Zu dieser Zeit gehörte ich bereits zum Kreis der Konservatoren.

Persönlicher Exkurs über meinen Weg zum Denkmalpfleger

Mit meiner Berufung zum Konservator und Leiter des Instituts für Denkmalpflege für die Bezirke Potsdam und Frankfurt/Oder war ich im Grunde genommen ein Seiteneinsteiger. Glücklicherweise war ich auf meinem bisherigen Lebensweg hierfür relativ gut vorgebildet worden. Als Sohn eines Gymnasiallehrers, der in den Fächern Deutsch und Geschichte unterrichtet hatte, war ich von Kindheit an zu Denkmalen und Museen geführt worden. Und so war es nicht zu verwundern, dass mir mein Vater später begeistert zuriet mit den Worten: »Junge, geh zur Denkmalpflege, sie ist ungemein bildend.«

In meiner Architektenausbildung, die ich Mitte 1946 an der TU Berlin begann, nahmen die klassischen Lehrfächer wie Zeichnen, Bildhauerei, Formenlehre, Bauaufmaß, Bau- und Kunstgeschichte noch einen gebührenden Raum ein. Außerdem hatte uns Kurt Dübbers einen sehr eingehenden Unterricht in der traditionellen Handwerkskunde gegeben.

Im voruniversitären Praktikum hatte ich als Universalhandwerker und Bauleiter an der Wiederherstellung eines großen kriegsbeschädigten Einfamilienhauses mitgearbeitet. Während des Studiums habe ich über eineinhalb Jahre in der Bauleitung des Kulturbundes mitgewirkt und war für die Leitung von Wiederherstellungs- und Ausbauarbeiten z. B. am Clubhaus in der Jägerstraße mitverantwortlich. Ab 1950 habe ich in meiner Arbeit als junger Architekt im Institut für Bauwesen der Deutschen Akademie der Wissenschaften, das 1951 in der Bauakademie der DDR aufging, und später im Entwurfsbüro für Eisenhüttenstadt erste Erfahrungen in der Forschungs-,

Abb. 1 Weimar, Turm der Gedenkstätte Buchenwald; Aufnahme um 1965

Planungs- und Leitungstätigkeit zunächst auf dem Gebiet des Schulbaus erworben. Daneben hatte ich 1952, noch in der Bauakademie, gemeinsam mit anderen jungen Kollegen an einem Wettbewerb zur Gestaltung der Gedenkstätte unweit des früheren Konzentrationslagers Buchenwald teilgenommen. Das Preisgericht erkannte keinen ersten Preis, stattdessen zwei zweite Preise zu. Einen davon erhielten wir. Im Jahr 1954 veranlasste der Minister für Kultur als der Bauherr der Gedenkstätte zur Übernahme der Planungsarbeit die Gründung des Architektenkollektivs Buchenwald aus Autoren der beiden prämierten Entwürfe, überwiegend aus unserer Gruppe.

Im Zuge der Planungsarbeiten für die Gedenkstätten in Buchenwald und Ravensbrück, die im Wesentlichen im Jahr 1955 abgeschlossen waren, kamen wir in vieler Hinsicht mit den Gedanken zur Pflege von Geschichtsdenkmalen in Berührung. Als einer der beiden Geschäftsführer des Architektenkollektivs wurde ich außerdem mit verantwortlichen Persönlichkeiten des Ministeriums für Kultur bekannt.

Anfang 1956 kehrte ich noch einmal an die Bauakademie zurück und hatte dort die Entwicklung von Schulbautypen zu bearbeiten. Zur größeren städtebaulichen Flexibilität, auch zur Anfügung an vorhandene Schulgebäude arbeitete ich Vorschläge aus für Typenbauten, gegliedert in Funktionsflügel. In einer Präsidiumssitzung der Akademie wurde ich daraufhin der »Tendenz zum westlichen Pavillonschulbau« und der »Zersetzung des sozialistischen Lernkollektivs« in einer Art und Weise bezichtigt, die mich hinsichtlich meines Verbleibens in der damaligen Bauakademie nachdenklich machte. So war ich froh, als Mitte des Jahres der Minister für Kultur die erneute Bildung des Architektenkollektivs Buchenwald, nunmehr für die Planung der Gedenkstätte Sachsenhausen veranlasste.

Die notwendigen Arbeitsräume für diese Aufgabe erhielten wir im Erdgeschoss des Nicolai-Hauses von Kurt Lade, dem Direktor des Instituts für Denkmalpflege. Dieser fragte mich dann nach wenigen Monaten auf dem schönen Hof des Hauses, ob ich bereit wäre, die Aufgabe des Konservators für die Bezirke Potsdam und Frankfurt zu übernehmen.

Damals hatte ein solches Angebot nicht zuletzt einen politischen Hintergrund. Man wollte in leitenden Funktionen nach Möglichkeit ein Mitglied der SED haben, und ein solches war ich. Schon mein Vater war in der Zeit der Weimarer Republik Sozialdemokrat und entschiedener Schulreformer. Die Nationalsozialisten bestraften ihn 1933 durch Zwangspensionierung. Als er nach dem Zweiten Weltkrieg in der Zentralverwaltung für Volksbildung seine Arbeit als Referent für Lehrerbildung aufnahm, glaubte er, dass es möglich sei, ein antifaschistisch-demokratisches Deutschland unter maßgeblichem Einfluss der zu vereinigenden Arbeiterparteien aufzubauen. Ich schloss mich diesem Glauben an. An späterer Stelle werde ich – im Zusammenhang mit dem Verhältnis der Politik zur Denkmalpflege – meine Sicht auf die politische Entwicklung darstellen.

Zu jener Zeit war mein politischer Standort sehr wesentlich durch meine Freundschaft zu Hans Grotewohl mitbestimmt, den Sohn des Vorsitzenden der SPD Ostdeutschlands und ersten Ministerpräsidenten der DDR. Ich hatte Hans Grotewohl während des gemeinsamen Architekturstudiums kennengelernt, hatte mit ihm gemeinsam 1950 diplomiert und mit kurzen Unterbrechungen in all den geschilderten beruflichen Etappen bis 1955 zusammengearbeitet. In der Folge der Gedenkstättenarbeit und aus politischen Gründen war ich in den Augen von Kurt Lade also durchaus geeignet, die Nachfolge des aus Altersgründen ausscheidenden Konservators Gottfried Müller anzutreten.

Gottfried Müller nahm mich auf drei Dienstfahrten zu wichtigen Objekten mit, an denen er tätig war. Die eine Fahrt führte zum Dom in Brandenburg, der damals einsturzgefährdet war. Die zweite Fahrt führte zur Klosterruine Chorin, deren Ostkreuzgang gerade von Einbauten befreit wurde. Auf der dritten Fahrt besichtigten wir die Instandsetzungsarbeiten am Außenbau der Klosterkirche in Neuzelle. Damit war ich für die Denkmalpflege gewonnen und trat mein neues Amt im Januar 1957 an.

Als ich bald danach in Chorin vor dem alten Ruinenwärter Jordan stand, schaute er mich von oben bis unten an und sagte: »So ein junger Konservator!« Dass ich mich dennoch als Konservator zurechtfand, verdanke ich der Kollegialität von Hans Nadler und Walter Ohle sowie dem Zusammenwirken mit den Mitarbeitern meines eigenen Kleininstituts.

Abb. 2 Neuzelle, Klosterkirche, barock überformter Innenraum, Blick nach Osten; Aufnahme 2000

Abb. 3 Chorin, Klosterkirche, Blick auf den Westgiebel; Aufnahme um 1975

Drei Reisen, an denen ich bald teilnahm, brachten mir wichtige Begegnungen mit dem Erfahrungsschatz der Denkmalpfleger in Nachbarländern. Am Beginn stand die Teilnahme an der von der UNESCO veranstalteten Internationalen Tagung der Denkmalpfleger in Frankreich; es folgte die Teilnahme an der Jahrestagung der Landesdenkmalpfleger der Bundesrepublik in Altenburg. Auf Einladung der dortigen Kollegen folgte eine mehrwöchige Studienreise durch Polen. Überall war die Aufnahme ausgesprochen kollegial und ermutigend.

Die vier dem Ministerium für Kultur direkt nachgeordneten regionalen Institute für Denkmalpflege von 1957–1961

Aus dem zum Ende des Jahres 1956 aufgelösten Zentralinstitut entstanden am 1. Januar 1957 vier selbständige, dem Ministerium direkt unterstellte Institute. Sie übernahmen den Personalbestand mit allen Ausstattungen und die Aufgaben und Arbeitsgebiete der früheren Außenstellen.

Im Institut für die Bezirke Potsdam und Frankfurt/Oder, das ich von nun an leitete, fand ich vier wissenschaftliche Mitarbeiter vor, den Architekten Friedrich Mielke, der vor allem die Stadt Potsdam bearbeitete, eine Kunsthistorikerin, die die Landkreise des Bezirks Potsdam betreute, eine weitere Kunsthistorikerin, Ute Schwarzenberger, die in außerordentlicher Intensität den Bezirk und die Stadt Frankfurt an der Oder bearbeitete, und den Maler Jochen Hass, der speziell kirchliche Bauten betreute und darüber hinaus alle Aufgaben der Farbuntersuchung und Farbfassung von Bau- und Kunstdenkmalen. Jochen Hass war vielseitig vorgebildet, da er jahrelang Assistent von Hermann Weidhas am Lehrstuhl für Kunstgeschichte und Denkmalpflege in Weimar gewesen war. Außerdem hatte das kleine Institut einen Archivar, zugleich Bibliothekar, eine Fotografin, eine Haushaltsbearbeiterin, einen Kraftfahrer und – nicht zuletzt zu erwähnen – eine Sekretärin. Diesen Posten hatte nach kurzer anderer Besetzung Helga Goldamm inne, die über rund vier Jahrzehnte als Chefsekretärin des Instituts und später des Brandenburgischen Landesamtes für Denkmalpflege eine enorme Wirksamkeit entfaltete.

Die anderen Institute hatten eine ähnliche Größenordnung und Struktur. Das Institut in Schwerin wurde von Walter Ohle geleitet. Zu den Mitarbeitern, die von Anfang an und über Jahrzehnte dort Dienst taten, gehörten der Kunsthistoriker Gerd Baier und der Architekt Serafim Polenz.

Das Institut in Dresden wurde von Hans Nadler geleitet. Von dessen Mitarbeiter sind mir aus der Frühzeit wenige in Erinnerung, jedenfalls gehörten die Kunsthistoriker Fritz Löffler und Elisabeth Hütter dazu.

Das Institut in Halle wurde von Wolf Schubert geleitet. Zu seinen Mitarbeitern gehörten die Kunsthistoriker Fritz Bellmann und Joachim Märker sowie die Architekten Wolfgang

Stier und Hans Berger. Als eine Besonderheit bestand beim Hallenser Institut noch aus Vorkriegszeiten eine Werkstatt mit mehreren angestellten Restauratoren, von denen mir ein älterer namens Stollberg und ein jüngerer, Konrad Riemann, in Erinnerung sind. Nach wie vor wurden die drei Bezirke Thüringens von Halle aus betreut.

In den späten 1950er Jahren verlief die Zusammenarbeit der Institute für Denkmalpflege mit den örtlichen Partei- und Staatsorganen noch vergleichsweise reibungsarm. Zumeist anerkannt, wenn auch finanziell und materiell nicht ausreichend unterstützt, war ihr Anliegen, stadtbildprägende, kriegsbeschädigte Denkmale zu sichern und soweit möglich wiederherzustellen. Über gute Beispiele – auch negative Ausnahmen – ist in einem anderen Textteil zu berichten.

Große Sorge begannen Bauten zu machen, die durch das jahrzehntelange Ausbleiben von Reparaturen in Krisen- und Kriegszeiten und zugleich durch Übernutzung in Gefahr geraten waren. Die Probleme häuften sich in den historischen Stadt- und Dorfzentren. Erste Versuche zur städtebaulichen Denkmalpflege wie die Untersuchungen und Arbeiten in der Altstadt von Görlitz sollten einer neuen Strategie dienen.

Gegen Ende der 1950er Jahre nahmen die Spannungen zwischen den örtlichen Organen und den Instituten zu. Wolf Schubert hatte in Halle vorübergehend große Schwierigkeiten. Es war höchste Zeit, die Aufgaben der fachlichen Institution in ihrer zentralen Einordnung deutlich zu machen.

Die Denkmalpflegeverordnung von 1961 und die erneute Zentralisierung des Instituts für Denkmalpflege

Die durch die Bezirksbildung rechtlich außer Kraft gesetzte Denkmalschutzverordnung von 1952 musste eine neue Fassung bekommen. Daran wurde nun im Ministerium für Kultur unter Leitung des Justitiars Georg Müntzer intensiv gearbeitet. Die Konservatoren waren jederzeit in den Arbeitsprozess einbezogen. Wir waren uns darin einig, dass die fachliche und kulturpolitische Substanz der alten Verordnung überführt werden müsse und erreichten auch die Fixierung des Instituts für Denkmalpflege als die dem Ministerium für Kultur unmittelbar unterstellte Einrichtung für die Fragen der Denkmalpflege und des Denkmalschutzes im Text der »Verordnung über die Pflege und den Schutz der Denkmale«, die am 28. September 1961 vom damaligen Minister für Kultur Hans Bentzien unterschrieben wurde.

Wie schon 1952 wurde dem Denkmalbegriff in der neuen Verordnung die geschichtliche, künstlerische oder wissenschaftliche Bedeutung zu Grunde gelegt und eine breite Aufzählung typischer Denkmalarten der grundsätzlichen Definition angefügt. Unter Gedenkstätten wurden Orte bedeutender Ereignisse der politischen Geschichte verstanden, wie die Gedenkstätte Buchenwald mit ihrem Turm oberhalb der Massengräber (Abb. 1). Innerhalb der umfassenden Rubrik Bauwerke sind die klassischen Baudenkmale zusammengefasst, wie die Kirchen (Abb. 2, 4, 6, 7, 19), Burgen und Schlösser (Abb. 5, 8, 9, 11–13) oder Rathäuser (Abb. 14) und andere charakteristische Bauwerke in den Städten (Abb. 10, 15, 17, 20) oder auf dem Lande (Abb. 18). Solche Bauwerke können zugleich auch Bestandteil geschützter Anlagen, etwa in der Kategorie der Stadtanlagen (Abb. 9, 19, 20) oder der Parkanlagen sein. Die Aufzählung schließt ab mit den technischen Anlagen (Abb. 16).

Mit dem Datum der Verordnung wurde vom Minister das Statut des Instituts für Denkmalpflege mit dessen Aufgaben und Struktur erlassen. Zugleich ist außerdem eine detaillierte Weisung des Ministers an die Stellvertreter der Vorsitzenden der Räte der Bezirke auf dem Gebiet der Kultur zur Zusammenarbeit mit dem Institut für Denkmalpflege verfügt worden. Somit gab es wieder ein einheitliches Institut für Denkmalpflege, das sich in regionale Arbeitsstellen gliederte.

Für die Leiter der Arbeitsstellen wurde weiterhin der Titel »Konservator« festgeschrieben. Es wurde ausdrücklich verlangt, dass dieser ein in der Denkmalpflege erfahrener Kunsthistoriker oder Architekt sein müsse. Die gleiche Vorbedingung findet sich im Statut für die Besetzung des Institutsleiters, um auch langfristig einer Besetzung nach rein kulturpolitischen Gesichtspunkten vorzubeugen.

Wie schon früher wurde ein zentraler Leiter gebraucht, um künftig gegenüber dem Ministerium als Verantwortlicher für alle Belange des gegliederten Instituts zu fungieren. Darüber hinaus sollte er für die Aufgaben der Denkmalpflege in der Öffentlichkeit eintreten, vor allem in der Kultur- und Baupolitik. Insbesondere in allen Fällen des Meinungsstreits zwischen den örtlichen Staatsorganen und den Konservatoren über praktische Erfordernisse der Denkmalpflege sollte er gewissermaßen als Zwischeninstanz und Beauftragter des Ministeriums für Kultur fungieren, denn dieses wurde in der Verordnung als das zentrale Organ des Ministerrats für die Pflege und den Schutz der Denkmale an die Spitze der Aufzählung der Organe der Denkmalpflege gestellt. Es ist zu verstehen, dass Georg Müntzer für den hiermit nach Statut und Weisung Beauftragten einen angemessenen Titel suchte und in der Bezeichnung »Generalkonservator« gefunden zu haben glaubte. Schon hinsichtlich der geforderten Erfahrung in der Denkmalpflege der DDR kam für die Position des Generalkonservators nur einer der vier vorhandenen Konservatoren in Frage. Aus den schon erwähnten politischen Gründen war es naheliegend, mir diese Position zuzuweisen. Es gab keine Alternative, und mir schien es notwendig und möglich, die Aufgabe zu übernehmen, wenn ich sie als Beauftragter auch des Kreises der Konservatoren in aller Kollegialität auszuüben vermochte.

Zu meiner Unterstützung versetzte das Ministerium den bisherigen Referenten für Denkmalpflege, Hans Schoder aus dem eigenen Apparat in das erneut gegründete zentrale Institut, gewissermaßen als Sekretär und Koordinator. Hans Schoder blieb nicht lange in dieser Funktion, denn es erschien uns allen notwendig, für die Betreuung der Thüringer Bezirke Erfurt, Gera und Suhl eine eigene Arbeitsstelle zu gründen.

Hans Schoder, der geborene Thüringer, übernahm als Konservator die Leitung dieser Arbeitsstelle, die in Erfurt auf der Krämerbrücke angesiedelt wurde. Wolfgang Stier, der schon bisher die Thüringer Bezirke von Halle aus bearbeitet hatte, wechselte nach Erfurt über. Als Verstärkung wurde außerdem der Kunsthistoriker Rudolf Zießler aus der Arbeitsstelle Dresden für Erfurt gewonnen. So war nach rund einem Jahr der Kreis von fünf Arbeitsstellen entsprechend der historischen Länderstruktur wieder komplett. Damit konnte der Einfluss des Instituts in gleicher Weise innerhalb des gesamten Territoriums geltend gemacht werden, Berlin blieb nicht mehr in jeder Hinsicht ausgeklammert. Denn zeitgleich mit dem Erlass der neuen Denkmalpflegeverordnung hatte das Ministerium für Kultur besondere Verantwortung für eine ausgewählte Anzahl von »Denkmalen von besonderer nationaler Bedeutung und internationalem Kunstwert« übernommen und in einer sogenannten Zentralen Denkmalliste veröffentlicht. Der wissenschaftlichen Vorbereitung und Anleitung, Planung und Durchführung der notwendigen denkmalpflegerischen Maßnahmen sollte die besondere Aufmerksamkeit des Ministeriums und seines Instituts gelten und entsprechend auf die örtlichen Staatsorgane und die Rechtsträger der Denkmale eingewirkt werden. Auf dieser Zentralen Liste waren auch die Museumsinsel und das Ensemble Unter den Linden in Berlin verzeichnet.

Zur nachdrücklichen Bearbeitung der Denkmale der Zentralen Liste wurde die Gründung einer besonderen Arbeitsgruppe beim Institutsteil in Berlin angeordnet und Wolf Schubert zusätzlich zu seinem Konservatorenamt in Halle mit deren Leitung beauftragt. Der Kunsthistoriker Werner Schade und der Architekt Kestner wurden zu seiner Unterstützung eingestellt. Schubert setzte sich vor Ort intensiv ein. Die Praxis einer Sonderanleitung blieb jedoch innerhalb des Instituts nicht ohne Konflikte und wurde nach relativ kurzer Zeit wieder aufgegeben. Von da an waren die Maßnahmen an der Zentralen Liste vor allem Arbeitsschwerpunkte der örtlichen Konservatoren.

Das Institut hatte zur Zeit des Zusammenschlusses weniger als 60 Mitarbeiter mit Planstellen. Neben diesen waren insgesamt etwa 15 junge Fachkollegen zum Teil in einem Beschäftigungsprogramm für Hochschulabsolventen, zum Teil im Honorarverhältnis bei uns tätig. Auch diese erhielten nun Planstellen. Weitere Einstellungsmöglichkeiten wurden uns gegeben. So kamen damals eine Reihe junger Mitarbeiter zu uns, die von nun an jahrzehntelang verantwortungsvolle Arbeit als Denkmalpfleger zu DDR-Zeiten und darüber hinaus geleistet haben. Ich nenne hier Carl-Jürgen Gertler, Ernst Wipprecht und Günter Köpping, Heinrich Magirius, Gerhard Glaser und Jochen Hellwig, Helmut Stelzer und Gotthard Voß, Heinrich Schleif, Dieter Zander, und noch eine Reihe anderer müssten genannt werden.

In einem Atemzug habe ich damit Kunsthistoriker und Architekten erwähnt. An der praktischen Arbeit waren beide Berufsgruppen in der ganzen Breite beteiligt. Das Ziel für jeden Bezirk, je einen Kunsthistoriker und einen Architekten gemeinsam verantwortlich zu machen, konnte nie konsequent verwirklicht werden. Als dritte gleichgestellte Berufsgruppe holten wir nach und nach die Restauratoren in alle Arbeitsstellen des Instituts. Dies verlief nicht unkompliziert und ist eine separate Darstellung wert.

Abb. 4 Erfurt, Dom, Blick von Süden; Aufnahme 1971

Die hier geschilderte Entwicklung bezieht sich auf alle Arbeitsstellen gleichermaßen. Es bleibt die spezielle Entwicklung des zentralen Institutsbereichs nachzutragen. An die Seite des Generalkonservators trat ein Stellvertreter, der vor allem für die Verwaltung des Beihilfefonds verantwortlich war, welcher von zunächst 2 Millionen Mark allmählich auf 12 Millionen Mark anstieg. Außerdem war der Stellvertreter – viele Jahre Kurt Tausendschön – für alle Planungs- und Durchführungsfragen der praktischen Denkmalpflege zuständig und damit auch für die Zusammenarbeit mit der Hauptabteilung Ökonomie des Ministeriums für Kultur. Außerdem wurde die Stelle eines Wissenschaftlichen Sekretärs eingerichtet, die lange Ute Schwarzenberger innehatte. In ihre Zuständigkeit gehörte auch die ständige Zusammenarbeit mit der Abteilung Museen und Denkmalpflege im Ministerium.

Ein weiteres wichtiges Anliegen war die Einrichtung von Planstellen für Spezialisten. Zur Betreuung der historischen Garten- und Parkanlagen konnte der Landschaftsarchitekt Hugo Namslauer gewonnen werden. Gemeinsam mit ihm und unterstützt vom Ministerium war es zu erreichen, dass in jeder Arbeitsstelle ein Landschaftsarchitekt seine Tätigkeit aufnahm. Aus dem Ministerium wechselten die Historiker Gerhard Thiele und Dora Miethe in das Institut und bemühten sich überregional um die Anleitung von Erhaltungs- und Erschließungsarbeiten an Geschichtsdenkmalen.

Für die Auseinandersetzungen mit den örtlichen Baubehörden über die Erhaltung einsturzgefährdeter Baudenkma-

Abb. 5 Stolpe, Ldkr. Barnim, Burgturm mit Wallanlage; Aufnahme 2010

le brauchten wir spezielle Kenntnisse. In zahlreichen Fällen fanden wir Unterstützung bei Wolfgang Preiß, dem einzigen vom Ministerium für Bauwesen zugelassenen Sachverständigen für die »konstruktive Sicherung von Baudenkmalen«. Weitere Zulassungen dieser Art wurden für eine freiberufliche Tätigkeit nie erteilt. Wolfgang Preiß, der Freiberufler bleiben wollte, übernahm neben seinen Objekten regelmäßige Weiterbildungsveranstaltungen für Mitarbeiter des Instituts. Aus diesem Kreis entwickelte sich der junge Bauingenieur Klaus Belzner zu einem überregional tätigen Spezialisten.

Aufgrund ihres großen Engagements und ihrer fachlichen Kompetenz wurden die Mitarbeiter des Instituts für Denkmalpflege überall in der DDR sehr anerkannt. Sie fanden bei ihren Bemühungen um die Erhaltung und Instandsetzung der Denkmale weitgehend die kollegiale Unterstützung der Mitarbeiter der Abteilungen für Kultur und der Bauämter bei den örtlichen Räten. Kritisch waren dabei vor allem die Verteilungskämpfe um die mit den sogenannten Baukapazitäten verbundenen Werterhaltungs- und Investitionsfonds. Die dem Institut zur Verfügung stehenden Beihilfemittel stärkten dessen Position, wenn sie auch bei weitem nicht ausreichten.

Die Existenzkrise des Instituts und der Beginn der Neuregelungen für die Denkmalpflege

Im Verlauf der 1960er Jahre eskalierten die Auseinandersetzungen um einige Objekte mit den örtlichen Staats- und Parteiorganen insbesondere in den Fällen, in denen Denkmale den ehrgeizigen Plänen zum modernen Wiederaufbau kriegszerstörter Stadtzentren oder überhaupt bei der städtebaulichen Umgestaltung im Wege standen. Als ein herausragendes Beispiel heftiger und schließlich verlorener Kämpfe der Denkmalpflege sei der Fall der Universitätskirche in Leipzig genannt.

Ich kann mich an Streitfälle erinnern wie den um die Bebauung am Altstadtring in Erfurt und um das »Kräutergewölbe« in Zwickau, an denen hohe Parteifunktionäre beteiligt waren. All das führte im Jahr 1967 zu Forderungen an den Minister für Kultur, »Ordnung« in der Denkmalpflege zu machen. Um ein Haar wäre als erster Schritt das Institut für Denkmalpflege aufgelöst, wären seine Mitarbeiter auf die Räte der Bezirke aufgeteilt worden. Der damalige Minister für Kultur, Klaus Gysi, vereinbarte jedoch die Bildung einer interministeriellen Kommission zur Regelung offener Fragen der Denkmalpflege. Er beauftragte seinen Staatssekretär Horst Brasch mit der Leitung der Kommission und mich mit dessen Vertretung. Horst Brasch trat nur anfangs in Erscheinung und wurde dann versetzt. Sein Nachfolger Kurt Löffler, mit dem wir in seiner früheren Funktion als Ratsmitglied für Kultur im Bezirk Erfurt bereits gut zusammengearbeitet hatten, überließ mir und dem Leiter der Abteilung Museen und Denkmalpflege, Gerhard Thiele, die Arbeit mit der Kommission. Große Unterstützung hatten wir vom Beauftragten der Zentralen Staatlichen Plankommission und von einem jungen Spezialisten für Baurecht aus dem Ministerium für Bauwesen.

Für uns hatte die Kommissionsarbeit zwei Ziele: die staatsrechtlichen und die organisatorischen Voraussetzungen der Denkmalpflege zu optimieren. Parallel dazu musste viel geschehen, um die Beachtung der Denkmalpflege in der Gesellschaft zu steigern.

Als staatsrechtliche Grundlage galt noch immer die 1961 mühsam errungene Verordnung. Sie war bei gutem Willen durchaus brauchbar. Die Regelungen mussten wohl überprüft, durften aber keineswegs verschlechtert werden, vor allem, was die fachwissenschaftliche Vorbereitung und Anleitung der Denkmalpflege betraf. Grundsätzlich war der gesetzlichen Grundlage eine höhere Autorität zu geben. Das war möglich, wenn es gelang, ein durch die Volkskammer verabschiedetes

Gesetz zustande zu bringen. Der Weg zum Denkmalpflegegesetz war mühsam und kostete acht Jahre beharrliche Arbeit.

In Bezug auf die organisatorischen Voraussetzungen der Denkmalpflege war es dringend, das Institut für Denkmalpflege zu retten und seine Akzeptanz als zentralstaatliche Institution zu festigen. Es war die Zeit der Niederschlagung des »Prager Frühlings«. Restriktionen hatten besonders gegenüber der Intelligenz in der DDR schon früher eingesetzt. Damals wurden an den Universitäten im Zuge der »Hochschulreform« die alten Fakultäten mit ihren Rechten aufgelöst. In der Akademie der Wissenschaften fiel der Akademiereform die Arbeitsstelle für Kunstgeschichte zum Opfer, wegen der von der Leitung unverstandenen Aufgaben, z. B. der Neuherausgabe des Dehio-Handbuchs der Bau- und Kunstdenkmale. Diese für die Akademie bedauerliche Maßnahme gereichte allerdings dem Institut für Denkmalpflege zum Vorteil, denn Alexander Abusch, ehemals Kulturminister und nun Stellvertreter des Vorsitzenden des Ministerrats, sorgte dafür, dass der Leiter der Arbeitsstelle, Edgar Lehmann und der größte Teil seiner Mitarbeiter samt dem zugehörigen Etat und den Ausstattungen zum Institut »umgesetzt« wurden.

Alles in allem waren damals die Aussichten der weiteren Existenz wissenschaftlicher Einrichtungen generell problematisch, insbesondere für ein Institut, dessen Mitarbeiter sich rigorosen baupolitischen Entscheidungen vor Ort immer wieder entgegenstellten. Um der Auflösung zu entgehen, versprachen wir, uns auf die Umwandlung des Instituts in eine Dienstleistungseinrichtung für das Ministerium für Kultur, die örtlichen Staatsorgane und die Rechtsträger der Denkmale vorzubereiten. Wie zu jener Zeit die Bauakademie der DDR wären wir dann nicht mehr »Haushaltseinrichtung«, sondern eine wissenschaftliche Einrichtung mit »wirtschaftlicher Rechnungsführung« geworden. Jede unserer Leistungen hätte dann entsprechend definiert, Bestandteil eines vom Ministerium bestätigten und vom jeweiligen Auftraggeber finanzierten Jahresarbeitsplans werden müssen.

Wir stellten Horst Visek ein, einen Kollegen, der an entsprechenden Regelungen im Bereich des Bauwesens mitgearbeitet hatte, und die Vorbereitungsarbeit begann. Sie passte in das sogenannte »Neue ökonomische System der Planung und Leitung der Volkswirtschaft (NÖSPL)«, um dessen Ausarbeitung und Einführung man sich damals überall zu bemühen hatte. Als die Sowjets für die Abdankung von Walter Ulbricht sorgten, verschwand Anfang der 1970er Jahre auch das NÖSPL. Das Institut für Denkmalpflege blieb, was es war, eine Haushaltseinrichtung.

Arbeit am Entwurf für ein Denkmalpflegegesetz

Die Arbeit der interministeriellen Kommission für die Regelung der Denkmalpflege richtete sich seit 1972 ausschließlich auf das Denkmalpflegegesetz. Dabei kam uns die Internationalität der Denkmalpflege sehr zu Hilfe. Über den förderlichen Einfluss, den die guten Kontakte mit den Denkmalpflegern der Bundesrepublik und vieler Nachbarländer, darunter in spezifischer Weise mit denen der sozialistischen Länder, auf unsere Position hatte, soll an anderer Stelle ausführlicher eingegangen werden.

Im Zusammenhang mit dem Gesetz war die Verbindung zum ICOMOS und zur UNESCO von besonderer Bedeutung. Beim Gründungsprozess des ICOMOS 1965 in Warschau wurden Hans Nadler und ich als Gäste akzeptiert. Bald darauf erreichten wir die Mitgliedschaft des ICOMOS-Nationalkomitees der DDR im Internationalen Rat, noch vor der völkerrechtlichen Anerkennung der DDR. Das hat uns nachhaltig die staatliche Unterstützung unserer internationalen Arbeit gesichert.

Im Zusammenhang mit der Konvention zum Schutz des Welterbes der Kultur und der Natur gab die UNESCO eine Rekommandation über den Aufbau der nationalen Dienste heraus. Diese Rekommandation nahmen wir mit allgemeiner Zustimmung zum Maßstab für den Entwurf zum Denkmalpflegegesetz.

Der Prozess der strukturellen Konzipierung der gesetzlichen Regelungen und deren Ausformulierung im Regierungsentwurf war mühsam und langwierig. Im Zusammenhang mit dem Überblick über die Geschichte des Instituts können nur die wichtigsten Elemente des Gesetzentwurfs erwähnt werden.

Das wesentlich Neue gegenüber allen bisherigen Verordnungen lag darin, dass ein Gesetz, das die Volkskammer verabschiedete, ein grundsätzliches Bekenntnis zur gesellschaftlichen Aufgabe der Erhaltung und Erschließung der Denkmale abgeben sowie die Ziele und Grundsätze der Denkmalpflege vorgeben konnte. Dazu gehörte es, eine allgemeingültige Definition des Denkmalbegriffs zu formulieren, außerdem zugleich den zentralen und den örtlichen Staatsorganen, den Rechtsträgern, Eigentümern und Verfügungsberechtigten der Denkmale die entsprechenden Aufgaben zur Erfassung und Pflege des Denkmalbestands zuzuweisen.

In einem Lande, in dem man zu jener Zeit annahm, dass die volkswirtschaftliche Entwicklung im Wesentlichen planbar sei, musste der Denkmalbestand als solcher nach Art und Umfang gewissermaßen als Planungsgröße festgestellt werden. Dazu musste für jedes einzelne Objekt die verbindliche Denkmalerklärung gehören. Diese sollte zwischen den staatlichen Organen der verschiedenen Ebenen, der fachwissenschaftlichen Institution und den Rechtsträgern der Denkmale abgestimmt werden. Die Denkmalerklärung sollte mit der Eintragung in Denkmallisten verbunden werden. Die so in den Stadt- und Landkreisen entstandenen territorialen Denkmallisten sollten sodann von den Kreistagen beschlossen werden. Entsprechend dem planwirtschaftlichen Denken in drei Ebenen sollte darüber hinaus eine Auswahl von bedeutenderen Denkmalen in Bezirksdenkmallisten erfasst und damit nach Bestätigung durch den Minister und Beschluss der Räte der Bezirke zu deren Arbeits- und Planungsschwerpunkten gemacht werden. Und schließlich war es schon im Prozess der Gesetzesformulierung vorgesehen, eine bedeutend größere Zahl von »Denkmalen von besonderer nationaler Bedeutung und internationalem Kunstwert« auf einer Zentralen Denkmalliste zu erfassen und damit nach Bestätigung durch den Ministerrat der beson-

Abb. 6 Jerichow, Klosterkirche, Blick auf die romanische Ostpartie; Aufnahme um 1988

Abb. 7 Jerichow, Klosterkirche, Innenraum nach Osten; Aufnahme um 1988

deren Aufsicht und planerischen Fürsorge des Ministers für Kultur zu unterstellen. Um die Bestandserfassung wirksam zu machen, sollten die Rechtsträger, Eigentümer oder sonstigen Verfügungsberechtigten der Denkmale Urkunden und damit Hinweise zur Erhaltung und Pflege ihrer Denkmale erhalten. Die Verpflichtung zur Kennzeichnung der Denkmale sollte sodann zur Sicherung der öffentlichen Aufmerksamkeit dienen.

Nach den Prinzipien der zentralistischen Planung und Leitung der gesellschaftlichen Aufgaben war es tatsächlich unerlässlich, die Aufgabenstellungen auch zur Denkmalpflege beim Ministerrat der DDR anzusiedeln. Weiter war es wichtig, die Verpflichtungen und Rechte des Ministers für Kultur zur Planung und Leitung der Denkmalpflege sowie die der örtlichen Räte und der Eigentümer zur Erhaltung und Pflege der Denkmale ausführlich aufzulisten. So wurde schon frühzeitig in die Arbeit am Gesetzentwurf die Formulierung aufgenommen: »Der Ministerrat gewährleistet die zentrale staatliche Leitung und Planung der Denkmalpflege. Er beschließt die kulturellen und ökonomischen Maßnahmen für den Schutz, die Pflege und die gesellschaftliche Erschließung der Denkmale und sichert, daß die denkmalpflegerischen Aufgaben in die Volkswirtschaftsplanung einbezogen werden.«[1]

Diese ausführliche und nachdrückliche Darlegung der Aufgaben war allen Mitgliedern der Kommission schon deshalb wichtig, weil damit in der Durchführung nicht nur das Ministerium für Kultur in die Pflicht genommen werden sollte, sondern die anderen Ministerien für ihre Aufgabenbereiche oder ihren Denkmalbestand ebenfalls.

Das betraf insbesondere die Zentrale Staatliche Plankommission. Ihr wurde damit zur Pflicht gemacht, gemeinsam mit den Plankommissionen der örtlichen Räte zugunsten der Denkmalpflege für die erforderliche Arbeitskräfteplanung zu sorgen. Sie sollte auch in Zusammenarbeit mit dem Finanzministerium und dem Bauministerium die Berücksichtigung der denkmalpflegerischen Maßnahmen in der Finanzplanung sowie bei der Entwicklung und Zuweisung der erforderlichen »Baukapazitäten« ermöglichen. Gleichzeitig musste den Räten der Bezirke und der Kreise nachdrücklich aufgegeben werden, dass sie für den Schutz, die Pflege und Erschließung der Denkmale verantwortlich seien und die Denkmale in die Entwicklung ihres Territoriums einzubeziehen hätten.

Die Räte der Stadt- und Landkreise ihrerseits sollten insbesondere die Denkmale erfassen, die materiellen Voraussetzungen für die denkmalpflegerischen Maßnahmen sichern und die fachwissenschaftliche Anleitung gewährleisten. Hierfür wiederum sollte als fachwissenschaftliche Einrichtung das dem Minister für Kultur unterstellte Institut für Denkmalpflege ausdrücklich im Gesetzestext benannt sein.

Nicht zuletzt waren im neuen Gesetzestext auch die Verpflichtungen der Rechtsträger, Eigentümer oder sonstigen Verfügungsberechtigten nochmals festzulegen, ihre Denkmale zu schützen und zu pflegen, insbesondere bei Maßnahmen, die den Bestand, die Nutzung oder die Wirkung verändern und die mit der Anleitung verbundene Genehmigung des zuständigen Staatsorgans einzuholen.

Mit all den entsprechenden, einander ergänzenden Formulierungen wurde ein System fixiert, das die Erfassung und den Schutz des Denkmalbestands ordnete und dessen Pflege und kulturelle Erschließung unter fachwissenschaftlicher Anleitung prinzipiell regelte.

Parallel zu den Mühen, die vielen Zuständigkeiten konsensfähig auszuformulieren, gelang es, mit dem Gesetzestext und der immer umfangreicheren praktischen Arbeit, der Denkmalpflege einen stärker beachteten Platz in der politischen Programmatik und dem gesellschaftlichen Leben des Landes zu verschaffen.

Voraussetzungen und Schritte zur Verbesserung der Arbeitsbedingungen auf dem Gebiet der Denkmalpflege

Zu Beginn der 1970er Jahre war die Wahrnehmung der städtebaulichen Entwicklung differenzierter geworden. Auch in der DDR fiel es den Menschen schwerer, sich in zunehmend von großen Neubauensembles geprägten Städten heimisch zu fühlen. Der sich verschlechternde Bauzustand der Altbaugebiete, speziell der historischen Stadtkerne geriet mehr und mehr in die Kritik. Darum entwickelten sich, wenn auch zögernd, Programme zur Wiederaufwertung von älteren Stadtquartieren und insbesondere von beliebten Altstadtstraßen.

Zu den Vorreitern in der Aufwertung der Altstädte gehörte die Stadt Rostock mit der zur Fußgängerzone erklärten und komplex instand gesetzten Kröpeliner Straße. Unter solchen Umständen wurden die Denkmalpfleger überall gefragt. Der Kreis von Menschen, die sich mit ihnen verbündeten, wuchs rasch. Dazu gehörten vor allem die aus der Heimatschutzbewegung hervorgegangenen »Natur- und Heimatfreunde« im Kulturbund und viele Mitglieder des Architektenbundes (BDA der DDR), besonders diejenigen, die sich an der Arbeit einer auf die Bauerhaltung konzentrierten Fachgruppe im Architektenbund beteiligten. Wenn Maßnahmen an Denkmalen vorzubereiten oder Denkmale in Gefahr waren, waren fast überall Freunde präsent und sorgten für die Einbeziehung des Instituts für Denkmalpflege. Die Zusammenarbeit mit den Mitarbeitern des Staatsapparats und den politischen Leitungen wurde im Allgemeinen regelmäßiger und produktiver. Sie wurde intensiv, wenn es galt, denkmalpflegerische Maßnahmen in sogenannte gesellschaftliche Ereignisse einzubeziehen. Die früheste gemeinsame Anstrengung dieser Art war die umfangreiche Restaurierung des Schlosses Güstrow und seine Eröffnung als Museum und Kulturhaus anlässlich von Arbeiterfestspielen im Bezirk Schwerin in den 1960er Jahren. Damals hat sich erstmals der Erste Sekretär einer Bezirksleitung der SED, Bernhard Quandt, persönlich engagiert.

Insbesondere im Zusammenhang mit großen Jubiläen wurden denkmalpflegerische Arbeiten gefördert wie z. B. zum 450. Jahrestag der Reformation in Eisenach und Wittenberg.

Abb. 8 Eisenach, Wartburg mit Torhaus; Aufnahme 1968

Abb. 9 Wörlitz, Schloss, Blick auf die klassizistische Hauptfront; Aufnahme um 1980

Zu den geistigen Bewegungen Anfang der 1970er Jahre gehörte das wachsende Interesse breiter Bevölkerungsschichten an der Geschichte und ihren gegenständlichen Zeugnissen. Die Zahl der Museen und der Museumsbesucher wuchs, Kunstführer erschienen, Denkmale wurden besichtigt und, wo möglich, als Ort kulturellen Lebens gewünscht. Dieses Interesse spiegelte sich in programmatischen Formulierungen der SED und ihrer Blockparteien wider als Auftrag zur »Aneignung des kulturellen Erbes in seiner Breite und Vielfalt«.

Nach der völkerrechtlichen Anerkennung der DDR wurden leitende Persönlichkeiten des Staates häufiger ins Ausland eingeladen oder empfingen Gäste. Zu den Besuchsprogrammen gehörte auf beiden Seiten immer wieder der Aufenthalt an und in Baudenkmalen. Auch das wirkte sich förderlich auf die Denkmalpflege im Lande aus.

Das Zustandekommen des Denkmalpflegegesetzes von 1975

All diese Entwicklungen führten dazu, dass das Denkmalpflegegesetz, das so mühsam, aber auch gründlich vorbereitet worden war, nun sehr rasch verwirklicht wurde. Um 1974 gab der Ministerpräsident dem Minister für Kultur den Auftrag, der Volkskammer den Entwurf eines Denkmalpflegegesetzes vorzulegen. Da dieser bereits interministeriell erarbeitet vorlag, ging der Abstimmungsprozess nunmehr unter Leitung des Volkskammerausschusses für Kultur rasch vonstatten. In diesem Ausschuss hatten die vom Kulturbund nominierten Abgeordneten großen Einfluss, und ich erinnere mich auch an das besondere Engagement von Hans Koch, der sich als Theoretiker der Erschließung des kulturellen Erbes überhaupt einen Namen gemacht hatte. Jedenfalls gab es im Abstimmungsprozess keine Schwierigkeiten, und das »Gesetz zur Erhaltung der Denkmale in der DDR – Denkmalpflegegesetz (GBL I, Nr. 26, S. 458)« wurde am 19. Juli 1975 in der Volkskammer der DDR beschlossen. Damit war die verbindliche Basis für eine kontinuierliche Denkmalpflege mit exakt verpflichteten Partnern endlich geschaffen.

Verbesserung der finanziellen und personellen Voraussetzungen zur Erfüllung des Denkmalpflegegesetzes

Wenn der durch das Denkmalpflegegesetz geschaffene Anspruch erfüllt werden sollte, war es einerseits erforderlich, die finanziellen und personellen Voraussetzungen zu verbessern, andererseits war es notwendig, mit Durchführungsbestimmungen zum Gesetz die praktische Arbeit auf vielen Teilgebieten detailliert zu regeln.

Hinsichtlich der finanziellen Möglichkeiten blieben in erster Linie die inzwischen durchorganisierten Regeln der Planwirtschaft wirksam. Größere Bauvorhaben mussten in die Investitionsplanung der Rechtsträger der Denkmale aufgenommen werden. Hier fiel jetzt allenfalls die Argumentation leichter und der öffentliche Druck wuchs. Kleinere Instandsetzungsmaßnahmen ließen sich im Rahmen der sogenannten Werterhaltungsfonds finanzieren. Hierbei waren die Ermessensspielräume größer. Sie ließen sich bei gutem Willen der Beteiligten oft erstaunlich ausweiten. So hat es der Tierparkdirektor Heinrich Dathe geschafft, aus Werterhaltungsmitteln an dem total ruinösen Schloss Friedrichsfelde Fundamente zu unterfahren, einen neuen Dachstuhl aufzusetzen und im Inneren vorzeigbare Ergebnisse zu erreichen. Hierdurch gelang es ihm wiederum, einflussreiche Persönlichkeiten dafür zu gewinnen, dass die Schlossinstandsetzung in die Investitionsplanung aufgenommen wurde.

Besonders problematisch war und blieb die Finanzierung von Instandsetzungsmaßnahmen an Baudenkmalen, die Privateigentum waren. Eigentümer von größeren, teilweise vermieteten Häusern hatten nur geringe Einnahmen, da die Mieten verordnungsgemäß auf dem Vorkriegsniveau festgeschrieben waren. Als Ausgleich wurden notwendige Baukosten zwar bezuschusst, waren aber mangels Rücklagen kaum finanzierbar. Es half auch wenig, dass zur Erhaltung von Wohnraum günstige Kredite gewährt wurden, denn die Zins- und Amortisationsraten waren aus den Mieteinnahmen nicht abzudecken. Darum drohte gerade größeren privaten Bauten an den Hauptstraßen von historischen Zentren der Verfall. Die kleineren Häuser an Quergassen und mauernahen Straßen wurden besser unterhalten, denn die Eigentümer nutzten sie als Einfamilienhäuser und konnten zusätzlich mit Eigenleistungen und Nachbarschaftshilfe viele Reparaturarbeiten bewältigen.

Schwierigkeiten in der Finanzierung denkmalpflegerischer Maßnahmen hatten auch die Kirchengemeinden. In den kleinen Städten und in den Landgemeinden nahm die Zahl der Bewohner und der Kirchgänger ab. Damit verschlechterten sich auch die finanziellen Möglichkeiten. Die Konsistorien konnten nicht ausreichend helfen. Hier bestand die Möglichkeit, dass das Institut für Denkmalpflege für dringliche Maßnahmen Zuschüsse aus dem sogenannten Beihilfefonds geben konnte. Dieser Fonds hatte, wie schon erwähnt, in den 1950er Jahren 2 Millionen Mark betragen. Wir nannten ihn »Nuschkefonds«, da sich der damalige Stellvertreter des Ministerpräsidenten, Otto Nuschke, Vorsitzender der CDU, für seine Bildung eingesetzt hatte. Die Summe erscheint im Rückblick extrem klein. Wenn man aber bedenkt, dass es zu jener Zeit möglich gewesen wäre, für diesen Betrag etwa 100 Wohnungen durchschnittlicher Größe zu bauen, wird deutlich, dass mit dem Fonds doch einiges erreicht werden konnte.

Der Beihilfefonds des Instituts, der lange Zeit kaum angewachsen war, stieg jetzt nach Annahme des Denkmalpflegegesetzes auf immerhin 12 Millionen Mark. Darüber hinaus wurde nun angestrebt, bei den Räten der Bezirke, der Stadt- und Landkreise eigene Beihilfefonds einzurichten. Zusammengerechnet mögen diese örtlichen Fonds ebenfalls eine Größenordnung von 12 Millionen Mark erreicht haben.

In personeller Hinsicht hatte das Institut für Denkmalpflege sich von nicht einmal 70 Planstellen im Jahr 1961 sehr langsam weiterentwickelt. Nun stieg entsprechend der durch das Denkmalpflegegesetz übertragenen Verantwortung die Anzahl der Planstellen für die Zentrale und die fünf regionalen Arbeitsstellen des Instituts auf 220. Trotzdem war klar, dass eine solche Besetzung des fachlichen Denkmaldienstes allein für die Bearbeitung der akuten Vorhaben schon knapp war und für eine Kontrolle des Denkmalbestands schon gar nicht ausreichte. Deshalb wurde angestrebt, in den Abteilungen für Kultur bei den örtlichen Räten die Stelle eines Inspektors für Denkmalpflege zu schaffen. Tatsächlich wurden solche Inspektoren bei den Räten der Bezirke sehr bald eingestellt. Die Kreise folgten erst nach und nach. Als gutes Beispiel ist die baldige Einrichtung der Inspektorenstellen bei den Stadtbezirksverwaltungen in Berlin zu nennen. Die Inspektoren bewährten sich besonders in der Umsetzung der Denkmalerklärungen und Kennzeichnung der Objekte. Sie berieten die Denkmaleigentümer bei der Einbeziehung notwendiger Instandsetzungsarbeiten in die finanzielle und materielle Planung. Sie vermittelten die fachwissenschaftliche Anleitung der Maßnahmen durch die Mitarbeiter des Instituts für Denkmalpflege und banden die »Ehrenamtlichen Beauftragten«, auch Vertrauensleute genannt, und andere gesellschaftliche Kräfte in den Prozess der regionalen Denkmalpflege ein. Ich erinnere mich gern an die vielseitige Arbeit, die Horst Weiß in der Funktion des Inspektors für Denkmalpflege beim Magistrat von Berlin und Peter Schuster beim Rat des Bezirks Cottbus leisteten.

Wenn man von den tragenden Kräften der Denkmalpflege jener Zeit spricht, muss man auf die Rolle der eben erwähnten ehrenamtlichen Beauftragten hinweisen. In Jahrzehnten hatten sich in den Stadt- und Landkreisen für die Heimatpflege engagierte Persönlichkeiten ein großes Ansehen erworben. Gestützt auf Freundeskreise des Kulturbundes bemühten sie sich um die geistig-kulturelle Erschließung des Denkmalbestands. Sie standen in meist gutem Kontakt zu den Eigentümern, beobachteten den Zustand der Denkmale und drängten zu notwendigen Maßnahmen. Sie alarmierten nicht selten die Kreisverwaltungen und zugleich das Institut für Denkmalpflege, wenn sie ein Denkmal in Gefahr sahen. Ich denke mit Dankbarkeit an viele von ihnen zurück und möchte es nicht versäumen, wenigstens zwei von ihnen zu erwähnen, Käte Rieck, die langjährige Leiterin des kulturhistorischen Museums in Stralsund und Rudolf Bellin, Gymnasiallehrer in Neuruppin, der in seiner Tätigkeit als Vertrauensmann von Ehefrau und Tochter intensiv unterstützt wurde.

Der ständige Kontakt, den die Mitarbeiter des Instituts regelmäßig und insbesondere bei akuten Arbeiten mit den Vertrauensleuten hatten, wurde Jahr für Jahr vertieft durch die Vertrauensleutetagungen, die die Arbeitsstellen des Instituts für ihre Bereiche veranstalteten. Solche vor allem Fachwissen vermittelnde Veranstaltungen wurden noch ergänzt durch Zusammenkünfte der Natur- und Heimatfreunde und später auch der örtlichen Gruppen der Gesellschaft für Denkmalpflege, die der Kulturbund veranstaltete. Auch bei diesen häufig mit Besichtigungen verbundenen Treffen traten die Mitarbeiter des Instituts für Denkmalpflege auf. Diese enge Verflechtung mit dem großen Kreis der ehrenamtlichen Mitstreiter erweiterte die Wirksamkeit des relativ kleinen, aber stabilen Stabs an amtlichen Mitarbeitern der Denkmalpflege außerordentlich. Leider hat sich dieser Stab selbst über die etwa 1978 erreichte Zahl von 220 Stellen – das technische Personal eingeschlossen – bis 1990 nicht weiter vergrößert.

Als die wesentlichste personelle Verstärkung in der Folge der neuen gesetzlichen Regelung ist die Entwicklung der sogenannten Spezialkapazitäten für Denkmalpflege ab 1976 zu betrachten.

Die Entwicklung der »Spezialkapazitäten für Denkmalpflege«

Im Bauwesen der DDR waren die Kräfte immer mehr auf den Neubau konzentriert worden. Die kleinen für die Instandhaltung und Instandsetzung vorgesehenen volkseigenen Baubetriebe und die entsprechenden zumeist genossenschaftlich organisierten Handwerksbetriebe reichten angesichts des steigenden Bedarfs an Baureparaturen keineswegs mehr aus, so auch nicht für die Pflege der Baudenkmale.

Lange Zeit hatten wir vergebens auf das Vorbild der starken staatlichen Werkstätten für Denkmalpflege besonders in der Sowjetunion und Polen hingewiesen. Erst um 1970 erhielten wir die Möglichkeit, in Berlin und Erfurt je einen in der Denkmalpflege erfahrenen Handwerksbetrieb aufzukaufen und dessen Mitarbeiter in einem sogenannten Produktionsbereich an das Institut anzugliedern. Gleichzeitig installierten wir eine kleine Planungsgruppe im Institut und gründeten eine Bauarbeiterbrigade zur Wiederherstellung der Marienkirche in Prenzlau. Das waren die Anfänge der »Spezialkapazität«, die ab 1976 als eigener Verband unter Leitung der Abteilung Ökonomie des Ministeriums für Kultur bis zu einer Größenordnung von über 2.000 Mitarbeitern entwickelt wurde. Wir hatten den neuen Leiter Klaus Pöschk noch dafür gewonnen.

Das Institut blieb den Ausführungskräften weiterhin eng verbunden. Die Leitkräfte nahmen wechselseitig an Tagungen und anderen Veranstaltungen teil. Die Konservatoren beteiligten sich an der Aus- und Weiterbildung der jungen Facharbeiter. Geradezu vorbildlich war die Zusammenarbeit in der Praxis. Für die Arbeiten an den Objekten wurde die erforderliche denkmalpflegerische Zielstellung von den Mitarbeitern des Instituts vorgegeben und deren Umsetzung angeleitet. In vielen Fällen wurden auch Beihilfen des Instituts zur Finanzierung geleistet und eine entsprechende Begleitung wahrgenommen. Klaus Pöschk baute die »Produktionsleitung Denkmalpflege« auf und organisierte die Ausführungskräfte in fünf volkseigenen Betrieben für Denkmalpflege, die zum Teil Außenstellen hatten.

Die VEB Denkmalpflege entwickelten sich ganz oder teilweise an den Standorten, die traditionell auch die Arbeitsstellen des Instituts hatten. Als denkmalpflegerische Spezialhandwerker wurden in den Denkmalpflegebetrieben Maurer, Steinmetze, Zimmerleute, Tischler, Schmiede, Maler, Stuckateure, Vergolder herangezogen, in hohem Maße durch die Ausbildung von Lehrlingen. Außerdem bildeten sich Restaurierungswerkstätten für Malerei und Skulptur. Eigene Planungsabteilungen mit Architekten und Ingenieuren entstanden.

Im Planungsverfahren entschied das Ministerium für Kultur allein über den Einsatz der ihm unterstellten »Spezialkapazitäten für Denkmalpflege«. Nach und nach bildeten sich auch kleinere Spezialbetriebe, über deren Einsatz örtliche Staatsorgane verfügten. In Magdeburg existierte von jeher ein privater Baubetrieb, der unter der Leitung von Hans Schuster, in der Spätzeit der DDR auch als VEB, fast ausschließlich an Denkmalen – vor allem am Dom – arbeitete. In Zwickau entstand durch Umschulung von Bergleuten ein kleiner Denkmalbetrieb. Spezielle Arbeitsgruppen wurden in Güstrow bei der Instandsetzung des Schlosses und andernorts an Großvorhaben geschult.

Auf einen besonderen Zweig der Ausführungskräfte in der Denkmalpflege, die Restauratoren, ist im Folgenden näher einzugehen.

Die Entwicklung des Restauratorenberufs

Auch die jüngere Entwicklung der Restauratorentätigkeit in der Denkmalpflege nahm im Institut für Denkmalpflege ihren Anfang.

Zu Beginn der 1960er Jahre existierte nur bei der Arbeitsstelle Halle eine kleine Gruppe von angestellten Restauratoren; sie war aus der vom einstigen Provinzialkonservator Giesau in der Vorkriegszeit gegründeten Restaurierungswerkstatt hervorgegangen und von Wolf Schubert auch durch die Aufnahme einer kleinen Gruppe junger gebildeter Leute – unter ihnen Konrad Riemann – gefördert worden.

Neben diesen Angestellten gab es wenige freiberuflich tätige Restauratoren, deren Berufszulassung aus der Frühzeit der DDR stammte, noch vor all den Restriktionen gegenüber freiberuflicher Tätigkeit. Da der Bedarf an Konservierungs- und Restaurierungsmaßnahmen vor allem bei den Ausstattungen der Kirchen immer größer wurde, mussten weitere Restauratoren ausgebildet und eingesetzt werden. Wir betrachteten im Institut die Restauratoren längst als eine dritte für die Denkmalpflege unerlässliche Berufsgruppe neben den Kunsthistorikern und Architekten. Sie wurde sowohl für Anleitungs- wie für praktische Durchführungsaufgaben hinsichtlich der Baufassungen und der Ausstattung dringend gebraucht. Wir wollten auch die prinzipielle Gleichstellung der Restauratoren in Bildungsgrad und Gehaltseinstufung erreichen, leider waren zunächst die in Halle tätigen Restauratoren noch wie Handwerker eingestuft.

Es gelang uns, für die Arbeitsstelle Berlin einen Absolventen der Kunsthochschule Berlin, Wolf-Dieter Kunze, und für die Arbeitsstelle Dresden einen Absolventen der Hochschule für Bildende Künste Dresden, Ingo Sandner, zu gewinnen.

Von den in Halle ausgebildeten jüngeren Restauratoren war Roland Möller bereit, nach Erfurt zu gehen, um dort ein Restaurierungsatelier aufzubauen. Sein Kollege Johannes Voss übernahm die gleiche Aufgabe in Schwerin. Junge Leute, oft Oberschulabsolventen mit zusätzlicher Facharbeiterausbildung waren bereit, sich in den Restaurierungsateliers ausbilden zu lassen, aber es gab keinen staatlich anerkannten Ausbildungsgang, dessen Abschluss eine angemessene Einstufung ermöglicht hätte. Da von diesem Mangel auch die Museen betroffen waren, unter ihnen das Museum für Deutsche Geschichte, das dem Ministerium für Hoch- und Fachschulwesen unterstellt war, konnten wir gemeinsam mit diesem noch in den 1960er Jahren einen Studiengang für Restauratoren entwickeln und durchführen. Erfahrene Restauratoren aus Denkmalpflege und Museen übernahmen Lehrverpflichtungen. Es folgte – wieder weitgehend gestützt auf diese Lehrergruppe – die planmäßige Restauratorenausbildung zunächst an der Kunsthochschule Berlin, später an der Hochschule für Bildende Künste Dresden, außerdem an der Fachschule für Werbung und Gestaltung Berlin, Außenstelle Potsdam.

Dank dieser Ausbildungen konnten wir zunächst den Mitarbeiterbestand in den Restaurierungsateliers des Instituts nach und nach ausbauen, später waren die Absolventen auch willkommen zum Aufbau der Restaurierungsateliers, die bei den Ausführungsbetrieben der Denkmalpflege gebildet wurden.

Angeleitet von den Mitarbeitern des Instituts für Denkmalpflege – oft direkt in deren Ateliers –, leisteten auch in wachsendem Maße freiberufliche Restauratoren einen beachtlichen Anteil an der denkmalpflegerischen Ausführungsarbeit. Das Recht, das Mitglieder des Verbandes Bildender Künstler auf freiberufliche Tätigkeit hatten, bot auch Restauratoren eine entsprechende Existenzgrundlage. Wer von seiner Ausbildung und Erfahrung her die Voraussetzungen erworben hatte, Mitglied der Sektion Restaurierung des Verbandes Bildender Künstler der DDR zu werden, hatte auch das Recht, eine Zulassung für freiberufliche Tätigkeit zu beantragen.

Die Überprüfung der Fähigkeiten war Aufgabe des Vorsitzenden der Sektion, Ingo Timm, und anderer erfahrener Mitglieder in Zusammenarbeit mit den örtlich zuständigen Mitarbeitern des Instituts. Vertrauensperson war dabei die Kunsthistorikerin Ute Schwarzenberger aus der Zentrale des Instituts. Mit meiner Unterschrift versehen konnte der Antrag beim Ministerium eingereicht und genehmigt werden. So etablierten sich unter anderem Absolventen und Absolventinnen der Abteilung Restaurierung der Fachschule für Werbung und Gestaltung Berlin-Potsdam hauptsächlich für Gebäudefassung und junge Leute, die als Restauratoren an der Kunsthochschule Dresden ausgebildet worden waren, für Wandmalerei oder Skulpturen und Tafelbilder.

Der Ausbau der normativen Regelungen

Parallel zur Entwicklung der finanziellen und personellen Ausstattung der Denkmalpflege wurde Wert auf den Ausbau der Verfahrensregelungen gelegt. Zunächst wurden Fachabteilung und Institut vom Minister aufgefordert, Durchführungsbestimmungen zum Gesetz auszuarbeiten. Man erwartete alles Erforderliche in einer einzigen vom Vorsitzenden des Ministerrats zu unterschreibenden Durchführungsbestimmung unterbringen zu können. Außer dieser Durchführungsbestimmung vom 24. September 1976, die nicht als erste bezeichnet wurde, kam es getrieben von den Auseinandersetzungen in der Praxis weiterhin noch zu einer 2. und einer 3. Durchführungsbestimmung und zur Bekanntmachung der Zentralen Denkmalliste als Ministerratsverordnungen im Gesetzblatt. Außerdem wurden noch sechs Statuten und Richtlinien vom Minister für Kultur erlassen und in dessen »Verfügungen und Mitteilungen« veröffentlicht. Die Grundlagen für all diese gesetzlichen Regelungen sind im Institut für Denkmalpflege ausgearbeitet worden. Zur Unterstützung durften wir einen Juristen einstellen und fanden in Edwin Fischer einen sehr engagierten und gründlichen Mitarbeiter.

Abb. 10 Potsdam, Brandenburger Straße als eine frühe Fußgängerzone; Aufnahme um 1975

Die Durchführungsbestimmungen

Wie üblich sollten die Durchführungsbestimmungen die Festlegungen des Gesetzes vertiefen. Der erste Teil der (1.) Durchführungsbestimmung zielte darauf ab, die Rolle des Instituts für Denkmalpflege zu verankern. Es wurde detailliert als die verantwortliche Institution für die Bestandsforschung, Erhaltung, Instandsetzung, sachgemäße Nutzung und Erschließung sowie die Bewahrung bzw. die Entwicklung der Wirkungsbezüge der Denkmale in ihrer Umgebung bezeichnet. Dementsprechend wurde im folgenden Text die Verpflichtung der Abteilungen für Kultur der Staatsorgane der verschiedenen Ebenen betont, zu allen Fragen der Erfassung und Pflege der Denkmale die fachwissenschaftliche Anleitung durch das Institut einzuholen. Außerdem wurden die Rechtsträger, Eigentümer und Verfügungsberechtigten der Denkmale verpflichtet, zur Vorbereitung von Arbeiten an ihren Denkmalen Genehmigungen bei den verantwortlichen Abteilungen für Kultur einzuholen und hierfür vom Institut für Denkmalpflege bestätigte denkmalpflegerische Zielstellungen vorzulegen. Diese waren in der Praxis meist ohnehin in wesentlichen Elementen vom Institut vorgegeben. Die denkmalrechtliche Genehmigung wurde als Voraussetzung für die bauaufsichtliche benannt, die Kontrolle über die Einhaltung der Zielstellung dann ausdrücklich als Aufgabe des Instituts bezeichnet.

Des Weiteren wurde den Räten der Kreise aufgegeben, ehrenamtliche Beauftragte zu berufen, deren Bestellung und Tätigkeit nach einer Richtlinie des Ministers für Kultur vonstattenzugehen habe. Auch diesbezüglich wurde der Einfluss des Instituts gesichert, indem in den Richtlinien unter den Voraussetzungen für die Berufung der Beauftragten das Einverständnis des Instituts zur Person gefordert wurde. Ferner sei die Anleitung und Qualifizierung der Beauftragten durch die Bezirke in Zusammenarbeit mit dem Institut zu sichern. In Bezug auf ihre Mitarbeit bei der Erfassung, Bestands- und Maßnahmenkontrolle wurde den Beauftragten selbst eine Meldepflicht auch gegenüber den Arbeitsstellen des Instituts auferlegt.

Mit all dem war den ehrenamtlichen Beauftragten die Voraussetzung gegeben, in Fortsetzung der guten Tradition sich als Vertrauensleute des Instituts – immerhin einer zentral unterstellten Institution – zu betrachten. Sie rechtfertigten das Vertrauen und sorgten dafür, dass das Institut an jeden denkmalpflegerischen Vorgang im Lande angeschlossen war.

Es bleibt zu ergänzen, dass zu den wesentlichen Neuerungen im Rahmen der (1.) Durchführungsbestimmung auch das Definieren von Spezialbetrieben für Denkmalpflege und von Restauratoren gehörte, deren Zulassung vom Minister für Kultur zu regeln war.

Der unnummerierten folgte 1978, nach knapp zwei Jahren, die 2. Durchführungsbestimmung zum Denkmalpflegegesetz über Denkmale mit Gebietscharakter und die Einbeziehung der Umgebung in den Schutz der Denkmale.

Es gab dringende Gründe, gerade eine solche Verordnung zu fordern. Mit der spezifischen gesellschaftlichen Entwicklung in den 1960er und 70er Jahren war erhöhter Baubedarf verbunden: Neben instand gesetzten und modernisierten alten sollten gerade in den Innenstädten besonders neue Bauten das Bild prägen, vielfach war von der erforderlichen Umgestaltung der Innenstädte die Rede.

Wegen der bereits erwähnten Schwäche der alten Eigentümer von innerstädtischen Bauten einerseits und der Baureparaturbetriebe andererseits gerieten trotz sogenannter komplexer Instandsetzungsprogramme immer mehr Altbauten in Verfall und die Verlockung wuchs, durch Abrisse Platz für neue Wohn- und Gesellschaftsbauten zu schaffen. Demgegenüber musste die Sensibilität der Öffentlichkeit und der Mitarbeiter des Partei- und Staatsapparats für die Werte historischer Ensembles von Bauten erhöht werden. Deshalb wurde verordnet, Denkmalschutzgebiete als solche zu erfassen, zu kartieren und vor Ort durch Kennzeichnung auszuweisen. Stätten historischer Ereignisse, historische Stadt- und Ortskerne, Gärten und Parkanlagen, bedeutende Baudenkmale mit deren geschichtlich gewachsener Umgebung und andere bedeutungsvolle Baugebiete seien dieser Denkmalkategorie zuzurechnen. Es wurde formuliert: »Die Erklärung zum Denkmalschutzgebiet erfolgt zur Gewährleistung der gesellschaftlichen Nutzung und Entwicklung, des Schutzes und der Pflege, der Erhaltung der Wirkung (...).«[2]

Wesentlich war, dass mit der Ausweisung eines Denkmalschutzgebietes für den Rat des Kreises die Pflicht verbunden wurde, in Zusammenarbeit mit dem Institut für Denkmalpflege eine Analyse des Gebiets zu erarbeiten, der zur Vorbereitung von städtebaulichen Planungen oder Baumaßnahmen eine denkmalpflegerische Zielstellung zu folgen habe. Den Räten der Städte und Gemeinden wurde aufgegeben, Festlegungen zu treffen bzw. Satzungen zu erlassen, einerseits über die Erhaltung und Pflege der vorhandenen Bauwerke, Kleinarchitekturen, Pflasterungen, Bepflanzungen usw., andererseits über die Einordnung von Neubauten hinsichtlich der Fluchten, Traufhöhen, Dachformen, Fassadenmaterialien usw.

Für die Denkmalpfleger und ihre Verbündeten gab es noch einen besonderen Grund, die Ausweisung von Denkmalschutzgebieten zu fordern. Ein solches Schutzgebiet erhielt in den Denkmallisten nur einen Positionspunkt und enthielt doch – erfasst in den Analysen – eine große Zahl von im Einzelnen denkmalwerten Bauten. Das war von Belang, weil vielfach die Instanzen der Planung und des Bauwesens forderten, die Denkmallisten mit möglichst wenigen Positionen aufzustellen.

Die schon im Zusammenhang mit der Ausweisung der Denkmalschutzgebiete geforderte Kennzeichnung bedurfte einer weiteren Durchführungsbestimmung. Auch Einzelbauwerke und andere Objekte mit Denkmalcharakter sollten als solche von jedermann beachtet und deshalb durch ein einheitliches Zeichen kenntlich gemacht werden. Das konnte nun ab 1980 im Rahmen der 3. Durchführungsbestimmung verpflichtend festgelegt werden. Die Kennzeichnung gehörte zu den Pflichten der Rechtsträger, Eigentümer oder sonstigen Verfügungsberechtigten, die Anleitung dazu war Aufgabe der Räte der Kreise. Die ehrenamtlichen Beauftragten führten, unterstützt von Freundeskreisen des Kulturbundes alsbald Kennzeichnungskampagnen durch.

Als Kennzeichen wurden emaillierte Schilder in Hausnummergröße verordnet, auf denen das blau-weiße Wappenschild der Haager Konvention zum Schutz des Kulturguts abgebildet war, zusätzlich versehen mit dem Wort Denkmal oder Denkmalschutzgebiet.

Verfügungen

Verfügungen wurden vom Minister für Kultur erlassen und in seinem Blatt für Verfügungen und Mitteilungen veröffentlicht. Sie waren in seinem Fachbereich, dem Ministerium, den ihm zentral unterstellten Einrichtungen und auch für die Tätigkeit der Abteilungen für Kultur der örtlichen Räte gültig. Auch nach den Durchführungsbestimmungen waren zur praktischen Handhabung des Denkmalpflegegesetzes von 1975 noch solche Verfügungen erforderlich.

Schon im Zusammenhang mit der (1.) Durchführungsbestimmung hatte ich die Verfügung von 1976 über die Aufgaben und Verantwortung von ehrenamtlichen »Beauftragten für Denkmalpflege« vorgestellt. Zur gleichen Zeit erging im Rahmen der Erfassung und dem Aussprechen der Denkmalerklärung eine Verfügung zur Aushändigung von »Urkunden für die Rechtsträger, Eigentümer oder Verfügungsberechtigten von Denkmalen«.

Eine Novität wegen der doppelten Trägerschaft war die »Verfügung vom 18. Mai 1983 des Ministers für Kultur und des Ministers für Bauwesen über die städtebauliche Einordnung von Baumaßnahmen, die den Bestand und die Wirkung von Denkmalen beeinflussen«.

Im Jahr 1977 verfügte der Minister für Kultur das Statut der »Produktionsleitung Denkmalpflege« des Leitorgans für den Aufbau und die Tätigkeit der bereits erwähnten Spezialbetriebe für Denkmalpflege.

Bereits ein Jahr zuvor war das Statut des Instituts für Denkmalpflege erlassen und veröffentlicht worden. Aufgrund des über eineinhalb Jahrzehnte aufgebauten Tätigkeitsprofils des Instituts war die Veröffentlichung des Statuts keine Überraschung. Da das Institut nun jedoch pflichtgemäß nach Gesetz und Durchführungsbestimmungen zu allen Fragen der Vorbereitung und Durchführung der Denkmalpflege allerorts in Anspruch genommen werden musste, war die detaillierte ministerielle Darstellung des Charakters und der Aufgaben des Instituts für Denkmalpflege unerlässlich, im Übrigen auch für die Tätigkeit und Entwicklung des Instituts selbst.

Die eben dargelegten vielfältigen Verflechtungen des Instituts mit der Tätigkeit der Staatsorgane und den Eigentümern der Denkmale lassen es sinnvoll erscheinen, die die Aufgaben des Instituts betreffenden Abschnitte des Statuts im Folgenden zu zitieren:

§ 1 Rechtliche Stellung und Sitz

(1) Das Institut für Denkmalpflege der DDR – nachstehend Institut genannt – ist die zentrale wissenschaftliche Einrichtung für die Vorbereitung und Anleitung bei der Erfassung, dem Schutz, der Pflege und der Erschließung der Denkmale.

(2) Das Institut untersteht dem Minister für Kultur.

(3) Das Institut ist juristische Person, sein Sitz ist Berlin, die Hauptstadt der Deutschen Demokratischen Republik.

§ 2 Aufgaben und Befugnisse

(1) Das Institut arbeitet im Auftrag des Ministeriums für Kultur an der Erfüllung der Aufgaben nach dem Denkmalpflegegesetz.

(2) *Das Institut wirkt für ein hohes kulturpolitisches, wissenschaftliches, künstlerisches, technisches Niveau bei der Erfassung, Erhaltung und Erschließung der Denkmale und übt die fachwissenschaftliche Anleitung aus.*

(3) *Im einzelnen hat das Institut folgende Aufgaben:*

  a) *die örtlichen Räte, die Rechtsträger, Eigentümer und Verfügungsberechtigten bei der Erfüllung ihrer Aufgaben und Pflichten gegenüber den Denkmalen fachlich zu beraten und zu unterstützen;*
  b) *den Denkmalbestand der DDR zu erforschen und hierfür den wissenschaftlichen Nachweis zu führen;*
  c) *die zentrale Denkmalliste zu führen und den zentralen Denkmalpflegefonds zu verwalten;*
  d) *Forschungs- und Entwicklungsarbeit zur Theorie, Methodik und Technologie der Denkmalpflege zu leisten;*
  e) *denkmalpflegerische Maßnahmen wissenschaftlich vorzubereiten, anzuleiten und zu dokumentieren;*
  f) *am Aufbau denkmalpflegerischer Spezialkapazitäten mitzuwirken und diese fachlich zu unterweisen;*
  g) *die Ergebnisse der Denkmalpflege auszuwerten und Kenntnisse über den Denkmalbestand, die Ziele und Methoden der sozialistischen Denkmalpflege zu verbreiten;*
  h) *die Ausbildung des Nachwuchses für die Denkmalpflege zu unterstützen;*
  i) *die haupt- und ehrenamtlich auf dem Gebiet der Denkmalpflege Tätigen fachlich zu qualifizieren und weiterzubilden;*
  k) *als Sekretariat des Rates für Denkmalpflege beim Ministerium für Kultur zu fungieren;*
  l) *die internationale Zusammenarbeit, besonders mit den Partner-Instituten in der UdSSR, den anderen sozialistischen Ländern und dem Internationalen Rat für Denkmale und Plätze (ICOMOS) zu fördern.*

Voraussetzungen für den Einfluss des Instituts für Denkmalpflege

Mit dem Denkmalpflegegesetz von 1975 und den nachfolgenden Durchführungsbestimmungen und Verfügungen war die erreichbare Ordnung für die Durchführung und fachwissenschaftliche Anleitung der Denkmalpflege aufgebaut. Staatsrechtlich hatte das Institut für Denkmalpflege jedoch nur eine Stellung am Rande bekommen. Es hatte nicht die Befugnisse der einstigen Landesämter und konnte eigentlich nur als beratende Institution auf die dem Gesetz nach für die Denkmalpflege verantwortlichen Behörden, die örtlichen Staatsorgane mit ihren Volksvertretungen und Räten einwirken.

Der oberste im Staatsapparat verantwortliche staatliche Denkmalpfleger war der Minister für Kultur in Person. Daraus ergab sich aber auch, dass das ihm direkt unterstellte Institut im Prinzip in seinem Auftrag handeln und mit seinem Rückhalt rechnen konnte. War mit den örtlichen Autoritäten im Einzelfall kein Konsens für denkmalpflegerische Entscheidungen zu erzielen, mussten diese vom Minister kommen. Glücklicherweise gab es ein wechselseitiges Bemühen, diesen äußersten Fall zu vermeiden. Die Chefkonservatoren befragten bei Schwierigkeiten den Generalkonservator, die Räte der Kreise die der Bezirke und diese den Leiter der Abteilung für Museen und Denkmalpflege des Ministeriums, der aber normalerweise einen Mitarbeiter mit mir auf Reisen schickte. War keine einvernehmliche Lösung zu finden, verlangte der Minister persönlichen Vortrag, häufiger einen Briefentwurf von mir, in dem ein Ansatz zur weiteren Suche nach einem beiderseits gangbaren Weg erwartet wurde.

Zweifellos hatte gerade Hans-Joachim Hofmann, der von 1973 bis 1989 unser Minister war, eine kämpferische Haltung. 1978 gratulierte er uns persönlich zum fünfundzwanzigjährigen Bestehen des Instituts für Denkmalpflege und ließ dabei erkennen, welches Verständnis er für unsere Arbeit und für unser Ringen vor Ort hatte. Generell war es ihm ein Anliegen, Aufgaben und Arbeitsweise der Denkmalpflege bekannt zu machen. Dazu gehörte, dass er mich auf den Tagungen, die er häufig mit den Ratsmitgliedern für Kultur der Bezirke und Kreise durchführte, regelmäßig über die aktuellen denkmalpflegerischen Probleme referieren ließ.

Zu den Voraussetzungen unserer Wirksamkeit gehörte weiterhin eine regelmäßige Präsenz auf örtlicher und zentraler Ebene. In der örtlichen Präsenz bewährte sich die Zuordnung unserer nun sogenannten Hauptkonservatoren zu den Bezirken, und diese fanden inzwischen dort die neuen Inspektoren für Denkmalpflege bei den Abteilungen für Kultur der Räte der Bezirke als ständige Ansprechpartner vor. In den Stadt- und Landkreisen entwickelte sich die Zusammenarbeit mit den Beauftragten für Denkmalpflege weiter, da diese sich ihrer verbindenden Funktion zwischen den örtlich Verantwortlichen und dem Institut sehr bewusst waren. Außerdem hatten sie ihre Basis in der Bevölkerung, deren Interesse an den Denkmalen wuchs. Das äußerte sich besonders in den Aktivitäten der Freundeskreise und anderer regionaler Unterorganisationen der Gesellschaft für Denkmalpflege des Kulturbundes. Die Bezirksleitungen des Kulturbundes förderten diese Entwicklungen durch Fachtagungen, die wiederum von den Arbeitsstellen des Instituts mitgetragen wurden. Wesentlich beteiligt war auch der zentrale Fachausschuss des Kulturbundes für Bau- und Denkmalpflege, der sich später zum Vorstand der Gesellschaft für Denkmalpflege entwickelte. In ihm waren selbstverständlich erfahrene Angehörige des Instituts wie Hans Nadler, Bezirksinspektoren wie Heinrich Douffet und Peter Schuster und Persönlichkeiten mit speziellen Fachgebieten wie Hans Schuster und Ottfried Wagenbreth vertreten.

Zu unseren ständigen Ansprechpartnern gehörten auch die Bezirksarchitekten, Kreis- oder Stadtarchitekten, die als Stellvertreter der Baudirektoren für die städtebauliche und architektonische Entwicklung im Lande zuständig waren. Für die fachliche Anleitung dieser Kollegen war das Ministerium für Bauwesen zuständig, mit dessen Abteilung Städtebau wir in ständigem Kontakt standen. Groß war auch der Einfluss der diesem Ministerium unterstellten Bauakademie, die mir Gelegenheit gab, auf ihren Plenartagungen über die Belange der Denkmalpflege zu sprechen.

Abb. 11 Augustusburg, Innenhof mit historischer Farbfassung; Aufnahme um 1969

Die Architektenschaft hatte eine gute Basis für den kollegialen Austausch im Architektenbund (BDA). Als um 1970 die Bemühungen um die Erhaltung der Altbauten in der DDR zunahmen, bildete sich im BDA für die Fragen der Erhaltung und Modernisierung der Altbauten eine zentrale Fachgruppe für Rekonstruktionen, wie man es damals nannte. Die Kommission Denkmalpflege, die ich seiner Zeit leitete, wurde in die neue Fachgruppe einbezogen, und ich übernahm deren Vorsitz. Als Stellvertreter fungierte Günter Kabus, der in der Bauakademie die Forschungs- und Entwicklungsarbeit zur Altbauerhaltung leitete, als Sekretär der Fachgruppe arbeitete Ernst Wipprecht aus unserem Institut. Die Fachgruppenarbeit im BDA bot uns viele Möglichkeiten, Kenntnisse weiterzugeben und Verbündete für die Lösung denkmalpflegerischer Aufgaben im Lande zu gewinnen.

Die hier niedergeschriebenen Bemerkungen zu den Bemühungen, örtlich und zentral für die Denkmalpflege zu wirken, will ich später noch um verschiedene Aspekten ergänzen und an dieser Stelle den Überblick über die Entwicklung des Instituts für Denkmalpflege beenden. Auf die Methodik der Denkmalpflege, auf Beispiele und bestimmte Aspekte soll im folgenden Hauptabschnitt eingegangen werden.

An der bis hierher in Kürze beschriebenen Arbeitsweise des Instituts, wie sie sich nach dem Denkmalpflegegesetz von 1976 bis in die Mitte der 1980er Jahre entwickelte, hat sich bis 1990 nichts Grundsätzliches mehr geändert.

Meine Tätigkeit als Generalkonservator endete nach meinem 65. Geburtstag im Dezember 1986, an meinen Platz trat Peter Goralczyk. Er hatte bereits in den 1950er Jahren als junger Kunsthistoriker im Institut gearbeitet, studierte später Architektur, war lange Jahre Chefkonservator für Berlin und die brandenburgischen Bezirke und in den letzten Jahren als Stellvertreter des Generalkonservators tätig. Auch er setzte die fachwissenschaftliche Arbeit in der Breite und Kontinuität fort, die unsere Fachschaft von den einstigen Landesdenkmalämtern in der Sowjetischen Besatzungszone über fast vier Jahrzehnte Institutsexistenz geradewegs in die neuen Landesämter für Denkmalpflege in der vereinigten Bundesrepublik führte.

II. Zur Situation der Denkmalpflege

Politik und Denkmalpflege

Die Aufgabe der Pflege und Aneignung des kulturellen Erbes hatte ihren Platz im ideologischen Programm, in der staatlichen Organisation, in der Planung wie in der täglichen Durchführung. Aber wenn man an das Verhältnis von Politik und Denkmalpflege zurückdenkt, so landet man immer wieder bei Erinnerungen an die prinzipielle Haltung und praktische Handlung von Seiten der führenden Mitglieder der SED. Das Thema ist nicht auszuschöpfen, aber einige Aspekte und Episoden darf ich doch zur Betrachtung dieses großen Komplexes aufzeichnen.

Im Vordergrund des ideologischen Denkens und des praktischen Handelns stand nun einmal der Wille zum Bruch mit der politischen Vergangenheit, zur Veränderung der gesellschaftlichen Verhältnisse. Im Zuge der Negation wurde z. B. das einstige Stadtschloss in Berlin von Walter Ulbricht ausschließlich als Symbol feudaler Machtverhältnisse betrachtet und sein kultureller Wert hartnäckig geringgeschätzt. Der Ruinenzustand des Schlosses lieferte den Vorwand, und so wurde es im Rahmen der Enttrümmerung der weithin zerstörten Berliner Innenstadt 1950 abgerissen, trotz der heftigen Proteste der damals bedauerlicherweise noch wenig formierten Befürworter einer Wiedererstellung.

Dieses Beispiel machte Schule. Karl Mebes, Erster Sekretär der Bezirksleitung Rostock, ließ das baulich heruntergekom-

Abb. 12 Dresden, Schlosskomplex, restaurierter Stallhof; Aufnahme um 1988

mene Schloss Putbus abreißen. Gutsschlösser wurden hier und da zum Abriss freigegeben, um ihre Materialien für den Bau von Neubauernhäusern nutzen zu können. Es zeigte sich jedoch, dass diese Bauten kaum Material enthielten, das für die kleinen Typenbauten verwendbar gewesen wäre. So erwies es sich als sinnvoller, die Gutsschlösser, wie sie waren, als Unterkünfte für die sogenannten Flüchtlinge zu nutzen. Das war meist eine elende Situation. Ich erinnere mich, dass scheinbar eine Ahnfrau aus einem Fenster des Gutshauses Groß-Rietz schaute, weil ein Bewohner mit ihrem Ölbild eine zerbrochene Scheibe ersetzt hatte. Aber dieses kleine Schloss hat wie viele andere überlebt.

Eine späte Nachfolge des Schlossabrisses in Berlin trat 1959/60 die Ruine des Stadtschlosses in Potsdam an. Der ganze Ort war in der gängigen Geschichtsauffassung so negativ belegt, dass keine Proteste halfen. Die waren hier allerdings bereits anhaltender gewesen. Damals hatten wir in unserem kleinen Institut eine Denkschrift über die Bedeutung des Schlosses ausgearbeitet, auch seine städtebauliche Schlüsselstellung dargestellt. Gerade das Argument notwendiger städtebaulicher Veränderungen war gegen die Erhaltung des Schlosses ins Feld geführt: Man müsse die Schlossbrücke über die Havel etwas stromab durch eine neue ersetzen, und die Ruine des Schlosses sei dann im Wege. Die Städtebauer der TU Dresden und der Hochschule für Bauwesen Weimar, Georg Funk und Hermann Räder, haben auf unseren Wunsch prompt Straßenführungen am Schloss vorbei ausgearbeitet. Diese stellte der Minister für Kultur, Alexander Abusch, zusammen mit unseren Dokumentationen in seinem Arbeitszimmer aus und lud das verantwortliche Mitglied des Politbüros der SED, Alfred Kurella, zur Besichtigung ein. Ich hatte Gelegenheit, ihn durch die kleine Ausstellung zu führen und zu argumentieren. Es half nichts; wenig danach bekam ich Gelegenheit, Kurella noch einmal am Rande eines Empfangs zu sprechen und fragte ihn schließlich, wie ich denn überhaupt Denkmale pflegen solle, wenn ich ein solches wie das Potsdamer Schloss nicht retten könne. »Sie sind noch sehr jung«, war seine verabschiedende Antwort. Später erzählte man mir, Alfred Kurella habe in der sowjetischen Emigration seinen Bruder durch die Verfolgungen Stalins verloren.

In Potsdam wurde ich zur beschlussfassenden Versammlung der Bezirksleitung der SED eingeladen und konnte noch einmal für Erhaltung und Neuausbau der Schlossruine eintreten. Als mich daraufhin ein Eiferer persönlich attackierte, griff der Erste Sekretär zwar ein, aber der Abrissbeschluss wurde gefasst. In bescheidenem Umfang gab man dem Institut noch Zeit und Geld, um Dokumentations- und Bergungsarbeiten durchführen zu können. Diese Arbeiten wurden von Joachim Fait geleitet. Die Architekturelemente, die sich unter den gegebenen Umständen bergen ließen, besonders von den Nordwestgiebeln und dem Fortunaportal, wurden glücklicherweise von der Verwaltung der Schlösser und Gärten in Verwahrung genommen, ebenso auch ein großes Holzmodell von der Schlossanlage, das wir von einem Modellbauer in Mirow hatten anfertigen lassen.

Die erbefeindliche Haltung der SED-Bezirksleitung Potsdam hielt weiter an. Wenige Jahre später folgte trotz aller Proteste der Abriss der Ruine der Garnisonkirche. Auch bei anderen SED-Bezirksleitungen gab es in der Ära Ulbricht Bauaktivitäten, die gegen die Existenz von Baudenkmalen geplant wurden. In Rostock fiel im Zuge des Wiederaufbaus der mittelalterlichen Stadterweiterung die Jacobikirche, in Dresden wurde im Zusammenhang mit dem Ausbau des westlichen Anfangsbereichs der Thälmannstraße gegen erhebliche Widerstände die Ruine der Sophienkirche geopfert. Verständlicherweise am heftigsten war der Widerstand der Fachwelt und großer Teile der Bevölkerung, als in Leipzig auf Betreiben des Ersten Sekre-

Abb. 13 Quedlinburg, Burgberg mit Schloss und Stiftskirche; Aufnahme 1980

tärs der Bezirksleitung Paul Fröhlich – im Hintergrund seines Freundes Walter Ulbricht – die intakte Universitätskirche zugunsten der Neugestaltung des zentralen Platzes abgerissen wurde. Gerade mit diesem Fall waren anhaltende Auseinandersetzungen auch auf der zentralen Regierungs- und Parteiebene verbunden. In den kritischen Tagen des Abrisses wurde es mir vom Staatssekretär des Ministeriums für Kultur direkt untersagt, nach Leipzig zu fahren.

Bezeichnend für die radikale Haltung bestimmter Parteifunktionäre war ein gegen die Erhaltung der Ruine des Dresdner Schlosses gerichteter Ausspruch eines Stadtrats, der mir etwa folgendermaßen wiedergegeben wurde: »Wie man den Feudalismus mit seinen Wurzeln ausrotten muss, so muss man auch die Schlossruine mit ihren Fundamenten beseitigen.« Für die Erhaltung dieser Schlossruine gab es jedoch geschickte und einflussreiche Verbündete. Veranlasst durch Hans Nadler haben die damaligen Studenten und späteren Denkmalpfleger Gerhard Glaser und Hermann Krüger eine Studienarbeit zum Wiederaufbau und -ausbau des Schlosses für Sammlungen der Staatlichen Museen ausgearbeitet, und deren derzeitiger Generaldirektor, Max Seydewitz, nahm sich des Vorschlags an. Seydewitz war bis 1952 Ministerpräsident des Landes Sachsen gewesen und verfügte über die notwendigen Verbindungen. Mit dem Ausbau des Georgentors als Sitz der Generaldirektion setzte er seinen Fuß in den Gebäudekomplex, der von da an in zunächst kleinen, dann großen Schritten wiederhergestellt wurde.

Ein anderes wichtiges Beispiel für den Willen leitender Funktionäre, bereits in den 1960er Jahren Denkmale angemessenen Nutzungen zuzuführen, war das Eintreten des Ersten Sekretärs der SED-Bezirksleitung Schwerin, Bernhard Quandt, für die Instandsetzung des Schlosses Güstrow und seine Einrichtung als Museum und Kulturhaus. Das Schloss Güstrow war seit Anfang des 19. Jahrhunderts als Gefängnis genutzt worden, später nach 1945 als Altersheim und dementsprechend ramponiert. Das Vorhaben, das Schloss instand zu setzen, als Museum und Kreiskulturhaus einzurichten, konnte nur schleppend verwirklicht werden, bis Quandt eingriff, die Denkmalpfleger empfing und ihre Intentionen unterstützte. Zum Abschluss dieser Reihe von Erlebnissen in den Begegnungen mit leitenden Parteifunktionären sei noch von einem Disput in Gegenwart von Horst Sindermann, dem Ersten Sekretär der Bezirksleitung Halle, Anfang der 1960er Jahre berichtet. Die Autoritäten des Kreises hatten zur Vorstellung ihrer prognostischen Planungen zur Umgestaltung der Altstadt von Quedlinburg eingeladen. Wie zu erwarten war angesichts des Verfalls und der mangelnden Baukapazitäten vorgesehen, einen großen Teil der Fachwerkbebauung in den Randgebieten durch Neubauten zu ersetzen. Der zuständige Konservator, Hans Berger, nahm an der Veranstaltung teil und hatte mich zur Verstärkung mitgenommen. Das gab mir Gelegenheit, eine heftige Rede über das Gesamtdenkmal Quedlinburg zu halten (Abb. 13). Als ich daraufhin attackiert wurde, bremste Sindermann ab und endete mit Worten zur denkmalpflegerischen Verpflichtung: »Ihr müsst das alles unter einen Hut bringen und der sozialistische Hut ist ein großer Hut.«

Das schien leider für die leitenden Genossen in Potsdam nicht zu gelten. Die hatten beim Vorbeifahren an West-Berlin bizarre Stadtsilhouetten gesehen und wollten noch Anfang der 1970er Jahre derartiges im historischen Kernbereich Potsdams errichten. Dafür hatten sie den Marstall und die Knobelsdorffschen Torhäuser beseitigen wollen, um eine neue Straßenachse mit Vielgeschossern und Hochhäusern zu schaffen. Das traf sich zeitlich mit dem Versuch der Dresdner Bezirksleitung, das vergoldete Reiterstandbild Augusts des Starken vom Elbuferbereich in die äußere Neustadt zu verbannen. Da aber endlich war die Zeit des kurzschlüssigen Radikalismus gegenüber den Denkmalen vorbei. Der alarmierte Kulturminister informierte das nunmehr für kulturelle Fragen zuständige Mitglied des Politbüros Kurt Hager. Die denkmalfeindlichen Aktionen wurden gestoppt, und Erich Honecker soll die Vorfälle in einer Tagung mit den Ersten Sekretären der Bezirks- und Kreisleitungen nachdrücklich ausgewertet haben. Von nun an konnte auch über den Parteiapparat auf denkmalpflegerische Probleme eingewirkt werden. In der Abteilung für Kultur innerhalb des Apparats des ZK gab es in Horst Laude einen Ansprechpartner, der uns sowohl bei grundsätzlichen Fragen als auch in Einzelfällen oft unterstützte.

Gegenüber der Situation in der Ulbricht-Ära war es im weiteren Verlauf der 1970er und 80er Jahre weitaus leichter, Verständnis für die denkmalpflegerischen Aufgaben auch bei den örtlichen Partei- und Staatsorganen zu finden.

In Frankfurt/Oder wurde unter anderem die Wiederherstellung der großen Marienkirche durch die Bezirksleitung der SED unterstützt. Die in Neubrandenburg entschied sich für die Wiederherstellung der dortigen Marienkirche mit Turm. Das bedurfte allerdings einer Überzeugungsarbeit, denn die Stadtarchitektin war zunächst der Meinung, dass ihrem Kulturhausturm die Dominanz gebühre. Die Dresdener Bezirksleitung setzte sich, seit Hans Modrow deren Erster Sekretär wurde, für den Wiederaufbau der Semperoper und des Residenzschlosses ein und war daran interessiert, dass ein langfristiges denkmalpflegerisches Arbeitsprogramm für den Bezirk erarbeitet wurde.

Die Politik war pragmatischer geworden. Unter anderem wünschte man, dass sich die Bürger in ihrer nun »sozialistischen Heimat« wohl fühlen sollten. Der neu definierte Heimatbegriff sollte das kulturelle Erbe in seiner Vielfalt und Breite ausdrücklich einschließen. Für die Aneignung des Erbes fanden sich, wenn man sie suchte, Ansätze in der sozialistischen Ideologie. Dazu gehörte der Gedanke der Negation der Negation, d. h., von der Ablehnung der Vergangenheit mit ihren negativen Umständen seien die weiterwirkenden positiven Errungenschaften, darunter nicht zuletzt die kulturellen, auszunehmen. Auch die Gedanken, die Lunatscharski, der erste Volkskommissar für das Bildungswesen in der russischen Oktoberrevolution über das Eigentum des Volkes an den Schätzen der Kultur äußerte, wurden jetzt aufmerksamer angenommen.

Unser ständiges Werben für die Erhaltung und die Pflege der Denkmale, das viel meiner Zeit in Anspruch nahm, fand hier Ausgangspunkte. Hin und wieder konnten wir unser Anliegen in Fachzeitschriften und der Tagespresse darstellen, später auch im Rundfunk, sehr selten im Fernsehen. Eine Fernsehsendung über Instandsetzungsarbeiten am Schloss Neuhardenberg (damals Marxwalde) führte zu einer Katastrophe, die zeigte, dass wir weiterhin mächtige Gegner hatten. Günter Mittag, damals zuständiges Politbüromitglied für die Wirtschaft und damit auch für das Bauwesen, sah die Sendung und ließ anderntags die dortigen Arbeiten stoppen. Er war stets der Meinung, dass die Denkmalpflege dem Bauwesen zu viele Kräfte entzöge. Bescheidener deklariert und bestückt wurde in Marxwalde allerdings bald erneut gearbeitet – die regionalen Verbündeten machten es möglich. Trotz solcher Pannen fand die Aufgabe der Denkmalpflege bald mehr Aufmerksamkeit in der politischen Vorgabe wie in der Praxis.

Große Reden des Partei- und Staatsratsvorsitzenden wurden in allen Bereichen des gesellschaftlichen Lebens vorbereitet. In unzähligen Arbeitsgruppen versuchte man, die anliegenden spezifischen Aufgaben in passende Worte zu fassen und hoffte, dass diese von den koordinierenden Kräften in das Redemanuskript übernommen würden. Ich konnte mich manchmal an zwei Basiskommissionen beteiligen, im Kulturministerium und im Architektenbund. Wenn dann tatsächlich etwas von unserem Anliegen soweit herangereift war, dass es – vielleicht in Verallgemeinerungen einbezogen – von Honecker auch vorgetragen wurde, dann konnten wir ihn zitieren, konnten daran anknüpfen und unsere Vorhaben und Forderungen wirksamer darlegen.

Solche Herleitungen zu lesen, ist mir heute noch peinlicher als damals, aber sie schienen mir eine erfolgversprechende Verständigungsbasis zu sein. Ein ergiebiges Beispiel ist mein Aufsatz zur Denkmalpflege nach dem IX. Parteitag, den zu schreiben mich der Redakteur unserer hauseigenen »Materialien und Berichte«, Hans Müller, aufforderte. Hierbei hatte ich ausnahmsweise sowohl Äußerungen zur Kulturpolitik wie auch zur Bauerhaltung im Rahmen der Baupolitik als Grundlage. Meine aufklärerischen Bemühungen zur politischen Beachtung der Denkmalpflege gipfelten schließlich in einem Artikel in der »Einheit«, der theoretischen Zeitschrift der SED. Ich muss zugeben, dass das alles mit meiner lange unwiderlegbaren persönlichen Hoffnung zusammenhing, dass die Parteipolitik in vieler, gerade auch in kultureller Hinsicht weiter entwicklungsfähig sein möge.

Das Ministerium für Kultur und sein Institut

Der Institutsleiter war als Person dem Minister direkt unterstellt. Wie überall war es auch in unserem damaligen Staat günstig, wenn die dienstliche Zusammenarbeit auf gegenseitiger Bekanntschaft und dauerhaftem Vertrauen beruhte. Hierin

Abb. 14 Frankfurt/Oder, Rathaus von Südwest; Aufnahme um 1968

fand ich, zumindest was die Minister betrifft, glücklicherweise gute Voraussetzungen.

Alexander Abusch, Minister in den 1950er Jahren, war von Beruf Journalist. In der Nazizeit nach Mexiko emigriert, gehörte er heimgekehrt zum tragenden Kern des Kulturbundes zur demokratischen Erneuerung Deutschlands, wirkte dort mit meinem Vater zusammen und kannte mich aus der Zeit der Planungsarbeiten für die Gedenkstätten Buchenwald, Ravensbrück und Sachsenhausen. Er selbst hatte bei der Suche nach einem Landeskonservator für die brandenburgischen Bezirke auf mich aufmerksam gemacht und tat in aller Stille das Mögliche für die Existenz und Arbeit der damaligen vier kleinen Institute. Ihn selbst habe ich – abgesehen von dem gemeinsamen Ringen um die Erhaltung der Ruine des Potsdamer Stadtschlosses wenig zu Gesicht bekommen. An seiner Stelle betreute uns mit Wohlwollen sein Stellvertreter Hans Pischner, der trotz seiner ministeriellen Funktion ein aktiver Cembalist war. Später wurde Hans Pischner Intendant der Staatsoper, und Kurt Bork übernahm als Ministerstellvertreter für lange Jahre die Betreuung des Instituts in sehr kollegialem Stil.

Als Alexander Abusch Anfang der 1960er Jahre zum Stellvertreter des Ministerpräsidenten berufen wurde, folgte ihm im Ministeramt Hans Bentzin. Hans Bentzin war zuvor Sekretär für Kultur bei der Bezirksleitung der SED in Halle gewesen. Er gehörte zu einer jüngeren Gruppe von Verantwortlichen auf dem Gebiet der Kultur, die sich für eine freiere Entfaltung des Kulturlebens einsetzten. Schon in Halle hatte er Wolf Schubert geholfen, der in politische Auseinandersetzungen geraten war. In seiner Funktion als Minister sorgte er dafür, dass die langvorbereitete Novelle der Denkmalschutzverordnung verabschiedet wurde, engagierte er sich für das Zustandekommen einer ersten Liste von »Denkmalen von besonderer nationaler Bedeutung und internationalem Kunstwert« und betraute, wie im ersten Teil ausführlich beschrieben, Wolf Schubert neben seinem Amt in Halle mit dem des Beauftragten für die Pflege dieser Denkmale. In diesem Zusammenhang sorgte Hans Bentzin auch für eine vorübergehende zentrale Unterstellung der Staatlichen Schlösser und Gärten in Potsdam und eine bessere personelle und finanzielle Ausstattung. Hans Bentzin förderte den Aufbau des nunmehr unter meiner Leitung zentralisierten Instituts. Vorübergehend übertrug er Anleitungsaufgaben gegenüber der Denkmalpflege auch seinem Staatssekretär Erich Wendt, mit dem ich mich leider weniger gut verständigen konnte. Bald stand uns jedoch wieder der freundschaftliche Kurt Bork in der alleinigen Stellvertreterfunktion gegenüber.

Leider geriet Hans Bentzin infolge der etwas kritischeren Entwicklung in der Literatur und im Film unter groben Beschuss und wurde, soviel ich weiß, schon im Jahr 1965 von seinem Ministeramt abberufen. Ihm folgte an dieser Stelle Klaus Gysi, der aus dem Buch- und Verlagswesen kam. In den späten 1940er Jahren war er einer der Bundessekretäre des Kulturbundes und als solcher für dessen Dienst- und Clubgebäude verantwortlich. Damals hatte er Hans Grotewohl und mich als Praktikanten in seiner hauseigenen Bauleitung beschäftigt, als wir neben unserem Studium die dringend nötige bezahlte Arbeit suchten. Seinerzeit habe ich – man entschuldige die Abschweifung – den Ausbau der Bibliothek des »Clubs der Kulturschaffenden« entworfen und angeleitet. Außerdem – und das ist zeitgeschichtlich interessanter - war ich Anfang 1949 verantwortlich für die Wiederherstellung einer Reihe von Einfamilienhäusern in Johannisthal. Diese waren gerade von den Sowjets freigegeben worden, die sich in Karlshorst konzentrierten. Jetzt sollte der Kulturbund sie herrichten zur Aufnahme von Kulturschaffenden, die noch in West-Berlin wohnten und aus

Abb. 15 Weimar, Bauhausuniversität, Hauptgebäude von Henry van de Velde; Aufnahme 2004

ökonomischen Zwängen wegen der Währungsspaltung, nicht zuletzt aber aus politischen Gründen in den Ostteil der Stadt umziehen sollten. Zu diesen gehörte Klaus Gysi, übrigens auch mein Vater mit seiner Familie. Als Bauleiter wurde ich von Gysi mit der Verbreiterung einer schmalen Terrassentür beauftragt, woraufhin ich ihn fragte, ob die nötig wäre, denn wir waren alle überzeugt, dass binnen zwei Jahren die Spaltung überwunden sei und wir wieder in die alte Heimat zurückkehren würden. Klaus Gysi beharrte auf seinem Wunsch und sagte: »Weißt Du, aus solchen zwei Jahren setzt sich das Leben zusammen!«

Vertraut mit mir seit jenen Zeiten mochte Klaus Gysi mich nun in seiner Ministereigenschaft als den Leiter seines Instituts für Denkmalpflege akzeptieren und sagte, nachdem er mich zu einem ersten Vortrag über unser Anliegen ganz allein noch gegen Abend empfangen hatte, den denkwürdigen Satz: »Ich kann für euch zur Zeit nicht viel tun, aber macht mal weiter, ich werde wenigstens aufpassen, dass euch nichts passiert!« So handelte er auch, wie ich bereits erwähnt habe, als wir bald darauf hohen Parteifunktionären in die Quere kamen. Insbesondere genossen wir aber seine Förderung in unseren Bemühungen um die Zusammenarbeit mit den Kollegen im Ausland nach Ost und West. Im Gegensatz zu den Verantwortlichen in anderen Bereichen handhabte er seine Befugnis zur Befürwortung von Aus- und Einreisen großzügig und vertrauensvoll, sorgte auch für die erforderliche finanzielle Ausstattung. Dass Gysi uns auch die Voraussetzungen sicherte, um die notwendige Entwicklung des Instituts ungestört vorzubereiten, habe ich bereits im ersten Teil meiner Erinnerungen erwähnt. Etwa 1973 wurde er als Botschafter nach Rom entsandt und Hans-Joachim Hoffmann trat an seine Stelle als Minister für Kultur.

Hoffmann war zuvor Leiter der Abteilung Kultur im Apparat des ZK gewesen und war bereit und imstande, die neuere auf Vielfalt gerichtete Kulturpolitik zu befördern. Damals genoss er noch das Vertrauen des zuständigen Politbüromitglieds Kurt Hager. Sie entzweiten sich erst, als sich Hans-Joachim Hoffmann der Denkweise Gorbatschows zu folgen geneigt zeigte. Hoffmann stand für ein gutes menschliches Klima im Kulturbereich ein, für gegenseitigen Respekt und kollegiale Zusammenarbeit. In seiner Verantwortung für die Denkmalpflege forcierte er das Fertigstellen und die Verabschiedung des Denkmalpflegegesetzes und tat – wie bereits geschildert – alles, was ihm möglich war, um seinem Institut bessere Arbeitsvoraussetzungen zu schaffen. Wichtig war, dass er uns überall hinzuzog, vor allem auch, wenn er persönlich angesprochen wurde, um eine denkmalpflegerische Entscheidung zu treffen. So stärkte er uns den Rücken und ließ uns an seiner großen Autorität gegenüber den Staats- und Parteiorganen teilhaben.

Im persönlichen Umgang war dieser große, breitschultrige Mann freundlich und direkt, nahm Zuarbeit nachdenklich auf und verwendete sie auf seine Weise den Umständen entsprechend. Ich habe ihn einmal, als es um die Wiederherstellung des Berliner Doms ging, sehr zornig erlebt. Die Durchführung der Wiederherstellungsarbeiten oblag der Baudirektion Berlin. Sie beabsichtigte gegen den Willen der Denkmalpfleger die Vereinfachung der Attikazone durch die Entfernung eines Kranzes großer Engel. Wir wandten uns direkt an den Minister, und Hoffmann empfand diese Planung wahrscheinlich zutreffend als Einmischung von Günter Mittag, dem die Baudirektion unterstand. Die Engel blieben erhalten.

Die direkten Begegnungen mit dem Minister mussten auch unter Hoffmann rar bleiben. Er überließ im Allgemeinen die Zusammenarbeit mit dem Institut dem unter ihm zuständigen Stellvertreter Werner Rackwitz. Dieser entfaltete, verglichen mit seinem Vorgänger, die größten persönlichen Aktivitäten

Abb. 16 Rüdersdorf, Museumspark, Schachtofenbatterie; Aufnahme 2007

auf dem Gebiet der Denkmalpflege. Er war jahrelang Vorsitzender des Rats für Denkmalpflege und initiierte in dieser Funktion Beratungen und Besichtigungen überall im Lande. In der Abfolge der Staatssekretäre hat sich Kurt Löffler besonders für die Denkmalpflege eingesetzt. Ihm war unter anderem die Anleitung des Kulturgutaustauschs mit West-Berlin übertragen worden. Er ebnete dabei in einer sehr beruhigenden Art und Weise alle Wege für die Übernahme der Schlossbrückenfiguren, der Steine des Ephraim-Palais und des Schillerdenkmals vom Gendarmenmarkt.

Aufgrund der Tatsache, dass die Leiter des Instituts für Denkmalpflege dem Minister direkt unterstellt waren, ist das Verhältnis zu den Leitern der Abteilung Museen und Denkmalpflege des Ministeriums im Prinzip und auch tatsächlich kollegial gewesen, nur selten etwas angestrengt. In der Reihe der Abteilungsleiter war uns Gerhard Thiele besonders verbunden. Er war Historiker und wechselte schließlich als Leiter der Abteilung Geschichtsdenkmale in das Institut über. Wir verstanden unter dem Begriff Geschichtsdenkmale diejenigen Stätten und Bauten, die speziell vom Leben und Wirken historischer Persönlichkeiten oder von bedeutenden geschichtlichen Ereignissen oder Entwicklungen zeugten. Hierzu wurden schließlich, etwa vom 30. Jahrestag der Staatsgründung an, auch einige Denkmale der DDR-Geschichte gezählt. Es gab auf dem weiten Gebiet der Geschichtsdenkmale vieles hinsichtlich der Erfassung und Beschreibung der Konservierung und Präsentation zu bedenken, und es galt, sich mit der Praxis entsprechend auseinanderzusetzen.

Doch zurück zur Zusammenarbeit mit dem Ministerium. Von den Fachabteilungen sind noch die Abteilung Bildende Kunst und die Abteilung Schulische Einrichtungen zu erwähnen, weil wir mit deren Anliegen zu tun hatten. Daneben gab es Querschnittabteilungen, die für unsere Existenz und Tätigkeit grundlegende Voraussetzungen schufen. Zuerst ist hier die Hauptabteilug Ökonomie zu nennen. Diese wurde in den 1950er Jahren von Kurt Hirsch, später jahrzehntelang von Herbert Micklich geleitet. Beide waren hervorragende Fachleute und persönlich ansprechbare, an unserem Anliegen interessierte Partner. Vor allem ressortierte dort unser Haushalt. Der langjährig zuständige Leiter für Haushaltsfragen, Franz Görner, freute sich mit uns über den geringen Krankenstand im Institut und darüber, dass wir prinzipiell unsere Fonds ausschöpften, auch im letzten Quartal noch anderweitig nicht in Anspruch genommene Mittel nützlich einzusetzen bereit waren. Das betraf insbesondere sogenannte Werterhaltungsmittel, die für die Baureparaturarbeiten den verschiedenen dem Ministerium unterstellten Einrichtungen zur Verfügung gestellt wurden – mühsam der Zentralen Plankommission abgerungene zweckgebundene Finanzmittel. Uns waren zusätzlich Werterhaltungsmittel immer willkommen, da wir es wagten, zu Anfang des Jahres den zahlreichen Antragstellern für Beihilfen zu denkmalpflegerischen Maßnahmen mehr zuzusagen, als wir tatsächlich in unserem Plan hatten. Bei dieser Hauptabteilung mussten wir auch die Planstellen für das Institut beantragen. Wenn ich auch nie das bekam, was ich haben wollte, so nahm ich eben auch einzelne zusätzliche Stellen, wenn ich sie bekommen konnte. Herbert Micklich verwies mich eines Tages halb ärgerlich, halb lachend wegen meiner »Salamitaktik«.

Die Hauptabteilung Ökonomie war ferner zuständig für die Zuweisung von sogenannten Kennziffern für Baukapazitäten bei eigenen Ausbaumaßnahmen sowie für unsere Ausrüstung mit Dienstautos, Schreibmaschinen usw. Besonders intensiv wurde die Zusammenarbeit, als wir begannen, die sogenannte Spezialkapazität für Denkmalpflege auszubauen. Ab 1976 schließlich übernahm diese Hauptabteilung direkt die Anleitung für den weiteren Aufbau mit Hilfe der neugegründeten Produktionsleitung Denkmalpflege – was letzten Endes, wie bereits geschildert, bis zu einer Größenordnung von über zweitausend Ausführungskräften führte.

Eng gestaltete sich auch die Zusammenarbeit mit der Abteilung für kulturelle Beziehungen mit dem Ausland, die Helmut Tautz leitete. Von dort aus wurden wir in Studienreisen auf der Basis von Regierungsabkommen zwischen den sozialistischen Ländern einbezogen und bekamen organisatorische und finanzielle Hilfe für den sogenannten devisenlosen Austausch, der zwischen den denkmalpflegerischen Institutionen dieser Länder in Gang kam. Besondere Förderung erhielten wir durch die Leiterin des für die nichtstaatlichen Organisationen der UNESCO zuständigen Bereichs Irene Gysi und deren Mitarbeiterstab für unsere Aktivitäten im ICOMOS. Das betraf sowohl unsere Reisemöglichkeiten zu Aktivitäten im Ausland als auch die Einladung zu zwei Regionaltagungen und einer Generalversammlung des ICOMOS mit etwa 800 Teilnehmern zum Jahr 1984 in die DDR.

Nicht unerwähnt dürfen die guten Kontakte zur Abteilung Bildende Kunst und zum Büro des Ministers bleiben. Dort waren es vor allem Hermann Schauer, der für die Vorbereitung von Reden des Ministers verantwortlich war und Werner Kühn, der die Aktivitäten sowohl des Rats für Kultur wie des Nationalen Erberats koordinierte, die, wo immer es notwendig war, Zuarbeit einholten.

So wie das Institut für Denkmalpflege dem Minister für Kultur unterstellt war, so waren es auch das Institut für Museumswesen und das Institut für Kulturbauten. Auch zu diesen Instituten bestanden gute Arbeitsbeziehungen, so wie sich überhaupt im gesamten Kulturbereich ein gutes Klima der Zusammenarbeit entwickelt hatte. Dass ich selbst in diesem Rahmen zu agieren hatte, versteht sich aus meiner Leitungsfunktion. Insgesamt war die Rolle des Instituts jedoch so angelegt, dass viele meiner Mitarbeiter an den fachlichen Kontakten aktiv beteiligt waren. Das betraf in erster Linie die Chefkonservatoren, die mit den Ratsmitgliedern für Kultur der Bezirke kooperierten und die Gesamtheit der Mitarbeiter im Außendienst, die intensive Kontakte zu den Verantwortlichen der örtlichen Räte und den vielen an der praktischen Arbeit amtlich und ehrenamtlich Beteiligten brauchten.

Dem Ministerium gegenüber traten meine jeweiligen Stellvertreter, die Haushaltsbearbeiterin Renate Wagner und in besonderem Maße Ute Schwarzenberger als wissenschaftliche Sekretärin des Instituts auf. Von nicht hoch genug einzuschätzender Bedeutung war aber auch, dass Helga Goldamm, die Leiterin meines Büros, wiederholt Urlaubsvertretung im Ministerium gemacht hatte, als Sekretärin beim Stellvertreter des Ministers und auch beim Leiter der Hauptabteilung Ökonomie. Ihr temperamentvoller Einsatz brachte eine Vertrautheit mit einer großen Zahl von Mitarbeitern des Ministeriums, die die gute Zusammenarbeit bei denkmalpflegerischen Anliegen außerordentlich erleichterte.

Bauwesen und Denkmalpflege

Da sich in den europäischen Ländern die Denkmale fast überall als Bestandteil der baulichen Strukturen der Städte und Dörfer finden, die Mehrzahl ohnehin selbst Bauwerk ist, vollzieht sich deren Pflege auch weitgehend im Rahmen des nationalen Bauwesens. Da es in der DDR nie gelang, das Bauwesen als Bestandteil der Volkswirtschaft so zu entwickeln, dass es in quantitativer, oft auch qualitativer Hinsicht die zahlreichen Anforderungen erfüllen konnte, musste stets hart um die Planung der sogenannten Bauanteile und die Bindung von Baukapazitäten für die Denkmalpflege gerungen werden. Man muss dieses Ringen in einer geschichtlichen Situation sehen, in der es angesichts der riesigen Kriegszerstörungen um den Wiederaufbau und weiteren Ausbau der Baulichkeiten für alle Lebensbereiche ging. Angesichts dessen wurden Prioritäten gesetzt, wobei die Entwicklung generell von Baureparaturen hin zu Neubauten ging.

Relativ günstig waren die Voraussetzungen für die Baudenkmalpflege in den 1940er und 50er Jahren. Noch waren zahlreiche Handwerksbetriebe, auch private Mittelbetriebe vorhanden, die in der traditionellen Technik zu arbeiten gewohnt waren.

Nach und nach, vor allem in den 1960er Jahren, wurde der Prozess der sogenannten Industrialisierung des Bauens vorangetrieben und mit einer Spezialisierung verbunden. Es entstanden die großen Wohnungsbau- und Industriebaukombinate. Dort wurden die Arbeitskräfte konzentriert und durch entsprechende Ausrüstung vergleichsweise produktiver eingesetzt als in den traditionellen Baubetrieben, die für Baureparaturen auch an Denkmalen eingesetzt wurden. In der Konsequenz musste in der DDR – so wie zuvor schon in der Sowjetunion oder Polen – die sogenannte Spezialkapazität für Denkmalpflege zur Ergänzung der Baureparaturbetriebe aufgebaut werden.

Auch deren Größenordnung blieb infolge der knappen Zuteilung von Arbeitskräften hinter den Anforderungen weit zurück. Schließlich gab es noch das Potential der Eigenleistungen der Eigentümer oder gesellschaftlicher Gruppen. Solche Leistungen kamen beispielsweise kleinen, traditionell oder neuerdings zu Wohnzwecken genutzten Bauten oder auch Burgruinen zu Gute. Alle, auch die Spezialkapazitäten, waren

Abb. 17 Meißen, Burgberg, Blick von der Stadt auf die Westansicht; Aufnahme um 1997

jedoch hinsichtlich des Materialbedarfs von der Bauwirtschaft abhängig. Trotz aller Defizite wurde jedoch noch erstaunlich viel erreicht.

Nebenbei gab es eine kleine Besonderheit, den Import von Leistungen polnischer Spezialisten. Durch die Tätigkeit der Staatlichen Werkstätten für Denkmalpflege (PKZ) waren einige größere Restaurierungen in Potsdam, Quedlinburg und Stralsund möglich geworden. Auf privater Basis arbeiteten polnische Restauratoren im Schloss Güstrow. Aber auch hierfür wurden die devisenwirtschaftlich nötigen Verrechnungsrubel vom Ministerium für Bauwesen verwaltet.

So war in jeder Hinsicht die Denkmalpflege auch von der Entwicklung der Baupolitik mit betroffen. Dies begann bereits bei den städtebaulichen Konzeptionen, die zwei wichtige Komponenten hatten. Zum einen sollte das dringend notwendige Wohnungsbauprogramm durch Neubaugebiete am Stadtrand, z.T. sogar durch Neustädte befriedigt werden. Das tangierte den Denkmalbestand nur selten direkt. Indirekt gab es jedoch erhebliche Auswirkungen, weil das neue Angebot zum Leerzug von zum Teil denkmalwerten Altbauten führte. Das trat z.B. in besonderem Umfang in den Altstädten von Görlitz und Halle ein.

Die zweite bedeutsame Komponente der städtebaulichen Anstrengungen war das Bemühen um den Wiederaufbau der vielen im Kriege weitgehend zerstörten Innenstädte. Hier war gleichzeitig die sogenannte sozialistische Umgestaltung der Stadtzentren das Ziel. Denkmale, ob Ruinen oder gut erhalten, und historische Stadtstrukturen konnten dem im Wege sein. Maßstäbe veränderten sich. Traurige Beispiele wie das Schicksal des Berliner oder des Potsdamer Stadtschlosses sowie der Universitätskirche in Leipzig habe ich bereits geschildert. Maßstabssprünge gab es z.B. auch am äußeren Altstadtring in Erfurt und in Brandenburg, direkt neben der berühmten Katharinenkirche.

Als schließlich in den 1970er Jahren der identitätsstiftende Charakter der historischen Strukturen und Bauten erkannt wurde, fand auch das Ziel des »harmonischen Zusammenwirkens von alt und neu« seine Beachtung, ein Ziel, das mit der »verstärkten Hinwendung zum innerstädtischen Bauen« zusammenhing. Dreißig Jahre nach den Kriegszerstörungen war die Lückenhaftigkeit der Innenstädte nicht mehr zu ertragen. Dort waren die »Erzeugnisse« der Wohnungsbaukombinate, so wie sie für das Bauen auf vormals »grüner Wiese« entwickelt worden waren, nicht tauglich. Sie mussten modifiziert werden – möglichst wenig nach Meinung der ökonomisch orientierten Betriebsleitungen. Immer noch waren hohe und lange Baukörper erwünscht, und deren Platzierung wegen sollten immer wieder Altbauten weichen. Überraschenderweise gab es 1979 eine Verordnung, die Abrisse nur nach persönlicher Zustimmung des Bauministers erlaubte. Es wurde damals berichtet, dass sich Honecker selbst für den Erhalt einer Zeile von dreigeschossigen historischen Häusern eingesetzt habe, die noch vor einer Front vielgeschossiger Neubauten in Berlin-Friedrichsfelde stand. Nun mussten sich die Wohnungsbaukombinate anstrengen, beweglicher zu planen und kleinere Elemente anzuwenden. Maßstäbe setzte die Bebauung des Nikolaiviertels in Berlin. Das Wohnungsbaukombinat des Bezirks Cottbus musste kleine Baulücken in der Sophienstraße in Berlin schließen, in Potsdam entstanden niedrigere Wohnbautypen für die Gutenbergstraße, um nur einige Beispiele zu nennen.

In vielen Fällen wurden komplexe Baumaßnahmen durchgeführt, d.h. mit der Schließung der Kriegslücken durch eingepasste Neubauten wurden die notwendigen Instandsetzungsarbeiten an den Altbauten und insbesondere den Baudenkmalen durchgeführt. In einem solchen Zusammenhang sind für die Wiederherstellung der stark beschädigten Nikolaikirche in Berlin von der für den Wohnkomplex zuständigen Baudirektion zehn Millionen Mark eingeplant und noch zusätzliche Beihilfen aus dem Denkmalpflegefonds der Stadt gefordert worden.

Dieser kurze Bericht zeigt den vielfältigen Einfluss der Baupolitik auf die Durchführung der Denkmalpflege. Dementsprechend war es nützlich, wenn die Mitarbeiter des Instituts für Denkmalpflege nach Kräften im Kreis der Baupolitiker und Baufachleute auftraten. Es war schon wesentlich, dass sich der Minister für Kultur, Hans-Joachim Hoffmann, mit Wolfgang

Junker, dem langjährigen Bauminister persönlich gut verstand.

Überall im Land bemühten sich die Konservatoren um Zusammenarbeit mit den Baudirektoren der Bezirke, Kreise und Städte. Häufig delegierten diese den regelmäßigen Kontakt an ihre Stellvertreter, die Bezirks-, Kreis- und Stadtarchitekten. Zu deren Aufgaben gehörten die Stadt- und Ortsentwicklung, die Architektur, die Baukultur schlechthin in ihrem Territorium. Die Partnerschaft mit ihnen konnten wir bei Begegnungen im Kulturbund und insbesondere im Architektenbund (BDA der DDR) ausbauen. Hierbei kam es uns zu Gute, das ein beträchtlicher Teil unserer fachwissenschaftlichen Mitarbeiter Architekten war. Meine Aufgabe war es, mit Mitarbeitern des Ministeriums für Bauwesen Kontakt zu halten.

Eine wichtige Rolle in der Entwicklung des Bauwesens spielte die Bauakademie der DDR. Sie unterstand dem Minister für Bauwesen, leistete Grundsatzforschung und Entwicklungsarbeit, außerdem erhebliche Öffentlichkeitsarbeit, bearbeitete überall praktische Beispiele. Aus meiner Arbeit in der Bauakademie in den 1950er Jahren kannte ich bestimmte Mitarbeiter der Akademie, wurde zum »Korrespondierenden Mitglied« berufen und hatte so die Gelegenheit, die denkmalpflegerischen Anliegen in der Grundlagenarbeit und auf Plenartagungen immer wieder einzubringen.

Über unser Bemühen hinaus, auch über die Bauakademie die Mitarbeiter des Bauministeriums, die Baudirektoren und die leitenden Architekten in den Staatsorganen zu erreichen, war es für die Praxis wichtig, das Verständnis der vielen Architekten zu gewinnen, die als Städtebauer oder als Planer von Baumaßnahmen Einfluss auf die Vorbereitung und Durchführung von denkmalpflegerischen Maßnahmen hatten. Glücklicherweise waren fast alle Architekten Mitglieder des BDA, des einzigen Architektenbundes der DDR. Da es die Architekten infolge ihrer Einordnung in die Leitungsstrukturen der großen Baukombinate oft nicht leicht hatten, ihr berufliches Profil zu entwickeln, nutzten sie die kollegialen Kontakte im Architektenbund und dessen Möglichkeiten der Öffentlichkeitsarbeit. Selbstverständlich waren wir als Denkmalpfleger interessiert, dort im Gedankenaustausch mitzuwirken und waren willkommen; nebenbei ließ sich über manches praktische denkmalpflegerische Problem reden.

Mitte der 1960er Jahre regte der damalige Präsident des BDA, Edmund Collein, die Gründung einer Zentralen Arbeitsgruppe für Denkmalpflege im Architektenbund an, ließ sich Interessenten aus allen Bezirken benennen und bat mich, den Vorsitz zu übernehmen. Bald merkten wir, dass die Anzahl der Beteiligten zu gering war und taten uns mit den Kollegen zusammen, die sich um die Belange der Werterhaltung und Modernisierung der sogenannten Altbauten beruflich zu kümmern hatten. Besonders aktiv trat aus der Gruppe jener Kollegen Günter Kabus auf, der im Institut für Städtebau und Architektur der Bauakademie an der Entwicklung von Methoden für die sogenannte komplexe Aufwertung von Altbaugebieten arbeitete. Die Aufwertung von Altbauten wurde damals oft Rekonstruktion genannt. Also gründeten wir gemeinsam die zentrale Fachgruppe »Rekonstruktion« im BDA. Ich behielt den Vorsitz. Die Fachgruppen hatten im Architektenbund erhebliche Wirkungsmöglichkeiten. Sie hielten eigene Fachtagungen ab, waren regelmäßig in den Preisgerichten für städtebauliche Wettbewerbe vertreten und an der Durchführung von Bundesveranstaltungen des BDA beteiligt. An diesen wiederum nahmen als Gäste Politiker aus allen Ebenen teil. Wenn ich über die Aufgaben zur Erhaltung und Nutzung von Altbauten, insbesondere von Denkmalen sprach, fand das einige Beachtung. Einmal ließ mich Günter Mittag auf einem Bundeskongress vorsorglich von der Rednerliste streichen. Unsere eigenen Fachtagungen, die Werner Gräbner zusammen mit Ernst Wipprecht, dem ehrenamtlichen Sekretär der Fachgruppe, vorzüglich organisierte, führten uns in die verschiedensten Gegenden der DDR, sie erweiterten unsere Kenntnisse und unseren Bekanntenkreis. Werner Gräbner, der Angestellter des BDA war, hatte übrigens als junger Architekt zeitweilig im Institut für Denkmalpflege gearbeitet.

Eigentlich nicht zuletzt müssen unter den Verbündeten, die wir im Bereich des Bauwesens hatten, besonders die Hochschullehrer der Bauhochschulen genannt werden. So haben seinerzeit Georg Funk von der TU Dresden und Hermann Räder von der HFAB Weimar mit städtebaulichen Studien Möglichkeiten zur Erhaltung des Potsdamer Stadtschlosses trotz eines neuen Brückenstandorts aufgezeigt. Zahlreiche Übungsentwürfe und Diplomarbeiten hatten an den Hochschulen denkmalpflegerische Aufgaben zum Inhalt. Mit diesen Entwürfen wurde dank der guten Darstellungen manch ein denkmalpflegerisches Vorhaben propagiert und in etwa entsprechend ausgeführt. Als Beispiel wurde bereits die Wiederherstellung des Georgentors in Dresden und des Renaissanceschlosses in Spyker auf Rügen genannt.

Für die Einstimmung des Hochschulnachwuchses auf den späteren Umgang mit Denkmalen war es nützlich, dass Denkmalpfleger in die Lehre einbezogen wurden. Hans Nadler war jahrzehntelang als nebenberuflicher Professor an der TU Dresden tätig. Seine Vorlesungen wurden durch die von Architekten und Bauingenieuren gut besuchten Vorträge von Wolfgang Preiß ergänzt, dem Sachverständigen für konstruktive Sicherung von Baudenkmalen. Ich meinerseits habe von 1967 bis 1986 Vorlesungen gehalten, die an der Hochschule für Architektur und Bauwesen Weimar sowohl für die künftigen Architekten wie für die Städtebauer Pflichtfach waren. Einen entsprechenden Kurs gab ich auch an der Kunsthochschule in Berlin-Weißensee für die dortigen Architekturstudenten.

Unsere Vorlesungen wurden mit erfreulichem Interesse angenommen, weil sie mit ihrem Gegenstand und ihren Zielen einen Kontrast zu der dominierenden Behandlung von Neubauaufgaben boten. Außerdem konnten wir viele gute Beispiele der Denkmalpflege aus dem In- und Ausland zeigen.

Wenn ich zurückdenke und auf diese Notizen blicke, zeigt sich deutlich, dass die Denkmalpflege, die von der politischen Verantwortung her im Kulturbereich lag, in der Durchführung jedoch weitgehend die Mitwirkung des Bauwesens brauchte.

Abb. 18 Neusalza-Spremberg, Reiterhaus; Aufnahme um 1972

Da außerdem die Denkmalpfleger als Mitarbeiter eines Instituts nicht mit dem Anspruch auftreten konnten, den ihnen die Zugehörigkeit zu einer Denkmal-Fachbehörde direkt im Staatsapparat verliehen hätte, mussten sie mit viel Präsenz und Vermittlungstalent den Kreis der Bauleute zur Übernahme der Mitverantwortung für die praktische Denkmalpflege mobilisieren.

Verbündete

Unter den Verbündeten, die an den denkmalpflegerischen Aufgaben auf ihre Weise aktiv beteiligt waren, sind in erster Linie die evangelischen Landeskirchen zu nennen. Die Kontaktpersonen waren vor allem die Leiter und Mitarbeiter der kirchlichen Bauämter der Konsistorien. Die Zusammenarbeit begann mit Absprachen über die Verteilung und Verwendung von Beihilfen für denkmalpflegerische Arbeiten an kirchlichen Bauten. Denkmalpflegerische Zielstellungen wurden vereinbart und die Anleitung vor Ort wurde häufig gemeinsam gegeben. Aus der Zeit, in der ich als Konservator in den Bezirken Potsdam und Frankfurt tätig war, erinnere ich mich gern an Fahrten mit den Kirchenoberbauräten Naumann, Wendlandt und Snell. Das gemeinsame Auftreten auch gegenüber den örtlichen Autoritäten war förderlich für die Arbeiten an den kirchlichen Baudenkmalen. In der ganzen Breite des Mitarbeiterkreises des Instituts und der kirchlichen Bauämter blieb die gute Zusammenarbeit über all die Jahrzehnte bis 1990 erhalten. Das galt in entsprechender Weise auch für die Baubeauftragten der katholischen Kirche.

In diesem Zusammenhang muss auch die CDU der DDR erwähnt werden, die mit ihren Möglichkeiten als sogenannte Blockpartei die Denkmalpflege förderte. Der älteste Teil des staatlichen Beihilfefonds, über den das Institut verfügte, war auf Veranlassung des Vorsitzenden der Partei, Otto Nuschke, zustande gekommen. Wir nannten diesen Teil immer nach ihm den »Nuschkefonds«. Sehr nachhaltig hat der Vorstand der CDU, haben die Volkskammerabgeordneten der CDU das Zustandekommen des Denkmalpflegegesetzes von 1975 unterstützt. Wo wir CDU-Mitgliedern im Staatsapparat begegneten, z.B. dem Oberbürgermeister von Weimar, Luitpold Steidl, waren wir uns ihrer Aufmerksamkeit sicher. Mit diesem zusammen habe ich einmal in einer Wettbewerbsjury für die Marktplatzbebauung erreicht, dass ein Entwurf, der sich an das historische Bild anlehnte, neben dem favorisierten Vorschlag einer radikalen Umgestaltung einen der beiden ersten Preise erhielt.

Wohl die breiteste Unterstützung bekamen die hauptamtlichen Denkmalpfleger von den vielen engagierten Mitgliedern des Kulturbundes. Im Sommer 1945 war in Berlin der »Kulturbund zur demokratischen Erneuerung Deutschlands« gegründet worden. Zu seinen Gründern zählten antifaschistische Kulturschaffende, die in der Emigration, auch der inneren, die Herrschaft der Nationalsozialisten überlebt hatten wie der spätere langjährige Präsident des Schriftstellerverbandes, Johannes R. Becher, der Journalist Alexander Abusch, unter anderem auch mein Vater, der sozialdemokratische Schulreformer, aber auch sehr konservative Wissenschaftler wie der Nationalökonom Ferdinand Friedensburg, ein prominentes CDU-Mitglied.

Die Gremien des Kulturbundes artikulierten die Ziele einer neuen Kultur, Bildungs- und Wissenschaftspolitik, wirkten, wo immer es möglich war, beratend mit und propagierten von Anfang an die Anknüpfung an die große deutsche Kulturtradition. Damit schuf der Kulturbund auch eine Basis für die Neuaufnahme der Tätigkeit der Natur- und Heimatschutzvereine, die es aus alter Tradition auch in der Sowjetischen Besatzungszone zahlreich gab. Es bildete sich zu deren Integration und Förderung die Abteilung Natur und Heimat im Kulturbund. Maßgeblich war an der ideellen und organisatorischen Vorbereitung dieses Prozesses um 1950 der Sekretär des Kulturbundes Karl Kneschke beteiligt.

In den Heimatvereinen hatten sich seit dem 19. Jahrhundert Menschen zusammengefunden, die an der geistigen Erschließung der Werte der Heimat – darunter der Denkmale –, an deren Schutz und Erhaltung interessiert waren. Die Mitglieder, auch viele neue, kamen aus allen Berufsgruppen. Einmal durch den Kulturbund in die gesellschaftlichen Strukturen der Sowjetischen Besatzungszone, später der DDR integriert, nahmen die nunmehrigen Natur- und Heimatfreunde, wo immer es sich machen ließ, einen nicht unerheblichen Einfluss auf die Ortsgestaltung und damit auch auf die Baupolitik.

Die örtlichen Organisationen stellten die im ersten Teil meiner Erinnerungen beschriebenen »ehrenamtlichen Beauftragten für Denkmalpflege« bei den Stadt- und Landkreisverwaltungen und unterstützten diese in ihrer Tätigkeit. Die fachliche Orientierung für die auch »Vertrauensleute« genannten Beauftragten kam vom Institut für Denkmalpflege. Darüber hinaus erreichte das Institut die Natur- und Heimatfreunde aber auch über den »Zentralen Fachausschuss für Bau- und Denkmalpflege«, der sich beim Bundesvorstand des Kulturbundes gebildet hatte. Diesem Fachausschuss gehörten ehrenamtliche Beauftragte an, die es auch zum Teil bei den Bezirksverwaltungen gab wie Heinrich Douffet_oder Peter Schuster, Baufachleute wie Hans Schuster, Technikgeschichtler wie Ottfried Wagenbreth und als langjähriger Vorsitzender Hans Nadler, der Chefkonservator der Arbeitsstelle Dresden des Instituts.

Der Fachausschuss organisierte zentrale Fachtagungen und unterstützte bezirkliche. Die Mitglieder des Fachausschusses gehörten zu den Autoren in der Zeitschrift »Natur und Heimat«, die der Kulturbund herausgab. Hans Nadler hat mich wiederholt an Aktivitäten des Fachausschusses beteiligt. Nach 1975 nahmen Mitgliederzahlen und Tätigkeiten der Natur- und Heimatfreunde zu, man spezialisierte sich. Darum gründete man nun drei einzelne Gesellschaften: die Gesellschaft Natur und Umwelt, die Gesellschaft für Heimatgeschichte und die Gesellschaft für Denkmalpflege im Kulturbund. Den Vorsitz der letztgenannten übernahm ein angesehener Historiker aus der Akademie der Wissenschaften. Im Jahr 1987, bereits im sogenannten Ruhestand, schlug man mich für dessen Nachfolge vor. Die Wahl war nicht unumstritten, denn Mitglieder wie Ottfried Wagenbreth sahen die Gesellschaft eher in der Rolle eines kritischen Partners gegenüber der staatlichen Denkmalpflege. Meine langjährigen Bemühungen, die ich selbst unter den Begriff »konstruktive Kritik« eingeordnet hatte, waren ihm offenbar nicht weit genug gegangen. Ich muss wohl trotzdem eine Mehrheit bekommen haben und beteiligte mich als neuer Vorsitzender durchaus intensiv an der Ausarbeitung eines kritischen Papiers zur besseren Entwicklung der denkmalpflegerischen Breitenarbeit. Ich möchte nicht darüber berichten, wie das Zustandekommen dieses Papiers behindert wurde, aber immerhin darüber, dass es Ende 1989 Grundlage eines Schreibens an den neuen Ministerpräsidenten wurde. Dessen Aufmerksamkeit konnte aber bekanntlich nicht mehr lange etwas bewirken.

Internationale Zusammenarbeit der Denkmalpfleger

Die Sowjetische Besatzungszone blieb eine solche bis 1990, und dennoch gab es bestimmte Gebiete, auf denen sich die »Deutsche Demokratische Republik« als selbständiger Staat in der sozialistischen Staatengemeinschaft, möglichst auch weltweit, darstellen sollte. Zu diesen Gebieten gehörte die Kultur. In die kulturellen Auslandsbeziehungen ließ sich die Denkmalpflege ziemlich gut einbeziehen. Das Land hatte zahlreiche Denkmale von internationalem Rang, und die Denkmalpflege stand traditionsgemäß auf hohem fachlichem Niveau, gewährleistet durch engagierte und loyale Menschen. Das hieß, man konnte getrost interessierte Gäste durchs Land führen und die eigenen Denkmalpfleger auch in andere Länder entsenden.

Die Denkmalpfleger wurden bald in die Austauschprogramme der Kulturabkommen der sozialistischen Länder untereinander eingereiht. Schon 1957, im ersten Jahr meiner Zugehörigkeit zur Denkmalpflege, wurde ich zusammen mit dem Direktor des Schlossmuseums Mosigkau für zwei Wochen nach Polen entsandt, dort freundlich aufgenommen und im ganzen Land mit den Denkmalpflegern und ihren Arbeiten bekannt gemacht. Die Kollegen bemühten sich freundlicherweise, deutsch mit uns zu sprechen. Es folgte bald eine weitere Reise dieser Art auf der Basis eines Kulturabkommens mit der Tschechoslowakei gemeinsam mit Hans Nadler. Im Jahr 1960 wurde ich gemeinsam mit Hans Schoder für vier Wochen in die Sowjetunion delegiert. Die ganze Zeit wurden wir von einer Dolmetscherin begleitet. Wir lernten Moskau, Leningrad und Kiew ausführlich kennen, wurden auch in Sagorsk empfangen. Wir machten Bekanntschaft mit vielen engagierten Denkmalpflegern. Auf eigenen Wunsch durften wir nach längeren Verhandlungen auch nach Tbilisi und Erivan reisen. Dort wurden wir ganz besonders aufmerksam empfangen, zu Kirchen des 6. Jahrhunderts und antiken Grabungen geführt. Anzumerken sei hier, dass wir dabei – noch 1960 – auch zur Besichtigung des Geburtshauses von Stalin nebst zugehörigem Museum gefahren und im Park daneben zu einem traditionellen Essen im Freien eingeladen wurden.

Es versteht sich, dass wir den Besuch von Fachkollegen als Delegierte aus den sozialistischen Ländern in der DDR empfingen und führten. Stets konnte sich mindestens einer der Gäste gut auf Deutsch mit uns verständigen, und nicht nur sprachlich war die Verständigung ausgesprochen gut.

Neben diesen gegenseitigen Besuchen auf der Basis der Kulturabkommen traten bald die wechselseitigen Einladungen zur Teilnahme an Fachtagungen. Hierin waren besonders die Ungarn großartige Gastgeber, aber auch die Tschechen. Wichtigstes Thema jener Jahrzehnte waren Fragen der städtebaulichen Denkmalpflege angesichts von Kriegszerstörungen

Abb. 19 Frankfurt/Oder, Konzerthalle in der ehemaligen Franziskaner-Klosterkirche; Aufnahme um 1975

und gesellschaftlichen Umwälzungen. So suchte man gemeinsam nach Wertungsverfahren und den Möglichkeiten der Planungsvorgaben, auch der künftigen Nutzung des wertvollen Baubestands.

In den 1960er Jahren suchten die denkmalpflegerischen Institutionen der sozialistischen Länder nach Möglichkeiten für Besuchsreisen eines breiteren Kollegenkreises. Die Möglichkeiten wurden gefunden, aus dem eigenen Haushalt der Institutionen den Aufenthalt von Gästen zu finanzieren. Nach einem Besuch von Peio Berbenliev in der DDR machten die bulgarischen Kollegen und wir den ersten Schritt zu einer langfristigen Vereinbarung über die Durchführung von Austauschreisen auf dieser Basis. Solche Vereinbarungen über den sogenannten devisenlosen Austausch wurden bald außer mit Bulgarien auch mit Polen, der Tschechoslowakei, Ungarn, Rumänien, Slowenien und den drei baltischen Sowjetrepubliken Litauen, Lettland und Estland getroffen. Den Kontakt mit den Balten verdankten wir der estnischen Kollegin Helmi Üprus, die eines Tages am Rand einer Touristenreise mittags in meinem Dienstzimmer auftauchte und die Grüße, Wünsche und Adressen der Chefs der drei baltischen Werkstätten für Denkmalpflege überbrachte. Deren finanzielle und politische Spielräume erlaubten offenbar Einladungen und Delegierungen. Die Begegnungen mit russischen Kollegen dagegen blieben rar, auf hochgestellte »Reisekader« und auf ministerielle Abkommen beschränkt. Die Betreuung und Führung der Gäste, der fachliche Austausch mit ihnen war uns ein wichtiges Anliegen, die Unterstützung der staatlichen Stellen und auch der ehrenamtlichen Helfer war uns dabei auf allen Ebenen gewiss. Wir bemühten uns mit Erfolg um eine Bündelung und veranstalteten mit den zum gleichen Zeitpunkt dazu eingeladenen Besuchern große Fachexkursionen, die sehr geschätzt wurden.

Neben diesen offiziell sehr geförderten Austauschaktivitäten mit der Kollegenschaft der sozialistischen Länder gab es stets die mit großer Behutsamkeit zu handhabende Verbindung mit den Denkmalpflegern der Bundesrepublik Deutschland. Die Landeskonservatoren der ostdeutschen Länder bzw. die in ihrer Nachfolge stehenden Leiter der Arbeitsstellen des Instituts für Denkmalpflege wurden regelmäßig zu den Jahrestagungen der Bundesvereinigung der Landesdenkmalpfleger eingeladen. Die Einladungen konnten angenommen werden, wenn es die jeweilige politische Großwetterlage zuließ, insbesondere wenn im Schreiben auch der internationale Charakter dieser Jahresveranstaltungen heraus gestellt worden war. Zweimal in den 1960er Jahren konnten wir es einrichten, dass Fachexkursionen im Rahmen der Jahrestagungen aus benachbarten Gebieten der Bundesrepublik zu Denkmalen auf dem Boden der DDR weitergeführt werden konnten, das eine Mal im Raum Magdeburg, das andere Mal im Raum Erfurt. Solche gemeinsamen Besichtigungen führten zu intensivem Erfahrungsaustausch und Kontakten. Für mich waren dabei die Begegnungen mit meinem Berliner Nachbarn Helmut Engel von nachhaltiger Bedeutung und insbesondere die freundschaftlichen Kontakte mit Hartwig Beseler, dem Landeskonservator aus Schleswig-Holstein, der sich die Zusammenarbeit mit den ostdeutschen Kollegen zu einer gern wahrgenommenen Aufgabe machte. Persönlich sehr engagiert wirkten in diesem Sinne auch Heinrich Kreisel und Werner Bornheim-Schilling, später Michael Petzet und Gottfried Kiesow.

Die wechselseitigen fachlichen und persönlichen Kontakte erhielten seit 1965 zusätzlich den für die politischen Auffassungen der DDR günstigen Rahmen durch die Gründung der nichtstaatlichen Organisation des Internationalen Rats für Denkmalpflege, ICOMOS. Schon in der Vorbereitungsphase des Gründungskongresses des ICOMOS in Warschau wurde ich vom Ministerium veranlasst, das Nationalkomitee des ICOMOS zu gründen. Als dessen Präsident und begleitet von dem angesehenen Mitglied des Nationalkomitees Hans Nadler bin ich am Tage vor dem Beginn des Kongresses auf Einladung der polnischen Regierung nach Warschau gefahren. Als Gäste der Regierung waren wir dann auch Gäste des Gründungskongresses des ICOMOS. Als offizielle Mitglieder konnten wir nicht aufgenommen werden, denn noch war die DDR nicht international anerkannt, und Mitglieder des westdeutschen Nationalkomitees erzählten uns, dass sie für den Fall unserer offiziellen Aufnahme die Weisung gehabt hätten, aus Protest sofort abzureisen. Damals wurde im ICOMOS als Koordinationsinstanz für die Nationalkomitees das Konsultativkomitee gegründet und der polnische Kollege Stanislaw Lorentz zu dessen Präsident gewählt. Er bezog uns persönlich so wie auch alle anderen Anwesenden freundschaftlich in das gesamte fachliche Programm ein und versprach, an einer Lösung für unsere Mitgliedschaft zu arbeiten. Das hat er tatsächlich noch vor der internationalen Anerkennung der DDR geschafft, in dem er uns zwei Jahre später zur Konsultativkomiteesitzung nach Paris einlud, wo einstimmig die Aufnahme unseres Nationalkomitees beschlossen wurde. Offenbar hat auch der damalige Präsident des bundesrepublikanischen Nationalkomitees Werner Bornheim-Schilling vorbereitend mitgewirkt. Zuvor hatte der erste Präsident des ICOMOS, Piero Gazzola, unsere Einladung zu einer Rundreise durch die Denkmallandschaft der DDR angenommen.

Von nun an organisierten wir die Fachtagungen und Exkursionen, zu denen wir Kollegen aus Ost und West einladen wollten, als Veranstaltungen des ICOMOS und widmeten sie Themen, die von dort direkt oder von der UNESCO initiiert wurden. 1972 führten wir eine Fachexkursion durch die mittleren und nördlichen Bezirke der DDR und besichtigten unter anderem die Konzerthalle in der Frankfurter Franziskanerkirche und die Grundschule im Schloss Leitzkau. Bei dieser Konferenz »Zur neuen Nutzung der Denkmale« erarbeiteten wir erstmals im internationalen Kreis Thesen zur Problematik des Themas. Solche Thesen oder Erklärungen waren der ICOMOS-Zentrale erwünscht und für die Inlandspropagierung sehr nützlich. Noch größeren Effekt für die Denkmalpflege im Land hatte die ICOMOS-Regionalkonferenz von 1977 zu dem Thema »Jugend und Denkmalpflege«, Es gab nicht wenige Denkmale, die von Kindern und Jugendlichen genutzt wurden als Kindergärten, Schulen und Jugendherbergen. Jugendgruppen hatten Denkmale instand gesetzt und als Jugendclubs eingerichtet. Das bekannteste Beispiel war der Studentenclub im Kasseturm in Weimar. Junge Ehepaare bauten sich Wohnungen in Denkmalen aus von Quedlinburg bis Neubrandenburg. Solche Beispiele ließen sich in der Vorbereitung der Konferenz fördern, dann besichtigen und bekannt machen.

Der Hauptgastgeber dieser Regionalkonferenz war der Bezirk Rostock. Dessen Ratsmitglied für Kultur, Heinz Gundlach, agierte sehr umsichtig. Der Bezirksbaudirektor war – höchst ungewöhnlicherweise – Mitglied des Nationalkomitees des ICOMOS. Der Rostocker Oberbürgermeister, Henning Schleiff, war persönlich interessiert. Kurz, das Klima war für die Veranstaltung günstig und die Aufnahme der zahlreichen Gäste so freundlich, dass sich mit dem teilnehmenden Generalsekretär des ICOMOS Raimond Lemaire gut darüber reden ließ, eine der nächsten Generalversammlungen des ICOMOS nach Rostock einzuladen. Das Jahr 1984 wurde in Aussicht genommen.

Neben unseren eigenen ICOMOS-Veranstaltungen wurden wir lebhaft in Anspruch genommen von der Teilnahme an Konferenzen in anderen Ländern. Die Generalkonferenzen des ICOMOS fanden alle drei Jahre statt, abwechselnd in einem westlichen und einem östlichen Land. Ich erinnere mich gut an die Generalkonferenzen 1972 in Budapest, 1975 in Rothenburg ob der Tauber, 1978 in Moskau, 1981 in Rom. Dort wurde ich als

Abb. 20 Dresden, Zwinger mit Kronentor und Festungsgraben; Aufnahme 1968

eines der Mitglieder des Exekutivkomitees gewählt und konnte die Einladung für die nächste Generalkonferenz in die DDR aussprechen. Diese Einladung sowie auch der Themenvorschlag für das begleitende Kolloquium »Denkmalpflege und kulturelle Identität« wurden per Akklamation angenommen.

Wir führten diese Generalversammlung 1984 nacheinander in den Bezirken Rostock und Dresden durch. Es entstand ein fruchtbarer Wettbewerb zwischen beiden Bezirken hinsichtlich der Instandsetzung von Besichtigungsobjekten, der Vorbereitung des Tagungsablaufs und der Auseinandersetzung mit dem Thema des Kolloquiums. Gerade in diesem letzten Punkt erwies sich die Zusammenarbeit mit dem Kulturbund, dem Sammelbecken aller an der Geschichte und der Gestaltung der Heimat interessierten Bürger, als sehr günstig. So konnten wir dann auch für die Teilnehmer, es waren über 800 Personen aus aller Welt, ein sehr differenziertes Exkursionsangebot erstellen und an vielen Orten kleine Arbeitsgruppenberatungen mit reger regionaler Beteiligung organisieren.

Zwischen den beiden Zentren der Versammlung, Rostock und Dresden, fuhren die Teilnehmer in einem Sonderzug, dessen Zwischenaufenthalt das Besichtigen von Schlössern und Gärten in Potsdam möglich machte. Der Zug führte einen der traditionellen Salonwagen mit, in dem mehrere Sitzungen abgehalten werden konnten, darunter eine der Redaktionssitzungen für die Abschlusserklärung. Eine solche erschien uns allen wegen des Themas des Kolloquiums »Denkmalpflege und kulturelle Identität« besonders wichtig. Da die kulturelle selbstverständlich als Teil der nationalen Identität und im internationalen Zusammenwirken betrachtet wurde, waren in jener Zeit Bezüge zum Helsinkiprozess der friedlichen Koexistenz und Annäherung naheliegend. Mehr noch als sonst hatte damit dieses Mal ICOMOS in seiner internationalen Zusammenarbeit neben fachlichen auch politische Motivationen zu berücksichtigen. Dementsprechend war die Formulierung der Abschlusserklärung bedeutungsvoll, auch äußerst diffizil und zeitaufwendig. Der Text wurde schließlich in der abschließenden Vollversammlung mit großem Ernst auf- und angenommen.

Inzwischen hatte sich im Raum Dresden die Arbeit der Konferenz in ihren Kommissionen auch mit vielen Besichtigungen und Begegnungen fortgesetzt. Das Abschlussfest war buchstäblich märchenhaft. Die Teilnehmer hatten soeben im dampflokgezogenen Traditionszug unter großem Getute die Strecke von Radeberg bis Moritzburg zurückgelegt, als vor der großen Schar das Schloss auftauchte, von Strahlen der wiederkehrenden Abendsonne vor den dunklen Wolken eines abziehenden Gewitters hell beleuchtet. Das Fest fand im Park statt mit viel Essen und sächsischem Wein (sauer macht lustig!). Es gab diverse Attraktionen bis hin zu kostümierten Seiltänzern. Die Kulturabteilung des Rats des Bezirks hatte sich mit der Tagung und besonders mit der Gestaltung des letzten Abends viel Mühe gegeben. Die bezirklichen Autoritäten waren sogar mit Hans Modrow vertreten.

Solche international beachteten Veranstaltungen halfen in der praktischen Denkmalpflege sowohl im Vorfeld bei der Instandsetzung der Besichtigungsobjekte wie auch nachher in der Absprache über fortführende Arbeiten ungemein. Durch fleißige begleitende Medienarbeit wurden die Denkmalpfleger ein wenig populärer im Land.

Natürlich hatten wir in der langfristigen Vorbereitung der großen Veranstaltungen auch interessante Einzelbesuche. So hatte, wie schon erwähnt, auf unsere Einladung der langjährige Präsident des ICOMOS Piero Gazzola eine Rundreise durch die DDR gemacht. Als Präsident des Konsultativkomitees hatte uns der Reichs-Antiquar Schwedens Paulson besucht. Als Vizepräsident des ICOMOS war der russische Kollege Ivanow unser Gast, um nur drei von Vielen zu nennen.

Glücklicherweise hatte uns das Ministerium für Kultur als Basis unserer ICOMOS-Arbeit die Einrichtung eines kleinen ständigen Sekretariats ermöglicht, geleitet von Helmut Stelzer. Seine Tätigkeit war so anerkannt, dass er später für die Zeit von 1987 bis 1990 zum Generalsekretär des ICOMOS gewählt wurde. Dies geschah auf Vorschlag des kanadischen Nationalkomitees und mit Unterstützung auch der Denkmalpfleger aus den USA, ein Vorgang, der zeigt, dass tatsächlich ein Klima der weltweiten Verständigung im Kreise der ICOMOS-Mitglieder herrschte.

An dieser Stelle ist es wohl angebracht, über die freundschaftliche Kollegialität zwischen den Denkmalpflegern über die Ländergrenzen hinweg zu schreiben. Manch einer, ob aus Ost oder West, betonte, dass trotz aller Unterschiede der gesellschaftlichen Systeme unsere Widersacher doch alle die gleiche Mentalität hätten. Die Gemeinsamkeit des denkmalpflegerischen Anliegens und weitgehend auch der Methoden verband uns. Besonders freimütig war der Austausch im privaten Rahmen. Man könnte der Gastlichkeit der Denkmalpfleger und ihrer Ehefrauen ein ganzes Kapitel widmen. Ich selbst schreibe darüber in unserer Familienchronik. Hier möchte ich nur in dankbarer Erinnerung erwähnen, dass meine Frau Wanda weithin im Lande und darüber hinaus unter der Kollegenschaft bekannt war, nicht nur wegen ihrer gekonnten Bewirtung – oft spontan gestaltet –, sondern auch wegen ihrer engagierten und offenherzigen Teilnahme an Gesprächen über die Problematik der Denkmalpflege. Sie hat sehr viel zum Verständnis unserer Bemühungen beigetragen, in ihrem Haus und wenn sie mich begleitete zu Begegnungen in der östlichen oder westlichen Heimat, oder, falls es uns Gastgeber und Ausreiseinstanzen ermöglichten, auch im Ausland.

Anmerkungen

1 Denkmalpflegegesetz der DDR, in: Gesetzblatt der DDR, Teil 1, Nr. 26 v. 27. Juni 1975, S. 458.

2 2. Durchführungsbestimmung zum Denkmalpflegegesetz der DDR, § 1, Satz 3, in: Gesetzblatt der DDR, Teil 1, Nr. 25 v. 25.8.1978, S. 286.

Ein schwieriger Neuanfang – das Mecklenburgische Landesamt für Denkmalpflege von 1946 bis 1952

Horst Ende

Am 1. Januar 1946 nahm das Mecklenburgische Landesamt für Denkmalpflege in Schwerin als nachgeordnete Behörde der im Spätsommer 1945 installierten Landesregierung von Mecklenburg-Vorpommern seine Arbeit auf. Damit war ein erster Schritt zur Neuetablierung der Denkmalpflege im nördlichsten Land der damaligen Sowjetischen Besatzungszone getan.

Vorausgegangen waren dieser Entscheidung über mehrere Monate dauernde Turbulenzen, die neben personellen Problemen auch inhaltliche Fragen der Denkmalpflege und materielle Probleme betrafen. Zum Teil resultierten sie aus der unterschiedlichen Praxis der Denkmalpflege im bisherigen Land Mecklenburg bzw. der ehemaligen preußischen Provinz Pommern.

Denkmalpflege in Mecklenburg und Pommern vor 1945

In Mecklenburg existierte seit 1930 in Schwerin ein Landesamt, das dem damaligen Ministerium für Finanzen inkorporiert war und seine Tätigkeit auf der Grundlage eines im Dezember 1929 erlassenen und 1934 novellierten Denkmalschutzgesetzes ausübte. Seine fachlichen Mitarbeiter waren, zumindest was die Baudenkmalpflege anbelangte, beamtete Architekten im Finanzministerium, die ihre denkmalpflegerische Tätigkeit nur ehrenamtlich wahrnahmen. Auch die übrigen durch das Gesetz dem Landesdenkmalamt übertragenen Aufgaben in den Bereichen Kunstgewerbe, Volkskunde und Heimatschutz, Archäologie und Naturschutz wurden von staatlich angestellten Mitarbeitern entsprechender Facheinrichtungen wahrgenommen. Das seit 1943 von Landeskonservator Hermann Oeding (1884 bis 1948) geleitete Amt blieb in der bisherigen Form nach Kriegsende als Teil der Landesverwaltung innerhalb des Finanzministeriums erhalten.

In der Provinz Pommern war auf der Basis des 1891 erlassenen Beschlusses der preußischen Verwaltung 1894 in Stettin ein Provinzialkonservator als selbständige Einrichtung installiert worden. 1936 hatte Landesbaurat Paul Viering diese Aufgabe übernommen.[1] 1944 hatte er angesichts der Luftangriffe auf die Stadt seine Dienststelle in das westlich der Oder südlich von Anklam gelegene Gutshaus in Schmuggerow verlegt. Dort endete im Mai 1945 mit der sowjetrussischen Besetzung Pommerns und der Auflösung der Provinzialverwaltung in Stettin sein Anstellungsverhältnis. Viering blieb in Schmuggerow und arbeitete ohne Auftrag und Gehalt weiter. Schon im Mai 1945 hatte er Kontakt zu Oeding aufgenommen und ihn seine Vorstellungen über die künftige Gestaltung der denkmalpflegerischen Arbeit und ihre Organisationsstruktur wissen lassen. Entsprechende Vorschläge hatte er auch der für die Denkmalpflege zuständigen Abteilung Volksbildung der Landesregierung gemacht. Als Ende November 1945 auf sowjetische Forderungen hin alle noch in der Landesverwaltung tätigen ehemaligen NSDAP-Mitglieder entlassen wurden, war davon auch Landeskonservator H. Oeding betroffen.

Das Landesamt auf der Suche nach seinem Platz in der neuen Gesellschaft

Als Nachfolger bot sich der bereits im Pensionsalter befindliche Landesbaurat a. D. Paul Viering (1880–1966) (Abb. 1) an, der durch seinen Schriftwechsel vom Sommer 1945 mit der Landesregierung in Schwerin bereits bekannt und durch seine Arbeit als vormaliger Pommerscher Provinzialkonservator als Fachmann ausgewiesen war. Er wurde zum Jahresbeginn 1946 zum Leiter des mecklenburgischen Landesamtes für Denkmalpflege berufen. Im Mai 1946 wurde ihm die Amtsbezeichnung Landeskonservator zuerkannt. Viering leitete das Landesdenkmalamt bis zum Jahresende 1948, sein Nachfolger wurde 1949 Heinz Mansfeld (1899–1959) (Abb. 2), der in Personalunion auch Direktor des Landesmuseums war. Dem Landesamt stand er bis zu dessen Auflösung Ende 1952 vor. Über seine Stellung als Mecklenburgischer Landeskonservator hinaus erlangte er für die gesamte Denkmalpflege in der SBZ/DDR insofern Bedeutung, als er 1952 seitens des Ministeriums für Kultur aufgefordert wurde, Vorstellungen für die Neustrukturierung der Denkmalpflegebehörden in der DDR auszuarbeiten. Offensichtlich erschien er den Verantwortlichen im Ministerium für Kultur als der einzige Genosse unter den leitenden Personen im Denkmalpflegebereich geeignet, entsprechende Vorschläge unter Berücksichtigung der Interessen der SED zu erarbeiten. Über das Ergebnis seiner Bemühungen ist wenig be-

Abb. 1 Paul Viering, um 1960

Abb. 2 Dr. Heinz Mansfeld, um 1950

Abb. 3 Dr. Walter Ohle, um 1950

kannt. Als 1952 vorgeschlagen wurde, ihn in das neu zu schaffende Amt eines Staatskonservators der DDR zu berufen, lehnte er ab und blieb Direktor des Landesmuseums in Schwerin.[2]

Insgesamt hatte das Schweriner Amt ab Jahresbeginn 1946 nur vier Mitarbeiter, davon unter Einschluss des Landeskonservators zwei wissenschaftliche (Architekten) und zwei Verwaltungskräfte. Neben Viering war in den Jahren 1947–1948 der aus politischen Gründen aus dem Ministerium entfernte Architekt Dr. Kurt Fischer beschäftigt, der bereits in der Vorkriegszeit denkmalpflegerische Aufgaben wahrgenommen hatte. Erst 1951 wurde der Stellenplan des Landesamtes auf 7,5 feste Stellen aufgestockt, aber nur drei davon waren Fachkräfte (je ein Kunsthistoriker, Architekt und Naturkundler). Zwei dieser Fachleute waren der Kunsthistoriker Dr. Walter Ohle (1904–1971) (Abb. 3) und der Architekt Dipl.-Ing. Friedrich Mielke (geb. 1921).[3] Ohle hatte nach seiner Rückkehr aus der Kriegsgefangenschaft allerdings schon seit 1947 auf Honorarbasis für das Amt gearbeitet und praktisch von Anbeginn wie ein fester Mitarbeiter des Amtes agiert. Sowohl Viering als auch Mansfeld überließen ihm die Mehrzahl der praktischen Termine vor Ort. Ab 1949 ist eine gelegentliche Mitarbeit Mielkes nachweisbar.

Zu der mageren personellen Ausstattung des Landesamtes kam eine außerordentlich schmale materielle Basis hinzu. Während das Schweriner Amt außer einigen Büchern, der Foto- und Plansammlung der ehemaligen Kommission zur Erhaltung der Denkmäler und einem kleinen Bestand an Aufmaßzeichnungen von zumeist ländlichen Bauten aus der Hinterlassenschaft des Heimatbundes Mecklenburg über keine eigenen Bestände verfügte, war der von Stettin nach Schmuggerow ausgelagerte Bestand des Pommerschen Provinzialkonservators mit Ausnahme des in Stettin verbliebenen Foto-Negativbestands und der auf dem Transport verlorengegangenen Bibliothek bis zum Kriegsende zunächst fast vollständig erhalten. Die Belegung des Schlosses Schmuggerow mit Flüchtlingen, Bodenreformkunstgut und die Beschlagnahmen bzw. Plünderungen durch die Rote Armee führten dort zum Verlust der gesamten technischen Ausrüstung. Das Schweriner Amt war mit diesem Zuschnitt das kleinste und materiell am schlechtesten ausgestattete Denkmalamt in Ostdeutschland.

Besondere Schwierigkeiten erwuchsen dem Amt aus der umfangreichen Aufgabenstellung, die sich aus den Bestimmungen des mecklenburgischen Denkmalschutzgesetzes von 1929/1934 und des Reichsnaturschutzgesetzes von 1935[4] ergaben. Dem bald nach Kriegsende gemachten Vorschlag des damaligen Landeskonservators Oeding, die Zuständigkeit des Amtes auf die Kerngebiete Bau- und Kunstdenkmalpflege zu beschränken, war man ebensowenig gefolgt wie den 1948 vorgetragenen Überlegungen für ein neues Denkmalschutzgesetz. So war das Amt nach wie vor neben den Baudenkmalen auch für die Kunstdenkmale, die Naturdenkmale und den Naturschutz, die ur- und frühgeschichtlichen Denkmale und die Volkskunst und den Heimatschutz zuständig. Viering sah eine Möglichkeit zur erfolgreichen Arbeit nur in der Schaffung eines großen Kreises von ehrenamtlichen Mitarbeitern. Bis zu seinem offiziellen Ausscheiden aus dem Amt Ende 1948 hatte er elf sogenannte Bezirkskonservatoren (für die Regionen West- und Ostmecklenburg und Vorpommern) und ca. 60 in den Kreisen tätige Vertrauensleute an seiner Seite. Erstere wurden vom Ministerium, die Kreisdenkmalpfleger von den Abteilungen Kultur und Volksbildung berufen. Zu den Bezirkskonservatoren für die Bau- und Kunstdenkmalpflege gehörten ausgewiesene Fachleute wie die Museumsdirektoren von Stralsund, Rostock und Schwerin, mehrere mit der Denkmalpflege bereits während ihrer ministeriellen Tätigkeit vertraute Architekten und gestandene Archäologen aus den Fachmuseen in Schwerin und Neustrelitz. Für die Naturschutzbelange stand dem Landeskonservator ein Vertreter der Universität Greifswald beratend zur Seite. Auch die Liste der Vertrauensleute in den Kreisen enthielt zahlreiche Namen von sachkundigen Kennern der Materie, darunter Lehrern, Pastoren, Architekten, Ärzten und Künstlern.

In den Folgejahren kam es in Bezug auf einzelne Ressorts trotz der unveränderten Geltung des Denkmalschutzgesetzes von 1929/1934 zu Veränderungen. Obwohl das Landesamt noch 1951 als »Oberste Naturschutzbehörde« fungierte, wurde zu dieser Zeit schon die Naturschutzarbeit bereits weitgehend von eigens eingerichteten Naturschutzstellen und letztlich vom Ministerium für Land- und Forstwirtschaft übernommen. Etwa zur gleichen Zeit begann sich der Bereich der Bodendenkmalpflege zu verselbständigen, der vom Leiter der Abteilung Ur- und Frühgeschichte im Landesmuseum betreut wurde. Zusammen mit der Deutschen Akademie der Wissenschaften bereitete man umfangreiche Forschungsvorhaben vor, die nicht in das Profil des Landesamtes passten.

1952 zeichneten sich in der Denkmalpflege DDR-weit Veränderungen ab, so durch die am 26. Juni d. J. erlassene Denkmalschutz-Verordnung.[5] Durch die etwa gleichzeitig verfügte Auflösung der Länder und die Bildung der Bezirke wurden die Landesämter zum Jahresende 1952 formal aufgehoben. Für die Denkmalpflege in Mecklenburg bedeutete das eine besonders deutliche Zäsur, denn die Dienststelle wurde nach Berlin verlegt und dort Teil der Außenstelle Nord des neu gebildeten Instituts für Denkmalpflege.[6]

Mehrfach hat Landeskonservator Viering die Schwerpunkte der Arbeit des Amtes in den unmittelbaren Nachkriegsjahren formuliert. Sie lassen sich in folgenden Problemkreisen zusammenfassen:

- Erfassung der Kriegsschäden und Maßnahmen zu ihrer Beseitigung
- Beteiligung an der Wiederaufbauplanung kriegszerstörter Städte
- Mitwirkung bei der Erhaltung der von der Bodenreform betroffenen Objekte und ihrer Ausstattung
- Sicherung des Denkmalbestands durch neue oder erneute Unterschutzstellungen
- Durchführung von praktischen denkmalpflegerischen Arbeiten wie Restaurierungen von Architektur, Kunstgut usw.
- Wiederaufnahme der wissenschaftlichen Arbeit

Die Erfassung der Kriegsschäden und erste Maßnahmen zur Rettung akut gefährdeter Denkmale

Mecklenburg und Vorpommern hatten im Zweiten Weltkrieg in Bezug auf die Denkmale erhebliche Schäden zu verzeichnen.[7] In den Jahren 1942–45 waren die Küstenstädte Rostock, Wismar (Abb. 4–6) und Stralsund sowie das im Küstenhinterland gelegene Anklam durch alliierte Bombenangriffe schwer beschädigt worden, im Frühjahr 1945 erlitten dann beim Vormarsch der Roten Armee die vorpommerschen Städte Demmin, Pasewalk und Anklam sowie die im ostmecklenburgischen Raum gelegenen Städte Neubrandenburg, Woldegk, Friedland und Malchin unterschiedliche Schäden. Die historische Innenstadt von Neubrandenburg wurde zu 84 Prozent zerstört (Abb. 7), der Zerstörungsgrad der anderen vorgenannten Städte war ähnlich. Dazu kamen Zerstörungen von Einzelkomplexen wie die des Schlosses in Neustrelitz, des Kloster-/Schlosskomplexes von Dargun, der Johanniterkirche Mirow oder des als Auslagerungsort dienenden Schlosses in Schwerinsburg.

Abb. 4 Rostock, zerstörte Innenstadt, nach 1943

Abb. 5 Wismar, Ruine der Marienkirche, 1960

Abb. 6 Wismar, Ruine des Waedekinschen Hauses, 1945

Abb. 7 Neubrandenburg, Ruine der Marienkirche, 1956

In Vorpommern waren wichtige Kunstwerke aus den Kirchen und Museen zum Schutz vor möglichen Zerstörungen ausgelagert worden, zumeist in ländliche Herrensitze der Umgebung. Dort überstanden sie zwar die unmittelbare Kriegszeit, fielen dann aber teilweise Plünderungen zum Opfer. Im Falle von Schwerinsburg zerstörte ein Brand das Gebäude mitsamt dem dorthin ausgelagerten Kunstgut der beiden Anklamer Stadtkirchen.

In Mecklenburg hatte man sich entschieden, lediglich museales Kulturgut und wertvolle Archivalien auszulagern, die Ausstattung der Baudenkmale war am Ort verblieben und in einigen wenigen Fällen durch Einmauerung geschützt worden. Das hatte zur Folge, dass in Mecklenburg das historische Inventar der großen Kirchen und städtischen Profanbauten in den bombardierten Küstenstädten bzw. der bei Kriegsende in Brand geratenen Binnenstädte und Einzeldenkmale fast vollständig verlorenging. Die eingemauerten Kunstwerke wie die Astronomische Uhr in der Rostocker Marienkirche, der monumentale Hochaltar von St. Georgen in Wismar oder der wertvolle flämische Altarschrein in der Güstrower Pfarrkirche erlitten Schäden, weil die Ummauerung teilweise erst Jahre später entfernt wurde und Feuchtigkeit vor allem die empfindlichen Fassungen beschädigt hatte.

Vordringliche Aufgabe der unmittelbaren Nachkriegszeit war die bauliche Sicherung der leicht bzw. teilgeschädigten Baudenkmale. In Rostock hatte man nach den Zerstörungen der drei großen Stadtkirchen St. Jacobi, St. Petri und St. Nikolai noch während des Krieges über den Schiffen Notdächer aufgebracht.

Die Ruine der St. Jacobikirche wurde zwischen 1957 und 1960 abgebrochen. Bei der St. Nikolaikirche wurde bereits 1945 mit der Wiederherstellung des nur leicht beschädigten Chores als Notkirche begonnen, die Reparatur des Notdaches über dem Langhaus und der Ersatz des verlorenen Turmhelms durch ein Zeltdach schlossen sich bis 1953 an. Der Wiederaufbau von St. Petri begann später und erfolgte in mehreren Etappen, endgültig abgeschlossen wurde er erst mit der Wiedererrichtung des Turmhelms 1994. Von der Stadtbefestigung wurden Steintor und Kuhtor in den Nachkriegsjahren gesichert, das monumentale Steintor ist von 1950–56 wiederhergestellt worden und war 1956 kurze Zeit im Gespräch als Sitz der wieder nach Mecklenburg zurückgekehrten Arbeitsstelle des Instituts für Denkmalpflege, bevor die endgültige Entscheidung zugunsten von Schwerin fiel. Das ebenfalls zerstörte mittelalterliche Petritor ist 1950 als angebliches Verkehrshindernis beseitigt worden. Erheblich waren in der Hansestadt auch die Zerstörungen von historischen Bürgerhäusern.

In Wismar wurde die stark beschädigte St. Georgenkirche in den Jahren 1948/50 notgesichert und nach fehlgeschlagenen Versuchen eines Wiederaufbaus erst nach der politischen Wende wiederhergestellt. Die schwer beschädigte St. Marienkirche wurde nach anfänglichen kleineren Sicherungsmaßnahmen schließlich 1960 gesprengt, und nur der unversehrt gebliebene Turm wurde erhalten. Von den mittelalterlichen Profanbauten gingen solche mittelalterlichen Denkmale wie die Alte Schule, das Marienpfarrhaus oder das Waedekinsche Haus verloren.

In Anklam und Neubrandenburg wurden die Ruine von St. Nikolai bzw. St. Marien in den Nachkriegsjahren notgesichert. Beide Kirchen wurden später entwidmet und werden jetzt für museale Zwecke bzw. als Konzerthalle genutzt.

In vereinfachter Form wurden um 1950 die Ruinen der Stadtkirche St. Petri in Woldegk und der Johanniterkirche in Mirow wiederhergestellt.

In Stralsund begann die Instandsetzung der schwer beschädigten St. Jacobikirche erst 1948 mit der dringend notwendigen statischen Sicherung; bis 1955 war eine Teilnutzung für kirchliche Zwecke möglich. Von der schwer beschädigten ehemaligen Klosterkirche St. Johannis wurden nach dem Krieg die Umfassungswände des Chores erhalten. Das ruinöse Semlower Tor wurde um 1960 abgebrochen.

Keine Erfolge hatte man bis zur Auflösung des Landesamtes 1952 bei der Sicherung des Kloster-/Schlosskomplexes Dargun; immerhin gelang es mit Hilfe des Landesamtes, die Aufgabe der Ruinen zugunsten der Gewinnung von Baumaterial zu verhindern, an der Sicherung des Gebäudekomplexes zeigten sich die staatlichen Stellen nicht interessiert. Aufgegeben werden musste bis 1950 auch die Ruine des Schlosses in Neustrelitz.

Intensiver musste man sich aufgrund einer staatlichen Weisung mit dem Schicksal von Kriegerdenkmalen beschäftigen. Hier hatten die Besatzungsmacht und die Landesregierung gefordert, alle Objekte zu beseitigen, die militaristische oder nazistische Inhalte propagierten. Dem Landesamt oblag die Aufgabe, künstlerisch wertvolle Denkmäler auszusondern. Im öffentlichen Raum entfernte man die Mehrzahl der meist mit Soldatenfiguren in unterschiedlichster Form versehenen Denkmale, bei hunderten von Gedenksteinen beließ man es bei der Abnahme der Reichsadler, eisernen Kreuze oder ähnlicher Requisiten. Das bedeutendste Kriegerehrenmal des Landes, Barlachs »Schwebender« im Güstrower Dom, war bereits 1937 entfernt und wenig später zerstört worden, eine Kopie kehrte erst 1953 in den Dom zurück. Das künstlerisch wertvolle Kriegerdenkmal von Georg Kolbe in Stralsund musste zwar nach Kriegsende entfernt werden, überlebte aber im Depot und steht heute in musealer Obhut auf der Insel Dänholm vor Stralsund. Im übrigen Land blieben etwa zwei Dutzend plastischer Bildwerke ohne kriegerische Gestik erhalten. Das in Neubrandenburg durch Heinrich Tessenow 1934/35 aus dem Belvedere über dem Ufer des Tollensesees geschaffene Landes-Ehrenmal wurde nach dem Krieg leicht verändert. Die in den Formen der Bauhaus-Nachfolge errichteten architektonisch gestalteten Ehrenmale in Teterow und Bad Doberan blieben ebenfalls erhalten.

Der antifeudalen Hysterie der Nachkriegsjahre oder dem Bedarf an Buntmetallschrott fiel dagegen die Mehrzahl der Bildwerke fürstlicher oder anderer politisch bedeutender Persönlichkeiten zum Opfer. Immerhin war es möglich, teilweise auch mit Unterstützung sowjetischer Offiziere, einige der künstlerisch wertvolleren Standbilder in Schwerin, Ludwigslust, Parchim, Putbus und anderen Orten zu bewahren.

Aktive Beteiligung an Wiederaufbauplanungen mit dem Ziel der Erhaltung historischer Stadtstrukturen

Als wichtige Arbeit empfand das Landesamt seine Mitwirkung bei der Wiederaufbauplanung mehrerer kriegszerstörter Innenstädte, insbesondere in Rostock und Neubrandenburg. Die Denkmalpfleger beteiligten sich intensiv an den Diskussionen zum Wiederaufbau, zumal bei den Planungen so namhafte Architekten wie Heinrich Tessenow, Hanns Hopp, Wolfgang Rauda und Hermann Henselmann beteiligt waren. Bei den Überlegungen für den Wiederaufbau anderer Städte wie Anklam,

Abb. 8 Anklam, Wiederaufbauvorschlag Marktplatz, 1948

Demmin, Pasewalk und Malchin oder kleinerer Landstädte wie Friedland oder Woldegk spielten dagegen denkmalpflegerische Aspekte nur eine geringe Rolle.

In den meisten kriegszerstörten Städten setzte die Neubebauung um 1950 ein. Sie erfolgte anfangs noch nach den Prinzipien der »Sechzehn Grundsätze des Städtebaues«, verabschiedet im Juli 1950, die von der historisch gewachsenen Blockrandbebauung ausgingen. Später wurde die anfängliche Rücksicht auf historische Stadtstrukturen weitgehend aufgegeben. Anklam, Woldegk, Friedland und andere Städte verloren dadurch viel von ihrer Individualität. Hier kam es vordringlich darauf an, dass wegen neuer Verkehrslösungen nicht die historischen Stadtgrundrisse stärker beeinträchtigt und »im Wege stehende Baudenkmale« leichtfertig geopfert wurden. In Friedland, der Geburtsstadt Vierings, konnte das Landesamt beispielsweise mit einer veränderten Straßenführung einen Abschnitt der historischen Stadtbefestigung um die »Fischerburg« vor dem Abbruch retten.

Den vermutlich ersten Wettbewerb für den Wiederaufbau eines kriegszerstörten Stadtzentrums hatte die Stadt Anklam ausgeschrieben. Vom 12. Dezember 1946 datierte die Aufforderung der Stadtverwaltung, sich »zur Erlangung von Entwürfen für den Wiederaufbau der zerstörten Altstadt in der Kreisstadt Anklam« an einem Wettbewerb zu beteiligen, der die Aufgabe hatte, »einen Wiederaufbauplan für die zerstörte Altstadt mit wirtschaftlich vertretbaren Vorschlägen für die Verbesserung der Fluchtlinien und Vorschläge für eine Hafenanlage (...) zu erhalten.« In einer technischen Erläuterung ließ die Stadt wissen, dass sie entlang der Hauptstraßen eine dreigeschossige, durch Geschäfte unterlagerte Blockbebauung erwarte.

Der Landeskonservator forderte Anfang 1947 wegen des starken Interesses am Wiederaufbau der Stadt und »um noch rechtzeitig die Belange der Denkmalpflege bei d. Gesamtplanung der Wiederaufbauarbeiten zur Sprache bringen zu können«, die vom Preisrichterkollegium in die engere Wahl gezogenen Projekte unverzüglich dem Landesdenkmalamt zur Stellungnahme zuzuleiten. Die Entwürfe für die vorpommerschen Städte wollte er zusammen mit dem Bezirkskonservator Dr. F. Adler aus Stralsund begutachten. Er war nicht damit einverstanden, dass ihm die Beschlüsse zur »gefl. Kenntnisnahme« übermittelt wurden, er forderte stattdessen ein Mitspracherecht der Denkmalpflege.

Der Wettbewerb wurde im Frühjahr 1947 mit einer Preisverleihung abgeschlossen. Von denkmalpflegerischer Seite wurde eine ausreichende Beachtung denkmalpflegerischer Belange konstatiert. Ausgezeichnet wurden die Entwürfe, die auf der Grundlage des historischen Stadtgrundrisses einen kompletten Wiederaufbau mit einer Blockrandbebauung vorsahen. Auch die Stellung der beiden Stadtkirchen und die Ausgestaltung des Marktes als zentraler Platz mit dem Rathaus entsprachen den denkmalpflegerischen Vorstellungen (Abb. 8). Es war wohl die komplizierte wirtschaftliche Situation der damaligen Zeit, die eine zügige Umsetzung dieser Wiederaufbaupläne verhinderte. Erst 1951 begann die Neubebauung des Stadtzentrums, die die Ergebnisse des Wettbewerbs von 1947 trotz mancher Veränderungen noch reflektiert.[8]

Besonderes Augenmerk richtete die Denkmalpflege auf die Städte Neubrandenburg und Rostock. Die bei Kriegsende schwer zerstörte Innenstadt von Neubrandenburg hatte überregionale Bedeutung wegen ihrer einzigartigen, die Innenstadt kreisförmig umschließenden mittelalterlichen Stadtbefestigung und wegen ihres klassischen schachbrettartigen Stadtgrundrisses aus der Kolonisationszeit, der fast unverändert über die Jahrhunderte hinweg erhalten geblieben war. Während die gotische Befestigung den Zweiten Weltkrieg nahezu unversehrt überstand, blieben von den bedeutenden Baudenkmalen innerhalb der Stadt nur das Johanniskloster und die zur Ruine gewordene Marienkirche übrig. Daraus erwuchs die Gefahr, dass die Neuplanung ohne Rücksicht sowohl auf die Befestigung als auch auf den erhaltenswerten Grundriss erfolgen würde.

Die Einwohnerzahl der Stadt war nach Kriegsende von etwa 30.000 Bewohnern auf die doppelte Größe angewachsen. Seit 1946 war die Wiederaufbauplanung im Gange, begleitet von dem als Bezirkskonservator für Ostmecklenburg eingesetzten Regierungsrat a. D. Erich Brückner, der nicht müde wurde, den hohen Stellenwert der historischen Stadtanlage zu rühmen. Unter den ersten Entwürfen war auch ein Plan von Heinrich Tessenow, der aus denkmalpflegerischer Sicht mit seinen an den Gartenstadtgedanken anknüpfenden Vorstellungen die historische Überlieferung weitgehend negierte und deshalb auf wenig positive Resonanz stieß. Brückner nahm in einer Stellungnahme vom 30. Juli 1946 mit etlichen kritischen Äußerungen zu den Plänen Stellung und verwarf vor allem den von Tessenow favorisierten riesigen zentralen Platz, der durch den Wegfall der Häuserzeile zwischen Markt und Marienkirche entstehen sollte.

Nach der Bildung der Bezirke erfolgte die Planung für die Neubebauung der Innenstadt unter der Federführung des DDR-Ministeriums für Aufbau unter gleichzeitiger Mitwirkung der Deutschen Bauakademie. An den Diskussionen beteiligten sich die namhafte Vertreter der Bauakademie, u. a. Hermann Henselmann, Richard Paulick, Edmund Collein und Hanns

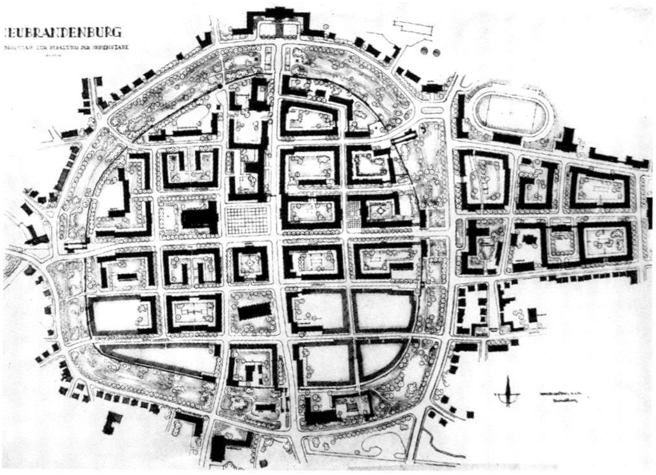

Abb. 9 Neubrandenburg, Wiederaufbauplan, 1950

Abb. 10 Rostock, Wiederaufbauplan, 1954

Hopp. Der zur Kommission gehörende Dr. Gerhard Strauss vom Institut für Theorie und Geschichte der Baukunst plädierte dabei nachhaltig für eine Neubebauung unter Wahrung des Schachbrettgrundrisses der Kolonisationszeit. Im Gegensatz dazu standen Vorstellungen von Prof. Magritz, ebenfalls Dt. Bauakademie und einiger lokaler Funktionäre, die die alte Stadtstruktur für überholt hielten und forderten, dass das Alte sich dem Neuen unterzuordnen habe. Die denkmalpflegerischen Belange vertraten bei den Beratungen in diesem Zeitraum der Leiter der Außenstelle Nord des Instituts für Denkmalpflege Dr. Gottfried Müller und als Bezirkskonservator Baurat Erich Brückner, der sich mit den Planungen und bei dem noch vor der Mitte der 1950er Jahre einsetzenden Wiederaufbau, der den historisch gewachsenen Stadtgrundrisses wahrte, in seinen Vorstellungen im Wesentlichen bestätigt sah (Abb. 9).

Wichtig war beim Wiederaufbau das Anknüpfen an die bis zur Zerstörung vorhandene Blockrandbebauung und die Bewahrung der dem Charakter und der Größe der Stadt angepassten stadträumlichen Proportionen, die erst durch den Bau des Hauses der Kultur und Bildung ab 1963 deutlich gesprengt wurden. Der Stil der neuen Architektur allerdings, eine Art »norddeutsche Renaissance«, hatte in Neubrandenburg kein Vorbild, sondern war der Baukunst der Küstenorte und solcher Binnenstädte wie Güstrow und Parchim entlehnt.[9]

In Rostock war die Innenstadt seit 1942 durch mehrere Bombenangriffe schwer beschädigt worden, wies aber so flächenhafte Zerstörungen wie das kleinere Neubrandenburg nur in einzelnen Bereichen auf. Die größte Sorge der Denkmalpfleger richtete sich deshalb unmittelbar nach Kriegsende auf die Sicherung der erhaltenen oder wiederaufbaufähigen Baudenkmale. Damals war noch nicht zu erkennen, dass in der Innenstadt größere städtebauliche Eingriffe erfolgen könnten, die der Denkmalpflege Sorge bereiten würden. Relevant wurden die städtebaulichen Probleme erst zu Anfang der 1950er Jahre, insbesondere nach der Bildung der Bezirke 1952 und der Erhebung von Rostock und Neubrandenburg zu Bezirksstädten.

In Rostock spielte beim Wiederaufbau die Funktion als größte Hafenstadt an der Ostseeküste der DDR und als wirtschaftliches und kulturelles Zentrum von überregionaler Bedeutung eine wichtige Rolle. Das sollte sich auch in den Planungen für den Wiederaufbau der Stadt niederschlagen. Seitens der Denkmalpflege beteiligte sich Adolf Friedrich Lorenz (1888–1962) aktiv an den entsprechenden Überlegungen. Lorenz war gebürtiger Rostocker und durch seine Funktion als Landeskonservator von 1930 bis 1934 bestens mit den denkmalpflegerischen Problemen der Stadt vertraut.[10] Er nahm auf Wunsch des Landesamtes in der ehrenamtlichen Funktion eines eigens für die Rostocker Belange zuständigen Bezirkskonservators bis 1951 die Beratung für den Wiederaufbau wahr und blieb bis 1953 Fachberater des dortigen Stadtbauamtes. Als Gutachter trat er entschieden gegen die von Heinrich Tessenow propagierten Wiederaufbaupläne auf, deren wesentliches Merkmal das Bestreben war, die zahlreichen durch den Krieges in die Bebauung gerissenen Lücken im Sinne einer Gartenstadt mit Grüngestaltungen zu füllen.

Als mit der Umsetzung der Wiederaufbaupläne begonnen wurde, zu deren wichtigsten Elementen die Schaffung der Magistrale in der Langen Straße und damit ein schwerwiegender Eingriff in die historisch gewachsene Struktur der Stadt gehörte (Abb. 10), zeigte sich, dass von Lorenz' städteplanerischen Vorstellungen so gut wie nichts übernommen worden war. Er hatte zwar für die Rettung einzelner Objekte, die dann auch in die Neubauplanung integriert wurden, wichtige Vorarbeiten geleistet, blieb aber auf die Stadtplanung letztlich ohne Einfluss. Er zog sich deshalb aus Rostock zurück.[11]

Das Landesamt im Spannungsfeld zwischen der auf die Vernichtung junkerlicher Kultur bedachten Bodenreformkommission und seinem Auftrag, historische Denkmale zu bewahren

Zu einer erheblichen Gefahr für die Denkmale und zu einer schweren Arbeitsbelastung für das Landesamt wurde die auf der Grundlage der Verordnung vom 5. September 1945 von der Landesverwaltung in Mecklenburg-Vorpommern durchgeführ-

Abb. 11 Diekhof, Herrenhaus, Erdgeschosssaal, um 1925

te Bodenreform. Sie erfasste in dem von der Gutsherrschaft am stärksten geprägten ostdeutschen Land insgesamt mehr als 2.000 Betriebe privater Eigentümer, dazu kamen eine größere Anzahl von Domänen und einige von den Städten verpachtete Güter. Landeskonservator Viering zählte in einem Bericht 1948 die damit verbundenen Maßnahmen zu den »wichtigsten, schwierigsten und undankbarsten Aufgaben des Landesamtes«.

Die Crux der Denkmalpfleger war die Tatsache, dass sie genauere Kenntnis über die Denkmalwürdigkeit der von der Bodenreform betroffenen Gebäude nur in vergleichsweise wenigen Fällen hatten. Noch weniger wusste man von der inneren Ausgestaltung und den Ausstattungen.

Bereits ab Jahresmitte 1945 waren die Gebäude und ihre Ausstattungen in ernsthafte Gefahr geraten, als im Lande etwa eine Million Flüchtlinge und Vertriebene untergebracht werden mussten und zu diesem Zweck alle leer stehenden Gebäude in Anspruch genommen wurden. Dazu gehörten insbesondere auch die Gutshäuser, die zumeist beim Einmarsch der Roten Armee von ihren Besitzern verlassen worden waren. Noch einschneidender aber war die im Herbst 1945 begonnene Bodenreform. Innerhalb weniger Wochen wurden die noch vor Ort wohnenden Gutsbesitzer aus ihren Häusern vertrieben und die Gebäude und das vorhandene Inventar seitens der Bodenreformkommissionen beschlagnahmt. Dazu kam später, im September 1947 der Befehl Nr. 209 der SMAD, bei Bedarf an Baumaterial auch Gutsanlagen abzubrechen, um auch damit den von der SMAD nachdrücklich geforderten Bau von 12.000 Neubauernhäusern in Mecklenburg-Vorpommern sicherzustellen. Dafür waren nach einer Mitteilung von Viering in Mecklenburg 3.337 Gutsgebäude vorgesehen, darunter eine nicht genauer bekannte Zahl von Herrenhäusern (Abb. 11).

Das Landesamt versuchte verzweifelt, wenigstens die wichtigsten Denkmale vor Zerstörung oder irreparablen Schäden zu bewahren, scheiterte dabei aber aus den unterschiedlichsten Gründen. Die geringe personelle und die völlig unzureichende materielle Ausstattung des Amtes setzten von vornherein enge Grenzen. Von Seiten des Denkmalamtes bereiste Dr. Walter Ohle von 1947 bis 1949, meist mit dem Fahrrad, den mecklenburgischen Landesteil und erfasste ca. 500 der vorhandenen Gutshäuser, wobei er im Sinne der damaligen kritischen Haltung zu Bauten des Historismus eine große Zahl derartiger Objekte als nicht denkmalwert einstufte. Am Schluss seiner Erfassung verzeichnete das Landesamt etwa 300 unbedingt erhaltenswerte Herrenhäuser. Die Liste wurde aber durch den Druck der kommunistischen Verwaltung immer weiter reduziert. Als der Ministerrat am 12. April 1951 eine Gruppe besonders wertvoller Herrenhäuser unter Denkmalschutz stellte, umfasste sie nur noch 21 Objekte.[12]

Noch problematischer war die Sicherung des in vielen Guts- und Herrenhäusern vorhandenen und von ihren bisherigen Eigentümern zurückgelassenen Kunstgutes. Ab 1947 versuchte die Landesregierung mit mehreren Verordnungen zu verhindern, dass diese Werte der Allgemeinheit verlorengingen. Für die dringend notwendige Erfassung des Kunstgutes, die dem Landesamt übertragen wurde, musste sich das Amt auf die Mitarbeit der in allen Kreisen tätigen ehrenamtlichen Vertrauensleute und einiger Museumsmitarbeiter stützen, weil es selbst über keine Fachkräfte verfügte. Das historische Inventar war zu diesem Zeitpunkt in den Häusern bereits nicht mehr vorhanden, man hatte es zur Versorgung der Neubewohner requiriert und nur zu einem geringen Teil in museale Obhut nehmen können. In Einzelfällen, so in Griebenow bei Greifswald, wurden etwa 250 Kunstgegenstände – Bilder, Möbel und Porzellane – erfasst und ins Museum Stralsund verbracht, dies war aber eine Ausnahme. Kleinere Kollektionen gelangten in die Museen von Rostock, Waren und Schwerin. Ein geschlossener Bestand wurde in keinem Fall sichergestellt, sodass in Mecklenburg-Vorpommern kein Herrenhaus mit einem historisch gewachsenen und somit authentischen Interieur existiert. Im Abschlussbericht des Landesamtes zur Kunstguterfassung 1950 zog Landeskonservator Mansfeld eine ernüchternde Bilanz: Insgesamt hatte man 1.700 Möbelstücke, ca. 1.000 Gemälde und einige hundert grafische Blätter sichergestellt, zum sichergestellten Bestand an Porzellanen, Fayencen, Geschirr u. ä. liegen keine offiziellen Zahlen vor. Nach vorsichtigen Schätzungen waren das weniger als zehn Prozent des ursprünglich vorhandenen Kunstbesitzes.

Die von Viering 1948 angedeuteten Schwierigkeiten und Probleme resultierten zum Teil auch aus den Feindseligkeiten, die dem Landesamt trotz dessen offizieller Beauftragung bei der Erfassung des Kunstgutes seitens einiger staatlicher Einrichtungen entgegengebracht wurden. In den Rettungsversuchen der Denkmalpfleger für Bauten und Ausstattungen sah man rückwärtsgewandte Betrachtungsweisen und eine Torpedierung staatlich angeordneter Maßnahmen. Innenminister Hans Warnke, als harter Verfechter der kommunistischen Parteilinie auch in Sachen Kultur bekannt, drückte seine Geringschätzung dem Amt gegenüber schon dadurch aus, dass er seinem Ministerkollegen Grünberg vom »sog. Amt für Denkmalpflege« schrieb und den Denkmalpflegern ein Unverständnis für die neue Gesellschaftsordnung unterstellte. Die von Warnke kritisierte, nach seiner Ansicht zu hohe Zahl von zu Denkmalen erklärten Schlössern wurde auch als Hindernis angesehen, um die nach dem SMAD-Befehl Nr. 209 geforderte Gewinnung von Abbruchmaterial für den Bau von Neubauernhäusern zu erfüllen. Ähnlich sahen das auch die Bodenreformkommissionen, die von Vertretern der SED dominiert wurden. Ernst Goldenbaum, Geschäftsführer der Landeskommission für Bodenreform und später Vorsitzender der DDR-Blockpartei »Demokratische Bauernpartei Deutschlands«, sah in der Erhaltung von Schlössern und Herrenhäusern ebenfalls ein Hindernis für die Demokratisierung des Landes. Er hielt ihre physische Vernichtung für die beste Methode, die Erinnerung an die mit der Junkerherrschaft verbundene Vergangenheit zu tilgen.

Denkmalpflegerische Maßnahmen waren unter den geschilderten Umständen an den Schlössern und Herrenhäusern des Landes so gut wie unmöglich. Eine bauliche Instandhaltung unterblieb infolge fehlender materieller Ressourcen. Nach dem nahezu vollständigen Verlust des Inventars verblieben in den Gebäuden lediglich die von den zeitweiligen Bewohnern genutzten Ausstattungsstücke, meistens Möbel und Teile des beweglichen Inventars. Anfänglich fanden sich in den Häusern auch noch Teile des wandfesten Inventars in Gestalt von Kachelöfen, Paneelen, Fliesen, Tapeten, Wand- und Deckenmalereien und Reste der beweglichen Ausstattung wie größere Möbelstücke oder Beleuchtungskörper. Sie litten aber unter der enormen Beanspruchung der Räume und wurden nach und nach wegen Verschleißes entfernt oder bei Renovierungen überstrichen. Schon um 1950 war davon kaum noch etwas erhalten.

Enorme Verluste erlitten auch die bei Kriegsende bereits in Landesbesitz befindlichen oder inzwischen enteigneten landesherrlichen Schlösser in Schwerin, Ludwigslust, Wiligrad, Gelbensande, Rabensteinfeld, Mirow und Hohenzieritz und die fürstlichen Schlösser in Putbus und Granitz. In Schwerin, Ludwigslust, Mirow und Putbus hatten Teile des Inventars die unmittelbaren Nachkriegswirren überdauert, gerieten aber bald wegen der neuen Nutzung der Gebäude in Gefahr und gingen zum großen Teil verloren. In den großen, bis zum Beginn des Weltkrieges als Museen genutzten Häusern in Schwerin, Ludwigslust, Mirow und Putbus konnten durch die Denkmalpflege zumindest die historischen Raumausstattungen zunächst vor mutwilliger oder leichtsinniger Zerstörung bewahrt werden,

Abb. 12 Hohenzieritz, Schloss, Ägyptischer Saal, 1925 und 1950

Abb. 13 Bad Doberan, ehem. Großherzogliches Palais, ovaler Saal, 1951

vieles ging in den Folgejahren durch Unachtsamkeit, Unkenntnis und Umnutzungen dennoch verloren. Da halfen auch die vom Landeskonservator herangezogenen Argumente wenig, dass Bauten und Ausstattung Ausdruck der Schöpferkraft von Angehörigen des seinerzeitigen werktätigen Volkes seien.

In Hohenzieritz, in dessen Schloss 1810 die preußische Königin Luise gestorben und das danach zu einer Wallfahrtsstätte ihrer Verehrer geworden war, wohnten in der Nachkriegszeit 40 Flüchtlingsfamilien, die in vielerlei Hinsicht ums nackte Überleben kämpften. Sie verheizten die Ausstattung, nutzten die gesammelten Devotionalien für den allgemeinen Gebrauch und förderten durch Heizen mit primitiven Feuerstellen, Wäschetrocknen etc. auch noch die Zerstörung von Wandmalereien und Tapeten, sodass der frühere Schlossverwalter 1949 konstatieren musste, dass die Räume und die Sammlungen nahezu total zerstört seien (Abb. 12).

Als in Bad Doberan 1950/51 im ehemaligen Großherzoglichen Palais, das inzwischen als »Stalin-Haus« genutzt wurde, durch die geplante Nutzung des ovalen Saals als FDJ-Versammlungsraum die Gefahr bestand, dass die dort befindlichen französischen Bildtapeten aus der Zeit um 1820 Schaden nehmen könnten, erreichte das Landesamt eine Änderung der Pläne. Es hatte sich dabei der Mithilfe des in der Stadt wohnenden Schriftstellers Ehm Welk versichert, der als Mitglied der Landesleitung des Kulturbundes bei den örtlichen Funktionären schneller Gehör fand als das Landesamt (Abb. 13).

Schwer in Mitleidenschaft gezogen wurden auch alle historischen Parkanlagen. In der denkmalpflegerischen Praxis vor dem Zweiten Weltkrieg hatten sie nur eine geringe Rolle gespielt. Lediglich die großen, in staatlichem Besitz befindlichen und fast ausnahmslos den Landesschlössern zugeordneten Gärten waren Gegenstand denkmalpflegerischer Überlegungen gewesen. Auch nach Kriegsende änderte sich daran zunächst nichts. Allerdings wurde bald deutlich, dass auch die historischen Parks von den verständlichen Bemühungen der zahlreichen Flüchtlinge zur Beschaffung von Brennmaterial oder zur Gewinnung von Gartenflächen für den Gemüseanbau nicht verschont blieben. Landeskonservator Viering sah diese Entwicklung voraus, wies in einem Schreiben vom 22. März 1947 an seine vorgesetzte Dienststelle bei der Landesregierung auf diesen Umstand hin, erläuterte die Denkmalwürdigkeit dieser Anlagen und mahnte Überlegungen zum weiteren Umgang an. Erst im Mai 1950, als man aus dem Thüringer Landtag von Plänen erfuhr, die dortigen staatlichen Parks den Städten und Gemeinden zu übertragen, wurde dies auch für das Land Mecklenburg vorgeschlagen. Antrieb für diese Bemühungen waren indes weniger ein fachliches Interesse an der sachgerechten Erhaltung und Pflege der Parks als rein praktische Gesichtspunkte wie das Problem der Unterhaltung und der Nutzung und der Verteilung der finanziellen Lasten auf die Kommunen. Eingeschaltet wurde auch der Landeskonservator. Heinz Mansfeld nannte im Mai 1951 unter Bezug auf das Rundschreiben vom Oktober des Vorjahres neun bedeutende Parkanlagen, deren Pflege er insgesamt als unzureichend bezeichnete. Dazu gehörten die Parks in Schwerin, Ludwigslust, Neustrelitz, Bad Doberan und Putbus. Die Mehrzahl der etwa 600 Gutsparke blieb bis in die 1960er Jahre weitgehend unbeachtet und verkam infolge mangelnder Pflege, unkontrollierten Gehölzeinschlages oder negativer gestalterischer Eingriffe (Parzellierungen, Baumaßnahmen u. ä.).

Neue Denkmallisten als unverzichtbare Arbeitsgrundlage

Die Neuerfassung von Denkmalen, die Erarbeitung von Denkmallisten und die daraus abgeleiteten Unterschutzstellungen wurden in den ersten Nachkriegsjahren zu einer unverzichtbaren Aufgabe des Landesamtes.

Bis zum Erlass des Denkmalschutzgesetzes 1929 hatten spezielle Listen mit unter Schutz stehenden Denkmalen nicht existiert. Als Denkmale galten die Objekte, die in den teilweise bereits im ausgehenden 19. Jahrhundert erarbeiteten Inventaren der Bau- und Kunstdenkmale Berücksichtigung gefunden hatten.[13] Gegenstand des denkmalpflegerischen Interesses waren deshalb überwiegend die Monumente des mittelalterlichen Sakral- und Profanbaus und ihre Ausstattung, kaum aber Objekte aus der Barockzeit oder jüngerer Kunstepochen. Der seit 1853 für die denkmalpflegerischen Belange zuständige Staatskonservator und die ihn ab 1887 ersetzende Kommission zur Erhaltung der Denkmäler waren immer dann tätig geworden, wenn diese Behörden Informationen über bauliche oder sonstige, den historischen Bestand von Denkmalen verändernde Maßnahmen erlangten; dabei ging es in der Regel nur um Objekte in staatlichem oder kirchlichem Besitz. Blieben diese Nachrichten aus oder wurden bewusst unterlassen, hatte die Denkmalpflege das Nachsehen.

Obwohl das Gesetz die Aufstellung von Denkmalverzeichnissen nicht forderte, erfasste das Landesamt ab 1930 den Bestand in eigenen Listen. Sie enthielten fast ausnahmslos die in den Denkmal-Inventaren genannten Objekte. Als der Baudenkmalpfleger 1930 begann, auch in Privatbesitz befindliche

Gebäude zu erfassen und offiziell durch amtliche Benachrichtigungen unter Schutz zu stellen, stieß er auf erheblichen Widerstand. Ab 1936 finden sich in den Listen vereinzelt auch Hinweise auf schützenswerte Ensembles und Ortsbilder.

Zwischen 1946 und 1950 versuchte das Landesamt mit Hilfe der ehrenamtlichen Vertrauensleute, die Listen für die einzelnen Kreise zu qualifizieren. Während dies in den größeren Städten durch die dort ansässigen Fachleute relativ zügig und sorgfältig gelang, blieben die Listen in den Landkreisen zumeist Stückwerk und unterschieden sich kaum vom Bestand von vor 1945. Erst im Bereich der Gutshäuser war durch die Bereisung der Dörfer im Zusammenhang mit der Erfassung zu erhaltender Herrenhäuser durch Dr. Ohle ein nennenswerter Zuwachs zu verzeichnen. Das Landesamt erneuerte daraufhin für die durch die Bodenreform in ihrem Bestand gefährdeten Gutshäuser diese Unterschutzstellungen. Gerade hier aber stellten sich besondere Schwierigkeiten ein. Zum einen hatte die Bodenreformkommission fast immer Einwände und verwahrte sich gegen Einmischungen in ihre Angelegenheiten, wenn es um die Baulichkeiten oder die Ausstattung der Gutsgebäude ging. Derartige Auseinandersetzungen lassen sich über Jahre hinweg feststellen. Selbst verwaltungstechnische Probleme bereiteten Schwierigkeiten, etwa wenn für die Benachrichtigung über eine beabsichtigte Unterschutzstellung kein Adressat zu ermitteln war, weil die tatsächlichen Besitzverhältnisse insbesondere bei den Gutshäusern unklar waren; diese waren im Zusammenhang mit der Bodenreform in teilweise chaotischen Vorgängen vom Staat, von den Gemeinden oder anderen Interessenten übernommen worden.

Als das Landesamt 1952 aufgelöst wurde, existierten für alle Kreise Denkmallisten. Sie enthielten die wichtigsten Denkmale, wobei die »klassischen« Vertreter, die schon vor dem Krieg erfasst worden waren, bei weitem überwogen. In einigen Fällen hatten Vertreter des Kulturbundes, die in der Tradition des Heimatschutzes standen, Hinweise auf Denkmale der Volksbauweise (Bauernhäuser, Mühlen) gegeben. Auch Kulturdenkmale, ältere technische Anlagen und Verkehrsbauten sowie Parks fanden sich ebenso wie denkmalwerte Ensembles nur in geringer Zahl in den Verzeichnissen. Ein frühes Beispiel war die Unterschutzstellung des Ortsbildes des Ostseebades Ahrenshoop, die 1951 auf Antrag des Kulturbundes erfolgte.

Erste Restaurierungsmaßnahmen an Kunstdenkmalen. Gleichzeitig Wiederaufnahme der wissenschaftlichen und publizistischen Arbeit

Abgesehen von reinen Sicherungsarbeiten zur allgemeinen Gefahrenabwendung waren größere Bau- und Restaurierungsmaßnahmen an Denkmalen angesichts der angespannten personellen und materiellen Lage auf dem Bausektor im ersten Nachkriegsjahrzehnt schwierig. Nennenswerte Vorhaben lassen sich lediglich bei den Kirchen nachweisen, an und in denen schon wenige Jahre nach Kriegsende bereits Restaurierungen von Kunstgut, Freilegungen von Wandmalereien und Umbaumaßnahmen erfolgten.

Bis 1945 waren die notwendigen Restaurierungsmaßnahmen an Kunstgut zumeist an auswärtige freischaffende Personen vergeben worden. Anders als in Mecklenburg hatte der pommersche Provinzialkonservator vor dem Zweiten Weltkrieg mehrere sogenannte »Kirchenmaler« beschäftigt, die über solide handwerkliche Kenntnisse verfügten und zusätzliche Kenntnisse an Spezialschulen erworben hatten. In Mecklenburg-Vorpommern waren die bekanntesten Vertreter der Bildhauer Max Uecker und der Maler Gustav Hoffmann. Auf sie und einige mit alten Handwerkstechniken vertraute Meister griff man bei Arbeiten an Raumfassungen oder an Kunstwerken zurück. Eine Möglichkeit, solche Fachleute im Amt anzusiedeln, bot sich bis 1952 nicht, erst 1957 wurde mit dem Aufbau einer eigenen Restaurierungswerkstatt begonnen.

Paradebeispiel ist hier die Restaurierung der spätromanischen Glasfenster der Klosterkirche in Neukloster. 1950–51 wurden die 1942 aus den Obergadenfenstern des Langhauses herausgenommenen Scheiben vor ihrem Einbau in der Dreifenstergruppe der Chorostwand umfassend restauriert. Die um 1240 entstandenen Glasmalereien hatten bei der Auslagerung ebenfalls Substanzverluste und Beschädigungen erlitten, die durch Rekonstruktionen ersetzt wurden, während beim historischen Material eine Entfernung der witterungsbedingten Ablagerungen mittels säurehaltigem Löser versucht wurde. Die damals gewählte Methode, die vom Landesamt und dem dafür verantwortlichen Mitarbeiter Dr. Walter Ohle verantwortet und von dem freischaffenden Maler Erich Kliefert aus Stralsund umgesetzt wurde, entsprach im Wesentlichen der damals auch andernorts angewandten Praxis, wird heute aber wegen der damit verbundenen Gefahren abgelehnt (Abb. 14).

Abb. 14 Neukloster, Klosterkirche, Glasmalerei, 1951

Abb. 15 Mirow, Schloss, Erdgeschossraum im Altersheim, 1951

In ähnlicher Weise verfuhr man ab 1952 in Verbindung mit dem Wiedereinbau der mittelalterlichen Scheiben aus dem frühen 15. Jahrhundert in der ehemaligen Wallfahrtskirche in Kenz bei Barth.

Während die Wiederaufstellung des durch seine Einmauerung beschädigten großen flämischen Schnitzaltars der Pfarrkirche in Güstrow 1951 zu Sicherungs- und Restaurierungsarbeiten zwang, die mit Unterbrechungen bis in die Gegenwart andauern, sind die beiden 1495 bzw. 1503 von dem Schweriner Bischof Conrad Loste für den Schweriner Dom bzw. die Stiftskirche in Bützow gestifteten Schnitzaltäre im Zusammenhang mit ihrer Wiederaufstellung am ursprünglichen Ort restauriert worden. Mit dem Schweriner Altar geschah das 1948, als das Retabel aus dem Besitz des Landesmuseums an den Dom zurückgegeben wurde. Damals wurde das Schnitzwerk durch den Berliner Professor Paul Thol unter Aufgabe der noch erhaltenen originalen Reste neu gefasst und damit wesentlicher Elemente seiner künstlerischen Aussage beraubt. Beim Bützower Altar waren die Eingriffe ähnlich gravierend; hier hatte man zuvor die teilweise verstreut aufbewahrten Reliefs des Altars im alten Schrein neu zusammengestellt und dann eine für die Wirkung eines Hauptaltars als unverzichtbar angesehene vollständige Neufassung vorgenommen.

Für die Freilegung und Restaurierung von Wandmalerei, die sich ab den 1960er Jahren zu einem Schwerpunkt der denkmalpflegerischen Praxis in Mecklenburg-Vorpommern entwickeln sollte, gibt es für den hier relevanten Zeitraum von 1945–52 nur vereinzelte Beispiele, da die in der Regel unter nachträglichen Tünchen befindlichen Kunstwerke keine sofortigen Maßnahmen erforderten.

Das bedeutendste Vorhaben dieser Art war die Freilegung der spätromanischen Architekturmalerei im Langhaus der Stadtkirche zu Gadebusch, die 1952 begonnen und 1954 beendet wurde. Sie gab dem Raum aus dem frühen 13. Jahrhundert etwas von der Atmosphäre zurück, die von der Architektur allein nicht vermittelt werden kann.

Bei anderen Objekten wurde ein lange vorhandener »Restaurierungsstau« zum Auslöser für umfangreiche Instandsetzungen. Dazu gehört die vielbeachtete Restaurierung des Schlosses in Mirow von 1949-1952. Der im Kern aus dem frühen 18. Jahrhundert stammende, um die Mitte des 18. Jahrhunderts tiefgreifend umgestaltete Bau wurde mit Zustimmung der Denkmalpflege zum Landesaltersheim umgenutzt. Dabei wurde die Restaurierung, bei der als fachlicher Berater der Bezirkskonservator Erich Brückner mitgewirkt hat, im Hinblick auf die kaum als optimal anzusehende künftige Nutzung nicht etwa nur oberflächlich durchgeführt, sondern sie entsprach dem denkmalpflegerischen Standard der damaligen Zeit. Allein die Umstände, die eine einigermaßen sachgerechte Ausstattung der Räume machten, belegen dies. So beschaffte man passende historische Ausstattungsstücke wie die Lüster des Festsaals oder Möbel für die Gemeinschaftsräume aus den magazinierten Beständen anderer Schlösser (Abb. 15).

Die wissenschaftliche Arbeit nahm bei der minimalen personellen Ausstattung des Landesamtes und der Fülle der praktischen Arbeit nur einen bescheidenen Platz ein. 1947 fasste das Landesamt die Wiederaufnahme der zu Beginn des Zweiten Weltkrieges unterbrochenen Inventarisierung der Bau- und Kunstdenkmale der Insel Rügen ins Auge. Von den bereits erarbeiteten Unterlagen hatte Viering allerdings nur einen kleinen Teil, meist Baugrundrisse und -schnitte, retten können. Der hohe Anfall aktueller praktischer Arbeiten und die schlechte personelle Ausstattung des Amtes ließen aber dann doch an der Realisierung dieses Vorhabens zweifeln. Vorgelegt werden konnte der Band erst 1963.

Auch gab es Bestrebungen, die notwendig gewordene Überarbeitung des Dehio-Handbuchs vorzunehmen. Eine Aktualisierung ergab sich durch die Verluste infolge der Kriegszerstörungen, durch die als Folge des Krieges veränderten staatlichen Territorien und nicht zuletzt durch die Ausweitung des Denkmalbegriffes. Für den 1906 herausgekommenen, bis zur letzten Auflage 1943 nur unwesentlich veränderten Band »Nordostdeutschland« wäre eine solche Überarbeitung vorteilhaft gewesen. Obwohl Dr. Ohle Vorschläge in dieser Richtung unterbreitet hatte, scheiterte ein solches Vorhaben am Widerstand des Herausgebers Ernst Gall.

In diesem Zusammenhang ist auf die Zuarbeit des Landesamtes für die von Georg Lill in München vorbereitete Zusammenstellung der Kriegsverluste von Bau- und Kunstdenkmalen hinzuweisen. Ab Sommer 1946 lieferte Viering mehrfach aktualisiertes Material für die diesbezüglichen Veröffentlichungen an Lill. Das Landesamt verwertete dieses Material zugleich für Informationen an Rundfunk und Presse in Mecklenburg-Vorpommern.

1952 brachte das Landesamt das »Jahrbuch der Denkmalpflege in Mecklenburg« heraus. Das Amt nutzte die Möglichkeit und präsentierte hier erste Ergebnisse von Forschungsarbeiten, die zumeist im Zusammenhang mit denkmalpflegerischen Arbeiten an diesen Objekten gewonnen wurden. Neben einem längeren Aufsatz von Landeskonservator Mansfeld über den in Mecklenburg im frühen 17. Jahrhundert tätig gewesenen Architekten G. E. Piloot waren die zwei wissenschaftlichen Mitarbeiter des Amtes Friedrich Mielke und Walter Ohle mit mehreren Beiträgen zu Bau- und Kunstdenkmalen vertreten. Darunter war auch Ohles längerer Bericht über seine Erfassungsaktion der Guts- und Herrenhäuser. Dazu kamen Aufsätze von außerhalb des Amtes zu Restaurierungsmaßnahmen an Bauten und Kunstwerken.

Dass das in der 2. Jahreshälfte 1952 in den Handel gelangte Jahrbuch durch die unvorhergesehene, zum Jahresende bevorstehende Auflösung des Amtes zu einer Art Abschlussbilanz der Tätigkeit in den zurückliegenden sieben Jahren werden würde, konnten die Herausgeber nicht ahnen. Diese Bilanz fiel insgesamt positiv aus, auch wenn Rückschläge zu verkraften und manche Wünsche nicht in Erfüllung gegangen waren. Immerhin hatten die wenigen Mitarbeiter des Amtes nach großen Startschwierigkeiten und unter oft schlechten Bedingungen in den Folgejahren versucht, für die Denkmalpflege in der neuen gesellschaftlichen Wirklichkeit den ihr zustehenden Platz zu finden. Dass Mecklenburg-Vorpommern in der Folgezeit seine kulturelle Identität bewahren konnte, ist zu einem nicht geringen Teil auch den damaligen Bemühungen um den Erhalt seiner Denkmale zu verdanken.

Anmerkungen

1 Zur Biographie Vierings vgl. Ohle, Walter: [Glückwunsch zum 80. Geburtstag von P. Viering], in: Mitteilungen an die ehrenamtlichen Vertrauensleute des Instituts für Denkmalpflege Schwerin Nr. 2/1960, 1–2; ders.: [Nachruf auf P. Viering], in: Mitteilungen des Instituts für Denkmalpflege, Arbeitsstelle Schwerin, an die ehrenamtlichen Vertrauensleute der Bezirke Rostock, Schwerin, Neubrandenburg Nr. 18/1968, 74–75.

2 Zur Biographie Mansfelds ausführlicher bei Fiedler, Susanne: Heinz Mansfeld, in: Biographisches Lexikon für Mecklenburg, Band 6, hrsg. v. Andreas Roepcke, Rostock 2011, 204–207.

3 Zur Biographie Ohles ausführlicher bei Baier, Gerd: Walter Ohle, in: Biographisches Lexikon für Mecklenburg, Band 7, hrsg. v. Andreas Roepcke, Rostock, voraussichtl. Frühjahr 2013. Zu Leben und Wirken Mielkes vgl. Eintrag bei Wikipedia.

4 Denkmalschutzgesetz vom 5. Dezember 1929, in: Regierungsblatt für Mecklenburg-Schwerin, Nr. 62, 1929, S. 309–313; Gesetz zur Änderung des Denkmalschutzgesetzes vom 29. September 1934, in: Regierungsblatt für Mecklenburg, Nr. 56, 1934, S. 321–322; Reichsnaturschutzgesetz vom 28.6.1935, in: Reichsgesetzblatt I, 821; Durchführungsverordnung vom 31.Oktober 1935, in: Reichsgesetzblatt I, 1275.

5 Verordnung zur Erhaltung und Pflege der nationalen Kulturdenkmale (Denkmalschutz) v. 26.6.1952, in: Gbl. Nr. 84, S. 514.

6 Dazu ausführlicher bei Brandt, Sigrid: Geschichte der Denkmalpflege in der SBZ/DDR, dargestellt an Beispielen aus dem sächsischen Raum 1945–1961, Berlin 2003, S. 26–28.

7 Ausführlicher bei Krause, Arno: Bezirk Rostock, Bezirk Schwerin, Bezirk Neubrandenburg, in: Schicksale deutscher Baudenkmale im zweiten Weltkrieg, 1. Band, hrsg. v. Götz Eckhardt, Berlin 1978, S. 57–136.

8 Vgl. Haese, Klaus: Wiederaufbau und Ausbau kriegzerstörter Städte in Vorpommern – das Beispiel Anklam, in: Architektur und Städtebau im südlichen Ostseeraum zwischen 1936 und 1980, Berlin 2002, S. 236–248.

9 LAKD/LAD, Objektakte Neubrandenburg Stadt, allgemein (Mappe 01, 1946–1975).

10 Zur Biographie von Lorenz ausführlicher bei Baier, Gerd: Adolf Friedrich Lorenz, in: Biographisches Lexikon für Mecklenburg, Band 3, hrsg. v. Sabine Pettke, Rostock 2001, S. 161–166.

11 Vgl. Schacht, Alexander: Das Wirken von Adolf Friedrich Lorenz als Architekt und Denkmalpfleger in Mecklenburg, in: Architektur und Städtebau im südlichen Ostseeraum zwischen 1936 und 1980, Berlin 2002, S. 302–322.

12 Vgl. Ohle, W.: Ehemalige Guts- und Herrenhäuser in Mecklenburg, in: Denkmalpflege in Mecklenburg. Jahrbuch 1951/52, hrsg. v. Heinz Mansfeld, Dresden 1952, S. 90–113.

13 Haselberg, Ernst v.: Die Bau- und Kunstdenkmäler der Provinz Pommern – Regierungsbezirk Stralsund, Stettin 1881–1902; Lemcke, Hugo: Die Bau- und Kunstdenkmäler der Provinz Pommern – Regierungsbezirk Stettin, 1898-1901; Schlie, Friedrich: Die Kunst- und Geschichtsdenkmäler des Großherzogthums Mecklenburg-Schwerin, Schwerin 1896-1902; Krüger, Georg: Kunst- und Geschichts-Denkmäler des Freistaates Mecklenburg-Strelitz, Neubrandenburg 1921–1934.

Literatur

Baier, Gerd: Vom Landesamt zum Landesamt. Die staatliche Denkmalpflege in Mecklenburg-Vorpommern von 1946 bis 1990, in: Mitteilungen des Instituts für Denkmalpflege, Arbeitsstelle Schwerin an die ehrenamtlichen Beauftragten für Denkmalpflege der Bezirke Rostock, Schwerin, Neubrandenburg, Nr. 34, 1991, S. 817–835.

Berger, Hans: Tendenzen der Denkmalpflege in der DDR, in: Deutsche Kunst und Denkmalpflege 49 (1991) 1, S. 2–10.

Berichte der ehemaligen Arbeitsstellen des Instituts für Denkmalpflege der DDR, in: Deutsche Kunst und Denkmalpflege 49 (1991) 1, S. 16–51, darin: Dieter Zander: Schwerin, S. 44–51.

Denkmalpflege in Mecklenburg. Jahrbuch 1951/52, hrsg. von Heinz Mansfeld, Dresden 1952.

Ende, Horst: In der neuen Zeit den Platz für die Denkmalpflege finden – Zur Geschichte des Landesamtes für Denkmalpflege 1946-1952, in: Kulturerbe in Mecklenburg und Vorpommern 6/2010, Schwerin 2011, S. 9–34.

Schlenker, Katja: Das unbequeme Erbe. Mecklenburgische Gutsanlagen und Herrenhäuser seit 1945, Rostock 2003.

Winands, Klaus: Geschichte der Denkmalpflege und der Denkmalschutzgesetzgebung in Mecklenburg-Vorpommern (Einführung), in: Martin, Dieter J.: Denkmalschutzgesetz Mecklenburg-Vorpommern. Kommentar mit Hinweisen zum Steuerrecht und den Fördermöglichkeiten, Wiesbaden 2007, S. 15–26.

Das Haus Brüderstraße 13, Amtssitz des Instituts für Denkmalpflege – vom städtischen Adelspalais zum bürgerlichen Wohn- und Geschäftshaus und zum Bürogebäude[1]

Peter Goralczyk

Über vier Jahrzehnte hatte das Institut für Denkmalpflege seinen Hauptsitz im Haus Brüderstraße 13 in Berlin. Eine Arbeitsstelle für die gesamten Nordbezirke der DDR war hier ursprünglich ab den 1950er Jahren angesiedelt worden, nachdem die Länder in der Sowjetischen Besatzungszone aufgelöst und die Bezirke gebildet waren. In der Organisation des dem Ministerium für Kultur unterstellten Instituts für Denkmalpflege blieb die Ländergliederung jedoch erhalten. Sie wurde sogar soweit möglich unter Beachtung der Bezirksstruktur wiederhergestellt, wo sie zeitweise mit der Bildung der Arbeitsstelle Nord aufgehoben war. So erhielten die Mecklenburger und Vorpommern eine eigene Arbeitsstelle in Schwerin, mit den Bezirken Rostock, Schwerin und Neubrandenburg. In der Brüderstraße blieb die Arbeitsstelle für das ehemalige Brandenburg, d. h. die Bezirke Potsdam und Frankfurt/Oder, später auch Berlin. Und es bekam die Zentrale des Instituts hier ihren Sitz mit dem Generalkonservator und den Zentralen Abteilungen.

Im Haus Brüderstraße 13 fanden die regelmäßigen Zusammenkünfte der Konservatoren, der Leiter der Arbeitsstellen des Instituts statt, hier wurden die »Beihilfemittel« aufgeteilt, gemeinsame Tagungen und andere Aktivitäten vorbereitet, die Besetzung von Stellen besprochen, Erfolge gefeiert, Niederlagen verarbeitet, die relevanten Gesetze und Verordnungen beraten, das Denkmalpflegegesetz in großen Teilen erarbeitet,

Abb. 1 Prospekt der Brüderstraße zu Cölln an der Spree, 1796, Federzeichnung auf Büttenpapier, Andreas Ludwig Krüger nach Johann Stridbeck

die Zusammenarbeit mit dem Ministerium für Kultur organisiert. Das Haus war darüber hinaus selber ein bedeutendes Denkmal, das geschützt, erhalten und denkmalverträglich genutzt beispielhaft das Anliegen des Instituts in der Öffentlichkeit publik machen sollte.

Das Haus Brüderstraße 13 war bereits seit langem eine Institution in Berlin. Mitten im ältesten Teil der Stadt gelegen, hundert Meter entfernt vom Schloss, fünfzig Meter vom ehemaligen Cöllner Rathaus und der Petrikirche war aus einem bescheidenen Stadtpalais ein Zentrum der Berliner Aufklärung geworden, nachdem es am Ende des 18. Jahrhunderts der Verleger und Propagandist der klassischen Literatur Friedrich Nicolai erworben hatte, hier sein so überaus erfolgreiches Verlagsgeschäft aufbaute und es zu einem Mittelpunkt bürgerlichen Geisteslebens machte. Danach mit viel Pietät verwaltet und weitergeführt von seinem Neffen Gustav Parthey und auch dessen Nachfahren konnte es seine historische Gestalt weitgehend bewahren. Das Haus wurde wunderbarerweise auch im Inferno des Zweiten Weltkrieges nicht völlig zerstört, sondern nur beschädigt. Bald wiederhergestellt stand es weiter für Wohnungen und zur Nutzung durch Kulturinstitutionen zur Verfügung und wurde Dienstsitz des Instituts für Denkmalpflege der DDR.

Die Baugeschichte des Hauses vor Friedrich Nicolai

Die Geschichte des Hauses beginnt 1674 mit einem Neubau auf zwei Hausstellen in der Brüderstraße, von dem der Chronist Johann Stridbeck 1790 in einer Zeichnung – einem Blick in die Brüderstraße von Westen zur Petrikirche – ein ungefähres Bild überliefert hat (Abb. 1). Zu erkennen ist in dem dargestellten zweigeschossigen Gebäude von elf Fensterachsen mit Mitteleingang und seitlicher Durchfahrt bereits das Grundgerüst des heutigen Hauses[2], d.h. die Keller, die Umfassungswände, die Raumaufteilung mit der Mittelwand im heutigen Bau gehen sicher auf diese frühe Zeit zurück. Erhaltene Mauerpfeiler im Keller und Spuren am Westgiebel im Dach weisen darauf hin, dass noch ältere Gebäude hier gestanden hatten.

Am Anfang des 18. Jahrhunderts muss das Vorderhaus um ein Geschoss erhöht worden sein. Die Eichentreppe mit den geschnitzten Treppenwangen wird eingebaut. Sie reicht bis in das neue Obergeschoss und von dort mit einem viertelgewendelten Lauf bis in das Dach.

Die beiden Seitenflügel werden errichtet, der westliche ein-, der östliche zweigeschossig.[3] Beide Seitenflügel setzen an die in voller Stärke durchlaufende Südwand des älteren Vorderhauses an, d.h. sie sind im Nachhinein an das etwas ältere Haus angefügt. Mit den Seitenflügeln entsteht das heute noch vorhandene Quergebäude.

Diese Erweiterung ist offenbar der entscheidende Schritt zur Umwandlung des Hauses in ein Anwesen, das in Umfang und Struktur etwa einem Adelspalais entspricht. Dieses ermöglichte einer »Person von Stand«, in der Stadt zu leben, Besuche

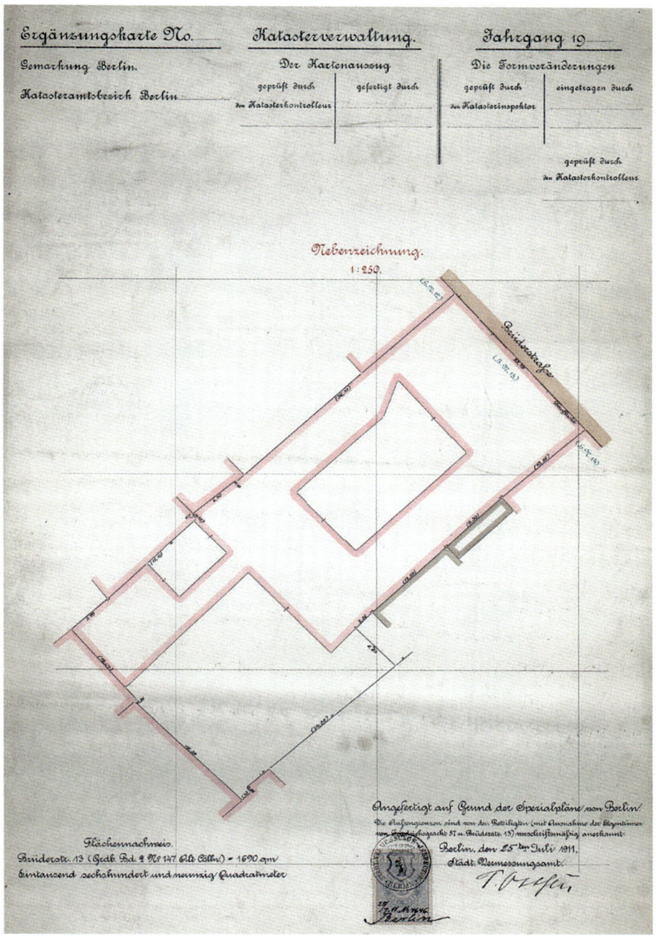

Abb. 2 Lageplan mit Vorderhaus, Seitenflügeln, Querflügel und Gartenhaus sowie mit Angabe der an das Grundstück angrenzenden Gebäude, 1911

zu empfangen und von hier aus am gesellschaftlichen Leben des Hofes teilzunehmen. Umbau und Erweiterung erfolgten wohl mit dem Ziel, aus dem Haus so etwas wie die Residenz einer adligen Familie in der Stadt zu machen. Die Nähe zum Schloss legte eine solche Zielsetzung nahe. Und tatsächlich mietet auch zeitweise ein General-Kriegskommissar von Blaspil das Anwesen, »stattet es prächtig aus und macht ein großes Haus« heißt es dazu in der Überlieferung.[4]

Ein offenbar später am Ende des 18. Jahrhunderts angefertigtes Teilaufmaß vom Haus aus dem Nachlass des späteren Besitzers Friedrich Nicolai im Planarchiv des Berliner Landesdenkmalamtes gibt Auskunft darüber, wie es angelegt war (Abb. 2–4). Danach war nun alles vorhanden, was zum Stadtpalais einer Standesperson gehörte, die am Hof eine gute Figur und Karriere machen wollte. Ein dreigeschossiges Vorderhaus mit sieben Achsen stand an der Brüderstraße mit einem repräsentativen Eingang in der Mitte und einer davon separierten Durchfahrt auf der westlichen Hausseite. Vom Eingang in der Mitte waren die Räume in den Etagen über eine repräsentative Treppe zu erreichen. Sie bildete vor allem den Zugang in den wichtigsten Raum des Hauses, einen durch seine Höhe hervorgehobenen Saalraum in der Mitte des 1. Obergeschosses. Das

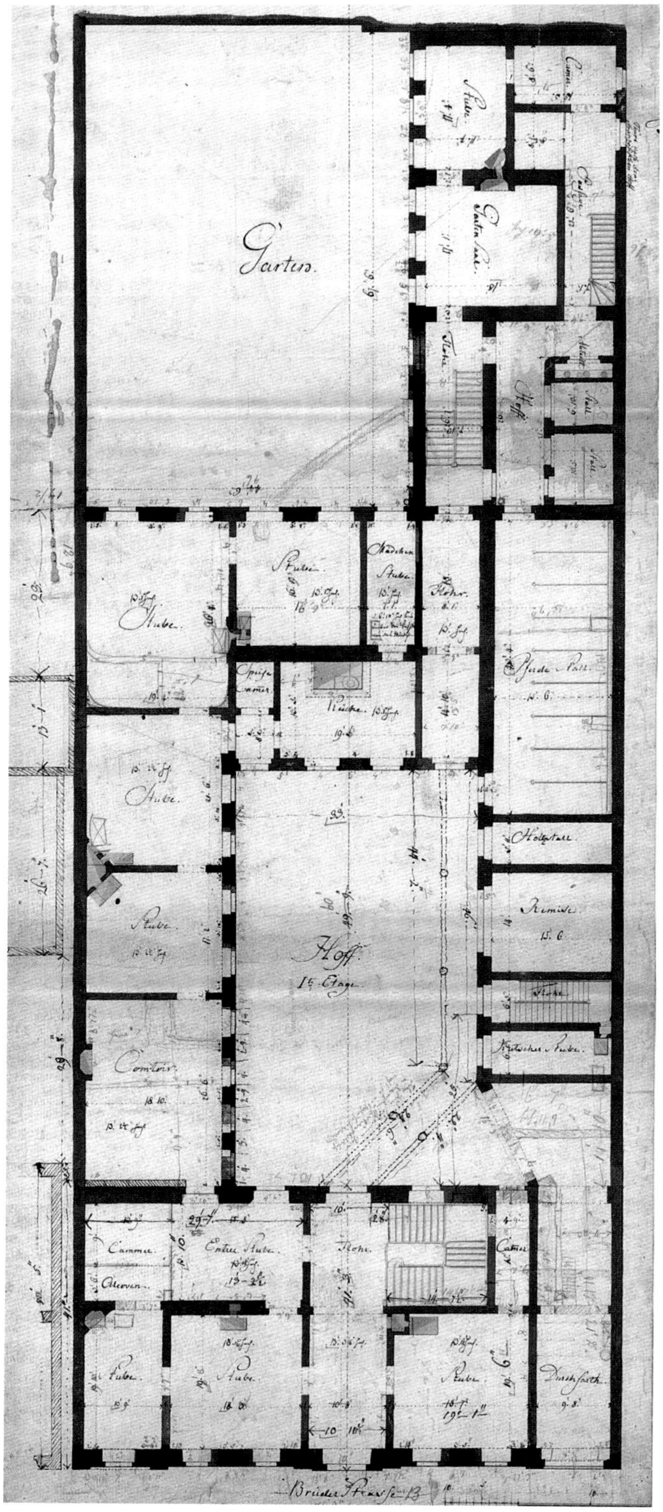

Abb. 3 Grundriss Erdgeschoss, mit Eintragungen von 1787

schon beträchtliche Raumangebot im Vorderhaus wurde erweitert durch eine Enfilade von Räumen in den drei Etagen des östlichen Seitenflügels. Sie führte zum Querflügel mit einem noch größeren Saal als Hauptraum. Sowohl für die Kommunikation in einem engeren Kreis wie für größere Empfänge und Bälle waren damit die Voraussetzungen geschaffen.

Auch für die Ökonomie in dem großen Haus war gesorgt. An dem großen Hof im vorderen Bereich des Querflügels befand sich unter dem Ballsaal die große Küche des Hauses mit Mädchenkammer, separiert von den Wohnräumen, aber nahe am Bankettsaal. Im neu errichteten, noch eingeschossigen westlichen Seitenflügel befanden sich Pferdestall und Wagenremise, ein Raum für den Kutscher, ein Lager für Brennholz und am Ende der Raumzeile im Westflügel nach dem Querflügel ein kleiner Innenhof mit weiteren Ställen und einem Abtritt. Komplettiert wurde das Anwesen durch einen größeren Garten hinter dem Querflügel, der als Schmuckanlage gestaltet werden konnte, und an den sich auf der Westseite ein mehrgeschossiges Gebäude mit Ökonomiefunktionen und Wohnungen anschloss.

1719 wird das Haus an eine Frau von Knyphausen verkauft, die das Anwesen 1720 durch den Ankauf eines sogenannten Französischen Hofes im Inneren des Stadtquartiers nach Südwesten noch weiter zum südlichen Spreearm hin erweitert.[5]

Im Jahr 1747 erwirbt der Kaufmann Johann Ernst Gotzkowsky das Haus. Gotzkowsky erweitert das Haus um ein Geschoss auf dem westlichen Seitenflügel über dem Pferdestall und der Wagenremise. Es entsteht als Pendant zu dem gegenüberliegenden östlichen Seitenflügel eine Folge von Räumen über dem westlichen Seitenflügel, separat erschlossen durch eine einläufige Treppe. Gotzkowsky rechnete offenbar mit einer Zukunft des Hauses als Wohnsitz eines Standesherren, eines Beamten oder eines reichen Bürgers. Im Jahr 1770 wird das Haus Brüderstraße 13 jedoch zusammen mit dem gesamten Besitz Gotzkowskys versteigert. Es wechseln danach in relativ kurzer Folge die Eigentümer. Das Haus ist offenbar Spekulationsobjekt, bis es dann im Jahr 1788 der Buchhändler Friedrich Nicolai erwirbt, nachdem er hier vorher schon Räume für seine Buchhandlung gemietet hatte.[6]

Die Umbauten durch Friedrich Nicolai

Nicolai stellt offenbar sofort Überlegungen an, wie das Haus nun für seine ganz anderen Bedürfnisse genutzt werden konnte. Er engagiert dafür den Baumeister Carl Friedrich Zelter, der dann wohl auch mit den notwendigen Planungs- und Ausführungsarbeiten betraut wird. Die Suche nach Lösungen ist jedenfalls an den zahlreichen Eintragungen in der Grundrisszeichnung vom Erdgeschoss des Hauses, dem Teilaufmaß im Archiv des Landesdenkmalamtes Berlin, zu verfolgen.[7]

Der Grundriss ist handschriftlich mit roter Tinte bezeichnet mit: Erdgeschoss 1787. Das Mauerwerk vom Bestand ist in hellbrauner Sepia angelegt. In einem dunkleren Sepiaton sind die Mauerteile gekennzeichnet, die offenbar verändert werden sollten. Mit der Feder in Sepiatusche sind die Räume benannt und die Maße eingetragen. Grau angelegt sind die Kamine und Öfen. In Bleistift, aber auch mit brauner Tusche sind Vorstellungen zur Veränderung in das Blatt hineinskizziert, die später z.T. auch ausgeführt wurden. In dem dazugehörigen Grundriss vom Keller und im Längsschnitt sind nur wenige Eintragungen

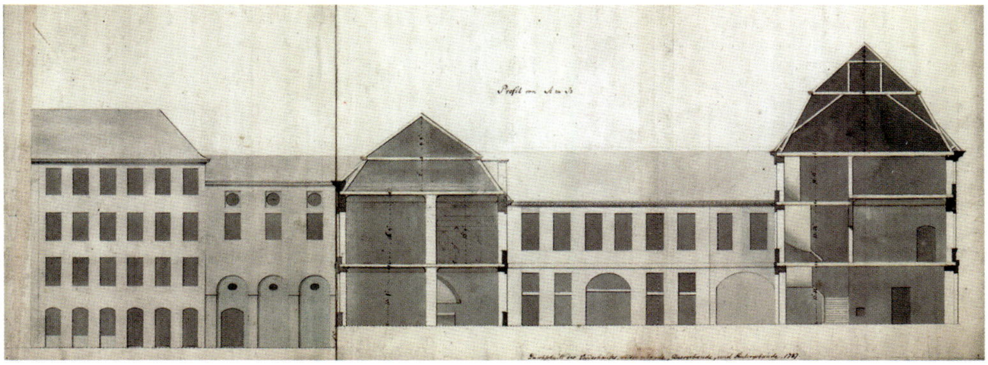

Abb. 4 Längsschnitt durch das Anwesen mit Querschnitten durch das Vorderhaus und den Querflügel mit Ansichten auf die Seitenflügel auf der Westseite, mit Eintragungen von 1787

zu erkennen. Der Keller sollte offenbar weitgehend unberührt bleiben. Eingetragen ist hier auch schon der Raum mit dem spitzbogigen Gewölbe unter dem Hof mit dem alten stillgelegten Hausbrunnen.

Offensichtlich war das Ziel, so wenig wie möglich am überkommenen Bestand zu verändern, ihn aber auch neuen Bedürfnissen anzupassen. Wenn man die Überfassungen mit brauner Tusche in der Grundrisszeichnung über der hellbraunen Sepia als Neuplanung ansieht – und Einiges deutet darauf hin –, dann sollten vor allem die Fassaden eine neue Gestalt bekommen. Die Fensteröffnungen wurden in der Hauptfassade zur Brüderstraße vergrößert und geringfügig versetzt, ebenso in der Fassade zum Hof am östlichen Seitenflügel, an der Südfassade vom Querflügel und der Westfassade vom Anbau zum Garten. Die Zahl der Fenster im östlichen Seitenflügel stimmt mit dem in der Zeichnung dunkelbraun angelegten Mauerwerk überein, nicht mit den in Sepia dargestellten Öffnungen. Man muss daher davon ausgehen, dass die dunkelbraunen Teile die Planung darstellen, die dann auch tatsächlich zur Ausführung kam.

Es entstand wahrscheinlich in dieser Umbauphase die Fassade zur Brüderstraße mit dem für die Zeit um 1800 altertümlich wirkenden starken Relief, mit dem hohen Erdgeschoss als Sockel und darüber, durch die hohen Fenster herausgehoben, das Hauptgeschoss in einer Wandebene zusammen mit dem zweiten Obergeschoss. Den Abschluss bildet das kräftig vorkragende, in einer Ebene durchlaufende Hauptgesims mit Gitterbändern über den Risaliten, mit Balkenkonsolen, Karnies und Platte als Sockel für das schwere Walmdach mit sparsamen vier stehenden Gauben und einem weiteren Gesims am Ansatz für den flachen Dachteil über dem Walm (Abb. 5).

Die Durchfahrt am westlichen Ende des Hauses in der Brüderstraße wurde geschlossen. Mit Bleistift ist auch dieses Vorhaben in den Grundriss hineinskizziert, wie es dann auch zur Ausführung kam und heute noch besteht.

Das Quergebäude mit der Küche im Erdgeschoss und dem großen Ballsaal darüber wird von Nicolai vollständig neu ausgebaut. Er schreibt dazu: »Das ganze Quergebäude war ehemals ein unermesslich großer Tanzsaal gewesen. Darin war schon zu Gotzkowskys Zeit ein Zimmer von drei Fenstern abgeschlagen worden und am anderen Ende eine Kammer ohne Licht und Luft. Den großen Rest des an 17 Fuß großen Saales theilte ich durch eine Zwischendecke und Wände. Dadurch entstanden in diesem ehemals ganz öden Raum sechs Stübchen mit Oefen, hinter welchen zwei Corridore langgehen«.[8] Die Zwischendecke führte zum Gewinn der zahlreichen Räume in den nun zwei oberen Geschossen. Sie sind im Einzelnen im heutigen Bau nicht mehr zu identifizieren. Im Erdgeschoss blieb die Raumgliederung so bestehen, wie sie in der Zeichnung von 1787 dargestellt ist. An ihr hat sich bis heute nicht viel geändert.

Im Erdgeschoss des Hauses an der Brüderstraße wurde in der östlichen Hälfte die Buchhandlung des Verlags angeordnet, mit Nebenräumen im Seitenflügel. In der westlichen Hälfte soll die sogenannte Sortimentsbuchhandlung ihre Geschäftsräume bekommen haben, ebenfalls mit Nebenräumen im anschließenden Seitenflügel.

Die Läden waren nur von der Durchfahrt aus zu betreten, was auf eine Form der Ladennutzung hindeutet, die im 18. Jahrhundert verbreitet war. Aus der Zeichnung von 1787 geht aber auch hervor, dass im Erdgeschoss wohl zuerst an Wohnungen gedacht und die Fassade mit entsprechenden Fenstern versehen war bzw. versehen werden sollte.

Das gesamte erste Obergeschoss wurde die Wohnung der Familie Nicolai. Sie war damit opulent versorgt mit den Räu-

Abb. 5 Das Haus Brüderstraße 13, Aufnahme von F. Albert Schwartz, um 1890

men in den Seitenflügeln und den durch die Unterteilung neu gewonnenen Räumen im Querflügel.

Der mittlere Durchgang im Vorderhaus war nun zugleich Durchfahrt und Zugang in das Haus, das hier liegende Treppenhaus das wichtigste vertikale Kommunikationsglied für das gesamte Anwesen. Ein weiteres Treppenhaus lag weit entfernt im heute nicht mehr vorhandenen hinteren Gartenhaus.

Um die vielen Räume im hinteren Teil des Anwesens im Querflügel und dem Anbau zum Garten besser mit dem Hauptbau an der Brüderstraße zu verbinden, ließ Nicolai einen hölzernen Laufgang in Höhe des Obergeschosses vor dem westlichen Seitenflügel bauen und mit einer Brücke an das Treppenhaus heranführen. Er ist in der Zeichnung von 1787 als Planung mit Stützen in regelmäßigen Abständen eingetragen, wie er dann wohl auch ausgeführt wurde. Gustav Parthey schreibt in seinen Jugenderinnerungen dazu: »Um die großen Räume des ersten Stockwerkes auf schickliche Art zu verbinden, legte Zelter eine bedeckte hölzerne Gallerie vermittels eines Häng- und Sprengwerkes quer über den Hof und von dem Vorderhause nach der Mitte zu, in Form eines T. Dadurch wurde zwar der beabsichtigte Zweck erreicht, allein die Gallerie machte die unteren Räume finster und schwebte dem in den Hof tretenden in unheimlicher Nähe über dem Kopfe«.[9] Die Raumfolgen in den Seitenflügeln waren nun nicht mehr die einzigen Verbindungswege zum Vorderhaus.

Friedrich Nicolai war mit seinen Vorstellungen zur Nutzung des Hauses vom Adelspalais nicht weit entfernt. Auch er führte ein offenes Haus mit zahlreichen Gästen. Nur waren es keine Hofbeamten und Militärs, nicht unbedingt »Leute von Stand«, wie man sich damals ausdrückte, d. h. die Mitglieder der großen adligen Familien, deren Bekanntschaft er machte. Seine Gäste waren Juristen und Theologen, Naturwissenschaftler, Schriftsteller und Künstler, Gelehrte, die vor allem in bürgerlichen Kreisen etwas galten oder ihm bei seinen geschäftlichen Aktivitäten nützlich sein konnten – darauf war das Leben im Haus ausgerichtet. Es gab sicher keine Bälle, Redouten oder Bankette. Nicolai versuchte nicht, mit einer Enfilade modisch ausgestatteter Säle seine Besucher zu beeindrucken. Die Wohnung des erfolgreichen Verlegers und Gelehrten im 1. Obergeschoss des Hauses zeichnete sich durch »nützliche« Dinge aus, eine große Bibliothek und interessante Sammlungen, und durch ein bequemes, im Sinne der Zeit modernes Ameublement, das heute noch in Teilen im Märkischen Museum erhalten ist. Die Bibliothek umfasste bei seinem Tode 1811 1.600 Bände, dazu kam sein Schriftwechsel, den er in 92 Foliobänden akribisch sammelte, eine Bildnissammlung von 6.800 Blättern sowie eine Musikaliensammlung. Ein Exemplar der von ihm mit besonderem Erfolg herausgegebenen Allgemeinen Deutschen Bibliothek, die bis 1805 auf 268 Bände angewachsen war, stand im Arbeitszimmer Nicolais im 1. Obergeschoss des Querflügels am Südende des östlichen Seitenflügels.[10]

Das Haus war nur noch eingeschränkt Repräsentationsbau, eher schon ein herrschaftlicher Familiensitz mit Räumen für ein reges gesellschaftliches Leben. Eine Besonderheit und typisch für die Stadt im 18. Jahrhundert war dabei sicher der Geschäftsbetrieb, der sich mit der Buchhandlung und dem Verlag in dem Haus entfaltete.

Eingegriffen in die überkommene Substanz wurde von Nicolai nur dort,wo er es für unbedingt notwendig erachtete. Die Grundstruktur des Hauses,wie sie in der Zeichnung vom Erdgeschoss aus dem Jahr 1787 dargestellt ist, blieb unverändert erhalten. Von einer völligen Neuausstattung der Räume im Inneren ist bei dem Chronisten Ernst Friedel, der noch eine Beschreibung kannte, die Nicolai von seinen Aktivitäten angefertigt hatte, nirgends die Rede. Dennoch muss davon ausgegangen werden, dass umfangreiche Veränderungen im Inneren stattfanden, dass neben den Fassaden mit neuen Fenstern auch die großen ein- und zweiflügeligen Türen in ihren verschiedenen Varianten in den Bau hineinkamen sowie der größte Teil der heute noch vorhandenen Dielenfußböden, die aber in vielen Bereichen im Haus wohl nur noch die Blindböden für einstige Tafelparkettauflagen darstellen, die in der Folgezeit verlorengingen. Ein- und zweiflügelige Türen, gerahmt und bekrönt mit Verdachungen, mit und ohne Konsolen und oder auch Oberlichtern mit Maßwerkfüllungen sind in Berliner und Brandenburger Bauten vielfach zu finden. Ähnliche Türen mit und ohne Verdachungen waren beim Neuausbau der Königskammern im Berliner Schloss 1787-88 von Friedrich Wilhelm von Erdmannsdorff entworfen und ausgeführt worden. Sie galten als modern und sind auch für das bürgerliche Bauen abgewandelt eingesetzt worden.

Der von Karl Friedrich Zelter geleitete Umbau etwa ab 1788 war an dem neuen Klassizismus der Zeit nach Friedrich II. orientiert und von dem in bürgerlichen Kreisen bevorzugten Rationalismus der Zeit um 1800 geprägt, wie er auch in den Eintragungen in der Grundrisszeichnung von 1787 zum Ausdruck kommt. Dazu passte auch die rücksichtslos nutzungsorientierte Verbindungsgalerie im Hof, die von den Bewohnern zwar als bequem, aber in der Wirkung auch bedrückend empfunden wurde.

Der Chronist des Hauses Ernst Friedel ging jedenfalls 1891 davon aus, im Haus noch weitgehend den Zustand aus der Zeit Nicolais vor sich zu haben, wenn er schrieb: »Wie der Anschein zeigt, sind seit Nicolais Besitzzeit nennenswerte Änderungen auf dem Grundstück nicht mehr vorgenommen worden«.[11]

Die Umbauarbeiten, wahrscheinlich noch im Jahr des Erwerbs des Hauses 1788 begonnen, zogen sich hin bis ins Jahr 1803. Nicolai konnte dann noch weitere zehn Jahre seinen Besitz genießen. Die Freude daran wurde allerdings getrübt durch den Verlust zahlreicher Angehöriger und durch das allmähliche Nachlassen der eigenen Kräfte. In den letzten Jahren seines Lebens war das gesellschaftliche Leben im Haus bereits sehr eingeschränkt. Der Hausherr hatte sich zunehmend in sein Arbeitszimmer und in die hinteren Räume seiner Wohnung im 1. Stock zurückgezogen, und da von seiner engeren Familie niemand mehr lebte, stand das ganze vordere Haus leer, schreibt der Enkel in seinen Lebenserinnerungen.[12]

Das Haus in der Verwaltung von Daniel Friedrich Parthey

Nach dem Tod Nicolais im Jahr 1811 übernahm sein Schwiegersohn, der Hofrat im Finanzministerium, Daniel Friedrich Parthey, das Haus. Er führte das Unternehmen – Verlag und Buchhandlung – weiter für seinen Sohn Gustav Friedrich Konstantin Parthey, der mit seiner Schwester Lottchen im Testament Nicolais zu Haupterben bestimmt worden war.

In das 1. Obergeschoss des Hauses, die herrschaftliche Wohnung, zog nun die Familie von Daniel Friedrich Parthey mit seinem Sohn Gustav aus erster Ehe mit der ältesten Tochter Nicolais, die aber bereits 1803 gestorben war, sowie seinem Sohn Friedrich aus der zweiten Ehe.

Die Raumaufteilung im Haus und die Nutzung der Räume blieb noch weitgehend so, wie sie Nicolai verlassen hatte. Die umfangreichen Buch- und Sammlungsbestände ließen keine größeren Veränderungen zu. Sie hätten wahrscheinlich auch nur von den Haupterben veranlasst werden können, aber Gustav Parthey war beim Tod seines Großvaters erst 13 Jahre alt. So richtete man sich wohl weitgehend weiter in dem gegebenen Bestand ein.

Auch der Laufgang mit der Brücke im Hof blieb bestehen.

Umbauten in der Zeit von Gustav Parthey – das Wohn- und Geschäftshaus wird zum Mietshaus

Im Jahr 1822 starb Daniel Friedrich Parthey. Sein Sohn Gustav, der Haupterbe des Nicolaischen Besitzes, hatte sich nach dem Ablegen des Abiturs am Grauen Kloster in Berlin auf eine Studienreise nach Süddeutschland begeben, wo er an der Universität Tübingen promovierte. Danach reiste er noch nach Frankreich und England und kehrte erst 1821 nach Berlin zurück.[13] 1825 übernahm er die Nicolaische Buchhandlung, legte aber die Führung des Unternehmens in die bewährten Hände der hier tätigen Fachleute. Später vollzog er die Trennung von Sortiment und Buchhandlung und verkaufte 1858 beide Unternehmen. Sie blieben aber weiter im Haus ansässig. Der Nachlass Friedrich Nicolais ging 1862 an die Königliche Bibliothek, 1866 folgte der Nachlass des Verlages und 1885 auch die Verlagskorrespondenz. 1866 verkaufte Gustav Parthey auch den Nicolaischen Verlag. Seine Interessen lagen auf den Gebieten der Archäologie und der Philologie, und da er vermögend war, wollte er auch seinen Interessen als Gelehrter auf diesen Gebieten nachgehen und nicht das immer schwieriger werdende Buchhandels- und Verlagsgeschäft betreiben.[14]

Für das Haus hatte das Konsequenzen in zweierlei Richtungen. Einerseits fühlte sich Gustav Parthey dem Erbe seines Großvaters verpflichtet: Sein Haus sollte möglichst erhalten bleiben. Ein Abriss und der vollständige Neubau wie bei vielen Häusern in der Nachbarschaft z. B. dem Haus Brüderstraße 12, das 1906 dem Bau der Sparkasse weichen musste, kam für ihn offenbar nicht in Frage. Andererseits war es notwendig, den Bau rationell zu nutzen. Es mussten Möglichkeiten geschaffen werden, in dem Haus Raumgruppen zu Wohnungen oder Büros zusammenzufassen die vermietet werden konnten.

Eine erste Maßnahme dafür war der Einbau einer neuen Treppe im Scheitelpunkt von Seitenflügel und Quergebäude auf der Ostseite, die vom Hof aus zugänglich war und bis in das oberste Geschoss und den Dachraum führte. Über sie konnten direkt vom Hof die zahlreichen Räume im Querflügel erreicht werden und sie eröffnete die Möglichkeit, in den repräsentativen Wohnungen im Vorderhaus den Verkehr von Herrschaft und Dienstpersonal voneinander zu trennen. Dazu wurde im östlichen Seitenflügel auf der Ostseite der hier aneinander gereihten Räume ein Gang abgeteilt, ein sogenannter Korridor, der in den zwei Obergeschossen die Verbindung vom Vorderhaus zum Querflügel herstellte und von dem aus, wie es auch in den Gutshäusern üblich war, die Öfen in den herrschaftlichen Räumen befeuert werden konnten. Die Enfilade der Räume zum Hof blieb bestehen, angepasst an die modernere Lebensweise der bürgerlichen Oberschicht im 19. Jahrhundert. Die Veränderungen sind in einer Grundrisszeichnung des 1. Obergeschosses der östlichen Gebäudehälfte aus der Zeit wahrscheinlich um 1910 im Archiv des Landesdenkmalamtes Berlin dargestellt (Abb. 6).

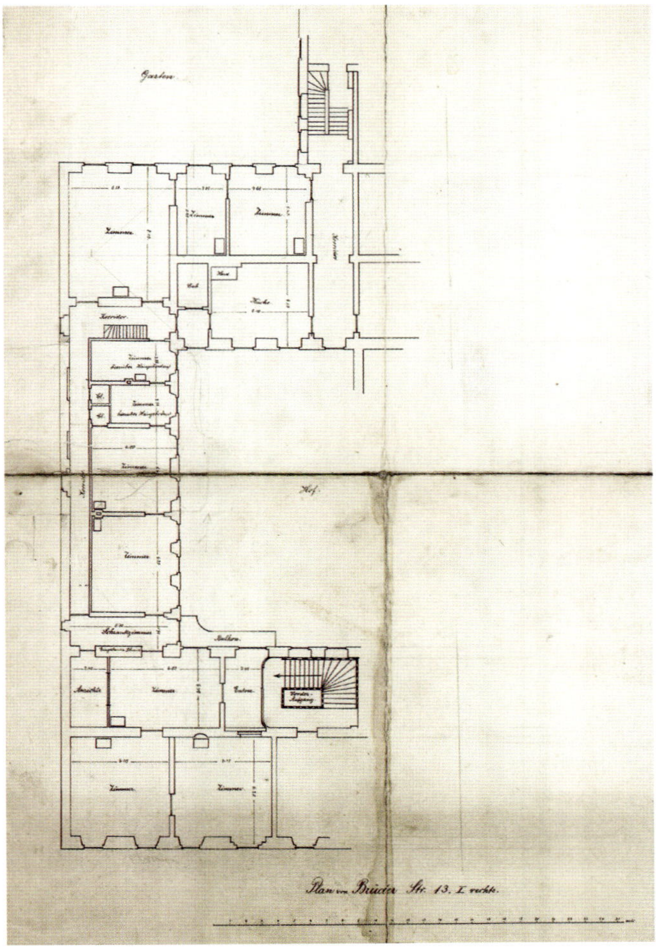

Abb. 6 Grundriss 1. Obergeschoss, o. Dat., wohl um 1860

Abb. 7 Innenhof, Blick nach Osten auf das dreigeschossige Vorderhaus und den dreigeschossigen Seitenflügel im Südosten, um 1910

Noch etwas kam hinzu: Um eine direkte Verbindung von den Podesten der Haupttreppe im Vorderhaus zum Seitenflügel und weiter bis ins Querhaus herzustellen, wurden in den beiden oberen Etagen hölzerne Übergänge oder Balkone in die Nordostecke des Hofes eingebaut. Sie ermöglichten es, von den Treppenpodesten im Vorderhaus direkt in die Korridore des Seitenflügels zu gelangen und dabei die großen Eckzimmer zu umgehen, die nun nicht mehr Durchgangsräume, sondern Empfangsräume oder Salons für die hier liegenden Wohnungen sein konnten. Das Entree für die Wohnungen in den Obergeschossen, von den Treppenpodesten abgeteilt, erhielt eine große Fenstertür auf den Balkon, der anschließende große Eckraum, das sogenannte Berliner Zimmer, ein mehrteiliges großes Fenster. Ein Foto der Hofseite von Vorderhaus und Seitenflügel aus der Zeit um 1910 gibt die neue Situation wieder (Abb. 7). Davon sind heute noch im 1. Obergeschoss das große Fenster und im 2. Obergeschoss die Fenstertür und auch das große Fenster erhalten.

Ein ebensolcher Balkon oder Gang vom neuen Treppenhaus im Schnittpunkt von östlichem Querflügel und Seitenflügel im 2. Obergeschoss nach Westen an der Fassade entlanggeführt ermöglichte es auch hier, das oberste Stockwerk in zwei Wohnungen aufzuteilen und sie separat zu erschließen bzw. eine Wohnung von zwei Seiten, getrennt für die Herrschaft und das Dienstpersonal, zugänglich zu machen. Davon ist noch der Gang und eine Balkontür am Ende des Ganges vorhanden. Der Zugang vom Treppenhaus auf den Außengang ist bei der Rekonstruktion des Seitenflügels und der Einrichtung einer neuen Treppe 1958 zu einem Fenster umgebaut worden.

Der hölzerne Laufgang Nicolais vor dem westlichen Seitenflügel mit der Brücke über den Hof zum Treppenpodest des Vorderhauses konnte nun entfernt werden. Er wurde zu einem ebensolchen Balkon wie die anderen im Hof, vom Querflügel am westlichen Seitenflügel entlang zum Vorderhaus führend umgestaltet, und endete von nun an in der spitzen Ecke von Seitenflügel und Vorderhaus, einst mit einem Zugang in den südwestlichen Eckraum des Vorderhauses. Im Erdgeschoss darunter verschwanden im Zuge des Einbaus der hölzernen Gänge oder Balkone etwa nach der Mitte des 19. Jahrhunderts der Pferdestall und die Wagenremise. Drei Türen vom Hof in die Werkstatträume von Handwerksfirmen, die hier inzwischen entstanden waren, blieben bestehen, die übrigen Zugänge erhielten Brüstungen und wurden zu Fenstern umgebaut für die dahinter immer wieder je nach Bedarf neu aufgeteilten Räume. Im Ostflügel waren die Räume im Erdgeschoss wohl schon immer vom Vorderhaus und vom Querflügel aus zu erreichen, und sie wurden durch eine hohe, rundbogig geschlossene, zweiflügelige Tür in der dritten Fensterachse von Norden vom Hof aus zusätzlich erschlossen. Dabei blieb es dann sehr lange Zeit bis etwa 1958. Im Erdgeschoss befanden sich die Lager- und Geschäftsräume der Buchhandlung sowie Wohnräume für die Angestellten des Hauses, später auch Werkstätten für die im Haus ansässigen Handwerksbetriebe.

In der Zeichnung (vgl. Abb. 6) im Archiv des Berliner Landesdenkmalamtes etwa aus der Zeit um 1910, einem Teilgrundriss des Hauses vom 1. Obergeschoss, ist die neue Situation mit dem neuen Treppenhaus im Querflügel, dem Korridor im östlichen Seitenflügel, dem Entree und den balkonartigen Übergängen in der Nordostecke des Hofes dargestellt. Sie gibt einen Zustand wieder, der in dieser Form sicher von Gustav Parthey um die Mitte des 19. Jahrhunderts, etwa um 1860, veranlasst wurde.

Dargestellt ist im Grundriss eine große Wohnung im 1. Obergeschoss in der Osthälfte vom Vorderhaus und dem anschließenden östlichen Seitenflügel, wahrscheinlich die ehemalige Wohnung von Gustav Parthey, nachdem die Brüderstraße nun vor allem ein Mietshaus war mit der schönsten Wohnung für den Hauseigentümer in der »belle etage«. Sie nimmt die östliche Hälfte des Anwesens im 1. Obergeschoss ein und reicht vom Vorderhaus über den Seitenflügel bis in den Querflügel zum Garten. Eine ähnliche Struktur hatte wahrscheinlich die Wohnung im Geschoss darüber. Die Enfilade ist im östlichen Seitenflügel vorhanden als Kommunikation für die herrschaftlichen Bewohner. Daneben führt der neue Korridor entlang als Weg für die Dienerschaft, aber auch als verkürzter Weg der Herrschaft in den Querflügel.[15]

Die Balkone oder die im Außenbereich angelegten Erschließungsgänge im Hof waren der Nützlichkeit geschuldet, sie steigerten den Gebrauchswert der Wohnungen bei Bewahrung der im Bestand schwer veränderbaren Raumaufteilung. Welche Bedeutung sie für die Bewohner hatten, schildert der

Prediger an der Nikolaikirche, Ludwig Jonas, der mit seiner Familie von 1847 bis 1859 im 2. Obergeschoss lebte mit den Worten: »Und nun gar das Fenster in diesem Raum! Groß und breit reicht es fast bis zum Fußboden hinunter, außen läuft eine Galerie entlang, man kann also aus- und einsteigen und im Freien sitzen. Der schönste Balkon hätte nicht mehr Entzücken erregen können als dieser bescheidene schmale Gang. Man kann Stühle hinaussetzen, draußen spielen und arbeiten, und am allerbequemsten sitzt es sich auf dem langen Fensterbrett. Dies war denn auch in schulfreien Stunden bei warmem Wetter immer dicht besetzt, und die sechs Kleinen haben da mit Vorliebe ihre drei- und vierstimmigen Lieder erklingen lassen.«[16]

Heute prägen die Balkone und Übergänge die biedermeierliche Erscheinungsform des Innenhofes. Sie sind ein Element der Gestaltung und Zeichen für die lange, differenzierte Geschichte des Hauses, die mit Friedrich Nicolai noch nicht zu Ende war.

Die Anlage der Balkone, der Einbau der großen Fenstertüren, die Umwandlung der Türöffnungen in Fenster im westlichen Seitenflügel machten, nachdem die Arbeiten abgeschlossen waren, einen Neuputz der Hoffassaden notwendig. Es entstand wahrscheinlich ebenfalls erst um 1860 die heute dort vorhandene Putzfassade mit dem Steinschnitt über alle drei Geschosse, mit einer Gliederung in einen glatten Sockel, einem Erdgeschoss mit Steinschnitt, abgeschlossen durch ein flaches Gesimsband, darüber die zwei Obergeschosse mit Steinschnitt d. h. mit in den Putz gekratzten Fugen, die bis an die Fenster- und Türöffnungen ohne Faschen herangeführt sind. Ursprünglich war zwischen den Obergeschossen noch einmal ein flaches Gesimsband mit kleinem Wulst und breiterer Platte eingefügt, wie auf einer Aufnahme von 1910 erkennbar ist. Das Gesims ist offenbar bei den darauffolgenden Putzerneuerungen weggelassen worden.

Auf der Fassade des Querflügels nach Süden zum Garten hin hat sich dagegen die ältere, glatt geputzte Fassade aus dem 18. Jahrhundert erhalten mit breiten, in den Putz gekratzten und dunkel angelegten Faschen um die Fenster.

Zur Zeit Nicolais befand sich im 1. Obergeschoss in der nördlichen Haushälfte in der Mitte des Hauses über drei Fensterachsen reichend der große Saalraum. Er gehörte bereits zum Bestand des Hauses von 1710 und ist in der überlieferten Schnittzeichnung in dem Aufmaß von 1787 dargestellt (vgl. Abb. 4). Er war der wichtigste Kommunikationsraum für die Familie Friedrich Nicolais, in dem auch die zahlreichen Gäste empfangen wurden, die das Haus zu einem gesellschaftlichen Mittelpunkt in Berlin machten. Ein solcher zentraler Raum wurde nun nicht mehr gebraucht. Gustav Parthey führte kein so offenes Haus mehr wie sein Großvater. Der kleine Zirkel gebildeter Freunde, der sich eine Zeitlang bei ihm im Haus traf, war mehr eine private Veranstaltung. Lili Parthey bezeichnete den Saal in ihren »Erinnerungen aus der Biedermeierzeit«[17] nur noch als Speiseraum. Der Saal war höher als die anschließenden Räume und ragte mit seiner hohen Voute in das darüberliegende zweite Obergeschoss hinein, wie das bei Gartensälen in den Schlössern und Gutshäusern üblich war.

Um in der Brüderstraße eine bessere Vermietbarkeit der Räume im 2. Obergeschoss zu erreichen, wurde durch Gustav Parthey die Decke über dem großen Saal des Vorderhauses abgesenkt und so im mittleren Teil des 2. Obergeschosses ein einheitliches Bodenniveau hergestellt.[18] Dann wurde auch der Saalraum selbst beseitigt und die Fläche in der Nordhälfte des Hauses zur Brüderstraße hin vollständig neu aufgeteilt. Es entstand die Raumgliederung, wie sie im Grundriss der Wohnung im 1. Obergeschoss in der Zeichnung im Landesdenkmalarchiv Berlin überliefert ist (vgl. Abb. 6).

Zwei gleich große quadratische Räume mit je zwei Fensterachsen liegen hier jetzt nebeneinander. Es folgte nach Westen ein schmaler Raum mit einer Fensterachse und darauf der wieder quadratische Eckraum, der schon mit dem Saalraum entstanden war. Eventuell analog dazu wurde das Geschoss darüber gegliedert; wie und wann diese Veränderung erfolgte, ist nicht überliefert. In Frage kommt aber nach der zitierten Situationsbeschreibung Gustav Partheys in seinen Jugenderinnerungen nur eine Zeit lange nach dem Tod Nicolais, als Gustav Parthey an die generelle Modernisierung des Hauses ging. Nach seinem Lebenslauf in den Jugenderinnerungen zu urteilen hatte er Zeit und die notwendigen Mittel dafür nach dem Verkauf von Buchhandlung und Verlag und des Nachlasses Nicolais, etwa ab der Mitte des 19. Jahrhunderts.

Einmal in Bewegung gekommen, wurde die Raumgliederung im 1. Obergeschoss dann noch zwei Mal verändert, beim Einbau eines neuen Saals auf der Ostseite für ein Lessing-Museum im Jahr 1913 (vgl. Abb. 11) und noch einmal bei der Erweiterung des Saals für kulturelle Veranstaltungen nach dem Zweiten Weltkrieg. Der Raum erhielt erst in der letzten Umbauphase die heute noch vorhandene Aufgliederung und Ausstattung mit der großen Schiebefalttür in der Mitte. Die älteren Türen in der mittleren Längswand des Hauses blieben von all dem unberührt. Sie befinden sich noch heute an der gleichen Stelle wie nach dem Umbau durch Gustav Parthey, aber wohl auch von Friedrich Nicolai, als sie noch in den viel älteren Saal mit der hohen Voute in der Mitte des Hauptgeschosses zur Brüderstraße führten.

Mit der Absenkung des Fußbodens über dem ehemaligen Saalraum im Vorderhaus und der damit verbundenen Neugliederung der Räume in diesem Bereich, der Abteilung eines Korridors im östlichen Seitenflügel, dem Einbau der Balkone und der großen Fenster und Fenstertüren im Hof, dem Einbau von Fenstern im Erdgeschoss des westlichen Seitenflügels anstelle der dort ursprünglichen Zugänge in Remise, Stall und Nebenräume und dem damit verbundenen Neuputz der Fassaden im Hof war ein Stand erreicht, der erst einmal für einige Zeit beibehalten wurde.

Der Hof mit dem heute noch vorhandenen Rundbeet in der Mitte und den schmalen Pflanzstreifen an den Hauswänden kann nach diesen Veränderungen seine Gestalt bekommen haben.[19]

Abb. 8 Brüderstraße 13, um 1908

In die Fassade zur Brüderstraße kamen spätestens jetzt die Schaufenster für die Ladengeschäfte, die ab 1891 nicht mehr an den Verlag im Haus gebunden waren, sondern an unabhängige Händler vermietet wurden (Abb. 8).

Das Haus wurde andererseits zunehmend in der Berliner Öffentlichkeit als Denkmal wahrgenommen. Die ersten Erinnerungstafeln wurden angebracht. Der Chronist des Hauses Ernst Friedel stellt in der Niederschrift seines Vortrags über das Haus im Jahr 1891 fest: »Das Haus Brüderstraße 13 ist im ersten Stockwerk (bewohnt von Frau Veronika Parthey) sowie im zweiten (bewohnt von Frau Stadtgerichtsrat Parthey) noch in vielen Teilen wie zur Zeit Nicolais eingerichtet und es gewähret dem Kulturgeschichtler wie dem Kunstfreund einen dem Reiz eines Museumsbesuches nahe kommenden Genuß, dieselben zu durchwandern, zumal wenn die liebenswürdige Führung und Erläuterung der hier wohnenden Damen hinzutritt.«[20] Wie das Haus 1891 von den zwei Damen bewohnt wurde, geht aus zwei Aufnahmen des Berliner Fotografen Georg Bartels hervor, die im Fotoarchiv des Märkischen Museums aufbewahrt werden (Abb. 9 und 10). Aufgenommen ist der Empfangsraum (Abb. 9), der Salon der Wohnung von Frau Veronika Parthey im 1. Obergeschoss, der südöstliche Raum des Vorderhauses nach dem vom Treppenpodest abgeteilten sogenannten Entree mit der noch heute hier vorhandenen, allerdings wie ursprünglich nach innen aufschlagenden zweiflügeligen Tür mit den blauen Glasfenstern in den oberen Füllungen, und rechts in der Wand der zweiflügeligen Tür mit dem großen Glasanteil, die in den angrenzenden nordöstlichen Eckraum führt, von Lili Parthey in ihren Erinnerungen aus der Biedermeierzeit als »gelbes Musikzimmer« bezeichnet. Beide Türen haben ausladende Verdachungen auf Voluten, die auf spezielle Rahmungen neben den Deckleisten der Türfutter abgesetzt sind. Die Türbänder sind wie die Beschläge hervorgehoben, wahrscheinlich indem sie als Messingteile unbehandelt blieben und nicht wie heute in den Anstrichen der Türen verschwunden sind. Von dem Raum aus betrat man nach links, auf dem Foto allerdings nicht mehr sichtbar, durch eine ebensolche zweiflügelige Glastür mit Verdachung die Raumfolge im östlichen Seitenflügel und hatte im Rücken, ebenfalls auf dem Foto nicht sichtbar, einen abgeteilten schmalen Vorraum mit einer zweiflügeligen Glastür mit Verdachung, durch die man weiter in den Korridor gelangte, der die Enfilade im Seitenflügel begleitete.

Die Wände im Salon sind mit Tapeten geschmückt und einer umlaufenden Borte unter einer etwas dunkler abgesetzten Voute am Übergang zur hell gestrichenen Decke. Ein Gesims oder begleitende Ornamentbänder sind nicht zu erkennen. Ein Paneel ist nicht vorhanden. Erkennbar ist am Fußboden eine schmale Scheuerleiste, die heute noch auf dem Treppenpodest und in Räumen im westlichen Seitenflügel vorhanden ist. Es handelt sich um die früheste überlieferte Form der Scheuerleiste im Haus.

Sicher haben die heute sichtbaren alten Dielenbretter nicht die Oberfläche gebildet. Erkennbar ist auf dem Foto ein mit großen, diagonal im Raum verlegten Tafeln hergestelltes Parkett. Die heute noch vorhandenen Dielen waren wohl zu dieser Zeit zumindest in den Räumen der »belle étage« nur der Blindboden für aufwendiger gestaltete Fußböden.

Abb. 9 Blick in das Vorzimmer des Nicolai-Hauses, 1893

Abb. 10 Salon im Vorderhaus des Nicolai-Hauses, 1893

Der Grundriss der Wohnung, zu der das von Bartels aufgenommene Zimmer gehört, ist in der Zeichnung vom Ostflügel im 1. Obergeschoss im Landesdenkmalarchiv Berlin dargestellt, die auch die Neuaufteilung der Räume im Vorderhaus nach der Aufgabe des Mittelsaals wiedergibt (vgl. Abb. 6).

Die zweite Aufnahme zeigt den nordöstlichen Eckraum im 2. Obergeschoss des Vorderhauses, der zur Wohnung der Frau Stadtgerichtsrat Parthey gehörte (vgl. Abb. 10). Auf der linken Seite geht das Fenster auf die Brüderstraße. Rechts ist der Ofen des Zimmers an der Mittelwand des Vorderhauses zu erkennen, angeschlossen an einen der hier verlaufenden Schornsteinzüge. Eine alte Grundrisszeichnung zu der Etage existiert nicht. Auf dem Foto ist ein umlaufendes Paneel in der Sockelzone zu erkennen, darüber Tapeten, eingerahmt von Borten. Am Übergang zur Decke ist eine Voute ausgebildet – gemalt oder aus Stuck, ist nicht festzustellen. Ornamentbänder auf der Decke begleiten die Voute. Möglicherweise handelt es sich auch hier wie bei dem später zu beschreibenden Treppenhaus bei den Ornamentbändern um eine ältere Raumfassung, die in die Fassung mit den Tapeten integriert wurde.

Im Fußboden ist auf den alten Dielen ebenfalls Tafelparkett, diagonal im Raum verlegt, zu erkennen. Möglicherweise waren die Dielen generell gedacht als Unterböden für aufwendigere Fußböden und wurden erst später als Ansichtsflächen akzeptiert. Erkennbar ist das eventuell auch heute noch in der Enfilade im 2. Obergeschoss an der kleinen Stufe vom südöstlichen Eckraum mit dem Dielenparkett zu den gerade verlegten Dielenböden der weiteren Räume. Dieses Parkett war mit der ausdrucksvollen Gestaltung als Sichtfläche verlegt worden, während man sich in den Räumen nach Osten mit den Blindböden begnügte.

Die zwei Aufnahmen von Georg Bartels (weitere konnten leider nicht ermittelt werden) zeigen, dass im Vergleich zum heutigen Zustand die Raumausstattungen reicher und differenzierter waren. Parkett und Dielenfußböden wechselten sich ab, Räume mit und ohne Paneel, farblich abgesetzten Vouten und profilierten Gesimsen und sicher auch Räume ohne all dieses schmückende Beiwerk bildeten die Raumfolgen. Immer profanere Nutzungen und der Zeitgeschmack, der zu Sachlichkeit bis hin zu spartanischer Einfachheit tendierte sowie der Mangel beim Wiederaufbau nach dem Ende des Zweiten Weltkrieges führten zu immer mehr Reduzierungen.

Der Berliner Fotograf Albert Schwartz hat um 1885 die Fassade des Hauses zur Brüderstraße aufgenommen (vgl. Abb. 5).[21] Im Erdgeschoss zur Brüderstraße sind zu Seiten des großen Mitteleingangs je zwei Fenster zu je zwei Schaufenstern erweitert worden für zwei Ladengeschäfte, die jedoch nur aus der Durchfahrt zu betreten waren. Auf der Ostseite links von der Durchfahrt befand sich noch die »Nicolaische Buchhandlung«, auf der westlichen rechten Seite ein Geschäft, das nach dem Foto nicht zu identifizieren ist.

Die Aufnahme ist die wohl früheste fotografische Ansicht des Hauses. Die Schaufenster müssen danach schon vor 1885 in das Haus hineingekommen sein. Im Grundriss von 1787 sind sie noch nicht angedeutet. Die Werbeschilder der im Haus ansässigen Firmen sind in der Zeit, als die Fotos von Albert Schwartz entstanden, noch moderat in Menge und Größe an der Fassade angebracht. Bis auf das Erdgeschoss und die Westhälfte im 1. Obergeschoss sind noch alle Fenster mit nach außen aufschlagenden Vorsatzfenstern und mit einem offenbar weißen Anstrich an den Außenseiten versehen. Dunkel gestrichen sind nur die Hauseingangstür und die Rahmen der Schaufenster, eventuell auch die Fensterflügel zur Innenseite. Die Beschriftungen der Ladengeschäfte über den Fensterauslagen und die Inschrift über der Eingangstür sind so selbstverständlich in die Fassade eingeordnet, dass man den Eindruck hat, als wenn sie dort schon um 1800 angebracht worden wären.

Der Druck zur Kommerzialisierung des Hauses nahm in den folgenden Jahren jedoch zu, wie Aufnahmen der Zeit um 1910 erkennen lassen (vgl. Abb. 8). Für das nach dem Auszug der Buchhandlung neu vermietete Ladengeschäft wird eine dritte Fensterachse zu einer Auslage umgewandelt und das daneben liegende Schaufenster zu einer Eingangstür von der Straße aus erweitert. Ohne einen direkten Zugang von der Straße und ohne neue größere Schaufenster war wohl ein Ladengeschäft in der Brüderstraße nicht mehr zu betreiben. Die Werbeschilder am Haus haben zugenommen. Zahlreiche Beschriftungen auf den bossierten Lisenen an der Tordurchfahrt zeigen, wie viele Werkstätten und Büros neben den Wohnungen im Haus Mieter sind.

Das Lessing-Museum im Haus Brüderstraße 13 von 1908–1936

In diesen Jahren wächst aber auch das Interesse an den geschichtlichen Werten des Hauses. Eine Gedenktafel für Friedrich Nicolai und eine für Theodor Körner werden im Erdgeschoss an der Fassade zur Brüderstraße im Jahr 1910 angebracht[22].

In das leer stehende Ladengeschäft auf der Westseite vom Eingang, das nach wie vor nur von der Durchfahrt aus zu betreten war, zieht ein Lessingmuseum ein.

Als das sogenannte Dichterhaus Am Königsgraben Nr. 10, in dem Gotthold Ephraim Lessing von 1765 bis 1767 wohnte und das Drama »Minna von Barnhelm« sowie den »Laokoon« abschloss, und in dem der Kapellmeister, Komponist und Schriftsteller Georg Richard Kruse in privater Initiative 1908 ein Lessing-Museum eingerichtet hatte, abgerissen werden sollte, verlegt Kruse 1910 das Museum ins Nicolai-Haus in der Brüderstraße. Er bezieht hier fünf Räume des ehemaligen Ladengeschäfts auf der Westseite, ohne an der Raumanordnung, die offenbar noch weitgehend aus der Zeit Nicolais stammte, etwas zu ändern.

Im Jahr 1913 konnte dann Georg Richard Kruse für das Museum eine ehemalige Wohnung im ersten Stock anmieten. Offenbar war die Wohnung Lili Partheys in der Osthälfte im 1. Obergeschoss frei geworden, die in der Grundrisszeichnung

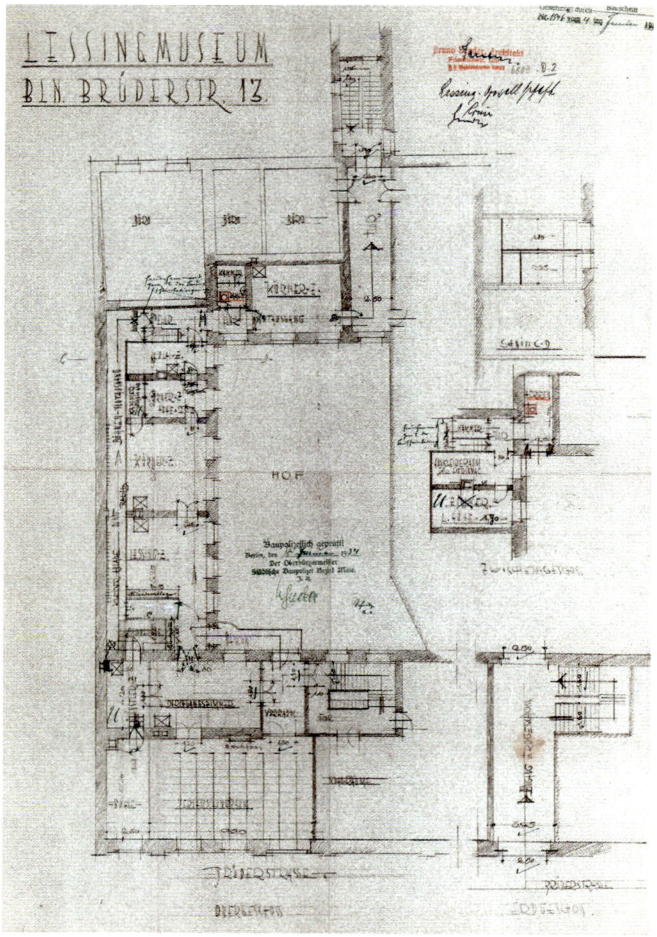

Abb. 11 Grundriss der ehemaligen Wohnung von Frau Veronika Parthey im 1. Obergeschoss des Hauses in der Osthälfte mit dem Einbau eines Saales für das Lessing-Museum, 1934

im Archiv des Landesdenkmalamtes Berlins dargestellt ist (vgl. Abb. 6). In diese zog nun »nach vollständiger Erneuerung und Schaffung eines stimmungsvollen Vortragssaales mit kleiner Bühne das Lessing-Museum ein«, heißt es dazu in einem Führer aus dem Jahr 1929, herausgegeben im Auftrag der Lessing-Gesellschaft e.V., Berlin. Dazu kamen noch einige Räume im Geschoss darüber, im Führer die »oberen Kammern« genannt.

Vom Lessing-Museum im 1. Obergeschoss ist eine Zeichnung im Archiv des Landesdenkmalamtes Berlin erhalten geblieben mit einem Prüfvermerk der Baupolizei vom Jahr 1934 (Abb. 11). Aus ihr ist die Nutzung der Räume ersichtlich. Der neue Vortragssaal erstreckt sich danach über die ehemals hier vorhandenen, von Gustav Parthey initiierten zwei quadratischen Räume der ehemaligen Wohnung in der Osthälfte des Hauses. Die Trennwand zwischen den zwei Räumen wurde dafür entfernt. Die übrige Raumordnung im Museum stimmt mit der in der Grundrisszeichnung der Wohnung überein. Das vom Treppenpodest abgeteilte Entree blieb bestehen, der Salon wurde »Durchgangszimmer«, die ehemalige Anrichte das »Künstlerzimmer«. Es blieb die Raumfolge im vorderen Teil des östlichen Seitenflügels bestehen, mit dem sie begleitenden Korridor an der östlichen Außenwand mit dem Anschluss an das Treppenhaus in der Südostecke des Hofes. Von dort gelangte man weiter durch die ehemalige Küche im Querflügel in den breiten Flur und nach Süden zu dem größeren Treppenhaus im hinteren, heute verlorenen Anbau.

In den vom Lessing-Museum in Anspruch genommenen Räumen wurde die vorgefundene Struktur mit den Türen und Fenstern, den Standorten der Öfen, den gestrichenen Dielenfußböden, aber auch den Vouten unter den Decken weitgehend beibehalten. Sie geht hier eventuell bis auf die Zeit Nicolais zurück, ist nur durch die Umbauten Gustav Partheys partiell verändert und im Sinne des 19. Jahrhunderts modernisiert worden.

Außer dem Lessing-Museum waren in dem Haus zwei Ladengeschäfte im Erdgeschoss sowie in den Etagen und Gebäudeflügeln Wohnungen, Büros und Werkstätten untergebracht.

Im Jahr 1928 werden vier Bronzetafeln in den Feldern unter den Fenstern im 1. Obergeschoss angebracht. Sie erinnern an den ehemaligen Hausherren, den Verleger und Schriftsteller Christoph Friedrich Nicolai, das Dichterpaar Elisa von der Recke und Christian August Tiedge, den Dichter der Befreiungskriege 1813 Theodor Körner, an seine Eltern Christian Gottfried Körner und Minna Körner und die Malerin Dora Stock, die alle zeitweise in dem Haus gewohnt haben und deren Leistungen zu dieser Zeit gedacht werden sollte. Auf der rechten Seite der Fassade wird 1928 zwischen zwei Gedenktafeln auf einer Tischkonsole die Büste Lessings aufgestellt. Die neue Situation ist auf einem Foto der Fassade aus dem Jahr 1943 im Archiv des Berliner Landesdenkmalamtes festgehalten (Abb. 12).

Von der Schließung des Lessing-Museums im Haus ist der Bericht eines Zeitgenossen erhalten. Ein Chronist Ernst Tietze,

Abb. 12 Die Fassade um 1940 vor den Kriegsbeschädigungen

der den Initiator und Leiter des Lessing-Museums offenbar kannte, schreibt im Jahr 1964 aus dem Ort Marxwalde bei Seelow (jetzt wieder in die ältere Bezeichnung Neuhardenberg umbenannt) an den Leiter der Arbeitsstelle für die Bezirke Frankfurt/Oder und Potsdam des Instituts für Denkmalpflege Dr. Achim Fait: »Vor dreißig Jahren wurde das Lessing Museum, das sich im alten Nicolai Haus in Berlin in der Brüderstraße 13 befand, geschlossen zwei Gestapoleute forderten dem Direktor des Museums, Georg Richard Kruse, die Schlüssel ab. Auf seine Frage nach dem Grunde dieser Maßnahme erklärten sie dem erstaunten Direktor, daß Lessing eigentlich Messing geheißen habe und ein Jude gewesen sei. Man müßte eigentlich alles, was an ihn erinnere, in Stücke schlagen. Außerdem sei Kruse Sozialdemokrat und in der Lessing Gesellschaft seien viele Juden. Kruse begriff das alles nicht. Er spürte nur, das alles verloren war, was er in unendlich vieler Kleinarbeit seit 1905 hier mit großen persönlichen Opfern aufgebaut und zusammengetragen hatte, vergebens geschaffen war. Sein Blick streifte noch einmal die Wände, an denen die Bilder der Männer hingen, die einst diesem Hause seinen Glanz gegeben hatten: Lessing und Körner, die Nicolai und die Parthey, die vielen Dichter und Komponisten, Bühnenkünstler und Musiker, die von hier aus ihren Weg machten. Er sah noch einmal auf die Schautische, in denen wohlverwahrt Manuskripte, Erstdrucke und kleine Denkwürdigkeiten unserer Geistesgrößen lagen, und auf die Vitrinen und Bücherschränke mit den Erstausgaben ihrer Werke. Dann begab er sich mit seinen Begleitern in den Saal, auf dessen kleiner Bühne die Lessing Gesellschaft 29 Jahre hindurch in jedem Winter Vorlesungen, Konzerte und kleine Aufführungen veranstaltete, von ihm immer mit größter Sorgfalt inszeniert und geleitet. Welch ein Strom kulturellen Lebens war in diesen Jahren von dieser Stätte in unser Land geströmt! Und das sollte nun alles vorbei sein. Er wollte sich gewiß nicht mit Lessing vergleichen. Aber war er nicht wie dieser ein Vorkämpfer des deutschen Theaters gewesen?

Das Lessing Museum wurde damals aufgelöst. Kruse zog sich in seine Lichterfelder Einsamkeit zurück. Er hat den schwersten Tag seines arbeitsreichen Lebens nicht lange überlebt.«[23]

Das Nicolai-Haus im Zweiten Weltkrieg – Bombenschäden

Das Haus ist trotz der exponierten Lage zwischen dem Berliner Schloss und dem Spittelmarkt mit der Leipziger Straße, die zur Reichskanzlei Hitlers führte, nicht zerstört, jedoch gravierend beschädigt worden. Was insgesamt von der Bebauung der Brüderstraße übrig geblieben ist, zeigt eine Aufnahme in der Fotosammlung des Brandenburgischen Landesamtes für Denkmalpflege (Abb. 13). Vom Haus Brüderstraße 13 ist der viergeschossige Anbau auf der Westseite des Gartens hinter dem Quergebäude durch einen Bombentreffer vernichtet. Der Bauteil gehörte zum ältesten Bestand des Anwesens. Er war schon in den Zeichnungen von 1787 mit dargestellt im Grundriss und als Ansicht in der Schnittzeichnung. Er ist später vornehmlich für Wohnungen genutzt und sicher auch stark verändert worden. Erwähnt wurde er in den Jugenderinnerungen von Gustav Parthey als Wohnung von Henriette Eichmann, genannt Tante Jettchen, die für die Familie Nicolai den Haushalt führte. Die Ruine des Anbaus war bis 1953 vollständig abgetragen. Die Wohnungen im anschließenden Seitenflügel nach Norden sollten möglichst schnell wieder nutzbar gemacht werden. Die Südfassade des Querflügels ist daher sehr bald mit etwas kleineren hochrechteckigen Fenstern möglicherweise noch vor Kriegsende geschlossen worden (Abb. 14).

Eine zweite Bombe war in den östlichen Seitenflügel im Hof gefallen und hatte hier die südliche Hälfte über drei, im 2. Obergeschoss vier Fensterachsen bis hinunter in den Keller vernichtet. Ein Foto von der Ruine aus dem Jahr 1952 im Archiv des Landesdenkmalamtes, ein Blick von Süden auf den östlichen Seitenflügel und das Vorderhaus zeigt im Erdgeschoss noch die zweiflügelige Tür vom Hof in den Seitenflügel (Abb. 15). In der Abbruchwand nach Süden sind in beiden Obergeschossen die zweiflügeligen Füllungstüren an der Fensterseite noch zu erkennen, die seit etwa 1710 die Enfilade im östlichen Seitenflügel bildeten. Die Fenster im Erdgeschoss lagen offenbar bereits seit ihrer Entstehung tief im Gewände. In den zwei oberen Etagen wiesen die Fenster aber bis auf die Bombenlücke noch die alten Vorsatzflügel auf. Beim Wiederaufbau sind sie in der obersten Etage nicht mehr mit Vorsatzflügeln wiederhergestellt worden, wohl aber im Mittelgeschoss.

An der Fassade zur Brüderstraße zeigen die Fotos aus der Zeit um 1950 zahlreiche Putzschäden, hervorgerufen durch

Abb. 13 Die Brüderstraße im Jahr 1964

Abb. 14 Die Südfassade des Quergebäudes, um 1965

Beschuss und Erschütterungen bei Bombeneinschlägen in der Umgebung. Im Erdgeschoss auf der Ostseite ist das hier größte Ladengeschäft mit dem separaten Zugang in der Mitte von der Straße noch vorhanden. Der traditionsreiche Berliner Zeichenbedarfshändler Schaberow hatte hier zeitweise ein Ladenlokal. Hinter den Absperrgittern der ehemaligen Schaufenster sind Fensterkreuze zu erkennen, wahrscheinlich als Provisorium eingesetzt anstelle der zerstörten Schaufensterscheiben. Im Erdgeschoss auf der westlichen Hausseite sind die zwei alten Ladenschaufenster, es sind noch die von den ersten Fotos um 1890, zugemauert. Reste der ursprünglichen Rahmung sind noch zu erkennen. Später sind dann in die Zumauerung kleine zweiflügelige Fenster eingefügt worden, für welche Nutzung, ist aus den Fotos nicht ersichtlich.

Abb. 15 Hofansicht mit teilzerstörtem Ostseitenflügel vor dem Wiederaufbau, um 1949

Zu erkennen sind drei Gedenktafeln am Haus sowie die Büste Gotthold Ephraim Lessings auf der Konsole im westlichen Fassadenteil. Sie hatten den Krieg überstanden. Die Gedenktafel an den Dichter der Befreiungskriege, Theodor Körner, war nach dem Bericht des Berliner Kunsthistorikers Gerhard Kapitän von den Bewohnern des Hauses abgenommen und sichergestellt worden aus Furcht davor, dass sie mit der in der Nazizeit so nationalistisch verherrlichten Ikone Körner einem Verdikt der Antifaschisten zum Opfer fallen könne.[24] Die Tafel wurde dann bald wieder angebracht.

Der Wiederaufbau in den 1950er Jahren (1952–1958) – das Haus wird Bürogebäude

Das Haus hatte den Krieg überstanden. Es befand sich weiter im Besitz der Partheyschen Erben. Trotz der Teilzerstörung war es weiter bewohnt. Für den Wiederaufbau war offenbar geplant das Vorderhaus und den östlichen Seitenflügel für eine öffentliche Nutzung wiederherzustellen, im Querflügel und westlichen Seitenflügel in den oberen Geschossen aber weiter Wohnungen zu belassen. Nach dem Kriegsverlust des viergeschossigen Anbaus im Süden wurde eine neue provisorische Holztreppe in den ehemaligen Durchgang im Querflügel eingebaut. Sie ist mit dem späteren Einbau des Weydingertreppenhauses wieder verschwunden. Die Räume des ehemaligen

Lessing-Museums standen offenbar leer. Sie boten sich für eine Nutzung im Sinne der aufklärerischen Tradition des Hauses an. Es entwickelten sich Aktivitäten zur Wiederaufnahme der Vorträge, Lesungen, von kleinen Theateraufführungen wie sie im Lessing-Museum stattgefunden hatten. Sicher sollte die kulturelle Nutzung auch ein Akt der Wiedergutmachung sein für die Ignoranz in der Nazizeit gegenüber der jüdischen Tradition und der Toleranz in der deutschen Klassik, die in der Schließung des Lessing-Museums zum Ausdruck gekommen war.

Nach ersten Instandsetzungen 1949 organisierte die Abteilung Volksbildung im Bezirksamt Mitte kulturelle Veranstaltungen im 1. Obergeschoss des Vorderhauses die viel Zuspruch fanden. Der hier vorhandene Saalraum sollte daraufhin nach Westen erweitert, für 200 Personen angelegt werden. Eine Überprüfung der Holzbalkendecke zum Erdgeschoss ergab Schäden an den Balkenköpfen. Ein erster Vorschlag war der Einbau von Unterzügen im Erdgeschoss entlang der Fensterachse und entlang der Mittelwand über die gesamte Länge des Hauses. Mit ihnen sollten die Deckenbalken an den Auflagern unterstützt werden. Ins Auge gefasst wurde dann der Ersatz der Holzbalken durch eine sogenannte Klein'sche Stahlsteindecke. Die Verwaltung der Eigentümer wehrte sich dagegen. Sie zog die Notwendigkeit einer Erneuerung in Zweifel und plädierte für die Beibehaltung der Wohnnutzung im Vorderhaus. Ein Vortragssaal sollte im Zusammenhang mit dem Wiederaufbau des östlichen Seitenflügels eingebaut werden. Bis 1956 erfolgte dann doch der Einbau der Stahlsteindecke. Sie ist für die Nordhälfte des Vorderhauses einschließlich der statischen Berechnungen in den Unterlagen zum Haus Brüderstraße 13 im Bauaufsichtsarchiv Mitte Schulstraße 99 in 13347 Berlin überliefert.

Die Wand zur ehemaligen Bühne im Osten wurde geschlossen und in der Mitte des neuen Saals die große Schiebefaltwand eingebaut, die es zuließ den Raum bei Bedarf zu teilen. Der Raum erhielt die heute noch vorhandene Ausdehnung. Für den nun neuen größeren Saalraum im 1. Obergeschoss, sein Funktionieren wurden weitere Räume im Haus ausgebaut.

Das ehemalige Ladengeschäft auf der Ostseite im Erdgeschoss, in dem sich bis 1891 die Nicolaische Buchhandlung befand, sollte das Foyer für die Veranstaltungen im neuen Saal werden. Eine neue Querwand, auf die Dielenbretter des ehemaligen Ladenlokals gesetzt, trennte von dem großen Raum östlich des Durchgangs einen Empfang mit Kasse, mit dem Platz für einen Pförtner und die Telefonzentrale ab, und erlaubte zum Hof hin einen Raum für die Garderobe der Besucher anzuordnen.

Der Einbau einer hier offenbar zweitverwendeten zweiflügeligen Füllungstür in die neue Querwand ermöglichte die Beibehaltung der ursprünglichen Aneinanderreihung der Türöffnungen, d. h. der Enfilade auch im Erdgeschoss parallel zur Brüderstraße.

Im Querflügel wurde auf der Ostseite im 1. Obergeschoss eine Wohnung für den Hausmeister eingebaut, die, in den folgenden Jahren erweitert und etwas verbessert, auch heute noch besteht.

Der Teilausbau für Kulturveranstaltungen wurde jedoch bald wieder aufgegeben. Der neben den Wohnungen verfügbare Raum sollte für die Unterbringung von Verwaltungen der Staatlichen Kommission für Kunstangelegenheiten, dem Vorläufer des Ministeriums für Kultur der DDR genutzt werden.

Das Institut für Denkmalpflege im Haus Brüderstraße 13

Im September 1952 zog das Institut für Denkmalpflege der DDR in das 1. Obergeschoss des Hauses ein, wahrscheinlich in Räume, die vorher zum Lessing-Museum gehörten. Räume im Erdgeschoss mietete die »Vereinigte Berliner Versicherungsgesellschaft«.[25] Räume im Erd- und 1. Obergeschoss erhielt eine Arbeitsgruppe in der Staatlichen Kommission für Kunstangelegenheiten, die für die Unterstützung der bildenden Künstler zuständig war.

1952 konnte die Fassade zur Brüderstraße instand gesetzt und 1953 weitgehend in der vorgefundenen Form neu geputzt werden (vgl. Abb. 20). Auftraggeber für die Instandsetzungen war jetzt die Staatliche Kommission für Kunstangelegenheiten. Die Planung lag in den Händen eines Architekten Nerger. Die in West-Berlin ansässigen Eigentümer des Hauses, die Erben Partheys, stimmten einem Eigentümerwechsel nicht zu. Das Haus wurde daraufhin von der Kommunalen Wohnungsverwaltung im Stadtbezirk Mitte verwaltet.

Das Konzept für die Fassadenwiederherstellung ist in einer farbigen Zeichnung im Archiv des Landesdenkmalamtes Berlin erhalten geblieben, unterzeichnet und auch angefertigt vom damaligen Konservator der Arbeitsstelle des IfD für die Bezirke Potsdam und Frankfurt/Oder Dr. Ing. Gottfried Müller (Abb. 16). Danach sollten auch die drei Gedächtnistafeln und die Büste Lessings, die den Krieg am Haus überstanden hatten, beibehalten werden. Später verzichtete man »aus künstlerischen Gründen« auf die Büste[26], fügte 1958 jedoch noch eine Erinnerungstafel an den Baumeister und Direktor der Berliner Singakademie Carl Friedrich Zelter in die Reihe unter den Fenstern im 1. Obergeschoss ein.

In der Erdgeschosszone wurde auf eine Wiederherstellung der Schaufenstereinbauten, wie sie auf den Fotos der Zeit um 1890 überliefert sind, verzichtet. Sie wurden auf einen angenommenen ursprünglichen Zustand als Wohnraumfenster zurückgeführt. In der Zeichnung von 1787 waren im Erdgeschoss des Hauses auch noch Wohnräume eingetragen, und die Darstellung der Öffnungen unterschied sich nicht von denen der Fenster. Eine Untersuchung am Bau, ob die Schaufenster eventuell doch schon bis auf die Zeit Nicolais zurückgingen, unterblieb leider. Auf den aus der Nachkriegszeit überlieferten Fotos der Fassade mit den Putzbändern sind noch Reste der einstigen Schaufensterumrahmungen zu erkennen. Nichts deutet auch hier auf einen späteren Einbau hin.

Die neuen Fenster im Erdgeschoss erhielten in Analogie zu den Fenstern in den Geschossen darüber kräftig hervorgehobene Putzfaschen.

Abb. 16 Projektzeichnung für die Wiederherstellung der Fassade, 1955

Der den älteren Fotos ebenfalls zu entnehmende Hinweis auf eine mögliche ursprüngliche Gestaltung des Erdgeschosses mit bündig, d. h. ohne Fasche in einer glatten Wand liegenden Fenstern, wie sie in den Seitenrisaliten ausgeführt waren, blieb unbeachtet. Sie hätten der Fassade für die Zeit um 1800 ein zeitgemäßeres Aussehen gegeben. Der ursprüngliche bossierte Sturz über den Fenstern an den Außenseiten wurde ebenfalls beim Neuputz weggelassen. Die heutige Gestaltung der Erdgeschosszone ist somit eine z. T. freie Erfindung. Die interessantere und spannungsvollere ältere und für die Zeit um 1890 auch verbürgte Form mit den Schaufenstern wurde bedauerlicherweise nicht wiederhergestellt. Ladengeschäfte in der Brüderstraße waren nach dem Krieg nicht aktuell. Das Haus wurde für Büros und für Wohnungen instand gesetzt.

Bereits um 1890 hatten die Fenster in der Fassade zur Brüderstraße keine einheitliche Form mehr. Im Hauptgeschoss sind die großen Fenster zu dieser Zeit auf der Osthälfte mit Vorsatzfenstern versehen, auf der Westhälfte ohne Vorsatzflügel. Sie widerspiegeln die unterschiedliche Nutzung der Hausbereiche für offenbar schon zwei separate Wohnungen in der Zeit Gustav Partheys und für zwei Gewerbemieter in der Zeit nach der Jahrhundertwende, ein »Bankgeschäft Berlin« für die westliche Hälfte im 1. Obergeschoss und ab 1913 das Lessing-Museum für die östliche Haushälfte, wobei die modernere Form offenbar das Fenster ohne Vorsatzflügel war. Im 2. Obergeschoss hatten die dort kleineren Fenster alle Vorsatzflügel. Dieses Bild der Fassade blieb bis etwa 1953 bestehen bei immer wieder wechselnden Gestaltungen in der Ladenzone im Erdgeschoss.

In der Instandsetzungsphase der 1950er Jahre wurden dann in der Fassade zur Brüderstraße die Fenster in Bauweise und Erscheinungsform vereinheitlicht ohne Vorsatzflügel. Dabei blieb schon wegen der Materialknappheit in der Nachkriegszeit viel alte Substanz von den vorhandenen Fenstern erhalten.

Eine größere Baumaßnahme war im Jahr 1958 der Wiederaufbau des im Krieg zerstörten Südteils des östlichen Seitenflügels in traditioneller Bauweise mit Holzbalkendecken (Abb. 17). Die Baumaßnahme ist mit Zeichnungen im Archiv des Landesdenkmalamtes dokumentiert, unterzeichnet von einem Architekten mit dem Namen Wanitzke.

Der Korridor an der Ostseite des östlichen Seitenflügels blieb dabei erhalten. Über ihn sollten jetzt die Büroräume in den oberen zwei Etagen und z. T. auch im Erdgeschoss erschlossen werden. Auf die Enfilade an der Fensterseite zum Hof wurde in allen drei Etagen verzichtet. Im 1. Obergeschoss wurde eine der alten Flügeltüren in eine neue Zwischenwand nach Osten versetzt wieder eingebaut. Das war wohl schon früher im Erdgeschoss mit der zweiflügeligen Füllungstür am Übergang vom Vorderhaus zum Seitenflügel geschehen. Auch sie wurde nach Osten versetzt als Zugang in einen hier eine Zeitlang abgeteilten Korridor.

Der Neubau eröffnete die Möglichkeit, in alle drei Etagen Sanitärräume für die Büronutzung im Haus einzufügen. In der Ecke zum Querflügel entstand anstelle der zerstörten älteren

Treppe eine handwerklich qualitätvolle neue, zum Teil gewendelte Holztreppe. Mit ihrem Lauf überschnitt sie allerdings im 2. Obergeschoss die Austrittsöffnung auf die hölzerne Galerie am Querflügel im Hof. Die Türöffnung wurde in ein Fenster umgewandelt bzw. als Fenster neu gebaut. Zugänglich blieb die Galerie am Querflügel im 2. Obergeschoss aus der Balkontür der ehemaligen Wohnung für die ursprünglich über die Galerie auf kurzem Weg die Treppe erreichbar sein sollte.

Bewahrt bzw. wiederhergestellt in der alten Form wurde am östlichen Seitenflügel die Fassade zum Hof in allen drei Etagen mit geringen Korrekturen. Die zweiflügelige Tür im Erdgeschoss in der dritten Fensterachse von Norden, die in den Fotos von 1885 bis 1953 noch vorhanden war, verschwand. Die Fenster im Erdgeschoss wurden 1958 neu gebaut in einer alten Form als Kreuzstockfenster mit feststehenden Kreuzen und neuen kurzen Bändern und damals zeitgemäßen Oliven. Im 2. Obergeschoss waren bis zu den Kriegszerstörungen Vorsatzfenster vorhanden. Sie wurden beim Wiederaufbau 1958 ohne Vorsatzfenster erneuert. Im stehengebliebenen Bauteil blieben die Kellerfenster erhalten. Im Neubauteil wurden anstelle der Kellerfenster im Sockel Lichtschächte vor neuen Kellerfenstern ausgebildet.

Ein Neuputz der Hoffassaden ist aus dem Jahr 1959 in den Unterlagen des Bauaufsichtsarchivs Mitte nach Plänen eines Architekten Heinz Rieck überliefert, allerdings nur für die Südseite des Vorderhauses. »Das Hauptgesims wird entsprechend dem des linken Seitenflügels ausgebildet« heißt es in dem Erläuterungsbericht. Wahrscheinlich erfolgt dabei der Rückbau des Fensters auf dem Treppenpodest im 1. Obergeschoss. Die in den Bauunterlagen vorgesehene vollständige Erneuerung der Balkone unterblieb. Ein Anstrich der neu geputzten Fassade sollte erst erfolgen wenn auch der rechte Seitenflügel und das Quergebäude »im nächsten Jahr« fertiggestellt sind. Er wurde nie vorgenommen. Die gesamte Hoffassade blieb ohne Anstrich.

Die Umwidmung des Vorderhauses im 1. Obergeschoss zu einem großen Veranstaltungssaal und der Räume im östlichen Seitenflügel zu Büros ließ die Außengänge oder Balkone als sinnlos erscheinen. Sie zu betreten war jetzt in erster Linie ein Sicherheitsrisiko, nicht mehr wie ursprünglich gedacht eine Bereicherung der Wohn- und Aufenthaltsqualität. Die ursprüngliche Doppelfunktion der Balkone oder Gänge wurde möglicherweise gar nicht mehr wahrgenommen. Die Bohlenbelege waren soweit überhaupt noch vorhanden in dem strengen Winter 1946/47 ohnehin von den Hausbewohnern verheizt worden. Es standen nur noch die geschmiedeten Stützarme und Geländer, immerhin sie waren noch da. Geschlossen wurde im Querflügel auf der Westseite der Austritt im 1. Obergeschoss auf die lange Galerie vor dem westlichen Seitenflügel durch die heute noch vorhandene fest stehende, mit Holzstegen gegliederte Glaswand. Sie trat erst nach 1953 an die Stelle der in den Fotos vom Hof überlieferten zweiflügeligen Balkontür mit dem großen Oberlicht.

Vergleichbares geschah im Vorderhaus. Hier war im 1. Obergeschoss zum Hof die offenbar von Gustav Parthey eingebaute große Fenstertür, durch die vom Treppenpodest über die Außengalerie die Räume im östlichen Seitenflügel direkt erreicht werden konnten, funktionslos geworden. Das vom Treppenpodest abgeteilte Entree in beiden Etagen, von Friedrich Nicolai nicht gebraucht und zu seiner Zeit wohl auch nicht vorhanden, von Gustav Parthey eingeführt, um die Anforderungen an herrschaftliche Wohnungen zu erfüllen, war überflüssig geworden und verschwand. Als Eingang zum Lessing-Museum im 1. Obergeschoss hatte es noch eine Funktion. In den 1950er Jahren sollte der Besucher den Veranstaltungssaal unmittelbar vom Treppenpodest aus betreten und ihn auch so unkompliziert wieder verlassen können. Der südöstliche große Eckraum des Vorderhauses war nicht mehr Wohnraum, Empfangszim-

Abb. 17 Innenhof: Blick nach Nordosten auf das Vorderhaus und den dreigeschossigen Seitenflügel nach dem Wiederaufbau des Seitenflügels und dem Ausbau des Daches über dem Vorderhaus, 1995

mer, Salon, sondern Durchgangszimmer von der Treppe zum Korridor, von dem die Büroräume abgingen. Die große einfache Fenstertür wurde im 1. Obergeschoss zu einem gewöhnlichen Fenster mit Brüstung in der Fassade zurückgebaut. Die Verbindungsgalerie war nun nur noch vom Seitenflügel aus zu betreten und blieb aus Sicherheitsgründen immer geschlossen. Das große Fenster vom einstigen Salon, dem südöstlichen großen Eckraum zum Hof, blieb erhalten, wenn auch in einer jüngeren Variante, schon mit Bändern und Überfallriegeln anstelle von Stützkloben und Vorreibern.

Im 2. Obergeschoss blieb die ältere Situation erhalten mit der einfachen Fenstertür mit drei Flügeln vom Treppenpodest, dem ehemaligen Entree auf den Balkon. Das große Fenster im Eckraum daneben wurde um 1960 erneuert als Doppelkastenfenster mit unprofilierten einfachen Rahmenhölzern außen und innen, mit Oliven und modernen einfachen Bändern. Der Eckraum wurde zeitweise auch als Arbeitsraum genutzt bei Beibehaltung der Funktion als Durchgangszimmer zu den Büroräumen im Seitenflügel. Insgesamt waren die Büroräume im Haus überbelegt und sie wurden mit den alten Öfen aus dem Anfang des 20. Jahrhunderts beheizt. Der Hausmeister stellte Holz und Braunkohlenbriketts bereit. Das Heizen übernahmen die Mitarbeiter. Befriedigende Temperaturen waren in den Wintermonaten damit nicht zu erreichen.

In das Vorderhaus zog in das Erdgeschoss und das 1. Obergeschoss mit dem östlichen Seitenflügel die sogenannte »Ausstellungsgruppe« beim Ministerium für Kultur mit ihren Beständen an Gemälden, Grafiken und Skulpturen. Das Erdgeschoss wurde Depot und Werkstatt. Im Saalraum im 1. Obergeschoss war genügend Platz und Abstand vorhanden um Ausstellungen zusammenzustellen. Die östliche Hälfte im Erdgeschoss links vom Durchgang war zeitweise ein Dienstleistungszentrum für Grafiker und bildende Künstler. Der große Raum mit der im Teil zur Brüderstraße beim Bau der Betondecke für den Vortragssaal im Lessing-Museum oder dem Veranstaltungsaal der 1950er Jahre entfernten Querwand und der großzügig mit Stahlträgern abgefangenen Längswand des Hauses in diesem Bereich bot dafür den notwendigen Platz. Später konnte hier die Bibliothek und Plansammlung der Arbeitsstelle für Brandenburg des Instituts für Denkmalpflege untergebracht werden.

Das Institut für Denkmalpflege erhielt, nachdem es 1952 in das Haus Brüderstraße 13 eingezogen war und zuerst Räume im 1. Obergeschoss belegt hatte, 1956 Räume im 2. Obergeschoss, auch hier zunächst beschränkt auf das Vorderhaus und den östlichen Seitenflügel. Mit dem Aufbau eines Restaurierungsateliers kamen die Räume im Erdgeschoss des Querflügels hinzu, wiederum später Räume im Erdgeschoss des westlichen Seitenflügels als Werkstatt für das inzwischen angewachsene Restaurierungsatelier.

Als in den 1960er Jahren der Raumbedarf für das Institut für Denkmalpflege weiter anstieg – es musste eine Leitung für die Bildung von spezialisierten Handwerksbetrieben für Denkmalpflege in Teilen der DDR aufgebaut werden sowie eine Gruppe von Fachplanern für Denkmalpflege zeitweilig untergebracht und ein Restaurierungsatelier für einen solchen Ausführungsbetrieb eingerichtet werden –, bemühte sich die Verwaltung des Instituts um die Übertragung der Rechtsträgerschaft für das Haus. Die im Querflügel und im westlichen Seitenflügel noch vorhandenen, nicht sehr glücklich im Haus angeordneten immerhin noch sechs Wohnungen sollten, bis auf die 1953 im Querflügel neu eingerichtete, frei gezogen werden. Die Mieter waren zum Umzug bereit. Die Wohnungen mussten beim Stadtbezirk abgelöst werden, wenn der Raum für die Nutzung als Büros in Anspruch genommen werden sollte. Das gelang mit Hilfe des Ministeriums für Kultur.

Daraufhin wurde im Querflügel das 2. Obergeschoss für Büros ausgebaut unter Beibehaltung der vorhandenen massiven Wände, die noch immer in der Form weitgehend von 1800 vom Erdgeschoss durch alle Etagen reichten. Zwischenwände wurden in Leichtbauweise eingefügt. Die Räume im Vorderhaus im 2. Obergeschoss wurden untergliedert, um weitere Arbeitsplätze zu gewinnen, auch das geschah mit leichten Trennwänden, die auf die vorhandenen Dielenböden gestellt wurden. Sie konnten 1992/93 ohne Schwierigkeiten entfernt und die Räume in der älteren Fassung wieder in Gebrauch genommen werden.

In den 1970er Jahren wurde in einer größeren Aktion der Dachraum im Vorderhaus ausgebaut. Später kam noch der Ausbau des Daches über dem Querflügel hinzu. Die Voraussetzung dafür war durch den Anschluss des Hauses an das Fernheiznetz im Jahr 1967 geschaffen worden. Zur Kommunikation zwischen den zwei ausgebauten Dachbereichen entstand ein Verbindungsgang im Dach über dem östlichen Seitenflügel. Die hölzernen Dachstühle wurden dabei beibehalten, der über dem östlichen Seitenflügel erneuert. Die neuen Wände wurden mit Holzwolle-Leichtbauplatten und Putz sowie in Leichtbauweise hergestellt. Die Dachgauben zum Hof erhielten die gleiche größere Form wie die an der Straßenseite und wurden um zwei Gauben vermehrt, um den Raum dahinter besser belichten und nutzen zu können. Die Dachansicht zur Brüderstraße sollte unverändert erhalten bleiben. Die lediglich vier Gauben sind hier schon auf den ältesten Fotos aus der Zeit um 1885 zu sehen und in dieser Form auch auf den Ansichten aus dem 18. Jahrhundert dargestellt. Die eingeschränkte Zahl benutzbarer Räume auf dieser Seite musste akzeptiert werden. Kreuzweise angeordnete Brettstücke im Deckeneinschub ermöglichten es trotz der erhöhten Verkehrslasten, die Deckenbalken im Dachraum als konstruktive Bauglieder weiter zu nutzen.

An den Fassaden zum Hof wurden auf den Gängen bzw. Balkonen die Bohlenbeläge wieder aufgebracht. Ursprünglich waren die Bretterbeläge quer zur Laufrichtung verlegt und bildeten eine geschlossene Fläche mit einem geringen Überstand zum Hofraum. Rekonstruiert wurden sie mit sparsamen, in Längsrichtung in einem Abstand voneinander verlegten Bohlen. An eine öffentliche Begehbarkeit war ohnehin nicht gedacht. Lediglich der Sinn der Balkone sollte erkennbar sein, und sie sollten wieder in einer intakten Form den biedermeierlichen Charakter des Hofraumes unterstreichen.

Der Hofraum war seit langem eine Attraktion in Berlin nach dem fast vollständigem Verlust der Altstadt und auch des benachbarten sogenannten Fischerkietzes ein letztes Beispiel für eine Raumschöpfung der Biedermeierzeit, intim und gemeinschaftsstiftend, ein fester Anlaufpunkt in den Stadtführungen. In ihm fanden in den 1970er und 80er Jahren in den Sommermonaten kleine Theateraufführungen statt, die immer ausverkauft waren, und er war der Rahmen für die zahlreichen Hoffeste der Denkmalpfleger im Haus, die sich großer Beliebtheit erfreuten.

Der Einbau des Weydinger-Treppenhauses 1975–1978

In den Jahren 1975 bis 1978 kam es dann zum Einbau des sogenannten Weydinger-Treppenhauses aus der Zeit um 1830 in den Querflügel im westlichen Durchgang zum ehemaligen Südanbau, der im Zweiten Weltkrieg zerstört und nicht wiederaufgebaut wurde (Abb. 18). Das Treppenhaus war Teil eines Berliner Bürgerhauses in der Unterwasserstraße am westlichen Spreearm, das 1934 für den Neubau des heute noch stehenden Reichsbankgebäudes abgetragen wurde, wobei die wertvollsten Raumbereiche in andere denkmalgeschützte Häuser transloziert wurden, so auch die Treppenanlage in den Rückflügel des zum Märkischen Museum gehörenden sogenannten Ermelerhauses in der Breiten Straße. Als dieses dann 1968/69 wiederum einer Straßenverbreiterung für einen repräsentativeren Zugang auf den Marx-Engels-Platz, dem ehemaligen Standort des Berliner Schlosses, weichen musste und als Gaststätte am Märkischen Ufer wiederaufgebaut werden sollte, wurde das Institut für Denkmalpflege von den Denkmalpflegern beim Magistrat gebeten, mitzuhelfen, einen neuen Standort für das Treppenhaus zu finden, das im Gaststättenbau keinen Platz fand.

So ungewöhnlich eine nochmalige Translozierung war, kam eine Aufgabe etwa der Treppenanlage auch für uns nicht in Frage. Die einzige Möglichkeit, die sich dafür am Ende bot, war der Einbau in einen passenden neuen räumlichen Zusammenhang im Rückflügel des Nicolai-Hauses in der Brüderstraße 13.

Um die notwendige Breite für das Treppenhaus im Querflügel zu gewinnen, wurde die Westwand des hier vorhandenen Durchgangs zum Garten, die Ostwand des ehemaligen Pferdestalls im Plan von 1787 nach Westen in den nicht unterkellerten Bereich des westlichen Seitenflügels versetzt, und die hier 1950 errichtete provisorische Holztreppe abgetragen. Die Gebäudetiefe reichte für das Treppenhaus aus, jedoch nicht für das ebenfalls noch im Ermelerhaus vom Weydingerhaus vorhandene Vestibül.

Eingebaut wurden in der Brüderstraße in die dem Original nachgebildete Architektur des Weydinger-Treppenhauses die Treppenstufen, das reich gestaltete Treppengeländer, das ornamental gestaltete Glasfenster mit seiner überraschend modern anmutenden Farbigkeit, die zweiflügelige Tür zum Gartenhof sowie zwei in die Wände im Erdgeschoss eingelassene Gipsreliefs aus dem ehemaligen Vestibül. Rekonstruiert wurden nach originalen Resten die ornamentalen Wandfassungen und in diese als Tapeten eingelassen die vier gut erhaltenen Tierfabeldarstellungen.

Als eine der wenigen Überlieferungen aus der für die Berliner Architekturgeschichte so glanzvollen Zeit um 1830 vermittelt das Treppenhaus auch mit seiner heute nur noch fragmentarischen und zum Teil rekonstruierten Dekoration einen Eindruck von der Qualität einer Raumfassung in einem Berliner Wohnhaus der ersten Hälfte des 19. Jahrhunderts. Gleichzeitig ist die Translozierung ein Zeugnis für den fortwährenden Abriss wertvoller älterer Bausubstanz für immer wieder neue hauptstädtische Repräsentationsaufgaben und die dadurch verursachten Zwänge für die Denkmalpfleger in der Zeit zwischen 1930 und 1980.[27]

Der westliche Seitenflügel des Nicolai-Hauses war von den Umbauten und Veränderungen nach dem Zweiten Weltkrieg am wenigsten betroffen. Hier befanden sich im Erdgeschoss Lager- und Arbeitsräume von Handwerksbetrieben, ein Nebengelass für das Ladengeschäft im Vorderhaus, das von 1910 bis 1913 das Lessing-Museum beherbergte und in der südli-

Abb. 18 Das Weydinger-Treppenhaus nach dem Einbau im Rückflügel, 2000

chen Hälfte eine kleine Wohnung. Die Raumhöhe ließ es hier zu, einen der Wohnräume horizontal zu teilen. Über eine Stiege konnte die langjährige Bewohnerin die obere Ebene als Schlafraum nutzen. Von der Wagenremise, der Treppe, dem Holzlager und dem Pferdestall aus Nicolais Zeiten war nichts mehr vorhanden. Die Zugänge vom Hof waren im Zuge der Veränderungen durch Gustav Parthey zum überwiegenden Teil zu Fenstern umgebaut worden. Bis heute sind aber die Trennwände noch wie im Plan von 1787 vorhanden, d.h. die Gliederung des Seitenflügels durch Querwände ist seit der Zeit Nicolais nicht verändert worden und analog dazu auch nicht die Raumaufteilung im darüberliegenden Geschoss. In allen Räumen liegen auch heute noch die Fußböden mit den breiten Dielenbrettern wahrscheinlich aus der Zeit Nicolais.

Als dann 1974 für weitere Mitarbeiter im Institut für Denkmalpflege Arbeitsplätze bereitgestellt werden mussten – die kunstgeschichtliche Arbeitsstelle der Akademie der Wissenschaften wechselte mit ihren Aufgaben Herausgabe des Dehio-Handbuchs, Erarbeitung von Regionaltopografien zur Kunstgeschichte, Corpora der Baukunst der Romanik und der Glasmalerei im Zuge einer Akademiereform zur Denkmalpflege –, konnten die noch als Wohnungen genutzten Räume im 1. Obergeschoss im gesamten westlichen Seitenflügel und im Querflügel zum Hof als Arbeitsräume gewonnen werden.

Der ehemalige große Arbeitsraum Friedrich Nicolais in der Südostecke des Querflügels im 1. Obergeschoss war schon 1953 mit den anschließenden Räumen nach Westen auf der Südseite zum ehemaligen Garten zu einer Wohnung, ausgebaut worden. Um den großen Eckraum besser in Einzelräume aufgliedern zu können, wurden zwei zusätzliche Fenster in die Giebelfront des Querflügels nach Osten eingefügt.

Das Gleiche geschah im 2. Obergeschoss und im Geschoss darüber für den Ausbau des Daches. In den Dachraum des Querflügels wurden nun Büroräume für die Mitarbeiter des Instituts für Denkmalpflege eingebaut. Den Zugang bildete die Treppe in der Südostecke am Zusammentreffen von Seiten- und Querflügel aus der Wiederaufbauphase 1953 bis 1958. Auch sie wurde bereits wieder als denkmalwert erkannt und sollte erhalten bleiben. Ein Notabgang vom Dachraum über Luken und Leitern bis zum 1. Obergeschoss, von dem auch die Weydinger-Treppe erreicht werden konnte, musste daraufhin auf Forderung der Bauaufsicht angelegt werden.

Mit dem Dachausbau über dem Querflügel wurde auch das Dach über dem Vorderhaus zur Gewinnung von Arbeitsräumen durch das Institut für Denkmalpflege ausgebaut. Der Dachstuhl, dendrochronologisch in das Jahr der Aufstockung des Hauses 1710 datiert, konnte dabei zwar erhalten werden. Durch den Einsatz von damals als unbedenklich eingestuften Holzschutzmitteln ist er heute jedoch so stark kontaminiert, dass er nicht mehr betreten werden darf.

Die Neufassung der Wände und Decken im Treppenhaus 1979

Die Bemühungen um eine Erhaltung des Nicolai-Hauses durch das Institut für Denkmalpflege konzentrierten sich vor allem auf das Vorderhaus. Hier nutzte die Dienststelle das 2. Obergeschoss und im Erdgeschoss die östliche Haushälfte. Im 1. Obergeschoss und in der Westhälfte des Erdgeschosses befanden sich Arbeitsräume der sogenannten Ausstellungsgruppe beim Ministerium für Kultur.

Beim Ausbau des Daches zur Gewinnung von Arbeitsplätzen durch das Institut blieb die Zahl der Gauben zur Straße auf die vier vorhandenen beschränkt. Im Dach zum Hof wurde die Zahl von drei auf fünf erhöht und sie wurden in der Form denen an der Straße angeglichen.

Schwierigkeiten machte die Gestaltung des Zugangs zu dem ausgebauten Dach. Nach langen Diskussionen mit der Bauaufsicht gelang es, den schmalen und im Antritt gewendelten alten Treppenaufgang mit der Tür im Treppenlauf als Hauptzugang zum Dachraum zu erhalten. Vor allem an der Treppenanlage von etwa 1710 sollten keine Modernisierungen vorgenommen werden. Das durch Schrumpfungen im Holz stark gerissene Treppengeländer, verursacht durch eine wahrscheinlich in früheren Zeiten vorgenommene zu scharfe Reinigung möglicherweise von Farbresten, wurde, wo es notwendig war, vorsichtig durch Verleimungen gefestigt. Die z.T. im Auftritt stark abgetretenen, sehr schmalen Treppenstufen im gesamten Treppenverlauf waren zunehmend zu einer Gefahrenquelle geworden. Sie wurden durch Leisten an den Auftrittskanten ausgebessert. Danach war dann der heute noch vorhandene Linoleumbelag nicht zu umgehen.

In der Durchfahrt im Erdgeschoss musste der brüchig gewordene Bohlenbelag erneuert werden.

Für einen Neuanstrich der Wände, Decken und der Unterseite der Treppenläufe wurden Farbuntersuchungen durchgeführt. Die auf einem Foto im Messbildarchiv des Brandenburgischen Landesamtes für Denkmalpflege überlieferte »Steinfassung«, eine Fugengliederung, die Steinplatten andeutet, unterteilt durch horizontale Ornamentbänder etwa aus der Zeit um 1860, muss wohl in den 1930er Jahren vollständig entfernt worden sein. Von ihr fanden sich nur noch kaum identifizierbare Reste, wohl aber von einer Fassung offensichtlich aus der Zeit davor, die ebenfalls auf dem Foto im Messbildarchiv zu erkennen ist. Diese frühe Fassung war offenbar in Teilen belassen worden, als der Anstrich mit der »Steinfassung« erfolgte. Von dieser Fassung wurden auch noch Spuren gefunden und aus ihnen zusammen mit den Überlieferungen auf dem Foto die heute noch vorhandene Gliederung und farbige Fassung für die Decken und Wände und für die Unterseite der Treppenläufe entwickelt.

Aus Fotos vom Treppenhaus etwa aus den 1940er Jahren ist eine Wandfassung mit einfarbigen breiten Streifen unter den Decken und über dem Handlauf der Treppenwange zu erkennen. Sie folgte wohl auf die »Steinfassung«. Mit den Instandset-

Abb. 19 Die Treppe im Vorderhaus nach der Restaurierung, 2000

zungen nach dem Zweiten Weltkrieg ist dann das Treppenhaus noch einmal durchgehend weiß gestrichen worden in einer Fassung, die noch in dem kleinen Raum im Erdgeschoss unter dem Treppenpodest erhalten ist. Darauf folgte nach den Arbeiten an den Treppenläufen in den 1970er Jahren die heutige Fassung (Abb. 19).

Veränderungen im Vorderhaus

Von den vier Räumen in der nördlichen Hälfte des Vorderhauses im 2. Obergeschoss wurden die zwei Zimmer auf der Westseite durch leichte Zwischenwände unterteilt, um mehr Einzelzimmer für die Büronutzung zu gewinnen. Die Zwischenwände wurden auf die durchgehende Dielung gesetzt, um einen problemlosen Rückbau möglich zu machen.

Der große Raum in der Südostecke des Vorderhauses war in der Zeit der intensiven Nutzung des Hauses für Büros nur noch Durchgangszimmer zum Korridor des Seitenflügels auf der Ostseite. Die hier im 2. Obergeschoss damals noch vorhandene Zwischenwand in dem großen Raum wurde entfernt, da sie nur noch als Verkehrshindernis wahrgenommen wurde. Sie war jedoch bereits spätestens mit den Umbauten durch Gustav Parthey, d. h. etwa um 1860 mit der Wand an der gleichen Stelle im Geschoss darunter in den Bau eingefügt worden, eventuell sogar früher in der Zeit Nicolais. Sie trennte in der hier angeordneten Wohnung eine »Anrichte«, einen Nebenraum, von dem als Empfangsraum oder Salon fungierenden Zimmer ab. Im Raum darunter im 1. Obergeschoss bildete den Zugang in die »Anrichte« ebenfalls eine zweiflügelige Füllungstür mit großem Glasteil und einer Verdachung, die auf einem Foto vom Lessing-Museum noch zu sehen ist. Im Aufmaß von 1953 war die Trennwand im 1. und auch im 2. Obergeschoss noch eingezeichnet, danach ging sie im 2. Obergeschoss verloren. Im 1. Obergeschoss wurde die Glastür ausgebaut und durch eine geschlossene einflügelige Füllungstür ersetzt. Die Trennwand selber blieb stehen. Auf dem Foto vom Lessing-Museum ist der ursprüngliche Aufbau der zweiflügeligen Füllungstür mit der Verdachung auf Konsolen noch gut zu erkennen. So waren auch die Verdachungen aufgebaut, die heute noch an einigen dieser Türen rudimentär erhalten sind.

Die Um- und Ausbauarbeiten in dieser langen Bauphase in den 1970er und 80er Jahren wurden von den Mitarbeitern im Institut für Denkmalpflege geplant und geleitet. Unter der Leitung des Architekten Dr. Martin Henze arbeitete daran vor allem die Architektin Luise Thielemann. Sie übernahm auch die Bauleitung. Phasenweise beteiligt waren neben ihren eigentlichen Aufgaben im Institut die Architekten Günter Köpping, Ernst Wipprecht, Werner Weise, Udo Sareik sowie als Fachingenieure Klaus Betzner und Heinz Klick. Die Restaurierungen im Treppenhaus zur Brüderstraße wurden vom Restaurierungsatelier unter seinem Leiter Wolf Dieter Kunze betreut. Das Konzept entwickelte vor allem Jochen Hass. Ausgeführt wurden die Arbeiten von den Malern Manfred Herrmann und Heinz Beilke vom VEB Denkmalpflege Berlin.

Die Bemühungen um die Bewahrung des Bestands bei den Ausbauten in den Dächern, dem Einbau des Weydinger-Treppenhauses im Querflügel, der Neufassung der Wände und Decken im Treppenhaus hatten den Anteil Friedrich Nicolais bei der Gestaltung des Hauses wieder stärker ins Bewusstsein gerückt. Um auf den großen Berliner Aufklärer im Haus noch einmal aufmerksam zu machen, ihm Reverenz zu erweisen, wurde nun im Treppenhaus im zweiten Obergeschoss auf einer Konsole die Büste des verdienstvollen ehemaligen Hausherren aufgestellt, eine Kopie des Bildnisses, das Gottfried Schadow von ihm geschaffen hatte. Nach dem Auszug der Denkmalpfleger aus dem Haus im Jahr 2004 ist sie entfernt worden.

Etwa 320 Jahre ist das Haus heute alt. Es überlebte zuletzt in einer Trümmerwüste den Zweiten Weltkrieg. Wahrgenommen und verehrt wird es als ein Zentrum der Berliner Aufklärung im 18. und am Beginn des 19. Jahrhunderts, als es Wohn- und Geschäftshaus Friedrich Nicolais war und hier die Protagonisten dieser geistigen Umbruchzeit ein- und ausgingen. Bei aller schon sehr früh einsetzenden Verehrung für den Begründer und aller Pietät gegenüber seinen materiellen Hinterlassenschaften forderte die Bestandssicherung durch Nutzung und Vermietung ihren Preis. Versuche, das Haus zu einer Gedächt-

Abb. 20 Fassade nach 1990. Die Fassade hat noch die gleiche Form wie nach der Wiederherstellung 1950–1958. Aufnahme 2000

nisstätte ähnlich etwa dem Goethe- und Schiller-Haus in Weimar zu machen, schlugen fehl. Erwogen hatte das eventuell schon Nicolais Neffe Gustav Parthey, als er die Sammlungen seines Vorfahren lange aufbewahrte, sie dann aber doch an Bibliotheken und Museen abgab. Versucht hatten das Max Kruse mit seinem Lessing-Museum, in dem er den Umkreis der Aufklärer schon weiter fasste, und auch in den 1990er Jahren das Märkische Museum mit Ausstellungen in einem noch weiteren Zusammenhang. Die Substanz reichte nicht aus, die Resonanz in der Öffentlichkeit entsprach nicht den Erwartungen.

Das Haus musste an profanere Nutzungen angepasst werden, die aber aufgrund der Pietät gegenüber dem ehemaligen Hausherren und Namensgeber aus dem 18. Jahrhundert glücklicherweise in einem engen Rahmen gehalten werden konnten (Abb. 20).

Für die Denkmalpflegerinnen und Denkmalpfleger des Instituts bot das Nicolai-Haus trotz einiger Unbequemlichkeiten ein hervorragendes und hoch geschätztes Ambiente für die tägliche Arbeit. Die Geschichte des Hauses, seine historische Gestalt waren Motivation und auch eine Quelle der Inspiration in den Mühen der damaligen Zeit. Es war ein täglicher Beweis dafür, dass aktuelle Funktionen auch in einem alten Haus gelebt werden können.

Die vorliegende Darstellung macht das Schicksal des Hauses Brüderstraße 13 sichtbar, wie es von Generation zu Generation weitergegeben und dabei geformt und gestaltet wurde mit sich immer wieder verändernden Schwerpunkten in der Bewertung und Nutzung. Alle am Um- und Ausbau Beteiligten haben das Beste für das Haus gewollt, haben eine Seite seiner Geschichte höher oder eine andere geringer eingeschätzt und versucht, im jeweiligen Rahmen das Haus funktionsfähig zu erhalten. Jede Maßnahme war dabei zeitbedingt und lässt sich daher heute nur schwer bewerten. Bei allem Wunsch nach Bewahrung, der bei diesem Haus schon sehr früh auftauchte, waren Veränderungen unumgänglich. Auch eine neue Bestimmung für das Haus in der Zukunft und die damit verbundenen Veränderungen werden sich in diesen Lauf der Geschichte einfügen. Bewahrung und vorsichtige Veränderungen werden weiterhin Facetten im Schicksal des Hauses sein, geprägt von der Zeit, in der sie gerade aktuell sind.

Anmerkungen

1 Der Beitrag ist die Zusammenfassung einer Dokumentation über das Haus Brüderstraße 13, die der Verfasser 2012 im Auftrag des Berliner Landesdenkmalamtes erarbeitete. Die Dokumentation ist ergänzt durch eine restauratorische Untersuchung von Dr. Jan Raue.

2 Friedel, Ernst: Zur Geschichte der Nicolaischen Buchhandlung und des Hauses Brüderstr. 13 in Berlin, Berlin 1891, S. 16, 18.

3 Ebenda, S. 20.

4 Ebenda, S. 20, 24. Der Name eines Baumeisters für diesen Neubau um 1710 ist nicht überliefert. Es gibt dazu aber in jüngster Zeit einen Vorschlag des Kunsthistorikers Hans Joachim Kuke in seiner Arbeit »Jean de Bodt 1670-1745. Architekt und Ingenieur im Zeitalter des Barock«, erschienen 2010. Kuke hält es darin für möglich, dass der Entwurf für das Haus von dem französischen Baumeister Jean de Bodt stammt, der 1699 in preußische Dienste getreten war: »Ein Kontakt zu de Bodt wäre dadurch gegeben, dass Blaspil auch für die Finanzverwaltung der Festungen zuständig war« (S. 150). Er nimmt auch an, dass die heutige Gliederung der Fassade auf de Bodt zurückgeht und nicht erst durch Nicolai veranlasst wurde: »... in ganz ähnlicher Weise überlieferte sie Pitzler am Palais Podewils (...)« (ebenda). Das Palais Podewils wurde 1701–1704 nach Entwürfen von Jean de Bodt für den Geheimen Kriegs-Etats- und Kabinettsminister Graf Heinrich von Podewils erbaut. Die Verbindung zu de Bodt ist vage, wenn auch nicht von der Hand zu weisen. Auf alle Fälle unterstreicht dieser Hinweis die Bedeutung des Hauses für die Berliner Kunstgeschichte und regt zu weiteren Untersuchungen und Vergleichen an.

5 Ebenda, S. 20.

6 Ebenda, S. 22; Parthey, Lili: Tagebücher aus der Berliner Biedermeierzeit, hrsg. v. Bernhard Lepsius, Berlin–Leipzig 1926, S. 1.

7 Das Blatt gehört offenbar zu einer Serie von Zeichnungen, von denen neben dem Erdgeschoss noch ein Grundriss vom Keller und ein Längsschnitt durch das gesamte Anwesen mit dem Blick nach Westen auf Remise und Pferdestall und die Aufstockung durch Gotzkowsky erhalten geblieben sind. Grundrisse vom ersten und zweiten Obergeschoss sind, wenn sie überhaupt einmal vorhanden waren, nicht überliefert. In den Grundrissen und dem Schnitt ist der Bestand des Hauses überliefert, wie es C. F. Nicolai 1788 vorgefunden hat, d. h. in dem Zustand vom Anfang bis zur Mitte des 18. Jahrhunderts, als es zuletzt noch 1747 von Ernst Gotzkowsky mit dem Geschoss über dem Westflügel komplettiert worden war. Von de Bodt kann die Zeichnung nicht stammen, er war schon zwei Jahre tot, als Gotzkowsky das Haus erwarb. Es hatte aber noch ganz den Duktus eines Adelspalais, als Nicolai mit der Einrichtung für seine Zwecke begann.

8 Friedel (siehe Anm. 2), S. 24.

9 Parthey, Gustav: Jugenderinnerungen. Handschrift für Freunde, Berlin 1871, Teil 1, S. 34.

10 Ebenda, S. 182 ff. Die Schwester Gustav Partheys, Lili Parthey hat in ihren von Bernhard Lepsius 1926 herausgegebenen »Tagebüchern aus der Berliner Biedermeierzeit« die Anordnung der Wohnung im 1. Stock des Hauses in der Brüderstraße beschrieben: »Die Treppe des Vorderhauses führte im ersten Stock zu dem die Mitte des Hauses einnehmenden dreifenstrigen Speisesaal, aus dem man zur Linken (nach Westen, d. Verf.) in das (blaue) Zimmer der Hausfrau und den im rechten Seitenflügel liegenden Schlafzimmern gelangte, während man zur Rechten (nach Osten, d. Verf.) in das (gelbe) Musikzimmer kam. An dieses schloss sich ein wieder mit dem Treppenhaus in Verbindung stehendes Vorzimmer (Entree) an, das zu den im linken Seitenflügel gelegenen Räumen führte, deren Fenster nach dem Hof sahen. Hier lag zuerst der sog. Graue Saal, mit gewölbter Decke, der nur zu festli-

chen Gelegenheiten, wie Kindstaufen, Musikaufführungen u. dgl. geöffnet wurde, dann der große Bibliothekssaal, aus dem man schließlich in das geräumige Arbeitszimmer Nicolais kam, dessen Fenster nach dem kleinen Hausgarten sahen. Neben dem Arbeitszimmer lag noch ein kleines Bücherzimmer, aus dem man durch das Quergebäude zur Hintertreppe und zu den an dieser liegenden Küchen- und Wirtschaftsräumen gelangte«(S. 2).

11 Friedel (siehe Anm. 2), S. 24.

12 Parthey (siehe Anm. 9), S. 64.

13 Ebenda, S. XI.

14 Friedel (siehe Anm. 2), S. 25; Parthey, Lili, S. 24 und Ebert, Marlies/Hecker, Uwe: Das Nicolai-Haus Brüderstr. 13 in Berlin. Ein Beitrag zur Kulturgeschichte der Stadt Berlin, Stiftung Stadtmuseum, Berlin 2006, S. 67.

15 Zwei Fenster im Bereich der Balkone in der Nordostecke des Hofes sind zu großen Fenstertüren umgebaut. Die eine ist der Übergang vom Entree auf den Balkon, eine dreiteilige, allerdings einfache Fenstertür mit einem großen Oberlicht. Die zweite, von diesem Balkon abgehend, ist der Zugang in den östlichen Seitenflügel. Dieser beginnt hier mit einem Schrankzimmer, das wahrscheinlich später abgeteilt wurde, als der große, von Nicolai nur selten benutzte Raum im Seitenflügel mit der hohen kuppeligen Decke nicht mehr gebraucht wurde. Der Zugang besteht heute aus zwei Doppeltüren mit großen Glasteilen in der oberen Hälfte und großen Oberlichtern, außen als Rechteck, im Inneren als Halbrund geformt. Das tiefe holzgetäfelte Gewände zwischen den zwei Flügeltüren nimmt die ganze Wandbreite ein. Es sollte wohl als Windfang wirken. Mit herausklappbaren Läden im breiten Gewände konnte die äußere Glastür zusätzlich von innen geschlossen werden. Gleich neben dieser Fenstertür liegt die Tür der Enfilade vom Salon oder dem Empfangszimmer der Wohnung in den Zwischenraum, der in der Zeichnung als Schrankzimmer bezeichnet wird. Der nachträgliche Einbau der Türen zum Balkon beim von Gustav Parthey veranlassten Umbau in der Zeit etwa um 1860 in die Raumstruktur mit der Enfilade von vor 1800 ist auch an dem engen Nebeneinander der Türöffnungen zu erkennen. Die Enfilade ist von Gustav Parthey in die bürgerliche Wohnung übernommen worden.
Der südliche Eckraum im Vorderhaus erhält in den zwei oberen Etagen ein ebenso großes mehrteiliges Fenster wie die Türen daneben. Diese Situation ist noch vollständig erhalten im 2. Obergeschoss mit einer großen Fenstertür vom Treppenpodest auf den Balkon, daneben einem großen Fenster vom Eckraum auf den Balkon und der Fenstertür vom Balkon in den Seitenflügel, in den schmalen Raum mit Anschluss an die Enfilade und den Korridor.
Im 1. Obergeschoss wurde später, als hier keine Wohnung mehr bestand und das Entree auf dem Treppenpodest verschwunden war, beim Wiederaufbau 1950–58 die Tür vom Treppenpodest auf den Balkon wieder zu einem Fenster zurückgebaut. Erhalten ist hier jedoch wie auch im Geschoss darüber die Doppeltür vom Balkon in den Seitenflügel.

16 Ludwig, Jonas: Beiträge zu seiner Biographie, hrsg. zum 200. Geburtstag, mit einem Vorwort von Paul Jonas, Privatdruck, 1997, S. 153, zit. n. Ebert/Hecker (siehe Anm. 14), S. 63.

17 Friedel (siehe Anm. 2), S. 26.

18 In seinen Kindheitserinnerungen schildert Gustav Parthey, wie ein Wohnungsmieter im Obergeschoss, der Dichter August Tiedge, mit seiner Behinderung – er hatte einen Klumpfuß – die Stufen zu der höheren Ebene über dem Saalraum immer wieder polternd überwinden musste und ihn diese Erschwernis bewog, die Wohnung aufzugeben: »Die Wohnung in unserem Haus hatte neben vielen Annehmlichkeiten für Frau v. d. Recke auch manches unbequeme. Die zwei Treppen wurden ihr sauer, da sie anfing, an asthmatischen Beschwerden zu leiden. Durch eine Grille des Baumeisters war der Mittelsaal der unteren Wohnung im ersten Stock höher gemacht, als die Nebenzimmer, es mussten also im zweiten Stocke die Nebenzimmer durch zwei Stufen mit den Mittelräumen verbunden werden. Dies erregte vielfaches Ungemach, und war besonders für Tiedges Klumpfuß sehr beschwerlich. Als daher eine bequemere Paterrewohnung im kurländischen Haus unter den Linden frei wurde, nahm Frau von der Recke den Vorschlag ihrer jüngsten Nichte, der Prinzessin Dorothea, sehr gern an, diese Wohnung im Herbste 1815 zu beziehen.« Aus der Beschreibung geht auch hervor, dass über dem erhöhten Saalraum im 1. Obergeschoss nicht ein ebenso großer Raum wie der Saal darunter lag, sondern mindestens zwei »Mittelräume« angeordnet waren, die nur über die zwei Stufen von den Eckräumen und vom Treppenhaus aus zu erreichen waren (Parthey, Gustav: Jugenderinnerungen. Handschrift für Freunde, Teil 2, Berlin 1871, S. 21).

19 Aus der Zeit, als Gustav Parthey etwa um 1850 das Haus bewohnte, noch weitgehend in der gleichen Art wie sein Großvater, beschrieb der Mieter im Obergeschoss, der Prediger an der benachbarten Nikolaikirche Ludwig Jonas die Situation mit den Worten: »Der Hof des Hauses ist rings umbaut. Aber ein kleiner Rasenfleck in der Mitte gibt ihm ein freundliches, gartenartiges Ansehen. Das Treiben auf demselben hatte etwas patriarchalisches, denn die Bewohner einiger kleiner Paterrewohnungen lebten auch halb draußen und standen mit dem Kindervolk oben in regem Verkehr. Den größten Teil des Hauses benutzte der Wirt selbst, er bewohnte die schöne erste Etage, während unzählige Neben- und Hinterräume den Zwecken seiner großen Buchhandlung und seinen Sammlungen dienten. Oft mag ihm und seiner nervenschwachen Gemahlin das bunte Treiben über ihren Köpfen recht störend gewesen sein, sie nahmen aber dauernd den freundlichsten Anteil an der großen Familie und ließen den Kindern viel Freiheit. Auch den hinter dem Quergebäude versteckt liegenden hübschen Garten gab Herr Dr. Parthey preis, obgleich die Fenster seiner Studierstube da hinauslagen und er zuweilen mahnend oder drohend den Kopf hinausstecken mußte, um sich Ruhe zu verschaffen. Wenn es der Frau Wirtin mit dem Lärm im Haus allzu arg wurde, so schickte sie wohl herauf und ließ in feiner Weise anfragen, ob auch nicht etwa ein Unglück geschehen wäre (…)«, zit. n. Ebert/Hecker (siehe Anm. 14), S. 64.

20 Friedel (siehe Anm. 2), S. 48.

21 Brost, Harald/Demps, Laurenz: Berlin wird Weltstadt. Photographien von F. Albert Schwartz, Hof-Photograph, Leipzig 1981, S. 91.

22 Sie sind zu erkennen auf einem Foto der Fassade im Messbildarchiv des Brandenburgischen Landesamtes für Denkmalpflege im Erdgeschoss am Mittelrisalit rechts neben dem Eingang und auf der linken Seite des rechten Seitenrisalits. Die Anbringung der Gedenktafeln im Putzspiegel unter den Fenstern im 1. Obergeschoss erfolgte erst 1928.

23 Landesdenkmalamt Berlin, Archiv, Akte Brüderstraße 13.

24 Kapitän, Gerhard: Das Haus Brüderstr. 13 in Berlin-Mitte, Alt-Kölln, unveröff. Manuskr., Berlin 15.3.1954, S. 9.

25 Ebenda, S. 10.

26 Ebenda, S. 11.

27 Im Auftrag des Landesdenkmalamtes Berlin ist zum Weydinger-Treppenhaus 2010 eine restauratorische Untersuchung und Dokumentation erarbeitet worden, die in einer gekürzten Fassung in der Zeitschrift »Beiträge zur Erhaltung von Kunst- und Kulturgut«, Heft 1/2011, hrsg. v. Verband der Restauratoren, publiziert wurde.

Ein Tag wie mancher andere – Erinnerungen eines Mitarbeiters der Arbeitsstelle Halle des Instituts für Denkmalpflege

Reinhard Rüger

Halle, Mittwoch, der 4. Januar 1967

Die erste Dienstreise im neuen Jahr führt nach Magdeburg. Auf der Tagesordnung stehen Termine am Dom, am Domplatz, am Kloster Unser Lieben Frauen, an der Magdalenenkapelle, der Petrikirche, der Wallonerkirche und im Denkmalpflege-Fachbetrieb. Die vorbereiteten Akten und den Tagesproviant in der Tasche fahre ich mit der Straßenbahn zum Bahnhof. 5.47 Uhr soll der Zug laut Fahrplan der Deutschen Reichsbahn in Halle-Hauptbahnhof abfahren und 7.20 Uhr in Magdeburg ankommen. Der Zug hat trotz Schnee und Frost nur eine halbe Stunde Verspätung. So habe ich genügend Zeit, die Akten noch einmal durchzusehen. Dabei wird mir wieder bewusst, welche bedeutenden Bau- und Kunstdenkmale ich bearbeiten darf, aber auch, in welch hoher Verantwortung ich damit stehe.

In Magdeburg angekommen gehe ich über den verschneiten Bahnhofsvorplatz, der in seiner karg gegliederten Fläche ahnen lässt, dass sich hier noch vor wenigen Jahren ein riesiges Trümmerfeld ausgebreitet hat und die Stadtplaner mit sehr beschränkten Mitteln versuchen mussten, eine vorläufige Ordnung zu schaffen. Der Platz ist durch Häuserreihen mit vorwiegend wiederaufgebauter oder reparierter Altbausubstanz begrenzt. Gegenüber dem Bahnhof dominiert das neue »Interhotel«, ein qualitätvoller Bau der frühen 1960er Jahre, in dem ich so manches Mal übernachtet habe.

Abb. 1 Magdeburg, Dom nach Beseitigung der Kriegsschäden und Neubepflanzung des Domplatzes; Aufnahme um 1985

Ich lege eine kurze Pause in der Sebastiankirche ein, die im Krieg weitgehend verschont geblieben ist und genieße neben der Stille die schlichte, überzeugende Gestaltung des Raumes. Mein Weg führt weiter über die Breite Straße, vor der Kriegszerstörung eine der schönsten Barockstraßen im nördlichen Deutschland, zum Domplatz. Jetzt fühle ich mich im tausendjährigen Magdeburg angekommen, wenngleich auch der Dom, das älteste den Platz prägende und nach Süden begrenzende Bauwerk, erst nach dem Brand von 1209 entstanden ist. Die östliche Bebauung des Platzes mit repräsentativer Barockarchitektur befindet sich noch in der Phase des Wiederaufbaus, während die zum größten Teil zerstörte Nordseite nahezu wiederhergestellt ist. Die Westseite hat man nach dem Abbruch mehrerer Ruinen, darunter die mittelalterliche Ulrichskirche, durch einen langen, fünfgeschossigen Plattenbau begrenzt – eine wenig überzeugende Lösung.

Mein erstes Tagesziel ist erreicht: der Dom (Abb. 1). Immer wieder stehe ich mit Bewunderung vor und in diesem mächtigen Bauwerk und bestaune auch die Leistungen unserer »Väter« in der Denkmalpflege, die in den Trümmern der Städte und bei der unglaublichen Wohnungs- und Hungersnot im Land den Mut fanden, einfach anzufangen, was wohl auch mit der Bewältigung ihrer schlimmen Kriegserlebnisse im Zusammenhang stehen mag. Einmal stellte ich unserem Chef, Hans Berger, die Frage, nach welchen Gesichtspunkten sie entschieden hätten, wo und wie in diesem Chaos anzufangen wäre. Er dachte nach und antwortete: »Wir haben es so ähnlich gehalten wie unser Stabsarzt auf dem Hauptverbandsplatz. Hatte er die soundsovielte Amputation erledigt, rauchte er eine Zigarette und schaute sich unter den vielen, auf Hilfe Wartenden nach dem nächsten Kandidaten um. Zufällig begegneten sich unsere Augen, er fragte dies und das, und wählte mich schliesslich aus, sägte meinen zerschossenen Unterschenkel ab und flickte die übrigen Wunden zusammen in der Hoffnung, dass mein Körper die notwendige Energie für die Heilung aufbrächte. Das war meine Rettung. Was die beschädigten und zerstörten Denkmale betrifft, war uns klar, dass nicht alles gehalten werden konnte. Wir haben zu retten versucht, was bei dem Mangel an allem trotzdem noch möglich war und was uns als unaufgebbar erschien, und dazu gehörten in erster Linie die großen Monumente.« Soweit die Antwort von Hans Berger.

Für mich ist der Magdeburger Dom immer Maßstab denkmalpflegerischen Entscheidens und Handelns gewesen, denn die anderen großen Vorbilder zu sehen, die Kathedralen in West- und Südeuropa, also im sogenannten »nichtsozialistischen Ausland«, wozu auch die Bundesrepublik Deutschland zählte, wurden uns vorenthalten. Zwar hatte ich den Kölner Dom in jungen Jahren während einer meiner Radtouren gesehen, aber doch noch nicht mit dem Blick eines Denkmalpflegers.

An der Nordseite des Doms war eine provisorische Bauhütte eingerichtet mit Steinmetzboxen, Werkstätten, Sanitäreinrichtungen und einem kleinen Pausenraum. Dort werde ich vom Dombauleiter und dem Bauleiter des Denkmalpflege-Fachbetriebes, dem Parlier der Steinmetze und den Stuckateuren erwartet. Zunächst wurden alle anstehenden Fragen in der warmen »Baubude« erörtert, unter anderem, wie Passanten zu schützen sind vor den immer neu abstürzenden Teilen der Bauzier vom Nordturm. Die Instandsetzung des Turms ist zwar immer wieder als eine der dringendsten Maßnahmen im Gespräch gewesen, musste jetzt aber für längere Zeit zurückgestellt werden, daher sind alle Vorbereitungen zur vorläufigen Sicherung unverzüglich zu treffen. Sofort sind lose Steine zu sichern oder abzunehmen und das Gelände um den Turm weiträumig zu sperren; dies ist Aufgabe des Bauleiters in Zusammenarbeit mit den Kollegen des Betriebes.

Wir beenden unsere Beratung in der warmen Baubude und gehen in den kalten Dom, wo die gespeicherte Sommerwärme langsam zu Ende geht, und schauen uns zunächst die Arbeiten der Stuckateure auf dem Bischofsgang an (Abb. 2). Die fast 100 Quadratmeter neuer Fussboden in Gipsestrich sind nahezu fertig. Nach mehreren Versuchen ist es gelungen, mit den durch die hohen Gewölbekappen des frühgotischen Chorumgangs bedingten Höhenunterschieden und dem sich daraus ergebenden unterschiedlichen Gefälle des neuen Fußbodens zurecht zu kommen. Zudem ist es der erste Versuch in unserem Halleschen Arbeitsgebiet, einen im Mittelalter und auch in der Barockzeit üblichen Gipsfußboden in dieser Größenordnung nachzubilden.

Für die Stuckateure steht eine neue, ungewöhnliche Aufgabe an. Sie sollen gleich in der kommenden Woche nach Erfurt gehen und am Modell der Altstadt für einen Städtebaulichen Wettbewerb mitarbeiten, an dem sich das Institut für Denkmalpflege mit den Architekten der Arbeitsstellen Halle und Erfurt beteiligt.

Wieder zurück zum Dom – jetzt zu den Anliegen der Domgemeinde, das große Kruzifix auf dem Gitter vor der Ernstkapelle im Turmzwischenbau, den Orgelneubau im Nordquerhaus und die Prinzipalstücke im Remter betreffend.

Der Dom, ein Denkmal der obersten Rangliste, der sogenannten Republikliste, liegt als Staatseigentum in »Rechtsträgerschaft« des Rats des Bezirks Magdeburg. Seine widmungsgemäß gottesdienstliche Nutzung, uneingeschränkt und unentgeltlich, ist zwischen Staat und Kirche geregelt. Die

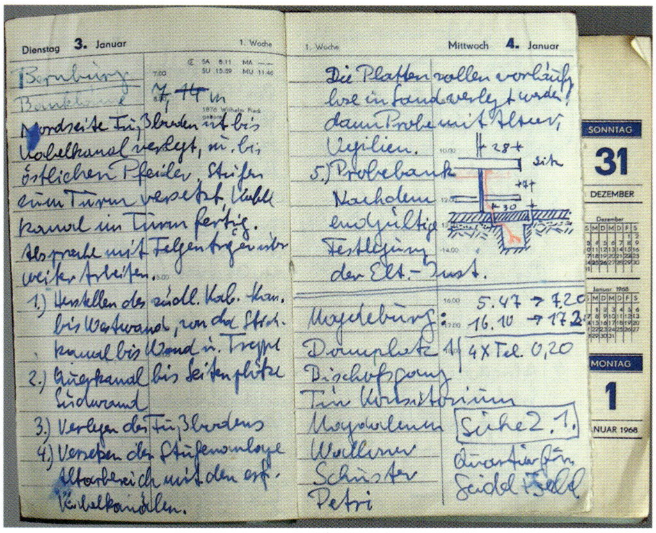

Abb. 2 Kalenderblatt vom 4. Januar 1967; Aufnahme 2013

Bauunterhaltung steht in der Verantwortung der Bezirksverwaltung, die einen »noch« freiberuflich tätigen Bauingenieur des früheren Staatshochbauamtes mit der Bauleitung beauftragt hat. Er muss alle vorgesehenen Instandsetzungs- und Instandhaltungsmaßnahmen mit dem Institut für Denkmalpflege als der anerkannten Fachaufsicht abstimmen. Die mit der Nutzung des Doms zusammenhängenden Pflegemaßnahmen sowie die Beschaffung und Unterhaltung liturgisch erforderlicher Gegenstände und Geräte liegt in der Verantwortung der

Abb. 3 Magdeburg, die zerstörte Altstadt, im Vordergrund die bereits wiederaufgebaute Klosterkirche »Unser lieben Frauen«; Aufnahme um 1950

Domgemeinde, die ihre jeweiligen Anliegen dem verantwortlichen Mitarbeiter des Instituts vorträgt.

Zunächst zum Kreuz, das nach dem Willen der Gemeinde wieder mit dem im Mittelschiff stehenden und den Mittelpunkt des Gottesdienstes bildenden Katharinenaltar in Verbindung gebracht werden soll. Damit würde der frühere Zustand vor Beseitigung der Kriegsschäden im Dom wiederhergestellt werden. Dieses immer wieder diskutierte Thema konnte wegen der knapp bemessenen Zeit und der Kälte nur kurz angesprochen werden, ebenso der Orgelneubau und die Neugestaltung eines Altars mit Lesepult für den Remter.

Der nächste Beratungsort liegt gleich nebenan: das ehemalige Residenzschloss der preußischen Provinzialregierung. Dort soll im Rahmen des Wiederaufbaus auch das Niveau an der Kapelle auf den mittelalterlichen Horizont, so wie er sich am aufgehenden Mauerwerk abzeichnet, zurückgeführt werden. Mit dem Planer wird abgestimmt, dass im Bereich des Risalits keine Gauben eingebaut werden sollen, weil dadurch die Wiederherstellung des in die Dachzone eingreifenden Giebeldreiecks erschwert würde.

Während ich über den verschneiten Domplatz zu den nächsten Baustellen gehe, denke ich an unsere Gespräche im Kollegenkreis über die Neugestaltung dieses ehemaligen Exerzierplatzes, der im 19. Jahrhundert nach Plänen des bedeutenden Gartenarchitekten Peter Joseph Lenné neu angelegt wurde, jetzt aber nur noch Rummelplatz ist. Während von der Kunstgeschichte eher eine Version in Anlehnung an das Lennésche Konzept favorisiert wurde, sprachen sich die Architekten für eine befestigte Fläche als »Fundament« für den Dom aus. Und eigentlich, so meinten wir, müsste der Platz auf sein original-mittelalterliches Niveau abgesenkt werden und es müssten Stufen hinauf zum Paradies und zu den anderen Portalen hinein in den Dom führen. Solchen Überlegungen haben die Baumeister des Barock einen Riegel vorgeschoben, denn

Abb. 4 Magdeburg, Kloster »Unser lieben Frauen«, mit Neubau Westflügel 1959/65; Aufnahme 2013

nach Zerstörung der mittelalterlichen Stadt im Dreißigjährigen Krieg ebneten sie die Trümmer ein und bauten auf dem höheren Niveau neu auf.

Einig waren wir uns, dass die Baumreihen entlang der um den Platz verlaufenden Straßen neu gepflanzt, die Bäume aber beschnitten und kurz gehalten werden müssen, sodass die Wirkung der Architektur nicht beeinträchtigt würde. Und die Farbgebung der Barockfassaden wäre, wie einst gemäß der Order des preußischen Königs, in Weiß und Ocker zu halten.

Ich gehe vom Domplatz in die Regierungsstraße. Vor mir liegt die Kirche des Klosters Unser Lieben Frauen mit ihren schlanken Rundtürmen, die gegenüber den gewaltigen Türmen des Doms geradezu spielerisch wirken (Abb. 3). Hier macht sich die fehlende Sockelzone durch das erhalten gebliebene Barockniveau ohne die dazugehörende, jetzt zerstörte Architektur besonders unangenehm bemerkbar. Die Neubauten westlich des Klosters hat man im Hinblick auf eine spätere Absenkung der Regierungsstraße bereits tiefer angelegt und gut eingefügt.

Die Kriegsschäden an und in der Kirche sind schon bald nach 1945 beseitigt worden mit einem neuen Dach über dem Chor und neuer Dachdeckung. Das Innere wurde für die Nutzung durch die Reformierte Gemeinde hergerichtet.

Die Instandsetzung des total zerstörten Westflügels der Klausur musste länger auf sich warten lassen. Ende der 1950er bis Anfang der 60er Jahre wurde zunächst die im 19. Jahrhundert über dem Nordflügel aufgestockte, stark beschädigte Aula abgebrochen, der Flügel nach Entwürfen von Hans Berger, Architekt und Leiter der Arbeitsstelle Halle des Instituts für Denkmalpflege, in moderner Form unter Einbeziehung weniger mittelalterlicher Reste neu errichtet, der Kreuzgang in seiner ursprünglichen Gestalt aufgebaut und damit die Ganzheit des eindrucksvollen Kreuzhofes wiederhergestellt (Abb. 4). Im Inneren des Neubaus verbindet ein großzügig konzipiertes Foyer mit breiter Treppe die beiden für Ausstellungen vorgesehenen Etagen. Rundbogenöffnungen ohne Türen lassen die modernen Räume fließend in die historischen Bereiche übergehen und verleihen dem Ganzen in der Synthese von Alt und Neu zeitlose Würde.

Weiterführende Baumaßnahmen sind im Nordflügel der ehemaligen Klausur vorgesehen mit dem Ziel, das große, tonnengewölbte Refektorium sowie die darunter liegenden Gewölbe und die romanischen Fensteröffnungen freizulegen und zu ergänzen und die Räume für Ausstellungen nutzbar zu machen.

Auf dem Weg zu den drei Sakralbauten im nördlichen Teil der Altstadt gehe ich an einer neuen Kaufhalle vorüber, der ein nach dem Krieg wiederaufgebautes mittelalterliches Gotteshaus weichen musste. Vor mir an der Elbbrücke liegt die mächtige Ruine der Johanniskirche, die von der Stadt übernommen und gesichert wurde. Noch steht nicht fest, ob die Ruine als »Mahnmal« stehen bleibt oder bei ihrer städtebaulich dominanten Lage doch wieder ein Dach erhalten soll. Als Gemeindekirche wird sie nicht mehr benötigt.

Abb. 5 Magdeburg, Magdalenenkapelle, Petrikirche, Wallonerkirche nach Wiederaufbau; Aufnahme um 2010

Der Johanniskirche westlich gegenüber steht die Ruine des Rathauses. Ich denke darüber nach, wie wohl der östliche Abschluss zu gestalten wäre. Für den Hauptbau am Markt ist entschieden, diesen in seiner barocken Form wiederherzustellen. Die nach Osten verlaufenden Flügel sind in ihrer Grundsubstanz mittelalterlich, auf Darstellungen aus der Zeit vor der Zerstörung von 1631 sind drei Giebel zu erkennen. Wie waren sie im Detail gestaltet? Der Planer für den Wiederaufbau stellt demnächst seine Entwürfe dem Institut vor. Wird eine befriedigende Lösung gefunden werden?

Die kleine Fronleichnamskapelle St. Magdalenen liegt versteckt nahe der Petrikirche, von hohen Stadtmauerzügen umgeben (Abb. 5). Die Instandsetzungsarbeiten der ausgebrannten Ruine gehen zügig voran, das Dach mit Dachreiter ist aufgesetzt und mit Kupfer gedeckt. Als schwierig erweist sich die Gestaltung des fallenden Niveaus um die Kapelle herum mit den verschiedenen Bezugspunkten wie Türen, Treppen und Stufen. Wir erstellen für das Büro des Stadtarchitekten ein Höhenmodell als Entscheidungshilfe. Dem Bauleiter der Kapelle sage ich, dass wir für den weiteren Ausbau Zeichnungen für Türen, Emporenbrüstung, Altartisch und Lesepult erarbeiten und ihm zustellen werden. Auch alle nötigen Angaben zum Einbau der Fußboden- und Wandheizung werden wir beibringen.

Ich wate durch den Schnee hoch zur Ruine der Petrikirche entlang der Stadtmauer. Dabei wird mir deutlich, wie dringend diese Mauerzüge instand gesetzt werden müssen und danach durch regelmässige Pflege, d.h. Kleinreparaturen, instand zu halten sind. Das muss den Verantwortlichen in der Stadtverwaltung immer wieder gesagt werden!

Die Petrikirche ist vom Erzbischöflichen Kommissariat Magdeburg übernommen worden und soll nach erfolgtem Wiederaufbau als katholische Pfarrkirche genutzt werden. Nach dem Beräumen von Bewuchs und Trümmern ist die Ruine zunächst statisch-konstruktiv überprüft, die Standsicherheit bestätigt und der Hinweis gegeben worden, dass es ausreiche, die durch Brandabplatzungen an den Pfeilern entstandenen Schäden durch partielle Auswechselungen und Antragungen zu beheben.

Es war bereits festgelegt, dass die weitere Planung nach der Konzeption von Hans Berger erfolgen soll und den Gegebenheiten gemäß zu modifizieren ist (Abb. 6). Alle gestalterischen, das Erscheinungsbild im Äußeren wie im Inneren betreffenden Details werden vom Institut vorgegeben und die erforderlichen Zeichnungen erstellt. Die wohl wichtigste denkmalpflegerische Entscheidung betraf das über der Ruine neu zu errichtende Dach. Es soll als Nachbildung der überlieferten mittelalterlichen Form mit Sattel über Mittelschiff und Chor und Quersattel mit Giebeln über den Seitenschiffen gestaltet werden. Eine Wiederherstellung der Gewölbe wurde nicht in Erwägung gezogen, sondern die durch die Stahlkonstruktion des Daches vorgegebene Flachdecke soll künftig den oberen Raumabschluss bil-

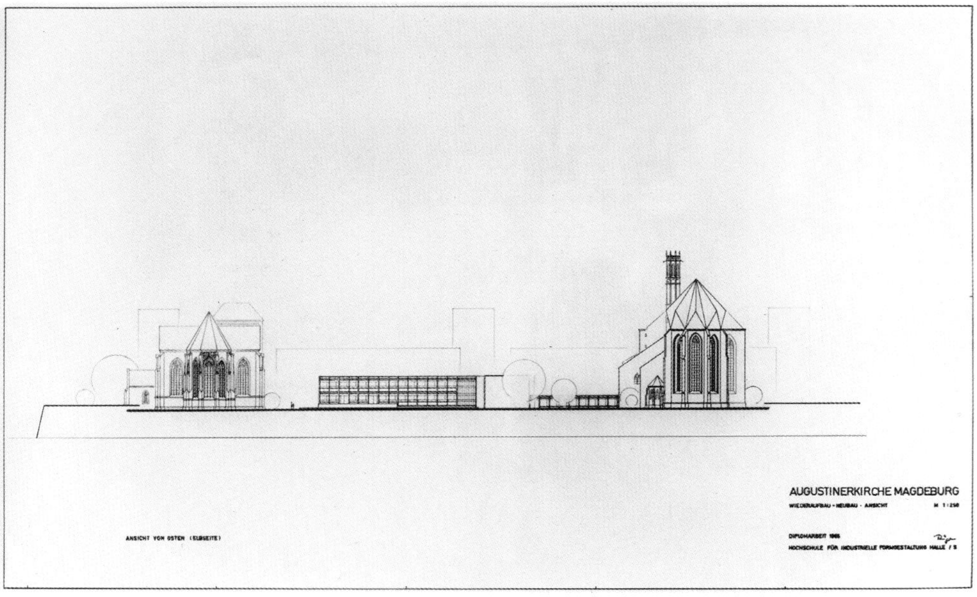

Abb. 6 Magdeburg, Entwurf zum Wiederaufbau der Petrikirche von Hans Berger / Wallonerkirche von Reinhard Rüger; 1965

den. Die Fenster werden nach erfolgter Erneuerung der Stäbe und Maßwerke zunächst nur mit durchscheinendem Rautenmuster verglast, wobei schon jetzt über eine später vorzuhängende Farbverglasung nachgedacht wird (Abb. 7 und 8).

Neben der Tür zur Kapelle wurde ein zweiter, vermauerter Durchgang mit Fragmenten eines profilierten Gewändes gefunden, was auf ein Zwillingsportal schliessen lässt, ähnlich dem durch Bauforschung nachgewiesenen Westportal der Wallonerkirche. Die Form vom oberen Abschluss des Portals könnte vermutlich durch einen erhaltenen Bogenansatz geklärt werden. Nach weiterer Freilegung werde ich den Befund aufnehmen und die zeichnerische Rekonstruktion versuchen. Danach wird entschieden, ob das Portal in seiner ursprünglichen Gestalt wiederhergestellt werden kann, oder ob die kleine Tür bleibt.

Letzte Baustelle an diesem Tag ist die etwa fünfzig Meter von der Petrikirche entfernt liegende, schon erwähnte Wallonerkirche am nördlichen Ende der Altstadt. Sie beschließt die Reihe der Sakralbauten am Elbufer stromabwärts. Als Klosterkirche der Augustiner Eremiten errichtet, fiel sie, wie die meisten Kirchen der Stadt, dem Inferno der Vernichtung während des Dreißigjährigen Krieges zum Opfer. Beim Wiederaufbau ver-

Abb. 7 Magdeburg, Petrikirche in Ruinenzustand; Aufnahme um 1968

zichtete man schon damals auf Gewölbe und errichtete anstelle des mittelalterlichen Zwerchgiebeldaches ein barockes Mansarddach, das im zweiten Weltkrieg zerstört wurde. Auch hier galt es, sowohl in denkmalpflegerischer als auch in städtebaulicher Hinsicht zu entscheiden, welche Dachform für den Bau und die Elbufergestaltung gewählt werden sollte. Neben den beiden historischen Versionen Zwerchgiebeldach und Mansardendach lag ein weiterer Entwurf vor mit Anklängen an die mittelalterliche Struktur: Ein Stahlbetonfaltwerk, das in der Formensprache und den technischen Möglichkeiten unserer Zeit auf die historisierenden Giebel der Petrikirche antworten sollte und im Innern einen steilen Raum entstehen lassen würde, der sich oberhalb der Mauerkrone in differenzierten Dreiecken entfaltet. Doch ein derart kühnes Zeitdokument fand, abgesehen von der nicht einfachen Machbarkeit, keine Zustimmung. Zur Ausführung kommt ein großes Satteldach mit Walm.

Der Wiederaufbau, verbunden mit dem Neubau von Gemeindezentren für beide Kirchen, liegt in den Händen der Technischen Hochschule Dresden. Details werden mit der Denkmalpflege abgestimmt, so die Ausbildung des Westportals, das nach den Vorstellungen des planenden Architekten mit einem Betonsturz überspannt werden soll. Der Entwurf kommt nicht zur Ausführung, sondern das im Ergebnis der Bauforschung ermittelte bauzeitliche Zwillingsportal mit originaler Schwelle und Gewändeteilen aus der Bauzeit.

Am kleinen Glockentürmchen an der Südseite über dem Chorbogen, der schon bald nach dem Krieg zu seiner und des Türmchens Sicherung mit Bruchsteinen ausgemauert wurde, kann derzeit wegen des unwirtlichen Winterwetters nicht gearbeitet werden. Die Steinmetze sind dabei, das Maßwerk des östlichen Fensters im Nordseitenschiff zu erneuern und die durch den Brand schwer geschädigten Eckquader der Pfeiler in Sandstein zu ersetzen. Im Südanbau werden die Fenster verglast.

Abb. 8 Magdeburg, Petrikirche nach Wiederaufbau, Aufnahme 1971

Abb. 9 Bernburg, Nikolaikirche nach Umgestaltung von 1965/70; Aufnahme 2013

Durchgefroren vom langen »Rumstehn« fährt mich der Bauleiter mit seinem Wagen zum Sitz des Denkmalpflege-Fachbetriebs. Nach einer Kaffeepause wird die Beratung in den warmen Büroräumen und den Werkstätten fortgesetzt, wobei den Absprachen zur Instandsetzung der Nikolaikirche in Bernburg breiter Raum eingeräumt wird.

Die Nikolaikirche, ursprünglich als frühgotische Basilika errichtet und im Umbau zur spätgotischen Hallenkirche unvollendet geblieben, wird zur katholischen Pfarrkirche umgestaltet, eines der ersten Beispiele, wo die liturgischen Neuerungen der sechziger Jahre umgesetzt werden. Die hierfür von uns erarbeiteten Entwurfs- und Ausführungszeichnungen werden Punkt für Punkt durchgesprochen: Bau von Fenstern, von Türen mit Kupferbeschlag und künstlerisch gestalteten Türklinken, weiter das Verlegen des Fußbodens mit handgefertigten Ziegelplatten aus einer kleinen Ziegelei bei Dessau unter Berücksichtigung der Kabelkanäle für die Elektro-Bankheizung, Anfertigung einer Kirchenbank als Muster zur Korrektur oder zur Bestätigung, danach Bau aller Bänke, Ausstattung der Sakristei mit Beichtstuhl und Einbaumöbeln, Anfertigung der Beleuchtungskörper und dergleichen (Abb. 9).

Ein weiteres Objekt der Beratung ist die Klosterkirche Marienstuhl in Egeln mit einer der schönsten Barockausstattungen unseres Landes, die nach dramatisch verlaufener Verhinderung des Abbruchs der Seitenaltäre eine den neuen Anforderungen genügende Altarplatzgestaltung mit neuem Fußboden erhält, alles Arbeiten, die vom Institut geplant und vom Denkmal-Fachbetrieb ausgeführt werden. Nach Fertigstellung des Fußbodens sind zunächst Modelle für Altar und Pult im Maßstab 1:1 herzustellen, nach deren Bestätigung die baldige Ausführung folgen soll. Die in Erwägung gezogene Rückführung der Orgel auf ihre alte Größe und ihren historischen Standort und damit die Freistellung des Nonnenchors muss als rein denkmalpflegerische Maßnahme zur Wiederherstellung der originalen Raumdisposition noch einige Zeit zurückgestellt werden. Viel dringender ist das Vorgehen gegen den entsetzlichen Holzwurmbefall.

Die Zeit ist wie im Flug vergangen und ich muss sofort zum Bahnhof aufbrechen, sonst erreiche ich meinen Zug nicht mehr! Doch es steht noch ein dringendes Problem zur Beratung an: Schloss Leitzkau. Der Firmenchef sagt mir zu, dass ich von einem seiner Mitarbeiter zum Bahnhof gefahren würde. So bleibt noch etwas Zeit.

Das in den letzten Kriegstagen schwer beschädigte Schloss der Freiherren von Münchhausen wird nach dem Wiederaufbau als Schule genutzt. Die derzeit laufende Freilegung der romanischen Prämonstratenser-Klosterkirche musste wegen des harschen Winterwetters eingestellt werden. Was könnte aber passieren, wenn bei anhaltendem Frost der Boden unter den zum großen Teil freiliegenden und ohne Fundament auf dem anstehenden Flusskies stehenden Pfeilern und Säulen durchfriert und sich der Boden hebt? Sollen sie mit Stroh eingepackt werden? Ich entsinne mich an unsere noch gar nicht so lange zurückliegenden Statikseminare und wie uns der Dozent erklärte, dass nur bei bindigen Böden, die dem Frost ausgesetzt sind, Volumenvergrößerungen eintreten, nicht aber bei wasserdurchlässigem Kies. Letzteres liegt vor, also dürfte in unserem Fall nichts Schlimmes eintreten, denn auch in Zukunft soll die Freilegung offen und damit dem Außenklima ausgesetzt bleiben. Es wurde entschieden, alles so, wie es steht und liegt zu belassen und nach dem Winter weiterzuarbeiten.

Nach Abschluss der Beratung fährt mich der Firmenchef höchstpersönlich zum Bahnhof, sodass ich meinen Zug, der fahrplanmäßig 16.10 Uhr abfahren soll, bequem erreiche. Jetzt habe ich Zeit, den Tag noch einmal zu überdenken, Notizen in meinen Kalender zu schreiben (die jetzt, nach 46 Jahren, die Erinnerungen wachrufen) und den kommenden Tag gedanklich vorzubereiten, an dem eine Fahrt nach Klostermansfeld zur Baustelle »Romanische Klosterkirche« ansteht, diesmal mit dem Dienstwagen (vgl. Abb. 3). Dort wurde der mittelalterliche Bestand freigelegt, der Fußboden bis auf das ursprüngliche Niveau abgesenkt und die nicht mehr vorhandenen Seitenschiffe wurden neu aufgeführt, eine Maßnahme, die wesentlich auf die Initiative des Gemeindepfarrers zurückging. Auch die Andreaskirche in Eisleben, wo neben der Dach- und Gewölbeinstandsetzung das Innere renoviert wird, muss wieder besucht und die Instandsetzung der romanischen Stiftskirche auf dem Petersberg bei Halle ständig betreut werden. Da es auch hierfür keine planenden Architekten gibt, bleibt nichts anderes übrig, als diesen Part selbst zu übernehmen und neben allen zu fällenden denkmalpflegerischen und restauratorischen Entscheidungen, wobei die Unterstützung durch unsere Kunsthistoriker und Restauratoren gewiss ist, auch die erforderlichen bautechnischen und gestalterischen Details zu liefern. Eine ganz wesentliche Hilfe sind die freiberuflich tätigen Restauratoren, ohne deren Mitarbeit wir oft auf verlorenem Posten gestanden hätten.

Diese Arbeitsweise war oft genug aufreibend, weil die Zeit für die gleichzeitig laufenden und intensiven Bearbeitungen von vielen Objekten mit hohen Anforderungen sowie für Beratungen und Stellungnahmen zu Denkmalen verschiedener Kategorien einfach zu knapp war. Doch die Mühe brachte auch schöne Erfolge, besonders dann, wenn die Bauherren nach oft zähem Ringen zwischen Anforderungen der jeweiligen Nutzung und der Durchsetzung denkmalpflegerischer Belange doch mit den Ergebnissen zufrieden waren.

Abschließend möchte ich noch von einem besonderen Ereignis im selben Jahr berichten.

Es ist Pfingstsonnabend, der 13. Mai 1967. Ich gehe gegen Mittag mit unseren Kindern über den Halleschen Markt und sehe dicke Nebelschwaden aus Türen und Fenstern der Marktkirche quellen. Schnell bringe ich die Kleinen nach Hause, eile zurück und schaue in die Kirche hinein. Heißer Waschküchendunst schlägt mir entgegen, es regnet in der Kirche, als ob kein Dach da wäre. Überall tropft Wasser, aus dem Gewölbe, von Pfeilern und Wänden, von Emporen, Orgeln und Bildern, von den Holzvertäfelungen des Seitengestühls, von allen Gesimsen und Vorsprüngen. Auf Fußboden und Bänken stehen

Wasserpfützen, vermischt mit Farbe und Putz. Schnitzwerk mit Engeln hatte sich vom Orgelprospekt gelöst, war abgestürzt und auf dem Boden zerschellt. Ein Bild der Verwüstung!

Was war geschehen? Ein »Wasserschlag« hatte den Blindflansch der geplanten Weiterführung der Fernheizleitung abgerissen. Sofort strömte unaufhaltsam Dampf unter hohem Druck in den Kirchenraum. Durch unglückliches Zusammentreffen widriger Umstände konnte das rettende Absperrventil erst 90 Minuten nach der Havarie geschlossen werden. Diese lange Zeit der Einwirkung von heißem Dampf richtete unsägliche Schäden an. Nicht nur die wertvolle Ausstattung wurde schwer beschädigt, auch die Raumoberflächen mit den Malereien und Farbfassungen waren nahezu vollständig zerstört. Die Kirche war innerhalb kürzester Zeit ruiniert!

Jetzt musste die nach Beseitigung der Kriegsschäden schon seit Jahren anstehende und aus Mangel an Möglichkeiten immer wieder verschobene Instandsetzung der Kirche endlich in Angriff genommen werden, mochte kommen was wolle! Zum Glück in allem Unglück zahlte die Versicherung eine hohe Summe. Diese bildete den Grundstock für diese Instandsetzung, die zu den besonders beachteten denkmalpflegerischen Arbeitsergebnissen jener Zeit gehörten, sieht man von den erstaunlichen Wiederaufbauleistungen kriegsbeschädigter und -zerstörter Bau- und Kunstdenkmale ab.

Die Planung und Leitung der Gesamtinstandsetzung der Marktkirche lag in den Händen des Instituts für Denkmalpflege. Nach umfangreicher Voruntersuchung begann 1970 die oft unter schwierigsten Bedingungen durchgesetzte Ausführung, wobei sich immer wieder wohlwollende Helfer sowohl bei den staatlichen wie bei den städtische Behörden und auch unter der Handwerkerschaft fanden, um Lücken im Netz der Planwirtschaft ausfindig zu machen und unsere Löcher zu stopfen. Außerdem gab es in Magdeburg, später auch in Halle/Quedlinburg Spezialbetriebe, VEB Denkmalpflege genannt, die ausschließlich für denkmalpflegerische Maßnahmen zur Verfügung standen (Abb. 10).

Die Leistungen umfassten zunächst am Außenbau die Reparatur des Hauptdaches und die Deckung der Betstubendächer mit Thüringer Schiefer, die Ausbesserung des Putzes an Fassaden und Strebepfeilern, die Auswechselung aller Fensterstäbe und der Verglasung. Im Inneren waren die haustechnischen Anlagen zu erneuern, nach Ausbesserung des Putzes die Wände, Pfeiler und Gewölbe mit Kalkfarbe zu streichen, der

Abb. 10 Halle, Marktkirche nach Instandsetzung von 1967/83; Aufnahme 2013

Fußboden zu verlegen und Emporen, Kanzel, der Rahmen des großen Bildes über dem Altar, die kleine, teilweise auch die große Orgel neu zu fassen und zu vergolden. Das Gestühl unter den Emporen musste vollständig auseinander genommen, die Holzteile mussten neu verleimt, die Oberflächen gereinigt und alle Bilder restauriert werden.

Mit der Einweihung des großen neuen Orgelwerks fand die Instandsetzung und Restaurierung der spätgotischen Hallenkirche Unser Lieben Frauen 1984 mit einem Festgottesdienst ihren feierlichen Abschluss. Die Qualität der Gesamtrestaurierung und ihre Nachhaltigkeit veranlasste einen Besucher Anfang der 1990er Jahre zu der Äußerung: »Wie sähe die Kirche wohl jetzt aus, wenn die Wende nicht gekommen wäre!« Ich antwortete: »So wie jetzt, denn die Restaurierung wurde bereits vor 20 Jahren abgeschlossen!«

Der Aufbau von »Spezialkapazitäten« in der Denkmalpflege[1]

Rainer Schöne

Die Geschichte des Aufbaus von »Spezialkapazitäten« der Denkmalpflege spiegelt die Wirtschaftsordnung der DDR wider. Der Zusammenschluss von Betrieben zu Kombinaten, der in den 60er Jahren des 20. Jahrhunderts in der DDR forciert worden ist, führte auch zur Zentralisierung der Wirtschaftstätigkeit im Bauwesen. Im Zuge dieser Entscheidung wurde die zentralisierte sogenannte Bilanzierung von Baukapazitäten eingeführt und damit eine staatliche, politisch festgelegte Rangordnung aller Bauaufgaben. In der Rangordnung (Bauten der »Verteidigung«, Schwerindustrie, Exportindustrie usw.) verblieb der Baubedarf für Kulturbauten wie z. B. Museen, Theater und bauliche Anlagen, die unter Denkmalschutz standen, am Ende dieser Rangliste. Auch die auf kreislicher Ebene zentralisierten Baureparaturbetriebe und die wenigen Produktionsgenossenschaften des Handwerks (PGH) konnten diese Situation nicht verbessern, da auch sie ihre Aufträge über die Bilanzen der Kreise und Bezirke erhielten. Die Bilanzierung, d. h. die Entscheidung über die Zuteilung von Arbeitskräften, Finanzen und Materialien erfolgte in einer zentralisierten Leitungsstruktur, die die Verwaltung des Mangels immer zuungunsten der Bauaufgaben des Kulturbetriebes zur Folge hatte.

Mit der zunehmenden Anerkennung der DDR auf völkerrechtlicher Ebene und dem neuen Denkmalpflegegesetz von 1975 erfuhr die Denkmalpflege eine stärkere Beachtung. Gab es davor ständige Forderungen durch die Rechtsträger von Einrichtungen (Museen usw.) nach Zuordnung von Baumaßnahmen in die staatlichen Wirtschaftspläne, die in der Regel wenig Berücksichtigung fanden, so wurde dieser Mangel in den 1970er Jahren auch von politischer Seite erkannt.

Die Öffnung der DDR für Besucher rückte auch die Pflege und Erhaltung der Baudenkmale in den Blick einer größeren Öffentlichkeit. Die Identifizierung der Bevölkerung mit der gebauten, vor allem historisch entstandenen Umwelt wurde als Beitrag zur Bindung an das Heimatland DDR zu einem beachtenswerten Faktor.

Dem »Gesetz zur Erhaltung der Denkmale in der Deutschen Demokratischen Republik« (Denkmalpflegegesetz) vom 19. Juni 1975 folgte die Bestätigung durch den IX. Parteitag der SED zum Aufbau von »Spezialkapazitäten der Denkmalpflege« im Jahr 1976. Der Minister für Kultur erließ eine Gründungsanweisung zur Bildung der »Produktionsleitung Denkmalpflege« ebenfalls im Jahr 1976. Mit dieser Gründung sollte eine Spezialkapazität für Baumaßnahmen an Baudenkmalen geschaffen werden und dem leidigen Arbeitskräfte- und Baumaterialmangel durch eine zentrale Steuerung, ausgeübt durch das Ministerium für Kultur, begegnet werden.

Interessanterweise gab es zu dieser Zeit bereits Kultureinrichtungen auf der Basis der alten Länderstruktur, die mit der Bildung von Bezirken im Jahr 1952 eigentlich aufgelöst worden war. So gab es die Arbeitsstellen des Instituts für Denkmalpflege in den Städten Dresden (für Sachsen: Bezirke Dresden, Leipzig, Karl-Marx-Stadt=Chemnitz), Erfurt (für Thüringen: Bezirke Erfurt, Gera, Suhl), Halle (für Sachsen-Anhalt/Provinz Sachsen: Bezirke Halle, Magdeburg), Berlin (für Brandenburg: Bezirke Berlin, Potsdam, Cottbus) und Schwerin (für Mecklenburg: Bezirke Schwerin, Rostock, Neubrandenburg) und die Zentrale des Instituts in Berlin.

Diese Arbeitsstellen hatten auf der Grundlage des Denkmalpflegegesetzes beratende und gutachterliche Aufgaben, Forschungs- und Inventarisierungsaufgaben und die Erfassung des Denkmalbestands zu organisieren. Das Institut für Denkmalpflege war der eigentliche Hüter des Denkmalbestands in der DDR und erfuhr stetig steigende Anerkennung für seine Arbeit zur Erhaltung der Baudenkmale.

Aber auch andere Kultureinrichtungen existierten in der ehemals gültigen Struktur der Länder der DDR (1949-1952) weiter bis 1990, so die Landestheater, die Landesmuseen und die Landesbibliotheken. Der Titel »Landes-« war quasi ein Qualitätssiegel – dies auch als Besonderheit der DDR (Kreise, Bezirke, Ministerien). Im Kulturbereich wurde die regionale Zuordnung – trotz aller Zentralisierungsbestrebungen – nie ganz vergessen.

Mit der Gründung der »Produktionsleitung Denkmalpflege« am 1.1.1977 wurde ein übergeordnetes Wirtschaftsorgan für die fünf zu schaffenden volkseigenen Betriebe der Denkmalpflege gebildet. In den Städten Berlin, Dresden, Erfurt, Halle und Schwerin entstanden mit Unterstützung der in den gleichen Städten etablierten Arbeitsstellen des Instituts für Denkmalpflege in der Folgezeit fünf VEB Denkmalpflege (1977/1978). Diese fünf zentral geleiteten Denkmalpflegebetriebe unterstanden mit der übergeordneten Produktionslei-

Abb. 1 Quedlinburg, Lange Gasse 33, genannt Weißer Engel, 1. Hälfte 17. Jh., Aufnahme 1989, bis 1990 Sitz des VEB Denkmalpflege Halle, Dienststelle Quedlingburg

tung Denkmalpflege dem Ministerium für Kultur. Damit hatte dieses Ministerium Baukapazitäten, über die es eigenständig verfügen konnte.

In Magdeburg und Neubrandenburg gab es bereits vorher örtlich geleitete Betriebe für Denkmalpflege.

Die Zusammenarbeit zwischen den Arbeitsstellen des Instituts für Denkmalpflege (vergleichbar mit den heutigen Landesämtern für Denkmalpflege) und den neu gebildeten fünf Denkmalbetrieben erfolgte auf der Grundlage von Denkmalpflegerischen Zielstellungen (lt. Denkmalpflegegesetz von 1975 und seinen Durchführungsbestimmungen). Diese Zielstellungen sollten Beschreibungen der Ausgangssituation und die beabsichtigten Ziele enthalten. Die Entstehungsgeschichte des Denkmals, Zustandsdokumentation (Aufmaße), Vorprojekte und weitere Planungsunterlagen waren je nach Umfang und Bedeutung der Denkmalpflegerischen Zielstellung Grundlage der weiteren Arbeit. In den neu entstandenen Denkmalpflegebetrieben gab es Betriebsteile – wie das Projektierungsatelier oder das Restaurierungsatelier –, die diese Zielstellungen erarbeiten konnten.

Aus einem Grußwort des Direktors der Produktionsleitung Denkmalpflege zum zehnjährigen Bestehen des VEB Denkmalpflege Halle geht hervor, dass im Jahr 1988 in den fünf zentral geleiteten Betrieben, der Produktionsleitung Denkmalpflege und in Restaurierungswerkstätten in Kreisstädten ca. 1.600 Mitarbeiter tätig waren. Im Volkswirtschaftsplan des Jahres 1988 wird von einem Leistungsvolumen von 50 Mio. Mark ausgegangen. Nach den Jahren fehlender Baukapazitäten für Denkmale und hier speziell für Baudenkmale im Zeitraum bis 1977/78 war dies ein beachtlicher Fortschritt.

Auf der Liste der sanierten Gebäude und Anlagen befinden sich so namhafte Denkmale wie die Staatlichen Schlösser und Gärten Potsdam-Sanssouci, die Nationalen Forschungs- und Gedenkstätten der Klassischen deutschen Literatur in Weimar, die Staatlichen Kunstsammlungen Dresden und die Wartburgstiftung Eisenach.

Einer der fünf gegründeten Denkmalpflegebetriebe war neben dem VEB Denkmalpflege Berlin, dem VEB Denkmalpflege Dresden, dem VEB Denkmalpflege Erfurt und dem VEB Denkmalpflege Schwerin der VEB Denkmalpflege Halle, Sitz Quedlinburg, der hier beispielhaft beschrieben werden soll (Abb. 1).

Die etwas verwirrende zweifache Ortsnennung war dem Umstand geschuldet, dass die Betriebsleitung und der weitaus größte Teil der Beschäftigten in Quedlinburg agierte, aber die Bezirksstadt Halle Erwähnung finden musste.

Wie andere Betriebe sollte Halle/Quedlinburg die Sicherung, Erschließung und Restaurierung von Denkmalen, die Ausbildung des handwerklichen Nachwuchses und die Entwicklung von Restaurierungstechnologien verfolgen. Neben der Betriebsleitung und dem Werkstattbereich in Quedlinburg gab es kleinere Werkstattbereiche in Halle/Saale und Nebra (Nebenstellen Freyburg, Querfurt, Allstedt). Weitere wichtige Teile der Betriebsstruktur waren das Projektierungsatelier (für architektonische und bautechnische Planungen) und das Restaurierungsatelier.

Dem Betriebsdirektor waren der Direktor Technik, Direktor Produktion, Direktor Ökonomie, der Kaderleiter und die Hauptbuchhaltung mit ihren jeweiligen Mitarbeitern unterstellt.

Neben den Werkstätten mit ihren gut ausgebildeten Handwerkern (für Halle Restaurierungsmaurer, Dachdecker, Steinmetze und Steinbildhauer, Stuckateure, Restaurierungsmaler, Zimmerer/Treppenbauer, Tischler/Möbeltischler, Holzbildhauer, Kunstschmiede und Kunstschlosser) hatten vor allem die beiden Ateliers die größte Außenwirkung. Sie waren für die künstlerische Leistung in der Denkmalpflege zuständig.

Im Jahr 1988 beschäftigte der Betrieb Halle/Quedlinburg 223 Mitarbeiter, die eine Leistung von 7,4 Millionen Mark erbrachten (Abb. 2).

Das Restaurierungsatelier (Sitz in Halle) hatte die Schwerpunktaufgaben Restaurierung von Architekturfassungen, Restaurierung von Kunstgut aus Holz und Restaurierung von Kunstgut aus Naturstein.

Abb. 2 Quedlinburg, Finkenherd 1, 1. Hälfte 16. Jh., Aufnahme 1985

Mit der Entscheidung zur Konservierung oder Restaurierung beeinflusste der Restaurator die historische Authentizität und die künstlerische Wirkung seiner Arbeit. Wenn die Befunde nicht ausreichten, war die Zusammenarbeit mit Kunsthistorikern, Naturwissenschaftlern und Architekten erforderlich und möglich. Für die Arbeitsergebnisse der Mitarbeiter des Restaurierungsateliers des VEB Denkmalpflege Halle seien beispielhaft die Bohlenstube im Händelhaus in Halle, die Sonnenuhr am Rathaus Querfurt, die Schlosskapelle in Weißenfels und die Farbuntersuchungen im »Kühlen Brunnen« in Halle genannt.

Innerhalb der VEB Denkmalpflege waren die Projektierungsateliers für die Erarbeitung Denkmalpflegerischer Zielstellungen, für die Vorbereitung, Begleitung, Dokumentation und die Projekte (Planungen) denkmalpflegerischer Arbeiten verantwortlich. Der Mitarbeiterstab setzte sich aus Architekten, Bauingenieuren (vor allem Statiker), Kostenplanern, Fachingenieuren für Heizung/Lüftung, Technischen Zeichnern und Sachbearbeitern zusammen. Im Projektierungsatelier des VEB Denkmalpflege Halle hatten drei Statiker bei den im Durchschnitt 20 Mitarbeitern ein großes Gewicht, waren doch die meisten Bauaufgaben von einem Verfall der Baukonstruktion begleitet.

Anders als im heutigen Planungsbüro waren so alle Planungsaufgaben, sogar alle Vorbereitungsaufgaben – bei Einbeziehung des Restaurierungsateliers – in einer Hand. Nachdem der bürokratische Aufwand von Bilanzierung, Materialbeschaffung und Finanzierung im Vorfeld geklärt war, waren damit kurzfristige Aussagen zu den oft schwierigen denkmalpflegerischen Maßnahmen möglich.

Das Projektierungsatelier und das Restaurierungsatelier waren wie kaum ein anderer Bereich der VEB Denkmalpflege mit den Arbeitsstellen des Instituts für Denkmalpflege (IfD) verzahnt. Im Austausch der Erkenntnisse gab es zwischen VEB und IfD allerdings auch gegensätzliche Diskussionen, die aber in der Regel schnell beigelegt werden konnten. Handelte es sich um statisch-konstruktive Entscheidungen, war die Position der VEB ungleich stärker, hatte doch das IfD kaum Statiker in seinen Reihen.

Im Disput zwischen den Projektierungsateliers des VEB Denkmalpflege und den Arbeitsstellen des Instituts für Denkmalpflege entstand in der Regel eine neue Qualität, wobei das IfD in der Entscheidungsfindung das stärkere Gewicht besaß, letztlich musste es diese Denkmalpflegerischen Zielstellungen auch bestätigen.

Die Aufgabenprofile der Projektierungsateliers enthielten die Erarbeitung von
- Denkmalpflegerischen Zielstellungen
- Bauaufmaßen mit Bauschadenskartierung
- statisch-konstruktiven und denkmalpflegerischen Gutachten
- Sicherungs-, Restaurierungs- und Nutzungskonzepten
- Ausführungsprojekten mit Kostenplanung.

Abb. 3 Quedlinburg, Schloss, 16. bis 18. Jh., Aufnahme 2002

Verdeckte Schäden und neue Befunde veränderten oft die Planungen. Mit der kompletten Besetzung des Ateliers konnte diesen Veränderungen gut begegnet werden. Allerdings entstanden auch Konflikte zwischen den bauausführenden Handwerkern und den Projektanten (Planern). Die notwendigen Gespräche zwischen Handwerkern und Architekten/Statikern/Restauratoren förderten jedoch die Qualität der Bau- und Restaurierungsleistungen.

Nicht vergessen werden sollen in diesem Prozess die Funktionen von Betriebsleitung, technischer Direktion und die Leitung der Produktion innerhalb der Betriebe.

Die Situation im Projektierungsatelier des VEB Denkmalpflege Halle, Sitz Quedlinburg war geprägt von der Teilung in zwei Abteilungen, je eine in Quedlinburg und in Halle. Einerseits ergab dies eine schwierigere Abstimmung durch die örtliche Trennung (ca. 80 Kilometer Entfernung), andererseits gab es den Vorteil einer größeren Nähe zu den Bauobjekten. Die Abteilung Halle war für den südöstlichen Teil und die Abteilung Quedlinburg für den nordwestlichen Teil des Bezirks Halle zuständig. Für den Bezirk Magdeburg wurden nur in wenigen Fällen Aufträge übernommen. Letzteres betraf auch die Auftragslage des gesamten VEB Denkmalpflege Halle, Sitz Quedlinburg. Der Betrieb Halle war wohl auch der am stärksten dezentralisierte Betrieb der fünf genannten Denkmalpflegebetriebe.

Da es keine spezielle Ausbildung von Projektanten (Planern) in der Denkmalpflege gab, war eine ständige Wissenserweiterung und organisierte Weiterbildung erforderlich. Der Lernprozess im Austausch zwischen Handwerker, Restaurator und Projektant (Planer/Architekt/Statiker usw.) war ein wichtiger Aspekt der täglichen Qualifizierung. Die Bindegliedfunktion des Mitarbeiters im Projektierungsatelier zwischen den Wünschen des Auftraggebers, den denkmalpflegerischen Forderungen des Instituts für Denkmalpflege und den die Restaurierung realisierenden Handwerkern war der eigentliche Reiz der Aufgaben im Projektierungsatelier. Herausragende Projekte (Planungen) im Zeitraum von 13 Jahren waren der Schlossberg in Quedlinburg (Abb. 3) mit Stiftskirche, Stützmauern und Schloss, das Händelhaus in Halle, der Gebäudekomplex »Kühler Brunnen«, die Burgen und Schlösser Allstedt, Querfurt und Neuenburg in Freyburg (Unstrut) und die Luthergedenkstätten in Eisleben und Wittenberg (Abb. 4–7).

Abb. 4 Halle, Kühler Brunnen, Renaissancepalast, 1523 bis 1532 von Andreas Günther errichtet, Aufnahme 1988

Abb. 5 Halle, Kühler Brunnen, Erkerdecke im 1. Obergeschoss nach der Restaurierung, Aufnahme 1988

Ein Alleinstellungsmerkmal des Betriebes Halle war die Erarbeitung von »Arbeitsblättern zur Sicherung von Baudenkmalen« mit den Abschnitten: Allgemeine Grundlagen, Fundamente, Gewölbe, Holzkonstruktionen (u. a. Fachwerk) und Dachtragwerke, Stützmauern, Absteifungen und Lehrgerüste. Die Sammlung der Arbeitsblätter umfasste etwa 200 Blätter und berichtete auch über spezielle denkmalpflegerische Maßnahmen der übrigen Denkmalpflegebetriebe. Diese anderen vier Projektierungsateliers stellten ihre Ergebnisse für die Arbeitsblattsammlung des Betriebes Halle/Quedlinburg zur Verfügung. Letztlich hatten die Arbeitsblätter den Charakter eines Fachbuchs, das zur stetigen Weiterbildung genutzt wurde.

Die »Denkmalpflege in der DDR« hatte mit der Bildung der neuen Denkmalpflegebetriebe eine höhere Qualität gewonnen, die auch in Teilen internationalen Maßstäben entsprach.

Die fünf zentral geleiteten Betriebe haben in den ca. 13 Jahren ihres Bestehens eine Reihe von sehenswerten denkmalpflegerischen Leistungen vollbracht. Auszugsweise sollen hier einige des VEB Denkmalpflege Halle genannt werden:

- Allstedt, Schloss
- Bad Kösen, Saline
- Berlin, Knoblochhaus
- Bernburg, Schloss
- Dessau, Schloss Luisium
- Dessau, Schloss Georgium
- Freyburg, Schloss Neuenburg

Abb. 6 Freyburg/Unstrut, Burg Neuenburg mit Löwentor, 2. Hälfte des 17. Jh., Aufnahme 1993

Abb. 7 Allstedt, Schloss, Innenhof der Kernburg, Aufnahme um 1983

- Halberstadt, Liebfrauenkirche
- Halle, Dom
- Halle, Händelhaus
- Halle, Moritzburg
- Halle, Kühler Brunnen
- Halle, Stadtgottesacker
- Halle, Goldener Pflug
- Heldrungen, Schloss
- Köthen, Schloss
- Lutherstadt Eisleben, Luthergedenkstätten
- Lutherstadt Wittenberg, Luthergedenkstätten
- Memleben, Klosterruine
- Naumburg, Wenzelskirche
- Quedlinburg, Altstadt
- Quedlinburg, Schoss und Stiftskirche
- Quedlinburg, Weißer Engel
- Quedlinburg, Feininger-Galerie
- Querfurt, Burg
- Stolberg, Schloss
- Weißenfels, Heinrich-Schütz-Haus
- Wörlitz, Schlösser und Park
- Zeitz, Schloss

Abschließend kann festgestellt werden, dass für viele Mitarbeiter die Denkmalpflegebetriebe eine Art »Fluchtburg« waren. Hier fanden sich Handwerker, Architekten, Ingenieure, Restauratoren, Betriebswirte und auch politische Leiter zusammen, die ein gemeinsames Interesse verband – eben »der Denkmalpflege« zu dienen. Für alle war es wohl eine interessante Zeit.

Nach der politischen Wende 1989/1990 blieben als einziger Nachfolgebetrieb der genannten fünf Denkmalbetriebe dauerhaft die »Werkstätten für Denkmalpflege Quedlinburg GmbH« erhalten, allerdings auch nur im Kerngeschäft der Handwerker – ohne Restaurierungs- und Projektierungsatelier und ohne Außenstellen.

Dennoch bleibt festzustellen, dass trotz vieler Restaurierungsmaßnahmen an herausragenden Baudenkmalen zu ihrer Erhaltung durch die fünf zentralgeleiteten Betriebe nur ein kleiner Teil der eigentlich erforderlichen Maßnahmen abgearbeitet werden konnte. Für den gesamten Denkmalbestand der DDR reichten diese Bemühungen nicht aus. In der Fläche fehlten die Erfolge, der Verfall von Denkmalen war nicht zu übersehen.

Anmerkung

1 Für weiterführende Studien – auch die Mechanismen zwischen Planung, Baukapazität und Bilanzierung und die Entwicklung der Denkmalpflege in der DDR betreffend – siehe die Bachelorarbeit von Frau Friederike Seidler, HAWK (Hochschule für Angewandte Wissenschaft und Kunst) Hildesheim: »Volkseigene Betriebe in der Denkmalpflege der DDR 1977–1990«, Januar 2011.

Der Verfasser dieses Aufsatzes hat u. a. Frau Seidler im Rahmen der Bachelorarbeit unterstützt, wie er auch diese Arbeit als Quelle für einige Formulierungen nennt.

Das »Messbildarchiv« im Institut für Denkmalpflege

Reiner Koppe

Die klassischen Hilfsmittel, die der Denkmalpfleger für seine Entscheidungen mit heranziehen kann, wenn an einem historischen Bau oder Kunstgegenstand Erhaltungs- und Instandsetzungsarbeiten notwendig werden, sind der Schriftverkehr, der zu dem Objekt vorhanden ist, sind Pläne und Zeichnungen, die eventuell über ältere Zustände informieren, und es sind vor allem Fotoaufnahmen, die zumeist besonders exakt und vielfältig eine ältere Ansicht des Objekts wiedergeben, die wieder interessant wird, wenn erneut an dem Gegenstand gearbeitet werden muss. Fotos sind darüber hinaus wertvoll für die Publikation der Resultate der Inventarisation d. h. der Denkmalerfassung und Bewertung und damit für die Öffentlichkeitsarbeit, mit der das Anliegen der Bewahrung unterstützt wird.

Auf allen drei Gebieten, der Archivierung des Schriftverkehrs, der Sammlung von Plänen und Zeichnungen und der Sammlung von Fotos wurde der im Zweiten Weltkrieg zumeist reduzierte Bestand der ehemaligen Landesdenkmalämter bewahrt und wieder nutzbar gemacht, und es wurden Anstrengungen unternommen, die Unterlagen zu mehren, aus der eigenen Arbeit heraus und durch den Erwerb von anderweitigen historischen Beständen. Als ein besonderer Glücksfall erwies sich dabei im Jahre 1968 die Übernahme der erhalten gebliebenen Fotobestände des ehemaligen Meydenbauerschen Messbildarchivs in das Institut für Denkmalpflege von der bis dahin Kunstgeschichtlichen Bildstelle der Humboldt-Universität Berlin. Eine Abteilung »Messbildarchiv« wurde daraufhin im IfD gegründet mit den Negativbeständen aus der Arbeit der Preußischen Messbildanstalt (1885–1921) und deren Nachfolgeeinrichtungen der Staatlichen Bildstelle Berlin (1921–1945) sowie deren Bestandserwerbungen aus verschiedener Herkunft. Die hier überlieferten z. T. sehr alten Aufnahmen von hochkarätigen Denkmalen in Deutschland und auch Frankreich, Griechenland, Nordafrika und dem Nahen Osten konnten von nun an noch besser für das Anliegen der Denkmalpflege genutzt werden.

Das Archiv blieb als geschlossene Sammlung bestehen, da es als eigenständiges Denkmal der Foto- und Technikgeschichte auch ein besonders wertvolles Kulturgut im Sinne der Charta von Venedig (1964) und der Haager Konvention (1954) darstellt.

Abb. 1 Die von Karl Friedrich Schinkel errichtete Bauakademie in Berlin war Sitz der 1885 von Albrecht Meydenbauer gegründeten »Königlich Preußischen Messbildanstalt«

Der Aufbau der Messbildanstalt und die Entwicklung des Denkmälerarchivs

Der Aufbau des Denkmälerarchivs begann mit der Gründung der Preußischen Messbildanstalt für Denkmäler im April 1885 durch Albrecht Meydenbauer.[1] Zum Sitz der Einrichtung wurde die von Karl Friedrich Schinkel zwischen 1832 und 1836 errichtete Bauakademie bestimmt, die Meydenbauer schon 1856 für zwei Semester seiner Ausbildung zum Königlichen Bauführer besucht hatte (Abb. 1 und 2). Nachdem das Schinkelmuseum 1884 in die Technische Hochschule in Charlottenburg umgelagert und als Bestandteil in das neu gegründete Architekturmuseum einbezogen wurde, hatte der große Bau ein Jahr lang leer gestanden. Jetzt konnte die Messbildanstalt ausreichende Räume nutzen. Im Erdgeschoss lagen Besucherräume, das Plattenarchiv und ein Fotolabor für Vergrößerungen. Im 1. OG befanden sich ein Zeichensaal und die feinmechanische Werk-

Abb. 2 Blick in das Treppenhaus der Bauakademie, in der die Messbildanstalt bis zum Umzug in das Marstallgebäude 1933 untergebracht war

statt für den Bau und die Wartung der Geräte, im 2. OG gab es dann noch einmal fünf Dunkelkammern für die Anfertigung von Vergrößerungen und Kontaktabzügen.[2] Leider wurden bis jetzt kaum Fotografien oder andere Darstellungen dieser Räume nachgewiesen (Abb. 3).

Die Anforderungen an einen besonders wichtigen Raum, das Plattenmagazin, behandelt Meydenbauer öfter in seinen Schriften: »Das Bildmaterial ist nur durch Bruch der Platte und Feuersgefahr, also bei zweckmäßiger Aufbewahrung überhaupt nicht zerstörbar und nimmt sehr wenig Raum in Anspruch, sodass 10.000 Original-Negative in einem Raum von 36 Quadratmeter bequem Platz finden«[3], oder an anderer Stelle: »Unser Denkmälerarchiv von 8.000 Platten ist in einem Raum untergebracht, der absolut feuersicher ist und auch sicher gegen Wassergefahr, und wenn eben nicht alle Erfahrungen trügen, so sind diese Platten unzerstörbar. Ich habe von Anfang an darauf Rücksicht genommen, dass die Platten dauerhaft sind – möchte ich sagen – wie Pergament, denn sie bestehen aus Pergament, welches durch das Glas geschützt ist.«[4]

Im Handbuch der Messbildkunst, der Summe seiner beruflichen Erfahrungen, hat Meydenbauer – dabei sicherlich auch eigene Schadensbeobachtungen auswertend – die Aufbewahrung der Platten stehend in Archivregalen mit Nuten aus Hartholz empfohlen, wo beim Zugriff zur Platte nur die wirklich benötigte berührt wird. Er schildert das bewährte Signaturensystem, praktische Methoden des Transports und der Verpackung unter der Berücksichtigung des Eigengewichts von 1.200g/Platte, und es kann hier berichtet werden, dass seit dem Wiederaufbau des Messbildarchivs im Jahr 1956 bis heute diese Empfehlungen beherzigt wurden.[5]

Neben den Arbeiten zur Entwicklung und Ausstattung der Messbildanstalt, um die Voraussetzung für den Aufbau des Denkmalarchivs zu schaffen, gab es schon im Gründungsjahr eine intensive Reise- und Aufnahmetätigkeit, die zum Zisterzienserkloster Eberbach am Neckar (105 Aufnahmen), aber auch zur Marienburg in Ostpreußen (102 Aufnahmen) führte. Es wurde auch in Mühlhausen in Thüringen (74 Aufnahmen) und an der Schlosskirche in Wittenberg (20 Aufnahmen) gearbeitet.

Die bei diesen Einsätzen und denen der folgenden Jahre erworbenen Erfahrungen dienten der Vervollkommnung des Messbildverfahrens und der Instrumente, der Änderung im Kopierverfahren, der Qualifizierung der Mitarbeiter und der Verbesserung der Arbeitsorganisation. Es gab auch eine Konzentration der Aufnahmetätigkeit an regional oder örtlich benachbarten Denkmalen, z.B. wurden 1889 mit dem Kölner Dom auch die romanischen Kirchen in der Stadt (insgesamt 210 Aufnahmen) und der benachbarte Altenberger Dom aufgenommen. Dabei wuchs der Bestand des Denkmälerarchivs ständig. Einige Jahre später konnten potenzielle Nutzer in Behörden und Lehreinrichtungen durch alphabetisch aufgeführte Listen und die Bezugsbedingungen zum Zwecke des Studiums über die sich ständig erweiternde Messbildsammlung informiert werden.[6] Diese Information und Werbung war dringend notwendig für die Messbildanstalt, deren Existenz und Weiterentwicklung vom Verkauf möglichst vieler Abzüge abhing.

Abb. 3 Der Mechaniker Benndorf, der alle Messkameras gebaut hat, in der mechanischen Werkstatt der Messbildanstalt

Dennoch waren die Jahre um die Jahrhundertwende für die Messbildanstalt außerordentlich erfolgreich, nachdem sie in der Routinearbeit eine von anderen Fotografen nicht erreichte Vollkommenheit erlangt hatte. Zahlreiche bedeutende preußische und außerpreußische Bauwerke waren mustergültig dokumentiert worden. Die Messbildanstalt und ihr Direktor genossen hohes Ansehen bei den Kunsthistorikern und Denkmalpflegern. In diese Zeit fielen auch Meydenbauers zwei Auslandseinsätze zur Dokumentation der Akropolis in Athen (1891–93 mit 218 Aufnahmen) und der deutschen Grabungsergebnisse in Baalbek 1902 mit 283 Aufnahmen und mit dem Zusatzergebnis einer umfassenden Dokumentation der Hagia Sophia in Istanbul mit 186 Aufnahmen. Mit der erfolgreichen Durchführung dieser beiden Auslandsreisen war zugleich bewiesen, dass auf der Basis der von Meydenbauer entwickelten und in der Messbildanstalt praktizierten Technologien und Erfahrungen durchaus der Aufbau eines internationalen Denkmälerarchivs möglich gewesen wäre.

Internationale Anerkennung hatten auch die Beiträge der Messbildanstalt auf den Weltausstellungen zu Chicago 1893, zu Paris 1900 und zu St. Louis 1904 gebracht.

Als der 75jährige Albrecht Meydenbauer sich im November 1909 hochgeehrt in den Ruhestand nach Godesberg zurückzog, hinterließ er in Berlin ein Denkmälerarchiv von 13.574 Platten von 1.180 Denkmälern in 244 Orten, darunter befanden sich 1.659 Platten von 101 Bauwerken in 21 außerpreußischen Orten in Deutschland und 816 Platten von 37 Bauwerken in 7 außerdeutschen Orten.[7] Außerdem hinterließ er eine wohlausgestattete Messbildanstalt mit einem eingespielten Stab von Mitarbeitern, die in den folgenden zwölf Jahren in der geübten Art und Weise die Arbeiten fortsetzten, deren Ergebnisse den gewohnten hohen Qualitätsanforderungen genügten.

Zu den Glanzlichtern dieser Jahre zählte der dreimonatige Einsatz in Griechenland im Jahr 1910. Ebenfalls wurden im Jahre 1910 im Berliner Zentrum ca. 400 historische Wohnhäuser aufgenommen.

In einer gleichen Weise nahm man 1912 die Wohnhäuser im friderizianischen Potsdam auf, um sie zusammen mit prachtvollen Dokumentationen der Potsdamer Schlösser und Parkbauten in einer dem 25. Jahr der Regierung von Wilhelm II. gewidmeten Ausstellung im Berliner Gropius-Bau zu präsentieren.

Niedersächsische Fachwerkbauten in Lüneburg und Halberstadt wurden aufgenommen, von denen nach der Kriegszerstörung heute nur noch die Messbildaufnahmen zeugen.

In den ersten Jahren des Ersten Weltkrieges wurde die Arbeit der Anstalt wie üblich weitergeführt. Später konzentrierte man sich auf Objekte, die keine aufwendige Reiseorganisation erforderten, z. B. das Berliner Schloss und die Museen zu Berlin auf der Museumsinsel. Während der deutschen Besetzung der französischen Stadt Laon wurde in 98 Platten die Kathedrale aufgenommen.

Die Bilanz der Bestände der Messbildanstalt nach der deutschen Niederlage im Ersten Weltkrieg und der Ausrufung der Republik ergab ein Denkmälerarchiv aus Messbilddokumentationen zu 2.336 deutschen Bauwerken mit 17.864 Platten und zu 302 außerdeutschen Bauten mit 2.091 Platten, insgesamt 2.638 Bauwerke mit 19.995 Platten.[8] Diese Zahlen stellen zugleich die Abschlussbilanz der Arbeit der Messbildanstalt dar.

Die Wende von 1921

Das Jahr 1921 brachte dem Denkmalarchiv schicksalhafte Veränderungen. Die anstehenden staatlichen und wirtschaftlichen Umgestaltungen machten vor der Messbildanstalt nicht halt. Wenige Monate vor Meydenbauers Tod erfolgte zum 1. Juli 1921 die Gründung einer neuen Institution, über die ein Merkblatt für die bisherigen Nutzer wie folgt schreibt: »Staatliche Bildstelle nennt sich fortan die bisherige Messbildanstalt – der neue Name als äußeres Zeichen einer durchgreifenden Neugestaltung ihrer Organisation, ihrer Betriebsmittel, ihrer Aufgaben. Nachdem sich die Anstalt jahrzehntelang im archäologischen Sinne und unter Zugrundelegung des Messbildverfahrens der photographischen Aufnahme unserer Baudenkmäler gewidmet hat, will sie sich nunmehr in den Dienst der gesamten Kunstwissenschaft stellen, die Anwendung des Messbildverfahrens nur auf die unbedingt notwendigen Fälle beschränken und in ihren Aufgaben bildmäßige Schönheit mit der altgewohnten Präzision zu verbinden suchen.

Eine weitere Aufgabe soll die Bildstelle erfüllen: die Schaffung eines Zentralnachweises und einen Gesamtkatalog der Kunstwissenschaftlichen Fotografie.

Da die Messbildanstalt nach dem Krieg mit wachsenden finanziellen Schwierigkeiten zu kämpfen hatte, und es ihr unmöglich gemacht wurde, in der bisherigen selbstlosen Weise weiter zu arbeiten, hat sie seit dem 1. Juli 1921 ihre geschäftliche Vertretung dem vornehmlich zu diesem Zweck gegründeten »Deutschen Kunstverlag«, Berlin W8, Wilhelmstraße 69 übergeben, alle Bestellungen und Zahlungen werden also nicht mehr an die Messbildanstalt, sondern direkt an den Deutschen Kunstverlag erbeten.«[9]

Was diesem Beschluss vorausgegangen war, ist bei fehlender Aktenüberlieferung nur zu erraten. Vermutlich befand sich die Messbildanstalt in einer Situation, in der die fehlende Mittelzuführung das Ende ihrer Existenz bedeutete. Sie hat sich zu einer Lösung entscheiden müssen, die den Erhalt des in 35jähriger Tätigkeit entstandenen Messbildbestands und die Existenzsicherung ihrer Mitarbeiter gewährleisten konnte, d. h. zur wirtschaftlichen Selbständigkeit. Mit dieser Entscheidung war eine weitgehende Veränderung der Zielstellung und der Arbeitsweise in Kauf zu nehmen, ebenso die Aussicht, dass der Deutsche Kunstverlag mit den Messbildaufnahmen vielleicht in einer Weise wirtschaften würde, die ihnen nicht guttat. Zur Entscheidung war die Messbildanstalt durch das Preußische Ministerium für Wissenschaft, Kunst und Volksbildung aufgefordert worden.[10] In dem Ministerium arbeitete seit 1920 der Kunsthistoriker Ernst Gall als Ministerialrat, der diese Lösung für die Messbildanstalt maßgeblich gefördert und zugleich für die Geschäftsführung des Verlags den Kunsthistoriker Burkhard Meier vorgeschlagen hatte.

Da im Gegensatz zur Situation nach 1945 keine nennenswerten Wiederaufbauarbeiten anstanden, bei denen man Messbilddokumente von den früheren Bauzuständen benötigte, ist auch zu bedenken, dass möglicherweise auch öffentlich geringes Verständnis für eine Weiterführung der kostenaufwendigen denkmalpflegerischen Messbilddokumentation vorhanden war.

Dagegen war es eine große Zeit der Kunstgeschichte. Kunsthistoriker waren bei den Kunsttopografien den Einsatz der bildmäßigen Fotografie gewöhnt und hatten sich damit begnügt. Sie schätzten die hohe fotografische Qualität der Messbildaufnahmen, wünschten aber eine Erweiterung des Fotoangebots. Die künftige fotografische Arbeit sollte über die Baukunst hinaus das größere Gebiet der Kunstwissenschaft mit Malerei, Plastik, Kleinkunst, Kunstgewerbe usw. mit für die Forschungen benötigten Bilddokumenten versorgen. Die wirtschaftlichen Interessen, mit preiswerten Publikationen und Postkarten einen größeren, nicht unbedingt wissenschaftlich gebildeten Käuferkreis anzusprechen, unterstützten zudem den Einsatz leichter Kameras mit Rechteckformaten, durch die sich noch stärker bildliche Wirkungen erreichen ließen.

Der Deutsche Kunstverlag musste seine Arbeit zunächst mit der kommerziellen Vermarktung der vorhandenen Messbildaufnahmen beginnen, bevor ein ausreichender Bestand an fotografischen Neuaufnahmen für verschiedene geplante Veröffentlichungen geschaffen war.

Die Mitarbeiter der ehemaligen Messbildanstalt wurden an den Arbeiten beteiligt. Zur Unterstützung vergleichender Forschungen wurde eine Spezialsammlung »Deutsche Bildwerke« in Diapositiven und Negativen aufgebaut, indem man zu Beginn Detailausschnitte von Plastiken, Epitaphien, Altären, Figurenfriesen usw. aus vorhandenen großformatigen Raumaufnahmen in Kirchen und Schlössern reproduzierte.

Schädlich in ihrer Wirkung auf die Messbildplatten waren Arbeiten zur »Verschönerung« durch Abdeckung und Retusche. Um die scharfen Konturen von Turmhelmen oder Dachfirsten zu betonen, wurden die Himmel abgeklebt. Dabei wurden auch wichtige schriftliche Informationen am oberen Bildrand betreffend Aufnahmedatum, verwendete Objektive, Objektverschiebung u.a. mit abgedeckt. Ganz besonders scheint man es auf die Messmarken am oberen Bildrand abgesehen zu haben; aus den charakteristischen Randmarkierungen neben den Messmarken konnte man die Nummerierung der eingesetzten Instrumente erkennen.

Um die gewünschten Rechteckformate zu erhalten und um in verschiedenen Labors wiederholbare »bildwirksame« Ausschnitte zu erzielen, wurden die Bildausschnitte mit Streifen abgeklebt oder mit Abdeckfarbe (manchmal sogar auf der Schichtseite) markiert. Damit wurden Schäden an den Negativen verursacht, die teilweise nur aufwendig oder gar nicht mehr zu reparieren sind. Auf alle Fälle wurde der ursprüngliche Messbildcharakter verfälscht.

Abb. 4 Blick in das Messbildarchiv im Marstall mit den Regalen, die Meydenbauer entworfen hatte, um 1934

Gemäß Ankündigung vom Juli 1921 sollte die »Anwendung des Messbildverfahrens nur auf die notwendigen Fälle« beschränkt bleiben. Daran hat man sich generell, jedoch mit einigen Ausnahmen, gehalten.

Es gab danach noch in den 1920er Jahren unter Mitwirkung des Deutschen Archäologischen Instituts Einsätze anlässlich archäologischer Grabungen in Ankara und Aizani (Türkei) und in Paestum (Italien). Außerdem wurde 1927 der Regensburger Dom aufgenommen.

Aufnahmen vom Dresdner Zwinger und der Gemäldegalerie vom Jahr 1939 hatten erhebliche Bedeutung für Wiederaufbau und Restaurierungsarbeiten nach dem Zweiten Weltkrieg. Eine Serie von Aufnahmen der Nikolaikirche im Herzen Berlins entstand 1939 im Zusammenhang mit der geplanten Umnutzung zu einem Konzertdom der Stadt. Die Aufnahmen und zwölf zeichnerische Auswertungen von Gerhard Mager jr. erwiesen sich als unschätzbare Hilfe beim Wiederaufbau dieser stark zerstörten Kirche in den Jahren 1982–1987. Alle diese Aufnahmeeinsätze wurden nach den seit Albrecht Meydenbauer in der Messbildanstalt tradierten Verfahren gemacht. Seit seiner Zeit hatte es keine technologischen und methodischen Neuerungen mehr gegeben.

Im Jahre 1933 war der Umzug der Staatlichen Bildstelle aus der Bauakademie in ein Obergeschoss im Marstallkomplex in Berlin-Mitte, Breite Straße 36–37 erfolgt (Abb. 4).

Der Zweite Weltkrieg und die Auslagerung des Messbildarchivs

Schon bei Beginn der Alliierten-Bombardements auf die Hauptstadt Berlin hatte die Staatliche Bildstelle ihren gesamten Bestand an Negativen entsprechend Anordnung aus dem Reichsministerium für Propaganda und Erziehung zum »Kunstluftschutz« in einen nahe der Dienststelle gelegenen, verhältnismäßig sicheren Keller des Berliner Schlosses gebracht.[11]

Die immer häufiger werdenden Angriffe und die völlige Zerstörung der Staatlichen Bildstelle in der Nacht zum 2. März 1943 veranlassten eine verstärkte Suche nach sicherem Schutzraum in Brandenburg und Niederschlesien. Schließlich wurde das wertvollste und zugleich empfindlichste Archivmaterial, das Negativarchiv, 1944 in einen Kalischacht der Wintershall-AG Bernburg (Anhalt) eingelagert und zusammen mit den wichtigsten Findhilfen, nämlich einem zweibändigen handschriftlichen Zugangsjournal, etlichen noch nicht vollständigen Verzeichnissen mit den einzelnen Bildunterschriften in Loseblattform und einem Stapel Bänden mit den Messdaten zu sämtlichen Aufnahmen eingemauert.[12] Ende April 1945 kamen amerikanische Truppen nach Bernburg und beschlagnahmten dort eingelagertes Kunst- und Kulturgut. Die Kisten mit den Negativplatten des Messbildarchivs blieben unberührt, bis sie von den im Juni einziehenden sowjetischen Truppen beschlagnahmt und nach Moskau abtransportiert wurden.

Zum Sammelpunkt für beschlagnahmtes deutsches Kulturgut im Staatlichen Historischen Museum in Moskau gelangten im Jahr 1946 insgesamt 935 Kisten. Davon wurden 56 Kisten mit bis heute unbekanntem Inhalt in das Staatliche Museum für Bildende Kunst, das »Puschkinmuseum« gebracht. Die restlichen 879 Kisten mit Negativplatten wurden dem Museum der Akademie für Architektur und Bauwesen der UdSSR übergeben, das bis 1992 seinen Sitz im Moskauer Donskoi-Kloster hatte. Hier befanden sich die Platten in guter Obhut und Pflege bis zur Rückgabe an die Regierung der DDR im Herbst 1958 (Abb. 5).

Abb. 5 Der für die Glasplatten höchst gefährliche Transport der aus der Sowjetunion zurückgekehrten Kisten mit den Messbildern

Rückführung des Messbildarchivs und Wiederaufbau

Zusammen mit Kunstschätzen aus Museen in Dresden und Berlin wurden in Berlin zwei Güterwagenladungen von ca. 40 Tonnen Gewicht übergeben, die aus 790 Holzkisten mit – laut Übergabelisten – 76.410 Negativen und Diapositiven auf Glasplatten bestanden. Die ausgelagerten Kataloge, Verzeichnisse und vor allem die messtechnischen Dokumentationen wurden nicht übergeben. Ihr Verbleib ist bis jetzt nicht nachgewiesen.

Das damalige Staatssekretariat für Hochschulwesen der DDR veranlasste die Gründung einer Kunstgeschichtlichen Bildstelle beim Institut für Kunstgeschichte der Humboldt-Universität zu Berlin, um im Rahmen dieser Bildstelle die zurückgegebenen Plattensammlungen zu erschließen, zu katalogisieren und als Bildarchiv wieder nutzbar zu machen. Mit der Leitung dieser Bildstelle wurde der Kunsthistoriker Leopold Achilles beauftragt, der sich in den Folgejahren mit seinen Leistungen bei Einrichtung und Ausstattung der Bildstelle und bei der mühevollen Wiederarchivierung des Denkmalarchivs unschätzbare Verdienste und größten Respekt erwarb.

Die Gründung der Kunstgeschichtlichen Bildstelle erfolgte am 7. Oktober 1959. Für die vorläufige Unterbringung des Bildarchivs wurden leerstehende Räume in drei Geschossen eines früheren Geschäftshauses in Berlin-Mitte, Gormannstraße 22 bereitgestellt. Es sollte ein Provisorium sein, blieb aber der Standort für das Messbildarchiv bis zur Wende 1990. Die Räume haben tragfähige Decken und boten nach umfangreichen Reparaturen die Voraussetzung zur Einrichtung des Magazins und der Fotolabors sowie der benötigten Katalog- und Arbeitsräume.

Die schwierigste und aufwendigste Aufgabe war die Erarbeitung von Verzeichnissen und Katalogen, die als Ordnungsmittel für die Aufstellung der Negative dienen und den Zugriff zu den benötigten Negativen gewährleisten konnten. Wie schon erwähnt, waren die früheren Kataloge verschollen, und nur sehr wenige Platten trugen außer den Signaturen Beschriftungen, aus denen das aufgenommene Objekt ermittelt werden konnte. Dennoch wurden alle Messbildnegative in verhältnismäßig kurzer Zeit katalogisiert und in Archivschränke eingestellt.

Im Katalogsystem ist für die Benutzer vor allem der topografische, nach Ländern, Orten, Objekten gegliederte Sachkatalog bestimmt, mit dem nach bisherigen Erfahrungen die meisten Anfragen befriedigend bearbeitet werden konnten. Daneben gibt es einen Standortkatalog (Schrank, Fach, Nut) und einen Seriennummernkatalog nach der von der Messbildanstalt nach Numerus-currens-Verfahren zugeteilten Signatur für jede Aufnahmeserie – d. h. jedes Objekt hat einen eigenen

Signaturencode –, außerdem eine Anzahl von speziellen Sachkatalogen (z. B. dargestellte Personen, Künstler, Materialien wie Metall, Porzellan usw.).

Nach erfolgreich abgeschlossener Wiederaufbauarbeit wurde die seit 1963 funktionierende Kunstgeschichtliche Bildstelle von den Funktionären einer sozialistischen Hochschulreform als Struktureinheit der Humboldt-Universität in Frage gestellt und ging 1968 als Messbildarchiv an das Institut für Denkmalpflege der DDR über, wo es idealerweise hingehörte.

Bestand des erhaltenen Denkmalarchivs

Albrecht Meydenbauer hatte stets die aktuellen Aufnahmearbeiten im Zusammenhang von anstehenden denkmalpflegerischen Maßnahmen mit der systematischen Dokumentation des Denkmalbestands verbunden. Der Verwirklichung des Plans vom fotogrammetrischen Denkmalarchiv standen jedoch immerfort entscheidende Hindernisse entgegen. Es fehlte an finanziellen Mitteln, die aus der Arbeit der Messbildanstalt selbst nicht erwirtschaftet werden konnten.

Der Reichtum und die Vielfalt an Denkmalaufnahmen im Archiv vermitteln uns heute noch einen Eindruck von den großartigen Leistungen der Anstalt im Bemühen um das Denkmalarchiv. Im Bestand findet man u. a. römische Baureste am Rhein entlang des Limes, frühe mittelalterliche Klöster, Burgen und Schlösser, historische Garten- und Parkanlagen, mittelalterliche Stadtbefestigungen, Brücken und Brunnen, Stadtbilder, Rathäuser und andere bedeutende öffentliche Bauten, historische Wohnhäuser als charakteristische Denkmale vieler Städte, Kirchen und besonders die großen deutschen Dome.

Obwohl sich die Arbeiten der Preußischen Messbildanstalt auf Denkmale in preußischen Gebieten konzentrierten, wurden auch Denkmale außerhalb der preußischen Grenzen aufgenommen, z. B. die Dome von Meißen, Bamberg und Worms, das Freiburger und das Straßburger Münster und sogar die Kathedrale von Laon in Frankreich. Besonders wertvolle Messbilddokumente erbrachten die Auslandseinsätze zur Dokumentation der Akropolis (1891–93) und im Auftrag des Kaisers zur Aufnahme der Ergebnisse der archäologischen Grabung in Baalbek (1902), wobei auch Aufnahmen in Damaskus und Aleppo und vor allem die Gesamtaufnahme der Hagia Sophia in Istanbul entstanden, wie auch die Expedition nach Aksum in Äthiopien (1906) und der Einsatz zur Aufnahme aller bedeutenden antiken und byzantinischen Bauwerke in ganz Griechenland (1910).

In neutralen Zahlen zusammengefasst beinhaltet der Messbildbestand heute 19.073 Platten von 2.600 Bauwerken in etwa 350 Orten in 15 Ländern, dazu kommen 260 Repros von zeichnerischen Messbildauswertungen. Unterschiedlich ist die Vollständigkeit und Detailliertheit in den von verschiedenen Denkmalobjekten entstandenen Messbildserien.

Meydenbauers Konzept der Messbilddokumentation sah im Ideal die totale Erfassung eines Denkmals mit allen Räumen und Winkeln vor, sodass eine zusammenhängende zeichnerische Auftragung des Bauwerks in Grundrissen, Aufrissen und Schnitten möglich wäre. Die Dokumentation sollte so vollständig und verlässlich sein, dass ein durch Katastrophen zerstörtes Denkmal theoretisch originalgetreu wieder hätte aufgebaut werden können. Die Realisierung dieses Konzepts war jedoch sehr aufwendig und konnte nur in einem beschränkten Umfang und nur bei Denkmalen der obersten Kategorie verwirklicht werden. Dazu zählten vor allem die großen Dome. Der gerade erst 1880 vollendete Kölner Dom z. B. wurde 1889 und 1900 in zusammen 174 Aufnahmen dokumentiert. Im Jahre 1897 entstanden 211 Aufnahmen vom Straßburger Münster. Die Dokumentation des Magdeburger Doms von 1891 und 1906 umfasst 190 Aufnahmen. Aber auch Denkmale anderer Art wurden dokumentiert, so im Jahr 1903 die Ruine des Klosters Chorin in 61 Aufnahmen. Bedeutende Schloss- und Burganlagen wurden bevorzugt bearbeitet. Vom Berliner Schloss entstanden 1885 und 1916 über 320 Messbilder, von den Schlössern und Parkbauten in Potsdam-Sanssouci gibt es 283 Aufnahmen aus einem Einsatz 1911/12 und von der Wartburg 142 Aufnahmen von 1896. Eine besonders komplizierte und umfassende Aufgabe war 1902 die von Kaiser Wilhelm II. angeordnete Dokumentation der ausgegrabenen großen Tempelruine in Baalbek mit 280 Aufnahmen, die dazu in nur 30 Tagen erledigt werden musste. Die umfassendste Dokumentation eines bürgerlichen Bauwerks erfuhr 1907 und 1917 das Bremer Rathaus mit 210 Aufnahmen.

Viel genutzte Dokumente im Archivbestand stellen die Aufnahmen von historischen Wohnhäusern dar, die für den Charakter historischer Stadtkerne bestimmend waren. In Halberstadt wurden z. B. 1912 ca. 130 Messbilder von den schönsten Beispielen des niedersächsischen Fachwerkbaus aufgenommen, die heute nach dem unwiederbringlichen Verlust dieser Häuser in den letzten Kriegstagen von 1945 eine erstrangige Informationsquelle geworden sind. In Lüneburg entstanden um 1915 ca. 160 Aufnahmen der schönsten Wohnhäuser, und schon einige Jahre früher war die Messbildanstalt auch in Braunschweig, Hildesheim und Goslar tätig gewesen. Von großer Bedeutung ist ein seit Jahren viel genutzter Bestand von 400 Aufnahmen aus dem Jahr 1912, in dem vor allem das äußere Gesicht von etwa 600 meist friderizianischen Häusern in Potsdam erfasst wurde, ebenso die ca. 470 Aufnahmen von Fassaden, Hausfluren, Treppenhäusern, Höfen und besonders wertvollen Stuckdecken Berliner Wohnhäuser aus dem 17. bis 19. Jahrhundert, die 1910 entstanden. Die damalige Aktion der Messbildanstalt diente der lange geforderten Dokumentation von historischen Wohnhäusern, die im Zuge des rasanten Wachstums der Stadt und der ständig um sich greifenden »Modernisierung« in der kaiserlichen Hauptstadt Berlin vom Abriss bedroht waren. Im Zuge dieser Aktion wurden auch Häuserensembles, Straßenbilder, Plätze und Grünanlagen mit aufgenommen, um am Städtebau orientierten Informationsbedürfnissen entgegenzukommen.

Alle historischen Messbildaufnahmen haben heute einen kaum zu überschätzenden, von Jahr zu Jahr zunehmenden

Wert. Sie zeigen Denkmale in einem vergangenen Zustand. Sie dokumentieren Denkmale, die noch erhalten sind, vor oder nach früheren, oft eingreifenden Bau- oder Restaurierungsmaßnahmen in meist unversehrtem Zustand. Sie sind aber auch bleibende, zuverlässige Zeugnisse für Denkmale, die in Friedenszeiten abgerissen oder – und dies ist öfter der Fall – im Krieg erheblich beschädigt, ja auch total zerstört wurden. In solchen Fällen haben heute historische Fotos, vor allem aber Messbildaufnahmen als Informationsquellen einen neuen Wert erhalten. Sie sind die Primärquellen geschichtlicher Ereignisse und Überlieferungen geworden.

Sicherungsverfilmung

Der Alterungsprozess, die Umlagerungen, die kriegsbedingten Transporte und auch die Benutzung haben viele Negative beschädigt. Eine Revision im Jahre 1980 ergab bei ca. 12 Prozent des Bestands geringere oder größere Glasschäden, etliche Fälle von Schichtablösung aufgrund von Materialfehlern in den Glasplatten und nur gelegentlich chemische Veränderungen der fotografischen Schicht. Albert Meydenbauer muss in seinem Labor eine hervorragende Arbeitsweise für die Plattenentwicklung eingeführt und eingehalten haben.

Abb. 6 Rollfilm-Reprokamera RRK, die Rudolf Meyer speziell für die Verfilmung des Meydenbauerschen Messbildarchivs konstruiert hatte

Das Maß der Schäden und die wachsende Gefahr weiterer Schädigung durch Alterung der Platten, Luftverschmutzung und Benutzung führten zu der Überzeugung, dass eine Verfilmung als einzig machbare Maßnahme der Bestandssicherung notwendig ist. Es gab keine Alternative zur Bewahrung des Plattenarchivs außer konsequenter Nicht-Benutzung. Selbst wenn eine Restaurierung vieler einzelner Platten möglich gewesen wäre, wäre solch ein Unternehmen am Massenproblem gescheitert. Rudolf Meyer legte 1975 ein Projekt vor, dessen Realisierung aber erst ab 1981 begonnen werden konnte. Nach gründlicher Vorbereitung wurde in den Jahren 1983 und 1984 das Projekt Sicherheitsverfilmung vom Messbildarchiv und der Messbildstelle durchgeführt.

Das eingesetzte technische System bestand aus der von Rudolf Meyer selbst gebauten mobilen Rollfilm- Reprokamera (RRK), dem Umspulentwicklungsgerät vom VEB Carl Zeiss Jena (EG 120) und dem dazugehörenden Trockenschrank (TS). (Abb. 6) Als Filmmaterial für die Duplikatdiapositive wurde ORWO FU2 auf Polyesterbasis im Luftbildformat 19 × 20 cm verwendet. Zu jedem Negativ wurde ein Negativtextband mit der Originalsignatur, dem Ort, dem Bauwerk, dem Land sowie dem Aufnahmejahr mit einbelichtet. Es wurden 225 Rollfilme mit je 91 Duplikatdiapositiven hergestellt. Im Ergebnis entstanden 19.073 Diapositive im Nutzformat 16 × 16 cm.[13] Zur Überprüfung der messtechnischen Genauigkeit wurde in jedem Film dreimal ein Messgitter aufgenommen, das auch genormte Auflösungsmarken enthielt.

Aus dokumentarischen Gründen wurde eine vollständige Übernahme der Schwärzungswerte des Originals durch eine Gradationskurve mit Gammawert 1 angestrebt. Zur Kontrolle der Gradation und des Dichteumfangs wurde auf jedem Duplikatdia ein Stufengraukeil mit reproduziert.

Bei der Verfilmung mit der mobilen Rollfilmkamera unmittelbar am Standort der Negative gab es keine Plattenverluste. Als Mitarbeiter der Messbildstelle hatte dabei der Vermessungsingenieur Winfried Tirok, Berlin, die Verantwortung für die reprofotografischen Arbeiten und die Kontrolle der geforderten fotografischen und geometrischen Informationsübertragung. Seine von gleichbleibender Ausdauer und Sorgfalt bestimmte Leistung und sein Verdienst um die Sicherheitsverfilmung des Messbildarchivs sollen hier mit dankbarer Anerkennung bestätigt werden.

Der im Projekt für 1985 vorgesehene zweite Teil der Verfilmung, die Herstellung von Duplikatnegativen konnte wegen Fehlens geeigneten Materials, wegen organisatorischer Veränderungen, vor allem aber wegen ausbleibender Finanzierung nicht realisiert werden. Für die Arbeit des Bildarchivs und die Erhaltung des Plattenbestands bedeutete das eine schwere Belastung, da die oft hundert Jahre alten Originalplatten nun weiter zur Herstellung von Kopien benutzt werden mussten.

Als Folge der historischen Wende in Deutschland und der Auflösung des Instituts für Denkmalpflege wurde das Messbildarchiv als Abteilung in das im April 1991 gegründete Brandenburgische Landesamt für Denkmalpflege übernommen, das damit zugleich die Rechtsnachfolge der Vorgängereinrichtungen des Bildarchivs antrat. Damit wurde auch dem Meydenbauerschen Denkmalarchiv seine Erhaltung und seine Weiterführung für die Zukunft gesichert. Im Jahr 2000 gelang es dann auch mit Hilfe des Bundes, die Duplizierung zu vervollständigen, sodass für die Herstellung von Abzügen nicht mehr das Originalnegativ als Vorlage genommen werden muss.

Nutzung des Bildarchivs

Die vorrangige Aufgabe der Abteilung Messbildarchiv besteht in der Erhaltung, Sicherung und Erschließung seiner Bestände. Doch muss auch im Rahmen der gegebenen Möglichkeiten eine Nutzung für Zwecke der Denkmalpflege und der Forschung gewährleistet sein. Dieser Verpflichtung kann man heute besser nachkommen als in der Vergangenheit, weil mit Fördermitteln die Geräteausstattung wesentlich verbessert wurde. Neben einem schonenderen Umgang mit den historischen Negativvorlagen erlauben diese auch ein weiter gefächertes Angebot fotografischer Leistungen entsprechend dem jeweiligen Bedarf und Verwendungszweck. Dankenswerterweise ist keine Werbung lebensnotwendig zum Verkauf von Abzügen als »vorzügliches Lehr- und Unterrichtsmaterial, sowie als Raumschmuck in Unterrichtsräumen und Amtsstuben«. Aus konservatorischen Gründen zur Schonung der Originale wird jede Werbung unterlassen, um keine in unserem Sinne ungerechtfertigten Nutzungswünsche, etwa bei Sammlern, hervorzurufen. In das Messbildarchiv kommen die »Insider«, das sind eben die Benutzer, die sich Albrecht Meydenbauer als zukünftige Benutzer auch gewünscht hätte: Denkmalpfleger, Architekten, Restauratoren, Bauforscher und Kunstwissenschaftler. Auch wenn wir bei unseren Benutzern keinen Anspruch auf »Rückkopplung« erheben können, werden wir doch in ihre Arbeit einbezogen und wissen von vielen Vorhaben, wie intensiv die Messbildabzüge ausgewertet, interpretiert und weiter verarbeitet werden. Obwohl wie zur Zeit der Messbildanstalt die Nutzer fast ausschließlich bildmäßige Vorlagen verwenden, erleben wir doch auch Beispiele, bei denen messtechnische Auswertungen für Architekten, Restauratoren und Kunsthandwerker erfragt und angefertigt werden.

Anmerkungen

1 Eine annähernd vollständige und genaue Geschichte der Messbildanstalt und ihrer Nachfolgeinstitution Staatliche Bildstelle ist nicht darzustellen. Grund dafür sind die Kriegsverluste in den entscheidenden Aktenbeständen des Preußischen Kultusministeriums (Rep. 76) im Geheimen Staatsarchiv. Die Findbücher verweisen auf vollständige Kriegsverluste bei allen die Messbildanstalt und die Nachfolgerin betreffenden Akten zu Schriftwechsel, Planungen, Anträgen, Berichten, zu Personalangelegenheiten, Kassen- und Buchungswesen.

2 Martell, Paul: Die Königlich Preußische Messbildanstalt, in: Mitteilungen des Vereins für die Geschichte Berlins 28 (1911) 4, S. 42–44.

3 Meydenbauer, Albrecht: Das Denkmäler-Archiv und seine Herstellung durch das Messbildverfahren, Denkschrift 1896.

4 Dritter Tag für Denkmalpflege ... Düsseldorf 25. u. 26.09.1902. Stenographischer Bericht, S. 96, Karlsruhe 1902. Beobachtung der Glasplatten nach einer Langzeitarchivierung von über 100 Jahren und eine Analyse durch Silikatforscher haben uns leider gelehrt, dass das Material des geschliffenen Spiegelglases als Träger ungünstig zusammengesetzt ist, mit zunehmender Alterung versprödet und bruchgefährdet wird. Niemand konnte voraussehen, wie viele Bewegungen und Transporte unter ungünstigen Bedingungen das Denkmäler-Archiv im Zweiten Weltkrieg erdulden musste.

5 Meydenbauer, Albrecht: Handbuch der Messbildkunst, Halle a. S. 1912, S. 169–171.

6 Alphabetisches Verzeichnis der Messbild-Aufnahmen und Platten, in: Centralblatt für die gesamte Unterrichts-Verwaltung in Preußen (1892), Berlin 1892, S. 392–396. Im Centralblatt für die gesamte Unterrichts-Verwaltung in Preußen, Teil B, Akademien, Museen etc. (1895) siehe den Beitrag »Messbildaufnahmen wichtiger Bauwerke« S. 254–271. Dem Vorwort von Minister Bosse folgen erläuternde Bemerkungen zu den nach dem Messbildverfahren hergestellten Aufnahmen von Bauwerken, danach das alphabetische Verzeichnis der Messbildaufnahmen und Platten, das Verzeichnis der Großbilder (68 × 86 cm bzw. 90 × 20 cm) von Messbildaufnahmen sowie abschließend das Verzeichnis der schon vorliegenden 51 Sammelbände der Messbildanstalt, die jeweils 50 Abbildungen enthalten und außer in der Messbildanstalt bei den jeweiligen Provinzialkonservatoren zum Studium verfügbar sein sollen. Das Centralblatt bringt auch im Jahrgang 1898, S. 505–526 ein ähnliches Verzeichnis der schon wieder erheblich angewachsenen Bestände des Archivs.

7 Martell (siehe Anm. 2), S. 44.

8 Manek, F.: Denkmälerarchive, Sonderdruck aus »Naturwacht, Denkmalwacht«, hrsg. von der Naturschutzstelle und dem Denkmalschutz des Stadt- und Landkreises Jena, September 1953 (ohne Seitenzählung). Der Verfasser gibt keine Quelle zu den Zahlenangaben von 1920 an.

9 Ein mit Berlin im Juli 1921 datiertes Mitteilungsblatt, herausgegeben von der Staatlichen Bildstelle und dem Deutschen Kunstverlag GmbH. Derselbe Text auch im Vorwort von: Verzeichnis der Lichtbilder, Staatliche Bildstelle Berlin, Berlin 1922. Die kurze Charakteristik der Arbeit der Messbildanstalt als »im archäologischen Sinne« wirkt befremdend und ist sicherlich nicht von einem ihrer Mitarbeiter formuliert worden.
Vom Traditionsbewusstsein und vom Stolz auf die Herkunft der Staatlichen Bildstelle aus der Messbildanstalt zeugt die Darstellung der Leistungen Meydenbauers und der Messbildanstalt zum 50-jährigen Bestehen ihrer Einrichtung. Eine Präsentation der Messbildauswertungen, die Gerhard Mayer jr. 1934 aus den Aufnahmen des Regensburger Doms von 1927 angefertigt hat, belegt, dass Meydenbauers Verfahren noch beherrscht wurde. Vgl. auch den Ausst.kat.: Das alte Nürnberg in neuen Lichtbildern, Ausstellung zum 50-jährigen Bestehen der Staatlichen Bildstelle (Messbildanstalt) 1885–1935, Preußische Akademie der Künste, Staatliche Bildstelle, Berlin 1935.

10 Meier, Michael: Der Deutsche Kunstverlag – eine Übersicht, in: Deutscher Kunstverlag 1921-1996. Geschichte und Zukunft, München–Berlin 1996, S. 15–29; Staatliche Bildstelle, Verzeichnis der Aufnahmen, 3. Aufl., Berlin 1926, S. 14 im Vorwort von Theodor von Lüpke.

11 Mitteilung des Direktors Oscar Heck an den »Kunstluftschutz«-Beauftragten, Provinzialkonservator der Provinz Brandenburg, Karpa, vom 14. Februar 1943.

12 Büttner, Horst: Die Bestände des Meydenbauerschen Denkmälerarchivs und ihr Schicksal im und nach dem Zweiten Weltkrieg, in: Vermessungstechnik 20 (1972) 3, S. 88.

13 Duplikatdiapositive wurden angefertigt von Messbildern im Format 40 × 40 cm: 15.847 Stück, vom Format 30 × 30 cm 1.747, vom Format 20 × 20 cm 1.479, insgesamt 19.073 Stück.

Von der Arbeitsstelle Berlin des Instituts für Denkmalpflege zum Brandenburgischen Landesamt für Denkmalpflege – Wandel in Zeiten des Umbruchs

Ernst Wipprecht

Der Fall der Berliner Mauer vom 9. November 1989 liegt nun schon mehr als 22 Jahre zurück. Noch immer läuft mir ein Freudenschauer über den Rücken, wenn ich im Fernsehen eine Dokumentation über den kurios-glücklichen Verlauf der Ereignisse an jenem Abend sehe. Obwohl im Rückblick einige Entwicklungen durchaus auf ein Ende der DDR hindeuteten, kam dieser Tag doch völlig überraschend. Es dauerte schon eine ganze Weile, bis wir es endlich glaubten, dass der von der überwiegenden Mehrheit der Bevölkerung lang ersehnte Mauerfall tatsächlich Realität geworden war.

Natürlich war uns an diesem Abend keinesfalls klar, welche Wege Politik und Gesellschaft künftig gehen würden. Wir waren einfach nur froh und glücklich, dass wir endlich persönlich auch die berühmten Kathedralen und Klosterkirchen Frankreichs oder Italiens kennenlernen durften und ebenso erwarteten wir, dass das ersehnte »Wunder« nun auch neue Chancen für unsere geschundenen denkmalreichen Altstädte und für den trotz aller Verluste überkommenen Reichtum an Denkmalen in den östlichen Ländern eröffnete. Die Zeit nach der Herbstrevolution brachte hier im Osten Deutschlands in allen Lebensbereichen vielfältigste Veränderungen, wobei es neben viel Positivem auch Negatives gab. In der Denkmalpflege waren die Konsequenzen des notwendigen Wandlungsprozesses vielleicht nicht so spektakulär wie in manch anderen Bereichen. Eine gewisse Dramatik beinhalteten bestimmte Phasen aber dennoch, was wohl insbesondere für die Brandenburger Denkmalpflege gilt.

Der vorliegende Rückblick auf diese Umbruchzeit von 1989/90 mit ihren Veränderungen für die Denkmalpflege ganz allgemein und speziell natürlich für die brandenburgische will und kann nur einen kleinen Einblick in diese aufregende und spannende Phase deutscher Denkmalpflege bieten.

Das Institut für Denkmalpflege als zentrale Facheinrichtung der Denkmalpflege in der DDR[1]

»Die Denkmalpflege in Form des zentralen Instituts für Denkmalpflege mit seinen fünf Arbeitsstellen war eine der wenigen übergreifenden staatlichen Einrichtungen, die durch die Zeit der Zentralisierung hindurch ihre alten, zum Teil 100 Jahre alten Zuständigkeiten bewahrt hatte und nach der Bildung der fünf östlichen Bundesländer im Zuge der Vereinigung sofort mit arbeitsfähigen Landesämtern bereit stand«.[2] Mit diesen Worten beschreibt der nach dem Mauerfall von Hannover in das Sachsen-Anhaltinische Landesdenkmalamt gewechselte HPC Weidner eine der wichtigsten strukturellen Voraussetzungen des früheren Instituts für Denkmalpflege für eine zügige und wohl weitgehend reibungslose Umwandlung in die Landesdenkmalämter der neuen Länder.

Um die relativ gute Ausgangssituation des Instituts für Denkmalpflege für die erforderliche Neuorientierung von Denkmalpflege und Denkmalschutz nach dem Mauerfall zu verdeutlichen, werden hier einige Angaben zur Entwicklung dieser Einrichtung während der DDR-Zeit, zu deren innerem Aufbau und ebenso zum Wirkungs- und Leistungsvermögen gemacht, bevor der eigentliche Umwandlungsprozess mit seinen Vorphasen (Tagungen in Garzau bei Strausberg bzw. Bad Schandau und Wartburgtreffen) und seinen Schwierigkeiten insbesondere für die brandenburgische Denkmalpflege dargestellt werden soll.

Das zentrale Institut für Denkmalpflege (IfD) mit seinen fünf regionalen Arbeitsstellen

Beim Aufbau deutscher Verwaltungen in der Sowjetischen Besatzungszone kam es unmittelbar nach dem Krieg zur Neugründung der traditionellen Länder Brandenburg, Mecklenburg-Vorpommern, Sachsen, Sachsen-Anhalt und Thüringen. Die mitten im Land Brandenburg gelegene Stadt Berlin unterstand der Sonderverwaltung durch die vier Siegermächte, was für die Denkmalpflege Ost-Berlins Sonderregelungen bis in die 1970/80er Jahre bedingte. Die damaligen regional unterstellten Landesdenkmalämter in den östlichen Ländern entstanden nach und nach neu, wobei Dresdner und Hallesches praktisch Weiterführungen der alten Vorkriegsämter waren.

Nach einer Zwischenphase von 1957–1961, in der die zunächst noch vier Arbeitsstellen dem Ministerium für Kultur direkt unterstellt waren, entstand im Zusammenhang mit der neuen »Verordnung über die Pflege und den Schutz der Denkmale« vom 28. September 1961 wieder ein übergreifend wirksames Zentralinstitut mit regionalen Arbeitsstellen, zu dessen Leiter unter der Funktionsbezeichnung »Generalkonservator«

Abb. 1 Berlin, Brüderstraße 13 (Nicolaihaus). Sitz des Instituts für Denkmalpflege und nach 1990 des Brandenburgischen Landesamtes für Denkmalpflege, um 1920

Ludwig Deiters ernannt wurde. Das Institut hatte zu diesem Zeitpunkt rund 60 Mitarbeiter, zu denen aber schnell weitere, insbesondere junge Fachkollegen eingestellt werden konnten. Der Haushaltsetat des IfD mit seinen Arbeitsstellen belief sich damals auf ca. 5 Millionen Mark. Hinzu kam der jährliche Beihilfefonds für denkmalpflegerische Maßnahmen von rund 12 Millionen Mark. Abgesehen von kleineren Veränderungen blieb das Zentralinstitut mit seinen nun fünf regional angesiedelten Arbeitsstellen in dieser Form bis zu seiner Auflösung am 31.12.1990 erhalten.

Innere Struktur des Instituts für Denkmalpflege

Der Handlungsschwerpunkt der Arbeitsstellen konzentrierte sich im Wesentlichen auf die Inventarisation und die praktische Erhaltungsarbeit am Denkmalbestand in den jeweiligen Betreuungsgebieten, die in der Regel drei Bezirke umfassten. Je nach Bedarf und den personellen Möglichkeiten kamen diverse Sonderaufgaben wie etwa bauarchäologische bzw. bauforscherische Tätigkeiten hinzu. Auch eine gewisse Spezialisierung wurde in den 1960/70er Jahren bereits in den Arbeitsstellen betrieben, wie etwa auf dem Gebiet der Technischen Denkmale oder der Denkmale der Volksbaukunst. Während vor 1960 nur in Halle eine Restaurierungswerkstatt existierte, konnte das Institut für Denkmalpflege schon in den 1960er Jahren erreichen, dass in allen Arbeitsstellen Restaurierungswerkstätten eingerichtet werden konnten. Die Restauratoren waren neben den Kunsthistorikern und Architekten schnell zu einer unverzichtbaren Berufsgruppe in der Denkmalpflege geworden. Bald wurden an der Kunsthochschule Berlin, später an der Hochschule für Bildende Künste in Dresden und an der Fachschule für Werbung und Gestaltung Berlin, Außenstelle Potsdam, Restauratoren ausgebildet, wobei erfahrene Restauratoren des Instituts für Denkmalpflege als Dozenten mitwirkten.

Die Schaffung von Planstellen für überregional arbeitende Spezialisten war auch ein wichtiges Anliegen der Berliner Zentrale (Abb. 1–4). So entstand dort eine Arbeitsgruppe zur Anleitung von Erhaltungsarbeiten an Geschichtsdenkmalen. Vor dem Hintergrund, dass es in der DDR praktisch keine freischaffenden Architekten und Bauingenieure gab, wurde schließlich eine Abteilung Städtebau und eine Personalstelle für konstruktive Sicherung von Baudenkmalen geschaffen. Konsequenter und wohl auch früher als in den westdeutschen Denkmalämtern waren sowohl die Berliner Zentrale des Instituts für Denkmalpflege als auch deren Arbeitsstellen mit Landschaftsarchitekten besetzt. Unter Hugo Namslauer begann der Aufbau dieser Abteilung zur Betreuung historischer Garten- und Parkanlagen, die dessen Nachfolger Detlef Karg zu einer beispielhaften fachwissenschaftlichen Einrichtung mit internationaler Ausstrahlung ausbauen konnte. Aber auch das Messbildarchiv mit seinen ca. 100.000 historischen Fotografien, darunter ca. 19.000 Messbilder, wurde seit 1968 vom Institut für Denkmalpflege unterhalten. Vor allem beim Restaurieren und Wiederherstellen der vielen im Zweiten Weltkrieg beschädigten Denkmale waren diese Fotobestände eine wahre Fundgrube.

Im Zusammenhang mit einer Reform der Akademie der Wissenschaften Ende der 1970er Jahre wurde deren Arbeitsstelle für Kunstgeschichte unter Leitung des bekannten Kunsthistorikers Edgar Lehmann aufgelöst und die Mitarbeiter einschließlich der zugehörigen Etats und Ausstattungen dem Institut für Denkmalpflege angegliedert. Dies erweiterte

Abb. 2 Berlin, Brüderstraße 13. Historisches Treppenhaus des aus dem späten 17. Jahrhundert stammenden und nach 1787 für den Schriftsteller und Verleger Friedrich Nicolai umgebauten Wohnhauses, um 1985

die Möglichkeiten der Berliner Zentrale für die Inventarisation sowie für kunstgeschichtliche Grundlagenarbeiten, beispielsweise bei der Neubearbeitung der Dehio-Bände sowie für die Publikationsreihe »Die Bau- und Kunstdenkmale in der DDR« (Hauptstadt Berlin Band 1 und 2; Bezirk Frankfurt/Oder; Bezirk Neubrandenburg; Bezirk Potsdam u. a.). In diesem Zusammenhang fiel auch die im internationalen Verbund aufgestellte Arbeitsgruppe Corpus Vitrearum Medii Aevi (CVMA) für historische Glasmalereien an das Institut für Denkmalpflege. Insbesondere den Bereich unter Leitung von Edgar Lehmann sahen etliche Landeskonservatoren der Alt-Bundesrepublik als Vorbild für eine wünschenswerte, überregional tätige fachwissenschaftliche Einrichtung neben den stärker praxisorientierten Landesdenkmalämtern. Wie Hans-Herbert Möller in seinem Eröffnungsbeitrag zur Potsdamer Jahrestagung 1991 aber selbstkritisch feststellen musste, scheiterte der Versuch des Aufbaus einer solchen überregional arbeitenden Forschungseinrichtung, für die die politische Umbruchzeit tatsächlich beste Voraussetzungen bot, bereits im Ansatz. Er schreibt dazu: »Das Postulat dieser Thesen (Wartburg-Treffen) ist – wie so oft – durch die Kraft des Faktischen überrollt worden.«

Hatte das Institut für Denkmalpflege 1961 nicht einmal 60 Personalstellen, so wuchs die Anzahl der MitarbeiterInnen für die Zentrale und die fünf regionalen Arbeitsstellen später insgesamt auf 220, was aber den Anforderungen noch immer nicht genügte.

Das 1975 von der Volkskammer verabschiedete Denkmalpflegegesetz/DDR

Die Arbeit am neuen Denkmalschutzgesetz des Landes Brandenburg vom 22. August 1991 war gewiss nicht einfach, aber mit den Schwierigkeiten bei der Erarbeitung des Denkmalpflegegesetzes unter DDR-Bedingungen wohl dennoch kaum vergleichbar. Ludwig Deiters bemerkte dazu einmal: »Der Weg zum Denkmalpflegegesetz war mühsam und kostete acht Jahre beharrliche Arbeit«. Ein großer Fortschritt war, dass das Gesetz durch die Volkskammer verabschiedet wurde, was damals als ein grundsätzliches Bekenntnis der Gesellschaft zu Denkmalpflege und Denkmalschutz gewertet wurde.

Bei der Erarbeitung des Denkmalpflegegesetzes der DDR erwies sich die gestiegene internationale Anerkennung von Denkmalpflege und Denkmalschutz im Vorfeld des »Europäischen Denkmalschutzjahres 1975« als außerordentlich nützlich. Wichtig waren zudem die guten Kontakte zu den Denkmalpflegern der sozialistischen Länder, aber auch die persönlichen zu einzelnen Kollegen in der Bundesrepublik Deutschland, Österreich oder der Schweiz.

Dass das Denkmalpflegegesetz der DDR von 1975 durchaus als ein anspruchsvolles modernes Gesetzeswerk angesehen werden konnte, mag ein Zitat HPC Weidners aus Halle belegen. Er schreibt in diesem Zusammenhang: »In der alten BRD dauerte es zwar bis zum Jahr 1980, um alle mit Berlin damals elf Bundesländer mit modernen Denkmalschutzgesetzen (in vielen Bereichen zum ersten Mal!) auszustatten. Die DDR erließ bereits 1975 das ‚Gesetz zur Erhaltung der Denkmale in der Deutschen Demokratischen Republik – Denkmalpflegegesetz'. Mit diesen Gesetzen gab es zum ersten Mal flächendeckend in ganz Deutschland die Möglichkeit der Unterschutzstellung aus ›städtebaulichen‹ Gründen (...), ja von ganzen Stadt- und Ortsanlagen etc. (...)«.[3] Und tatsächlich standen in den früheren Bezirken Frankfurt/Oder und Potsdam eine ganze Reihe von Altstädten als Gesamtanlage unter Denkmalschutz.

Obwohl mit dem Exkurs über das Institut für Denkmalpflege wohl hinreichend belegt worden sein dürfte, dass die auf der Wartburg versammelten Denkmalpfleger aus West und Ost mit ihrer Einschätzung des Instituts für Denkmalpflege am Ende der DDR wohl tatsächlich nicht falsch lagen, mögen Uneingeweihte angesichts des damaligen katastrophalen Zustands vieler Denkmale und verfallener Städte im Osten Deutschlands vielleicht den Eindruck einer zu positiven Darstellung vom Institut für Denkmalpflege gewonnen haben. Deshalb dürfte es angebracht sein, an dieser Stelle einmal kurz darauf einzugehen, warum es trotz eigentlich guter Voraussetzungen in der DDR-Denkmalpflege wie etwa der damaligen Aufstellung des Instituts für Denkmalpflege oder des modernen Ansprüchen durchaus genügenden Denkmalschutzgesetzes von 1975 zu so katastrophalen Ergebnissen insbesondere bei den Flächendenkmalen kommen konnte. Eine Vielzahl von politischen, ideologischen und praktischen Gründen gab es dafür, wie etwa die jahrzehntelange Konzentration des industriellen Bauens auf der »grünen Wiese« anstelle von Altstadterhaltung, und schließlich gab es »... kein Brett, keine Ziegel, einfach kein Baumaterial (...),« wie es ein Mecklenburger Pfarrer nach der Wende lakonisch anmerkt. Aber auch die mangelnde Rechtsdurchsetzung war ein großes Problem, mit dem die Denkmalpfleger im Osten massiv zu kämpfen hatten. Insbesondere die Denkmalpfleger in der Praxis hatten mit der Schaffung von Voraussetzungen für die Erhaltung und Restaurierung mindestens ebensoviel Aufwand zu betreiben wie für ihre eigentliche Facharbeit. Trotz derartiger Schwierigkeiten gab es aber auch immer wieder den einen oder anderen Erfolg.

»Memorandum« zu den künftigen Aufgaben der Denkmalpflege unter den Bedingungen neuer Organisationsformen

»Wo Häuser verkommen, verkommen auch Menschen.«[4] Mit diesem Aufruf trat schon 1986 eine Protestbewegung engagierter Bürger dem Verfall der Wittenberger Altstadt entgegen. Das Beispiel zeigt, dass schon weit vor dem Herbst 1989 insbesondere der Verfall unserer historischen Altstädte zu einem allgemeinen Ärgernis geworden war und Bürger Schritt für Schritt immer mutiger gegen die progressiv zunehmenden Schäden und Substanzverluste protestierten. Die Situation war auch für uns Denkmalpfleger immer hoffnungsloser geworden. Angesichts fehlenden Baumaterials und fehlender Handwerksbetriebe mussten wir uns fragen lassen, ob es moralisch überhaupt vertretbar sei, unbeirrt weiterhin den Erhalt von verfallenden Fachwerkquartieren in den Zentren unserer Altstädte zu fordern. Mit den Umgestaltungsbeispielen von Bernau und Greifswald hätten die Innenstädte doch wenigstens eine Überlebenschance, so jedenfalls die Argumentation der Verfechter von flächigem Abriss der Altbauten und anschließender Neubebauung mit drei- bis vierstöckigen Plattenbauten. Uns überkam in Anbetracht derartiger Entwicklungen immer mehr Ratlosigkeit. Und um es klar und deutlich auszusprechen, wenn die politischen Veränderungen von 1989/90 nicht gekommen wären, hätte es das »Wunder« unserer wiedererstandenen Altstädte gewiss nicht gegeben.

Ähnlich den Jahrestagungen der Vereinigung der Landesdenkmalpfleger in der Bundesrepublik führte auch das Institut für Denkmalpflege der DDR einmal im Jahr ein mehrtägiges Treffen durch, an dem Mitarbeiter der zentralen Berliner Abteilungen und der fünf Arbeitsstellen teilnahmen und bei dem Erfahrungen ausgetauscht und Probleme sowie künftige Verfahrensweisen beraten wurden. »Auf der vom 23. bis 27. Januar 1989 in Garzau bei Strausberg abgehaltenen Tagung kam es in einer der Sitzungen zu einem bis dahin nicht erlebten, die festgefahrenen ideologischen Verhaltensmuster aufbrechenden Vortrag (Gotthard Voß, Halle), der aufhorchen ließ und von vielen Anwesenden zustimmend, von einigen zwangsläufig verschreckt aufgenommen wurde. Voß warnte angesichts der daraus bereits entstandenen Probleme vor großen Gefahren und irreparablen Folgen für die Denkmale und vor weiterem landesweiten Gebäude- und Städtesterben, wofür die katastrophale Lage in bedeutenden Altstädten wie z. B. Greifswald, Stendal, Halberstadt und Gotha mit ihren Denkmalzerstörungen schon hinlänglich Zeugnis ablegte.«[5] In einem Forschungsbericht »Zum Verständnis der Denkmalpflege in der DDR« von Elisabeth Hütter und Heinrich Magirius wird der Vortrag von Voß »als Zeitzeugnis für diesen Stand resignativer Depression …« bewertet.[6] Die Probleme so offen anzusprechen, zeugte zu Beginn des Jahres 1989 von persönlichem Mut und hätte von anwesenden Parteifunktionären durchaus noch als »Auflehnung gegen die staatlichen Organe« verstanden werden können. Der Generalkonservator Peter Goralczyk schätzte die damalige Situation offenbar ähnlich kritisch ein. Er hatte schon im Juni 1987 die Arbeitsstellen des Instituts für Denkmalpflege angewiesen, entsprechende Dokumentationen über den dramatischen Zustand von ausgewählten historischen Altstädten zu erarbeiten. Im Januar 1988 lag der Zustandsbericht für elf Städte vor, der in Berlin zusammengestellt und von dort dem Kulturministerium und dem Institut für Städtebau und Architektur der Bauakademie der DDR übergeben wurde.

Ein Jahr später, auf der letzten Tagung aller Arbeitsstellen und der Berliner Zentrale in Bad Schandau vom 8.–12. Januar 1990 ergriff erneut Gotthard Voß von der Halleschen Arbeitsstelle das Wort. Diesmal legte er einen in 14 Punkte gegliederten »Forderungskatalog« zur Verbesserung der Arbeit des Instituts für Denkmalpflege vor. Im Grunde zielten diese Forderungen bereits auf eine Neuformierung von Denkmalpflege und Denkmalschutz ab. Da viele KollegInnen das Verlangen beispielsweise nach Wiederherstellung der völligen Eigenständigkeit der bestehenden Arbeitsstellen teilten, wurde auf dieser Tagung mit großer Mehrheit die Bildung einer »Arbeitsgruppe für Strukturfragen« beschlossen. Am 15.

Abb. 3 Berlin, Brüderstraße 13. Begrünter Innenhof des vierflügeligen Gebäudekomplexes. Der Hof war stimmungsvoller Rahmen für Kulturveranstaltungen, um 1985

Abb. 4 Berlin, Brüderstraße 13. Dienstzimmer der Generalkonservatoren Prof. Dr. Ludwig Deiters und Dr. Peter Goralczyk, um 1990

Februar 1990, also noch vor dem Wartburgtreffen, kam die zwölfköpfige Arbeitsgruppe zu einer ganztägigen Beratung in der Halleschen Marktkirche zusammen. Als Ergebnis des Treffens entstand ein Memorandum, in dem die wesentlichen Aufgaben und künftigen Strukturen von Denkmalpflege und Denkmalschutz unter den neuen Bedingungen der Wiederherstellung der östlichen Bundesländer mit eigener Kulturhoheit skizziert wurden.[7]

Da sich im Februar des Jahres 1990 bereits deutlich die politischen Rahmenbedingungen mit der Neubildung der von 1945–1952 bestandenen Länder im Osten abzeichnete, wurde von einer grundsätzlich vergleichbaren Situation wie in der Bundesrepublik ausgegangen. Es wurde deshalb ein Konzept entwickelt, das als Struktur der staatlichen Denkmalpflege eine Oberste Denkmalschutzbehörde bei dem jeweils zuständigen Ministerium mit Unteren Denkmalschutzbehörden bei den Kreis- oder Stadtverwaltungen sowie eine Fachbehörde als Landesdenkmalamt vorsah. Für die Aufgaben und die Organisationsform der künftigen Landesämter wurden detaillierte Vorstellungen entwickelt. Bisher von zentralen Abteilungen wahrgenommene Teilbereiche wie Inventarisation, Städtebau, Gartendenkmale oder Technische Denkmale sollten dabei vollständig in die Kompetenz der Landesdenkmalämter fallen. Restaurierungswerkstätten wurden für jedes Landesdenkmalamt als zwingend angesehen. Die Frage der künftigen Zusammenarbeit mit der Bodendenkmalpflege sollte zu einem späteren Zeitpunkt geprüft und entschieden werden. Neben den damals angedachten Landesämtern mit vier Hauptabteilungen (Leitung und Verwaltung/Bau- und Kunstdenkmalpflege/Inventarisation, Forschung und Dokumentation/Restaurierungswerkstätten) wurde die Bildung von länderübergreifend wirksamen Sondereinrichtungen wie ein Zentrallabor für Steinkonservierung, eine Forschungsgruppe für CVMA (Glasmalerei) o. a. für wünschenswert gehalten.

Insbesondere aufgrund von Anregungen mehrerer Kollegen aus der alten Bundesrepublik wurde die Frage einer möglichen länderübergreifenden Institution für Denkmalpflege diskutiert, die künftig neben den Landesämtern vorhanden sein sollte. Hans-Herbert Möller sah dafür im Bereich des Ost-Berliner Instituts für Denkmalpflege unter Edgar Lehmann erfolgversprechende Ansätze in Richtung einer der unmittelbaren Praxis verbundenen Denkmalforschung, vergleichbar mit dem renommierten Institut für Österreichische Kunstforschung des Bundesdenkmalamtes Wien. Die »Arbeitsgruppe Strukturfragen« hatte derartige Überlegungen vor allem im Sinne von Anfragen an die Vereinigung der Landeskonservatoren der BRD gestellt. Ausdrücklich wurde aber festgeschrieben, dass eine solche zentrale Einrichtung in keiner Weise in die Belange der Landesdenkmalämter hineinreden dürfe.

Das von der »Arbeitgruppe Strukturfragen« erarbeitete Memorandum wurde am 28. Februar 1990 in einer Sitzung der Chefkonservatoren in Berlin diskutiert und lag auch beim Wartburgtreffen am 1. und 2. März 1990 vor.

Gemeinsames Treffen von Denkmalpflegern aus der Bundesrepublik Deutschland und der DDR am 1. und 2. März 1990 auf der Wartburg

Nach jahrzehntelanger Trennung trafen sich am 1. und 2. März 1990 auf der Wartburg bei Eisenach Denkmalpfleger aus Ost und West erstmals wieder zu einer gemeinsamen Veranstaltung. An diesem Arbeitsgespräch nahmen die Landeskonservatoren der westdeutschen Bundesländer und die Leiter sowie einige Mitarbeiter vom damaligen zentral organisierten Institut für Denkmalpflege der DDR und aus den Arbeitsstellen in Berlin, Dresden, Erfurt, Halle und Schwerin teil. Die brandenburgischen Interessen wurden dabei von Detlef Karg und Ernst Wipprecht vertreten.

Nicht einmal vier Monate nach dem Fall der Berliner Mauer am 9. November 1989 und damit weit vor den sich aus diesem »November-Wunder« ergebenden bedeutsamen politischen und gesellschaftlichen Entwicklungen mit ihren Konsequenzen wurde auf Initiative der Vereinigung der Landesdenkmalpfleger in der Bundesrepublik Deutschland über die künftigen Strukturen und Organisationsformen von Denkmalschutz und Denkmalpflege in dem zukünftig geeinten Deutschland bzw. in den östlichen Bundesländern diskutiert. Am erstaunlichsten während dieser Tagung war, dass trotz der unterschiedlichen politischen und gesellschaftlichen Systeme in der Bundesrepublik und der DDR in den Grundfragen einer an internationalen Maßstäben orientierten Denkmalpflege Übereinstimmung bestand. Dabei wurde konstatiert: »(...) dass die Organisation der Denkmalpflege in der DDR in den vergangenen Jahrzehnten die Länderstruktur bewahrt hat. Damit bestehen gute Voraussetzungen für eine Umwandlung der Arbeitsstellen des Instituts für Denkmalpflege in Landesdenkmalämter«.[8] Natürlich war dieses Bekenntnis gerade für uns Denkmalpfleger aus dem Osten eine ungemein wichtige Botschaft, denn schon damals war klar, dass sich im Westen wenig bzw. fast gar nichts, im Osten dafür umso mehr verändern würde. Das als »Wartburg-Thesen zur Denkmalpflege« verfasste Manifest war von größtem Wert für die Überführung der einzelnen Teilbereiche des Instituts für Denkmalpflege (Zentrale und Arbeitsstellen) in neue Landesdenkmalämter und darüber hinaus ganz allgemein für den Denkmalschutz und die Denkmalpflege in den östlichen Bundesländern.

Die Bedeutung des Wartburg-Treffens für den Wandlungsprozess der Denkmalpflege im Osten Deutschlands während der Umbruchzeit kann nicht hoch genug eingeschätzt werden. Was wäre geworden, wenn die Landeskonservatoren der BRD während dieses Arbeitsgesprächs nicht zu der Einschätzung gelangt wären, dass »in der Bundesrepublik Deutschland und der DDR in den Grundfragen einer an internationalen Maßstäben orientierten Denkmalpflege Übereinstimmung bestehe«? Zum Wartburgtreffen bemerkte Hans-Herbert Möller, damals Vorsitzender der Vereinigung, in seiner Eröffnungsansprache zur Jahrestagung der Vereinigung der Landesdenkmalpfleger in der Bundesrepublik Deutschland am 10. Juni 1991 im

Schlosstheater des Neuen Palais in Potsdam u.a. folgendes: »Das Postulat dieser Thesen ist – wie so oft – durch die Kraft des Faktischen überrollt worden. In vielen Bereichen der öffentlichen Verwaltung haben die alten Bundesländer den jeweiligen Partnerländern ihren Stempel aufgedrückt und wir Konservatoren aus den alten Bundesländern haben uns dem nicht verweigert, sondern dabei mitgeholfen. Bedauerlich ist, dass insgesamt viel zu wenig neu gedacht wurde«.[9] Möller dachte dabei allerdings nicht daran, warum es im heutigen Deutschland eigentlich 16 unterschiedliche Denkmalschutzgesetze geben muss oder an ähnliche, sich aus dem Föderalismus ergebende Problemfelder. Er hatte vielmehr im Auge, den bevorstehenden Veränderungsprozess im Osten zu nutzen, um »sich Gedanken über die Bewältigung länderübergreifender gemeinsamer Aufgaben zu machen«. Dabei sah er Handlungsbedarf auf Gebieten etwa »des Städtebaus und der Inventarisation, der Industriedenkmalpflege und der Bautechnik, (... in) Fragen der Aus- und Fortbildung oder des Erfahrungsaustausches der Restauratoren«. Mit aller Klarheit wurde allerdings ein Bundesdenkmalamt abgelehnt.

Natürlich gab es während des schwierigen Neuanfangs auch im Osten vereinzelt Überlegungen, ein zentrales Amt mit länderübergreifenden Kompetenzen zu schaffen. Das Institut für Denkmalpflege mit seiner Berliner Zentrale und seinen regionalen Arbeitsstellen hatte tatsächlich etliche Vorteile, wie Möller in seinem Eröffnungsbeitrag zur Jahrestagung von 1991 hervorgehoben hatte.[10] Im Sinne des Föderalismus in der Bundesrepublik war allerdings günstig, dass das Institut für Denkmalpflege das Prinzip der regionalen Arbeitsstellen mit ihrer Ortsnähe zu den Denkmalen seit 1945 faktisch bewahrt hatte. Jene waren zwar Teile der Einrichtung, fachlich aber weitestgehend unabhängig, was sowohl ein Verdienst des langjährigen Generalkonservators Ludwig Deiters als auch dessen Nachfolgers Peter Goralczyk war.

Dass derartige Überlegungen zur Bildung einer länderübergreifenden Forschungseinrichtung im Einigungsprozess unrealistisch waren, wurde spätestens klar, als sich die Neugründung der nach 1945 schon einmal bestandenen Länder abzeichnete. Mit der Übernahme der föderalen Länderstruktur für den Osten Deutschlands war im Prinzip auch die Übernahme der Strukturen von Denkmalpflege und Denkmalschutz der BRD vorbestimmt.

Neben den Wartburg-Thesen war die gegenseitige Wertschätzung der Konservatoren aus West und Ost ein wichtiger Faktor für die Bereitschaft der westlichen Landeskonservatoren, ihre Kollegen im Osten beim Umbau von Denkmalpflege und Denkmalschutz in den neu gebildeten östlichen Bundesländern zu unterstützen. Als ein Beispiel dieser Wertschätzung soll hier aus dem bereits angesprochenen Eröffnungsreferat von Hans-Herbert Möller auf der Jahrestagung von 1991 in Potsdam zitiert werden: »(...) Dabei sind bisher die Wertigkeiten von Garten, Park und gestalteter Landschaft im Hintergrund geblieben und nun zu Recht von Dr. Karg, der hierfür weithin ausgewiesen ist, zum Anlaß genommen worden, unter dieser Thematik die erste gemeinsame Jahrestagung deutscher Denkmalpfleger abhalten zu wollen«.[11] Und tatsächlich ist es insbesondere der Initiative von Detlef Karg zu danken, dass sich schon während der DDR-Zeit innerhalb des Instituts für Denkmalpflege die Gartendenkmalpflege gut entwickelt hatte.

Dass das Institut für Denkmalpflege im Westen durchaus Akzeptanz genoss, dürfte allein schon die Einschätzung der Teilnehmer des Wartburgtreffens verdeutlichen, wonach in beiden Teilen Deutschlands in den Grundfragen Übereinstimmung bestehen würde. Zudem waren in den vergangenen Jahrzehnten die Kontakte zwischen den Denkmalpflegern aus West und Ost niemals völlig abgerissen. Allein im internationalen Rahmen kam es immer wieder zu Begegnungen zwischen den Konservatoren. Und trotz allgemeiner Abschottung seitens der DDR gab es darüber hinaus auch stets vielfältige persönliche Kontakte. Dafür ist den westdeutschen Kollegen zu danken, aber auch den beiden Generalkonservatoren des Instituts für Denkmalpflege, die sich seit den 1970er Jahren für die internationale Einbindung der DDR-Denkmalpflege eingesetzt haben.

Es war schon erstaunlich, wie gut die westlichen Kollegen während der Umbruchphase über ihre östlichen Mitstreiter informiert waren. Sie hatten gute Kenntnisse von deren Bemühungen, aber auch von den ständig schwieriger werdenden Bedingungen für die Denkmalerhaltung im Osten. So hat der gegenseitige Respekt der Konservatoren aus West und Ost ganz wesentlich dazu beigetragen, dass in den fünf östlichen Ländern ausschließlich frühere Mitarbeiter des Instituts für Denkmalpflege als Landeskonservatoren berufen wurden. Diese Form der Neubesetzung von gleich fünf neuen Amtsleitern dürfte im komplizierten Einigungsprozess wohl ohne Beispiel gewesen sein, hat sich aber sehr positiv auf die Entwicklung der einzelnen Landesdenkmalämter und die Ergebnisse ihrer Tätigkeiten ausgewirkt.

Für ihre Unterstützung beim Aufbau der östlichen Landesdenkmalämter sei insbesondere den westlichen Landeskonservatoren Dank gesagt. Aber nicht nur sie wirkten während des Wandlungsprozesses in hilfreicher Weise mit, auch die Verantwortlichen der Kultusministerkonferenz haben ihren Anteil zum Neuaufbau von Denkmalpflege und Denkmalschutz im Osten Deutschlands beigetragen. Ebenso zählen das Deutsche Nationalkomitee für Denkmalschutz und die Deutsche Stiftung Denkmalschutz zu jenen Institutionen, die stets mit Rat und Tat zur Stelle waren, wofür wir Denkmalpfleger im Osten ebenfalls Dank zu sagen haben.

Ein vorweihnachtlicher Überraschungsbesuch des West-Berliner Landeskonservators

Die Weihnachtsfeiertage des Jahres 1990 standen unmittelbar bevor. Besuch aus West-Berlin hatte sich für den 21.12.1990 im Nicolai-Haus in der Berliner Brüderstraße, dem Amtssitz des

Instituts für Denkmalpflege, angesagt. Wir nahmen an, dass der damalige West-Berliner Landeskonservator, Helmut Engel, mit zwei Mitarbeitern den Ost-Berliner Denkmalpflegern ein gutes Fest sowie ein erfolgreiches Neues Jahr wünschen und dabei vielleicht auch den einen oder anderen Rat für die Neuordnung von Denkmalpflege und Denkmalschutz im Osten geben wollte. Nicht zuletzt wegen seiner kooperativen und pragmatischen Mitwirkung, beispielsweise bei den schwierigen Verhandlungen zur Rückführung der nach Entwürfen von Karl Friedrich Schinkel geschaffenen Marmor-Skulpturengruppen der Schlossbrücke am Lustgarten, die während der DDR-Zeit in West-Berlin lagerten, meinten wir, im West-Berliner Landeskonservator einen hilfreichen Kollegen sehen zu können. Auch der partnerschaftliche Gedankenaustausch während der DDR-Zeit bei verschiedenen Exkursionen von Mitarbeitern seines West-Berliner Amtes zu Denkmalen bzw. Denkmalensembles in Ost-Berlin sowie in der umgebenden märkischen Kulturlandschaft waren uns in angenehmer Erinnerung geblieben. Überdies hatten uns die West-Berliner Denkmalpfleger unmittelbar nach dem Mauerfall mit ihrer spontanen Einladung zu Besichtigungstouren der Denkmale im Westteil der Stadt ein unvergessliches Erlebnis bereitet – immerhin war das für die meisten unserer Mitarbeiter nach vielen Jahrzehnten eine erste Begegnung mit dieser Denkmallandschaft und dem dortigen denkmalpflegerischen Handeln.

Im Dienstzimmer des Generalkonservators Peter Goralczyk in der Brüderstraße empfingen wir unsere Gäste mit Kaffee und Kuchen. In Begleitung von Professor Helmut Engel waren sein Justitiar Heinrich von Bargen und die Leiterin der Abteilung Inventarisation Frau Christine Hoh-Slodczyk. Auf brandenburgischer Seite nahmen, neben dem damals noch amtierenden Generalkonservator und Institutsleiter Peter Goralczyk, Detlef Karg und der Autor dieses Beitrags teil, den die Mitarbeiter im Juni 1990 zum Interims-Leiter der Brandenburger Denkmalpfleger für die Übergangszeit bestimmt hatten. Dass dies aber nicht der von uns angenommene Freundschaftsbesuch werden würde, wurde uns schnell bewusst. Nach dem Austausch von netten Begrüßungsworten kamen Helmut Engel und sein Justitiar bald zur Sache. Statt eines uns sehr willkommenen Gedankenaustauschs wollte der West-Berliner Landeskonservator tatsächlich das Institut für Denkmalpflege und dessen Mitarbeiter ohne jegliche Vorabsprachen abwickeln. Sie übergaben Herrn Goralczyk ein von Herrn von Bargen verfasstes und von Herrn Dehaes, Senatsverwaltung für Stadtentwicklung und Umweltschutz, unterzeichnetes Schreiben vom 20.12.1990 zur Abwicklung des Ost-Berliner Teils des Instituts für Denkmalpflege (Abb. 5). Sie eröffneten uns, dass aufgrund des am 3. Oktober 1990 in Kraft getretenen Einigungsvertrages das Nicolai-Haus in der Brüderstraße als Amtssitz des Instituts für Denkmalpflege dem Land Berlin zugefallen sei. Sie hätten deshalb ab sofort die Amtshoheit über den Gebäudekomplex mit seinen bis unter das Dach ausgebauten Arbeitsplätzen, der Objektregistratur, den Sammlungen, der Bibliothek, dem Meydenbauerschen Messbildarchiv (Gormannstraße) sowie der Foto- und Restaurierungswerkstatt. Vorbereitet hatte der West-Berliner Landeskonservator entsprechende Kündigungsschreiben für die verbliebenen Mitarbeiter des Instituts für Denkmalpflege, die sich im September 1990 nicht beim Berliner Denkmalamt beworben hatten, was insbesondere auch die Mitarbeiter der Arbeitsgruppe Brandenburg betraf. Darüber hinaus wurde Goralczyk vom West-Berliner Landeskonservator ultimativ aufgefordert, die Schlüsselgewalt für den Gebäudekomplex sofort abzugeben und die Mitarbeiter dazu zu zwingen, das Dienstgebäude noch am selben Tag ohne Rückkehrrecht bis spätestens 17 Uhr zu verlassen, anderenfalls würde er die Polizei zur Zwangsräumung des Hauses herbeirufen. Diese mündlich vorgetragenen Forderungen gingen noch weit über die des Briefs hinaus.

Aus dem angesprochenen Brief der Senatsverwaltung zur Abwicklung des Instituts für Denkmalpflege zitiert die Bildende Kunst – Zeitschrift für Kultur und Kritik: »Trotzdem wurde (...) am 20.12.1990 ein Brief an Peter Goralczyk, damals noch Generalkonservator der DDR, geschrieben, der ein Musterstück der Sprache des neuen Reiches ist: »Wir haben Sie aufzufordern, die Namen und zustellungsfähigen Privatanschriften aller Mitarbeiterinnen und Mitarbeiter zu benennen, damit wir diese bis zum 31.12.1990 über die Abwicklungsentscheidung benachrichtigen können. Wir haben Sie weiterhin aufzufordern, dafür Sorge zu tragen, dass alle Mobilien und Immobilien unangetastet weiterhin zur Verfügung stehen (...). Sicherzustellen ist, dass ab dem 01.01.1991 keine unbefugte Person über Schlüssel zu Gebäuden des Instituts für Denkmalpflege verfügt oder Zugriff zu Materialien oder anderen Gegenständen des Instituts hat«.[12]

Noch immer ist mir dieser denkwürdige Tag voll im Bewusstsein. Nur zitternd konnte ich nach dem Schockerlebnis meine Kaffeetasse zum Mund führen. Polizeigewalt hatte damals im Osten bekanntlich ein höheres Abschreckungspotential als im Westen. Vermutlich ist es den anderen Teilnehmern dieses Treffens aus dem Osten nicht anders ergangen. Vor allem der noch immer die Gesamtverantwortung für das Institut für Denkmalpflege mit seinen fünf Arbeitsstellen in Berlin, Dresden, Erfurt, Halle und Schwerin tragende Generalkonservator stand unter massivem Entscheidungsdruck. Sollte oder musste er diesem unwürdigen Begehren des West-Berliner Landeskonservators folgen oder sich dessen Forderungen widersetzen?

Und tatsächlich widersetzten wir uns sämtlichen Forderungen von Helmut Engel und seinem Justitiar, der sich später noch rühmte, das Institut für Denkmalpflege mit seinen »Brandenburger Denkmalpflegern« abgewickelt zu haben. Noch während dieses Auftritts der West-Berliner Denkmalpfleger hatten wir »Brandenburger« uns insgeheim verabredet, dass im Ernstfall der Autor dieses Beitrags die Schlüsselhoheit für den Brandenburger Bereich übernähme. Selbstverständlich wurde niemandem das vorbereitete Kündigungsschreiben ausgehändigt. Für den Fall der Einleitung einer polizeilichen Räumungsaktion hatten wir die unbefristete Besetzung des Hauses beschlossen. Diese Nachricht verbreitete sich in Windeseile im

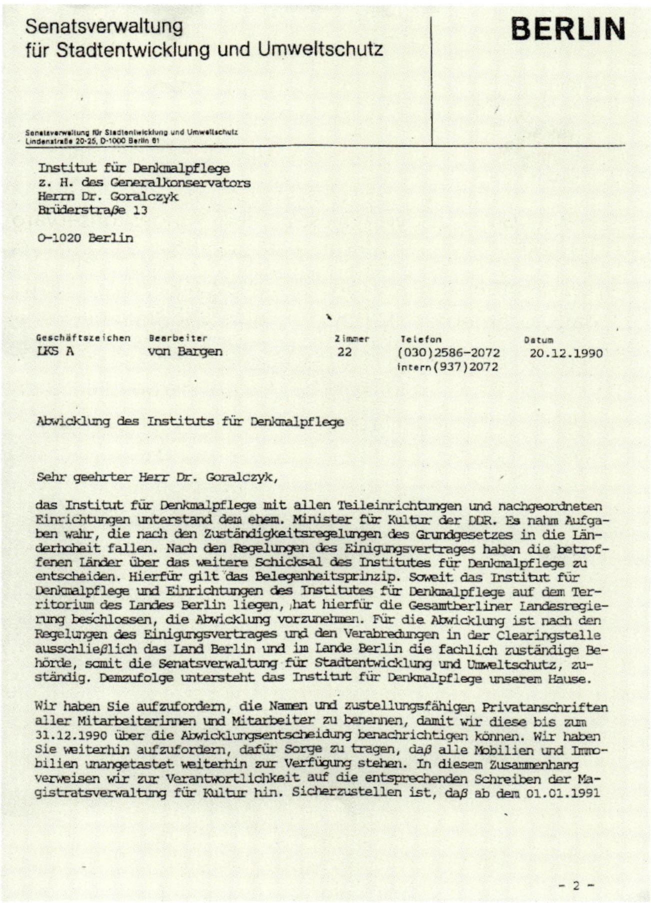

Senatsverwaltung
für Stadtentwicklung und Umweltschutz

BERLIN

Senatsverwaltung für Stadtentwicklung und Umweltschutz
Lindenstraße 20-25, D-1000 Berlin 61

Institut für Denkmalpflege
z. H. des Generalkonservators
Herrn Dr. Goralczyk
Brüderstraße 13

O-1020 Berlin

Geschäftszeichen	Bearbeiter	Zimmer	Telefon	Datum
LKS A	von Bargen	22	(030)2586-2072 intern(937)2072	20.12.1990

Abwicklung des Instituts für Denkmalpflege

Sehr geehrter Herr Dr. Goralczyk,

das Institut für Denkmalpflege mit allen Teileinrichtungen und nachgeordneten Einrichtungen unterstand dem ehem. Minister für Kultur der DDR. Es nahm Aufgaben wahr, die nach den Zuständigkeitsregelungen des Grundgesetzes in die Länderhoheit fallen. Nach den Regelungen des Einigungsvertrages haben die betroffenen Länder über das weitere Schicksal des Institutes für Denkmalpflege zu entscheiden. Hierfür gilt das Belegenheitsprinzip. Soweit das Institut für Denkmalpflege und Einrichtungen des Institutes für Denkmalpflege auf dem Territorium des Landes Berlin liegen, hat hierfür die Gesamtberliner Landesregierung beschlossen, die Abwicklung vorzunehmen. Für die Abwicklung ist nach den Regelungen des Einigungsvertrages und den Verabredungen in der Clearingstelle ausschließlich das Land Berlin und im Lande Berlin die fachlich zuständige Behörde, somit die Senatsverwaltung für Stadtentwicklung und Umweltschutz, zuständig. Demzufolge untersteht das Institut für Denkmalpflege unserem Hause.

Wir haben Sie aufzufordern, die Namen und zustellungsfähigen Privatanschriften aller Mitarbeiterinnen und Mitarbeiter zu benennen, damit wir diese bis zum 31.12.1990 über die Abwicklungsentscheidung benachrichtigen können. Wir haben Sie weiterhin aufzufordern, dafür Sorge zu tragen, daß alle Mobilien und Immobilien unangetastet weiterhin zur Verfügung stehen. In diesem Zusammenhang verweisen wir zur Verantwortlichkeit auf die entsprechenden Schreiben der Magistratsverwaltung für Kultur hin. Sicherzustellen ist, daß ab dem 01.01.1991

- 2 -

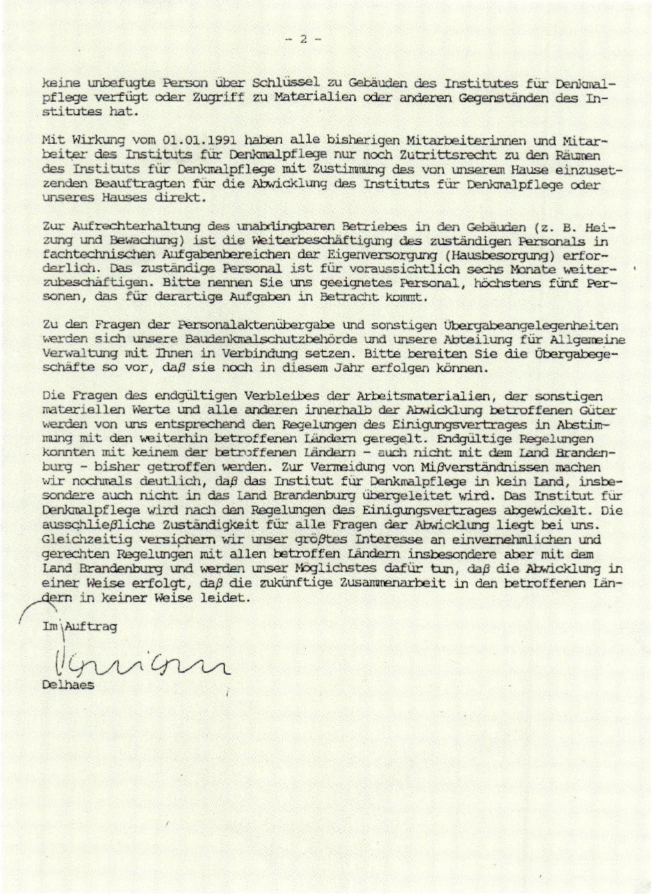

- 2 -

keine unbefugte Person über Schlüssel zu Gebäuden des Institutes für Denkmalpflege verfügt oder Zugriff zu Materialien oder anderen Gegenständen des Institutes hat.

Mit Wirkung vom 01.01.1991 haben alle bisherigen Mitarbeiterinnen und Mitarbeiter des Instituts für Denkmalpflege nur noch Zutrittsrecht zu den Räumen des Instituts für Denkmalpflege mit Zustimmung des von unserem Hause einzusetzenden Beauftragten für die Abwicklung des Instituts für Denkmalpflege oder unseres Hauses direkt.

Zur Aufrechterhaltung des unabdingbaren Betriebes in den Gebäuden (z. B. Heizung und Bewachung) ist die Weiterbeschäftigung des zuständigen Personals in fachtechnischen Aufgabenbereichen der Eigenversorgung (Hausbesorgung) erforderlich. Das zuständige Personal ist für voraussichtlich sechs Monate weiterzubeschäftigen. Bitte nennen Sie uns geeignetes Personal, höchstens fünf Personen, das für derartige Aufgaben in Betracht kommt.

Zu den Fragen der Personalaktenübergabe und sonstigen Übergabeangelegenheiten werden sich unsere Baudenkmalschutzbehörde und unsere Abteilung für Allgemeine Verwaltung mit Ihnen in Verbindung setzen. Bitte bereiten Sie die Übergabegeschäfte so vor, daß sie noch in diesem Jahr erfolgen können.

Die Fragen des endgültigen Verbleibes der Arbeitsmaterialien, der sonstigen materiellen Werte und alle anderen innerhalb der Abwicklung betroffenen Güter werden von uns entsprechend den Regelungen des Einigungsvertrages in Abstimmung mit den weiterhin betroffenen Ländern geregelt. Endgültige Regelungen konnten mit keinem der betroffenen Ländern – auch nicht mit dem Land Brandenburg – bisher getroffen werden. Zur Vermeidung von Mißverständnissen machen wir nochmals deutlich, daß das Institut für Denkmalpflege in kein Land, insbesondere auch nicht in das Land Brandenburg übergeleitet wird. Das Institut für Denkmalpflege wird nach den Regelungen des Einigungsvertrages abgewickelt. Die ausschließliche Zuständigkeit für alle Fragen der Abwicklung liegt bei uns. Gleichzeitig versichern wir unser größtes Interesse an einvernehmlichen und gerechten Regelungen mit allen betroffen Ländern insbesondere aber mit dem Land Brandenburg und werden unser Möglichstes dafür tun, daß die Abwicklung in einer Weise erfolgt, daß die zukünftige Zusammenarbeit in den betroffenen Ländern in keiner Weise leidet.

Im Auftrag

Delhaes

Abb. 5 Schreiben der Senatsverwaltung für Stadtentwicklung und Umweltschutz vom 20.12.1990 zur Abwicklung des Instituts für Denkmalpflege

ganzen Haus, und alle an diesem Tag anwesenden Mitarbeiter waren auch dazu bereit. Einige Mitarbeiter/Innen hatten im Verlauf des Tages bereits konkrete Vorbereitungen für eine Besetzung des Amtsgebäudes auch für die Zeit über die Festtage getroffen wie Beschaffung von Lebensmitteln, Waschzeug, Zahnbürste u.a. Was uns als Verantwortliche betraf, so waren wir uns der Ernsthaftigkeit dieser Situation sehr wohl bewusst.

Die schon während der DDR-Zeit in der Ost-Berliner Denkmalpflege Tätigen mussten sich bereits im September 1990 bei der Berliner Denkmalpflege neu bewerben und betreuten unter den neuen Bedingungen zunächst wohl weitgehend ihre alten Aufgabenbereiche. Wir Brandenburger hatten bereits im Juni 1990 eine »Arbeitsgruppe Brandenburg« gebildet und im August eine Konzeption der künftigen Aufgaben und Strukturen von Denkmalpflege und Denkmalschutz entwickelt, die am 20. September 1990 in einer Dienstberatung beim damaligen Regierungsbevollmächtigten für das Land Brandenburg, Herrn Jochen Wolf, in Potsdam vorgestellt und diskutiert worden war.

Worum ging es bei dem Konflikt zwischen dem West-Berliner Landeskonservator und dem noch amtierenden Generalkonservator bzw. unserer im Frühsommer 1990 gebildeten »Arbeitsgruppe Brandenburg«? Während die West-Berliner Denkmalpflege bereits einen großzügigen Amtssitz in der West-Berliner Lindenstraße in den Einigungsprozess einbringen konnte, besaßen die Brandenburger Denkmalpfleger kein eigenes Domizil im Land Brandenburg. Obwohl die Berliner Denkmalpflege über einen solchen Sitz verfügte, beanspruchte der Berliner Landeskonservator unter Hilfestellung des Senats zusätzlich das barocke Nicolai-Haus in Berlins Mitte und dies ohne jedwede Berücksichtigung brandenburgischer Interessen. Ob der West-Berliner Landeskonservator sich der Konsequenzen seines Handelns damals nur annähernd bewusst gewesen war, muss eher bezweifelt werden. Wie schwer dürfte es nach einer Abwicklung geworden sein, in Brandenburg ein völlig neues Amt aufzubauen, wie viel Wissen und Erfahrung wäre nach der Entlassung/Arbeitslosigkeit von immerhin 50 Mitarbeiter/Innen verlorengegangen und wie viele hätten überhaupt neue Arbeit in ihrem jeweiligen Spezialgebiet gefunden?

Jedenfalls waren die Mitarbeiter des Instituts für Denkmalpflege, die schon während der DDR-Zeit in der Arbeitsstelle Berlin für die Ost-Berliner Denkmalpflege tätig waren und jetzt bereits in Berliner Diensten standen, wohl die kleinste Gruppe im Haus. Hauptsächlich diente der zentrale Sitz des Instituts für Denkmalpflege noch der Institutsleitung mit Verwaltungsabteilung und vor allem seinen länderübergreifend wirkenden Arbeitsgruppen wie den zentralen Abteilungen Inventarisation, Geschichtsdenkmale, Gartendenkmalpflege, Städtebau,

Abb. 6 Berlin, Brüderstraße 13. Der brandenburgische Kulturminister Hinrich Enderlein und Landeskonservator Dr. Detlef Karg vor dem Amtssitz des am 22.01.1991 gegründeten Brandenburgischen Landesamtes für Denkmalpflege, Juli 1991

eine Arbeitsgruppe »Historische Glasmalerei«, Messbildarchiv u. a. Darüber hinaus hatten die für die damaligen Bezirke Frankfurt/Oder und Potsdam zuständigen Mitarbeiter der Arbeitsstelle Berlin ihren Sitz einschließlich der objektgebundenen Registratur, der Sammlungen, der Restaurierungswerkstatt u. a. im Berliner Nicolai-Haus.

Hinsichtlich der Zuordnung der einzelnen Teile des Instituts für Denkmalpflege, zu dem sogar zwei Ferienobjekte an der Ostsee und in Thüringen gehörten, meinten Helmut Engel und dessen Justitiar den Einigungsvertrag einseitig nach Artikel 13, Absatz 1, Satz 3 auslegen zu können, worin es u. a. heißt: »Soweit Einrichtungen aus mehreren Teileinrichtungen bestehen, die ihre Aufgaben selbständig erfüllen können, unterstehen die Teileinrichtungen jeweils der Regelung des Landes, in dem sich die Teileinrichtung befindet« (Belegenheitsprinzip).[13]

Da das Institut für Denkmalpflege aber eine zentrale Verwaltungseinrichtung mit länderübergreifenden Außenstellen in den künftigen neuen Ländern war, hätte die Überführung bzw. Abwicklung über eine gemeinsame Trägerschaft durch die betroffenen fünf Länder und Ost-Berlin erfolgen müssen. Doch dazu konnte es gar nicht mehr kommen, weil die früheren regionalen Arbeitsstellen Dresden, Erfurt, Halle und Schwerin zu diesem Zeitpunkt längst in die Aufbauphase der entstehenden neuen Bundesländer integriert waren, was nach unserer Kenntnis auch weitgehend reibungslos verlief. Der für die Abwicklung des Instituts für Denkmalpflege zutreffende Passus des bereits genannten Artikels 13, Absatz 1, Satz 2 des Einigungsvertrages für die Überführung bzw. Abwicklung des Instituts für Denkmalpflege mit seinen länderübergreifenden Arbeitsstellen lautet dagegen: »Einrichtungen mit länderübergreifendem Wirkungskreis gehen in die gemeinsame Trägerschaft der betroffenen Länder über« (Clearing-Stelle).[14] Dies ist aber von der Berliner Senatsverwaltung bzw. deren nachgeordnetem Denkmalamt offensichtlich noch nicht einmal versucht worden. Das dem Generalkonservator vorgelegte Schreiben vom 20.12.1990 war entsprechend dem Einigungsvertrag nach unserer Auffassung also rechtswidrig. Insofern fühlten wir Brandenburger Denkmalpfleger uns in unserem Handeln während des Gesprächs mit Helmut Engel auch im Hinblick auf die rechtlichen Aspekte des Einigungsvertrages durchaus abgesichert.

Dieser Freitag ging dann auch wenig spektakulär zu Ende. Der Generalkonservator hatte weder die vorbereiteten Kündigungsschreiben an die betreffenden Mitarbeiter weitergereicht noch die Schlüsselgewalt an den zu diesem Zeitpunkt wohl schon zum Gesamtberliner Landeskonservator ernannten Professor Engel abgetreten. Und selbstverständlich konnten die Mitarbeiter ihre angestammten Arbeitsplätze im Nicolai-Haus auch weiterhin ungestört erreichen. Der angedrohte Polizeieinsatz fand ebenfalls nicht statt. Übrigens war diese Begegnung die einzig unangenehme, die wir als Brandenburger Denkmalpfleger mit westdeutschen bzw. West-Berliner Denkmalpflegern seit den politischen Veränderungen von 1989/90 erleben mussten. Wie sehr hätte man sich stattdessen eine Haltung des West-Berliner Landeskonservators entsprechend den Worten von Hans-Herbert Möller, dem Vorsitzenden der Vereinigung der Landesdenkmalpfleger in der Bundesrepublik Deutschland gewünscht, die er in seinem Eröffnungsreferat zur Jahrestagung 1991 in Potsdam so formulierte: »Die Jahrestagung (...) zu eröffnen, ist beklemmend und beglückend zugleich. Beklemmend, weil man Sorge und Skepsis haben muß, ob es gelingt, sich einzudenken und einzufühlen in eine komplizierte Situation, deren fachliche und menschliche Beurteilung sich besonnenster Nachdenklichkeit entzieht.«[15]

Zwischen Weihnachten und Neujahr trafen wir uns nach der erfolglosen ersten Begegnung zum Gegenbesuch im West-Berliner Landesdenkmalamt. Auch dieses Treffen brachte noch keine Lösung des anstehenden Konflikts. Immerhin hatte Detlef Karg trotz des ungünstigen Termins zwischen den Festtagen vom Regierungsbevollmächtigten des Landes Brandenburg Jochen Wolf ein Schreiben erhalten können, das die Ansprüche Brandenburgs auf den Amtssitz in Berlin nun auch schriftlich manifestierte. Dies war ungeheuer wichtig, da wir bis zu diesem Zeitpunkt außer ersten Kontakten und einer Zusage für die Übernahme von ca. 50 MitarbeiterInnen über keinerlei verbindliche staatliche Einbindung oder Rückendeckung verfügten.

Nach diesem zweiten erfolglosen Treffen mit dem Berliner Landeskonservator versuchte die Nachfolgeeinrichtung des Kulturministeriums der DDR zwischen den Positionen der Berliner Denkmalpflege und der der Brandenburger zu vermitteln. Ein früherer Mitarbeiter des Instituts für Denkmalpflege, Hans Müller, der in der Umbruchzeit Abgeordneter des Ost-Berliner Magistrats und nach der Vereinigung des Berliner Senats war, hat sich im Hintergrund ebenfalls für eine Lösung des Problems unter Anerkennung brandenburgischer Ansprüche eingesetzt.

Schließlich gab es Einigung darüber, dass neben den Brandenburger Denkmalpflegern auch ein Teil der Berliner Kolle-

Abb. 7 Wünsdorf (Ldkr. Teltow-Fläming). Dienstzimmer des Landeskonservators Prof. Dr. Detlef Karg im Hauptgebäude des heutigen Amtssitzes, um 2008

Abb. 8 Wünsdorf (Ldkr. Teltow-Fläming). Das nach umfassender Sanierung 1998 bezogene Hauptgebäude des Brandenburgischen Landesamtes für Denkmalpflege und Archäologischen Landesmuseums, 2008

gen weiterhin ihren Arbeitsplatz im Nicolai-Haus behalten oder auch neu beziehen solle. Darüber hinaus wurden alle auf Berlin bezogenen Bestandsakten sowie Sammlungsbestände, Fotos und Teile der Bibliothek den Berlinern ausgehändigt. Die Hauptverantwortung für das Nicolai-Haus in der Brüderstraße 13 übernahmen schließlich wir »Brandenburger«. Das Land Brandenburg führte in den nächsten Jahren sogar noch erhebliche Investitionen am Gebäudekomplex durch. Erst allmählich wurde uns ernsthaft bewusst, dass bei den föderalen Länderstrukturen der Bundesrepublik die Amtsausübung einer landeshoheitlichen Aufgabe von einem »fremden Bundesland« aus etwas Ungewöhnliches ist. Immerhin sah aber der damalige brandenburgische Kulturminister Hinrich Enderlein kein Problem darin, wie das aus Anlass eines Besuches am 3. Juli 1991 im Brandenburgischen Landesamt für Denkmalpflege entstandene Foto zeigt (Abb. 6).

Rückschauend können wir jedenfalls konstatieren, dass die Beibehaltung unseres Amtssitzes in Berlin ein wichtiger Schritt war und zudem die Hauptvoraussetzung für unser schnelles Wirksamwerden-Können (Amtsgründung, neues Denkmalschutzgesetz, Amtseinführung des Landeskonservators, Tagungen u. a.) sowie die insgesamt guten Ergebnisse in den turbulenten Nachwendejahren für die Denkmalpflege und den Denkmalschutz in Brandenburg bildete. Der Standort Berlin bot darüber hinaus auch ganz praktisch große Vorteile. Die Stadt liegt mitten im Land Brandenburg und hat nach allen Landesteilen hin beste Verkehrsverbindungen. Außerdem wohnten in der Startphase fast alle Mitarbeiter in Berlin bzw. dessen Randgebieten.

Nach Jahren verständigten sich die für die Immobilienverwaltung zuständigen Ministeriums- bzw. Senatsbereiche beider Länder ohne unsere Beteiligung darauf, dass das Land Brandenburg für das Berliner Nicolai-Haus Miete zu zahlen habe, was auf Dauer dem Land offensichtlich nicht wirtschaftlich erschien. Unsere Hoffnung war deshalb, dass sich Berliner und Brandenburger bei dem Volksentscheid am 6. Mai 1996 für ein gemeinsames Land entscheiden würden, was aber leider nicht geschah. Gegen den energischen und länger währenden Protest des brandenburgischen Landeskonservators Detlef Karg und seiner Mitarbeiter wurde am 9. April 1998 schließlich der Amtssitz des Brandenburgischen Landesamtes für Denkmalpflege von Berlin in die frühere »Kasernenstadt« Wünsdorf südlich von Zossen verlegt (Abb. 7–9). Im Hinblick auf die beabsichtigte Fusion des Brandenburgischen Landesamtes für Denkmalpflege mit dem Brandenburgischen Landesmuseum für Ur- und Frühgeschichte ereilte diese Einrichtung, die vorher im Babelsberger Schloss in Potsdam ihren Sitz hatte, das gleiche Schicksal.

Soll eine Bilanz dieser Jahre von 1989/90 bis 1998 gezogen werden, in denen das Denkmalfachamt für das neu gebildete

Abb. 9 Wünsdorf (Ldkr. Teltow-Fläming). Restaurierungswerkstätten in der ehemaligen Panzer-Reperaturwerkstatt des 1934/35 für das Panzerregiment Nr. 5 errichteten Kasernenkomplexes, 2002

Land Brandenburg seinen Sitz noch im Berliner Nicolai-Haus hatte, so fällt diese außerordentlich positiv aus. Ohne Ablenkungen durch die Suche nach einem neuen Amtssitz im Land Brandenburg und die damit sicher verbunden gewesenen Ausbauarbeiten konnten wir uns von Beginn an in neuer Landeshoheit auf unsere eigentlichen Fachaufgaben konzentrieren. Dass wir bereits im Oktober 1990, also zu einem Zeitpunkt, an dem das Land Brandenburg zwar faktisch schon existierte, der Ministerpräsident aber noch nicht gewählt war, eine große Fachtagung gemeinsam mit den nordrhein-westfälischen Denkmalämtern im Rheinsberger Schloss erfolgreich realisierten, mag ebenso wie die mutige Übernahme der Durchführung der nach Jahrzehnten ersten gesamtdeutschen Jahrestagung der Landesdenkmalpfleger vom 10.–13. Juni 1991 in Potsdam die Leistungsfähigkeit und -bereitschaft der Mitarbeiter des Brandenburgischen Landesamtes bewusst werden lassen.

Weshalb wir von dem Berliner Nicolai-Haus nur schwer Abschied nehmen konnten, hat ganz wesentlich etwas mit dem Ort und der Art des Objekts zu tun. Die Vorzüge des Standortes hinsichtlich der Erreichbarkeit der Denkmalobjekte bis in die nördlichsten Gebiete der Lenzener Wische oder im Süden bis nach Ortrand (27 km vor Dresden) wurden bereits angesprochen. Wichtiger aber war noch, dass das barocke Nicolai-Haus in der Brüderstraße 13 selbst die Ausstrahlung eines Denkmals und nicht die eines beliebigen Verwaltungsbaus hatte. Viele Denkmaleigentümer ließen sich allein durch die Atmosphäre in diesem Haus mit seinem schönen Innenhof (vgl. Abb. 1–4) und dessen vielseitiger geschichtlicher Aussage inspirieren. Zusätzlich war die gute Erreichbarkeit des Amtes für Denkmaleigentümer, Architekten u. a. von Bedeutung sowie die direkte Verbindung zu Universitäten, Bibliotheken und Archiven. Nach unserem Auszug wurde das Nicolai-Haus dem Berliner Stadtmuseum zugeordnet. Eine würdige Perspektive erhielt damit eines der wenigen in Berlin überhaupt erhaltenen Bürgerhäuser des 18. Jahrhunderts in diesem Museumsverbund aber noch nicht. Nach zwischenzeitlichen Plänen des Suhrkamp-Verlages, der das Haus übernehmen wollte und dabei die Einrichtung eines kleinen Museums über den berühmten Verleger Nicolai und die Berliner Aufklärung anstrebte, hat inzwischen die Deutsche Stiftung Denkmalpflege den Gebäudekomplex übernommen, wodurch eine angemessene Nutzung gewährleistet sein dürfte.

Die Arbeitsstellen des Instituts für Denkmalpflege werden Landesdenkmalämter

Die Arbeitsstellen Berlin, Dresden, Erfurt, Halle und Schwerin des Instituts für Denkmalpflege waren zwar integrale Bestandteile des zentral aufgestellten Instituts, genossen aber in der regionalen Denkmalpflegepraxis dank weitsichtiger Führung durch die beiden Generalkonservatoren Deiters und Goralczyk weitgehende fachliche Unabhängigkeit. Wie bereits dargestellt, war dies eine der wichtigsten Voraussetzungen für die zügige und erfolgreiche Umwandlung der Arbeitsstellen in selbständige Landesdenkmalämter für die neu gebildeten Länder im Osten Deutschlands. Die Altkonservatoren der vier Arbeitsstellen in Dresden, Erfurt, Halle und Schwerin sprechen rückblickend von einem im Grunde reibungslos verlaufenen Gründungsprozess. Lediglich über das spätere Schweriner Amt soll anfangs dieser Wandlungszeit kurzzeitig das Damoklesschwert der Arbeitsstellen-Abwicklung gehangen haben. Sicher gab es auch bei den anderen Arbeitsstellen das eine oder andere Umstellungsproblem. Lediglich die Berliner Arbeitsstelle, die ihren Sitz wie auch die zentralen Abteilungen und Bereiche in der Berliner Brüderstraße hatte, war tatsächlich in ihrem Bestand existenziell bedroht. Ursache dafür war, dass die Berliner Arbeitsstelle, deren Betreuungsgebiet in den ersten Jahrzehnten nur die beiden Brandenburger Bezirke Frankfurt/Oder und Potsdam umfasste, im nun wieder neu entstandenen Land Brandenburg aber kein Domizil besaß. Unsere Arbeitsplätze waren nun einmal im Berliner Nicolai-Haus, und von dort aus betreuten die MitarbeiterInnen die beiden Bezirke und ab Ende der 1970er Jahre zusätzlich auch offiziell die Stadtbezirke Ost-Berlins. Natürlich verfügten alle MitarbeiterInnen der Berliner Arbeitsstelle im Nicolai-Haus über angemessene Arbeitsplätze. Es waren eine umfangreiche Fachbibliothek, Sammlungsräume und die Objektregistratur im Haus. Auch eine Restaurierungswerkstatt mit 3-4 Restauratoren stand uns zur Verfügung. Im Grunde hatte die Berliner Arbeitsstelle in der Brüderstraße ähnliche Bedingungen wie die anderen Arbeitsstellen auch. Unserem Handeln stand im Gegensatz zu unseren Kollegen in den anderen Bundesländern nur das falsch ausgelegte Belegenheitsprinzip des Einigungsvertrages entgegen.

Die Arbeitsstellen in Dresden, Erfurt, Halle und Schwerin hatten in den jeweiligen neuen Ländern gut ausgebaute und funktionstüchtige Immobilien. Die Dresdner KollegenInnen residierten im historischen Zentrum der Stadt zwischen Elbe und »Fürstenzug«. Im repräsentativen, 1901–06 nach Entwurf von Paul Wallot errichteten Landtagsgebäude hatten sie ihr Domizil. Neben den notwendigen Arbeitsräumen brachten sie dank ungebrochener Tradition eine gut aufgebaute Fachbibliothek und ein Planarchiv, das selbst im anspruchsvollen Dresden als beachtlich bezeichnet werden kann, in den Umbruchprozess ein. Natürlich hatte die Dresdner Arbeitsstelle eine leistungsfähige Restaurierungswerkstatt, die auch von auswärtigen Restauratoren benutzt werden konnte. Ähnlich sah es auch in den drei anderen, außerhalb von Berlin gelegenen Arbeitsstellen aus. Dieter Zander, der spätere Landeskonservator in Schwerin, berichtete über ein am 18. Dezember 1990 eingegangenes Schreiben, wonach vom ehemaligen Kulturministerium entschieden worden sei, dass die Rechtsträgerschaft am Schweriner Amt an das Land Mecklenburg-Vorpommern überginge. Offenbar wirkte das zentrale Kulturministerium der DDR hierbei im Sinne einer Clearing-Stelle.

Alle Arbeitsstellen waren auch fachlich gut besetzt. Neben Kunsthistorikern, Architekten, Historikern und Restauratoren gab es auch diverse Spezialisten wie Bauingenieure, Chemiker u. a. Zumeist hatte sich ein langjähriger Stamm von engagierten Fachleuten gebildet. Einen Platz in der Denkmalpflege zu bekommen, war wirklich ein Glücksfall. Und obwohl uns Mitarbeitern laut Denkmalpflege-Gesetz eigentlich nur eine Art Beraterfunktion zugedacht war, hatten wir zu vielfältigen Institutionen gute Arbeitsbeziehungen und unser Rat sowie unsere Konzepte wurden in der Regel schon gern angenommen. Ganz überwiegend wussten auch die neuen Verantwortlichen in den verschiedenen Verwaltungsebenen die Arbeit der früheren Arbeitsstellen des Instituts für Denkmalpflege wohl zu schätzen. Da das Institut für Denkmalpflege mit seinen Arbeitsstellen auch während der DDR-Zeit gute Beziehungen zu den kirchlichen Institutionen unterhielt, fanden wir in vielen Kirchenvertretern erneut gute Verbündete. Positiv wirkte sich auch aus, dass die Denkmalpflege ganz allgemein während der Umbruchphase in der Öffentlichkeit ein hohes Ansehen genoss, sodass es bei der Umwandlung der Arbeitsstellen in Landesdenkmalämter keinerlei besondere Probleme gab. Ganz im Gegenteil haben die Beauftragten für den Wiederaufbau der Länder die intakten und voll arbeitsfähigen Arbeitsstellen sicher gern übernommen. Lediglich die brandenburgische Arbeitsstelle hatte wegen des fehlenden Amtssitzes im neuen Land Brandenburg einige Zeit mit dem Berliner Senat und ihren West-Berliner Kollegen einige ernstzunehmende Auseinandersetzungen, die letztendlich scharf an Abwicklung, Arbeitslosigkeit, Neubewerbung, mangelnder Arbeitsfähigkeit des Amtes u. a. vorbeigingen.

Abgesehen von den Denkmalpflegern, die an Ost-Berliner Aufgaben mitgewirkt haben und die sich im September 1990 neu bewerben mussten, gab es in allen anderen Arbeitsstellen keine Neubewerbungen für übernommene KollegenInnen. Soweit sich die damaligen Landeskonservatoren erinnern, gab es auch keine Kündigungen, aber offenbar einige freiwillige Rücktritte. In allen fünf Arbeitsstellen wurden allerdings vor der endgültigen Übernahme Stasi-Überprüfungen durchgeführt.

Die Gründung des Brandenburgischen Landesamtes für Denkmalpflege

Nach der erfolgreich abgewehrten Attacke des Berliner Landeskonservators bzw. des Berliner Senats und der gerade erst im Herbst 1990 erfolgten Bildung der Brandenburger Landesregierung unter dem Ministerpräsidenten Manfred Stolpe ging alles recht schnell. Schon am 22. Januar 1991 wurde durch Kabinettsentscheidung formal das Brandenburgische Landesamt für Denkmalpflege gegründet. Am 1. Juni desselben Jahres erfolgte die Berufung von Detlef Karg zum Landeskonservator und Direktor des Amtes, und nur sechs Wochen später verabschiedete das Landesparlament auf seiner 22. Sitzung bereits das neue Denkmalschutzgesetz. Dazwischen lag ein weiterer Höhepunkt in dieser Anfangsphase des neuen Landesdenkmalamtes. Vom 10.–13. Juni fand die nach Jahrzehnten erste gemeinsame Jahrestagung der Vereinigung der Landesdenkmalpfleger in der Bundesrepublik Deutschland mit dem Thema »Schlösser, Herrenhäuser und Gärten« in Potsdam statt – immerhin eine Tagung mit Teilnehmern aus ganz Deutschland und dem Ausland. Wenn ich an diese Zeit zurückdenke, dann bin ich selbst heute noch erstaunt, wie wir dies alles verkraftet und wie viel Elan und auch Mut wir damals aufgebracht haben – normalerweise haben die einzelnen Landesdenkmalämter zur Vorbereitung einer solchen Veranstaltung mehrere Jahre Zeit.

Im Herbst des Jahres 1990 muss es gewesen sein, als auf einer Zusammenkunft der Landesdenkmalpfleger in Hannover das Thema »Jahrestagung der Vereinigung« angesprochen wurde. Ein westdeutsches Landesamt hatte die Verantwortung für die nächste Jahrestagung im Juni 1991. Immer heftiger wurde aber diskutiert, ob nach den politischen Veränderungen die Jahrestagung nicht besser in einem der neuen Bundesländer durchgeführt werden sollte. Doch zu diesem Zeitpunkt existierten die ostdeutschen Länder überhaupt noch nicht, und skeptisch musste auch die kurze Vorbereitungszeit von nur gut einem halben Jahr für eine derartige Veranstaltung mit internationaler Beteiligung gesehen werden. Die angesprochenen ostdeutschen Vertreter verfielen in betretenes Schweigen als Neulinge in dieser Runde der westlichen Landesdenkmalpfleger. Dieses Ansinnen nach jahrzehntelanger Trennung war andererseits nachvollziehbar, also hieß es, allen Mut zusammenzunehmen und die vorhandenen Risiken weitestgehend zu ignorieren. Unsere »Druckserei« wurde immer quälender, sodass ich mich als Interimsvertreter der brandenburgischen Interessen unter dem Vorbehalt einer noch zu führenden Abstimmung mit den MitarbeiterInnen der »Brandenburger Arbeitsgruppe« zur Übernahme dieser Tagung bereit fand. Glücklicherweise war damals nicht vorhersehbar, dass gerade uns Brandenburgern auf dem Weg zur Bildung eines eigenen Landesdenkmalamtes am Ende des Jahres 1990 noch Ungemach durch die Berliner Denkmalpflege drohte. Ich erinnere mich jedenfalls an eine Jahrestagung, die ganz offensichtlich die Erwartungen der Teilnehmer voll erfüllte, wozu sicher auch der Rahmen im barocken Hoftheater des Neuen Palais von Potsdam-Sanssouci wesentlich beitrug.

Noch immer wird heftig darüber debattiert, dass es während des Umbruchs von 1989/90 hier im Osten in etlichen Bereichen zu erheblichen Schwierigkeiten und teilweise großen Verwerfungen gekommen ist. Im Unterschied dazu war die Denkmalpflege keinesfalls von Auflösung, Abwicklung oder Privatisierung bedroht, vielmehr vollzog sich dieser Prozess weitgehend reibungslos und eröffnete für den geschundenen Denkmalbestand Ostdeutschlands endlich die kaum mehr für möglich gehaltenen Erhaltungschancen. Als damals in der Denkmalpflege aktiv Beteiligter möchte ich diese Phase sogar als höchst spannend, aufregend und letztendlich sehr erfolgreich würdigen. Schon die Tatsache, dass alle fünf Landeskonservatoren der neuen Landesdenkmalämter aus dem Mitarbeiterstamm des Instituts für Denkmalpflege hervorgegangen sind, muss als außerordentlich positive Ausnahme angesehen werden. Aber auch der in allen Kulturlandschaften Ostdeutschlands spürbare Fortschritt bei der Restaurierung und Wiederherstellung unseres immer noch reichen Denkmalbestands gehört zu dieser erfreulichen Bilanz der Nachwendezeit, was die einzigartige und kaum fassbare Erfolgsstory bei der Wiederbelebung unserer historischen Altstädte sehr eindrücklich erlebbar werden lässt. Auch der Aufbau des Gesamtsystems von Denkmalpflege- und Denkmalschutzinstitutionen für die einzelnen Bundesländer mit der ministeriellen Obersten Denkmalschutzbehörde, den Landesdenkmalämtern und den bei den Kreisen bzw. kreisfreien Städten angesiedelten Unteren Denkmalschutzbehörden ging in den im Herbst 1990 entstandenen neuen Bundesländern dann zügig vonstatten.

In diesem Zusammenhang und vor dem Hintergrund des Konflikts mit dem Senat von Berlin schreibt Hartmut Dorgerloh: »Beherztes Engagement und nachdrückliches Beharren auf den für die Denkmalpflege im neuen Land Brandenburg unabdingbaren personellen und infrastrukturellen Voraussetzungen hatten zur Folge, dass bereits am 7.1.1991 durch Organisationserlass des brandenburgischen Kulturministers und vierzehn Tage später das »Brandenburgische Landesamt für Denkmalpflege« offiziell gegründet wurde. Dabei wurden die von der »Arbeitsgruppe Brandenburg« vorbereiteten Strukturen berücksichtigt und 49 Mitarbeiter in den Landesdienst übernommen« (ohne Archäologie), was gewiss als großer Erfolg angesehen werden kann«.[16] Ganz in unserem Sinne verlief auch die erfolgreiche Bewerbung von Detlef Karg für das Amt des Landeskonservators. Schon früh hatten wir uns darauf verständigt, dass nur er sich aus dem Kreis der »Arbeitsgruppe Brandenburg« dafür bewerben würde.

Während die Arbeitsstelle Berlin im Institut für Denkmalpflege nicht selbständig und auf die Mitwirkung von Mitarbeitern der zentralen Abteilungen angewiesen war, musste das neue Landesdenkmalamt auf Selbständigkeit und stark erweiterte Aufgaben ausgelegt werden. Abgesehen von der jetzt erforderlichen Abteilung Verwaltung galt es, auch andere Fachbereiche zu integrieren und sich auf das nun wesentlich größere Betreuungsgebiet mit den Bezirken Frankfurt/Oder und Potsdam sowie mit den hinzugekommenen Territorien, dem Bezirk Cottbus und Teilen der ehemaligen Bezirke Schwerin und Neubrandenburg, einzustellen.

In kürzester Zeit erfolgte ab Januar 1991 dann die Einrichtung der Abteilungen bzw. Bereiche Verwaltung, Inventarisation, Praktische Denkmalpflege, Dokumentation und Bauforschung sowie Restaurierung mit ihren jeweils speziellen Aufgaben. Als besondere Leistung muss auch angesehen werden, dass damals die Übernahme des Messbildarchivs gelungen war. Sukzessiv konnte in den Folgejahren der Personalstamm aufgestockt und die Ausstattung modernisiert werden.

Obwohl an anderer Stelle bereits geäußert, sei hier noch einmal unterstrichen, wie hilfreich es damals war, dass wir gerade in der turbulenten Anfangsphase unseren Amtssitz weiterhin im Berliner Nicolai-Haus hatten. Wohl zu Recht darf man den Start des Brandenburgischen Landesamtes für Denkmalpflege und dessen weitere Entwicklung in den Folgejahren als höchst erfreulich und erfolgreich bezeichnen.

Anmerkungen

1 Deiters, Ludwig: Das Institut für Denkmalpflege der DDR – Erinnerungen und Reflexionen, Beitrag in diesem Buch.

2 Weidner, HPC: Städtebauliche Denkmalpflege tut not – Ein Blick zurück, in: Historische Altstadt und »Sozialistische Umgestaltung«, Arbeitsberichte des Landesamtes für Denkmalpflege und Archäologie Sachsen-Anhalt, Halle/Saale 2007, S. 7.

3 Ebenda, S. 6.

4 Bräuer, Michael: Stadterneuerung und Städtebaulicher Denkmalschutz, in: Denk!mal: Alte Stadt – Neues Leben, hrsg. vom Bundesministerium für Verkehr, Bau und Stadtentwicklung, Köln–Berlin 2007, S. 231.

5 Krause, Hans-Joachim: Gotthard Voß und die Anfänge des »neuen« Landesamtes für Denkmalpflege in Halle, in: Denkmalpflege in Sachsen-Anhalt 11 (2003) 1, S. 14–17.

6 Hütter, Elisabeth/Magirius, Heinrich: Zum Verständnis der Denkmalpflege in der DDR, in: Zeitschrift für Kunstgeschichte 3 (1990) S. 406.

7 Memorandum der »Arbeitsgruppe Strukturfragen« des Instituts für Denkmalpflege zur künftigen Arbeit des Instituts für Denkmalpflege, unveröff. Manuskr., Archiv des Landesamtes für Denkmalpflege und Archäologie Sachsen-Anhalt, Halle 1990.

8 Wartburg-Thesen zur Denkmalpflege. Texte zum Denkmalschutz und zur Denkmalpflege, Schriftenreihe des Deutschen Nationalkomitees für Denkmalschutz, Band 52, Bonn 1996, S. 209–210.

9 Möller, Hans-Herbert: Denkmalpflege in Deutschland. Aufgaben – Probleme – Ziele nach der Wiedervereinigung, in: Deutsche Kunst und Denkmalpflege 49 (1991) 2, S. 104.

10 Ebenda, S. 105.

11 Ebenda, S. 106.

12 Eggluef, Christian: Zentralposse – Wie der Berliner Senat die Denkmalpflege »abwickeln« wollte und wie ihm dies zum Teil gelang, in: Bildende Kunst.Zeitschrift für Kultur und Kritik,(1991) 2.

13 Einigungsvertrag zwischen der Bundesrepublik Deutschland und der Deutschen Demokratischen Republik über die Herstellung der Einheit Deutschlands, 31. August 1990, Artikel 13, Absatz 1, Satz 3.

14 Ebenda, Artikel 13, Absatz 1, Satz 2.

15 Siehe Anm. 9, S. 102.

16 Dorgerloh, Hartmut: Zwischen Himmel und Erde – Strategien und Strukturen in der brandenburgischen Denkmalpflege im Land Brandenburg 1990–2000, in: Denkmalpflege im Land Brandenburg 1990–2000, Worms 2001, S. 51.

II.

Tätigkeitsbereiche der Denkmalpflege

Denkmalpflege und Politik in der DDR – ein Rückblick

Peter Goralczyk

Gesellschaftliche Umbrüche, Revolutionen haben immer zur Folge, dass in der neuen Zeit Leistungen der Vergangenheit, die in der überwundenen Ordnung zustande gekommen waren, in ihrem Wert herabgesetzt, relativiert und ignoriert werden. Was vordem durchaus anerkannt wurde, Respekt abnötigte, ist nicht mehr opportun, wird nicht mehr zur Kenntnis genommen. Die Defizite der Vergangenheit stehen im Vordergrund. Entscheidend ist jedoch, woran man die Ergebnisse der vorangegangenen Arbeit misst und ob man sie differenziert beurteilt. So fiel auch die Bilanz für die Denkmalpflege in der DDR nach dem Umbruch 1989/90 sehr kritisch aus, denn der Verfall in vielen Bereichen, besonders in den Altstädten war unübersehbar. Dennoch sehe ich in der Rückschau, dass auch im Osten Deutschlands in der Nachkriegszeit und in den vierzig Jahren der Existenz der DDR mit umfangreichen und auch bedeutenden Restaurierungen Denkmalpflegegeschichte in Deutschland geschrieben wurde.

Trotz zahlreicher Unterlassungen aufgrund mangelnder Wirtschaftskraft und Verlusten wegen ideologischer Verengungen ist viel Positives in der Denkmalpflege in diesen Jahren entstanden, von dem wir noch heute viel mehr, als in der Öffentlichkeit wahrgenommen wird, profitieren. Ohne die Leistungen bei der Erforschung und Unterschutzstellung von Denkmalen, ihrer Bewahrung, aber auch dem Wiederaufbau und einer anspruchsvollen Restaurierung zahlreicher Bauten wäre z. B. die Entwicklung des Kulturtourismus in den östlichen Ländern nicht möglich gewesen. Sie waren auch die Grundlage für die umfangreichen Instandsetzungen der Zeit nach 1989.

Die Wiederaufbauleistungen und Restaurierungen nach dem Krieg und in der Zeit der DDR kamen zustande, obwohl umfassendere Aufgaben zu bewältigen waren wie die Wiederherstellung der Infrastruktur oder der Aufbau einer Industrie, und das bei umfangreichen Reparationsleistungen an die Sowjetunion. Die Resultate des Krieges mit dem Heimatverlust im Osten mussten akzeptiert werden. Die Flüchtlinge, die sich überwiegend im Osten Deutschlands niedergelassen hatten, waren zu versorgen und zu integrieren. Der Kulturbetrieb wurde wieder in Gang gebracht. Neben Theater, Oper, Film und Bildender Kunst entstand auch wieder eine Denkmalpflege, und so konnten zahlreiche im Krieg beschädigte, für die Kunst- und Kulturgeschichte unverzichtbare Bauten gerettet und wiederhergestellt werden. Die großen Dome in Magdeburg und Halberstadt wurden instand gesetzt, eine Arbeit, die sehr anspruchsvoll war und sich über Jahre hinzog. Kirchen wurden, wenn auch in langen Bauzeiten wiederaufgebaut wie die Oberkirche in Cottbus, die Nikolaikirche in Potsdam, die Domkirche in Fürstenwalde, St. Wolfgang in Schneeberg/Erzgebirge, in Dresden die Kreuzkirche am Altmarkt und die katholische Hofkirche am Theaterplatz, die Liebfrauenkirche in Halberstadt, hier auch die Andreas- und die Martinikirche, in Dessau die Johanniskirche, in Nordhausen der Dom und die Blasiuskirche. Gefährdet waren in ihrem Bestand die großen Kirchenruinen in schwer zerstörten Städten wie Frankfurt an der Oder, Wismar, Rostock, Zerbst, Magdeburg, Prenzlau, Neubrandenburg, aber auch in kleineren Städten wie Beeskow und Wriezen in der ehemaligen Hauptstoßrichtung der Sowjetarmee nach Berlin. Sie waren zu groß für einen Wiederaufbau durch die geschrumpften Stadtgemeinden. Nur mit beträchtlichen staatlichen Mitteln wäre eine Instandsetzung möglich gewesen, und diese standen nicht zur Verfügung. Bei ihrer Dominanz in den Städten war schon ihre Erhaltung als Ruine eine Herausforderung, der sich die Denkmalpfleger stellen mussten.

Das galt auch für die Ruinen der großen Stadtschlösser in Berlin und Potsdam und auch andere wie beispielsweise in Dessau und Schwedt/Oder. Für sie gab es nach Auffassung vieler Verantwortlicher in den Städten und Kreisen keine Verwendung, die einen aufwendigen Wiederaufbau gerechtfertigt hätte. Ihre Stellung als Stadtkrone war in Frage gestellt. Andererseits blieben viele weitgehend intakte Schlösser erhalten, wurden nach der Enteignung zu Museen oder für Funktionen der Infrastruktur umgenutzt. Bei partiellen Kriegsbeschädigungen gelang an nicht wenigen Bauten eine Wiederherstellung, bei anderen wurden sie als Begründung für einen Abbruch genutzt wie für die Schlösser in Neustrelitz/Mecklenburg und in Putbus auf Rügen.

Auch zahlreiche Herrenhäuser in den ländlichen Gebieten konnten nach der Enteignungswelle, die das Land überzog, eine wenn auch nicht optimale neue Bestimmung bekommen, die ihre Weiterexistenz ermöglichte. Einige bekamen aber auch eine adäquate neue Nutzung, die bis heute Bestand hat. Natürlich wäre ohne die Enteignung und ohne die rigorose Vertreibung der Besitzer aus ihren Häusern viel mehr zu erhalten gewesen.

Die historischen Rathäuser blieben zumeist die Verwaltungszentren in den Städten und wurden, wenn sie beschädigt waren, wieder aufgebaut und restauriert, z. B. die großen Rathäuser in Berlin, in Dessau, das Alte und das Neue Rathaus in Leipzig, aber auch das mittelalterliche Rathaus in Frankfurt/Oder, ebenso das in Fürstenwalde und das Rathaus in Eisenach. Das barocke Rathaus in Potsdam wurde Kulturhaus. Abgerissen wurde, gegen den Widerstand der Denkmalpfleger, die Ruine des Renaissancerathauses in Halle.

Zahlreiche große stadtbildbestimmende Bürgerhäuser konnten trotz des später einsetzenden gravierenden Verfalls der Wohnbausubstanz in den Altstädten gerettet und restauriert werden wie das Romanushaus und das Haus Katharinenstraße 90–91 in Leipzig, in Stralsund die Häuser Fährstraße 29–30 und das Haus Mühlenstraße 21, in Erfurt die »Hohe Lilie« Domplatz 31 und das Haus Domplatz 56, in Görlitz das Haus Untermarkt 71. Gute Chancen, wiederhergestellt zu werden, hatten historische Bauten, wenn sie eine Funktion im Kulturbetrieb einnahmen oder bekommen konnten.

Nicht umstritten war auch im Osten Deutschlands nach dem zweiten Weltkrieg die Notwendigkeit einer staatlichen Verantwortung für die Denkmalpflege. Sie wurde in den neu gebildeten Landesregierungen zu einer traditionell von Landesdenkmalpflegern wahrgenommenen Aufgabe.

Mit der Spaltung Deutschlands, der Währungsreform im Westen und als Folge der Gründung der DDR 1949 im Osten und der darauffolgenden Periode der Etablierung einer sozialistischen Ordnung, die mit der Auflösung der Länder 1952 und der Bildung der Bezirke verbunden war, wurden die Denkmalämter mit ihrem Personal zu einer nachgeordneten Einrichtung mit ausschließlich beratender Funktion eines die Kulturarbeit zentral leitenden Ministeriums für Kultur.

Umstritten war von nun an verstärkt der Umfang dessen, was zu erhalten war, was als so wertvoll angesehen wurde, dass es unbedingt als Kulturerbe der damals noch nicht ganz aufgegebenen einheitlichen deutschen Nation bewahrt oder wieder aufgebaut werden sollte. Der von Walter Ulbricht postulierte Grundsatz, wonach historisch wertvolle Bauten nur zu erhalten waren, wenn sie Neugestaltungen nicht im Wege standen, wurde zwar von den Denkmalpflegern, aber auch von der kulturinteressierten Öffentlichkeit nicht anerkannt, dennoch kam es zu Eingriffen in überkommene Strukturen in den Städten mit Abbrüchen aus politischen Erwägungen, die allerdings nur selten ohne Protest hingenommen wurden.

So erfolgte in dieser Zeit der Abriss der immerhin noch als eindrucksvolle Ruinen erhaltenen Stadtschlösser von Berlin und Potsdam, der Abriss von Ruinen mittelalterlicher und barocker Kirchen wie beispielsweise in Wismar, Rostock, Magdeburg, Potsdam. Sogar die für einen späteren Wiederaufbau bereits gesicherte Ruine der Bauakademie von Karl Friedrich Schinkel in Berlin wurde beseitigt, um Platz zu schaffen für ein neues Stadtzentrum. Der Höhepunkt war der Abriss der vollkommen intakten Universitätskirche in Leipzig für den Aufbau neuer »sozialistischer« Universitätsgebäude in einem ohne Relikte der Vergangenheit neu zu gestaltenden Zentrum. Dass der Abriss der Ruine des Dresdner Schlosses verhindert werden konnte, war schon eine besondere Leistung. Es gab in dieser Periode einen ständigen Kampf um die Anerkennung historischer Werte und ihre Bewahrung. Es gelang aber auch an zahlreichen vom Krieg gezeichneten Bauten, deren Denkmalwert ebenfalls unumstritten war, mit dem Wiederaufbau zu beginnen und auch nicht beschädigte Denkmale zu restaurieren und das in nahezu allen Städten und Gemeinden. So wurden zum Beispiel Kriegsschäden an den Bauten in Potsdam-Sanssouci beseitigt. Die Gründung der »Nationalen Forschungs- und Gedenkstätten der Klassischen Deutschen Literatur« sicherte neben den Baudenkmalen in Weimar selbst einigen enteigneten Schlössern in Thüringen eine angemessene Perspektive. In Berlin begann der Wiederaufbau der historischen Bauten im Ostteil der Straße Unter den Linden und die Instandsetzung von Bauten auf der Museumsinsel.

In der Stadt Brandenburg wurde 1961–62 in einer spektakulären Aktion der Dom vor dem Einsturz bewahrt und nach der Sicherung umfassend restauriert. In Dresden war sofort nach dem Krieg mit dem Wiederaufbau des Zwingers begonnen worden. Mit der Fortführung der Zwingerbauhütte entstand eine Planungs- und Bauorganisation, deren Aktivität über den Zwinger hinausreichte und die Restaurierungen am Japanischen Palais, dem Blockhaus, der Sempergalerie, den Wiederaufbau des Landhauses unterstützte, und für die Rettung des Schlosses wichtige Vorarbeiten leistete. Am Erfurter Dom fanden substanzerhaltende Restaurierungen statt. Am Dom zu Merseburg wurde die Dachdeckung erneuert, der Innenraum restauriert und nach den damals geltenden denkmalpflegerischen Gesichtspunkten neu gestaltet. Am Renaissanceschloss in Merseburg konnte der im Krieg zerstörte Ostflügel wiederhergestellt, die Fassaden und Dächer instand gesetzt und der Schlossgarten erneuert werden. Die Aufzählungen ließen sich mit Sicherungen und Restaurierungen für alle größeren Städte, aber auch für die Landkreise fortsetzen.

Staatliche Stellen fühlten sich in dem ihnen gesetzten Rahmen verantwortlich für den Schutz der Denkmale und sie waren eingegliedert in die Aktivitäten zum Wiederaufbau und zur Werterhaltung. Was dabei Beeindruckendes geleistet wurde, wird heute überschattet durch die Defizite und Abrisse, die auch in diese Jahre fallen, deren eindeutige Benennung auch notwendig ist, das positiv Geleistete aber nicht völlig überdecken darf.

In diesen frühen Jahren der Entwicklung der DDR entstanden auch die Gedenkstätten des antifaschistischen Widerstandskampfes und für die Opfer des nationalsozialistischen Terrors und der Massenvernichtung in den Konzentrationslagern Buchenwald, Sachsenhausen und Ravensbrück, später auch für das Vernichtungslager Dora Mittelbau bei Nordhausen. Dazu kamen Erinnerungsmale an weiteren Orten des Widerstandes und der Verbrechen in der Nazi-Diktatur.

Hilfreich für die Erhaltung der denkmalwerten Profanbauten war die Notwendigkeit, die vorhandene Altbausubstanz maximal für den Wiederaufbau und die Erweiterung der Infrastruktur zu nutzen. Die von der Besatzungsmacht zur Gewinnung von Baumaterial für Neubauernstellen geforderten Abrisse der Herrenhäuser auf dem Land mussten vor allem deshalb bereits 1948 gestoppt werden. Das hat vielen Bauten die Weiterexistenz gesichert, und ihr Erhalt konnte auch bei ungünstiger Nutzung eine Aufgabe der Denkmalpflege werden.

In einer kurzen Periode der Propagierung einer »sozialistischen Menschengemeinschaft« in den späten 1950er Jahren sollten dann wieder mit Tradition und Bewahrung aller humanistischen Werte breitere, auch bürgerliche Schichten für den Sozialismus gewonnen werden. Nachdem mit dem Mauerbau 1961 diese Rücksichtnahme wegfiel und eine rigide Konzentration auf die Wirtschaftsförderung mit einem »Neuen System der Planung und Leitung der Volkswirtschaft« einsetzte, waren die Institutionen der Denkmalpflege in ihrem Bestand gefährdet.

Ein bedeutender Fortschritt für unsere Arbeit war nach 1970 die Idee der kulturellen Identität, die Politik der Förderung der Verbundenheit mit der sozialistischen Heimat. Eine breitere Grundlage für die Entwicklung der sozialistischen Gesellschaft sollte so geschaffen werden. Es war der Versuch, eine DDR-Nation mit eigenen Traditionen zu etablieren. Das schloss wieder denkmalpflegerische Leistungen mit ein. Die Förderung der kulturellen Identität war bei fast allen gesellschaftlichen Kräften im Land durchaus populär, da sie auch Wirkungsmöglichkeiten für solche Kreise in der Bevölkerung eröffnete, die der sozialistischen Entwicklung kritisch gegenüber standen. Für die einen war die Förderung einer kulturellen Identität tatsächlich ein Mittel, die Verbundenheit mit dem Staat DDR zu festigen. Ein größerer Teil der Bevölkerung verstand die Orientierung aber als Aufforderung, auf ihre Lebensumwelt verstärkt Einfluss zu nehmen, die Besonderheiten ihrer Kulturlandschaft einschließlich der sie charakterisierenden historischen Bauten zu fördern. Das schloss auch die Bindung an die gesamtdeutsche Geschichte und Kultur mit ein, die sich in den noch immer aktuellen »vaterländischen Altertümern« manifestierte. Die DDR zerfiel viel stärker in Regionen, als man dies damals wahrnehmen wollte. Für die Denkmalpflege war das ein Vorteil. In der Praxis konnte für die Bewahrung eines Geschichtsbildes gearbeitet werden, das über die eingeengte Gegenwart hinauswies. Das war attraktiv für die Öffentlichkeit.

Die gesellschaftspolitischen Zielstellungen, die Grundlage für die Entfaltung von staatlichen Aktivitäten in der Denkmalpflege waren, wurden von den dort tätigen Mitarbeiterinnen und Mitarbeitern kaum wahrgenommen und nur von Wenigen verinnerlicht. Für sie ging es immer vorrangig darum, die sich bietenden Möglichkeiten für Instandhaltungen und Restaurierungen an den Denkmalen zu nutzen und neue zu erschließen, denn in allen Perioden der Nachkriegsgeschichte wurden immer wieder einmal Kirchen, Schlösser, Herrenhäuser, Altstädte von politisch Verantwortlichen kritisch gesehen, als Relikte untergegangener Gesellschaftsformationen und Hindernisse für den Bau neuer Städte bzw. Stadtzentren. Die deutsche Geschichte war der »Irrweg einer Nation«, wie ein Buchtitel von Alexander Abusch lautet. Aus dem Überlieferten sollte daher selektiert, Positives von Negativem getrennt, eine Zeitlang z. B. eine Volkskultur und revolutionäre Tradition besonders gefördert werden. Andererseits war in einem Gedicht von Bertold Brecht sehr plausibel die Herrschaftskultur als Leistung der Arbeiter, Handwerker und Künstler reklamiert worden. Das gab die Legitimation, ein breites Spektrum kultureller Leistungen als bewahrenswertes Erbe auch für die nachkapitalistische Zeit in Anspruch zu nehmen. Denkmalpflege schloss jedenfalls mit den in staatlichen Verordnungen und in der Öffentlichkeit vertretenen Zielen eine Trennung in eine Herrschafts- und eine Volkskultur mit unterschiedlichen Traditionslinien aus. Dennoch gab es ein Dilemma: Denkmalpflege im Sozialismus konservierte keine Besitzstände staatstragender Gesellschaftsschichten, die als Kulturträger und Bewahrer von Werten verstanden wurden oder verstanden werden wollten, außer vielleicht der Kirchen, die aber nicht systemtragend waren. Mit ihnen sollten keine alten herrschaftslegitimatorischen Traditionen heraufbeschworen werden. Für die neuen gewünschten Kulturträger, die Arbeiter und ihre Partei, hing am Erbe zu viel, was nicht als bewahrenswert angesehen wurde. Die als »Prunk« daher kommende Vergangenheit war das Feindbild der Revolutionäre. In Äußerungen von Walter Ulbricht und Wilhelm Pieck zu den Schloss- und Kirchenabrissen kommt die Hoffnung zum Ausdruck, dass das entstehende glanzvolle Neue in den Städten bald die Vergangenheit, die Bewahrung historischer Werte überflüssig machen würde.

Denkmalpflege stand daher auch weniger im Mittelpunkt von Bemühungen um eine neue sozialistische Kultur. Hier waren neues Bauen, Film, Theater, Literatur und Bildende Kunst wichtigere Felder, die gefördert wurden.

In der Wirklichkeit war die Überlieferung jedoch viel präsenter in der realen Lebensumwelt, als man es wahrhaben wollte, und differenzierter denkende Kulturpolitiker hatten das auch erkannt und in der Praxis denkmalpflegerische Aktivitäten unterstützt und die Voraussetzungen dafür, soweit es in ihrer Kraft lag, ausgeweitet, denn jede Wiederherstellung, jede Restaurierung hatte überwiegend eine positive Resonanz in der Öffentlichkeit. So liefen von Beginn an Restaurierungen an anerkanntermaßen unverzichtbaren historischen Bauten und es wurde um Ruinen gekämpft, ihre Sicherung und ihr Wiederaufbau eingefordert, unabhängig davon, ob das den Intentionen der jeweiligen Bürgermeister, der Abteilungsleiter für Inneres, die für die Kirchen zuständig waren, der Bau- und Planungsamtsleiter entsprach, wie z. B. für die Ruine der Schinkelschen Bauakademie in Berlin, in Wismar, Frankfurt/Oder und in Neubrandenburg für die Marienkirchen, aber auch in Lieberose für die Ruine der Stadtkirche und der Franziskanerkirche in Angermünde.

Eine feste Größe in den denkmalpflegerischen Aktivitäten war immer die Arbeit an den Kirchen. Hilfreich war hier die Autonomie der Religionsgemeinschaften und die Selbständigkeit der Gemeindekirchenräte, die sehr offen waren für die Bewahrung des Überkommenen. An zahlreichen Kirchen mussten Kriegsschäden beseitigt, und auch intakte Gebäude wie z. B. in Sachsen in großer Zahl restauriert werden. Die Bauunterhaltung wurde von den Denkmalpflegern gegenüber staatlichen Stellen unterstützt. Für von der Kirche nicht mehr benötigte Bauten wurde nach verträglichen neuen Nutzungen gesucht. Zu Konzerthallen wurden die lange leerstehende Klosterkirche in Frankfurt/Oder, die Ulrichskirche in Halle, die Klosterkirche in Mühlberg an der Elbe, die Franziskanerkirche in Salzwedel, zum Stadtmuseum wurde das ehemalige Franziskanerkloster in Rostock, die Klosterkirche in Jüterbog wurde Bibliothek, das Kloster Unserer Lieben Frauen in Magdeburg Veranstaltungs- und Ausstellungsgebäude usw. Ohne diese neuen Nutzungen für Kultur und Bildung waren die Bauten in ihrem Bestand gefährdet. Von den Kirchgemeinden allein waren sie nicht zu erhalten. Darum unterstützten diese die Umwidmungen. Alle haben bis heute Bestand.

In Fürstenwalde bei Berlin stand die mittelalterliche Domkirche nur noch in den Umfassungswänden. Ein interessanter, vollständig moderner Ausbau sicherte ihr Überleben als schon damals viel frequentierte Gemeindekirche. Ein ähnlicher Neuausbau sicherte der Nikolaikirche in Potsdam die Zukunft. Der staatlich ausgewiesene Denkmalwert ermöglichte es nachdrücklicher, notwendige Baumaßnahmen bei staatlichen Stellen einzufordern und z. T. auch durchzusetzen.

Der Denkmalpflege kam zugute, dass bei allen Restriktionen, denen die Kirchengemeinden ausgesetzt waren, in das Schicksal der Kirchen selber nur in wenigen Fällen eingegriffen wurde. Die Erhaltung und Restaurierung des umfangreichen Kunstgutes in den Bauten zu fördern bis hin zu den Raumfassungen war eine nie ernsthaft in Frage gestellte Aufgabe der Denkmalpflege. So wurden Restaurierungen an kirchlichem Kunstgut in den Ateliers der fünf Arbeitsstellen des Instituts durchgeführt oder auch an die anwachsende Gruppe freiberuflich arbeitender Restauratoren vermittelt. Eine qualifizierte Ausbildung für Restauratoren wurde aufgebaut mit den Möglichkeiten, über ein Hochschul- und ein Fachschulstudium, aber auch aus dem Beruf heraus entsprechende Qualifizierungen zu erhalten. Eine Unterstützung für die Arbeiten an und in den Kirchen waren die finanziellen Beihilfen, die vom Ministerium für Kultur gewährt und über das Institut vergeben wurden. Die Denkmalpflege übernahm so für den im Grunde atheistischen Staat die Wahrnehmung wenigstens einer gewissen Verantwortung für diesen Bereich des gesellschaftlichen Lebens, bis dann zum Ende der DDR sogar die Erkenntnis reifte, dass auch die Religionen Bestandteil einer sozialistischen Gesellschaft sein mussten, wenn diese überhaupt überleben sollte.

All das mobilisierte Kräfte für die Denkmalpflege und provozierte auch bürgerschaftliches Engagement, das sich zwar nicht, wie wir es heute erleben, entfalten konnte, sich aber in für die Kultur zugelassenen Organisationen wie dem Kulturbund und den Berufsverbänden der Architekten, Landschaftsarchitekten, der Restauratoren artikulierte. Denkmalpflege war in der DDR nicht die Domäne eines konservativen staatstragenden Establishments, sondern forderte breite Kreise der Öffentlichkeit zur Aneignung geschichtlicher Werte heraus und regte so zu selbständigem Denken und Handeln an.

Die Denkmalpflege entwickelte sich in dieser ambivalenten Situation nicht ohne Konflikte, ohne Auseinandersetzungen, ohne Katastrophen, aber auch nicht ohne plötzliche Wendungen zum Positiven mit der nie versiegenden Hoffnung auf umfangreichere Leistungen in der praktischen Restaurierung. Die teilweise Ignoranz durch staatliche Stellen wurde dabei allmählich, aber auch nicht überall ganz überwunden. So liefen, teilweise misstrauisch verfolgt und behindert, in allen Perioden der DDR-Geschichte Instandsetzungen und Restaurierungen. Auch in der »Diktatur des Proletariats« mit der führenden Partei der SED wurde auf gegenläufige Strömungen und Interessenkonflikte »politisch« reagiert.

Schwierig war unser Verhältnis zum sogenannten Bauwesen, in dem Teile der Architektenschaft mit dem Anspruch auf mehr Gestaltungsfreiheit und eine flexiblere Ästhetik im Bauen unsere Verbündeten waren. Nicht zuletzt auf Betreiben der Denkmalpfleger konnte glücklicherweise der Versuch vereitelt werden, im Rahmen der Verwaltungsreform 1952 die Denkmalpflege zu einem Ressort im Ministerium für Aufbau zu machen, wie es in dem Statut zur Gründung der Deutschen Bauakademie aus dem Jahr 1951 zum Ausdruck kam. Abgelehnt wurde auch in der Diskussion über das Denkmalpflegegesetz von 1975 der Vorschlag, die Verantwortung für die städtebauliche Denkmalpflege, die Erhaltung der Altstadtquartiere dem Ministerium für Bauwesen zu übertragen.

Die Entwicklung im Bauwesen zum Industriezweig mit einem übergroßen Maß an Vorfertigung für große neue Wohngebiete und Industrieanlagen engte die Flexibilität im Bauen ein. Ein differenziertes ausgeglichenes Verhältnis von Neubau, Baureparatur und behutsamer Stadterneuerung war auch wegen der Verstaatlichung vieler Baubetriebe nicht mehr möglich und wohl auch nicht gewollt im Gegensatz zu Proklamationen und immer neuen Verpflichtungen, Altbausubstanz durch Modernisierungen zu erhalten. Die Denkmalpfleger reagierten darauf mit der Unterschutzstellung von Altbauquartieren durch die Räte der Bezirke und Kreise, den Ausweis von für die Stadtgeschichte besonders wertvollen und unbedingt erhaltenswerten Bereichen und mit dem Vorschlag, z. B. mit Krediten junge Familien zu unterstützen, die in Altbauten ihre eigene Lebensumwelt gestalten wollten - vergeblich. Eine errechenbare Restnutzungsdauer, die darauffolgenden Flächenabrisse und der Ersatz durch vorgefertigte Neubauten sollten offenbar die Probleme in den Altstädten lösen. Wie endgültig das gemeint war und sich in den Planungen z. B. für die Städte Greifswald, Merseburg und Erfurt und mit der Errichtung einer provokatorischen Hochhausscheibe in Bautzen zeigte, haben wir vielleicht unzulänglich begriffen. Wir hatten zu lange auf Vernunft und einen Kompromiss gehofft und wollten Gesprächspartner bleiben in dem zu erwartenden Modernisierungsprozess, ihn in unserem Sinne beeinflussen.

Angesichts der Dimension, den ein Umdenkungsprozess in unserem Sinne auf diesem Gebiet haben musste, standen wir wohl immer auf verlorenem Posten.

Zu einer systematischen, kontinuierlichen Erhaltungsarbeit zu kommen, mit Sicherung, Restaurierung und dem Streben nach verträglichen Nutzungen, das den gesamten unter Schutz stehenden Bestand im Auge hatte, etwa durch die Aufnahme systematischer denkmalpflegerischer Aktivitäten in eine Fünfjahrplanung, war nicht zu erreichen. Sie blieb dennoch stets unser aber wohl von vornherein illusorisches Ziel.

Mit der zunehmenden Überwindung der Ignoranz gegenüber historischen Bauten in den Verwaltungen, vor allem nach der Verabschiedung des Denkmalpflegegesetzes durch die Volkskammer 1975, bildete sich etwas heraus, das wir »Jubiläumsdenkmalpflege« nannten. Zu gesellschaftlichen Events wie den regelmäßig stattfindenden Arbeiterfestspielen, Jahrestagen von Stadtgründungen, geschichtlichen Höhepunkten wie dem 450. Jahrestag der Reformation, den Vorbereitungen auf den 500sten Geburtstag Thomas Münzers 1989, den Bach-Jubiläen und Händel-Festspielen konnten Vorhaben der Denkmalpflege in die Planungen der Bezirke aufgenommen werden. Wir nutzten diese Chance für die Denkmale. Ob diese Jubiläen politisch funktionalisiert wurden, interessierte uns wenig. Einseitige ideologische Interpretationen waren sowieso weitgehend wirkungslos und überlebten sich schnell. Handlanger von Ideologie zu sein, konnten wir vermeiden. Anregend waren die durch die Events ausgelösten, zum Teil umfangreichen Auseinandersetzungen mit geschichtlichen Ereignissen, die auch in Literatur und Bildender Kunst zu bemerkenswerten Leistungen geführt haben. Entscheidend für uns waren die damit verbundenen Möglichkeiten, Instandsetzungs- und Restaurierungsarbeiten zu initiieren.

Auch die Instandsetzungen von Kirchen im Rahmen des dem Staat Devisen einbringenden Sonderbauprogramms des Bundes der evangelischen Kirchen der DDR mit der Finanzierung durch die Partnergemeinden in der Bundesrepublik Deutschland fanden, wenn auch sicher mitunter nur widerwillig, Eingang in die staatlichen Planungen. Die Prenzlauer Marienkirche wurde dadurch gerettet, und mit dem Wiederaufbau des Berliner Doms konnte begonnen werden. Dazu kamen die Bestrebungen zur Erweiterung des Kulturangebotes in den Städten mit Theater, Konzert, Bibliotheken, Museen, aber auch mit Garten- und Parkanlagen, für die gern historische Bauten und historische Park- und Grünanlagen in Anspruch genommen wurden. Eine entscheidende Zäsur war dabei der Wiederaufbau der Semperoper in Dresden in den Jahren 1977-1984, nach langen Jahren der Diskussion nun doch mit einer Rekonstruktion der historischen Innenarchitektur, bestimmt für die Entfaltung einer modernen Musikkultur. Dass ein so glanzvoller Bau mit einheimischen Betrieben, mit einheimischen Handwerkern und Künstlern wiederhergestellt werden konnte, weckte den Wunsch nach Fortsetzung auch in anderen Städten und ländlichen Regionen, stimulierte darüber hinaus das Bestreben, entsprechende Berufe zu erlernen und bei Bauhandwerkern an solchen hochgeschätzten historischen Bauten mitzuarbeiten. Defizite bei der Instandhaltung und Instandsetzung von historischen Bauten zu überwinden, wurde immer notwendiger. Die Resonanz in der Öffentlichkeit auf Wiederaufbauten und Instandsetzungen war, wenn diese dann endlich zustande kamen, immer positiv.

In das Produktionsprofil der großen Baukombinate passten die Wiederherstellungen und Restaurierungen mit ihren großen Anteilen an handwerklichen und restauratorischen Leistungen nicht hinein. Diese waren aber notwendig, auch um eine kontinuierlichere Arbeit in der Denkmalpflege zu ermöglichen. Die Reaktion darauf war die Gründung von Spezialbetrieben für Denkmalpflege verbunden mit Projektierungsabteilungen ab 1978 an fünf Standorten in der DDR und darüber hinaus in einigen Bezirken. Diese Betriebe signalisierten mehr staatliches Engagement für die Denkmalpflege, wenn auch ihre Leistungskraft begrenzt war. Sie erlangten nie ihre schon von vornherein bescheiden geplante Größe. Immer war die Erfüllung anderer Aufgaben wichtiger. Trotzdem waren die Betriebe sehr hilfreich und haben mitgeholfen, Abrisse zu verhindern, aber auch mit ihrem Fachpersonal manche Restaurierung anspruchsvoller auszuführen.

Eine wichtige Voraussetzung für unsere Arbeit war die relative Unabhängigkeit des Instituts für Denkmalpflege als nachgeordnete Einrichtung des Ministeriums für Kultur ohne hoheitlichen Auftrag, sondern vor allem mit beratenden Aufgaben. Die relative Unabhängigkeit, mit der wir agieren konnten, war bei aller Ohnmacht, die das auch bedeutete, eine Voraussetzung für das Wirken als Anwalt für die Denkmale, das Einfordern von Aktivitäten zur Erfüllung des staatlichen Ziels der Bewahrung des kulturellen Erbes und auch der Ausführung ganz praktischer Restaurierungen, zuerst von beweglichem Kunstgut in den Restaurierungsateliers, zunehmend aber auch von Planungs- und Ausführungsleistungen bei der Gebäuderestaurierung. Die speziellen Wege, die dabei gegangen wurden, sind es wert, genauer, als das bisher der Fall war, zur Kenntnis genommen zu werden – kritisch, aber auch mit Respekt für den Einsatz der Protagonisten, der Kunsthistoriker, Architekten, Restauratoren, aber auch der Mitarbeiter in den Kulturabteilungen auf den verschiedenen Verwaltungsebenen.

Bei allen Unterdrückungen und Bevormundungen im Kalten Krieg waren das Jahre des friedlichen Aufbaus, in denen Lebensleistungen zustande kamen, die unabhängig von den unterschiedlichen Intentionen der Protagonisten Respekt verdienen. Ein beträchtlicher Zuwachs an Wissen und Einsichten in geschichtliche und kunstgeschichtliche Zusammenhänge konnte in der Inventarisationsarbeit gewonnen werden, die dem Institut für Denkmalpflege oblag, unabhängig davon, ob diese Erkenntnisse auch alle in die Denkmallisten einflossen, die von den Verwaltungen aufgestellt und bestätigt werden mussten.

Das Dehio-Handbuch der Deutschen Kunstdenkmäler wurde im Verbund mit der Dehio-Vereinigung in der Bundesrepublik neu bearbeitet. Im Rahmen eines internationalen

Projektes entstand ein Corpuswerk über die mittelalterlichen Glasmalereien auf dem Gebiet der DDR. Restaurierungen an bedeutenden Denkmalen wie der Goldenen Pforte am Dom zu Freiberg, der Stiftskirche in Wechselburg und dem Dom zu Meißen konnten von den Kunsthistorikern in Dresden für Forschungen zur Baugeschichte und zu mittelalterlichen Farbfassungen genutzt und auch angemessen publiziert werden. Mit weiteren Bauforschungen in Sachsen, Sachsen-Anhalt und Thüringen für das Mittelalter, aber auch in Sachsen, Thüringen, Brandenburg für den Barock und Klassizismus konnte das Interesse für die Denkmalpflege in der Wissenschaft wach gehalten werden. Dazu kam die eigenständige Erarbeitung, die Herausgabe und die Beteiligung an Publikationen. Eine besondere Form der topografisch orientierten Übersicht über den Denkmalbestand in allen Regionen konnte in großer Auflage erscheinen und hat Erhaltungsbemühungen und Restaurierungen stimuliert. Nahezu jede Restaurierung, soweit sie zustande kam, führte zu neuen Erkenntnissen an dem jeweils betroffenen Bau und konnte auch zum Teil in Veröffentlichungen publik gemacht werden.

Die Kunstgeschichte hebt eine Restaurierung über eine einfache Instandsetzung, eine schlichte Baureparatur hinaus, macht sie zu einem geschichtlichen Ereignis, an dem die Restauratoren im weitesten Sinne ihren Anteil haben. So haben die Mitarbeiterinnen und Mitarbeiter des Instituts für Denkmalpflege die Entwicklung wahrgenommen – nicht als ein stures Durchhalten einer von oben vorgegebenen Doktrin, sondern mit der Möglichkeit einer zwar begrenzten, aber doch sinnvollen persönlichen Einflussnahme vor allem durch eine engagierte praktische, sich ständig ausweitende Tätigkeit.

Eine breite kritische Diskussion von anstehenden und durchgeführten Restaurierungen, wie wir sie heute kennen, unter Beteiligung von Historikern, Kunsthistorikern, Architekten, Publizisten etwa von Hochschulen und Akademieinstituten oder einer breiten Öffentlichkeit gab es nicht bzw. nur vereinzelt. Die Schwerpunkte in diesen Bereichen waren anders gesetzt. Das Engagement auf diesem Gebiet lag daher im Ermessen jedes Einzelnen, kam aber auch in einem bemerkenswerten Maße zustande.

Unser Ziel war das wiederaufgebaute Denkmal. Das Fragment, die konservierte Ruine hatte dabei ebenfalls ihren Platz, sollte aber in den Städten die Ausnahme bleiben. Das Maß der Wiederherstellung war, nachdem sich die Purifizierungen der Nachkriegszeit überlebt hatten, abhängig vom Grad der Zerstörung oder Beschädigung sowie den spezifischen Rahmenbedingungen. Ausgangspunkt war die Bewahrung aller noch vorhandenen oder ablesbaren Zeitschichten und mündete, wenn notwendig, in einen Weiterbau für eine aktuelle Nutzung in angestrebten zeitgenössisch-modernen Formen, wobei der entstehende Kontrast zumeist gemildert wurde. Bei ausreichendem Wissen wurden auch Rekonstruktionen nicht ausgeschlossen, vor allem, wenn sie die Akzeptanz eines Denkmals erhöhten oder unverzichtbare Informationen anders nicht zu übermitteln waren.

Die angestrebte Vollständigkeit, die nur mit einem beträchtlichen Maß an Wiederherstellung zu erreichen war, kam aber auch den ab den 1980er Jahren im Zuge der Zeit liegenden weiter gehenden Rekonstruktionsansprüchen, dem Neuschaffen von Geschichtsdenkmalen, entgegen. Wo aber war die Grenze zu ziehen?

Nachdem die Restaurierung historischer Bauten große Resonanz in der Öffentlichkeit gefunden hatte und das Denkmalpflegegesetz angenommen war, wuchs der Druck auf die Staatsorgane, auf diesem Gebiet mehr zu leisten. In allen Städten und Gemeinden gab es historische Bauten, deren Wiederherstellung immer wieder zurückgestellt worden war und die nun wenigstens begonnen werden sollte. Der Einsatz dafür kollidierte mit den Forderungen der zentralen Planungskommission, die bremste und so weit ging, über die Kommunen hinweg in den Altstädten mit zum Teil unter Schutz stehenden Häusern bebaute Flächen für den Wohnungsneubau in Plattenbauweise auszuweisen. Die Neubaukontingente waren an diese Standorte gebunden. Ein nervenzerrender Kampf setzte nun ein, die Plattenbauten wenigstens einigermaßen den örtlichen Gegebenheiten anzupassen und auch so viel wie möglich alte Bausubstanz zu retten. Zusätzlich erschwert wurden die Instandsetzungsarbeiten in den Bezirken durch den Zwang, Bauleistungen für zentrale Vorhaben z. B. für den Ausbau Ost-Berlins zur Hauptstadt zu erbringen, die man im eigenen Bereich benötigte. Diese Nötigungen erzeugten Widerstand. Der dadurch ausgelöste Emanzipationsprozess in den Regionen richtete sich generell gegen Vorgaben »von oben« und förderte neben dem Einsatz für mehr Restaurierung auch die Entwicklung eigener Vorstellungen über die Art und Weise und das Ziel denkmalpflegerischer Instandsetzungen und Restaurierungen.

Aufschlussreich für diesen allmählichen Sinneswandel, der sich vollzog, aber auch für seine von uns nur noch schwer zu beeinflussenden Folgen war die Entwicklung in Ost-Berlin. Sie soll daher etwas eingehender dargestellt werden.

Als z. B. Ost-Berlin als Hauptstadt der DDR auch bei der Restaurierung besonders glänzen sollte, versuchten die Verantwortlichen in der Abteilung Kultur und im Stadtbauamt, bei denkmalpflegerischen Vorhaben eine eigene, stärker von regionalpolitischen Erwägungen bestimmte Linie aufzubauen. Sie äußerte sich unter anderem auch in der Zunahme von Rekonstruktionen historischer Bauten, in der das von der klassischen Denkmalpflege vertretene Prinzip der Einzigartigkeit des historischen Originals mit dem Attribut des Unwiederholbaren nur noch bedingt galt. Die vollständige Rekonstruktion einst verlorengegangener oder sogar abgerissener historischer Bauten war in dieser Linie kein Tabu mehr. Man folgte damit jedoch auch wieder einem Zug der Zeit in der Bundesrepublik, in dem, unterstützt von der Öffentlichkeit, Rekonstruktionen und Rückbauten immer zahlreicher wurden trotz aller Mahnungen der Denkmalpfleger. Geschichte zu inszenieren ist verlockender, als sie nur zu bewahren, zu konservieren. Noch kam das in den 1980er Jahren in der DDR den Denkmalen zugute. So

Abb. 1 Die 1981 bis 1987 wiederhergestellte Nikolaikirche in Berlin

Abb. 2 Der Innenraum der Nikolaikirche nach der Wiederherstellung 1987

erhielt beim Neubau des Nikolaiviertels die mittelalterliche Nikolaikirche durch die Rekonstruktion verschwundener Bürgerhäuser in ihrer Umgebung eine maßstäbliche Umbauung, die alte Gerichtslaube sollte wieder im Stadtbild erscheinen, ebenso die legendäre Gaststätte »Nußbaum«, die mit dem Abbruch des nahegelegenen Fischerkiezes beseitigt worden war. Kein noch vorhandener Altbau in dem Gebiet wurde bei der Neubebauung mehr abgerissen. Nahezu alle stehen heute unter Denkmalschutz. Die eigentliche denkmalpflegerische Leistung war jedoch der Wiederaufbau der beinahe schon verlorengeglaubten Nikolaikirche nach den Prinzipien der klassischen Denkmalpflege (Abb. 1 und 2). Das bedeutete, bei allen Maßnahmen den ganzen Bau im Blick zu haben, jede Zeitschicht, die Fülle des noch Vorhandenen zu respektieren, bei eindeutigem Wissen auch Wiederherstellungen nicht auszuschließen. Dazu gehörte auch die Neueinwölbung über den alten stehengebliebenen Gewölbeanfängern. Die Maurer des Spezialbetriebs für Denkmalpflege Berlin waren inzwischen in der Lage, ein Kreuzrippengewölbe auf die traditionelle Art, d. h. nur mit Leerbögen unter den Rippen, in den Kappen jedoch freihändig gemauert, herzustellen. Die Mittel dafür standen zur Verfügung. Die Nikolaikirche ist heute nach einer erneuten Instandsetzung durch die Stiftung Stadtmuseum eine der schönsten Museumskirchen der Stadt. Erhalten und restauriert wurde in dem ebenfalls noch alten stehengebliebenen Teil der Umbauung auch das u. a. an den Architekten der Synagoge in der Oranienburger Straße erinnernde Knoblauch-Haus, eines der wenigen auch in der Inneneinrichtung noch erhaltenen biedermeierlichen Häuser Berlins.

Nach dem östlichen Bereich der Straße Unter den Linden konnte nun auch in den Jahren 1979-1984 der Gendarmenmarkt mit dem Schauspielhaus von Karl Friedrich Schinkel, den Domtürmen von Carl von Gontard und den Kirchen von Otto March und dem Architekturbüro Hermann von der Hudes und Julius Hennickes wiederaufgebaut werden, in Teilen auch erst zu Ende geführt nach der deutschen Vereinigung. Der vollständig neue große Konzertsaal im Schauspielhaus wurde nach dem Vorbild des einstigen kleineren Konzertsaals im Schinkel-Bau gestaltet und wird nun z. T. von den Protagonisten als Rekonstruktion eines Raumes von Schinkel bezeichnet und einem solchen gleichgesetzt. Wir haben uns gegen die Rekonstruktionen nicht prononciert abgesetzt. Die Hinwendung zur Denkmalpflege in der Hauptstadtpolitik hat den tatsächlichen Denkmalen gutgetan, hat Restaurierungen ermöglicht, von denen wir vorher nur geträumt hatten. Die Basis dafür konnte nicht breit genug sein. Das brachte es mit sich, dass sich die verantwortlichen Planer mit ihren von der klassischen Denkmalpflege abweichenden Vorstellungen wiederfinden konnten.

Etwas anderes war dann schon die einige Zeit von dem Abteilungsleiter Kultur des Magistrats verfolgte Idee, die Um-

Abb. 3 Die Synagoge in der Oranienburger Straße in Berlin nach der Wiederherstellung der Kuppel 1989

Abb. 4 Das 1981 wiederaufgestellte Reiterstandbild für Friedrich den Großen Unter den Linden

bauung am Gendarmenmarkt auf die Zeit der Revolution von 1848 zurück zu bauen, da er von den Revolutionären offenbar als ihr Platz empfunden wurde und die Gefallenen, wie auf einem unvollendeten Gemälde von Adolf Menzel überliefert, auf den Stufen des Deutschen Domturms aufgebahrt wurden. Das entsprach dem einige Zeitlang propagierten Geschichtsbild, in dem zwischen einer Herrschafts- und einer Volkskultur mit zwei Traditionslinien mit den Synonymen Krupp und Krause unterschieden werden sollte. Die Denkmalpfleger waren mit dem Anspruch auf Bewahrung der authentischen Überlieferung zu einer ständige Polemik gegen diese Unterscheidung gezwungen, und sie konnten sich letzten Endes auch nicht überall durchsetzen.

Der ohnehin illusorische Rückbau der Platzumbauung wurde sehr schnell aufgegeben. Das Schauspielhaus, die Domtürme und die Kirchen konnten jedoch vollständig mit ihren so unterschiedlichen, das äußere Erscheinungsbild und die Zeit ihrer Entstehung widerspiegelnden Skulpturenprogrammen restauriert und wo notwendig auch rekonstruiert werden. Das war eine umfangreiche und nicht hoch genug zu bewertende Arbeit.

In der Auseinandersetzung mit Geschichte in den verschiedenen Phasen der Entwicklung der DDR kam es zu weiteren bemerkenswerten denkmalpflegerischen Leistungen in Berlin, die auch 20 Jahre nach der Wiedervereinigung nichts von ihrem Wert für die Stadt eingebüßt haben und die z.T. auch nur durch eine Abstimmung zwischen West und Ost gleichsam in Aussetzung des Kalten Krieges möglich wurden.

Die Friedrichswerdersche Kirche von Karl Friedrich Schinkel wurde instand gesetzt und zu einem Ausstellungsgebäude der Staatlichen Museen für Skulpturen der Schinkelzeit. Die Granitschale, ein Meisterwerk der technischen Steinbearbeitung aus der Biedermeierzeit, erhielt wieder ihren ursprünglichen Platz im Lustgarten vor dem Alten Museum. Das war der Auftakt für die Rekonstruktion der Grünfläche nach der Wiedervereinigung in Anlehnung an die Form der Zeit um 1830.

Mit dem Teilwiederaufbau der Synagoge in der Oranienburger Straße wurde begonnen. Der Bau bekam noch vor der Wende die einzigartige, stadtbildbestimmende maurische Kuppel zurück (Abb. 3).

Das Schloss in Friedrichsfelde, auch zu einer fast hoffnungslosen Ruine in der Nachkriegszeit geworden, konnte bis 1981 grundlegend restauriert und zu einem Museumsschloss ausgebaut werden.

Die Phase der Annäherung der beiden deutschen Staaten vor dem Kollaps der DDR machte es möglich, die jahrzehntelang eingelagerten Steine des Ephraim-Palais an dem für sie vernünftigsten Standort im Nikolaiviertel wieder zusammenzufügen.

Das Reiterstandbild Friedrichs II. kehrte nach einer Zeit der Verbannung an seinen ursprünglichen Platz im Stadtzentrum

Abb. 5 Die Schlossbrücke in Berlin mit den 1983 wiederaufgestellten Bildwerken

Unter den Linden zurück (Abb. 4). Alle Generäle sind wieder um die Neue Wache von Schinkel Unter den Linden versammelt, wenn auch leider noch nicht an ihren alten angestammten Standorten. Die Schlossbrückenfiguren, zum 750-jährigen Stadtjubiläum vom West-Berliner Senat zur Wiederaufstellung zur Verfügung gestellt, vervollständigen geistig und gestalterisch die »via triumphalis« Preußens in Berlin (Abb. 5). Das Denkmal für Friedrich Schiller, ebenfalls vom West-Berliner Senat im Rahmen eines Kulturgutaustauschs zur Verfügung gestellt und mit den Begleitfiguren aus Ost-Berlin vervollständigt, steht wieder auf dem Gendarmenmarkt und erinnert an die lange Geschichte des Sprechtheaters im heutigen Konzerthaus.

Die kurze Periode der Annäherung zwischen beiden deutschen Staaten in den 1980er Jahren hat der Architektur der Stadt jedenfalls mehr gebracht als die lange Zeit der Konfrontation.

Ein Glücksfall war, dass 1975 mit dem Wiederaufbau des Berliner Doms begonnen werden konnte und dabei auch die Weichen für seine Wiederherstellung im Inneren nach denkmalpflegerischen Gesichtspunkten gestellt wurden (Abb. 6). Erbaut 1893–1905, veranlasst und gefördert durch den deutschen Kaiser Wilhelm II., gedacht als die alles überragende Evangelische Kirche Deutschlands, zog der Bau in der Zeit des Niedergangs der Monarchie nach der Niederlage im Ersten Weltkrieg beträchtliche Kritik auf sich, die vor allem an seiner konservativ historisierenden Architektur festgemacht wurde. In den Köpfen der Generation, die sich dann in den 70er Jahren des 20. Jahrhunderts dem Wiederaufbau stellen musste, war diese polemische Einstellung noch sehr lebendig. Erste Planungen gingen dann auch in die Richtung, mit starken Veränderungen, einer rigorosen Anpassung an neue funktionelle Forderungen und einer vereinfachenden Formgebung dem Dom eine zeitgemäßere Gestalt zu geben, bis dann die gleiche Generation die Zeichen der sich verändernden Zeit begriff, Mahnungen zur Umbewertung bisheriger Auffassungen zur Kenntnis nahm, über ihren Schatten sprang und schließlich doch einem denkmalpflegerisch ausgerichteten Wiederaufbau den Vorrang gab.

Der Wiederaufbau war in Berlin ein Durchbruch zur endgültigen Anerkennung der Zeit des Historismus, der Kunst des deutschen Kaiserreichs als einer bedeutenden Epoche der Kunst-und Kulturgeschichte. Noch nie war bis dahin ein so großer, in der Bewertung so umstrittener Bau in dieser Vollständigkeit wiederhergestellt worden. Die Entscheidung darüber traf die Kirche, aber ohne den Einsatz der Ost-Berliner Denkmalpfleger wäre das nicht möglich gewesen. Der Dombau wird nun, wie letzten Endes jedes Bauwerk der Zeitgeschichte, als ein vielseitig seine Entstehungszeit widerspiegelndes Monument wahrgenommen, nicht mehr nur als Träger eines konservativen politischen Programms. Die beeindruckenden Bauformen des Berliner Doms dominieren heute die Wahrnehmung, darüber hinaus eventuell die figurenreichen Bildprogramme in ihrer Eigenart und bemerkenswerten Vollständigkeit, für deren Erhalt sich übrigens auch der renommierte Bildhauer Fritz Cremer stark gemacht hatte und so die denkmalpflegerisch orientierte Instandsetzung beförderte. Das Dokument bleibt, die Umbewertung ist aber ein Privileg der Gegenwart, so wie ein literarischer Text klüger sein kann, als sein Autor ihn beim Niederschreiben verstand.

Die Denkmalkirche, ein separater, aber integraler Bauteil auf der Nordseite des Berliner Doms, in dem die wichtigsten, zum Teil noch aus der Schlüterzeit stammenden Särge des Herrscherhauses der Hohenzollern und eine Skulpturengruppe, eine Apotheose auf Bismarck, standen, war 1975 auf Drängen des Staates ohne Not abgerissen worden (Abb. 7 und 8). Der Anlass dafür war sicher der Aufwand für eine Instandsetzung, den keine der beiden Seiten betreiben wollte, aber auch die strikte Ablehnung der Ideologie, für die der Bau stand. Das hier lange Zeit geforderte »Nationaldenkmal« war auf die Selbstdarstellung des Herrscherhauses reduziert, die Reichseinigung 1870/71 als Leistung der Hohenzollern und Bismarcks dargestellt worden. Dieses Geschichtsbild aufwendig

Abb. 6 Der Berliner Dom nach den Wiederherstellungen 1975 bis 1993

Abb. 7 Der Berliner Dom von Norden mit dem Anbau der Denkmalkirche vor den Kriegszerstörungen

Abb. 8 Der Innenraum der Denkmalkirche am Berliner Dom vor den Kriegsbeschädigungen und dem Abriss 1975/76

zu restaurieren, erschien jedenfalls der damaligen Generation von Verantwortungsträgern noch als ein zu großer Anachronismus. Offenbar war noch nicht genug Zeit vergangen, um die ursprüngliche konservative politische Intention und das tatsächliche Erscheinungsbild der Kapelle voneinander trennen zu können, in der für die Stadt Berlin, aber auch für ganz Deutschland bedeutende Bildwerke des Barock eine adäquate Aufstellung gefunden hatten.

Heute erheben die Mitglieder des Dombau-Vereins den Anspruch, zur Vervollständigung des Wiederaufbaus des Berliner Doms die Denkmalkirche auf der Nordseite der Domkirche zu rekonstruieren. Eine Diskussion darüber soll die Bereitschaft dazu in der Öffentlichkeit befördern.

Alle diese Restaurierungen sind von der Zeit geprägt, in der sie entstanden. Es sind aber immer Leistungen, hervorgebracht nach vielen Überlegungen, Zweifeln, nach Auseinandersetzungen. Sie waren immer verbunden mit hohen materiellen Aufwendungen. Sie bereichern nach wie vor unsere Umwelt auch nach den umfangreichen Restaurierungen der Zeit nach 1989. Sie sind auch eine Mahnung, mit den Resultaten der Arbeit in 40 Jahren DDR ganz generell respektvoll umzugehen, sie nicht wiederum aus ideologischen Verengungen von vornherein zu negieren, etwa weil sie in einem bervormundenden Staat zustande kamen, in dem die Menschenrechte eingeschränkt waren.

Angesichts schwindender Ressourcen für die Denkmalpflege sowie zunehmender Zweifel am Sinn und der Möglichkeit, klassische Baudenkmale zu erhalten und zu nutzen, dem Infragestellen der Landesdenkmalämter als Fachbehörde ist es nutzbringend, Formen der denkmalpflegerischen Arbeit aus der Vergangenheit zur Kenntnis zu nehmen, mit denen in Zeiten größerer Knappheit an Mitteln und einem niedrigeren Niveau staatlicher Anerkennung einiges, wenn auch nicht alles, was notwendig und möglich gewesen wäre, zustande gebracht wurde. Es lohnt sich, in das Schicksal von Denkmalbauten dieser Jahre im Osten Deutschlands einzudringen: Neben dem Vergnügen, das diese Tätigkeit bereitet, hilft es eventuell auch, städtebauliche Situationen und Bauzustände in Bereichen differenzierter zu beurteilen, die heute wieder zur Diskussion stehen.

Anmerkungen zur Methodik und Praxis der Denkmalpflege

Ludwig Deiters

Die Position der Denkmale in der Gesellschaft

Hinsichtlich der Position der Denkmale innerhalb des Lebens in der DDR sollte man zwei Phasen der Entwicklung unterscheiden, die Phase des Wiederaufbaus nach dem Kriege und die Phase des Versuchs, die einer sozialistischen Gesellschaft gemäße bauliche Umwelt zu gestalten. Es versteht sich, dass beide Phasen ineinander übergingen.

In der unmittelbaren Nachkriegszeit waren die Baudenkmale in erster Linie Baulichkeiten, die genutzt wurden oder sich irgendwie dringenden Lebensbedürfnissen nutzbar machen ließen, ohne besondere Beachtung ihres Zeugnischarakters. Da gab es Kontinuität, z. B. bei historischen Bürgerhäusern oder auch den Kirchen. Typisches Beispiel für die Diskontinuität in der Nutzung waren die Herrenhäuser auf dem Lande, deren Eigentümer vertrieben worden waren. Sie standen leer und boten willkommenen Raum für die Unterbringung der sogenannten Flüchtlinge. Später, als diese nach und nach fortzogen oder eigene Behausungen bekamen, wurden die Herrenhäuser oft als Dorfzentren mit Konsum, Arzträumen, Festsälen, Kindergärten usw. genutzt, manchmal in Gänze als Altersheime oder Schulen. Das hatte meist ungute Folgen für die Innenarchitektur, aber zumeist wurden wenigstens die Dächer unterhalten.

Überhaupt wurden in dieser Zeit bei den genutzten Denkmalen wie bei anderen Nutzbauten, so gut es ging, die notwendigen Baureparatur- und Unterhaltungsarbeiten durchgeführt. Die traditionellen Bauhandwerker standen noch – wenn auch nicht in ausreichendem Maße – zur Verfügung. Langsam wurden auch die Denkmalämter der in der sowjetischen Besatzungszone zunächst wiedergegründeten Landesverwaltungen wirksam, und sie erstritten sich die für die sachgemäße Sicherung und Wiederherstellung bedeutender Denkmale notwendigen finanziellen Mittel und Ausführungskräfte. Beispiele für solche frühen denkmalgerechten Instandsetzungen sind die Wiederherstellungsarbeiten an den Domen in Magdeburg, Halberstadt oder Brandenburg. In der Methodik stand eindeutig der Wunsch im Vordergrund, zerstörte Bauteile wiederherzustellen. Dabei wurde sorgfältig an den noch vorhandenen Bestand angeschlossen. Auffindbare Fotos, andere Dokumentationen und der Befund an erhaltenen gleichartigen Bauteilen dienten als Vorlagen. Mit bauhandwerklich erfahrenen Ausführungskräften konnten die Arbeiten vor Ort abgesprochen werden. Das vereinfachte die Planungsvorgänge. Hier ist anzumerken, dass im Zuge der Wiederherstellungsarbeiten unter den Denkmalpflegern wie unter den Architekten in jener Zeit die Zutaten des nachklassizistischen 19. Jahrhunderts meist nicht als bewahrenswert galten.

Die Phase des Wiederaufbaus in den von Kriegszerstörungen besonders betroffenen Städten begann mit einer neuen gesellschaftlichen Zielstellung in den 1950er Jahren. Das Ziel bestand darin, zentrale Straßenzüge und Plätze mit neuen Bauten zu fassen. Die Anfangszeit, in der einige Architekten noch versuchten, in der städtebaulichen und architektonischen Gestaltung an die Moderne der Zeit um 1930 anzuknüpfen, war kurz, eigentlich auf die Jahre bis 1950 beschränkt. Bereits in der zweiten Hälfte des Jahres 1951 begannen die am sowjetischen Beispiel ausgerichteten sogenannten 16 Punkte des Städtebaus zu wirken, die auf einen Städtebau mit repräsentativen »Magistralen und zentralen Plätzen« orientiert war und für die Architektur der Neubauten eine »Anknüpfung an die nationalen Traditionen der deutschen Baukunst« forderte. Woraus wir jungen Leute damals den Begriff »Natitradi-Architektur« ableiteten. Der Spott sollte uns bald vergehen, und wir wurden in den Sog einer entsprechenden Baubegeisterung hineingezogen.

Für die Baudenkmale im Allgemeinen hatte die – übrigens 1955 schon beendete – Natitradi-Episode immerhin den Vorteil, dass jene als Vorbilder respektiert wurden und es oft gelang, sie einigermaßen wirkungsvoll in die sich entwickelnden städtebaulichen Zusammenhänge einzubeziehen.

In dieser Zeit wurde z. B. in Neubrandenburg der historische Stadtgrundriss respektiert, als man die zu 80 Prozent flächig zerstörte Altbebauung durch neue Wohnungsbauten mit eingelagerten Geschäften ersetzte. Zu den berühmten Toren hin wurde die Neubebauung abgestuft. In Rostock erhielt das alte Rathaus einen gut proportionierten Anbau an dem nach Norden erweiterten Marktplatz. Im gesamten historischen Straßenzug bis hin zum Kröpeliner Tor wurden die Baulücken mit Neubauten geschlossen, die sich dem historisch gewachsenen Baubestand gut zuordneten. Die parallele Lange Straße wurde jedoch als neue Magistrale mit gotisierenden Neubauten großen Maßstabs besetzt. Dafür wurde die Ruine der gotischen Jakobikirche geopfert, gleichzeitig jedoch die zwischen den beiden Straßenzügen liegende Marienkirche instand gesetzt. In Dresden behielt die instand gesetzte Kreuzkirche einen wirkungsvollen Platz an dem vergrößerten Alten Markt, wenn auch die hier barockisierende neue Umbauung des Platzes siebengeschossig ausgeführt wurde. In Potsdam wurden in den historischen Stadtkern Neubauten eingeordnet, die die historischen Fluchtlinien und Traufhöhen respektierten, nur im Bereich des Stadtschlosses wirkten sich radikale Erneuerungsziele aus.

Mit dem Jahr 1955 spätestens war die Zeit der Orientierung auf die nationalen Bautraditionen zu Ende. Der Blick richtete sich nun wieder auf die Moderne der Zeit um 1930 und das Vorbild der westlichen Länder, in denen sich die spezifische feingliedrige Moderne der 1950er Jahre entwickelt hatte. Gleichzeitig forcierte die Baupolitik der DDR die Entwicklung der industriellen Bauweise und verbunden damit eine Typisierung der massenhaft erforderlichen Bauten, besonders der Wohnungsbauten. Solche Bauten wurden zweckmäßigerweise meist in Zeilenbauweise auf bisher nicht bebautem Gelände errichtet, d.h. außerhalb der historischen Stadtkerne. Dort blieben die Baulücken bestehen. Da zugunsten des industriellen Neubaus die Kräfte des Bauwesens in Großbetrieben neu organisiert wurden, fehlte es bald an kleineren beweglichen Baubetrieben des traditionellen Bauhandwerks. Die Baudenkmale lagen nun bis auf Ausnahmen außerhalb der baulichen Schwerpunkte, und es fehlten zudem bald die notwendigen Kräfte für Instandhaltung und Instandsetzung. Diese Ausnahmen waren teilweise Anlass für Konflikte zwischen politischen Autoritäten und Denkmalpflegern, denn trotz der neuen Orientierung auf eine moderne Architektur und industrielle Bauweise blieb neben dem Bauen auf grüner Wiese das prestigeträchtige Bemühen um die sogenannte sozialistische Umgestaltung der Zentren insbesondere der Stadt Berlin und der Bezirkshauptstädte von großer Brisanz. Die dort befindlichen Baudenkmale befanden sich zumeist in einem Zustand der Zerstörung oder doch der Vernachlässigung. Einige dieser Denkmale wurden, besonders dann, wenn sie Ruinen waren, als nicht erhaltenswert oder störend für neue Ordnungsabsichten angesehen. Ich habe im zweiten Hauptabschnitt meines Berichts solche Beispiele wie die Universitätskirche in Leipzig erwähnt. Andere Denkmale, über deren Integration in die Neugestaltung Konsens zu erzielen war, mussten entsprechend der gesellschaftlichen Bedeutung des neu zu gestaltenden städtebaulichen Ensembles aufgewertet werden.

Aus dieser Position der Denkmale wird die Aufgabenstellung verständlich, sie in der Mehrheit der Fälle zu restaurieren – im klassischen Sinne, oft auch einer neuen gesellschaftlichen Nutzung zu erschließen. Deutlich zeigt sich hierin eine Aufgabenstellung, die denkmalpflegerisch-methodische Auswirkungen hatte. Ein herausragendes Beispiel ist die Wiederherstellung der Nikolaikirche in Berlin. Als die Zeit herangereift war, das die Kirchenruine umgebende altstädtische Baugebiet, dessen Gebäude weitgehend zerstört und abgeräumt worden waren, im Rahmen der Zentrumsgestaltung wieder zu bebauen, kam Fluss in die lange vorbereiteten Wiederherstellungsarbeiten an der Kirche. Der Wiederbebauung des sogenannten Nikolaiviertels galt besondere Aufmerksamkeit, da die Staats- und Parteiführung beschlossen hatte, das Ergebnis anlässlich des 750. Jahrestages der urkundlichen Ersterwähnung Berlins – eigentlich Köllns – zu präsentieren. Deshalb wurde Anfang der 1980er Jahre in die finanzielle Planung für das Nikolaiviertel zur zunächst äußeren, vollständigen Wiederherstellung der Kirche ein Posten von 10 Millionen Mark aufgenommen, ein Vorgang von ungewöhnlicher Dimension. Zu Anfang des Jahres 1986 entwickelte dem Vernehmen nach Erich Honecker selbst die Idee, die Auftaktveranstaltung für die Jubiläumsfeierlichkeiten im Jahr 1987 gerade in der Nikolaikirche durchzuführen. Also musste auch das Innere der Kirche im Eiltempo wiederhergestellt werden. Die fachliche Vorarbeit war längst geleistet und z.B. die Wiederherstellung der großenteils eingestürzten Gewölbe von den Maurern des denkmalpflegerischen Spezialbetriebs an anderen Denkmalen geübt.

Man sieht, dass zu dieser Zeit Auftraggeber und Fachinstitutionen konzeptionell und in der Praxis weitgehend auf die Wiedergewinnung verlorener Elemente, so originalgetreu wie irgend möglich, eingestellt waren. Diese Zielstellung wurde nicht nur für die denkmalpflegerischen Aufgaben im Rahmen der Zentrumsaufwertung gefordert, sie galt auch in anderen Zusammenhängen.

Ein anderes wichtiges Feld der Aufwertung von Denkmalen war im Zusammenhang mit sogenannten besonderen gesellschaftlichen Ereignissen zu bearbeiten. Da gab es immer wieder große Jubiläen, deren Feiern vorzubereiten waren. Beispielhaft dafür war 1966/67 die Vorbereitung auf den 450. Jahrestag des Thesenanschlags. Natürlich wurden die Reformationsgedenkstätten in Wittenberg restauriert, aber auch die Wartburg wurde einbezogen. Ebenfalls in den 1960er Jahren wurden Arbeiterfestspiele in Güstrow abgehalten. Der große Festsaal im Schloss, der Hof und der Garten des Schlosses boten sich als eindrucksvoller Rahmen für Veranstaltungen während der Festspiele an. Deshalb wurde von Seiten der örtlichen Autoritäten gern alles getan, was zur rechtzeitigen Fertigstellung der bereits laufenden Instandsetzungsarbeiten notwendig war. Gleichzeitig wurden die Arbeiten am Schloss bei der Bevölkerung der Stadt und des Umlandes populär.

Über die Einzelheiten der Arbeiten schreibe ich in der Reihe der anschließenden Beispiele. Hinsichtlich der Beachtung, die das Ergebnis fand, erinnere ich mich, dass sich der Kreisvorsitzende bei mir dafür bedankte, dass das Schloss rechtzeitig und gerade so wiederhergestellt worden sei. Hier nun muss angemerkt werden, dass auch bei Arbeiten an weniger prominenten Denkmalen stets der Wunsch der Rechtsträger oder Eigentümer zu berücksichtigen war, den so oft vernachlässigten oder verstümmelten Denkmalen durch Erhaltungs-, aber auch Freilegungs- und Ergänzungsarbeiten so viel wie möglich von ihrer »alten Schönheit« wieder zu geben. Mit einem solchen

Ziel ließen sich Verbündete in der Bevölkerung finden und damit diejenigen, die über finanzielle Mittel oder die sogenannten Baukapazitäten verfügten, zur Aufnahme der denkmalpflegerischen Arbeiten in die Planung drängen.

Je zahlreicher die industriell gefertigten, uniform wirkenden Neubauten und auch vereinfachende Instandsetzungen an Altbauten das Bild der Städte und Dörfer veränderten, desto mehr wuchs das Interesse der Bevölkerung an charakteristischen historischen Bauten, Straßen- und Platzräumen. Die Erhaltung und Wiederherstellung gerade der Baudenkmale in ihrer besonderen Wirksamkeit, in all ihren Formen wurde von immer mehr Menschen gewünscht und damit für die Politiker zur Aufgabe. Wo immer das zu praktischen Maßnahmen führte, ging die politische Aufgabenstellung vom Bild der harmonischen Wiederherstellung der Baudenkmale aus. Hätten die Mitarbeiter des Instituts für Denkmalpflege sich diese Zielstellung nicht im Wesentlichen zu eigen gemacht, hätten sie ihren traditionell unbestrittenen Einfluss auf die denkmalpflegerische Qualität der Instandsetzungsmaßnahmen verloren.

Ehe man auf die aus der geschilderten Situation der Denkmale resultierende Methodik ihrer Pflege oder Wiederherstellung eingehen kann, muss jedoch auf den Denkmalbegriff in den gesetzlichen Grundlagen der DDR und dessen Anwendung in Form der Denkmalerklärung zurückgegangen werden.

In den zum Denkmalschutz und zur Denkmalpflege erlassenen Verordnungen von 1952 und 1961 sowie im Denkmalpflegegesetz von 1975 geht der Denkmalbegriff von der geschichtlichen, künstlerischen oder wissenschaftlichen Bedeutung des Objekts aus. Die Definition von 1952 stellt zusätzlich die Bedingung, dass es sich um Werke abgeschlossener Epochen handeln müsse, eine Einschränkung, die bewusst später aufgegeben wurde. Damit hätten die Definitionen durchaus im Rahmen des international üblichen gelegen, wenn nicht im Gesetz und dessen Durchführungsverordnung die vorsorgliche wissenschaftliche Erfassung, die Denkmalerklärung als staatlicher Hoheitsakt und die Kennzeichnung verfügt worden wären. So musste für die praktische Anwendung ein Kampf um die Maßstäbe für die Anerkennung der geschichtlichen, künstlerischen oder wissenschaftlichen Bedeutung entbrennen, die den Denkmalen als solchen die Anerkennung brachte in Unterscheidung von beliebig zu behandelnder »Altbausubstanz«.

Das Institut für Denkmalpflege hatte nach Erforschung des Bestands die Pflicht, Vorschläge für die Aufnahme von Denkmalen in die staatlichen Denkmallisten zu machen. Es wurde in dieser Arbeit auch von den ehrenamtlichen Kräften der Gesellschaft für Denkmalpflege im Kulturbund unterstützt. Die Vorschläge wurden den Räten der Kreise übergeben als eine Grundlage für die Denkmalerklärung. Diese erfolgte, wenn die eingereichte Liste durch den jeweiligen Kreistag bestätigt worden war. Sodann wurde von den Räten der Kreise die Denkmalliste veröffentlicht, wurden die Eigentümer oder Rechtsträger schriftlich benachrichtigt, wurde die Kennzeichnung der Denkmale wiederum unter Inanspruchnahme der ehrenamtlichen Helfer durchgeführt. Damit waren die Voraussetzungen zur Zustandskontrolle sowie der Anwendung des denkmalpflegerischen Regelwerks bei städtebaulichen Planungen oder der Durchführung von Maßnahmen am Denkmal selbst gegeben.

Soweit die Formalien – der inhaltliche Streit ging darum, ob einem etwa umstrittenen Objekt tatsächlich so viel Bedeutung zuzumessen sei, dass es zum Denkmal erklärt werden müsse. Es war eine bedauerliche Tatsache, dass auf der Ebene der örtlichen Staatsorgane die für die finanzielle Planung oder die Bereitstellung von sogenannten Bauanteilen zur Instandsetzung von Bauten aller Art zuständigen Funktionäre meist auf eine Anwendung strenger Maßstäbe bei der Feststellung der Denkmaleigenschaft drängten: Sie wollten möglichst wenige Denkmale. Um solchen Tendenzen entgegenzuwirken, mussten Objekt für Objekt die Bedeutungskriterien des potentiellen Denkmals herausgearbeitet werden. Es bildeten sich dabei bestimmte Denkmalkategorien heraus.

Hinsichtlich der geschichtlichen Bedeutung standen solche Objekte, speziell Baulichkeiten, im Vordergrund, die mit Persönlichkeiten und Ereignissen der politischen Geschichte verbunden waren. Die Liste der Denkmale der politischen Geschichte reicht von der Wartburg über die Erfurter Kongresssäle und die Gedenkstätten am Standort der nationalsozialistischen Konzentrationslager bis zu den Denkmalen der frühen DDR-Geschichte wie etwa dem Kulturhaus der Rüdersdorfer Zementwerke oder dem Fernsehturm in Berlin.

Eigenständig entstanden Listen von Denkmalen der sogenannten Produktionsgeschichte. Hierzu gehörten beispielweise die Altenberger Zinnwäsche oder die Öfen der Braunkohleschwelerei in Groitsch und nicht zuletzt zahlreiche Wind- und Wassermühlen.

Neben diesen speziellen Zweigen der Geschichtsbetrachtung war es ungleich schwieriger, den Blick auf den vielfältigen geschichtlichen Zeugnischarakter aller Denkmale zu lenken. In der Sicht auf die geschichtliche Botschaft der Baudenkmale stand die Anerkennung der schöpferischen Leistung früherer Bauherren, Baumeister, Bildhauer und Handwerker im Vordergrund. Damit verband sich durchaus ein Verständnis für die Abfolge von anerkennenswerten Leistungen aus verschiedenen Epochen, die die charakteristische Gestalt des Denkmals nach und nach geprägt hatten. Aber es wurden eben auch solche Veränderungen, Verluste und Schäden aus der jüngeren Vergangenheit registriert, die als qualitätslos oder zerstörerisch, kurz als unakzeptabel betrachtet, also als »nicht denkmalwert« klassifiziert wurden. Nicht selten wurde für diese Veränderungen auch das Wort »Verschandelung« benutzt.

Aus den fortwährenden Werten eines Objekts hinsichtlich seiner Bedeutung als Geschichtszeugnis von Rang, als Ergebnis schöpferischen bzw. künstlerischen Schaffens, als wirkungsvoller Bestandteil eines städtischen oder ländlichen charakteristischen Ensembles, aus den Werten sogar der Bestandteile ergeben sich bestimmte Erwartungshaltungen gegenüber den denkmalpflegerischen Zielstellungen hinsichtlich des Erhaltens, des Bereinigens, des ergänzenden Wiederherstellens.

Denkmalpflegerische Ziele und methodische Wege

Alle an den Denkmalen erforderlichen Maßnahmen, gemeint sind im Folgenden vor allem Baudenkmale, hatten der Erhaltung seiner denkmalwerten Substanz und wo erforderlich, auch der Wiederherstellung oder Steigerung ihrer Wirkung zu dienen.

Hier muss vorausgeschickt werden, dass vor jeder Maßnahme die fachkundige Erforschung des Objekts und die Dokumentation der Ergebnisse stehen sollte. Bedauerlicherweise reichten nicht immer die zeitlichen und finanziellen Voraussetzungen für eine gründliche Vorarbeit. Immer jedoch hatten die Mitarbeiter des Instituts für Denkmalpflege Untersuchungen zu leisten und Vorgaben zu machen, wobei es nicht selten zu Meinungsstreit über eben diese Vorgaben kam. Die Ergebnisse der Forschungs- und Vorgabenarbeit wurden im Prinzip in denkmalpflegerischen Zielstellungen vorgelegt.

Im Rahmen der Darlegung des Zustands wurden meist nicht nur die Schäden, sondern auch die mit dem Denkmalcharakter unverträglichen Zutaten oder Veränderungen charakterisiert und deren Beseitigung gefordert. Neben den Aufgaben der Konservierung, z. B. der Festigung der Substanz oder der konstruktiven Sicherung, standen die der sogenannten Bereinigung von »Verschandelndem«.

Die eigentlichen Konservierungsziele erstreckten sich auf die denkmalwerte Substanz in ihrer zeitlichen Abfolge und Gesamtheit. Hier muss jedoch eingestanden werden, dass bis in die 1970er Jahre historistische Veränderungen und Zutaten, insbesondere Ausmalungen, nicht selten kritisch, das heißt nicht als denkmalwert betrachtet wurden. Mit dem »Konservieren« hatte es nicht sein Bewenden.

Im Sinne der Erwartungen hinsichtlich der Wiederherstellung der Wirkung der Denkmale folgten in den Zielstellungen die Aufgaben der »Restaurierung«. Hierbei waren alle Mitarbeiter des Instituts auf größte Behutsamkeit bedacht, darauf, die Substanz und Wirkung originaler Befunde nicht zu schädigen. Reste historischer Architekturfassungen z. B. wurden mit leicht abnehmbaren Überzügen überdeckt als Grundlage für Neufassungen zurückhaltender Art unter Umständen unter Bezugnahme auf Befunde. Verlorengegangene Baudetails wurden – ob konstruktiven oder dekorativen Charakters – den Originalen entsprechend nachgearbeitet. Nur selten wurden sogenannte moderne Ergänzungen entwickelt, diese hatten sich jedoch in die Wirkungszusammenhänge unauffällig einzufügen. In diesem Sinne war die ergänzende Wiederherstellung der Baudenkmale das prinzipielle Ziel der denkmalpflegerischen Maßnahmen. Konservierung und Restaurierung wurden nicht als gegensätzliche Prinzipien, sondern als einander gleichberechtigt folgende Arbeitsschritte gesehen.

Als dritter sich den beiden ersten unterordnender Schritt folgten die Maßnahmen der Erschließung des Denkmals mit ihren geistig-kulturellen Zielen und den damit verbundenen funktionellen Regelungen und Ausstattungen. Es versteht sich, dass die Gewichtung der drei Elemente der denkmalpflegerischen Zielstellung bei Burgruinen und bewohnten Baudenkmalen auch in Abhängigkeit vom Baualter sehr verschieden war. Je nach den spezifischen Gegebenheiten entwickelte der zuständige Chefkonservator seine Konzeption, natürlich unter Einbeziehung seiner Mitarbeiter und nicht zuletzt des Bauherrn und der örtlichen gesellschaftlichen Kräfte. Man könnte den breiten Abstimmungsprozess mit seiner deutlichen Tendenz zum Herausarbeiten der Wirkung des Denkmals als Pragmatismus bezeichnen. Uns sicherte er die Mitarbeit zahlreicher Verbündeter und immer einen Zuwachs an Verständnis für die Denkmale und die Aufgaben der Denkmalpflege in der Öffentlichkeit.

Diesen Hinweisen zur Situation der Denkmale in der DDR sollen im Weiteren einige Bemerkungen über die davon beeinflussten Instandsetzungsarbeiten an ausgewählten Denkmalen folgen.

Ich gehe mit einigen Beispielen voran, die ich selbst angeleitet oder doch erheblich beeinflusst habe. Ich hoffe, dass sich einige meiner ehemaligen Kollegen mit weiteren Beispielen aus ihrer Arbeit anschließen werden.

Beispiele der Restaurierung an ausgewählten Denkmalen

Neue Abtei des Klosters Zinna

Etwa im Jahr 1958 – ich war damals der verantwortliche Konservator für die Bezirke Potsdam und Frankfurt/Oder – wurde ich in die Abtei gerufen, die teilweise als ehrenamtlich betreu-

Abb. 1 Kloster Zinna, Siechenhaus und Abtei von Süden nach der Instandsetzung; um 1965

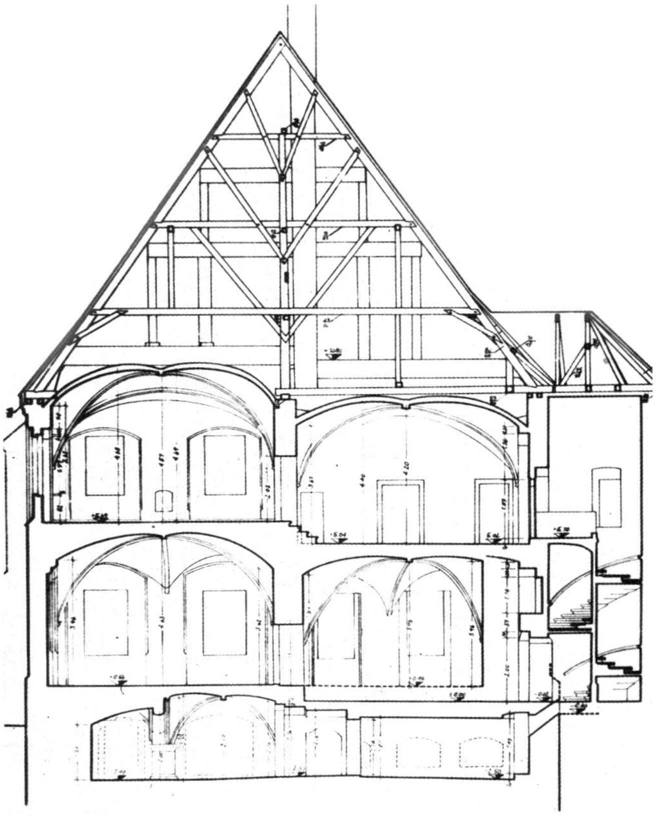

Abb. 2 Kloster Zinna, Abtei, Zeichnung / Querschnitt Ost-West, um 1960

Abb. 3 Kloster Zinna, Abtei, Abtskapelle, freigelegte Schutzmantelmadonna; Aufnahme um 1960

Abb. 4 Kloster Zinna, Abtei, Abtskapelle nach der Konservierung von Resten der Wandmalerei des 15. Jh.; um 1965

tes Heimatmuseum fungierte (Abb. 1 und 2). Der Betreuer hatte unter abblätternden Tüncheschichten Spuren von mittelalterlichen Wandmalereien entdeckt. Der Restaurator von Koppingen begann mit Dampfapparat und Skalpell behutsam mit der Freilegung. Langsam schälte sich u. a. die Darstellung einer Schutzmantelmadonna heraus, eine Malerei aus der Mitte des 15. Jahrhunderts von großer Qualität (Abb. 3). Das Bild einer Anna Selbdritt kam hinzu. Die Malereien wurden mit Kalksinterwasser gefestigt, Fehlstellen im verschmutzten Wandton belassen, vorsichtig der neue helle Wandanstrich bis an die Umrisse herangeführt. Ungeachtet des Fragmentarischen beherrschten die Wandbilder den Raum (Abb. 4). Der Fund wurde sehr beachtet, ein Bericht von mir in der Zeitung »Neues Deutschland« abgedruckt. Daraufhin ließen sich die finanziellen Mittel und Baukapazitäten für die dringend notwendige Gesamtinstandsetzung des Gebäudes beschaffen. Die Abtei war nach der Säkularisation des Zisterzienserklosters zum kurfürstlichen Amtshaus bestimmt worden und überstand so den Verfall und Abtrag des größten Teils der Konventsgebäude.

Wir mussten auch hier mit Maßnahmen der konstruktiven Sicherung beginnen. Mangelhafter Horizontalverbindungen wegen hatte der Sparrenschub zum Ausweichen der Außenwände geführt, die Gewölbe der Obergeschossräume hatten hierdurch erhebliche Risse bekommen. Wolfgang Preiß, der immer hilfsbereite Spezialist für konstruktive Sicherung an Baudenkmalen, ordnete an, die Sparren paarweise durch Zugstangen mit Spannschlössern zu verbinden, ließ Netze aus dünnem Bewehrungsstahl auf die Gewölbekappen aufbringen und anschließend die Risse kraftschlüssig füllen.

Die Fassaden der Abtei waren in der Amtshauszeit verändert worden, größere Fenster mit horizontalen Stürzen eingebaut. Wir haben die Fassaden in diesem Zustand repariert. Lediglich im Erdgeschoss haben wir aus den spitzbogigen Öffnungen im Giebel die Brettertüren herausgenommen, hinter denen sich Feuerspritzen befunden hatten, und durch Fenster ersetzt.

Im Inneren wurden nach erfolgter Sicherung nachträgliche Zwischenwände entfernt, um die ursprüngliche Raumstruktur wieder zu gewinnen. Die Räume wurden mit Kalkfarbe ausgeweißt, das teilweise mit grünen Glasursteinen geschmückte Gewände zum großen Erdgeschossraum durch einige Nachbrände ergänzt. Der Bau wurde fortan als Museum mit sehr sparsamer Ausstattung genutzt.

Zusammenfassend lässt sich sagen, dass bei der Abtei in Zinna die Konservierung mit der konstruktiven Sicherung und behutsamer Freilegung im Vordergrund stand. Restaurierungen und Ausstattungsarbeiten waren gering.

Dom zu Brandenburg

Schon im Herbst 1956 hatte mir mein Amtsvorgänger Gottfried Müller den mittelalterlichen Dom besonders ans Herz gelegt (Abb. 5). Die Vorbereitung und Durchführung der großen Sicherungs- und Instandsetzungsarbeiten dauerten dann bis in die 1960er Jahre hinein. Joachim Fait als Kunsthistoriker und Günter Köpping als Architekt übernahmen später die Anleitung.

Der Dom zu Brandenburg war in der ersten Hälfte des 19. Jahrhunderts unter Leitung von Karl Friedrich Schinkel instand gesetzt und dabei in seinem Sinne neu ausgestattet worden. Insbesondere entfernte er dabei barocke Emporen und eine Front von Logen, die vor der Wand zum hohen Chor bestanden hatte. An ihrer Stelle fügte er eine steile und breite Treppe zum Chor hinauf ein. Leider war seine Chortreppe um 1930 durch eine viel flachere, auch durch ein Zwischenpodest noch ausgedehntere Treppe ersetzt worden, dem greisen Domherren von Hindenburg zuliebe (Abb. 6). Außerdem ließ Schinkel einige der Basilikapfeiler ummauern, da diese geborsten waren. Diese Sicherung hat die Gewölbe für mehr als ein Jahrhundert vor dem Einsturz bewahren können, die Probleme aber nicht beseitigt. Diese rührten daher, dass die Arkadenwand zwar tief, aber nicht auf tragfähigem Grund angelegt worden war. Zudem war die Grundmauer durch Sparbögen unterbrochen und darum zunehmend in Bewegung. Eine neue umfassende Festigung war in den 50er Jahren des 20. Jahrhunderts unumgänglich geworden. Diese wurde wie in Zinna durch Wolfgang Preiß angeleitet. Als neue Gründung wurden beiderseits jedes Arkadenpfeilers Bohrpfähle eingebracht, die dessen Last mit Hilfe von Traversen zu übernehmen hatten. Es blieb die Aufgabe, die Pfeiler in sich zu stabilisieren (Abb. 7).

Abb. 5 Brandenburg, Dom von Süden; Aufnahme um 1960

Für die Bauarbeiten musste die Hindenburgtreppe abgetragen werden (Abb. 8). Das war uns recht, denn wir betrachteten sie ohnehin als eine Verschandelung. Wir verzichteten gern auf den Wiedereinbau, da sich nun die fast vollständige Kryptenwestwand mit ihren romanischen Bogenöffnungen

Abb. 6 Brandenburg, Dom, Innenraum, Blick nach Osten auf die Chortreppe aus der Zeit um 1930; Aufnahme um 1957

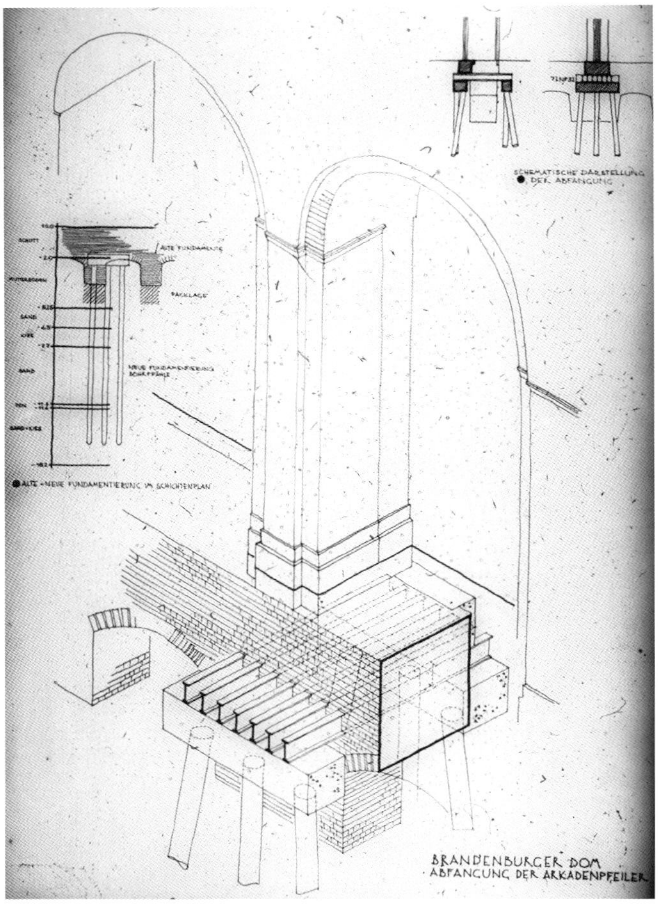

Abb. 7 Brandenburg, Dom, Abfangung der Arkadenpfeiler, Zeichnung Günter Köpping, um 1960

zum Kirchenschiff hin zeigte. Durch schlichte Ergänzungen ließ sich die große Form der Kryptenwand wiedergewinnen und zwischen den beiden Öffnungen konnte der gotische Altar seinen Platz finden, der vorher auf den untersten Stufen der Treppe gehockt hatte. Die Befunde zur mittelalterlichen Raumfassung waren zu divergierend und unvollständig, um

Abb. 8 Brandenburg, Dom, Abbau der Chortreppe im Zuge der Bausicherung; Aufnahme um 1960

sie für eine Neufassung nutzen zu können. So wurde die damals sehr häufige Gestaltung mit hellem Wandton und ziegelfarbigen Gliederungen angewandt. Die von Schinkel gestaltete Westwand mit ihren Holzeinbauten und Farbfenstern blieb davon unberührt.

Als Fazit lässt sich feststellen, dass bei der Instandsetzung des Brandenburger Doms im Rahmen der Konservierung die konstruktive Sicherung das größte Gewicht hatte. Bei der unumgänglichen Freilegung der Pfeilergründung wurde gern der gesamte – abschätzig Bahnhofstreppe genannte – Treppeneinbau des 20. Jahrhunderts als nicht denkmalwerte Zutat entfernt. Bei den Restaurierungsarbeiten wurden die Ergänzungsarbeiten auf das notwendigste beschränkt und die Neufassung des Raumes sehr zurückhaltend vorgenommen (Abb. 9).

Marienkirche in Treuenbrietzen

Die Marienkirche in Treuenbrietzen war um 1958 dringend instandsetzungsbedürftig. In den aus der 1. Hälfte des 13. Jahrhunderts stammenden Feldsteinmauern der Chorapsis zeigten sich Risse. Das Kirchenschiff war beiderseits zweigeschossig von primitiven hölzernen Emporen ausgefüllt, deretwegen teilweise Dienste an Wänden und Pfeilern abgeschlagen worden waren. Die Emporen waren einst für die Soldaten der Garnison eingebaut worden und wurden nicht mehr gebraucht. Der Raum war einheitlich weiß ausgetüncht und jetzt stark verschmutzt. Untersuchungen ergaben, dass unter der mehrschichtigen Tünche überall eine einheitliche mittelalterliche Baufassung zu finden war (Abb. 10).

Die Gemeinde hatte den Wunsch, sich von den verfallenden Emporen und noch vorhandenen Resten des sehr simplen Kastengestühls zu trennen und den Raumeindruck der im 13. Jahrhundert in zwei rasch aufeinanderfolgenden Bauabschnitten erbauten Basilika wiederzugewinnen. Wir schlossen uns als Denkmalpfleger diesem Konzept an, da wir die Einbauten des späten 19. Jahrhunderts in keiner Weise als denkmalwert erachteten. Über die Erhaltung der barocken Ausstattung mit Altar, Kanzel, Orgel und der zugehörigen Empore im Westen war man sich selbstverständlich auch einig.

In sehr langwieriger und gewissenhafter Arbeit wurde durch den Restaurator Beck mit Dampfgerät und Skalpell die Tüncheschicht abgenommen und die mittelalterliche Raumfassung freigelegt. Besonders interessant war im ersten Bauabschnitt, dem Chor und dem Querhaus, die Quaderung auf den Gurt- und Schildbögen, die großenteils lebhaft marmoriert worden war. Die Fehlstellen ergänzte der Restaurator in Trateggio-Technik. Auf dem Putz der Feldsteinbauteile fand sich ein heller Grund ohne weitere Fassungsreste. Das Ziegelmauerwerk des Langhauses war unverputzt und direkt auf den Ziegeln rot mit weißen Fugenstrichen gefasst. Diese Ziegelfassung wurde teils freigelegt, teils erneuert, charakteristischerweise bis zur raumbegrenzenden Kante auf den aus verputztem Feldsteinmauerwerk bestehenden Vierungspfeilern. Der Fußboden erhielt rote Ziegelplatten und eine lose Bestuhlung mit sehr straff gestalteten Stühlen (Abb. 11 und 12).

an Baudenkmalen, ordnete an, die Sparren paarweise durch Zugstangen mit Spannschlössern zu verbinden, ließ Netze aus dünnem Bewehrungsstahl auf die Gewölbekappen aufbringen und anschließend die Risse kraftschlüssig füllen.

Die Fassaden der Abtei waren in der Amtshauszeit verändert worden, größere Fenster mit horizontalen Stürzen eingebaut. Wir haben die Fassaden in diesem Zustand repariert. Lediglich im Erdgeschoss haben wir aus den spitzbogigen Öffnungen im Giebel die Brettertüren herausgenommen, hinter denen sich Feuerspritzen befunden hatten, und durch Fenster ersetzt.

Im Inneren wurden nach erfolgter Sicherung nachträgliche Zwischenwände entfernt, um die ursprüngliche Raumstruktur wieder zu gewinnen. Die Räume wurden mit Kalkfarbe ausgeweißt, das teilweise mit grünen Glasursteinen geschmückte Gewände zum großen Erdgeschossraum durch einige Nachbrände ergänzt. Der Bau wurde fortan als Museum mit sehr sparsamer Ausstattung genutzt.

Zusammenfassend lässt sich sagen, dass bei der Abtei in Zinna die Konservierung mit der konstruktiven Sicherung und behutsamer Freilegung im Vordergrund stand. Restaurierungen und Ausstattungsarbeiten waren gering.

Dom zu Brandenburg

Schon im Herbst 1956 hatte mir mein Amtsvorgänger Gottfried Müller den mittelalterlichen Dom besonders ans Herz gelegt (Abb. 5). Die Vorbereitung und Durchführung der großen Sicherungs- und Instandsetzungsarbeiten dauerten dann bis in die 1960er Jahre hinein. Joachim Fait als Kunsthistoriker und Günter Köpping als Architekt übernahmen später die Anleitung.

Der Dom zu Brandenburg war in der ersten Hälfte des 19. Jahrhunderts unter Leitung von Karl Friedrich Schinkel instand gesetzt und dabei in seinem Sinne neu ausgestattet worden. Insbesondere entfernte er dabei barocke Emporen und eine Front von Logen, die vor der Wand zum hohen Chor bestanden hatte. An ihrer Stelle fügte er eine steile und breite Treppe zum Chor hinauf ein. Leider war seine Chortreppe um 1930 durch eine viel flachere, auch durch ein Zwischenpodest noch ausgedehntere Treppe ersetzt worden, dem greisen Domherren von Hindenburg zuliebe (Abb. 6). Außerdem ließ Schinkel einige der Basilikapfeiler ummauern, da diese geborsten waren. Diese Sicherung hat die Gewölbe für mehr als ein Jahrhundert vor dem Einsturz bewahren können, die Probleme aber nicht beseitigt. Diese rührten daher, dass die Arkadenwand zwar tief, aber nicht auf tragfähigem Grund angelegt worden war. Zudem war die Grundmauer durch Sparbögen unterbrochen und darum zunehmend in Bewegung. Eine neue umfassende Festigung war in den 50er Jahren des 20. Jahrhunderts unumgänglich geworden. Diese wurde wie in Zinna durch Wolfgang Preiß angeleitet. Als neue Gründung wurden beiderseits jedes Arkadenpfeilers Bohrpfähle eingebracht, die dessen Last mit Hilfe von Traversen zu übernehmen hatten. Es blieb die Aufgabe, die Pfeiler in sich zu stabilisieren (Abb. 7).

Abb. 5 Brandenburg, Dom von Süden; Aufnahme um 1960

Für die Bauarbeiten musste die Hindenburgtreppe abgetragen werden (Abb. 8). Das war uns recht, denn wir betrachteten sie ohnehin als eine Verschandelung. Wir verzichteten gern auf den Wiedereinbau, da sich nun die fast vollständige Kryptenwestwand mit ihren romanischen Bogenöffnungen

Abb. 6 Brandenburg, Dom, Innenraum, Blick nach Osten auf die Chortreppe aus der Zeit um 1930; Aufnahme um 1957

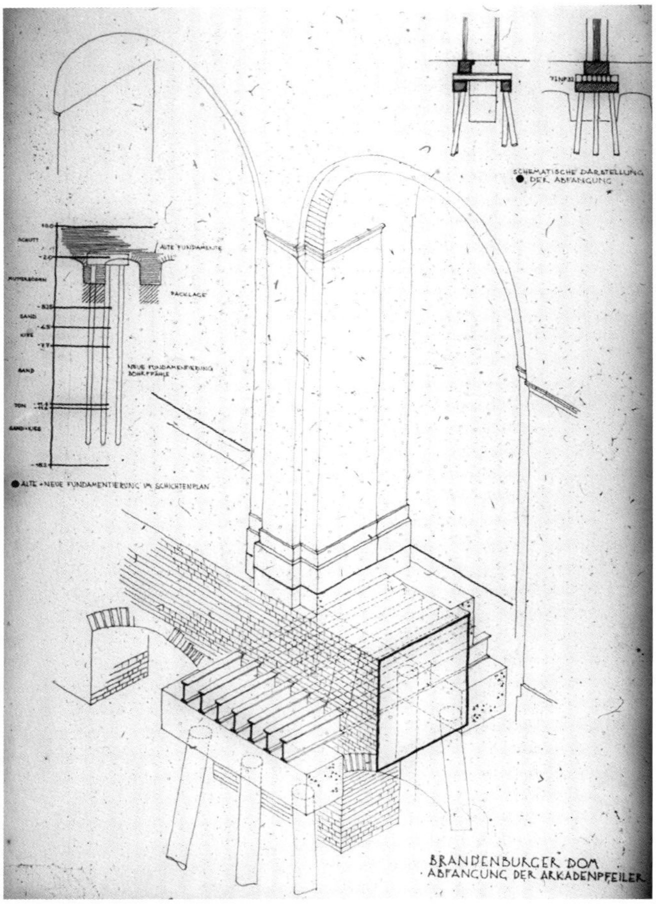

Abb. 7 Brandenburg, Dom, Abfangung der Arkadenpfeiler, Zeichnung Günter Köpping, um 1960

zum Kirchenschiff hin zeigte. Durch schlichte Ergänzungen ließ sich die große Form der Kryptenwand wiedergewinnen und zwischen den beiden Öffnungen konnte der gotische Altar seinen Platz finden, der vorher auf den untersten Stufen der Treppe gehockt hatte. Die Befunde zur mittelalterlichen Raumfassung waren zu divergierend und unvollständig, um

Abb. 8 Brandenburg, Dom, Abbau der Chortreppe im Zuge der Bausicherung; Aufnahme um 1960

sie für eine Neufassung nutzen zu können. So wurde die damals sehr häufige Gestaltung mit hellem Wandton und ziegelfarbigen Gliederungen angewandt. Die von Schinkel gestaltete Westwand mit ihren Holzeinbauten und Farbfenstern blieb davon unberührt.

Als Fazit lässt sich feststellen, dass bei der Instandsetzung des Brandenburger Doms im Rahmen der Konservierung die konstruktive Sicherung das größte Gewicht hatte. Bei der unumgänglichen Freilegung der Pfeilergründung wurde gern der gesamte – abschätzig Bahnhofstreppe genannte – Treppeneinbau des 20. Jahrhunderts als nicht denkmalwerte Zutat entfernt. Bei den Restaurierungsarbeiten wurden die Ergänzungsarbeiten auf das notwendigste beschränkt und die Neufassung des Raumes sehr zurückhaltend vorgenommen (Abb. 9).

Marienkirche in Treuenbrietzen

Die Marienkirche in Treuenbrietzen war um 1958 dringend instandsetzungsbedürftig. In den aus der 1. Hälfte des 13. Jahrhunderts stammenden Feldsteinmauern der Chorapsis zeigten sich Risse. Das Kirchenschiff war beiderseits zweigeschossig von primitiven hölzernen Emporen ausgefüllt, deretwegen teilweise Dienste an Wänden und Pfeilern abgeschlagen worden waren. Die Emporen waren einst für die Soldaten der Garnison eingebaut worden und wurden nicht mehr gebraucht. Der Raum war einheitlich weiß ausgetüncht und jetzt stark verschmutzt. Untersuchungen ergaben, dass unter der mehrschichtigen Tünche überall eine einheitliche mittelalterliche Baufassung zu finden war (Abb. 10).

Die Gemeinde hatte den Wunsch, sich von den verfallenden Emporen und noch vorhandenen Resten des sehr simplen Kastengestühls zu trennen und den Raumeindruck der im 13. Jahrhundert in zwei rasch aufeinanderfolgenden Bauabschnitten erbauten Basilika wiederzugewinnen. Wir schlossen uns als Denkmalpfleger diesem Konzept an, da wir die Einbauten des späten 19. Jahrhunderts in keiner Weise als denkmalwert erachteten. Über die Erhaltung der barocken Ausstattung mit Altar, Kanzel, Orgel und der zugehörigen Empore im Westen war man sich selbstverständlich auch einig.

In sehr langwieriger und gewissenhafter Arbeit wurde durch den Restaurator Beck mit Dampfgerät und Skalpell die Tüncheschicht abgenommen und die mittelalterliche Raumfassung freigelegt. Besonders interessant war im ersten Bauabschnitt, dem Chor und dem Querhaus, die Quaderung auf den Gurt- und Schildbögen, die großenteils lebhaft marmoriert worden war. Die Fehlstellen ergänzte der Restaurator in Trateggio-Technik. Auf dem Putz der Feldsteinbauteile fand sich ein heller Grund ohne weitere Fassungsreste. Das Ziegelmauerwerk des Langhauses war unverputzt und direkt auf den Ziegeln rot mit weißen Fugenstrichen gefasst. Diese Ziegelfassung wurde teils freigelegt, teils erneuert, charakteristischerweise bis zur raumbegrenzenden Kante auf den aus verputztem Feldsteinmauerwerk bestehenden Vierungspfeilern. Der Fußboden erhielt rote Ziegelplatten und eine lose Bestuhlung mit sehr straff gestalteten Stühlen (Abb. 11 und 12).

Abb. 9 Brandenburg, Dom nach der Konservierung der Kryptenwestwand; um 1965

Abb. 10 Treuenbrietzen, Marienkirche, Innenraum nach Westen, vor der Instandsetzung; um 1958

Abb. 11 Treuenbrietzen, Marienkirche, Blick nach Westen, nach der Instandsetzung; um 1960

Abb. 12 Treuenbrietzen, Marienkirche, Blick nach Osten, nach der Instandsetzung; um 1960

Als Fazit könnte man im Fall der Instandsetzung der Marienkirche in Treuenbrietzen von einer gewissenshaften konstruktiven Sicherung, von einem Verwerfen der tatsächlich primitiven Zutaten des späten 19. Jahrhunderts, von einer behutsamen Freilegung und Ergänzung des mittelalterlichen Bestands sowie von einer sparsamen modernen Neuausstattung unter Einbeziehung der barocken Ausstattungsstücke sprechen.

Schloss Güstrow

Das Schloss Güstrow war als Residenzschloss einer Nebenlinie des Hauses Mecklenburg von Herzog Ullrich III. ab 1559 im Stil der italienischen Renaissance erbaut worden, der hierzu Franz Parr und seinen Bruder, Abkömmlinge einer Mailänder Baumeisterfamilie, nach Güstrow holte. Der Bau blieb mit drei und einem halben Flügel unvollendet und wurde nach dem Aussterben der Güstrower Linie das 18. Jahrhundert hindurch vom Schweriner Herzogshaus nur noch zeitweilig als Jagdschloss und Witwensitz genutzt. Der weniger wertvolle Ostflügel und ein Teil des Nordflügels wurden Ende des 18. Jahrhunderts abgerissen. Der Westflügel und der Südflügel blieben im Wesentlichen unverändert erhalten (Abb. 13 und 14).

Seit dem frühen 19. Jahrhundert wurde das Gebäude als Gefängnis und Arbeitshaus genutzt. Zwar wurden hierfür einige Wände, auch eine Treppe zusätzlich eingebaut, die Renaissancearchitektur überstrichen, aber nicht systematisch zerstört. In dieser neuen Funktion blieb das Schloss bis zum Ende des Zweiten Weltkrieges (Abb. 15). Danach wurde es, nur flüchtig instand gesetzt, als Altersheim genutzt. Erst in den 1960er Jahren fassten die regional Verantwortlichen den ehrgeizigen Beschluss, das Schloss als sogenanntes Kulturhaus einzurichten und entsprechend instand zu setzen. Walter Ohle entwickelte als zuständiger Konservator das denkmalpflegerische Konzept. Er wurde im weiteren Verlauf der denkmalpflegerischen Arbeiten von Gert Baier, Serafim Polenz und Dieter Zander unterstützt. Ein Projektierungsbüro der Technischen Universität Dresden erarbeitete in Abstimmung mit ihm die Planung, und der Güstrower Stadtbaudirektor Rudolf Pilz wechselte in das Institut für Denkmalpflege über, um die Bauleitung zu übernehmen. Weitgehende Einigkeit bestand in dem Ziel, die Architektur des Schlosses in ihrer Großräumigkeit wie in ihrer reichen Innengestaltung wieder zu gewinnen und die Funktionsbereiche eines Kulturhauses den räumlichen Gegebenheiten entsprechend einzupassen (Abb. 16). Natürlich gab es hinsichtlich der Priorität der denkmalpflegerischen Aufgaben, der Art der Einordnung der kulturellen Nutzung und der Gestaltung der Ausstattungsele-

Abb. 13 Güstrow, Schloss, Blick von Süden, im Vordergrund der nach Grabungsbefunden wiederhergestellte Renaissancegarten; um 1970

Abb. 14 Güstrow, Schloss, Hofansicht des Südflügels nach der Instandsetzung; um 1970

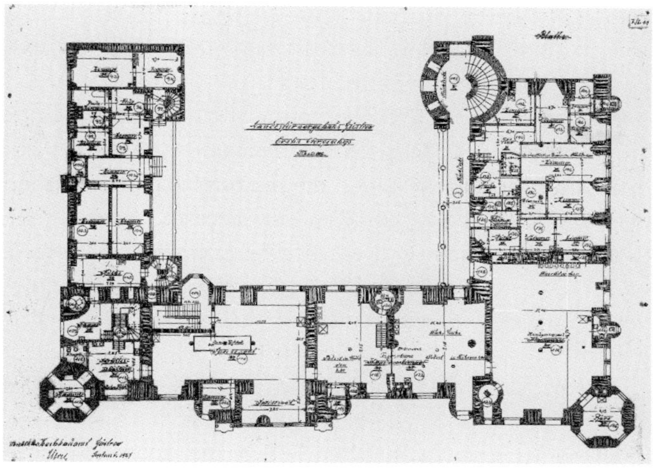

Abb. 15 Güstrow, Schloss, Grundriss des 1. Obergeschosses, Aufmaß von Lierse 1927

Abb. 16 Güstrow, Schloss, Festsaal im 1. Obergeschoss nach Ausbau der später eingefügten Trennwände; 1968

mente, ebenso auch des Ausführungsverlaufs manchen Streit, der auch mich oft nach Güstrow führte. Insgesamt konnte die Arbeit jedoch kontinuierlich über Jahre fortgeführt werden. Zu den günstigen Umständen gehörte, dass der örtliche Baubetrieb ständig die gleiche Brigade unter dem Maurerpolier Röhl einsetzte, die sich in außergewöhnlicher Weise engagierte und spezialisierte. Die hochkomplizierten Freilegungs- und Ergänzungsarbeiten an den reichen Stuckaturen und Raumfassungen führte eine Gruppe von freiberuflichen Restauratoren aus Polen durch. Nur der Vorname der Sprecherin, Babetta, ist mir noch in Erinnerung geblieben. So waren alle Voraussetzungen für eine Wiederherstellung des Schlosses gegeben.

Am Außenbau musste die geputzte reiche Quaderarchitektur weitgehend erneuert werden. Sie wurde im Putzton belassen, da infolge der Verwitterung und früherer Instandsetzungen keine Farbbefunde auszumachen waren. Anschließend konnte der Renaissancegarten nach alten Darstellungen und archäologischen Untersuchungen in großen Zügen wiederhergestellt werden.

Im Inneren hatte sich unter vielen Tüncheschichten erstaunlich viel erhalten. Relativ wenige Einbauten mussten beräumt werden, um die ursprünglichen Raumstrukturen wieder zu gewinnen.

In dem im ersten Obergeschoss über dem Hofniveau gelegenen Festsaal erforderte die große Kassettendecke mit ihren stuckierten Jagdszenen nach mechanischer Abnahme vieler Anstriche zumeist nur kleine Ergänzungen. Problematisch war lediglich, dass ein Feld durch einen Treppeneinbau gänzlich verlorengegangen war. Glücklicherweise fand Gert Baier das Stichwerk, das als Vorlage für die Reliefs gedient hatte und konnte somit auch eine Grundlage für die Nachgestaltung durch die inzwischen sehr eingearbeiteten Bildhauer bieten. Ergänzend zur Datierung machten sie das neue Feld als solches erkennbar, indem sie einem Jäger zu Pferde die Züge des Bauleiters Pilz gaben, samt Zigarre.

In mehreren benachbarten Räumen konnten starkfarbige Fassungen aufgedeckt und retuschiert werden. In einem der Räume fanden sich in einer Nische mehrfarbig glasierte Fliesen, die die Grundlage zum Herstellen der Nachbrände für den gesamten Fußboden gaben. Manieristische Wandmalereien in

Abb. 17 Güstrow, Schloss, Festsaal im 1. Obergeschoss nach der Instandsetzung; um 1970

Abb. 18 Güstrow, Schloss, Große Hofstube im 1. Obergeschoss nach der Instandsetzung; um 1970

einem Turmkabinett wurden nach der Freilegung in Trateggio-Technik ergänzt.

Es war naheliegend, den großen Festsaal mit gediegenen modernen Stühlen auszustatten und als Vortragsraum zu nutzen, ebenso die reich ausgestatteten Nachbarräume als Besichtigungsräume mit einer sparsamen Aufstellung von meist historischen Möbeln zu bestimmen (Abb. 17 und 18). Da das Schweriner Museum Bestände, darunter eine Waffensammlung, zur Verfügung stellte, wurde der museale Bereich in das darüberliegende Geschoss ausgeweitet. Gleichgewichtig fügten wir den historischen Truhen gleichhohe Vitrinen mit geschlossenem Sockel hinzu. Die hohen gewölbten Räume in der Ebene des Schlosshofes eigneten sich sehr gut zur Aufstellung der Bibliothek in schlichten Regalen und zum Einrichten eines Lesesaals, sachlich ausgestattet. Im darunter liegenden Geschoss, das ebenfalls hohe gewölbte Räume hatte mit großen Fenstern zum breiten Schlossgraben bzw. zum Garten, ließ sich ein Restaurant einrichten. Auch hierfür wurden Möbel in angemessenen Proportionen durch das Architektenehepaar Fölsche entworfen, das für die erforderliche moderne Ergänzung des Mobiliars im gesamten Schloss arbeitete.

Insgesamt sind Instandsetzung und Neueinrichtung des Schlosses Güstrow als eine geglückte und typische Arbeit der Denkmalpflege der DDR zu betrachten. Wenn auch nach teilweise schwierigen Gesprächen war der Konsens im Gesamten und Einzelnen zwischen örtlichen Autoritäten, Auftraggebern, künftigen Nutzern, Planern, Ausführenden und Denkmalpflegern herzustellen gewesen. Die Voruntersuchungen und Untersuchungen im Verlauf der Arbeiten waren gründlich, die Konservierungsarbeiten gewissenhaft. Die Restaurierungsarbeiten im Sinne der Wiederherstellung verlorener Elemente und Fassungen basierten auf gesicherten Befunden, waren wissenschaftlich verantwortbar und in der handwerklichen und ästhetischen Qualität gediegen.

Das Neue Museum auf der Museumsinsel in Berlin

In diesen Wochen, in denen ich den Rückblick auf die Methodik der Denkmalpflege in der DDR abschließe, ist viel die Rede vom nun glücklicherweise vollbrachten Wiederaufbau des Neuen Museums in Berlin. Man betont die planerische Arbeit des Architekten Chipperfield, von der aktuellen Konzeption und der Anleitungstätigkeit der Denkmalpfleger aber wird kaum gesprochen und schon gar nicht von den baulich sichernden und ergänzenden Arbeiten oder der damaligen denkmalpflegerischen Konzeption zu Zeiten der DDR. Darum will ich nicht versäumen, hiervon kurz zu berichten.

Wie alle Gebäude der Museumsinsel erlitt das Neue Museum Kriegsschäden. Sie waren auf der Westseite des Gebäudes verhältnismäßig gering, in der Mitte und im Norden der Ostseite stärker, nicht zuletzt, weil sich dort die gravierenden Gründungsmängel auswirkten. Bald nach dem Krieg hatte der Leiter der Bauabteilung der Museen, Seiler, die Dächer des Ost- und Südteils des Museumsgebäudes sichern lassen, sodass die Innenarchitektur dort in ihrem konstruktiven Bestand erhalten blieb, Putz, Malerei und Mosaikfußböden immerhin in großen Partien.

Die Wiederherstellung des Museumsbaus insgesamt verzögerte sich jedoch aufgrund der besonderen Schwierigkeiten bei der Stabilisierung der Gründung. Das Neue Museum steht großenteils über einem sogenannten Kolk. Tragfähiger Baugrund findet sich zum Teil erst in einer Tiefe von über 30 Metern. Holzpfähle dieser Länge hatten beim Bau nicht zur Verfügung gestanden. Große Setzungsschäden waren die Folge. Deshalb mussten den Arbeiten zur Erhaltung und Wiederherstellung des Gebäudes geeignete Maßnahmen zur endgültigen Stabilisierung der Gründung vorangehen. Dazu mussten Stahlbetonpfähle an der Außen- und an der Innenseite der Grundmauern bis zum tragfähigen Grund eingebracht werden, die dann über Traversen die Lasten des originalen Mauerwerks aufzunehmen hatten. Das eigentliche Problem für die Technik der Gründungsarbeit waren die geringen Raumhöhen im Sockelgeschoss des Museums. Da man aus konstruktiven und denkmalpflegerischen Gründen das historische Gefüge im Innern keinesfalls antasten wollte, mussten die Pfähle der inneren Reihe mühsam in kleinen Teilstücken abgesenkt werden. In jahrelanger Arbeit hat ein Schachtbaubetrieb aus Nordhausen diese Aufgabe vollbracht. Dann erst konnten die eingestürzten Mauerpartien wieder aufgemauert werden.

In den 80er Jahren des 20. Jahrhunderts zweifelte niemand daran, dass es legitim sei, die Außenmauern insgesamt einschließlich der architektonischen Gliederungselemente und der Putzhaut wieder zu vervollständigen. Der Bestand überwog gegenüber dem Fehlenden bei weitem, und alle Einzelheiten waren im Erhaltenen vorgegeben. Das Ziel war die Wiedergewinnung der architektonischen Erscheinung in ihrer Symmetrie und Gesamtheit auch als Bestandteil des baulichen Ensembles der Museumsinsel. Auch für das Innere des Gebäudes sah die denkmalpflegerische Zielstellung vor, die Raumstruktur wiederherzustellen und fehlende architektonische Elemente zu ergänzen bis hin zum Innenputz.

Die Wandmalereien im Ostteil sollten indessen fragmentarisch bleiben. Durch Putzergänzungen und Eintönen der Fehlstellen wäre für einen angemessenen geschlossenen Raumeindruck zu sorgen gewesen. In den südlichen und westlichen Räumen sollte sich eine zurückhaltende Neufassung in den Dienst der Architektur und gleichermaßen der musealen Ausstattung stellen. Um die Erhaltung des Griechischen Hofs unter einem Glasdach wurde gerungen. An eine Wiederherstellung des sehr stark zerstörten Ägyptischen Hofes war nicht gedacht.

Anders waren die Erwartungen gegenüber dem zentralen Treppenhaus. Hier hatte die Programmatik des Neuen Museums in besonderer Weise ihren Ausdruck gefunden. Einerseits hatte sich Friedrich August Stüler in Verehrung seines Lehrers Karl Friedrich Schinkel an dessen Entwurf für eine Königshalle auf der Akropolis eng angelehnt. Andererseits wünschte sich der Bauherr des Museums König Friedrich Wilhelm IV. hier die Begegnung mit der Weltgeschichte anhand von Wandbildern mit großen historischen Szenarien. Dafür hatte er den Maler Wilhelm Kaulbach nach Berlin geholt (Abb. 19). Damals in den 1980er Jahren war das große Treppenhaus kahl und leer, das bereits ergänzte Mauerwerk stand roh und unverputzt. Dennoch spürte man die Verpflichtung, den einstigen so sinngebenden Zustand zu rekonstruieren. Es schien möglich, denn es waren genügend für die Architektur auswertbare Unterlagen vorhanden. Im Auftrag des Ministers für Kultur hatte ich ein Gespräch mit dem Maler Werner Tübke in Frankenhausen, wo er seinerzeit das große Panoramabild zu Ehren des Bauernkriegs malte. Er selbst stellte sich nicht zur Verfügung, die Wandbilder Kaulbachs, von denen die Kartons überlebt hatten, zu kopieren, er delegierte jedoch seinen wichtigsten Mitarbeiter. So wäre wohl noch einmal ein Beispiel für eine teilweise vervollständigende Restaurierung eines kriegszerstörten Baudenkmals entstanden, wenn nicht die Gründungssicherungen so zeitraubend gewesen wären und ein neuer historischer Umbruch ganz andere Voraussetzungen und Auffassungen auch für die Fortsetzung der Wiederherstellungsarbeiten am Neuen Museum mit sich gebracht hätte.

Abb. 19 Berlin, Neues Museum, Haupttreppe vor den Zerstörungen im Zweiten Weltkrieg; 1921

Relativierung

Wie gerade diese letzten Beispiele zeigen, bemühten wir uns insbesondere bei Baudenkmalen, denen eine große Popularität zukam oder wieder zukommen sollte, um eine weitgehende Wiederherstellung nach Kriegszerstörungen oder anderen Verstümmelungen. Ich darf nicht verhehlen, dass es dabei auch um die Popularität der Denkmalpflege selbst ging, auf die wir Wert legen mussten, als Basis in unserem immerwährenden Kampf gegen radikale Erneuerer, im Ringen um die ständig knappen finanziellen Mittel, Handwerker und Baumaterialien. Eigentlich muss ich nicht nochmals betonen, dass wir bei diesen Wiederherstellungsarbeiten in der wissenschaftlichen und technischen Vorbereitung und Anleitung wirklich gewissenhaft vorgingen, sorgfältig die originale denkmalwerte Substanz konservierten und zur Wirkung brachten und uns so viel Sicherheit wie möglich für die behutsamen Ergänzungen schafften. Es darf an dieser Stelle aber auch betont werden, dass in weitaus häufigeren Fällen sich die denkmalpflegerischen Ziele auf die Sicherung des Bestands der Baudenkmale und schlichte Ergänzungen besonders auch zur Erhaltung der Nutzbarkeit des Gebäudes konzentrierten.

Wo es die Umstände in älterer und neuer Zeit ergeben hatten, war auch die Sicherung eines fragmentarischen Bestands das definitive Ziel. Ich erinnere an die Konservierung der kriegszerstörten Klosterkirche in Berlin und weise auf die Erhaltungs- und Sicherungsarbeiten an der Marienkirche in Frankfurt/Oder hin, für die Ernst Wipprecht die Zielvorstellung »Ruine unter Dach« prägte.

Denkmalerfassung und Inventarisation

Ernst Badstübner

Obwohl keineswegs in einschlägigen Handbüchern und Einführungen an erster Stelle genannt[1], gehören die kartei- und listenmäßige Erfassung der ausgewiesenen Denkmale sowie ihre Inventarisation, die in Buchform veröffentlichte wissenschaftliche Bearbeitung, zu den vordringlichsten Aufgaben der als wissenschaftliche Disziplin verstandenen Denkmalpflege; sie schaffen die Grundlagen für die praktische Arbeit. Wir greifen Achim Hubels Einführung von 2006 heraus: »Die wichtigste Voraussetzung für eine systematische Denkmalpflege ist die wissenschaftliche Erfassung, die Inventarisation des vorhandenen Bestandes an schutzwürdigen Kulturgütern. Erst wenn man weiß, was sich in einer Region überhaupt erhalten hat, kann man eine wirksame und flächendeckende Denkmalpflege betreiben.«[2] Seit das Bewusstsein in der Gesellschaft vorhanden war, historische Gegenstände als Zeugnisse der Geschichte eines Landes, eines Volkes, einer Nation zu erkennen und als Denkmal zu erhalten, zu bewahren und zu pflegen, waren entsprechende Verzeichnisse gefordert.

Bekanntlich war es Karl Friedrich Schinkel, der in seinem als Beginn von Denkmalpflege überhaupt geltenden Memorandum aus dem Jahre 1815 derartige Verzeichnisse begründet verlangte und auch von Baubeamten sporadisch erstellen ließ. Ferdinand von Quast, seit 1843 erster angestellter und besoldeter Konservator Preußens, systematisierte 1844/45 die gestellte Aufgabe durch eine Fragebogenaktion, die aber wegen fachlicher Überforderung der Befragten – Geistliche, Lehrer und örtliche Baubehörden – gescheitert und 1868 eingestellt worden ist.[3] Dagegen erschien 1870/80 als erstes deutsches Denkmalinventar das Buch »Kunstdenkmale und Altertümer im Hannoverschen« von H. W. H. Mitthoff, »mit dem bereits alle Bauten flächendeckend für die damalige preußische Provinz Hannover erfasst worden waren, natürlich in Kurzform und ohne besonderes Quellenstudium.«[4] Solche Mängel wurden bald als qualitative Einschränkungen empfunden, und so entstanden mit dem fortschreitenden Ausbau der institutionalisierten und sich nun auch so nennenden Denkmalpflege immer neue Formen der die Objekte verzeichnenden Bestandsdokumentationen bis hin zu mehrbändigen »Großinventaren« für eine Stadt oder für ein enger begrenztes kleineres, meist nur bedingt kunstlandschaftlich zu kennzeichnendes Gebiet.

Dass mit einer derartigen Erweiterung das gesteckte Ziel einer flächendeckenden Denkmalerfassung nicht erreicht werden konnte, versteht sich von selbst. Da auch das »Handbuch der deutschen Kunstdenkmäler« von Georg Dehio, obwohl flächendeckend angelegt, nur eine Auswahl von qualitativ höherwertigem Material bot – in fünf Bänden für das Deutschland vor dem ersten Weltkrieg! – und allmählich immer mehr Gegenstände als denkmalwert zu registrieren waren, musste nach neuen Wegen gesucht werden. Vor dieser Situation stand man beim denkmalpflegerischen Neuanfang nach 1945. Und so begann in der DDR 1952 die denkmalpflegerische Inventarisation mit einer Fragebogenaktion in Sachsen.[5]

Hans Nadler, so schreibt Heinrich Magirius 2010, erkannte 1951 »als vordringliche Gegenwartsaufgabe (...) die Erfassung der Denkmale. (...) Es war klar, dass die Erfassung, die sich hauptsächlich auf Denkmale der Volksbauweise und die technischen Denkmale bezog – die Bauten des 19. Jahrhunderts waren noch nicht im Blick – nicht von den Angestellten der Denkmalpflege geleistet werden kann. (...) Als Bearbeiter waren die Vertrauensleute der Denkmalpflege in den Kreisen und kreisfreien Städten angesprochen. (...) Wie zu erwarten, waren die Ergebnisse der Aktion sehr unterschiedlich«, und deshalb ist auch von einer Veröffentlichung abgesehen worden, fast eine mit dem 19. Jahrhundert vergleichbare Situation.[6] Dennoch blieb es bei der Erstellung von Denkmalkarteien, auch in anderen noch existierenden oder neu eingerichteten Denkmalämtern und schließlich in den fünf Arbeitsstellen des zentralen Instituts für Denkmalpflege der DDR.[7]

In einem Statement »Zur Situation der Inventarisation in der Deutschen Demokratischen Republik«, das inzwischen zum geschichtlichen Rückblick geworden ist, bemerkte Peter Goralczyk 1989: »Die Grundlage für die Erfassung und Inventarisation in der DDR ist das Gesetz zur Erhaltung der Denkmale in der Deutschen Demokratischen Republik vom 19. Juni 1975.«[8] Laut dem »Statut des Instituts für Denkmalpflege« von 1976 gehörte es zu dessen Aufgaben, »den Denkmalbestand der DDR zu erforschen und den wissenschaftlichen Nachweis zu führen.« Das klingt nach totalem Neuanfang, traf aber 1975/76 den damaligen Sachverhalt nicht. Tatsächlich waren in allen Arbeitsstellen des Instituts inzwischen Erfassungskarteien angelegt worden, auf deren Grundlage Denkmallisten aufgestellt wurden. Diese

Abb. 1 Die Bau- und Kunstdenkmale in der DDR. Hauptstadt Berlin, Band I

Listen, eigentlich die Voraussetzung für die gesetzliche Schutzerklärung, waren, so Goralczyk weiter, »für uns eine wichtige Form der Erfassung«. Die Karteien wurden in den Arbeitsstellen unterschiedlich geführt, jede entwickelte ihre eigenen Fragebögen und Eintragungsfelder, eine Art Föderalismus in der Denkmalpflege. Die Erfassungsarbeit hätte der ständigen Erneuerung bedurft, jede Veränderung des Standortes oder des Zustandes eines Denkmals hätte registriert, jede neue Erkenntnis über Datierung, Zuschreibung, Herkunft etc. hätte verzeichnet werden müssen, wozu nicht immer die personelle Kapazität zur Verfügung stand. Vielleicht meinte Peter Goralczyk deshalb, dass für die Objekte, zu denen keine aktuelle Erfassungskartei vorgelegen hat, die Denkmallisten »neben den alten Inventaren und dem Dehio die einzige Form der aktuellen Denkmalerfassung« seien.[9] Die Erfassungskarteien der Arbeitsstellen waren allerdings bei der Erarbeitung des Dehioschen Handbuches in der DDR von Anfang an eine entscheidende Hilfe.

Die Uneinheitlichkeit und eine daraus resultierende Unsicherheit muss den Wunsch, nicht zuletzt beim Generalkonservator selbst, nach einer verbindlichen Gesamtübersicht des Denkmalbestandes ausgelöst haben, was in den 1970er Jahren zur Entstehung einer Spielart von Kurzinventaren mit dem Titel »Die Bau- und Kunstdenkmale in der DDR« geführt hat. Als Anregung galten zwei von Hartwig Beseler initiierte Veröffentlichungen, Vorschläge für eine neue Form von Inventarisation, 1969 die »Kunst-Topographie Schleswig-Holstein« und 1976 der Stadtkernatlas von Schleswig-Holstein.[10] Als erster Band dieser Reihe, die institutsintern »Topographie« genannt wurde, erschien 1978 der »Bezirk Potsdam«. Der Aufgabe überhaupt näher zu treten, war dem Institut für Denkmalpflege möglich, weil eine Reihe von Mitarbeitern aus der 1970 aufgelösten Arbeitsstelle für Kunstgeschichte an der Deutschen Akademie der Wissenschaften zu Berlin vom Institut für Denkmalpflege übernommen worden waren und die zentrale Abteilung für Bestandsforschung dort personell erweitert werden konnte. Die Kunsthistoriker, die an der Akademie für die Neubearbeitung des Dehioschen Handbuches der deutschen Kunstdenkmäler tätig gewesen sind und die Aufgabe nun am Institut für Denkmalpflege weiter führten, konnten gleichzeitig auch an der »Topographie« mitarbeiten. Die Vorbildwirkung des »Dehio« ist deshalb auch spürbar. Neben dem Dehio war aus der Akademie der Wissenschaften noch das Forschungsunternehmen »Corpus Vitrearum Medii Aevi«, ein internationales Dokumentationsprojekt für mittelalterliche Glasmalerei, in das Institut für Denkmalpflege übernommen und fortgeführt worden, womit zur Aufgabenstellung der Denkmalerfassung und Inventarisation in weitestem und speziellerem Sinne beigetragen worden ist.[11]

Die inhaltlichen Vorgaben für »Die Bau- und Kunstdenkmale in der DDR« waren, so Ludwig Deiters im Geleitwort zum ersten Band, aus dem DDR-Denkmalpflegegesetz abgeleitet: »Angesichts des neuen Inhalts und der Differenziertheit des Denkmalbegriffs wird es zur dringenden Aufgabe, über alle älteren Beschreibungen hinaus, wissenschaftliche Unterlagen zu den Denkmalen unseres Landes zu erarbeiten und in kurzer und übersichtlicher Form darzulegen. Die Edition hat zweckmäßigerweise der im Gesetz gegebenen systematischen Einteilung nach Denkmalarten zu folgen. Die Arbeiten zur Erforschung und Erfassung der Denkmale der Architektur und der Denkmale der bildenden oder angewandten Kunst sind relativ weit vorangeschritten. So werden zuerst Bände zu den »Bau- und Kunstdenkmalen« veröffentlicht, weitere Publikationen zu den Geschichtsdenkmalen, den Denkmalen des Städtebaus und den Denkmalen der Garten- und Landschaftsarchitektur werden folgen.«

Aus der neuen Bewertung der Denkmalkategorien im Denkmalpflegegesetz der DDR erklärt sich, gegenüber älteren Inventaren und auch gegenüber dem Dehio, die veränderte Gliederung und Einteilung des dargestellten Denkmalbestandes selbst bei der ausschließlichen Berücksichtigung von Bau- und Kunstdenkmalen. Stadtbefestigungen und profane Gebäude stehen voran, Sakralbauten und ihre künstlerische Ausstattung stehen am Ende, nehmen aber den größten Raum ein. Gravierend sind diese Umstellungen nicht, der Informationswert ist nicht geschmälert, und eine reiche Bebilderung bereichert die Dokumentation. Zwei Bände sind der »Hauptstadt Berlin« – was seinerzeit den Ostsektor meinte – zugeteilt worden (Abb. 1). Mit ihnen war aber wirklich unter der Federführung von Heinrich Trost eine methodische Neuerung in der Denkmalerfassung eingeführt worden: die topographische Gliederung des Denkmalbestandes nach der Straßenführung, wie sie von der »Denkmaltopographie Bundesrepublik Deutschland« unterdessen in ähnlicher Weise praktiziert wird.[12]

Abb. 2 Die Bau- und Kunstdenkmale in der DDR. Bezirk Neubrandenburg

Inzwischen ist den Bänden, die ja nur die damaligen neun Stadtbezirke des Ostteiles der Stadt beinhalten, auch schon wegen der rasanten baulichen Entwicklung mit Abriss, Umbau und Neubau die Rolle einer Dokumentation von nicht mehr Vorhandenem oder nicht mehr erhaltenen Zuständen zugewachsen. Die Bände sind nach wie vor gefragt.

Nicht alle Arbeitsstellen haben sich der Aufgabe Kurzinventar in der Form von »Die Bau- und Kunstdenkmale in der DDR« unterzogen. Erschienen sind nur die in der zentralen Abteilung Forschung, später Bereich Dokumentation und Publikation genannt, unter der Gesamtredaktion von Heinrich Trost erarbeiteten Bände »Bezirk Potsdam« (1978) und »Bezirk Frankfurt/Oder« (1980) sowie die beiden Bände »Hauptstadt Berlin« (1983 und 1987). Von der Arbeitsstelle Schwerin sind ein Band »Bezirk Neubrandenburg« (1982), der als einziger eine zweite Auflage (1986) erlebt hat, sowie zwei gewissermaßen DDR-posthum herausgekommene Bände, »Mecklenburgische Küstenregion« (1990) und »Vorpommersche Küstenregion« (1995), erstellt worden (Abb. 2). Als Herausgeber des letzten Bandes fungierte bereits das restituierte Landesamt für Denkmalpflege des neuen Bundeslandes Mecklenburg-Vorpommern.[13] Einen Nachzügler stellt ein Auszug aus dem Bezirksband Potsdam dar, die 1990 erschienene Broschur »Bau- und Kunstdenkmale in Potsdam. Stadt und Landkreis.« Sie enthält 24 historische Messbildaufnahmen von in Potsdam nicht mehr vorhandenen und zerstörten oder beschädigten Gebäuden sowie vor allem von verlorenen städtebaulichen Situationen.[14]

Bemühungen um die Bezirke Erfurt, Gera und Suhl kamen in der Arbeitsstelle Erfurt zum Erliegen, ebenso wie diejenigen um einen Dehio für Thüringen. In Dresden und Halle verfolgte man lieber die Idee des Großinventars, also der ausführlicheren Dokumentation des Denkmalbestandes eines geographisch enger begrenzten Raumes. Vorläufer waren Inventare, die sich auf ältere, meist noch vor 1945 erarbeitete Grundlagen stützen konnten. 1961 waren das so vorbereitete Inventar des Kreises Haldensleben und 1963 das Inventar des Kreises Rügen erschienen. Man hat sie schon als die Anfänge von Denkmalinventarisation in den neu geschaffenen Verwaltungseinheiten der Bezirke der DDR deklariert.[15] Da auch in den wenigen bis 1990 noch erschienenen Großinventaren die gleiche Angabe – »Im Auftrag des Ministeriums für Kultur der Deutschen Demokratischen Republik« – zu finden ist, scheint es zumindest in der Anfangsphase ein zentrales Konzept für die Denkmalinventarisation gegeben zu haben.

Die dafür offenbar vorgesehene neue Form in Gestalt und Inhalt versuchten meines Wissens die Schweriner Kollegen mit ihrem Band »Die Denkmale des Kreises Greifswald« 1973 als Erste.[16] Der Konservator Dr. Joachim Fait erläuterte im Vorwort: »Durch die gesellschaftliche Bezogenheit (...) unterscheidet es (das Inventar) sich von früheren, selbst noch den jüngsten Veröffentlichungen dieser Art. So werden in der geschichtlichen Einleitung die progressiven Faktoren, insbesondere die führende Rolle der Arbeiterklasse beim Aufbau des Sozialismus, bis in die unmittelbare Gegenwart hinein aufgezeichnet. (Solche Auslassungen waren um der Gewährleistung von Druckgenehmigungen willen erforderlich!) Der Denkmalbestand ist nicht nur erweitert, sondern auch neu geordnet. (...) Als entscheidend gilt bei der Unterteilung in die beiden großen Gruppen der Geschichts- und der Kunstdenkmale deren Funktion und Bedeutung für die jeweils herrschende Gesellschaftsordnung.« So stehen schon hier wie später in den »Topographiebänden« Denkmale, die Zeugnisse der Geschichte sind, aufgrund ihrer historischen Aussage voran, und unter der Kategorie der Kunstdenkmale stehen Wohnhäuser und Nutzbauten vor den sakralen Bauwerken. Beim Aufschlagen und Durchblättern des Buches fällt diese so ausdrücklich hervorgehobene Neuordnung kaum ins Auge und inhaltlich nicht ins Gewicht. Die Bilder auf den Tafeln 1 bis 128 stehen geschlossen am Ende. Den Text begleiten ausschließlich Strichzeichnungen. Abgesehen von einer nicht befriedigenden Druckqualität erfüllt der als zweiter Band der Reihe »Die Denkmale im Bezirk Rostock« gedachte Band durchaus die Ansprüche an ein Großinventar.

1976 legten Peter Findeisen und Heinrich Magirius »Die Denkmale der Stadt Torgau« vor.[17] Die Gliederung des Bandes hat wesentlich die des Greifswalder Inventars zum Muster. Die geschichtliche Einleitung und der Überblick zur Kunstgeschichte stehen voran, mit den Denkmalen der politischen und der Militärgeschichte, den Denkmalen der Produktions-, Wirtschafts- und Verkehrsgeschichte beginnt schon das eigentliche Inventar, das sich auf den Seiten 97 bis 411 mit den Bau- und Kunstdenkmalen, hier den »Denkmalen der Kultur« fortsetzt. Der angeschlossene Bildteil ist nach Abbildungen nummeriert (1–369). Es wird deutlich: Hier ist ein älteres, ein Anlageschema aus den späten 1930er Jahren benutzt.[18] Und dasselbe gilt für das 1979 erschienene Inventar »Die Denkmale der Lutherstadt Wittenberg«, mit dem übrigens die Herausgabe vom Leipziger VEB E. A. Seemann Verlag zum Verlag Hermann Böhlaus Nachfolger in Weimar wechselte.[19]

Trotz der Neugliederung des Inhalts können die Bände zu Greifswald, Torgau und Wittenberg beanspruchen, als klassische Inventare, ja durchaus als klassische Großinventare bezeichnet zu werden. Trotz ausführlicher Dokumentation haben sie Ausuferungen vermieden, die in manch einem anderen Fall bis zu mehrbändigen Ausgaben geführt haben, die aber meist schon vor ihrem Abschluss abgebrochen worden sind. Insofern hätte man ihnen Vorbildwirkung zugestehen und zutrauen, ja wünschen können. Doch blieben sie in der DDR ohne Nachfolge, weitere Inventarbände dieser Art sind nicht mehr vorgelegt worden. Man setzte nach dem Erlass des Denkmalpflegegesetzes auf die neu geschaffene und eingangs beschriebene Form der »Bau- und Kunstdenkmale in der DDR«.

Einen charakteristischen Fall von Ausuferung könnte man allerdings in einem Inventarunternehmen sehen, das unter der Aufsicht der Dresdener Arbeitsstelle seit 1965 im Gange war und erst 1995 zu einem im Druck erschienenen Ergebnis geführt hat. Heinrich Magirius hat die Entstehung des Manuskripts »nach und nach im Verlauf von 25 Jahren als Arbeitsaufgabe des Instituts für Denkmalpflege in Dresden« geschildert. Aus anfangs einem Band für »sämtliche Denkmäler der Stadt« wurde aufgrund von baulichen Veränderungen (Verfall und Abriss) zunächst eine Einschränkung auf die Sakralbauten vorgenommen, die aber 1987 durch eine Konzeption mit Berücksichtigung der Profanbauten und der Vorstädte auf vier Bände wieder aufgehoben wurde.[20] Nach 1989 kam der berechtigte Wunsch hinzu, auch zerstörte Bauten wie die 1968 gesprengte Universitätskirche in die Dokumentation aufzunehmen. Das Ergebnis sind zwei vorzüglich ausgestattete Bände mit stadtbaugeschichtlichen und kunstgeschichtlichen Einleitungen bis in die Gegenwart, mit keineswegs ausufernden Beschreibungen der einzelnen Denkmale und mit reicher, überaus informativer Bebilderung: »Die Bau- und Kunstdenkmäler von Sachsen. Stadt Leipzig. Die Sakralbauten Band I und II« mit insgesamt 1.363 Seiten und 1.171 Abbildungen.[21]

Mit dem Hinweis auf dieses trotz scheinbar ausufernder Opulenz hervorragende Leipziger Großinventar haben wir die Zeit der DDR schon hinter uns gelassen. Mehr gibt es über die Aufgabe »Denkmalerfassung und Inventarisation« in dieser Zeit nicht zu berichten. Deshalb sei noch auf andere Publikationen aus dem Institut für Denkmalpflege der DDR hingewiesen, die wie die Inventare Kunde vom Denkmalbestand geben.

An erster Stelle sind die so genannten Regionalbände zu nennen. Sie sind zwischen 1973 und 1987 erschienen und waren eine Art von Selbstdarstellung der fünf Arbeitsstellen. Sie sind aber auch ein Dokument des Kontinuums in der Geschichte der deutschen Denkmalpflege. Trotz der 1952 eingeführten Einteilung des Territoriums der DDR in Bezirke, wodurch die historisch begründeten Ländergrenzen beseitigt wurden, arbeitete die Denkmalpflege weiter auf der seit ihrer Institutionalisierung gültigen und bewährten Basis von historisch und meist auch kunstlandschaftlich zusammengehörigen Regionen der alten Länder, beinahe wie ein Überbleibsel des früheren und nach 1990 wieder belebten Föderalismus in Deutschland.

Die Arbeitsstelle Erfurt machte mit »Denkmale in Thüringen« 1973 den Anfang.[22] In der ehemals preußischen Stadt Erfurt gab es bis 1963 keine amtliche denkmalpflegerische Einrichtung. Die Rolle als Landeszentrum wuchs der Stadt zunächst nach 1952 als Bezirkshauptstadt zu, Landeshauptstadt wurde sie erst nach 1990. Die 1963 begründete Arbeitsstelle Erfurt übernahm vom Hallenser Amt, das seit 1945 für ganz Thüringen die Verantwortung mit getragen hatte, die denkmalpflegerischen Aufgaben, auch für das ehemalige preußische, das provinzial-sächsische Nordthüringen (Mühlhausen, Heiligenstadt, Nordhausen). Die sich ergebende Notwendigkeit der Darstellung ihrer Kompetenzen hat die aus anderen Arbeitsstellen (Halle, Dresden, Berlin) rekrutierten Kollegen in Erfurt wohl zur Eile für die Herausgabe dieses Regionalbandes veranlasst. Außer der Veröffentlichung von drei der bis 1989 aufgestellten Bezirkslisten[23] ist der Band auch die einzige publizierte Materialsammlung zur Denkmalpflege in Thüringen geblieben. Der engagierte Vorsatz, »durch eine kontinuierliche Neuerfassung der Geschichts- und Kunstdenkmale Thüringens wichtige Voraussetzungen für die weitere Arbeit zu schaffen«[24], hat erst nach 1990 mit der Gründung eines Thüringischen Lan-

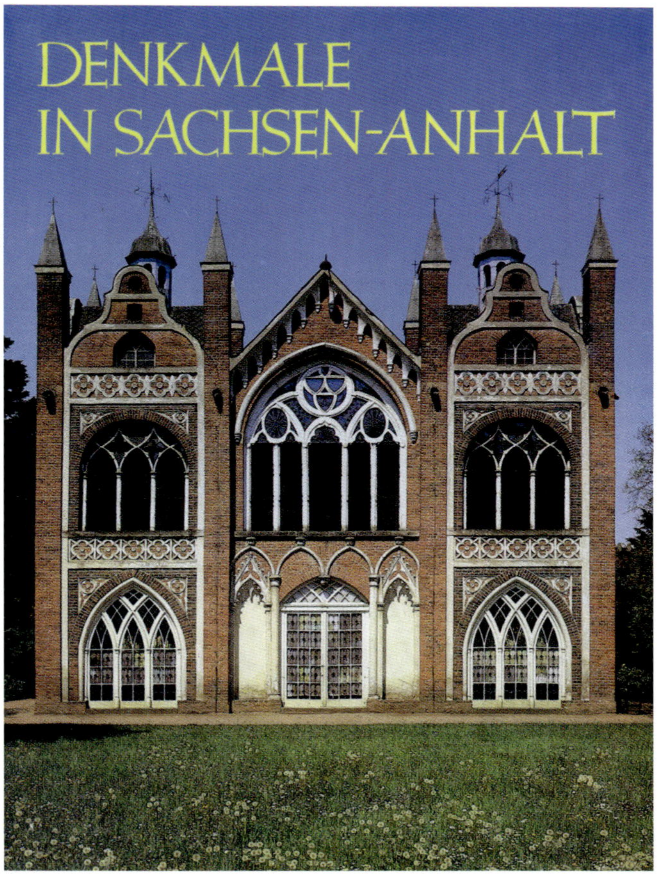

Abb. 3 Regionalband Sachsen-Anhalt

desamtes für Denkmalpflege zu neuen Ergebnissen geführt.[25]

Die inhaltliche Gliederung der Regionalbände gleicht denen der genannten neu erarbeiteten Inventare. Trotz dieser Bandagen – erst die »Gedenkstätten der deutschen Arbeiterbewegung« und die »Geschichtsdenkmale« usf. – ist das Bemühen der Autoren zu spüren, objektiv über die Arbeit in den Arbeitsstellen, also über ihre Arbeit zu berichten, wobei die praktische Arbeit der Restaurierung und Konservierung im Vordergrund stand. Der Generalkonservator schrieb in seinem Vorwort zum ersten, dem Thüringenband: »Diese Publikation berichtet aus der denkmalpflegerischen Arbeit (…), an der die Mitarbeiter der Arbeitsstelle Erfurt des Instituts für Denkmalpflege seit deren Gründung im Jahre 1963 ihren besonderen Anteil haben. Praktische Denkmalpflege wird aus kulturpolitischer und methodischer Sicht dargestellt.«[26] Eine große Bedeutung hatte schon damals die Wiederherstellung und Rekonstruktion von historischer Farbigkeit. Gerhard Kaiser, Roland Möller und Rudolf Zießler waren in Thüringen dafür die Protagonisten.[27]

Als nächste Bände folgten 1976 »Denkmale in Mecklenburg«, 1978 »Denkmale in Sachsen« und 1983 »Denkmale in Sachsen-Anhalt« (Abb. 3).[28] Eine Intention dieser Publikationen war, den kulturgeschichtlichen Wert der jeweiligen Region und die Bemühungen der denkmalpflegerischen Einrichtungen um deren Erforschung und Erhaltung einer breiteren Öffentlichkeit bekannt zu machen. Neben herausragenden Denkmalen wurden deshalb auch bescheidenere, aber für die betreffende Landschaft charakteristische Objekte in der Darstellung herangezogen. Schon die Bilder auf den Schutzumschlägen haben das zum Ausdruck gebracht. Für Mecklenburg waren es wie eh und je und heute auch die großen und die kleinen Bauten der Backsteingotik, für Sachsen die Spätgotik des Erzgebirges und der Barock, für Sachsen-Anhalt-historisch alles andere als eine einheitliche kultur- und kunstgeschichtliche Region – die Glasmalereien der spätgotischen Kirchen in der Altmark und die Gartenanlagen und ihre Architekturen aus der Zeit von Aufklärung und Romantik in Anhalt. Die Thüringer haben die anheimelnde Architektur der kleinen Städte und die Dorfkirchen aus Mittelalter, Renaissance und Barock ganz besonders gepflegt und darüber in ihrem Band berichtet. Erwähnt sei auch, dass die »Regionalbände« die schon seit längerem beschworene »Erweiterung des Denkmalbegriffes« durchaus berücksichtigt haben, in dem sie auf Denkmale der Geschichte von Industrie, Technik, Verkehr, Wissenschaft etc. eingegangen sind.[29] Man kann aus den »Regionalbänden« sehr wohl ein Bild von der praktischen und wissenschaftlichen Denkmalpflege in der DDR gewinnen und, wenn man in der Lage ist, zwischen den Zeilen zu lesen, auch etwas über die Bedingungen erfahren, unter denen sich Denkmalpflege seinerzeit im Osten Deutschlands überhaupt vollziehen konnte.

Als fünfter und letzter Band erschien 1987 »Denkmale in Berlin und in der Mark Brandenburg« (Abb. 4).[30] Die Gründe für diese Verspätung mögen vielfältig gewesen sein. Entscheidend war das Fehlen einer selbständigen Erfassungsarbeit in der Arbeitsstelle, sie wurde in Berlin von der zentralen Abteilung für Bestandsforschung, später für Dokumentation und Publikation, geleistet und für die Bände der Bezirkstopographien und den »Dehio« ausgewertet. Dennoch gab es auch in der Berliner Arbeitsstelle Ansätze zur Inventarisation, die Gebiete betreffend, die in der Bearbeitung der Kunstdenkmale der Provinz Brandenburg noch fehlten (Zauch-Belzig und Jüterbog). Sie fielen jedoch der Beanspruchung der Bearbeiter in der Praxis zum Opfer. Mit der Neustrukturierung eines Brandenburgischen Landesamtes nach 1990 ist Abhilfe geschaffen worden, wodurch es bereits zu beachtlichen Ergebnissen in der Inventarisation gekommen ist. Der Regionalband der Berliner Arbeitsstelle erschien mit einem die 1980er Jahre kennzeichnenden Bild von der städtebaulichen Gestalt aus der Mitte Berlins auf dem Schutzumschlag, woraus die unmittelbare zeitgeschichtliche Situation in der DDR zu erkennen ist: Es zeigt das Reiterdenkmal Friedrichs des Großen von Christian Daniel Rauch (enthüllt 1851), das Anfang der 1980er Jahre auf der Straße Unter den Linden wieder aufgestellt worden war, die Kuppel des mit bundesdeutschen Mitteln wiederaufgebauten wilhelminischen Berliner Doms und mittig dahinter oder darüber den als Siegeszeichen des Arbeiter- und Bauernstaates gemeinten, 1969 zum 20. Jahrestag der Gründung der DDR fertiggestellten Berliner Fernsehturm.[31] Das Titelbild blieb unbeanstandet wie auch die bloße Nennung Berlins und der Mark Brandenburg (Hauptstadt der DDR und Bezirke Frankfurt/Oder und Potsdam sind erst auf dem inneren Titelblatt

Abb. 4 Regionalband (Ost)Berlin und Mark Brandenburg

Abb. 5 Heft 1/1975 von »Denkmalpflege in der DDR«

genannt), vielleicht, weil die offizielle Geschichtsauffassung der DDR eine Wendung erfahren hatte; Bild und Titel zierten auch die zweite Auflage schon ein Jahr später.

Zur Unterstützung der Breitenwirkung des denkmalpflegerischen Anliegens in der Öffentlichkeit kam es in den 1970er Jahren mit der Herausgabe einer Zeitschrift durch das Institut für Denkmalpflege, an der auch so genannte gesellschaftliche Organisationen beteiligt waren: »Denkmalpflege in der Deutschen Demokratischen Republik« schmale broschierte Hefte, in denen über aktuelle Arbeiten berichtet und auch der Denkmalbestand vorgestellt wurde (Abb. 5). Autoren waren nicht immer Mitarbeiter der Arbeitsstellen des Instituts oder der Zentrale, es waren häufig engagierte und ehrenamtlich für die Denkmalpflege Tätige, die in der »Zentralen Kommission des Kulturbundes der Deutschen Demokratischen Republik Natur und Heimat« oder im »Zentralen Fachausschuss Denkmalpflege«, schließlich in der sehr aktiven und beinahe als Bürgerbewegung zu bezeichnenden »Gesellschaft für Denkmalpflege«, wie man es damals nannte, »organisiert« waren. Schließlich zeichnete auch noch das »ICOMOS-Nationalkomitee der DDR« als Herausgeber. Die Auflage der Hefte dürfte nicht allzu hoch gewesen sein, auf jeden Fall waren sie schwer zu bekommen. Unter dem gleichen Titel entstand 1979 in Zusammenarbeit mit der Jüdischen Gemeinde Berlin das erste Heft der Schriftenreihe »Historische Friedhöfe in der Deutschen Demokratischen Republik: Jüdische Friedhöfe in Berlin.«[32] Im Impressum liest man bezeichnenderweise: »Der Vertrieb der Schrift erfolgt nur über die Jüdische Gemeinde Berlin.«

Noch ehe das Denkmalpflegegesetz 1975 erlassen und mit der Arbeit an den Topographien begonnen worden war, nahm das Institut für Denkmalpflege den 20. Jahrestag der DDR-Gründung 1969 zum Anlass, mit einem repräsentativen Bildband »einen Überblick über seine Arbeit zu geben und dabei zugleich Rechenschaft abzulegen über die ganze Breite dessen, was nach den großen Zerstörungen des zweiten Weltkrieges im Bereich der Denkmalpflege geleistet worden ist«.[33] Die »Denkmale der Geschichte und Kultur« sind in der nun schon bekannten und gebräuchlichen Folge geordnet. Die Bilder beginnen mit den Gedenkstätten, darunter auch die Wartburg als Gedenkstätte der Reformation. Es folgen Denkmale, das sind Bilder von ausgesprochenen Topdenkmalen vom Mittelalter bis in die Neuzeit. Sie erscheinen in hervorragendem Zustand, nur selten ist der Zerstörungsgrad, der behoben wurde, im Bild gegenüber gestellt und sichtbar gemacht. In den Bilderläuterungen wird von den Mitarbeitern der Arbeitsstellen unter der Gesamtredaktion von Joachim Fait und Hans Müller über die denkmalpflegerischen Maßnahmen wie auch über Ergebnisse bau- und kunstgeschichtlicher Forschungen knapp berichtet. An dieser Stelle soll eingefügt sein, dass es nur wenige Möglichkeiten gab, wissenschaftliche Arbeiten aus der Sachforschung, Diplomarbeiten oder Dissertationen, zu publizieren. Betroffene Wissenschaftler nahmen deshalb jede sich ihnen bietende Gelegenheit wahr, in populären Veröffentlichungen einschlägiger Verlage ihre Forschungsergebnisse mitzuteilen, so auch im genannten Bildband.[34] Vor dessen Literaturhinweisen steht folgendes: »Aufgeführt ist nur denkmalpflegerische Literatur zu den im vorliegenden Band behandelten Objekten. Wissenschaftliche Dokumentationen in Maschinenmanuskripten befinden sich in den Arbeitsstellen des Instituts.«[35]

Diesem sorgfältig ausgestatteten Bildband ging 1964 ein ähnlicher Band unter dem Titel »Der Wiederaufbau der Kirchen in der Deutschen Demokratischen Republik« voraus, eine Parteipublikation unter der Protektion des Generalsekretärs der Christlich-Demokratischen Union, Gerald Götting, und des Staatssekretärs für Kirchenfragen, Hans Seigewasser.[36] Ein Zwischentitel hebt den Anlass hervor: »Unter den Aspekten der Beziehungen von Kirche und Staat und der Wahrung unseres kulturellen Erbes.« Obwohl keine eigentliche Veröffentlichung des Instituts für Denkmalpflege – die Vorworte der für die Publikation Verantwortlichen aus den Reihen der Ost-CDU und des Staatssekretariats für Kirchenfragen bedienten das seinerzeit gebrauchte ideologische Vokabular –, basiert der Inhalt doch ausschließlich auf Informationen aus den Arbeitsstellen. Die Abbildungen dokumentieren die seinerzeitigen und auch die vorherigen Zerstörungszustände. Das gleiche gilt für die fachwissenschaftlich informativen Erläuterungstexte. Die ausführliche »Literaturübersicht: Kirchliche Architektur und Denkmalpflege in der Deutschen Demokratischen Republik« verzeichnet auch selten zugängliche und abgelegene Zeitungsartikel und ist daher auf jeden Fall wertvoll und für wissenschaftliche Recherchen brauchbar.

Um noch bei derartigen außerplanmäßigen Publikationen über den Denkmalbestand und die Denkmalpflege in Ostdeutschland zu bleiben: Im Jahre 1982 legte der Union-Verlag Berlin noch einmal einen »repräsentativen Bild-Text-Band« (Tageszeitung »Die Union« vom 13./14. November 1982) vor, »herausgegeben vom Hauptvorstand der Christlich-Demokratischen Union Deutschlands in Zusammenarbeit mit dem Institut für Denkmalpflege« unter dem Titel »Christliche Kunst im Kulturerbe der Deutschen Demokratischen Republik«, ein Buch von 406 Seiten mit 432 Abbildungen; die Vorworte zeichneten wieder Gerald Götting und diesmal auch der Generalkonservator des Instituts für Denkmalpflege Ludwig Deiters, die Gesamtredaktion lag in den Händen von Hans Müller und Hannelore Sachs. Die qualitätvolle Bebilderung bietet nun tatsächlich einen repräsentativen Querschnitt durch die Kunstlandschaften Mittel- und Ostdeutschlands. Die Reklamierung als Kulturerbe der DDR im Buchtitel kann nicht als Versuch gewertet werden, die Denkmale für eine DDR-Nationalität zu beanspruchen, im Gegenteil, das geht aus den Begleittexten hervor, verstand man sie wie eh und je als Zeugen gesamtdeutscher Geschichte. Das ermöglichte schließlich auch die Lizenzvergabe an einen westdeutschen Verlag.[37] Der Band enthält unter anderem einen Beitrag aus der Feder von Hannelore Sachs über die »Aufgaben und Methoden der Denkmalpflege«, der sowohl über den Stand der Wiederherstellungsarbeiten an zahlreichen kriegsbeschädigten Bauten wie auch über die Verfahrensweisen bei der Restaurierung Auskunft gibt. Für die Beurteilung des wissenschaftlichen Vorgehens, das Abwägen zwischen Reparatur und Rekonstruktion und die Gestaltung des wiederhergestellten oder restaurierten Bauwerks oder Kunstwerks ist dieses Statement nicht nur ein Zeitdokument, sondern ein immer noch gültiger Leitfaden und beim gegenwärtigen Boom von Rekonstruktionen, die besser als Neubauten von historischen Denkmalen zu bezeichnen sind, ein notwendiges, leider wenig beachtetes Korrektiv.

An eine Veröffentlichung über Bauwerke und Kunstschätze, die im Zweiten Weltkrieg zerstört oder beschädigt worden waren, konnte vor den 1970er Jahren nicht gedacht werden. 1978 erschienen die »Schicksale deutscher Baudenkmale im zweiten Weltkrieg. Eine Dokumentation der Schäden und Totalverluste auf dem Gebiet der Deutschen Demokratischen Republik«, nach den Bezirken geordnet in zwei Bänden.[38] Eine Institution als Herausgeber war nicht genannt, das Copyright hatte der »Henschelverlag Kunst und Gesellschaft Berlin«. Obwohl es also keine offizielle Publikation des Instituts für Denkmalpflege war, hat sie Ludwig Deiters in seiner Eigenschaft als Generalkonservator des Instituts mit einem Geleitwort versehen, und die Autorenliste verzeichnet namhafte Mitarbeiter der Arbeitsstellen. Das Erstaunliche an den beiden Bänden ist damals die Erwähnung auch solcher Denkmale gewesen, deren Zerstörungsgrad eine spätere Beseitigung nicht gerechtfertigt hätte, die aber dennoch erfolgt ist, meist politisch-ideologisch motiviert. Vor allem das Berliner Stadtschloss ist mit

Abb. 6 Dehio-Handbuch (Ost)Berlin und Bezirk Potsdam

zahlreichen historischen Abbildungen meines Wissens zum ersten Mal, nach der Sprengung 1950, für die Öffentlichkeit in der DDR dokumentiert worden. Diese von Hartwig Beseler, seinerzeit Landeskonservator von Schleswig-Holstein, als »höchst verdienstvolle Dokumentation« gewertete Veröffentlichung hat eine »Dokumentation für das Gebiet der Bundesrepublik Deutschland« angeregt, die erst nach 1980 erschienen ist.[39]

Die Arbeitsaufgabe »Handbuch der deutschen Kunstdenkmäler von Georg Dehio« ist dem Institut für Denkmalpflege erst nach 1970 zugefallen, nach der Schließung der Arbeitsstelle für Kunstgeschichte an der Akademie der Wissenschaften, wo bis dahin das Handbuch unter der Leitung von Edgar Lehmann erarbeitet worden war. Lehmann hat die Bedrängnisse beschrieben, denen die Anfänge der Bearbeitung und vor allem die Drucklegung ausgesetzt waren.[40] Das Handbuch sollte nach den Worten von Gerhard Strauß, damals in der Nachfolge von Richard Hamann Ordinarius für Kunstgeschichte an der Berliner Humboldt-Universität, »ein Meilenstein auf dem Wege zu einer marxistischen deutschen Kunstwissenschaft« werden. Es war auch eine Forderung von Strauß, die Anordnung der Denkmalgruppen so vorzunehmen, wie sie bei den besprochenen Inventaren dann erfolgt ist. Lehmann hatte sich dagegen für die Neubearbeitung die Erstausgaben des Handbuchs zum Vorbild genommen, die in Westdeutschland nach dem Krieg, genauer seit 1958, nach der Restituierung der »Dehio-Vereinigung« erschienen sind.[41] Als das Institut für Denkmalpflege dann den »Dehio« übernahm, waren die Anfangsschwierigkeiten überwunden, und die Bearbeitung der seinerzeit noch ausstehenden Bände Sachsen-Anhalt (»Der Bezirk Magdeburg«, Berlin 1974 und »Der Bezirk Halle«, Berlin 1976) und Brandenburg mit Berlin (»Die Bezirke Berlin und Potsdam«, Berlin 1983 und »Die Bezirke Cottbus und Frankfurt/Oder«, Berlin 1987) – Sachsen und Mecklenburg-Vorpommern waren schon vorher fertig gestellt – konnten durch die Abteilung Forschung des Instituts für Denkmalpflege mit der gleichen Bearbeitergruppe (Sibylle Badstübner-Gröger, Beate Becker, Horst Drescher, Christa Stepanski) und in der gesamtdeutsch gültigen Form unter der Leitung von Edgar Lehmann mit Unterstützung von Ernst Schubert 1987 abgeschlossen werden (Abb. 6).[42] Die Bände waren für die Arbeitsstellen und vor allem für die örtlichen Behörden eine brauchbare Unterstützung bei der denkmalpflegerischen Arbeit. Die Verzeichnung eines Denkmals im »Dehio« hatte beinahe die Wirkung wie die Eintragung in eine Denkmalliste, die gesetzlichen Schutz bot. Ein Band für Thüringen kam trotz geleisteter Vorarbeiten (Ernst Badstübner, Rolf-Günther Lucke) nicht zustande. Die Lücke wurde im Zusammenhang mit den Neubearbeitungen während der 1990er Jahre mit der ersten Auflage des Thüringenbandes 1998 geschlossen.[43]

Eine Kreation von Edgar Lehmann war der so genannte »Bilddehio«, ein Bildband und Handbuch mit kurzen Informationen zum abgebildeten Denkmal. Unter der Ägide des Instituts für Denkmalpflege sind die Bände für die Bezirke Magdeburg, Berlin und Potsdam erschienen, die Bände für Sachsen und Mecklenburg-Vorpommern sind noch in der Arbeitsstelle für Kunstgeschichte an der Akademie der Wissenschaften entstanden.[44]

Das Corpus Vitrearum Medii Aevi (CVMA), dessen Mitarbeiter ebenfalls aus der Akademie mit in die Brüderstraße 13 übersiedelt waren, konnte dort, auch unter der Obhut von Edgar Lehmann, fortgeführt werden. Als eine Art monographisches Großinventar war es in die Aufgabenstellungen für die Abteilung Forschung integriert worden. Die schon länger vorbereiteten Bände über Erfurt (Erhard Drachenberg, Christa Richter, Karl-Joachim Maercker) erschienen nun in der Herausgabe des Instituts für Denkmalpflege wie auch später die Bände über Stendal in der Bearbeitung von Karl-Joachim Maercker in Halle.[45] Nach 1990 ist bei der Berlin-Brandenburgischen Akademie eine selbständige Arbeitsstelle des CVMA geschaffen worden, in der zunächst die schon begonnenen Bearbeitungen der Glasmalereien in Mühlhausen (Christa Richter), in Stendal (Karl-Joachim Maercker) und des Halberstädter Doms (Eva Fitz) zu Ende geführt worden sind.[46]

Als ureigenste wissenschaftliche Aufgabe ist das CVMA von der Leitung des Instituts für Denkmalpflege wohl nicht empfunden worden, wenngleich von einer mangelnden Förderung nicht die Rede sein kann, wofür auch eine 1989 in Erfurt zustande gekommene internationale Tagung des CVMA und die opulenten Bände des Corpus, seinerzeit mit einer eigenen DDR-Zählung, Zeugnis ablegen. Von Institutsseite kam es nur zu einer bescheideneren Publikation, deklariert als ein Band der »Schriften zur Denkmalpflege in der Deutschen Demokratischen Republik.« Mit 164 zum Teil farbigen Abbildungen gibt er dennoch einen durchaus repräsentativen Querschnitt des Bestandes an mittelalterlicher Glasmalerei in Mittel- und Norddeutschland.[47] Die technologische Kompetenz der Corpusmitarbeiter war aber vor allem bei Restaurierungen von Glasmalerei in der denkmalpflegerischen Praxis sehr geschätzt.

In den »Schriften zur Denkmalpflege« sind zwei größere Bände aus der Arbeitsstelle Dresden über den Freiberger Dom von Heinrich Magirius und zum Wechselburger Lettner von Elisabeth Hütter und Heinrich Magirius zur Veröffentlichung gekommen.[48] In der Einleitung zum Band über den Freiberger Dom begründet Hans Nadler, seinerzeit »Chefkonservator« der Arbeitsstelle Dresden, die Publikation mit dem Hinweis auf die »Klärung wissenschaftlicher Fragen der Denkmalpflege« als »ein integrierter Teil denkmalpflegerischer Praxis« und nennt die Arbeit einen »Beitrag zur Inventarisation der Bau- und Kunstdenkmäler.«[49] Für den zehn Jahre jüngeren Band über den Wechselburger Lettner tun das die Autoren selbst: »Die Forschungen mussten sich dem Rhythmus der überwiegend denkmalpflegerischen Praxis ein- und oft auch unterordnen. (...) Trotz alledem sind wir der Hoffnung, dass die Berichterstattung des Untersuchten und Geleisteten für sich selbst sprechen und für das Verständnis des Kunstwerkes von Bedeutung sein und bleiben wird.«[50] Die Autoren konnten eine Zusammenfassung ihrer Forschungsergebnisse schon 1978 in dem ICOMOS Bulletin DDR 1978 vorstellen.[51] Beide Werke stellen vorbildliche und gültig bleibende, aber in dieser aufwendigen Form wahrscheinlich nur selten mögliche Dokumentationen dar, die als Muster für die allgemeine Denkmalinventarisation wohl kaum in Frage kommen können.

An »Schriften zur Denkmalpflege in der Deutschen Demokratischen Republik« sind meines Wissens keine weiteren Bände zustande gekommen, obwohl sicher eine umfangreichere Reihe geplant war. Immerhin hat es mehrere große Restaurierungen in den Arbeitsgebieten des Instituts für Denkmalpflege gegeben, die in gleicher Weise wissenschaftlich begleitet waren. Beispiele wären etwa das Münster in Doberan und das Schloss in Güstrow, der Magdeburger Dom, auch der Brandenburger Dom. Sie hätten eine ähnliche Dokumentation wie die Arbeiten in Freiberg und Wechselburg verdient. Die gewonnenen architektur- und kunstgeschichtlichen Erkenntnisse sind aber auf die knappen Berichte in den Regionalbänden beschränkt geblieben.

Eine Kreation des Instituts für Städtebau und Architektur an der Bauakademie der DDR waren die Architekturführer für die Bezirke der DDR und Ost-Berlin. An der Herausgabe beteiligten sich der Bund der Architekten der DDR und das Institut für Denkmalpflege; letzteres stellte auch Bearbeiter bereit. Die schmalen Broschüren im Taschenbuchformat enthalten nicht viel mehr als Baudaten, Namen von Architekten und eine Typenbeschreibung, dafür aber mindestens eine Abbildung für jedes verzeichnete Objekt. Der 1989 publizierte Band für den

Abb. 7 Denkmale der Produktions- und Verkehrsgeschichte, Teil 1

Abb. 8 Geschichte der Denkmalpflege. Sachsen Anhalt

Bezirk Karl-Marx-Stadt erhielt auf dem Umschlag bereits die Rückbenennung »Chemnitz«, die letzten nach 1990 erschienenen Bände verzichten auf die Bezeichnung »Bezirk« und sind schließlich vom Institut für Regionalentwicklung und Strukturplanung und von den jeweiligen Landesämtern für Denkmalpflege herausgegeben worden. Gut zu handhaben und geeignet für schnelle Information haben sie Modellcharakter für verwandte Publikationen bis heute.[52]

Schließlich zählt Peter Goralczyk in seinem Artikel, der im wesentlichen meinem Beitrag zugrunde liegt, noch eine Reihe von Inventarisationsvorhaben auf, die er als Ergänzung zu den »Übersichten über die Bau- und Kunstdenkmale« erklärt und die »den Bestand an technischen Denkmalen, Denkmalen der Garten- und Parkgestaltung, Denkmalen der jüngsten Geschichte, d.h. der Geschichte der DDR« betreffen sollten. Zum Zeitpunkt seines Vortrags Anfang 1989 in Hannover lagen im Manuskript zwei Bände über »Denkmale der Produktions- und Verkehrsgeschichte« und ein Entwurf über die »Denkmale der jüngsten Geschichtsperiode« vor. Ein »Spezialinventar« der Gedenkstätten in der DDR war schon 1974 publiziert worden (Abb. 7).[53]

Abschließend noch der Hinweis auf ein Publikationsunternehmen, das gemeinsam vom Institut für Denkmalpflege und der Martin-Luther-Universität Halle ins Leben gerufen wurde, die auf fünf Bände konzipierte »Geschichte der Denkmalpflege in den historisch gewachsenen Territorien der DDR.« Hinter den »historisch gewachsenen Territorien« verbargen sich die das »Territorium« ausmachenden fünf Länder, und die Autoren sollten aus den fünf Arbeitsstellen des Instituts gewonnen werden. Bis zur Publikation haben es nur Heinrich Magirius (1989 Sachsen) und Peter Findeisen (1990 Sachsen-Anhalt) geschafft (Abb. 8).[54] Die Hoffnung von Hartwig Beseler, »dass die Reihe auch über die veränderten politischen Verhältnisse hinaus im Sinne der Planung weitergeführt werden kann«, hat sich nicht erfüllt.[55]

Im VEB Verlag für Bauwesen Berlin war 1987 anlässlich des Stadtjubiläums unter der Herausgeberschaft von Dieter Winkler ein schmaler Band, auf nahezu Zeitungspapier nicht gerade repräsentativ, mit dem Titel »Beiträge zur Berliner Baugeschichte und Denkmalpflege« erschienen. 1993 folgte im gleichen Verlag, der inzwischen das Kürzel »VEB« abgelegt hatte und als Erscheinungsort Berlin und München angab, »Gebaute Vergangenheit heute – Berichte aus der Denkmalpflege«. Der Untertitel, der dem Titel von 1987 gleicht, verrät, dass es sich um Aufsätze von Mitarbeitern des Instituts für Denkmalpflege der DDR aus der Zeit vor dem Untergang des sozialistischen Staates handelt. Gleichsam posthum, nunmehr solide auf Kunstdruckpapier, war es noch zu einer Publikation mit profunden Aufsätzen über Baudenkmale in Mittel- und Ostdeutschland und deren Restaurierung und wissenschaftliche Erforschung gekommen.

Ebenfalls im genannten Verlag ist 1990 (Leo Schmidt:«in den letzten Monaten der Existenz der DDR«) ein Handbuch unter der Mentorenschaft von Hans Berger mit dem Titel »Baudenkmalpflege. Beiträge zur Methodik und Technologie« herausgekommen. Mit rund 25 Jahren Abstand wird man die darin enthaltenen Grund- und Leitsätze schon zur Geschichte der Denkmalpflege zählen müssen, vor allem mit Blick auf deren Entwicklung in Deutschland nach 1990 und ihren gegenwärtigen Stand.

Anmerkungen

1 Einige Beispiele: Reimers, J.: Handbuch für die Denkmalpflege, 1. Aufl., 1899 und 2. Aufl., 1911, Hannover, S. 23ff.; Kiesow, Gottfried: Einführung in die Denkmalpflege, 2. Aufl., Darmstadt 1989, S. 189ff.; Hubel, Achim: Denkmalpflege. Geschichte – Themen – Aufgaben. Eine Einführung, Stuttgart 2006, S. 142ff.; Schmidt, Leo: Einführung in die Denkmalpflege, Darmstadt 2008, S. 141.

2 Hubel (siehe Anm. 1).

3 Buch, Felicitas: Studien zur preußischen Denkmalpflege am Beispiel konservatorischer Arbeiten Ferdinand von Quasts, Worms 1990, S. 53–61.

4 Kiesow (siehe Anm. 1), S. 189.

5 Magirius, Heinrich, Die Geschichte der Denkmalpflege Sachsens 1945-1989. Hans Nadler zum 100.Geburtstag (= Arbeitsheft 16, Landesamt für Denkmalpflege Sachsen), Dresden 2010, S. 21 ff.

6 Magirius (siehe Anm. 5), S. 24.

7 Dazu siehe die Darstellung von Ludwig Deiters im vorliegenden Band.

8 Goralczyk, Peter: Zur Situation der Inventarisation in der Deutschen Demokratischen Republik, in: Inventarisation in Deutschland. Berichte zu Forschung und Praxis der Denkmalpflege in Deutschland 1/1990 (Kolloquium im Rahmen des Kulturabkommens zwischen der Bundesrepublik Deutschland und der DDR Hannover, 30. Januar–3. Februar 1989), S. 12–16.

9 Goralczyk (siehe Anm. 8), S. 12.

10 Kunst-Topographie Schleswig-Holstein, herausgegeben von Hartwig Beseler, Neumünster 1969. – Stadtkernatlas Schleswig-Holstein, bearbeitet von Johannes Habich unter Mitarbeit von Gert Kaster und Klaus Wächter (Die Kunstdenkmäler des Landes Schleswig-Holstein. Im Auftrage des Kultusministeriums herausgegeben von Landeskonservator Hartwig Beseler), Neumünster 1976.

11 Goralczyk (siehe Anm. 8), S. 16.

12 Die Bau- und Kunstdenkmale in der DDR. Hauptstadt Berlin I und II, hrsg. v. Institut für Denkmalpflege, Gesamtred. Heinrich Trost, Berlin 1983 und 1987.

13 Die Bau- und Kunstdenkmale in der DDR. Bezirk Potsdam, hrsg. v. Institut für Denkmalpflege, bearb. v. Horst Drescher u. a., Gesamtred. Heinrich Trost, Berlin 1978; Bezirk Frankfurt (Oder), bearb. v. Heinrich Trost u. a., Berlin 1980; Bezirk Neubrandenburg, bearb. v. Gerd Baier u. a., Gesamtred. Heinrich Trost, Berlin 1986; Mecklenburgische Küstenregion. Mit den Städten Rostock und Wismar, bearb. v. Gerd Baier u. a., Gesamtred. Heinrich Trost, Berlin 1990; Die Bau- und Kunstdenkmale in Mecklenburg-Vorpommern, hrsg. v. Landesamt für Denkmalpflege Mecklenburg-Vorpommern; Vorpommersche Küstenregion. Mit Stralsund, Greifswald, Rügen und Usedom, bearb. v. Gerd Baier u. a., Berlin 1995.

14 Bau- und Kunstdenkmale in Potsdam. Stadtkreis und Landkreis, hrsg. v. Institut für Denkmalpflege, Berlin 1990.

15 Die Kunstdenkmale im Bezirk Magdeburg, i. A. d. Ministeriums für Kultur der Deutschen Demokratischen Republik, hrsg. v. Institut für Denkmalpflege, Arbeitsstelle Halle; Die Kunstdenkmale des Kreises Haldensleben, bearb. v. Marie-Luise Harksen u. a., Leipzig 1961; Die Kunstdenkmale im Bezirk Rostock, i. A. d. Ministeriums für Kultur der Deutschen Demokratischen Republik, hrsg. v. Institut für Denkmalpflege, Arbeitsstelle Schwerin; Die Kunstdenkmale des Kreises Rügen, bearb. v. Walter Ohle und Gerd Baier, Leipzig 1963.

16 Die Denkmale im Bezirk Rostock, i. A. des Ministeriums für Kultur der Deutschen Demokratischen Republik, hrsg. v. Institut für Denkmalpflege, Arbeitsstelle Schwerin. Die Denkmale des Kreises Greifswald, bearb. v. Gerd Baier, Horst Ende und Renate Krüger, Leipzig 1973.

17 Die Denkmale im Bezirk Leipzig, i. A. des Ministeriums für Kultur der Deutschen Demokratischen Republik hrsg. v. Institut für Denkmalpflege, Arbeitsstelle Dresden. Die Denkmale der Stadt Torgau, bearb. v. Peter Findeisen und Heinrich Magirius, Leipzig 1976. – Vgl. Magirius, Heinrich: Glanz und Elend der deutschen Kunstdenkmäler-Inventarisation, in: Zeitschrift des deutschen Vereins für Kunstwissenschaft 62 (2008), S. 264–275, hier S. 265.

18 Als Beispiele sind die neuen, zwischen 1937 und 1941 erschienenen Inventarbände der Reihe »Die Kunstdenkmäler der Provinz Brandenburg« zu nennen.

19 Die Denkmale im Bezirk Halle, i. A. des Ministeriums für Kultur der Deutschen Demokratischen Republik hrsg. v. Institut für Denkmalpflege, Arbeitsstelle Halle. Die Denkmale der Lutherstadt Wittenberg, bearb. v. Fritz Bellmann, Marie-Luise Harksen und Roland Werner, Weimar 1979.

20 Diesen Stand des Vorhabens stellte Heinrich Magirius auf dem in Anm. 8 genannten Kolloquium 1989 in Hannover vor: Heinrich Magirius, Der Plan zu einem »Großinventar« der Bau- und Kunstdenkmale der Stadt Leipzig, in: Inventarisation in Deutschland. Berichte zur Forschung und Praxis der Denkmalpflege in Deutschland 1/1990, S. 32–34. – Heinrich Magirius, Glanz und Elend der deutschen Kunstdenkmäler-Inventarisation, in: Zeitschrift des deutschen Vereins für Kunstwissenschaft 62 (2008), S. 264–275, hier S. 266.

21 Die Bau- und Kunstdenkmäler von Sachsen. Stadt Leipzig. Die Sakralbauten. Mit einem Überblick über die städtebauliche Entwicklung von den Anfängen bis 1989 hrsg. v. Landesamt für Denkmalpflege Sachsen, bearb. v. Heinrich Magirius, Hartmut Mai, Thomas Trajkovits und Winfried Werner, 2 Bde., München/Berlin 1995.

22 Denkmale in Thüringen. Ihre Erhaltung und Pflege in den Bezirken Erfurt, Gera und Suhl, erarb. i. Institut für Denkmalpflege, Arbeitsstelle Erfurt, Weimar 1973.

23 Zießler, Rudolf: Erfassung und Denkmalliste, in: Inventarisation in Deutschland 1 (s. Anm. 8), S. 21.

24 Schlusssatz von Rolf-Günther Lucke, Zur Erfassung und Inventarisation der Denkmale, in: Denkmale in Thüringen, Weimar 1973, S. 74.

25 Der erste Band der Topographie Bundesrepublik Deutschland, Kulturdenkmale in Thüringen, erschien 2005 (Sonneberg).

26 Vgl. Anmerkung 22.

27 Kaiser, Gerhard/Möller, Roland: Erfurter Bürgerhausfassaden der Renaissance. Zur Wiederherstellung der Einheit von Schmuckform und Farbigkeit, in: Denkmale in Thüringen, Weimar 1973, S. 94-129. –Zießler, Rudolf: Farbe und Architektur. Zur Polychromie historischer Bauten, in: Denkmale in Thüringen, Weimar 1973, S. 130-171.

28 Denkmale in Mecklenburg. Ihre Erhaltung und Pflege in den Bezirken Rostock, Schwerin und Neubrandenburg, erarb. i. Institut für Denkmalpflege, Arbeitsstelle Schwerin, Weimar 1976. – Denkmale in Sachsen. Ihre Erhaltung und Pflege in den Bezirken Dresden, Karl-Marx-Stadt und Cottbus, erarb. i. Institut für Denkmalpflege, Arbeitsstelle Dresden, Weimar 1978. – Denkmale in Sachsen-Anhalt. Ihre Erhaltung und Pflege in den Bezirken Halle und Magdeburg, erarb. i. Institut für Denkmalpflege, Arbeitsstelle Halle, Weimar 1983.

29 U. a. Kiesow (s. Anm. 1), S.44–63 und Schmidt (s. Anm. 1), S. 84–126.

30 Denkmale in Berlin und in der Mark Brandenburg. Ihre Erhaltung und Pflege in der Hauptstadt der DDR und in den Bezirken Frankfurt (Oder) und Potsdam, erarb. i. Institut für Denkmalpflege, Arbeitsstelle Berlin, Berlin 1987, 2. Aufl. 1988.

31 Flierl, Bruno: Vom Münzturm zum Fernsehturm. Höhendominanten in der Stadtplanung von Berlin, in: Studien zur Berliner Kunstgeschichte, hrsg. v. Karl-Heinz Klingenburg, Leipzig 1986, S. 11–51, hier S. 40f. und S. 51.

32 Denkmalpflege in der Deutschen Demokratischen Republik, hrsg. v. Institut für Denkmalpflege i. A. des Ministeriums für Kultur der Deutschen Demokratischen Republik i. Zus.arb. m. d. Jüdischen Gemeinde Berlin, Berlin 1979.

33 Denkmale der Geschichte und Kultur. Ihre Erhaltung und Pflege in der Deutschen Demokratischen Republik. hrsg. v. Institut für Denkmalpflege, Berlin 1969.

34 Zu derartigen Möglichkeiten gehörte die im Union-Verlag Berlin von Fritz Löffler herausgegebene Heftreihe »Das Christliche Denkmal« mit ca. 130 bis 1989 erschienenen Kirchenführern.

35 Siehe Anm. 33, S. 253.

36 Der Wiederaufbau der Kirchen in der Deutschen Demokratischen Republik, Berlin 1964.

37 Christliche Kunst im Kulturerbe der Deutschen Demokratischen Republik, hrsg. v. Hauptvorstand der Christlich-Demokratischen Union Deutschlands i. Zus.arb. m. Institut für Denkmalpflege, Berlin 1982. – VCH Verlagsgesellschaft Acta humaniora, Weinheim.

38 Schicksale deutscher Baudenkmale. Eine Dokumentation der Schäden und Totalverluste auf dem Gebiet der Deutschen Demokratischen Republik, hrsg. u. red. bearb. v. Götz Eckart, Berlin 1978.

39 Beseler, Hartwig/Gutschow, Niels: Kriegsschicksale deutscher Architektur. Verluste – Schäden – Wiederaufbau, Neumünster o. J.

40 Lehmann, Edgar: Die Anfänge der Neubearbeitung des Handbuchs der deutschen Kunstdenkmäler von Georg Dehio in der DDR, in: Deutsche Kunst und Denkmalpflege 49 (1991) 1, S. 93–95.

41 Breuer, Tilmann: Das Handbuch der deutschen Kunstdenkmäler. Vermächtnis und Verpflichtung, Grundsätze und Wirklichkeit, in: Georg Dehio (1850-1932). 100 Jahre Handbuch der deutschen Kunstdenkmäler, München/Berlin 2000, S. 135–156, hier S. 140 ff.

42 Breuer, Tilmann: Chrono-Bibliographie des »Handbuches der deutschen Kunstdenkmäler« von Georg Dehio, in: ebenda S. 177–187, hier S. 186–187.

43 Dehio, Georg: Handbuch der deutschen Kunstdenkmäler – Thüringen, München/Berlin 1998.

44 Kunstdenkmäler der Bezirke Dresden, Karl-Marx-Stadt, Leipzig, Berlin 1972. – Kunstdenkmäler der Bezirke Neubrandenburg, Rostock, Schwerin, Berlin 1975. – Kunstdenkmäler des Bezirks Magdeburg, Berlin 1983. – Kunstdenkmäler der Bezirke Berlin/DDR und Potsdam, Berlin 1987.

45 Drachenberg, Erhard/Maercker, Karl-Joachim/Schmidt, Christa: Die mittelalterliche Glasmalerei in den Ordenskirchen und im Angermuseum zu Erfurt, Berlin 1976. – Drachenberg, Erhard: Die mittelalterliche Glasmalerei im Erfurter Dom, Textband, Berlin 1980, Abbildungsband, Berlin 1983. – Maercker, Karl-Joachim: Die mittelalterliche Glasmalerei im Stendaler Dom, Berlin 1988.

46 Die mittelalterlichen Glasmalereien in Mühlhausen/Thüringen, Berlin 1993. – Maercker, Karl-Joachim: Die mittelalterlichen Glasmalereien in der Stendaler Jakobikirche, Berlin 1995. – Fitz, Eva: Die mittelalterlichen Glasmalereien im Halberstädter Dom, Berlin 2003.

47 Drachenberg, Erhard/Maercker, Karl-Joachim/Schmidt, Christa: Mittelalterliche Glasmalerei in der Deutschen Demokratischen Republik, hrsg. v. Institut für Denkmalpflege (= Schriften zur Denkmalpflege in der Deutschen Demokratischen Republik), Berlin 1979.

48 Magirius, Heinrich: Der Freiberger Dom. Forschungen und Denkmalpflege, hrsg. v. Institut für Denkmalpflege (= Schriften zur Denkmalpflege in der Deutschen Demokratischen Republik), Weimar 1972. – Hütter, Elisabeth/Magirius, Heinrich: Der Wechselburger Lettner. Forschungen und Denkmalpflege, hrsg. v. Institut für Denkmalpflege (= Schriften zur Denkmalpflege in der Deutschen Demokratischen Republik)Weimar 1983.

49 In: Magirius (siehe Anm. 48), S. 13.

50 Hütter/Magirius 1983 (siehe Anm. 48), S. 7.

51 Hütter, Elisabeth/Magirius, Heinrich: Le jubé de l'église collégiale de Wechselburg, in: ICOMOS Bulletin DDR 1978, hrsg. v. ICOMOS-Nationalkomitee der DDR, Berlin 1978, S. 119–1555. – Magirius, Heinrich: Die Geschichte der Denkmalpflege Sachsens 1945–1989 (= Arbeitsheft 16 des Landesamtes für Denkmalpflege Sachsen), Dresden 2010, S. 116

52 Architekturführer Thüringen. Vom Bauhaus bis zum Jahr 2000, Weimar 2001.

53 Gedenkstätten, Arbeiterbewegung, Antifaschistischer Widerstand, Aufbau des Sozialismus, hrsg. v. Institut für Denkmalpflege, erarb. v. Dora Miethe, Leipzig 1974.

54 Magirius, Heinrich: Geschichte der Denkmalpflege Sachsens. Von den Anfängen bis zum Neubeginn 1945, Berlin 1989. – Findeisen, Peter: Geschichte der Denkmalpflege Sachsen-Anhalt. Von den Anfängen bis in das erste Viertel des 20. Jahrhunderts, Berlin 1990.

55 Beseler, Hartwig: Rezension Heinrich Magirius: Geschichte der Denkmalpflege Sachsens, in: Deutsche Kunst und Denkmalpflege 49 (1991) 1, S. 97–100.

Bauforschung in den Arbeitsstellen des Instituts für Denkmalpflege

Reinhard Schmitt

Einleitung

Im Jahre 2010 veröffentlichte G. Ulrich Großmann eine »Einführung in die historische und kunsthistorische Bauforschung«.[1] Darin sind die Forschungsgeschichte, die Grundlagen und Methoden dieser Wissenschaft ausführlich dargestellt. Häufig wird diese der Geisteswissenschaft zugeordnete Disziplin auch »Historische Bauforschung« benannt, um sie von technischen Bauforschungen abzugrenzen. Seit der Mitte der 1970er Jahre wird diese als gewichtige Grundlage soliden denkmalpflegerischen Handelns in zahlreichen Veröffentlichungen begründet (Gert Th. Mader, Johannes Cramer, G. Ulrich Großmann, Günter Eckstein). Erst nach zwanzig Jahren, 1996, wurde die Arbeitsgruppe »Historische Bauforschung« der Vereinigung der Landesdenkmalpfleger in der Bundesrepublik Deutschland gegründet.

Die heute häufig so benannte »Historische Bauforschung« wurde in der DDR von verschiedenen Seiten aus betrieben. Darauf soll eingangs kurz hingewiesen werden.

An der Akademie der Wissenschaften in Berlin widmete sich das Zentralinstitut für Kunstgeschichte auch baugeschichtlichen Fragen und Untersuchungen, vor allem durch das verheißungsvoll begonnene Unternehmen »Corpus der romanischen Kunst im sächsisch-thüringischen Gebiet«, so an der Stiftskirche Wechselburg (Herbert Küas, Hans-Joachim Krause, Ernst Wipprecht)[2], an der Klosterkirche Herrenbreitungen und der Stiftskirche Veßra (Ernst Badstübner). Unpubliziert blieben die Arbeiten vom Petersberg bei Halle[3] und von der Konradsburg bei Ermsleben. Diese von Richard Hamann begründete und von Edgar Lehmann fortgeführte Arbeit erstreckte sich beispielsweise beratend auch auf die Untersuchungen des Erfurter Instituts in Thalbürgel.

Das Zentralinstitut für Alte Geschichte und Archäologie beförderte auch viele Ausgrabungen in und an Bauten, so in Berlin in der Nikolaikirche (Erwin Reinbacher), Kellerforschungen und andere Bauuntersuchungen in Mühlhausen (Rolf Aulepp)[4] und insbesondere die Erforschung mehrerer Pfalzen (Helfta, Tilleda, Gebesee). Seitens der Volkskunde widmete man sich der Bauernhausforschung.

Im Rahmen ihrer dienstlichen Obliegenheiten waren die Landesmuseen für Vorgeschichte häufig mit Baubefunden der unterschiedlichsten Zeiten befasst (Burgberg Meißen, Burg Groitzsch[5], Bösenburg im Mansfelder Land, Gommerstedt bei Weimar). Hinzuweisen ist auch auf zahlreiche Stadtkernforschungen, die sowohl von der Akademie als auch vom zuständigen Landesmuseum betrieben wurden, etwa in Chemnitz (Horst Richter), Halberstadt (Adolf Siebrecht), Leipzig (Herbert Küas), Magdeburg (Werner Priegnitz), Mittweida (Wolfgang Schwabenicky), Erfurt (Horst Stecher).[6]

Die am Museum für Deutsche Geschichte in Berlin und vor allem am Landesmuseum für Vorgeschichte in Halle durch Berthold Schmidt ausgebildeten Grabungstechniker erfuhren dort ergänzend durch Gerhard Leopold eine Unterrichtung in den Methoden der Bauforschung. Einige von ihnen waren später an Museen auch bauhistorisch tätig (Ulrich Hauer, Haldensleben) oder gar als Archäologe und Denkmalpfleger im VEB Thomas Müntzer in Memleben (Wilfried Weise) – als Planstelle einzigartig in der DDR.

Die Universitätsinstitute der Archäologie in Jena (Gotthard Neumann) sowie der Kunstgeschichte in Halle (Hans-Joachim Mrusek mit dem an der Staatlichen Galerie Moritzburg angestellten Burgenforscher Hermann Wäscher) und in Greifswald (Nikolaus Zaske) beförderten ebenfalls baugeschichtliche Fragestellungen (Michaeliskirche Jena; Burgen Arnstein, Halle-Giebichenstein, Kühndorf, Seeburg, Plötzkau u. a.; Kloster auf Hiddensee).

In Jena publizierte Oskar Schmolitzky über Bauernhäuser. In dieser Tradition stehen auch die Forschungen zu ländlichen Siedlungs- und Hausformen an der Weimarer Hochschule für Architektur und Bauwesen unter Konrad Püschel und Hartmut Wenzel. Weimar ist insbesondere jedoch durch zahllose studentische Aufmaße von Hausbauten in Weimar und Nordhausen hervorgetreten (Emil Schmidt, Hermann Weidhaas). Unter Hermann Wirth konnte in den 1970er und 1980er Jahren eine große Anzahl studentischer Aufmaße von Häusern, Burgen und Schlössern samt knappen bauhistorischen Analysen erarbeitet werden.[7]

Bauforschung im Institut für Denkmalpflege

In den fünf Arbeitsstellen des Instituts für Denkmalpflege war die wie auch immer praktizierte Bauforschung nirgendwo amtlich verankert oder mit einer festen Planstelle verbunden. Die entsprechenden Arbeiten wurden von den als Gebietsreferenten tätigen bzw. von den speziell mit kunstgeschichtlichen Aufgaben betrauten Kollegen wahrgenommen. Diese waren von der Ausbildung her Architekten, Kunsthistoriker und Historiker. Nur im Falle des Verfassers wurde auch ein Archäologe herangezogen.

Die vorrangig bauarchäologisch und kunsthistorisch ausgerichtete Bauforschung war in der Regel mehr der Inventarisation als der praktischen Denkmalpflege verbunden. Dennoch dokumentierte z. B. Gotthard Voß in Hamersleben und Jerichow bei den Instandsetzungsarbeiten anfallende Baubefunde. Eine wie heute längst üblich eingehende Beschäftigung mit den Dachwerken, als »Bauforschung von oben«, spielte so gut wie keine Rolle, zumindest aus der Sicht des Verfassers.

Nicht über alle Untersuchungen liegen Veröffentlichungen vor. Die Anzahl der tatsächlich ausgeführten Arbeiten dürfte daher höher und nur in den Ortsakten aufzufinden sein. Im Folgenden können ohnehin nicht alle bauhistorisch ausgerichteten Arbeiten aufgeführt und zitiert werden.

Von Architekten und Kunsthistorikern betriebene Bauarchäologie bedeutete insbesondere die Erfassung der Baubefunde, im Gegensatz zum 19. Jahrhundert jedoch in Verknüpfung mit der von der Archäologie entwickelten stratigraphischen Methode, allerdings meistens unter Hintanstellung der sonstigen, zumeist älteren Befunde und Funde in den Schichten. Diese wurden wohl erstmals vom Verfasser in Sachsen-Anhalt konsequenter beachtet. Im Gegensatz dazu stießen die von den Landesmuseen betriebenen Ausgrabungen bei der Interpretation von Fundamenten und an diese anbindenden bzw. geschnittenen Schichten oft an ihre Grenzen.

In einer Veröffentlichung zu Bauforschung und Archäologie nannte der Herausgeber Dirk Schumann zwei Vertreter der oben beschriebenen »bauarchäologisch arbeitenden Kunstgeschichte«, Uwe Lobbedey in Münster und den Verfasser. Unstrittig müssen in diesem Zusammenhang für die Denkmalpflege in der DDR mit großem Nachdruck auch Gerhard Leopold, Hans-Joachim Krause, Heinrich Magirius und Norbert Oelsner genannt werden.[8]

Ludwig Deiters äußerte 1974: »In der sachlichen Fixierung der vorhandenen kunstgeschichtlichen Substanz liegt die erste denkmalpflegerische Maßnahme, in der Erforschung historischer Zusammenhänge eine zweite. Grabungen in und an Baudenkmalen vermitteln praktische Aufschlüsse, deren Dokumentationen wichtige Unterlagen für notwendige weitere theoretische Untersuchungen und bautechnische Arbeiten bilden.«[9]

Viele auf die baugeschichtliche Entwicklung eines Denkmals eingehende Studien haben sich vorrangig oder gar ausschließlich mit den bildlichen und archivalischen Quellen beschäftigt. Dafür finden sich in den Bänden zur Denkmalpflege in den einzelnen Zuständigkeitsbereichen der Arbeitsstellen genügend Belege.

Die naturwissenschaftliche Methode der Dendrochronologie stand den Denkmalpflegern der DDR leider nur in zwei Fällen zur Verfügung: am Schloss in Güstrow und am Palas der Wartburg. Ein Ersuchen aus Halle, Hölzer des sog. Marterturms der Burg Querfurt ebenfalls bestimmen zu lassen, wurde abgelehnt. Die Dendrochronologie war damals ausschließlich am Zentralinstitut für Alte Geschichte und Archäologie der Berliner Akademie der Wissenschaften angesiedelt und mit Slawenforschung befasst (Manfred Jährig).

Im Folgenden soll in der gebotenen Kürze auf die Bauforschungen in den fünf Arbeitsstellen eingegangen werden. Für alle liegen die zwischen 1972 und 1987 erschienenen Bände der »Denkmale in ...« vor.[10] Als grobes Fazit darf festgehalten werden, dass es ein spürbares Gefälle von vergleichsweise weniger Bauforschung im Norden zu erheblich mehr Untersuchungen insbesondere in Sachsen und Sachsen-Anhalt gegeben hat. Unstrittig ist diesbezüglich aber festzuhalten, dass der Verfasser über die tatsächlich ausgeführten Arbeiten in Mecklenburg und Berlin/Brandenburg nicht in dem Maße informiert ist, wie das für die Südbezirke der Falle ist. Wahrscheinlich ist deshalb in den folgenden Abschnitten eine gewisse »Schieflage« festzustellen.

Im Vordergrund der denkmalpflegerischen Bemühungen standen jedoch überall restauratorische Befunderhebungen und vor allem in Sachsen und Thüringen entsprechende Wiederherstellungen historischer Fassadengestaltungen und Raumfassungen. Möglicherweise ist diese »Bevorzugung« des Restaurators auch eine Ursache für den schwierigen Stand der Bauforschung nach 1990 und bis heute. Gleichermaßen widmeten sich viele Beiträge kunstgeschichtlichen Analysen und Vergleichen. Selbst in einer 1993 erschienenen Veröffentlichung aller nunmehrigen Denkmalämter kommen nur für Sachsen-Anhalt Beiträge vor, die sich mit Bauforschung in Quedlinburg (Gerhard Leopold), in Heldrungen (Reinhard Schmitt und Gotthard Voß) sowie in Allstedt (Reinhard Rüger und Reinhard Schmitt) befassen.

Mecklenburg (-Vorpommern)

In den nördlichsten Bezirken der DDR wurden für die Denkmalinventare der Kreise Greifswald und Rügen baugeschichtliche Analysen vorgenommen, im Schweriner Dom vor der Instandsetzung zwischen 1962 und 1976 Ausgrabungen durchgeführt. Eine beachtliche Anzahl von Hausforschungen fand u. a. in Abstimmung mit dem Wissenschaftsbereich Kulturgeschichte/Volkskunde der Berliner Akademie statt (Karl Baumgarten), wobei es vorrangig um zeichnerische Dokumentationen vor der Umsetzung einzelner Häuser ging. Der bedeutende historische Baubestand in Stralsund, Rostock oder Greifswald erfuhr indes keine nennenswerten bauhistorischen Untersuchungen, wie zwei umfangreiche Beiträge in dem »Denkmale«-Band bezeugen (Gerd Baier, Ingo Kraft). Hinzuweisen ist aber z. B. auf einen Beitrag zu den Perleberger Kaufmannshäusern.[11]

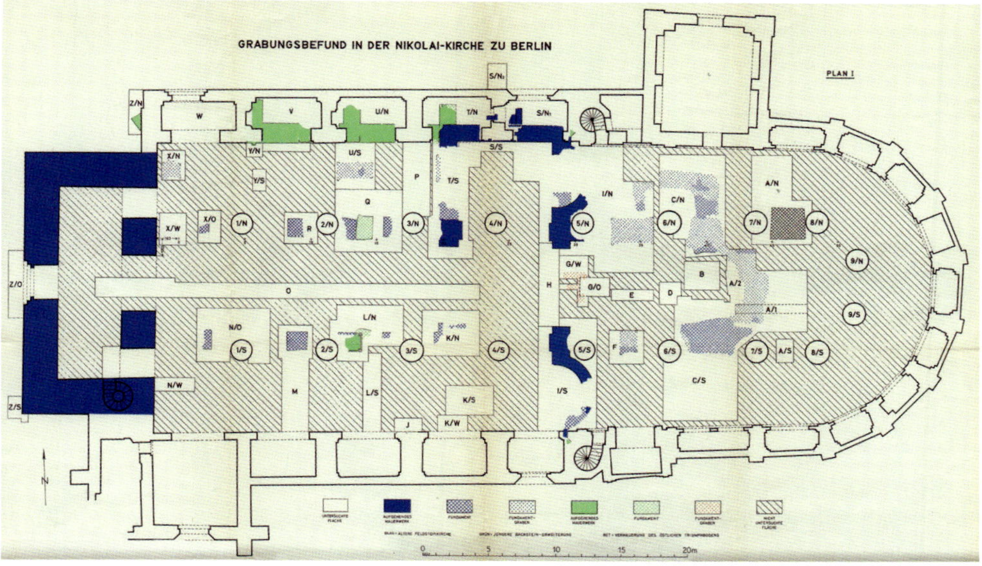

Abb. 1 Berlin, Nikolaikirche, Grundriss mit den Ausgrabungsbefunden

Berlin und Brandenburg

Erstaunlicherweise spielt die Bauforschung mit ihren Möglichkeiten für eine verbesserte Kenntnis des Denkmals in Vorbereitung auf Instandsetzungsmaßnahmen im letzten der fünf »Denkmale«-Bände keine Rolle, obwohl zuvor die Bände zu Sachsen und Sachsen-Anhalt eigens so betitelte Beiträge enthielten. Dennoch gab es an vielen Objekten entsprechende Voruntersuchungen, freilich vorrangig restauratorisch orientiert, um das Bauwerk unter diesen fachlichen Gesichtspunkten wiederherstellen zu können. Die Bauforschung genoss noch kaum einen entsprechenden Stellenwert. Beispielsweise fanden in Ergänzung zu den archäologischen Untersuchungen in der Berliner Nikolaikirche durch Erwin Reinbacher[12] (Abb. 1) dort auch bauhistorische Dokumentationen statt (Ernst Badstübner). Umfangreiche archäologische und bauhistorische Untersuchungen wurden im Brandenburger Dom und dem Ostflügel seiner Klausur seit 1961 vorgenommen (Klaus Grebe, Günther Köpping). Ausgangspunkt waren erhebliche statische Probleme. Dadurch konnten wertvolle Hinweise zur Gestalt des Gründungsbaus gewonnen werden.

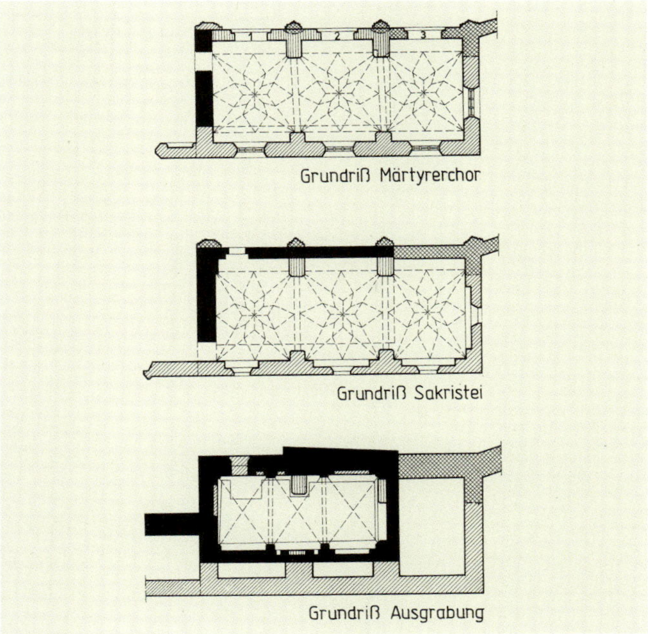

Abb. 2 Frankfurt/Oder, Marienkirche, Vorgängerbau der Sakristei

Ingrid Bartmann-Kompa bearbeitete beispielsweise die Berliner Gerichtslaube anhand der archivalischen Quellen. Das Rathaus in Frankfurt/Oder wurde nach Kriegszerstörung 1952 wieder aufgebaut und bis 1978 denkmalpflegerisch instand gesetzt.

Für die Wiederherstellungen fanden mehrfach »Sondierungen« statt, die jedoch vorrangig restauratorischen Fragen galten. Insbesondere der Bereich Märtyrerchor/Sakristei wurde intensiv untersucht und in Bauphasenplänen dargestellt (Abb. 2). Ernst Wipprecht widmete sich u. a. dem Schloss Friedrichsfelde.

Hausforschung fand beispielsweise in Brandenburg in der Hauptstraße 86 statt. Es wurde dort »bauarchäologisch untersucht«.

Thüringen

Zwischen 1952 und 1963 wurden die Bezirke Erfurt, Gera und Suhl von der Halleschen Arbeitsstelle mit betreut. Die in den 1950er Jahren laufenden Umbauten und Rekonstruktionen auf der Wartburg (Siegfried Asche) sind offensichtlich ohne Konsultation der Halleschen Arbeitsstelle vorgenommen worden. Die Ausgrabungen und Bauforschungen an der Dorfkirche in Rohr ab 1961 durch Gerhard Leopold sind bis 1985 fortgeführt worden.[13]

Der Band »Denkmale in Thüringen« erschien als erster der geplanten Reihe im Jahre 1972 und erlebte bereits zwei Jahre

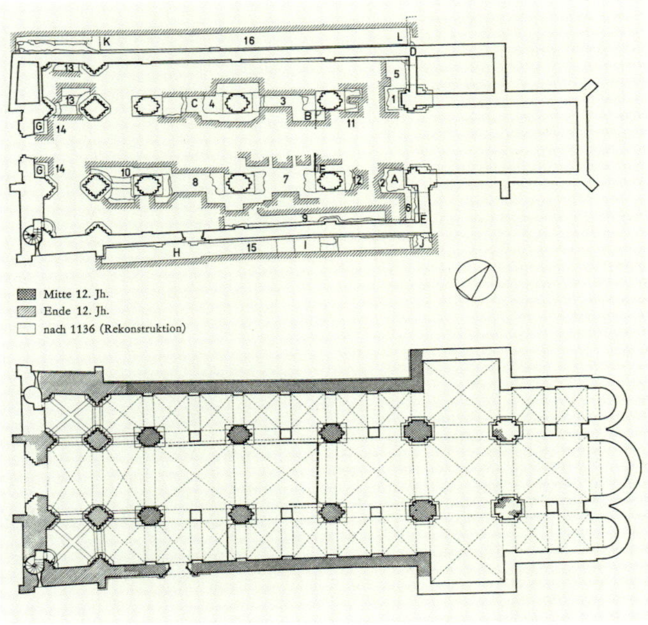

Abb. 3 Erfurt, Schottenkirche, Grabungsplan und Rekonstruktion des romanischen Grundrisses

später eine Neuauflage. Bei den Erfurter Bürgerhausfassaden der Renaissance ging es zuerst um die Wiedergewinnung der ursprünglichen Farbigkeit, wirkliche Bauforschungen fanden jedoch nicht statt. Im Kontext kunstgeschichtlicher Vergleiche wurden allerdings Steinmetzzeichen erfasst.

Während der zwischen 1956 und 1966 erfolgten Instandsetzung der Erfurter Schottenkirche wurden 1963/64 bauarchäologische Untersuchungen vorgenommen, als man das im Laufe der Jahrhunderte angewachsene Fußbodenniveau wieder auf das ursprüngliche absenken wollte (Abb. 3). Am aufgehenden Mauerwerk konnten u. a. die Reste der bauzeitlichen Obergadenfenster dokumentiert werden. Der Bearbeiter, Gerhard Kaiser, war zuvor im Dresdner Institut tätig gewesen und hatte die bauarchäologische Arbeitsweise offensichtlich dort kennengelernt.

In Vorbereitung auf die statische Sicherung und neue Präsentation der Kirchenruine Paulinzella in den Jahren 1963 und 1964 wurden archivalische Studien betrieben (Werner Schade); Bauuntersuchungen oder Ausgrabungen fanden nicht statt. In der Klosterkirche Thalbürgel wurden seit 1965 Instandsetzungsarbeiten vorgenommen, die auch zur Freilegung und didaktischen Präsentation des ehemaligen Lettners in seinen unteren Mauerpartien führten (Abb. 4). Auch die denkmalpflegerischen

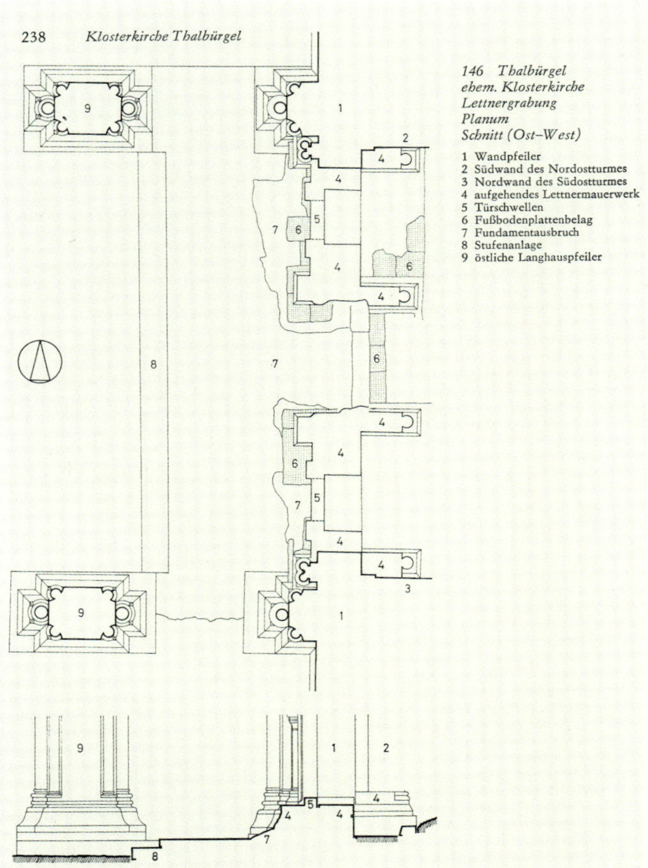

Abb. 4 Thalbürgel, Klosterkirche, Grabungsbefunde vom Lettner

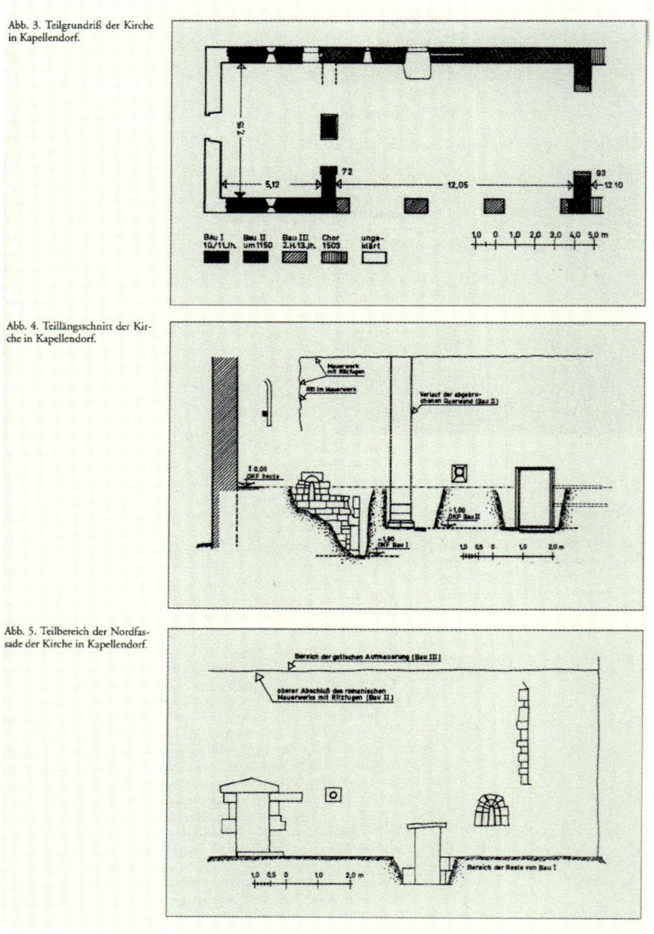

Abb. 5 Kapellendorf, Kirche, Bau- und Grabungsbefunde

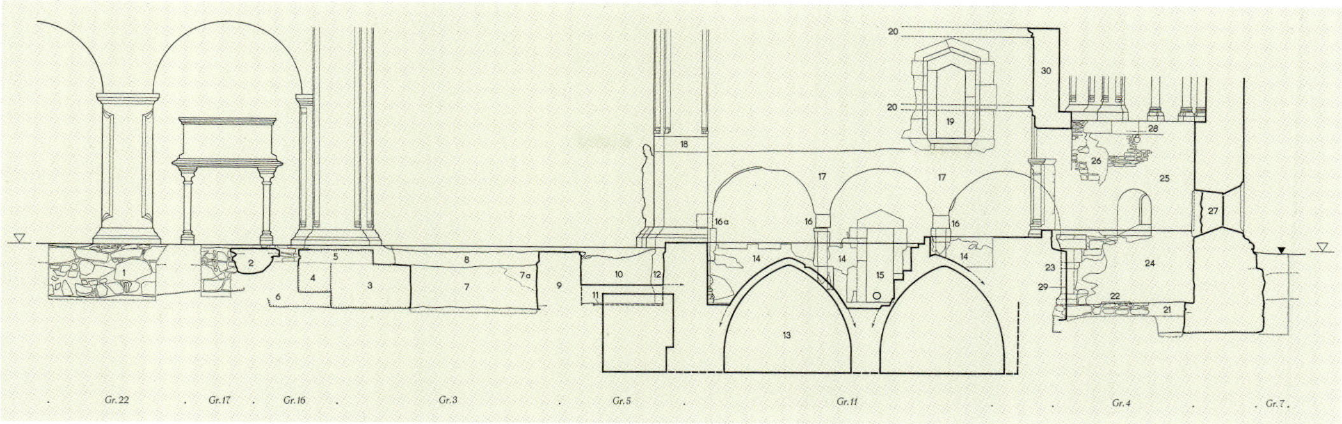

Abb. 6 Wechselburg, Stiftskirche, Grabungs- und Baubefunde im Mittelschiff, in der Vierung und im Chor

Maßnahmen am Erfurter Dom nach 1963 hatten bauhistorische Dokumentationen zur Folge, so in der Blutskapelle und nach dem ursprünglichen Standort der sog. Stuckmadonna.

Kleinere archäologische Dokumentationen fanden in der Dorfkirche Thörey (1964), in der ehemaligen Stiftskirche Großburschla (1965/68) statt. 1971 erarbeitete man nach Voruntersuchungen ein Rekonstruktionsmodell der Erfurter Peterskirche. In Veßra wurden nach 1963 die drei Ostapsiden der Stiftskirche freigelegt.

Seit den 1970er Jahren hat der Architekt Udo Sareik, zum Teil in Zusammenarbeit mit Roland Möller, einzelne Objekte untersucht, so in Mühlhausen die Kornmarktkirche und die Marienkirche[14], den Erfurter Dom und die Südkapelle der Stiftskirche in Veßra. Einige von Sareiks Kurzberichten sind dann allerdings erst nach 1990 erschienen, so zu Kapellendorf (Abb. 5), Göllingen, Creuzburg.[15] Leider fanden diese keine Fortsetzung. Roland Möller hat in der Untersuchung historischer Oberflächen Grundlagenforschung betrieben und dabei auch Beiträge zur Baugeschichte geleistet (etwa zu Rotfassungen an hochmittelalterlichen Bauten).

Im ehemaligen Prämonstratenserstift Mildenfurth fingen die Bauforschungen im Jahre 1989 im Zusammenhang mit Freilegungsarbeiten im Renaissanceschloss an, um die Kirche wieder erlebbar zu machen.[16]

Erwähnung finden sollen auch einige akademische Abschlussarbeiten wie die von Werner Becker zu den romanischen Bauten in Weißensee und die von Roland Werner zum Kloster Göllingen. Kleinere Forschungsbeiträge kamen dann von interessierten Einzelkämpfern wie dem Kirchenbaupfleger Dietrich Wohlfahrt (Kirche in Oberndorf bei Arnstadt, 1971[17]) oder dem Arnstädter Kunsthistoriker Manfred Donhof (z. B. Bachkirche in Arnstadt, Burgen Liebenstein und Straußfurt, Schloss Sondershausen, Dorfkirche in Angelhausen).[18]

Sachsen

Heinrich Magirius schrieb 1979: »Eine große Tradition besitzt die Bauforschung in der sächsischen Denkmalpflege nicht.« Vor 1945 waren in Sachsen bauarchäologisch tätig: Walter Bachmann und Hans Nadler u. a. in Grillenburg (1935/36), in der Wasserburg Göltzsch (1938/39) und im Zisterzienserkloster Grünhain (1934). Nach 1945 brachte der Leipziger Kunsthistoriker Herbert Küas die wissenschaftlich-stratigraphische Methode der Ur- und Frühgeschichte in die bauarchäologischen Forschungen ein, zunächst in Wechselburg, wo er gemeinsam mit Hans-Joachim Krause 1953 bis 1958 umfängliche Forschungen vorgenommen hat (Abb. 6). Küas wirkte auch an der Ar-

Abb. 7 Wechselburg, Stiftskirche, Lettner, Gesamtansicht mit ursprünglicher Farbfassung

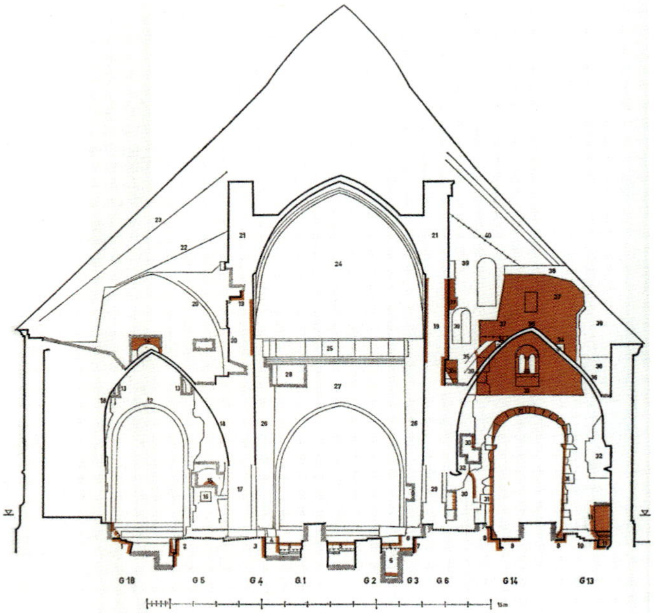

Abb. 8 Freiberg, Dom, Süd-Nord-Schnitt durch die Südkapelle, den Vorchor und die Nordkapelle mit Darstellung der archäologischen Befunde an der Ostwand der Querhäuser

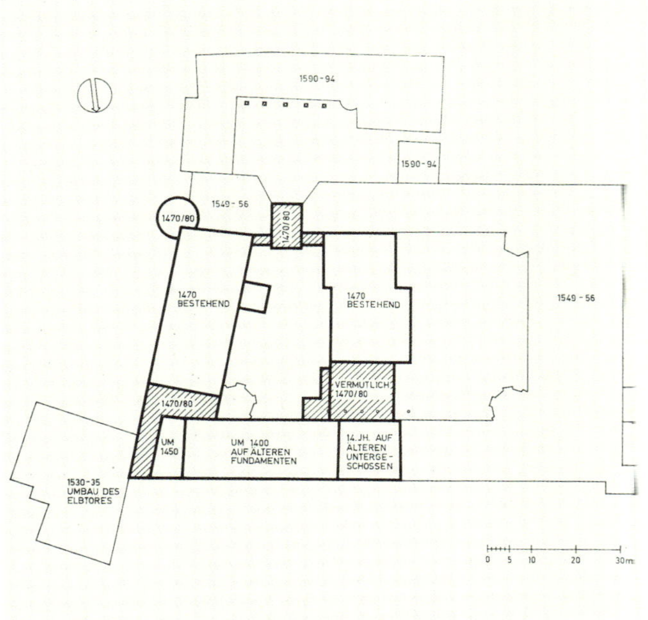

Abb. 9 Dresden, Schloss, schematische Bauphasendarstellung

beitsstelle für Kunstgeschichte der Akademie mit (Freiberger Dom) sowie bei Grabungen des Landesmuseums in Leipzig, Groitzsch und Meißen. Als Grundlagenforschungen des Instituts sind insbesondere diejenigen von Altzella (1953/62), in der Leipziger Thomaskirche (1963/64), in der Meißner Afrakirche (1966) und am Wechselburger Lettner (1971/72) zu bezeichnen (Elisabeth Hütter, Günter Kavacs, Heinrich Magirius[19]) (Abb. 7). Alle übrigen Untersuchungen im Rahmen denkmalpflegerischer Maßnahmen nannte Magirius »Feuerwehr-Aktionen«. Die bauarchäologischen Arbeiten in der Kirche (Küas, Krause) und am Lettner gehören ohne Zweifel zu den Großtaten der sächsischen Bauforschung.

In einer umfangreichen Veröffentlichung zum Freiberger Dom fasste Magirius auch alle Erkenntnisse zusammen, die zu diesem Zeitpunkt zum romanischen Kirchenbau in Obersachsen bekannt waren.[20] Die Arbeiten und Befunde sowie Funde im Dom selbst wurden minutiös beschrieben und zeichnerisch sowie fotografisch dokumentiert (Abb. 8).

Erstmals im Band »Denkmale in Sachsen« (1979) erschienen namentlich genannte Berichte zur Bauforschung am Dresdner Schloss und an Monumenten des Mittelalters. Es ist das unstrittige Verdienst von Heinrich Magirius, sich als Kunsthistoriker früh den Fragen der baugeschichtlichen Entwicklung wichtiger Bauwerke gewidmet zu haben. Er war neben seiner kunstgeschichtlichen Arbeit an zahllosen Denkmalen auch umfänglich und prägend bauarchäologisch tätig und widmete sich häufig auch anhand archivalischer Quellen der Baugeschichte (zum Beispiel des Schlosses Pillnitz).

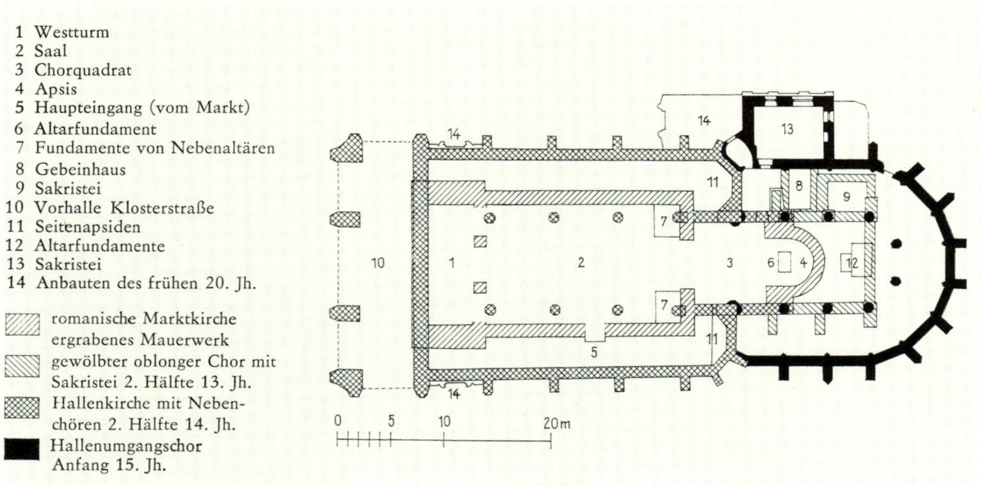

Abb. 10 Chemnitz, Jakobikirche, Grundriss der ergrabenen und bestehenden mittelalterlichen Bauteile

Magirius benannte schon damals ein ganz wichtiges Argument für eine Veröffentlichung auch nur bescheidener Befunde: »Es verblassen nämlich – in Archiven vergraben – mit den vergilbenden ›Dokumentationen‹ auch die Fragestellungen und Aspekte, die die Forschenden zum Zeitpunkt der Untersuchung bewegt haben.«

Brunhild Gonschor berichtete über ihre Bauuntersuchungen im kriegszerstörten Dresdner Schloss gemeinsam insbesondere mit Peter Findeisen und Günter Kavacs (Abb. 9). Jene Forschungen wurden als unverzichtbare Voraussetzung für den Wiederaufbau des Schlosses angesehen.

Am Dresdner Schloss fand bereits seit den 1960er Jahren gelegentlich Bauforschung statt (Brunhild Gonschor, Peter Findeisen und Günter Kavacs, Gerhard Glaser). Der 1977 im Institut angestellte Historiker Norbert Oelsner wurde von Heinrich Magirius neben Steffen Delang frühzeitig nicht nur für das Studium der archivalischen Quellen zum Schloss herangezogen, sondern alsbald auch für die konkrete Bauforschung[21], zu der parallel die Arbeiten des Landesmuseums liefen (Reinhard Spehr).[22] Die jungen Kollegen beschäftigen sich ab 1985 auch mit Schloss Osterstein und einige Jahre zuvor schon mit den Priesterhäusern in Zwickau, jeweils in Abstimmung und fachlichem Austausch mit der Archäologie.

Aus der Fülle der 1979 publizierten Untersuchungen seien diese Objekte erwähnt: Bartholomäuskirche Altenburg, Annenkirche Annaberg, Marienkirche Borna, Franziskanerklosterkirche Dresden, Petrikirche Freiberg, Burg Gnandstein, Schlosskirche und Jakobikirche Chemnitz (Abb. 10), Nikolaikirche und Thomaskirche Leipzig, Burgkirche in Leisnig (Abb. 11), Wolfgangskirche Schneeberg, Schloss Hartenfels in Torgau sowie mehrere Bürgerhäuser in Zwickau. Viele der damaligen Forschungen konnten erst nach 1990 umfänglich publiziert werden (Kirchen in Leipzig).

Dem Bereich der »Volksarchitektur« widmete sich intensiv Jochen Helbig, wobei Bauforschung im engeren Sinn kaum zur Anwendung kam; dafür wurden jedoch viele Häuser aufgemessen.[23] Bauarchäologische Untersuchungen gab es jedoch von Heinrich Magirius zum Görlitzer Hallenhaus Untermarkt 5 (1977) und von Frank-Ernest Nitzsche zum dortigen Schönhof in der Brüderstraße 8.

Im Jahre 1994 legten die Landesämter für Archäologie und für Denkmalpflege eine gemeinsame Publikation zu frühen Kirchen in Sachsen als Ergebnis archäologischer und baugeschichtlicher Untersuchungen vor.[24] Auf die Vielzahl der dort behandelten Bauten kann hier nur verwiesen werden. Heinrich Magirius äußerte sich grundlegend zu Typologie und Stil der romanischen Steinkirchen Obersachsens und konnte dabei auf viele seiner Forschungen vor 1990 zurückgreifen. Über Ausgrabungen in Dorfkirchen im Leipziger Umland berichtete Matthias Wilhelm, über jene im Tauchaer Land Rolf Dunkel, über frühe Kirchen in Nordwestsachsen Günther Unteidig. Weiterhin standen im Mittelpunkt Grabungen an Stadtkirchen in Zwickau, Dresden, an Dorfkirchen in der Niederlausitz. Insgesamt dominierten in jener Publikation jedoch die archäologischen Untersuchungen.

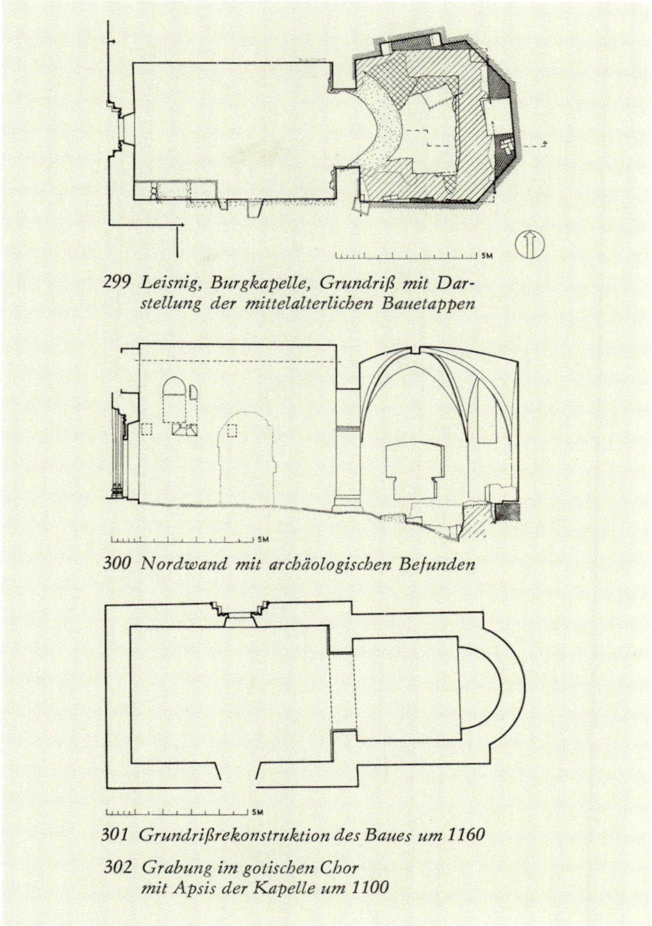

Abb. 11 Leisnig, Burg Mildenstein, Burgkapelle.
Grundriss mit Bauphasendarstellung und Baubefunden

Auch in dem Band »Denkmalpflege in Sachsen 1894-1994« aus dem Jahre 1997 kommen bauarchäologische Forschungen zur Sprache, etwa in der Zwickauer Marienkirche.[25] Dass die Dresdner Bauforscher diese Veröffentlichung Hans Nadler zum 90. Geburtstag widmeten, hatte nicht nur mit der Verehrung des großen, alten Mannes der (ost-)deutschen Denkmalpflege zu tun, sondern in nicht unerheblichem Maße auch mit dessen Offenheit für die in der Denkmalpflege Sachsens fest verwurzelte historische Bauforschung. Im Jahre 2000 folgte eine Veröffentlichung speziell zur Bauforschung in Sachsen, worin teilweise auch auf Untersuchungen aus der Zeit vor 1990 eingegangen wird.[26]

In den äußerst gewichtigen Inventarband für Torgau investierten Peter Findeisen und Heinrich Magirius auch viele bauhistorische Analysen und archivalische Quellenstudien.[27]

Der Grabungstechniker Günter Unteidig hat in den 1980er Jahren in der Grimmaer Gegend zahlreiche Dorfkirchen und Bürgerhäuser untersucht, wobei auch hier zunächst die Ausgrabung im Zusammenhang mit Fußbodenerneuerungen im Vordergrund stand. Aber er hatte schnell erkannt, dass auch das aufgehende Mauerwerk untersucht werden muss, um die Geschichte eines Bauwerkes verstehen zu können.

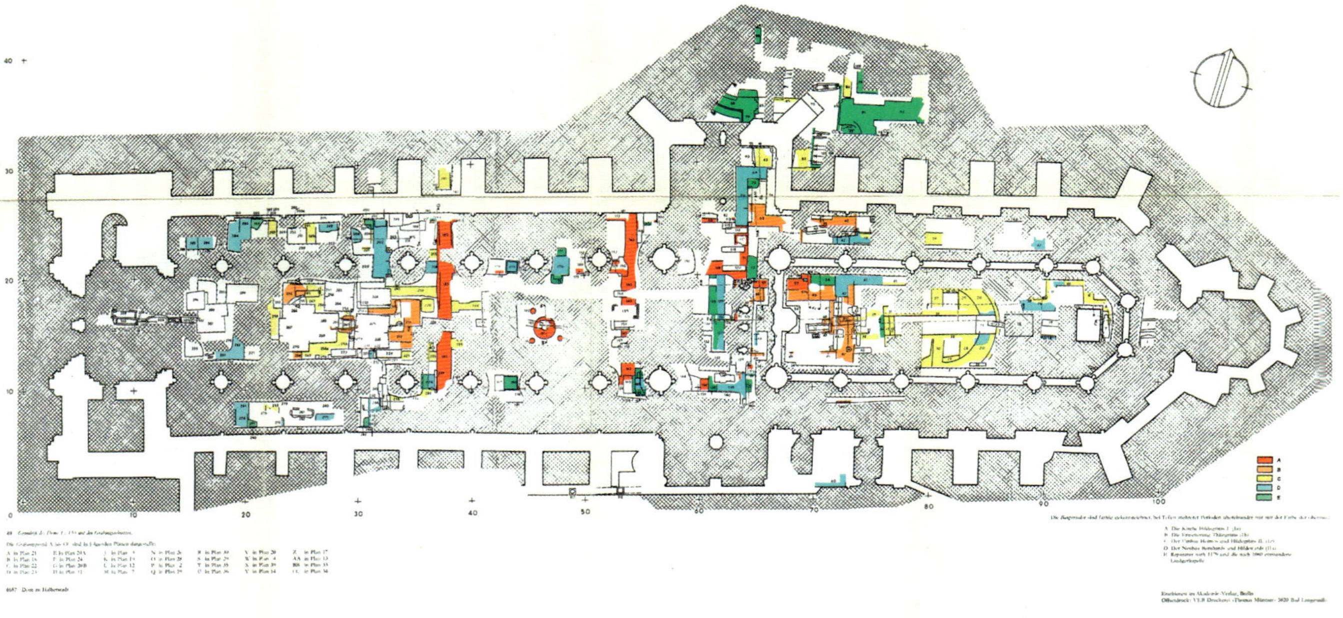

Abb. 12 Halberstadt, Dom, Grabungs- und Befundplan

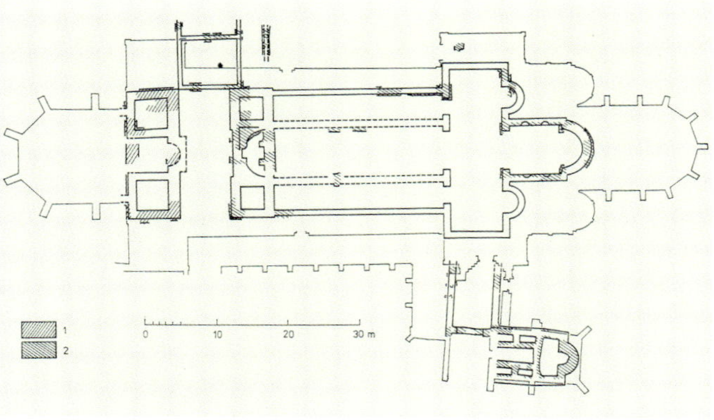

Abb. 13 Naumburg, Dom, Grabungsplan von Dom und Klausur

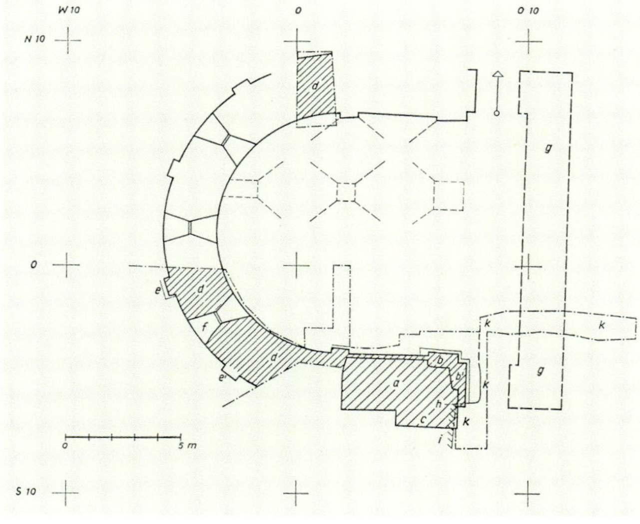

Abb. 14 Memleben, Klosterkirche des 10. Jahrhunderts, Grabungsplan der Westapsis

Sachsen-Anhalt

Sachsen-Anhalt steht wie Sachsen in derselben Tradition, dass sich Kunsthistoriker und Architekten in der Denkmalpflege seit den 1930er Jahren bauforscherisch und bauarchäologisch mit Monumenten auseinandersetzen: bei großen Kirchen (Hans Feldtkeller und Carl-Heinrich Seebach in Drübeck[28], Ilsenburg, Walbeck; Hans Kunze im Magdeburger Dom), mit Burgen (Hermann Giesau und Hermann Wäscher in Quedlinburg, Lauenburg im Harz, Querfurt). Die Qualität der damals praktizierten stratigraphischen Methode war freilich gering.

Nach 1945 konnten diese Ansätze unter den sehr erschwerten Bedingungen zunächst ab 1952 im Halberstädter Dom (Gerhard Leopold) fortgesetzt werden – unter den Bedingungen der Nachkriegszeit eine großartige Leistung (Abb. 12).[29] Weitere Grabungen in bedeutenden Bauten folgten in der Quedlinburger Wipertikirche[30], im Magdeburger Dom[31], im Naumburger Dom[32] (Abb. 13), in Memleben[33] (Abb. 14), am Zeitzer Dom, in Tilleda auf der Pfalz[34], in Gernrode in den Ostteilen der Stiftskirche, in Schulpforta[35] (Abb. 15), auf der Neuenburg bei Freyburg (Unstrut) (Abb. 16), auf dem Quedlinburger Stiftsberg, durch Hans-Joachim Krause in Hamersleben, im Magdeburger Liebfrauenkloster, an den Halleschen Kirchen (Abb. 17), dem »Kühlen Brunnen« in Halle. Auf Rohr in Thüringen ist bereits hingewiesen worden.

Diese Arbeiten wurden durch Gerhard Leopold und Hans-Joachim Krause neben ihrer eigentlichen Gebietstätigkeit ausgeführt, da es ein separates Referat Bauforschung nicht gegeben hat. 1983 hatte Gerhard Leopold ausführlicher über diese bauarchäologischen Forschungen des Halleschen Amtes in »Denkmale in Sachsen-Anhalt« berichtet. Wie schon im Falle Sachsens war archäologischen Forschungen ein eigenes Kapi-

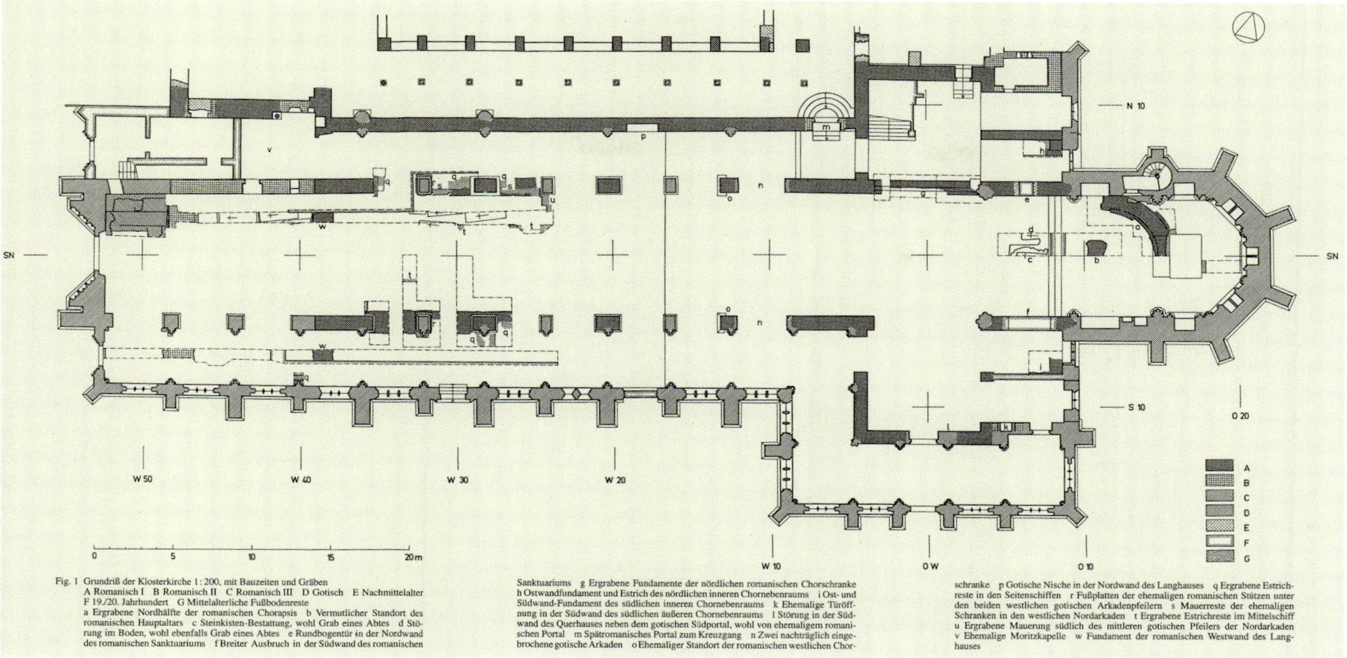

Abb. 15 Schulpforte, Klosterkirche, Grundriss mit Grabungs- und Baubefunden

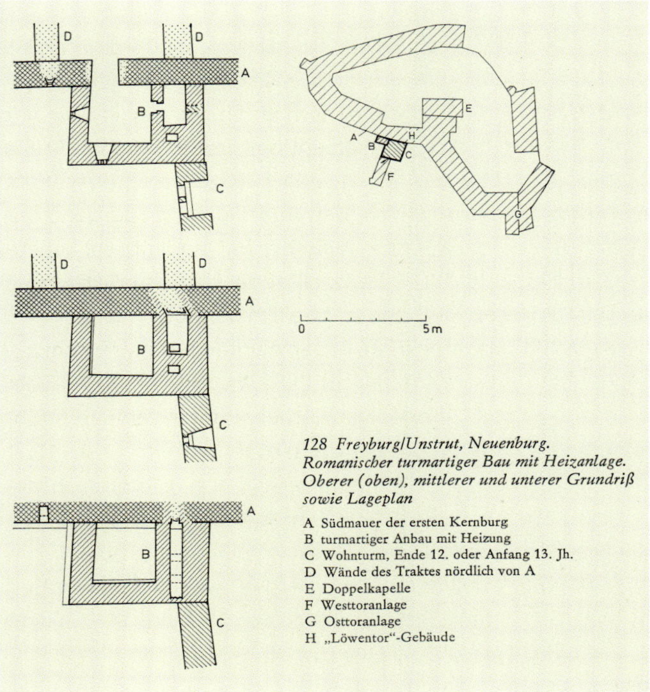

Abb. 16 Freyburg (Unstrut), Neuenburg, romanischer turmartiger Bau mit Heizungsanlage (heute als Latrinenturm gedeutet)

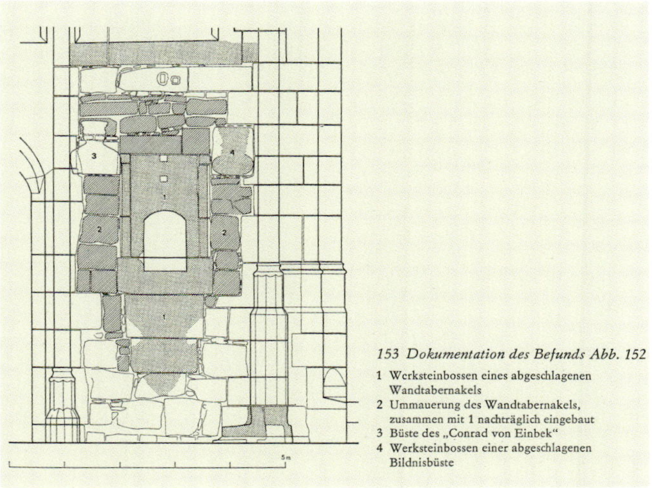

Abb. 17 Halle (Saale), Moritzkirche, Dokumentation von Wandbefunden mit Tabernakel und Büste

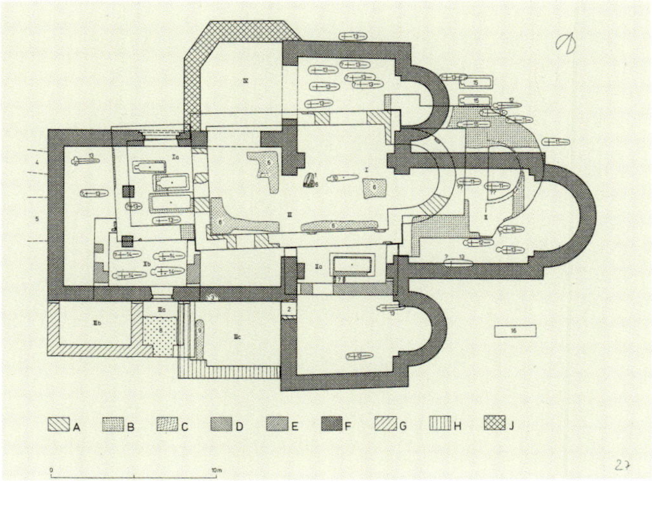

Abb. 18 Querfurt, Burgkirche, Bauphasenplan nach den Ausgrabungen

Abb. 19 Querfurt, Burgkirche, Blick in das Grabungsareal nach Westen

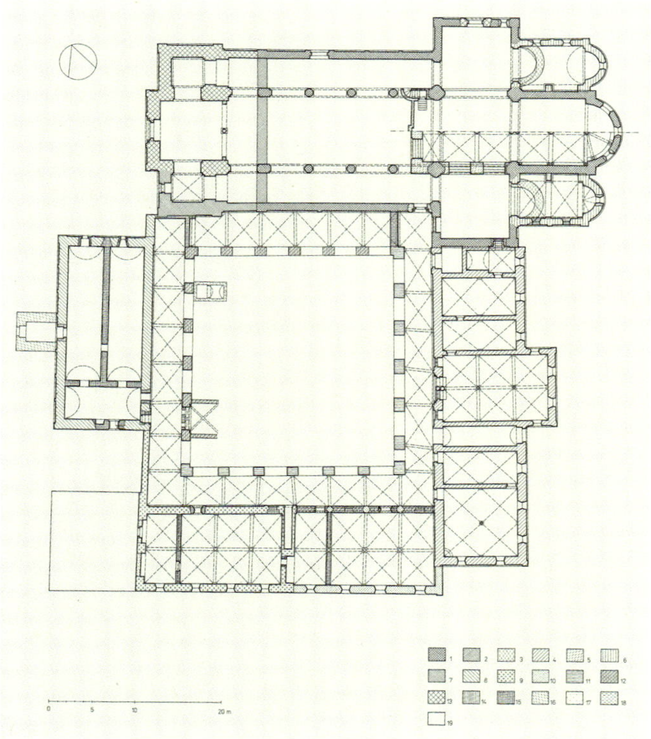

Abb. 20 Jerichow, Prämonstratenserstift, Bauphasenplan von Kirche und Klausur

tel gewidmet. In demselben Band berichteten Leopold und Pia Roland über ihre Untersuchungen in der Salzwedeler Katharinenkirche, die sowohl Grabungen als auch Dokumentationen am aufgehenden Mauerwerk umfassten. 1973 leitete Reinhard Rüger die Ausgrabungen der Bernburger Burgkirche.

Denkmalpflegerische Maßnahmen an den drei Halleschen Stadtkirchen Moritz, Unser Lieben Frauen und Ulrich waren durch Bauforschungen begleitet (Hans-Joachim Krause, Reinhard Rüger), die zu vielfach völlig neuen Erkenntnissen führten. Während der Rekonstruktion des Turmhelms des Roten Turms in Halle 1975/76 wurden ebenfalls Dokumentationen vorgenommen (u. a. Steinmetzzeichen).

Hinzuweisen ist ferner auf die Untersuchungen von Hans-Joachim Krause zum Merseburger Dom und seiner Klausur.[36] Klaus Voigtländer, Pfarrer in Gernrode, hatte sich über Jahrzehnte mit der Restaurierungsgeschichte der Stiftskirchen in Gernrode[37] und Quedlinburg beschäftigt. Dabei dehnten sich seine Interessen zunehmend auf baugeschichtliche Fragestellungen aus, die er jeweils in seine Veröffentlichungen einfließen ließ.[38]

Wie auch im Falle anderer Denkmalinventare (vor allem Torgaus) flossen in die für Sachsen-Anhalt erschienenen Bände zum Kreis Haldensleben und zur Lutherstadt Wittenberg ebenfalls Erkenntnisse der Bauforschung und des Quellenstudiums in hohem Maße ein.

Seit 1979 und bis 1990 war der Verfasser freiberuflich für das Institut tätig. Die ersten Untersuchungen liefen im ehemaligen Kloster Sittichenbach und in den vom Braunkohlentagebau bedrohten Kirchen in Niemegk und Steingrimma (mit Herbert Küas). Vom Erfolg und daher der Notwendigkeit gründlicher archivalischer Recherchen überzeugt, wurde der Verfasser bereits bei seinen ersten Kontakten zum Halleschen Institut durch Peter Findeisen und Hans-Joachim Krause auf diesen Teil der Arbeit aufmerksam gemacht.

Zwischen 1980 und 1989 fanden mehrere größere Untersuchungen in der Burg Querfurt[39] (Abb. 18 und 19), auf dem Quedlinburger Schlossberg, in der Klausur des Prämonstratenserstifts Jerichow[40] (Abb. 20), in der Klausur des ehemaligen Kartäuserklosters Konradsburg bei Aschersleben, in der Merseburger Neumarktkirche[41] (Abb. 21), in den Burgen bzw. Schlössern Neuenburg[42] (Abb. 22–24), Heldrungen (seit 1990 zu Thüringen gehörig), Allstedt, Giebichenstein, Quedlinburg, Stolberg und Köthen statt. Über die umfänglichen Untersuchungen in einigen Burgen des Bezirks Halle wurde die moderne Burgenforschung fest an die Hallesche Arbeitsstelle des Instituts gebunden.

Bereits in den Jahren 1958 und 1962 hatten zwei renommierte Burgenforscher die Summe langjähriger Studien vorgelegt: aus ur- und frühgeschichtlicher Sicht Paul Grimm[43], aus architekturgeschichtlicher Sicht Hermann Wäscher.[44] Mit beiden Werken war erstmals eine umfassende Darstellung des damaligen Kenntnisstandes zum Thema »Burgen in Sachsen-Anhalt« veröffentlicht worden. Hermann Wäscher bemühte sich seit den 1930er Jahren intensiv um die Erforschung der mittelalterlichen Burgen. Neben zahllosen Aufmaßen, die in

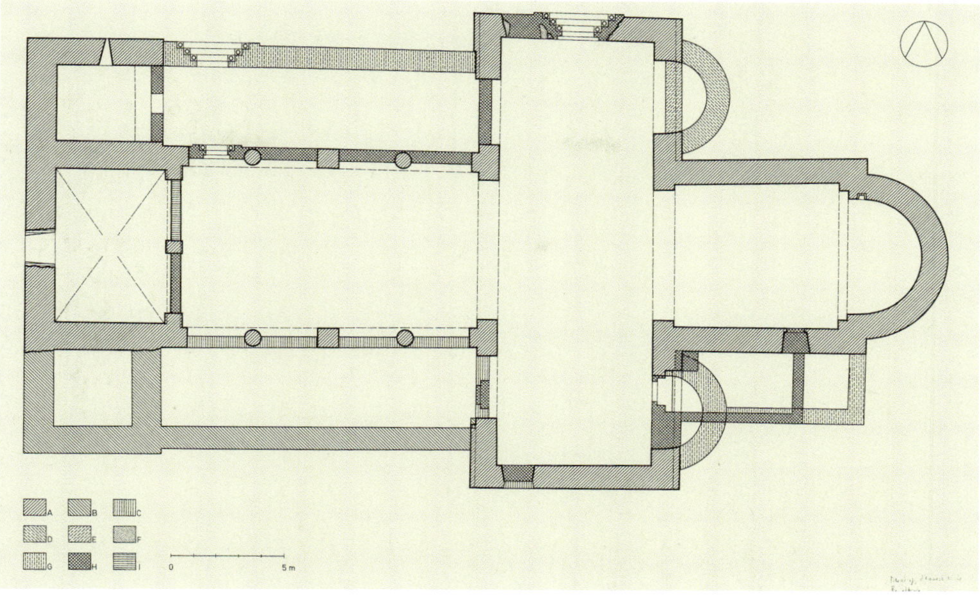

Abb. 21 Merseburg, Neumarktkirche, Bauphasenplan nach den Grabungen und Bauuntersuchungen

den »Feudalburgen« abschließend zusammengestellt wurden, leitete er vor allem in Querfurt und Quedlinburg größere Ausgrabungen. Die Veröffentlichungen Hans-Joachim Mruseks stützten sich vorrangig auf Wäscher; als eine breite Materialsammlung ist insbesondere sein Buch über die »feudalen Eigenbefestigungen« zu nennen.[45] Viele Ergebnisse von Wäscher und Mrusek mussten inzwischen jedoch korrigiert werden. Über die bis 1990 geleisteten Arbeiten von Archäologie und Denkmalpflege im Bereich der Burgenforschung hatte der Verfasser bereits 1991 ausführlich berichtet.[46]

Bis 1990 war vom Verfasser allerdings nur ein städtisches Wohnhaus untersucht worden, zudem ein romanisches in Halle. Mit dem reichen Bestand an Fachwerkbauten in Osterwieck, Quedlinburg und Wernigerode befasste sich Hans-Hartmut Schauer, freilich weniger im Sinn einer bauanalytischen Auseinandersetzung als vielmehr mit stil- und kunstgeschichtlichen Vergleichen.[47]

Die Arbeitsweise des Verfassers beinhaltete eine eingehende Analyse und Untersuchung des Mauerwerks, wenn nötig und möglich an baugeschichtlichen Fragen ausgerichtete Grabungen und das Studium der archivalischen Quellen in angestrebter Vollständigkeit. Gerade letzteres vermochte im denkmalpflegerischen Einzelfall entscheidend neue Erkenntnisse[48] zu vermitteln. Mag es bei Wohnhäusern des 19.

Abb. 22 Freyburg (Unstrut), Neuenburg, Luftbild von Nordwesten

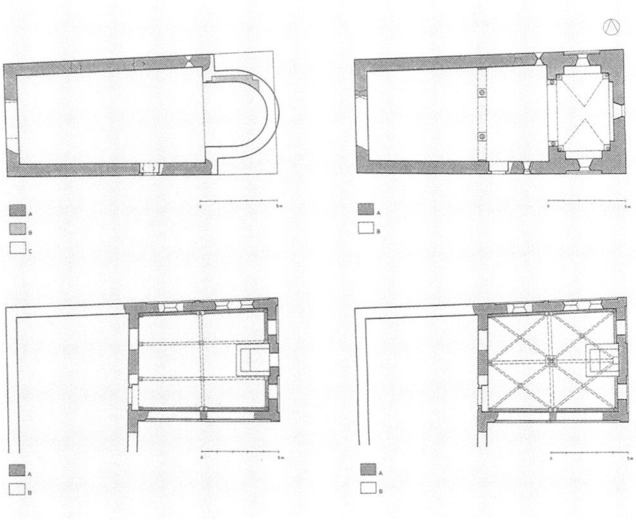

Abb. 23 Freyburg (Unstrut), Neuenburg, Burgkapelle, Bauphasenentwicklung

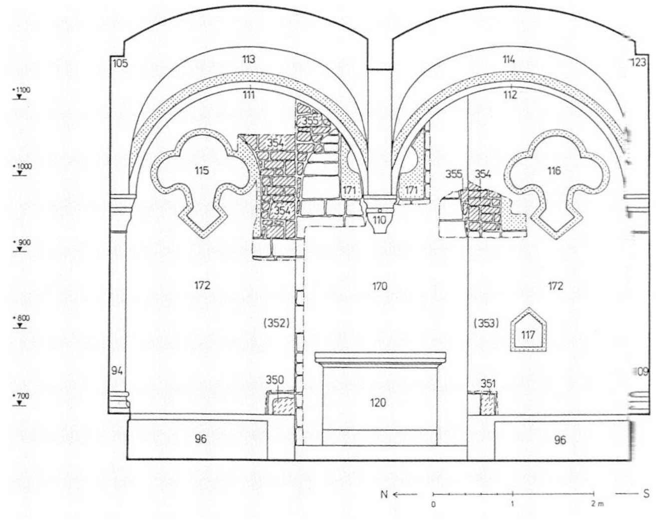

Abb. 24 Freyburg (Unstrut), Neuenburg, Burgkapelle, Ostwand im Obergeschoss mit freigelegten Baubefunden

Jahrhunderts genügen, die zwei oder drei baupolizeilichen Hausakten auszuwerten – wirklich zu lesen und nicht nur die Pläne herauszukopieren! –, so reicht dieser Einsatz bei größeren Gebäuden oder gar Burgen oder Klöstern nicht aus. Da können Akten, Inventare, Rechnungen aus mehreren Jahrhunderten vorliegen, verstreut über zwei bis zehn Archive, oft in verschiedenen Bundesländern gelegen. Allein für die Neuenburg konnten seit 1984 etwa 700 archivalische Quellen ausgewertet werden, umfassend die Zeit von 1401 bis nach 1945. Dass dem Verfasser gerade in den 1980er Jahren bei diesen zeitaufwendigen Studien freie Hand gelassen wurde, ist dankbar hervorzuheben.

Anmerkungen

1 Großmann, G. Ulrich: Einführung in die historische und kunsthistorische Bauforschung, Darmstadt 2010.

2 Küas, Herbert/ Krause, Hans-Joachim: Die Stiftskirche zu Wechselburg, 1. Teil: Ergebnisse der Grabungen und Bauuntersuchungen (= Corpus der romanischen Kunst im sächsisch-thüringischen Gebiet, Reihe A, Band II, 1), Berlin 1968.

3 Krause, Hans-Joachim: Die romanische Klausur auf dem Petersberg bei Halle, in: Kunst des Mittelalters in Sachsen. Festschrift Wolf Schubert, dargebracht zum sechzigsten Geburtstag am 28. Januar 1963, hrsg. u. red. v. Elisabeth Hütter/Fritz Löffler/Heinrich Magirius, Weimar 1976, S. 60–85.

4 Aulepp, Rolf: Aufsätze zur Stadtgeschichte (= Mühlhäuser Beiträge, Sonderheft 5), Mühlhausen 1983.

5 Eigens hervorgehoben werden sollen die Forschungen von Herbert Küas zu den Rundkapellen: Rundkapellen des Wiprecht von Groitzsch. Bauwerk und Geschichte (= Veröffentlichungen des Landesmuseums für Vorgeschichte Dresden, Band 15), Berlin 1977.

6 Archäologische Stadtkernforschung in Sachsen. Ergebnisse – Probleme – Perspektiven, hrsg. v. Heinz-Joachim Vogt, (Arbeits- und Forschungsberichte zur sächsischen Bodendenkmalpflege, Beiheft 19), Berlin 1990.

7 Einen umfassenden, nahezu vollständigen Überblick zur Hausforschung bieten Hoffmann,Yves/Richter, Uwe: Entstehung und Blüte der Stadt Freiberg. Die bauliche Entwicklung der Bergstadt vom 12. bis zum Ende des 17. Jahrhunderts, Halle 2012, S. 66–82, zur Bauforschung, Bauarchäologie und Archäologie S. 82–86.

8 Bauforschung und Archäologie. Stadt- und Siedlungsentwicklung im Spiegel der Baustrukturen, hrsg. v. Dirk Schumann, Berlin 2000, S. 41 mit Anm. 37.

9 Deiters, Ludwig: Einführung, in: Denkmale der Geschichte und Kultur. Ihre Erhaltung und Pflege in der Deutschen Demokratischen Republik, Berlin 1974, S. 22.

10 Denkmale in Thüringen. Ihre Erhaltung und Pflege in den Bezirken [illegible] (Weimar 1972), Mecklenburg (1976), Sachsen (1979), Sachsen-Anhalt (1983), Berlin und Brandenburg (1987). Auf Einzelnachweise wird verzichtet.

11 Ehrhardt, Günter: Die alten Perleberger Kaufmannshäuser, in: Mitteilungen des Instituts für Denkmalpflege, Arbeitsstelle Schwerin an die ehrenamtlich Beauftragten für Denkmalpflege der Bezirke Rostock, Schwerin, Neubrandenburg Nr. 32 (1988), S. 726–745.

12 Reinbacher, Erwin: Die älteste Baugeschichte der Nikolaikirche in Alt-Berlin (= Deutsche Akademie der Wissenschaften zu Berlin, Schriften der Sektion für Vor- und Frühgeschichte, Band 15), Berlin 1963.

13 Zuletzt vom Bearbeiter: Leopold, Gerhard: Zur frühen Baugeschichte der Michaelskirche in Rohr, besonders zum Problem der Westempore, in: Denkmalkunde und Denkmalpflege. Wissen und Wirken. Festschrift für Heinrich Magirius zum 60. Geburtstag am 1. Februar 1994, Dresden 1995, S. 53–62.

14 Sareik, Udo: Die Kornmarktkirche zu Mühlhausen 1980 (= Mühlhäuser Beiträge. Sonderheft 3), Mühlhausen; ders.: Situativer Report zur Grabung in der Marienkirche, in: Mühlhäuser Beiträge 5 (1982), S. 55–59.

15 Sareik, Udo: Bauforschung an vorromanischen und romanischen Objekten in Thüringen – Ein erster Überblick, in: Für die Praxis – Aus der Arbeit des Landesamtes (= Arbeitshefte des Thüringischen Landesamtes für Denkmalpflege 1/1994), Bad Homburg/Leipzig 1993, S. 25–39.

16 Eichhorn, Herbert: Das Prämonstratenserkloster Mildenfurth (= Arbeitshefte des Thüringischen Landesamtes für Denkmalpflege 2/93), Bad Homburg/Leipzig 1993.

17 Wohlfarth, Dietrich: Neue baugeschichtliche Feststellungen an der Kirche in Oberndorf bei Arnstadt, in: Aus zwölf Jahrhunderten. Einund-

zwanzig Beiträge zur thüringischen Kirchengeschichte (= Thüringer kirchliche Studien, Band II), Berlin 1971, S. 29–32.

18 Der Verfasser erinnert sich mit großer Dankbarkeit an die schönen Jahre intensiver Zusammenarbeit und fruchtbaren Gedankenaustauschs seit 1978. Leider verstarb Manfred Donhof viel zu früh.

19 Hütter, Elisabeth/Magirius, Heinrich: Der Wechselburger Lettner. Forschungen und Denkmalpflege (= Schriften zur Denkmalpflege in der Deutschen Demokratischen Republik), Weimar 1983.

20 Magirius, Heinrich: Der Freiberger Dom. Forschungen und Denkmalpflege, Weimar 1972, die bau- und kunstgeschichtlichen Vergleiche S. 160–180.

21 Delang, Steffen: Zur Bauforschung im Ostflügel des Dresdener Residenzschlosses, in: Beiträge zur Denkmalpflege 1 (1989), S. 53–59.

22 Dazu zuletzt Spehr, Reinhard: Archäologie im Dresdner Schloss. Die Ausgrabungen 1982 bis 1990 (= Veröffentlichungen des Landesamtes für Archäologie mit Landesmuseum für Vorgeschichte, Band 50), Dresden 2006.

23 Fiedler, Alfred/Helbig, Jochen: Das Bauernhaus in Sachsen (= Veröffentlichungen des Instituts für deutsche Volkskunde, Band 43), Berlin 1967.

24 Frühe Kirchen in Sachsen. Ergebnisse archäologischer und baugeschichtlicher Untersuchungen (= Veröffentlichungen des Landesamtes für Archäologie mit Landesmuseum für Vorgeschichte, Band 23), Stuttgart 1994.

25 Denkmalpflege in Sachsen 1894–1994, erster Teil: Weimar 1997, darin die »Kurzberichte zur Denkmalpflege« (S. 437–628), und »Bauarchäologische Berichte« (S. 629–657), vorwiegend nach 1990.

26 Historische Bauforschung in Sachsen (= Arbeitsheft des Landesamtes für Denkmalpflege Sachsen, Heft4), Dresden 2000.

27 Die Denkmale der Stadt Torgau (= Die Denkmale im Bezirk Leipzig), bearb. v. Peter Findeisen und Heinrich Magirius, Leipzig 1976.

28 Gerade auch zur Geschichte der Bauforschung in Drübeck seit den 1930er Jahren siehe jetzt: Schmitt, Reinhard: Kloster und Stift Drübeck. Archivalische Quellen zur Baugeschichte vom mittleren 10. bis zum frühen 21. Jahrhundert, in: Historische Bauforschung in Sachsen-Anhalt II (= Arbeitsberichte, Band 12), Halle 2013, S. 367–470.

29 Leopold, Gerhard/Schubert, Ernst: Der Dom zu Halberstadt – bis zum gotischen Neubau, Berlin 1984.

30 Zuletzt in Leopold, Gerhard: Die ottonischen Kirchen St. Servatii, St. Wiperti und St. Marien in Quedlinburg. Zusammenfassende Darstellung der archäologischen und baugeschichtlichen Forschungen von 1936 bis 2001. Halle (Saale) 2010, S. 8–9 (Landesamt für Denkmalpflege und Archäologie Sachsen-Anhalt. Arbeitsberichte. Band 10).

31 Zuletzt Leopold, Gerhard: Archäologische Ausgrabungen an Stätten der ottonischen Herrschaft (Quedlinburg, Memleben, Magdeburg). In: Herrschaftsrepräsentation im ottonischen Sachsen. Hg. von Gerd Althoff und Ernst Schubert. Sigmaringen 1998, S. 33–76 (Vorträge und Forschungen. Band XLVI).

32 Gemeinsam mit Ernst Schubert von der Berliner Akademie; Leopold, Gerhard/Schubert, Ernst: Die frühromanischen Vorgängerbauten des Naumburger Doms (Corpus der romanischen Kunst im sächsisch-thüringischen Gebiet, Reihe A, Band IV), Berlin 1972. Zu den Grabungen und Bauuntersuchungen zuletzt Schmitt, Reinhard: Die westlichen Turmpaare des früh- und hochromanischen Naumburger Doms, in: Der Naumburger Meister. Bildhauer und Architekt im Europa der Kathedralen, Ausst.kat. im Auftrag der Vereinigten Domstifter zu Merseburg und Naumburg und des Kollegiatstifts Zeitz, hrsg. v. Hartmut Krohm und Holger Kunde, Gesamtredaktion: Guido Siebert, Band 1 und 2, Petersberg 2011; Band 1, S. 725–736.

33 Leopold, Gerhard: Grabungen im Bereich der ottonischen Kirche in Memleben: Westchor, in: Siedlung, Burg und Stadt. Studien zu ihren Anfängen, hrsg. v. Karl-Heinz Otto und Joachim Herrmann (= Deutsche Akademie der Wissenschaften zu Berlin. Schriften der Sektion für Vor- und Frühgeschichte. Band 25), Berlin 1969, S. 525–532.

34 Leopold, Gerhard: Die Pfalzkirche (Haus 60), in: Grimm, Paul: Tilleda. Eine Königspfalz am Kyffhäuser. Teil 1: Die Hauptburg (= Deutsche Akademie der Wissenschaften zu Berlin: Schriften der Sektion für Vor- und Frühgeschichte. Band 24), Berlin 1968, S. 184–195.

35 Gemeinsam mit Ernst Schubert von der Berliner Akademie; Leopold, Gerhard/Schubert, Ernst: Zur Baugeschichte der ehemaligen Zisterzienser-Klosterkirche in Schulpforta, in: Sachsen und Anhalt 18 (1994), S. 339–416.

36 Krause, Hans-Joachim: Die spätgotischen Steinmetzzeichen des Doms und der Klausurgebäude, in: Ramm, Peter: Der Merseburger Dom. Seine Baugeschichte nach den Quellen, Weimar 1977, S. 184–210.

37 Voigtländer, Klaus: Die Stiftskirche zu Gernrode und ihre Restaurierung 1858–1872. Mit Beiträgen von Hans Berger und Edgar Lehmann, Berlin 1980. Voigtländers Studien wie auch die Untersuchungen von Gerhard Leopold sind mit eingeflossen in: Das Heilige Grab in Gernrode. Bestandsdokumentation und Bestandsforschung, hrsg. vom Landesamt für Denkmalpflege und Archäologie Sachsen-Anhalt und dem Deutschen Verein für Kunstwissenschaft, unter Leitung von Hans-Joachim Krause und Gotthard Voß bearbeitet von Rainer Kahsnitz, Hans-Joachim Krause, Gerhard Leopold und Roland Möller. Mit Beiträgen von Angelica Dülberg, Hans Fuhrmann, Franz Jäger und Reinhard Schmitt, Band 1–3 (= Beiträge zur Denkmalkunde in Sachsen-Anhalt. Band 3; Denkmäler Deutscher Kunst), Berlin 2006.

38 Voigtländer, Klaus: Die Stiftskirche St. Servatii zu Quedlinburg. Geschichte ihrer Restaurierung und Ausstattung. Mit einem Beitrag von Hans Berger, Berlin 1989. Der Verfasser konnte dem Autor vor der Drucklegung zahlreiche, zuvor ungenutzte archivalische Quellen zur Verfügung stellen sowie mit ihm über zahlreiche Baubefunde der Stiftsgebäude diskutieren.

39 Schmitt, Reinhard: Burg Querfurt um 1000 – Zum baulichen Lebensumfeld des hl. Brun von Querfurt, in: Burgen und Schlösser in Sachsen-Anhalt 20 (2011), S. 98–131.

40 Schmitt, Reinhard: Baugeschichtliche Untersuchungen in der Klausur des Klosters Jerichow, in: Magdeburger Blätter 1989, S. 75–82.

41 Schmitt, Reinhard: Neue baugeschichtliche und archivalische Forschungen zur Neumarktkirche, in: Der Merseburger Neumarkt, hrsg. v. Peter Ramm (= Merseburger Land 1, 1988), Merseburg 1988, S. 19–26, 45–55.

42 Der ausführliche Bericht zur Bauforschung in der Doppelkapelle erschien erst 1997: Schmitt, Reinhard: Die Doppelkapelle der Neuenburg bei Freyburg/Unstrut. Bericht über neue baugeschichtliche Untersuchungen, in: Sachsen und Anhalt 19 (1997), S. 73–164.

43 Grimm, Paul: Die vor- und frühgeschichtlichen Burgwälle der Bezirke Halle und Magdeburg (= Deutsche Akademie der Wissenschaften zu Berlin. Schriften der Sektion für Vor- und Frühgeschichte, Band 6), Berlin 1958.

44 Wäscher, Hermann: Feudalburgen in den Bezirken Halle und Magdeburg, Berlin 1962 (posthum erschienen; Wäscher war 1961 verstorben).

45 Mrusek, Hans-Joachim: Burgen in Sachsen und Thüringen, Leipzig/München 1965; ders., Gestalt und Entwicklung der feudalen Eigenbefestigung im Mittelalter (= Abhandlungen der Sächsischen Akademie der Wissenschaften zu Leipzig, Philologisch-historische Klasse, Band 60, Heft 3), Berlin 1973

46 Schmitt, Reinhard: Bauarchäologische Untersuchungen auf Burgen – Forschungen des Landesamtes für Denkmalpflege Sachsen-Anhalt, in: Burgen und Schlösser 32 (1991), Sonderheft »Neue Bundesländer«, S. 50–63; ders.: Neue Erkenntnisse der Burgenforschung im Bezirk Halle, in: Burgenforschung aus Dresden 1989, Dresden 1990, S. 70–77.

47 Fachwerkbauten in Mecklenburg-Vorpommern, Brandenburg, Sachsen-Anhalt, Thüringen, Sachsen. Untersuchungen zur Bau- und Formenentwicklung des Fachwerks und zum heutigen Bestand in den fünf neuen Bundesländern, Berlin 1992; Schauer, Hans-Hartmut: Quedlinburg. Das städtebauliche Denkmal und seine Fachwerkbauten, Berlin 1990.

48 So war es in Allstedt im Jahre 1986 erforderlich, die gerade verabschiedete denkmalpflegerische Zielstellung neu zu formulieren, weil aus den Baurechnungen der Jahre 1508/10 konkrete Hinweise zur Bauabfolge zu entnehmen waren.

Erhaltung und Wiederherstellung von Denkmalen nach Zerstörung im Zweiten Weltkrieg – eine abgeschlossene Aufgabe in der Denkmalpflege?

Ernst Wipprecht

Es ist erst wenige Jahre her, als die am Ende des Zweiten Weltkrieges sinnlos zerstörte Dresdner Frauenkirche nach mehrjährigem Wiederaufbau, der immerhin zu zwei Dritteln mit Spendenmitteln finanziert werden konnte, wieder als Gotteshaus eingeweiht wurde. Während am 30. Oktober des Jahres 2006 hohe kirchliche Würdenträger, die deutsche Politprominenz, Sponsoren, internationale Ehrengäste und Bauleute den Festgottesdienst verfolgten, füllten mehr als sechzigtausend Menschen die Plätze rund um den wiedererstandenen barocken Kuppelbau. Aber nicht nur an diesem Tag begleiteten die Dresdner den spektakulären Wiederaufbau mit nie erlahmendem Engagement. Auch die sächsische Denkmalpflege hat über Jahrzehnte hinweg das Wiedererstehen dieses symbolträchtigen Baus als langfristig angelegtes Ziel konsequent verfolgt. Die deutsche Fachdenkmalpflege dagegen stand dem Vorhaben nach den politischen Veränderungen von 1989/90 eher skeptisch gegenüber.[1] Nicht zuletzt der lange Zeitraum von rund 50 Jahren seit der Zerstörung bildete dabei ein Hauptargument gegen den Wiederaufbau in historischer Form. Die einen sahen im Belassen der noch aufrecht stehenden Reste des Außenbaus zusammen mit dem Trümmerberg den »richtigen« Weg, andere wiederum hielten nur einen ergänzenden Neubau in moderner Architektursprache für verantwortbar. Unabhängig von den strittigen Haltungen auch innerhalb der Denkmalpflege hat die Weihe des nun wieder erstandenen Baus aber auch nachdrücklich bewusst werden lassen, dass die Restaurierung und Wiederherstellung von durch Kriegseinwirkung beschädigten bzw. teilzerstörten Denkmalen, zumindest im Osten Deutschlands, längst nicht als eine abgeschlossene Aufgabe in der Denkmalpflege bezeichnet werden kann, wie dies beispielsweise Burkhard Körner, Mitarbeiter im Bayerischen Denkmalamt, in seiner 2000 erschienenen Publikation »Zwischen Bewahren und Gestalten« feststellt.[2] Darin bezeichnet er den »Wiederaufbau kriegszerstörter Denkmale« als eine Sonderform in der Denkmalpflege, die in den westlichen Bundesländern bereits Mitte der 1970er Jahre abgeschlossen worden sei. Wie nicht zuletzt das Beispiel des Wiederaufbaus der Dresdner Frauenkirche aber eindrucksvoll zeigt, trifft eine solche Situation für Ostdeutschland keinesfalls zu.

Die Situation in Ostdeutschland – die märkische Denkmallandschaft als Beispiel

Im Frühjahr des Jahres 1945 tobte bei der Schlacht um Berlin gerade in der märkischen Kulturlandschaft zwischen Oder und Berlin sowie rund um die frühere Reichshauptstadt eine der erbittertsten Feldschlachten des Zweiten Weltkrieges, bei der

Abb. 1 Wriezen (Ldkr. Märkisch-Oderland), Kriegsruine der Stadtpfarrkirche St. Marien; Aufnahme2010

Abb. 2 Gubin an der Neiße (Polen), Stadtpfarrkirche als Kriegsruine; Aufnahme Oktober 2005

rund 100.000 Menschen ihr Leben verloren und ganze Altstädte und Dörfer dieser Region in Schutt und Asche versanken. In diesem Zusammenhang sei nur auf den Totalverlust der drei früheren königlichen bzw. markgräflichen Residenzschlösser von Berlin, Potsdam und Schwedt/Oder verwiesen. Aber auch in den Altstädten von Brandenburg/Havel, Frankfurt/Oder, Gartz/Oder, Prenzlau oder Wriezen, um nur einige zu nennen, galt und gilt es, kriegsbedingte Wunden weiter zu heilen. Eine ganze Reihe bedeutender Sakralbauten waren bei der Vereinigung der beiden deutschen Staaten Anfang der 1990er Jahre noch immer Ruinen, die ohne Fenster und ohne Bedachung den Witterungseinflüssen ausgesetzt waren – teilweise hatten Bäume im Inneren bereits die Höhe der Außenwände erreicht. Im Oderbruch gibt es noch immer eine regelrechte »Ruinenlandschaft« von zerstörten Dorfkernen mit ausgebrannten Kirchen oder Herrenhäusern. Aktuell bedürfen beispielsweise noch die ehemalige Franziskanerklosterkirche St. Johannis in Brandenburg/Havel, das Heilig-Geist-Spital in Prenzlau und die Pfarrkirche St. Marien in Wriezen der intensiven Sicherung oder der Wiederherstellung (Abb. 1).

Auch östlich der Oder gibt es noch eine ähnliche Situation. Bedeutende Schloss- oder Kirchenruinen wie die ehemalige Johanniterresidenz Sonnenburg oder das sächsisch geprägte Schloss Pförten sind noch Ruinen. Nur wenige Schritte jenseits der deutsch-polnischen Grenze, im heutigen Gubin/Neiße (Guben), steht die Ruine der einstigen Stadtpfarrkirche der sich früher beiderseits der Neiße erstreckenden Gesamtstadt (Abb. 2). Auch wenn für Baudenkmale östlich der Oder-Neiße-Grenze heute die polnische Denkmalpflege fachlich und administrativ die Verantwortung trägt, so darf dieser Bestand von wertvollen Kriegsruinen bei der Frage danach, ob die Aufgabe zur Erhaltung und zum Wiederaufbau kriegsbeschädigter bzw. -zerstörter Denkmale bereits als abgeschlossen gelten darf, keinesfalls unberücksichtigt bleiben.

Bei den Schlössern und Herrenhäusern müssen neben der Vielzahl von Kriegsruinen zugleich jene Objekte zu dem hier zu erörternden Thema in Bezug gesetzt werden, die im Krieg bzw. in der Nachkriegszeit im Grunde durchweg ihre kostbaren Ausstattungen verloren haben oder durch unangemessene Veränderungen stark verändert wurden. Abgesehen davon, dass bei keiner anderen Denkmalart im Land Brandenburg die Verluste am Ende des Zweiten Weltkrieges und in den ersten Jahren danach so dramatisch waren wie bei den Adelssitzen in den märkischen Residenzstädten bzw. in den Kulturlandschaften rund um die einstige Reichshauptstadt Berlin, verloren zudem fast alle Schlösser, Guts- und Herrenhäuser in Folge der mit der Kapitulation Deutschlands verbundenen gesellschaftlichen Umwälzungen ihre ursprüngliche Nutzung und ihre seit Jahrhunderten angestammten Besitzer. In die Schloss- und Herrenhausensembles zogen Umsiedler, Konsum-Verkaufsstellen, Friseurstuben, Polikliniken, Kindergärten, Schulen, Kasernen, Landratsämter oder Verwaltungen von »Volkseigenen Gütern« oder »Landwirtschaftlichen Produktionsgenossenschaften« und wissenschaftliche Einrichtungen ein. Dass sich während

Abb. 3 Paretz (Ldkr. Havelland), Schloss, Mittelteil der Eingangsseite nach den Nutzungs- und Gestaltungsveränderungen während der DDR-Zeit; Aufnahme 1991

dieses gravierenden Prozesses immer wieder auch »Fürsorgende« fanden, die sich Abriss- oder unverträglichen Veränderungsplänen entgegenstellten oder Anstrengungen unternahmen, um gefährdete Denkmale wenigstens zu sichern und, soweit möglich, substanzschonend neu zu nutzen, sei in Würdigung derartiger verdienstvoller Aktivitäten hier im Osten Deutschlands angemerkt. Insgesamt wurde aber bei den wohl über eintausend im ganzen Land liegenden Adelssitzen unersetzliches Kunst- und Kulturgut geplündert, zerstreut oder vernichtet. Und es gingen auch – abgesehen von Schlössern der nunmehrigen Stiftung Preußische Schlösser und Gärten Berlin-Brandenburg und einiger weniger anderer wie etwa das Pückler-Schloss in Cottbus-Branitz – mit den unvermeidlichen Umnutzungen meist erhebliche Veränderungen einher, gleich,

Abb. 4 Paretz, Schloss, Gartensaal mit wandgroßer bemalter Papiertapete; Aufnahme um 1925

Abb. 5 Paretz, Schloss, Raumnutzung für Verwaltungszwecke während der DDR-Zeit; Aufnahme um 1985

ob sie nun funktional, gestalterisch oder auch nur politisch-ideologisch motiviert waren.

Als ein derartiges Beispiel soll hier das 1797 nach Entwurf von David Gilly als Sommersitz für den Kronprinzen und späteren preußischen König Friedrich Wilhelm III. und dessen Gemahlin Luise errichtete Schloss Paretz westlich von Potsdam genannt werden. Auch wenn es keine Ruine war, so war es doch ein entseeltes Gebäude (Abb. 3). Das in schlichten frühklassizistischen Formen erbaute Schloss hatte mit seiner wertvollen Ausstattung, darunter seltene gemalte und gedruckte Papiertapeten-Zyklen, den Krieg weitgehend unversehrt überstanden. Doch schon 1947/48 wurde es außen und innen für die Nutzung durch die Bauernhochschule »Edwin Hörnle« und ab Mitte der 1960er Jahre durch die VVB Tierzucht (oberste Tierzuchtbehörde der DDR) hergerichtet und dabei wenig sensibel verändert. Glücklicherweise konnten damals aber wenigstens Teile der wertvollen Innenausstattung durch die Staatlichen Schlösser und Gärten Potsdam-Sanssouci geborgen werden. Erst nach den politischen Veränderungen von 1989/90 gelang schließlich der Freizug des Schlosses, womit sich nun für die Denkmalpflege die Frage stellte, ob der Bau mit seinen Veränderungen, also mit seinen Zeitschichten aus der DDR-Zeit erhalten bleiben muss, oder ob er auf seine bis 1945 überlieferte Gestalt annähernd zurückgeführt werden darf. Treffliche Argumente lassen sich natürlich für beide Positionen finden. Bei einem Besuch in Paretz Anfang der 90er Jahre des vorigen Jahrhunderts mit einem leitenden Denkmalpfleger aus Nordrhein-Westfalen hielt dieser die Veränderungen der späten 1940er Jahre als neue Geschichts-Schicht für unverzichtbar. Und auch unter den objektverantwortlichen Denkmalpflegern von Land und Kreis waren die Auffassungen keinesfalls einheitlich. Den Ausschlag zur Rückführung auf den Zustand vor den Veränderungen von 1947/48 gab schließlich der Tatbestand, dass für mehrere Räume des Erdgeschosses die originalen wandgroßen gemalten bzw. gedruckten Tapeten aus der Erbauungszeit des Schlosses bei der Stiftung Preußische Schlösser und Gärten Berlin-Brandenburg die Jahrzehnte überdauert hatten und zurückgeführt werden konnten (Abb. 4 und 5). Wie überzeugend das Gesamtergebnis am Ende aber ausgefallen ist, mögen Abbildungen in der Gegenüberstellung von Räumen des Schlosses im Vor- und Nachkriegszustand zeigen. Nach Abschluss der hauptsächlichen Sanierungs- und Wiederherstellungsarbeiten gehört Schloss Paretz jedenfalls zu einem der attraktivsten Schlossmuseen im Berliner Umland (Abb. 6).

Solche oder ähnliche Zielkonflikte hat die Denkmalpflege im Land Brandenburg noch bei einer Vielzahl von früheren Adelsresidenzen auszutragen und zu bewältigen. Die Anzahl derartiger Aufgaben übertrifft sogar die der heute noch vorhandenen Kirchenruinen des Landes.

Die Ursachen für die Zerstörungen, Beschädigungen, Verluste oder Entstellungen der meist sehr komplexen Adelsanlagen mit Schloss, Wirtschaftsgebäuden und Park sind zudem viel differenzierter; neben den Schäden als Folge direkter Kriegshandlungen wie etwa bei dem Schloss Lieberose (Landkreis Dahme-Spreewald) oder wegen Baustoffgewinnung beim Herrenhaus Sieversdorf (Landkreis Oder-Spree), sind es mehr noch die seit Jahrzehnten andauernden Auswirkungen der am Ende des Zweiten Weltkrieges radikal vollzogenen Veränderungen der Besitz- und Nutzungsverhältnisse. Das Herrenhaus in Sieversdorf hat inzwischen seine um 1947 wegen Baustoffgewinnung verlorengegangene Bauhälfte zurückerlangt (Abb. 7 und 8).

Dass im Hinblick auf die einstigen kulturtragenden, inzwischen aber meist veränderten oder sogar stark entstellten

Abb. 6 Paretz, Schloss, Mittelrisalit, Wiederherstellung der ursprünglichen Fassadengestaltung (1797–1804); Aufnahme nach 2002

Abb. 7 Sieversdorf (Ldkr. Oder-Spree), Gutshaus nach Abbruch von drei Fensterachsen zur Gewinnung von Baumaterial (1947); Aufnahme 1998

Abb. 8 Sieversdorf (Ldkr. Oder-Spree), Gutshaus, Gartenseite nach Wiederherstellung des 1947 abgerissenen Gebäudeteils; Aufnahme 2011

und überwiegend der historischen Ausstattung beraubten Bau- und Gartenensembles noch Ungewöhnliches gedacht und Großes geleistet werden muss – und das vor allem, wenn sie wie früher wieder kulturell und künstlerisch wichtige Kristallisationspunkte in allen Kleinlandschaften des Landes sein sollen –, dürfte nachvollziehbar sein. Das Beispiel des Schlosses Paretz mag hinreichend verdeutlicht haben, in welchem Maße kriegsbedingte bzw. damit in Zusammenhang stehende Ereignisse gerade bei dieser Denkmalgattung noch immer nicht vollständig überwunden sind, und dass dabei die ganze Breite der denkmalpflegerischen Methodik angewandt werden muss.

Zusammenfassend muss also festgestellt werden, dass trotz einer Vielzahl von inzwischen erfolgreich verlaufenen Restaurierungs- und Wiederherstellungsmaßnahmen, insbesondere auch während der letzten rund 20 Jahre, die Aufgabenfelder der Sicherung, Restaurierung und Wiederherstellung kriegszerstörter oder -beschädigter Denkmale und Denkmalensembles im Land Brandenburg keinesfalls als abgeschlossen gelten können.

Doch was ist überhaupt alles unter dieser sogenannten denkmalpflegerischen Sonderform zu verstehen? Zielt dieser Begriff vor allem auf die großen spektakulären Projekte wie etwa den abgeschlossenen Wiederaufbau der Dresdner Frauenkirche oder auf die momentan sehr kontrovers diskutierten oder teilweise begonnenen Wiederaufbauprojekte für die Schloss-Standorte der früheren preußischen Residenzen von Berlin und Potsdam oder auch der in Braunschweig, wo überirdisch überhaupt keine Originalsubstanz mehr vorhanden war oder ist? Wird dazu auch der einfach nur »kaputte« Sakralbau gezählt, der, 1945 teilzerstört, nun nach über 60 Jahren noch immer der Reparatur bzw. Restaurierung bedarf und als langfristig wirkenden Witterungsschutz einen neuen Dachstuhl in alter Grundform erhalten soll?

Der Umgang mit kriegszerstörten bzw. -beschädigten Denkmalen nach 1945

Nach den traumatischen Zerstörungen ganzer Altstädte und mit ihnen dem massenhaften Verlust wertvoller Denkmalsubstanz infolge des Zweiten Weltkrieges versuchten engagierte Bürger und Denkmalpfleger an Kultur- und Kunstwerten zu retten, was überhaupt nur möglich war. Während die Bevölkerung vor allem damit beschäftigt war, das Nötigste für den Überlebenskampf zu beschaffen, versuchten andere teilweise mit primitivsten Mitteln einsturzgefährdete Denkmale zu sichern oder Kunstgut notfalls auch mit bloßen Händen aus den Trümmerfeldern zu bergen. Und überall in Ost und West sorgten in dieser frühen Nachkriegszeit Menschen dafür, dass wenigstens dringendste denkmalpflegerische Maßnahmen in erste Aufbaupläne aufgenommen wurden. Allerdings stand in dieser Phase der Denkmalpflege der Zeitgeist mit seinen neuen Vorstellungen von Städtebau und Architektur entgegen. Neben dem Wunsch nach Neuem und der Ablehnung des Bestehenden bestimmte insbesondere die Frage nach der moralischen Zulässigkeit des Wiederaufbaus zerstörter Städte und Bauwerke in starkem Maße das damalige Geschehen. Für das Land, das diesen Krieg ausgelöst hatte, galt: »Nur eines ist angemessen und groß: den Spruch der Geschichte anzunehmen. Er ist endgültig …«, so das Urteil des Publizisten Walter Dierks, das er angesichts der unzähligen Ruinen fällte.[3]

Die Beseitigung abertausender Teilruinen vor allem von Bürgerhäusern aus allen Stilperioden in den historisch einst reichen Altstädten ist mit auf derartige moralische Verdikte zurückzuführen. Dies sollte bei allzu enger Auslegung denkmalpflegerischer Grundsätze heute mit im Bewusstsein bleiben.

Damals jedenfalls versuchten die Denkmalpfleger beiderseits der Demarkationslinie als ihren wichtigsten Beitrag möglichst viele der historisch wertvollsten und identitätsstiftenden Bauten und Bauensembles zu sichern und schrittweise wiederherzustellen. In diesem Zusammenhang sei auf die beispielhaften Sicherungs- bzw. Wiederherstellungsleistungen an den zahlreichen Großkirchen in Köln und an den Wiederaufbau des Münchner Residenzkomplexes oder an die Pfarrkirche St. Peter am Münchner Marienplatz auf westlicher Seite und als Beispiele im Osten auf die Sicherung und Wiederherstellung stark kriegsbeschädigter Dome und anderer sakraler Monumentalbauten wie etwa in Halberstadt, Magdeburg oder Stendal verwiesen, an denen zwar bereits 1945/46 mit entsprechenden Arbeiten begonnen worden ist, die sich aber überwiegend über längere Zeiträume hinzogen.

Mit der Konsolidierung der wirtschaftlichen und politischen Verhältnisse, die in der Bundesrepublik dann wesentlich schneller eintrat und in die Zeit des sogenannten Wirtschaftswunders führte, wurde die Diskrepanz des denkmalpflegerischen Leistungsvermögens zwischen beiden deutschen Staaten schnell immer größer. Interessant dabei ist, dass es sowohl in Westdeutschland wie auch östlich der Elbe jeweils ein Gefälle von West nach Ost gab. Während in der Rheinregion und im süddeutschen Raum ganz offensichtlich bessere Rahmenbedingungen und relativ gute finanzielle Voraussetzungen vorhanden waren, blieb das Wachstum im sogenannten Zonenrandgebiet zurück, was natürlich zwangsläufig ein Zurückbleiben denkmalpflegerischer Aktivitäten zur Folge hatte. In Ostdeutschland waren die Möglichkeiten, von der unmittelbaren Zeit nach Kriegsende einmal abgesehen, generell schlechter und hatten ein erhebliches West-Ost-Gefälle, das besonders in Berlin und insbesondere auch in Ostbrandenburg dramatisch ist. Die eingangs dargestellte Situation mit dem noch immer zu beklagenden hohen Bestand an Kriegsruinen in der Kulturlandschaft zwischen Berlin und der Oder ist ganz wesentlich dadurch bedingt. Zweifellos ist die Front bei der Schlacht um Berlin, die bis zu dreißig Mal gewechselt hatte, ein weiterer Grund für den höheren Zerstörungsgrad, weshalb dort das hier gewählte Thema auch 60 Jahre nach dem Zweiten Weltkrieg immer noch aktuell ist. Auch das in dieser und der Region östlich der Oder durch einen stärkeren Bevölkerungsaustausch während und nach Ende des unseligen Krieges weniger ausgeprägte Heimatbewusstsein mag eine Rolle gespielt haben.

Wenn für die Bundesrepublik die sogenannte Sonderaufgabe des »Wiederaufbaus« möglicherweise bereits in den 1970er Jahren abgeschlossen war, so traf dies am Ende der DDR-Zeit für den Osten Deutschlands gewiss nicht zu. Und auch heute nach den beeindruckenden Wiederaufbauleistungen der letzten rund 20 Jahre gibt es noch immer derartige Aufgaben. Natürlich wurden auch hier in den ersten Nachkriegsjahren eine Vielzahl solcher Restaurierungs- und Wiederherstellungsvorhaben vorangetrieben wie etwa bei der schwer betroffenen Cottbuser Oberkirche, beim Fürstenwalder Dom, der Rathenower Andreaskirche, der Potsdamer Nikolaikirche oder bei der Prenzlauer Marienkirche in der Uckermark. Übrigens kam bei dem Prenzlauer Projekt in den 1970/80er Jahren eine organisatorische Sonderform zur Anwendung, bei der das damalige Institut für Denkmalpflege als Fachbehörde für die Ruine zwischenzeitlich sogar die Funktionen des Bauherrn und des Projektanten übernehmen musste, um den für die binnenländische Backsteingotik so bedeutenden Bau überhaupt sichern und wiederherstellen zu können – eine Organisations-Form, die für ein heutiges Denkmalfachamt sicher undenkbar ist. Und um keine Missverständnisse aufkommen zu lassen: Auch während der DDR-Zeit wurde unabhängig von den nicht lösbaren Aufgaben im Rahmen der hier zu erörternden Problematik flächendeckend ganz »normale« Denkmalpflege mit unterschiedlichsten Zielstellungen, mit einer der jeweiligen Aufgabe angepassten Methodik und sehr differenzierten Anforderungen betrieben. Für einige Großvorhaben konnten aber trotz aller Bemühungen bis zum Ende der DDR-Zeit weder die erforderlichen Rahmenbedingungen geschaffen noch das dafür benötigte Geld bereitgestellt werden. Die Denkmalpflege musste vielmehr darauf bedacht sein, dass im Rahmen irgendwelcher Kampagnen zu politischen Jahrestagen nicht sogar noch Gefahr für die eine oder andere Kriegsruine in den Altstädten des Landes entstand. So sollte beispielsweise in Lieberose die Ruine der Stadtpfarrkirche noch kurz vor Ende der DDR-Zeit im Sinne der Beseitigung eines »Schandflecks« bis auf den Turmschaft abgerissen werden, was glücklicherweise verhindert werden konnte.

Auch wenn Finanzmittel nach den politischen Veränderungen von 1989/90 gemessen am eigentlichen Bedarf für die Gesamtaufgaben in der brandenburgischen Denkmalpflege keinesfalls im Überfluss zur Verfügung standen, so boten sich nun doch Chancen für Projekte, die während der DDR-Zeit einfach aussichtslos waren. Es gab endlich auch für die sakralen Kriegsruinen in Beeskow, Brandenburg/Havel, Frankfurt/Oder, Fürstenberg/Oder, Müncheberg oder Rathenow wieder Hoffnung für deren Wiederbelebung innerhalb ihres gewachsenen städtebaulichen Umfeldes. Allerdings entstand damit nicht nur für die Denkmalpflege die Frage, in welcher Form dies geschehen solle bzw. dürfe. Bei einem Zeitabstand von 55 bzw. 60 Jahren seit Kriegsende muss nicht mehr unbedingt richtig sein, was für die kriegsbedingten Denkmalruinen kurz nach dem Krieg galt bzw. damals für sinnvoll gehalten wurde. Und man kann angesichts mancher Positionen der heutigen Denkmalpflege tatsächlich den Eindruck gewinnen, als hätte sich die Disziplin hinsichtlich ihrer Methodik bezüglich der hier angesprochenen Problematik seit der Nachkriegsphase grundsätzlich verändert – jedenfalls legen dies die oft stark emotional geführten Debatten um das Thema der Wiederherstellung kriegsbeschädigter Denkmale wie auch die eine oder andere Publikation dazu nahe. Anhand einiger Gedanken aus der bereits angesprochenen Publikation von Burkhard Körner »Zwischen Bewahren und Gestalten« soll der vermeintliche Konflikt zwischen dem Handeln an Kriegsruinen in der Phase unmittelbar nach Ende des Zweiten Weltkrieges und in der jetzigen Denkmalpraxis einmal näher betrachtet werden.

Dürfen kriegsbeschädigte Denkmale auch heute noch wiederhergestellt werden?

Hierbei soll nicht tiefschürfend auf die langjährigen und teilweise erbittert geführten Debatten um den Wiederaufbau der Dresdner Frauenkirche eingegangen werden. Innerhalb der sogenannten Sonderaufgabe des »Wiederaufbaus kriegszerstörter Denkmale« ist das Dresdner Projekt schon wegen seines relativ geringen Anteils von in situ erhalten gewesener Originalsubstanz und seiner außergewöhnlichen Symbolträchtigkeit für die sinnlose Vernichtung einer der schönsten Städte Europas als ein ganz spezieller Fall anzusehen, der inzwischen abgeschlossen ist und mit dem die Fragestellung, ob man so etwas überhaupt tun darf, zumindest nach Auffassung des Berliner Tagesspiegels vom 25.10.2005 »... für jedermann ersichtlich, glanzvoll beantwortet« worden. Bei den Denkmalpflegern hingegen dürfte das Urteil bei allem Respekt vor der beeindruckenden Wiederaufbauleistung auf dem Dresdner Neustädtischen Markt weiterhin kontrovers ausfallen.

Für die Wiederaufbauprojekte an den Standorten der früheren Schlösser Berlin, Braunschweig oder Potsdam ist die Situation noch klarer, da dort oberirdisch überhaupt keine historische Bausubstanz als Anknüpfungspunkte mehr vorhanden war bzw. ist, weshalb die Baudenkmalpflege für derartige Fälle also gar nicht zuständig wäre. Allein schon um unerwünschte oder gar gefährdende Auswirkungen durch einen wie auch immer gestalteten Neubau auf die überlieferte umgebende Stadtstruktur bzw. auf das jeweilige bauliche Umfeld zu mildern oder notfalls sogar zu verhindern, kann sich die Denkmalpflege aber selbst aus solchen Problemfällen nicht heraushalten. Doch um solche speziellen Einzelvorhaben, die leider immer wieder für denkmaltheoretische Grundsatzdebatten herhalten müssen, soll es hier gar nicht gehen.

Auch wenn derartig spektakuläre Einzelprojekte allein wegen fehlender oder zu geringer Restsubstanz hier nicht Gegenstand der Betrachtung sein sollen, war der Hinweis schon deshalb notwendig, um Vorhaben der »normalen« Alltagspraxis vom ganz speziellen Einzelfall klar abzusetzen. Im Gegensatz zu den spektakulären Großprojekten offenbaren die hier gemeinten Kriegsruinen, überwiegend Kirchen, Schlösser oder Herrenhäuser, Bürgerhäuser u. a., nämlich beim näheren Hinsehen zumeist noch erstaunlich viel wertvolle Denkmalsubstanz. Trotz dieses ganz wesentlichen Unterschieds werden dennoch immer wieder in undifferenzierter und oft nicht zutreffender Weise Bezüge zwischen den spektakulären Beispielen und den einfach nur teilzerstörten oder beschädigten Gebäuden hergestellt, was bei den Bemühungen zu deren Wiederherstellung durchaus zu erheblichen Irritationen wie etwa Fördermittelsperrung o. ä. führen kann. Doch abgesehen von solchen Zusammenhängen gibt es hinsichtlich des für diesen Beitrag gewählten Themas in der heutigen Denkmalpflege eine Reihe weiterer Vorbehalte gegen die Wiederherstellung von Kriegsruinen, die für einen in der Denkmalpraxis tätig Gewesenen nur schwer nachvollziehbar sind, zumal derartige Aufgaben dadurch in hohem Maße erschwert werden können.

Anhand von Auszügen aus der bereits genannten Publikation von Burkhard Körner »Zwischen Bewahren und Gestalten« sollen hier einige Aspekte im Hinblick auf ihre Allgemeingültigkeit hinterfragt werden. So schreibt Körner beispielsweise im Kapitel »Der ›Wiederaufbau‹ als ›Schöpferische Denkmalpflege‹«, dass Hartwig Beseler vier »Grundmuster des Wiederaufbaus« kriegsbetroffener Denkmale entwickelt habe, nämlich die »naive« Wiederherstellung, die archäologische Rekonstruktion, den Purismus und die Einbeziehung der Moderne. »Die Wiederherstellung eines jüngst vergangenen Zustandes, also die Wiederherstellung eines Denkmals mit all seinen Veränderungen der Geschichte ...«[4] habe er aber nicht benannt – hier fragt man sich allerdings sofort, wie letzteres auch praktisch funktionieren soll? An den vier Grundmustern des »Wiederaufbaus« würde zudem deutlich, dass es sich beim »Wiederaufbau« der Denkmale zumeist um einen künstlerisch-gestalterischen Prozess handelt. Und an anderer Stelle schreibt Körner: »Im ›Wiederaufbau‹ konnten Denkmalpfleger selbst oder im Zusammenwirken mit einem Künstler oder Architekten gestaltend am Denkmal tätig werden.«[5] Und schließlich zitiert er ergänzend noch Georg Mörsch, der es zu Recht als bestürzend gesehen habe, »(...) wie neben der betroffenen Frage, ob man nach diesem Krieg überhaupt an einen Wiederaufbau des durch eigene Schuld verlorenen Kunstgutes gehen dürfe, andere nicht nur diese Skrupel nicht hatten, sondern den Wiederaufbau der Monumente zum willkommenen Anlass für kunsthistorische Rekonstruktionen missbrauchten, die nicht etwa den letzten überlieferten Zustand wiedergewinnen sollten, sondern alle wissenschaftliche Träume vom Ur- und Idealzustand erfüllten«.[6] An anderer Stelle wiederum heißt es bei Körner noch: »Die bisherigen Prinzipien der Denkmalpflege sind im ›Wiederaufbau‹ außer Kraft gesetzt. Indem die Situation nach den Kriegszerstörungen seitens der Denkmalpflege als unvergleichbar zu einer vorhergehenden Zeit beschrieben wird, waren auch die bisherigen Grundsätze aufgehoben. Was im Umgang mit dem Kunstwerk nach der Grundsatzdebatte um 1900 verboten schien, war hier zulässig«.[7] Gemeint ist dabei insbesondere auch der von Georg Dehio im Jahre 1900 betonte Grundsatz: »Konservieren, nicht restaurieren«. Der Fall des nicht an angestammter Stelle innerhalb der Münchner Residenz unter Verwendung von einigen zwischenzeitlich ausgelagerten Architekturteilen neu errichteten Cuvilliés-Theaters wäre Beispiel dafür, weshalb in zeitgenössischen Berichten »der ›Wiederaufbau‹ häufig als ein Akt ›Schöpferischer Denkmalpflege‹« bezeichnet worden sei.[8]

Was sich hinter dem Begriff »Schöpferische Denkmalpflege« verbirgt, mag ein Zitat aus der Publikation »Schöpferische Denkmalpflege« von Susanne Fleischer etwas erhellen. Im Abschnitt »Das Selbstverständnis der schöpferischen Denkmalpflege« heißt es dazu u. a.: »Bereits 1930 auf dem Denkmaltag in Köln hatte man verkündet, dass nun nicht mehr die bewahrende, sondern die ›künstlerische, neuschöpferische Tätigkeit des Denkmalpflegers‹ als die wichtigste Aufgabe der

Zukunft anzusehen sei«.[9] Doch noch einmal kurz zurück zu dem von Körner gewählten Beispiel des berühmten Münchner Hoftheaters von F. Cuvilliés und zu dem davon abgeleiteten Begriff ›Schöpferische Denkmalpflege‹. Der Wiederaufbau dieses Theaters war damals wie heute der der Dresdner Frauenkirche eher ein absoluter Einzelfall, und schon deshalb wäre es angemessen, mit derartigen Begriffen differenzierter umzugehen, um nicht den Denkmalpflegern in einer außerordentlich schwierigen Periode der Geschichte der Denkmale mit solchen Verallgemeinerungen leichtfertiges Handeln zu unterstellen. Leider ist hier nicht der Platz für eine eingehendere Erörterung der von Körner möglicherweise auch nur als Thesen formulierten Bewertungen und der davon abgeleiteten Begriffe. Immerhin basiert die Publikation aber auf einer Dissertation mit demselben Titel an der Otto-Friedrich-Universität Bamberg, an der Denkmalpflege sogar als Spezialfach gelehrt wird. Jedenfalls hat der Autor wahrscheinlich keinen Blick in andere Denkmallandschaften getan, in denen es durchaus für die Denkmalpflege noch den Wiederaufbau kriegszerstörter bzw. -beschädigter Denkmale als wichtige Aufgabe gibt. Die eher wenig differenziert vorgetragenen Bewertungen und Schlussfolgerungen werden den lang andauernden Bemühungen und dem ungewöhnlichen Engagement vieler Beteiligter an der Erhaltung und dem Wiederaufbau von Kriegsruinen einfach nicht gerecht. Zudem könnten sie im Sinne von vermeintlicher Überlegenheit der heutigen Methoden der Denkmalpflege gegenüber den damaligen fehlinterpretiert werden und auf diese Weise zu erheblichen Irritationen bei der Entwicklung denkmalpflegerischer Zielstellungen für noch immer nicht dauerhaft gesicherte bzw. wiederhergestellte Kriegsruinen führen. Doch warum muss die Wiederherstellung von Kriegsruinen überhaupt als eine Sonderform bezeichnet werden? Wäre es nicht naheliegender, derartige Projekte einfach als spezielle denkmalpflegerische Aufgabenstellungen innerhalb des ohnehin sehr vielfältigen Spektrums in den einzelnen Denkmallandschaften anzusehen und zu akzeptieren, dass dabei ohnehin von der Spezifik des Objekts verantwortungsvoll abgeleitete denkmalpflegerische Ziele zur Anwendung kommen müssen. Zudem muss zugestanden werden, dass für den besonderen Fall die Wiederherstellung verlorengegangener und hinlänglich bekannter bzw. erforschter Bauteile nicht auszuschließen ist. Die Denkmalpflege muss doch zustimmen, wenn eine Kirchengemeinde die Wiederaufbringung eines Daches über der Kriegsruine oder eine Neueinwölbung des Gebäudes wünscht.

Wie schon des Öfteren angemahnt, bedeutet dies auch, Dehios Grundsatz »Konservieren, nicht restaurieren« nicht beliebig zu vereinfachen und schon gar nicht zur Doktrin in der Denkmalpflege werden zu lassen! Oder sollen etwa all die noch vorhandenen Kriegsruinen oder treffender ausgedrückt »kaputten« Gebäude in ihrem »jüngst vergangenen Zustand« nur eine Perspektive als mahnende Ruinen auf Dauer haben dürfen? Für Berlin beispielsweise wäre es doch geradezu eine Katastrophe gewesen, wenn Margarete Kühn und Martin Sperlich nicht die Wiederherstellung des Charlottenburger Schlosskomplexes mit geradezu aufopferungsvollem Einsatz über einen Zeitraum von Jahrzehnten betrieben hätten!

Während eines vor kurzem im Charlottenburger Schloss durchgeführten Symposiums zum Thema »Schloss Charlottenburg in Berlin – Im Wandel denkmalpflegerischer Auffassungen« wurde u.a. von Samuel Wittwer, Kustos für die Porzellansammlung in der preußischen Schlösserstiftung, ein tiefschürfender Bericht zur Wiederherstellung des dortigen Porzellankabinetts vorgetragen. Dazu schrieb Nikolaus Bernau – Berliner Kunsthistoriker und Journalist, der Rekonstruktionsabsichten eher skeptisch gegenüber steht – vor einiger Zeit in einem Artikel in einer Berliner Zeitung, was wohl gewesen wäre, wenn Wittwers Vorgänger auch schon so präzise gearbeitet hätten, wir hätten heute gar keine Porzellankammer, weder eine originale noch eine überarbeitete oder eben eine modern Nachgeschöpfte. Und wäre es nicht geradezu tragisch, wenn die Münchner Residenz in ihrer Vielschichtigkeit heute noch immer eine nur schwer zu pflegende Kriegsruine wäre, die sich zudem eher wie ein Fremdkörper in der ansonsten wieder aufgebauten Münchner Altstadt ausnehmen würde? Ob allerdings der einstige barocke Deckenfresken-Zyklus in der 1944 ebenfalls schwer betroffenen Pfarrkirche St. Peter am Münchner Marienplatz bis zum letzten Detail sogar noch bis in das Jahr 2000 hinein hätte rekonstruiert werden müssen, ist dagegen eine völlig andere Frage. Im Land Brandenburg wäre ein solches Vorhaben einfach nicht umsetzbar gewesen – so verschieden können also Situationen sein. In Norddeutschland wiederum wären die verantwortlichen Denkmalpfleger heute sicher froh, wenn das Berliner Schloss noch immer in dem Zustand wäre, in dem es sich bis zu dem unseligen Abrissbefehl Walter Ulbrichts im Juni 1950 befand. Im Kontext mit der reichen Überlieferungen an früherer Schlossausstattung und wertvollstem Museumsgut wäre heute die Wiederherstellung dieses Schlosses mit notwendigen Vereinfachungen und modernen Ergänzungen weniger strittig.

Wiederherstellung von Kriegsruinen – Beispiele aus der brandenburgischen Denkmalpraxis

Wie bereits dargestellt ist das Thema »Wiederherstellung von Kriegsruinen« für das Land Brandenburg noch immer aktuell. Allerdings konnten in den letzten Jahren gerade in diesem speziellen Aufgabengebiet der Denkmalpflege erfreuliche Fortschritte und beachtliche Leistungen erreicht werden. Stellvertretend für eine ganze Reihe solcher Projekte sollen hier wenigstens einige Beispiele kriegszerstörter und inzwischen gesicherter bzw. wiederhergestellter Sakralbauten erwähnt werden.

Im Einzelnen betrifft dies Stadtpfarrkirchen, frühere Klosterkirchen, Kapellen und vor allem auch Dorfkirchen. Sie hatten jeweils einen anderen Schädigungsgrad, befinden sich in unterschiedlicher Trägerschaft, wie beispielsweise verschiedener Kirchengemeinden, Städte, Vereine und hatten somit sehr heterogene Rahmenbedingungen. Manchen Gemeinden konnte es nach 1990 nicht schnell genug losgehen, andere wiederum mussten fast zur Annahme gebotener Chancen, z. B. von Fördermitteln überredet werden.

In der Regel wurden die sakralen Ensembles schon während der Kampfhandlungen Ruinen, oder sie verloren durch mehrere Tage lang wütende Brände ihre Dächer, und durch herabfallende Balken stürzten schließlich Gewölbe in ihrer Gänze oder aber zu großen Teilen ein. Auch nach Jahren gingen in den unmittelbar nach dem Krieg meist nur provisorisch gesicherten Kirchenruinen noch freistehende Pfeiler oder Giebelwände verloren. Im Inneren breitete sich Buschwerk aus, und einzelne Bäume erreichten nach 40 oder mehr Jahren die Höhe der Mauerkronen. Innerhalb der Ruinen waren andererseits Kapellen, Sakristeien oder ganze Seitenschiffe noch so weit intakt, dass dort bald wieder Gottesdienste abgehalten werden konnten. Es gab auch Sakralbauten, die schon während der DDR-Zeit ein neues Dach über dem Langhaus erhalten hatten, der Chor dagegen war noch immer eine höchst gefährdete Ruine voller Trümmerschutt.

Allen diesen Ruinen war freilich gemein, dass sie trotz aller erlittenen Verluste und Wunden noch eine Menge historischer Substanz als Träger vielschichtiger Informationen über die Geschichte des Baus selbst und dessen Umfeld bewahren konnten. Andererseits bedeuten die inzwischen realisierten Projekte zur Sicherung, Restaurierung und Wiederherstellung vorhandener Kriegsruinen alles andere, nur nicht den von der Denkmalpflege kritisch gesehenen »(…) Nachbau vollständig zerstörter Denkmale«.[10] Den »Nachbau« eines verlorengegangenen Daches in alter Grundform dürfte dagegen wohl niemand als unzulässig erklären wollen. Und welche Vorschrift müsste die Denkmalpflege eigentlich zur Ablehnung zwingen, wenn eine Kirchengemeinde die Ergänzung einer teilzerstörten Wölbung wünscht? Dass in einen derartigen Entscheidungsprozess alternativ auch moderne Bau- bzw. Gestaltungslösungen einzubeziehen sind, dürfte genau so selbstverständlich sein. Allerdings kann es sein, dass die Nutzer nach neuer Inbesitznahme des Gotteshauses längerfristig mehr als nur eine »Ruine unter Dach« wünschen. Eine unbedingte Festlegung jedenfalls, wonach verlorene Bauteile, wenn überhaupt, dann nur in zeitgenössischen Formen ersetzt werden dürfen, schreibt sicher keine »Charta« der Denkmalpflege vor. Auch die Ansicht mancher Denkmalpfleger, dass 50 bis 60 Jahre nach Kriegsende keine kriegszerstörten Ruinen mehr wiederhergestellt werden sollten, würde in der Regel den Bedürfnissen vor Ort und den konkreten Rahmenbedingungen derartiger Aufgabenstellungen einfach nicht gerecht werden. In diesem Zusammenhang sei auch darauf verwiesen, dass es sich bei den hier zur Diskussion stehenden Sakralbauten jeweils um stadtbildprägende Hauptbauten der betroffenen Städte handelt, in deren Zentren im Gegensatz zu Standorten außerhalb städtischer oder dörflicher Siedlungen Ruinen auf Dauer wohl nur in Ausnahmefällen akzeptiert werden. Berlin hat mit der Kaiser-Wilhelm-Gedächtniskirche ein großartiges Beispiel einer Ruinenerhaltung im städtischen Umfeld, wobei allerdings lediglich die Einbeziehung der Turmruine in das neue Gesamtensemble von Egon Eiermann angestrebt war. Unter erheblichen Substanzverlusten wurde die Kirchenruine also erst künstlich in die gewünschte Ruinenform verwandelt. Im Übrigen sollte man doch froh sein, wenn aus einem beschädigten und inzwischen auch verfallenden Sakralbau endlich wieder ein liturgisch und kulturell lebendig genutztes Gotteshaus wird.

Im weiteren sollen nun einige Beispiele aus dem Aufgabenbereich der Restaurierung und Wiederherstellung kriegszerstörter Sakralbauten angesprochen werden, die auf der Grundlage unterschiedlicher Lösungskonzepte teilweise über mehrere Jahrzehnte im Land Brandenburg umgesetzt werden konnten. Dabei gab es Projekte, die mehr zur Bewahrung des Ruinencharakters tendierten und solche, deren Zielstellungen nach erreichten Zwischenergebnissen bzw. aufgrund nicht vorhersehbarer Entwicklungen weiter ergänzt wurden bzw. werden wie beispielsweise die Heimkehr der mittelalterlichen Glasfenster der Frankfurter Marienkirche aus Russland. Da an der Frankfurter Kirchenruine über viele Jahrzehnte gearbeitet wurde und dabei Beispielhaftes entstand, soll dieses »Projekt« später in einem eigenen Abschnitt ausführlicher behandelt werden.

Die Stadtpfarrkirche Lieberose

Zu den Sicherungs- und Restaurierungsbeispielen im Sinne bewusster Bewahrung des Ruinenzustandes gehören die inzwischen umgesetzten Sanierungsprojekte für die Stadtpfarrkirche in Lieberose (Landkreis Dahme-Spreewald) und in Podelzig (Landkreis Märkisch-Oderland), einem Dorf nördlich von Frankfurt/Oder. In Lieberose wurde das Konzept ganz wesent-

Abb. 9 Lieberose (Ldkr. Dahme-Spreewald), Stadtpfarrkirche nach einfacher Ruinensicherung; Aufnahme Oktober 2005

lich davon beeinflusst, dass in dem kleinen Städtchen unmittelbar hinter der mittelalterlichen Stadtpfarrkirchenruine ein weiteres Gotteshaus für die wendische Bevölkerung erhalten blieb, das 1948/50 zur evangelischen Hauptkirche umgewidmet wurde – in Lieberose bestand also kein Bedarf an einem weiteren nutzungsfähigen Sakralbau. Nach zwischenzeitlichen Überlegungen zur Ausführung einer die Ruine überspannenden Segelkonstruktion wurde schließlich eine traditionelle Ruinensicherung durchgeführt (Abb. 9).

Die Dorfkirche Podelzig

In dem 1945 fast vollständig vernichteten Dorf Podelzig nördlich von Frankfurt/Oder war von der früheren Dorfkirche nur ein Torso mit Turm übrig geblieben. Die örtliche Pfarrgemeinde strebte zwar eine vereinfachte Rekonstruktion des ursprünglichen Baus an, doch ließ man sich letztendlich von dem Konzept einer »Freilicht-Kirche« überzeugen. Am 20. August 2005 erfolgte die Weihe dieser Kirche, bei der die verbliebenen Mauerreste einfach nur saniert und abgedeckt worden sind, der Westturm bei moderner Ergänzung des oberen Abschlusses eine Aussichtsplattform und der ruinöse Altarbereich eine moderne Überdachung erhalten hatten. Das umgesetzte Konzept in Podelzig erfüllt die Funktion einer Dorfkirche und wird zudem dem Anspruch eines Mahnmals gegen Krieg und dessen Zerstörungen voll gerecht, wozu die Lage des Dorfes im Bereich der sogenannten »Seelower Höhen« wesentlich beiträgt. Das Podelziger Beispiel könnte in abgewandelter Form durchaus Vorbild sein für einige andere betroffene dörfliche Sakralbauten in der noch immer vorhandenen Ruinenlandschaft des Oderbruchs (Abb. 10).

Abb. 10 Podelzig (Ldkr. Märkisch-Oderland), Dorfkirchen-Ruine, Sicherungs- und Gestaltungskonzept als »Freilicht-Kirche«; Aufnahme Oktober 2005

Bei den anderen Sakralbauten, die im Zusammenhang mit dem gewählten Thema hier vorgestellt werden sollen, handelt es sich durchweg um bedeutende mittelalterliche Stadtpfarrkirchen, die früher an zentraler Stelle die jeweiligen Stadtbilder dominierten. Sie brannten im April 1945 nach Artilleriebeschuss meist völlig aus. Durch herabstürzende brennende Dachkonstruktionen bzw. durch spätere ungehinderte Witterungseinwirkung ging bis zu ersten wirksamen Sicherungsmaßnahmen noch viel Originalsubstanz endgültig verloren wie etwa ganze Gewölbefelder, Pfeiler, Wandteile oder auch mittelalterliche Putzfassungen. Als eine dieser Großkirchen, die schon während der DDR-Zeit teilweise wiederhergestellt worden sind, soll hier stellvertretend die Rathenower Stadtpfarrkirche St. Marien und Andreas genannt werden.

Die Stadtpfarrkirche Rathenow

Neben der weitgehenden Zerstörung der Rathenower Altstadt erlitt auch die Stadtpfarrkirche auf erhöhtem Standort schwere Kriegsschäden. Da es im Prinzip der einzige Sakralbau der Stadt war, wurde das Langhaus der Kirche unter neuem Dachstuhl in ursprünglicher Form bereits 1950-59 wiederhergestellt, wobei die Gewölbe der Seitenschiffe wegen rechtzeitig durchgeführter Sicherungsmaßnahmen bewahrt werden konnten. Der Chorteil mit den beiden Seitenkapellen musste aber zunächst Ruine bleiben und wurde erst 1990-98 in reduzierter Form, aber mit einem Dach in früherer Gestaltung wiederaufgebaut. Andere Kirchen, die ebenfalls starke Schäden hatten und schon während der DDR-Zeit in unterschiedlicher Vollständigkeit wiederhergestellt worden waren, sind beispielsweise die Berliner Nikolaikirche, der Dom in Fürstenwalde, die Potsdamer Nikolaikirche, die Prenzlauer Marienkirche und die Cottbusser Stadtpfarrkirche.

Die Stadtpfarrkirche Müncheberg

Die Müncheberger Stadtpfarrkirche war noch bis nach 1990 eine unaufgeräumte Ruine mit üppigem Baum- und Strauchbewuchs (Abb. 11). Lediglich der nach Plänen von Karl Friedrich Schinkel 1826-29 errichtete und vom Langhaus abgesetzte Westturm war bis dahin instand gesetzt worden. Als erste Maßnahme nach 1990 wurde im Interesse eines dauerhaften Witterungsschutzes und zur Schließung einer Wunde in der Stadtsilhouette mit der Wiederherstellung des Kirchendaches begonnen. Das Konzept zum weiteren Ausbau zielte auf die möglichst umfassende Erhaltung des Ruinencharakters im Kircheninneren (Festigung der durch Witterungseinfluss abbrö-

Abb. 11 Müncheberg (Ldkr. Märkisch-Oderland), Stadtpfarrkirche St. Marien, vor Wiederherstellung des 1945 zerstörten Kirchendachs, Aufnahme1993

Abb. 12 Müncheberg, Stadtpfarrkirche St. Marien, Wiederherstellung unter teilweiser Erhaltung des Ruinencharakters im Inneren und Ausstattung mit einem holzverkleideten monumentalen »Schrein«; Aufnahme um 1988

ckelnden Putzschichten u.a.), wobei ein elegant gestalteter, holzverkleideter monumentaler »Schrein« mit zugeordnetem Fahrstuhl über mehrere Etagen gute Arbeitsbedingungen für verschiedene kirchliche und kommunale Nutzungsformen bieten soll (Abb. 12). Das Projekt erhielt im Rahmen des von der Wüstenrot Stiftung 1998 ausgeschriebenen bundesweiten Wettbewerbs »Umnutzung im Bestand – neue Zwecke für alte Gebäude« eine Auszeichnung.[11]

Die Stadtpfarrkirche Beeskow

Nicht zuletzt wegen ihrer ungewöhnlich steilen Proportionen gehört die Beeskower Stadtpfarrkirche zu den imposantesten im Land Brandenburg. Seit 1945 war der Bau Ruine, von dem nur noch die Umfassungsmauern der Halle und des Chores sowie der Turmbau erhalten geblieben waren (Abb. 13). Die Arkaden des Chores über schlanken Achteckpfeilern stürzten erst 1947/48 ein. Die baulich unversehrten überwölbten Teile der Kirche (südliches äußeres Seitenschiff, Sakristei und untere Turmgeschosse) wurden 1951–52 für Gottesdienste und Gemeindearbeit hergerichtet. Obwohl sich die Gemeinde um die Sicherung der Umfassungswände u.a. bemühte, ging von der Beeskower Kirchenruine dennoch eine bedrückende Stimmung aus. Trotz aller Mühen zur Erhaltung der Kirche gelang es während der DDR-Zeit nicht, das großartige Bauwerk endlich mit einem Dach vor weiteren Schäden zu schützen.

Durch die spontane Zusage von ersten Fördermitteln durch die Deutsche Stiftung Denkmalschutz (500.000 DM) unmittelbar nach den politischen Veränderungen nahm eine jahrzehntelang geträumte Vision auch des verantwortlichen Denkmalpflegers endlich reale Züge an. Neben der umfassenden Sanierung aller Wände des monumentalen Backsteinbaus entstand inzwischen auch das hoch aufragende Satteldach über dem dreischiffigen Langhaus und dem Umgangschor wieder neu. Dieser Dachstuhl gehört wohl zu den schönsten und interessantesten unter den nach 1945 über Kriegsruinen wiederhergestellten Holzdächern in Deutschland (Abb. 14). Obwohl das Denkmalamt das Wiederaufbringen des Helms über dem Westturm nicht als dringlich einstufte, ist inzwischen auch dies geschehen. Insbesondere für das weitestgehend von zweigeschossiger Bebauung geprägte Stadtbild entfaltet der wiederhergestellte Außenbau nun erneut seine bekrönende Wirkung. Besonders beeindruckend in Beeskow war und ist, in welchem Maße die Beeskower Bürger an der Wiederbelebung ihrer Pfarrkirche Anteil nehmen, wie sie den Bau zunächst als »Ruine unter Dach« für sich in Besitz genommen haben und sich nun die Wiederherstellung der Gewölbe wünschen.

Angesichts der so überzeugenden Wiederherstellungsleistungen und der beispielhaften Mitwirkung der Kirchengemeinde sowie der Beeskower Bürger bei diesem Vorhaben ist nicht nachvollziehbar, dass dem Bauherrn bis heute seitens des Denkmalamtes die gewünschte ergänzende Neueinwölbung noch nicht genehmigt worden ist, da neben dem bauhistorischen Wert auch die starke Zerstörung, die die Kirche im Zweiten Weltkrieg erlitten hatte, Teil der Denkmalbedeutung geworden sei.[12] Wird demnach aus denkmalpflegerischer

Abb. 13 Beeskow (Ldkr. Oder-Spree), Stadtpfarrkirche St. Marien, Ansicht von Nordosten auf die Ruine; Aufnahme um 1988

Sicht etwa bedauert, dass die Beeskower Marienkirche schon so weit wiederhergestellt worden ist? Und wünscht man sich konsequenterweise rückblickend für ganz Deutschland eine unübersehbare Ruinenlandschaft? Oder hat Beeskow, nur weil es tief im Osten Deutschlands liegt und deshalb in den zurückliegenden Jahrzehnten keine Wiederherstellungschance geboten bekam, eine Doppelbestrafung verdient? Übrigens ist gerade in der Beeskower Kirche eine der eindrucksvollsten Dokumentationen über die Kriegszerstörungen zu sehen. Zum Anliegen der Kirchengemeinde zur Neueinwölbung ist sicher noch nicht das letzte Wort gesprochen worden.

Abb. 14 Beeskow, Stadtpfarrkirche, Blick in den neuen Dachstuhl nach Osten; Aufnahme 1999

Die Frankfurter Marienkirche und ihre über Jahrzehnte andauernde Wiederherstellung

Langwierig zwar, dafür aber außerordentlich spannend gestaltete sich der Umgang mit der Frankfurter Marienkirche seit ihrer Zerstörung am Ende des Zweiten Weltkrieges. Es war eine der interessantesten und letztendlich auch beglückendsten Aufgaben, die der Autor seit 1966 bis zu seinem Ausscheiden im Jahre 2003 aus dem Berufsleben als Denkmalpfleger im Land Brandenburg begleitete (Abb. 15).

Zerstörung und erste Sicherungsmaßnahmen[13]

Im Januar 1945 war Frankfurt/Oder zur Festung erklärt und die Bevölkerung evakuiert worden. Durch einen Bombenangriff am 22. April 1945 nur leicht beschädigt, geriet die Mitte des 13. Jahrhundert begonnene Marienkirche zwei Tage später bei der Einnahme der Stadt durch die Rote Armee in Brand. Dabei wurde die großartige Dachlandschaft weitgehend zerstört, das Langhaus und der 1925 ausgebaute Turmstumpf brannten aus (Abb. 16). Wegen fehlender Schutzdächer stürzten 1946 die Gewölbe der mittleren drei Schiffe und ein Teil der Langhauspfeiler ein (Abb. 17), 1949 folgten die entsprechenden Bauteile des Chores, und 1951 verlor schließlich auch die nördliche Eingangshalle ihr achtstrahliges Gewölbe. Bei einem heftigen Sturm stürzte im Jahre 1966 die obere Zone der hoch aufragenden Attikawand über der nördlichen Außenwand des Langhauses ein und durchschlug die noch dort überlieferten Gewölbe.[14]

Wie überall, so bemühten sich auch in Frankfurt/Oder Kirchengemeinde und Bürger in den ersten Nachkriegsjahren um Schadensbegrenzung, was aufgrund der allgemeinen Notlage in einer nahezu vollständig in Schutt und Asche versunkenen

Abb. 15 Frankfurt (Oder), Marienkirche, Außenbau von Nordosten nach Wiederaufbringung des gegliederten Daches; Aufnahme nach 1998

Abb. 16 Frankfurt (Oder), Blick in die zerstörte Altstadt mit Marienkirche und Rathaus, Aufnahme 1945

Abb. 17 Frankfurt (Oder), Stadtpfarrkirche St. Marien, Blick von Nordosten auf die Ruine; Aufnahme 1946

Stadt allerdings nur unzureichend geschehen konnte (Abb. 18 und 19). Trotz all der Schwierigkeiten in dieser Notzeit konnten aber bis 1950 über den noch vorhandenen Gewölben Notdächer aufgebracht werden. Der von den Zerstörungen nicht so stark betroffene südliche Choranbau von 1521–22 wurde gesichert und für die kirchliche Nutzung bis 1958 hergerichtet. Der saalartige Raum des Obergeschosses, der frühere Martyrchor, diente der Mariengemeinde bis 1974 für den Gottesdienst. In dieser frühen Zeit gelang es auch, die Außenwände des Chores mit Stahlbeton-Ringankern zu versehen und die erhalten gebliebenen Pfeilerarkaden konstruktiv zu sichern. Da der Nordturm nach dem katastrophalen Einsturz seines südlichen Pendants im Jahre 1826 schon ganz allgemein und erst recht nach den Zerstörungen am Ende des Zweiten Weltkrieges als erheblich gefährdet galt, ließ die Kirchengemeinde mit Unterstützung des Instituts für Denkmalpflege trotz aller Schwierig-

Abb. 18 Frankfurt (Oder), Marienkirche, Blick in den zerstörten Chor; Aufnahme 1953

Abb. 19 Frankfurt (Oder), Marienkirche, Blick aus dem Chor nach Westen, davor siebenflammiger Bronzeleuchter von 1370; Aufnahme 1917

keiten auch diesen noch durch Betondecken sowie durch Reparatur und Betonummantelung der Schinkelschen Eisenanker weiter stabilisieren. Die Arbeiten wurden durch Max Hanke aus Cottbus projektiert – es waren die letzten größeren Vorhaben, die unter der Regie der Kirchengemeinde ausgeführt werden konnten. Den kirchlichen Institutionen wird in dieser Phase sicher klar geworden sein, dass sie unter den damals herrschenden Bedingungen die gewaltigen Sicherungsmaßnahmen und schon gar eventuelle Teilwiederherstellungen an der Marienkirche nicht würden bewältigen können.

Bekenntnis zum Erhalt und Übernahme der Erhaltungspflicht durch die Stadt nach drohendem Abriss der Kirchenruine

Bis hin zur SED-Bezirksleitung wurde in dieser Zeit ernsthaft der Abriss der Marienkirche diskutiert. Sowohl der Kirchengemeinde als auch der Denkmalpflege wurde damals untersagt, für die Ruine weitere Sicherungsarbeiten zu planen oder gar zu fördern. In diesem Zusammenhang erinnere ich mich lebhaft an einen frostigen Vororttermin in den späten 1960er Jahren. Die Außenseiten der nördlichen Chor- und der östlichen Vorhallenwand waren von den ungeschützten Stahlbeton-Ringankern bis in die untere Zone mit einer dicken Eisschicht, einer Wasserkaskade ähnlich, überzogen. Die Backsteine waren schon mehrere Zentimeter tief abgewittert: Eine dringende Mahnung, für die Erhaltung des Baus mehr zu tun.

Es war übrigens auch die Periode großer Pläne für die Entwicklung einer visionären Zentrumslandschaft für die Stadt. Aus damals der Denkmalpflege nicht zugänglichen Entwürfen für die Bebauung des Frankfurter Zentrums geht hervor, dass die Ruine der Marienkirche dabei weitestgehend hätte weichen müssen, allein der Nordturm sollte quasi als historisches Versatzstück einbezogen werden. Das Modellfoto dürfte hinreichend belegen, dass die Abrisspläne einer gewissen Ernsthaftigkeit durchaus nicht entbehrten (Abb. 20).

Abb. 20 Frankfurt (Oder), Stadtzentrum, Modellfoto der bewegt gestalteten Hochhausgruppen mit umschlossenem Nordturm der Marienkirche als Ersatzstück, Aufnahme um 1970

Erich Mückenberger als 1. Sekretär der SED-Bezirksleitung soll 1970 erneut einen Angriff auf die Kirche gestartet haben und verlangte von der Stadt entsprechende Abrissstudien. Als Abrisskosten wurden damals 6 Millionen Mark errechnet. Die Bezirksleitung unter ihrem neuen Vorsitzenden Jochen Hertwig verwarf schließlich die Abrisspläne, woran dessen persönlicher Mitarbeiter Dr. Erwin Stabenow wohl einen gebührenden Anteil hatte.[15]

Eine Beratung am 8. November 1973, an der neben dem 1. Sekretär der SED-Bezirksleitung Jochen Hertwig, der Präsident der Bauakademie, Frankfurts Oberbürgermeister und andere Vertreter wichtiger Institutionen teilnahmen, brachte schließlich die Wende im Schicksal der Marienkirchenruine. Im Ergebnis dieser Zusammenkunft entschied man sich gegen den Abriss der Kirche. Schnell wurden nun weitreichende Entscheidungen getroffen. In dem am 27. September 1974 unterzeichneten Pachtvertrag über 99 Jahre zur Übernahme der Marienkirche in die Obhut der Stadt heißt es dazu unter Paragraph 1: »Der Rat der Stadt beabsichtigt, unter Wahrung aller denkmalpflegerischer Aspekte und des Respektes vor den Leistungen der Erbauer der Marienkirche, die Ruine der Marienkirche für allgemein gesellschaftliche Zwecke zu restaurieren, zu rekonstruieren und teilweise auszubauen. Der Rat der Stadt will mit einer derartigen Maßnahme zur Veränderung der städtebaulichen Situation im Zentrum der Stadt im Hinblick auf die 725-Jahrfeier der Stadt Frankfurt (Oder) im Jahre 1973 beitragen.«[16]

An dieser Stelle muss betont werden, dass die Kirchengemeinde St. Marien in keiner Weise zur Abgabe der Marienkirche gedrängt worden war. Vielmehr wurden aufgrund der schwierigen Situation auch noch die beiden anderen mittelalterlichen Großkirchen wie die Nikolaikirche zur musealen Nutzung und die Franziskaner-Klosterkirche zum Ausbau als Konzerthalle an die Stadt abgegeben. Natürlich waren dies für die betroffenen Kirchengemeinden keinesfalls erfreuliche Ereignisse. Doch hatte die Kirche damals offensichtlich keine andere Wahl. Die Stadt Frankfurt/Oder unter der Führung ihres damaligen Oberbürgermeisters Fritz Krause verdient in diesem Zusammenhang hohe Anerkennung für den Mut in dieser kritischen Phase, die drei mitteldeutschen Großkirchen in städtische Verantwortung zu übernehmen. Mir ist jedenfalls kein vergleichbarer Fall aus der DDR-Zeit bekannt.

Studien für die Nutzung der Kirchenruine als Hotel, Bibliothek und Gartenhof

Der Denkmalpflege waren die schon länger andauernden Diskussionen um den Abriss der Marienkirche aus internen Quellen durchaus bekannt. Ein offizielles Abrissbegehren wurde jedoch weder von der Kirchengemeinde noch von der Stadt an das Institut für Denkmalpflege herangetragen. Erst nach der 1973 erfolgten Entscheidung gegen den Abriss der Kirche und den um 1974 fertiggestellten Studienentwürfen für mögliche Nutzungen der Kirchenruine wurden der Generalkonservator des Instituts für Denkmalpflege Prof. Dr. Ludwig Deiters und dessen Stellvertreter Dr. Peter Goralczyk zu einer Beratung beim 1. Sekretär der SED-Bezirksleitung des Bezirks Frankfurt/Oder eingeladen. Gegenüber der Alternative Abriss stellten die Studienentwürfe für eine Bezirksbibliothek/Jugendclub, für ein Hotel und ein Gartenhof durchaus interessante Lösungsansätze dar (Abb. 21 und 22). Nach der über Jahre andauernden Ungewissheit und dem zunehmenden Verfall der Ruine waren dies außerordentlich erfreuliche Entwicklungen.

Noch immer ist mir die Situation gegenwärtig, als mich der Generalkonservator Ludwig Deiters und dessen Stellvertreter Peter Goralczyk über das Gespräch beim 1. Sekretär der Frankfurter SED-Bezirksleitung informierten und davon sprachen, dass die Hauptschiffarkaden bei der Variante »Hotelnutzung« Vollverglasungen zu den inneren Schiffen der Ruine erhalten sollten. Da uns die negativen Wirkungen solcher Baulösungen schon aus der Denkmalpraxis an intakten Sakralräumen (Abtrennungen für Winterkirchen u.a.) hinreichend bekannt waren, war mir sofort klar, dass derartige Baulösungen gegenüber den gerade überwundenen Abrissvorstellungen zwar immer noch einen ungeheuren Fortschritt bedeuteten, aber für den »räumlich bedeutendsten Bau der Mark Brandenburg« (Georg Dehio) keinesfalls das angemessene Ziel sein konnten. Aufgrund des zu diesem Zeitpunkt erreichten Entwicklungsstandes und der allgemein stabiler gewordenen denkmalpolitischen Rahmenbedingungen war ich überzeugt, dass derartig radikale Nutzungs- und Baulösungen nur gedankliche Zwischenschritte darstellen könnten. Schon damals schwebte mir die Wiederherstellung der Marienkirche als unverbauter Großraum mit seiner früheren monumentalen Dachlandschaft als langfristige Vision vor, und warum sollte der erhalten gebliebene großartige Ausstattungsschatz der Marienkirche nicht eines Tages wieder an seinen angestammten Platz im überdachten Innenraum zurückkehren? Es handelt sich um so bedeutende Werke wie den Flügelaltar von 1489, ca. 12 m hoch, den Bronzeleuchter von 1376, ca. 5 m hoch, das Bronzetaufbecken mit Haube von 1376 und eine Vielzahl von Tafelbildern des 15. bis 17. Jahrhunderts sowie Steinepitaphien u.a. Öffentlich aussprechen durfte man eine solche Zielstellung zu diesem Zeitpunkt allerdings nicht.

Hoffnung auf Wiederaufnahme der seit Ende der 1960er Jahre unterbrochenen Sicherungs- und Restaurierungsarbeiten

Nach der 1973 erfolgten Entscheidung gegen den Abriss der Kirchenruine und zur Übernahme der Erhaltungs- sowie Nutzungsverantwortung für 99 Jahre durch den Rat der Stadt Frankfurt/Oder und der um 1974 fertiggestellten Studienentwürfe für mögliche Nutzungsformen war endlich wieder Hoffnung zur Rettung der früheren Stadtpfarrkirche

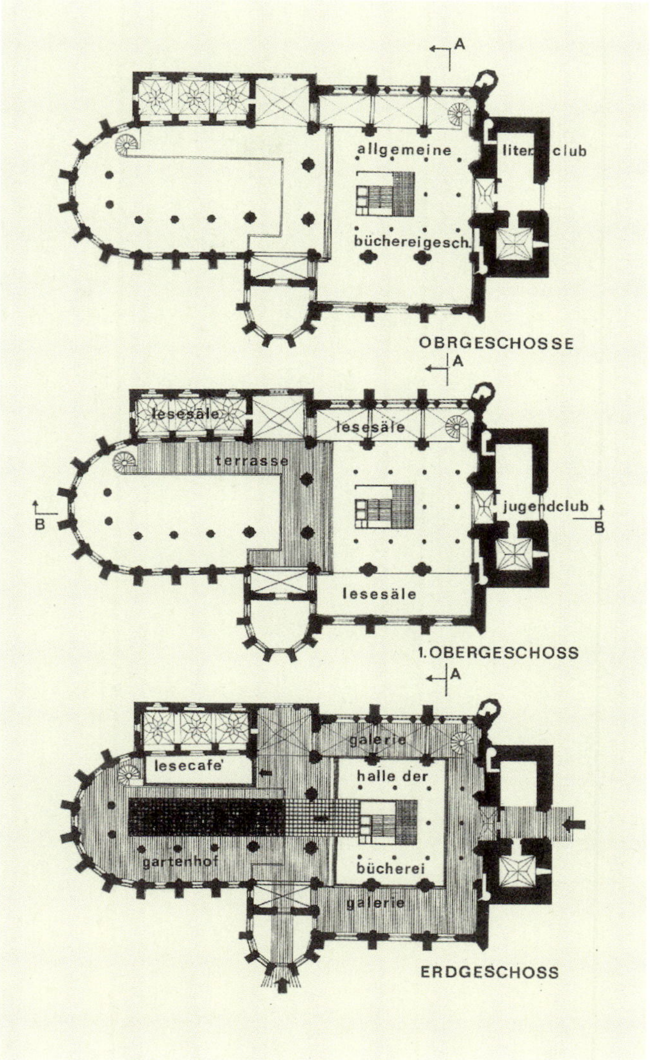

Abb. 21 Frankfurt (Oder), Marienkirche, Studienentwurf für die Nutzung der Kirche als Bezirksbibliothek; Studie um 1974

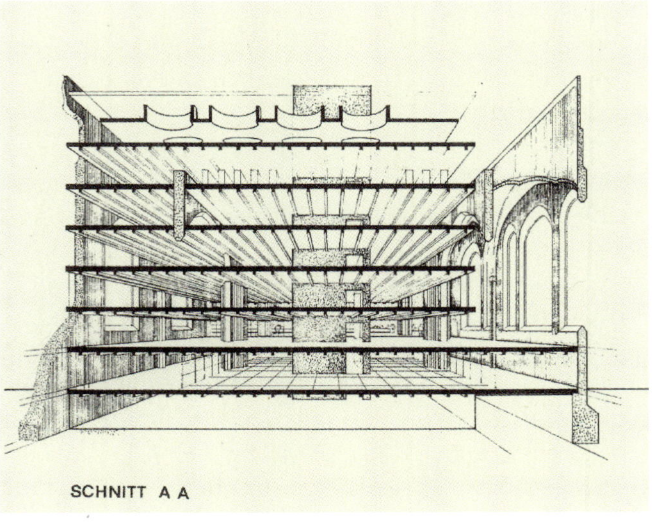

Abb. 22 Frankfurt (Oder), Marienkirche, Studienentwurf für die Nutzung der Kirche als Bezirksbibliothek, Schnitt durch die Büchereigeschosse im Langhaus; Studie um 1974

Abb. 23 Frankfurt (Oder), Marienkirche, nach Restaurierung des Südanbaus wurde auch die südliche Chorinnenwand mit einer Fassung nach mittelalterlichem Befund versehen; Aufnahme Juli 1978

Abb. 24 Frankfurt (Oder), Marienkirche, Einwölbung der nördlichen Eingangshalle, Blick von oben auf das Lehrgerüst; Aufnahme Oktober 1985

aufgekommen. Jene Zeit brachte einerseits der Denkmalpflege eine Aufwertung durch das Neue Denkmalschutzgesetz von 1975 und die steigende internationale Anerkennung der Denkmalpflege, andererseits entstanden zunehmend Probleme bei der Umsetzung denkmalpflegerischer Aufgaben durch die Industrialisierung des Baugewerkes, die fehlenden handwerklichen Baukapazitäten, durch den Mangel an geeignetem Baumaterial und das Fehlen privater Architektur- sowie Ingenieurbüros.

Ende der 1970er Jahre war es dann so weit: 1979 wurden die Planungs- und Vorbereitungsarbeiten wieder aufgenommen. Gleichzeitig begannen die Bauarbeiten zur Ruinensicherung, die seit Ende der 1960er Jahre unterbrochen waren (Abb. 23–25). In einer »Gesellschaftspolitischen Zielstellung« vom Juni 1980, die vom damaligen Stadtarchitekten, Dr. Ing. Manfred Vogler, und Rudi Zarn erarbeitet worden war, sind die Rahmenbedingungen, Aufgabenstellungen, Zeitabläufe und Maßnahmen zur Leitung und Planung für weitreichende Sicherungs- und Ausbaumaßnahmen detailliert festgelegt worden.[17] Trotz deren Konkretheit ließ die Zielstellung glücklicherweise aber genügend Spielraum für Veränderungen, über die später noch zu berichten sein wird. Wichtig waren vor allem die Festlegungen zur Leitung, Planung und Ausführung der vorgesehenen Maßnahmen, die bekanntlich oft über Erfolg oder Misserfolg entscheiden. Jedenfalls verdienen die Aktivitäten der Stadt, die auf der Grundlage der »Gesellschaftspolitischen Zielstellung« bis zum Ende der DDR ausgeführt werden konnten, allen Respekt.

Im Einzelnen heißt es in dieser Zielstellung: »Die Vorbereitungs- und Realisierungsarbeiten werden im Grundsätzlichen

Abb. 25 Frankfurt (Oder), Marienkirche, Einwölbung der nördlichen Eingangshalle, Blick von unten auf das fertiggestellte Gewölbe; Aufnahme 1986

durch den Oberbürgermeister der Stadt Frankfurt/Oder geleitet, (…). Die umfassende Planträgerfunktion übernimmt die Abteilung Kultur des Rats der Stadt. Die Auftraggeberfunktion einschließlich der Koordinierung der Vorbereitung wird durch den Generalauftraggeber für den Aufbau der Stadt Frankfurt/Oder wahrgenommen. Die Bauausführung erfolgt vornehmlich durch kreisgeleitete Betriebe. (…) Die Projektbearbeitung erfolgt unter Einschluss von Leistungen des Instituts für Denkmalpflege (…). Die Koordinierung und Leitung der Projektierungsarbeiten hat unter Teilnahme von einigen Mitarbeitern durch das Büro für Stadtplanung beim Rat der Stadt zusätzlich zum ordentlichen Arbeitsplan zu erfolgen. Der Stadtarchitekt ist verantwortlich für die inhaltliche und fachliche Koordinierung der Projekte und Projektteile (…).«[18]

War Rudi Zarn als stellvertretender Stadtarchitekt im Wesentlichen für die Studienentwürfe und für die Vorbereitungsphase verantwortlich, so richtete der Stadtarchitekt etwas später in seinem Büro für Stadtplanung eine spezielle Projektierungsgruppe für die Marienkirche ein. Mit der Besetzung von Christian Nülken als verantwortlicher Leiter hatte Vogler eine glückliche Hand bewiesen. Bis heute führt und lenkt Christian Nülken, nach 1990 mit Mitarbeitern (Planungsbüro), außerordentlich erfolgreich das Planungs- und Baugeschehen an der Marienkirche. Er sorgte dafür, dass dem Vorhaben der nötige denkmalpflegerische Anspruch über Jahrzehnte erhalten blieb. Dazu gehörten stets ein behutsamer Umgang mit der überlieferten historischen Bausubstanz, die laufende projektvorbereitende intensive bauarchäologische, baugeschichtliche und restauratorische Begleitung bei der schrittweisen Umsetzung vorgesehener Teilschritte. Als besonders günstig erwies sich, dass Christian Nülken von Beginn an eine ähnliche denkmalpflegerische Grundhaltung wie die beteiligten Denkmalpfleger hatte. So gelang es uns ohne jede aufreibende Konfrontation mit der Stadt die jeweiligen Teilkonzeptionen im Sinne einer anspruchsvollen Denkmalpflege zu entwickeln und zu qualifizieren.

Vorteilhaft war es auch, dass just in dieser Phase Dr. Ernst Badstübner als Kunsthistoriker in das Institut für Denkmalpflege kam. Als Gespann von Architekt und Kunsthistoriker hatten wir für einige Jahre die Idealbesetzung in der Gebietsbetreuung des Bezirks Frankfurt/Oder und dabei schwerpunktmäßig auch für die Marienkirche erreichen können.

Wie in der »Gesellschaftspolitischen Zielstellung« ausdrücklich erwähnt, sollte die Projektbearbeitung unter Einschluss von Leistungen des Instituts für Denkmalpflege erfolgen, was dann auch geschah. Wenn ich mich recht erinnere, hatte ich in diesem Zusammenhang nach alten Messbildern den Architekturentwurf für den Nachbau des am 18. August 1984 aufgesetzten ca. 15 Meter hohen Helms des Nordturms angefertigt. Doch wesentlich umfassender war der konkrete Planungsbeitrag unseres Mitarbeiters, des Bauingenieurs Klaus Betzner, den er über viele Jahre hinweg leistete. Das Institut für Denkmalpflege hatte ihn in den 1960er Jahren eingestellt, um Denkmaleigentümer bei der Lösung konstruktiver Probleme zu unterstützen. Bei der Sicherung und Sanierung der Frankfurter Marienkirche mussten vielfältige konstruktive Aufgaben bewältigt werden. Höhepunkt seiner Mitwirkung an der Marienkirche war zweifellos die Planung für den Wiederaufbau der monumentalen Dachlandschaft, die er nach den politischen Veränderungen 1989/90 gemeinsam mit Christian Nülken übernommen hatte.

Natürlich müssen auch die Restauratoren genannt werden, die während aller Phasen entsprechende Befundungs- und Restaurierungsleistungen erbracht haben. Anfangs hatten diese Aufgaben Erhard Naumann sowie Bernhard Klemm und Mitarbeiter des VEB Denkmalpflege, Bereich Restaurierung, übernommen. Inzwischen ist dafür der freischaffende Restaurator Dr. Jan Raue tätig, der in mehreren Veröffentlichungen über die Wandmalereien und Architekturfassungen der Marienkirche publiziert hat.[19]

Schließlich sei noch erwähnt, dass das Institut für Denkmalpflege über mehrere Jahrzehnte hinweg erhebliche Finanzmittel zur Restaurierung des reichen Kunstschatzes der Marienkirche zur Verfügung gestellt hatte. Einen Großteil dieser Leistungen am Flügelaltar, der Bronzetaufe oder an vielen Epitaphien erbrachten freischaffende Restauratoren und Mitarbeiter des Instituts für Denkmalpflege unter Leitung von Wolf-Dieter Kunze. Die denkmalpflegerische Betreuung dieses Restaurierungskomplexes lag im Wesentlichen in den Händen von Dr. Hannelore Sachs.[20]

Besonders wichtig für die Bewältigung der umfangreichen und sehr differenzierten Bauaufgabe war die Absicherung der notwendigen Baukapazitäten. Da für das Vorhaben mit keinerlei Berücksichtigung im Volkswirtschaftsplan gerechnet werden konnte, musste dafür nach einem Sonderweg gesucht werden. Wohl mit Rückendeckung der SED-Bezirksleitung sowie des Rats des Bezirks und sicher mit allergrößtem Einsatz des in Frankfurt/Oder geborenen Oberbürgermeisters Fritz Krause durfte die Stadt einen objektgebundenen Restaurierungsbereich innerhalb des VEB Gebäudewirtschaft aufbauen, der in guten Zeiten bis zu 20 Fachhandwerker umfasste. Da die politische Zentrale in Berlin gegenüber derartigen »Sonderwegen« außerordentlich wachsam war, wurde von den Frankfurtern um Zurückhaltung im Hinblick auf Veröffentlichungen von Bauberichten u.ä. gebeten. Der Stamm erfahrener Fachhandwerker blieb der Marienkirche auch nach den politischen Veränderungen von 1989/90 treu – nun allerdings als Team einer selbständigen Firma.

Personell zwar gut, keinesfalls aber üppig besetzt, begann um 1980 eine erfolgreiche Phase der Sicherung, Sanierung und Restaurierung der Kirchenruine, die beste Voraussetzungen für die späteren Leistungen nach den politischen Veränderungen von 1989/90 bot.

Modifizierung und Ergänzung der Wiederherstellungskonzeption während der DDR-Zeit

Im Gegensatz zu den in den 1980er Jahren allgemein dramatisch schlechter werdenden Bedingungen für die praktische Denkmalpflege war für das Frankfurter Vorhaben tatsächlich ein »erstes Wunder« eingetreten. Wegen der bis zu diesem

Zeitpunkt ungewissen Perspektive des Projekts hatten Einzelheiten der von der Stadt verfolgten »Gesellschaftspolitischen Zielstellung zur baulichen Sicherung, Teilrestaurierung und Ausbau der Ruine« praktisch noch keine Relevanz erlangt. Doch nun wurde es ernst. Mit Umsicht und Geduld mussten jetzt die Zielvorstellungen der Stadt hinterfragt werden. Dabei erwies sich die weitgehend übereinstimmende Grundhaltung zwischen dem Planer vor Ort und dem zuständigen Denkmalpfleger als außerordentlich vorteilhaft. Gemeinsam war uns klar, dass angesichts des unter großen Mühen durch die Stadt erreichten Ergebnisses offiziell keine Visionen ins Spiel gebracht werden dürften, die aus damaliger Sicht als zu utopisch erschienen und jeder wirtschaftlichen Grundlage entbehrten wie etwa der Gedanke zur Wiederaufbringung der gegliederten Dachlandschaft. Wir durften noch immer keinen Grundkonflikt mit der Stadt riskieren. Aus unserer Sicht musste deshalb vor allem verhindert werden, dass mit den nun einsetzenden Baumaßnahmen vollendete Tatsachen entstünden, die anspruchsvollere Lösungen auf Dauer verhinderten.

Die Stadt verfolgte auf der Grundlage der Studienvariante »Gartenhof« ein Konzept, wonach die auszubauende Ruine mit einem vielgestaltigen Funktionsangebot als Freizeitforum Teil eines aus drei Bauwerken gebildeten Ensembles (Kirchenruine, Oderturm und neu zu errichtender Saalbau) die Aufgabe eines Kulturhauses erfüllen sollte. Vor allem für die mannigfaltigen Formen kultureller Aktivitäten sei vielgestaltig disponibel nutzbarer Raum zu schaffen. Deshalb seien museale Angebote auf ein Minimum zu begrenzen. Die Wiederherstellung der Dachlandschaft oder die Ergänzung von Gewölbebereichen wurde ausdrücklich ausgeschlossen. Auch neue Betonebenen im Hallenschiff waren vorgesehen.

Kurzgefasst sei festgestellt, dass der Planer und wir Denkmalpfleger tatsächlich ein Konzept verfolgten, das über die einfache Ruinensicherung hinausging und die Wiederherstellung des Außenbaus mit Dachlandschaft sowie die Beibehaltung des reich gegliederten historischen Großraumes anstrebte. Natürlich gingen wir dabei davon aus, dass der überlieferte Kunstschatz der Marienkirche eines Tages wieder Bestandteil des Rauminterieurs sein würde und sich damit in Frankfurt/Oder ein Zentrum Ostbrandenburgischer Sakralkunst entwickeln könnte. Ob die 1941 ausgebaute mittelalterliche »Gläserne Bilderbibel« (drei Glasmalereifenster/14. Jahrhundert) in Russland überlebt hatte, wussten wir zum damaligen Zeitpunkt noch nicht, für ausgeschlossen hielten wir dies jedoch nicht.

Mag aus heutiger Sicht bei oberflächlicher Betrachtung unser damaliges Agieren auch etwas ungewöhnlich oder sogar riskant anmuten – wirklich Kritisches hätte kaum passieren können, denn jederzeit hätte die schrittweise Sicherung und Restaurierung der erhalten gebliebenen Originalsubstanz unterbrochen oder gestoppt werden können. Auch dies hatte der Planer stets mit im Auge zu behalten.

Interessant im Zusammenhang mit der Problemstellung zur Ruinensicherung oder aber einer weitergehenden Wiederherstellung ist noch, dass es während des Ablaufs der gesamten Ausführungsarbeiten bis heute zwischen der Stadt und den Denkmalpflegern zu keiner einzigen größeren Auseinandersetzung mehr gekommen ist. Beachtenswert ist zudem, dass die Stadt während der vielen Jahre gemeinsamer Zusammenarbeit nie wieder Bezug auf die »Gartenhof-Studie« oder die »Gesellschaftspolitische Zielstellung« genommen hat. Vielmehr scheint es so, dass die Verantwortlichen und die Bürger der Stadt selbst letztendlich den eingeschlagenen Weg für den überzeugenderen angesehen haben, was allerdings erst ein »zweites Wunder«, nämlich die politischen Veränderungen von 1989/90, ermöglicht hat. Ein weiterer glücklicher Umstand war schließlich, dass die Frankfurter Chorfenster aus russischem Exil im Jahre 2002 in einen bereits »bedachten« Innenraum heimkehren konnten. Möge nun bald ein weiteres Wunder die Zusammenführung von Kirchenbau und ursprünglicher Ausstattung initiieren! Natürlich war es beglückend, an diesem Wandel beteiligt gewesen zu sein.

In der DDR waren wir schon überglücklich, wenn hin und wieder einmal die Bedingungen für die Wiederherstellung der einen oder anderen Denkmalruine geschaffen werden konnten, so auch bei der Frankfurter Stadtkirchenruine. Wenn es aus bereits angesprochenen Gründen zunächst auch keine offene Diskussion über die Art und Weise der Sicherung und Teilwiederherstellung geben konnte, so wurde natürlich im Institut für Denkmalpflege sowie gemeinsam mit dem Planer vor Ort in den späten 1970er Jahren lebhaft diskutiert. Damals konnten wir in der weitergehenden Wiederherstellung jedenfalls keine gegen denkmalpflegerische Grundregeln verstoßende Absicht erkennen.

Auch wenn das praktische Geschehen an der Frankfurter Marienkirche das Für und Wider unserer frühen denkmalpflegerischen Überlegungen längst im positiven Sinne überholt hatte, sollen hier doch noch einmal einige Abwägungsargumente angesprochen werden. So begründet die heutige Denkmalpflege ihre Vorbehalte gegen Teil- bzw. angenäherte Wiederherstellungen zumeist mit moralischen und symbolischen Argumenten wie etwa dem langen Zeitraum zwischen Zerstörung und Wiederherstellung oder damit, dass die Sonderform »Wiederherstellung von Kriegsruinen« bereits abgeschlossen sei und dass sich Kriegsruinen hervorragend als Erinnerungsorte eigneten, übrigens werde ganz allgemein viel zu viel rekonstruiert. Im Gegensatz zu solchen teilweise leichtfertigen Begriffverwendungen sollte für die typische Kriegsruine vielmehr hinterfragt werden, ob das Objekt überhaupt die Denkmalqualität einer Ruine verkörpere wie etwa bei den Kirchenruinen Chorin, Eldena/Greifswald oder Paulinzella. Bei der Frankfurter Marienkirche haben wir derartige Denkmalwerte jedenfalls nicht erkannt. Wir empfanden die Ruine zutreffender als »kaputtes Gebäude«.

Ein wichtiges Kriterium bei derartigen Abwägungen ist natürlich der überlieferte Bestand an Originalsubstanz. Bei der Frankfurter Marienkirche war dessen Anteil relativ hoch – selbst überwölbte Innenräume waren erhalten geblieben. Diesbezüglich mussten wir also keine Bedenken hegen. Für alle wiederherzustellenden Bauteile gab es hinreichend originale Vorlagen und eine Vielzahl von Messbildern. Dass der stark gegliederte Außenbau durch die wiederhergestellte Dachlandschaft wieder erheblich an Ausstrahlung gewinnen würde, stand für uns außer Frage. Den beteiligten Denkmalpflegern war auch bewusst, dass Kriegsruinen langfristig nur schwer in ein intaktes städtebauliches Umfeld integriert werden können. Während Ruinen im Wald oder in freier Natur gern angenommen werden, sind Ruinen in Städten eher rar. Ein wichtiges Argument bei der Wiederherstellung von Kriegsruinen ist natürlich der enorme Pflegeaufwand, den unbedachte Gebäude vor allem langfristig erfordern. Der Anblick der Eiskaskaden auf den Außenwänden der Marienkirche während der 1960er Jahre sind mir noch immer Horror genug.

Auch die künftige Nutzung ist bei derartigen Überlegungen von großer Bedeutung. Ein überdachtes Gebäude lässt sich einfach vielfältiger und intensiver nutzen. Da der einzigartige Kunstschatz der Marienkirche die schrecklichen Kriegsgeschehnisse in Frankfurt überstanden hatte, lag es, wie gesagt, nahe, in der Marienkirche als dem traditionellen Standort auch den künftigen zu sehen. Die inzwischen wieder eingebauten drei mittelalterlichen Chorfenster weisen jedenfalls für die Zukunft den Weg zur weiteren Entwicklung. Die Erfahrungen bei der Wiederherstellung der Marienkirche haben uns gezeigt, dass das qualitätvolle Gebäude und seine großartige Ausstattung aus sich heraus den nötigen Maßstab und Anspruch setzen. Der inzwischen erreichte Bauzustand macht diesbezüglich jedenfalls Hoffnung.

Erfolgreiche Phase praktischer Aktivitäten in der Zeit von 1979 bis 1989

Nachdem alle Voraussetzungen für eine Arbeitsaufnahme geschaffen waren, begannen 1979 die praktischen Maßnahmen zunächst mit Aufräumungs- und diversen Vorbereitungsarbeiten. Für die Gesamtaufgabe war ein schrittweises Vorgehen festgelegt worden, bei dem jeder Bauabschnitt vom oberen Abschluss bis zum Fundamentbereich bearbeitet werden sollte. Im Einzelnen umfasste dies vor allem die gesamte Mauerwerkssanierung und die jeweiligen besonderen Aufgaben der einzelnen Bauabschnitte. Begonnen wurde mit dem zweigeschossigen Choranbau von 1521–22, in dem Sakristei sowie Martyrchor lagen und der durch glückliche Umstände die Katastrophe intakt überstanden hatte. Immerhin haben diese Räume die Größe kleiner Dorfkirchen. Schon hier blieb es nicht bei reinen Sicherungsarbeiten. Vielmehr umfasste dieser Abschnitt von Dachsanierungsarbeiten über Restaurierungsmaßnahmen an den überlieferten Raumfassungen bis hin zu umfangreichen archäologischen Freilegungsarbeiten an den Resten des Vorgängerbaus der Sakristei das gesamte Spektrum aller denkmalpflegerischen Aufgabenfelder. Wir betrachteten diesen Bauabschnitt bereits als gelungenen Einstieg in die Realisierung eines weitergehenden Wiederherstellungsprogramms.

Zu diesem Aufgabenkomplex gehörte auch die Sanierung der südlichen Innenwand des Chores. Um innerhalb der damals noch unaufgeräumten Ruine die Qualität des mittelalterlichen Innenraumes bewusst werden zu lassen, ließen wir im nicht überdachten Chorbereich die mittelalterliche Farbfassung rekonstruieren. Sicher waren manche irritiert, doch Kritik ist uns nicht zu Ohren gekommen. Vielmehr schien die Idee Wirkung gezeigt zu haben. Entsprechend dieser Strategie folgten 1984 die ca. 15 Meter hohe Haube über dem Nordturm und wenig später das kegelförmige Dach über der nördlichen Eingangshalle. In der damals noch nicht fertiggestellten Zentrumsbebauung waren dies natürlich Zeichen, die sogar der heimischen SED-Bezirksleitung Angst vor »Spionen« der Hauptstadt machte: Wie konnte sich die »Provinz« in dieser wirtschaftlich schwierigen Zeit überhaupt ein solches Großvorhaben leisten? Es wurde wiederum gebeten, von jeder Information über die Baustelle Abstand zu nehmen. Doch spätestens seit dieser Zeichensetzung dürften die Frankfurter ihre Stadtpfarrkirche nicht mehr als Schandfleck, sondern als das bedeutendste Geschichtszeugnis ihrer Stadt ins Bewusstsein aufgenommen haben. Und spätestens seit diesem Zeitpunkt müsste den Verantwortlichen der Stadt auch klar geworden sein, dass eine neue Turmhaube an so exponierter Stelle nicht so recht zur Erhaltung einer Kriegsruine passt, vielmehr den Auftakt für die Wiederherstellung unter Einschluss der Wiederaufbringung der gesamten Dachlandschaft suggeriert, was sie damals aber wegen der extrem schlechten wirtschaftlichen Lage öffentlich nicht bekunden konnten.

Den Auftaktprojekten folgten die systematische Sicherung und Sanierung der gesamten vorhandenen Originalsubstanz wie 1985 beispielsweise die erforderliche Schadensbeseitigung am nördlichen Teil des Hallenumgangschores und der Nordkapelle oder die Wiederherstellung der erst 1966 eingestürzten oberen Teile der Attikawand über dem nördlichen Seitenschiff, die zu den charakteristischen Gestaltungsformen der Marienkirche gehört und verschiedenartige Farbfassungen, vom farbigen Fries bis zur figürlichen Malerei, trug.

Ursprünglich war die ca. 18 Meter hohe Schauwand mit dem Dachstuhl des angrenzenden Pultdaches konstruktiv verbunden. Da der Halt bietende hölzerne Dachstuhl in den Aprilta-

Abb. 26 Frankfurt (Oder), Marienkirche, Neuaufbringung eines Pultdaches aus Stahlbindern bei gleichzeitiger Stabilisierung und Wiederherstellung der eingestürzten Teile der äußeren Schauwand über dem nördlichen Seitenschiff; Aufnahme 1986

gen des Jahres 1945 ebenfalls Opfer der Flammen wurde, war es nur eine Frage der Zeit, wann die an den dünnsten Stellen nur halbsteinstarke Wand den Stürmen nicht mehr genügend Widerstand bieten konnte. Bedauerlicherweise zerschlugen die Trümmerteile der Attikawand, wie erwähnt, die dort bis dahin erhalten gebliebene Wölbung über dem nördlichen Seitenschiff.

Mit einer Dreieckskonstruktion aus Stahl – Holz stand damals nicht zur Verfügung – wurde das ursprüngliche Pultdach über dem nördlichen Seitenschiff nachgebildet, einerseits die Dachdeckung aus Biberziegeln tragend und andererseits die Attikawand aussteifend (Abb. 26). Selbstverständlich wurden die fehlenden Teile der Attikawand rekonstruiert. Bei einer reinen Ruinensicherung hätte man dafür sicher eine andere Baulösung angestrebt.

Sicher unter dem Eindruck der vorbildlichen Sicherungs- und Sanierungsleistungen während des Jahrzehnts vor den politischen Veränderungen von 1989/90 wurde aus dem anfänglichen »Freizeitforum« gegen Ende der DDR-Zeit mehr und mehr eine Stätte der Kunst und Kultur (»Kunstforum«). Konzerte im offenen Langhaus und Ausstellungen im Martyrchor gehörten zum Nutzungsprogramm in dieser Zeit. Längst fanden in dieser Phase die umgesetzten Sicherungs- und Wiederherstellungsleistungen bei den Frankfurter Bürgern und der Stadtverwaltung hohe Anerkennung. Die erfolgreiche Entwicklung ermunterte das Planungsteam sogar noch während der DDR-Zeit zur Anfertigung einer Studie im Sinne eines Vorentwurfs

Abb. 27 Frankfurt (Oder), Marienkirche, nach Wiederherstellung des Daches, Blick in den Chor mit ergänzter neuer Einwölbung, Neufassung nach Befunden sowie Einbau der mittelalterlichen Fenster; Aufnahme 2006

für die Wiederaufbringung des stark gegliederten Daches, was damals allerdings nur als Stahlkonstruktion denkbar gewesen wäre. Erwartungsgemäß lehnte die SED-Bezirksleitung ein derartiges Anliegen jedoch kategorisch ab. Abgesehen von den wirtschaftlichen Schwierigkeiten dürften zu diesem Zeitpunkt einfach noch frühere Vorbehalte gegen ein so weitgehendes Projekt nachgewirkt haben. Immerhin forderte ein Beschluss des Rats der Stadt vom 7. Januar 1987, dass zwar das mittelalterliche Erscheinungsbild der Halle wiederhergestellt werden sollte, jedoch ohne Dach und Gewölbe. Doch angesichts der bald danach beginnenden Wendezeit war die Erarbeitung dieser Studie keinesfalls umsonst gewesen. Sie hatte vielmehr wichtige Erkenntnisse gebracht, die bald darauf von großem Nutzen sein sollten.

Eine lang gehegte Vision wird endlich Realität

Die Arbeiten an der Frankfurter Marienkirche waren zu DDR-Zeiten so weit fortgeschritten, dass sie eine gute Grundlage für weitere Maßnahmen darstellten. Der seit einem Jahrzehnt an der Marienkirche tätige Handwerkerstamm blieb nach den politischen Veränderungen von 1989/90 der Baustelle treu und nannte sich nach der Privatisierung nun »Frankfurter Restaurierung und Bau GmbH«. Auch die politisch bedingten Veränderungen in der Stadtverwaltung hatten keine negativen Auswirkungen auf das Baugeschehen. Im Gegenteil eröffneten sich nun Möglichkeiten, die wenige Monate vorher noch völlig undenkbar waren. Die von den Denkmalpflegern und vom Planungsteam insgeheim über Jahrzehnte verfolgte Vision der weiterführenden Wiederherstellung der Ruine war durch das nicht vorhersehbare »Wendewunder« urplötzlich möglich geworden. In Frankfurt erkannte man sofort die große Chance. Schnell wurde die Aufbringung der imposanten Dachlandschaft in historischer Erscheinungsform als Schwerpunktaufgabe vorbereitet. Was die Planung betrifft, so waren mit der Studie aus DDR-Zeit bereits wertvolle Vorarbeiten geleistet worden. Baulich musste die 1945 eingestürzte südliche Arkadenreihe des Chores zur Abfangung der Dach- und Deckenlasten neu errichtet werden, was bereits 1989/90 geschah. Die Dachkonstruktionen wurden nun in Holz geplant. Während Dachwerke aus Stahl außerordentlich pflegeintensiv sind und keine längeren Standzeiten gewähren, garantiert Holz eine Haltbarkeit von vielen Jahrhunderten.

Der aus Schwarzwälder Lärche bestehende Dachstuhl des Chores wurde von Oktober 1995 bis Mitte Dezember 1996 hergestellt und mit 85.000 Flachziegeln (Biberschwänze) belegt (vgl. Abb. 15). In den Jahren 1997 bis 1998 folgte dann das Dach über dem fünfschiffigen Langhaus. Insgesamt wurden für alle Dachteile erstaunliche 600 Kubikmeter Holz verbaut. Planung und Bauleitung lag in den Händen des nun privat geführten »Büros für Architektur und Denkmalpflege Nülken« in Frankfurt/Oder. Für die Statik und Konstruktion zeichnete der ehemalige Mitarbeiter des Instituts für Denkmalpflege und nun freiberuflich tätige Bauingenieur Klaus Betzner verantwortlich. Auch die von Ulrich-Christian Dinse geführte Untere Denkmalschutzbehörde war in das Geschehen gut eingebunden.

Abb. 28 Frankfurt (Oder), Marienkirche, mittelalterliche Glasmalerei, Predigt des Antichrist im Tempel, um 1370, Aufnahme 2002

Abb. 28a Frankfurt (Oder), Marienkirche, Glasfenster, Trennung von Wasser und Land, Aufnahme 2002

Das Vorhaben wurde bis 2001 mit erheblichen Finanzmitteln aus dem Förderprogramm des Bundes »Unbewegliche Kulturdenkmale mit besonderer nationaler kultureller Bedeutung« unterstützt. Die Wiedereinwölbung des Chores im Jahre 2004 wurde dann mit Fördermitteln des Bundes und des Landes Brandenburg gesondert gefördert. Abgesehen von der allgemeinen Bedeutung der Wiederherstellung der Dachlandschaft war damit auch die wichtigste Voraussetzung für die Rückführung der »Gläsernen Bibel« in den Chor der Marienkirche erfüllt, denn die Tatsache, dass die Marienkirche nun wieder ein intaktes Gebäude war, gab schließlich den Ausschlag für die Rückgabe der Chorfenster.

Mit dem Aufbringen des neuen Dachstuhls war endlich die lang gehegte Vision Realität geworden. Ein außerordentlich wichtiger Schritt konnte damit abgeschlossen werden. Die Marienkirche bildet im Zentrumsbereich der Stadt nun wieder, gemeinsam mit dem historischen Rathaus, die städtebauliche Dominante. Während die Kirche ohne Dach wie eine Wunde im Stadtbild wirkte, ist der stark gegliederte Außenbau erst durch die Dachkrone wieder zu einem beeindruckenden Gesamtkunstwerk verschmolzen. Für das Innere bieten die jetzt überdachten Raumbereiche viele Nutzungs- und Gestaltungsmöglichkeiten.

Die heimgekehrten Chorfenster der St. Marienkirche in Frankfurt/Oder

Gerade konnte die Wiederherstellung der Hauptdächer erfolgreich abgeschlossen werden, als sich ein weiterer »Glücksfall« im Schicksal der Marienkirche ereignete. Der nach 1945 in die Sowjetunion geschaffte mittelalterliche Glasmalereibestand hatte die jahrzehntelange Auslagerung in St. Petersburg überstanden und sollte nach Frankfurt/Oder zurückgeholt werden. Bundes- und Landesregierung sowie Stadtverwaltung, Kirchengemeinde, Förderverein und andere bemühten sich intensiv um die Rückführung der mittelalterlichen Glasmalereien (Abb. 28 und 28a). Am 29. Juni 2002 war es endlich soweit. Tausende Frankfurter Bürgerinnen und Bürger nahmen »ihren« langersehnten Schatz in Empfang, sorgsam in 22 Holzkisten verpackt. Stadt und Denkmalamt entschieden sich dafür, die drei Chorfenster in Räumen der Marienkirche restaurieren zu lassen. Im August 2002 schlossen Stadt und Denkmalpflege eine außerordentliche Vereinbarung, in der geregelt wurde, dass das Landesdenkmalamt die fachlichen und die Stadt die finanziellen sowie organisatorischen Probleme zu lösen hätten.[21]

Der Landeskonservator Prof. Dr. Detlef Karg übernahm seitens des Brandenburgischen Landesamtes für Denkmalpflege und Archäologischem Landesmuseum selbst die denkmalpfle-

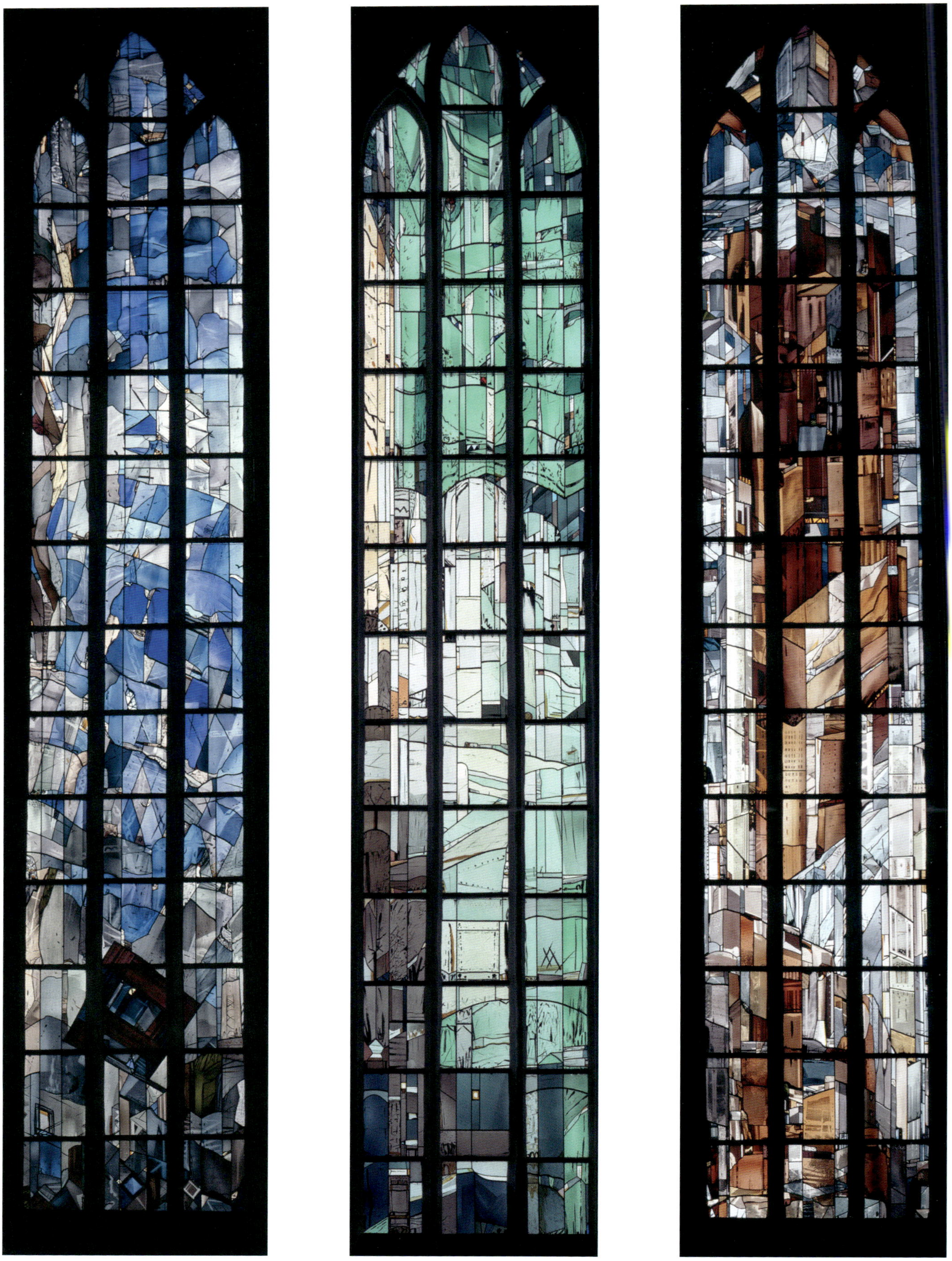

Abb. 29a–c Frankfurt (Oder), Marienkirche, drei neue, von Hans Burger gestaltete Fenster in der nördlichen Außenwand des Chores, Aufnahme 2006

gerische Betreuung dieses Projektteils. Als Werkstatt wurde der Martyrchor genutzt, während in der früheren Sakristei ständig Ausstellungen zum Restaurierungsverlauf stattfanden. Die auf hohem Niveau erfolgten Konservierungs- und Restaurierungsarbeiten wurden von den Restauratorinnen Sandra Meinung, Gerlinde Möhrle, Nicole Sterzing und ab 2006 zusätzlich von Sandra Williger durchgeführt. Dabei war die interdisziplinäre Zusammenarbeit mit verschiedenen Fachleuten und Naturwissenschaftlern abgesichert. Die denkmalfachliche Betreuung des Projekts lag in den Händen von Marina Flügge. Am 29. Juni 2007 waren die drei Fenster an ihrem seit dem 14. Jahrhundert angestammten Platz im Chor wieder eingebaut.

Natürlich verleihen die restaurierten Chorfenster der Marienkirche nun wieder eine ungeheure Ausstrahlung und ziehen seither viele Besucher an. Bis zu den Tagen des Einbaus der Fenster war die Marienkirche eben nur eine »Ruine unter Dach«. Zum Fenstereinbau schreibt der frühere Bischof Wolfgang Huber: »Nach ihrer ursprünglichen Bestimmung bildeten die drei großen Chorfenster den künstlerisch gestalteten Hintergrund und Rahmen für den vor den Fenstern angeordneten Altar«.[22] Und tatsächlich, auch dieser ca. 12 Meter hohe Flügelaltar von 1489 hat mit weiteren monumentalen Ausstattungsstücken die Wirren des Krieges überstanden. Dringlicher denn je stellte sich nun die Frage, warum eines Tages nicht zusammenfinden sollte, was zusammengehört.

Der beabsichtigte und dann realisierte Wiedereinbau der originalen Chorfenster hat natürlich sofort auch die Frage nach der Gestaltung der sieben weiteren Fenster des Chorumgangs aufgeworfen. Nach intensiven Überlegungen entschied man sich für Entwürfe, die der Mitarbeiter der Restaurierungswerkstatt des brandenburgischen Denkmalfachamtes Hans Burger entwickelt hatte und die die Firma »Glasgestaltung Berlin-Pankow« (Glasgestalterin Beatrice Naumann) schließlich ausführte (Abb. 29a–c). Während für die Restaurierung der drei mittelalterlichen Chorfenster insgesamt fünf Jahre zur Verfügung standen, musste insbesondere wegen finanzieller Vorgaben die Gestaltung der sieben neuen Fenster in nur einem Jahr abgeschlossen werden. Wahrlich ein mutiges Unterfangen, auf das sich der Restaurator und Künstler Hans Burger eingelassen hatte. In Würdigung dieser großartigen Leistung schreibt Frau Ilona Rohowski: »Wie souverän der Künstler alle diese Schwierigkeiten letztlich meisterte, zeigen die innerhalb von rund zwölf Monaten von ihm geschaffenen und seit August 2007 in direkter Wechselwirkung mit den wiedereingebauten gotischen Bildfolgen erlebbaren sieben neuen Fenster«.[23] Und er selbst schreibt schließlich: »Inzwischen war es Frühling geworden und ein Ende der angespannten Arbeit war abzusehen – entsprechend heiter geriet das österliche siebente ›Geh aus mein Herz-Fenster‹, s. IV«.[24]

Wieder einmal meinte es das Schicksal gut mit der Marienkirche.

Chorfenster und Umgangschor – eine aufeinander bezogene künstlerische Einheit

Allein das Wissen, dass der großartige Ausstattungsschatz der St. Marienkirche das Frankfurter Kriegsinferno weitestgehend überstanden hat und dass möglicherweise auch die mittelalterlichen Glasfenster in Russland überlebt haben könnten, hatte die Denkmalpfleger und den Planer stets verpflichtet, nicht nur für den Augenblick, sondern immer auch vorausschauend zu denken. Beispielsweise musste dabei bedacht werden, dass einerseits nicht durch bestimmte Maßnahmen später gewünschte oder notwendig werdende anspruchsvollere Lösungen verbaut würden, aber andererseits positive Entwicklungen aktiv wahrgenommen werden könnten.

Natürlich war klar, dass mit dem Einbau der Chorfenster allein aus ästhetischen Gründen das bis dahin verfolgte Konzept »Ruine unter Dach« nicht mehr zutraf. Allein der Blick vom Chor aus in den darüber befindlichen Dachstuhl ließ erkennen, dass hier zwei Gestaltungswelten aufeinandertrafen, die nun der architektonisch-künstlerischen Vermittlung bedurften. Es standen die kleinteilig und stark farbig gestalteten Chorfenster im Gegensatz zu dem eher grob wirkenden Dachstuhl – es passte einfach nicht zusammen und konnte nicht wirklich überzeugen. Das eine war Teil des Rohbaus, das andere gehörte bereits zur angestrebten Neuausstattung dieses bedeutenden Sakralbaus. Es musste also der richtige Präsentationsrahmen für das gesamte Fensterensemble gefunden werden. Dabei ging es insbesondere um die Form und Gestaltung der Deckenebene und um die Art und Weise der Wand-, Pfeiler- und Deckenfarbigkeit. Darüber entbrannte eine lebhafte, aber konstruktive Fachdiskussion, die insbesondere durch die restauratorischen Untersuchungsergebnisse im Chorbereich noch beeinflusst wurden. Schon früher hatten wir mögliche Deckenlösungen im Hinblick auf ihre Brauchbarkeit hinterfragt. Es wurde über einen offenen Dachstuhl, aufwendigere Kassettendecken, einfachere Bohlen- bzw. Bretterdecken, flache oder gefaltete Beton- oder Stuckelemente oder die Gewölberekonstruktion nachgedacht. Im Zusammenhang mit dem Neubau des Dachstuhls wurde vom Planer zunächst die Idee entwickelt, den Raum mit einer einfachen Flachdecke aus Holz abzuschließen. Mit der Rückführung der Glasfenster ergab sich nun aber eine ganz andere Situation. Nicht zuletzt mit Hilfe farbiger Folienkopien in einem Chorfenster wurde schnell klar, dass der Zwischenraum zwischen der oberen Fensterebene und dem unteren Dachstuhlbereich (Decke) viel zu groß wäre und dass dadurch die fein abgestimmten Proportionen der Fenster in nicht verantwortbarer Weise leiden würden. Zudem ließ sich klar erkennen, dass der unruhige Rohbaucharakter den großartigen Glasfenstern einfach nicht zuträglich wäre. Die Stadt, der Förderverein und der zuständige Denkmalpfleger plädierten deshalb für eine Wiedereinwölbung und die farbige Neufassung des Chores entsprechend der gut nachgewiesenen Erstfassung.

Diesbezüglich schreibt der verantwortliche Restaurator Jan Raue: »Zusammenfassend ist festzuhalten, dass die Wiederein-

Abb. 30 Frankfurt (Oder), Marienkirche, Chor mit ergänzter Wölbung, Neufassung nach historischen Befunden sowie Einbau der mittelalterlichen und neuen Fenster; Aufnahme um 2006

wölbung des Chores mit der Rekonstruktion der bauzeitlichen Raumfassung folgerichtig, ja notwendig für die Präsentation der zurückgewonnenen Glasmalerei war.«[25] Das Ergebnis bestätigt die Entscheidung und kommt bei den Bürgern und Besuchern der Stadt offenbar gut an. Dass es auch Überlegungen einiger auswärtiger Denkmalpfleger gab, die die originalen Glasmalereischeiben lieber innerhalb des Umgangschores in Vitrinen ausgestellt sehen wollten, sei nur am Rande angemerkt.

Die Entscheidung zur Neueinwölbung und farbigen Fassungsrekonstruktion waren die letzten Aktivitäten, an denen ich als stellvertretender Landeskonservator in Frankfurt/Oder mitwirkte. Ich hatte das Glück, das Baugeschehen über fast 40 Jahre begleiten zu können (Abb. 30). Im Jahre 2003 schied ich wegen Erreichen der Altersgrenze aus dem Dienst beim Brandenburgischen Landesamt für Denkmalpflege und Archäologischen Landesmuseum aus. Robert Graefrath führt seitdem die denkmalfachliche Objektbetreuung an der Marienkirche fort.

Parallel zu den beiden spektakulären Teilprojekten (Dachlandschaft und Glasmalerei) wurden seit der Wendezeit weitere umfassende Sicherungs-, Restaurierungs- und Erschließungsmaßnahmen durchgeführt. Dazu gehörten unter anderem langwierige Entsalzungs- und Konservierungsleistungen an den Sandsteinportalen, dringend erforderlich gewordene Sicherungs- und Restaurierungsarbeiten am Westwerk und die systematische restauratorische Begleitung sämtlicher Wiederherstellungsarbeiten, wobei für das gesamte nordostdeutsche Backsteingebiet einzigartige Befunde nachgewiesen und gesichert werden konnten. Um die Nutzung der Kirche zu verbessern, wurde im Turmbereich ein Erschließungstrakt mit Kasse, Souvenirstand, Toiletten und Garderobe eingebaut.

Mehr als dreißig Jahre, davon über zehn während der DDR-Zeit, wurde seit 1979 kontinuierlich und schrittweise an der Marienkirche gebaut und restauriert. Neben den zeitraubenden systematisch und behutsam durchgeführten Sanierungsarbeiten an der gesamten überlieferten Originalsubstanz waren es vor allem auch die vielen Einzelaufgaben wie etwa die Restaurierung des erhalten gebliebenen Südanbaus mit Sakristei und Martyrchor, die Wiederaufbringung des Helms über dem Nordturm oder die Wiederherstellung der teilzerstörten nördlichen Attikawand und nach der Wende vor allem die spektakulären Aufgaben wie die Aufbringung der gegliederten Dachlandschaft sowie die Restaurierung bzw. Neugestaltung und der Einbau der insgesamt zehn Chorfenster, die heute die Aufmerksamkeit auf den besonderen Wert der Frankfurter Marienkirche lenken. Aus der einst akut gefährdeten Ruine wurde zunächst eine »Ruine unter Dach«, und als ein neuer Höhepunkt der Restaurierungsgeschichte beginnt nun die Verschmelzung des Bau- und Ausstattungsensembles zu einem wichtigen Objekt von nationaler Bedeutung und Ausstrahlung. Trotz aller zwischenzeitlichen Schwierigkeiten und Unwägbarkeiten wie dem Abrissbegehren, akuter Einsturzgefahren, Sperrung aller Baukapazitäten, Finanzierungsproblemen und anderem freuten wir uns gemeinsam mit den Planern, dass all unsere Visionen und die seit den 1970er Jahren entwickelten und umgesetzten Restaurierungs-, Wiederherstellungs- und Nutzungskonzeptionen sich als so tragfähig erwiesen haben, dass nach der Wende ohne Konzeptänderungen sofort die Großaufgabe »Aufbringung des Daches« begonnen werden konnte, was wiederum die Voraussetzung für den schnellen Einbau der völlig unerwartet aus Russland heimgekehrten Glasfenster schuf. Insgesamt präsentiert der bisher erreichte Stand ein kaum für möglich gehaltenes Ergebnis, das natürlich viele Väter hat, die alle höchstes Lob verdienen. Besonders dankbar sind wir auch, dass es während dieses langen Bau- und Restaurierungsprozesses zwischen der Stadtverwaltung, der Kirchengemeinde, dem Förderverein, dem Planungsteam und den Denkmalpflegern zu keinerlei Problemen ernsthafter Art gekommen ist.

Abgesehen von dem Glockenprojekt, das in Frankfurt/Oder noch intensiv betrieben wird, ist das bis dahin erfolgreiche Sicherungs-, Restaurierungs- und Wiederherstellungsprojekt »Marienkirche« nun bedauerlicherweise zum Stillstand gekommen. Für manche ist dies sicher eine betrübliche Situation. Doch vor dem Hintergrund, dass an vielen Kirchen, so auch an der hier betroffenen, über Jahrhunderte gebaut worden ist, muss eine vorübergehende Pause eher als normal angesehen werden. Die vielfältigen bisherigen Aufgabenfelder haben viel Geld, Kraft und Energie gekostet – die Hauptverantwortlichen und Beteiligten müssen sich erst einmal wieder sammeln.

Vielleicht muss auch erst noch ein weiteres Wunder geschehen, das sofort wieder neue Impulse auslösen würde. Denkbar wäre dies schon, wenn die Gertraud-Marien-Kirchengemeinde sich wieder stärker an die Marienkirche binden ließe und in der Verschmelzung der weitgehend wieder aufgebauten Kirche mit dem Ausstattungsschatz, der die Katastrophe überlebt hat, eine Chance sehen würde. Andererseits könnte der bisher erreichte Zustand für eine begrenzte Zeitspanne durchaus als vertretbar empfunden werden. Schade nur, dass wegen fehlender Finanzmittel gerade auf die Schließung der beiden noch offenen Gewölbejoche im Querhaus verzichtet worden ist.

Visionen für das noch nicht abgeschlossene Marienkirchen-Projekt

Neben den vielen Verantwortlichen und Beteiligten haben insbesondere drei Glücksfälle das Schicksal der Marienkirche in den vergangenen dreißig Jahren in erheblichen Maße positiv beeinflusst. So war keinesfalls sicher, ob die Stadt Frankfurt/Oder gerade in der immer schwieriger werdenden Endphase der DDR ihre Zusage zur Bildung einer objektgebundenen Baubrigade tatsächlich auch einhalten konnte. Trotz zunehmender Schwierigkeiten gelang dies aber, wodurch wesentliche Grundarbeiten noch während der DDR-Zeit an der Marienkirche ausgeführt werden konnten. Noch weniger voraussehbar war die Wendezeit, durch die erst die Wiederaufbringung der monumentalen Dachlandschaft möglich wurde. Mit der Rückführung der großartigen »Gläsernen Bilderbibel« aus russischem Asyl war schließlich ein weiterer Glücksfall eingetreten, der keinesfalls vorhersehbar war, jedoch große Bedeutung im Hinblick auf die weitere Entwicklung der Wiederherstellungskonzeption hatte.

Als einen weiteren, die künftige Entwicklung prägenden Glücksfall bewerteten wir in den 1970er Jahren vor allem den Umstand, dass der einzigartige originale Ausstattungsschatz der Marienkirche das Kriegsinferno weitgehend unversehrt überstanden hatte und die Chance einer Rückkehr in seine über Jahrhunderte angestammte Heimstatt bestand. Vor allem dieser Tatbestand war es, der uns über Jahrzehnte so überzeugt sein ließ, dass die Marienkirchenruine unbedingt wiederhergestellt werden müsse.

Übrigens lässt sich der Aspekt »Mahnmal des Krieges« meines Erachtens mit Hilfe von Dokumentationen angemessen umsetzen. Damals war dieser Umstand ungemein wichtig, um überhaupt den Bestand zu bewahren. Heute muss er sich als weiterer Glücksfall im Schicksal der Marienkirche aber erst noch erweisen. Mit einer Entscheidung der Gertraud-Marien-Gemeinde für die Überführung des gesamten Kirchenschatzes oder von wichtigen Teilen in die Marienkirche könnte dies tatsächlich bewirkt werden, zumal der eine oder andere kirchliche Verantwortliche dies sicherlich ohnehin zumindest langfristig für unumgänglich halten dürfte. Ich bin mir sicher, dass vor dem Hintergrund einer solchen Entscheidung die Arbeiten an der Marienkirche schnell wieder aktiviert werden könnten. Umgekehrt muss man aber gegenüber den Kirchengemeinden und deren Verantwortlichen bezüglich ihrer jetzigen Zurückhaltung Nachsicht walten lassen. Durch den Umbau der gründerzeitlichen St. Gertraudkirche noch zu DDR-Zeiten besitzt die betroffene Kirchengemeinde ein Gemeindezentrum, das kaum größere Wünsche offen lassen dürfte und dabei hinsichtlich der finanziellen Aufwendungen überschaubar ist. Die überlieferte Ausstattung der Marienkirche hat mit der St. Gertraudkirche zwar einen geschützten, aber sowohl gestalterisch als auch raumklimatisch nicht gerade idealen Ort gefunden. Wegen zu geringer Deckenhöhe (Einbau einer massiven Zwischendecke) konnte bisher beispielsweise dem großen Flügelaltar das ursprüngliche, mehrere Meter hohe Gesprenge nicht zurückgegeben werden.

Auch wenn viele es wünschen, wird dieser vierte Glücksfall für die Marienkirche wohl noch etwas auf sich warten lassen. Offensichtlich scheint der Kirche eine größere Übernahmeverantwortung für die Marienkirche noch immer zu risant zu sein. Doch haben nicht gerade unvorhersehbare Ereignisse den bisherigen Verlauf des Marienkirchenprojektes so positiv beeinflusst? Um eines Tages nicht allzu sehr überrascht zu werden, sollten zumindest notwendige Untersuchungen und Gestaltungsüberlegungen, insbesondere für die Möblierung und Beheizung der Kirche, weitergeführt werden. Dass der ca. zwölf Meter hohe Hauptaltar oder gemalte Epitaphien des 15. bis 17. Jahrhunderts nicht bei offener Langhausdecke in die Marienkirche gebracht werden können, wenn dort nicht vorher das Raumklima entscheidend verbessert worden ist, dürfte selbstverständlich sein. Nicht zuletzt deshalb gehörte zu unseren Langzeitvisionen stets auch der Einbau einer Deckenebene über dem gesamten Innenraum. Nach der Entscheidung zur Neueinwölbung des Chores und des Querhauses bietet sich eine Weiterwölbung über den zerstörten Gewölbeteilen des Langhauses durchaus an, zumal Gewölbedecken effizient herstellbar sind, über Jahrhunderte hinweg wenig Pflegeaufwands bedürfen und in Frankfurt/Oder aktuelle Realisierungserfahrungen vorliegen. Insofern sollte die Weiterwölbung durchaus als ernst zu nehmende Variante in der Diskussion bleiben. Bei einer Neueinwölbung wird jedenfalls keine Originalsubstanz gefährdet. Während einfache Bretterdecken o.ä. nicht unbedingt favorisiert werden sollten, dürfte eine schön gestaltete Kassettendecke über dem Langhaus aber durchaus als eine zu prüfende Alternative angesehen werden und dies umso mehr, wenn Holz im Langhaus für Ausstellungspodien, Emporen, Gestühl, Postamente oder andere moderne Ausstattungselemente zur Ausführung gelangen sollte. Die Schließung der zwei verbliebenen »Löcher« im Querhaus gehören dagegen noch zum Leistungsbereich »Chor/Querhaus« und sollten unbedingt gewölbt werden.

»Es muss zusammenwachsen, was zusammengehört« – dieser Satz hat mit der Vereinigung Deutschlands große symbo-

Abb. 31 Frankfurt (Oder), Marienkirche, Festveranstaltung am 29. Juni 2007 aus Anlass des Wiedereinbaus der mittelalterlichen Glasfenster an ihrem über Jahrhunderte angestammten Platz im Chor der Marienkirche; Aufnahme 29. Juni 2007

lische Bedeutung bekommen. Sicher haben Denkmalpfleger und Planer mit vielen anderen Institutionen und Bürgern bei der Marienkirche seit Jahrzehnten nach diesem Leitmotiv gewirkt. Stets sahen wir in der Wiederbelebung des Sakralbaus und dessen Wiederausstattung mit den erhaltenen Sakral- und Kunstwerken letztendlich die eigentliche Perspektive. Sowohl aus sakraler, stadtgeschichtlicher und kunsthistorischer wie aus denkmalpflegerischer Sicht hielten wir dies für ein legitimes und zugleich notwendiges Ziel, für das auch die Kirche eine nicht geringe Mitverantwortung trägt. Dazu verpflichtet werden kann die früher zuständige Kirchengemeinde allerdings nicht, vielmehr sollte sie freiwillig eine engere Bindung zur Marienkirche eingehen. Man kann deshalb nur wünschen, dass nach dem bisherigen positiven Verlauf auch für die nächste Etappe gute Lösungs- und Umsetzungsansätze gefunden werden.

Mir als einem langfristig an diesem Vorhaben Beteiligten schwebt nach wie vor das Idealbild des sakralen Großraumes vor, dessen Hallenumgangschor und Querhaus weitgehend ihren ursprünglichen Sakralcharakter zurückerhalten sollten. Hochaltar und Bronzeleuchter stünden dabei im Zentrum des Chores, der von modern gestalteten Chorschranken (gegliederte Wand bzw. Gitter) umschlossen sein sollte. Im Chorumgang könnten wieder die steinernen und gemalten Epitaphien konzentriert werden. Durch das Zusammenwirken des wiederhergestellten Ostteils der Marienkirche mit wesentlichen Teilen der früheren Ausstattung würde für Frankfurt/Oder und damit auch für Ostbrandenburg ein Kunstensemble entstehen, welches endlich wieder bewusst werden ließe, dass nicht nur die Stadt Brandenburg/Havel im Mittelalter ein bedeutendes Kunstzentrum der Mark Brandenburg war. Im Übrigen würden mit der zusätzlichen Ausstattung die Chorfenster ihren jetzigen leicht musealen Charakter verlieren.

Bezüglich des Langhauses ist besonders erfreulich, dass der mittelalterliche Großraum tatsächlich nicht durch Betondecken, verglaste Arkaden oder ähnliches zerstückelt worden ist. Für den Verzicht auf derartige Nutzungsvorstellungen gebührt der Stadt jedenfalls noch heute Dank (Abb. 31).

Wenngleich schon etliche Erfahrungen bei der Nutzung der Marienkirche gesammelt werden konnten, bedarf es diesbezüglich weiterer Entwicklungen. Natürlich wäre es gut, wenn neben der kontinuierlichen sakralen Nutzung durch die Gemeinde dort auch für den würdevollen Kirchenbau andere Institutionen in die Programmgestaltung einbezogen blieben bzw. neu gewonnen werden könnten wie etwa die Universität mit Fest- und Konzertveranstaltungen. Nicht vergessen werden sollte auch die allgemeine Besichtigungsmöglichkeit. Offensichtlich ist der Adventsmarkt im Inneren inzwischen schon zur Tradition geworden.

Gemälde des 17. und 18. Jahrhunderts zeigen, wie breit gestreut frühere Nutzungsformen in holländischen, aber auch in deutschen Großkirchen waren. Eine sinnvolle Ergänzung könnten unterschiedliche Ausstellungsprojekte bilden. Dauerausstellungen zur Bau-, Restaurierungs- und Nutzungsgeschichte dürften insbesondere in den kleineren Räumen wie dem Martyrchor, der Sakristei, der nördlichen Eingangshalle und dem Turm ihren Ort finden. Aber auch bedeutende Sonderausstellungen mit hervorragenden Kunstobjekten sollten zum Programm gehören.

Entsprechend dem jeweils erreichten Stand der Wiederherstellungsarbeiten werden sich schnell spezielle Nutzungsformen herausbilden. Insofern sollte bei der Ausstattungsplanung für das Langhaus eine möglichst flexible Möblierung vorgesehen werden. Vielleicht sollten in leichter moderner Gestaltung an der inneren Turmwestwand oder im nördlichen Seitenschiff Emporen dem ungewöhnlich großen Raum sogar eine zurückhaltende Gliederung geben.

Auch wenn die jetzt bevorstehende Ausbauetappe schwierig zu sein scheint, wäre es umso wichtiger, für die gesamte weitere Raumgestaltung und Beheizung möglichst bald entsprechende Nutzungs- und Gestaltungsstudien anfertigen zu lassen. Auch die kommende Bau- und Restaurierungsphase wird also spannend bleiben. Es wäre schön, wenn sie weiter so reibungslos und erfolgreich verliefe.

Gerade das Schicksal der Frankfurter Marienkirche müsste hinreichend bewusst gemacht haben, wie langfristig derartige Projekte laufen können, und dass nicht allein theoretisch abgeleitete Grundsätze bestimmen, wann in der Denkmalpflege bestimmte Aufgabenfelder beendet sind oder aber nicht!

Anmerkungen

1 Vereinigung der Landesdenkmalpfleger in der Bundesrepublik Deutschland, Rekonstruktion von Baudenkmalen, Potsdam, Juni 1991, in: Denkmalschutz 1996, S. 222.

2 Körner, Burkhard: Zwischen Bewahrung und Gestaltung, Petersberg 2000.

3 Pehnt, Wolfgang: Deutsche Architektur seit 1900, München 2005, S. 260.

4 Körner (siehe Anm. 2), S. 33–35.

5 Körner (siehe Anm. 2), zit. n.: Mörsch, Georg: Deutsche Denkmaltheorie, 1986, S. 47.

6 Körner (siehe Anm. 2), S. 35.

7 Ebenda.

8 Ebenda

9 Zit. n. Fleischner, Susanne: Schöpferische Denkmalpflege, Münster/Westfalen 1999.

10 Grunsky, Eberhard: Standort der Denkmalpflege, Ansprüche an die Gesellschaft, in: Auf dem Weg ins 21. Jahrhundert. Denkmalschutz und Denkmalpflege in Deutschland (Schriftenreihe des Deutschen Nationalkomitees für Denkmalschutz, Band 61), Bonn 1999, S. 77.

11 Wüstenrot-Stiftung: Auszeichnung im Rahmen des bundesweit ausgeschriebenen Wettbewerbs »Umnutzung im Bestand – neue Zwecke für alte Gebäude« 1998.

12 Klawun, Ruth: Die Marienkirche in Beeskow – Denkmalpflege zwischen Konservierung und Restaurierung, in: Bürgerstolz und Seelenheil. Geschichte, Architektur und Ausstattung der Beeskower Marienkirche, Berlin 2012, S. 182.

13 Dehio, Georg: Handbuch der Deutschen Kunstdenkmäler. Brandenburg, München–Berlin 2000, S. 299–303 (Frankfurt/O., Hauptpfarrkiche St. Marien).

14 Die Marienkirche zu Frankfurt (Oder). Stolz der Stadt – einst und heute, hrsg. v. Ralf-Rüdiger Targiel, Frankfurt/O. 2005. Datenabgleich zu den einzelnen Bauetappen S. 111, 117, 121 u. a.

15 Blickpunkt. Wochenzeitung für das Land Brandenburg Frankfurt (Oder), Blickpunkt-Serie: Wahrzeichen, Teil 5, vom 25. Mai 2002.

16 Vertrag zur Verpachtung der Marienkirche über den Zeitraum von 99 Jahren zwischen dem Rat der Stadt und der Evangelischen Kirchengemeinde St. Marien, Frankfurt (Oder), vom 27. September 1974, in: Dehio (siehe Anm. 13); Targiel (siehe Anm. 14), S. 114 f.

17 Gesellschaftspolitische Zielstellung »Gestaltung der ehemaligen Stadtkirche Frankfurt (Oder)«, Rat der Stadt Frankfurt (Oder), Juni 1980, in: Brandenburgisches Landesamt für Denkmalpflege und Archäologisches Landesmuseum, Objektakte Marienkirche Frankfurt (Oder).

18 Ebenda.

19 Raue, Jan: Wandmalerei und Architekturfassungen der Frankfurter Marienkirche. Arbeiten der Restauratoren, in: Die Marienkirche zu Frankfurt (Oder). Stolz der Stadt einst und heute, hrsg. v. Ralf-Rüdiger Targiel, Frankfurt (Oder) 2005, S. 147–150.

20 Hauptpfarrkirche St. Marien in Frankfurt (Oder). Arbeits- und Forschungsberichte Bezirk Frankfurt (Oder), in: Denkmale in Berlin und in der Mark Brandenburg, Weimar 1988, S. 436–446.

21 Isken, Rainer: Ankunft der Fenster, Finanzierung und Organisation der Restaurierung, in: Die Chorfenster der St. Marienkirche in Frankfurt (Oder), hrsg. vom Brandenburgischen Landesamt für Denkmalpflege und Archäologischen Landesmuseum, Worms 2008, S. 20.

22 Huber, Wolfgang: Die Fenster von St. Marien, in: Die Chorfenster der St. Marienkirche in Frankfurt (Oder), hrsg. vom Brandenburgischen Landesamt für Denkmalpflege und Archäologischen Landesmuseum, Worms 2008, S. 11.

23 Rohowski, Ilona: Die neuen Fenster im Chor von St. Marien, in: Die Chorfenster der St. Marienkirche in Frankfurt (Oder), hrsg. vom Brandenburgischen Landesamt für Denkmalpflege und Archäologischen Landesmuseum, Worms 2008, S. 137.

24 Burger, Hans: Zur Entstehung der sieben neuen Chorumgangsfenster, in: Die Chorfenster der St. Marienkirche in Frankfurt (Oder), hrsg. vom Brandenburgischen Landesamt für Denkmalpflege und Archäologischen Landesmuseum, Worms 2008, S. 145.

25 Raue, Jan: Wenn Licht die Schönheit des Innenraums durchstreift. Zur Wechselwirkung von Architekturfassung und Glasmalerei im Chor der Frankfurter Marienkirche, in: Die Chorfenster der St. Marienkirche in Frankfurt (Oder), hrsg. vom Brandenburgischen Landesamt für Denkmalpflege und Archäologischen Landesmuseum, Worms 2008, S. 237.

Gedenktage und bedeutende öffentliche Feiern als Fördermöglichkeit für Denkmale

Gotthard Voß

Die intensiven Bemühungen während der DDR-Zeit, zu besonderen Anlässen an herausgehobenen Geschichtsdenkmalen denkmalpflegerische Maßnahmen zu einem Schwerpunkt zu machen, bezeichnete man gern als »Jubiläumsdenkmalpflege«. Dahinter verbarg sich durchaus, ein wenig abwertend gemeint, Kabarettistisches, mehr aber beschrieb dieses Wort aus der täglichen Erfahrung ein Ärgernis, denn die Konzentration der Mittel erhöhte nicht den allgemeinen, ohnehin viel zu geringen Beihilfefonds. Deshalb hatte diese Mittelverschiebung für die Denkmalpflege in der Breite häufig erhebliche nachteilige Auswirkungen. Dennoch unterstützten wir in den Arbeitsstellen des Instituts für Denkmalpflege diese Schwerpunkte, war doch für die auserwählten Denkmale auf jeden Fall die Bereitstellung der notwendigen Baukapazität gesichert und die Möglichkeit gegeben, die Maßnahmen zumeist umfangreicher zu gestalten, wie sie sonst kaum oder gar nicht möglich gewesen wären. Historische Anlässe waren dem Staat dann besonders willkommen, wenn sie in der Traditionslinie zur Legitimation der DDR-Gründung und -Existenz propagandistisch genutzt werden konnten wie z. B. die lutherische Reformation, die als frühbürgerliche Revolution bezeichnet wurde, der Bauernkrieg oder die Anführer dieser Ereignisse. Auch Persönlichkeiten, die sich in die sogenannten guten Traditionen der DDR eingliedern ließen und auf die man sich gerne berief, waren allemal dafür gut, sich auch selber zu befeiern.

Reformations- und Lutherjubiläen in den Lutherstädten Eisleben und Wittenberg

Jahrestage zu Luthers Thesenanschlag in Wittenberg 1517 als Beginn der Reformation und die Geburtstage der Reformatoren kehren bis heute turnusmäßig wieder. Immer sind an der Vorbereitung und den Veranstaltungen die Kirche und der Staat beteiligt. Beide sind darum bemüht, die Stätten der Erinnerung in einem möglichst guten Zustand zu präsentieren. Diese Tradition besteht seit Jahrhunderten und trug dazu bei, die Denkmale zur Reformation mit ihrem hohen Zeugniswert unabhängig von den Jubiläen besonders zu pflegen. So wurden in Wittenberg im Zweiten Weltkrieg entstandene Schäden sehr bald behoben. Betroffen waren die heraldischen Fenster in der Schlosskirche und Luthers Wohnhaus, die damals sogenannte Lutherhalle, die schon 1946 für die Besucher wieder geöffnet werden konnte. In den Folgejahren wurde an einigen Bürgerhäusern, so auch am Cranach-Haus am Markt gearbeitet und in der Stadtkirche 1955 der Chor und 1957 die dreischiffige Halle ausgemalt und dabei die letzte Ausmalung von 1911 aufgegeben. Die Stadt Eisleben war von Kriegsschäden verschont geblieben. Allein in Luthers Taufkirche St. Petri und Pauli kam es 1957 zu Instandsetzungen bis hin zu einer Neuausmalung des Raumes.

Als sich 1967 Luthers Thesenanschlag an der Wittenberger Schlosskirche zum 450. Mal jährte, ging es den Verantwortlichen vor allem darum, zu diesem Jubiläum das Stadtbild insgesamt aufzubessern. In den beiden in Ost-West-Richtung verlaufenden Straßen wurden an etlichen Bürgerhäusern lediglich die Fassaden »verschönert«, leider häufig verbunden mit der Zerstörung der Gliederungen des 19. Jahrhunderts – eine für diese Zeit typische Erscheinung, denn es mangelte bis dahin an einer positiven kunsthistorischen Bewertung ebenso wie an den handwerklichen Fähigkeiten. Die Schlosskirche bekam auf der Südseite und am Chor, das Bugenhagenhaus neben der Stadtkirche und das Augusteum am östlichen Rand der Altstadt rundum einen Neuverputz. Das Melanchthonhaus, in dem seit 1954 das Heimatmuseum untergebracht war, wurde 1967 als Gedenkstätte eingerichtet und damit zu einem wichtigen reformationszeitlichen Ort. In der Lutherstube, dem wichtigsten und zusammen mit zwei weiteren Wohnräumen dem immer noch annähernd authentischsten Raum in der sogenannten Lutherhalle, war eine Bestandsuntersuchung und Dokumentation möglich mit der anschließenden restauratorischen Sicherung und Instandsetzung auf der Grundlage der freigelegten Erst- und Zweitfassung.

Am Ostgiebel der Stadtkirche wurde die Ausbesserung schwerer Beschussschäden aus dem letzten Krieg allein schon wegen der aufwendigen Rüstung, die ausschließlich aus Holz bestand, zu einem größeren Unternehmen (Abb. 1). Ein privater Betrieb aus Berlin konnte unabhängig vom Kreisbauamt die erforderliche Baukapazität bereitstellen. Dieser Betrieb hat wenig später umfangreiche Sanierungs- und Holzschutzmaßnahmen am Dachstuhl der Lutherhalle durchgeführt, die jedoch in den Folgejahren zur Ursache erheblicher Holzzersetzungen wurden.

Abb. 1 Stadtkirche Wittenberg, Ostgiebel eingerüstet 1973

Die gusseisernen Baldachine über den beiden Standbildern von Martin Luther und Philipp Melanchthon auf dem Marktplatz vor dem Rathaus waren so stark vom Rost geschädigt, dass sie erneuert werden mussten. Die Abgüsse wurden 1966/67 in einer Gießerei in Lauchhammer hergestellt.

In Eisleben konzentrierten sich 1967 denkmalpflegerische Maßnahmen an den Lutherstätten in der Andreaskirche. Bergsenkungsschäden waren an den Außenwänden und den Gewölben zu beheben. Sicherungen am Dachstuhl folgten Schieferarbeiten an den Dächern. Der Innenraum wurde neu ausgemalt, dabei die abgängige Ausmalung von 1911 und 1939 mit ihrer kräftigen schablonierten Farbigkeit in den Gewölbekappen und am Pfeiler mit der Lutherkanzel aufgegeben und einige wichtige Ausstattungsstücke restauriert.

Während zu diesem Lutherjubiläum auch Arbeiten außen und innen am Rathaus, zur Gebäudesicherung der Petri- und Pauli- und der Annenkirche durchgeführt werden konnten, wurde die Nikolaikirche am nördlichen Rand der Altstadt abseits der Lutherwege von der Gemeinde aufgegeben und sich selbst überlassen, weil es nicht möglich war, die umfangreichen Dachschäden zu beheben. Die Kunstwerke wurden in die Andreas- und die Peter- und Paulskirche abgegeben. Hier fanden der Nikolaialtar und der spätgotische Taufstein im unteren Raum vom Turm des Vorgängerbaus eine neue angemessene Aufstellung.

Der 500. Geburtstag Martin Luthers bot auf der Grundlage einer veränderten und offeneren ideologischen Sicht auf den Reformator erneut die Gelegenheit, Maßnahmen an den Lutherstätten in Eisleben und Wittenberg durchzuführen. Hier beschränkten sich die Arbeiten auf die sogenannte Lutherhalle. Unverändert blieben die hofseitig angeordneten Wohnräume Luthers, während alle übrigen Räume des 1. Obergeschosses in der von Friedrich August Stüler 1862 konzipierten Innenarchitektur wiederhergestellt wurden.

In Eisleben stand, dem Anlass des Jubiläums angemessen, Luthers Geburtshaus im Vordergrund des Interesses. Sicherungen an der Gebäudesubstanz folgte eine Instandsetzung des Inneren mit wesentlichen Änderungen der Raumgestalt einiger Räume und ihrer Ausstattung entsprechend archivalischen Zeugnissen.

1975 – Gedenken an den Bauernkrieg in Mitteldeutschland vor 450 Jahren

Während das Gedächtnis an die lutherische Reformation und die Reformatoren in unserem Landstrich eine lange Tradition hat, die sich mit z.T. erheblichen zeitgenössischen Eingriffen in die Erinnerungsstätten entsprechend dem jeweiligen Stand der Lutherrezeption bis heute zeigt, und die Denkmale stets öffentlich wahrgenommen und entsprechend erhalten wurden, hatte der Bauernkrieg des Jahres 1525 in der Region südlich des Harzes nur einen geringen Stellenwert, und die baulichen Zeugnisse fanden nur wenig Beachtung. Dies sollte sich 1975 anlässlich seiner 450. Wiederkehr wesentlich ändern. Allein der Turm der ehemaligen Wigbertikirche in Allstedt ist als traditioneller Ort für das Geschehen an Thomas Müntzers Allstedter Wirken seit dem 19. Jahrhundert gewürdigt und hier 1905 ein Museum eingerichtet worden. In die während des Bauernkrieges entstandene Kirchenruine wurden später Wohnungen eingebaut. Die denkmalpflegerische Zielstellung von 1974 sah die Beräumung der Einbauten für Wohnungen in der Ruine, die Neugestaltung des Turminneren und die Aufwertung des Ensembles der die Kirche angerartig umstehenden Wohnhäuser vor. Von dem Programm konnte wegen der zu erwartenden umfangreichen Arbeiten am Schloss lediglich für den Turm etwas umgesetzt werden.

Die übrigen, 1974-75 mit erheblichem Aufwand bearbeiteten Erinnerungsstätten, das Schloss in Allstedt, wo Thomas Müntzer seine denkwürdige Predigt an einige Fürsten gehalten hatte mit dem Ziel, die kriegerische Auseinandersetzung zu verhindern, das Schloss in Bad Frankenhausen mit seinem Bezug zur Entscheidungsschlacht 1525 am Ende des Bauernkrieges und die Wasserfestung Heldrungen, auf der man Müntzer nach der Schlacht bis zu seiner Hinrichtung in Mühlhausen in Haft gehalten hatte, wurden zwar bisher mit dem historischen Geschehen in Verbindung gebracht, waren aber durch ihre Wohn- und Schulnutzung und den Mangel an Reparaturleistungen während der zurückliegenden Jahrzehnte in einem beklagenswerten Zustand. Dennoch wurden alle drei Objekte in das Bauprogramm zum Bauernkriegsjubiläum 1975 aufgenommen und konnten trotz der erheblichen Schwierigkeiten im Bauwesen in einen Zustand versetzt werden, der es wert ist, auch heute noch betrachtet zu werden. Wir in der damaligen Arbeitsstelle Halle des Instituts für Denkmalpflege ahnten allerdings nicht, was mit dieser großen Aufgabe auf uns zukommen würde, denn wir waren darauf mit unserer personellen Ausstattung überhaupt nicht eingestellt. Da Planungsbüros zumeist fehlten, die über denkmalpflegerische Erfahrungen bei der Altbausanierung und -instandsetzung verfügten, hatten wir gar keine Wahl, die Aufgabe anzunehmen, denn wir waren uns der einmaligen Chance für die drei Denkmale bewusst.

Die denkmalpflegerischen Zielstellungen mit vor allem verbalen Erläuterungen und nur wenigen zeichnerischen Skizzen konzipierte der damalige Chefkonservator, Hans Berger, der sie auch den Parteigremien und den sogenannten staatlichen Organen mit Erfolg vorstellte. Aus heutiger Sicht ist es für unseren damaligen Einfluss durchaus bemerkenswert, dass die Partei oder der Staatsapparat in denkmalpflegerische Vorgaben kaum eingegriffen hat, niemals bei kirchlichen Gebäuden. Druck wurde allein auf das Tempo der Maßnahmen ausgeübt, um das Planziel, die Eröffnung, zu erreichen.

Angesichts der verwahrlosten Zustände und des zu erwartenden Arbeitsumfanges war allen Beteiligten bewusst, dass es in einem ersten Bauabschnitt nur darum gehen konnte, die Anlagen in Allstedt, Bad Frankenhausen und Heldrungen in ihren landschaftlichen und stadträumlichen Beziehungen sichtbar zu machen und jeweils im Inneren eine Raumeinheit soweit instand zu setzen, damit sich im Sinne einer Gedenkstätte das Bauernkriegsgeschehen und darin eingebunden das Wirken Thomas Müntzers darstellen ließ.

Schloss Allstedt

Auf der Höhe oberhalb von Allstedt war das breitgelagerte Schloss hinter hohem Baum- und Strauchbewuchs von der Stadt her nicht mehr zu sehen. Nach der gemeinsam mit dem Naturschutz vereinbarten Abholzung war die Ausdehnung und landschaftsbestimmende Großartigkeit dieser Anlage mit dem durch einen Turm hervorgehobenen Vorschloss, dem Wirtschaftshof und der Kernburg überhaupt erst erkennbar (Abb. 2). Die Gebäude waren mit Wohnungen völlig überfrachtet, und es gehört zu den großen Leistungen dieser Zeit, dass bis auf einige Räume im Vorschloss allen Mietern neuer Wohnraum zugewiesen werden konnte. Erst nach dem vollständigen Beräumen der vier Gebäudeflügel der Kernburg wurde die bauliche Substanz in ihrem Zustand und mit ihren baugeschichtlich aufschlussreichen Details sichtbar, die eine Beschreibung und das Festlegen von Bauabschnitten zuließ. Wir waren uns der Notwendigkeit bewusst, vor jedem Eingriff zunächst eine gründliche Bauuntersuchung und Dokumentation durchführen zu müssen, doch die viel zu knapp bemessene Bauzeit reichte nur für das fotografische Festhalten des Istzustandes und der bei den Arbeiten sichtbar gewordenen Befunde.

Die denkmalpflegerische Zielstellung sah zunächst vor, die Kernburg von außen aus dem Graben über den Westflügel zu erschließen und von dort über das Obergeschoss auch des Nordflügels das Ziel im Ostflügel, hier die Schlosskapelle als Höhepunkt und Gedenkstätte, zu erreichen. Bei der gründli-

Abb. 2 Schloss Allstedt, Luftaufnahme 2006

cheren bauhistorischen Bewertung der einzelnen Gebäudeteile zeigte sich im Ostflügel neben dem Zufahrtstor in den Burghof hinter der Brücke über den Graben die weniger bedeutende Bausubstanz gegenüber dem Westflügel. Die Kürze der zur Verfügung stehenden Bauzeit und die Erwartungen an das Nutzungskonzept mussten Verluste zur Folge haben. Um diese so gering wie möglich zu halten, wurde mit den Baumaßnahmen im Ostflügel begonnen, in dem wegen der schwerwiegenden Holzschäden ohnehin erhebliche Eingriffe zu erwarten waren. Neben der Toreinfahrt, dem Hauptzugang, entstand die Empfangssituation mit einer Erweiterung über eine neue Treppe ins Obergeschoss, von wo aus die Kapelle und Ausstellungsräume erreicht wurden. Aus heutiger Sicht sind die vorgenommenen Eingriffe und die Verluste barockzeitlicher Räume zu bedauern, doch diese Reihenfolge im Bauablauf erlaubte es, die übrigen Schlossflügel mit dem Hinweis auf die Fortführung der Sanierung und Instandsetzung in späterer Zeit ruhen zu lassen und damit die wertvolle Bausubstanz besonders des Westflügels zu schonen.

Die Möglichkeiten des Weiterbaus ergaben sich schon mit dem 500. Geburtstag von Martin Luther 1983 und demselben von Thomas Müntzer 1989. Zur Vorbereitung konnten zunächst sorgfältige Bauuntersuchungen vorgenommen werden. Die Planungen fertigte der Ende der 1970er Jahre gegründete VEB Denkmalpflege Halle, was uns im Institut für Denkmalpflege sehr entlastete. In allen Flügeln des Schlosses entstand nach und nach ein Museum von beachtlicher Ausstrahlung. Damit konnte ein bedeutendes Baudenkmal erhalten werden, was ohne die Zielstellung, einen Ort des Gedenkens an das Leben Thomas Müntzers und die Geschehnisse des Bauernkrieges zu schaffen, also mit Hilfe der Jubiläumsdenkmalpflege, in diesem Umfang sicher nicht zu erreichen gewesen wäre.

Schlachtberg und Schloss Bad Frankenhausen

Der Schlachtberg oberhalb von Bad Frankenhausen, auf dem die Bauernheere vernichtend geschlagen wurden, damit der Bauernkrieg beendet und ein grausames Blutbad angerichtet wurde, zeigte sich Anfang der 70er Jahre des 20. Jahrhunderts ohne jede Bebauung mit seiner kargen Vegetation in einem sehr aussagekräftigen Zustand. Am Rande gab es lediglich einen von Spitzpappeln umstellten Gedenkstein. Wir vom Institut hatten vorgeschlagen, lediglich die Gestaltung des Gedenkortes zu qualifizieren und den emotional wirksamen kahlen Berg für sich sprechen zu lassen. Im Schloss am südlichen Rand der Altstadt sollte innerhalb des Museums eine besondere Abteilung die Ereignisse auf dem Schlachtfeld würdigen. Diese zurückhaltende Darstellung des Geschehens, die den unberührten Ort erhalten und den menschlichen Schicksalen ein Denkmal gesetzt hätte, reichte den Verantwortlichen von Partei und Regierung nicht aus. Sie wollten mit einem Großbau den auch aus dem Bauernkrieg abzuleitenden Anspruch der DDR, die Sieger der Geschichte zu sein, zum Ausdruck bringen.

Abb. 3 Schloss Bad Frankenhausen, großer Saal nach der Instandsetzung 1975

Ein weithin sichtbarer, von gepflegten Grünanlagen und Parkplätzen umgebener großer Rundbau wurde auf dem ehemaligen Schlachtfeld errichtet, der später das vom Leipziger Maler Werner Tübke geschaffene Panoramabild aufnahm.

Dennoch blieb das Schloss auf dem Vorhabenprogramm zum Jubiläum und wurde durchgreifend saniert. Bis dahin war im 2. Obergeschoss ein Heimatmuseum mit einer Abteilung zum Bauernkrieg eingerichtet, und in den beiden Geschossen darunter befand sich eine schulische Einrichtung, die in ein anderes Gebäude innerhalb der Stadt umgesetzt werden konnte. Zu den wichtigsten Maßnahmen gehörte die Verlängerung der in einem Anbau an der Vorderseite angeordneten Treppe bis ins Erdgeschoss auf der Höhe der Terrasse – das 1. OG. war bisher über eine massive, rampenartige Außentreppe zu erreichen –, um hier den Eingang in das nach der Sanierung alle Geschosse einnehmende Museum zu ermöglichen.

Die Räume des Erdgeschosses überspannen unterschiedliche Gewölbe. Im 1. Obergeschoss war die Raumabfolge vom

Abb. 4 Schloss Bad Frankenhausen, Ostansicht nach der Instandsetzung 1975

Um- und Ausbau nach 1533 mit seinem von einer schweren Holzdecke überspannten Saal noch erhalten, welche im Dachgeschoss über ein Sprengwerk abgehängt war (Abb. 3). Sie wurde nach der Wegnahme jüngerer Zwischenwände wieder eindrucksvoll sichtbar. Leider konnte die am nördlichen Giebel um 1800 angefügte Kapelle wegen der erheblichen Schäden an den Fachwerkaußenwänden nicht erhalten werden. Mit einem Neuverputz der Außenwände des Schlosses und der Umgestaltung des östlich des Gebäudes liegenden Sportplatzes in eine öffentliche Grünanlage wurde das Schloss innerhalb der Kurstadt nach der Sanierung dem Anspruch eines bedeutenden Baudenkmals gerecht (Abb. 4). Seit 1990 gehört der frühere Landkreis Artern mit den darin eingeschlossenen Städten Bad Frankenhausen und Heldrungen zum Bundesland Thüringen und fällt damit nicht mehr in die Zuständigkeit des 1991 wiedergegründeten Landesamtes für Denkmalpflege Sachsen-Anhalt.

Wasserfestung und Schloss Heldrungen

Während es sich bei der Restaurierung des Schlosses Bad Frankenhausen weniger um die Wiederherstellung eines Geschichtsdenkmals handelt, war es bei den denkmalpflegerischen Arbeiten an der Wasserfestung in Heldrungen das Ziel, im Gedenken an die Haft Thomas Müntzers nach der Schlacht oberhalb von Frankenhausen die großartigen Befestigungsanlagen freizulegen und überhaupt wieder sichtbar und erlebbar zu machen und darüber hinaus mit der Sanierung der erhaltenen Schlossbauten zu beginnen.

Auf dem inneren, von einem Wassergraben umgebenen und durch Eckbastionen befestigten Plateau wurde Anfang des 16. Jahrhunderts, romanische Reste des Vorgängerbaus nutzend, das Schloss als Vierflügelanlage errichtet. Von diesen Gebäuden sind drei Flügel und im Vorhof das langgestreckte sogenannte Magazin erhalten. Die ausgedehnte, wiederum von einem Wassergraben eingeschlossene, aus unterschiedlich hohen Erdwällen gebildete Befestigung aus der Bauzeit des Schlosses wurde während des Dreißigjährigen Krieges geschleift und schon wenige Jahre später von 1664-1668 neu gebaut als bastionäres System niederländisch-französischer Manier. Im Laufe der Jahrhunderte verschlammten die Gräben, die Wälle verschwanden unter dichtem Bewuchs und machten damit die Anlage zuletzt völlig unkenntlich. Das Wasser vom Helderbach konnte nicht mehr kontinuierlich abfließen und ließ den Grundwasserstand in der Stadt Heldrungen bedrohlich ansteigen mit Auswirkungen auf die Keller der Einwohner. Mehrfach plante man, so in den 1930er Jahren, 1954 und 1965, auf der Nordseite einen schmalen Graben zur Verbesserung des Wasserdurchflusses auszuheben. Dies wurde jedoch stets durch finanzielle und bautechnische Schwierigkeiten verhindert. Auch 1974 war wieder allein zur Melioration ein Graben im Norden der Anlage vorgesehen.

Ich kann mich gut an die Beratungen erinnern, bei denen wir das Vorbereitungsgremium davon überzeugen konnten, die einmalige Chance zu nutzen, die mit dem Bauernkriegsjubiläum gegeben war, sowohl den inneren als auch den äußeren Graben vollständig zu entschlammen und damit die Wasserflächen als wichtigen Bestandteil des Erscheinungsbildes der Festung wiederherzustellen. Was dann geschah (Abb. 5), überstieg alle Erwartungen und würde sicher auch noch heute unsere Bewunderung hervorrufen. Das Wasser konnte aus den Gräben abgelassen werden, Bagger und große Kipper bewegten und transportierten über Wochen die Schlamm- und Erdmassen. Gleichzeitig beseitigten andere Kräfte den Bewuchs von den Wällen, wozu es vieler Besprechungen mit dem Naturschutz bedurfte, auf der Grundlage einer für beide Seiten hilfreichen Vereinbarung zwischen der Denkmalpflege und dem Naturschutz. Im Ergebnis zeigte sich die einmalige Anlage mit den lückenlos erhaltenen Erdwällen, aber auch baulicher Schaden großen Ausmaßes. Innerhalb der unterschiedlich hohen, die Erdwälle haltenden Stützmauern gab es längere fehlende Abschnitte. Hier war man beim Ausbaggern auf das ins Wasser gekippte Mauerwerk gestoßen. Um diesen Vorgang an den erhaltenen Mauern zu verhindern, wurden schmale Streifen des verschilften Schlammes stehengelassen.

Die Schadensanalyse ließ einen hohen Reparaturaufwand erwarten, der zu diesem Zeitpunkt nicht bewältigt werden konnte, sondern auf spätere Zeit verschoben werden musste. Allein an den hohen Stützmauern des inneren Plateaus mit seinen runden Eckbastionen und einer in der Mitte der Ostseite wurden die oberen Bereiche gesichert bzw. wieder auf Brustungshöhe aufgemauert und begrünt.

Am Schloss war es die vordringlichste Aufgabe, wie auch in Allstedt, den vielen Bewohnern des Schlosses, die hier nach dem Zweiten Weltkrieg eingezogen waren, eine neue Bleibe zu schaffen. Das ist ohne Ausnahme gelungen, wozu keine Berichte der Betroffenen vorliegen, und damit ein wichtiger Schritt getan worden auf dem Weg in eine neue Zukunft für dieses historisch und baugeschichtlich bedeutende Baudenkmal. Der bei barocken Umbauten in den Südflügel eingebundene sogenannte Thomas-Müntzer-Turm – hier wird das Verlies vermutet, in dem Thomas Müntzer festgehalten wurde – stand im Mittelpunkt des Interesses zum Jubiläum. Er steht freier nach der Wegnahme eines Treppenhausanbaus und einiger Stallungen in der Lücke zum Magazin. Als Ersatz für die verschwundene Treppe wurde im Raum zwischen dem Süd- und dem Westflügel eine neue Verbindung innerhalb des Gebäudes geschaffen, im 2. Obergeschoss die Raumabfolge des 16. Jahrhunderts wiederhergestellt und hier eine Gedenkstätte eingerichtet, die mit dem Turm verbunden werden sollte, wozu es jedoch bis heute nicht gekommen ist. Die übrigen Schlossgebäude blieben bis auf Sicherungen an der Dachhaut vorläufig unberührt.

Die Fläche vor dem Magazin stand den Bewohnern zur Gartennutzung zur Verfügung und konnte nach deren Auszug neu gestaltet werden. Entsprechend einer früheren geschlossenen Umbauung des Wirtschaftshofes wurden anschließend an das Magazin, dem Verlauf der Mauer an der Ost- und Nordseite folgend, in zwei Reihen alleeartig Bäume gepflanzt.

Abb. 5 Wasserfestung, Heldrungen, Luftaufnahme 1992

Damit war 1975 das denkmalpflegerische Ziel erreicht, ein bedeutendes Geschichtsdenkmal mit Bezug zum Bauernkrieg 1525 nicht nur zu retten, sondern auch wieder erlebbar zu machen. Bis dahin lag die Aufgabe der Begleitung der Maßnahmen in Heldrungen wie auch am Schloss in Bad Frankenhausen beim Institut für Denkmalpflege in Halle. Gleichzeitig wurden von den wenigen Mitarbeitern Anfang der 1970er Jahre Baustellen in Halle in der Marktkirche, beim Wiederaufbau der Spitze des Roten Turms, bei der Einrichtung der Ulrichskirche als Konzerthalle, außerdem in Magdeburg und in den beiden Bezirken Halle und Magdeburg, z. B. am Schloss in Bernburg, an den Klosteranlagen in Hamersleben und Jerichow betreut. Bedenkt man, wie unzureichend die Verkehrs- und Kommunikationsmöglichkeiten waren und Planungsbüros zu unserer Unterstützung zumeist fehlten, ist es unter den heutigen Bedingungen nur schwer vorstellbar, wie die Fülle gelungener Ergebnisse erreicht werden konnte, die in der Fachwelt viel Anerkennung gefunden haben.

In den folgenden Jahren war es wie in Allstedt ein dringendes Anliegen, die Schlossgebäude auf der Festung zu sichern und sie einer sinnvollen Nutzung zuzuführen. Nach längerem Leerstand erfolgte bis 1984 der Ausbau des Nord- und Westflügels zu einer Jugendherberge und das Erdgeschoss des Nordflügels zum »Schlosscafe«. Im 1. Obergeschoss dieses Flügels konnte der »kleine Saal« von 1572 wieder freigelegt werden, der mit einer Holzbalkendecke über einem kräftig profilierten Unterzug und einer Mittelstütze an den früheren Reichtum des Schlosses erinnert. Diese Maßnahmen standen nicht unter einem zeitlichen Druck, wie z. B. heutzutage der termingerechten Ausgabe der Fördermittel, und konnten auch mit gründlichen Bauuntersuchungen und sorgfältiger Planung vorbereitet werden. Damit zeigte sich, wie richtig es war, am Schloss in Allstedt und an der Festung in Heldrungen die Wiederherstellung mit durchführbaren Bauabschnitten zu beginnen und die denkmalpflegerisch aufwendigeren Arbeiten später folgen zu lassen. Heute haben die Eigentümer und Nutzer die nicht weniger schwierige Aufgabe, die kontinuierliche Pflege und Werterhaltung der Anlagen zu gewährleisten und mit den Nutzungen einen Teil der notwendigen Finanzen zu erwirtschaften.

Literatur

Denkmale in Sachsen-Anhalt. Ihre Erhaltung und Pflege in den Bezirken Halle und Magdeburg, hrsg. v. Institut für Denkmalpflege, Arbeitsstelle Halle, Weimar 1983.

Schmitt, Reinhard: Schloss und Festung Heldrungen. Große Baudenkmäler, Heft 488, München – Berlin 1993.

Konstruktive Sicherung von Baudenkmalen – Hilferufe an den Dresdner Statiker Wolfgang Preiß

Werner Heinrich

Wenn es zu DDR-Zeiten in irgendeinem Winkel des Landes in einem Baudenkmal knirschte, bröckelte oder knackte, rief man nur einen Fachmann: Wolfgang Preiß.

Anlass zu solcherart Hilferufen gab es mehr als genug, stand es doch mit dem baulichen Zustand insbesondere der Altstädte zunehmend schlecht bis aussichtslos. Zum einen trugen das zum großen Teil ehrwürdige Alter der Gebäude, also natürlicher Verschleiß, vor allem aber die fehlende Instandhaltung infolge der allgemeinen Mangelwirtschaft zum rasch fortschreitenden Verfall von Einzelbauten und ganzen Städten bei.

Anlässlich einer Beratung in Reichenbach/Vogtland – das Dach des Neuberinhauses war durch eine Benzingasexplosion in der Kanalisation unter dem Gebäude angehoben und beschädigt worden – sagte der Bürgermeister auf meine Frage, was mit den umstehenden verfallenden Häusern der Altstadt geschehen sollte: »Die fahr'n wir auf Verschleiß!«

Abb. 1 Werner Heinrich und Wolfgang Preiß, 1995

Erste Begegnungen

In den 1950er/1960er Jahren begann die Grundlagenforschung zur Sanierung der stark gefährdeten Görlitzer Altstadt. Sie war der Dozentur für Baukonstruktionslehre an der TH Dresden, Dr. Bernhard Klemm, vom Leiter der damaligen Arbeitsstelle Dresden des Instituts für Denkmalpflege, Dr. Hans Nadler, anvertraut worden.

In einem Modellversuch sollte zunächst das sogenannte „Peterskirchviertel« bearbeitet werden.[1] Leider war die Bauwirtschaft der DDR in den Folgejahren schon nicht mehr in der Lage, systematisch Altstadtsanierung zu betreiben. Einzelne Ergebnisse der Untersuchungen sind lediglich in einigen »Sozialistischen Bruderländern« übernommen worden.

Begonnen wurde immerhin die Instandsetzung und Wiederbelebung einiger bedeutender Baudenkmale. Für die Entwurfsarbeiten und zur Baustellenbetreuung waren dafür wöchentliche Dienstfahrten nach Görlitz nötig. Zu jener Zeit war es noch üblich, dass sich dort nur die unmittelbar mit der Sanierung Beschäftigten auf der Baustelle einfanden: Entwurfsverfasser, Baumeister, Eigentümer und Denkmalpfleger. Des Öfteren war noch ein »Bausachverständiger für konstruktive Sicherung von Baudenkmalen« mit gutachterlichem Rat zur Stelle.

Herr Dipl.-Ing. Wolfgang Preiß fragte mich gegen Ende meiner Assistentenzeit an der TH Dresden, ob ich nicht Lust hätte, zur Denkmalpflege zu kommen, so vertraut war schon damals sein Verhältnis zum Institut und seinem Leiter Dr. Hans Nadler, der mich schließlich auch einstellte. So begannen viele Jahre enger Zusammenarbeit, denen ich viel zu verdanken habe (Abb. 1).

Herr Preiß verfügte über langjährige Erfahrungen mit alten herkömmlichen Baustoffen. Er kannte ihre Vorzüge und Nachteile insbesondere beim natürlichen Alterungsprozess: Holz sei ein dauerhaftes Baumaterial, solange es richtig eingebaut und dauerhaft belüftet bleibe, betonte er beim Anblick des vom Dachdecker zurückgelassenen Reparaturschutts zwischen den Dachauflagerpunkten mit Folgeschäden für das gesamte Dach. Oder: Altbauten verfügten über keine Ringverankerung, keine Horizontalsperre gegen aufsteigende Feuchtigkeit und seien deshalb besonders gefährdet bei fehlender Instandhaltung. Es entstand in Zusammenarbeit von Statiker und Architekt eine Art Sanierungskonzept[2] für jeweils gleiche Bauschäden in den Häusern, verursacht durch undichte Dächer, mangelhafte Durchlüftung, Lastumlagerungen infolge von früheren Um- und Ausbauten, aber auch durch die Gleichgültigkeit der Bewohner. »Wenn ihr die alten Buden erhalten wollt, dann müsst Ihr Euch drum kümmern!« sprach eine Frau, aus dem Dachfenster lehnend über der verstopften Dachrinne neben dem Birkenspross in Armlänge neben ihr. Unter der sprichwörtlichen Dachtraufe im Regen standen wir und zerbrachen uns den Kopf darüber.

Planwirtschaft

Dichte Dächer sind die Voraussetzung für jede Bauerhaltung. In Sachsens Landschaften war die Farbe Ziegelrot von je her vorherrschend. Für dringend erforderliche Reparaturen standen in der DDR 5 Mio. Biberschwanzziegel zur Verfügung. Das Institut für Denkmalpflege erhielt immerhin ein Fünftel der Gesamtproduktion. Für herausragende Kulturdenkmale waren doppelt dicke, sogenannte Klosterbiber aus einer kleinen Ziegelei in Meißen dabei. Dieses kostbare Baumaterial bei dem enormen Bedarf einigermaßen sinnvoll zu verteilen, war eine schwere Aufgabe. Um sie zu erläutern sei folgendes Beispiel erwähnt: In Zabeltitz, einer kleinen Ortschaft mit zwei bedeutenden Schlössern, war das aus der Zeit der Renaissance zur Hälfte neu gedeckt worden. Der Dachdeckermeister hatte beim Kreis beantragt, das Reparaturgerüst umsetzen zu dürfen, um gleich die zweite Hälfte des Daches erneuern zu können. Es fehlte jedoch an Dachziegeln. Nach längerer Beratung vor Ort zog schließlich der Kreisbaudirektor ein DIN A4-Blatt hervor und korrigierte mit dem Rotstift seine Kontingentliste (wobei mir eine Position leider nicht mehr erinnerlich ist):

- …
- Export (»nichts zu machen«)
- die »Freunde« (gemeint waren Objekte der sowjetischen Streitkräfte)
- Berlin Sonderprogramm
- das … Werk (»dort regnet es schon jahrelang in die Gießwannen«)

gestrichen wurde schließlich:
- Poliklinik (»die können noch ein Jahr warten«)

Dieses Beispiel soll zeigen, unter welchen Bedingungen auch dringendste Bauaufgaben zu bewältigen waren. Das betraf auch die konstruktive Sicherung von Baudenkmalen. Etwas fehlte fast immer, entweder die »Baukapazität«, das Material oder ein Gerüst.

Das war kein Einzelfall. Weil z. B. im Klärwerk Dresden-Kaditz wegen fehlender Biberschwanzziegel das Dach über der Pumpenhalle nicht repariert werden konnte, standen die messingblitzenden Maschinen unserer Vorväter abgeschaltet in der Pumpenhalle. Das geklärte Abwasser konnte somit nicht die etwa vier Meter hoch in die Elbe gepumpt werden. Als Folge flossen eine Zeitlang große Teile der Abwässer Dresdens ebenso ungeklärt in die Elbe wie etwa die von Meißen oder Pirna. Dort war zwar rechtselbig eine zentrale Kläranlage gebaut worden, sie war aber wegen eines fehlenden Dükers durch die Elbe nicht ausgelastet und konnte ihre Aufgabe für die Altstadt nicht erfüllen. Das Problem für Dresden wurde in einer rasch einberufenen Beratung vor Ort unter Teilnahme eines Politbüro-Mitgliedes aus Berlin gelöst.

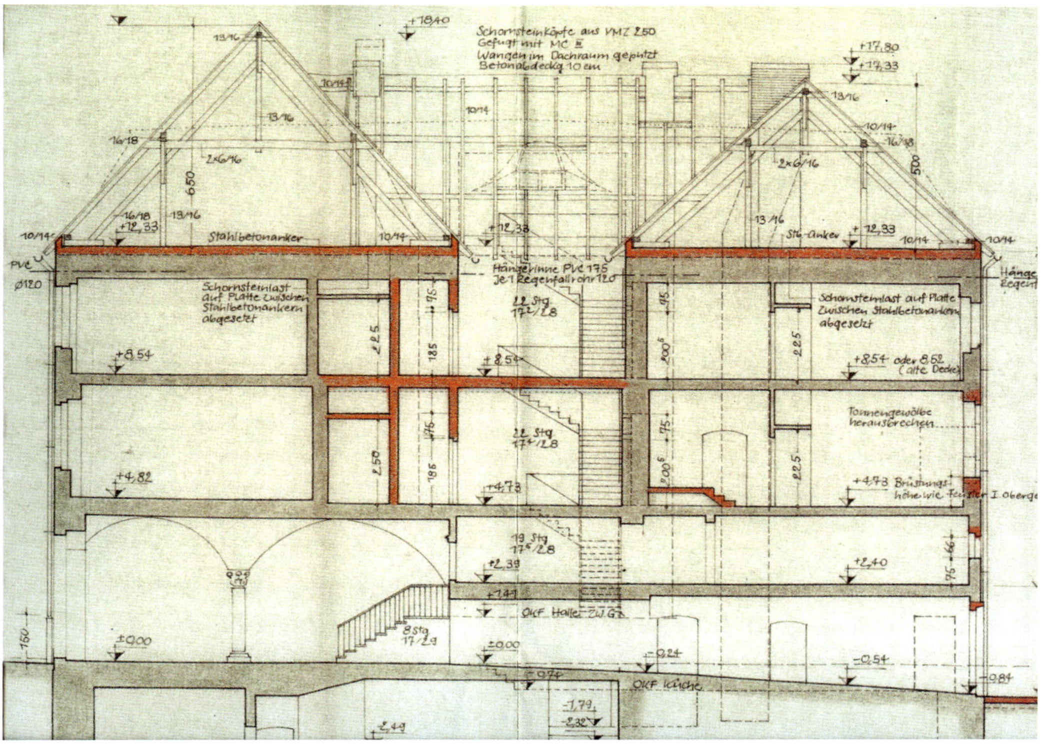

Abb. 2 Görlitz, Sanierungskonzept Peterstraße

Arbeitsweise

Wolfgang Preiß verfuhr tatsächlich wie ein Arzt und untersuchte seine »Patienten«. Während des Rundganges durch das bedrohte Bauwerk ließ er sich von den Ortskundigen die Schäden erläutern. Gut gemeinte Vermutungen über deren Ursachen wies er mit den Worten »Nur keine voreiligen Schlüsse!« zurück. Er notierte nichts. Mit Kleinbildkamera »Praktica«, Taschenlampe und bei Bedarf mit Fernglas ausgerüstet erklomm er trotz seiner körperlichen Behinderung infolge einer schweren Lungenverletzung im Zweiten Weltkrieg im Reiseanzug jedes Gerüst. Er kroch im Bau von unten nach oben oder auch umgekehrt durch die engsten Öffnungen, in die finstersten Keller. Nichts blieb ihm verborgen. Auch kleine Unregelmäßigkeiten im Baugefüge konnten für die spätere Schadensbeurteilung, die Anamnese, wichtig sein. Im Verhältnis zu heute war der technische und finanzielle Aufwand zum Messen des Schadensumfangs gering. Messlatte, Lot und manchmal auch nur Handauflegen über Turmrissen beim Probeläuten genügten zunächst vor Ort. Bestand akute Einsturzgefahr, dann entwickelte noch an Ort und Stelle die ersten Notsicherungsmaßnahmen zur Gefahrenbeseitigung und diktierte sie ins Protokoll. So trug er die sichtbaren Schadensbilder von mehreren Objekten einer Dienstreise nach Hause. Er selbst entwickelte die Fotos sofort über der Badewanne seiner Wohnung im Dresdner Süden. Danach begannen von seinem Schreibtisch im Wohnzimmer aus, gesondert nach Dringlichkeit, die Nachforschungen zur »Krankengeschichte« der einzelnen Baudenkmale.

Die umfangreichen Sammlungen der jeweiligen Arbeitsstellen des IfD, der Deutschen Fotothek, der Messbildstelle und anderer Einrichtungen gaben Auskunft über frühere Bauzustände. Sie lieferten dazu Bilder bzw. Zeichnungen. Nicht selten wurden dadurch erste Vermutungen zur Gewissheit.

Die Diagnose der Schäden nahm Gestalt an. So entstanden die lange erwarteten kurzen, aussagekräftigen Gutachten zu ihrer Beseitigung, immer nach dem gleichen Schema: Baugeschichte – örtlicher Befund – Schadensursache – Maßnahmen zur Beseitigung der Schäden und dauerhaften Instandsetzung gegliedert. Mit Zeichnungen und Bildern anschaulich verdeutlicht und in fünf- bis siebenfacher Lichtpausenausfertigung geheftet, wurden diese an alle Beteiligten per Post ausgeliefert. Sie dienen somit heute in den Akten auch als Dokumentation (Abb. 2). Genauso klar und einfach hat der Hochschullehrer Preiß die Probleme der konstruktiven Sicherung von Bauwerken seinen Studenten und Fachkollegen vermittelt. Dabei flossen stets die neuesten Ergebnisse der letzten Gutachten anhand aktueller Diapositive unmittelbar mit ein. Die stets frei gesprochenen Vorlesungen und Vorträge – gespickt mit humorvollen Bonmots – waren beliebt und immer gut besucht. Leider blieb das von Vielen erwartete Fachbuch zum Thema ungeschrieben – dazu fehlte ihm die Zeit. In kleinen Heftchen hat er Kernprobleme seiner Erkenntnisse wie z. B. Alterung von Bauwerken (direkte Einwirkung), Erkundung der Schadensursachen, nachträgliche Setzungsschäden usw. kurz und übersichtlich zusammengefasst.[3]

Besonders wichtig war ihm, sein Wissen an jüngere Fachkollegen weiterzugeben. In seiner Wohnung fanden regelmäßige seminarartige Treffen statt. Aktuelle Aufgaben aus den Arbeitsstellen konnten von ihren Bearbeitern vorgestellt werden. Inzwischen hatten sich junge Bauingenieure der konstruktiven Sicherung angenommen wie Klaus Betzner in Berlin oder Roland Zepnik in Dresden. Sie bearbeiteten selbständig umfangreiche Sicherungsprojekte, in die mehr ingenieur-technische Projektierungsleistungen einflossen.

Lebenslauf

Ein Lebenslauf, die Zusammenstellung seiner beruflichen Entwicklung sowie die Würdigung der Lebensleistung anlässlich der Verleihung des Europapreises für Denkmalpflege 1988 wurden dem Autor freundlicherweise von seinem Sohn Bernhard Preiß, Kirchenbaupfleger in Bautzen, aus dem privaten Nachlass seines Vaters zur Verfügung gestellt.

Weitere Einzelheiten zu Lebensstationen, vor allem aber Selbstzeugnisse sind in dem Kapitel »Der Standfeste« in Heft 9/10 (1993) des Magazins für Denkmalpflege, MONUMENTE, festgehalten.[4] Hier plaudert Herr Preiß über die Umstände seiner Selbständigkeit unter schwierigen politischen Bedingungen, verwehrte Auslandsreisen und Lehraufträge. Er sagt dort unter anderem: »… Es war mir eine ganz besondere Freude, aus der Bibel zu zitieren – Viel interessanter als ein 200 Jahre alter Riss sind die kleinen Risse, auf die keiner achtet. Vieles ist, so merkwürdig es klingen mag, Gespür oder Intuition.« Und weiter heißt es abschließend in diesem Bericht: »Wolfgang Preiß ging es stets mehr um seine Bauwerke als ums Geld. Im klassischen Sinne ›Karriere machen‹ und reich werden konnte und kann man in der Denkmalpflege nicht. Doch er hat auf seine Art Karriere gemacht. Hunderte Bauwerke gäbe es ohne ihn nicht mehr und von vielen der leider abgerissenen liegen als einziges Zeugnis seine Dokumentationen vor.«

Sicherungsbeispiele

Es kann nicht der Sinn dieses Beitrags sein, aus der Fülle von Sicherungsprojekten einige näher zu erläutern. Vielmehr möchte ich zwei spontane Entscheidungen des Bausachverständigen zur Abwendung akuter Gefahren beschreiben, die maßgeblich zum Erhalt und Wiederaufbau des Dresdner Residenzschlosses beitrugen (Abb. 3–4).

Ein Wandpfeiler der ruinösen, freistehenden Nordwestwand war während der Baggerberäumung des großen Schlosshofes extrem einsturzgefährdet. Bauarbeiter hatten berichtet, dass die gesamte Wand darüber wackelte, wenn sie in seiner Nähe arbeiteten.

Abb. 3 Residenzschloss Dresden, Großer Schlosshof, Zustand 1964

Die damaligen Mitarbeiter der Zwingerbauhütte Gerhard Glaser und Hermann Krüger riefen Wolfgang Preiß um Rat. Um die beiden »Denkmalretter« (vergleichbar mit den Männern der ersten Stunde nach dem Zweiten Weltkrieg, die mit einer Scheibe trockenem Brot in der Tasche einen Stahlbetonringanker auf dem Schlossturm zur Sicherung einbauten) nicht mehr als unvermeidbar bei ihrem selbstlosen Unternehmen zu gefährden, musste jegliche Erschütterung bei der Notsicherung vermieden werden. Holzplanken auf dem pfeilerumgebenen Schuttberg ermöglichten notfalls die schnelle Flucht. Auf ihnen konnte beim Umlaufen der Pfeiler mit Bindedraht umschnürt und anschließend durch angeworfenen Mörtel verstärkt werden. So konnte er die Last der Wand und den Gewölbeschub tragen, bis der planmäßige Wiederaufbau des Schlosskomplexes beginnen konnte. Schließlich lagen bereits einige Abbruchbeschlüsse vor. (Hermann Krüger hat in einem Aufsatz »Dr. Nadlers Museumskombinat« ausführlich darüber berichtet.)

Ebenfalls in der Schlossruine musste im 1. OG des Westflügels eine freistehende, halbsteindicke Querwand entfernt

Abb. 4 Wiederaufbau des Dresdner Schlosses, Großer Schlosshof, Zustand 2010

werden. Sie von Hand abzutragen war nicht mehr möglich. Wolfgang Preiß kam auf die Idee, auf die darunter liegenden kostbaren Gewölbe eine hohe Schicht alter Autoreifen aufzutürmen, auf welche die Wand einfach umgestoßen werden konnte.

Rundfahrten

Wie konnte es der einzige Baustatiker auf dem Gebiet der konstruktiven Sicherung von Baudenkmalen schaffen, die eingangs erwähnten Hilferufe aus der gesamten DDR zu bearbeiten? Auf den ersten gemeinsamen Dienstfahrten, noch im Honorarverhältnis tätig, habe ich sein straffes Tagesprogramm kennengelernt. Allerorten erwarteten ihn größere Gruppen mehr oder weniger mit dem Problem befasster Beteiligter. Die Organisation des Tagesablaufs hatten die jeweiligen Arbeitsstellen des IfD übernommen. In seinem kleinen Notizbuch standen lediglich Ort und Zeit des ersten Baustellentreffs. Zum genussvollen Verweilen vor bedeutenden Museumsstücken oder kostbaren Kirchenausstattungen blieb da keine Zeit beim Durcheilen zum Grund des Anrufs.

Besonders lebhaft ist mir die erste Fahrt mit dem Auto in Erinnerung geblieben, nicht nur des P (»Papp«) 70 wegen. Dieses Gefährt aus Holz und Hartpappe wurde vom Fahrzeugführer stets im Benzin sparenden Freilauf ausrollend und streng nach Vorschrift durch den seinerzeit schwächeren Autoverkehr gesteuert. (Bei späteren Rundfahrten mit der Bahn trafen wir uns immer im ersten Abteil nach der Lok auf der rechten Seite, damit wir das Funktionieren der Bahnanlagen beobachten konnten. Dass sein Mitarbeiter stets in letzter Minute auftauchte, muss ihn sicher geärgert haben.) Während der Anfahrt höre ich ihn heute noch sagen: »Haben wir nicht einen schönen Beruf? Wir fahren bei diesem schönen Wetter durch die Lande und werden dafür auch noch bezahlt!« Beruf war ihm immer auch Hobby. Wie ausgefüllt die Tage auf seinen Rundreisen von Objekt zu Objekt gewesen sind, mögen allein die Stationen einer Fahrt in den Norden zeigen: Beginn in Berlin, dann Brandenburg – Wismar – Güstrow – Bergen – Spyker – Stralsund – Wolgast – Dargun – Dobbertin – Schwerin – Salzwedel – Stendal. Im Übrigen »… ist es erstaunlich, dass die Ereignisse, die man als Schlüsselerlebnisse bezeichnen könnte, so schwer zu rekonstruieren sind, soweit es die Fakten und die genauen Daten betrifft. Was bleibt, sind die Gefühle. An die kann man sich noch Jahre später erinnern, als sei die Zeit stehengeblieben.«[5]

In diesem Sinne zurück zu den ersten prägenden Berührungen mit der Welt des Herrn Preiß.

Nach stundenlanger Fahrt elbabwärts erwartete uns zum verabredeten Termin ein stiller, älterer Herr auf den Mauerresten einer Ruine sitzend wie auf einem Bild von Caspar David Friedrich. Nach kurzer freundlicher Begrüßung erläuterte er die aus den späteren gutachterlichen Stellungnahmen des Bausachverständigen bekannten »örtlichen Verhältnisse«. Wir stiefelten eine geraume Zeit durch das Gemäuer. Herr Preiß hielt hier und da Bauschäden mit seiner Praktica-Kleinbildkamera fest. So manches Bild sollte nicht nur im Bericht mit den Empfehlungen zur statisch-konstruktiven Sicherung auftauchen, sondern auch die Vorlesungen an der TH Dresden bereichern und aktualisieren. So hat Herr Preiß fast ausnahmslos eigene Erfahrungen anhand neuester Beispiele den Studenten in der ihm eigenen lebendigen Art vortragen können und allmählich sein Lebenswerk zusammengetragen. Großartiger Technik bedurfte es dabei nicht. Ausleuchtung oder Blitzlicht wurde durch Geduld ersetzt: die Kamera auf dem dunklen Dachboden mit offenem Objektiv hingelegt und nach 10 Minuten wieder eingesammelt, lieferte einen taghellen Befund der gesamten Holzkonstruktion und deren Bauzustand.

So folgte ein Problem nach dem anderen, und bei den zu empfehlenden Maßnahmen waren nicht zuletzt die schier trostlosen Bedingungen der Mangelwirtschaft zu bedenken: »Geht nich – ham wa nich«.

Unser erster Begleiter, Dr. Bellmann, Kunsthistoriker und stellvertretender Arbeitsstellenleiter in Halle, hörte sich geduldig die Überlegungen des Sachverständigen und der am Werke Tätigen an und entschied sich dann, für mich überraschend schnell, zu wenig populären denkmalpflegerischen Eingriffen, zumal wenn Gefahr im Verzuge war: Die Ruine der Schlosskirche in Leitzkau, als Turn- und Pausenhalle für die dort untergebrachte Schule genutzt, hatte ein neues Dach erhalten. Stahlsparend und reparaturfreundlich konstruiert stellte sich heraus, dass die bewusst an mittelalterliche Sparrendächer erinnernde offene Stahlkonstruktion im Längsverband verstärkt werden musste. Nach langer Diskussion wurden die zusätzlichen Diagonalzugstäbe vom Denkmalpfleger akzeptiert, obwohl sie den monumentalen, nach oben offenen Charakter der Konstruktion durchaus etwas beeinträchtigen würden.

Die Fahrt wurde bald zum Lehrstück für die Aufgabe, gefährdete Baudenkmale zu untersuchen: wackelige Türme, ausbauchende Stützmauern, schiefe Wände, gerissene Gewölbe und nachgebende Pfeiler und Fundamente am laufenden Band. Einmal hinauf in die schwankende Dachreiterlaterne gezwängt – alle Fußpunkte verfault und zerfressen, die Simsabdeckungen verrottet, das Stundenglöckchen im schadhaften Joch hängend. Der Blick geht weit über Stadt und Land. Ein schwacher Trost im ständigen Anblick des Verfalls. Stützmauern scheinen grundsätzlich außer Lot und bauchen aus; Strebepfeiler lösen sich ab, sodass man die Hand in den Spalt schieben kann oder drohen zu bersten wie am geschichtsträchtigen Halberstädter Dom.

Am folgenden Tag ging es hinauf in luftige Höhen, auf die Mauerkronen der Walloner-Kirche in Magdeburg. Von der Ruine standen nur noch die Umfassungswände. Sie sollten ein schützendes Dach erhalten. Dazu mussten die Eckpunkte für die Auflager maßlich kontrolliert werden. Eine Hubbühne stand nicht zur Verfügung, der Arbeitsschutz war nicht präsent. (Wozu Felsklettern in der Sächsischen Schweiz nicht alles gut ist). Herr Preiß notierte unten die zugerufenen Maße in sein kleines Notizbuch, der Landeskonservator von Halle, Dr. Berger, trug die Verantwortung.

Anschließend eine wohltuende Erfahrung auf der offenen Plattform des kleinen Ecktürmchens: Staunend bewunderte ich den tadellosen Zustand der Natursteinbrüstung. Die Bauleute des Mittelalters haben mit dem Anspruch auf Ewigkeit gebaut, natürliche Alterung oder Verschleiß des Materials schien ihnen ein Fremdwort zu sein. So präsentierten sich die Oberflächen der Steine und millimeterdünnen Fugen. Mir wurde klar, welche Bedeutung die aus der Literatur bekannte sogenannte »heiße Speis'« für die Dauerhaftigkeit des Mauerwerks hatte. Nicht vollständig gelöscht aus der Grube verbaut, erhielt der Sumpfkalk-Mörtel beim allmählichen Abbinden über Jahre diese Festigkeit.

Abends klangen die ereignisreichen Tage mit Einladungen bei »Familienmitgliedern der Denkmalpflege« aus. Es wurde gefachsimpelt und das Neueste vom Tage ausgetauscht.

Wie vieles hat sich doch gegenüber heute verändert auf dem Gebiet der Denkmalpflege! Das meiste zum Guten – nicht immer der zwischenmenschliche Umgang.

Anmerkungen

1 Altstadtsanierung. Städtebaulich-Denkmalpflegerische Untersuchungen in Görlitz, Institut für Denkmalpflege Dresden, Technische Hochschule Dresden, Sonderdruck entnommen Wiss. Z. Technische Hochschule Dresden 7 (1957/58) 5/6 (siehe auch den Beitrag von Wolfgang Hähle in diesem Buch).

2 Heinrich, Werner/Preiß, Wolfgang: Statisch-konstruktive Probleme bei der Altstadtsanierung, in: Denkmale in Sachsen. Ihre Erhaltung und Pflege in den Bezirken Dresden, Karl-Marx-Stadt, Leipzig und Cottbus, hrsg. v. Insitut für Denkmalpflege, Arbeitsstelle Dresden, Weimar 1978, S. 117 ff.
Monumente. Magazin für Denkmalkultur in Deutschland, hrsg. v. Deutsche Stiftung Denkmalschutz, 3 (1993) 9/10.

3 Preiß, Wolfgang: Dresden. Konstruktive Sicherung von Baudenkmalen. Anmerkungen zur Vorlesung, 52 Seiten, Selbstdruck.

4 Monumente. Magazin für Denkmalkultur in Deutschland, hrsg. v. Deutsche Stiftung Denkmalschutz, 3 (1993) 9/10.

5 Barckhausen, Christiane: Männer erzählen ... Tonbandprotokolle aus sieben Ländern, Berlin 1989.

Ein Bauingenieur im Institut für Denkmalpflege

Gotthard Voß

In den deutschen Denkmalpflegefachämtern gehörten traditionell zur üblichen Besetzung mit wissenschaftlichen Mitarbeitern in der Mehrzahl Kunsthistoriker und daneben Architekten. Nach dem Zweiten Weltkrieg verschob sich im Institut für Denkmalpflege dieses Verhältnis hin zu den Architekten, denn der zunehmende Rückgang an Planungsbüros stellte an die Arbeitsstellen bei ihrer Beratungstätigkeit immer mehr bautechnische Anforderungen. Einfache Nutzungsstudien bis hin zu Planungsleistungen der Mitarbeiter wurden vielfach zur Voraussetzung für bauliche Maßnahmen an Baudenkmalen.

Für konstruktive Fragen bei Sicherungen jeder Art im Rahmen der Baudenkmalpflege stand in der gesamten DDR allein der in Dresden auf der Grundlage einer staatlichen Zulassung selbständig tätige Bauingenieur Dipl.-Ing. Wolfgang Preiß zur Verfügung. Er erarbeitete Bauunterlagen mit statischen Berechnungen bis ins Detail, z. B. für Dachstühle, die er zumeist als sparsame Stahlkonstruktion über Kirchenruinen entwarf, so u. a. für die Wiederherstellung der beiden Turmspitzen der Martinikirche in Halberstadt (Abb. 1). Der Planungsaufwand und der Umfang der verfertigten Unterlagen ist jedoch mit den heutigen Anforderungen überhaupt nicht zu vergleichen. Nur unter den damaligen Umständen war es Preiß möglich, für so viele Vorhaben gleichzeitig die notwendigen Unterlagen bereit zu stellen. Die Zeichenarbeit übernahmen zumeist Studenten der Hochschule, zu denen auch der Verfasser viele Jahre lang gehörte. Neben den konkreten Planungen nahmen die Beratungen vor Ort und die anschließende Anfertigung der ausführlichen Gutachten, die Preiß in beispielhafter Qualität – gleichsam als sein Markenzeichen – lieferte, immer mehr Zeit in Anspruch. Hier kamen allerdings seine analytischen und diagnostischen Fähigkeiten ganz besonders zum Tragen. Vielfach erlebte ich, dass wenn Herr Preiß die Baustelle verließ, alle Fragen beantwortet und sogar für komplizierte Schadensfälle sehr logische Lösungen gefunden waren. Dabei waren ihm die Archivalien und die Ursachenforschung immer besonders wichtig. Seine Denk- und Arbeitsweise, sich am Altbau weniger von heute gültigen statischen Vorgaben leiten zu lassen, sondern die alte Substanz sehr genau zu betrachten und dabei auch das Alter des Bauwerkes und dessen Schäden zu berücksichtigen, hat er im Rahmen seiner Lehrtätigkeit an der Hochschule und bei seinen ausgedehnten Beratungsreisen an viele Architekten und Bauingenieure weitergegeben, was überall im Land mit den Jahren sehr spürbar wurde. Für die Denkmalpflege ist durch seine Einflussnahme auf die konstruktive Sicherung von Baudenkmalen spürbar geworden, wie wichtig bei der Altbausanierung die Mitwirkung eines Bauingenieurs im Institut für Denkmalpflege sein könnte, der sich in das alte Baugefüge hineindenken und mit der erforderlichen Demut einfühlsame und dennoch tragfähige Lösungen vorschlagen kann, unabhängig von für das Baudenkmal unvorteilhaften Leistungs- und Wirtschaftlichkeitsanforderungen.

Bei Herrn Preiß nahm die in der gesamten DDR dringend benötigte Beratungstätigkeit zu Fragen der konstruktiven Si-

Abb. 1 Halberstadt, St. Martini, während der Wiederherstellung der Turmspitzen, Stahlkonstruktion nimmt gleichzeitig das Gerüst auf, zerstörte Dächer über der Kirche erneuert, 1956

cherung an Baudenkmalen einen immer größeren Umfang ein zuungunsten der Vorlage baureifer Projekte, wodurch deutlich wurde, dass die Arbeit landesweit nicht mehr wie bisher von ihm allein bewältigt werden konnte. In Dresden waren inzwischen Bauingenieure in diese Planungsarbeit hineingewachsen und zur kollegialen Zusammenarbeit mit Herrn Preiß bereit.

Für die Nordbezirke war 1967 in die Schweriner Arbeitstelle durch persönliche Kontakte auf eine frei gewordene Stelle der Bauingenieur Dipl.-Ing. Klaus Betzner geholt worden, durchaus mit dem Gedanken, ihn über diese Region hinaus einzusetzen. Das geschah im gleichen Jahr am Schauspielhaus in Berlin mit der Absicht, schon während der Vorbereitung der Sicherungsmaßnahmen mit der Fachkompetenz eines Bauingenieurs von Seiten des Instituts für Denkmalpflege, das zu dieser Zeit noch nicht für die denkmalfachliche Betreuung der Baudenkmale in Berlin zuständig war, direkten denkmalpflegerischen Einfluss nehmen zu können. Seine Versetzung nach Berlin in die dortige Arbeitsstelle, die für die Bezirke Frankfurt/Oder und Potsdam zuständig war, wurde damit unumgänglich. Von hier aus übernahm er auch Aufgaben in anderen Bezirken und plante z. B. Ende der 1960er Jahre für die im Krieg schwer beschädigte Marienkirche in Prenzlau die neue Dachkonstruktion über der großen Halle und die Sicherung des Ostgiebels. Über die Bauplanung hinaus versuchte er die baukonstruktiven Lösungen der Baumeister dieses überreich geschmückten gotischen Giebels zu verstehen und wurde damit auch für die Kunsthistoriker zu einem anerkannten Gesprächspartner.

Abb. 2 Merseburg, Schloss, Kammerturm, Montage der Holzkonstruktion des wiederhergestellten Helmes in drei Abschnitten, 1971

Im Halleschen Arbeitsbereich gehörte zu einer der ersten Aufgaben 1971 die Rekonstruktion des Helms vom Kammerturm im Hof des Merseburger Schlosses. Diese Arbeit stand am Anfang einer Reihe von Turmrekonstruktionen mit dem Roten Turm in Halle, den Turmspitzen der Nikolaikirche in Berlin und dem Höhepunkt nach 1990 mit dem Helm auf dem Turm der Petrikirche in Rostock.

In Merseburg gab es keine zeichnerischen Vorgaben für das ursprüngliche Erscheinungsbild des Kammerturms. Alte fotografische Aufnahmen lieferten mit Hilfe der in der Dresdner Arbeitstelle angegliederten Fotogrammetrie wenige Maßangaben. Sie ermöglichten es dem Verfasser, die äußere Form darzustellen und anschließend eine hölzerne Konstruktion in klassischer Bauart zu entwerfen. Betzner erarbeitete die statischen Berechnungen und entwickelte eine Konstruktion, bei der er zimmermannsmäßige Verbindungen mit ingenieurtechnischen mischte. Nach dem Abbund auf dem Werkplatz des Baubetriebes erfolgte im Schlosshof am Fuße des Turms die Montage in drei Teilabschnitten (Abb. 2), wobei die Bauteile mit einem Mobilkran nach und nach auf der Mauerkrone abgesetzt wurden. Das Aufbringen der Schalung und das Eindecken mit Schiefer aus Thüringen beendete die Wiederherstellung der Turmhaube, die weitgehend der ursprünglichen Form angenähert werden konnte.

In dieser Arbeit sahen wir beide gleichsam den Probelauf für den neuen Helm auf dem Roten Turm in Halle, der am Ende des Zweiten Weltkrieges während eines Artillerieangriffes in Brand geschossen wurde und dessen gemauerter Teil ein flaches Dach bekommen hatte. Der Helm war mit 40 Metern doppelt so hoch wie der Merseburger und sehr viel aufwendiger gestaltet. Allein aus Freude an dieser für uns einmaligen Aufgabe begannen wir voller Begeisterung mit vorbereitenden Überlegungen neben den dienstlichen Verpflichtungen, ohne Auftrag und ohne Aussicht auf eine uns schwer vorstellbare Realisierung.

Vorhandene Aufmaßzeichnungen und auch ein älteres Wiederaufbauprojekt konnten den denkmalpflegerischen Ansprüchen nicht genügen. Zur rekonstruktiven Neugestaltung des Turmhelms konnte ein Verfahren der Auswertung von fotografischen Aufnahmen des Messbildarchivs im Institut für Denkmalpflege, damals noch in Dresden, weiterentwickelt werden, bei dem die umfangreichen Rechenvorgänge einem elektronischen Rechner übertragen wurden. Das Ergebnis fixierte die Lage von hundert Einzelpunkten in einem Koordinatensystem. Einzelheiten der äußeren Form mussten den Frontalansichten des Helms von den Osttürmen der gegenüber stehenden Marktkirche aus nachempfunden werden (Abb. 3). Dabei ließen sich während des Baus 1506 oder im Laufe der

Abb. 3 Halle, Roter Turm, Zeichnung für die Wiederherstellung des Helmes, 1970

Abb. 4 Halle, Roter Turm, Instandsetzung des oberen Oktogons, Brückenrüstung, darauf Stahlrohrgerüst, Aufzugsturm als Holzkonstruktion, 1972

Jahrhunderte am Turm entstandene Unregelmäßigkeiten und Veränderungen bei diesem sich lediglich der ursprünglichen Gestalt weitgehend annähernden Rekonstruktionsverfahren nicht berücksichtigen.

Der gotische Turmhelm bestand aus einer Zimmermannskonstruktion mit kupferner Dachhaut. Allein mit Rücksicht auf die leichtere Beschaffbarkeit des Materials planten wir als Vorentwurf eine Stahlkonstruktion in drei Teilabschnitten, dem Fuß- und auch dem Laternenteil als einem räumlichen Fachwerk, der 20 Meter hohen Spitze in ihrer unteren Hälfte als sogenannte Schwedlerkuppel und der oberen als Holzkonstruktion. Damit war eine wichtige erste Voraussetzung für die Rekonstruktion des Turmhelms gegeben, die ein wirtschaftlich arbeitendes Büro, das ohnehin fehlte, nicht hätte erbringen können.

1971–72 war der untere massive Turmteil instand gesetzt worden, nachdem 1968 der Absturz eines großen Gesimssteines auf schwere Schäden hinwies, deren Auslöser das ungepflegte Notdach war. Die zu erwartenden Schwierigkeiten vor allem bei der Einrüstung ließen damals tatsächlich Überlegungen eines möglichen Abbruchs aufkommen, die wegen der hohen Kosten jedoch aufgegeben wurden (Abb. 4). Eine vom Straßenbau organisierte sogenannte Brückenrüstung bildete die Substruktion für die von einem Magdeburger Betrieb ausgeliehene Stahlrohrrüstung, mit der jeweils eine Hälfte des oberen Oktogons berüstet werden konnte, auf das sich die Wiederherstellungsarbeiten konzentrierten. Ihren Abschluss bildete die Abdeckung des Notdaches mit Kupferblech, denn zu dem Zeitpunkt war an die Wiederherstellung der Haube nicht zu denken.

Ihre Realisierung erfolgte dann jedoch schneller als von uns erwartet, denn die Gestaltung der beiden auf den Turm zuführenden Zentrumsstraßen als Fußgängerbereiche machten das Fehlen der Haube als städtebaulicher Blickpunkt deutlich. Ihre Wiederherstellung beschloss deshalb 1974 der Rat der Stadt mit der Auflage strikter Geheimhaltung – man wollte sich des Erfolges ganz sicher sein und dann den Überraschungseffekt auskosten, denn die Hallenser hatten schon lange auf die Wiederherstellung ihres Turms gehofft. Unsere Vorbereitungen ermöglichten es der Institutsleitung, einen Auftrag für die weitere Planung anzunehmen. Zur Projektierung der Stahlkonstruktion wurden technische Mittel eingesetzt, die bisher im Rahmen denkmalpflegerischer Maßnahmen nicht üblich waren. Klaus Betzner gelang es durch persönliche Beziehungen, die Schnittkräfte der stählernen Hauptkonstruktion auf einem Großrechner beim Zentrum für Organisation und Datenverarbeitung – Bauwesen Berlin – zu ermitteln. Diese elektronische Berechnung ergab für die einzelnen Konstruktionsglieder op-

Abb. 5 Halle, Roter Turm, Wiederherstellung des Helmes, Montage der vorgefertigten Teilabschnitte der Stahlkonstruktion

timale, Material sparende Werte und gleichzeitig eine bautechnische und dazu auch architektonische Gestaltung, die konstruktiv dem tatsächlichen Kräfteverlauf entsprach.

Die Montage der Hauptkonstruktion des Helms im Herbst 1975 (Abb. 5), der verkupferten Ecktürme und der Hauptspitze erfolgte mit dem einzigen in der DDR verfügbaren Autokran ADK 270 mit einem Ausleger von 100 Metern Länge nach weitgehender Vormontage auf dem Marktplatz. Mit dieser Technologie wurde ein Minimum an notwendiger Einrüstung des Turmhelms auf der Mauerkrone sowie die Montagezeit von nur viereinhalb Tagen möglich. Im Frühjahr 1976 waren die Arbeiten abgeschlossen. Diese für die damaligen Verhältnisse kurze Bauzeit konnte auch durch ein sehr kollegiales Zusammenwirken der mit diesem Vorhaben befassten bauleitenden Kräfte erreicht werden. Alle Beteiligten wurden davon nachhaltig motiviert.

Neben der Planung kleinerer und größerer Einzelvorhaben gehörten die Gutachten zu Schadensfällen und für zur denkmalpflegerischen Stellungnahme vorliegende Bauunterlagen zu den wichtigsten Aufgaben des Bauingenieurs im Institut für Denkmalpflege. In jedem Fall setzte er sich intensiv mit dem Baudenkmal auseinander, niemals ohne sorgfältige Betrachtung der Bausubstanz vor Ort, studierte die Bau- und Instandsetzungsgeschichte sowie vorliegende Expertengutachten. Nach den dabei gemachten Erkenntnissen und aufgrund seiner inzwischen langjährigen Erfahrungen sah er entweder kein Problem, wo alle, zum Beispiel bei jeder Art von Rissbildungen, eines vermuteten, oder er überraschte dadurch, dass er alles hinterfragte. Auch vorgetragene Einschätzungen bzw. Schlussfolgerungen von Sachverständigen, Bauherren und Architekten nahm er nicht unbedingt als gegeben hin. Die Ergebnisse seiner Überlegungen konnte er dann mit Überzeugungskraft vortragen und in konkrete Vorschläge umsetzen. Diese von wirtschaftlichen Zwängen unabhängige ingenieurtechnische Herangehensweise an konstruktive Probleme durch einen Mitarbeiter innerhalb des Instituts für Denkmalpflege neben den Kunsthistorikern und Architekten wurde zu einer unverzichtbaren Unterstützung bei denkmalpflegerischen Entscheidungen. Vielfach gelang es ihm, bauliche Eingriffe erheblich zu reduzieren, häufig sogar zu verhindern, zugunsten der historischen Bausubstanz und des Kostenansatzes.

Ein Beispiel für sein Denken und Handeln als Denkmalpfleger, das ihn zunehmend auch für Kunsthistoriker als Gesprächspartner interessant machte, gibt es an der Liebfrauenkirche in Halberstadt. In den aus dem 19. Jahrhundert stammenden Nordostturm sollte zur Sicherung des auseinander driftenden Mauerwerkes eine Betondeckenscheibe mit umlaufenden Wandbalken, in den Ankereisen einbinden, betoniert werden. Sein Rat führte dazu, statt dieses starren, dem beweglichen Mauerwerk widerstrebenden Bauelementes einen eichenen Wandbalken in den achteckigen Turm zu montieren und diesen mit den Mauerwerksankern zu verbinden.

Seine bei den unterschiedlichsten Aufgaben gesammelten theoretischen und praktischen Erkenntnisse gab er in Merkblättern weiter, die als Anlage den am Ende der 1970er Jahre erschienenen zeitschriftenartigen Heften »Denkmalpflege in der Deutschen Demokratischen Republik« beigefügt waren. Darin behandelte er die »Beobachtung, Untersuchung und Beurteilung von Bauschäden an Baudenkmalen« oder die »Konstruktive Sicherung von Wänden und Mauerwerk« in zwei Fortsetzungen (1977 und 1978) mit von ihm angefertigten, sehr anschaulichen Zeichnungen. Im Heft 1/1976 berichteten wir beide über die Rekonstruktion des Helms vom Roten Turm in Halle mit im Merkblatt beigefügten Zeichnungen.

Ausgehend von diesen als Mitarbeiter im Institut für Denkmalpflege gemachten Erfahrungen konnten wir in dem 1991 wiedergegründeten Landesamt für Denkmalpflege Sachsen-Anhalt in Halle auch einen Bauingenieur (Dipl.-Ing. Theo Lösser) einstellen, der bis 2010 in gleicher Weise, durch sein Bemühen um Zurückhaltung, viel Gutes bei der Instandsetzung vieler Baudenkmale bewirkt hat und damit die Notwendigkeit beweisen konnte, eine derartige Fachkompetenz im Denkmalfachamt zu haben.

Zu einem weiteren Höhepunkt und zur Herausforderung als Denkmalpfleger wurde für den aus Halberstadt stammenden Betzner die Sicherung und teilweise Auswechselung der drei frühgotischen Strebepfeiler auf der Nordseite des dortigen Doms. Diese mehrere Jahre dauernde, sehr umfangreiche Arbeit führte ihn über eine große Begeisterung für die kons-

Abb. 6 Halberstadt, Dom, Nordseite, frühgotische Strebepfeiler, während der Auswechselung der Sockel, 1966

truktiven Fragen zum Bemühen um ein Verständnis gotischer Architektur am Beispiel der Kathedralen. Er verglich die Querschnitte deutscher und französischer Bauten miteinander. Seine schriftlich formulierten Erkenntnisse sind in der 1993 erschienenen Veröffentlichung einiger ostdeutscher Landesämter »Gebaute Vergangenheit heute« festgehalten, aus der ich wenige Abschnitte zitiere und als damaliger Begleiter der Maßnahme geringfügig ergänze:

Die Auswechselung der Pfeilerköpfe und Strebebögen der drei westlichen am Beginn des gotischen Neubaus vor 1239 errichteten Langhaussysteme, die Ende des 19. Jahrhunderts erfolgte, hatte das Auftreten von Vertikalrissen in den nördlichen Strebepfeilern nicht verhindern können. Unmittelbar nach Ende des Zweiten Weltkrieges, als in dessen letzten Wochen (8. April 1945) die Altstadt von Halberstadt zu 85 Prozent zerstört wurde, begannen engagierte Halberstädter trotz großer Wohnungsnot in bewundernswertem Einsatz mit der Wiederherstellung der durch mehrere Bombentreffer zerstörten östlichen Teile des Doms. Erst danach richtete sich die Aufmerksamkeit auf die nordwestlichen drei Strebepfeiler, die zwar keine Kriegsschäden, aber aus den alten Ursachen wieder neue Längsrisse und Verformungen aufwiesen. Im Jahr 1955 wurden in den Pfeilerachsen der drei westlichen Joche Zuganker im Kämpferbereich der Hochschiffgewölbe eingezogen, die durch die Aufnahme des Gewölbeschubes die schadhaften und immer weiter nach außen ausweichenden Strebepfeiler entlasten sollten. Im gleichen Jahr wurden in das Mauerwerk der drei Pfeiler leider auch Zementinjektionen vorgenommen, die, wie sich in den darauffolgenden Jahren herausstellen sollte, ein Gipstreiben auslösten bzw. beschleunigten. (Abb. 6) Daraufhin wurden 1963/64 auf Empfehlung von Herrn Preiß die Sockel der Strebepfeiler unter Abstützung ausgebaut und bis zur Unterkante des Kaffgesimses durch acht senkrecht stehende Stahlträger mit einer Stahlbetonummantelung, umkleidet von einer etwa 20 Zentimeter starken Außenschale aus Kalkstein-Quadermauerwerk, ausgewechselt. Die neuen Pfeilersockel sind jeweils durch einen Queranker aus Rundstahl mit der Seitenschiffswand verbunden. Im Rahmen der Voruntersuchung zu dieser Maßnahme hatte man festgestellt, dass die drei Pfeiler aus einem Schalenmauerwerk bestehen, gefüllt mit unregelmäßigen Steinen und großen Mörtelmassen.[1] Eine umfassende Auswechselung der Pfeiler wurde damals noch nicht für notwendig erachtet. Es sollten lediglich schwergeschädigte Steine ersetzt und die Fugen instand gesetzt werden. In den 1970er Jahren ließen aber erneut an einem der Pfeiler entstandene Schrägrisse auf ein weiteres Ausweichen der Pfeiler schließen. Auch die Längsrisse öffneten sich wieder, und das gleichzeitige Herauswandern einzelner Außenquader zeigte an, dass das Gipstreiben nicht abgeklungen war. Entsprechend dem von Betzner 1984 vorgelegten Gutachten wurde die Auswechselung der Pfeiler als dauerhafte Sicherung unumgänglich und als denkmalpflegerische Zielstellung formuliert. Da-

Abb. 7 Halberstadt, Dom, Nordseite, frühgotische Strebepfeiler, während der Auswechselung des mittleren Pfeilers, 1988

bei sollten die im Wesentlichen bereits früher erneuerten, gut erhaltenen Strebebögen und Pfeilerköpfe erhalten bleiben. Erste Überlegungen sahen für die neuen Pfeiler zunächst vor, diese nach der im Sockelbereich begonnenen Art unter Einbau eines Stahlbetonkernes, bei teilweiser Wiederverwendung alter Kalksteine, neu aufzumauern. Die Bauplanung ging dann aber davon aus, bei den neuen Pfeilern die Verwendung von Stahlbeton möglichst zu vermeiden und dafür die historische Konstruktion in handwerklicher Weise auszuführen (Abb. 7). Auf einem Stützgerüst konnte der abgetrennte Strebebogen abgesetzt und darunter das geschädigte Mauerwerk abgetragen werden Die Strebepfeiler wurden in durchgemauertem Verband aus neuen Kalksteinquadern hergestellt und durch unmittelbar über der Mauerkrone des Seitenschiffes angeordnete Spannanker mit der Hochschiffwand verbunden.[2]

Inzwischen wurden auch die Baldachine an den Vorderkanten der Pfeiler wieder aufgerichtet unter weitgehender Verwendung der originalen Werksteine, und die drei beinahe bis zur Unkenntlichkeit zerstörten Wasserspeier durch neue, von einem Hallenser Künstler geschaffene, ersetzt. Damit ist eine Aufgabe zu einem für die damalige Situation im Bauwesen bewundernswerten Ergebnis gekommen und ein Schaden behoben worden, der über Jahrzehnte den Verantwortlichen für den Dom erhebliche Sorgen bereitet hatte.

Seine ingenieurtechnischen Erkenntnisse fasst Betzner wie folgt zusammen:

»Der Vergleich von theoretisch errechneten Spannungen in Kathedralquerschnitten mit zulässigen Spannungen nach geltenden Bauvorschriften wird meistens aber nur scheinbar zuungunsten des Bauwerkes ausfallen. Danach treten an den Halberstädter Schiffspfeilern tatsächlich Beanspruchungen auf, die weit über den heute zulässigen liegen und dennoch zu keinen Schäden geführt haben. Die Halberstädter Bauleute haben wohl um die viel stärkere Belastung der Schiffspfeiler gegenüber den Strebepfeilern gewusst, denn die Arkadenpfeiler der Westjoche sind aus härteren Kalksteinen und mit dünnen Pressfugen ausgeführt und vermutlich voll durchgemauert, wie die Ultraschallmessungen belegen. Der Vergleich aller errechneten Spannungen ermutigt trotz begründeter Zweifel an ihrem Genauigkeitsgrad sowohl zu den beschriebenen grundsätzlichen Aussagen zur Tragwerksqualität der untersuchten Systeme als auch zur Bestätigung der getroffenen technischen und denkmalpflegerischen Entscheidungen. Mit dem Neuaufbau der originalen, aber besonders in den letzten Jahren zunehmend versagenden nördlichen drei Strebepfeiler wurde eine bessere Tragwirkung erzielt, und dies in der dem Bauwerk angemessenen Konstruktionsart.«[3]

Gleichsam als Fortsetzung seiner statisch-konstruktiven Untersuchungen der Kathedralquerschnitte hat sich Betzner mit den ähnlich filigranen gotischen Ostgiebeln der Pfarrkirchen St. Marien in Neubrandenburg, Prenzlau und Gransee beschäftigt und seine Erkenntnisse wie folgt in der Einleitung eines Beitrags, erschienen in dem Regionalband »Denkmale in Berlin und Brandenburg« aus der Sicht des Bauingenieurs zusammenfassend formuliert: »Die Zusammenhänge zwischen Raumauffassung, der Formenwelt und der Konstruktion gotischer Architektur scheinen auf der Hand zu liegen. Die Strebesysteme nordfranzösischer Kathedralen suggerieren geradezu, welche Erfahrungen beim Umgang mit den Naturkräften, Schwerkraft und Windlast zur Entwicklung solcher Konstruktionen haben führen können. Die gotischen Baumeister kannten keine theoretische Mechanik, Statik und Festigkeitslehre als mathematische Methoden, um die Größe dieser Kräfte, ihre Richtung und ihre Wirkung zu abstrahieren und damit zu berechnen. Sie mussten sie als Naturkräfte einkalkulieren wie der Bauer das Wetter: nach dem durch Erfahrung geschulten Gefühl. Für sie war die Kraft nicht Zahl, sondern Erlebnis. Trotzdem gingen sie sehr rational mit diesen Naturkräften um. Die Art ihrer Baukonstruktionen, die sie an den alles überragenden Bauwerken ausbildeten, wurde unmittelbar zur Architekturform als Ausdruck der gültigen Baugesinnung ihrer Zeit, und dies bis in Bereiche des Bauwerks, die sich dem unmittelbaren Anblick entziehen.«[4]

Anmerkungen

1 Vgl. Gebaute Vergangenheit heute. Berichte aus der Denkmalpflege, hrsg. v. Detlef Karg, Berlin–München 1993, S. 44 f.

2 Vgl. ebenda, S. 45.

3 Betzner, Klaus: Zusammenhänge zwischen Konstruktion und Form in gotischer Architektur, in: Denkmale in Berlin und Brandenburg, Weimar 1987, S. 211–223.

4 Ebenda.

Literatur

Betzner, Klaus/Voß, Gotthard: Die Rekonstruktion des Turmhelms auf dem Roten Turm in Halle, in: Denkmalpflege in der Deutschen Demokratischen Republik (1976) 1, S. 9–22.

Betzner, Klaus: Die drei Bauabschnitte des Halberstädter Doms, in: Berichte aus der Denkmalpflege, Verlag für Bauwesen Berlin 1993, S. 21–50.

Aufgaben und Methoden der städtebaulichen Denkmalpflege am Beispiel von Sachsen-Anhalt (ehemalige Bezirke Halle und Magdeburg)[1]

Hans-Hartmut Schauer

Denkmalpflege zwischen Politik und Auftrag

Aufgabe der städtebaulichen Denkmalpflege ist die Erhaltung der historischen Stadt mit der Vielfalt ihres Bildes und der Werte ihrer Bausubstanz, die Erhaltung des Stadtgrundrisses und der städtischen Strukturen mit ihren Differenzierungen. Das umfasst also auch die Erhaltung der Bauten im Altstadtgebiet in ihrer Ganzheit mit ihren sozial- und baugeschichtlichen sowie künstlerischen Aussagen. Dieses Ziel und seine Begründung muss die Denkmalpflege (hier das ehemalige Institut für Denkmalpflege, Arbeitsstelle Halle – im Text abgekürzt mit IfD Halle)[2] in die Beratungen mit Politikern, Bürgern und Städtebauern einbringen, damit diese Werte erhalten werden.

Nach dem Zweiten Weltkrieg war jedoch zunächst die wichtigste gemeinsame Aufgabe die Beseitigung der Trümmer, die Sicherung und Nutzung der Bauten, welche den Krieg überstanden hatten, und vor allem die Schaffung von Wohnraum. Eine erste Änderung brachte 1950 das »Aufbaugesetz«, mit dem der Staat weitgehenden Zugriff über den Grundbesitz erlangte und damit, unabhängig von früheren Besitzansprüchen, umfassende Planungen durchführen konnte. In vier Kategorien wurden Schwerpunktstädte benannt, in deren Zentren in größerem Umfang Neubauten errichtet werden sollten. Zur ersten (= wichtigsten) Aufbaukategorie gehörten in Sachsen-Anhalt die Industriestädte Magdeburg und Dessau, deren Zentren völlig zerstört waren, zur zweiten Merseburg, Sangerhausen und Zerbst als Städte mit wichtigen Industrien, und zur dritten Kategorie Halberstadt und Schönebeck. Ihr Wiederaufbau sollte gemäß den von der Regierung der DDR ebenfalls 1950 beschlossenen »Grundsätzen des Städtebaues« erfolgen, nach denen »die Berücksichtigung der historisch entstandenen Struktur der Stadt bei Beseitigung ihrer Mängel (...) der Stadtplanung zugrunde gelegt werden muss.« Zu noch vorhandenen Bauten in den zerstörten Städten enthielten diese Grundsätze nur wenige Aussagen, weil es um die Gestaltung beim Neuaufbau, nicht um einen Wiederaufbau ging und um die Überwindung der kapitalistischen durch die sozialistische Stadt. Neubauten wurden im Stil der Nationalen Tradition gestaltet, wobei die Häuser für diese Zeit ungewöhnlich großzügige Wohnungen erhielten, Paläste waren für die nominell herrschende Arbeiterklasse. Weitere Charakteristika neuer Stadtplanungen waren breite Straßen und Plätze für Demonstrationen und politische Kundgebungen sowie Hochhäuser für Parteien und Massenorganisationen als Dominanten im neuen Stadtbild. Heute werden Gebäude aus jener Zeit in Magdeburg, Dessau und Merseburg (»Magistrale« am Bahnhof) bereits als Geschichtsdenkmale gewertet. Weil diese Neubauten auf den zerstörten und abgeräumten Stadtgebieten entstanden, gab es keine Interessenkonflikte mit der Denkmalpflege.

Mit der Kritik der SED am zu aufwendigen Bauen jener Periode wurde 1955 auf der »Erste(n) Baukonferenz der DDR« die Forderung aufgestellt, besser und billiger zu bauen und mit dem industriellen Bauen schneller die notwendigen Wohnungen zu schaffen. Der Anteil der Montagebauweisen am Baugeschehen der DDR stieg von 1958 bis 1963 von 12 Prozent auf 74 Prozent, anfangs noch mit Großblöcken und seit 1956 zunehmend mit Großplatten aus den neuen Betonplattenwerken. Ihre Architektur war aufgrund der technischen Zwänge bescheiden und konnte kaum städtebauliche Besonderheiten berücksichtigen wie die Bebauung von Baulücken, die Wiederaufnahme vorhandener Baufluchten oder geschlossene Ecken. Mit dieser offenen Zeilenbauweise wurden Kriegsbrachen in Magdeburg, Dessau, Halberstadt und Zerbst bebaut, was dort aus denkmalpflegerischer Sicht vertretbar war. Als diese innerstädtischen Flächen bebaut waren, setzte sich das Baugeschehen auf günstig zu erschließenden Flächen an den Stadträndern fort. Abbrüche von Wohngebäuden zugunsten von Neubauten waren aufgrund des noch immer herrschenden großen Wohnungsmangels in den 1960er Jahren nur in seltenen Ausnahmefällen möglich.

Eine politische Wende im Baugeschehen der DDR begann im Oktober 1960 mit der »Erste(n) Theoretische(n) Konferenz der Deutschen Bauakademie«. Hier wurde der Bruch mit der bis dahin noch gültigen Beachtung und Einbeziehung des vorhandenen Baubestands bei städtebaulichen Planungen vollzogen. Vom Leiter der Abteilung Stadtplanung der Bauakademie wurde als verbindliche Zielstellung vorgegeben: »Der Hauptweg der sozialistischen Umgestaltung alter Stadtgebiete wird in der Etappe der Umgestaltung nach 1965 in der Hauptsache durch einen flächigen komplexen Abriss alter Gebäude, vor allem alten Wohngebäudebestandes und seines Ersatzes durch neue Wohngebäude gekennzeichnet. Die

Abb. 1 Merseburg, Generalbebauungsplan, 1. Abbruchs- und Bauphase bis 1971 – die 2. Phase nur als ockerfarbene Fläche dargestellt (BfS Halle, 1967)

Etappe der sozialistischen Umgestaltung der Altbaugebiete nach 1965 erstreckt sich zum größten Teil auf die Zentren und innerstädtischen Gebiete der bestehenden alten Klein- und Mittelstädte (...) mit eine(r) annähernde(n) Neuanlage der zentralen Ensembles (...).«[3] Dieses so formulierte politische Ziel traf jetzt auch die Bemühungen der Denkmalpflege, historische Altstädte als Werte zu erhalten. Fortan musste sich das IfD stärker bemühen, rechtzeitig an den städtebaulichen Planungen beteiligt zu werden. Zu Gesprächen kam es jedoch nur in Ausnahmefällen wie dem hochrangigen Denkmal Quedlinburg, wo schon seit 1955 ein neues Sozialistisches Zentrum, verbunden mit Straßendurchbrüchen, als Planung vorgelegt wurde.

Die ersten Auswirkungen der neuen Ausrichtung im SED-Bauwesen trafen die Kreisstadt Merseburg. Walter Ulbricht hatte 1963 ein »Chemieprogramm« verkündet, das außer dem Ausbau der Chemiewerke in Leuna und Buna/Schkopau auch den Bau von Wohnungen in Halle-Neustadt und in Merseburg festlegte. Im Büro für Städtebau und Architektur des Rats des Bezirks in Halle (hier künftig mit BfS Halle abgekürzt, wie auch das gleiche Büro in Magdeburg) war bereits 1962 eine Planung begonnen worden, 1967 wurde der »Generalbebauungsplan Merseburg« mit der sozialistischen Umgestaltung der Altstadt veröffentlicht (Abb. 1). Seit 1968 wurden in drei Vierteln der Altstadt Gebäude mit insgesamt 1.300 noch genutzten Wohnungen großflächig abgebrochen – Baubestand

Abb. 2 Merseburg, Sixtiberg (1967), unter dem Straßennamen ist das Schild »Abbruchgebiet durch Rekonstruktion« erkennbar

Abb. 3 Merseburg, Obere Breite Straße (1970)

Abb. 4 Merseburg, Sixtikirche mit neuer »Altstadt« (1979)

von der Gotik bis zum Barock (Abb. 2 und 3) – und dafür 3.000 Wohnungen in fünf-, zehn- und vierzehngeschossigen Plattenbauten in einem strengen rechteckigen Raster errichtet (Abb. 4). Das IfD bemühte sich, das restliche Viertel unterhalb des Burgberges mit den barocken Kurien und den Burgberg selbst mit dem bedeutenden Denkmalensemble von Schloss und Dom zu erhalten, was auch gelang (Abb. 5). Das Gesamt-

Abb. 5 Merseburg, Städtebaulich-denkmalpflegerische Zielstellung (1980)

ergebnis dieser sozialistischen Umgestaltung einer Altstadt war zum Abschluss 1981 gestalterisch und wirtschaftlich so unerfreulich (Abb. 6), dass im Bezirk Halle keine weitere Umgestaltung mehr erfolgte – im Bezirk Magdeburg wurde dieses Experiment gar nicht erst versucht. Auch in den folgenden Jahren wurde der DDR-Wohnungsneubau vorwiegend an den Stadträndern auf noch günstig zu erschließenden freien Flächen durchgeführt, sodass hier keine Konflikte mit der Denkmalpflege aufkamen.

Das änderte sich erst, als diese Flächen gegen Ende der 1960er Jahre weitgehend bebaut waren und die Gebäude in den Innenstädten durch ausbleibende Instandhaltungen und Reparaturen inzwischen so weit verfallen waren, dass Konsequenzen aus der bisherigen Baupolitik unvermeidlich wurden. Die 1960 propagierte »sozialistische Umgestaltung alter Stadtgebiete« wurde verbindliches Leitthema der neuen städtebaulichen Planungen. Dadurch ergaben sich Konflikte mit dem vorhandenen Baubestand und der Arbeit der Denkmalpflege, denn 1961 wurden in der »Verordnung über die Pflege und den Schutz der Denkmale« in § 2 »Werke der Baukunst und des Städtebaus (Stadtanlagen, Orts-, Straßen- und Platzbilder …)« als Denkmale benannt. Nach § 3 dieser VO stehen nicht nur diese ausgewiesenen Denkmale unter Schutz, sondern auch alle Bauten ihrer »Umgebung, soweit sie für die Eigenart und die Wirkung des Denkmals von Bedeutung« sind. In der Anlage »Denkmale von besonderer nationaler Bedeutung und internationalem Kunstwert« werden Görlitz, Neubrandenburg, Quedlinburg und Stralsund als städtebauliche Denkmale und Denkmalbereiche in Berlin und Dresden aufgeführt – in den Bezirks- und Kreisdenkmallisten wurden ebenfalls viele städtebauliche Denkmale ausgewiesen.

Schon seit längerer Zeit hatten die BfS in Halle und Magdeburg mit ihren großen Mitarbeiterstäben mit Planungsvorbereitungen begonnen, indem aktuelle Stadtkarten aufgemessen und umfangreiche Erhebungen zum Alter, zur Nutzung und zum Zustand der Gebäude, zur Leistungsfähigkeit und dem Zustand der Rohrleitungs- und Kabelnetze sowie der Verkehrsanlagen durchgeführt wurden. Auf dieser Grundlage erfolgten gleichzeitig für mehrere Städte Generalbebauungsplanungen.[4] Für diese Planungen mussten neben den Stellungnahmen anderer Fachbereiche auch die der Denkmalpflege eingeholt werden zur Frage, ob von der Planung Belange des Denkmalschutzes berührt würden, und eine Abstimmung wurde notwendig, wenn städtebauliche Denkmale, Denkmalbereiche oder Denkmalensembles von der Planung betroffen waren.[5]

Das IfD mit seinen wenigen Mitarbeitern konnte zunächst nur die Aktualisierung der Denkmalverzeichnisse und schriftlich formulierte Wünsche und Forderungen zur Beachtung denkmalpflegerischer Werte vorlegen[6] – das war zu wenig.

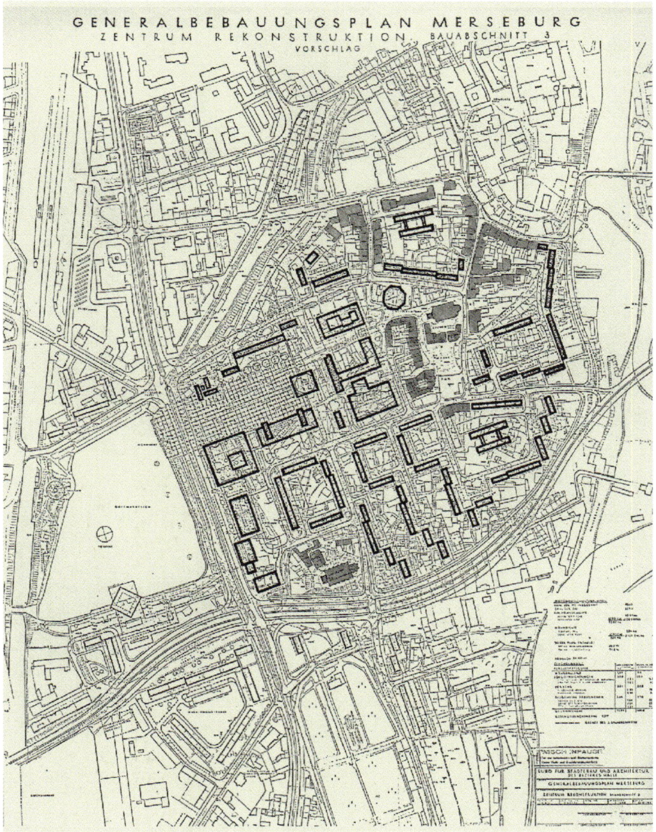

Abb. 6 Merseburg, Rekonstruktion des Stadtzentrums (BfS Halle, 1968)

Abb. 7 Weißenfels, Leipziger Straße (1985), Schautafel zur Begründung der flächenhaften Abbrüche

Gegen Mitte der siebziger Jahre war im IfD Halle nur ein Mitarbeiter speziell für die städtebauliche Denkmalpflege – neben der Betreuung der wenigen Einzelhaus-Sanierungen – zuständig, und so war es auch in den anderen Arbeitsstellen Schwerin, Berlin, Dresden und Erfurt. Zur gleichen Zeit wurde in Berlin eine Abteilung für Städtebauliche Denkmalpflege aufgebaut, von der aus die Arbeit der Arbeitsstellen fachlich koordiniert werden sollte. Alle Mitarbeiter für städtebauliche Denkmalpflege in den Arbeitsstellen trafen sich etwa zweimal jährlich in Berlin und tauschten sich über ihre Arbeitsergebnisse aus. Aus den Erfahrungen in den Arbeitsstellen entstand als Grundlage der denkmalpflegerischen Zuarbeit zu den städtebaulichen Planungen in der DDR das System der »Städtebaulich-denkmalpflegerischen Analysen und Zielstellungen« (SDZ).

Mit diesen SDZ hofften die Denkmalpfleger, eine Methode entwickelt zu haben, um städtebauliche Planungen im denkmalpflegerischen Sinne zu beeinflussen und zu verbessern. Über die Erarbeitung, den Inhalt und die Arbeit der Arbeitsstellen des IfD mit den SDZ wird nachstehend berichtet. Den Bemühungen der Denkmalpflege zur Erhaltung von Denkmalen und Denkmalbereichen war jedoch schon seit Bestehen der DDR ein weitaus größerer Gegner erwachsen, der mehr als die städtebaulichen Umgestaltungsplanungen über das Schicksal der Städte entschied: der ständig anwachsende Verfall der Gebäudesubstanz. Es war politischer Wille, dass den privaten Hausbesitzern der Besitz und die Erhaltung ihrer Gebäude erschwert wurde, denn Einkommen aus dem Besitz von Grund und Boden oder Mietshäusern und nicht aus eigener Hände Arbeit galt als unsozialistisch. Die Mieten wurden auf dem Stand von 1936 festgeschrieben, sodass in der DDR nur wenig Miete gezahlt werden musste. Allerdings reichten auf der Gegenseite die Mieteinkommen nicht mehr für die Gebäudeerhaltung und noch weniger für eine Modernisierung aus, sodass hier der Verfall der Häuser und Städte nicht mehr aufzuhalten war, denn 1971 waren noch 78 Prozent aller Wohngebäude in privatem Besitz.

Zudem förderte und entwickelte der Staat der Arbeiter und Bauern nicht das Handwerk, sondern die Bauindustrie. Die nach 1945 noch vorhandenen kleinen Handwerksbetriebe mit ihrer Fähigkeit, schnell und umkompliziert Gebäudereparaturen ausführen zu können, bekamen immer weniger Baustoffe und noch weniger neue Maschinen zugewiesen, weshalb viele von ihnen schließen mussten. Die verbliebenen kleinen Handwerksbetriebe wurden seit 1956 zu Produktionsgenossenschaften zusammengeführt, die in die Planwirtschaft und damit auch zunehmend in Neubauaufgaben einbezogen wurden. Folglich gingen die Leistungen für die Gebäudeerhaltung immer weiter zurück und waren, im Verhältnis zum immer stärker anwachsenden Reparaturbedarf, zu gering. Betonwerke für Plattenbauelemente wurden aufgebaut und dafür Ziegeleien geschlossen, Bauholz wurde zur Devisenbeschaffung exportiert, und es wurden keine Zimmerleute mehr ausgebildet, sondern »Einschaler« für Betonarbeiten. Für die Bewohner der seit Anfang des 20. Jahrhunderts nicht mehr modernisierten, kalten und schadhaften Altbauwohnungen war es eine große Verbesserung, wenn sie in die in ihrer Stadt neu errichteten Plattenbauten mit Zentralheizung, Aufzug, Warmwasser, Innentoilette und Bad umziehen konnten. So wurden im Laufe der Jahre zunehmend Wohnungen und dann ganze Häuser frei, die von allein und zusätzlich durch Vandalismus verfielen. Die Stadtverwaltungen veranlassten flächenhafte Abbrüche, um diese das Stadtbild störenden und auch gefährlichen Zustände zu beseitigen (Abb. 7). Das IfD konnte einige Besitzer von Baudenkmalen mit Bauberatung und mit Beihilfen unterstützen, aber gegen den grundsätzlichen Verfall der alten Städte in der DDR war es machtlos. Dagegen half auch nicht mehr das 1975 erlassene, fachlich sehr gute »Gesetz zur Erhaltung der Denkmale in der DDR«, in dem die Denkmale des Städtebaus umfangreicher als bisher mit »Stadt- und Ortsanlagen, Straßen- und Platzräume, Stadtsilhouetten und Ensembles« benannt wurden. In der 2. Durchführungsbestimmung zu diesem Gesetz wurde 1978 festgelegt, dass Gebiete, deren geschichtlich aussagefähige und kulturhistorisch wirkungsvolle Substanz das Bild des Ensembles und seinen Denkmalwert bestimmt, als Denkmalschutzgebiete ausgewiesen werden, und das konnte auch auf die Umgebung von Denkmalen zutreffen. In der »Zentralen Denkmalliste der DDR« von 1979 wurden nicht mehr fünf, sondern 22 Altstadtkerne und 34 Stadtbereiche und Ensembles benannt, und ähnlich angestiegen war deren Zahl in den Bezirks- und Kreisdenkmallisten. Für deren Ausweisung wurden Angaben aus den bereits ausgearbeiteten SDZ genutzt. Aber auch die Bemühungen vieler Eigentümer alter Gebäude und ihre Unterstützung durch die IfD, die Gründung von »VEB's Denkmalpflege« in allen Bezirken der DDR seit 1977 und die Arbeiten der polnischen Denkmalpflege-Baubetriebe in drei Städten der DDR seit Mitte der 1970er Jahre sowie die Leistungen der Kreisbaubetriebe reichten bei weitem nicht aus, den immer stärkeren Verfall der Bausubstanz in der DDR aufzuhalten.

Städtebaulich-denkmalpflegerische Zielstellungen (SDZ)

In der 2. Durchführungsbestimmung zum Denkmalpflegegesetz: »Denkmale mit Gebietscharakter und Einbeziehung der Umgebung in den Schutz von Denkmalen« vom 14. Juli 1978 wurde der Inhalt dieser SDZ präzisiert und zur verbindlichen Arbeitsgrundlage.[7] Die fünf Arbeitsstellen der Denkmalpflege arbeiteten bereits seit längerer Zeit auf dieser Grundlage. Andere Einrichtungen oder Personen, welche SDZ erarbeiten konnten wie die für Denkmalpflege zuständige Abteilung Kultur bei den Räten der Kreise und die ehrenamtlichen Beauftragten für Denkmalpflege mussten ebenfalls auf dieser mit dem Gesetz vorgegebenen fachlichen Grundlage arbeiten. Das galt auch für die Technische Hochschule in Dresden und die Hochschule für Architektur und Bauwesen in Weimar, die mit ihren Studenten den Arbeitstellen des IfD in Dresden und Erfurt bei der Ausarbeitung von SDZ helfen konnten. Es gab sogar kurzzeitig die Überlegung, dass die BfS für die in Planung befindlichen Städte selbst die SDZ, stellvertretend für das Fachgebiet Denkmalpflege, ausarbeiten und die Arbeitsstellen des IfD diese SDZ nur bestätigen sollten, aber dieser Vorschlag wurde trotz der zu erwartenden Arbeitsbelastung für die Arbeitsstellen des IfD zurückgewiesen, die künftig allein die SDZ ausarbeiteten.

Die SDZ bestanden aus einem Textteil, einem dazugehörigen aktuellen Denkmalverzeichnis und einem Kartenteil. Der Text setzte sich aus den drei Teilen Analyse, Bewertung und denkmalpflegerische Zielstellung zusammen. Die Analyse bestand aus der Darstellung und Erläuterung der topografischen, historischen und wirtschaftlichen Faktoren, welche zur bestehenden Struktur, zum Baubestand und zum Bild der Stadt geführt haben. Eine kurzgefasste Einschätzung dieses Bestands aus denkmalpflegerischer Sicht sollte das Besondere und Individuelle einer Stadt bewerten. Die Denkmalpflegerische Zielstellung, der eigentliche Hauptpunkt einer SDZ, bestand aus Beschreibungen, Begründungen und Empfehlungen bis zu Forderungen an die Adresse der Stadtplaner und der örtlichen Räte zu wichtigen Bestandteilen der jeweiligen Stadt. Das waren die Geländestruktur mit der Lage der Stadt in der Landschaft, die Erhaltung des Stadtrandes, der Stadtsilhouette und Sichtbeziehungen, die Erhaltung und Entwicklung des Stadtgrundrisses, der Umgang mit der vorhandenen Bausubstanz und ihre Erhaltung, und Aussagen zu den Flächen der ehemaligen Stadtbefestigung, zum Grün in der Stadt, zu vorhandenen Gewässern und zum Straßennetz.

Für das städtebauliche Denkmal war es wichtig zu betonen, dass sich der Denkmalschutz nicht nur auf die Erhaltung des »Bildes« begrenzte, also der Straßenfassaden, sondern auch auf die Erhaltung der Bausubstanz – in Fachwerkstädten die Fachwerkbauweise – und zunächst auch auf alle Bauten auf dem Grundstück erstreckte. Anfangs forderte die Zentrale in Berlin, bereits vorliegende Planungen und eigene Planungsvorschläge der Denkmalpflege in die SDZ einzutragen. Das wurde von den Arbeitsstellen des IfD abgelehnt, weil kurzlebige Planungen die allgemeingültigen und längerfristig angelegten Zielstellungen entwerteten. Deshalb enthielten die SDZ auch keine detaillierten Empfehlungen oder Forderungen zur Erhaltung und Nutzung einzelner Gebäude oder zur Gestaltung der Fassaden bei Baulückenschließungen. Diese Details waren späteren Beratungen vorbehalten. Der Umfang des Textteils einer SDZ war von den Werten, Besonderheiten und Problemen der jeweiligen Stadt abhängig.

Die Karte zur SDZ war vor allem für die BfS wichtig, weil hier die denkmalpflegerischen Interessengebiete präzise dargestellt wurden. Sie war aber auch bindend für die Arbeitsstellen des IfD selbst, die sich hier eindeutig bei Denkmalen und ihren Flächenausdehnungen festlegen mussten, auch wenn diese noch nicht genau definiert oder noch neue Erkenntnisse möglich waren. Die Eintragungen auf dieser Karte mussten auf der Grundlage der TGL 36440 »Bestandsaufnahme der Bausubstanz (Denkmale und erhaltenswerte Objekte)« erfolgen[8] und umfasste die lagegenaue Eintragung aller Denkmale der einzelnen Denkmalgruppen (Politische Denkmale, Baudenkmale, Technische Denkmale, Gartendenkmale), der geschützten Straßenräume, Denkmalbereiche und Denkmalschutzgebiete sowie der »erhaltenswerten Objekte«.

Die grafische Qualität der Denkmalkarten verbesserte sich mit wachsenden Erfahrungen. Für die ersten Karten wurde die von der Zentrale in Berlin vorgegebene Klassifizierung der Denkmale in drei Gruppen (Zentrale DDR-Denkmalliste, Bezirksdenkmalliste, Kreisdenkmalliste) verwendet. Als sich aber herausstellte, dass die Städtebauer nur die Denkmale der ersten Kategorie als zu erhalten anerkannten und die Kategorien II und III als zweitrangig, als Abbruchkandidaten werteten, unterblieb künftig diese Unterscheidung. Das galt auch für die anfängliche Differenzierung der Denkmalbereiche in A und B (ursprünglich auch C vorgegeben) mit unterschiedlich dichten Punktrastern. Das IfD Halle blieb aber noch längere Zeit bei zwei in den Karten unterschiedlich gerasterten Bereichen, um die Haupt- und die Nebenstraßen, die Kern- und die Randgebiete einer Altstadt zu unterscheiden. Aber weil trotz textlicher und mündlicher Erläuterungen auch hier die Städtebauer eine zweite Kategorie als weniger wert und daher nicht notwendig zu erhalten ansahen, wurde bei den späteren Karten die historische Altstadt stets als funktionelle und gestalterische Einheit gewertet und mit einem einheitlichen Punktraster dargestellt. Aus dem gleichen Grund entfiel die Klassifizierung von Denkmalen und Denkmalbereichen in den aktualisierten Denkmalverzeichnissen als Bestandteil der SDZ.

Für Denkmalbereiche außerhalb von Altstädten, die von städtebaulichen Planungen betroffen waren, wurden gesonderte SDZ erarbeitet, wie für das Salinengelände und die Franckeschen Stiftungen in Halle (Saale) oder für die Siedlungen der Moderne in Magdeburg. Jede der fünf Arbeitsstellen des Instituts für Denkmalpflege entwickelte auf der Grundlage des vom Gesetzgeber vorgegebenen Rahmens (2. DB zum Denkmalpflegegesetz 1978) ihre eigenen Methoden für die Ausarbeitung und die Inhalte der SDZ sowie die Kartendarstellung, um diese vor ihnen liegende riesige Aufgabe so gut wie möglich lösen zu können. Die regelmäßigen Arbeitsberatungen in Berlin sorgten für Abstimmungen und Ausgleiche.

Im IfD Halle wurden mit der Schaffung des Tätigkeitsfeldes »Städtebauliche Denkmalpflege« Mitte 1976 alle städtebaulich relevanten Tätigkeiten für die Bezirke Halle und Magdeburg konzentriert wie die Ausarbeitung von SDZ mit den Abstimmungen zu städtebaulichen Planungen der BfS in Halle und Magdeburg, zur Planung von Verkehrs- und Leitungstrassen, zu Umbau und Sanierung einzelner Wohngebäude in Städten und Gemeinden und Stellungnahmen zu Abbrüchen. Am wichtigsten wurde die Mitwirkung des IfD an städtebaulichen Planungen, die seit Mitte der 1970er Jahre verstärkt begonnen hatten. Im IfD Halle wurde 1975 mit der Ausarbeitung von denkmalpflegerischen Stellungnahmen zu den bereits vorliegenden Planungen für die hochrangigen Stadtdenkmale Naumburg, Salzwedel und Wittenberg begonnen. Hierbei stellte sich als Mangel heraus, dass diese SDZ erst in einem fortgeschrittenen Planungsprozess vorgelegt werden konnten und ihre Berücksichtigung deshalb schwierig durchzusetzen war. Fortan galt das Bestreben des IfD Halle, die SDZ möglichst frühzeitig vorzulegen, damit sie als Planungsgrundlage berücksichtigt werden musste. Bereits 1976 konnten, abgestimmt mit den Arbeitsplänen der BfS in Halle und Magdeburg, noch SDZ für 9 Städte ausgearbeitet und dabei erste Erfahrungen für eine rationelle Arbeit und dennoch sachlich-fachlich hohe Qualität gesammelt werden. Im Jahr 1977 entstanden 30 SDZ, deren Qualität aufgrund der Eile niedriger war. In den folgenden Jahren wurden jährlich etwa 5 bis 10 SDZ ausgearbeitet, sodass Ende 1989 für alle 132 Städte in Sachsen-Anhalt gültige SDZ vorlagen.

Die Erfassung aller Städte in Sachsen-Anhalt war von vornherein beabsichtigt, um ihren Baubestand zu vergleichen und um eventuell unbekannte Denkmalwerte in den abgelegenen Städten erfassen zu können. Einige (wenige) der bisher ausgewiesenen Denkmale oder Denkmalbereiche hielten einem Vergleich nicht stand, sodass sie von der Liste genommen werden mussten, während andere Bauten oder Denkmalbereiche neu in das Denkmalverzeichnis aufgenommen werden konnten. Alle SDZ sollten von der zuständigen Abteilung Kultur beim Rat des Kreises bestätigt werden. Das erfolgte formal nicht für jede Stadt, aber als Arbeitsgrundlage wurden die SDZ immer anerkannt und genutzt. Das betraf vor allem die Nutzung der Denkmalkarten, wie Nachbestellungen bis in die 1990er Jahre bezeugen.

Waren diese SDZ erfolgreich? Die Frage lässt sich nicht einfach beantworten. Die von den BfS in Halle und Magdeburg geplanten flächenhaften Abbrüche wurden in der Regel bis 1990 nicht ausgeführt. Aber aus den in den 1970er und 80er Jahren folgenden Überarbeitungen der Planungen lässt sich erkennen, dass diese »schonender« im Umgang mit Baudenkmalen und Denkmalbereichen wurden. Bei der Ausweisung von Neubauten wurde zunehmend mehr auf noch gut erhaltene Altbauten geachtet, und die geplanten Neubauten berücksichtigten stärker den historischen Stadtgrundriss. Das konnte eine Folge der SDZ sein, mit denen das IfD Halle versucht hatte, die Denkmalwerte fachlich exakt zu begründen. Eine SDZ war eine solide Arbeitsgrundlage für die BfS, und es ist anzunehmen, dass das IfD Halle auch der erste Partner im Planungsprozess war, der zu den bisher rein technischen Arbeitsgrundlagen auch historische, künstlerische und gestalterische Werte vermittelte. Dies könnte zu einem Denkprozess in den BfS geführt haben. Das Zurückziehen der Abbruchplanungen für Salzwedel und Wernigerode rettete diese Altstädte und sicherlich auch Naumburg, Quedlinburg, Wittenberg und Teile von Stendal. Für Bernburg und für Halberstadt waren aber alle Bemühungen der Denkmalpflege erfolglos aufgrund der von den SED-Stadtleitungen und den Bürgermeistern organisierten Zerstörungen dieser Altstädte, und auch die zielgerichteten Abbrüche in Burg, Halle, Oschersleben, Weißenfels oder Zeitz mit hohen Verlusten an historischer Substanz waren durch das IfD Halle nicht abzuwenden.

Aber letztendlich hätte auch der Verzicht auf Abbrüche und auf eine »sozialistische Umgestaltung« in den städtebaulichen Planungen nichts mehr genutzt, weil der fortschreitende Verfall der Bausubstanz in der DDR nach 1990 überall ebenso zu flächenhaften Abbrüchen geführt hätte. Allein unsere friedliche Revolution mit dem Sturz der SED-Herrschaft konnte die Altstädte in der DDR mit ihrer historischen Bausubstanz im letzten Moment noch retten.[9]

Denkmalpflege und städtebauliche Planungen

Nachfolgend werden einige Städte in Sachsen-Anhalt mit ihrer Planungsgeschichte der DDR-Zeit vorgestellt. Über Merseburg wurde bereits weiter vorn berichtet, Quedlinburg wird in einem gesonderten Beitrag behandelt.

Bei einem schweren Luftangriff der Alliierten am 8. April 1945 wurde die historische Altstadt von **Halberstadt** mit ihren ältesten und wertvollsten Fachwerkhäusern um den Marktplatz stark zerstört. Die nördlich vom Domberg liegende Unterstadt und die westliche Oberstadt blieben erhalten und ihnen, zusammen mit dem erhalten gebliebenen und hochrangigen Domplatzensemble, galt die Fürsorge des IfD. Noch 1955 zeigten die Planungen Bemühungen zur Erhaltung des verbliebenen Baubestands und seiner Strukturen (Abb. 8). Doch schon 1959 wurde geplant, die Straße Hoher Weg als Beginn eines Nord-Süd-Straßendurchbruchs erheblich zu verbreitern, und das wurde auch ausgeführt. In einem Zeitschriftenaufsatz wurden 1962 die Umgestaltungsvorstellungen der Deutschen Bauakademie zu neuen Verkehrsschneisen, zur Trennung von Wohn- und Geschäftsfunktionen und zur Nicht-Erhaltung historischer Gebäude formuliert: »Eine historische Konservierung kommt angesichts der sehr beengten städtebaulichen Verhältnisse (...) und der starken Behinderung des Verkehrs

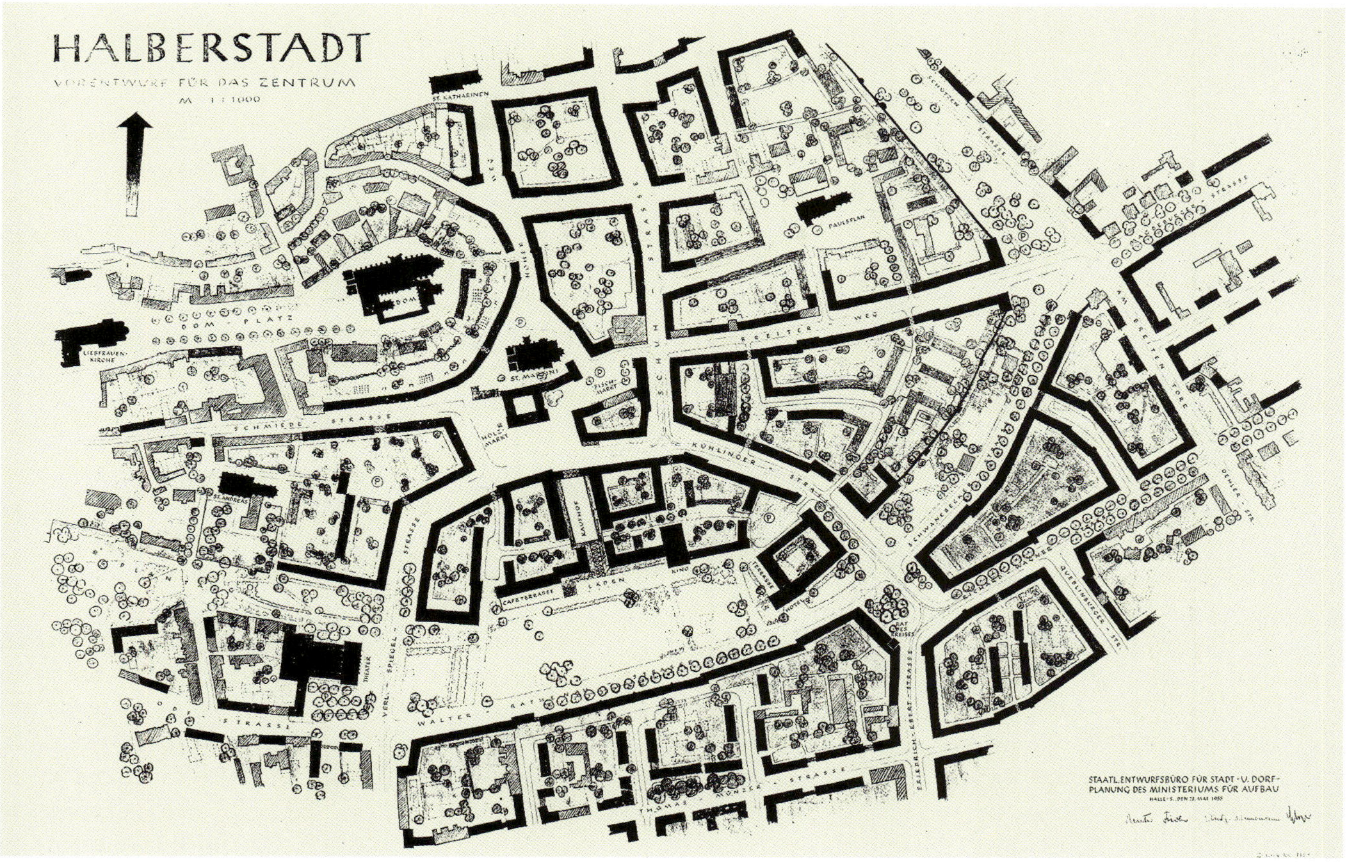

Abb. 8 Halberstadt, Vorentwurf für das Zentrum (Staatliches Entwurfsbüro Halle, 1955)

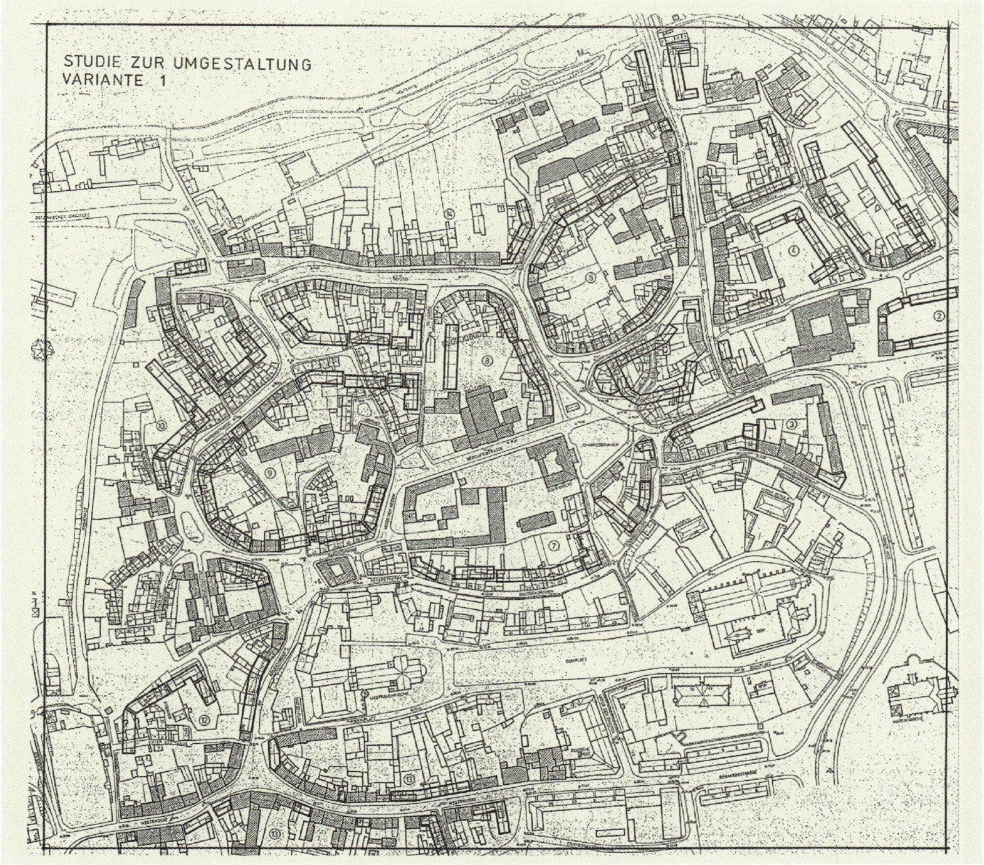

Abb. 9 Halberstadt, Studie zur Umgestaltung (BfS Magdeburg, 1982)

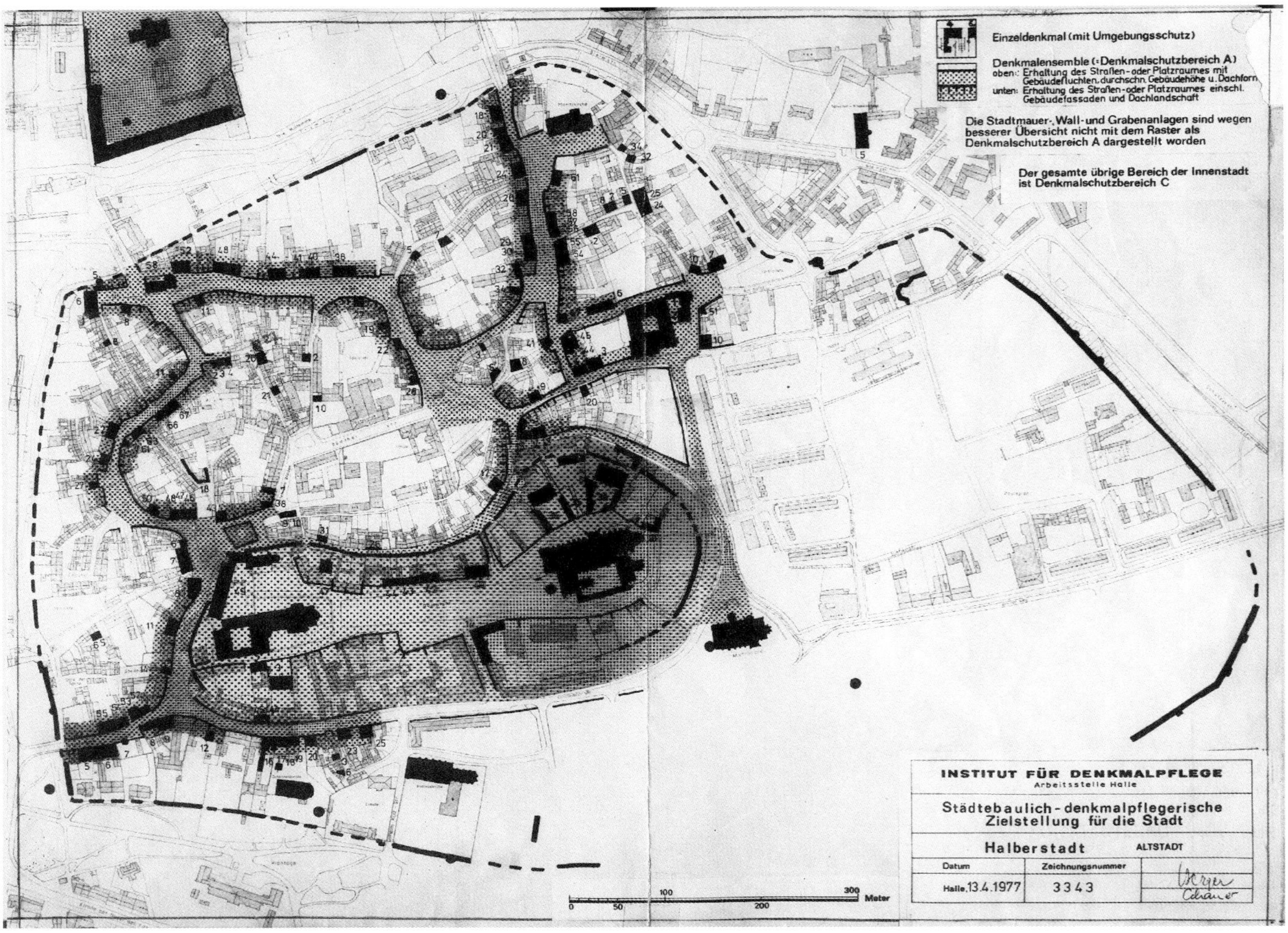

Abb. 10 Halberstadt, Städtebaulich-denkmalpflegerische Zielstellung (1977)

wohl nicht in Frage.«[10] Das galt so auch für Halberstadt. In den 1960er und 70er Jahren wurden im Ostteil des Altstadtgebietes viergeschossige Neubauten im strengen Raster errichtet und die erhaltenen Mauern der Paulskirche abgebrochen, und seit 1982 wurden die noch freien Flächen um den Altstadtmarkt mit sechsgeschossigen Plattenbauten an überbreiten Straßen bebaut (Abb. 9). Die Stadtverwaltung suchte aber weitere Flächen für eine Neubauung mit Plattenbauten und fand sie in der Unterstadt. Hierfür wurde die Legende verbreitet, dass das Stadtzentrum 1945 total zerstört worden sei, obwohl, trotz des Verlustes der wertvollsten Fachwerkhäuser um und östlich des Marktplatzes, in den anderen Teilen der Altstadt mehr als die Hälfte der Fachwerkhäuser erhalten geblieben waren (Abb. 10). Entgegen den Erhaltungsforderungen des IfD wurden seit 1974 in den Umgestaltungsplanungen des BfS Magdeburg immer größere Flächen für Neubauten ausgewiesen, und die Stadtverwaltung schaffte sie sich durch Umsetzung der Bewohner in die Neubaugebiete am Stadtrand, durch ausbleibende Reparaturen und Instandhaltung sowie nicht geahndeten Vandalismus und Brandstiftung (Abb. 11).

Die Beschwerden des IfD über die immer weiter um sich greifenden Abbrüche wurden 1979 vom Rat des Kreises Halberstadt zurückgewiesen mit der Begründung, »dass gegenwärtig die Möglichkeiten des Kreises und der Stadt nicht ausreichen, um die geplanten Erhaltungsmaßnahmen in der Altstadt in vollem Umfang wirksam werden zu lassen« – obwohl keinerlei Erhaltung beabsichtigt war (Abb. 12). Alternative Planungsvorschläge des IfD mit mehr zu erhaltenden Baudenkmalen und

Abb. 11 Halberstadt, Gröperstraße 41 (1985), Brandstiftung der Dächer

Abb. 12 Halberstadt, Dominikanerstraße (1977), »normales« Straßenbild

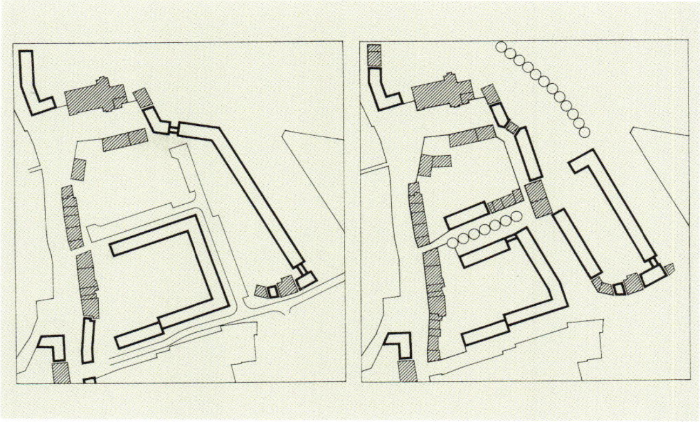
Abb. 13 Halberstadt, Ochsenkopfstraße, Bebauungsvorschlag der Stadt (links) und Gegenvorschlag des IfD (1978, Umzeichnung 1983)

Abb. 14 Halberstadt, Gröperstraße zum Domberg (1977)

Abb. 15 Halberstadt, Gröperstraße zum Domberg (1990)

Abb. 16 Halberstadt, Seidenbeutel (1989)

historisch entstandenen Straßenräumen wurden nicht beachtet (Abb. 13). 1983 wurde vom Vorsitzenden des Rats des Kreises ausgesagt: »Die Zielstellung besteht darin, schrittweise die alte Substanz wegzunehmen und durch Neubau zu ersetzen« (Abb. 14 und 15). 1985 wurde in einer Beratung in Halberstadt von Mitarbeitern des ZK der SED, der SED-Bezirksleitung, dem Bezirksbaudirektor und anderen Genossen von Kreis und Stadt zur Vorbereitung der »21. Arbeiterfestspiele« (1986 in Halberstadt) festgelegt, dass ein zügiger und möglichst umfassender Abbruch der das Stadtbild störenden Bauten erfolgen soll. Der Vorsitzende der Kreisplankommission stellte 1988 bei einer Beratung im Rat des Kreises Halberstadt fest, dass die

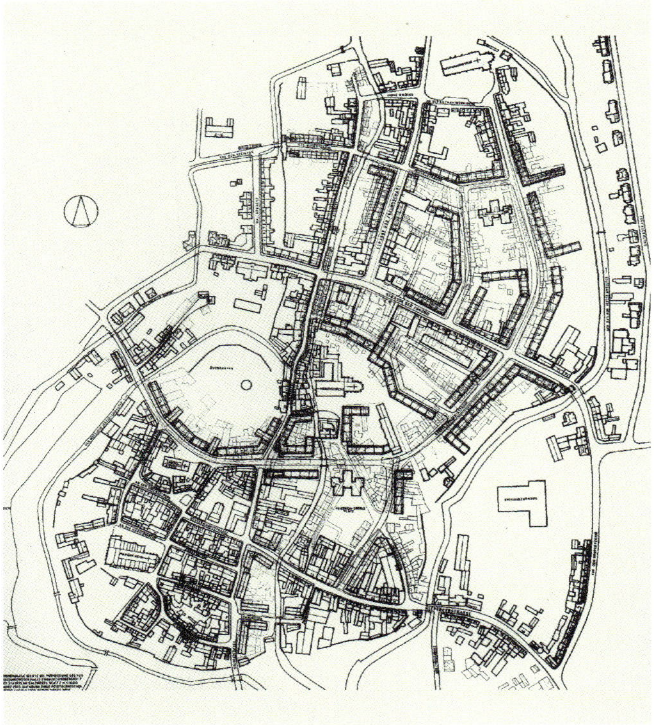

Abb. 17 Salzwedel, Städtebauliche Leitplanung zur Umgestaltung, Konzept (BfS Magdeburg, 1976)

Abb. 18 Salzwedel, Burgstraße zur Holzmarktstraße, zum Abbruch vorgesehene Straßenseite (1986)

Abb. 19 Salzwedel, Wollweberstraße, zum flächigen Abbruch vorgesehener Stadtteil (1981)

»beschlossene Umgestaltung von Halberstadt auf der Basis der Leitplanung in großem Tempo vorangekommen ist« und dass am folgenden Wochenende eine »Übung der Kräfte der Zivilverteidigung zur Baufreimachung«, also für Gebäudeabrisse, stattfinden wird. Noch im März 1989 wurde vom Vorsitzenden des Rats des Bezirks Magdeburg entschieden, dass der im Denkmalschutzgesetz der DDR festgelegte Weg, beim Abbruch von Baudenkmalen zuvor eine Genehmigung des Kulturministeriums einzuholen, in Halberstadt nicht angewendet und dass alles abgerissen würde, was abgerissen werden sollte (Abb. 16). Von den nach der Zerstörung 1945 noch erhalten gebliebenen 929 Fachwerkhäusern wurden bis 1989 noch 482

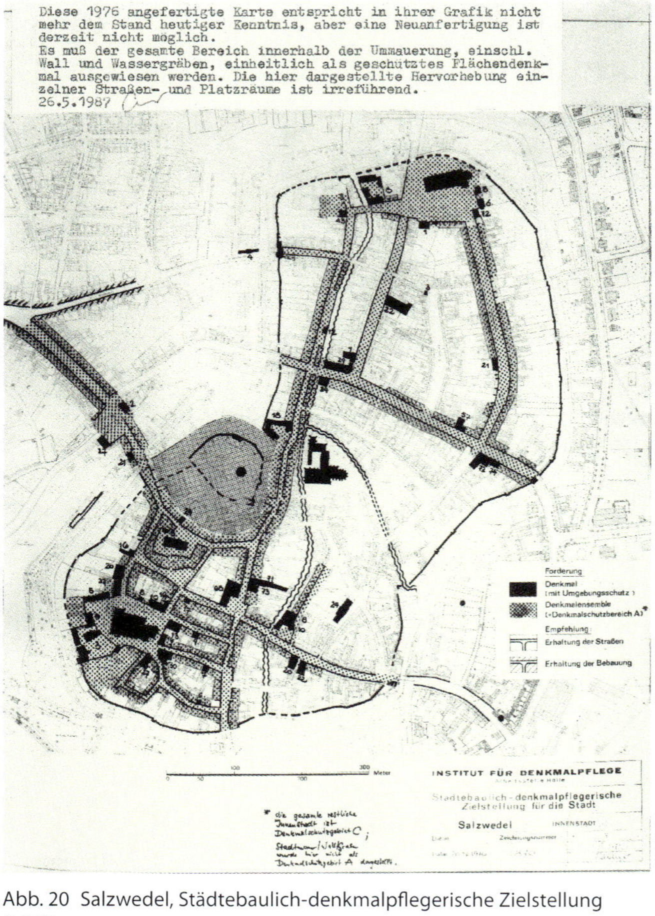

Abb. 20 Salzwedel, Städtebaulich-denkmalpflegerische Zielstellung (1976)

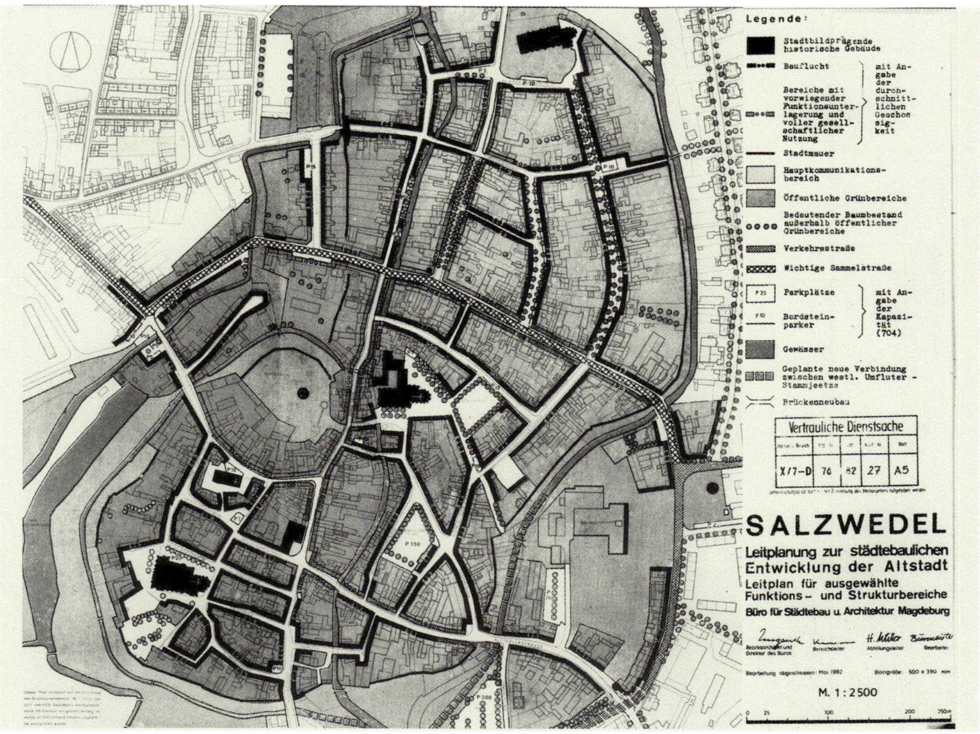

Abb. 21 Salzwedel, Leitplanung zur städtebaulichen Entwicklung (BfS Magdeburg, 1982)

Gebäude abgerissen, und die verbliebenen Gebäude waren in so schlechtem Zustand, dass sie sicherlich die nächsten Jahre nicht mehr überstanden hätten.

Die Hansestadt **Salzwedel** ist ein hochrangiges und gut erhaltenes städtebauliches Denkmal. Dennoch erarbeitete das BfS Magdeburg Anfang 1976 auf der Grundlage einer von der SED-Kreisleitung und den Räten des Kreises und der Stadt beschlossenen »Gesellschaftspolitische(n) Zielstellung für die Umgestaltung der Altstadt von Salzwedel« einen »Städtebaulichen Leitplan«, der im Mai der SED-Kreisleitung und im Juni den örtlichen Räten vorgelegt wurde. Diese Planung sah den »Abriss nicht mehr erhaltenswürdiger Wohnbausubstanz in der Größenordnung von 1.000 bis 1.200 Wohnungen« im Altstadtbereich vor, also des größten Teils der vorhandenen Gebäude, mit dem nachfolgenden Neubau von 1.500 Wohnungen in »industrieller Bauweise«, also drei- oder viergeschossigen Wohnblöcken in Plattenbauweise (Abb. 17). Weiterhin war die »Schaffung eines funktionstüchtigen Verkehrserschließungssystems« geplant, der Durchbruch einer neuen Ost-West-Straße (militärstrategisch wichtig in Richtung zur nahen Bundesrepublik, so wie ähnlich ein Straßendurchbruch in Gardelegen am Salzwedeler Tor) durch die Altstadt unter Aufweitung vorhandener Straßen mit dem Abbruch einer bebauten Seite (Abb. 18). Als »Schaffung von Voraussetzungen für den Montagebau im östlichen Teil der Altstadt« galt die »Beräumung ausreichend großer zusammenhängender Flächen«, hier also der flächige Abbruch der bisher von den Bürgern in Eigenleistung mit großen Mühen instand gehaltenen kleinen Häuser (Abb. 19), um eine

Abb. 22 Stendal, Hoock (1979)

Abb. 23 Stendal, Blick vom Hoock zum Marktplatz (1985)

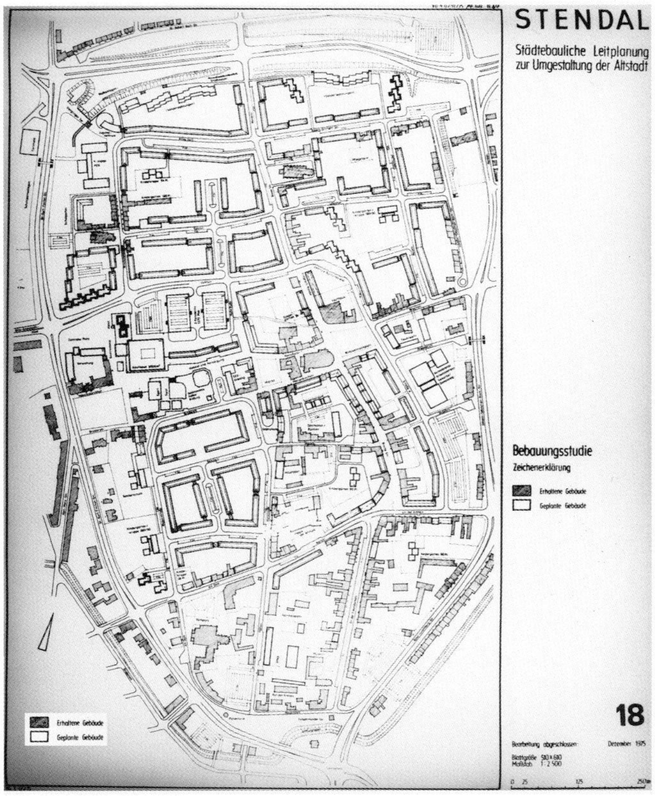

Abb. 24 Stendal, Städtebauliche Leitplanung zur Umgestaltung der Altstadt (BfS Magdeburg, 1975)

höhere Wohndichte entsprechend den Richtwerten der Bauakademie der DDR zu erreichen. Mit Hilfe der eilig erarbeiteten SDZ legte das IfD im Dezember 1976 Widerspruch gegen die sachlich unbegründeten Abbrüche ein und forderte aufgrund des hohen Denkmalwertes der Altstadt und ihrer Bauten eine Überarbeitung der Planung zugunsten einer weitestgehenden Erhaltung des Bestands und den Verzicht auf die Straßendurchbrüche (Abb. 20). Mit der Unterstützung durch den Rat des Kreises und, nach intensiven Diskussionen, der Einsicht der Städtebauer in die denkmalpflegerischen Argumente sowie wegen des inzwischen errechneten hohen Aufwandes für die Gründung der Neubauten im komplizierten Baugrund der Altstadt wurde diese Planung zurückgezogen. Dadurch wurden die Bewohner der kleinen Ein- und Zweifamilienhäuser in der östlichen Altstadt ermutigt, die Instandsetzung und Modernisierung ihrer Häuser fortzusetzen, sodass dieser Altstadtbereich auch weiterhin in gutem Zustand verblieb. Die 1982 vorgelegte »Leitplanung« des BfS Magdeburg war aus der Sicht des IfD zustimmungsfähig (Abb. 21).

Der bauliche Zustand der Altstadt von **Stendal** wurde wesentlich beeinflusst vom geplanten Bau des Kernkraftwerkes Niedergörne an der Elbe, nördlich von Stendal. Für seine künftige Belegschaft wurden seit 1968 Neubaugebiete westlich und südlich der Altstadt errichtet. Doch mit der mehrmaligen Verschiebung des Fertigstellungstermins des KKW verzögerte sich die Ansiedlung von Arbeitskräften, sodass die inzwischen fertiggestellten Neubauwohnungen an Bürger der Stadt Stendal vergeben werden mussten. Zwischen 1971 und 1981 waren 60 Prozent der Einwohner von Stendal, davon 35 Prozent aus der Altstadt, in diese Neubauten gezogen. 22 Prozent der Wohnungen in der Altstadt standen leer, und sie verfiel zusehends (Abb. 22 und 23). Im 1977 vom BfS Magdeburg ausgearbeiteten Planwerk »Generalbebauung Stadt Stendal« wurden als »Umgestaltungsstandorte: der gesamte Altstadtkern mit Stadtzentrum« ermittelt. »Von den ca. 3.600 Wohnungen (sind) etwa 2.650 bis 2.750 Wohnungen abzureißen (…) und es wird ein Wohnungsneubau von ca. 3.800 bis 4.400 Wohnungen möglich.« Die dazu gehörige Planung sah demzufolge den Abriss des größten Teils der Altstadt vor sowie den Bau eines neuen sozialistischen Stadtzentrums mit einem Hochhaus am Westrand der Altstadt, vermittelnd zu den Neubaugebieten (Abb. 24). Mit Hilfe der 1979 ausgearbeiteten SDZ musste das IfD Widerspruch gegen diese Planung einlegen (Abb. 25). In der 1982 vorgelegten, überarbeiteten Planung wurde vom BfS Magdeburg zwar wiederum die »Aufgabe der nicht erhaltenswerten Bausubstanz vorrangig im Nordwesten der Altstadt« und ihre »Neubebauung im Rahmen des komplexen Wohnungsbaues« vorgeschlagen, doch die Abbruchflächen waren jetzt erheblich geringer und das neue Zentrum kleiner bemessen (Abb. 26). Die Begründung für die Abbrüche war der nicht

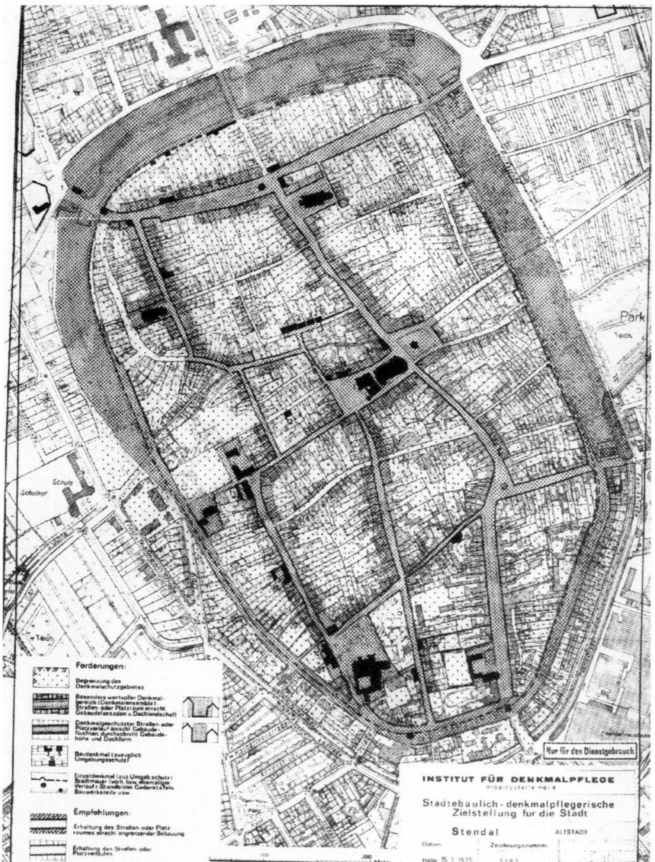

Abb. 25 Stendal, Städtebaulich-denkmalpflegerische Zielstellung (1979)

zu übersehende Einwohnerrückgang in der Altstadt und der Verfall der leer gezogenen Gebäude. Auch die folgende Überarbeitung der Planung 1985 konnte am weiteren Verfall der Altstadt nichts verändern. Erst seit Jahreswechsel 1989/1990 endeten die Wegzüge, der Verfall und die Abbrüche.

Die Fachwerkstadt **Wernigerode** am Nordhang des Harzes, unterhalb vom Brocken, war ein Urlaubsort des gewerkschaftlichen Feriendienstes. Die Vermieter von Ferienwohnungen erhielten viel Geld, das auch zur Erhaltung und Modernisierung verwendet wurde. So war die Altstadt zur DDR-Zeit gut erhalten, wie auch die Stadt Stolberg auf der Südseite des Harzes. Um so erschreckender war, dass 1975 vom BfS Magdeburg eine »Langfristige städtebauliche Entwicklungskonzeption« vorgelegt wurde, in der zwar die Bebauung entlang der wichtigsten Einkaufsstraßen und um den Marktplatz erhalten bleiben sollte, aber alle anderen mit Fachwerkhäusern von hohem Denkmalwert bebauten Flächen im Altstadtgebiet als »Umgestaltungsgebiet« bezeichnet wurden mit dem Abbruch aller Gebäude und der Neubebauung mit Plattenbauten (Abb. 27). Ursache für diese Planung war keineswegs ein schlechter Bauzustand der Fachwerkhäuser, sondern ihr (denkmalwertes!) hohes Alter. Nach Vorgaben der Bezirksplankommission Magdeburg sollten, unabhängig vom Bauzustand und der Ausstattung, 85 Prozent der damals über 100 Jahre alten Gebäude, 75 Prozent der zwischen 75 und 100 Jahre alten und 38 Prozent der zwischen 55 und 75 Jahre alten Gebäude abgerissen werden, was hier insgesamt Gebäude mit fast 4.200 Wohnungen betroffen hätte (Abb. 28 und 29) – eine ähnliche Berechnung mit hohen Abbruchzahlen gab es seinerzeit von der Bezirksplankommission Halle für Quedlinburg. Nach dieser Planung »entspricht das jetzige Stadtzentrum nicht mehr den gestiegenen Anforderungen« und sollte (in dieser Reihenfolge) mit Neubauten für die SED-Kreisleitung, eines geistig-kulturellen Zentrums (= Kulturhaus), eines Volkspolizei-Kreisamtes, einer Berufsschule sowie einer Möbel- und einer Lebensmittel-Kaufhalle aufgebessert werden. Das IfD erhob auf der Grundlage der 1976 ausgearbeiteten SDZ Widerspruch gegen diese Abbruchplanung und wurde dabei unterstützt von der Stadtverwaltung und der für Denkmalpflege zuständigen Abteilung Kultur beim Rat des Kreises. Zusammen mit diesen Partnern konnte Anfang 1977 in einer Beratung bei der SED-Kreisleitung mit dem Städtebaubüro diese Abbruchplanung abgelehnt werden, was für diese Zeit unüblich war und unerwartet positiv ausging.

Abb. 26 Stendal, Innenstadt, Bebauungsstudie (BfS Magdeburg, 1982)

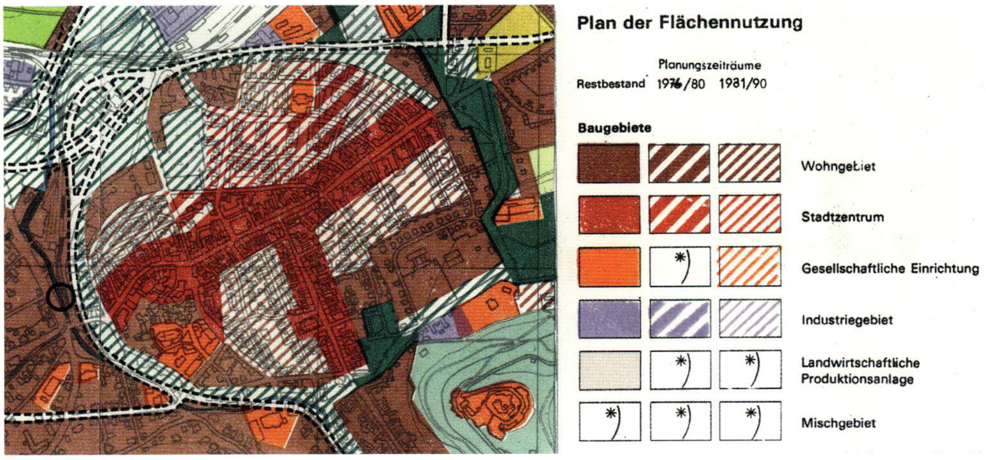

Abb. 27 Wernigerode, Langfristige städtebauliche Entwicklungskonzeption, Plan der Flächennutzung, Ausschnitt (BfS Magdeburg, 1974/1975)

Abb. 28 Wernigerode, Oberengengasse, zum flächenhaften Abbruch vorgesehen (1985)

Abb. 29 Wernigerode, Kochstraße, zum flächenhaften Abbruch vorgesehen (1976)

Abb. 30 Wittenberg, Mittelstraße in Richtung zur Stadtkirche (1976)

In der Lutherstadt **Wittenberg** wurden im Rahmen der auch international beachteten Luthergedenkstätten und -ehrungen diese Bauten und die beiden Hauptstraßen durch Reparaturen und Anstriche stets ansehnlich gehalten (Abb. 30). Im 1977 vom BfS Halle ausgearbeiteten »Städtebaulichen Leitplan (Vorschlag zur Umgestaltung des innerstädtischen Bereiches)« wurden dennoch an den Hauptstraßen größere zusammenhängende Flächen zum Abbruch und für eine Neubebauung mit Plattenbauten ausgewiesen (Abb. 31). Das IfD musste die meisten dieser Abbrüche und alle Neubauten auf der historischen Stadtmauer unter Bezug auf die vorliegende SDZ ablehnen. Die Abbrüche und Neubauten wurden damals auch nicht ausgeführt. Wichtig für das IfD war ein kleines Planungsdetail. Der mit Kopfsteinen gepflasterte his-

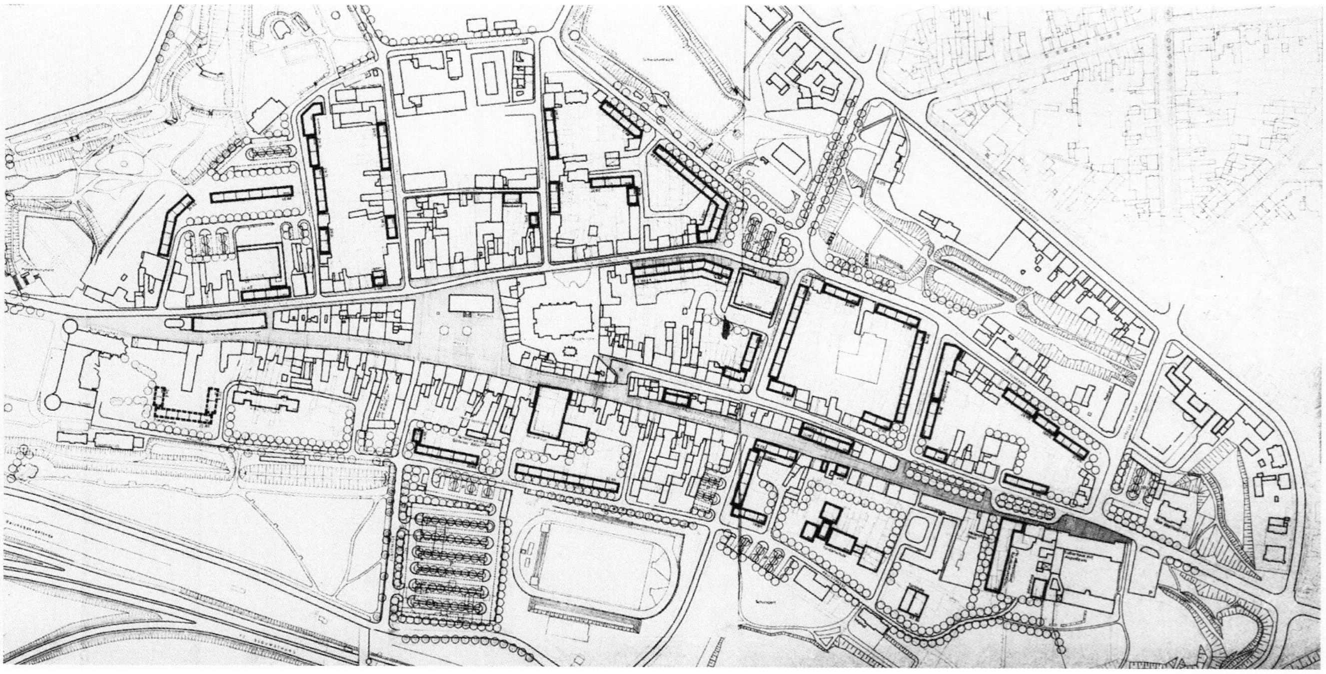

Abb. 31 Wittenberg, Städtebaulicher Leitplan, Vorschlag zur Umgestaltung des innerstädtischen Bereiches (BfS Halle, 1977)

Abb. 32 Wittenberg, Blick von der Stadtkirche über den Marktplatz zur Schlosskirche (1989)

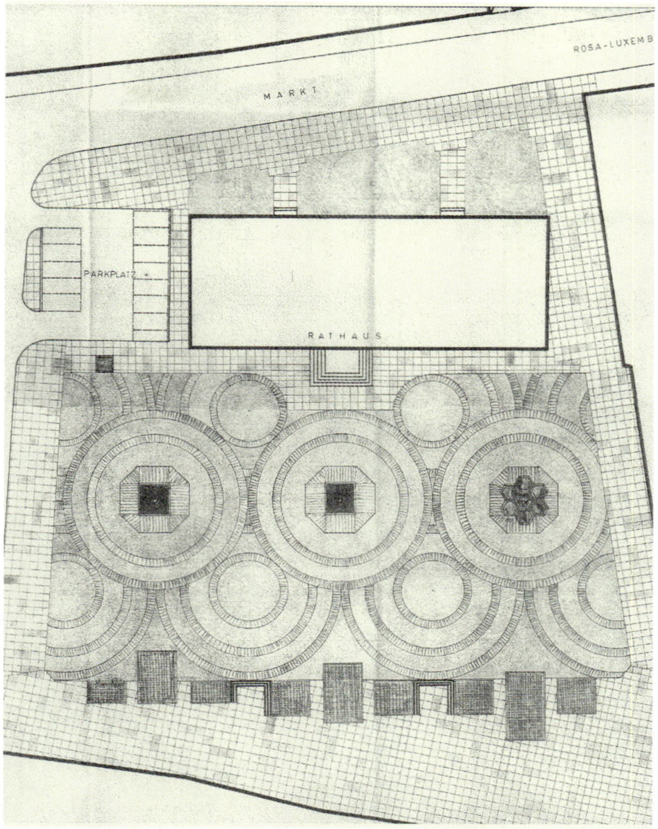

Abb. 33 Wittenberg, Generalbebauungsplan, Fortschreibung, Gestaltungsvorschlag für den Marktplatz (BfS Halle, 1976)

Abb. 34 Zerbst, Lageplan mit Eintragung der noch erhaltenen Gebäude (Vermessungsamt Zerbst, 1957/1958). In der Bildmitte wird, von links nach rechts, mit der Löschung der Grundstücksgrenzen und der Stellung der neugebauten Wohnblöcke der Bau der Fernverkehrsstraße durch die Altstadt vorbereitet.

Abb. 35 Zerbst, Fläche des früheren Marktplatzes mit der Rolandfigur (noch am originalen Standort direkt am 1949 abgebrochenen Rathaus stehend) sowie der Turmfront und den Umfassungsmauern der Nikolaikirche (1983)

torische Marktplatz mit den beiden Denkmalen für Luther und Melanchthon (Abb. 32) sollte neu mit Betonplatten zwischen Pflasterstreifen belegt und ein drittes Denkmal, vermutlich für den Anführer des Bauernkrieges Thomas Müntzer, aufgestellt werden (Abb. 33). Das IfD lehnte diese Absicht vehement (und erfolgreich) ab.

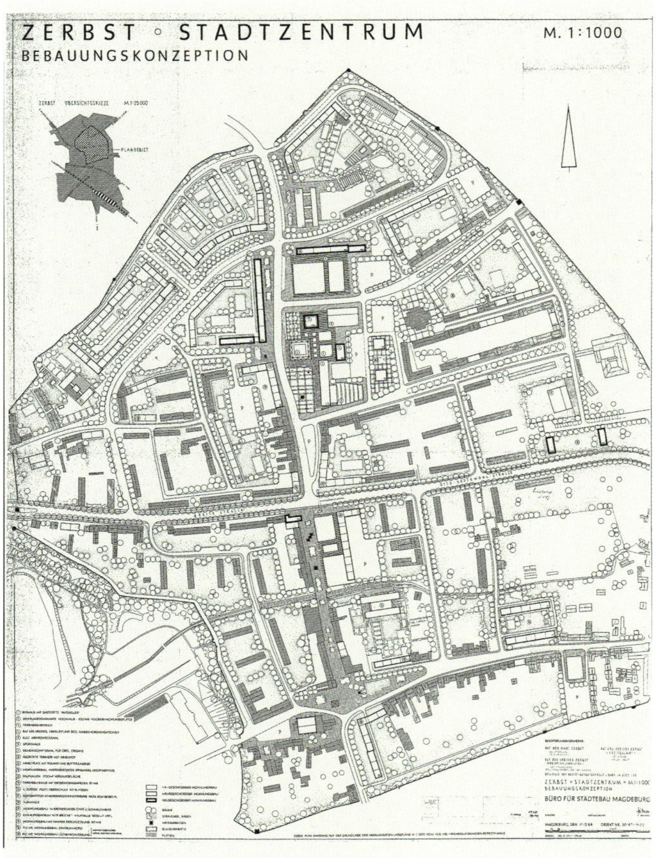

Im April 1945 wurde fast die gesamte Altstadt von **Zerbst**, bis dahin das »anhaltische Rothenburg«, durch Artilleriebeschuss zerstört. Die ersten Wiederaufbauplanungen sahen die Erhaltung des Stadtgrundrisses und der wenigen erhalten gebliebenen Häuser vor. Der 1954 begonnene Wiederaufbau geschah mit dreigeschossigen Wohnhäusern im Stil der Nationalen Tradition, dem seit 1956 viergeschossige Wohnblöcke in monotoner Zeilenstellung folgten, die den Durchbruch einer Fernverkehrsstraße mitten durch die Altstadt baulich begleiteten (Abb. 34). 1949 wurden die noch weitgehend erhaltenen Mauern des Rathauses und 1969 die des »Neuen Hauses« am Marktplatz, beide auf die Gotik zurückgehend, abgerissen. Ebenfalls 1969 beschloss die Stadtverwaltung, die Mauern der im 15. Jahrhundert von einem Meister der Parlerschule erbauten Stadtkirche St. Nikolai abzureißen, einem Baudenkmal von überregionalem künstlerischen Rang (Abb. 35). Dafür wurde seit 1960 ein neues Zentrum, bestehend aus einem neunge-

Abb. 36 Zerbst, Stadtzentrum, Bebauungskonzeption (BfS Magdeburg, 1968)

Abb. 37 Zerbst, Städtebaulich-denkmalpflegerische Zielstellung (1980)

Abb. 38 Zerbst, Städtebauliche Leitplanung zur Umgestaltung der Altstadt (BfS Magdeburg, 1982)

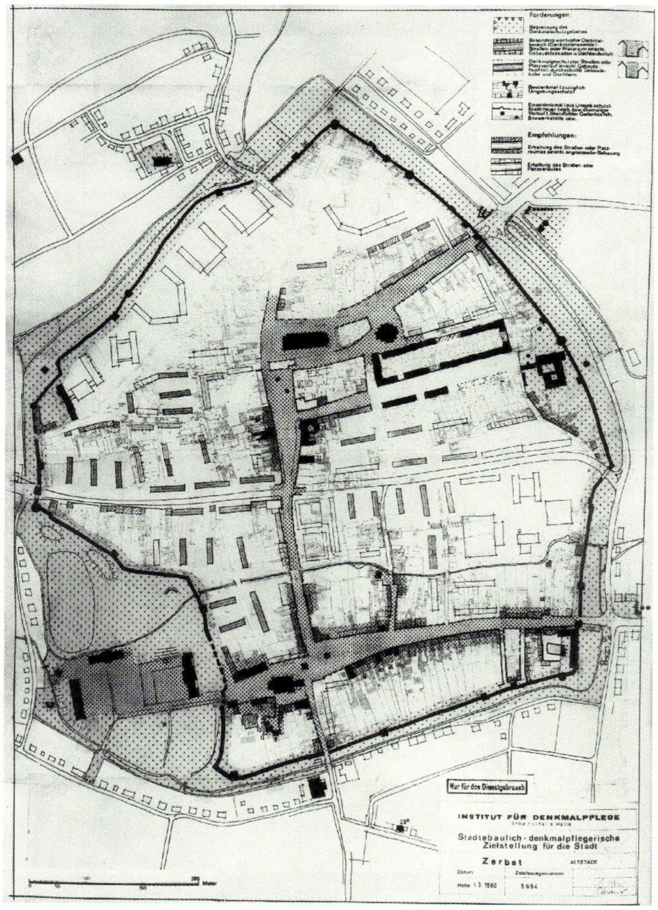

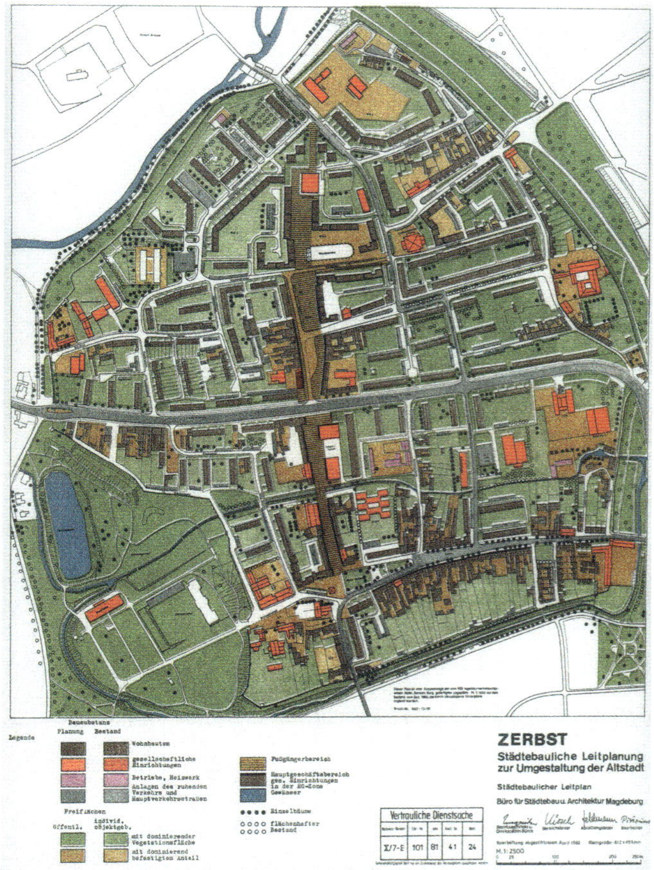

schossigen Hochhaus und einer großflächigen Einkaufshalle an der Fernverkehrsstraße im Stadtzentrum erbaut.

In der »Bebauungskonzeption Stadtzentrum« (Abb. 36) wurde vom BfS Magdeburg 1968 wie auch 1969 und 1973 die nördliche Altstadt stets als frei von Gebäuden und historischer Überlieferung betrachtet und komplett neu überplant. Anhand der SDZ hatte das IfD 1980 ein Überdenken der Planungsinhalte gefordert (Abb. 37). 1982 wurde vom BfS Magdeburg in der »Städtebaulichen Leitplanung zur Umgestaltung der Altstadt von Zerbst« die Absicht bekundet, »die vorhandene Bausubstanz mit den nach 1945 errichteten und den geplanten Neubauten zu einer städtebaulichen Einheit zu formen«. Jetzt wurden auch der im Grundriss erhaltene Marktplatz und die Ruine der Nikolaikirche in der neuen Planung berücksichtigt (Abb. 38). Um den Raum des jetzt zu erhaltenden Marktplatzes im Norden zu schließen, wurde 1988-1989 auf dem Standort des abgebrochenen Rathauses ein Neubau errichtet, doch die verwendeten Plattenbauelemente waren gestalterisch ungenügend. Die Nikolaikirche wurde seit 1990 gesichert.

Anmerkungen

1 Dieser Aufsatz ist ein aktualisierter Auszug von nachstehender Veröffentlichung: Hans-Hartmut Schauer: Historische Altstadt und »Sozialistische Umgestaltung«. Städtebauliche Denkmalpflege in Sachsen-Anhalt bis 1990. Arbeitsberichte des Landesamtes für Denkmalpflege und Archäologie Sachsen-Anhalt, Heft 7. LDA Halle (Saale), 2007. Dort sind auch alle Quellen benannt und ist weiterführende Literatur angegeben. Die geringe gedruckte Auflage ist vergriffen, vom Herausgeber wird eine CD-R angeboten.

2 Die preußische Provinz Sachsen wurde 1945 mit dem seit 1933 zu Braunschweig gehörenden Freistaat Anhalt zur neuen Provinz (seit 1947 Land) Sachsen-Anhalt umgebildet, die 1952 in die Bezirke Halle (Südteil) und Magdeburg (Nordteil) geteilt wurde. Mit diesen politischen Änderungen und Aufteilungen betreute die Anfang des 20. Jahrhunderts institutionalisierte Denkmalpflege als wissenschaftliche Einrichtung mit Sitz in Halle stets das Territorium des Landes Sachsen-Anhalt. Damit war zur DDR-Zeit für die denkmalpflegerischen Belange in den Bezirken Halle und Magdeburg fachlich das Institut für Denkmalpflege, Arbeitsstelle Halle (seit 1990 das Landesamt für Denkmalpflege Sachsen-Anhalt) zuständig. Politisch zuständig und verantwortlich war die Abteilung Kultur beim jeweiligen Rat des Kreises – mit ihr wurden wichtige Meinungen und Stellungnahmen abgesprochen und von ihr die Zustimmung oder Genehmigung erteilt.

3 Probleme des Städtebaus und der Architektur im Siebenjahrplan. Erste Theoretische Konferenz (= XXV. Plenartagung der Deutschen Bauakademie), hrsg. v. d. Deutschen Bauakademie, Berlin 1960, Referat von Peter Doehler auf S. 177 ff.

4 Im Büro für Städtebau Magdeburg wurden 1976 städtebauliche Planungen für Blankenburg/Harz, Burg, Genthin, Haldensleben, Oschersleben, Schönebeck, Wernigerode, Wolmirstedt und Zerbst ausgearbeitet. Im Büro für Städtebau Halle mit seinen etwa 20 Architekten und Ingenieuren waren für 1977 Generalbebauungsplanungen mit der Umgestaltung der Stadtzentren (Altstädte) von Merseburg, Naumburg, Querfurt, Weißenfels und Zeitz in Bearbeitung, ferner die Analyse der Umgestaltungsbedingungen für die Städte Aschersleben, Bernburg, Bitterfeld, Eisleben, Hettstedt, Köthen, Sangerhausen, Thale und Wolfen. Für Quedlinburg wurden 1977 der Wohnkomplex Lazarettgarten geplant und eine Studie zur »Rekonstruktion der Altstadt« ausgearbeitet.

5 1. DB zur VO über die Pflege und den Schutz der Denkmale vom 28. 09. 1961, § 3 (1): Bereits im Stadium der Vorplanung einer Baumaßnahme muss festgestellt werden, »ob Belange des Denkmalschutzes berührt werden.«

6 Von den BfS wurden die unpräzisen Wünsche und Vorstellungen der Denkmalpflege mit Formulierungen wie »könnte«, »sollte« oder »dürfte« kritisiert. Stattdessen wurden neben der aktuellen Ergänzung der Denkmalverzeichnisse als belastbare Zuarbeit auch Karten mit der genauen Eintragung aller Denkmale und Denkmalbereiche gefordert.

7 Gesetzblatt der DDR, Teil I Nr. 25 vom 25. August 1978, S. 285 f. In der 2. Durchführungsbestimmung zum Denkmalpflegegesetz der DDR von 1978 wurde unter § 2 (1) festgelegt: »Zur Sicherung der Zielstellung gemäß § 1 sind denkmalpflegerische Analysen der Denkmalschutzgebiete zu erarbeiten …«, und unter § 2 (2): »Bei der Ausarbeitung städtebaulicher Planungen sowie bei der Vorbereitung von Maßnahmen, die den Bestand und die Wirkung der Denkmale und Denkmalschutzgebiete beeinflussen, sind für die betreffenden Gebiete denkmalpflegerische Zielstellungen in Abstimmung mit dem Institut für Denkmalpflege zu erarbeiten.«

8 Zu dieser TGL 36440 (entspricht für die DDR einer DIN) gehörte ein Muster mit der Eintragung von Baudenkmalen, geschützten Straßenräumen, Denkmalbereichen, die Begrenzung von Denkmalschutzgebieten und die Darstellung von Sichtbeziehungen in eine Karte. Denkmale waren hier als lage- und ausdehnungsgenaue schwarze Flächen eingetragen, das Denkmalschutzgebiet als flächiges Punktraster und erhaltenswerte Objekte nur schwarz umrandet. Auf den Bestandskarten, meist im Maßstab 1:1000 oder 1:2000, mussten diejenigen Flächen, welche von der SED, dem Ministerium für Staatssicherheit, der Volkspolizei oder militärisch von der Volksarmee oder der Roten Armee genutzt wurden, weiß bleiben (und waren dadurch sofort erkennbar!). Das Ministerium für Staatssicherheit forderte 1985 in einer Beratung mit der Zentrale des Instituts für Denkmalpflege, dass in den Karten zur SDZ weder Grundstücksgrenzen noch einzelne Gebäude dargestellt werden dürften und als Kartengrundlage nur die im Handel erhältlichen, stark vereinfachten und verzerrten Stadtpläne für Touristen verwendet werden müssten. Diese Forderungen wurden jedoch von keiner Arbeitsstelle des IfD bei der Erarbeitung der SDZ beachtet, weil dann die in den Karten notwendige und für die BfS wichtige präzise Darstellung der Denkmale und Denkmalbereiche nicht mehr möglich gewesen wäre. Die von den BfS an das IfD registrierten und nur gegen Unterschrift abgegebenen Karten galten als »Vertrauliche Dienstsache« und durften nicht vervielfältigt oder weitergegeben werden, was wir ebenfalls nicht beachtet hatten.

9 Wer den erbärmlichen Zustand unserer Städte und Baudenkmale zum Ende der DDR nicht gekannt hat oder sich nicht mehr erinnert, sollte folgende Bilddokumentation betrachten: Fotografie und Gedächtnis. Sachsen-Anhalt, hrsg. v. Diethart Kerbs und Sophie Schleußner, Berlin 1997.

10 Schmidt, Hans: Baukünstlerische Probleme des Wiederaufbaus und der Umgestaltung von Stadtzentren, in: Deutsche Architektur 11 (1962), S. 97–111.

Pflege und Erhaltung ländlicher Denkmale – ein Blick zurück[1]

Thomas Noky

Es ist wohl ein heikles Wagnis, über den Zeitraum eines Arbeitsfeldes zu schreiben, in dem auch Geburt, Heranwachsen, Bildung und Ausbildung des Autors liegen. Heute zwar mit der zu betrachtenden Aufgabe betraut, hatte er doch bis zum Ende des Bestehens der Deutschen Demokratischen Republik nur wenige Berührungspunkte mit historischen ländlichen Bauten (Abb. 1).

Aufgewachsen in einer Villa auf dem Weißen Hirsch in Dresden waren mir bürgerliche Pracht und Herrlichkeit in ihrer in den 1970er Jahren schon patinierten Erscheinung weitaus vertrauter als das Bauernhaus, das ich in seiner nicht erfassbaren Vielfalt doch nur vom Vorbeifahren mit Blick aus dem Fond des elterlichen Wartburgs kannte. Ferien an der Ostsee boten die erste Möglichkeit, mit der Welt der einfachen Häuser aus Holz, Lehm und Rohr in Kontakt zu kommen. Es war ein Besuch im damals noch kleineren Freilichtmuseum Klockenhagen bei Ribnitz-Damgarten, wo ich in Halle, Lucht und Döns die Faszination einer mir unbekannten Welt spürte. Damit verbunden bleibt Karl Baumgarten, dessen Buch zum deutschen Bauernhaus ich nach diesem Besuch das erste Mal las. Auch beim späteren Einblick in das Werk war die für meine Jugend im abgeschlossenen Teilstaat bemerkenswerte gesamtdeutsche Beschreibung des Themas ein Lehrstück des grenzenlosen Denkens im fachlichen Zusammenhang über politisch gesetzte Rahmenbedingungen hinweg. Nachdem die erste Auflage von 1980 nur mit anschaulichen Zeichnungen auskommen sollte, verstärkte in der zweiten Auflage von 1985 ein Fototeil die Verbindung von Ost und West zu einem Ganzen.

Abb. 1 Klockenhagen, Freilichtmuseum (Mitte der 1980er Jahre)

Abb. 2a Dresden-Pillnitz, August-Böckstiegel-Str. 8, Fischerhaus vor der Erneuerung, Aufnahme 1959

Abb. 2b Dresden-Pillnitz, August-Böckstiegel-Str. 8, Fischerhaus nach der Erneuerung, Aufnahme 1976

Abb. 3a Dresden-Pillnitz, August-Böckstiegel-Str. 10, Haus des Ziegelmeisters vor der Erneuerung

Abb. 3b Dresden-Pillnitz, August-Böckstiegel-Str. 10, Haus des Ziegelmeisters nach der Erneuerung, Aufnahme um 1988

Veranstaltungen an der Technischen Universität Dresden öffneten mir den Zugang zur Baugeschichte. Noch in der Zeit des Abiturs legte Irma Emmrich mit ihren begeisternden Vorträgen ein erstes Samenkorn in die Erde, welches im Studium der Architektur durch Klaus Mertens und Kurt Milde umfangreiche Nahrung erhielt, um zu gedeihen. Jedoch waren Tempel, Klöster, Kathedralen und Schlösser noch weitaus interessanter als das Haus im Dorfe. Denkmalpflege als Lehrgebiet oblag zu meinen Studienzeiten Hans Nadler, der uns Studierenden mit seinen Lichtbildervorträgen das weite Feld denkmalpflegerischer Arbeit vorstellte. Als Begrenzung seiner Bilderfülle sagte er immer zu uns an den zwei Projektoren die Dias Schiebenden – Doppelprojektion wurde das genannt: »Mehr als sechzig Bilder pro Minute dürfen es nicht werden, dann wird es ja ein Film!« Auch die Exkursionen mit dem blauen Ello der Technischen Universität Dresden, einem Bus von Robur Zittau mit Panoramafenstern, sind in guter Erinnerung geblieben, insbesondere das kreischende Erschüttern durch das Triebwerk beim Erklimmen der Stadt Annaberg. Sehr einprägsam für uns junge Menschen war die Vorbereitung einer Äußerung von Hans Nadler, wenn er mit dem Stock mehrfach auf den Boden stoßend sich Gehör verschaffte mit den Worten, nun wolle er auch mal was sagen. Es folgten Ausführungen zu Konservierungs- und Restaurierungsmethoden mit für uns Nitro-, Pur- und Bootslack Gewöhnten abenteuerlichen Begriffen wie Kalk-Kasein oder Pflanzenschwarzpigmenten. Es eröffnete sich eine andere Welt der Materialien. Durch diese geheimnisvollen Lehrinhalte übte die Denkmalpflege einen besonderen Reiz im sonst doch mehr von Beton, Stahl und Zement geprägten Architekturstudium aus. Dieses außergewöhnlich Reizvolle vermittelten ebenso die hohen Gänge des Instituts für Denkmalpflege, Arbeitsstelle Dresden, in der Halbruine des Ständehauses, wohin es den sich der Denkmalpflege widmenden Studenten immer wieder zog. Nicht zuletzt waren es die dort ausgehängten großformatigen Schwarz-Weiß-Fotografien und Zeichnungen, die den Wunsch nach Mitarbeit auf diesem Felde bestärkten.

Durch die Anfrage, beim Um- und Ausbau des Hauses des Ziegelmeisters in Pillnitz helfen zu dürfen, bekam ich die ers-

Abb. 4a Studentenaufmaß der Alten Mangel in Ebersbach in der Oberlausitz, Ansicht, Konrad Werner, 1952, Technische Hochschule Dresden

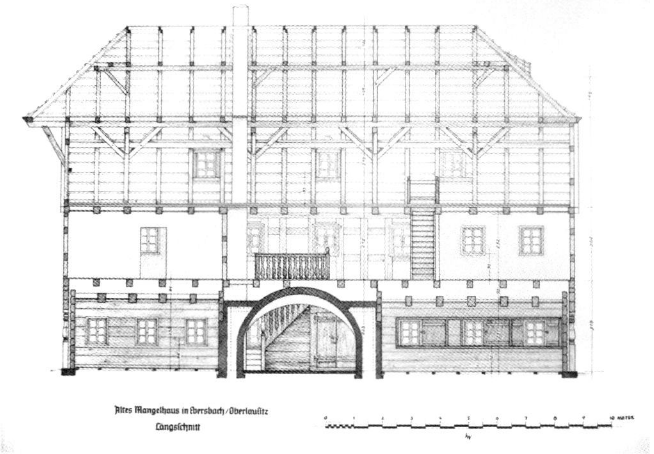

Abb. 4b Studentenaufmaß der Alten Mangel in Ebersbach in der Oberlausitz, Längsschnitt, Konrad Werner, 1952, Technische Hochschule Dresden

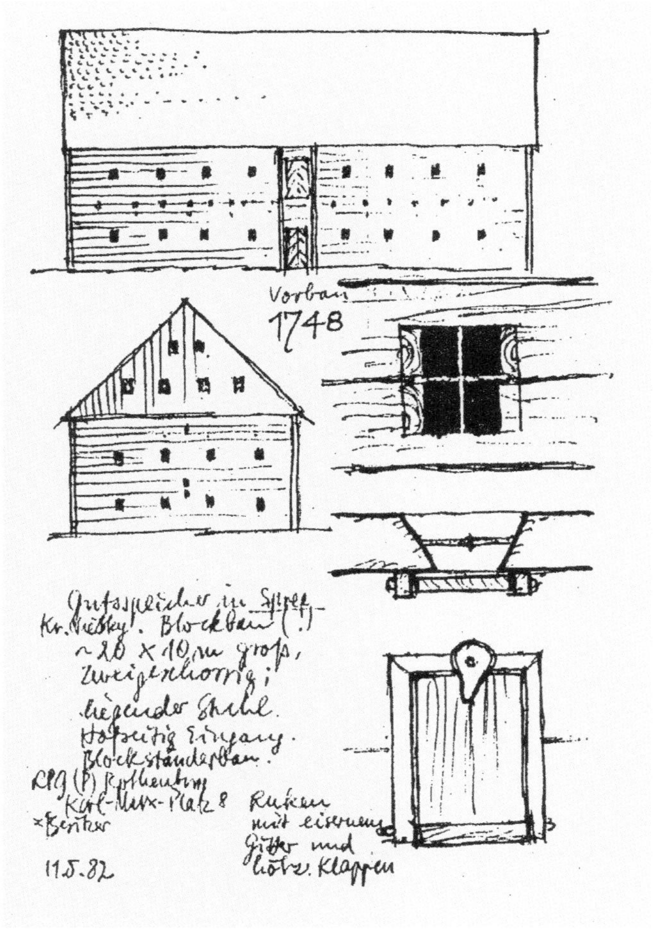

Abb. 5 Erfassungsskizze eines Gutsspeichers in Spree bei Niesky von Jochen Helbig. Der Speicher wurde erst im Jahr der Skizze 1982 als Denkmal erfasst.

te Gelegenheit, inzwischen durch das Architekturstudium im Sehen und Erkennen ein wenig belehrt, mich intensiver mit einem Vertreter dieser vielen kleinen Häuser zu befassen. Zwar führte das benannte Vorhaben, ähnlich wie beim benachbarten Fischerhaus, dem Zeitverständnis folgend zu einem nahezu vollständigen Neubau in historisch stimmiger Form, doch der Neubau der Laube in Fachwerk durch den Eigentümer weckte mein Interesse mehr als die bloße Betrachtung der Bauten. Als Berater in der Angelegenheit fiel von Seiten des Bauherrn immer wieder der Name von Jochen Helbig am damaligen Institut für Denkmalpflege, Arbeitsstelle Dresden. Auch diese Aufgabe der Beratung zur historisch glaubhaften Gestaltung von ländlichen Bauten war also ein Tätigkeitsfeld für einen in der Architektur Gebildeten (Abb. 2a bis 3b).

An die Kunst des Zimmermanns führte mich ein Aufmaß des Giebeldachreiters der Kirche Maria am Wasser in Dresden-Hosterwitz heran. Es war eine studentische Nebenbeschäftigung, die neben der Weitung des Blickfeldes auch Geld einbrachte für Reisen bis ans Ende der sozialistischen Welt. Auf den Reisen mit Transitvisum in die Bergwelt des Kaukasus und Mittelasiens bis nach Kamtschatka nahmen mich neben den Städten mehr die Bauten der Landbevölkerung gefangen. Die Lehmbauten mit ihren farbigen Ausstattungen stellten mir die Frage, wie das denn in den Dörfern zu Hause aussah. Dennoch blieben das Bauernhaus und seine Hausgenossen für mich bis zum Ende des Bestehens der DDR nur ein Randthema. Auch die Möglichkeit, das Aufmaßpraktikum im Studium in einem Umgebindehaus der Oberlausitz zu absolvieren, kam für mich nicht in Betracht, Marstall und Schloss Basedow reizten weitaus mehr (Abb. 4a und 4b).

Für die für unser Studium notwendige Seminararbeit wählte ich mir als Thema die Moreauschänke in Altpestitz südlich unterhalb der Dresdner Südhöhe. Vormals oft dort eingekehrt mit dem Kommersbuch zu Bier und Gesang studentischer Tradition folgend, sollte mich die Entdeckung der Schänke als kleinbäuerliches Häusleranwesen mit Begriffen wie Stube, Kammer und Banse vertraut machen. Der Blick für das Bauernhaus war in den Grundzügen geschult. Doch zum Diplom gab es wieder ein Schloss, es steht in Hoyerswerda. Im anschließenden Aufbaustudium Denkmalpflege in Bamberg begann das Interesse für das Dorf aber dann zu wachsen. Als Abschlussarbeit stieß ich auf das Thema Fenster. Die Dokumentation historischer Fenster führte mich nach dem Aufbaustudium durch den wiedergegründeten Freistaat Sachsen zu städtischen Bauten und hinaus in das Dorf zu den Wohnstallhäusern, Auszugshäusern, Seitengebäuden und Scheunen. Über das Fenster stieg ich in das Thema ein, welches zu einem großen Teil meines Berufes werden sollte. Der praktische Teil folgte mit dem Ausbau eines Umgebindehauses mit Seitengebäude und Scheunenteil im Umkreis von Dresden. All das führte schließlich im Jahre 2002 zu einer Teilzeitstelle als Referent für Volksbauweise am Landesamt für Denkmalpflege Sachsen (LfDS) und damit auf die Spuren von Jochen Helbig, zu dessen Aufgaben bis 1993 dieser Bereich zählte (Abb. 5).

Wie kann ein Beitrag über eine Zeit gelingen, die an einem unerfahrenen Schüler und Studenten vorbeigegangen ist? Erfahrungsberichte kann es ebenso keine geben wie Anekdoten. Befragungen sind zeitaufwendig und bringen, werden sie nicht umfangreich mit einer möglichst großen Zahl Beteiligter durchgeführt, einzelne subjektive Aspekte ein, die zu verarbeiten bei begrenztem Zeitumfang heikel werden kann. Es bleiben die Literatur, die Archive und Bildsammlungen sowie die erhaltenen ländlichen Kulturdenkmale. Die Aussagen der Quellen bringen mitunter nüchtern die Sache auf den Punkt, die Literatur muss, insbesondere bei diesem Thema, auch zwischen den Zeilen gelesen werden.

Es soll mein Bemühen sein, den Blick auf die Pflege ländlicher Denkmale im gesamten ostdeutschen Staat zu richten. Dadurch wird die befriedigende Lösung der Aufgabe nicht leichter. Mit dem Überblick zur Literatur und der daraus erkennbaren großen Linie wird ein Gesamtüberblick dank der zentralstaatlichen Struktur der DDR besser gelingen als die Beschreibung der praktischen Denkmalpflege. Hier müssen Beispiele aus dem Wirkungskreis des Dresdner Instituts genügen.

Es ist auffällig, dass es zum Thema Denkmalpflege im umfassendsten Sinne zwischen 1945 und 1990 aus der DDR umfangreiche Literatur gibt. Vor allem sind veröffentlichte Fachbeiträge zu baugeschichtlichen und denkmalpflegerischen Themen im ländlichen Raum in unüberschaubarer Menge zu finden. Es entsteht der Eindruck, dass das Volk der DDR allumfassend und vielseitig auf hohem fachlichem Niveau über Haus- und Bauforschung, Siedlungsgeschichte, Volkskunde und Denkmalpflege informiert wurde. Auch in Tageszeitungen fand das Thema breiten Widerhall. Möglicherweise schlägt sich hier das im Denkmalpflegegesetz der DDR vom 19.6.1975 festgeschriebene Ziel der Denkmalpflege nieder, sie diene »der Entwicklung des sozialistischen Bewusstseins, der ästhetischen und technischen Bildung und ethischen Erziehung«.

In zahlreichen schriftlichen Reihen und Periodika veröffentlichten über 40 Jahre sowohl Wissenschaftler, Heimatforscher und ehrenamtliche Denkmalpfleger der Kreise als auch Interessierte, welche die Forschung auf einem Kleingebiet des weiten denkmalpflegerischen und bauhistorischen Feldes als sinnvolle Freizeitbeschäftigung betrieben. Solcherart Möglichkeit boten u.a. die »Sächsischen Heimatblätter«, die »Oberlausitzer Forschungen« und das »Deutsche Jahrbuch für Volkskunde« der Akademie der Wissenschaften zu Berlin. Ein schönes Beispiel für die Qualität und den dokumentarischen Wert solcher Veröffentlichungen ist das Heft »Fachwerkhäuser im mittleren und westlichen Erzgebirge – Eine Dokumentation« von Werner Spickenreuther in der Reihe »Glück auf« aus dem Jahre 1984. Der Untertitel zeigt aber auch den mitunter tragischen Teil der Motivation solcher Veröffentlichungen. Es soll in Schrift und Bild dokumentiert werden, was in Gefahr geraten ist, bald verlorenzugehen. Großes öffentliches Interesse führte häufig dazu, dass die Hefte sehr schnell vergriffen und nur noch über Bibliotheken zu lesen waren (Abb. 6).

Auch von Seiten der Kreise gab es zum Ende der 1980er Jahre Aktivitäten, der breiten Öffentlichkeit die Denkmale vorzustellen. So erschien beispielsweise im Jahre 1987 ein Heft »Denkmale im Kreis Zwickau« mit einem Vorwort eines Mitgliedes des Rats für Kultur beim Rat des Kreises Zwickau. Nach den vorangestellten Denkmalen der politischen Geschichte folgen vor den Kirchen und Burgen am Ende des Heftes im Mittelteil die »Denkmale zur Kultur und Lebensweise der werktätigen Klassen und Schichten des Volkes«. Was dabei vorgestellt werden soll, folgt im Untertitel: »Fachwerk- und Umgebindehäuser im Kreis Zwickau«. Der Untertitel enthält, was die Überschrift politisch korrekt ankündigt. In Text und Fotografie werden ländliche Denkmale vorgestellt, die aussagekräftig und verständlich den Reichtum des Fachwerkbaus im Kreis Zwickau vorstellen. Solche Hefte hat es zumindest im Gebiet der Dresdner Arbeitsstelle mehrere gegeben, so auch vom damals zum Bezirk Leipzig gehörenden Kreis Schmölln und 1991 zum Landkreis Marienberg, nun schon im neuen Staate. In all diesen Heften nehmen ländliche Denkmale einen entsprechend großen Raum ein.

Die Untersuchungen und Forschungen basieren nach dem Ende des Zweiten Weltkrieges natürlich auf den in den Jahrzehnten zuvor erbrachten Ergebnissen. Aber auch noch für die

Abb. 6 Vordere Einbandgestaltung des »Glück auf«-Heftes 16/17 mit dem Beitrag von Werner Spickenreuther »Fachwerkhäuser im mittleren und westlichen Erzgebirge – Eine Dokumentation«. Im Einklang mit den anspruchsvollen Inhalten steht die Gestaltung des Heftes.

weiteren Jahrzehnte bilden diese Erkenntnisse einen Teil der Basis, auf dem die Forschung aufbaute. So setzte gewissermaßen Karl Baumgarten das Werk von Johann Ulrich Folkers fort. Viele mit der Thematik Bauernhaus und Denkmalpflege Befassten arbeiteten bereits seit der Zeit des Dritten Reiches am Gegenstand und nun unter anderen Bedingungen weiter. Jüngere begannen nach ihrem Studium in den 1950er Jahren mit einer intensiven Forschungstätigkeit, oder aber sie setzten sich mit praktischen Problemen der Denkmalpflege auseinander. So schrieb Eberhard Deutschmann zum Jahre 1959 einen noch heute beachtlichen Band zur Lausitzer Holzbaukunst. Jochen Helbig befasste sich zur Vorbereitung des Aufbaus eines Freilichtmuseums in den Jahren 1955/56 intensiv mit dem Spreewalddorf Lehde. Karl Bernert fand sein Aufgabenfeld in der praktischen Denkmalpflege und erarbeitete sich mit seinem Einsatz für die Umgebindehäuser in der Oberlausitz, die schon während der Jahrzehnte des Bestehens der DDR besondere Aufmerksamkeit genossen, hohes Ansehen. Sein Buch »Umgebindehäuser« von 1988 findet noch heute Anerkennung, nicht nur wegen der Fotografien mit Dokumentationswert.

Im Rahmen dieses von einer Vollständigkeit weit entfernten Literaturüberblicks sei auf ein in seiner ganzheitlichen Betrachtung von Land und Haus herausragendes Werk verwiesen. Karl Baumgarten und Angelika Heim brachten 1987 »Landschaft und Bauernhaus in Mecklenburg« heraus und zeigten anschaulich bau- und siedlungsgeschichtliche Beziehungen zur Landschaft. Angeregt wurde der Bildband mit wissenschaftlich anspruchsvollen Texten von Karl Heinrich Joost, der ehemals Vorsitzender der Interessengemeinschaft »Denkmale ländlicher Volksbauweise« im Kulturbund Rostock war. In den

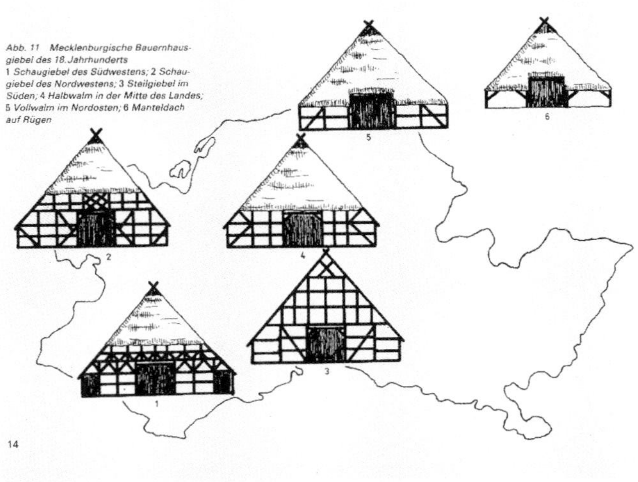

Abb. 7 Die Verbindung von Handzeichnung und guter Gestaltung zeichnet während des Bestehens der DDR die Literatur zum Thema aus

sicherlich von staatlicher Seite organisierten Gremien wie dem Kulturbund der DDR und anderen der Kultur verschriebenen Verbänden gab es auch immer Initiativen, die sich mit dem kulturellen Erbe der DDR, wie es dann hieß, auseinandersetzten und doch auch zu denkmalpflegerischen Fragen vorstießen, die sie im Allgemeinen in der Sache befürwortend und unterstützend beantworteten (Abb. 7).

Abb. 8 Handzeichnungen zu Oberzetzscha, Pöschwitz und Gerstenberg im Altenburger Land

Die Akademie der Wissenschaften der DDR, Institut für Geografie und Geoökologie, Arbeitsgruppe Heimatforschung, hat durch Veröffentlichungen zu bauhistorisch-denkmalpflegerischen Themen wesentlichen Anteil an der Verbreitung dieses Themenkreises in der Öffentlichkeit. So gab die Arbeitsgruppe ab 1957 in der Reihe »Werte der deutschen Heimat«, von 1970 bis 1990 dann »Werte unserer Heimat«, als »Heimatkundliche Bestandsaufnahme in der Deutschen Demokratischen Republik« 50 Bände heraus. Beschrieben werden einzelne Regionen, deren Mehrzahl im Gebiet des heutigen Freistaates Sachsen liegt. Ein Abschnitt zu jedem Suchpunkt behandelt, wenn es um ein Dorf oder um einen besiedelten Ort geht, die vorhandenen wichtigen Altbauten, zumeist Denkmale und Kleindenkmale, und deren Zustand und Situation. Der Umfang ist, abhängig vom Verfasser, unterschiedlich. Immer wieder sind auch anschauliche Zeichnungen dabei. Wie auch für Fauna und Flora und andere Fachbereiche war der Herausgeber stets bemüht, auch für bauhistorisch-denkmalpflegerische Aufgaben im ländlichen Bereich Fachleute zur Mitarbeit zu gewinnen (Abb. 8). So war Jochen Helbig von Anfang an beteiligt.

Zwischen 1973 und 1987 brachte das Institut für Denkmalpflege Berlin fünf Bände zur Erhaltung und Pflege der Denkmale heraus. Bemerkenswerterweise nannten sich die Titel nach den alten Ländern und nicht nach Bezirken, die im Untertitel erschienen. So gab es: Denkmale in Thüringen (1973), in Mecklenburg (1976), in Sachsen (1979), in Sachsen-Anhalt (1983) und zuletzt Denkmale in Berlin und in der Mark Brandenburg (1987). Die einzelnen Bände geben ein umfassendes Bild denkmalpflegerischer Arbeit der jeweiligen Arbeitsstellen des Instituts in den zugeteilten Bezirken. »Denkmale der Volksarchitektur« von Jochen Helbig und »Denkmale ländlicher Kultur und Lebensweise« von Horst Ende gehören aber nur in den Büchern zu Sachsen und Mecklenburg zum Inhalt. In den anderen drei Bänden findet die ländliche Denkmalpflege keine besondere Beachtung. Der Mecklenburger Artikel stellt deutlich heraus: »Der große Bestand an Denkmalen der Volksbauweise ist unter dem Eindruck der veränderten Produktionsverhältnisse in der Landwirtschaft und der damit in Zusammenhang stehenden Abkehr von den bisherigen traditionellen Formen des Lebens, Arbeitens und Wohnens stark zurückgegangen.« Nach dem Hinweis auf Gleichlauf der Ereignisse in allen industrialisierten europäischen Ländern stand die Denkmalpflege bei der Erhaltung der Volksbauten vor schwierigen Aufgaben. Trotzdem sollten die Bemühungen »(…) durch finanzielle Hilfen oder Unterstützung bei der Beschaffung von Material wie Holz und Rohr [zur Erhaltung] wertvoller bäuerlicher Bauten am Ursprungsort (…)« fortgesetzt werden. Der zweite Weg war die Umsetzung wertvoller Denkmale in Freilichtmuseen, deren Gründung in den 1970er Jahren besonders in Mecklenburg in verhältnismäßig großer Zahl betrieben wurde. Der Grund dafür liegt darin, dass die Arbeitsstelle Schwerin des Instituts für Denkmalpflege im Bereich der Volksbauten mit der Wossidlo-Forschungsstelle des Wissenschaftsbereichs Kulturgeschichte/

Volkskunde der Akademie der Wissenschaften der DDR in Rostock zusammenarbeitete. Der verantwortliche Leiter der Forschungsstelle, Karl Baumgarten, bereitete die Gestaltung der Freilichtmuseen vor. Er wählte auch die Bauten zur Umsetzung aus.

Der umfassendere Beitrag zum Thema ist der sächsische von Jochen Helbig: »Denkmale der Volksbauweise«. Er steht auch als Einzelbeitrag im vorderen Buchteil und zeigt die Wertschätzung des Themas. Möglicherweise liegt es an der langen Tradition, welche in Sachsen die Beschäftigung mit dem ländlichen Denkmal kennzeichnet. Mit der Ausstellung des Sächsischen Handwerks und Kunstgewerbes 1896 in Dresden richtete »Das wendische Dorf« den Blick auf die Schönheiten und den Wert der ländlichen Holzbauweise. In den Jahren um 1900 entstanden durch die Schüler der sächsischen Baugewerkeschulen Aufmaßzeichnungen von Dorfbauten in den ländlichen Gebieten um die jeweilige Schule in großer Zahl, die heute in der Plansammlung des Landesamtes für Denkmalpflege Sachsen archiviert sind. Aus der zeichnerischen Aufnahme von Bauernhöfen für die Reihe »Haus und Hof deutscher Bauern« Anfang der 40er Jahre des letzten Jahrhunderts entstanden zwischen 1963 und 1968 im Landesamt für Baupflege im Landschaftsverband Westfalen-Lippe unter der Leitung von Karl Brunne vier Hefte zu Sachsen. Auch für Brandenburg, Schlesien und Thüringen sind Hefte entstanden. Durch die deutsche Teilung sind die Hefte aus Münster bis 1990 aber in nur geringer Zahl in die Regionen der Aufnahme zurückgekehrt.

Jochen Helbig beschreibt in seinem Beitrag umfassend die sächsische Hauslandschaft in einer Sprache, die gut verständlich den Reichtum der Volksbauweise vorstellt. Zur Zukunft der Denkmale im Dorf steht klar zu lesen: »Nun kann es nicht eigentliche Aufgabe der Denkmalpflege sein, die ländliche Volksarchitektur in Freilichtmuseen umzusetzen, um sie kulturell zu erschließen. Besser ist es, die Denkmale am alten Standort zu bewahren und einer breiten gesellschaftlichen Nutzung zuzuführen. Das gewachsene Dorf als Ganzes zu erhalten, wird freilich nur in wenigen Fällen durchführbar sein, in den meisten Fällen wäre es sogar sinnlos.« Das Verhältnis zu Freilichtmuseen wandelte sich aber durch den Fortschritt der Beobachtungen Horst Endes und die weitaus schwierigere Umsetzung der Idee Jochen Helbigs. Sein Blick auf das Denkmal als touristisches Objekt und die daraus folgende Rechtfertigung einer »erhöhte(n) Aufwendung gesellschaftlicher und ökonomischer Art« erscheint zeitlos. Nur die zusätzliche Begründung, dass ein Denkmal »...nicht nur der Erholung, sondern auch der polytechnischen Bildung dient«, ist eine zeittypische Einstellung von nicht abzuweisender Richtigkeit. Es wird aus diesen zwei Texten durchaus schon deutlich, dass die Pflege ländlicher Denkmale in der DDR nicht außerhalb des Blickfeldes stand, auch wenn die Aktivitäten besonders in den Jahren zwischen 1965 und 1980 wohl ihren Höhepunkt erreicht hatten (Abb. 9).

In den Kreisen der DDR gab es eine Vielzahl ehrenamtlicher Helfer, die sich im Rahmen von Verbänden und Organisationen denkmalpflegerischen Tätigkeiten im Lande widmeten. Für seinen Zuständigkeitsbereich, die Bezirke Dresden, Leipzig, Karl-Marx-Stadt und Cottbus, gab ab 1959 das Institut für Denkmalpflege Dresden Merkblätter heraus (Merkblätter des Instituts für Denkmalpflege Dresden, Merkblätter für Denkmalpflege). Wie auf dem Titelblatt zu lesen ist, erschienen die Merkblätter in zwangsloser Folge. Sie wurden den ehrenamtlichen Kreishelfern über die Räte der Kreise als Arbeitsmittel zur Verfügung gestellt. Die Blätter behandeln Themen wie Verordnungen und die Kennzeichnung von Denkmalen in Teil A, die Erfassung von Kulturdenkmalen (hier wirklich so genannt) mit Beispielen für die Bauernhausinventarisation und Spezialthemen wie Dorfformen, Dach, Fachwerk, Mauern, Blockbau und Umgebinde bis hin zu Brunnen, Fenstern und Türen in Teil B. Die Themen zu ländlichen Bauten überwiegen ganz offensichtlich, aber auch Stadtbefestigungen und Parkanlagen werden behandelt. Anleitungen zur praktischen Denkmalpflege in Teil C reichen vom Holzschutz über Schmiedearbeiten bis zu Fragen der Beleuchtung. Zur Herausgabe der zweiten Folge der Blätter 1962 schreibt Hans Nadler im folgenreichen August 1961: »DAS INSTITUT FÜR DENKMALPFLEGE DRESDEN will dem von den ehrenamtlichen Helfern oft geäußerten Wunsche nach einer Vertiefung der seit langem im gegenseitigen Erfahrungsaustausch entwickelten sachkundigen Anleitung durch die Herausgabe von Merkblättern entsprechen. In diesen werden die gesetzlichen Grundlagen der Denkmalpflege, die Prinzipien für die Feststellung und listenmäßige Erfassung der Bau- und Kunstdenkmale sowie die Grundsätze der praktischen Denkmalpflege dargelegt. Die Merkblätter sollen dazu beitragen, dass die Denkmale in ihrem Rang und Wert erkannt, gewürdigt, sachgemäß bewahrt und in das gegenwärtige Leben sinnvoll einbezogen werden. In diesem Sinne übergibt

Abb. 9 Schmiede in Königsfeld bei Rochlitz. Dem einst ortsbildprägenden Bauwerk von 1689 galt über die gesamte Zeit ländlicher Denkmalpflege in der DDR das besondere Augenmerk zur Erhaltung am Ort. Im vergangenen Jahrzehnt fanden mit der Translozierung des Kulturdenkmales in das kleine, im Jahre 1999 gegründete Freilichtmuseum in Schwarzbach diese Bemühungen ihr Ende (Aufnahme 1972)

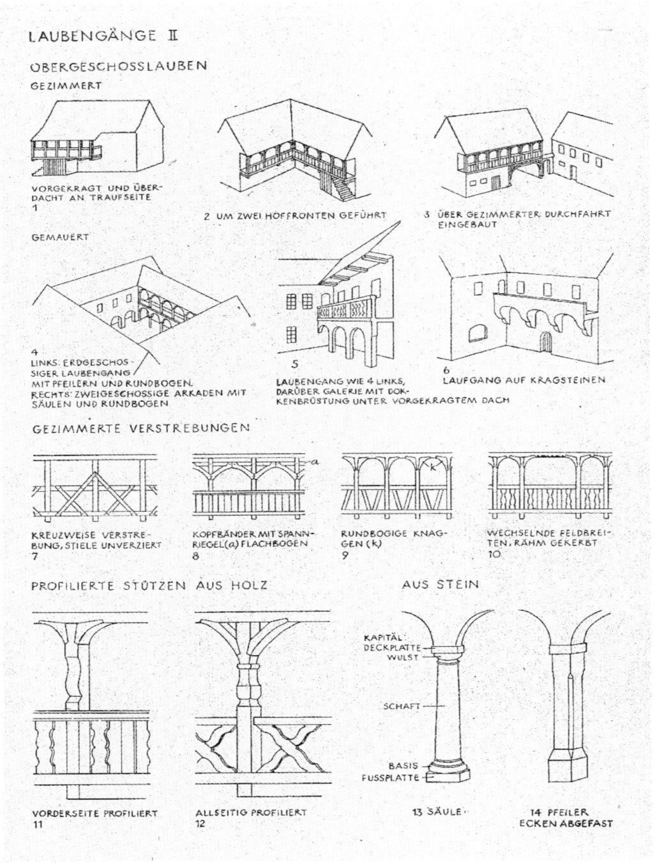

Abb. 10 Blatt mit Zeichnungen zu »Merkblätter für Denkmalpflege Nr. 16«, »Laubengänge II«, bearbeitet von Walter von Fritschen unter Mitarbeit von Jochen Helbig, Dresden

das Institut für Denkmalpflege Dresden die Merkblätter den Vertrauensleuten für Denkmalpflege und verbindet damit den Dank für die bisher geleistete Arbeit.« (Abb. 10)

Die einzelnen Blätter wurden von Walter von Fritschen bearbeitet, selbst als Mitarbeiter am Institut in Dresden Autor von Schriften zu ländlichen Denkmalen. Als wiederum sein Mitarbeiter war Jochen Helbig an der Ausarbeitung der Blätter beteiligt, unter dessen Redaktion die »Merkblätter für Denkmalpflege« im Jahre 1981 im Teil C erweitert werden konnten. Grundlage dafür war die Dissertation von Roland Ander, der als Autor der Blätter genannt wird. Schwerpunkt wurde wiederum ein Gebiet der ländlichen Volksarchitektur, das Umgebindehaus. So geben die Blätter praktische Hinweise zur Reparatur eines ländlichen Denkmals am Beispiel Umgebindehaus von der Wand bis zum Dach. »Die Gefährdung durch Alterung, Um- und Ausbau sowie Modernisierung ließen es geraten erscheinen, sich dem Umgebindehaus intensiver zuzuwenden«, schreibt Hans Nadler im August 1981.

Zwischen 1962 und 1970 führte der Deutsche Kulturbund in Kooperation mit der Akademie der Wissenschaften in Berlin eine Fragebogenaktion zur »Erfassung historischer Siedlungen und Bauten auf dem Lande« durch. Später erhielt die Aktion den Titel »Alte Bauten im neuen Dorf«, der zugleich als Programm gelesen werden muss. Dabei steht mehr das neue Dorf im Mittelpunkt, wie es als Ziel der Regierung der DDR formuliert wurde. Dahinter stand die Angleichung des Lebensstandards in Stadt und Land, wobei natürlich viel mehr Veränderungen für das Dorf die Folge waren als für die Stadt. Aber die Frage nach den baukulturellen Werten im Bestand der wenig zukunftsfähigen alten Bauten wurde nicht verdrängt, sondern eben durch diese Aktion mit Hilfe wissenschaftlicher Methoden erst einmal theoretisch in den geplanten Veränderungsprozess des Dorfes aufgenommen.

In dem im Jahre 1963 vom Kulturbund herausgegebenen Heft unter dem bereits erwähnten Titel »Alte Bauten im neuen Dorf« als Begleitmaterial zur Fragebogenaktion werden, dem schon beobachteten Bildungsgedanken folgend, zuerst einmal durch Karl Baumgarten, Werner Radig, Walter von Fritschen und Alfred Fiedler Beiträge zu regionalen Bauernhausformen als Überblick oder Detailbeschreibungen vorangestellt. Damit sollte recht überlegt der Leser eingestimmt werden auf die Vielfalt und die Besonderheiten von Hauslandschaften. Erst danach folgen Beiträge von Jochen Helbig und Walter von Fritschen zur »Maßaufnahme eines Bauernhauses« und zum Vorgehen bei der Beschreibung eines Bauernhauses. Nach einem »Aufruf zur Erfassung historischer Siedlungen und Bauten auf dem Lande«, unterzeichnet von Max Burghardt, Präsident des Deutschen Kulturbundes, und Werner Hartke, Präsident der Deutschen Akademie der Wissenschaften zu Berlin, schließt das Heft mit einem »Fragebogen zur Erfassung historischer Siedlungen auf dem Lande«. In der vorangestellten Erläuterung ist in deutlicher Sprache die Motivation dieser Aktion festgeschrieben, die hier in Auszügen zitiert werden soll: »Die genossenschaftliche Arbeits- und Lebensweise in der Landwirtschaft unserer Deutschen Demokratischen Republik, die sich auf die modernste Technik stützt, hat gesetzmäßig zur Folge, daß die bisherigen bäuerlichen Arbeitsstätten unsere neuen Bedürfnisse nicht mehr befriedigen können. Diese alten Bauernhöfe und andere Einrichtungen dörflicher Arbeit und dörflichen Lebens der Vergangenheit beruhen auf der Einzelwirtschaft, deren Ansprüchen sie in den jeweiligen Verhältnissen vollauf entsprachen. Haben sie auch heute ihre eigentliche Funktion verloren, können sie nur noch eine beschränkte Zeit und auch nur zu einem bestimmten Teil die Anforderungen genossenschaftlicher Arbeitsweise erfüllen, so bilden sie doch andererseits einen bedeutsamen Teil des kulturellen Erbes unserer Nation. Sie zeigen einmal die Klassenverhältnisse innerhalb des alten Dorfes und lassen uns die Lebensweise seiner Menschen deutlich werden (...). Sie offenbaren die schöpferischen Fähigkeiten der Bauern und dörflichen Handwerker, die es verstanden, diese Arbeits- und Wohnstätten so zu gestalten, daß sie eindrucksvolle künstlerische Wirkungen erzeugen, die uns heute noch erfreuen. (...) Natürlich kann nicht jeder alte charakteristische ländliche Bau auf die Dauer erhalten werden. Darum ist es notwendig, eine Auswahl zu treffen und für jedes Dorf, für jeden Kreis festzulegen, welche Bauten auf jeden Fall zu bewahren sind und welcher Art ihre Pflege sein muß.«

Es sollten sich vor allem »die Bürger der ländlichen Gemeinden unter Mitwirkung der Gemeindevertretungen, der landwirtschaftlichen Produktionsgenossenschaften, der Dorfklubs, der Schulen und der gesellschaftlichen Organisationen beteiligen«. Als Berater werden das Kreisaktiv »Bauten im Dorf« und neben den Vertrauensleuten für Denkmalpflege alle im Bereich Kultur Schaffenden vom Heimatmuseum bis zum Architekten genannt. Es sollte eine großangelegte, die gesamte Gesellschaft ergreifende Aktion werden (Abb. 11). Zur Unterstützung des Vorhabens bereiteten Ursula Adam und Jochen Helbig eine Wanderausstellung auf zwanzig Tafeln vor, die in verschiedenen Orten der Republik gezeigt wurde. Im Dresdner Museum für Volkskunst im Jahre 1971 wurde sie durch Zeichnungen, Skizzen und Aquarelle von Erich Helbig und Jochen Helbig ergänzt.

Das Vorhaben zeigt recht deutlich ein reales Denken und einen klaren Blick auf die Zukunft des Dorfes unter der sich abzeichnenden Durchsetzung der Kollektivierung der Landwirtschaft. Es werden die ländlichen Denkmale ihrem kulturellen Wert entsprechend geachtet. Ein wesentlicher Punkt ist dabei, dass die ländlichen Bauten, also Bauernhäuser, Stallungen und Scheunen, die zumeist schlechte Stellung ihrer Bewohner in Zeiten vor der Gründung der DDR dokumentieren. Es steckt also eine große Portion politisches Kalkül im Rettungsgedanken, aber, wie der zitierte Text zeigt, auch die Wertschätzung für Handwerk und Gestaltung. Der Versuch, in den durch den staatlichen Rahmen der DDR ermöglichten gesellschaftlichen Neuerungsprozess des Arbeits- und Privatlebens auf dem Lande im Gleichschritt auch die Bewahrung ländlicher Denkmale einzubinden, ist als ein innerhalb des Systems positiver Gedanke zu werten, der allerdings, wie manche traumhafte Idee des Beginnens, sein Ziel mit nur wenig gelungenen Beispielen wie Heimatmuseen oder Gemeindeverwaltungen erreicht hat. Die Veröffentlichung von Timo Heimerdinger aus dem Jahre 2002 spricht von nur 87 beantworteten Fragebögen zu Dörfern und 123 zu Einzelgebäuden. Es gibt 1.250 Bilddokumente, 80 Handskizzen und 870 Fotografien. Nur 38 Bearbeiter lieferten Material. Der Teil des Materials, welches im und um den Bezirk Dresden erhoben wurde, ist am Institut für Sächsische Geschichte und Volkskunde in Dresden archiviert.

Die nicht im erhofften Umfang abgeschlossene Aktion zeigt den Versuch, breite kulturell interessierte Gruppen unter fachlicher Anleitung in die Erfassungsarbeit einzubeziehen. Wie manch andere auch sollte die Denkmalpflege, hier insbesondere auf dem Lande, zu einer wirklich öffentlichen Angelegenheit werden. Es gab ein ernsthaftes Streben danach, in einem zwar wissenschaftlich gut vorbereiteten, aber in der Ausführung wenig aussichtsreichen Auswahlverfahren ländliches, gebautes kulturelles Erbe zu erhalten. Es war zweifellos vorauszusehen, dass eine lichte, mehr stadtgeprägte Zukunft des Dorfes als ländliche Siedlung mit der Trennung von Arbeit und Wohnen zum Ziel der immer besseren Befriedigung der Bedürfnisse des Menschen vom gewachsenen Dorf nicht mehr viel übriglassen werde. Bis zum Ende der DDR hat dieser Prozess in keiner Weise den geplanten Umfang erreicht, damals zum Glück der ländlichen Denkmale. Heute ist die Lage auf dem Lande ähnlich, wird aber nun nicht mehr gesamtgesellschaftlich betrachtet und zu bewältigen versucht.

In der Betrachtung der Aktivitäten, die sich mit dem ländlichen Denkmal in der DDR zwar mehr theoretisch, wohl aber wissenschaftlich fundiert und damit grundlegend und politisch von Bedeutung beschäftigten, gehört der im Jahre 1961 zuerst als »Ausschuß für Hausforschung« gegründete spätere »Arbeitskreis für Haus- und Siedlungsforschung« am Zentralinstitut für Geschichte der Akademie der Wissenschaften der DDR (AHS). Über das Wirken des Arbeitskreises, der sich bis zum Jahre 1974 überwiegend, danach zugunsten städtischer Themen anteilig mit ländlichen Themen auseinandersetzte, berichtet ausführlich und mit umfassender Darstellung der Literatur das Buch »Vom Bauen und Wohnen – 20 Jahre Arbeitskreis für Haus- und Siedlungsforschung in der DDR« von 1982. Der neben den hochinteressanten Texten umfangreiche Bildanteil mit vielen Hand- und Freihandzeichnungen von überwiegend ländlichen Bauten bis hin zum Detail – ein Fototeil folgt im Anhang – gibt dem Band einerseits einen sehr ansprechenden und zum Lesen auffordernden Charakter, andererseits wird damit der unter den Forschenden weit verbrei-

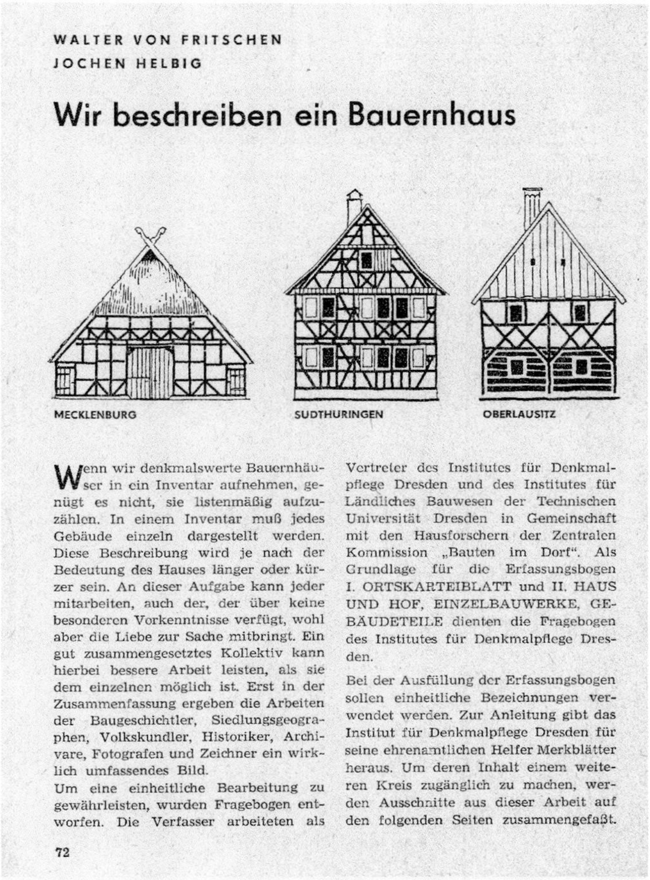
WALTER VON FRITSCHEN
JOCHEN HELBIG

Wir beschreiben ein Bauernhaus

Wenn wir denkmalswerte Bauernhäuser in ein Inventar aufnehmen, genügt es nicht, sie listenmäßig aufzuzählen. In einem Inventar muß jedes Gebäude einzeln dargestellt werden. Diese Beschreibung wird je nach der Bedeutung des Hauses länger oder kürzer sein. An dieser Aufgabe kann jeder mitarbeiten, auch der, der über keine besonderen Vorkenntnisse verfügt, wohl aber die Liebe zur Sache mitbringt. Ein gut zusammengesetztes Kollektiv kann hierbei bessere Arbeit leisten, als sie dem einzelnen möglich ist. Erst in der Zusammenfassung ergeben die Arbeiten der Baugeschichtler, Siedlungsgeographen, Volkskundler, Historiker, Archivare, Fotografen und Zeichner ein wirklich umfassendes Bild.
Um eine einheitliche Bearbeitung zu gewährleisten, wurden Fragebogen entworfen. Die Verfasser arbeiteten als Vertreter des Institutes für Denkmalpflege Dresden und des Institutes für Ländliches Bauwesen der Technischen Universität Dresden in Gemeinschaft mit den Hausforschern der Zentralen Kommission „Bauten im Dorf". Als Grundlage für die Erfassungsbogen I. ORTSKARTEIBLATT und II. HAUS UND HOF, EINZELBAUWERKE, GEBÄUDETEILE dienten die Fragebogen des Institutes für Denkmalpflege Dresden.

Bei der Ausfüllung der Erfassungsbogen sollen einheitliche Bezeichnungen verwendet werden. Zur Anleitung gibt das Institut für Denkmalpflege Dresden für seine ehrenamtlichen Helfer Merkblätter heraus. Um deren Inhalt einem weiteren Kreis zugänglich zu machen, werden Ausschnitte aus dieser Arbeit auf den folgenden Seiten zusammengefaßt.

72

Abb. 11 »Wir beschreiben ein Bauernhaus«, S. 72 in: Deutscher Kulturbund, Zentrale Kommission Natur und Heimat des Präsidialrates, Zentrales Aktiv »Bauten im Dorf« (Hrsg.): Alte Bauten im neuen Dorf. Berlin 1963

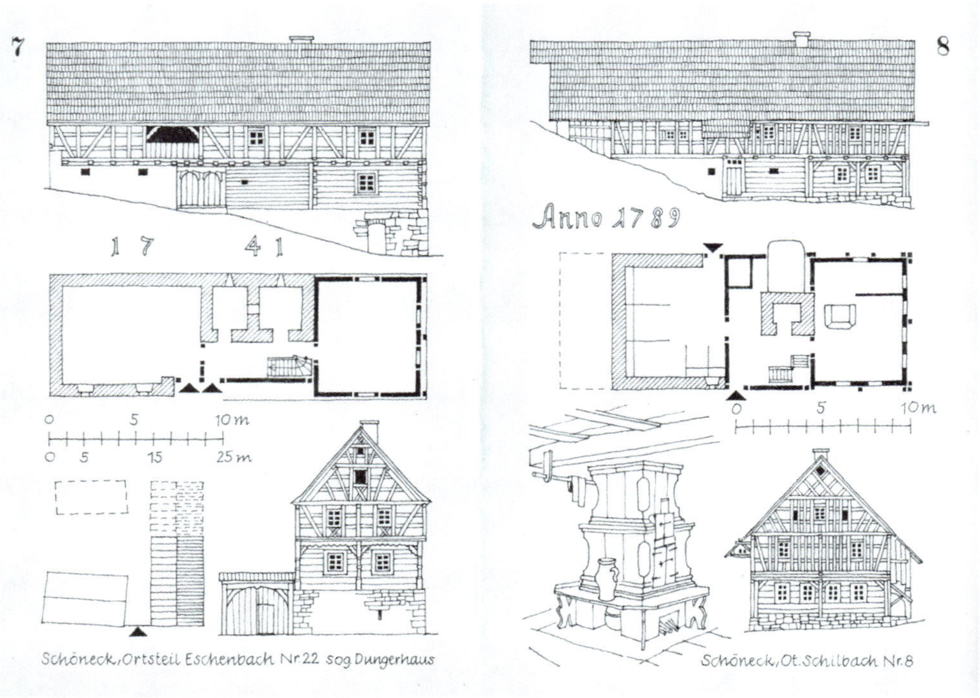

Abb. 12 Führer zur Exkursion des AHS «Bauernhäuser im oberen Vogtland« im Jahre 1972 nach Rodewisch, S. 7 und 8. Gezeichnet von Jochen Helbig, Dresden

tete und hohe Stand der Kunst des zeichnerischen Ausdrucks mit der Hand deutlich (Abb. 12).

Nach einer Chronik des Arbeitskreises von Hans-Jürgen Rach (bis 1979) folgen ausgewählte Fachbeiträge. Diese sind,

Abb. 13 »Der Arbeitskreis für Hausforschung der DDR um 1968/69: 1 Frau Adams (?), 2 Hartmut Wenzel, 3 Jochen Helbig, 4 ganz hinten Josef Vařeka, CSSR, mit Sonnenbrille, 5 Konrad Püschel, 6 Hermann Wirth, 7 hinten nach links Hans-Jürgen Rach, 8 Alfred Fiedler, 9 Prof. Nadler, 10 Dr. Oskar Schmolitzky (1969 das erste Mal dabei), 11. Prof. Radig.« Handschriftliche Bildunterschrift, die Aufzählung der Personen beginnt links, die Zahlen stehen handschriftlich unter den Personen auf dem Foto

wie andere in den Literaturverzeichnissen und in der Chronik erwähnte, auf den anfangs halb-, dann jährlich stattfindenden Jahrestagungen des AHS referiert und in sogenannten Protokollen festgehalten worden. Die Tagungen, zu denen wie 1972 in Rodewisch im Vogtland Hefte als Exkursionsführer entstanden, dieser von Jochen Helbig in freier Hand geschrieben und gezeichnet, führten an immer andere Orte der DDR, deren Eigenheiten und denkmalpflegerische Fragestellungen den Inhalt prägten. Aber auch übergreifende Themen fanden Platz, so die schon erwähnte Aktion der Erfassung wertvoller ländlicher Bauten. Es wurde beschlossen, den Fragebogen zur Erfassung historischer Siedlungen und Bauten auf dem Lande für das Zentrale Aktiv »Bauten im Dorf« zu erarbeiten. Beispielhaft können Vorträge wie »Dorfplanung und Denkmalpflege«(Konrad Püschel), »Stand und Aufgaben der denkmalpflegerischen Betreuung der ländlichen Volksarchitektur in Mecklenburg« (Serafim Polenz) und »Die überlieferte Volksarchitektur im Niederen Fläming« (Werner Radig) den weiten Radius der Themen hier nur unzureichend andeuten. Auch das, wie schon dargestellt, umstrittene Freilichtmuseum war immer wieder Gegenstand der Vorträge. So informierte auf der Tagung im Jahre 1966 auf der Wartburg Adelheid Zippelius über den Stand des Aufbaus eines Rheinischen Freilichtmuseums in Kommern in der Bundesrepublik Deutschland. Der AHS versuchte, zu den Kolleginnen und Kollegen in Westdeutschland, insbesondere zum dortigen Arbeitskreis für Hausforschung (AHF), den Kontakt im Rahmen der politischen Möglichkeiten zu pflegen und zu unterhalten. Ebenso gab es Verbindungen nach Südosteuropa, insbesondere zu Josef Vařeka in Prag oder zu Antal Filep und István Tálasi in Budapest (Abb. 13).

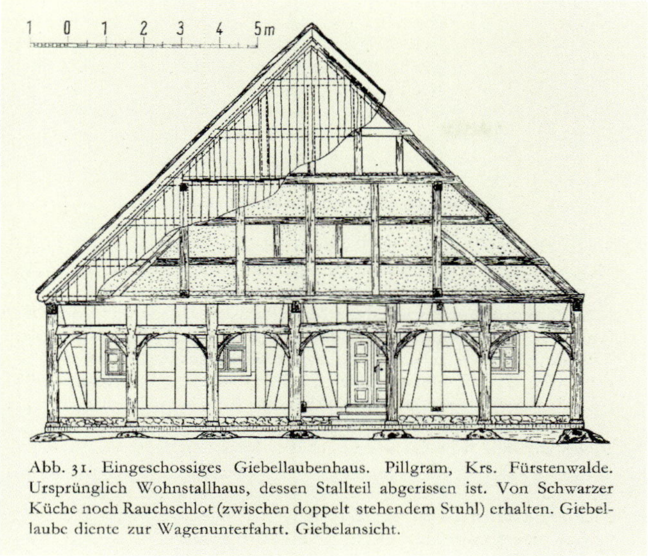

Abb. 14 Eingeschossiges Giebellaubenhaus. Pillgram, Krs. Fürstenwalde

Abb. 15 Einbandvorderseite des Heftes »Das Bauernhaus in Brandenburg und im Mittelelbegebiet« von Werner Radig

Langjährige Vorsitzende des Arbeitskreises waren Werner Radig und Karl Baumgarten, beide vom Zentralinstitut für Geschichte der Akademie der Wissenschaften der DDR. Als aktive Mitglieder, die unter anderem wesentlich an der Gestaltung von Tagungen mitgewirkt haben, werden Peter Fischer aus Salzwedel, Jochen Helbig aus Dresden, Serafim Polenz aus Schwerin, Hartmut Wenzel aus Weimar sowie Margit Persdotter und Günther Groß aus Berlin dankend genannt. Gedacht wird in der im Jahre 1979 verfassten Chronik der verstorbenen Mitglieder des Arbeitskreises Walter von Fritschen, Oskar Schmolitzky und Hermann Weidhaas.

Als ein Höhepunkt der Arbeit des AHS ist die Herausgabe von vier Heften zu werten, die sich dem Bauernhaus und seiner Geschichte auf dem Gebiet der DDR widmen. Vielleicht stellen diese vier Hefte überhaupt den Glanzpunkt dar in der Bauernhausforschung der DDR, der bis heute ausstrahlt, wie der nahezu unmögliche antiquarische Erwerb auch nur eines dieser Hefte zeigt. Den Anfang bildet Karl Baumgarten mit Band 34 der Veröffentlichungen des Instituts für Deutsche Volkskunde, Deutsche Akademie der Wissenschaften zu Berlin, unter dem Titel »Das Bauernhaus in Mecklenburg« im Jahre 1965. Als Band 38 folgt 1966 Werner Radig mit »Das Bauernhaus in Brandenburg und im Mittelelbegebiet« (Abb. 15). Im Jahr 1967 erscheint Band 43 »Das Bauernhaus in Sachsen« von Alfred Fiedler und Jochen Helbig. Den Abschluss bildet 1968 Band 47 »Das Bauernhaus in Thüringen« von Oskar Schmolitzky, an dem Hartmut Wenzel bei Bauaufnahmen und Umzeichnungen mitgewirkt hat. Die Hefte informieren umfassend zur Entwicklung des ländlichen Hauses in allen seinen Formen, wobei jeder Autor die Schwerpunkte etwas verlegt, ohne dabei Lücken erkennen zu lassen, die beim Vergleich der Schriften entstehen könnten. Wiederum trägt die Handzeichnung wesentlich zur insgesamt sehr guten Gestaltung der Hefte bei, die schon Mitte der 60er Jahre des 20. Jahrhunderts ihre Titel aus der alten Länderbezeichnung speisen und nicht aus den politischen Strukturen der DDR-Bezirke (Abb. 14).

Nach der gewonnenen Erkenntnis, dass es unmöglich ist, mit Blick auf die Zukunft des Dorfes nach der Kollektivierung der Landwirtschaft im großen Maßstab wertvolle ländliche Kulturdenkmale zu erhalten, beschäftigte sich die dreizehnte Tagung des AHS in Rodewisch/Vogtland im Jahre 1972 intensiv mit der Bewältigung dieses im Bestand unlösbaren Problems. Wie in »Vom Bauen und Wohnen« ausführlich beschrieben, wurden von einem Arbeitskreis unter dem Thema »Die Bewahrung der Volksarchitektur als kulturelles Erbe des werktätigen Volkes durch die Anlage von Freilichtmuseen« die Möglichkeiten einer »direkten Umsetzung wissenschaftlich-hauskundlicher Forschungsergebnisse in die gesellschaftliche Praxis« in die Diskussion eingebracht. Damit reihte sich der AHS als ein bedeutendes Gremium der ländlichen Denkmalpflege in der DDR in die seit den 1960er Jahren im Norden und Westen der BRD stattfindende Gründungswelle von Freilichtmuseen (unter anderen Kommern und Detmold) ein, die sich in den 1970er Jahren im Süden der BRD fortsetzte (Glentleiten 1976, Bad Windsheim 1979). Als Fragestellungen standen zur Debatte: »Warum errichten wir in der DDR Freilichtmuseen? Bleiben in Freilichtmuseen umgesetzte Bauten Denkmale? Was ist vom Dorfreservat hinsichtlich der Bewahrung traditioneller Volksarchitektur zu erwarten? Worin unterscheiden sich Freilichtmuseen in Ländern sozialistischer und kapitalistischer Gesellschaftsordnung?« Die Formulierung der zu behandelnden Inhalte zeigt deutlich die Politisierung auch dieses Themas. Anders waren derartige Vorhaben in der DDR kaum umsetzbar. Die mitunter stark konstruierte und dadurch auch schwerfällige und oftmals das Engagement hemmende Einbindung aller gesellschaftlichen Initiativen in das Leitbild der herrschenden Ideologie bot aber zugleich die Chance, unter einem angepasst erscheinenden Deckmantel von Einzelnen oder Gruppen erkannte wichtige Vorhaben mit staatlichem Segen und finanzieller Absicherung umsetzen zu können. So legten als Ergebnis der Überlegungen Karl Baumgarten (Rostock) und Hans-Jürgen Rach (Berlin) einen fertigen Entwurf eines Standortplans für Freilichtmuseen in der DDR vor. Unterstützt wurde die Planung von Jochen Helbig (Dresden), Werner Radig (Berlin), Helmut Stelzer (Berlin), Hartmut Wenzel (Weimar) und Hermann Wirth (Weimar).

Es gab, wie in einem eigenen Beitrag in »Vom Bauen und Wohnen« von einzelnen Initiatoren beschrieben, insgesamt 18 Vorschläge für die Standorte von Freilichtmuseen in der DDR. Wäre es gelungen, dieses Konzept umzusetzen, hätte für derartige Vorhaben im Territorium der DDR ein Vorbild für Europa entstehen können. Jedoch verhält es sich leider auch mit den Freilichtmuseen so wie mit den vielen guten Vorhaben, die, als Idee geboren, in der DDR aus politischen oder häufig auch wirtschaftlichen Gründen niemals oder wie bei den Freilichtmuseen nur in Teilen zur Umsetzung gekommen sind. So große Anlagen wie Kommern oder Bad Windsheim in Westdeutschland sind und wären nicht entstanden. Die hohe Dichte kleiner Anlagen sollte die Lösung darstellen (Abb. 16).

Einige schon bestehende Anlagen wurden weitergeführt und nur geringfügig vergrößert, dazu gehören Diesdorf bei

Abb. 16 Strassen, Bauernhaus Schaugiebel, Das Haus wurde nach der Gründung im Jahre 1970 in das Freilichtmuseum Klockenhagen umgesetzt und wird als Museumsgaststätte genutzt (Aufnahme vor 1970)

Salzwedel und das Volkskundemuseum in Rudolstadt, welches allerdings nicht unter die achtzehn durchnummerierten Museumsplanungen fiel. Zu den für DDR-Verhältnisse größeren Anlagen gehören Klockenhagen bei Ribnitz-Damgarten (Freilichtmuseum Nr. 5) und Seiffen im Erzgebirge (Freilichtmuseum Nr. 10), das durch seinen langjährigen Leiter Roland Schmidt besonders geprägt wurde. Die Gründung der Museen sollte nicht immer auf wilder Wurzel geschehen, sondern anschließend an bereits vorhandene, in situ erhaltene wertvolle ländliche Denkmale wie in Klockenhagen. Aber auch ganze Dörfer wurden mit ausgewählten Bauten in ihrem Bestand zum Freilichtmuseum entwickelt wie Altranft, Lehde im Spreewald, Hohenfelden oder Blankenhain, hier in Kopplung mit einem agrarhistorischen Museum im Schloss. In Hohenfelden ist es vor allem durch das Engagement von Hartmut Wenzel, seit der Gründung des Museums im Jahre 1979 bis 1990 dessen erster Direktor, gelungen, zu den Bauten im Dorf ein externes Flurstück in der Nähe eines Wüstungsplatzes zu erwerben, um dort einen nur aus Translozierungen gebildeten Museumsteil in Laufnähe zum Dorf aufzubauen. Zu den an einen Hof anschließenden Anlagen gehört das vogtländische Freilichtmuseum in Landwüst. Hier stand am Anfang der Bauer Walter Wunderlich, der durch seine Sammelleidenschaft den Grundstein für das 1968 gegründete Museum legte. Besondere Verdienste beim Ausbau des Museums erwarb sich Benno Kolbe.

Zu den nicht verwirklichten Museumsstandorten zählen unter anderem Freilichtmuseum Nr. 2 in Eggenstadt bei Magdeburg, Freilichtmuseum Nr. 6 in Stolpe bei Potsdam, Freilichtmuseum Nr. 14 in Nitschareuth bei Greiz und Freilichtmuseum Nr. 18 in Schielo bei Quedlinburg. Nicht nur die Nummerierung zeigt einen ausgefeilten Plan, auch die Inhalte der Museen werden genau beschrieben bis hin zur geplanten Zahl der Bauten, die bei kleineren Anlagen mit 10 bis 15, bei größeren aber auch nur mit 15 bis 20 angegeben wird. Es wären demnach im Gebiet der DDR etwa 300 ländliche Bauten von besonderem Denkmalwert in Freilichtmuseen umgesetzt worden.

Zur Frage der Betreibung der Freilichtmuseen und der Bereitstellung von Mitteln wird in den in »Vom Bauen und Wohnen« veröffentlichten Berichten nicht eingegangen. Als formulierte staatlich anerkannte Aufgabe war es klar, dass die finanziellen Mittel vom Staat über die Kreise verteilt werden sollten. Allerdings flossen die Mittel am Ende nicht in erwünschtem Umfang. Andere Betreibermöglichkeiten auf Vereins- oder privater Ebene gab es nicht. Aber für die Personalausstattung gab es konkrete Vorstellungen: »Aufstellung einer aus etwa 5 Kollegen (2 bis 3 Zimmerleute, 2 Maurer) bestehenden festen Baubrigade innerhalb eines jeden Bezirks, die, mit den historischen Arbeitsweisen vertraut gemacht, außer für den Aufbau der Freilichtmuseen auch für Arbeiten im Rahmen der Denkmalpflege verpflichtet werden kann.« Es war alles planmäßig durchdacht, leider konnte die Praxis den hohen Anspruch nicht so umfassend erfüllen.

Als der wohl letzte Überblick zu ländlichen Bauten in der DDR kann im Sinne der vier Akademiehefte der Band »Fachwerkbauten in Mecklenburg-Vorpommern, Brandenburg, Sachsen-Anhalt, Thüringen, Sachsen« gesehen werden. Allerdings wird, nicht nur wegen des Einbeziehens des städtischen Fachwerkbaus, die Qualität jener vier Bände nicht erreicht. Auch wenn das Buch erst 1992 und damit nach dem Ende der Zeit der DDR erschienen ist, hat eine Vorbereitung wohl früher begonnen, wie die Liste der Autoren vermuten lässt. Sie alle haben sich vor 1990 intensiv mit der Geschichte und Pflege historischer, auch ländlicher Bauwerke befasst. Sie gehören in die Reihe der Aktiven in der ländlichen Denkmalpflege der DDR, die leider, aber natürlich in diesem Beitrag niemals vollständig genannt werden kann: Günther Ehrhardt, Hans-Jürgen Rach, Hans-Hartmut Schauer, Heinrich Schleiff, Roland Ander und Benno Kolbe. Letzterer hat sich große Verdienste im Vogtland erworben, der bis heute noch erhaltene Charakter der Dörfer Raun und Gürth geht zu großen Teilen auf seine Initiative zurück wie manch andere durch behutsame Planung gelungene Rettung eines ländlichen Denkmals vor dem Verfall.

Zum Abschluss der Betrachtungen aus der umfangreichen Literatur, die sich während des Bestehens der DDR mit ländlicher Denkmalpflege beschäftigt, muss ein Werk Erwähnung finden, dessen Inhalt in Schrift und Foto (Jürgen Cieslak) als umfassendstes Werk zum Umgebindehaus bis heute gewürdigt werden muss. »Umgebinde im Überblick« von Frank Delitz zeigt bis heute noch immer am überzeugendsten die weite Verbreitung des Umgebindehauses und seine ganz und gar nicht begründete, aber doch allgemein übliche Anbindung allein an die Oberlausitz. Unterstützung gab es im Rahmen der Denkmalerfassung durch die Dresdner Arbeitsstelle des Instituts für Denkmalpflege. Jochen Helbig war gemeinsam mit Frank Delitz in den wichtigsten Dörfern des Kreises Zittau unterwegs, um die Umgebindehäuser zu katalogisieren. Dabei hat Frank Delitz detailreiche Erläuterungen sowie Empfehlungen zur einschlägigen Literatur erfahren. Die von tiefer Beschäftigung mit dem Thema zeugenden Texte sind mit den Abbildungen ein eindrucksvolles Zeugnis von Privatforschung in der DDR. Solcherart Forschende gab es einige, deren Lohn nicht Geld, sondern Erkenntnis und deren Antrieb nicht Auftrag, sondern Begeisterung für ein Thema war. Wie das Impressum zeigt, war die Veröffentlichung von Ergebnissen aus solch unorganisiert entstandenen Arbeiten bis 1990 sehr schwierig. Vor Frank Delitz beschäftigte sich bereits neben anderen Joachim Hähnel in den 1950er Jahren intensiv mit der Umgebindehausbauweise und den vielfältigen Erscheinungsformen. Er beendete sein 1954 bis 1957 in Leipzig begonnenes, ab 1959 in Tübingen, Erlangen und Köln fortgesetztes Kunstgeschichtsstudium in Münster, gepaart mit Vorgeschichte und neben Volkskunde, mit der Dissertation »Umgebinde. Studien zum Gefüge des Bauernhauses im mitteldeutschen Osten und seiner Stellung im Hausbau Mitteleuropas« im Jahre 1968. Nach der Sicherung der Staatsgrenze der DDR gegen die BRD am 13. August 1961 und der daraus folgenden erheblichen Reisebeschränkungen konnte Joachim Hähnel seine Studien nicht beenden. Er bewertete die Ergebnisse seiner Arbeit selbst als Zwischenbilanz.

Abb. 17 Freihandzeichnung »Raun i.V. Gehöft am Hang Kälberstall«, Jochen Helbig, A4, Feder, Buntstift auf grauem Papier, 1985

Eine Darlegung von praktischen Vorgängen zur Pflege ländlicher Denkmale in der Zeit des Bestehens der DDR soll den Auswertungen der Literatur folgen. Meine Ausführungen beschränken sich auf wenige Beispiele aus den Akten der Dresdner Arbeitsstelle des Instituts für Denkmalpflege, ein tieferes Einarbeiten in das Thema mit einer Akteneinsicht in die Archive der anderen Arbeitsstellen in Erfurt, Halle, Schwerin und Berlin war aus Zeitgründen nicht möglich.

Zuvor seien einige Anmerkungen zur Arbeitsweise des Denkmalpflegers aus heutiger Sicht erlaubt. Wir haben heute für die Dienstreisen über Land mehrere bequeme Dienstwagen. Zu Zeiten der Denkmalpflege in der DDR waren in den einzelnen Arbeitsstellen des Instituts jeweils ein, später mitunter zwei Autos vorhanden. Die meisten Dienstreisen erfolgten mit den öffentlichen Verkehrsmitteln. Die Zahl der Ortstermine war dementsprechend gering. Das ganze hatte seine Vorteile: Beim Warten auf den Bus im damals noch oftmals romantischen Dorf konnte der Geübte Dorfbilder oder wertvolle Bauten in einer Handzeichnung festhalten oder gar dokumentieren. So konnte Jochen Helbig viele seiner damals wie heute geschätzten Zeichnungen anfertigen, die natürlich auch immer Beschäftigung mit dem Gegenstand waren und das Sehen schulten (Abb. 17). Ein Dienstauto dagegen ist immer in Bewegung und die Dichte an Ortsterminen wesentlich höher. Dazu führt allein schon der Umstand, dass einerseits die Liste ländlicher Kulturdenkmale gegenüber der DDR-Liste angewachsen, aber auch der Umfang der Betreuung gestiegen ist, nicht zuletzt durch die Segnungen der Baumärkte und der vollkommen neuen Probleme, die dem Kulturdenkmal heute aus der Energieeinsparverordnung und anderen Normierungen des Alltags erwachsen.

So drängt heute mehr der nächste Termin als die Abfahrtszeit des Busses, der allerdings damals nicht nur einmal am Tage fuhr. Es wird von Kollegen immer wieder mit Hochachtung berichtet, wie Jochen Helbig mit kariertem Block und Stift die dem Bauherrn erklärende Skizze lieferte, die in ihrer Qualität zu manch rettendem Werkzeug werden konnte. Heute steht demgegenüber mehr die Überzeugungsarbeit für grundlegendes denkmalpflegerisches Handeln; Denkmalpflege, besonders auf dem Lande, war vor 1990 in der DDR wie heute oftmals auch ein Schwimmen gegen den Strom.

Der weitere Umgang mit historischen ländlichen Bauten war seinerzeit wie heute vom Denkmalwert abhängig. Zur Bewertung gehörte immer auch das Alter des Hauses. Wir haben heute mit der Dendrochronologie die Möglichkeit, unsere aus der Erfahrung heraus gewonnene Datierung wissenschaftlich exakt überprüfen zu können. Obwohl in Tharandt Ende der 1930er Jahre durch Bruno Huber begonnen, setzte sich die Dendrochronologie erst fünfzig Jahre später als wissenschaftlich haltbares Datierungshilfsmittel von Bauholz durch. In der DDR-Denkmalpflege kam sie nicht mehr zum Tragen. Das Baualter musste also, wenn es keine Inschrift gab, aus vergleichender Gefügebetrachtung und Bauformenlehre gewonnen werden. Kunsthistorische Stilelemente gibt es im ländlichen Bauwerk kaum oder wenn, zeitversetzt später. Umso erstaunlicher ist doch die Annäherung an die Bauzeit eines Hauses in der Zeit vor 1990 durch die Datierung nach Augenschein. Sicherlich bewegten sich die Datierungen in Viertel- oder Dritteljahrhundertbereichen, aber das war ausreichend zur Festlegung des weiteren Vorgehens. Manchmal kamen die Bauforschenden aber auch sehr dicht an das Baujahr heran. So wurde der, sicherlich wegen seiner Betrachtung als Zufluchtsort der Bauern vor den Hussiteneinfällen, als Perfert bezeichnete Langständergeschossspeicher in Pulsnitz in die Zeit um 1420 datiert. Mit Hilfe der Dendrochronologie konnte als Fälljahr des Eichenholzes 1439 (d) ermittelt werden, als Baujahr also frühestens 1440. Gerade einmal um 20 Jahre bei diesem Baualter daneben zu liegen, ist eine bewundernswerte Leistung, deren

Abb. 18 Wickersdorf, Hohe Straße 12. Über mehr als ein Jahrzehnt ist es der ländlichen Denkmalpflege bis 1990 gelungen, den Langständergeschossbau aus dem 16. Jahrhundert mit viel Geschick gegen den Abrisswunsch der Eigentümer zu erhalten. Nach weiteren zehn Jahren ist endlich eine Umsetzung nach Franken bei Waldenburg gelungen (Aufnahme 1990)

Grundlage das intensive Studium der Materie war, nicht zuletzt durch Sehen und Darstellen.

Ländliche wertvolle historische Bauten besaßen neben ihrem dokumentarischen auch einen nicht geringen materiellen Wert. Die Dörfer hatten in den Nachkriegsjahren eine hohe Einwohnerzahl durch Umsiedler. Daraus folgte eine intensive Nutzung der Bauten bis hin zu einer regelrechten Übernutzung. Das Dorf in der DDR kannte das heute drohende Ende durch Wüstfallen nicht, blieb doch durch die Sicherheit des Arbeitsplatzes in der LPG, im Kindergarten, in den Schulen, den Konsumverkaufsstellen und Räten der Gemeinden und anderen Folgeeinrichtungen die Bevölkerung auf dem Lande. Die denkmalpflegerischen Probleme vervielfachten sich nicht durch den Leerstand ländlicher Wohn- und Wirtschaftsbauten wegen Abwanderung und Bevölkerungsrückgang, sondern entstanden vor allem dadurch, dass städtischer Standard mehr und mehr ins Dorf Einzug hielt, oftmals gleich als Wohnblock an dorfbaulich katastrophaler Stelle. Die Schaffung von zeitgemäßem Wohnraum stand an erster Stelle. Aber wider dem vorausgesehenen Wandel auf dem Dorf mit dem Verlust wertvoller historischer Bausubstanz blieb diese bis 1990 als Speicher für seltene Ersatzteile oder Brennstoffe, als Garage, Hofabgrenzung und nicht zuletzt aus Gewohnheit in großem Maßstab erhalten (Abb. 18).

Verluste gab es freilich auch. Nicht nur durch den »natürlichen« Abgang, durch Verfall oder Ermüdung der Substanz, sondern durch geplanten Abriss. Erinnert sei an die Landschlösser und Herrenhäuser, die nach 1945 Abrisskampagnen zum Opfer gefallen sind. Irmelin Küttner, von 1976 bis 1990 »Fachfrau für Dörfer« am Institut für Denkmalpflege in Berlin, zitiert in ihrem beachtenswerten Beitrag »Dörfliche Denkmalpflege in der DDR« in »Brandenburgische Denkmalpflege«, 18. Jahrgang, allein für Sachsen 129 Bauten. An Dokumentationen war dabei kaum zu denken, aber Notbergungen sind durchaus gelungen. Forthin waren die erhaltenen Landschlösser und Herrenhäuser mit ihren vielfältigen, trotz vieler Verluste aber doch deren Erhalt fördernden Nutzungen eine Aufgabe der ländlichen Denkmalpflege in der DDR. Ebenso zählten, mit dem erweiterten Denkmalbegriff zu den technischen Denkmalen gehörend, Wasser- und Windmühlen bis hin zu Brücken dazu. Besonders in Sachsen und im Harz stellten die Einrichtungen des historischen Bergbaus wie Hammerwerke, Hut- und Schachthäuser, Erzverarbeitungsanlagen und Kalkbrennöfen ein weites Feld der Betreuung dar.

Pfarrhäuser und Kirchen bildeten einen eigenen Themenkreis. Im Gegensatz zu den meisten Stadtkirchen reichte die Kraft zum Erhalt der zahlreichen Dorfkirchen kaum aus; deren Verfall war, je nach Gemeindesituation und fehlender Beziehungen zu Gemeinden in der Bundesrepublik, häufig nicht aufzuhalten. Besonders tragisch erscheint das Schicksal der Kirche zu Triebel im Vogtland. Durch die Lage im Sperrgebiet vor den Grenzanlagen zu Franken im Bundesland Bayern konnte der Bauunterhalt der großen Kirche in markanter Höhenlage über dem Ort nicht mehr gewährleistet werden, sodass in den

Abb. 19 Pulsnitz, Perfert, Langständergeschossspeicher, Zustand im Jahre 1958 vor der Wiederherstellung

Abb. 20 Pulsnitz, Perfert, Langständergeschossspeicher, Zustand im Jahre 1959 während der Wiederherstellung

1980er Jahren zwischen Vertretern des Staates, der Kirchgemeinde und der Arbeitsstelle Dresden des Instituts für Denkmalpflege einvernehmlich die Aufgabe des Gotteshauses und sein Verfall beschlossen werden musste. Heute künden nur noch die Außenwände vom Einsturz der Kirche aufgrund der politischen Situation des geteilten Europa.

Das Thema Verluste lenkt den Blick unweigerlich auf den Braunkohletagebau um Leipzig, Bitterfeld, Senftenberg und Zittau. Weiterhin verschwanden zur Gewinnung der in der DDR wirtschaftstragenden Rohbraunkohle viele Dörfer mit allem, was sie an Materiellem hatten. Bauernhäuser unbekannten Alters, Kirchen und Herrenhäuser samt Gütern wurden, wenig dokumentiert, vernichtet. Als Beispiel steht Magdeborn südlich von Leipzig, dessen Existenz im Jahre 1978 endete. Die wenigen erhaltenen Zeugnisse sind den Denkmalpflegern, den ehrenamtlichen Vertrauensleuten und Engagierten zu danken, die, oft gegen behördlichen Widerstand, sich eingesetzt haben.

Zu den vielen baulichen Maßnahmen zur Rettung von Denkmalen gehört der in seiner Bedeutung bereits gewürdigte Perfert in Pulsnitz. Von 1958 bis 1965 wurde mit erheblicher Unterstützung durch den Staat der Speicher restauriert (Abb. 19–21). Das Wort »restauriert« ist dabei nicht so eng zu verstehen, wie wir es heute verwenden. Auch bei größerem Substanzersatz wie hier dem vollständigen Dachwerk galt

Abb. 21 Pulsnitz, Perfert, Langständergeschossspeicher, Zustand im Jahre 1961 während der Wiederherstellung

Abb. 22 Neusalza-Spremberg, Reiterhaus, Reparaturen am Reiterflügel 1962

Abb. 23 Neusalza-Spremberg, Reiterhaus, Ansicht nach der Restaurierung in den 1960er bis 1970er Jahren

das Vorgehen als Restaurierung. Das geschah mit Blick auf denkmalpflegerische Arbeiten anderswo in Europa in gleicher Vorgehensweise. Erst die Charta von Venedig legte 1964 den Grundstein eines zähen Prozesses zu einem Einstellungswandel bezüglich des Wertes des »Originals«. Interessant ist ein Schreiben in der Akte, welches unter dem 13.11.1963 von Hans Nadler an den Rat der Stadt Pulsnitz geschrieben wurde. So heißt es dort: »(...) Unser Vertreter regte an, durch persönliche Aussprache mit geeigneten Erziehern Arbeitseinsätze der Jugend zu erreichen, damit der wiederhergestellte Perfert wirklich zum selbsterarbeiteten Kulturgut wird.« Ein Kommentar zu diesem Satz ist nicht notwendig, er spricht als beeindruckendes Zeitzeugnis ausreichend für sich selbst. Anders als bei der Substanz wurde auf ein authentisches Erscheinungsbild Wert gelegt. Deshalb erhielt der Perfert um 1960 wieder ein Strohdach. Wie aus einem Briefwechsel hervorgeht, war dieses 1978 schon so verschlissen, dass eine Neueindeckung notwendig wurde. Wegen der geringen Haltbarkeit des Strohs hatte die Denkmalpflege nach einem Schreiben Hans Nadlers mit einer Hartdeckung einverstanden sein müssen. Die Lieferung von 5.400 Stück »Plattenziegel für Werterhaltung historischer Bauten (Sonderanfertigung)« wäre durch den VEB Lausitzer Dachziegelwerke Langburkersdorf möglich, wenn die Bereitstellung der Dachziegel durch das Institut für Denkmalpflege erfolgte (Schreiben vom Rat der Stadt Pulsnitz vom 14.11.78). Damit gab es aber Schwierigkeiten, wie ein Schreiben Hans Nadlers vom 10. Dezember 1979 erklärt. Es wurde vorerst eine notdürftige Reparatur mit Dachpappe empfohlen inklusive Erklärung zur richtigen Verlegung. Erst im Oktober 1981 kam die Lösung, allerdings, wie so oft in der Planwirtschaft der DDR, über Umwege. Ein in der Akte aufbewahrter handschriftlicher Brief von Jochen Helbig, wohl eine Abschrift; brachte die rettende Lösung zu Papier:

»Betr. Pulsnitz, Perfert
Anruf von Frau Zimmermann betr. Dachziegel nach Rücksprache mit H. Heinrich beantwortet:
Frau Zimmermann bzw. Dachdeckermeister Brückner setzen sich am 9.10.81 mit der Verwaltungsleiterin des Landambulatoriums Zabeltitz in Verbindung.
Frau Fuchs wird die erforderlichen 5,4 T Kloster-Biber (die wegen des Gewichts in Zabeltitz nicht verwendet werden können) an Pulsnitz abgeben.
Tel. Frau Zimmermann 0655-641 (= Rat der Stadt)
0655 3412 (= privat)
Helbig
z.d.A. 10.10.81
NB. Graphitschwarze Doppelrömer dürfen nicht verwendet werden! (Sie stünden zur Verfügung)

Solcherart »Baugeschichten« ranken sich um fast jedes Vorhaben in der Zeit des Bestehens der DDR, manchmal skurriler, manchmal auch tragisch für das Denkmal endend. Ebenso geht es immer wieder auch um die Bereitstellung von Geld. So gelingt es für die notwendigen Arbeiten am Reiterhaus in Neusalza-Spremberg nach Jahren, eine Finanzierung zu sichern. Am 25.02.1961 schreibt Hans Nadler nach Information durch den Kreisarchitekten Bernert an den Rat der Stadt Neusalza-Spremberg, »(...) daß der Umbau des Reiterhauses bzw. Renovierung des Reiterflügels vom Kreisbauamt in den Plan der Erhaltung von Wohnraum in Höhe von Mark 20.000,– aufgenommen worden ist. (...) Gleichzeitig teilen wir Ihnen noch mit, daß vom Institut für Denkmalpflege Mark 5.000,- als Beihilfe für die Arbeiten bereitgestellt sind und nach Rechnungslegung zur Verfügung stehen.« Die Förderung von 20 Prozent konnte direkt vom Institut vergeben werden – welch unbürokratischer direkter Weg! Schwieriger war wohl die Beschaffung des für die Dacheindeckung benötigten Schilfes. So bittet am 23.09.1974 H. E. Scholze, stellvertretender Dresdner Institutsleiter, S. Polenz, Institut für Denkmalpflege, Arbeitsstelle Schwerin, um Hilfe bei der Beschaffung von 3.200 Bund Schilf. Sicher eine kluge Idee, denn: »Vom Bürgermeister ist alles Mögliche versucht worden, die Menge zu erhalten; sogar Annoncen wurden in den Kreiszeitungen Niesky, Cottbus und Kamenz aufgegeben. Leider ohne Erfolg.« Der Brief schließt mit einem Satz, der die Situation deutlich darstellt: »In der Hoffnung, daß für dieses besonders eindrucksvolle Denkmal der Landbaukunst das Schilf doch noch beschafft werden kann, danke ich Dir im voraus.« Die Bitte ist in Erfüllung gegangen, nach einem Zeitungsartikel vom 17./18. Mai 1980 aber erst sechs Jahre später (Abb. 22–23).

Die Beispiele aus der Praxis der Denkmalpflege sind an der Zahl so vielfältig und einmalig, wie es Vorgänge gibt. Das gilt für die Zeit in der DDR bis 1990 und auch heute. Die Rahmenbedingungen unserer Zeit sind mit denen zwischen 1945 und 1990 zwischen Suhl und Kap Arkona wohl kaum zu vergleichen. Aber so wie wir heute in unserer täglichen Arbeit nach Wegen suchen, Kulturdenkmale zu erhalten, so haben es die Kolleginnen und Kollegen zur Zeit der DDR getan. Nicht jeder gefundene Pfad zur Rettung eines Denkmals führte geradlinig zum Ziel. Mancher Text und manches Wort waren notwendig, in häufig nur taktischer Übereinstimmung mit staatlich gestellten politischen Zielen, um das Denkmal zu retten, zu erhalten. Die ländlichen Denkmale, die in die Listen nach 1990 aufgenommen werden konnten, sind nicht nur das Ergebnis eines trägen Bauwesens, sondern auch von ideenreich verschafften Baumaterialien, guten Beziehungen zu Firmen und nicht zuletzt von unnachgiebigen Anstrengungen zur Sicherung der Finanzen für eine Aufnahme in feste Planungen. Es war die auf gutem Fachwissen beruhende Arbeit der Denkmalpfleger, ob nun am Institut, ehrenamtlich in den Kreisen oder in anderen Funktionen und Ämtern, durch die es gelungen ist, über 45 Jahre wertvolle ländliche Denkmale in ihrer Aussagekraft zu erhalten, sei es als Zeugnis der schlechten Lebensbedingungen der Arbeiter und Bauern im überwunden geglaubten Kapitalismus oder als wertvolles Beispiel der Kunstfertigkeit des Handwerks vergangener Epochen.

Danksagung

Ich möchte mich für Anregungen zum Text sehr herzlich bei Jochen Helbig, Dresden, und Hans-Dirk Hoppe, Langenchursdorf, bedanken.

Anmerkungen

1 Der größere Teil des Aufsatzes basiert auf der im Anhang angefügten Literatur. Eine Quellenangabe jedes Zitats oder Bezugs wurde aus Gründen der Übersichtlichkeit unterlassen. Eine Angabe des Buchs, welches den Ausführungen zugrunde liegt, wird in aller Regel erfolgen. Die Unterlagen zu den im letzten Abschnitt beschriebenen Vorgängen an ländlichen Denkmalen in Sachsen liegen unter der jeweiligen Adresse im Archiv des Landesamtes für Denkmalpflege Sachsen in Dresden.

Literatur

Alte Bauten im neuen Dorf, hrsg. vom Deutschen Kulturbund, Zentrale Kommission Natur und Heimat des Präsidialrates Zentrales Aktiv »Bauten im Dorf«, Berlin 1963.

Bernert, Karl: Umgebindehäuser, Düsseldorf 1988.

Baumgarten, Karl: Das Bauernhaus in Mecklenburg, Berlin 1965.

Baumgarten, Karl: Das deutsche Bauernhaus, Berlin 1980/1985.

Baumgarten, Karl/Heim, Angelika: Landschaft und Bauernhaus in Mecklenburg, Berlin 1987.

Delitz, Frank: Umgebinde im Überblick, Zittau o.J. (red. 1987, gedruckt 1990).

Deutschmann, Eberhard: Lausitzer Holzbaukunst, Bautzen 1959.

Ende, Horst: Denkmale ländlicher Kultur und Lebensweise, in: Denkmale in Mecklenburg. Schriften zur Denkmalpflege in der Deutschen Demokratischen Republik, hrsg. v. Institut für Denkmalpflege Berlin, Weimar 1976, S. 296-301.

Fiedler, Alfred/Helbig, Jochen: Das Bauernhaus in Sachsen, Berlin 1967.

Heimerdinger, Timo: Alte Bauten im neuen Dorf. Verlauf und Ertrag einer denkmalpflegerischen Erfassungsaktion 1962-1970, in: Zur Geschichte der Volkskunde. Personen – Programme – Positionen. Volkskunde in Sachsen 13/14, hrsg. v. Michael Simon, Monika Kania-Schütz und Sönke Löden, Dresden 2002, S. 301-323.

Helbig, Jochen: Denkmale der Volksarchitektur, in: Denkmale in Sachsen. Schriften zur Denkmalpflege in der Deutschen Demokratischen Republik, hrsg. v. Institut für Denkmalpflege Berlin, Weimar 1979, S. 128-147.

Merkblätter des Instituts für Denkmalpflege Dresden/Merkblätter für Denkmalpflege, hrsg. v. Institut für Denkmalpflege Dresden, Dresden 1959/1981.

Küttner, Irmelin: Dörfliche Denkmalpflege in der DDR, in: Brandenburgische Denkmalpflege 18 (2009) 2.

Magirius, Heinrich: Die Geschichte der Denkmalpflege Sachsens 1945-1989, hrsg. v. Landesamt für Denkmalpflege Sachsen, Dresden 2010.

Vom Bauen und Wohnen. 20 Jahre Arbeitskreis für Haus- und Siedlungsforschung in der DDR, hrsg. v. Hans-Jürgen Rach, Berlin 1982.

Radig, Werner: Das Bauernhaus in Brandenburg und im Mittelelbegebiet, Berlin 1966.

Schauer, Hans-Hartmut u. a.: Fachwerkbauten in Mecklenburg-Vorpommern, Brandenburg, Sachsen-Anhalt, Thüringen, Sachsen, Berlin 1992.

Schmolitzky, Oskar: Das Bauernhaus in Thüringen, Berlin 1968.

Spickenreuther, Werner: Fachwerkhäuser im mittleren und westlichen Erzgebirge, in: Glück auf – Beiträge zur Folklorepflege, Schneeberg 1984.

Zur Gartendenkmalpflege in Thüringen[1]

Günther Thimm

Wenn man sich einmal mit der Geschichte und der Entwicklung der Gartenkunst in Deutschland beschäftigt, dann kommt man an der Geschichte des heutigen Bundeslandes Thüringen nicht vorbei, das bis mindestens zum Ende des Ersten Weltkrieges nicht mehr als der Begriff für eine Landschaft gewesen ist. Auch war Thüringen wie kaum eine andere Region in Deutschland über Jahrhunderte geradezu das Paradebeispiel deutscher Kleinstaaterei. Aber »was Thüringen an alter Gartenkunst aufzuweisen hat, was es davon bis heute bewahrt hat, steht hinter dem Bestand anderer deutscher Landschaften nicht zurück«, schrieb unter anderem Friedrich Facius 1958[2], und in diesem Punkt kann man ihm nur zustimmen.

Der Wert, der Schutz und die Erhaltung dieses Kulturerbes, vor allem, was Denkmalpflege überhaupt bedeutet, ist mir erst mit meiner Anstellung im Institut für Denkmalpflege und hier erst im Verlauf der Jahre deutlich geworden. Aber darüber ist hier nicht zu sprechen. Vielmehr soll ein Einblick in eine Gartendenkmalpflege in Thüringen nach dem Zweiten Weltkrieg gegeben werden, die schon 1952 begann, aber erst 1961 mit der Anstellung des Landschaftsarchitekten Hugo Namslauer in das Institut für Denkmalpflege in Berlin zu einem untrennbaren Bestandteil der Kulturdenkmalpflege insgesamt geworden ist und 1979 in Erfurt, nachdem in sämtlichen Arbeitsstellen Landschaftsarchitekten für das Gebiet der Gartendenkmalpflege eingestellt waren, endgültig vollzogen wurde.

Ein erster Kontakt mit historischen Gärten entstand für mich schon in den Vorlesungen unseres verehrten Dozenten Günther Wuttke im Fach »Geschichte der Gartenkunst« während meines ersten Studiums von 1953 bis 1956 an der damaligen Ingenieurschule für Gartenbau in Erfurt. In dieser Zeit ist uns der Verlauf der gartenkünstlerischen Entwicklung in Europa und deren Ergebnisse vor allem anhand der 1926 erschienenen zweibändigen »Geschichte der Gartenkunst« von Marie Luise Gothein und vieler Dias vermittelt worden. Ich muss allerdings bekennen, dass ich mich in den ersten Jahren nach dem Studium mit den Problemen der Pflege historischer Gärten wenig oder gar nicht auseinandergesetzt habe, obwohl mich mein Arbeitsweg vom Bahnhof Meiningen zum Schlossrundbau, dem Sitz des VEB Wasserwirtschaft Werra – meiner ersten Dienststelle nach dem Studium – mindestens zweimal in der Woche durch den Englischen Garten führte. Ich kam zwar im Laufe meiner künftigen Tätigkeit als Planer und Bauleiter für landespflegerische, später ingenieurbiologische Maßnahmen mit Hildburghausen, mit dem Altenstein, mit Wilhelmsthal in Berührung, aber die gartendenkmalpflegerischen Probleme waren kaum ein Thema. Mein denkmalpflegerisches Interesse begann erst, nachdem ich aufgrund einer Umstrukturierung der Betriebe 1958 nach Erfurt kam. 1952 war eine Verwaltungsreform in Kraft getreten, bei der die bis dahin bestehenden Länder aufgelöst und die Bezirke gegründet worden waren. In Thüringen waren es die Bezirke Erfurt, Gera und Suhl, die später von der Arbeitsstelle Erfurt des Instituts für Denkmalpflege betreut wurden. Gleichzeitig war 1952 auch die »Verordnung zur Erhaltung und Pflege der nationalen Kulturdenkmale« erlassen worden, die nach § 1 »Park- und Gartenanlagen sowie Friedhöfe« zu Denkmalen erklärte und die 1975 in das »Gesetz zur Erhaltung der Denkmale in der Deutschen Demokratischen Republik«, dem Denkmalpflegegesetz, mündete. Den Begriff »Gartendenkmale« gab es übrigens in der DDR nicht, sondern sie hießen hier »Denkmale der Landschafts- und Gartengestaltung«; ein Begriff, der nach meiner Überzeugung unserem Anliegen gerechter wurde.

In der Verordnung von 1952 war bereits eine Institutionalisierung der Gartendenkmalpflege bestimmt, ohne sie aber als solche zu benennen. Mit der Berufung von Hugo Namslauer und seinen ab 1975 eingestellten Mitarbeitern, den Landschaftsarchitekten Dr. Karg, dem späteren brandenburgischen Landeskonservator, Frau Süßkow und Frau Gandert wurde der Bereich Gartendenkmalpflege weiter gestärkt. In der damaligen Bundesrepublik erfolgte Entsprechendes erst mit dem Einsatz des Landschaftsarchitekten Dr. Klaus v. Krosigk 1978 in der Senatsverwaltung von West-Berlin, wo er ab 1993 im Landesdenkmalamt Abteilungsleiter für die Gartendenkmalpflege und Stellvertreter des Landeskonservators bis zu seinem altersbedingten Ausscheiden im Jahre 2011 war.

Bereits 1953 hatte sich in der DDR im Kulturbund zur demokratischen Erneuerung Deutschlands unter Leitung von Prof. Béla Pniower der Zentrale Fachausschuss »Landschaftsgestaltung, Naturschutz und Dendrologie« gebildet, der eine seiner wichtigsten Aufgaben darin sah, den erhalten gebliebenen Bestand an historischen Park- und Gartenanlagen zu schützen, den Rechtsträgern den garten- und kunstgeschichtlichen Wert ihrer Anlagen bewusst zu machen und nicht zuletzt auch praktische

Hinweise zu ihrer Erhaltung und Pflege zu geben. Diesem Gremium gehörten eine Reihe erfahrener und kompetenter Gartenarchitekten wie Hermann Schüttauf, Hermann Göritz oder Kurt Lein an, denen in den folgenden Jahren auch jüngere Fachkollegen wie Hugo Namslauer, Harri Günther, Klaus-Dieter Gandert, Siegfried Sommer, Helmut Rippl, Rudolf Schröder, Reinhard Schelenz und Fritz Nowusch folgten. Ich gehörte diesem Kollegium seit 1959 ebenfalls an, und wurde auf diese Weise mit den genannten Fachleuten und ihren Gedanken bekannt, was mir in meiner denkmalpflegerischen Arbeit später sehr geholfen hat.

Seit 1957 veranstaltete der Zentrale Fachausschuss unter Leitung von Hermann Schüttauf unter anderem in Weimar Seminare zur »Pflege von historischen und ländlichen Parkanlagen«, verbunden mit praktischen Arbeitseinsätzen, um Erfahrungen im Umgang mit historischen Gärten zu vermitteln.

Wie schon erwähnt, begann 1961 mit der Berufung von Hugo Namslauer ein neues, aber entscheidendes Kapitel in der Gartendenkmalpflege. Namslauer arbeitete als Spezialreferent zunächst allein zahllose Gutachten und Stellungnahmen auch für Gärten in Thüringen aus. Die Neugestaltung des Schlossgartens Güstrow erfolgte gemeinsam mit Regine Süßkow und Krista Gandert – eine Rekonstruktion, die in Fachkreisen heftig diskutiert wurde. Krista Gandert hat sich übrigens besonders mit den Thüringer Anlagen auseinandergesetzt, nicht zuletzt, weil sie selbst Thüringerin war. Daneben wurde die ehrenamtliche Arbeit auf dem Gebiet der Gartendenkmalpflege fortgesetzt.

Vor meiner Einstellung in die Arbeitsstelle Erfurt des Instituts für Denkmalpflege habe ich bereits außerhalb meiner Arbeitszeit erste Dokumentationen über den Zustand, die Geschichte und die notwendigen Erhaltungsmaßnahmen für die Anlagen von Bendeleben, Hildburghausen und Ebeleben bearbeitet. Es kam außerdem eine Auflistung der zu schützenden Parks und Gärten in den Bezirken Erfurt, Gera und Suhl unter Mitarbeit der Abteilungen für Kultur bei den Räten der Kreise hinzu, die später zu einer der Grundlagen für die Erfassung der Gartendenkmale der drei Bezirke wurde.

1963 war die Arbeitsstelle Erfurt unter Leitung des Chefkonservators Hans Schoder gegründet worden. Bis zu diesem Zeitpunkt wurde Thüringen von Halle aus betreut; eine Betreuung, die sich allerdings mehr auf die bekannten Anlagen konzentrierte und mit der späteren intensiven Anleitung nicht vergleichbar war.

Noch vor dieser Zeit hatte ich eine besondere Begegnung mit der wichtigen Thüringer Parkanlage des Schlosses Molsdorf[3], dessen Alleen aus dem 18. Jahrhundert zu beiden Seiten der großen Rasenfläche von Rudolf Eyserbeck bei dessen Umgestaltungen übernommen worden waren (Abb. 1). Diese Alleen waren nun zum größten Teil überaltert und bei jedem starken Wind brachen Äste aus. Die Verkehrssicherheit war nicht mehr gegeben. Der damalige Bürgermeister drängte auf eine völlige Niederlegung mit Hilfe der örtlichen Feuerwehr, eine Maßnahme, der nach einer Zusage zur Neupflanzung durch die Stadt Erfurt auch denkmalpflegerisch zugestimmt wurde. Die Stadt Erfurt war damals Rechtsträger von Schloss und Park

Abb. 1 Erfurt, Molsdorf; Schloss, Blick auf den Südflügel aus dem Park. 1930

Molsdorf. Der Bürgermeister hatte zugesagt, die Architektin, Frau Dr. Menzel-Jordan, die in ständigem Kontakt mit dem Institut für Denkmalpflege die Einrichtung des Schlossmuseums und des Restaurants durchführte, zu informieren, was er aber nicht tat. Frau Dr. Menzel-Jordan kam am folgenden Montag nach Molsdorf, sah die ganze Bescherung der Fällarbeiten und informierte sofort Herrn Stier von der Arbeitsstelle Halle des Instituts für Denkmalpflege. Herr Stier bewahrte die Ruhe und setzte sich umgehend mit Herrn Schüttauf in Verbindung, der sich zur gleichen Zeit in Weimar aufhielt. Der kam nach einem Telefongespräch mit mir sofort nach Erfurt, und gemeinsam mit Herrn Stier konnte die Angelegenheit geklärt werden. Geblieben sind aber das Versäumnis des damaligen Bürgermeisters und das Bild des Kahlschlags, das sich nun auch mir bot und später uns Gartendenkmalpflegern vorgehalten worden ist. Erst nach der politischen Wende konnte endlich eine Neupflanzung der Allee realisiert werden.

Auch mit zerstörerischen Vorgängen in dem großen Landschaftspark Wilhelmsthal[4] wurde ich in der Zeit meines zuerst nur ehrenamtlichen Engagements für die Gartendenkmalpflege konfrontiert (Abb. 2). Dort saßen in der Kreiskommis-

Abb. 2 Eckhardtshausen, Schloss Wilhelmsthal; historische Gesamtansicht von 1819, Gouache von Johann Karl Dornheim

sion Natur und Heimat des Kulturbundes noch Männer und Frauen, die Wilhelmsthal aus der Zeit vor dem Kriege kannten, mit der Aufteilung wie auch der Nutzung der Parkanlage nach dem Krieg alles andere als einverstanden waren und dies auch öffentlich ansprachen. Sie sahen im Kulturbund eine Organisation, die sie in ihrem berechtigten Anliegen, den Park besser zu schützen, unterstützen würde. Solche Einsprüche waren nicht immer leicht, aber möglich. Problematisch wurde es allerdings, wenn dabei die staatlichen Vorgaben kritisiert wurden. In der Regel wurden vermeidbare Missstände, die von den Bürgern nicht widerspruchslos hingenommen wurden, überprüft. Dennoch hat in Wilhelmsthal ein Sekretär der Kreisleitung der SED in meiner Gegenwart nahezu wörtlich gesagt, dass er ja die Leute von der Kreiskommission kenne, die nur darauf warteten, dass der Großherzog wieder zurückkäme, um seinen Besitz, dann in einem guten Zustand, in Empfang zu nehmen. Es war für den Mitarbeiter der Kreisleitung der SED nicht vorstellbar, dass es nur darum ging, Wilhelmsthal trotz der neuen Nutzung weitgehend denkmalgerecht zu behandeln. Der zuständige Sekretär der Bezirksleitung des Kulturbundes, selbst ein Genosse, machte ihn auf die Haltlosigkeit seiner Vorwürfe aufmerksam, allerdings ohne ihn überzeugen zu können. Nach diesem Gespräch berichtete der Wirtschaftsleiter des Zentralen Pionierlagers, das den südwestlichen Teil des Parkareals einnahm, stolz, dass Walter Ulbricht das Lager besucht und gesagt habe, Wilhelmsthal müsse ein »Tal der Jugend« werden. Meine Antwort darauf war, ob er auch gesagt habe, dass Wilhelmsthal so aussehen müsse, wie es zur Zeit aussah. Darauf blieb der Wirtschaftsleiter die Antwort schuldig.

Wilhelmsthal wurde auch nach meiner Anstellung in der Arbeitsstelle ein Schwerpunkt meiner Tätigkeit, vor allem deshalb, weil wir hier versuchten, die Fehler und Versäumnisse der Vergangenheit zu korrigieren und die Erfordernisse der Denkmalpflege durchzusetzen, auf keinen Fall aber die Situation zu verschlimmern. Erst die jüngste Entwicklung hat das Kulturdenkmal Wilhelmsthal in seiner Existenz gerettet, nachdem auch die Regierung des Freistaates Thüringen über längere Zeit versagt hatte. Ich freue mich, dass unsere Bemühungen zur Parkpflege für diese Anlage nicht unberücksichtigt blieben.

Eine weitere Begebenheit aus Wilhelmsthal möchte ich noch anfügen. Es war in den 1980er Jahren, als der verantwortlichen Mitarbeiterin für Denkmalpflege in der Abteilung Kultur des Kreises Eisenach – sie war die Witwe eines höheren Offiziers der Grenztruppen der DDR – mitgeteilt worden war, dass unmittelbar vor dem Schweizerhaus das Übungsgelände der Kampfgruppen vergrößert und entsprechend abgesichert werden sollte. Sie hatte uns sofort informiert. Ich sagte ihr, dass sie noch zusätzlich die Abteilung Kultur des Bezirks benachrichtigen müsse. Der dortige Bearbeiter war Genosse und Reserveoffizier der NVA und gleichzeitig auch Mitglied des dortigen Jagdkollektivs, denn das Waldgebiet um Wilhelmsthal war Staatsjagdgebiet. Der Verantwortliche wurde auch in Kenntnis gesetzt, aber es schien so, als wollte er sich an dieses zweifellos heiße Eisen nicht herantrauen. Deshalb ging die Kreisverantwortliche kurzerhand selbst zum Chef der Zivilverteidigung, von dem die ganze Sache ausgegangen war. Sie kannte ihn nur vom Sehen und stellte sich auch nicht vor. Er war, allerdings in Zivil, ein höherer Offizier der Grenztruppen, hörte sich die ganze Angelegenheit an, sagte dazu nichts und schlug sofort einen Termin an Ort und Stelle vor. Hier wurde ihm die Sachlage dargelegt. Er hörte sie sich auch hier ohne Kommentar an und fragte nach einem Gegenvorschlag, worauf ich mich natürlich vorbereitet hatte: Der künftige Übungsplatz könne hinter dem Haus liegen und wäre deshalb vom Schloss und aus dem Park nicht sichtbar. Dieser Platz konnte aber, so hofften wir, beim besten Willen von der Zivilverteidigung nicht akzeptiert werden. Der Gegenvorschlag wurde angehört, aber wieder ohne jegliche Bemerkungen dazu. Es wurde lediglich gesagt, dass wir in 14 Tagen Nachricht erhalten würden. Drei Wochen später wurde der gesamte Übungsplatz in Wilhelmsthal abgebaut und an eine andere Stelle verlagert, ohne je unseren Gegenvorschlag diskutiert zu haben. Die Angelegenheit war damit erledigt. Aber die Unzulänglichkeiten in Wilhelmsthal, wovon es eine Menge gab, waren damit nicht beseitigt. Das Grundübel, die Teilung des gesamten Areals in drei Zuständigkeitsbereiche, blieb und war leider auch nach der politischen Wende nicht wieder rückgängig zu machen, es sei denn mit einem nicht zu verantwortenden Aufwand.[5]

Abb. 3 Eckhardtshausen, Schloss Wilhelmsthal mit Nebengebäuden

Der Wilhelmsthaler See mit seinen gartenkünstlerisch wichtigen Nebenanlagen war dem Staatlichen Forstbetrieb Eisenach zugesprochen worden, das Schloss mit seinen Wirtschaftsgebäuden, denen man auch heute noch den barocken Gestaltungswillen seiner Schöpfer ansieht, gehörte dem Rat des Kreises Eisenach als Kinderheim und die sich unmittelbar anschließenden ehemaligen Parkwiesen mit ihren raumgliedernden Einzelbäumen und Baumgruppen dem Automobilwerk Eisenach (Abb. 3). Dieses richtete hier das Zentrale Pionierlager »Ernst Thälmann« ein, das später durch winterfeste Unterkünfte für die vormilitärische Ausbildung der Jugend erweitert wurde und auch als Betriebsferienlager des Automobilwerkes genutzt wurde. Diese beiden Nutzer verursachten die gravierendsten Eingriffe in das ursprüngliche Parkgefüge.

Um den kunstgeschichtlichen Aspekt dieses Landschaftsteils hatte man sich überhaupt nicht gekümmert. Insbesondere dem Automobilwerk war dies gleichgültig und man wollte dies auch völlig ausblenden. Das allerdings gelang nicht so ohne weiteres, da sich die haupt- und ehrenamtlichen Denkmalpfleger trotz alledem sehr intensiv um diese Anlage bemühten. Wir wollten auf jeden Fall erreichen, dass sich die Nutzung den gegebenen Bedingungen des Sees und der Schlossanlage weitgehend anpasst und verhindern, dass sich die Anlagen des Automobilwerks noch weiter ausdehnten. Das ist uns zum Teil auch gelungen. Eine Diplomarbeit und eine Gestaltungskonzeption, die mit uns abgestimmt waren, konnten den zukünftigen Weg aufzeigen. Sie waren für uns eine Richtschnur. Man darf aber nicht verkennen, dass die politischen Prioritäten der DDR festgefügt waren und daran nur bedingt gerüttelt werden konnte. Die Bauabteilung des Automobilwerks und der Zentralrat der FDJ waren in Wilhelmsthal harte Verhandlungspartner, allerdings kann man sagen, dass nicht allein der Wille des Auftragsgebers, das heißt des Automobilwerks galt, sondern auch die Einsprüche der Arbeitsstelle des Instituts für Denkmalpflege Erfurt beachtet wurden.

Am 1. Januar 1979 erfolgte meine Einstellung in die Arbeitsstelle Erfurt als Oberkonservator und Spezialreferent für die Denkmale der Landschafts- und Gartengestaltung. Diesen Schritt habe ich nie bereut. Kurz vor meiner offiziellen Anstellung fand in der zweiten Jahreshälfte 1978 in Güstrow die routinemäßige Zusammenkunft der Landschaftsarchitekten des Instituts für Denkmalpflege statt, an der ich schon mit Zustimmung meines bisherigen Betriebes teilnehmen konnte. Hier wurde ich vertraut mit der Arbeitsweise des Instituts. Die künftigen Kollegen der Zentrale, Hugo Namslauer, Detlef Karg, Krista Gandert waren mir ja schon bekannt, in den Arbeitsstellen waren bereits als Spezialreferenten Reinhard Schelenz/Halle, Reinhard Grau/Dresden, Georg Kiehne/Schwerin angestellt. Auch diese kannte ich schon. Etwas später kamen noch Gabriele Schulz und Hans-Joachim Dreger hinzu. Das Betreuungsgebiet der Arbeitsstelle Berlin wurde von der Zentrale bearbeitet, bis dort Torsten Volkmann eingestellt werden konnte.

In der Hauptsache umfasste meine Arbeit als Konservator, in der mir meine bisherigen ehrenamtlichen Tätigkeiten zugutekamen, die Anleitung der praktischen Gartendenkmalpflege in den Thüringer Anlagen. Dies war mit Schwierigkeiten verbunden, weil nur in seltenen Fällen das fachlich versierte Personal dazu vor Ort vorhanden war. Aber schon mit der Einleitung von einfachsten Pflegearbeiten war viel auszurichten. Es konnte regulierend eingegriffen und störende Baumaßnahmen konnten verhindert werden. Wichtig und entscheidend war es, immer wieder die Denkmallisten zur Hand zu nehmen und darauf hinzuweisen, dass es sich um ein eingetragenes Denkmal handele.

Von einem nicht zu unterschätzendem Wert und ein entscheidender Gesichtspunkt war eine Arbeitsweise, die mir bisher weniger bekannt war. Jedes Schriftstück wurde dem im Hause zuständigen Architekten, dem Kunsthistoriker und auch, wenn erforderlich, dem zuständigen Restaurator zur Kenntnisnahme gegeben. Dadurch war eine umfassende Information des gesamten, an dem betreffenden Ort arbeitenden Kollegenkreises gewährleistet, ganz gleich, ob die Schutz- und Pflegearbeiten einen Garten, einen städtischen Bereich oder zum Beispiel eine Skulptur betrafen.

Schwerpunkte meiner Tätigkeit waren, um nur einige zu nennen, die Anlagen in Ebersdorf bei Bad Lobenstein, Greiz, Oppurg, der Bergfried in Saalfeld, die Parkanlagen in Sondershausen, Ebeleben, Gotha, Reinhardsbrunn, der Kartausgarten in Eisenach, der Dürrerhof bei Eisenach, eine der ersten Anlagen, die Carl Eduard Petzold in Thüringen selbständig bearbeitet hatte, die Gärten in Meiningen, Molsdorf oder Wilhelmsthal.

Ich hatte die Gartendenkmalpflege bisher aus der Sicht des Kulturbundes gesehen. Aber nun war ich verantwortlich als Mitarbeiter eines staatlichen Instituts. Die hoheitlichen Aufgaben lagen bei den örtlichen Räten bzw. bei den Räten der Kreise oder der Bezirke. Ich musste mich nun mit den wissenschaftlichen und praktischen Aufgaben der Garten- und Landschaftsdenkmalpflege im Rahmen der Denkmalpflege auseinander setzen. Dieter Hennebo hatte die Aufgaben 1985 in der von ihm herausgegebenen »Gartendenkmalpflege« zukunftweisend für die Bundesrepublik dargestellt. Bei uns waren in die gesetzlichen Grundlagen der DDR zur Denkmalpflege seit 1952 die Aufgaben der Gartendenkmalpflege einbezogen und damit war der Gedanke von Peter Joseph Lenné verwirklicht: »(…) dass sie [die Gartendenkmale] ebenso wie andere Kunstwerke unter Aufsicht der Kunstverwaltungsbehörde gestellt (…)« werden sollten.

Die Gartendenkmalpflege war neben der des Städtebaus, der technischen wie auch der geschichtlichen Denkmale zu einem festen Bestandteil der Kulturdenkmalpflege geworden. Die noch heute beispielgebende Besetzung der Fachämter mit Landschaftsarchitekten ist nicht zuletzt der Namslauerischen Abteilung »Historische Garten- und Parkanlagen« zu verdanken. Die Entwicklung in der ehemaligen DDR kam ganz besonders im Beitrag »Zur Entwicklung der Gartendenkmalpflege in der DDR«, den Detlef Karg anlässlich einer Tagung der Arbeitsgruppe Denkmale der Landschafts- und Gartengestaltung in der Gesellschaft für Denkmalpflege des Kulturbundes der DDR, den er am 14.10.1983 in Dresden hielt, zum Ausdruck. Auch in den Veröffentlichungen von Hans-Joachim Dreger, Gabriele Schulz, Ludwig Trauzettel, Jürgen Tolks bzw. in den Arbeitstagungen des Instituts am Ende der 1980er Jahre wurden derartige Probleme angesprochen.

Großen Anteil an dieser positiven Entwicklung, vor allem nachdem er die Leitung der Abteilung Gartendenkmalpflege übernommen hatte, ist Detlef Karg zuzuschreiben, der auf die Beziehungen zwischen Architektur und Garten mit Nachdruck hingewiesen hat. Selbstverständlich gab es auch eine hervorragende Zusammenarbeit mit den Gartendirektionen in den bekannten Parkanlagen des Landes. Außerdem gab es eine ständige Zusammenarbeit mit den ehrenamtlichen Vorsitzenden der Parkaktive und deren ehrenamtlichen Mitarbeitern und Mitarbeiterinnen.

Abb. 4 Bad Liebenstein, Schloss Altenstein

Abb. 5 Liebstädt-Apolda, ehemalige Wasserburg

Für mich war es ein persönliches Anliegen, das Arbeitsgebiet in seiner ganzen Breite kennenzulernen. Mir genügte es nicht, nur die Entwicklung des Gartens oder der Anlage zu bewerten, sondern es war auch wesentlich, zu erfahren, in welchem Umfeld diese Anlage entstanden war und wer ihre Schöpfer – ob Fürsten, Architekten, Hofgärtner, Garteninspektoren u. a. – waren. Fast in allen Fällen war das ohne Arbeit in den Archiven und Bibliotheken gar nicht möglich. Gerade das fand aber zunächst bei meinem Chefkonservator keine große Gegenliebe; nicht, weil er das nicht einsah, sondern vielmehr, weil er der praktischen Arbeit einen Vorrang einräumte. Das hatte auch seine Berechtigung, denn die Gutachten und Stellungnahmen, die großenteils von Hugo Namslauer stammten, waren zu überprüfen. Vor Ort war keinesfalls unbeachtet geblieben, dass manche seiner Gedanken Züge von schöpferischer Denkmalpflege aufwiesen. Es kam mehr auf die praktische Erhaltungsarbeit an und darauf, die Verantwortlichen der damaligen Gartendenkmale denkmalfachlich zu unterstützen. Das war von großer Bedeutung, auch für mich, bewirkte es doch, den Blick für historische Gärten zu öffnen und so den Zusammenhang mit den anderen Denkmalgattungen zu vermitteln. Mir wurde auf diese Weise schnell bewusst, dass Gartendenkmalpflege nicht nur als ein schöner Zusatz in der Denkmalpflege zu begreifen ist. Ich gebe zu, dass dieses Bewusstsein bei mir und auch bei meinen Kollegen erst wachsen musste. Trotzdem werden heute nicht selten Gärten und Parkanlagen von Journalisten oder der Tourismusindustrie immer noch als schönes Beiwerk betrachtet.

Ich konnte dennoch in den Archiven, wenn auch nicht in dem Maße, wie ich mir das dachte, meinen Vorstellungen von Gartendenkmalpflege nachgehen. Die theoretische Vorarbeit war eben in den Arbeitsstellen mit ihrem kleinen Personalbestand und unter dem Druck der Praxis nicht im erforderlichen Umfang zu leisten. Wir waren in Erfurt bis zur Wende insgesamt nur 20 Mitarbeiterinnen und Mitarbeiter für die Bearbeitung der drei Thüringer Bezirke.

In der Gartendenkmalpflege fehlten in vielen Anlagen vor allem die Parkverwalter und Landschaftsbaubetriebe, die als erstes, auch ohne umfangreiche Vorarbeiten, in der Lage gewesen wären, die nötigsten Pflegearbeiten durchzuführen. In vielen dieser Anlagen hätte man schon allein durch den Heckenschnitt, durch die Rasen- bzw. Wiesenpflege, durch die Wegeinstandsetzung bzw. Instandhaltung zumindest einen besseren Eindruck erreichen oder einer Verunklärung des vom ursprünglichen Schöpfer beabsichtigten Raumeindrucks entgegenwirken können. In einigen Fällen konnten durch das Interesse der Verantwortlichen langsam wieder grundsätzliche Strukturen zurückgewonnen werden. In manchen Fällen ist es auch gelungen, dank der direkten Einwirkung der Arbeitsstelle professionelles Personal für die Gärten oder Parks einzustellen, wenn es auch anfangs denkmalpflegerisch nicht genügend geschult war. Auf dem Altenstein[6] setzten wir uns dafür ein, dass ein Verantwortlicher von hoher fachlicher Kompetenz für das 160 Hektar große Areal eingestellt wurde, was aber erst nach der politischen Wende durch die Stiftung Thüringer Schlösser und Gärten mit dem in Weihenstephan ausgebildeten Landschaftsarchitekten Ulrich Muschiol, dem heutigen Schloss- und Parkverwalter, verwirklicht werden konnte (Abb. 4).

Die in den verschiedenen Teilen des Instituts für Denkmalpflege tätigen Landschaftsarchitekten arbeiteten intensiv zusammen. Der direkte Meinungsaustausch und das persönliche Gespräch mit den Kolleginnen und Kollegen in der DDR war zu jeder Zeit möglich. Es bestand die Gelegenheit, sich über Fachzeitschriften und fachliche Veröffentlichungen zu informieren, aber der persönliche Kontakt mit den Kollegen in der Bundesrepublik bzw. mit den Bearbeitern anderer Länder im »nichtsozialistischen Ausland« fand kaum statt.

Dieser Beitrag kann nur einen kleinen Einblick in die Gartendenkmalpflege in Thüringen und darüber hinaus in der DDR nach dem Zweiten Weltkrieg geben (Abb. 5). Wir Gartendenkmalpfleger haben uns bemüht, die Anliegen zu einem anerkannten Bestandteil der Tätigkeit des Instituts werden zu lassen und unseren Beitrag dazu geleistet, dass das Institut für Denkmalpflege, wie man immer wieder feststellen konnte, keinesfalls eine Institution war, die als ein notwendiges Übel zu betrachten war, sondern die praktisch von den Abteilungen für Kultur der Kreis- und Bezirksräte wie eine Obere Denkmalschutzbehörde als zuständig angenommen wurde. Das Wort der Mitarbeiter des Instituts hatte Gewicht, auch wenn dieser Institution immer wieder einer Verhinderung von Investitionen vorgeworfen wurde. Besonders haben wir uns bei dem damaligen Stellvertreter des Arbeitsstellenleiters in Erfurt und späteren Thüringischen Landeskonservators Herrn Prof. Rudolf Zießler zu bedanken, der nicht nur ein hervorragender Leiter, sondern auch ein guter Verhandlungspartner in Sachen Gartendenkmalpflege war.

Anmerkungen

1 Überarbeitete Fassung eines Vortrages, gehalten am 4.11.2011 auf der EGA in Erfurt.

2 Friedrich Facius, Alte Gartenkunst in Thüringen. In: Forschungen zur Thüringischen Landesgeschichte, Weimar 1958 S. 2.

3 Molsdorf, heute zur Stadt Erfurt eingemeindet. Vgl. Dehio, Georg: Handbuch der deutschen Kunstdenkmäler, Band Thüringen, bearb. v. Stefanie Eißing u. a., München 1998, zum Park bes. S. 827. Weiterführend: Thimm, Günther: Gärten und Parks in Thüringen, Marburg 1992, S. 11 ff.

4 Schloss und Park Wilhelmsthal, heute zur Gemeinde Eckardshausen, Wartburgkreis. Vgl. Dehio Thüringen (siehe Anm. 3), S. 1385–1386. Zum Park heißt es hier: »1853–55 Umgestaltung des Landschaftsparks durch den Hofgärtner Hermann Jäger in Zusammenarbeit mit Hermann Fürst von Pückler-Muskau. Um 1900 nochmals Veränderung des Gartens.«

5 Die Zusammenführung ist inzwischen erfolgt. Schloss und Park gehören heute zur Stiftung Thüringer Schlösser und Gärten.

6 Schloss und Park Altenstein, heute zu Bad Liebenstein, Wartburgkreis. Vgl. Dehio Thüringen (siehe Anm. 3), S. 31–32. Weiterführend: Thimm (siehe Anm. 3), S. 14 ff.

III.

Aus der Praxis der Denkmalpflege

III. 1.

Altstädte und prägende Stadtbereiche

Görlitz als frühes Beispiel zur denkmalgerechten Sanierung und Modernisierung von historischen Altstädten mit Modellcharakter

Wolfgang Hähle

Unter dem Stichwort »Städtebaulicher Denkmalschutz« liefert das Internetportal Google im Juni 2012 insgesamt 237.000 Ergebnisse. Gibt man als Suchbegriff »Städtebauliche Denkmalpflege« ein, werden gar 437.000 Treffer angezeigt. Eine gehäufte Doppelung der Beiträge bei beiden Suchbegriffen lässt die Unklarheit in der Definition der Begriffe sinnfällig werden. Wie und wo neben den altbekannten Denkmalkategorien, die sich auf Einzelobjekte, bestenfalls auf geschlossene Anlagen beziehen, der Begriff »Denkmal des Städtebaus« verwendet wird, bleibt im Dunkeln und ist beim Aufruf des Begriffs nicht zu erfahren. Für den Autor jedoch ist der Begriff mit der sentimentalen Erinnerung verbunden wie in Dresden-Strehlen, unweit der Christuskirche mit ihren für das Stadtbild dominanten Doppeltürmen, auf der Rayskistraße in einem zweigeschossigen Wohnhaus, einer der vielen damaligen peripheren Außenstellen der Technischen Hochschule Dresden, die Beschäftigung mit Altstädten als Ganzes – als Flächendenkmal – begann.

Schon Jahrzehnte, Jahrhunderte, wohl Jahrtausende lang wurden Überlegungen angestellt, wie mit menschlichen Siedlungen, vornehmlich Städten, planend, erhaltend, erneuernd umgegangen werden soll.[1] Die Entwicklungsgeschichte sächsischer Städte, ihre Typologie und ihr Denkmalcharakter, ihre Denkmalwürdigkeit sind in Publikationen des Instituts für Denkmalpflege der DDR, Außenstelle Dresden, heute wieder Landesamt für Denkmalpflege Sachsen, beschrieben worden.[2]

Seit drei Generationen sind Altstädte, die meist nur einen Bruchteil der Gesamtfläche einer Stadt ausmachen, Gegenstand denkmalpflegerischer Betrachtungen, Erfassung und

Abb. 1 Ansicht der Stadt Görlitz von Osten, kolorierter Kupferstich von Franz Hogenberg, 1575

Planung. Seit dem Beginn des 20. Jahrhunderts ist die Notwendigkeit erkannt, die Umgebung historisch bedeutender Bauwerke, Straßen-, Platz- und Ortsbilder von künstlerischem Wert durch Ortsgesetze zu schützen. Bis zum Kriegsende 1945 hatten in Sachsen die Stadtbauämter die Einhaltung erlassener Ortssatzungen nach dem sächsischen »Gesetz gegen die Verunstaltung von Stadt und Land« von 1909, erlassen auf der Grundlage des »Allgemeinen Baugesetzes für Sachsen« vom 1. Juli 1900, zu überwachen (Abb. 1 und 2).

Was heute unter städtebaulicher Denkmalpflege verstanden wird, beginnt in Sachsen in der Mitte der 1950er Jahre nach den furchtbaren Zerstörungen des zweiten Weltkrieges, von denen die Großstädte Chemnitz, Leipzig und Dresden besonders betroffen waren. Auch in kleinen Städten verursachten Bombardements und Kriegshandlungen schwere Verwüstungen, so in Weißenberg, Muskau, Neustadt, Eilenburg, Johanngeorgenstadt, Plauen und Herrnhut. In anderen Altstädten wurden die erhaltenen oder weniger betroffenen historischen Stadtanlagen zum immer wertvolleren, da knapper gewordenen schützenswerten Kulturgut.

Nach 1945 begann das Dresdner Landesamt für Volkskunde und Denkmalpflege mit Hilfe zahlreicher ehrenamtlicher Helfer, die Bau- und Kunstdenkmäler im Land Sachsen festzustellen. Die Ergebnisse dieser Erfassung, bis 1989 in Konfrontation mit den für die Listeneintragung per Beschluss zuständigen Staatsorganen (Räte der Kreise, Räte der Bezirke und der Ministerrat), bildeten die Grundlage für Bestandsforschung, Dokumentation und praktische Betreuung (Abb. 3).

Parallel zur beabsichtigten, geplanten und begonnenen Umgestaltung von Städten nach ideologischen Leitbildern Mitte der 1950er Jahre entwickelte sich Widerstand unter der maßgeblichen Beteiligung der Denkmalpfleger gegen die radikale Zerstörung von Stadtstrukturen. Die institutionelle Denkmalpflege begann sich einzumischen.

Nachdem es 1951 nicht gelungen war, mit einer sogenannten Tiefenkontrolle im Institut für Denkmalpflege, Arbeitsstelle Dresden, kritische Stimmen zum Schweigen zu bringen, gelang es immer wieder, denkmalpflegerische Vorstellungen zur Gestaltung kriegszerstörter Altstädte zu veröffentlichen. Am 4. Juli 1953 publizierte Hans Nadler, Leiter der Arbeitsstelle Dresden des Instituts für Denkmalpflege, im Zentralorgan der SED »Neues Deutschland« unter der Überschrift »Der Aufbau von Dresden und das kulturelle Erbe« einen längeren Beitrag.

Die offizielle Baupolitik wurde nach der Abrechnung Nikita Chruschtschows mit dem Stalinismus im Dezember 1954 und der immense Kosten verursachenden Errichtung von Wohnpalästen bei gleichzeitig wachsendem Defizit an Wohnraum zum Anlass für die Partei- und Staatsführung in der DDR, sich von der Praxis der mit hohem Komfort- und Gestaltungsaufwand errichteten repräsentativen Wohnbauten zu verabschieden. Diese Art von Wohnungsbau erforderte den bis zu fünffachen Normativaufwand.[3]

Plenartagungen der Bauakademie der DDR befassten sich mit den Aspekten des Bauwesens, rückten Typisierung

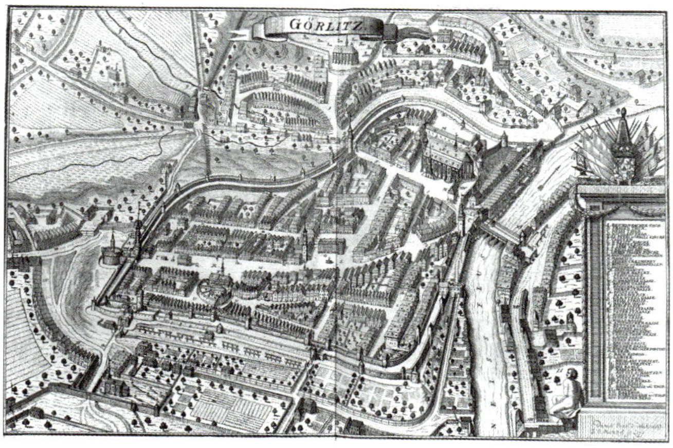

Abb. 2 Görlitz, Vogelschau, Kupferstich von Daniel Petzold, 1714

und Industrialisierung in den Mittelpunkt. Mit der von Nikita Chruschtschow übernommenen Losung »Besser, schneller, billiger bauen« leistete die 1. Baukonferenz (3.–6. April 1955) die Wende im Bauwesen in der DDR ein. Trotz der dogmatisch und pauschal verurteilten »Handwerkelei« im Bauwesen eröffneten sich Chancen für das, was bald als »Städtebauliche Denkmalpflege« zum Fachbegriff wurde – ausgerechnet in der DDR.

Angesichts der vorrangigen Wiederaufbauarbeiten blieb es bei Lippenbekenntnissen, die in den alten Städten zu bewah-

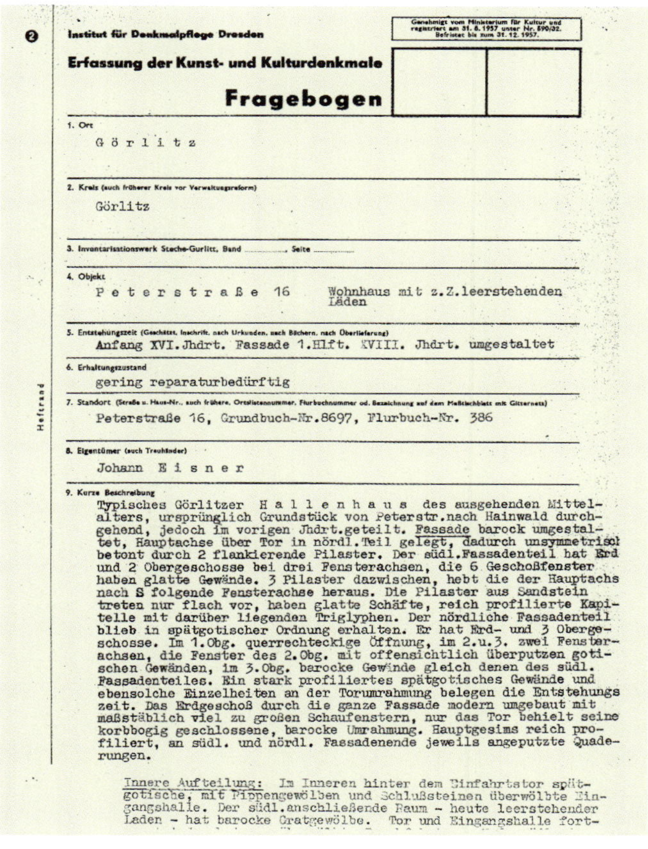

2

Institut für Denkmalpflege Dresden

Genehmigt vom Ministerium für Kultur und registriert am 31. 8. 1957 unter Nr. 890/32. Befristet bis zum 31. 12. 1957.

Erfassung der Kunst- und Kulturdenkmale

Fragebogen

1. Ort
G ö r l i t z

2. Kreis (auch früherer Kreis vor Verwaltungsreform)
Görlitz

3. Inventarisationswerk Steche-Gurlitt, Band ...., Seite ....

4. Objekt
P e t e r s t r a ß e 16 Wohnhaus mit z.Z.leerstehenden Läden

5. Entstehungszeit (Geschätzt, Inschrift, nach Urkunden, nach Büchern, nach Überlieferung)
Anfang XVI.Jhdrt. Fassade 1.Hlft. XVIII. Jhdrt. umgestaltet

6. Erhaltungszustand
gering reparaturbedürftig

7. Standort (Straße u. Haus-Nr., auch frühere, Ortslistennummer, Flurbuchnummer od. Bezeichnung auf dem Meßtischblatt mit Gitternetz)
Peterstraße 16, Grundbuch-Nr.8697, Flurbuch-Nr. 386

8. Eigentümer (auch Treuhänder)
Johann E i s n e r

9. Kurze Beschreibung
Typisches Görlitzer H a l l e n h a u s des ausgehenden Mittelalters, ursprünglich Grundstück von Peterstr.nach Hainwald durchgehend, jedoch im vorigen Jhdrt.geteilt. Fassade barock umgestaltet, Hauptachse über Tor in nördl.Teil gelegt, dadurch unsymmetrisch betont durch 2 flankierende Pilaster. Der südl.Fassadenteil hat Erd und 2 Obergeschosse bei drei Fensterachsen, die 6 Geschoßfenster haben glatte Gewände. 3 Pilaster dazwischen, hebt die der Hauptachs nach S folgende Fensterachse heraus. Die Pilaster aus Sandstein treten nur flach vor, haben glatte Schäfte, reich profilierte Kapitelle mit darüber liegenden Triglyphen. Der nördliche Fassadenteil blieb in spätgotischer Ordnung erhalten. Er hat Erd- und 3 Obergeschosse. Im 1.Obg. querrechteckige Öffnung, im 2.u.3. zwei Fensterachsen, die Fenster des 2.Obg. mit offensichtlich überputzen gotischen Gewänden, im 3.Obg. barocke Gewände gleich denen des südl. Fassadenteiles. Ein stark profiliertes spätgotisches Gewände und ebensolche Einzelheiten an der Torumrahmung belegen die Entstehungs zeit. Das Erdgeschoß durch die ganze Fassade modern umgebaut mit maßstäblich viel zu großen Schaufenstern, nur das Tor behielt seine korbbogig geschlossene, barocke Umrahmung. Hauptgesims reich profiliert, an südl. und nördl. Fassadenende jeweils angeputzte Quaderungen.

Heftrand

Innere Aufteilung: Im Inneren hinter dem Einfahrtstor spätgotische, mit Rippengewölben und Schlußsteinen überwölbte Eingangshalle. Der südl.anschließende Raum - heute leerstehender Laden - hat barocke Gratgewölbe. Tor und Eingangshalle fort-

Abb. 3 Görlitz, Peterstraße 16, Erfassungsfragebogen, 15.3.1957

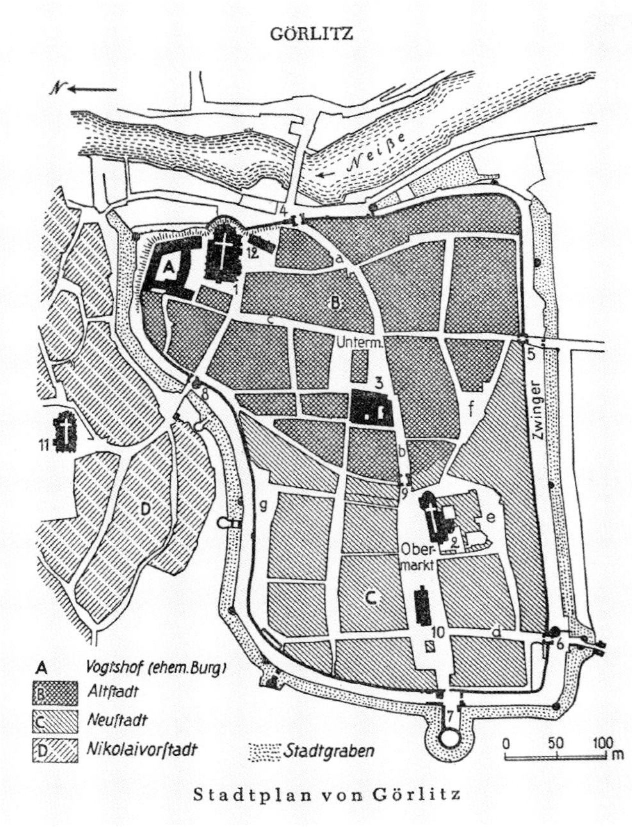

Abb. 4 Görlitz, Stadtplan, ca. 1765

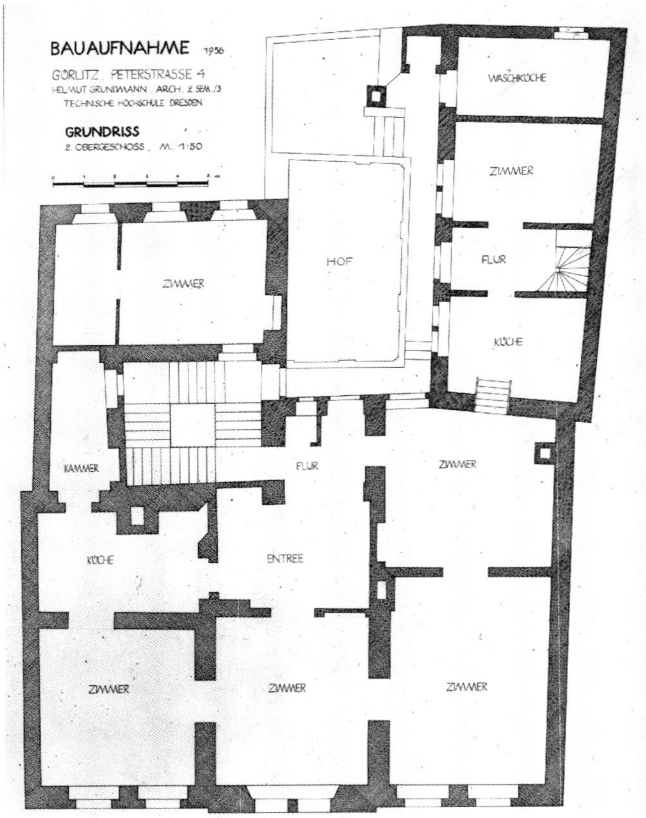

Abb. 5 Görlitz, Peterstraße 4, Bauaufnahme, Grundriss 1. Obergeschoss

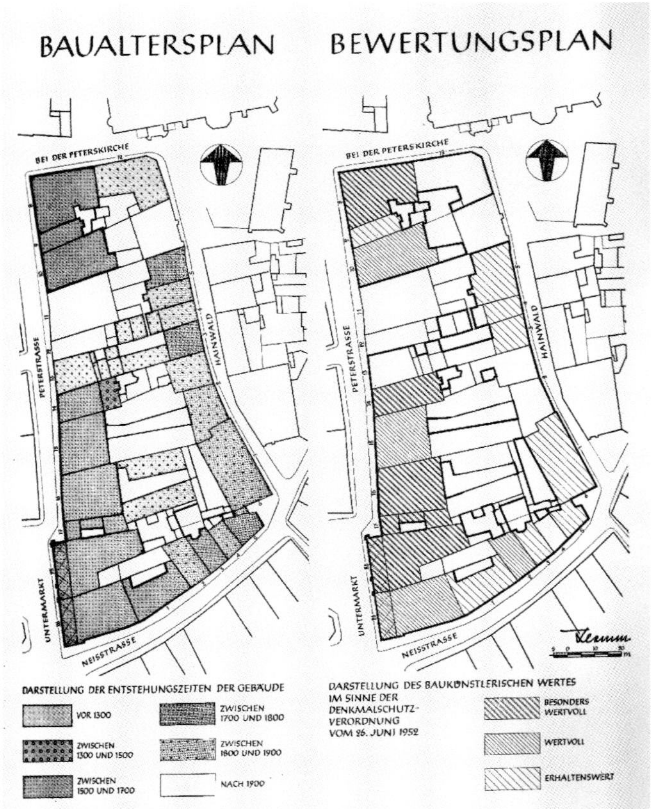

Abb. 6 Görlitz, Peterskirchviertel, Baualtersplan und Bewertungsplan

rende Kulturwerte sahen. Erst als mit dem Umschwung der Baupolitik die Reproduktion des Wohnungsfonds allmählich als Notwendigkeit erkannt wurde, begannen pilothaft Untersuchungen und bauliche Maßnahmen.

Mit besonderem Geschick und Optimismus nutzte Hans Nadler sich ergebende Möglichkeiten zu Erhalt, Rettung und neuer Nutzung von Denkmalen und der Beschäftigung mit ganzen Altstadtkernen oder Teilbereichen als Gegenstand und Aufgabe der Denkmalpflege. 1956 wurde mit dem Architekten Bernhard Klemm[4], der mit der Wahrnehmung einer Dozentur für Baukonstruktionslehre für Berufspädagogen an der TH Dresden[5] beauftragt war, durch das Institut für Denkmalpflege ein Honorarvertrag abgeschlossen. Inhalt des Vertrages waren städtebaulich-denkmalpflegerische Untersuchungen in der Altstadt von Görlitz (Abb. 4–10, 13–16).

Bernhard Klemm konnte die Unterstützung zweier Architekten als Assistenten[6], einer Sekretärin und von vier Hilfsassistenten nutzen.[7] Mehrere Architekturstudenten arbeiteten im einsemestrigen Pflichtpraktikum in Görlitz als aufmessende Helfer. Sämtliche Gebäude im »Peterskirchviertel«, begrenzt von den Straßen Peterstraße, Bei der Peterskirche, Hainwald, Neißstraße und Untermarkt, wurden per Handaufmaß in allen Grundrissen, Schnitten und Ansichten dargestellt (vgl. Abb. 5). Auch andere Quartiere und teilweise wertvolle Einzeldenkmale außerhalb des Peterskirchviertels wurden aufgemessen und dargestellt. Die Arbeiten sind den Studenten für ein geringes Entgelt vom Institut für Denkmalpflege abgekauft worden und befinden sich in der Plankammer des Landesamtes für Denkmalpflege Sachsen.[8]

Der Einsturz des Hauses Peterstraße 12 am Vormittag des 18. Mai 1955 – eine Frau und ein Kind verloren ihr Leben – war wohl der Anlass für den Beginn der systematischen Untersuchung und Bearbeitung eines Quartiers der Altstadt von Görlitz, von da an Peterskirchviertel benannt. Methodische Anleitungen zur Sanierung von Altstädten wurden erprobt und der Praxis empfohlen.[9] Die allgemein gebrauchte Definition »Städtebauliche Denkmalpflege« war gefunden. In der Öffentlichkeit wurde der Begriff »Altstadtsanierung« gebräuchlich. Für die Altstadt von Stralsund führte die Bauakademie umfangreiche Untersuchungen zum Baubestand und zur Städtebaulichen Denkmalpflege durch.[10] Im Beitrag von Klaus Andrä »Entwicklungen 1945-1989« wird in Anmerkung 24 die Einführung des Begriffs »Städtebauliche Denkmalpflege« durch die Untersuchungen in Stralsund reklamiert.[11]

In Görlitz begann die Denkmalpflege nach dem Krieg mit konservierenden Maßnahmen. Die Stadt war durch die Grenzregelung nach dem Potsdamer Abkommen durch die Neiße geteilt und übervölkert, jedoch von Kriegsschäden lediglich durch Beschuss und Sprengung der Neißebrücke wenig betroffen. Am Obermarkt 30/Fleischerstraße wurde eine der wenigen Kriegslücken nach einem Entwurf des Architekten Albert Mayer 1956 in barockisierender Form geschlossen.

Die allgemeinen Vorbedingungen für die Grundlagenforschung waren in Görlitz günstig: die zu bewahrenden denkmalwürdigen Werte der Stadt, ihr in ganz Deutschland einmaliger Bestand an erhaltenen Bürgerhäusern der Renaissance, die hohe Bereitschaft der Stadtverwaltung zur Mitarbeit bei der Bewahrung der denkmalwürdigen Werte der Stadt und helfende Unterstützung, die Förderung durch die Zentrale des Instituts für Denkmalpflege, des Ministeriums für Kultur und die Beteiligung der Architekturabteilung der Technischen Hochschule Dresden.

Bei städtebaulich-denkmalpflegerischen Untersuchungen, geleitet von Bernhard Klemm in Görlitz, wurde die überzeugende Erkenntnis gewonnen, dass die gründliche Analyse des Bestands Voraussetzung jeglicher Planung und baulicher sowie struktureller Veränderung der Altstadt ist.

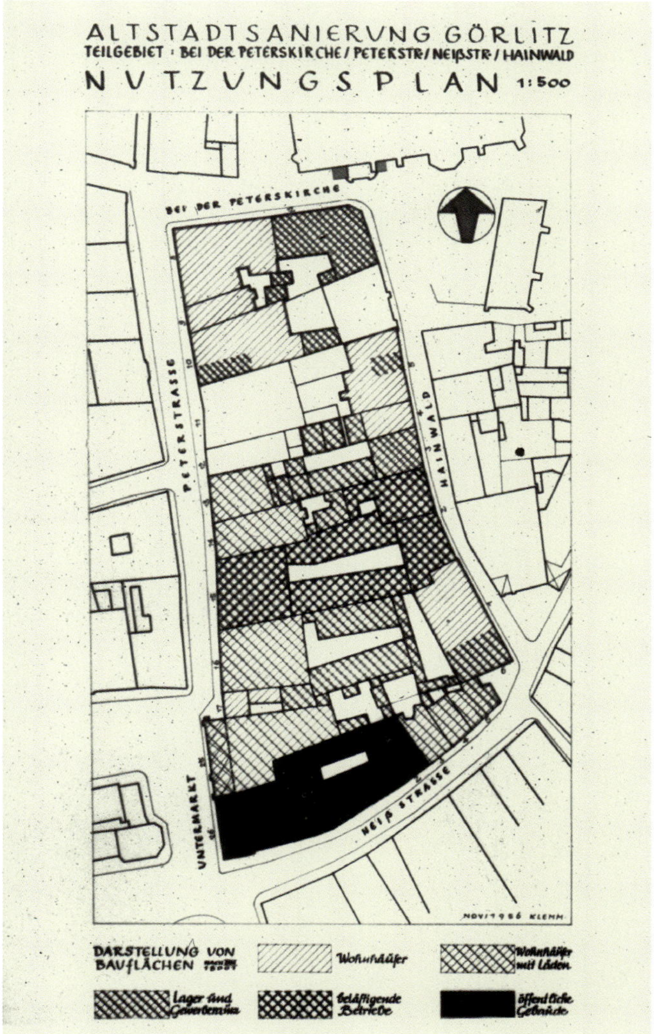

Abb. 7 Görlitz, Peterskirchviertel, Nutzungsplan

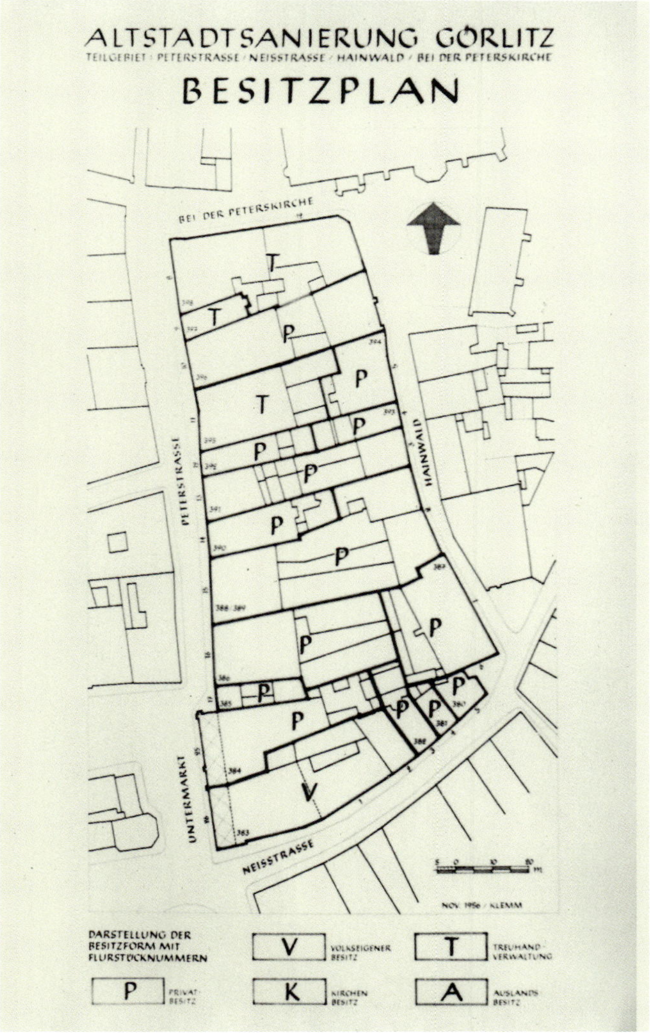

Abb. 8 Görlitz, Peterskirchviertel, Besitzplan

Abb. 9 Görlitz, Peterskirchviertel, Bestandsplan

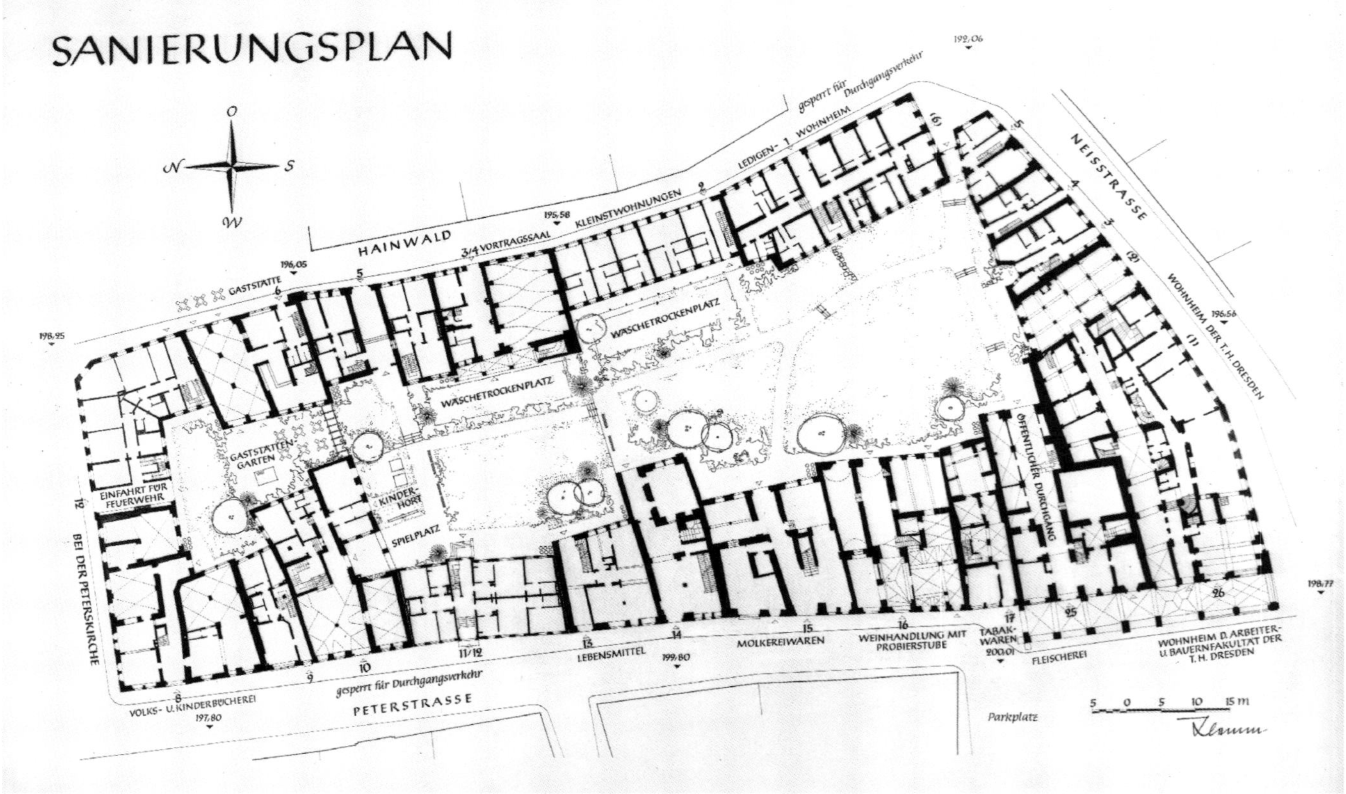

Abb. 10 Görlitz, Peterskirchviertel, Sanierungsplan

Die 1958 unter Einbeziehung von Studenten und jungen Mitarbeitern vorgelegten vorbildhaften Ergebnisse und die von den Untersuchungen beeinflusste Dissertation von Bernhard Klemm fanden internationale Beachtung und beeinflussten die städtebaulich-denkmalpflegerische Praxis nachhaltig. Im Lande selbst erfuhren sie infolge der sogenannten technisch-ökonomischen Politik im Bauwesen wenig öffentlichen Widerhall und blieben ohne wesentliche Folgen für die Praxis. Im Rahmen des Postgradualstudiums »Rekonstruktion« an der TU Dresden, gefördert und unterstützt vom Ministerium für Bauwesen und der Bauakademie Berlin, geleitet von Bernhard Klemm, wurde ein großer Hörerkreis von Architekten, Ingenieuren, Ökonomen u. a. mit diesen Grundlagenergebnissen vertraut gemacht.

In der Arbeit von Bernhard Klemm wurde die präzise Inventarisation des Bestands nach Erfassungs- und Bestandskarten, Aufmaßkarten in den Maßstäben 1:100, 1:500 bis hin zur Darstellung von Details im Maßstab 1:1 erprobt. Die Bestandskarten des gesamten Quartiers sowie Bestandskarten anderer Quartiere in der Altstadt von Görlitz und einigen anderen Städten in Sachsen, darunter für die Innere Neustadt in Dresden, wurden im Maßstab 1:200 angefertigt. Die Untersuchungen brachten den Nachweis, dass Teilbestandskarten wie Baualterskarte, Bauzustandskarte, Besitzkarte, Denkmalkarte, Nutzungskarte, Grünflächenkarte und Fassadenabwicklungen von Straßenzügen und Platzfronten mit Dokumentation der bestehenden Abfärbung notwendige Ergänzungen darstellen. Der Nutzen, mit Fotogrammetern zusammenzuarbeiten und die mit ihrer Hilfe hergestellten entzerrten Messbilder zu verwenden, wurde nachgewiesen. Die dabei gewonnenen exakten Maße der Straßen- und Hofffassaden waren hilfreich für die manuellen Aufmaße von Grundrissen und Gebäudeschnitten mit Bandmaß, Gliedermaßstab, Messlatte, Schlauchwaage, Lot und Bindfaden. An die heutzutage verwendeten Messverfahren mit Laser und elektronischen Hilfen war vor 60 Jahren nicht zu denken. Das Zusammenfügen der einzelnen Hausgrundrisse zum Gesamtplan eines Quartiers war mühselig (vgl. Abb. 9). Ungereimtheiten in den Aufmaßzeichnungen der Grundrisse erschwerten das Zusammenfügen und erforderten gegebenenfalls Nachmaß vor Ort, das bedeutete Zeitverlust und erhöhte Reisekosten.

Für die Darstellung der Ergebnisse wurden Signaturen in Schwarz-Weiß und in Farbe erprobt und zur allgemeinen Verwendung vorgeschlagen.

Bemerkenswerterweise gelang es auch, die Untersuchungen mit der Verwendung von Fragebögen zur Sozialstruktur zu begleiten. Dazu konnte die Kartei des Einwohnermeldeamtes eingesehen und ausgewertet werden, für damalige, von Misstrauen und Geheimhaltung geprägte Verhältnisse ein ungewöhnlicher Umstand. Auf Grundlage der Untersuchungen wurden Sanierungspläne für das intensiv erfasste und dargestellte Quartier, auch für andere Quartiere und einzelne Gebäude von besonderem Denkmalwert und Bedeutung für das städtebauliche Ensemble angefertigt.

Abb. 11 Görlitz, Peterskirchviertel, teilentkernter Innenhof, Foto um 1975

Eine Lückenschließung in vorwiegend traditioneller Bauweise wurde in der Baulücke Peterstraße 11–12 nach Einsturz und Abriss untersucht, analysiert, entworfen und realisiert (Abb. 11–14). Bernhard Klemm lieferte den Entwurf, an dem seine Mitarbeiter, der erfahrene Statiker Alfred Meint und der Bauingenieur Hans Pahler als Kostenplaner beteiligt waren.

In der Folgezeit wurden sowohl weitere beispielhafte Lückenschließungen mit Neubauten in traditioneller Bauweise als auch vorbildliche Rekonstruktionen durchgeführt. Durch Nutzungsänderungen wurden Hallenhäuser vor der kleinteili-

Abb. 12 Görlitz, Peterstraße 11 vor dem Einsturz

Abb. 13 Görlitz, Peterstraße 11–12, Straßenfassade, Foto um 1965

gen Verbauung für Wohnzwecke bewahrt, so das Renaissancehaus Peterstraße 8, im Jahre 1528 von Wendel Roskopf d. Ä. für den Bürgermeister und Kaufmann Franz Schneider errichtet. Dieses Gebäude konnte als Stadt- und Kinderbibliothek mit Wohnung für den Bibliotheksdirektor ausgebaut werden. Nach 1990 erfolgte der Umbau zum Hotel.

Neben den gewonnenen wissenschaftlichen Erkenntnissen wurde die Öffentlichkeit zunehmend über die Arbeiten informiert, sensibilisiert und zu aktiver Mitarbeit motiviert.

1959 versandte der für die Denkmalpflege zuständige Minister für Kultur Hans Pischner den Bericht über die Methodik des städtebaulichen Denkmalschutzes in Görlitz an die Vorsitzenden der 14 Bezirke der DDR mit der Aufforderung, diesen für die Lösung ähnlicher Probleme in ihren Arbeitsbereichen zu nutzen. Ebenfalls 1959 fand unter dem Motto »Ich ziehe in die Altstadt« im Städtischen Museum Görlitz, im Kaisertrutz, eine vielbeachtete Ausstellung zu »Stadterneuerung Görlitz – 10 Jahre Denkmalpflegearbeit« statt. Vom Institut für Denkmalpflege wurde diese Ausstellung unterstützt und gefördert, von Ernst-Heinz Lemper, Direktor des Museums und Stadtdenkmalpfleger, vorbereitet. Die Notwendigkeit und der Nutzen von Öffentlichkeitsarbeit wurde offensichtlich nachgewiesen und erkannt (Abb. 17).

Abb. 14 Görlitz, Peterstraße 11–12, Hofffassade, Foto um 1965

In den fünfziger Jahren des 20. Jahrhunderts folgten nach der Erfassung der Einzeldenkmale die Eintragung in Stadtkarten und Vorschläge zur Ausweisung von städtebaulichen Schutzzonen. Walter von Fritzschen vom Institut für Denkmalpflege Dresden fertigte als Erster in dieser Zeit »Ortsanalysen« an. Bis 1967 untersuchte er 17 Städte und hielt die Ergebnisse durch Text, Fotos und Skizzen fest. Diese Untersuchungen wurden von da an als »Städtebaulich-denkmalpflegerische Analysen« bezeichnet. Zusätzlich entstanden, den Umständen der Zeit geschuldet, »Kurzanalysen« mit knapper Erläuterung und Übersichtskarten in stark vereinfachter Form. Im Maßstab 1:5000 wurden die städtebaulich wichtigen Merkmale dargestellt. Von 1968 an entstanden bis 1976 unter Verantwortung von Hans-Eberhard Scholze und Jochen Helbig 17 Analysen, manche weitgehend von Architekturstudenten als Praktikumsarbeiten erstellt. In den nachfolgenden Jahren entstanden nochmals 15 ausführliche Analysen mit Vorschlägen und Zielstellungen für den planerischen Umgang mit den untersuchten Gebieten, angefertigt vom Autor mit Unterstützung von Praktikanten der Sektion Architektur an der TU Dresden und der Hochschule für Bauwesen Weimar.

Für einige Altstädte wurden lediglich Denkmalkarten, für historisch besonders bedeutende Städte, die weit in die Landschaft wirkten, Umgebungsschutzkarten erarbeitet. Durch die Beschlüsse der damals zuständigen Räte der Bezirke wurden die Vorschläge auf Grundlage des seit 1975 geltenden Denkmalschutzgesetzes und der 1979 im Gesetzblatt der DDR bekannt gemachten »Zentralen Denkmalliste« nach Diskussion und Veränderungen rechtsgültig.

Mit der Veröffentlichung der Zentralen Denkmalliste, in deren Kategorie »Denkmale des Städtebaus« ganze Altstadtkerne und Denkmalbereiche bis hin zu Anlagen des 20. Jahrhunderts aufgelistet waren, entschied der Generalkonservator, die Arbeitsstellen anzuweisen, jeweils einen Mitarbeiter – mit Aufgaben der städtebaulichen Denkmalpflege vertraut – zur Mitarbeit in einer von Martin Henze geleiteten Zentralen Arbeitsgruppe zu verpflichten.

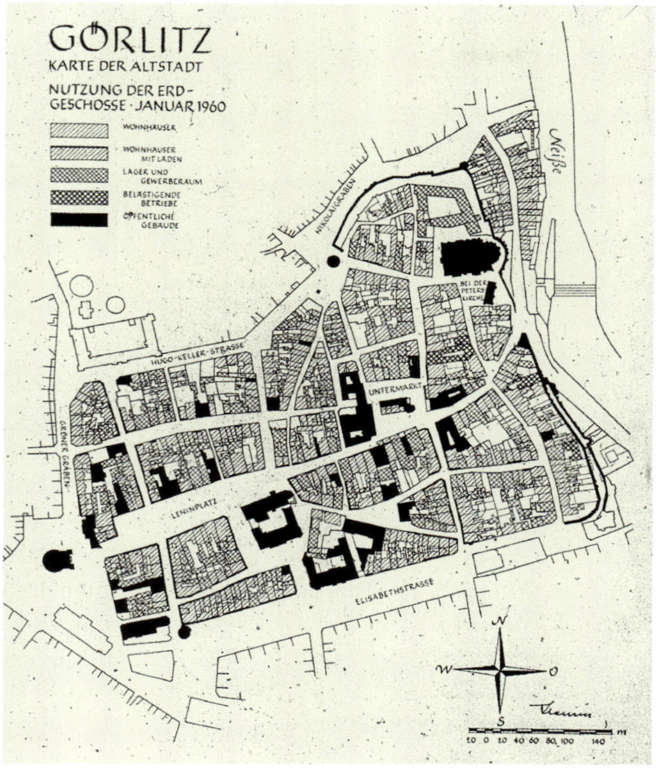

Abb. 15 Görlitz, Karte der Altstadt, Erdgeschoss – Nutzung 1960

1969 wurde der DDR durch Aufnahme in den ICOMOS internationales Ansehen und damit der Denkmalpflege Rückenstärkung zuteil. Das für 1975 von der UNESCO ausgerufene Internationale Jahr der Denkmalpflege und das Ringen der Regierung der DDR um internationale Anerkennung waren von günstigem Einfluss für die städtebauliche Denkmalpflege. Die Entwicklung in der Bundesrepublik Deutschland, wo schon 1963 für die Altstadt von Alsfeld nahe der innerdeutschen Grenze in Hessen eine Denkmalschutzsatzung verabschiedet worden war, wirkte mit förderlichem Einfluss auf die Denkmalpflege im östlichen Teil Deutschlands. Persönliche Kontakte zwischen den handelnden Denkmalpflegern in Ost und West rissen nie ab. Für das Stadtzentrum von Leipzig innerhalb des Rings wurde von der Arbeitsstelle Dresden des Instituts für Denkmalpflege eine umfangreiche, gründliche städtebaulich-denkmalpflegerische Analyse (1979–1985) erstellt und darauf folgend eine denkmalpflegerische Zielstellung formuliert. Darin wurde im Februar 1985 die weitgehende Wiederherstellung des größtenteils kriegszerstörten Stadtgrundrisses vorgeschlagen. Die Vorschläge wurden von den Machtausübenden kritisch beurteilt. Die Zielstellung wurde als Missachtung der offiziellen Auffassung von sozialistischer Stadtplanung angesehen. Einige der vorgeschlagenen Wiederherstellungen von Straßen- und Platzräumen sind mittlerweile realisiert, andere noch immer in Diskussion wie die aus städtebaulich-denkmalpflegerischen Gründen, die die Bedeutung des Rhythmus von Platz (Markt), Nikolaistraße, Thomasgasse und Thomaskirchhof betreffen. Dabei soll nicht unerwähnt bleiben, dass die vor 70 Jahren entstandene Situation, inzwischen mit Rabatten und Kleinarchitektur gestaltet, von Bürgern und Besuchern der Stadt mit Wohlgefallen angenommen wird.

Auch nach 1990 wurden die Vorschläge zur Wiederherstellung von Stadtgrundriss und Raumprofilen wenig beachtet. Zwischen Brühl im Norden, Katharinenstraße im Westen, Reichsstraße im Osten wurde beim Neubau des Bildermuseums von den Vorschlägen der Zielstellung abgewichen. Die Bebauung der ursprünglichen Straßenfluchten ist noch möglich.

Trotz schwieriger Personalsituation wurden rückblickend, in der Regel durch zähe Verhandlungen, Zusammenarbeit, fachliche Zuarbeit der Denkmalpfleger vor Ort, von Denkmalpflegern befriedigende städtebauliche Planungen und Realisierungen in den Städten Sachsens erreicht. In den Büros der Bezirkshauptstädte Dresden, Karl-Marx-Stadt (Chemnitz), Leipzig, die im Wesentlichen für Wiederaufbauplanungen und Generalbebauungsplanung verantwortlich zeichneten sowie in den Büros der Chefarchitekten in den Bezirkshauptstädten gab es verantwortungsbewusste Architekten, die so mutig waren, Kontakt mit den Denkmalpflegern zu halten und Einflussnahme zu ermöglichen wußten, wenn diese aus politisch-ideologischen Gründen erschwert oder gar verhindert werden sollte.

In den meisten Städten war durch die Betreuung von Baudenkmalen durch das Institut für Denkmalpflege ohnehin ständiger Kontakt zu Stadtbauämtern bzw. Stadtplanungsäm-

Abb. 16 Sonderheft der Wissenschaftlichen Zeitschrift der Technischen Universität Dresden 5/6 (1958/59) Heft 7

Abb. 17 Plakat zur Ausstellung »Ich ziehe in die Altstadt«, 1959

tern gegeben. Dort Beschäftigte waren vielerorts auch ehrenamtliche Beauftragte der Denkmalpflege. Sie konnten durch Informationen an das Institut für Denkmalpflege bis 1975 willkürlich getroffene, danach dem Denkmalschutzgesetz zuwider laufende Aktivitäten bekannt machen.

In Görlitz war infolge der häufigen Präsenz des Leiters der Arbeitsstelle Dresden zwischen Mitarbeitern, Professoren der Abteilung bzw. der Sektion Architektur der Technischen Universität Dresden auf Grundlage der Gegebenheiten der Plan- und Mangelwirtschaft guter und ständiger Kontakt. Beginnend mit dem Honorarvertrag des Instituts für Denkmalpflege mit Bernhard Klemm aus dem Jahre 1956 zahlte sich die geleistete Arbeit dank der Kompetenz und des örtlichen Engagements aus und wirkte weit über ihre Zeit. Auf Seiten der Stadt waren durch die Stadtverwaltung wie bereits erwähnt Ernst-Heinz Lemper als Museumsdirektor und ehrenamtlicher Stadtdenkmalpfleger und Horst Kranich als Bauingenieur und »Denkmalwächter« im Stadtbauamt, später in der Außenstelle des VEB Denkmalpflege Dresden, starke und kooperativ handelnde Partner vor Ort.

Positive Beispiele städtebaulicher Denkmalpflege in enger Zusammenarbeit mit dem Institut für Denkmalpflege sind zuerst in Torgau zu vermelden. Dort gelang es, das von Kriegseinwirkungen verschonte charakteristische Stadtbild zu bewahren, sogar in Teilen zurückzugewinnen.

Bärenstein, Belgern, Dippoldiswalde, Freiberg, Leisnig, Wolkenstein, Wurzen, Strehla, Rochlitz, Zschopau sind weitere Beispiele für gute Zusammenarbeit mit erfreulichen Ergebnissen – die Aufzählung ist unvollständig. Die aufgeschlossene und kooperative Zusammenarbeit zwischen dem Institut für Denkmalpflege, Stadtverwaltungen, Denkmalbehörden und ehrenamtlichen Beauftragten war da am erfolgreichsten, wo vor Ort engagierte und kenntnisreiche Personen handelten. Schmerzliche Verluste und gravierende Veränderungen von Flächendenkmalen und geschützten Stadtbildern waren trotz aktiver Einmischung und Beratung nicht zu verhindern. Als »zweiter Sieger«, um einen Ausspruch des nie resignierenden Hans Nadler zu zitieren, gingen manchmal die Fachbehörden aus diesem Ringen hervor. Die denkmalreichen und städtebaulich bedeutenden und gut erhaltenen Altstadtkerne von Zittau und Zwickau, die den zweiten Weltkrieg überstanden, litten besonders.

Die in der Plankammer des Landesamtes für Denkmalpflege aufbewahrten Pläne für die sozialistische Umgestaltung von Freiberg, bearbeitet vom Büro Henselmann, die bis auf einige Solitärbauten den Abriss und die Aufgabe des Altstadtgrundrisses vorsahen, blieben Makulatur. Heute lässt der Anblick dieser Pläne nur Unverständnis aufkommen. Manches Mal verhinderten das reduzierte Volumen an Produktivkräften und der wirtschaftliche Niedergang Schlimmeres.

Aus der im Generalbebauungsplan von 1975/77 für Görlitz vorgesehenen Zentrumsmagistrale als innerstädtische Verbindung zwischen der Grenzübergangsstelle an der Neißebrücke (am Stadtpark) und dem Neubaugebiet im Norden der Stadt wurde nichts. Sie hätte, durch dicht bebaute Wohn- und Geschäftsbereiche am Demianiplatz führend und die Altstadt tangierend, den Abriss von ca. 600 Wohnungen erfordert. Die Missachtung der denkmalpflegerischen Zielstellung wäre nur am Rande zu bemerken gewesen.

Nicht immer gelang es, die auf der Basis des »Gesetzes über die örtlichen Organe der Staatsmacht« vom 18. Januar 1957 unter Beteiligung des Instituts für Denkmalpflege erarbeiteten Orts- und Gestaltungssatzungen für denkmalwerte, ab 1975 geschützte Altstädte und städtebauliche Ensembles zur Rechtsverbindlichkeit zu bringen.

Die Umstellung der Heizanlagen auf Braunkohlefeuerung – mit dem einhergehenden Bau von Schornsteinen und den Folgen der aggressiven Bestandteile der Abgase für die Oberflächen der Bauten – die Veränderung von Verkehrsbauwerken, die Anlage von neuen Straßen und der Ausbau vorhandener durch geschützte Altstadtkerne wie z. B. in Döbeln und die Anwendung undifferenzierter Plattenbauten waren deutliche Zeichen des Unverständnisses für denkmalpflegerische Anliegen.

Aus ideologischen Gründen erfolgten Abrisse oder es wurden Höhendominanten errichtet. Abriss infolge lang unterlassener Instandhaltung, Gestaltung von »Erlebnisbereichen« innerhalb der Städte und Entkernung von Innenbereichen ganzer Bauquartiere ohne Rücksicht auf die in den Grundbüchern eingetragenen Parzellenstrukturen, Anlagen von Gemeinschaftsgrün und Spielflächen blieben, so im Görlitzer Peterskirchviertel, Planung. Andernorts, so in Bautzen am Fleischmarkt ausgeführt, demonstrierten sie rasch ihre die Vorteile unterlaufenden Nachteile.

Die hier angerissenen Bestrebungen städtebaulich-denkmalpflegerischen Arbeitens lassen sich in ihrer Zielsetzung sinnfällig mit den Worten Bernhard Klemms charakterisieren: »Die alte Stadt wird als Denkmal dann am besten gewürdigt und sinnvoll bewahrt werden, wenn es gelingt, sie zur lebendigen Wohnstadt zu erneuern.«[12]

Anmerkungen

1 Vgl. dazu u. a. Kiesow, G.: Denkmalschutz aus der Sicht der Denkmalpfleger, in: Alte Städte – Neue Chancen, Bonn 1996, S. 12; Grassicke, M.: Stadtbaugeschichte von der Antike bis zur Gegenwart, Braunschweig 1982; Rauda, W.: Lebendige Städte. Bauliche Raumbildung, Symmetrie und Rhythmus in der deutschen Stadt, Berlin 1957.

2 Helbig, J.: Fragen städtebaulicher Denkmalpflege, in: Denkmale in Sachsen, Weimar 1978, S. 93-116; Magirius, H., Städtebauliche Denkmalpflege in Sachsen, in: Denkmale in Sachsen, Weimar 1978, S. 62–92.

3 Kiesow (siehe Anm. 1), S. 140.

4 Siehe Sterra, B. u. a.: Dresden und seine Architekten. Strömungen und Tendenzen 1900 – 1990, Dresden 2011.

5 Angeschlossen dem Institut für Ökonomie des Bauwesens, Direktor Prof. Solotnitzky, später Fakultät Bauwesen, Abt. Architektur.

6 Werner Heinrich und Günther Herrmann.

7 Am Anfang Ulrike Kirdorf und Rudolf Brückner, ab 1956 Jürgen Schieferdecker und Wolfgang Hähle. Die beiden letzteren absolvierten auch ein einsemestriges Praktikum zur Mitarbeit an diesem Projekt.

8 Görlitz, Altstadt, Städtebauliches, Akten im Aktenarchiv des Landesamtes für Denkmalpflege Sachsen.

9 Ausführlich dazu Klemm, B.: Die Sanierung des Görlitzer Peterskirch-Viertels. Ein Beitrag zur Rekonstruktion von Altstädten, Diss., TU Dresden, Dresden 1962; ders.: Städtebaulich-denkmalpflegerische Untersuchungen in Görlitz, in: Wissenschafliche Zeitschrift der Technischen Hochschule Dresden 7 (1958/59) 5/6.

10 Die Altstadt von Stralsund. Untersuchungen zum Baubestand und zur städtebaulichen Denkmalpflege 12/13, hrsg. v. d. Deutschen Bauakademie, Abt. Städtebau und Siedlungswesen, Berlin 1958.

11 Andrä, A.: Entwicklungen 1945–1989, in: Alte Städte – Neue Chancen. Städtebaulicher Denkmalschutz. Mit Beispielen aus den östlichen Ländern der Bundesrepublik Deutschland, Bonn 1996, S. 144.

12 Klemm, B.: Alte Stadt als Wohnstadt, in: Altstadterneuerung in Görlitz – 10 Jahre Denkmalpflegearbeit, Ausst.kat., Görlitz 1959, o. S.

Die Altstadt von Torgau und der Wohnungsbau als soziale und kulturelle Aufgabe

Gerhard Glaser

Meine erste Begegnung mit der Stadt Torgau hatte ich am 21. März 1959. Für die Architekturstudenten der Technischen Hochschule Dresden bestand damals die Gelegenheit, das Wahlfach »Denkmalpflege« zu belegen. Die Vorlesungen und noch mehr die Exkursionen des Lehrbeauftragten Dr. Hans Nadler am Institut für Theorie und Geschichte der Architektur waren sehr beliebt wegen ihrer unterhaltsamen Wissensvermittlung. An einem schönen Frühlingstag führte die Exkursion nach Mühlberg, Martinskirchen und Torgau. Zu später Vormittagsstunde standen wir auf dem Marktplatz vor dem mächtigen Renaissance-Rathaus, dessen kräftige Gesimse, Halbsäulen und Pilaster im Streiflicht von Süden ganz besonders plastisch wirkten, und Dr. Nadler erläuterte, dass der Bau aus der Mitte des 16. Jahrhunderts nahezu vollständig erhalten, aber kaum noch erkennbar sei. 1871 habe nämlich ein größenwahnsinniger Rat der zu dieser Zeit bedeutungslosen Stadt beschlossen, einen Berliner Architekten zu beauftragen, das Rathaus noch eindrucksvoller zu gestalten als es ohnehin schon war. Der lieferte zwei Fassadenentwürfe, einen in Gotik und einen in italienischer Renaissance. Und weil letzterer billiger war, wurde er ausgeführt. Wir Studenten begriffen langsam die ursprünglich wohlproportionierte Fassade und hörten die Argumente für deren Wiederherstellung. Ich bemerkte zu dem neben mir stehenden Kommilitonen: »Na, den Blödmann möchte ich sehen, der diese massive Fassade wieder abbaut!« Im Jahre 1971 war dieser »Blödmann« ich, nachdem die Fassade begonnen hatte, sich selbst aufzulösen und die massiven Gesimse sich als stuckbekleidete windige Brettkonstruktionen erwiesen hatten.

Der Name der Stadt Torgau leitet sich ab von dem altslawischen Wort »Torgov« = Handelsplatz, der sich hier sicher schon lange vor der Ersterwähnung 973 an der Kreuzung der Elbe mit der west-östlichen Handels- und Salzstraße Halle – Leipzig – Frankfurt/Oder – Polen befand. Sicher bestand hier damals auch schon ein Burgward zur Sicherung der germanischen Ostgrenze anstelle des heutigen Schlosses Hartenfels. Das 1089 mit der Markgrafschaft Meißen belehnte Fürstengeschlecht der Wettiner prägte das Gebiet entscheidend. 1423 zu Kurfürsten von Sachsen erhoben, teilten sie 1485 das Land, und die Ernestiner, Nachkommen des Kurfürsten Ernst von Sachsen (1485-86), nahmen ihre Residenz wechselweise in Wittenberg und Torgau, ab 1525 nur noch in Torgau bis 1547. Nachdem in diesem Jahr die Kurwürde an den Albertiner Moritz, Nachkom-

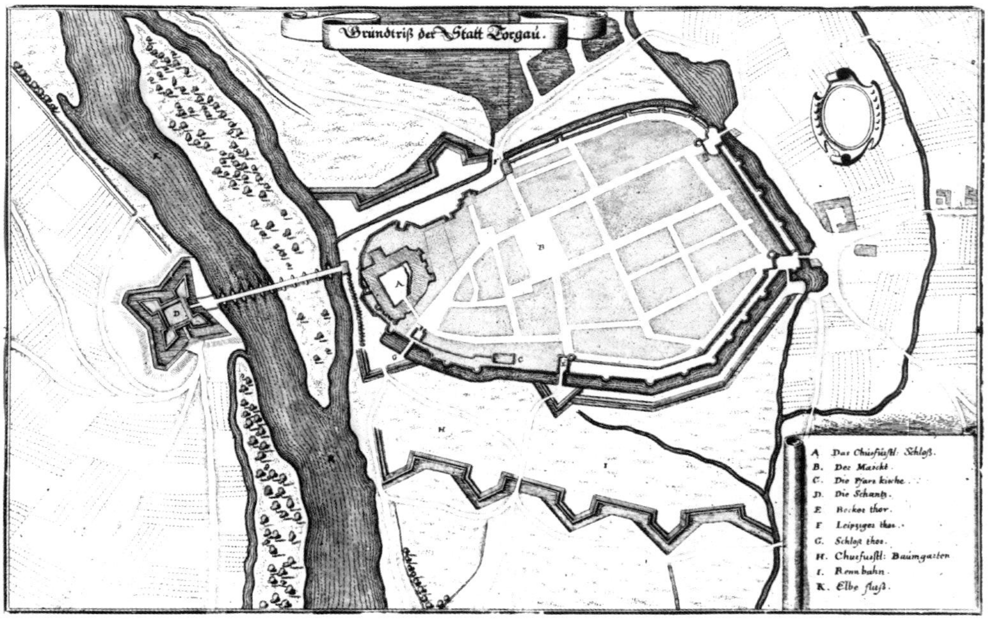

Abb. 1 »Grundriß der Stadt Torgau«, Matthäus Merian, 1650

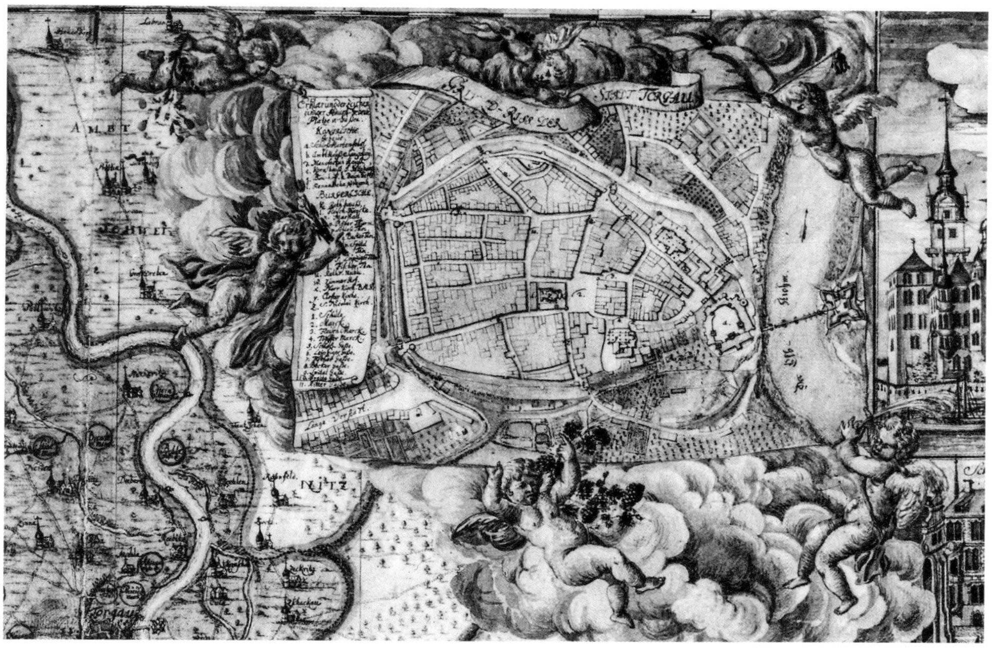

Abb. 2 Stadtplan aus der Karte des Amtes Torgau um 1720 von H. S. Ulrici

me des Herzogs Albrecht von Sachsen (1485–1500) gefallen war, wurde Dresden Residenzstadt. Das politische Zentrum der Reformation verlegte sich von Torgau nach Dresden. Dennoch blieb die Stadt noch lange wichtige Nebenresidenz, in der Landtage und Fürstentreffen stattfanden, weil hier eine bessere Infrastruktur als zunächst in Dresden vorhanden war.

Torgau war so groß wie Dresden oder Annaberg und dem Landesherrn direkt unterstellt. Die Einwohnerzahl war von 3.000 im Jahre 1505 auf 6.000 im Jahre 1551 gestiegen. Seit dem Dreißigjährigen Krieg nahm die Stadt keine Entwicklung mehr – die Einwohnerzahl war 1697 auf 2.800 abgesunken – und existierte im Wesentlichen in ihren mittelalterlichen Grenzen mit 800 Metern Ost-West- und 550 Metern Nord-Süd-Ausdehnung. Die Stadtgestalt, wie sie Matthäus Merian 1650 (Abb. 1) oder H. S. Ulrici um 1720 (Abb. 2) zeigen, änderte sich nicht mehr: am Brückenkopf Schloss Hartenfels, nach Westen anschließend die Freihöfe der Ritterschaft, um den Markt die reichen Bauten des Patriziats und im weiter nach Westen abfallenden Teil der Stadt die bescheidenen Häuser der Handwerker und ärmeren Stadtbewohner. In der Folge der Napoleonischen Kriege fiel Torgau entsprechend den Festlegungen des Wiener Kongresses 1820 an Preußen. Die bereits bestehende Festung wurde zur Garnisonsstadt ausgebaut. Mit Anschluss an das Eisenbahnnetz 1872 erweiterte sie sich in Richtung Nordwesten zum Bahnhof hin. Nennenswerte Industrie entstand erst ab 1906 mit einer Landmaschinenfabrik und 1926 mit einer Dependance der Steingutwerke Villeroy & Boch. Neben diesen wurde das 1960 bis 1964 errichtete Flachglaskombinat prägend für die weitere wirtschaftliche Entwicklung der Stadt. Ab 1954 entstand ein neuer Stadtteil westlich der Altstadt für 7.500 Einwohner, ab 1960 das Neubaugebiet Torgau-Nordwest für 6.250 Einwohner. In der historischen Altstadt lebten 1988

Abb. 3 Rathaus vor dem Umbau 1872

Abb. 4 Rathaus nach dem Umbau 1872

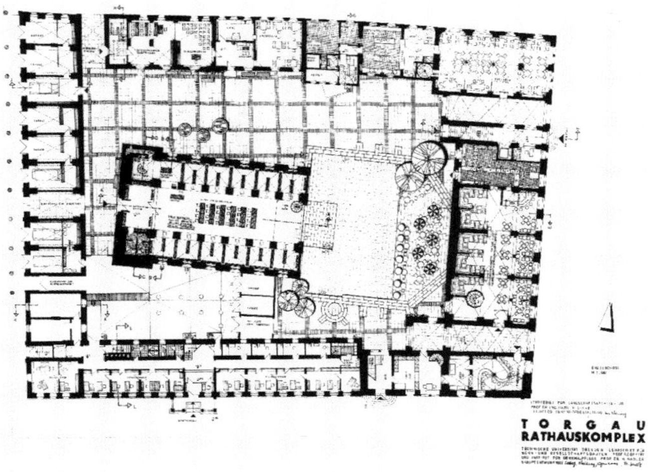

Abb. 5 Grundriss des Rathauskomplexes mit ehem. Nikolaikirche, 1969, Studentenentwurf

Abb. 6 Rathauskomplex, Vogelschau von Südosten, 1969, Studentenentwurf

5.220 Einwohner. Insgesamt zählte Torgau zu diesem Zeitpunkt 22.900 Einwohner. Heute leben hier 19.000 Menschen, davon knapp 5.000 in der Altstadt.

Im Zuge der Auflösung der Länder 1952 in der DDR und Bildung der Bezirke wurden die Kreise Delitzsch, Eilenburg und Torgau dem Bezirk Leipzig zugeordnet und gelangten damit in den Verantwortungsbereich des alten sächsischen Landesamtes für Denkmalpflege in Dresden, der nunmehrigen Arbeitsstelle Dresden des zentralen Instituts für Denkmalpflege. Die ersten Kontakte entwickelten sich im November 1954, als der Rat der Stadt, die Stadtverwaltung, das Institut bat, einen Mitarbeiter nach Torgau zu entsenden, um die Putzerneuerung an der Rathausfassade von 1872 zu besprechen. Walter von Fritzschen legte in einer ausführlichen Stellungnahme dar, dass es sinnvoll sei, diese Fassade wieder zu entfernen. Dem Rat der Stadt wurde klar, dass sie nicht losgelöst von der Standsicherheit des gesamten Baus betrachtet werden konnte, hatte man diesen doch damals, um eine Fassadensymmetrie zu erreichen, statisch schwer geschädigt (Abb. 3 und 4). Das zweite Obergeschoss über dem großen Bürgersaal war deshalb schon seit Jahrzehnten nicht mehr nutzbar. Am 4. April 1955 vermerkt Dr. Nadler, dass die Stadt bereit sei, das Rathaus grundhaft in Ordnung zu bringen.[1] Bis zu konkreten Schritten hierzu vergingen noch weitere dreizehn Jahre. 1973 stand die 1.000-Jahrfeier der Stadt bevor, die man nicht in einem Rathaus begehen wollte, das nur noch zu 61 Prozent nutzbar war. Am 19. Juni 1968 fand im Institut für Denkmalpflege in Dresden die entscheidende Beratung mit dem amtierenden Bürgermeister Goetze statt, in der man übereinkam, Prof. Dipl.-Ing. Rolf Göpfert, Lehrgebiet für Gebäudelehre und Entwerfen an der TU Dresden zu bitten, den gesamten Rathauskomplex zwischen Markt, Leipziger, Breite und Scheffelstraße durch Studenten im Rahmen eines Praktikums aufmessen und parallel dazu eine Bau-, Nutzungs- und Schadensanalyse anfertigen zu lassen; ferner Dipl.-

Abb. 7 Rathaus nach Entfernung der 1872 vorgeblendeten Fassade und Wiederherstellung des ursprünglichen konstruktiven Zustandes im Erdgeschoss, 1971

Abb. 8 Rathaus nach der Wiederherstellung, um 1973

Abb. 9 Haus Markt 3 während der Wiederherstellung, 1961

Ing. Wolfgang Preiß, Dresden, Sachverständiger für die konstruktive Sicherung von Baudenkmalen, zu beauftragen, den statisch-konstruktiven Zustand zu beurteilen und Vorschläge zur denkmalgerechten Wiederherstellung zu unterbreiten.[2] Im darauffolgenden Schreiben vom 27. Juni 1968 mit Darlegung von Konzeption, Zeitablauf und voraussichtlichen Kosten an den Vorsitzenden des Rats des Kreises Torgau bekennt sich Bürgermeister Andrä in der Vorbemerkung klar zur historischen Dimension von Rathaus und Stadt: »Der Charakter des Rathaushauptgebäudes am Markt und des Gebäudekomplexes angrenzend (…) als Kernstück der Altstadt der Kreisstadt Torgau bedingen eine intensive und umfassende Arbeit auf denkmalpflegerischem Gebiet zur Erhaltung denkmalwürdiger Gebäudekomplexe als Kulturerbe des deutschen Volkes«.[3] Die Studenten Torsten Gustavs, Ina Steiding, Friedrich Scherke und Sigrid Seeberg erfüllten die o. g. Aufgabe vom 2. März bis 30. August 1969 und bearbeiteten anschließend gemeinsam im Rahmen eines 3. Hauptentwurfs unter meiner und damit direkter Anleitung des Instituts für Denkmalpflege die Grundlagen zur Revitalisierung des gesamten Komplexes (Abb. 5 und 6). Die sehr gute Arbeit der Studenten wurde am 19. Dezember 1969 vor dem Rat der Stadt verteidigt und sofort in die Praxis übergeleitet. Torsten Gustavs, inzwischen diplomiert, wurde gemeinsam mit dem TU-Absolventen Michael Schubach beim Rat der Stadt angestellt, die Hauptbaubetriebe von Anbeginn in die Ausführungsplanung einbezogen, der gesamte Planungsprozess weiterhin vom Institut für Denkmalpflege intensiv begleitet (Abb. 7). Anlässlich der 1.000-Jahrfeier im Juni 1973 waren der Außenbau, Haupttreppenhaus, Bürgermeisterbereich, Ratssaal, Großer Bürgersaal und Ratskeller fertiggestellt (Abb. 8). Die übrigen Bereiche wurden schrittweise bis 1976 zu Ende gebracht.

Nachdem eindeutig hatte nachgewiesen werden können, dass die Gesamtkosten für den gesamten Rathauskomplex nur zwei Drittel eines vergleichbaren Neubaus ausgemacht hatten, wurde das ohnehin schon wache Bewusstsein für die historische Dimension der Stadt erheblich gestärkt. Dieses Bewusstsein hatte eine erste Bewährungsprobe im Jahr 1961 erfahren, als das Renaissancehaus Markt 3, Eckhaus zur Bäckerstraße, aufgrund einsturzgefährdeter Giebel und wegen erheblichen Schädlingsbefalls nicht mehr verwendbarer

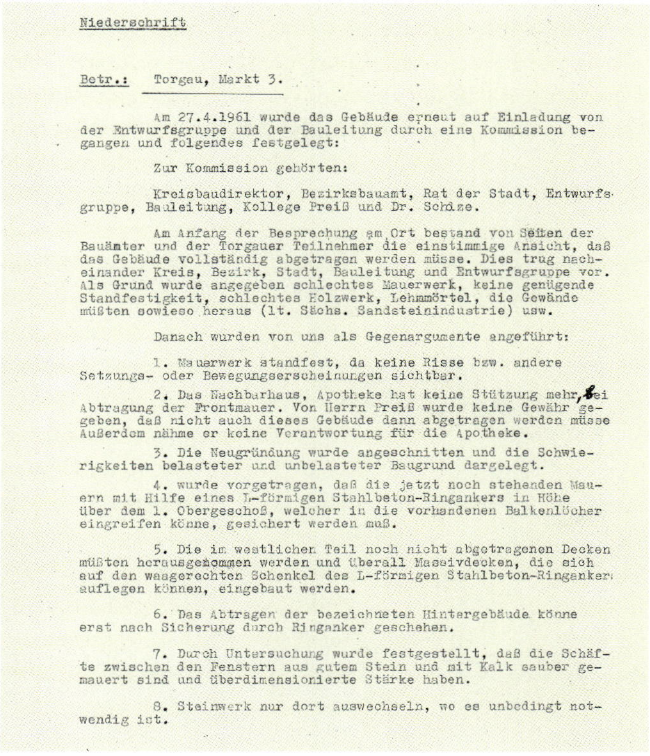

Niederschrift

Betr.: Torgau, Markt 3.

Am 27.4.1961 wurde das Gebäude erneut auf Einladung von der Entwurfsgruppe und der Bauleitung durch eine Kommission begangen und folgendes festgelegt:

Zur Kommission gehörten:

Kreisbaudirektor, Bezirksbauamt, Rat der Stadt, Entwurfsgruppe, Bauleitung, Kollege Preiß und Dr. Schdze.

Am Anfang der Besprechung am Ort bestand von Seiten der Bauämter und der Torgauer Teilnehmer die einstimmige Ansicht, daß das Gebäude vollständig abgetragen werden müsse. Dies trug nacheinander Kreis, Bezirk, Stadt, Bauleitung und Entwurfsgruppe vor. Als Grund wurde angegeben schlechtes Mauerwerk, keine genügende Standfestigkeit, schlechtes Holzwerk, Lehmmörtel, die Gewände müßten sowieso heraus (lt. Sächs. Sandsteinindustrie) usw.

Danach wurden von uns als Gegenargumente angeführt:

1. Mauerwerk standfest, da keine Risse bzw. andere Setzungs- oder Bewegungserscheinungen sichtbar.

2. Das Nachbarhaus, Apotheke hat keine Stützung mehr, bei Abtragung der Frontmauer. Von Herrn Preiß wurde keine Gewähr gegeben, daß nicht auch dieses Gebäude dann abgetragen werden müsse Außerdem nähme er keine Verantwortung für die Apotheke.

3. Die Neugründung wurde angeschnitten und die Schwierigkeiten belasteter und unbelasteter Baugrund dargelegt.

4. wurde vorgetragen, daß die jetzt noch stehenden Mauern mit Hilfe eines L-förmigen Stahlbeton-Ringankers in Höhe über dem 1. Obergeschoß, welcher in die vorhandenen Balkenlöcher eingreifen könne, gesichert werden muß.

5. Die im westlichen Teil noch nicht abgetragenen Decken müßten herausgenommen werden und überall Massivdecken, die sich auf den waagerechten Schenkel des L-förmigen Stahlbeton-Ringankers auflegen können, eingebaut werden.

6. Das Abtragen der bezeichneten Hintergebäude könne erst nach Sicherung durch Ringanker geschehen.

7. Durch Untersuchung wurde festgestellt, daß die Schäfte zwischen den Fenstern aus gutem Stein und mit Kalk sauber gemauert sind und überdimensionierte Stärke haben.

8. Steinwerk nur dort auswechseln, wo es unbedingt notwendig ist.

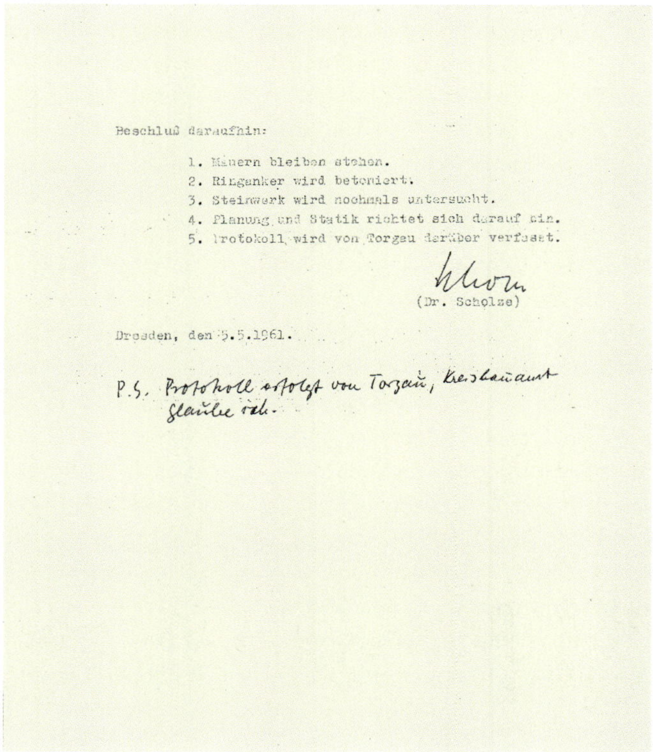

Beschluß daraufhin:

1. Mauern bleiben stehen.
2. Ringanker wird betoniert.
3. Steinwerk wird nochmals untersucht.
4. Planung und Statik richtet sich darauf ein.
5. Protokoll wird von Torgau darüber verfasst.

(Dr. Scholze)

Dresden, den 5.5.1961.

P.S. Protokoll erfolgt von Torgau, Kreisbauamt glaube ich.

Abb. 10 Niederschrift zu Abbruch oder Sicherung von Haus Markt 3 und 5, Mai 1961

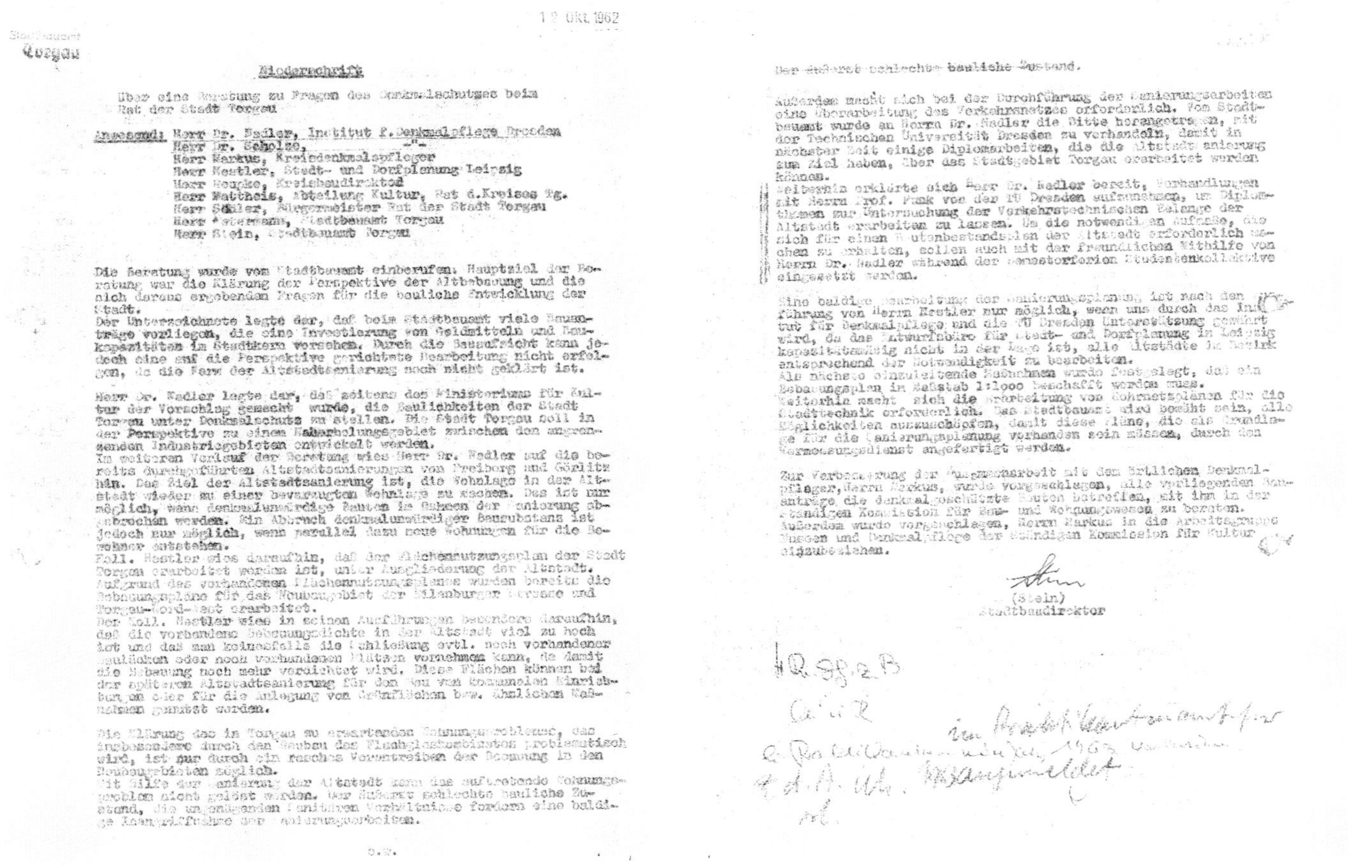

Stadtbauamt
Torgau

12. Okt. 1962

Niederschrift

über eine Beratung zu Fragen des Denkmalschutzes beim
Rat der Stadt Torgau

Anwesend: Herr Dr. Nadler, Institut f. Denkmalpflege Dresden
Herr Dr. Scholze, -"-
Herr Markus, Kreisdenkmalpfleger
Herr Nestler, Stadt- und Dorfplanung Leipzig
Herr Haupke, Kreisbaudirektor
Herr Mattheis, Abteilung Kultur, Rat d. Kreises Tg.
Herr Seidler, Bürgermeister Rat der Stadt Torgau
Herr Petermann, Stadtbauamt Torgau
Herr Stein, Stadtbauamt Torgau

Die Beratung wurde vom Stadtbauamt einberufen. Hauptziel der Beratung war die Klärung der Perspektive der Altbebauung und die sich daraus ergebenden Fragen für die bauliche Entwicklung der Stadt.
Der Unterzeichnete legte dar, daß beim Stadtbauamt viele Bauanträge vorliegen, die eine Investierung von Geldmitteln und Baukapazitäten im Stadtkern vorsehen. Durch die Bauaufsicht kann jedoch eine auf die Perspektive gerichtete Bearbeitung nicht erfolgen, da die Form der Altstadtsanierung noch nicht geklärt ist.

Herr Dr. Nadler legte dar, daß seitens des Ministeriums für Kultur der Vorschlag gemacht wurde, die Baulichkeiten der Stadt Torgau unter Denkmalschutz zu stellen. Die Stadt Torgau soll in der Perspektive zu einem Naherholungsgebiet zwischen den angrenzenden Industriegebieten entwickelt werden.
Im weiteren Verlauf der Beratung wies Herr Dr. Nadler auf die bereits durchgeführten Altstadtsanierungen von Freiberg und Görlitz hin. Das Ziel der Altstadtsanierung ist, die Wohnlage in der Altstadt wieder zu einer bevorzugten Wohnlage zu machen. Das ist nur möglich, wenn denkmalunwürdige Bauten im Rahmen der Sanierung abgebrochen werden. Ein Abbruch denkmalunwürdiger Bausubstanz ist jedoch nur möglich, wenn parallel dazu neue Wohnungen für die Bewohner entstehen.
Koll. Nestler wies daraufhin, daß der Flächennutzungsplan der Stadt Torgau erarbeitet worden ist, unter Ausgliederung der Altstadt. Aufgrund des vorhandenen Flächennutzungsplanes wurden bereits die Bebauungspläne für das Neubaugebiet der Eilenburger Strasse und Torgau-Nord-West erarbeitet.
Der Koll. Nestler wies in seinen Ausführungen besonders daraufhin, daß die vorhandene Bebauungsdichte in der Altstadt viel zu hoch ist und daß man keinesfalls die Schließung evtl. noch vorhandener Baulücken oder noch vorhandenen Flächen vornehmen kann, da damit die Bebauung noch mehr verdichtet wird. Diese Flächen können bei der späteren Altstadtsanierung für den Bau von kommunalen Einrichtungen oder für die Anlegung von Grünflächen bzw. ähnlichen Maßnahmen genutzt werden.

Die Klärung des in Torgau zu erwartenden Wohnungsproblems, das insbesondere durch den Neubau des Flachglaskombinates problematisch wird, ist nur durch ein rasches Vorantreiben der Bebauung in den Neubaugebieten möglich.
Mit Hilfe der Sanierung der Altstadt kann das auftretende Wohnungsproblem nicht gelöst werden. Der äußerst schlechte bauliche Zustand, die ungenügenden sanitären Verhältnisse fordern eine baldige Inangriffnahme der Sanierungsarbeiten.

b.w.

Der äußerst schlechte bauliche Zustand.

Außerdem macht sich bei der Durchführung der Sanierungsarbeiten eine Überarbeitung des Verkehrsnetzes erforderlich. Vom Stadtbauamt wurde an Herrn Dr. Nadler die Bitte herangetragen, mit der Technischen Universität Dresden zu verhandeln, damit in nächster Zeit einige Diplomarbeiten, die die Altstadtsanierung zum Ziel haben, über das Stadtgebiet Torgau erarbeitet werden können.
Weiterhin erklärte sich Herr Dr. Nadler bereit, Verhandlungen mit Herrn Prof. Funk von der TU Dresden aufzunehmen, um Diplomthemen zur Untersuchung der verkehrstechnischen Belange der Altstadt erarbeiten zu lassen. Um die notwendigen Aufmaße, die sich für einen Bautenbestandsplan der Altstadt erforderlich machen zu erhalten, sollen auch mit der freundlichen Mithilfe von Herrn Dr. Nadler während der Semesterferien Studentenkollektive eingesetzt werden.

Eine baldige Bearbeitung der Sanierungsplanung ist nach den Ausführung von Herrn Nestler nur möglich, wenn uns durch das Institut für Denkmalpflege und die TU Dresden Unterstützung gewährt wird, da das Entwurfsbüro für Stadt- und Dorfplanung in Leipzig kapazitätsmäßig nicht in der Lage ist, alle Altstädte im Bezirk entsprechend der Notwendigkeit zu bearbeiten.
Als nächste einzuleitende Maßnahmen wurde festgelegt, daß ein Bebauungsplan im Maßstab 1:1000 beschafft werden muss.
Weiterhin macht sich die Erarbeitung von Rohrnetzplänen für die Stadttechnik erforderlich. Das Stadtbauamt wird bemüht sein, alle Möglichkeiten auszuschöpfen, damit diese Pläne, die als Grundlage für die Sanierungsplanung vorhanden sein müssen, durch den Vermessungsdienst angefertigt werden.

Zur Verbesserung der Zusammenarbeit mit dem örtlichen Denkmalpfleger, Herrn Markus, wurde vorgeschlagen, alle vorliegenden Bauanträge die denkmalgeschützte Bauten betreffen, mit ihm in der ständigen Kommission für Bau- und Wohnungswesen zu beraten. Außerdem wurde vorgeschlagen, Herrn Markus in die Arbeitsgruppe Museen und Denkmalpflege der ständigen Kommission für Kultur einzubeziehen.

(Stein)
Stadtbaudirektor

Abb. 11 Niederschrift zu einer Beratung der Vertreter der Stadt Torgau mit den übergeordneten Baubehörden und dem Institut für Denkmalpflege vom 12. Oktober 1962

Decken und Innenwände akut abbruchgefährdet war. Dipl.-Ing. Wolfgang Preiß, der unverzichtbare Sachverständige, und Architekt Hans-Eberhard Scholze, Stellvertreter von Dr. Nadler, konnten am Ende mit den Sachargumenten, dass das Außenmauerwerk bis zum Hauptsims standfest sei und eine erhebliche Stützwirkung für das Nachbarhaus ausübe und die neue Gründung eines Ersatzbaus erhebliche Probleme für die Umgebung brächte, davon überzeugen, wirtschaftlich Verwendbares wieder zu verwenden (Abb. 9). Am 30. April 1962 schrieb der ehrenamtlich in das Handeln der Stadtverwaltung einbezogene Kreisdenkmalpfleger Kurt Markus an das Institut für Denkmalpflege in Dresden: »Die drei Giebel am Haus Markt 3 sind errichtet worden und erfreuen durch ihre Schönheit«. Am 5. Juli rannte Dr. Scholze mit einem Brief an den Rat der Stadt wohl schon offene Türen ein, als er schrieb: »Die Arbeiten am Haus Markt 3 sind jetzt soweit gediehen, dass sie eine Einschätzung gestatten. Die Form und Qualität ist gut geworden, sodass dieses wesentliche und städtebaulich so bedeutende Haus seine volle Wirkung wieder erhalten hat.« Die hier im Faksimile wiedergegebene Niederschrift zur Beratung am 27. April[4] (Abb. 10) zeigt eindrücklich, wie sehr gebautes Kulturgut immer wieder gefährdet ist und wie in diesem Falle eine richtungsweisende kommunalpolitische Entscheidung getroffen wurde. Das bedeutete jedoch noch nicht, dass in der Stadt nunmehr denkmalpflegerische Gesichtspunkte zu Leitlinien baupolitischen Handelns gemacht wurden. In einem Brief von Bürgermeister Seidler und Stadtbaudirektor Stein vom 3. August 1962 an das Institut für Denkmalpflege lesen wir: *»Wie uns durch den örtlichen Denkmalpfleger Kollegen Markus mündlich mitgeteilt wurde, steht seit einiger Zeit der gesamte Stadtkern von Torgau unter Denkmalschutz. Die Ausdehnung des Denkmalbegriffes hätte unserer Meinung nach mit uns als örtliches Staatsorgan abgestimmt werden müssen. Da diese Maßnahme durchgeführt wurde, ohne uns hinzuzuziehen, weisen wir Sie darauf hin, dass diese Arbeitsweise nicht der Neuen Ordnung über die Arbeitsweise der Staatsorgane entspricht und das Prinzip des demokratischen Zentralismus verletzt.*

Gem. Verordnung über die Pflege und den Schutz der Denkmale vom 23. Oktober 1961 sind wir als örtliches Organ verpflichtet, den Schutz der Denkmale zu gewährleisten. Wir sind jedoch nicht der Meinung, dass der gesamte Stadtkern als Baudenkmal angesehen werden kann.

Die Wohnverhältnisse des Stadtkerns sind in Bezug auf hygienische Forderungen völlig unbefriedigend. Die Struktur und Gliederung unserer Altstadt wurde doch weitgehendst von den Interessen der Bourgeoisie bestimmt und entspricht in keiner Weise den materiellen und kulturellen Bedürfnissen der Gesamtheit der Bevölkerung.

Wir sind der Meinung, Denkmale der architektonischen und künstlerischen Kultur vergangener Epochen zu erhalten. Die Erhaltung solcher Denkmale darf jedoch nicht auf Kosten der Wohnkultur unserer Menschen durchgeführt werden, wie das zweifellos bei der Erhaltung des Stadtkerns der Fall wäre.

Aus den gemachten Darlegungen unsererseits ergibt sich die Fragestellung an Sie: Wie denken Sie sich die Durchführung der Sanierung der Altbauwohngebiete?

Diese Fragestellung wollen Sie uns bitte bis 20.8.1962 beantworten, da wir nach diesem Zeitpunkt städtebauliche Festlegungen zu treffen haben, die von der Perspektive des Stadtkernes abhängen.

Wir möchten Sie darauf hinweisen, dass wir bei einer Sanierung den größten Wert darauf legen, die Altbaugebiete nach modernen städtebaulichen Gesichtspunkten, die den Bedürfnissen unserer Bevölkerung Rechnung tragen, zu gestalten. Unserer Meinung nach ist die rationelle Durchführung der Sanierung nur unter Anwendung industrieller Baumethoden möglich. Industrielle Baumethoden wird man auch aus Gründen zweckentsprechender Materialanwendung anwenden müssen.

Wir bitten um ihre Stellungnahme.«[5]

Dr. Nadler antwortete darauf am 8. August und führt nach Erläuterung der Gesetzeslage aus:

»Bedingt durch die großen Zerstörungen zweier Weltkriege sind die heute noch erhaltenen Denkmale mittelalterlicher Stadtbaukunst besonders wertvoll. Seit vielen Jahren sind Untersuchungen, zum Teil durch die Deutsche Bauakademie, im Wesentlichen aber durch das Institut für Denkmalpflege, in historischen Altstädten imgange, um zu prüfen, wie die Wohnverhältnisse in den Altstädten verbessert werden können unter Bewahren der denkmalwürdigen Bausubstanz.

Wir erlauben uns, eine diesbezügliche Untersuchung über Görlitz beizulegen mit der Bitte, diese eingehend zu studieren, um daraus zu erkennen, dass es durchaus möglich ist, in einer alten Stadt gesunde Wohnverhältnisse wiederzugewinnen.

Die Stadt Torgau zählt zu den bedeutenden städtebaulichen Leistungen unseres Landes und weist daneben bedeutende Einzelbauwerke, wie Schloß Hartenfels, auf. Durch die Lage zwischen den großen Industriegebieten des Bitterfelder Bereichs und Schwarze Pumpe kommt der Stadt besondere Bedeutung als Naherholungsgebiet zu, sodass einer vorbildlichen denkmalpflegerischen Betreuung der Stadt Torgau besondere Aufmerksamkeit geschenkt werden muß, um die hohen volksbildenden Werte, die im historischen Bauwerk und im Kunstwerk liegen, der Allgemeinheit zu erschließen.

Um Vorstellungen zu gewinnen, wie die Stadt Torgau einmal städtebaulich saniert werden kann, wäre es zweckmäßig, eine gemeinsame Besprechung, zu der auch Vertreter der Gebiets-, Stadt- und Dorfplanung einzuladen wären, anzuberaumen.«[6]

Die Sanierung des Altstadtquartiers Peterstraße, Bei der Peterskirche, Hainwald und Neißstraße in Görlitz in der Verbindung von sozialer Verpflichtung und kulturellem Anspruch, vorausgegangen die Analyse der städtebaulichen und hochbaulichen Bedingungen, der Denkmalwerte und der Sozialstruktur, war Mitte der 1950er Jahre der erste Versuch dieser Art auf deutschem Boden überhaupt, initiiert vom Institut für Denkmalpflege, projektiert von der Abteilung Architektur der Technischen Hochschule Dresden, Dr.-Ing. Bernhard Klemm. Die hier erzielten Ergebnisse, die leider in Görlitz zunächst keine Fortsetzung fanden, verfehlten ihre Wirkung in Torgau nicht. Die als Faksimile wiedergegebene Niederschrift zu einer Beratung am 12. Oktober 1962 zur baulichen Entwicklung der historischen Altstadt[7] macht zunächst die Tendenz der übergeordneten Baubehörden, Büro für Städtebau des Rats des Bezirks Leipzig und Kreisbaudirektor, deutlich, dem Neubau auf der grünen Wiese den Vorzug zu geben und zeigt ihre Zurückhaltung gegenüber einer städtebaulichen Bearbeitung der Altstadt aufgrund mangelnder Erfahrung (Abb. 11). Aber der hier ebenfalls zum Ausdruck kommende Wille der Stadtverwaltung, mit den Vertretern der Denkmalpflege im Interesse der Bewahrung der Altstadt zusammenzuarbeiten, und das klare Bekenntnis des Instituts für Denkmalpflege zu konkreter Unterstützung mit Hilfe der Architekturabteilung der Technischen Hochschule Dresden und mit eigenen Kräften, fortan eingelöst über Jahrzehnte, führte schließlich zum Ziel. Hierin liegt das ganze Geheimnis der für DDR-Verhältnisse außergewöhnlichen Erhaltung und Neubelebung der Torgauer Altstadt, von der Zeitschrift »Leipziger Blätter« 1983 als »Das Torgauer Wunder« apostrophiert.[8]

Bis Ende der 1960er Jahre wurde die Planung zur Erneuerung der Altstadt weiter vorangetrieben, aber bis auf die konkrete Vorbereitung der Instandsetzung und Revitalisierung des Rathauskomplexes noch nicht konkret umgesetzt. In einer Beratung zwischen Stadtbaudirektor, Büro für Städtebau des Rats des Bezirks Leipzig und Institut für Denkmalpflege am 7. August 1970[9] weist der Vertreter des Büros für Städtebau »auf die Notwendigkeit der Ausweisung von Wohnbauland im Stadtzentrum im Interesse der weiteren Entwicklung der Stadt Torgau« hin. Der Stadtbaudirektor erwartet vom Institut eine endgültige »grundlegende Aussage über den Umfang der denkmalpflegerischen Objekte, aber auch spezielle Aussagen

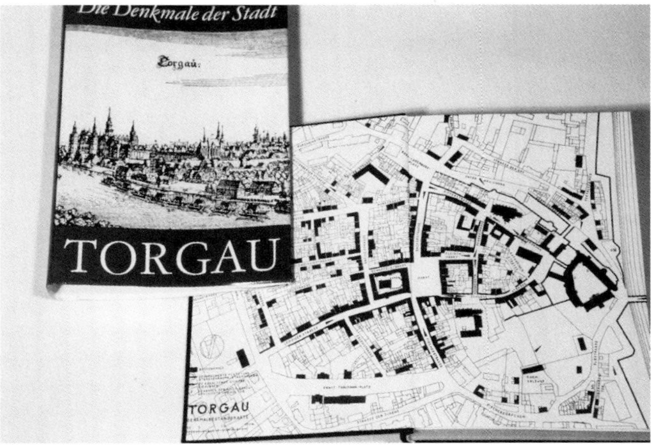

Abb. 12 Großes Inventar der Stadt Torgau, 1976, Schutzumschlag und Vorsatzblatt

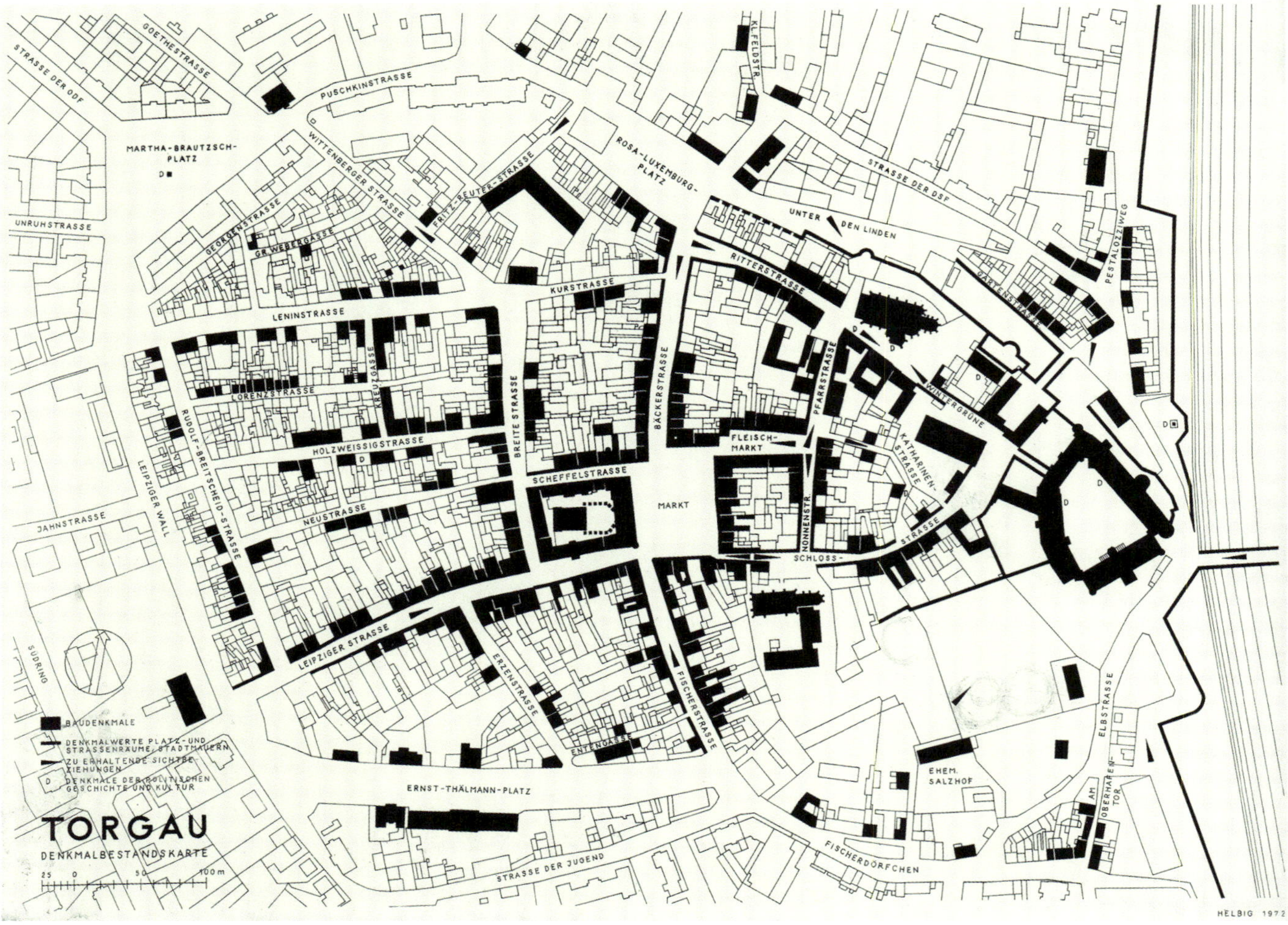

Abb. 13 Denkmalbestandskarte der Altstadt Torgau 1972, Institut für Denkmalpflege, Arbeitsstelle Dresden

über die an den einzelnen Objekten geschützten Bauteile«. Professor Nadler sagt dies bis zum 30. September 1970 zu. Der Rat der Stadt erteilt dem Institut für Denkmalpflege in dieser Beratung den »Auftrag zur Anfertigung einer kunsthistorischen Stadtbauanalyse zum Zwecke der Bearbeitung des Generalbebauungsplanes«. Dazu war das Institut gut in der Lage, lief doch die Bearbeitung des großen Inventars »Die Denkmale der Stadt Torgau«, bearbeitet von Peter Findeisen und Heinrich Magirius[10] auf Hochtouren. 1972 wurde es abgeschlossen und 1976 im Auftrag des Ministers für Kultur vom Institut für Denkmalpflege herausgegeben (Abb. 12). Das Buch erwies sich bald als unverzichtbares Arbeitsmaterial für alle Planungen in der Altstadt. Die ihm vorgesetzte Denkmalbestandskarte (Abb. 13) wurde Bestandteil aller weiteren Arbeitsunterlagen.

Ausgelöst durch den »Großversuch« Markt 3 im Jahre 1961/62 und befördert durch die funktionellen, wirtschaftlichen und gestalterischen Ergebnisse der Erneuerung des Rathauskomplexes 1973 entschied sich die Stadt Torgau schließlich 1977 endgültig zu einer komplexen Instandsetzung der Altstadt, Straßenzug für Straßenzug, je nach Gebäudezustand gegliedert in Modernisierung und grundhafte Instandsetzung. Mit Schreiben vom 18. März 1977 teilte sie dem Institut für Denkmalpflege offiziell mit: »*Unter Bezugnahme auf die telefonische Rücksprache unseres Kollegen Stein mit Ihnen bitten wir Sie um Erarbeitung einer Analyse über die denkmalwürdige Wohnbausubstanz der Stadt Torgau. Diese Analyse wird von uns dringend benötigt zur Vorbereitung der Umgestaltung der Stadt Torgau.*

Wir bitten Sie deshalb, alle Möglichkeiten zu prüfen, um uns durch die Erarbeitung der Analyse zu unterstützen. Des weiteren bitten wir, uns über Ihre terminlichen Möglichkeiten zu unterrichten. Unsererseits sind wir an einem Vertragsabschluß mit Ihrem Institut interessiert.«[11]

Zu einer städtebaulich-denkmalpflegerischen Analyse, wie sie das Institut zwischen 1955 und 1985 für 46 sächsische Städte erarbeitet hat, kam es aus Kapazitätsgründen nicht. Da ich aber im Zusammenhang mit der Wiederherstellung des Rathauskomplexes seit Ende der 1960er Jahre bereits ohnehin häufig in Torgau zugegen war, entwickelte sich eine Art fließende objektbezogene Beratung, bestehend aus schriftlichen Stellungnahmen oder auch Skizzen, insbesondere zu denkmalgerechten Fassadeninstandsetzungen. Der Brief des Stadtbaudirektors vom 15. August 1977 (Abb. 14) zeigt den konkreten Beginn der Arbeiten in der Breiten Straße an.[12] Objektbezogene Ausführungen zur denkmalgerechten Fassadeninstandsetzung seitens des Instituts für Denkmalpflege lagen hierzu bereits aus dem Jahre 1973 vor und seien auszugsweise zitiert:

»Hinweise zur Generalinstandsetzung von Fassaden 1973«

1. <u>Haus Breite Straße 5</u> (Rechtsträger privat, Baubetrieb Zimmermann), unter Denkmalschutz, Kat. III.: Graupelputz und Gurtsims entfernen, glatter Putz in MG II, Renaissance-Gewände bündig einputzen, Hauptsims in originaler Profilierung wieder herstellen, Fenstergewände, Hauptsims und Hauseingangstürumrahmung in Silikat farbig absetzen (Abmessungen nach Angabe).
Farbe Fassade: roter ocker
Farbe Gewände und Hauptsims: dunkles grau, Farbe Haustür: Eiche dunkel gestrichen

2. <u>Haus Breite Straße 7</u> (Rechtsträger VEB Gebäudewirtschaft, Baubetrieb Zimmermann), unter Denkmalschutz, Kat. III: glatter Putz in MG II, Sockel in Oberkante Hauseingangsstufe in MG III putzbündig durch Nut absetzen, Fensterfaschen durch umlaufende Nutung kennzeichnen wie gewesen, Hauptsims in originaler Profilierung wieder herstellen. Die Fensterstürze Erdgeschoß sind fachgerecht auszuwechseln. Anstrich in Silikat, Fenstergewände wie Sims und Türumrahmung farbig absetzen.
Farbe Fassade: warmes mittleres grau
Farbe Gewände und Hauptsims: weiß, Farbe Haustür: Eiche dunkel gestrichen

3. <u>Haus Breite Straße 13</u> (Rechtsträger VEB Gebäudewirtschaft, Baubetrieb VEB Baureparatur Torgau), nicht unter Denkmalschutz: Gurtsims und Fensterverdachungen können entfernt werden, Spritzputz oder glatter Putz, Fensterfaschen bei Spritzputz 18 cm breit glatt absetzen. Die Umrandungsbreite der Erdgeschoßöffnungen wird am Bau angegeben. Die Dachgaupen müssen als architektonische Überleitung zum höheren Nebengebäude unbedingt erhalten bleiben. Die Dachrinne ist als vorgehängte Rinne neu auszubilden. Als Anstrichstoff wird Silikat empfohlen.
Farbe Fassade: dunkles grau
Farbe Gewände: Hauptsims und Umrandung Erdgeschoßöffnungen: roter ocker, Farbe Haustür: kühles helles grau

4. <u>Haus Breite Straße 15</u> (Rechtsträger privat, Baubetrieb VEB Baureparatur Torgau), unter Denkmalschutz, Kat. III: Die Fassade des 19. Jh. ist in ihrer Struktur zu erhalten und entsprechend zu ergänzen, die Attika kann entfernt, der Hauptsims vereinfacht ausgebildet werden. Detailangaben zur Hauptsimsausbildung sind erst vom Gerüst aus möglich. Als Anstrichstoff wird, da z. T. alter Stuck und Putz mit alten Farbresten, Cirino matt empfohlen. Das Ladenschild »Raumtextilien« kann in dieser Form nicht verbleiben.
Farbe Fassadengrund: gelbocker

RAT DER STADT TORGAU

Rat der Stadt Torgau, 729 Torgau (Elbe), Markt 1

Institut für Denkmalpflege
Prof. Dr. Nadler

801 Dresden
Augustusstr. 2

729 Torgau, den 15. 8. 1977
Fernruf: Torgau, Sammel-Nr. 81 41
Postschließfach: 53
Bankkonto: Stb Torgau 5491-23-811

[Stempel:] ...gegangen 17. Aug 1977 2952

Ihr Zeichen: Ihre Nachricht vom: Unser Zeichen: st-ge Unsere Nachricht vom:

Betrifft:

Vorbereitung der komplexen Fließfertigung 1978 – Fragen der Denkmalpflege

Sehr geehrter Herr Professor Dr. Nadler!

Auf diesem Wege teilen wir Ihnen mit, daß wir gegenwärtig die Vorbereitung für eine komplexe Modernisierung der Breite Straße, Leninstraße, Pfarrstraße und S.-Allende-Straße durchführen.

Dabei haben wir die Zielstellung, im Jahre 1978 die Fließfertigung mit einem Gesamtvolumen von ca. 2,0 Millionen Mark in der Breite Straße zu beginnen.

Im Rahmen der Vorbereitung haben wir der PGH "Voran" Torgau, Abt. Farbprojektierung, den Auftrag zur Erarbeitung eines Farbprojektes für die Breite Straße und Leninstraße bereits erteilt.

Wir bitten Sie, uns die Belange des Denkmalschutzes, die bei der Erarbeitung dieser Farbprojekte zu berücksichtigen sind, in nächster Zeit mitzuteilen, damit auf dieser Grundlage durch uns weitere Verhandlungen mit der PGH "Voran" geführt werden können.

Für Ihre Bemühungen bedanken wir uns auf diesem Wege recht herzlich.

Mit freundlichem Gruß

Dipl.-Ing. Stein
Stadtbaudirektor

Abb. 14 Schreiben der Stadt Torgau an das Institut für Denkmalpflege vom 15. August 1977

Abb. 15 Wohnhaus Friedrichplatz, Vorderhaus eines Lichtspieltheaters, um 1930

Farbe Quaderung und Hauptsims: neapelgelb
Farbe Fensterumrahmungen und -verdachungen: weiß
Farbe Haustür: Eiche dunkel gestrichen
Farbe Fenster: helles grau«

Sehr schnell entwickelte sich die folgende gemeinsame Arbeitspraxis: zwei Jahre vor Baubeginn objektbezogene Stellungnahme des Instituts, anschließend Begehung mit dem Stadtbaudirektor und dem Stadtrat (Stellv. Bürgermeister) für Handel und Versorgung, um die Herunterzonung unangemessen aufgestockter Gebäude, die Abtragung belangloser Seiten- und Hintergebäude und die angemessene Gestaltung von störenden Ladeneinbauten abzustimmen. Dabei wurden alle Gebäude, auch nicht auf der Denkmalliste verzeichnete, einbezogen (Abb. 15).

Parallel dazu wurden bau- und farbarchäologische Untersuchungen vorgenommen, meist durch Studenten der Hochschule für Bildende Künste Dresden, Abt. Restaurierung. Danach setzte mit einem Jahr Vorlauf die Ausführungsplanung ein, geleistet durch die Projektierungsabteilungen volkseigener Baubetriebe als auch in »Feierabendtätigkeit« (genehmigter nebenberuflicher Arbeit) von Architekten und Ingenieuren in anderen Betrieben, wo nötig unterstützt durch Zeichnungen des Instituts für Denkmalpflege zu speziellen Details. Als ein Beispiel der Abstimmung zwischen Institut für Denkmalpflege, Rat der Stadt und Handelseinrichtungen sei hier die Stellungnahme des Instituts für Denkmalpflege zur denkmalgerechten Gestaltung der Ladenzonen zitiert:

»Bezugnehmend auf die gemeinsame Begehung mit den Vertretern von HO und Konsum am 19.8.1983 fassen wir, wie vereinbart, die gemeinsam erzielten Ergebnisse nochmals zusammen.

Fischerstraße 1 (Konsum-Lebensmittel). Die Fassadengestaltung Erdgeschoß ist auf der von der Konsum-Genossenschaft vorgegebenen Funktionsskizze in denkmalpflegerischem Sinne lösbar.

Leipziger Straße 14 (Konsum-Porzellane). Die Größe des Schaufensters rechts der Ladentür wird im Prinzip erhalten, eine Modifikation erfährt es gegebenenfalls im oberen Bereich. Das Schaufenster mit einer der Ladentüren wird im Sinne einer Renaissance-Ladenöffnung (Segmentbogen) mit Tür und kleinem Schaufenster gestaltet, um auf diese Weise eine direkte Anlieferung in den gewölbten Lagerraum zu ermöglichen. Falls der Lagerraum neuen Fußboden erhält, wären Klinkerplatten (quadratisch, ca. 30/30 cm oder Ziegelformat, in Muster verlegt) zu wählen.

Leipziger Straße 18, Seitengebäude Erzenstraße (HO Öfen und Herde). Bei Anlieferung in Terrainhöhe wäre die Öffnung neben der Durchfahrt wieder mit Bogen herzustellen und 20 cm Fasche zu versehen, bei Anlieferung in Rampenhöhe im Bereich der beiden linken hochgelegenen Fenster eine rechteckige Öffnung ohne Faschen vorzusehen, das verbleibende dritte Fenster bündig zu vermauern. Im Verkaufsbereich sind die Fenster rechts der Ladentür auf die Größe des Schaufensters links davon zu bringen, die gesamte Öffnungsgruppe mit 18 cm breiten Faschen zu versehen. Faschen wären auch um die übrigen drei ehemaligen Stallfenster zu ziehen (18 cm) und um die Durchfahrt (22 cm). Alle Faschen sind nur malermäßig abzusetzen und wie der Hauptsims hellgrau zu halten, der Wandgrund ist in der ocker-gelb Skala zu färben, zurückhaltend, nicht zu kräftig.

- *Leipziger Straße 18, Vordergebäude. Links der Haustür werden ein Renaissance-Fenster und eine Tür zur Warenanlieferung angeordnet, die Tür analog der Haustür am günstigsten unterhalb der Figur des Guten Hirten.*
- *Scheffelstraße 3. Einer Gestaltung der Ladenzone als separate Ladentür und Schaufenster mit Stichbogen stehen keine Belange des Handels entgegen.*
- *Scheffelstraße 2. Der Ladenbereich erhält zwei große Öffnungen mit Stichbogen, linke Öffnung mit Brüstung, rechte bis zum Terrain herabreichend und Ein- und Ausgangstür aufnehmend.*
- *Scheffelstraße 1. Die drei Variantenvorschläge des Instituts für Denkmalpflege wurden erörtert. Der Anordnung eines Normalfensters links der Haustür steht nichts im Wege. Die Wiederherstellung des originalen und gestalterisch besten Zustandes ist bei der Nutzung des Ladens für Oberbekleidung nicht möglich. Die Kompromisslösung, größeres Schaufenster mit Stichbogen und Zugang vom Hausflur beeinträchtigt stark die Verkaufsfunktion im Erdgeschoß. Die dritte Variante, geringe Verkleinerung des gegenwärtigen Schaufensters, bringt denkmalpflegerisch kaum Gewinn, die starke Beeinträchtigung des erstrangigen Hauses bleibt. Es wurde deshalb erwogen, die Handelsfunktion mit einem Objekt der Leninstraße zu tauschen und hier Exquisit-Schuhwaren zu verkaufen. Diese Lösung wäre optimal für das Baudenkmal von Republikbedeutung.«*[13]

Abb. 16 Patrizierhäuser Scheffelstraße 1 und 2, Markt 2, nach der komplexen Instandsetzung 1984

In dem Haus Scheffelstraße 1 folgte der Handel schließlich den denkmalpflegerischen Intentionen und passte die Nutzung an (Abb. 16).

Das Institut für Denkmalpflege vermittelte auch Spezialfir-

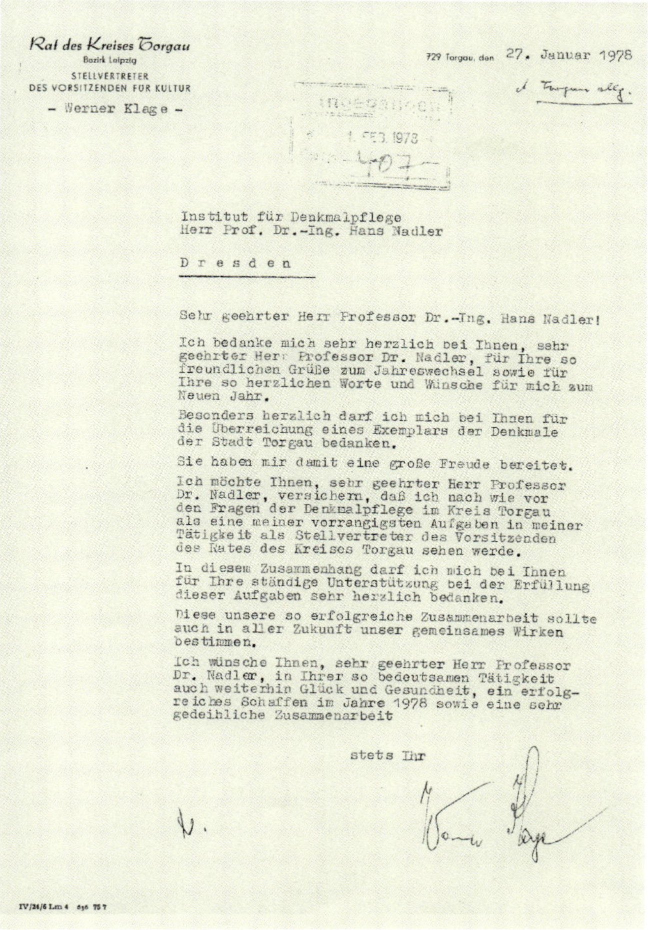

Rat des Kreises Torgau
Bezirk Leipzig
STELLVERTRETER
DES VORSITZENDEN FÜR KULTUR
– Werner Klage –

729 Torgau, den 27. Januar 1978

Institut für Denkmalpflege
Herr Prof. Dr.-Ing. Hans Nadler

Dresden

Sehr geehrter Herr Professor Dr.-Ing. Hans Nadler!

Ich bedanke mich sehr herzlich bei Ihnen, sehr geehrter Herr Professor Dr. Nadler, für Ihre so freundlichen Grüße zum Jahreswechsel sowie für Ihre so herzlichen Worte und Wünsche für mich zum Neuen Jahr.

Besonders herzlich darf ich mich bei Ihnen für die Überreichung eines Exemplars der Denkmale der Stadt Torgau bedanken.

Sie haben mir damit eine große Freude bereitet.

Ich möchte Ihnen, sehr geehrter Herr Professor Dr. Nadler, versichern, daß ich nach wie vor den Fragen der Denkmalpflege im Kreis Torgau als eine meiner vorrangigsten Aufgaben in meiner Tätigkeit als Stellvertreter des Vorsitzenden des Rates des Kreises Torgau sehen werde.

In diesem Zusammenhang darf ich mich bei Ihnen für Ihre ständige Unterstützung bei der Erfüllung dieser Aufgaben sehr herzlich bedanken.

Diese unsere so erfolgreiche Zusammenarbeit sollte auch in aller Zukunft unser gemeinsames Wirken bestimmen.

Ich wünsche Ihnen, sehr geehrter Herr Professor Dr. Nadler, in Ihrer so bedeutsamen Tätigkeit auch weiterhin Glück und Gesundheit, ein erfolgreiches Schaffen im Jahre 1978 sowie eine sehr gedeihliche Zusammenarbeit

stets Ihr

IV/24/6 Lm 4 636 75 7

Abb. 17 Schreiben des Stellv. Vorsitzenden des Rates des Kreises Torgau an den Leiter der Arbeitsstelle Dresden des Instituts für Denkmalpflege vom 27. Januar 1978

men für Steinmetz-, Steinbildhauer- oder Stuckateurarbeiten, die in Torgau zunächst nicht geleistet werden konnten. In Dresden ausgesonderte klassizistische Straßenlaternen wurden in Torgau aufgearbeitet und vor der spätklassizistischen Fassade des Volkspolizeikreisamtes im Rathauskomplex neu aufgestellt. Bei der straßenweisen Instandsetzung wurde seitens der Stadtverwaltung kein Unterschied zwischen volkseigenen oder privaten Grundstücken gemacht. Privaten Eigentümern wurden Kredite zu angemessenen Bedingungen vermittelt.

Die Modernisierung bzw. Instandsetzung der Häuser geschah zu 90 Prozent in bewohntem Zustand. Keine Familie war länger als drei Tage ohne Wasser und Strom. Seitens der Stadtverwaltung wurde jedem Haus ein »Pate« zugeordnet, in der Regel ein Ratsmitglied, der Hauseigentümern oder Mietern, die durch die Baumaßnahmen überfordert waren, individuelle Unterstützung gab. Während der Planung und Durchführung der Arbeiten hatte das Institut für Denkmalpflege auf Arbeitsebene laufend Kontakt zu den Projektanten und Baubetrieben bis hin zu den Polieren auf der Baustelle. Wenn ich abends von Torgau nach Dresden zurückfuhr, hatte ich immer das beglückende Gefühl, nützlich gewesen zu sein. Dass es aber auch auf der oberen Ebene Einvernehmen gab, beweist der Dankesbrief des Stellvertretenden Vorsitzenden des Rats des Kreises Torgau an Professor Nadler vom 27. Januar 1978, der hier als Faksimile wiedergegeben sei (Abb. 17).[14] Zehn Jahre zuvor hatte der 1. Sekretär der SED-Bezirksleitung Leipzig, Paul Fröhlich, in einem Schreiben an den Kulturminister der DDR im Zusammenhang mit dem Abbruch der Leipziger Universitätskirche massiv die Ablösung Professor Nadlers gefordert.

Ein Auszug aus dem Beschluss des Rats der Stadt Torgau

Standorte für die innerstädtische Bebauung in Einheit von Neubau, Rekonstruktion, Modernisierung und komplexer Instandsetzung unter Verantwortung des Rates des Kreises, des Rates der Stadt Torgau und des Hauptauftraggebers Komplexer Wohnungsbau.

Plan-jahr	***Standorte***	***Grund-stücke Anzahl***	***Neu-bau WE***	***Reko WE***	***IS / Mod. WE***
1986	*Fleischmarkt 1 bis 4, 6*	*5*	*2*	–	*20*
	M-Brautzsch-Pl. 1 bis 7	*7*	–	–	*50*
	Straße der OdF 1 bis 15	*15*	–	–	*66*
1986 1987	*Schlossstrasse*	*31*	*33*	*40*	*34*
1987	*M.-Brautzsch-Pl. 8 bis 10*	*3*	–	–	*23*
	Goethestraße 1	*1*	–	–	*13*
	M.-Brautzsch-Pl. 11 bis 14	*6*	–	*2*	*30*
	Straße der OdF 2 bis 18	*9*	–	–	*55*
1987 1988	*Katharinenstraße*	*13*	*26*	*4*	*14*
1986	*Ritterstr. 1 bis 13, Pfarrstr.*	*12*	–	*6*	*38*
	Nonnenstraße	*6*	–	*4*	*20*
	Fischerstr. 3 bis 23	*12*	–	*3*	*55*
1988	*Leipziger Str. 25/27*	*2*	*7*	*2*	-
1989	*Wittenberger Str./ Große Webergasse*	*3*	*12*	–	–
1988 1989	*Leipziger Straße/ E.-Thälmann-Platz*	*1*	*42*	–	–
1988	*Ritterstraße 2-8*	*4*	–	*2*	*18*
	Fischerstraße 2 bis 24e	*13*	–	*3*	*44*
	Wittenberger Straße/ Fritz-Reuter-Gasse 1	*18*	–	*6*	*51*
1989	*R.-Luxemburg-Pl. (Süds.)*	*7*	*20*	–	–
1990	*R.-Breitscheid-Str. 3 bis 25*	*11*	*40*	*7*	*12*
1990	*R.-Breitscheid-Str./ Leipziger Wall u. angrenzende Straßen*	*30*	–	*6*	*92*
	Gesamt ca.	***209***	***180***	***87***	***635***

Nr. 67 – 20/85 vom 7.3.1985 zum »Maßnahmeplan zur Leitung, Planung und Durchführung komplexer Baumaßnahmen in Einheit von Neubau, Rekonstruktion, Modernisierung und komplexer Instandsetzung von 1986-1990« veranschaulicht die Gewinnung menschenwürdiger Wohnungen in der Altstadt auf unterschiedliche Weise, abhängig von der Situation auf den jeweiligen Grundstücken.[15]

Seit 1977 wurden fortlaufend alle Dächer neu gedeckt, alle Fassaden denkmalgerecht instand gesetzt, alle unzulänglichen Fenster denkmalgerecht erneuert, alle Wohnungen mit Innen-WC und fast alle mit Innenbädern versehen. Die gesamte Haustechnik wurde erneuert. Die Grundrisse wurden aus wirtschaftlichen Gründen nur im Ausnahmefall geändert. Dadurch wurde ein Optimum an Substanzerhaltung gewährleistet (Abb. 18a-c). Ein Resümee zieht die »Fallstudie Torgau zur 6. ECE-Konferenz über Städtebauforschung in Leipzig im Oktober 1988« (Abb. 19). Hierin ist auch der zeitliche Ablauf der komplexen Wiederherstellung der Altstadt, bezogen auf die einzelnen Straßenzüge, dargestellt.[16]

	Planung	***Vorbereitung***	***Realisierung***
Einzelstandorte	*1974/75*	*1975/76*	*1976/77*
Komplexe Instandsetzung und Modernisierung			
– *Breitestraße*	*1976*	*1977*	*1978*
– *Salv.-Allende-Str. Westseite*	*1977*	*1977/78*	*1979*
– *Salv.-Allende-Str. Ostseite*	*1978*	*1978/79*	*1980*
– *Markt*	*1978*	*1979/80*	*1981*
– *Leninstraße Südseite*	*1980*	*1980/81*	*1982*
– *Leninstraße Nordseite*	*1980*	*1981/82*	*1983*
– *obere Leipziger Straße und Scheffelstraße*	*1980/81*	*1982/83*	*1984*
– *untere Leipziger Straße*	*1980/81*	*1982/84*	*1985*
– *Schlossstrasse Neubau und Reko Instands./Mod.*	*1983/85 1983/85*	*1984/87 1984/85*	*1986/89 1986/87*
– *Martha-Brautzsch-Platz und Straße der Opfer des Fasch.*	*1984*	*1985/86*	*1986/88*
– *Nonnenstraße*	*1986*	*1987*	*1989*
– *Leipziger Straße 25/27*	*1986/87*	*1987/88*	*1989/90*
– *Fischerstraße Westseite*	*1986*	*1987/88*	*1989*
– *Fischerstraße Ostseite*	*1986*	*1988/89*	*1990*
– *Katharinenstr./Pfarrstraße, Ritterstraße, Fleischmarkt, Holzweißigstraße, Wittenberger Straße*	*1988/89*	*1989/91*	*1991/95*

Zur Wiederherstellung der Komplexe Katharinenstraße/Pfarrstraße, Ritterstraße, Fleischmarkt, Holzweißigstraße und Wittenberger Straße kam es nicht mehr wie geplant. Die sich teilweise ändernden Eigentumsverhältnisse und vor allem die neuen wirtschaftspolitischen Bedingungen ließen eine solche Vorgehensweise nicht mehr zu. Aber die verantwortlichen Kommunalpolitiker zu Zeiten der DDR, die im Rahmen der Möglichkeiten dieses Staates klug gearbeitet hatten, waren noch da, und nicht wenige von ihnen erhielten bei den ersten freien Wahlen im Mai 1990 erneut das Vertrauen der Bürger. So war eine gewisse Kontinuität im Umgang mit den Werten der Stadt gewahrt, wozu auch eng mit ihr verbundene Grundstückseigentümer und Grundstücksmakler nicht unerheblich beitrugen. Bereits in einem Brief vom 6. Februar 1990 an die Bundesministerin für Bauwesen hatten verantwortungsbewusste Bürger eindringlich auf die Bedeutung der Stadt und ihre europaweite Ausstrahlung im 16. Jahrhundert und am Ende des Zweiten Weltkrieges aufmerksam gemacht. »Wir sind uns dessen bewusst, dass nach den Wahlen in unserem Land, insbesondere auch nach den Kommunalwahlen, sich die neuen Räte selbst an Sie wenden werden, bitten Sie jedoch schon jetzt, unser Anliegen zu berücksichtigen«, lautet der letzte Satz dieses Briefs.[17]

Abb. 18a Wohnhäuser Salvador-Allende-Straße (Bäckerstraße) 16 und 18, Mitte 19. Jh., alter Zustand

Abb. 18b Wohnhäuser Salvador-Allende-Straße (Bäckerstraße) 16 und 18, Korrekturzeichnung

Abb. 18c Wohnhäuser Salvador-Allende-Straße (Bäckerstraße) 16 und 18, Zustand nach der Instandsetzung 1979

Abb. 19 Fallstudie des Instituts für Städtebau und Architektur der Bauakademie der DDR, Oktober 1988

Anmerkungen

1 Akten LfD, Torgau, Rathauskomplex, Aktenvermerk Dr. Nadler. 4.4.1955.

2 Siehe Anm. 1, referiert im Schreiben des Rats der Stadt Torgau, Bürgermeister Andrä an den Vorsitzenden des Rats des Kreises Torgau, 23.7.1968.

3 Siehe Anm. 1, Kopie des Schreibens der Stadt Torgau, Bürgermeister Andrä an den Vorsitzenden des Rats des Kreises Torgau, 27.6.1968.

4 Akten LfD, Torgau, Markt 3, Niederschrift Dr. Scholze vom 5.5.1961.

5 Akten LfD, Rat der Stadt Torgau allgemein, Schreiben Rat der Stadt Torgau, 3.8.1962.

6 Siehe Anm. 5, Schreiben Institut für Denkmalpflege, Arbeitsstelle Dresden, 8.8.1962.

7 Akten LfD, Rat der Stadt Torgau. Altstadt, Allgemeine Aufgaben, Berichte, Niederschrift Stadtbaudirektor Stein, 12.10.1962.

8 Glaser, Gerhard: Die Bewahrung und gesellschaftliche Erschließung der Altstadt Torgau, in: Leipziger Blätter 3 (1983), S. 56-57.

9 Akten LfD, Rat der Stadt Torgau, Generelle Stadtplanung, Niederschrift Stadtbaudirektor Stein, 15.9.1970.

10 Die Denkmale der Stadt Torgau, hrsg. v. Institut für Denkmalpflege, Arbeitsstelle Dresden, Leipzig 1976.

11 Siehe Anm. 9, Schreiben Rat der Stadt Torgau, Stadtbaudirektor Stein und Stadträtin für Kultur und Volksbildung Wunderlich, 18.3.1977.

12 Akten LfD, Rat der Stadt Torgau, Objekte und Komplexe 1977-1987, Schreiben Rat der Stadt Torgau, Stadtbaudirektor Stein. 15.8.1977.

13 Siehe Anm. 12, Schreiben Institut für Denkmalpflege, Arbeitsstelle Dresden vom 12.9.1983 an den Stadtrat für Handel und Versorgung.

14 Siehe Anm. 5, Schreiben Stellv. Vorsitzender des Rats des Kreises, Werner Klage, 27.1.1978 an Institut für Denkmalpflege, Arbeitsstelle Dresden.

15 Siehe Anm. 12, Beschluss des Rats der Stadt Torgau Nr. 67-20/85 vom 7.3.1985.

16 Fallstudie Torgau zur 6. ECE-Konferenz über Städtebauforschung in Leipzig im Oktober 1989, hrsg. von der Bauakademie der DDR, Institut für Städtebau und Architektur, Berlin 1988.

17 Akten LfD, Rat der Stadt Torgau, Verschiedenes. Schreiben Kulturbund der DDR, Gesellschaft für Heimatgeschichte und Denkmalpflege, Kreisvorstand Torgau, Dr. Herzog, Vorsitzender, und Petschlies, 1. Sekretär, 6. Februar 1990.

Bemühungen der Denkmalpflege zur Erhaltung der Fachwerkstadt Quedlinburg[1]

Hans-Hartmut Schauer

Bei der Aufnahme des städtebaulichen Denkmals Quedlinburg in die Welterbeliste der UNESCO wurde 1994 dieses Kulturgut wie folgt definiert: »Quedlinburg ist ein außergewöhnliches Beispiel einer europäischen Stadt mittelalterlichen Ursprungs, die einen großen Teil der Fachwerkbauten in ausgezeichneter Qualität bewahren konnte.«[2] Auf die Erhaltung dieser Werte zu achten, war in der DDR (wie auch heute) die Aufgabe der Denkmalpflege und für Quedlinburg war dafür das Institut für Denkmalpflege, Arbeitsstelle Halle (hier abgekürzt IfD) fachlich zuständig.[3]

Denkmalpflege und Stadtplanung

Quedlinburg war Herrschaftssitz und Burg der Liudolfinger, die hier in der Gegend größeren Grundbesitz hatten. Der 919 zum ersten König des ostfränkisch-deutschen Reiches gewählte Sachsenherzog Heinrich ließ auf einem Sandsteinfelsen unweit nördlich des Harzes in der Bodeaue eine Burg errichten, in deren noch im Bau befindlichen Kirche er selbst 936 und später auch seine Frau Mathilde bestattet wurden. Heinrichs Sohn Kaiser Otto I. bevorzugte als Regierungssitz das östlich an der Elbe gelegene Magdeburg und gründete als erste Amtshandlung auf dem Burgberg Quedlinburg ein reichsunmittelbares Frauenstift, das er reich ausstattete. Quedlinburg war häufiger Aufenthaltsort der Sachsenkaiser und entsprach für über ein Jahrhundert einer ersten Hauptstadt des ostfränkisch-deutschen Reiches. Bis zum 18. Jahrhundert war das Stift auch politischer, wirtschaftlicher und kultureller Mittelpunkt eines weiten Umkreises und hatte damit wesentlichen Einfluss auf die Entwicklung der Stadt Quedlinburg. Aus der Zeit der Ottonen sind noch Bauteile auf dem Burgberg, die baulichen Reste des 986 von Äbtissin Mathilde II. gestifteten Benediktinerinnenklosters auf dem Münzenberg westlich vom Burgberg sowie der Königshof der Liudolfinger südlich des Burgberges (mit der Krypta in der Wipertikirche) erhalten. Unterhalb der Burg entstand schon früh die kleine und ummauerte Ansiedlung Westendorf, die bis 1810 eine eigene politische Gemeinde blieb.

994 bestätigte König Otto III. dem Reichsstift die Gründung eines mit Münz- und Zollrecht privilegierten Marktortes (»Metropolis«). Der freie Handel der Quedlinburger Kaufleute im ganzen Reich wurde 1042 von König Heinrich III. und 1134 von Kaiser Lothar III. bestätigt.

Die Stadt hat sich auf dem Gebiet der späteren Altstadt schnell entwickelt. In ihrer Mitte lag der dreieckige Marktplatz, der sich nach Norden zum Rathaus und der dahinter liegenden Stadtkirche verbreiterte. Wichtige Straßen (Hohe Straße) führten nach Südwesten zum Burgberg sowie nach Norden (Breite und Schmale Straße) und Osten. Hier wurde die breite Bodeaue mit einer urkundlich 1229 genannten, nahezu 100 Meter langen steinernen Brücke überquert, deren Gewölbe später – ähnlich wie der Ponte Vecchio in Florenz und die Krämerbrücke in Erfurt – überbaut wurden und in den Kellern der Häuser erhalten blieben. Schon 1222 wurde urkundlich eine Neustadt genannt, die östlich jenseits der Bode planmäßig angelegt wurde mit einem Marktplatz in ähnlicher Lage wie in der Altstadt und mit einem weitgehend rechteckigen Straßenraster. Zunächst war die Altstadt allein ummauert, aber ab 1225 wurden beide Teile Quedlinburgs mit einer gemeinsamen Mauer umzogen. Von den einstmals 28 Tor- und Mauertürmen standen 1987 noch 12, zusammenhängende Stadtmauerreste blieben vor allem im Westen der Altstadt erhalten.

Die Stadt entwickelte sich wirtschaftlich gut, aber ihr Grundriss innerhalb des Mauerrings blieb unverändert. Im 17. Jahrhundert entstanden vor den Stadttoren die Vorstädte Gröpern nach Norden und Neuer Weg im Süden. Mit dem Anschluss an das Eisenbahnnetz östlich jenseits der Bode entstand nach 1862 eine Bahnhofsvorstadt. Die wichtige Fernstraße Nr. 6 von Obersachsen über Halle und Aschersleben weiter über Blankenburg, Wernigerode, Goslar und Hannover nach Niedersachsen wurde im späten 19. Jahrhundert auf den verfüllten Wall- und Grabenanlagen nördlich und westlich außerhalb von Altstadt und Neustadt geführt. Hierfür musste die Verbindung zwischen der Altstadt und der Gröpervorstadt unterbrochen werden, und Anschlussstraßen in die Alt- und Neustadt durchbrachen die Stadtmauern im Westen, Norden und Osten. Aber der Altstadtgrundriss blieb dadurch von Veränderungen durch neuere Verkehrsanforderungen unberührt. Im historischen Stadtgefüge war allein der Abbruch des gotischen Neustädter Rathauses 1890 ein größerer Verlust. Neuere Vorstellungen der Stadtverwaltung zu Straßenverbreiterun-

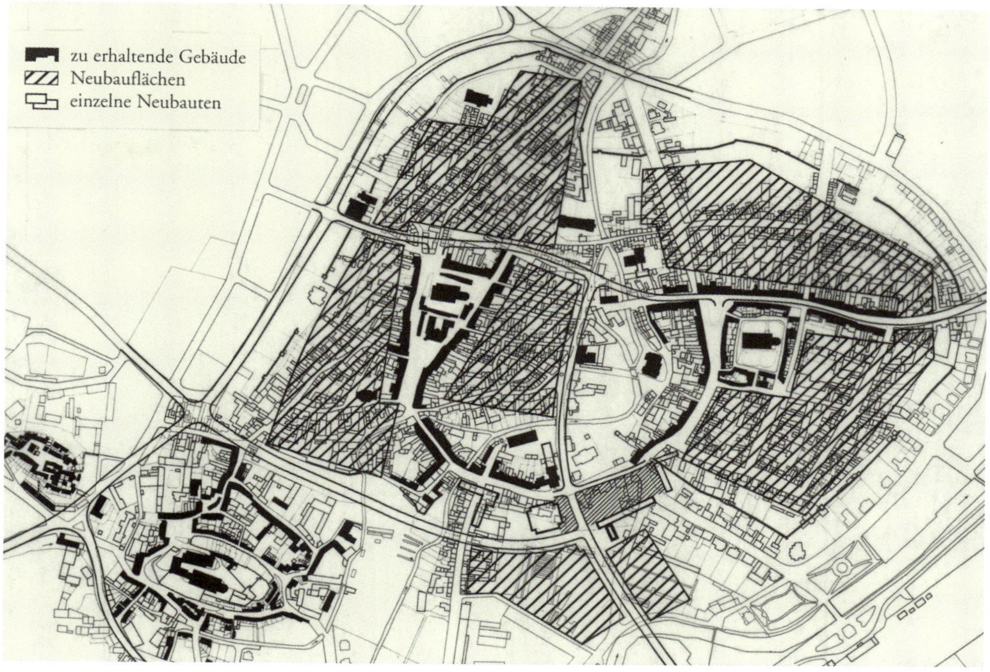

Abb. 1 BfS Halle: Sanierungsvorschlag Variante 3 (= maximaler Abbruch) 1962. Umzeichnung IfD Halle 1989

gen (Baufluchtenplan 1920) blieben unausgeführt und auch den Zweiten Weltkrieg überstanden Alt- und Neustadt nahezu unversehrt, sodass der Stadtgrundriss in seinem seit dem 10. Jahrhundert entstandenen Grundzügen unverändert erhalten geblieben war.

Erst seit den fünfziger Jahren des 20. Jahrhunderts kam es als Folge von Anforderungen des Verkehrs zu Veränderungen im historischen Stadtgrundriss. Für den anwachsenden Besucherstrom wurde ein großer Parkplatz unterhalb des Burgberges mit zwei Zufahrten angelegt. Dafür musste 1952 die einzige durchgehende historische Straßenverbindung zwischen der Altstadt und dem Westendorf durch den Abriss von Fachwerkhäusern aufgebrochen werden, und auch nahe der Steinbrücke wurden mehrere historische Fachwerkhäuser abgebrochen und an dieser neuen Straßeneinmündung 1956 ein Neubau errichtet. Vom IfD liegt dazu keine Äußerung vor, es wurde möglicherweise nicht befragt. Das waren auch zunächst die einzigen Änderungen am historischen Stadtgrundriss, denn die neuen Wohngebiete für die Beschäftigten der Betriebe in Quedlinburg und für die Eisenwerke in Thale entstanden auf noch freiem Gelände südöstlich vor der Altstadt.

Im Oktober 1960 änderte sich jedoch die Baupolitik der SED grundsätzlich. Der »Aufbau des Sozialismus« war inzwischen Parteiprogramm, und für die »sozialistische Umgestaltung alter Stadtgebiete« sollten alte Gebäude abgerissen und durch neue Gebäude ersetzt werden. Für Quedlinburg durfte eine Umgestaltung in dieser Konsequenz nicht durchgeführt werden, denn »Quedlinburg, Altstadt« wurde inzwischen in der Denkmalliste der DDR von 1961 als »Denkmal von besonderer nationaler Bedeutung und internationalem Kunstwert« (neben den Altstädten von Görlitz, Neubrandenburg und Stralsund) bewertet. Dennoch wurde 1961 eine Planung vom für den damaligen Bezirk Halle zuständigen staatlichen Planungsbüro in Halle (Entwurfsbüro für Gebiets-, Stadt- und Dorfplanung des Rats des Bezirks Halle, später Büro für Städtebau und Architektur Halle, hier künftig BfS abgekürzt) vorgelegt, die ein neues »sozialistisches Stadtzentrum« im Süden zwischen Alt- und Neustadt aufzeigte mit einem Aufmarschplatz, umstanden von einem Verwaltungshochhaus und einem Kulturhaus.

Zur Planung dieses neuen Zentrums gehörten auch der Durchbruch einer breiten Verkehrsstraße durch die Alt- und die Neustadt, die in der Altstadt von Osten nach Westen nördlich des Marktplatzes durch die vorhandenen Baublöcke gebrochen und für die in der Neustadt eine Seite des vorhandenen historischen Straßenzuges abgebrochen werden sollte, und senkrecht dazu eine Straße von den neuen Wohngebieten im Südosten und am neuen Zentralen Platz vorbei zu diesem Straßendurchbruch, ebenfalls mit Gebäudeabbrüchen. Diese Planung wurde vom BfS nochmals 1962 in drei Varianten als »Vorschläge zur Sanierung« vorgelegt, von denen die Stadtverwaltung und die übergeordneten Partei- und Staatsorgane die Variante mit den meisten Abbrüchen bevorzugten, etwa zwei Drittel aller bestehenden Fachwerkgebäude (Abb. 1). Das IfD musste mit Unterstützung des Generalkonservators und des Kulturministeriums der DDR diese Planung mit den umfangreichen Abrissen aufgrund der vorhandenen und zu erhaltenden Denkmalwerte ablehnen. Die Planung konnte damals auch nicht verwirklicht werden, weil der Abbruch von noch gut erhaltenen bewohnten Gebäuden zugunsten von Straßenverbreiterungen wegen des in der DDR bestehenden großen Wohnungsmangels nicht zu vermitteln und durchzuführen war. Der in den 1960er Jahren modische Wunsch nach

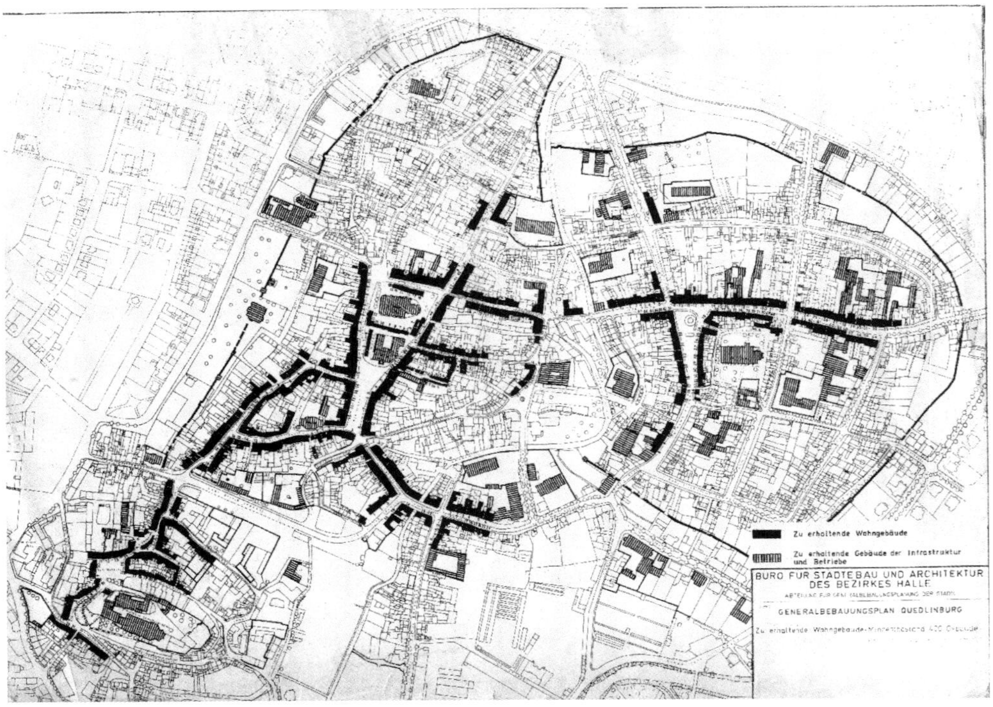

Abb. 2 BfS Halle: Generalbebauungsplan Quedlinburg, zu erhaltende 400 Gebäude (1974)

breiten Straßen auch in den historischen Städten konnte nur auf den freien Flächen der kriegszerstörten Altstädte wie im benachbarten Halberstadt ausgeführt werden und wurde bald von realistischeren Vorstellungen verdrängt. Planungen mit einem neuen Zentrum und mit Straßendurchbrüchen wurden für Quedlinburg nicht mehr vorgelegt. Zudem waren bis in die 1970er Jahre die Umsetzung von Bürgern aus abzureißenden Häusern in Ersatzwohnungen und der Bau einer für neue Plattenbaugebiete notwendigen großen Kläranlage für das DDR-Bauwesen nicht zu bewältigen. Das denkmalpflegerische Problem mit Veränderungen im historischen Stadtgrundriss von Quedlinburg entstand in den späten 1960er Jahren aber erneut, und dieses Mal unausweichlich wegen des immer schlechteren Bauzustands der Fachwerkhäuser.

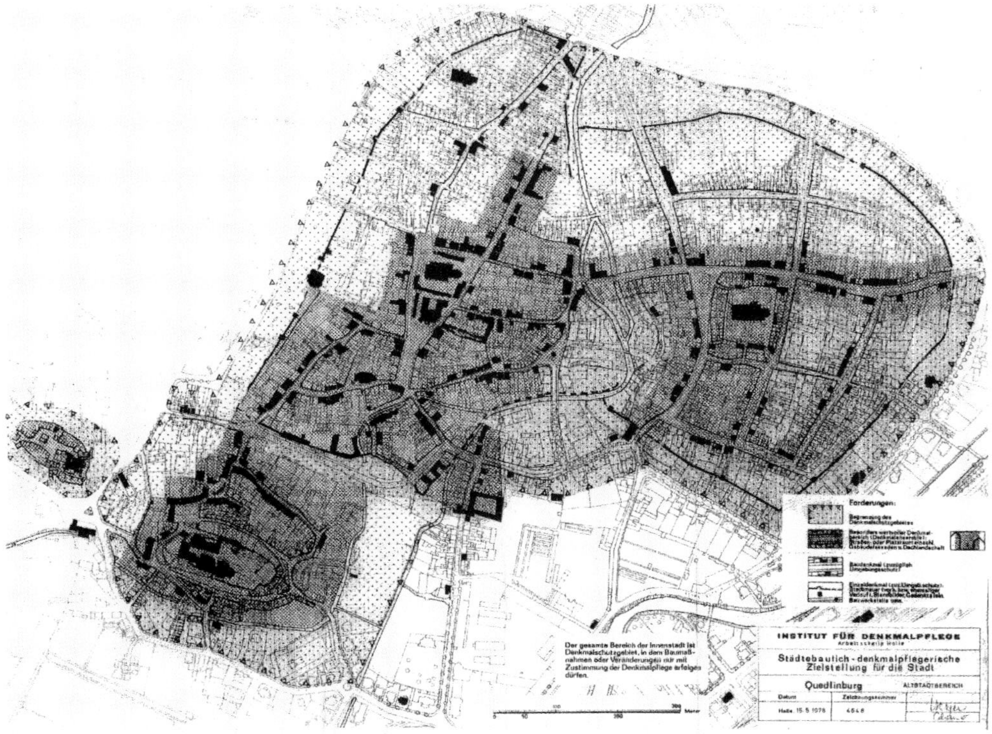

Abb. 3 IfD Halle: Städtebaulich-denkmalpflegerische Zielstellung (1978)

Fachwerk in Quedlinburg[4]

Quedlinburg besitzt nach den Zerstörungen des Zweiten Weltkrieges, dem die Städte Halberstadt, Braunschweig, Hildesheim und Hannover mit ihren reich beschnitzten und wertvollen Fachwerkhäusern zum Opfer gefallen sind, mit etwa 1.300 Fachwerkhäusern den größten Fachwerk-Baubestand in dieser Kulturregion, zu der neben Goslar und Wernigerode die Kleinstädte Osterwieck und Hornburg gehören. Quedlinburg besitzt in seinem Stadtbild, das als Fachwerkstadt in der Alt- und Neustadt, im Westendorf und auf dem Münzenberg noch nahezu geschlossen erhalten blieb, zwar nicht die ältesten Fachwerkhäuser[5] der Region, die sich, nur Sachsen-Anhalt betrachtet, reicher in Stolberg (18 gotische Fachwerkhäuser, vor 1530 errichtet) und Osterwieck (113 Fachwerkhäuser im reich beschnitzten niedersächsischen Stil, zwischen 1531 und 1620 errichtet) finden lassen. Die älteren Fachwerkhäuser in Quedlinburg stehen allerdings vorwiegend, Aufmerksamkeit erheischend, im Zentrum um den Marktplatz und am Weg zum Burgberg. Drei Viertel der Fachwerkhäuser in Quedlinburg wurden in der Zeit zwischen 1621 und 1720 (etwa 440 Häuser) sowie zwischen 1721 und 1830 (etwa 550 Häuser) errichtet. Aber noch im späten 19. Jahrhundert, zur Gründerzeit und im Jugendstil, entstanden sehenswerte Gebäude mit reich beschnitzten Fachwerkelementen im Harzer Stil am Rande von Alt- und Neustadt.

Fachwerkhäuser aus der ersten Hälfte des 17. Jahrhunderts sind in Deutschland selten, weil im Dreißigjährigen Krieg nur wenig gebaut werden konnte. Warum das dennoch in Quedlinburg geschah, lässt nur Vermutungen zu. Möglicherweise war es der Schutz durch das reichsunmittelbare Stift, der die kriegführenden Parteien abhielt, oder die damals starke wirtschaftliche Leistungsfähigkeit der Stadt, die alle Widrigkeiten überwand? Jedenfalls wurde viel gebaut und Quedlinburgs Zimmermeister schufen sogar eine eigene Schnitzform zur Weiterentwicklung des niedersächsischen Fachwerkstils mit seinen (bisher) Schiffskehlen, Zylinderrollen an den Balkenköpfen und Fächerrosetten in den Brüstungsfeldern. Neue Formen waren jetzt in Quedlinburg die Pyramidenköpfe an den Enden der Deckenbalken, die von Karniesformen an den Knaggen und mit Karniesprofilen auf den Schwellen begleitet wurden. Ihre Zimmermeister haben sich jetzt auch selbstbewusst auf den Stockschwellen mit ihren Initialen, Meisterzeichen und Jahreszahl, später auch mit dem vollen Namen benannt, sodass uns heute mindestens 22 von ihnen bekannt sind. Wichtige Zimmermeister waren Wulf Götze (bisher bekannte, zwischen 1612 und 1653 errichtete Fachwerkhäuser, die ersten beiden noch zusammen mit seinem Vater), der als erster 1632 den Pyramidenbalkenkopf benutzte. Ihm folgten Andreas Schröder (22 Fachwerkhäuser zwischen 1656 und 1672), Peter Dünnehaupt (21 Fachwerkhäuser zwischen 1658 und 1679), Martin Lange (30 Fachwerkhäuser zwischen 1671 und 1705) und Andreas Besen (12 Fachwerkhäuser zwischen 1683 und 1701).[6] Die handwerkliche und gestalterische Entwicklung an ihren Häusern, ihr Verhältnis zueinander (mehrmals waren sie Paten bei den Kindern ihrer Kollegen) und ihre Auftraggeber sind interessante Forschungsfragen, die nur beantwortet werden können, wenn die von ihnen errichteten Fachwerkhäuser erhalten bleiben.[7]

Auch die vielen Fachwerkhäuser in Quedlinburg aus der Epoche zwischen 1721 und 1830 sind interessant, denn das ist die Zeit des Übergangs vom Fachwerk mit sichtbarer Konstruktion als Gestaltungsmittel zu einer moderneren Gestaltung, bei der die Fachwerkkonstruktion jetzt der Gestaltung untergeordnet wird, breite Fenster- und schmale Wandfelder wechseln, die Fassaden ohne Vorkragen der Stockwerke flächig und später einheitlich über Holzkonstruktion und Ausfachungen gestrichen werden.

Der Bau von Holzhäusern ist eine durchdachte und erprobte, in Deutschland seit Jahrhunderten übliche Bauweise. Für Holzhäuser, in ihrer entwickelten Form als Fachwerk, werden die örtlich anstehenden Materialien verwendet (Kanthölzer für die Konstruktion, Spalthölzer, Zweige und Lehm für die Ausfachungen), die leicht verarbeitet, verändert und nach einem Abbruch auch wiederverwendet werden können. Umbauten im Haus werden durch die Skelettkonstruktion erleichtert. Fachwerkhäuser wurden zunächst als Ständerbau (auch Geschossbau) errichtet mit gebäudehohen Ständern und eingesteckten (eingeschossenen) Deckenbalken, mit Zapfenschlössern gegen das Herausziehen gesichert. Das »Fachwerkmuseum« Wordgasse 3 (1347(d))[8] ist eines der ältesten und am vollständigsten erhaltenen Ständerbauten in unserer Gegend, das Fachwerkhaus Neustädter Kirchhof 7 (1423(d)) ist bereits ein Mischbau mit einer Ständerwand auf der Hof- und einem Stockwerk zur Straßenseite.

Die Fachwerkhäuser in Quedlinburg sind fast ausschließlich in Stockwerksbauweise errichtet, ihre älteste inschriftliche Datierung in Quedlinburg stammt von 1545. Auf einem Schwellenkranz werden in regelmäßigen Abständen Ständer gestellt, die mit Riegelbahnen gegeneinander gesichert und oben mit einem Rähmkranz abgedeckt werden. Auf den Rähmhölzern liegen die Deckenbalken mit einer Spannweite von vier bis fünf Metern, in der Hausmitte von einem Unterzug unterstützt. Auf diesen Deckenbalken wird das nächste Stockwerk mit den gleichen Ständerabständen wie das untere Stockwerk aufgerichtet. Auf der Straßenseite kragen die Deckenbalken im 16. Jahrhundert bis etwa 50 Zentimeter vor, später verringert sich diese Auskragung. Mit dem Vorkragen wird die Nutzfläche des Oberstocks größer, die untere Hauswand besser gegen Regen geschützt und die Zapfenlöcher der Fachwerkkonstruktion, welche die Holzteile schwächen, werden gleichmäßiger in den Hölzern verteilt. Nach dem Aufstellen des Dachwerks werden die Wandfelder mit Staken aus gespaltenen Hölzern und Zweigen verflochten und mit Lehm, die Deckenfelder mit Lehmwickeln gefüllt. Aber diese ökologische Bauweise aus natürlichen Baustoffen hat auch ihre Schwachstelle, die Nässe. Alle Stoffe in der Natur werden bei Feuchtigkeit von biotischen Schädlingen zersetzt. Pilze, Hausbock oder Anobien bauen die organischen

Materialien ab und führen sie damit wieder dem natürlichen Kreislauf zu. Im Laufe der Jahrhunderte kommt es beim Anwachsen des Straßen- oder Hofgeländes zu Durchfeuchtungen im tief liegenden Schwellenbereich, bei einem Schaden in der Dachdeckung oder an den Fallrohren läuft Regenwasser in das Dachwerk (und von dort in die Holzdecken) und an die Ständer. Die natürliche Folge ist in kurzer Zeit ein Befall durch Pilze, deren Sporen überall verbreitet sind. Der schlimmste Schädling für Fachwerkhäuser ist der Hausschwamm, der selbst Feuchtigkeit produzieren, durch Mauern wachsen und in kurzer Zeit alle Hölzer zerstören kann. Ein leerstehendes, unbewachtes Haus kann ganze Straßen infizieren. Diese Gefahr bestand bis 1990 in Quedlinburg in hohem Maße.

Zudem unterliegen Häuser und Wohnungen einem »moralischen Verschleiß«, denn ihre Bewohner stellen selbstverständlich steigende Ansprüche an die Wasserzu- und -ableitung, Beleuchtung, Heizung und Toilettenanlage, zu deren Erfüllung die Häuser und Wohnungen ständig modernisiert werden müssen. Diesen Nutzungsanforderungen muss der Hausbesitzer nachkommen, um vermietbare Wohnungen anbieten zu können. In Deutschland war jedoch die Abfolge Anforderung – Erfüllung seit dem Ersten Weltkrieg unterbrochen, weil nach der Wirtschaftskrise und der Hitlerzeit mit dem Zweiten Weltkrieg auch in der DDR die Instandhaltung und Modernisierung von Wohnhäusern sehr erschwert wurde. Mit der auf den Stand von 1936 festgeschriebenen Miethöhe erhielten die Hausbesitzer nicht genug Geld für die notwendigen Reparaturen oder gar Modernisierungen. Weil es in der DDR für private Häuser fast kein Baumaterial und nur noch wenige Handwerker gab, konnten die Fachwerkhäuser nur noch benutzt, kaum repariert und nicht mehr modernisiert werden. Ihr Verfall war nicht mehr aufzuhalten.

Diese Zustand wurde schon kurz nach dem Zweiten Weltkrieg offensichtlich, als die Gebäude und Wohnungen in Quedlinburg auch noch durch Umsiedler überbelegt waren. In einer Untersuchung der Deutschen Bauakademie wurde 1955 festgestellt, dass in Quedlinburgs Alt- und Neustadt von 401 Kleinwohnungen (ein oder zwei Räume einschließlich Küche) 25 Prozent mit durchschnittlich 6 Personen belegt waren, dass die Toiletten von 42 Prozent der Wohnungen außerhalb des Hauses und von 45 Prozent außerhalb der Wohnung liegen und dass 550 Wohnungen Raumhöhen zuwischen 1,65 und 2 m aufweisen. Die Untersuchung mündete in eine Denkschrift, in der festgestellt wurde: »Die Folgen der jahrelangen Vernachlässigung (...) macht sich in immer mehr steigendem Gebäudeverfall bemerkbar. Bei gleichbleibenden Abgängen an Wohnraum (...) wird im nächsten Jahrzehnt das Bild der Stadt nicht mehr zu halten sein.« Das stimmte, denn nach der staatlichen Wohnraumzählung von 1971 waren nur noch 15 Prozent der Gebäude im Altstadtgebiet gut erhalten, und 69 Prozent wiesen große Schäden auf. Bis 1989 wurden nach Auskunft des damaligen Stadtbaudirektors im Altstadtgebiet jährlich 40 bis 60 Wohnungen aufgrund ihres schlechten Bauzustands neu gesperrt. Die Stadt reagierte darauf mit Planungen, in denen nach Abrissen von Fachwerkhäusern auf immer größeren Flächen die Errichtung von Neubauten vorgesehen war, wie 1960/1961 in der »Grundkonzeption für die Rekonstruktion der Stadt Quedlinburg«, 1964 in der »Grobkonzeption für die städtebauliche Entwicklung der Stadt Quedlinburg«, 1967 in der »Grundsatzdirektive für die sozialistische Umgestaltung und Neuplanung der Stadt Quedlinburg« (unter Abbruch von zwei Dritteln der bestehenden Gebäude) und 1968 im »Generalbebauungsplan« des BfS Halle. Nach dieser Planung sollten historische Fachwerkhäuser mit etwa 2.500 Wohnungen abgebrochen und durch Neubauten in etwa der gleichen Größenordnung ersetzt werden, wobei einige Mitglieder des Rats der Stadt noch weitergehende Abbrüche forderten – eine leider reale Einschätzung angesichts der Möglichkeiten und Zielsetzungen des SED-Bauwesens. 1973 wurde vom damaligen Stadtbaudirektor vorgeschlagen, nur noch 181 Fachwerkhäuser als »abgerundeten Erlebnisbereich mit dem Markt als Mittelpunkt, der sich zum Burgberg hin öffnet«, zu erhalten, weil es der Stadtverwaltung nicht möglich sei, mit ihren Baureparaturmöglichkeiten mehr historische Fachwerkhäuser zu erhalten. Alle anderen in der Alt- und Neustadt liegenden »Bebauungsflächen werden damit zur Neubebauung frei«, was

Abb. 4 Blick in die Dovestraße (1989)

Abb. 5 Dovestraße, Hofseiten der südlichen Bebauung (1989)

Abb. 6 Marschlingerhof, Abbrüche in der nördlichen Altstadt (1980)

Abb. 7 Breite Straße 25, eingetragenes Baudenkmal (1989)

den Abbruch von etwa 80 Prozent des städtebaulichen Denkmals bedeutet hätte, darunter alle Gebäude der Neustadt außer der Kirche und fünf einzelnen Fachwerkhäusern.

Ebenfalls 1973 äußerte sich die Bezirksplankommission, rechte Hand der SED-Bezirksleitung, dass zur Schaffung von Neubauflächen für Plattenbauten im Altbaugebiet nur noch die »Erhaltung von Gebäuden mit insgesamt rund 1.500 Wohnungen« zulässig sei, und der Rat des Bezirks Halle beschloss 1974, die »Erhaltung der historischen Bausubstanzen (…) auf maximal 400 Gebäude zu konzentrieren« (Abb. 2). Das IfD musste diese Vorgaben und die auf ihnen beruhenden Planungen grundsätzlich ablehnen und reagierte darauf seit 1976 mit der Ausarbeitung einer »Städtebaulich-denkmalpflegerischen Zielstellung«, die 1978 als sachlich-fachliche Gegendarstellung der Stadtverwaltung und dem BfS Halle vorgelegt werden konnte. In dieser Zielstellung wurde der Denkmalwert der Stadt Quedlinburg ausführlich begründet, denkmalgerechte Entwicklungsmöglichkeiten wurden dargestellt, alle Baudenkmale aufgelistet und diese zusammen mit den städtebaulich wertvollen Straßen- und Platzräumen sowie dem unbedingt zu erhaltenden hochrangigen städtebaulichen Denkmal in einer Karte dargestellt (Abb. 3).

Dem IfD war aber auch bewusst, dass ohne eine grundsätzliche Veränderung der SED-Baupolitik, vor allem hinsichtlich des Aufbaus von Baureparaturbetrieben und der Bereitstellung der notwendigen Baustoffe sowie mit Mieteinkünften, welche Reparaturen und Modernisierungen der Häuser ermöglichen, die Erhaltung des städtebaulichen Denkmals und seiner Fachwerkhäuser nicht mehr möglich war.

Seit 1978 wurde mit der Stadtverwaltung und dem BfS darum gerungen, in diesen Planungen möglichst viele wertvolle Fachwerkhäuser in geschlossenen Straßenzügen zu erhalten als Voraussetzung dafür, sie später instand setzen und modernisieren zu können. Pläne wurden gezeichnet, Grenzen festgelegt, und es wurde um einzelne Gebäude gestritten. Doch trotz dieser Diskussionen und mancher Teilerfolge ging der Verfall einzelner Häuser bis zu ganzen Straßenzügen unablässig weiter, weil seit 1980 Neubauten in Plattenbauweise auf bisherigen großen Gärtnereiflächen nordöstlich nahe der Neustadt (»Am Kleers«) errichtet wurden. Für jede dort neu bezogene Wohnung wurde in den Fachwerkhäusern des städtebaulichen Denkmals eine Wohnung frei oder gar das ganze Haus leer. Weil diese Umzüge ein wichtiger Streitpunkt in den Verhandlungen zwischen Stadtverwaltung und IfD um Abriss oder Erhaltung im Bereich der nördlichen Altstadt waren, wurden 1988 auf Verlangen des IfD von der Stadtverwaltung die meist älteren und hier aufgewachsenen Bewohner der Dovestraße befragt, ob sie hier wohnen bleiben oder lieber in einen Neubau umziehen wollten. Die überwiegende Zahl der Befragten war für einen Umzug und damit für den Abbruch ihrer bisherigen Fachwerkhäuser, die sie bis dahin mühevoll instand gehalten hatten. Nach diesen für das IfD deprimierenden, gleichwohl verständlichen Wünschen wurden die Fachwerkhäuser der Dovestraße komplett abgebrochen (Abb. 4 und 5).

Sie war als »Straße der kleinen Leute« ein denkmalpflegerisch wichtiger Bestandteil der nördlichen Altstadt, die schon seit Mitte der 1960er Jahre unter dem abwertenden und verharmlosenden Namen »Neuendorf« von der Stadtverwaltung als Abbruch- und Neubaugebiet ausgewiesen wurde. Seit dieser Zeit durften dort keine größeren Reparaturen oder gar Modernisierungen durchgeführt werden, sodass in diesem Stadtgebiet die Fachwerkhäuser systematisch verkamen. Leerstehende Gebäude wurden geplündert und zerstört und dadurch das Wohnen in den benachbarten Häusern stark beeinträchtigt.

Seit 1975 begannen in der nördlichen Altstadt die Abbrüche zunächst einzelner Bauruinen und dann leer gezogener Fachwerkhäuser (Abb. 6 und 7), bis straßenweise zusammenhängende freie Flächen vorhanden waren. Für eine Bebauung dieser Flächen gab es in der DDR kein anderes Bausystem als die Plattenbauweise. Mitarbeiter der Bauakademie der DDR sagten 1974 in einer Beratung zu Quedlinburg unter Bezug auf ihre »Vorläufige Komplexrichtlinie für die Planung der Umgestaltung städtischer Gebiete« eindeutig: »Die Plattenbauweise als ökonomischste und produktivste Bauweise muss auf jeden Fall das Grundprinzip bleiben.« Eine solche Neubebauung im

Abb. 8 Schmale Straße nach Norden, vorn beiderseits Neubauten des HMB-Q-Bausystems (1988)

städtebaulichen Denkmal Quedlinburg war aber für die Denkmalpflege auf keinen Fall zulässig und entsprach auch nicht dem hohen Rang der Stadt in den Zentralen DDR-Denkmallisten von 1961 und 1979.

Dem damaligen Bezirksarchitekten Richard Paulick gelang es 1977, dass die von der DDR Ende der 1960er Jahre für den Bau von Wohnhochhäusern in Halle-Neustadt erworbene schwedische Lizenz für eine Tunnelschalungs-Betonbauweise auch für die Wiederbebauung der inzwischen großflächig abgebrochenen und frei geräumten Flächen in der nördlichen Altstadt von Quedlinburg angewendet werden durfte – gegen den Widerstand des Bezirksbauamtes, das um den Absatz seiner Plattenbauten fürchtete. Von einer Planungsgruppe in Halle (beim BfS) und in Quedlinburg (Hochbau) wurde diese Bauweise für die Altstadt angepasst, straßenseitig mit zwei oder drei Geschossen, mehreren Fassadengestaltungen und mit ziegelgedeckten Satteldächern sowie dem Einbau geborgener historischer Haustüren. Mit diesem »HMB-Q« (Hallesche Monolithbauweise für Quedlinburg) genannten Bausystem wurde zwischen 1984 und 1986 eine erste Baugruppe mit 100 Wohnungen in der nördlichen Altstadt gebaut (Abb. 8). Allerdings mussten auch bei dieser Bauweise wegen des Kraneinsatzes und des Auf- und Abbaus der raumgroßen Betonschalungen die historischen Straßenräume aufgeweitet und aus technologischen Gründen auch einzelne noch gut erhaltene und bewohnte Fachwerkhäuser abgebrochen werden. Angesichts der Alternative Plattenbau erscheinen diese Neubauten der 1980er Jahre im städtebaulichen Denkmal vertretbar und werden auch von den Bürgern angenommen. Aber noch 1987 forderte der damalige Bezirksbaudirektor nach einer Kritik der SED am zu langsamen und teuren Wohnungsneubau im Bezirk Halle, das »aufwendige HMB-Q-Projekt als erstes zur Diskussion zu stellen«, d. h. sofort zu beenden und stattdessen in Quedlinburgs Altstadtgebiet Neubauten aus den im benachbarten Aschersleben hergestellten Großplatten zu errichten. Zwischen 1986 und 1989 wurden südlich neben der Neustadt weitere 400 Wohnungen errichtet, um so mit der HMB-Q-Bauweise außerhalb des Denkmalbereichs Erfahrungen zum schnelleren und billigeren Bauen, wie mit veränderten Grundrissen und reduzierten Gestaltungen, zu sammeln. Danach sollte sie wieder in der nördlichen Altstadt eingesetzt werden, wofür vom BfS bereits Planungen in diesem Stadtteil und weiter, noch großflächiger, für die nördliche Neustadt vorlagen (Abb. 9). Doch seit Ende 1989 galt ein Abriss- und Neubaustopp.

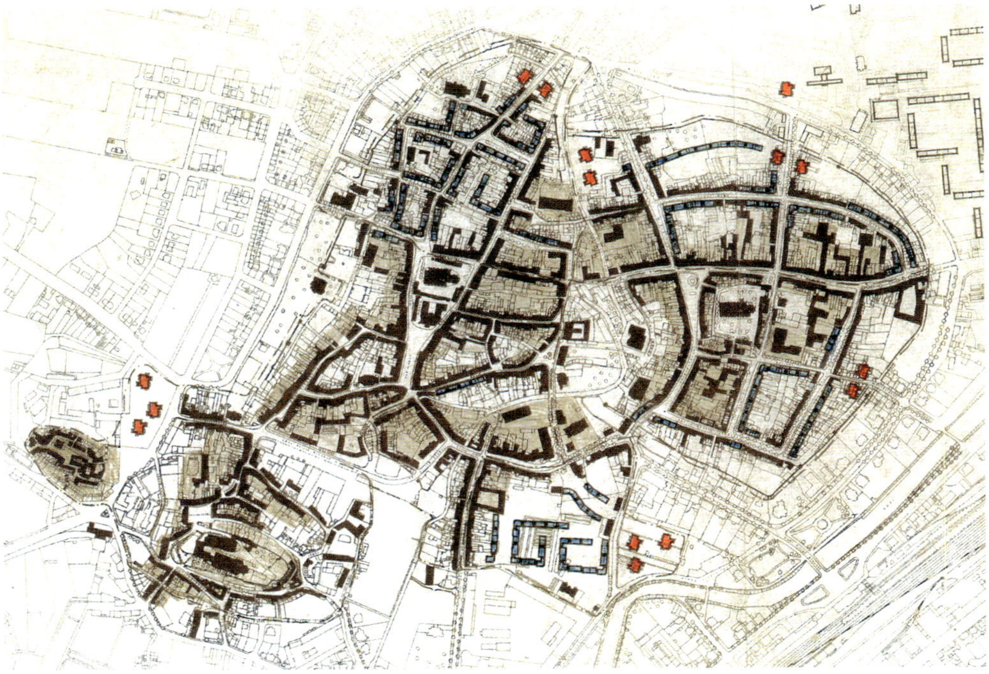

Abb. 9 BfS Halle: Städtebauliche Planung für weitere Abbrüche und HMB-Q-Neubauten (blau) sowie Hochhäuser (rot), 1988

Bei dem im September 1989 an das Welterbekomitee der UNESCO eingereichten Vorschlag der DDR-Regierung, Quedlinburg in das Weltkulturerbe aufzunehmen, wurde die »Umgestaltung« der nördlichen Altstadt mit ihren Abrissen und HMB-Q-Neubauten sogar als Maßnahme zur Erhaltung des Denkmalwertes dargestellt, was aufgrund der hohen Verluste an originalem Fachwerkbestand im Juni 1990 zur Ablehnung des damaligen Antrages führen musste.

Mosaiksteine zur Erhaltung des städtebaulichen Denkmals

Für die Erhaltung des städtebaulichen Denkmals Quedlinburg ist die Erhaltung, Nutzung und Modernisierung aller Gebäude wichtig. Wer ein altes Fachwerkhaus sanieren will, braucht Geld, Baumaterial und Handwerker. Weil in der DDR die möglichen Mieteinkünfte bei weitem nicht die Reparatur- und Modernisierungskosten abdeckten, suchten junge Familien in Quedlinburg, die entweder bei der knappen Wohnraumsituation keine Aussicht auf eine Wohnung hatten oder die das Wohnen in einem alten Haus liebten, kleine Einfamilienhäuser, die sie mit einem sehr hohen Anteil an Eigenleistungen instandsetzen und modernisieren konnten. Etwa 1.000 dieser meist zweistöckigen Häuser gibt es in Quedlinburg um den Burgberg, auf dem Münzenberg und in den Randbereichen von Alt- und Neustadt (Abb. 10–14).

Die Denkmalpflege konnte die Bauherrinnen und -herren nur mit geringen finanziellen Beihilfen unterstützen, dafür aber mit fachlicher Beratung für eine fachwerkgerechte und damit preisgünstige Instandsetzung. Vom IfD gab es weitgehende Zugeständnisse, um solche Vorhaben zur Erhaltung von Fachwerkhäusern zu erleichtern. Vor allem war es wichtig, das originale Bauskelett des Fachwerks durch Reparaturen wieder tragfähig und störende Veränderungen rückgängig zu machen. Die vorhandenen oder gewünschten neuen Grundrisse waren akzeptabel, wenn sie dieses Bauskelett beachteten. Wegen ihres Denkmalwertes und um den Bauaufwand zu verringern, sollten die vorhandenen Wand- und Deckenausfachungen möglichst erhalten bleiben. Die im Fachwerkhaus immer gefährlichen Feuchträume Küche und Bad sowie eine mögliche Sicherheitstreppe sollten am besten in einem Seitenflügel untergebracht oder auf der Hofseite angebaut werden. Die reparaturanfälligen Dachgauben durften ersatzlos abgenommen werden, anstelle der nicht mehr lieferbaren roten Dachziegel durften auf die Dächer graue Betondachsteine gedeckt werden. Angesichts des fehlenden Bauholzes durften die Unterstöcke auf der Hofseite massiv ersetzt und neue Fenster ohne Unterteilung in die Fachwerköffnungen eingesetzt werden – alles in der Hoffnung auf später mögliche Verbesserungen. Seit den 1950er Jahren wurden mit diesen Zugeständnissen des IfD eine große Zahl kleiner historischer Fachwerkhäuser mit sehr hohen Eigenleistungen und oft mit der Hilfe von Nachbarn und Freunden repariert und modernisiert – das Wohnen hier ist ein wichtiger Mosaikstein für die Erhaltung der Fachwerkstadt. Außerdem versuchte das IfD bis zuletzt, die Randgebiete von Alt- und Neustadt mit ihren kleinen Fachwerkhäusern vor den Abbruchplanungen zu bewahren. Diese Gebiete waren für solche Planungen besonders interessant, weil hier mit höheren Neubauten die Einwohnerdichte (Forderung der Bauakademie der DDR!) stark erhöht werden konnte. Nur wenn dort keine Abbrüche mehr geplant waren, lohnte sich der Kauf und die Sanierung eines Fachwerkhauses.

Die wenigen in Quedlinburg noch vorhandenen Baubetriebe führten zwar ebenfalls noch Reparaturen und in geringem Umfang auch Modernisierungen aus, aber sie kamen dem Verfall und dem stark ansteigenden Reparaturbedarf nicht mehr hinterher. Eine kleine, aber angesichts der damaligen Verhältnisse spür- und sichtbare Verbesserung für das Schicksal einzelner im Stadtbild wichtiger oder als Baudenkmal wertvoller Fachwerkhäuser in Quedlinburg ergab sich seit 1976 mit der Gründung des VEB Denkmalpflege und dem Einsatz des polnischen Denkmalpflege-Baubetriebes PKZ. Angesichts des zunehmenden Verfalls der Altstädte in der DDR und der internationalen Kritik daran musste die DDR-Regierung Maßnahmen einleiten, um diesen Zustand zu verbessern. Eine dieser

Abb. 10 Pölle (Altstadt)

Abb. 11 Pölle (Altstadt)

Abb. 12 Klink (Altstadt)

Abb. 13 Klink, Heidfeldstraße (nördliche Altstadt)

Maßnahmen war die Gründung von Volkseigenen Betrieben für Denkmalpflege in fast allen Bezirken der DDR. Für den damaligen Bezirk Halle war das 1978 ein VEB Denkmalpflege mit Sitz in Quedlinburg. Auf einem größeren Gelände im Westendorf, westlich unterhalb des Burgberges wurde die Bauabteilung mit der Zimmerei, der Tischlerei und der Schlosserei in älteren Gebäuden eingerichtet, und gleichzeitig wurden bis 1989 jährlich bis zu zwei Gebäude vor allem im Westendorf (Finkenherd – Lange Gasse) saniert. Eine andere Maßnahme war der Einsatz von PKZ in Quedlinburg. Als Ausgleich für einen Außenhandelsüberschuss der DDR gegenüber Polen wurde 1970 festgelegt, dass die polnischen Staatlichen Werkstätten für Denkmalpflege (PKZ) Handwerksleistungen bei der Erhaltung von Denkmalen in Stralsund, Potsdam und Quedlinburg erbringen sollen. 1975 begann der Betriebsteil Thorn (Toruń) mit bis zu 25 Bauforschern, Architekten und Handwerkern in Quedlinburg zu arbeiten. Dieser Betrieb brachte auch eigenes Baumaterial in Form von Bauholz, Dach- und Mauerziegeln, Fliesen u. a. mit und begann zunächst mit der Etablierung eines Standortes in einem wertvollen Fachwerkhaus in der nördlichen Altstadt. Danach wurden von PKZ jährlich etwa

Abb. 14 Klink, Ballstraße (Neustadt)

zwei große und wertvolle Fachwerkhäuser im Denkmalgebiet gründlich saniert.

Thorn ist eine überwiegend durch Backstein geprägte Hansestadt ohne Fachwerktraditionen. Deshalb entsprachen die ersten beiden von PKZ sanierten Gebäude einer leider nicht unüblichen Bauauffassung, indem nur die Holzfassade original erhalten und einem massiven Neubau vorgeblendet wurde. PKZ hatte zu Beginn seiner Arbeiten in Quedlinburg fachlichen Kontakt nur mit einer bei der Stadt dafür eingerichteten Stelle, und erst als sich herausstellte, dass die Leistungen von PKZ über die Denkmalpflege abgerechnet wurden, konnte und musste das für Quedlinburg zuständige IfD diese Arbeiten denkmalpflegerisch anleiten. Mit intensiven Beratungen und bis zu wöchentlich zwei Baustellenbesuchen wurden die fachlich guten Architekten und Handwerker in die Besonderheiten der Fachwerkbauweise eingearbeitet. Die seitdem instand gesetzten und modernisierten Fachwerkhäuser entsprechen dem denkmalpflegerischen Standard mit gründlicher Bauforschung, genauen Aufmaßen und weit über die Möglichkeiten der DDR-Betriebe hinausgehenden handwerklichen Leistungen.[9] Nach der friedlichen Revolution im Herbst 1989 mussten die staatlichen Verträge mit PKZ beendet werden.

Untersuchungen an Fachwerkhäusern durch die hauseigenen Restauratoren, eine Forschungsreihe in Quedlinburg, Osterwieck und Stolberg durch Studenten der Restauratorenausbildung einer Fachschule in Potsdam und die Bauforschung bei PKZ ergaben neue Erkenntnisse zur Farbgestaltung der Fachwerkhausfassaden in Ostmitteldeutschland. Die sichtbaren Konstruktionshölzer wurden bis 1600 entweder rot oder schwarz gestrichen mit geraden Kanten (Beschneidung) auf den weißgekalkten Ausfachungen, diese Kanten manchmal begleitet von parallelen Strichen (Begleiter) und oft auch Ornamenten in deren Ecken auf den Ausfachungen. Nach 1600 wurden graue Holzanstriche bevorzugt, Felder konnten marmoriert werden. Nach 1700 wurden die glatten Fassaden einheitlich in Pastelltönen angestrichen. Die Anwendung dieser Erkenntnisse durch das IfD stieß bei den Bürgern zunächst auf

Widerspruch, weil sie stets dunkelbraun gestrichene Hölzer und weiße oder hellgelbe Ausfachungen an allen Fachwerkhäusern gewohnt waren. Erst nach 1990 mit den jetzt zahlreich sanierten und nach Befund angestrichenen Fachwerkhäusern konnten sich auch in Quedlinburg diese Erkenntnisse in interessanten Fassaden und neuen farbigen, nicht bunten Straßenbildern zeigen.

Trotz aller Bemühungen des IfD um Veränderungen und Verbesserungen der städtebaulichen Planungen und zur Erhaltung der Fachwerkhäuser ergaben Vorausberechnungen im Jahr 1988, dass unter Beibehaltung der SED-Baupolitik schon im Jahre 2000 in Quedlinburg ein so großer Verlust an Fachwerkhäusern eintreten würde, dass der Denkmalstatus der Stadt irreparabel geschädigt wäre. Jeder Denkmalpfleger in der DDR besaß aber als Arbeitsethos die Hoffnung, dass sich das damalige Baugeschehen nur noch verbessern könne (an eine Änderung der Politik wagte niemand zu denken) und damit seine täglichen Arbeitsbemühungen nicht vergeblich sein würden. Als wir dann im Oktober 1989 den Mut hatten, unser Schicksal selbst in die Hand zu nehmen, rettete das auch die Fachwerkstadt Quedlinburg.[10]

Anmerkungen

1 Dieser Text beruht auf meinen zwei Quedlinburg-Büchern, in denen auch alle Quellen und Literaturhinweise enthalten sind. Das ältere der beiden Bücher (Schauer, Hans-Hartmut: Quedlinburg. Das städtebauliche Denkmal und seine Fachwerkbauten, Berlin [= Verlag für Bauwesen] 1990) entstand seit 1985. Nach dem Versuch des Bürgermeisters und seines Stadtbaudirektors (als in der DDR für diese Buchveröffentlichung vorgegebene Gutachter), wegen der kritischen Texte und der dargestellten Rolle der Stadtverwaltung 1986 die Veröffentlichung zu verhindern, musste der Text in Teilen abgeschwächt und geschönt werden, das geplante Erscheinungsdatum verzögerte sich von 1988 auf 1990. Die dem Buch damals beigegebenen 60 Farbfotos des Fotografen Manfred Paul/Berlin zeigen ein realsozialistisches Stadtbild aus dem Jahr 1988, die Abbildungen 10–14 sollen davon einen Eindruck geben. Ich hatte gehofft, dass das Buch auch in der Bundesrepublik gelesen wird und angesichts des schlimmen Zustands der Fachwerkstadt ideelle, vielleicht sogar materielle Unterstützung bewirken kann. Dies geschah sogar und unerwartet Anfang 1990 mit der Niedersachsen-Hilfe des damaligen Ministerpräsidenten Albrecht, mit der Baustoffe, Gerüste und Aufzüge zur Sicherung und Sanierung von Fachwerkhäusern in Quedlinburg bereitgestellt wurden.
Das jüngere Buch (Schauer, Hans-Hartmut: Quedlinburg. Fachwerkstadt, Weltkulturerbe, Berlin [= Verlag Bauwesen], 1999) konnte dagegen eine objektive Darstellung der Baugeschichte sein. Die seit 1991 bereitgestellten Fördermittel für die Fachwerkstadt wie aus dem Fonds »Städtebaulicher Denkmalschutz« des Bundesbauministers und der Deutschen Stiftung Denkmalschutz haben seitdem zu dem guten Bild und Zustand der Fachwerkhäuser Quedlinburgs beigetragen. Beide Bücher sind im Buchhandel vergriffen.

2 Text der Empfehlung nach Kriterium IV aus der Evaluierung von ICOMOS, Oktober 1994. Zitiert aus: Weltkulturerbestadt Quedlinburg, Schriftenreihe Stadtsanierung Quedlinburg, Heft 1/1996, S. 25.

3 Fachlich zuständig für die Denkmalpflege in den damaligen Bezirken Halle (mit Quedlinburg) und Magdeburg, dem früheren und nach 1990 wieder entstandenen Land Sachsen-Anhalt, war das damalige Institut für Denkmalpflege der DDR, Arbeitsstelle Halle – seit 1990 das Landesamt für Denkmalpflege Sachsen-Anhalt in Halle (Saale). Die Abteilung Kultur beim Rat des Kreises Quedlinburg war politisch zuständig und verantwortlich, mit ihr wurden wichtige Stellungnahmen und Entscheidungen abgestimmt.

4 Alle Fachbegriffe im folgenden Textteil benutzen die Ergebnisse einer deutsch-deutschen Kommission, die 1989 in Quedlinburg und 1990 in Köln tagte: Fachterminologie für den historischen Holzbau. Fachwerk – Dachwerk, hrsg. v. Günther Binding, Köln 1990.

5 Durch intensive und mit Fördermitteln finanzierte Bauforschung konnten seit 1990 die Erkenntnisse über den in Quedlinburg noch vorhandenen älteren Baubestand erheblich erweitert werden, die weit über den an den Fassaden ablesbaren (jüngeren) Bestand hinausgehen. Mit den Gebäuden Klink 6/7 (1289(d)) und Hölle 11 (1295(d)) wurden zwei der ältesten Fachwerkhäuser Deutschlands ermittelt, weitere alte Fachwerke stammen von 1330(d) = Breite Straße 12/13, 1347(d) = Wordgasse 3 und 1399(d) = Breite Straße 33. (d) = dendrochronologisch datiert, s. dazu auch Anm. 8.) Diese wichtigen Erkenntnisse zur mittelalterlichen Bau-, Kultur- und Sozialgeschichte waren allerdings nur möglich, weil diese und viele andere Fachwerkhäuser ihren bis 1990 schlechten Bauzustand und die Abbruchplanungen überstanden hatten. Genauere Angaben hierzu vom Bauforscher Frank Högg: Gefügeforschung in Quedlinburg. Fachwerkhäuser des 13. und 14. Jahrhunderts, in: Historische Bauforschung in Sachsen-Anhalt. Arbeitsberichte des Landesamtes für Denkmalpflege und Archäologie Sachsen-Anhalt, Heft 6, Petersberg 2007, S. 251–280.

6 Neue Erkenntnisse zu den Zimmermeistern und ihren Bauherren verdanke ich den Forschungen von Herrn Karlheinz Wauer/Quedlinburg.

7 Unter den bis 1990 abgebrochenen Fachwerkhäusern befanden sich leider auch mehrere der für die Stadtbau- und Fachwerkgeschichte wichtigen Bauten dieser Zimmermeister.

8 (d) = dendrochronologisch, d. h. im Vergleich der Jahresringe aus dem Holzquerschnitt oder aus Bohrkernen mit fest datierten Hölzern des nördlichen Harzvorlandes, also unter gleichen Klimabedingungen bestimmtes Fälljahr der Bauhölzer. Für Quedlinburg wird seit 1997 eine Fichtenholzchronologie »PIAB-Nordharz« von der Universität Bamberg in Zusammenarbeit mit in Quedlinburg tätigen Bauforschern erarbeitet.

9 Wir Deutschen verstanden uns sehr gut mit den polnischen Kollegen. Wegen der in jener Zeit aktiven polnischen Gewerkschaft Solidarność wurden unsere Gespräche in Quedlinburg von mindestens einem Stasi-Zuträger überwacht, wie sich nach 1990 herausstellte.

10 Nach einer Überprüfung in Quedlinburg wurde 1994 die Bewerbung der Stadt um Aufnahme in das Weltkulturerbe anerkannt, nachdem 1990 die Abrisse beendet wurden und mit der in großem Umfang begonnenen Sanierung der historischen Fachwerkhäuser eine unübersehbare Sicherung, Erhaltung und Verbesserung der Denkmalwerte Quedlinburgs eingetreten ist.

Wiederaufbau und Stadtreparatur konnten den Verfall unserer Städte nicht aufhalten

Heinrich Schleiff

Der Bericht über die in der Überschrift benannte Problematik umfasst den Zeitraum vom Kriegsende bis zur politischen Wende der Jahre 1989/90. In diese Zeit fallen auch mehr als 20 Jahre Lebensarbeit des Verfassers im Dienste der Denkmalpflege. Aus diesem Umstand erklärt sich auch manche subjektive Betrachtung, die sich aus sehr unterschiedlichen Erfahrungen in dem hinter mir liegenden Arbeitsleben ergibt und von anderen auch anders wahrgenommen und bewertet wurden. Wenn mit diesem Bericht die kritische Diskussion über die Versuche und das in der ehemaligen DDR Erreichte bereichert wird, ist ein Ziel des Verfassers erreicht.

1945–1949

Unmittelbar nach Kriegsende standen sowohl die russische Besatzungsmacht als auch die von ihr eingesetzte Zivilverwaltung vor fast unlösbaren Aufgaben. Die dringendsten Anliegen waren die Versorgung der Menschen mit dem Allernotwendigsten, wobei die aus den ehemaligen Ostgebieten noch immer einströmenden Flüchtlinge (»Umsiedler«) eine zusätzliche Herausforderung darstellten. Hinzu kamen die schwer zerstörten mitteldeutschen Großstädte und die in den »End«-kämpfen durch Artilleriebeschuss ebenso schwer zerstörten nordostdeutschen Städte, die kaum in der Lage waren, Flüchtlinge aufzunehmen. Deshalb konzentrierten sich alle Bemühungen der Verwaltung darauf, die Grundversorgung der Menschen abzusichern. Hierbei wurden von Anfang an in der sowjetisch besetzten Zone andere Maßstäbe angelegt als in den westlichen Besatzungszonen. Die Ideologisierung, d. h. die Umsetzung jeder Maßnahme als Ausdruck des Friedenswillens der Besatzungsmacht, wurde im Osten Deutschlands Maßstab und Rechtfertigung auch für ungesetzliche Maßnahmen. In den schwer zerstörten Städten und Industriegebieten begann man mit dem Aufräumen (Enttrümmerung, Instandsetzung der Infrastruktur) und der Beseitigung der Kriegsruinen, gleichzeitig aber auch auf Befehl der Besatzungsmacht mit der Demontage wichtiger Industrieanlagen.

Städtebauliche Planungen für die kriegszerstörten Städte blieben weitestgehend unberücksichtigt und wurden auch in späteren Jahren nur in seltenen Fällen zur Grundlage eines geordneten Wiederaufbaus gemacht.

In diesen Jahren konnte durch die Denkmalpflege in enger Zusammenarbeit mit den Kirchen und Kommunen zunächst nur eine Bestandsaufnahme der Zerstörungen vorgenommen und als erster Schritt die Notsicherung großer Kirchen realisiert werden. Der Umgang mit stadtbildprägenden Schlossanlagen war zu diesem Zeitpunkt sehr schwierig, die Staatsmacht sah in den Residenzschlössern unterschiedlicher Bedeutung und Größe noch immer die Symbole des alten »reaktionären« Systems, und nur deshalb wurden in den ersten Nachkriegsjahren nicht nur auf dem Lande Gutshäuser und Schlösser abgerissen, sondern auch in den alten Residenzstädten fielen kriegszerstörte Schlossanlagen dem Abbruch zum Opfer (z. B. Gera, Hildburghausen, Neustrelitz; andere durch Kriegseinwirkungen teilzerstörte Schlösser wurden erst später abgebrochen, z. B. Schwedt/Oder, 1945 ausgebrannt, Abbruch erst im Jahre1961).

Die großen preußischen Schlossanlagen in (Ost-)Berlin und Potsdam stellen einen Sonderfall dar, die Vorbereitungen zum Abbruch gerade des Berliner Schlosses spitzten sich zu einer prinzipiellen ideologischen Auseinandersetzung zu.

Mit ähnlichen Argumenten wurden dann in der DDR in den 1960er bis 1980er Jahren Kirchenabbrüche gerechtfertigt, allerdings spielte dann auch die »sozialistische Umgestaltung« der Städte eine zusätzliche Rolle.

Fazit für die ersten Nachkriegsjahre war die Neuordnung des alltäglichen Lebens, der Beginn eines allmählichen und zögerlichen Wiederaufbaus der zerstörten Städte, deren aufgeräumte Trümmerflächen bis weit in die 1950er bis Anfang der 60er Jahre als begrünte Freiflächen den Stadtraum dieser vom Krieg schwer gezeichneten Innenstädte kennzeichneten. Für meine Generation sind prägende Erinnerungen Spiele in Hausruinen, Trümmerbahnen und Frauen, die abgeklopfte Ziegelsteine zu hohen Stapeln schichteten.

1949–1961

Mit der Gründung der DDR am 7. Oktober 1949 zeichnete sich ab, dass es zu einer entscheidenden Veränderung der bisher bestehenden Verwaltungsstrukturen kommen würde. Teilbereiche der politischen und administrativen Verantwortung wurden von der Besatzungsmacht an die deutsche Verwaltung übertragen, die jetzt auch personell und strukturell nach sowjetischem Vorbild organisiert wurde. Die Rolle der SED als führende Partei war bereits in diesen Jahren festgeschrieben. Die Verwaltung wurde 1952 zentralisiert und in Bezirken und teilweise neu zugeschnittenen Kreisen nach den Vorgaben und Vorstellungen der Partei strukturiert. 1950 wurden die »Grundsätze des Städtebaus« veröffentlicht, in denen sich bereits andeutete, dass »der Städtebauer sich auch die Beseitigung der Mängel in der historisch entstandenen Stadt zum Ziele setzen (muss).«[1] Gleichzeitig erfolgten in diesen Jahren erste größere zusammenhängende Neubebauungen, die mit der Installation des »Nationalen Aufbauwerks« auch offiziell einen erheblichen politischen Stellenwert bekamen. In diesem Zusammenhang gilt das an der Berliner Weberwiese errichtete erste Hochhaus[2] der DDR als Schlüsselbau und gleichzeitig auch als Beginn der Neubauten an der Stalinallee (später Karl-Marx-Allee).

Interessant ist der Rückgriff auf historische Baustile; immer wieder wird der enge Zusammenhang mit Schinkelschen Bautraditionen und der Berliner Bautradition hervorgehoben. Als Beispiel für den komplexen Wiederaufbau einer vollkommen zerstörten Innenstadt muss hier Neubrandenburg genannt werden, dessen Zentrum noch Ende April 1945 weitestgehend zerstört wurde. Dabei wurden nicht nur das Rathaus und das Schloss vernichtet, sondern auch große Teile der Wohnbebauung, die wertvolle, aus Backsteinen errichtete Marienkirche wurde auch stark beschädigt, konnte aber gerettet und wiederausgebaut werden.

1952 wurde Neubrandenburg Bezirksstadt und damit politisch erheblich aufgewertet. Gleichzeitig begann eine planmäßige und zügige Neubebauung »unter Beibehaltung des historischen Stadtgrundrisses (bei Wahrung des historischen Straßennetzes) mit zumeist dreigeschossigen Putzbauten mit zurückhaltenden historisierenden Backsteingliederungen.«[3] Im Mittelpunkt der Stadt, am alten historischen Marktplatz, entstand ein 16-geschossiges Hochhaus als Haus der Bildung und Kultur. 1965/66 war der Wiederaufbau von Neubrandenburg abgeschlossen und zeigte einerseits mit dem Rückgriff auf historische Vorbildbauten – hier die Verwendung des Backsteins als ortstypisches Baumaterial der Backsteingotik – und andererseits mit dem Neubau des Hochhauses als individualisiertem Neubau die ersten zwei Etappen des Wiederaufbaus in der DDR, bevor mit dem Massenwohnungsbau in Plattenbauweise die dritte und umfangreichste Etappe begann.

In Neubrandenburg, aber auch in Rostock erinnern die verwendeten Architekturzitate an die Backsteingotik und an norddeutsche Renaissancebauten, in Dresden wurden Elemente des sächsischen Barock bemüht, in Berlin, Magdeburg und Dessau erahnt man Anklänge an den Berliner Klassizismus. Es gab also regionale Unterschiede; dieser nachempfundene Stilmix sollte an nationale bauliche Traditionen erinnern und gleichzeitig in entschiedener Weise die neu gewonnene Freiheit und Macht der Arbeiterklasse darstellen. Dass dabei bewusst auch gewachsene Strukturen aufgegeben wurden, die trotz der Zerstörungen in den Städten beispielsweise am Straßensystem erkennbar waren, belegt sehr deutlich die neu geschaffene Magistrale in Magdeburg, die jetzt in Ost-Westrichtung vom Hauptbahnhof zur Elbe verläuft. Damit wurde die ursprünglich wichtigste Straße der Altstadt – der Breite Weg – zur Nebenstraße degradiert. Diese neue Straße war gleichzeitig Versammlungs- und Demonstrationsstraße (-raum).[4]

In Magdeburg war wie in den anderen Bezirksstädten auch ein neuer »Kulturpalast« an einem neuen zentralen Platz in Elbnähe geplant, den Hanns Hopp als überdimensionierten Großbau im »sowjetrussischen Zuckerbäckerstil« entwarf. Eindeutig sollte dies der Sieg der neuen sozialistischen Politik gegenüber der durch die hochaufragenden Domtürme symbolisierten Vergangenheit belegen.

Auch für andere Städte entstanden in dieser Zeit derartige Planungen, die aber häufig aufgrund fehlender Mittel oder heftiger Einwände der Bevölkerung[5] nicht realisiert werden konnten.

Die in den frühen 1950er Jahren »im Geist und in der Tradition der national-kulturellen Erbes« errichteten Bauten zeigten sehr bald, dass diese noch in traditioneller Manier aufgeführten Bauten für die DDR-Wirtschaft viel zu teuer waren und das drängende Problem des Massenwohnungsbaus mit diesen Bauten nicht gelöst werden konnte. Partei und Regierung reagierten auf die zunehmende Kritik und auf den auch laut geäußerten Ärger der Bevölkerung.[6] In der »Ersten Baukonferenz der DDR« im Jahre 1955 wurden die theoretischen – i.e. vor allem die ideologischen – Grundlagen für ein »schnelles, besseres und billigeres« Bauen gelegt. Man kann dieses Datum auch als die Geburtsstunde des sogenannten Industriellen Bauens bezeichnen. In den schon Anfang der 1950er Jahre gegründeten »Büros der Bezirksarchitekten« und in eigens geschaffenen Entwurfsbüros bei den ebenfalls neu gegründeten Herstellerbetrieben wurden spezielle Typenprojekte entwickelt, die dann in Montagebauweise errichtet werden konnten. 1955 wurde das ehrgeizige Ziel verkündet, dass innerhalb der nächsten fünf Jahre 100.000 Wohnungen in dieser neuen – später Plattenbauweise genannten – Technologie errichtet werden sollten. Diese Vorgaben und Ziele wurden dann in Fünfjahresplänen festgeschrieben. Fernziel war der Wiederaufbau der kriegszerstörten Städte bis zum Jahre 1965. Das konnte aber nur erreicht werden, indem man ohne Rücksicht auf bestehende Stadtgrundrisse die zerstörten Altstädte in offener Zeilenbebauung überbaute. Damit vergab man in vielen Städten die Chance, an historische Vorgaben anzuknüpfen und verließ auch die Anfang der 1950er Jahre aufgestellten »Grundsätze des Städtebaus«, in dem man auf die bewusste sozialistische Interpretation des überkommenen Erbes zum Teil verzichtete.

In den Anfangsjahren der DDR wurde Stadtreparatur – obwohl es diesen Terminus als Arbeitsbegriff nicht gab – noch in bescheidenem Umfang betrieben; nach meiner Auffassung ist der Wiederaufbau der zerstörten Innenstadt von Neubrandenburg das beste Beispiel für die formale wie inhaltlich durchaus anspruchsvolle Interpretation des Begriffes »Kulturerbe«. Zur Zeit des Wiederaufbaus war dies zwar ideologiebehaftet, in der Rückschau erweist sich aber diese Architektur durchaus als selbstbewusste Ausdrucksform und hat insoweit Substanz, als dass sie und andere Beispiele jetzt als Denkmale ausgewiesen werden.

Die ehemalige Stalinallee in Berlin besitzt in ihrem alten Teil zwischen Frankfurter Tor und Strausberger Platz städtebauliche Qualitäten, die der neue Teil zwischen Strausberger und Alexanderplatz nicht mehr erreicht. Die als 2. Bauabschnitt des Gesamtkomplexes Karl-Marx-Allee in Großplattenbauweise von 1959–1962 montierten Wohnscheiben wurden zwar nach einem städtebaulichem Konzept angeordnet, folgen aber doch der Vorgabe der Montagebahnen und damit dem »Diktat des rechten Winkels«. Die städtebauliche Planung[7] war nur auf die Ost-West-Magistrale ausgerichtet, kappte damit weitgehend das gründerzeitliche Straßennetz und verzichtete auf eine städtebauliche Verdichtung.

Stadtreparatur fand also nur in bescheidenstem Umfang statt, der Wiederaufbau wurde dagegen nur in ausgewählten Städten vorangetrieben.[8] Im Vergleich der beiden deutschen Staaten lassen sich aus meiner Sicht bis etwa in die zweite Hälfte der 1950er Jahre aber Gemeinsamkeiten im Hinblick auf die Verwendung tradierter Architekturformen oder im Bereich der Stadtplanung mit der Anlage großer innerstädtischer Verkehrswege feststellen, auch wenn divergierende ideologische Auffassungen zugrunde lagen (hier Aufmarsch- und Demonstrationsort – dort Mobilität des freien Individuums).

1962–1989

Die Entwicklung der Bauindustrie wurde nach dem Mauerbau[9] vollständig auf die Herstellung der Platte ausgerichtet. Nach der anfänglichen Produktion von Großblöcken wurde die Herstellung dann auf Großplatten umgestellt. 1963 betrug der Anteil der Großplatte bereits fast 75 Prozent der Bauproduktion.

Plattenwerke entstanden in fast allen größeren Städten der DDR. Sie produzierten einerseits für den örtlichen Bedarf, andererseits aber auch für die Bezirksstädte und vor allem für die »Hauptstadt der DDR«, Berlin. Mit dem (Zwangs-)Zusammenschluss privater Handwerksbetriebe zu Produktionsgenossenschaften des Handwerks (PGH) und der Bildung der Kreisbaubetriebe und Baukombinate (sowohl für den Wohnungs- und Gesellschaftsbau als auch für den Industriebau) verstärkte sich die Einflussnahme der Partei auf das Baugeschehen. Dadurch konnte sie auch die Rang- und Reihenfolge von auszuführenden Baumaßnahmen ganz entscheidend beeinflussen und die Schwerpunkte beispielsweise auf den Bau neuer Industriestandorte mit entsprechenden Wohnstädten setzen (z. B. Eisenhüttenkombinat Ost mit Eisenhüttenstadt: Planungen und Baubeginn schon ab 1950, letzter Industriekomplex war das Konverterstahlwerk von 1983/84; Baumwollspinnerei und Zwirnerei in Leinefelde/Eichsfeld, 1961–64 nach einem Entwurf von W. Frömder und Kollektiv errichtet, das Werk war eines der ersten Kompaktbauten in der DDR mit einer 480 Meter langen und 204 Meter breiten Werkhalle, die in Stahlbetonskelett-Montagebauweise errichtet wurde, dem Werk wurde ein Wohngebiet angeschlossen[10]). Wohnen und Arbeiten sollten möglichst nahe beieinander liegen (Chemiearbeiterwohnstadt Halle-Neustadt ab 1963 nach einem entsprechenden Beschluss des Politbüros der SED vom 17. September 1963).

In die 1970er Jahre fallen auch die großen Erweiterungen zahlreicher Städte, in deren unmittelbarem Umfeld neue Wohngebiete auf der »grünen Wiese« geplant und in relativ kurzer Bauzeit auch realisiert wurden. Diese Neubauviertel mussten dann auch mit erheblichem Aufwand verkehrlich an die Kernstädte angeschlossen werden, was teilweise nur durch gewaltige Baumaßnahmen für Schiene und Straße gelöst werden konnte.

Viele Menschen waren froh, wenn sie eine Neubauwohnung zugewiesen bekamen, für sie bedeuteten fließend warmes und kaltes Wasser, Bad, Loggia oder Balkon und eine Einbauküche einen ganz erheblichen Fortschritt, denn der Verfall in den Altstädten schritt unaufhörlich und unaufhaltsam fort. Man darf den psychologischen Effekt einer ganz wesentlich verbesserten Wohnsituation für jede Familie hierbei nicht unterschätzen; hinzu kam, dass das Wohnumfeld so eingerichtet wurde, dass Kinderkrippe, Kindergarten, Schule, medizinische Grundversorgung (Ambulanz oder Poliklinik) und Einkaufsmöglichkeiten in unmittelbarer Nähe in den neuen Wohngebieten mit errichtet wurden.

In jeder Bezirksstadt entstanden derartige Wohngebiete in den Randlagen, als signifikantes Beispiel nenne ich hier Erfurt. Hier wurden im Norden der Stadt die großen Wohngebiete Rieth (nach 1971) und Roter Berg (nach 1977) gebaut und nach Fertigstellung derselben im Südosten der Stadt mit den Wohngebieten Herrenberg, Buchenberg usw. (nach 1979/80) fortgesetzt. Allerdings hatte man in Erfurt schon 1965 mit der Bebauung einer innerstädtischen Brachfläche, dem Johannesfeld (Exerzierplatz, zeitweise Kriegsgefangenenlager im Ersten Weltkrieg, später Kleingartenanlagen) begonnen. Dieses Areal war 1970 komplett bebaut und man suchte neue Standorte. Obwohl zu diesem Zeitpunkt bereits durch Abrisse größere Brachflächen in der Kernstadt entstanden waren, entschied man sich für den Neubau auf der »grünen Wiese«.

Die Entscheidung zur Anlage und zum Bau einer repräsentativen Demonstrationsmagistrale war dagegen eine rein politische Vorgabe. Der Nebeneffekt für die historische Altstadt Erfurts (ausgewiesen als größtes Flächendenkmal in der ehemaligen DDR) war insofern positiv, weil die prekäre Verkehrssituation in der Innenstadt ganz wesentlich entspannt werden konnte. Mittels des sich fast halbkreisförmig um die historische Altstadt legenden Juri-Gagarin-Rings wurde der Durchgangsverkehr durch die Altstadt unterbunden und der Zielverkehr immer wieder auf die Ringstraße zurückgelenkt. Dieses Konzept ist auch nach der politischen Wende beibehalten und verfeinert worden und hat sich tatsächlich hervorragend bewährt. Der Bau dieser neuen Verkehrs- und Aufmarschstraße wurde aber mit Massenabrissen erzwungen, im Osten und Norden wurden auf diese Weise erhebliche Teile der historischen Altstadt diesem Prestigeobjekt geopfert. Ursprünglich sollte diese Ringstraße um den gesamten Altstadtkern geführt werden, dazu erfolgten vorbereitende Maßnahmen wie der (teilweise erzwungene) Verkauf von (kleinen) Privathäusern. Das Nichtbereitstellen von Reparaturkapazitäten an private Hauseigentümer und manche andere bürokratische Schikane erleichterten diese gesteuerte Ankaufspolitik. Hinzu kam, dass gerade bei privatem Eigentum der Mietzins so gering war, dass Reparaturen aus diesen Einnahmen nicht bezahlt werden konnten. Im Bereich der Baureparaturen war die Mangelwirtschaft und fehlende Handwerkerkapazität für viele private Hausbesitzer geradezu der Todesstoß, wenn es um den Erhalt ihres Eigentums ging.[11] Daher ist es geradezu bewunderungswürdig, mit wie viel Eigeninitiative und »Bastlergeschick« sich die Menschen zu helfen wussten (Abb. 1 und 2).

Diese Ausführungen machen deutlich, dass in den Altstädten mit reichem historischem Baubestand die Not der Eigentümer am größten war: Einerseits waren sie durch das Denkmalschutzgesetz der DDR zum Erhalt ihres unter Denkmalschutz stehenden Eigentums verpflichtet, andererseits tendierte die Hilfe der »staatlichen Organe« gegen Null. Eine durchgreifende Instandsetzung und Modernisierung von denkmalwerter Bausubstanz[12] war im Prinzip nicht möglich, es sei denn, dass ein Denkmal als staatliches Erholungsheim, Museum, Krankenhaus oder Schule genutzt wurde. Ein gänzlich auf die Initiative der Denkmalpflege zurückgehendes Beispiel für eine derartige komplette Wiederherstellung stellte beispielsweise der ehemalige Münchhausensche Schlosskomplex in Leitzkau dar, in dem zu DDR-Zeiten eine Schule untergebracht war.

Die Dresdner Denkmalpflege unter der Leitung von Hans Nadler verfolgte dieses Ziel der Rückgewinnung und Neunutzung von Denkmalen mit einer bewunderungswürdigen Hartnäckigkeit und wurde für uns junge Denkmalpfleger im Hinblick auf Standfestigkeit und eine »gewisse sture Zähigkeit« zum Vorbild.

In Erfurt wurde mit der Umgestaltung der Hauptgeschäftsstraße, des »Angers«, zu einer Fußgängerzone zwischen 1976–1978 »eine umfassende Rekonstruktion unter Berücksichtigung der denkmalpflegerischen Bedeutung«[13] durchgeführt. Diese »umfassende Rekonstruktion« beschränkte sich aber nur auf die Fassadenerneuerung und eine nur teilweise nach denkmalfachlichen Vorgaben ausgeführte Farbgebung. Das eigentliche Farbkonzept entwickelte der Weimarer Maler und Grafiker Horst Jährling, der die gesicherten denkmalfachlichen Vorgaben (Farbuntersuchungen des Restaurators Roland Möller u. a.) in seine Gesamtüberlegung einbezog (Abb. 3). Ein erheblicher Teil der damals zur Verfügung stehenden Mittel floss in die Modernisierung der Geschäfte in den Erdgeschossen, die mit neuen Schaufenstern, einer einheitlich gestalteten Werbung und teilweise auch einer neuen Einrichtung ausgestattet wurden. Als Fußgängerzone erhielt der Anger auch eine zusammenhängende Freiraumgestaltung mit großen Betonplatten in den Laufflächen. Für Erfurt war das Ergebnis seinerzeit ein großer Fortschritt, die beratende und teilweise auch ausführende Mithilfe des damaligen Instituts für Denkmalpflege wurde anerkannt. Diese am Beispiel des Angers dargestellte »komplexe« Instandsetzung, die sich vorrangig nur mit den Fassaden und – wenn notwendig – mit den Dachanschlüssen baulich beschäftigte, wurde auch als »obere äußere Fließstrecke« bezeichnet, weil eine ganze Straßenseite eingerüstet war und die unterschiedlichen Gewerke (im Idealfall) kontinuierlich und Hand in Hand arbeiten konnten.

Abb. 1 Erfurt, Johannesstraße, Blick von Nordwesten, 1978

Diese Art der oberflächlichen Instandsetzung führte dann auch zu grotesken Situationen: Wenn der Genosse Honecker

Abb. 2 Erfurt, Pergamentergasse vor Beginn der Sanierungsarbeiten, 1992

Abb. 3 Erfurt, Haus Anger 25, Farbgebung nach Vorschlag von Horst Jährlich, 1990

sich in der Republik bewegte, gab es in den Städten sogenannte Protokollstrecken, die im Vorfeld des Besuches auf mögliche städtebauliche Missstände oder Unschönheiten im »äußeren Erscheinungsbild« untersucht wurden. Der Verfasser, der in den 1970er und 80er Jahren auch die Stadt Eisenach als Gebietsreferent betreute, musste im Vorfeld eines derartigen Besuches bestimmte Straßenzüge in Eisenach mit abfahren, um mögliche Missstände aufzuspüren. Das »Kontrollauto« war extra so ausgerüstet, dass mittels eines aufgesetzten Gestänges der Blickwinkel aus dem Honecker-Auto simuliert werden konnte. Missstände wie fehlende Fenster bei leer gezogenen Häusern, schlechte Farbanstriche oder bröckelnde Putze oder gar (sehr oft sehr schmale) Baulücken wurden dann bis zur Oberkante des festgestellten Blickwinkels in aller Eile kaschiert – damit waren die Schäden beseitigt und Honecker bekam einen »intakten« Straßenzug in einer »intakten« Stadt geboten.

Trotzdem gelang es auch, in einigen wesentlichen Städten mit einer bedeutenden Kulturtradition Kriegswunden in einer angemessenen Form zu schließen. Hier ist die Neubebauung der Weimarer Markt-Nordseite zu nennen, die zwischen 1968–1971 mit historischen Fassaden[14] neu aufgebaut wurde. In den Städten Stralsund, Görlitz und Quedlinburg, die alle als Flächendenkmale von besonderer nationaler Bedeutung ausgewiesen waren, wurden auch Instandsetzungsmaßnahmen an Bürgerhäusern in größerem Umfang möglich, die als »Komplexaufträge« durch den polnischen Denkmalpflegebetrieb PKZ ausgeführt wurden. Mit der Bildung des auch zentral geleiteten Denkmalbetriebes konnten dann republikweit spezielle Baumaßnahmen an Kulturdenkmalen unter unmittelbarer Aufsicht der Denkmalpflege durchgeführt werden.[15]

In den 1970er und 80er Jahren entstanden in einigen Groß- und Universitätsstädten prestigeträchtige Großbauten, für die leider auch – gegen den Willen der Bevölkerung und gegen das Votum der Denkmalpflege – wertvolle historische Bausubstanz geopfert wurde. Als 1968 die Paulinerkirche (Universitätskirche) in Leipzig dem Neubau des Universitätskomplexes weichen musste, empörte dies nicht nur Leipziger Bürger. Ähnlich verlief der Neubau des Universitätshochhauses[16] in Jena von 1970–1972, für den eine große Fläche in der Altstadt abgeräumt wurde. Die neu geschaffene Stadtdominante wird heute liebevoll-spöttisch als »phallus jenensis« bezeichnet. In der engen Tallage stört dieser Neubau natürlich die Wirkung der Stadtkirche St. Michael als ehemalige Stadtkrone in erheblichem Maße.

Andere prestigeträchtige Vorhaben konnten aus Geld- und Materialmangel nicht verwirklicht werden. Zu den nicht ausgeführten Ideen gehörte auch die Planung für eine neue Stadtkrone für Erfurt, die auf dem Petersberg errichtet werden sollte. Das geplante Hochhaus für die Bezirksparteileitung hätte die Türme des Mariendoms und der Severikirche auf dem benachbarten »Domhügel« überragt.

Deutlich wird, dass mit solchen Umgestaltungen immer das Ziel verbunden war, die »führende Rolle der Partei« auch baulich darzustellen und gewissermaßen unumkehrbar zu machen.

Stadtreparatur im Sinne einer planmäßigen, maßstabsgerechten und der historischen Stadtstruktur verpflichteten Erneuerung gab es in der DDR nicht. Denkmalpflegerische Maßnahmen beschränkten sich auf Einzelobjekte, Stadtreparatur wurde durch die »gestaltende Denkmalpflege« abgelöst. Dazu gehörte auch der Einsatz des Plattenbaus in den Altstädten.

Abb. 4 Erfurt, Johannesstraße mit neuer Blockrandbebauung nördlich des Johannisturms, 1987

Ich halte aber die Versuche, mit einem modifizierten Plattenbau Teile der durch Massenabriss weiter zerstörten Altstädte zu ersetzen, nur für einen hilflosen Ausweg, der nicht darüber hinwegtäuschen kann, dass auch diese Plattenbauten mit Hilfe einer Kranbahn montiert wurden. Mit bewusster Auflösung des gewachsenen historischen Stadtgrundrisses und der Einzelparzelle wurde im Grunde genommen nur eine neue Form einer neu definierten Blockrandbebauung hergestellt, die aber den Winkel, die Kurve, die Straßenerweiterung oder -einschnürung nicht nachvollziehen konnte und der – trotz des Einbringens historischer Versatzstücke (z. B. Haustüren) – immer etwas Steriles und Gewolltes anhaftet. Der Plattenbau wurde in diesen Fällen meist als 2- bis 4-geschossiger Baukörper errichtet, der entweder ein steiles Satteldach erhielt oder dessen oberstes Stockwerk eingezogen war und dann mit einer Schräge (die ein Satteldach imitieren sollte) geschlossen wurde. In Schmalkalden wurde beispielsweise der Typ Q6 mit einem Satteldach gebaut; in Erstanwendung finden wir diesen in Quedlinburg (Typ Q), der in Schmalkalden gebaute stellt die 6. Variante dar. Bei Einpassung in bestehende Baulücken konnten aber trotzdem vorzeigbare Ergebnisse erzielt werden (Erfurt, Futterstr./Johannisstr., Abb. 4). Diese modifizierte Platte stellt aber die Ausnahme dar, im Regelfall wurde nach durchgeführtem Flächenabriss die Innenstadt mit 5-geschossigen Großplattenbauten neu besetzt, die mit oft ungeschickt gelösten Anschlüssen mit dem verbleibenden Altstadtkern verbunden wurden. Ein Musterbeispiel stellt die Stadt Gotha dar, in der große Teile der verschlissenen Altbausubstanz in der westlichen Altstadt – auch unterhalb von Schloss Friedenstein – abgebrochen und danach mit modifizierten Plattenbauten der WBS 70 Typ Erfurt[17] besetzt wurden (1963 ff. und 1981–1885).

Wir müssen angesichts des 1989 vorliegenden Gesamtbildes das traurige Fazit ziehen, dass ohne die politische Wende unsere Städte ganz allmählich durch Verfall, mangelnde Pflege, fehlendes Material und Leerstand dem Abbruch preisgegeben waren. Nicht umsonst bildeten mutige Erfurter Bürger im November 1989 eine »lebende Mauer« um die Altstadt, es war der Aufschrei der um ihre Heimatstadt besorgten Bürger.

Bis zum Untergang der DDR bemühte sich die Denkmalpflege, das ihr anvertraute Kulturgut zu bewahren und zu erhalten. Wir mussten viele Verluste hinnehmen, konnten aber durch Hartnäckigkeit und manchmal auch Sturheit manches erhalten oder wenigstens soweit retten, dass eine spätere Sanierung möglich wurde. Wenn heute – 20 Jahre nach der politischen Wende – immer wieder Unbekanntes und Unentdecktes zu Tage gefördert wird, das dann nach der Wiederherstellung einen überraschenden Reichtum kostbarer Details darbietet, ist dies weithin den Denkmalpflegern und den mit ihr verbundenen engagierten Bürgern zu danken.

Stadtplanung und Stadtreparatur in denkmalpflegerischen Bereichen – gleichgültig ob Gesamtkunstwerk Stadt oder (nur) Ensemble – sind immer noch eine gewaltige Herausforderung, nicht nur für den Denkmalpfleger, sondern vor allem für den Stadtplaner und Architekten. Die vergangenen Jahre haben bewiesen, dass sich diese gewaltige Aufgabe nur durch ein behutsames und gemeinsames Vorgehen lösen lässt. Dabei spielt in diesem gemeinsamen Konzert jeder Beteiligte seinen eigenen Part, im Zusammenklang muss dies aber eine gemeinsame Melodie ergeben.

Anmerkungen

1 Grundsätze des Städtebaus, in: Gesetzblatt der DDR 1950 Nr. 25 vom 16. Sept. 1950 (mit Kommentar von Lothar Bolz).

2 Auftaktbau des »Nationalen Aufbauprogramms«, das auf der Grundlage des 1951 erlassenen Aufbaugesetzes durch das Kollektiv H. Henselmann realisiert wurde.

3 Die Bau- und Kunstdenkmale der DDR – Bezirk Neubrandenburg, bearb. v. Gerd Baier, Horst Ende u. a., Berlin 1982, S. 194.

4 In diesem Zusammenhang verweise ich auf die beinahe zeitgleiche Aufgabe des gewachsenen Straßennetzes in Hannover oder in Kassel. Der »autogerechte« Umbau der Stadt erfolgte unter einem ganz anderen Vorzeichen, ist aber ein durchaus vergleichbarer Vorgang.

5 Für den Wiederaufbau Dresdens wurde 1952 ein Städtebaulicher Wettbewerb durchgeführt, den zwei VEB-Kollektive mit einem 2. und 3. Preis gewannen. Ein erster Preis wurde damals nicht vergeben, wahrscheinlich war das Preisgericht auf Grund der damals angespannten ideologischen Lage unsicher und vermied so mögliche Streitigkeiten. Beide Kollektive unter der Leitung von Herbert Schneider und Johannes Rascher sahen den Altmarkt als neuen zentralen Platz und die Wilsdrufer und König-Johann-Str. (dann Thälmannstr.) als neue Magistrale vor. Im Schnittpunkt von Altmarkt und Magistrale platzierte Schneider einen 76 m hohen Palast, der sich in mehreren Kuben auftürmen sollte und von einem kleinen »barocken« Türmchen bekrönt wurde. Hinter diesen Koloss ordnete Schneider einen zweiten Platz als »Demonstrations- und Festort« an, der bis zum Schloss reichen sollte. Die Ergebnisse dieses Wettbewerbs wurden von Fachleuten ebenso wie von der Dresdner Bevölkerung scharf kritisiert und abgelehnt. Vgl. auch Jürgen Paul, Dresden. Suche nach der verlorenen Mitte, in: Neue Städte aus Ruinen. Deutscher Städtebau der Nachkriegszeit, hrsg. v. Klaus von Beyme, München 1992, S. 313–333, bes. S. 321 und Abb. 6 und 8.

6 Nach der gnadenlosen und in Folge auch rachsüchtigen Niederschlagung des Volksaufstandes am 17. Juni 1953 fand auch eine »stille« Abstimmung statt, die Zahl der Republikflüchtlinge aus allen Schichten der Bevölkerung war das Damoklesschwert, das über der DDR-Führungsriege hing. Tatsache ist, dass Spezialisten (Ingenieure, Ärzte, Wirtschaftsfachleute, aber auch Meister und erfahrene Produktionsarbeiter) allmählich »Mangelware« wurden und die Regierung der DDR unter Handlungszwang geriet. Aus Sicht der DDR-Machthaber war der Mauerbau vom 13. August 1961 als ein Befreiungsschlag zu verstehen, da er schlagartig die Massenflucht unterband.

7 Städtebaulicher Entwurf der Kollektive E. Collein und W. Dutschke.

8 Entweder Industriestandorte oder – aus politischen Gründen – neue Bezirksstädte wie Neubrandenburg oder Suhl, teilweise unter Aufgabe erkennbarer historischer Strukturen und Inanspruchnahme neuer Bauflächen. Diese wurden allerdings erst durch Abrisse intakter Bausubstanz in den Innenstädten gewonnen. Das Phänomen des Massenabrisses wird in den 1970er und 80er Jahren dann nochmals ein brisantes Problem für das Baugeschehen in der ehemaligen DDR.

9 Für den »antifaschistisch-demokratischen Schutzwall« (offizielle Bezeichnung der Mauer) war übrigens ein ganz erheblicher Teil des produzierten Baumaterials gehortet worden, um dann »planmäßig« besonders in Berlin beim Mauerbau verbaut zu werden.

10 Für das traditionell-katholische und landwirtschaftlich geprägte Eichsfeld war in den 1950er Jahren ein spezieller Plan für die Industrialisie-

rung entwickelt worden. Mit dem Zuzug von Arbeitskräften, die mit der Zusage einer Arbeitsstelle und einer neuen Wohnung geworben wurden, erhoffte sich die Partei eine starke Zurückdrängung des kirchlichen Einflusses auf die Bevölkerung.

11 Viele private Eigentümer von großen Mietshäusern sahen angesichts des enormen Reparaturstaus oft als einzigen Ausweg das Verschenken des Hauses mit Grundstück (also von Privateigentum) an den Staat, der dann diese Gebäude der kommunalen Wohnungswirtschaft zuführte. Oft genug änderte sich aber an der desolaten Situation der Gebäude nichts, da auch die Wohnungswirtschaft nicht über die notwendigen Ressourcen verfügte.

12 Die nach denkmalpflegerischen Grundsätzen durchgeführte Instandsetzung und Restaurierung von Kirchen und im Eigentum der Kirche befindlichen Gebäuden kann hier nicht berücksichtigt werden; den Kirchen war es möglich, Bauleistungen und Baumaterial im Rahmen eines Sonderbauprogramms gegen Zahlung von Valuta (das war die harte West-Mark) einzukaufen. Die Bauleistungen wurden dann von festgelegten Baubetrieben ausgeführt. Dieses Programm wurde im März 1973 beschlossen.

13 Hüter, Karl-Heinz u. a.: Architekturführer der DDR – Bezirk Erfurt, Berlin 1979, S. 20.

14 Den Entwurf verantwortete Klaus-Peter Kiefer mit seinem Team.

15 Die Leitung des Betriebes (Produktionsleitung) saß in Berlin, es gab dann nachgeordnete Betriebe mit eigenen Entwurfsabteilungen in Dresden, Erfurt, Halle (Sitz Quedlinburg) und Schwerin (mit Außenstelle Stralsund). Daneben gründeten die Bezirke und einzelne Städte ebenfalls Fachbetriebe für Denkmalpflege, wobei teilweise bestehende private Fachbetriebe übernommen wurden (u. a. Bez. Suhl mit Sitz in Meiningen, Zwickau, Leipzig, Magdeburg).

16 Beide Entwürfe – Leipzig und Jena – wurden von einem Architektenkollektiv unter der Leitung von H. Henselmann entwickelt.

17 WBS-Wohnbauserie.

Die Bernauer Altstadt – ein gescheitertes Modellprojekt zur »sozialistischen Umgestaltung von Klein- und Mittelstädten«

Ernst Wipprecht

Auf dem Gebiet der ehemaligen DDR gab es mehr als 600 Städte, darunter das mitten in der Mark Brandenburg gelegene Ost-Berlin als Teil der früheren Weltstadt Berlin, eine Reihe von Großstädten wie Dresden, Erfurt, Leipzig, Magdeburg oder Rostock sowie als Masse die weit über 500 Land-, Klein- und Mittelstädte in allen Landschaften der DDR.[1] Zu der Gruppe der Kleinstädte gehörte auch die nördlich von Berlin liegende Stadt Bernau, die während des Mittelalters die Bedeutung einer Mittelstadt besaß.

Ende der 1960er Jahre erhielt das zuständige Denkmalamt in Berlin die Nachricht, dass die Altstadt von Bernau zusammen mit der Ostseestadt Greifswald zum Experimentalvorhaben für die »sozialistische Umgestaltung von Klein- und Mittelstädten« bestimmt worden sei. Das Projekt war als Sektionswohnungsbau in reiner Großplattenbauweise vom Auftraggeber vorgegeben. Im Grunde hofften Bauministerium und Bauakademie, mit den Beispielen Bernau und Greifswald prinzipielle Lösungen zum Umgang mit den seit Jahrzehnten vernachlässigten Altstadtkernen finden zu können. Für uns Denkmalpfleger wurde schnell klar, dass eine derartige Aufgabe unter den vorgegebenen Auflagen nur bei vorhergehendem Flächenabriss realisierbar wäre. Wir ahnten sofort, dass aus der reizvollen, damals noch geschlossen überlieferten Altstadt Bernau nur eine etwas differenzierter gestaltete Großplattensiedlung entstehen würde. Und ein solches Stadtbild hatten wir uns als Vision für all die Hunderte von Altstadtkernen der Klein- und Mittelstädte in der DDR ernsthaft vorzustellen! Glücklicherweise hatte das über mehrere Jahrzehnte sich hinziehende Musterbeispiel Bernau eine so abschreckende Wirkung, dass es bei vielen anderen Städten – wenn überhaupt – zumeist bei Planungen blieb. Und schließlich setzten die politischen Veränderungen von 1989/90 diesem Spuk endgültig ein Ende.

Stadtgründung und das über Jahrhunderte gewachsene Stadtbild von Bernau

Bernau entstand im Zuge der Binnenerschließung des Barnims als deutsche Siedlung an der Heer- und Handelsstraße Berlin-Stettin und wurde wohl um 1230 von den askanischen Markgrafen Johannes I. und Otto III. gegründet. Die Stadt erreichte im Mittelalter durch die Land- und Forstwirtschaft sowie durch die Wollfabrikation mit Spinnerei und das Brau- und Brennereigewerbe einen gewissen Wohlstand. 1432 konnte die Stadt einen heftigen Hussitenangriff abwehren, dem zuvor Altlandsberg, Neuzelle, Müncheberg, Prenzlau, Strausberg und andere märkische Städte und Dörfer zum Opfer gefallen waren. 1699 siedelten sich 25 Hugenottenfamilien an. Später war Bernau auch Garnisonsstadt. 1928–30 entstand nach Entwurf von Hannes Meyer vor den Stadttoren das moderne Bauensemble der ehemaligen Bundesschule des »Allgemeinen Deutschen Gewerkschaftsbundes« (Abb. 1).

Im Mittelalter dürften in der Stadt zwischen 2.000 und 3.000 Bewohner ansässig gewesen sein. Am 3. Dezember 1849 wurden in der Gesamtstadt 4.052 Menschen gezählt. 1885 war die Einwohnerschaft auf 7.279 und 1946 bereits auf 12.948 angestiegen. Zu Beginn der Umgestaltungsmaßnahmen in den 1960er Jahren waren es für die Gesamtstadt schon 13.977 und für die umschlossene Altstadt wie im Mittelalter rund 2.000–3.000 Einwohner. Insbesondere durch Eingemeindungen nach den politischen Veränderungen von 1989/90 stieg die Zahl der Bewohner inzwischen auf 36.154 Menschen im Jahr 2009 an.[2]

Bernau entstand über einem annähernd kreisförmigen Grundriss mit meridianförmigem Straßensystem. Im etwas höher gelegenen nördlichen Bereich um die Kirche lässt sich ein

Abb. 1 Bernau, ehemalige Bundesschule des Allgemeinen Deutschen Gewerkschaftsbundes, errichtet 1928–30 nach Plänen von Hannes Meyer (Direktor des Bauhauses); Aufnahme 2005

Abb. 2 Sogenanntes Kantorhaus in der Tuchmacherstraße. Zweigeschossiges Traufenhaus mit Andreaskreuzen und Krüppelwalmdach als ältestes überliefertes Fachwerkgebäude von Bernau (1583); Aufnahme um 1970

Siedlungskern mit Radialstraßensystem als Stammsiedlung erkennen. Südlich der monumental aufragenden Kirche liegt der Marktplatz mit dem klassizistischen Rathaus. Die Stadt war mit ihrer um 1300 errichteten Feldsteinmauer und mit in bestimmten Abschnitten bis zu drei Wällen und Gräben wehrhaft umschlossen. Während die ca. 1.300 Meter lange Stadtmauer mit Ausnahme des Berliner Tors im Westen und des Mühlentors im Norden fast vollständig erhalten ist, blieb von den ehemaligen drei Hospitälern vor den Toren nur das St. Georgshospital übrig.

Neben den Befestigungsanlagen und den massiven Kirchen ist der Stadtgrundriss mit dem Straßen- und Platzsystem jenes Element einer Stadt, das sich seit ihrer Anlage im Mittelalter bis in moderne Zeiten kaum verändert hat. So war dies auch in Bernau bis zu den Flächenabrissen im Zuge des sozialistischen Umgestaltungsprojektes. Die mittelalterliche Bebauung der Städte war in der Regel gestaffelt, wobei die großen Gemeinschaftsbauten wie Stadtpfarrkirche, Rathaus, Bauten für den Handel oder Fleischbänke am Markt entstanden. Hier besaß auch die handeltreibende Bevölkerung zumeist ihre Grundstücke, während die Ackerbürger mit ihren Wirtschaftshöfen und Scheunen vorwiegend in der Nähe der Stadttore wohnten. Die Wohn- und Gewerbebebauung bestand anfangs fast ausnahmslos aus ein- bzw. zweigeschossigen Holz- oder Fachwerkgebäuden mit Stroh- oder Schindeldächern (Abb. 2). Laut August Wernicke, dem Autor der 1894 erschienenen Bernauer Stadtchronik, betrug für Bernau »die Zahl der Wohnhäuser nach Angabe Seilers i. J. 1630 noch 350 bis 360 und zwar 143 Brauhäuser, 183 Buden, 12 alte und neue Kastenbuden (...). Späterhin, 1719, betrug die Zahl der Wohnhäuser und Buden nur 312 und die der wüsten Stellen 5, was wohl daher kam, dass viele kleine Grundstücke resp. Häuser pp. benachbarten Grundstücken zugetheilt worden waren«.[3] »Innerhalb der Ringmauer befanden sich im Anfang des Jahrhunderts (um 1800) 299 Wohnhäuser und 14 sog. wüste Stellen. Die 14 Straßen resp. Gassen (...) waren mit nur geringen Ausnahmen mit alten, theils recht verfallenen Holzfach-Häusern, worunter noch viele Giebelhäuser, bebaut (...); die meisten heutigen Wohnhäuser rühren noch aus der Zeit vor dem Jahre 1800 her.«[4] Zum Zustand der Wohnbebauung um 1800 schreibt Wernicke weiter: »Die Häuser machten mit wenigen Ausnahmen auch von außen einen ärmlichen Eindruck. Von einem Abputz war wenig und von Facaden fast garnicht die Rede. Die heutigen großen Fensterscheiben fehlten gänzlich, die Fenster waren vielfach mit ganz kleinen in Blei gefaßten Scheiben verglast, von denen viele zerbrochen waren. Die Fenster, meistens klein, hatten an der Stelle der aufgehenden Flügel noch vielfach Schiebe-Klappen vor einer Oeffnung, durch die man nur den Kopf stecken konnte. Schaufenster gab es noch garnicht.«[5] Über das Innere der Wohnbauten um 1800 schreibt Wernicke: »Die Wohnräume waren fast durchweg sehr

Abb. 3 Blick über die Altstadt vor der Umgestaltungsplanung; Aufnahme um 1965

nothdürftig, fast ärmlich eingerichtet, und fehlte nirgends der Kamin, da Kienfeuer neben Talglicht und Öllampe die Hauptbeleuchtung ausmachte.«[6] So oder ähnlich hatte es um 1800 wohl auch in vergleichbaren märkischen Städten wie etwa Angermünde, Gransee, Treuenbrietzen oder Wittstock ausgesehen, die heute alle mit ihrem sanierten fachwerkgeprägten Stadtbild eine große Ausstrahlung besitzen.

Wernicke recherchierte und beschrieb in der 2. Hälfte des 19. Jahrhunderts die Stadt. Nicht zuletzt wegen des rasanten Wachstums von Berlin in dieser Zeit stieg insbesondere im Umfeld der Metropole der Bedarf an landwirtschaftlichen Produkten und Obst. Die Landstädte und Dörfer rings um Berlin erlebten einen ungeahnten wirtschaftlichen Aufschwung, der zusammen mit dem technischen Fortschritt (Ziegeleien, Eisenbahn, Strom u.a.) neue Impulse für die Stadtentwicklung der kleinen Provinzstädte brachte. In dieser Phase wandelt sich das Stadt- bzw. Dorfbild – Fachwerkhäuser erhalten teilweise massive Straßenfronten mit Putz- bzw. Stuckgliederungen oder werden gänzlich durch Massivbauten ersetzt, wie das Wernicke auch für Bernau anschaulich beschreibt. Wernicke, ein Mann dieser Zeit, ist ganz und gar »Kind« dieser Entwicklung, die allgemein als Gründerzeit bezeichnet wird.

Wegen des bald beginnenden Ersten Weltkrieges, der folgenden Inflation und wegen des Zweiten Weltkrieges gab es in der Zeit danach, von den zwanziger und dreißiger Jahren des 20. Jahrhunderts einmal abgesehen, kaum noch größere Aktivitäten für die Altstadt. Der von Wernicke beschriebene Zustand der Bernauer Altstadt für die Zeit um 1800 bzw. für die 2. Hälfte des 19. Jahrhunderts entsprach also im Wesentlichen auch der Situation bis zum sozialistischen Umgestaltungsbeispiel.

Glücklicherweise blieb Bernau im Gegensatz zu Frankfurt/Oder, Prenzlau, Rathenow, Seelow, Wriezen oder anderen Städten der Mark von Kriegszerstörungen verschont. Das Luftbild der Bernauer Altstadt (Abb. 3) zeigt das noch geschlossen erhaltene und von der Kirche sowie von den Befestigungsanlagen dominierte Weichbild der Stadt.

Effizientes Bauen in historischer Zeit

Da die Effizienz des Bauens bei dem Bernauer Modellvorhaben eine wichtige Rolle gespielt hatte, ist es sicher interessant, zum Vergleich einmal das Bauen in historischer Zeit etwas näher zu betrachten. Die Chronik der Stadt Bernau bietet dazu eine bemerkenswerte Materialfülle.

Die Wohnbebauung einschließlich der zugehörigen Nebengebäude (Seitengebäude, Ställe, Scheunen u.a.) bestand innerhalb der Ringmauer bis ins frühe 19. Jahrhundert fast ausnahmslos aus Fachwerkbauten, worunter damals noch viele giebelständige Gebäude waren. Im Jahre 1800 wohnten rund 1.700 Einwohner (Zivilbevölkerung) in 299 Wohnhäusern innerhalb der vollständig umwehrten Stadt. Ähnlich dürfte der Bestand an Wohngebäuden aber auch während der bis ins 16. Jahrhundert andauernden Blütezeit Bernaus gewesen sein. Neben den notwendigen Bauleistungen an den Wehranlagen, den Kirchen und den anderen öffentlichen Bauten war zudem der Aufwand für die Neubauten und die Reparatur der zahlreichen Nebengebäude enorm.

Unter welch schwierigen Bedingungen der jeweilige Ausbau bzw. Wiederaufbau stattfinden musste, mögen einige Zahlen aus der Geschichte dieser Stadt deutlich machen. So ist für Bernau überliefert, dass allein im Jahre 1516 mindestens die Hälfte der gesamten Einwohnerschaft, nämlich 1.110 Menschen der Pest zum Opfer fielen, und dass die Seuche im Verlaufe des 16. Jahrhunderts noch mehrmals wiederkehrte, wobei 700 Menschen im Jahre 1538, 800 im Jahre 1550, 946 im Jahre 1566 und 1137 im Jahre 1598 starben. Doch damit nicht genug: Die Stadt Bernau litt, wie natürlich andere Städte auch, furchtbar unter den Folgen verheerender Kriege (Hussitenkrieg, Türkenkrieg, Dreißigjähriger Krieg, Schlesischer Krieg und Napoleonischer Krieg) und wurde mehrfach von großen Bränden heimgesucht. Allein eine gewaltige Feuerbrunst um 1480 zerstörte fast die Hälfte der Stadt einschließlich des alten Rathauses. Dass sich die meisten Städte unter solchen Bedingungen dennoch immer wieder relativ schnell erholten, ist aus heutiger Sicht kaum mehr nachvollziehbar, sind wir doch nach 67 Jahren von den Zerstörungen des Zweiten Weltkrieges teilweise noch immer betroffen, wie etwa ein Blick auf die »Kirchen-Ruinen-Landschaft« des Oderbruchs sehr nachdrücklich bewusst werden lässt. Für die Menschen der damaligen Zeit haben derartige Ereignisse immer wieder großen Schrecken verbreitet und viel Kraft gekostet. Bedenkt man dazu, dass bei diesen Wiederaufbauleistungen keine moderne Technik wie etwa Lastkraftwagen, Kräne, Bagger, elektrische Sägen o.ä. zur Verfügung standen, so kann man den immer wiederkehrenden Aufbauwillen und das effiziente Bauen der damaligen Bewohner nur mit großer Bewunderung zur Kenntnis nehmen. Mit einem vitalen Lebenswillen und mit ungeheurem Selbstvertrauen haben sie sich den jeweiligen Aufgaben und den sich dabei ergebenden Schwierigkeiten gestellt. Dass die bauliche Wiederherstellung der Fachwerkstädte nach den ständigen Katastrophen immer wieder gelang, dürfte aber vor allem durch die Effizienz der Holzbauweise möglich geworden sein.

In Bernau wurde im stadteigenen Forst das benötigte Bau- und Reparaturholz im Winter geschlagen und auf Standardmaße zugerichtet. Bis 1860 wurde für die 285 holzberechtigten Hausstellen der inneren Stadt aus dem Stadtforst kostenloses Bau- und Reparaturholz und bis 1872 auch freies Deputat-Brennholz gewährt. Ebenso waren die anderen benötigten Baumaterialien wie Dach- und Ziegelsteine (Stadtziegelei), Lehm u.a. vorrätig. Die beauftragten Maurer- bzw. Zimmerermeister fertigten die »Grund- und Standrisse« des geplanten Neubaus, die einfach und von jedermann lesbar waren. Bauflucht, Geschossigkeit, Dachform und grundsätzliche Fassadengestaltung standen nach den Grundanforderungen fest und konnten vom Bauherrn nicht beliebig verändert werden. Für Fenster und Türen gab es in den jeweiligen Architektur- und Kunstperioden Grundvorstellungen, sodass auch dafür keine aufwendigen

Detailzeichnungen notwendig waren. Durch Konzentration auf den verbliebenen Gestaltungsspielraum konnte dafür aber der Form sowie der Ausschmückung und dem Inneren entsprechend den Wünschen der Auftraggeber und deren jeweiligen wirtschaftlichen Möglichkeiten umso größere Aufmerksamkeit geschenkt werden, wie uns überlieferte Beispiele zeigen.

Beim Hausbau waren die beteiligten Handwerker mit allen dafür notwendigen Bautechniken und Konstruktionssystemen bestens vertraut. In langwährender Anwendungspraxis hatten sich die verwendeten Baumaterialien und angewandten Baukonstruktionen als geeignet erwiesen. Nach Möglichkeit wurde der Bau im Frühjahr begonnen, und schon nach wenigen Monaten stand der Rohbau, wobei Familienmitglieder des Bauherrn und der Nachbarn Hilfsarbeiten übernahmen und sich insbesondere bei den anschließenden Ausbauarbeiten beteiligten. Für Bernau ist überliefert, dass in der Regel die Dachziegel von Maurern, die Schindeln von Zimmerleuten und Stroh sowie Rohr von Arbeitern verarbeitet wurden. Der erste Dachdecker hat sich erst Mitte des 19. Jahrhunderts in Bernau angesiedelt. Im 18. Jahrhundert waren in Bernau folgende Maurer- und Zimmerleute ansässig: Für das Maurergewerk nennt Wernicke »(...) für 1713: 3 Meister, ? Gesellen; für 1732: 2 Meister, 1 Geselle; für 1750: 4 Mstr. u. 3 Ges. sowie für 1775: 3 Meister und 4 Gesellen und beim Zimmerergewerk für 1713: 5 Meister und ? Gesellen; für 1732: 2 Meister und 1 Geselle; für 1750: 2 Mstr. und 3 Ges. sowie für 1775: 2 Mstr. und 4 Ges.«.[7]

Aus Sicht unserer heutigen Sanierungs- und Restaurierungspraxis erscheint der für das 18. Jahrhundert von Wernicke ausgewiesene Handwerkerstamm für die Stadt Bernau mit ihrem Bestand von mehr als 300 Wohn- und Hunderten von Nebengebäuden im Zentrum sowie den Aufträgen im Umfeld außerordentlich gering zu sein, und dies um so mehr, wenn man hört, dass die in Bernau ansässigen Maurer- und Zimmermeister damals wegen mangelnder Arbeitsmöglichkeiten in der Stadt Klage führten. Der vermeintliche Widerspruch lässt sich wohl wiederum nur mit der hohen Effizienz des Bauens in früherer Zeit erklären, was sicher ähnlich auch für das Mittelalter anzunehmen ist.

Stadtbild und Zustand der Bernauer Altstadt bis zum Ende des 19. Jahrhunderts

Obwohl zwischen den Zustandsbeschreibungen des Bernauer Chronisten für die Jahre um 1800 und den gründerzeitlichen Bauvorstellungen in der 2. Hälfte des 19. Jahrhunderts rund hundert Jahre liegen, kann erstaunt festgestellt werden, dass sich das Stadtbild in dieser Zeit nur wenig verändert hatte. Noch immer umschloss die fast vollständig überlieferte Befestigungsanlage mit dem Steintor und das zu Promenaden umgestaltete frühere Wall- und Grabensystem die Stadt (Abb. 4). Zu jener Zeit bestand bis 1824 noch das im Norden liegende Mühlentor, davor standen auf dem Windmühlenberg 6 Bockwindmühlen und die Stadtziegelei. Das westliche Berliner Tor war bereits

Abb. 4 Das Steintor als städtebaulicher Höhepunkt der fast vollständig erhalten gebliebenen mittelalterlichen Wehranlage; Aufnahme 2012

im 18. Jahrhundert abgerissen worden. Bis ins frühe 19. Jahrhundert befand sich vor den verbliebenen Toren jeweils ein »Wacht- oder Thorschreiberhaus«, aus dem der Stadttorbetrieb noch bis ins späte 18. Jahrhundert überwacht worden ist. Eine für das Stadtbild bedeutsame Veränderung erfolgte schließlich mit dem Abriss des alten, baufälligen Westquerturms der massiv errichteten Stadtpfarrkirche aus dem 13. Jahrhundert und mit dem 1845/46 ausgeführten Neubau des heutigen Backsteinturms. Eine weitere Höhendominante der Stadtsilhouette entstand mit der 1907–08 nach Entwurf des Charlottenburger Architekten Paul Ueberholz errichteten katholischen Herz-Jesu-Kirche. Besonders eindrucksvoll war die Silhouette der Altstadt mit der Dachlandschaft – einer nach Norden hin ansteigenden, fein strukturierten Fläche, gebildet von den Dächern der ein- und zweistöckigen Wohnbebauung –, die von den mächtigen Kirchendächern und Giebeln dominiert wurde.

Im Gegensatz zu den städtebaulichen Rahmenbedingungen der Altstadt waren die Veränderungen an der Wohn- und Gewerbebebauung seit 1800 gravierender. Damals war Bernau, abgesehen von ganz wenigen Massivbauten wie der Lateinschule oder dem Gasthof »Schwarzer Adler« (Kalandsgilde) mit gewölbten Räumen des 15./16. Jahrhunderts, eine reine Fachwerkstadt. Ein- und zweistöckige Bauten mit steilen Satteldächern umstanden die Straßen-, Gassen- und Platzräume in Giebel- oder Traufstellung, wobei es um 1800 noch viele der älteren Giebelhäuser gab.

Im Allgemeinen dominierten in den früheren Jahrhunderten die Giebelhäuser. Der älteste bis heute in Bernau überlieferte Fachwerkbau mit Andreaskreuzen und Krüppelwalmdach entstand 1583 allerdings als ein zweigeschossiges Traufenhaus. Wie bereits nach Wernicke zitiert, machten die Häuser, von wenigen Ausnahmen abgesehen, von außen einen ärmlichen Eindruck. An anderer Stelle berichtet er von »theils recht verfallenen Holzfach-Häusern«. Auch »die Wohnräume waren fast durchweg sehr nothdürftig, fast ärmlich eingerichtet«. Mag diese Zustandsbeschreibung im Wesentlichen auch zutreffen, insgesamt dürfte Wernicke aber stark von den neuen Architekturvorstellungen des späten 19. Jahrhunderts geprägt gewesen sein und scheint den Fachwerkbau eher als nicht mehr zeitgemäß bewertet zu haben. Der Chronist war in Bernau immerhin Stadtverordnetenvorsteher sowie Kirchenältester gewesen und somit sicher einer der begüterten Bürger der Stadt, der sich neue bauliche Entwicklungen für Bernau wünschte. Unabhängig davon, wie genau Wernicke in seiner rückschauenden Beschreibung den tatsächlichen Zustand der Bernauer Wohnbebauung um 1800 erfasste, wird dieser wie beschrieben oder aber so ähnlich gewesen sein, darauf lassen allein schon Beschreibungen oder Stadtbilder für vergleichbare märkische Städte schließen.

In den Napoleonischen Kriegsjahren 1806–1815 und den ersten Nachkriegsjahren verschlechterte sich die Situation in Preußen und damit natürlich auch in Bernau weiter. Wernicke schreibt diesbezüglich: »Erst mit den zwanziger Jahren traten für Bernau bessere Verhältnisse ein und hat sich dasselbe von Jahrzehnt zu Jahrzehnt gehoben.« Was die markantesten Entwicklungen in Bezug auf die Wohnbauten im 19. Jahrhundert waren, beschreibt der Bernauer Chronist so: »Der Massivbau der Wohnhäuser ist schon seit etwa 50 Jahren hierselbst zur Regel resp. Pflicht geworden; seitdem ist auch eine große Zahl von alten Wohnhäusern mit massiver Vorderfront und entsprechender Facade versehen worden. Auf eine bessere Ausstattung der Facaden und der inneren Wohnräume wird namentlich seit etwa 25 Jahren Rücksicht genommen. Bei den älteren Häusern der inneren Stadt ist fast durchweg Ziegeldach, bei den seit ca. 1860 errichteten Wohngebäuden aber meist Schieferdach vorherrschend«.[8] Im Übrigen sei diesbezüglich noch angemerkt, dass das bauphysikalisch problematische Überputzen von Fachwerkfassaden während der sogenannten Gründerzeit auch in Bernau gängige Baupraxis war. Endlich gab es nun auch die von den Chronisten für die Zeit um 1800 noch vermissten Schaufenster, die im 20. Jahrhundert dann zu gewissen Problemen in der Sanierungspraxis der Fachwerkstädte führten (aufgerissene Erdgeschossfassaden). Zum Wohnungsbauprogramm dieser Zeit gehörten auch einige wenige Massivbauten mit reicherer Architekturgestaltung, die sich aber in das vorhandene Stadtbild durchaus einfügten.

Abb. 5 Gebäudekomplex »Menzel« in der früheren Thälmannstraße 25 (heute Bürgermeisterstraße) / Ecke Grünstraße; Aufnahme um 1956

Trotz des damaligen eher ablehnenden Zeitgeistes, was den Fachwerkbau und die strikten Vorschriften bezüglich des Massivbaus im 19. Jahrhundert betrifft, bleibt Bernau auch weiterhin eine stark vom Fachwerkbau geprägte Stadt. Weit mehr als die Hälfte der Fachwerkbauten überlebt deshalb die gründerzeitliche Bauperiode. Erst einige Jahrzehnte später wird die Zweckmäßigkeit und die Schönheit des Fachwerkbaus ganz allgemein in Deutschland wieder entdeckt.

Bernau nach dem Zweiten Weltkrieg und der verschärfte Konflikt zwischen Stadt und Denkmalpflege

Nach den wirtschaftlich guten Jahrzehnten in der 2. Hälfte des 19. Jahrhunderts folgten bald der Erste Weltkrieg, die Weltwirtschaftskrise und der verheerende Zweite Weltkrieg, dessen Folgen erneut Einschränkungen und Stillstand bzw. Verfall bedeuteten. Ein wenig Aufwind für die Stadtentwicklung haben wohl die 20er und 30er Jahre des vorigen Jahrhunderts gebracht. An der städtebaulichen Grundstruktur der Altstadt hat sich seit Wernickes Berichten aber bis zum Beginn der sozialistischen Umgestaltung am Ende der 1960er Jahre nichts Nennenswertes mehr getan. Dafür verschlechterte sich der ohnehin nicht gute Bauzustand der Wohn- und Gewerbebauten weiter, wovon natürlich die überkommenen Fachwerkgebäude am meisten betroffen waren. Selbst systematische Notsicherungen ließ die Stadt nicht mehr ausführen. So war es zwangsläufig, dass sich zwischen Denkmalpflege und Stadt ein sich verschärfender Konflikt anbahnte.

Nach erfolglosen Erhaltungsversuchen für Baudenkmale und städtebaulich wichtige Altbauten im Kernbereich kritisierte die Stadtverwaltung die Denkmalpflege heftig. Der Bürgermeister wies öffentlich darauf hin, dass es in Bernau zahlreiche Gebäude gäbe, die wegen ihres schlechten Erhaltungszustands abgerissen werden müssten. Ein Vorgang aus den Bestandsakten des brandenburgischen Landesdenkmalamtes mag die Situation in den 1950er Jahren beleuchten.

Damals teilte der Bürgermeister von Bernau mit Schreiben vom 3. März 1956 dem Konservator Dr. Ing. Müller vom Institut für Denkmalpflege, Außenstelle Nord mit, dass drei denkmalgeschützte Fachwerkhäuser in der Stadt von der Bauaufsicht als baufällig eingestuft worden seien.[9] Ein Gebäude sollte in Kürze nach dem Erwerb durch die Stadt im Zuge einer Zwangsversteigerung abgerissen werden. Obwohl die Denkmalpflege dafür keine Zustimmung erteilte, erfolgte dennoch der Abriss.

Dem Abbruch eines zweiten Hauses musste die Denkmalpflege zustimmen, nachdem es nicht gelungen war, eine Instandsetzungsvariante zu entwickeln. Um die Erhaltung des sogenannten Hauses Menzel in der damaligen Thälmannstraße 25 wurde länger gerungen (Abb. 5). Der Besitzer des Fachwerkgebäudes, Erich Menzel, war durch die Bauaufsicht aufgefordert worden, Reparaturen am Seitenflügel seines Hauses durchführen zu lassen. Da er dafür kein Geld hatte, erklärte er sich bereit, gegen eine Leibrente das Haus an die Stadt abzutreten, was die Stadt aber ablehnte. Schließlich beantragte die Stadt bei der Kreissparkasse einen Kredit, gemäß Anordnung vom 1. August 1956 für die Wiederherstellung von teilweise zerstörtem Wohnraum sowie Reparatur an Wohnhäusern in Höhe der geschätzten Baukosten von 45.000 Mark. Der Einheitswert des Grundstücks betrug damals allerdings nur 27.000 Mark. Die Kreissparkasse lehnte also ab: Bei einer Wiederaufbau-Grundschuld in Höhe von 45.000 Mark seien die Ausgaben für Verzinsung und Tilgung für die Instandsetzungskosten durch die Mieteinnahmen nicht voll gedeckt. Ziel der Stadt war daraufhin der Abriss des Hauses. Die Denkmalpflege gab jedoch nicht auf. Ein von ihr beauftragtes Gutachten erbrachte eine Wiederherstellungslösung zu vertretbaren Kosten.

Ludwig Deiters als Leiter der inzwischen gebildeten Arbeitsstelle Berlin des Instituts für Denkmalpflege schrieb am 21. Februar 1957 an den Bürgermeister: »Wir hatten Einigkeit darüber erzielt, daß sich die Stadt Bernau darum bemühen wird, die Häuser Berliner Str. 2 und Thälmannstraße 25 in Besitz zu bekommen. Wir betrachten diese beiden Häuser sowie das Haus Berliner Straße 44 und das Raumsche Haus am Marktplatz – abgesehen von ihrem kulturellen Wert – als Beispielmöglichkeit für die Wiedergewinnung bzw. Verbesserung von Wohnraum .«[10] Schließlich erklärte sich der Besitzer des Hauses Thälmannstraße 25 auch bereit, das Gebäude für 2.000 Mark abzugeben, worauf das Grundstück mit dem Gebäudekomplex von der Stadt übernommen wurde. Auch wenn die Kreissparkasse weiterhin jede Kreditierung ablehnte, konnte das benötigte Geld zum größten Teil vom Konservator aus dem Beihilfefonds für Denkmalpflege des Ministeriums für Kultur beschafft werden. Kostenangebote wurden eingeholt, die Baufirma beauftragt. Die Bauarbeiten begannen. Dabei wurden aber größere Schäden vor allem am Dachstuhl und an den teilweise überputzten Fachwerkteilen festgestellt. Das Hauptproblem war der vielfältige Schwammbefall in der Dachkonstruktion. Überraschenderweise gab es auch erhebliche Schwammherde in den Geschossdecken, verursacht durch unsachgemäße Abwasserführung. Für das Auswechseln der Konstruktionshölzer standen weder Zimmerleute noch Holz in ausreichendem Maße zur Verfügung, von den Kosten ganz abgesehen. Mit den von der Denkmalpflege beschafften Mitteln allein war der stattliche Gebäudekomplex einfach nicht mehr zu retten. Das Haus wurde daraufhin geräumt und von der Stadt zum Abriss freigegeben. Interessanterweise errichtete die Staatsbank der DDR auf dem beräumten Grundstück »Menzel« ein neues Hauptgebäude, einen städtebaulich angepassten Bau, jedoch ohne architektonischen Anspruch.

Der Bürgermeister wies in einem Zeitungsartikel auf zahlreiche ähnlich gelagerte Fälle in Bernau hin, die wohl auch zu einem Abriss führen würden. Zudem wurde die Denkmalpflege der Verschwendung öffentlicher Mittel bezichtigt. Am 25. Mai 1959 schrieb Ludwig Deiters an die Stadt: »Der Versuch, das Haus zu retten, ist gescheitert. Der Versuch wurde unternommen, weil gerade dieses Haus in vieler Beziehung besonderen Wert hatte. Durch seine Lage und seine stattlichen Abmessungen wirkt das Haus entscheidend mit im Raum Thälmannstraße, des Marktplatzes, der Kirchenumbauung und der Grünstraße. Es war buchstäblich ein Eckpfeiler im Heimatbild Bernaus.«[11] Die Zeilen des zitierten Briefausschnitts drücken tiefe Enttäuschung und wohl auch eine gewisse Resignation aus. Und tatsächlich blieben die Niederlagen nicht ohne Folgen. Das Zutrauen in den versuchten Lösungsweg, durch Instandsetzung und Modernisierung den überlieferten wertvollen Gebäudebestand historischer Altstädte auch im nicht so reichen Brandenburg mit seinem überwiegenden Nadelholz-Fachwerkbau weitgehend zu erhalten, schwand beträchtlich. Die spektakulären Rettungsaktionen der Nachwendezeit für unsere arg geschundenen Altstädte bestätigen jedenfalls, dass die Denkmalpfleger der 1950/60er Jahre mit ihren Überzeugungen und ihren Versuchen, wie sie es damals noch umschreiben mussten, den richtigen Lösungsansatz verfolgt hatten, aber wegen nicht vorhandener Voraussetzungen scheitern mussten. Übrigens wäre nach heutigen Maßstäben damals »die Stadt, die innerhalb des noch kompletten mittelalterlichen Mauerrings ihre bauliche Struktur in selten reiner Form bewahrt und den Zweiten Weltkrieg ohne Schäden überstanden hatte, (...)« als Bernauer Altstadt insgesamt zum städtebaulichen Flächendenkmal bestimmt worden.[12]

Die Situation der Denkmalpflege in den 1950/60er Jahren

Doch was waren die Gründe bzw. Ursachen, warum sich die Arbeit der Denkmalpfleger in den 1950/60er Jahren insbesondere bei städtebaulichen Ensembles oder gar bei ganzen Altstädten besonders schwierig gestaltete? Mit der Bildung der Länder 1949 entstanden auch die Denkmalämter. Der Personalbestand war zunächst außerordentlich begrenzt und konnte nur allmählich aufgestockt werden. Erst später, etwa ab den 1970er Jahren, wurden denkmalpflegerische Anliegen nicht zuletzt durch ein wachsendes öffentliches Interesse und ein wiederauflebendes Geschichts- und Heimatbewusstsein stärker befördert.

Weder die Denkmalschutzverordnung von 1952 noch die Denkmalpflegeverordnung von 1961 konnten für die städtebauliche Denkmalpflege den notwendigen Rahmen in der ehemaligen DDR schaffen. Erst das Denkmalpflegegesetz von 1975 regelte auch denkmalpflegerische Maßnahmen für Denkmalschutzgebiete, eine Entwicklung, die im Prinzip auch in der Bundesrepublik ähnlich verlief. Für Bernau war daher in der Zentralen Denkmalliste der DDR von 1962 unter der Rubrik »Begrenzte Bereiche und Ensembles« nur vermerkt: »Historische Teile der Stadtanlage mit Mauerring und Marienkirche« (Abb. 6). Daneben standen noch einige andere Objekte als Ein-

Abb. 6 Stadtpfarrkirche St. Marien, Innenraum, Blick vom Mittelschiff nach Osten; Aufnahme 1979

zeldenkmale unter Denkmalschutz. Auch Listenbegrenzungen durch das Ministerium für Kultur bzw. durch die Bezirke gab es.

Besonders negativ wirkte sich die mangelnde Rechtsanwendung aus. Mit welchen Aussichten sollte man denn auch in Bernau eine Klage anstreben? Wegen der bekannten Machtstrukturen in der DDR hatte im Fall einer politischen Entscheidung – beispielsweise für oder gegen den Erhalt eines Denkmals – das beratende Institut für Denkmalpflege mit seinem Einspruch kaum Chancen. Die hier beschriebenen Geschehnisse von Bernau fielen zudem in eine Zeit höchster Gefährdung der weiteren Existenz des Instituts für Denkmalpflege. So sollte im Zuge einer rigorosen Rationalisierung in der Wirtschaft und Verwaltung der Denkmalbestand auf einige wenige Objekte reduziert und das Institut weitgehend aufgelöst werden. Die Denkmalpfleger konnten immer wieder nur auf die Werte, die in unseren Altstädten vorhanden waren und deren Gefährdung aufmerksam machen. Natürlich waren die Fördermittel viel zu gering, über die das Institut für Denkmalpflege oder die Unteren Denkmalschutzbehörden verfügten.

Angesichts des in der DDR immer wieder diskutierten und angewandten Begriffs »Restnutzungsdauer« von Gebäuden wurde die erforderliche Bewertung des teilweise tatsächlich kritischen Zustands vieler Fachwerkgebäude sowie deren künftiger Erhaltungsfähigkeit für die Denkmalpflege keinesfalls leichter. Kreisbaudirektoren, Bürgermeister und andere Verantwortliche des Bauwesens dürften wohl schon deshalb eher nicht zugunsten der Fachwerkbauten agiert haben.

Ich selbst war jedenfalls höchst überrascht über einen Vorgang, der sich in der Angermünder Altstadt zutrug, die heute ein ausstrahlendes Beispiel ist. Vor zwei stattlichen Fachwerkgebäuden des 18. Jahrhunderts im erweiterten Marktplatzbereich erklärte Ende der 1960er Jahre der zuständige Kreisbaudirektor, ein forsch auftretender Bauingenieur, dass diese Gebäude aufgrund ihres besorgniserregenden Zustands nicht mehr zu halten seien und deshalb mit weiteren ähnlichen Häusern demnächst abgerissen würden. Unseren Hinweis auf den Denkmalstatus quittierte er mit einem müden Lächeln. Doch hatte er offenbar die »leise« Wirkung der Denkmalpflege und vor allem die Standfestigkeit von Fachwerkgebäuden unterschätzt. Obwohl damals für den Abriss bestimmt und deshalb während der folgenden rund 25 Jahre leergezogen und damit ohne jeglichen Schutz und ohne Baupflege geblieben, stehen diese Bauten wie auch die benachbarten Fachwerkgebäude noch immer festgefügt und inzwischen wieder schmückend an ihrem im 18. Jahrhundert bestimmten Platz. Ich hätte anfangs jedenfalls auch nicht geglaubt, dass um 1800 schon recht verfallene Fachwerkgebäude in den 1960er Jahren überhaupt noch existieren könnten. Übrigens dürften viele der am Modellprojekt »Altstadt Bernau« Beteiligten die Lebensdauer von Fachwerkbauten allein wegen mangelnder Erfahrungen stark unterschätzt haben.

Das fehlende Instrumentarium für die Sanierung und Modernisierung der Altstädte

Einmal abgesehen von den Leistungen zum Wiederaufbau der kriegszerstörten Altstadtzentren in den ersten Nachkriegsjahren (Beeskow, Prenzlau, Rathenow, Seelow u. a.) stand das Thema »Rekonstruktion« der Stadtzentren unserer Klein- und Mittelstädte bis zu den 1960er Jahren nie im Blickfeld strategischer Erörterungen in den Ost-Berliner Machtzentralen. Edmund Collein war es, der zum ersten Mal während des 1. Kolloquiums für Städtebau in der Weimarer Hochschule für Architektur und Bauwesen im Jahre 1960 auf die immer prekärer werdende Lage der Altstadtkerne hinwies. Er forderte damals: »Man muß sich von vornherein im klaren sein, dass die Gestaltung unserer Stadtzentren sich nicht nur auf den Aufbau kriegszerstörter Stadtzentren beschränken kann, sondern daß auch die Rekonstruktion unversehrter Städte in diese Aufgabenstellung einbezogen werden muß.«[13] So löblich diese Initiative auch war, in der Praxis hat sich bis zu den beiden Modellvorhaben in Bernau und Greifswald nichts wirksames getan. Lediglich die Perspektive wurde immer deutlicher definiert. Thomas Topfstedt schreibt 1988 rückschauend dazu: »Der Hauptweg der sozialistischen Umgestaltung alter Stadtgebiete wird (…) nach 1965 in der Hauptsache durch einen flächigen komplexen Abriß alter Gebäude, vor allem alten Wohngebäudebestandes und seines Ersatzes durch neue Gebäude gekennzeichnet.«[14]

Und es blieb bei der einseitigen Orientierung auf den Neubau in Plattenbauweise. Damit glaubte man offenbar, am ehesten das Wohnungsbauprogramm bis 1990 erfüllen zu können. »So entstanden in wenigen Jahren in weiten Arealen der Altstadtkerne Zonen augenfälligen Niedergangs und der Verwahrlosung, da angesichts der Zukunftsaussicht »Abbruch in wenigen Jahren« selbst kleinere Reparaturen zur Erhaltung und Verschönerung unterblieben und Eigentümerinteressen lähmten.«[15] Die Methode auf dem Weg dorthin war Sperrung des Gebäudes durch die kreisliche Bauaufsicht wegen diverser Bauschäden, danach Leerzug mit anschließender Verwahrlosung und progressiv verlaufender weiterer Schädigung – ganz so wie es im Bernau der 1950/1960er Jahre verlief. Und so wäre es auch weitergegangen, wenn die DDR über die Jahre 1989/90 hinaus bestanden hätte. Goralczyk schreibt dazu: »Als 1989, nach dem Sturz Erich Honeckers, ideologische Hemmschwellen überhaupt keine Rolle mehr spielten, wurde in einer Erklärung des Zentralkomitees unter Egon Krenz nur noch resignierend festgestellt, daß man sich wohl mit dem Verlust wertvoller Innenstadtbereiche abzufinden haben würde.«[16]

Noch ein anderer Grund, der das Schicksal der Innenbereiche von mehr als 500 Klein- und Mittelstädte, teilweise mit hohen Anteil an Fachwerksubstanz, dramatisch beeinflusste, waren die gegen Betriebe des Bauhandwerks sowie Hersteller von Baumaterialien (Sägewerke, Ziegeleien u. a.) gerichteten »Enteignungskampagnen« und die Nichtzulassung von privat arbeitenden Architekten sowie Bauingenieuren. Klaus Andrä charakterisiert diesen Prozess des Übergangs zur Typisierung und Industrialisierung so: »Mit der von Chruschtschow übernommenen Losung: »Besser, schneller, billiger bauen!« leitet die 1. Baukonferenz (3./6. April 1955) die Wende im Bauwesen ein und sagt der »Handwerkelei« entschieden den Kampf an.«[17] Konsequent wurde dieser Kurs umgesetzt. Aus den kleinen, meist privat organisierten Handwerksbetrieben wurden staatliche Kreisbaubetriebe oder Produktionsgenossenschaften des Bauhandwerks gebildet. Ihr Einsatz war staatlich gelenkt. Hauptsächlich wurden sie den baulichen Vorhaben der großen Baukombinate mit angeschlossenen Projektierungsbüros, aber ohne Reparaturabteilungen, zugeordnet. Den meist kleinen Rest dieser Kapazitäten konnten die kreislichen Bauämter für kreisgebundene Aufgaben einsetzen. Die im Umfeld von Berlin beheimateten Betriebe, so auch die des Kreises Bernau, waren durch die Berlin-Einsätze am meisten betroffen, denn Planschulden gegenüber den Ost-Berliner Prestigevorhaben hatte der Bezirk Frankfurt/Oder wohl fast immer. Für die in privatem bzw. kommunalem Besitz befindlichen Gebäude blieb im Prinzip nur die Bindung sogenannter »Feierabendbrigaden«. Abgesehen von einigen dieser handwerklich hervorragend arbeitenden Teams hatten andere vor allem den bekannten grauen »Kratzputz« in ihrem Repertoire.

Außerordentlich negativ wirkte sich der mit der Liquidierung der Privatbetriebe und der Nichtzulassung selbständig arbeitender Fachkräfte verbundene »Aderlass« aus, bei dem bis zum August 1961 Abertausende von hervorragend ausgebildeten Handwerkern und Ingenieuren in den Westen gingen. Zu der hier geschilderten Problematik sei noch gesagt, dass die Situation für einige Altstädte glimpflicher verlief wie beispielsweise für Grimmen, Luckau, Salzwedel, Tangermünde, Torgau, Wernigerode oder Wismar, die vom Tourismus profitierten, bei denen privater Grundstücksbesitz überwog oder wo regionale Ratsvorsitzende, Bürgermeister, Denkmalpfleger und engagierte Bürger gemeinsam Erhaltungsziele verfolgten.

Wenn man all die Schwierigkeiten Revue passieren lässt, die sich aus den zentralen gesellschaftspolitischen Beschlüssen von Partei sowie Regierung und aus den verfehlten Maßnahmen zur Steuerung der Baukapazitäten und Materialien ergaben, dann denkt man gern an das einfache, dafür aber effizient wirkende System des historischen Bauens in Bernau, wo die Bürger genügend baukundige Fachbetriebe fanden, teilweise sogar kostenlos Baumaterial zur Verfügung gestellt bekamen, und wo das Hausprojekt aus einer oder auch zwei Planblättern mit einem kurzgefassten Kostenvoranschlag bestand.

Ein anderes schwerwiegendes Problem stellte die Finanzierung von Sanierungs- und Modernisierungsmaßnahmen in den Altstädten dar. Im Zusammenhang mit dem Haus Menzel wurde das Thema bereits angerissen. Als Eigentümer des stattlichen Gebäudekomplexes in der Thälmannstraße wurde Erich Menzel am 9. Dezember 1954 durch die Bauaufsicht aufgefordert, Instandsetzungen am Seitenflügel seines Hauses durchführen zu lassen. Bei dem Gebäude handelte es sich nicht etwa um ein kleines Einfamilienhaus, sondern um ein zweigeschossiges Hauptgebäude unter mächtigem Krüppelsatteldach von ursprünglich wohl 10 Fensterachsen Länge. Der zweigeschossige Seitenflügel entlang der Grünstraße, ebenfalls von beträchtlichem Ausmaß, war auch für Wohnungen ausgebaut. Der Gebäudekomplex besaß eine Toreinfahrt und war mit großen, vierflügeligen Fenstern des 18. oder frühen 19. Jahrhunderts ausgerüstet. Es darf einmal angenommen werden, dass unmittelbar nach dem Zweiten Weltkrieg in dem Gebäudekomplex bis zu acht Familien untergebracht waren. Nach den überlieferten Fotos aus den 1950er Jahren ist nachvollziehbar, dass der Seitenflügel in bestimmten Bereichen bereits damals einen kritischen Bauzustand aufwies (Abb. 7). Ein solches Erbe zu verantworten, war für einen normalen DDR-Bürger eine nicht zu bewältigende Last. Viele Bürger in der DDR waren deshalb froh, wenn sie ihr Mietshaus an den Staat abgeben konnten. Nehmen wir einmal an, dass die Mietparteien für die verschiedenen Wohnungen des Bernauer Fachwerkgebäudes zwischen 30 bis 50 Mark Miete bezahlten, dann wären dies bei acht Parteien jährlich 3.840 Mark Mieteinnahmen. Davon musste der Vermieter einmal einen neuen Ofen, eine Leitungs- oder Dachreparatur und vor allem Betriebskosten bezahlen, womit die 3.840 Mark sicher komplett aufgebraucht wären. Und plötzlich kam noch die Reparatur am Seitenflügel mit geschätzten 45.000 Mark hinzu. Den beantragten Kredit in dieser Höhe hätte der Eigentümer des Hauses ohne sonstige Reparatur- und Pflegekosten bei den jährlichen Mieteinnahmen von 3.840 Mark nur für die Tilgung ohne Zinsen u. a. 12 Jahre

Abb. 7 Gebäudekomplex »Menzel« mit Hauptgebäude in der früheren Thälmannstraße und zweigeschossigem Anbau in der Grünstraße; Aufnahme um 1956

lang abzahlen müssen. Heute sind die Mieten etwa 8–10 mal so hoch und damit hätte Herr Menzel vielleicht nicht einmal einen Kredit beanspruchen müssen. Interessant in diesem Zusammenhang ist noch, dass schon der Bernauer Chronist in den 1870/80er Jahren beklagt, dass die Mieten in Bernau nicht die Investitions- und Betriebskosten deckten. Höchstwahrscheinlich sind schon zu dieser Zeit und auch danach Defizite bei der Sanierung und Modernisierung des Gebäudebestands der Bernauer Altstadt entstanden. Durch Übernutzung unmittelbar nach dem Zweiten Weltkrieg und wegen Unterlassung dringender Reparatur- und Wiederherstellungsmaßnahmen während der DDR-Zeit potenzierten sich die Bauschäden natürlich noch erheblich.

Das Beispiel Menzel lässt bewusst werden, in welch dramatischer Lage sich insbesondere Eigentümer von Mehrfamilienhäusern im Osten Deutschlands befanden. Auch wenn Fachleute des Bauwesens hin und wieder auf die sich verschärfende Situation bei der »Altstadtsanierung« aufmerksam machten – konkrete Lösungsvorschläge und Beschlüsse für eine altstadtgerechte Rekonstruktion seitens der zentralen Staatsorgane unterblieben bis zur Auflösung der DDR. Was die Finanzierungsprobleme betrifft, war die totale Ignoranz gegenüber der besonderen Lage der privaten Mietshausbesitzer ein Hauptgrund für den Verfall vieler Innenstädte. Wie sollten jene, aber auch die Kommunen und Wohnungsgenossenschaften mit den äußerst geringen, auf dem Stand von 1937 eingefrorenen Mieten die normale Bauunterhaltung, geschweige denn den enormen Nachholbedarf bei den Schäden des Gebäudebestands bestreiten? Wie im Fall Menzel war die Aufgabe seines möglicherweise in langjährigem Familienbesitz befindlichen Eigentums die traurige Konsequenz. Es bestand zwar die Möglichkeit, zinsgünstige Kredite aufzunehmen, doch setzte dabei einerseits der äußerst niedrige Einheitswert der Grundstücke bezüglich der Kredithöhe enge Grenzen, und warum sollte sich andererseits ein Hauseigentümer ohne Aussicht auf Rückzahlungsmöglichkeiten so hoch verschulden? Auch die Denkmalpflege konnte aus ihren bescheidenen Mitteln des Denkmalfonds kaum eine Förderung von Maßnahmen an Denkmalen in Privatbesitz gewähren. Möglichkeiten für eine Altstadterhaltung, wie sie die steuerliche Begünstigung denkmalpflegerischer Sanierungsmaßnahmen, die angemessene Kreditvergabe oder die Förderung im Rahmen des »städtebaulichen Denkmalschutzes« heute darstellen, gab es leider nicht.

Die privaten Besitzer von Mietshäusern in den Altstädten waren die eigentlichen Leidtragenden der verfehlten Bau- und Finanzpolitik während der DDR-Zeit. Besaßen sie zudem ein Denkmalobjekt, war die Situation noch komplizierter. Immerhin hätten sich die Denkmalpfleger auf ihre Rechtsposition zurückziehen und wegen unterlassener Pflege und Erhaltung gegen die privaten, genossenschaftlichen oder kommunalen Eigentümer entsprechende Rechtsverfahren einleiten können. Doch wussten die Denkmalpfleger, dass die Eigentümern unter den damaligen Bedingungen keinerlei Schuld traf und Rechtsauseinandersetzungen schon deshalb nicht angebracht waren.

Trotz der Niederlagen will die Denkmalpflege nicht aufgeben!

Wie bereits beschrieben stand die Denkmalpflege bei der Erhaltung der Bernauer Altstadt in den 1950/60er Jahren unter den gegebenen Bedingungen vor schier unlösbaren Aufgaben, und es zeichneten sich auch keinerlei erfolgversprechende Lösungsansätze ab. Der brandenburgische Konservator Ludwig Deiters wollte dies einfach nicht akzeptieren und suchte weiter nach Möglichkeiten, wie Bernau und den anderen denkmalwerten Altstädten des Landes geholfen werden könnte. Um in dieser Auseinandersetzung sicherer argumentieren zu können, führte er damals mit einigen Mitarbeitern des Instituts für Denkmalpflege in den Jahren 1960/61 eine Erfassung der Konstruktionen der Wohnbauten, deren Alter und deren Allgemeinzustand in ausgewählten märkischen Altstädten durch (Abb. 8). Für Bernau wurde dabei ermittelt, »dass von den 290 Vordergebäuden nur 16 Prozent schwere, 63 Prozent geringe und 21 Prozent keine Schäden aufwiesen. Für die 532 Hofgebäude, die ebenfalls stadtbildprägend waren, wurde mit 16 Prozent schweren und 54 Prozent geringen Schäden sogar ein noch etwas besserer Erhaltungszustand ermittelt. Die Hauptgebäude bestanden zu dieser Zeit immerhin noch zu 59 Prozent aus Fachwerk, waren zu 87 Prozent zweigeschossig und hatten zu 97 Prozent ein steiles Dach. (…) Von den 290 Grundstücken waren in den 1960er Jahren noch 237 in Privatbesitz, 10 in Kirchenbesitz und 43 in Volkseigentum.«[18]

Die Analyseergebnisse waren also nicht so schlecht, wie die Zustandseinschätzung des Bernauer Chronisten für die Zeit um 1800 hätte erwarten lassen. Wie andere von der Fachwerkbauweise stark geprägte Altstädte Brandenburgs hätte danach das historische Bernau ganz offensichtlich nach den

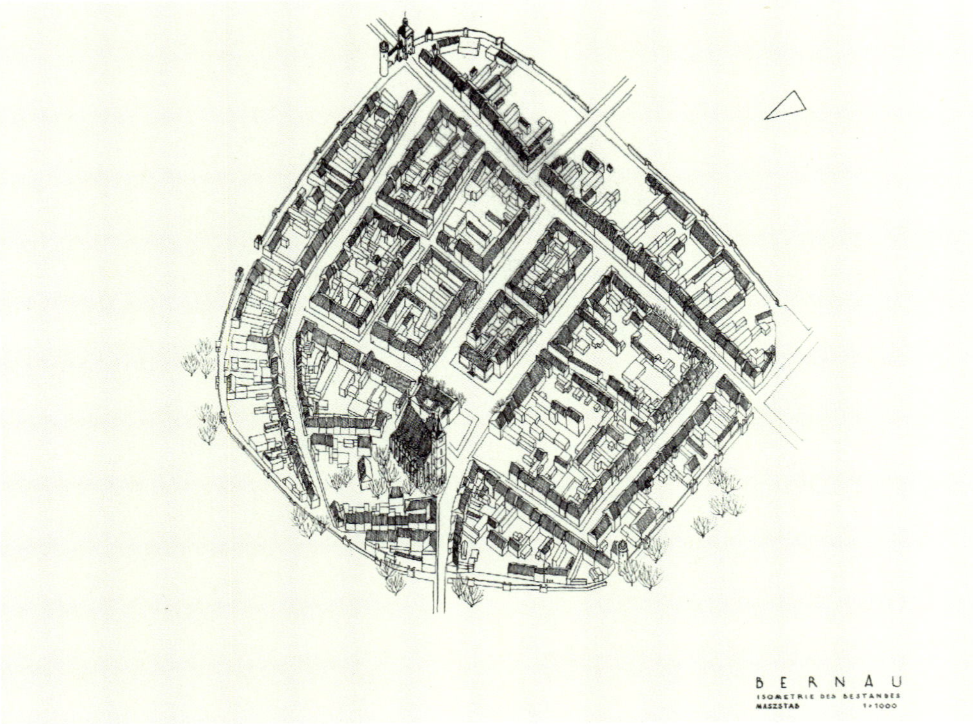

Abb. 8 Isometrische Darstellung des überlieferten Zustandes der Bernauer Altstadt vor der Umgestaltung (Dissertation Deiters); Zeichnung vor 1965

politischen Veränderungen von 1989/90 auch noch eine Perspektive gehabt. Doch wer glaubte in den 1950/60er Jahren daran, dass sich die politischen Verhältnisse in einem überschaubaren Zeitraum grundsätzlich verändern würden? Einerseits war der Konservator mit dem ermittelten Bauzustand der Gebäudesubstanz sicher einigermaßen zufrieden, die Ergebnisse dürften sogar etwas Zuversicht ausgelöst haben, andererseits bedeutete die außerordentlich rückständige Situation bei der technischen Gebäudeausrüstung (fehlende Bäder, Toilette auf halber Treppe, fehlende Zentralheizungen u. a.) aber zusätzliche Sorgen.

Deiters schreibt in diesem Zusammenhang unter anderem: »Die allgemeine Entwertung (der Wohnungen) ist die Ursache dafür, dass die Mieteinkünfte in den letzten Jahrzehnten die Unterhaltungskosten für die Bauten immer weniger zu decken vermochten. Da darüber hinaus noch viele Instandsetzungen infolge zweier Weltkriege unterblieben, sind Verfallserscheinungen in allen märkischen Städten zu beobachten.«[19] An anderer Stelle würdigt er aber die märkische Stadtbaukunst und stellt fest: »Es fügten sich die gestalterischen Leistungen aller Stilepochen bis zum Klassizismus in die mittelalterlichen Anlagen ein. Es entstand ein harmonisches Stadtbild, das im Wesentlichen mittelalterliche Stadtbaukunst repräsentierte. (…) Bis zum Ausgang des 19. Jahrhunderts haben die untersuchten Städte die guten Eigenschaften ihrer historischen Komposition und die hervorragende Wirkung der Baudenkmale (…) erhalten.«[20]

Der inzwischen zum Generalkonservator des Instituts für Denkmalpflege berufene Deiters empfand natürlich die widersprüchliche Situation beim Ringen um die Erhaltung der märkischen Städte im Allgemeinen und der von Bernau im Besonderen. Zum anderen war ihm die Staatsdoktrin, wonach die Innenstädte nur mit industriellen Bauverfahren rekonstruiert werden sollten, sehr bewusst. Zu dieser Problematik heißt es in seiner Dissertation: »Aus den Widersprüchen (…) könnte man die Folgerung ziehen, daß die bisherigen Formen (Wohngebäude) ganz zu beseitigen seien. Man kann aber auch festzustellen suchen, welchen Wert und Nutzen diese Formen weiterhin für uns besitzen, wie man ihren Mißbrauch (Verschandelungen) beseitigen und sie durch neue Formen für neue Bedürfnisse sinnvoll ergänzen kann.«[21] So umschreibt Deiters die beiden grundsätzlichen Lösungsvarianten für die brandenburgischen Altstädte, mithin auch für die Bernauer Altstadt. Seine diesbezüglichen, etwas »gequälten« Formulierungen lassen nachempfinden, wie stark ihn damals die staatspolitischen Vorgaben bedrückt haben dürften. Im Zusammenhang mit den Realitäten von Rekonstruktionsvorhaben für Altstädte stellt er fest: »Viele Schäden und Mängel an den Bauten im Straßen- und Hofraum lassen sich noch beheben, aber nur in handwerklicher Arbeit.«[22]

Außer für die Stadtbefestigungsanlagen, die Stadtpfarrkirche und das Rathaus, für deren Erhaltung und Sanierung die Stadt und die Denkmalpflege sorgen konnten, war die notwendige Sanierung und Modernisierung der sonstigen Bebauung in dieser Zeit einfach nicht realisierbar. Nach den erfolglosen Versuchen mit den städtebaulich prägenden Fachwerkbauten am Marktplatz stand die Denkmalpflege vor der Frage, wie weiter zu verfahren wäre mit der Erhaltung der Wohn- und Gewerbebebauung – immerhin handelte es sich dabei um 290 Vorder- und 532 Hofgebäude, wovon damals allerdings nur 14 Bauten Einzeldenkmale waren.

Da die Denkmalpflege aufgrund der altstadtfeindlichen Entscheidungen der zentralen Polit- und Staatsorgane keine Hoffnungen bezüglich geeigneter Reparaturkapazitäten und entsprechender Finanzierungsmöglichkeiten für die Erhaltung der Wohnbausubstanz mehr haben konnte, musste sie nach alternativen Lösungswegen suchen. Bei dem immer schneller voranschreitenden Verfall der Altstädte sah der verantwortliche Konservator einen Ausweg nur noch in der Beschränkung des denkmalpflegerischen Anspruchs. Vorstellungen von der Rettung der kompletten Altstadt einschließlich seiner damals noch fast vollständig erhaltenen Wohnbebauung mussten leider aufgegeben werden.

Aus der Bauzustandsanalyse der vier brandenburgischen Städte Angermünde, Bernau, Gransee und Jüterbog, die einerseits unterschiedliche städtebauliche Konzepte widerspiegelten und andererseits einen etwa vergleichbaren Zustand aufwiesen, entwickelte Deiters im Rahmen seiner Dissertation mit dem Titel »Erhaltung kulturgeschichtlicher Werte bei der Rekonstruktion märkischer Städte« detaillierte Lösungsansätze. Mit Isometrien und Bebauungsplänen der Altstädte dokumentierte er seine Ideen (Abb. 9). Als vorteilhaft erwies sich dabei, dass die Bernauer Altstadt noch immer vom erhaltenen Mauerring umschlossen war, wodurch die städtebauliche Kompaktheit der historischen Innenstadt bei allen denkbaren Umgestaltungsvarianten erhalten bliebe. Dass Deiters in dieser Phase auch noch an eine Teilerhaltung von Wohnbausubstanz denkt, lässt sich allein aus zwei Gedankenansätzen seiner Dissertation schließen. So schreibt er beispielsweise: »Die Frage, wie weit die vorhandenen Bauten nach einigen Korrekturen selbst weiterhin das Gerüst der Stadt bilden können, läßt sich aus der näheren Betrachtung ihres materiellen Wertes, das heißt ihres Zustands und ihrer Funktionstüchtigkeit beantworten.«[23] Und an anderer Stelle heißt es: »Trotz aller Unterschiedlichkeit im Herkommen der Formen muß zunächst versucht werden, historische Substanz und neue Bebauung zu ausgeglichener Zusammenwirkung zu bringen. Die Voraussetzung hierfür ist die erstklassige Qualität der Neubauten in künstlerischer Gestaltung, Material und Verarbeitung.«[24] Unabhängig von der Fragestellung, ob er einen Weg zur Erhaltung zumindest eines größeren Anteils von Wohnbausubstanz sähe

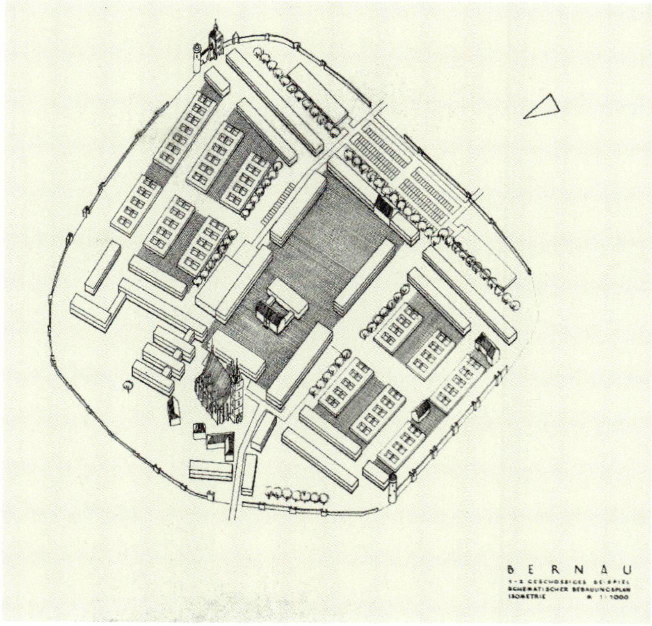

Abb. 9 Schematische Bebauungsvariante mit ein- bis zweigeschossiger Neubebauung nach weitgehendem Flächenabriss (Dissertation Deiters); Zeichnung vor 1965

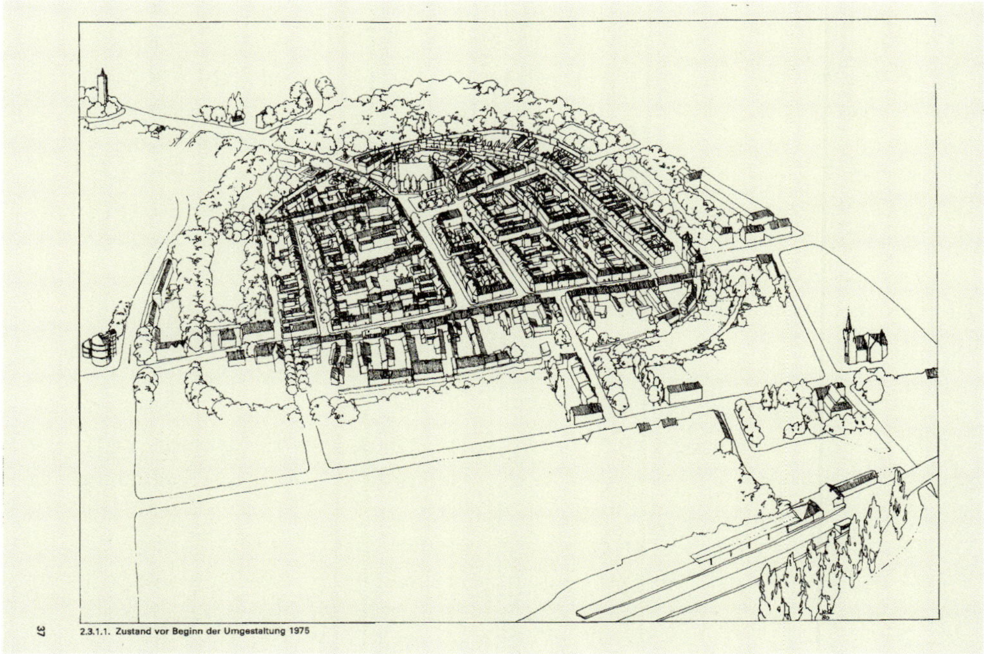

Abb. 10 Vogelperspektive des Zustandes der Bernauer Altstadt vor der Umgestaltung; Zeichnung um 1970

oder ob er wegen der damaligen Staatsdoktrin den weitestgehenden Abriss der Altbausubstanz für nicht vermeidbar hielte, fordert er: »Unabdingbar verbunden mit der Bewahrung der stadtbaukünstlerischen Eigenart müssen jedoch drei Forderungen bleiben: die Erhaltung der charakteristischen Stadtkomposition und damit auch die Einhaltung der wichtigsten Linien des historischen Grundrißgefüges, die Abstimmung des Aufbaus hierauf und die Rücksicht auf die maßstäblichen Wirkungsmöglichkeiten der Baudenkmale.«[25]

Im Kapitel »Form und Anordnung der (neuen) Wohngebäude« schreibt Deiters einleitend: »Über die Notwendigkeit und Möglichkeit bei der Erneuerung der märkischen Städte, die Wohngebäude industriell herzustellen, besteht nach allen bisherigen Feststellungen kein Zweifel mehr.«[26] In Anbetracht der damaligen Bedingungen scheint er durch die intensivere Beschäftigung mit dem Thema am Ende notgedrungen resigniert zu haben. Seine Ergebnisse der Zustandsanalyse sprechen jedenfalls eher für den Erhalt als für den weitestgehenden Verlust der Wohnbausubstanz.

Mit schematischen Bebauungsplänen und Isometrien stellt Deiters eine Reihe von Bebauungsvarianten für die Bernauer Altstadt dar, die alle vom weitestgehenden Neubau ausgehen. Es gibt Pläne mit vorwiegend 4-geschossiger Neubebauung, aber auch einen mit Hochhäusern in Randlage. Als junger Architekt, der vor seiner Tätigkeit in der Denkmalpflege in Forschungsaufgaben der Bauakademie eingebunden war, unterbreitet er auch Vorschläge, mit denen unter der Voraussetzung des industriellen Bauens ein wesentlich besseres Ergebnis erzielt worden wäre als mit der dann einige Jahre später realisierten sogenannten Rekonstruktion der Bernauer Altstadt. Sicher angeregt von internationalen Beispielen stellt er in seiner Dissertation zwei Bebauungsvarianten mit 1-2-geschossigen Flachbauten vor, die einen interessanten Lösungsansatz geboten hätten (vgl. Abb. 9). Dazu schreibt er: »Ganz andere Möglichkeiten gestalterischer und bautechnischer Art bietet in der kleinen Stadt die Flachbauweise, das heißt die Anwendung von zweigeschossigen oder sogar eingeschossigen Typen.«[27] Er nennt gute Gründe, warum Flachbauten für derartige Aufgaben auch unter industriellen Bedingungen hätten entwickelt werden sollen. »Allein in der DDR würden in mindestens 300 Städten, die den untersuchten ähnlich sind, Elemente für zusammen mehr als 200.000 Wohnungen benötigt werden. (...) Immerhin ist auch der Flachbau eine Bauform, deren Produktion den ökonomischen Bedingungen unseres Zeitalters entspricht.«[28]

Es sollte jedenfalls nachvollziehbar sein, wenn sich Deiters als Leiter der zuständigen Denkmalfachbehörde damals in einer total aussichtslosen Situation der Suche nach neuen Lösungsansätzen nicht verschloss und dies umso mehr, als in dieser Zeit der Umgang mit Flächendenkmalen wie ganzen Altstädten, Dörfern u.a. noch kein gängiger Gegenstand der Denkmalpflege war. Zudem hatte er bei seinen Entscheidungen zu beachten, dass gerade in dieser Phase das inzwischen gebildete Institut für Denkmalpflege von einigen übergeordneten Institutionen wieder einmal in Frage gestellt wurde, was glücklicherweise aber keine Konsequenzen hatte.

Einige erfahrene Denkmalpfleger der DDR waren damals wie Deiters angesichts der schier aussichtslosen Lage der Auffassung, dass die Erhaltungsbemühungen auf wenige bedeutende Denkmale (Wehranlagen, Stadtpfarrkirchen, Rathäuser) bzw. Denkmalensembles (Marktplätze) konzentriert werden müssten, um am Ende nicht auch diese noch zu gefährden. Sie meinten, dass sich die Denkmalpflege wieder auf ihr »klassisches« Aufgabenfeld zurückziehen sollte. Doch solche Überlegungen wurden glücklicherweise nur kurzzeitig angestellt und blieben in der Denkmalpflege der DDR nur eine Randerscheinung.

Dass es bei den städtebaulichen Denkmalen in der Bundesrepublik ähnliche Schwierigkeiten gab, verdeutlicht eine Feststellung des Obersten Denkmalschützers des Landes Nordrhein-Westfalen, Paul Artur Memmesheimer, die er auf unserer ersten gemeinsamen Tagung der nordrhein-westfälischen und der brandenburgischen Denkmalpflege im Oktober 1990 in Rheinsberg vortrug. Danach besitze das Land Brandenburg »eine Fülle unversehrt erhaltener, zu revitalisierender bezaubernder Ortskerne und Stadtgefüge. Wenn es gelingt, sie erhaltend zu erneuern, werden Sie weit schönere alte Städte- und Ortsbilder haben als wir, die wir mühsam wiederherrichten; nicht etwa nur, weil der Krieg sie zerstörte, sondern weil völlig unqualifizierte Flächenabbrüche und maßstabslose Neubauklötze in den 60er und 70er Jahren viel an historischer Substanz untergehen ließen. (...) Daß man sich unsere Fehler nicht noch einmal leisten darf, müssen Sie den Politikern klarmachen!«[29]

Die Altstadt von Bernau als Opfer einer unverträglichen Modellplanung

Ausgehend von Voruntersuchungen des Instituts für Städtebau und Architektur der Deutschen Bauakademie über die Prognose des Wohnungsbaus in der DDR, wonach das innerstädtische Bauen immer mehr in den Mittelpunkt des Wohnungsbauprogramms rücken sollte, wurden Ende der 1960er Jahre Bernau und Greifswald zu Modellprojekten für die »sozialistische Umgestaltung der Klein- und Mittelstädte« bestimmt (Abb. 10 und 11). Für die Rekonstruktion der Bernauer Altstadt entwickelte das Büro für Gebiets-, Stadt- und Dorfplanung Frankfurt/Oder und später der Hauptauftraggeber Komplexer Wohnungsbau des Bezirks Frankfurt/Oder, dazu Prinzipvarianten, wobei mit kaum mehr nachvollziehbaren Methoden »der Wert der vorhandenen Bausubstanz und die für ihre Instandsetzung, Modernisierung, moralische Aufwertung und Unterhaltung aufzuwendenden Mittel – als ökonomisches Entscheidungskriterium – exakt ermittelt werden, um daraus die Erhaltungswürdigkeit der Werterhaltungskapazitäten ableiten zu können.«[30] Nach der in diesem Zusammenhang durchgeführten hochbaulichen Analyse wurde für den Bauzustand der

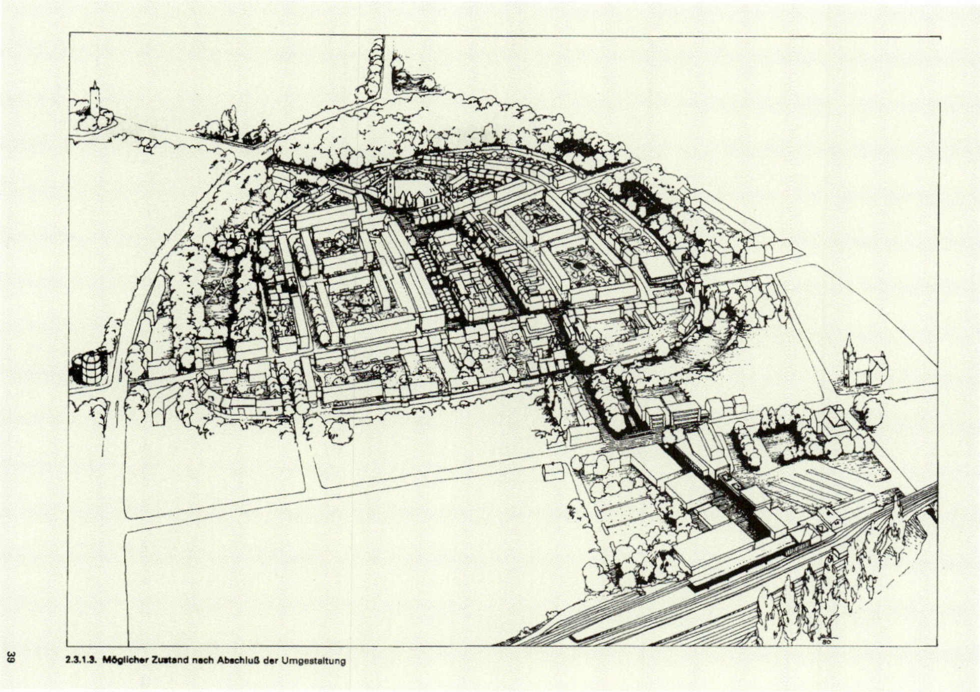

Abb. 11 Vogelperspektive des geplanten Umgestaltungsziels der Bernauer Altstadt; Zeichnung um 1970

Gebäude innerhalb der Stadtmauer folgendes ermittelt: »67 Prozent der Wohnungen in Gebäuden mit schweren Schäden oder in abrißreifen Gebäuden, (…) 52 Prozent der Wohnungen in abrißwürdigen Gebäuden.«[31] Dass Deiters wenige Jahre vorher wesentlich bessere Zustandsergebnisse ermittelt hatte, sei hier nur noch einmal in Erinnerung gerufen.

Wen wundert es, wenn aus derartig »exakt« ermittelten Analyseergebnissen die nachstehenden Schlussfolgerungen gezogen wurden: »Wegen des geringen Anteils guter Bausubstanz im Altstadtkern und ihrer relativ gleichmäßigen Verteilung in diesem Gebiet wird im Hinblick auf eine reibungslose Baudurchführung bei der Planung vom flächigen Abriss der Substanz im Kern ausgegangen.«[32] (Abb. 12) Es ehrt die beteiligten Planer aber und macht auch deren damalige Hilflosigkeit bewusst, wenn sie bezüglich dreier diskutierter Bebauungsvarianten empfehlen: »es ist zu überprüfen, ob nicht die relativ geringe Steigerung des Kostenaufwandes bei wesentlich größerer Erhöhung des Nutzwertes der Variante 2 gegenüber Variante 1 die weitere Vorbereitung der Rekonstruktion auf der Grundlage der Variante 2 gerechtfertigt erscheinen läßt.«[33] Dies bedeutete nichts anderes, als dass man nicht von einer sechsgeschossigen, sondern von einer zwei- bis maximal viergeschossigen Bebauung ausgehen wollte und beispielsweise die Eingliederung vielgeschossiger Punkthäuser an städtebaulich bedeutenden Stellen nicht für möglich hielt.

Im Hinblick auf die Aufgabenstellung ist ein Vergleich zwischen Bernau und Greifswald interessant. Im Gegensatz zu Bernau wurde für Greifswald ein Großforschungsvorhaben der Bauakademie eingerichtet. Gegenüber dem Bernauer »Umgestaltungsprojekt« wurden einige im Interesse des städtebaulichen Denkmalschutzes liegende Vorgaben neu festgelegt. So

Abb. 12 Beginn des Flächenabrisses im östlichen Teil der Altstadt; Aufnahme um 1980

Abb. 13 Realisierung des 1. Bauabschnitts des Bernauer Modellprojekts zur »sozialistischen Umgestaltung von Klein- und Mittelstädten«; Aufnahme um 1979

sollten einerseits aus fondswirtschaftlichen und stadtkulturellen Gründen die vorhandenen Baubestände in größerem Umfang erhalten bleiben. Andererseits war für den Neubau eine Ausweitung der Sortimente der Typen- und Plattenbauten vorgesehen, wodurch beispielsweise Einbauten von Versorgungseinrichtungen in das Erdgeschoss und die immer wieder geforderte »geschlossene Ecke« möglich werden sollten. Für die Greifswalder Planung, die sich ebenfalls über viele Jahre hinzog, blieb die inzwischen eingetretene Trendwende im westeuropäischen Städtebau mit seiner Orientierung auf eine erhaltende Stadterneuerung nicht ohne Einfluss.

Die Direktive des IX. Parteitages legte 1975 schließlich fest: »Mit der Rekonstruktion des Altstadtkerns von Bernau im Rahmen der Beispielplanung ist zu beginnen.« Der Stadt war damit die Aufgabe gestellt, auf der Basis vorhandener bzw. zu entwickelnder Technologien mit industriellen Baumethoden das Zentrum der damals noch relativ kleinen Stadt umzugestalten. Insgesamt sollten in drei Bauabschnitten 1.300 Wohneinheiten (WE) neu gebaut bzw. modernisiert und entsprechende gesellschaftliche Einrichtungen geschaffen werden. Erinnern wir uns, dass für das Projekt Sektionswohnungsbau in reiner Großplattenbauweise vom Ministerium für Bauwesen verbindlich bestimmt worden war. Damit war vorgegeben, dass nach Flächenberäumung nur eine vergröberte Nachbildung des Stadtgrundrisses und geringe Variationen der Plattenbauweise möglich waren. In der Konzeption war weiterhin nur der Erhalt weniger Denkmale und die Schaffung begrünter Innenhöfe festgeschrieben (Abb. 13).

An der Erarbeitung der Aufgabenstellung und Begleitung des Vorhabens während der Umsetzung waren seitens der Bauakademie vor allem Wilfried Stallknecht, Joachim Fels, Herbert Weigel und Detlef Grunske beteiligt. Die eigentliche Planung und Projektdurchführung erfolgte durch den ehemaligen Bezirk Frankfurt/Oder. Verantwortlich dafür waren der Bezirksarchitekt Herbert Härtel, Jochen Beige vom Hauptauftraggeber Komplexer Wohnungsbau sowie die Mitarbeiter Dietrich Koch, Peter Rätzel u. a.

Nach 1967 bereits vorliegenden Analyseergebnissen und dem 1975 erfolgten Umsetzungsbeschluss durch den IX. Parteitag begannen 1976 die Tiefbaumaßnahmen, und 1979 wurde der Grundstein für den ersten Bauabschnitt gelegt. 1985, also zehn Jahre nach allerhöchstem Parteitagsbefehl, waren endlich rund 700 Wohnungen fertiggestellt und rund 350 im Bau. In einer 1985 veröffentlichten Zwischenbilanz wird schließlich die weitere schrittweise Realisierung bis nach 1990 vorhergesagt.[34]

Als Bernau als Musterbeispiel für die »sozialistische Umgestaltung der Klein- und Mittelstädte« abgerissen und neu bebaut werden sollte, zog sich der Konservator auf die Erhaltung einiger Einzeldenkmale, auf den Stadtmauerring und die Stadtkomposition zurück (Abb. 14 und 15).[35]

Selbst wenn sich beim staatlich verordneten Musterbeispiel Bernau der Leiter des Instituts für Denkmalpflege auf nur wenige Einzeldenkmale und den Erhalt stadtstruktureller Werte beschränken musste, ergab sich dennoch für die zuständigen Gebietsreferenten weiterhin ein gewisser Spielraum, bei jeder sich bietenden Gelegenheit das unselige Konzept anzuprangern und hin und wieder auch ein altes Haus zu retten. Dies

Abb. 14 Historische Bebauung der Grünstraße mit Blick auf die St. Marienkirche; Aufnahme 1968

Abb. 15 Plattenbauten in der Grünstraße mit Blick auf die St. Marienkirche nach der Umgestaltung in den 1980er Jahren; Aufnahme 1995

Abb. 16 Historische Bebauung in der früheren Thälmannstraße (heute Bürgermeisterstraße); Aufnahme 1978/79

Abb. 17 Die historische Bebauung der westlichen Straßenfront der Bürgermeisterstraße wurde durch industriell gefertigte Sonderbauten (Funktionsunterlagerung / Geschäfte u.a.) ersetzt; Aufnahme 1995

zeigte mit steigender Substanzvernichtung und sich allmählich verändernder Zielstellung selbst für Bernau zunehmend Wirkung, sodass schließlich für den dritten Bauabschnitt des Bernauer Pilotvorhabens »die vorhandene Bausubstanz in ihrem materiellen und ideellen Wert dominierend und strukturbestimmend« wurde.

Wie bereits angesprochen war der Erhalt des Straßensystems ein Ziel des Projektes. Dies wurde auch weitgehend mit einer viergeschossigen Plattenbebauung mit Flachdächern erreicht. Ecklösungen konnten nur mit Versatz und Verbindern ausgeführt werden. Von den 290 Altbauten überstanden nur etwa 50–60 die Umgestaltung, wobei dies weniger städtebaulichen oder denkmalpflegerischen Vorstellungen als vielmehr heutigen Bauregeln (Bauabstände u.a.) bzw. bautechnologischen Schwierigkeiten geschuldet war. Dies galt vor allem für die alten Stadtquartiere zwischen den beiden nordsüdlich verlaufenden Straßenräumen Thälmannstraße (heute Bürgermeisterstraße) und Leninstraße (heute Brauerstraße) sowie für den Bereich an der Kirche (Abb. 16 und 17). Einige Altbauten in der Berliner Straße blieben wohl aus Rücksichtnahme auf das Baudenkmal »Gasthaus Schwarzer Adler« – dem Sitz der früheren Kalandsgilde – als ältestem Wohngebäude der Stadt (15. Jahrhundert) erhalten. Für die Einbindung des interessanten Fachwerkgebäudes (Kantorhaus) in der Tuchmacherstraße vgl. (Abb. 3) wurde eine städtebauliche Sonderlösung angestrebt, die den Planern offenbar viel Schwierigkeiten bereitete. Eine Ausnahme bildete auch die westliche Straßenrandbebauung der Thälmannstraße, wo eine langgestreckte Bauscheibe mit einer von Balkonen geprägten Fassade die Unterlagerung mit Geschäften ermöglichte, was die Thälmannstraße (Bürgermeisterstraße) zu einer Art Geschäftsstraße der inzwischen auf über 36.000 Einwohnern angewachsenen Stadt machte.

Natürlich waren die Plattenbauten mit moderner Gebäudeausrüstung versehen, was von den überwiegend neuen Mietern außerordentlich dankbar angenommen wurde. Besonders die begrünten Innenhöfe bieten den Anwohnern ein reizvolles Umfeld. Sicher war so innerhalb der fast vollständig überlieferten Wehranlagen eine Plattensiedlung entstanden, die insbesondere durch die historischen und städtebaulichen Bindungen zwischen Alt und Neu zu einer der bewohnerfreundlichsten gezählt werden kann (Abb. 18). Einen Vergleich mit heutiger Stadtatmosphäre in den sanierten Gebieten der anderen überdauerten Altstädte kann Bernau allerdings nicht bestehen. Wohl vor allem wegen der teilweise katastrophalen Sanitärverhältnisse in den früheren Altbauten und der damals hoffnungslosen Situation insbesondere für die privaten Hauseigentümer konnten während der Vorbereitung und der Umsetzung des Bernauer Umgestaltungsprojektes noch keine öffentlichen Widerstände durch die Bevölkerung festgestellt werden. Erst als die Konsequenzen des Projektes vollends sichtbar wurden, änderte sich die Situation. Doch zu diesem Zeitpunkt gab es kaum noch Privateigentümer, die um ihren Besitz kämpfen konnten. Und die neuen Mieter, meist von außerhalb, waren glücklich, endlich eine warme und trockene Wohnung mit Zentralheizung und warmem Wasser zu haben.

Aus denkmalpflegerischer Sicht waren die Ergebnisse des Umgestaltungsbeispiels Bernau natürlich vorhersehbar. Eine reizvolle und historisch noch geschlossen erhaltene märkische Altstadt im unmittelbaren Umfeld von Berlin musste unwiederbringlich untergehen. Wer während der DDR-Zeit die Entstehung und Umsetzung solcher Konzepte miterlebte und wer angesichts unablässiger Erhaltungsforderungen für Altstadtquartiere selbst durch Fachleute des Städtebaus wegen angeblicher Zementierung »unverantwortlicher« Bauzustände der Unmoral bezichtigt wurde, der fragt sich natürlich, wie derartige Radikallösungen für eine Innenstadt bzw. für 300 oder mehr ähnliche überhaupt gedacht werden konnten. Neben dem unvorstellbaren Verlust von unersetzlichen Bau- und Kulturwerten wäre eine weitere Folge gewesen, dass nach der Periode des radikalen Ersatzes und des dynamischen Umbruchs der einheitlich wirkenden Siedlungen zwangsläufig eine lange Phase des »Auswohnens« hätte in Kauf genommen werden müssen, was allen Erfahrungen des kontinuierlichen Reproduktionsprozesses der Städte seit ihrer Gründung wider-

Abb. 18 Dreigeschossige Plattenbauten nordöstlich vor der St. Marienkirche; Aufnahme 1995

spricht und was in der Gesamtheit real auch überhaupt nicht zu leisten gewesen wäre. Klar ist, dass dabei internationale Tendenzen und Haltungen, partei- und regierungspolitische Doktrinen sowie wirtschaftlich begründeter Verfall und anderes eine wesentliche Rolle gespielt haben.

Wie aber konnten Fachleute überhaupt derartigen Fehleinschätzungen und altstadtfeindlichen Idealen folgen, wenn doch gerade die kontinuierliche Entwicklungsgeschichte unserer Städte zeigt, wie wichtig klare und für lange Zeiträume gültige Zielvorstellungen sind? Es war schon erstaunlich, mit welcher Überzeugung und mit welcher Hartnäckigkeit manche Städtebauer und andere Fachleute für solche oder ähnlich verhängnisvolle Utopien stritten und somit der Partei- und Staatsführung fragwürdige Instrumente für eine Umgestaltung entwickelten, die den Oberen willkommene Alibis boten. Dies alles mit Leichtfertigkeit erklären zu wollen wäre gewiss falsch und ungerecht, denn zur Planungszeit wurden derartig rücksichtslose Konzepte durchaus auch noch von Städtebautheorien aus dem Westen gestützt.

Es gab damals sicher Städtebauer ohne Skrupel, die Mehrheit aber hätte sicher gern verantwortungsvolle Konzepte für die Altstadtsanierung entwickelt. Doch angesichts der damaligen Bedingungen gab es, wie im Einzelnen bereits dargestellt, keine Chancen, und an eine politische Wende, wie sie 1989/90 dann tatsächlich kam, war damals einfach nicht zu denken. Den Städtebauern ging es bei der Aufgabenstellung »Altstadtsanierung« insofern wie den Denkmalpflegern. Sie erhielten wie im Fall Bernau knallharte staatliche Vorgaben und mussten diese bis zum bitteren Ende dann auch umsetzen. Zu beneiden waren die verantwortlichen Leiter jedenfalls nicht.

Mit der Umgestaltung des Altstadtkerns von Bernau dürfte in Deutschland das wohl konsequenteste Vernichtungsbeispiel eines vom Krieg verschont gebliebenen Altstadtdenkmals realisiert worden sein. Dazu schreibt Thomas Topfstedt: »Eine der frühen Beispielplanungen mit geradezu tragischem Resultat wurde für Bernau entwickelt. (...) Was offiziell als stadtdenkmalpflegerische Leistung gefeiert wurde, war in Wirklichkeit ein Triumph bornierter Bautechnologie über alle Bemühungen um eine behutsame Stadterneuerung«.[36] Inwieweit dieses märkische »Altstadtopfer« auch in anderen Gebieten mehr abschreckende Wirkung zeigte als die ständigen Erhaltungsbeschwörungen von Denkmalpflegern, erhaltungsorientierten Städteplanern oder engagierten Bürgern, dürfte kaum mehr nachzuvollziehen sein. Für Brandenburg jedenfalls hatte Bernau »Botschaftscharakter«. Hier konnten Bürgermeister und Kommunalvertreter die fatalen Segnungen der verfehlten Städtebaupolitik hautnah und konkret erleben. Nicht nur, dass den Bernauern selbst mit dem schrittweisen Vollzug der Flächenabrisse und der Errichtung der sogenannten industriellen »Wohnungsbauerzeugnisse« die Tragweite des »Umgestaltungsbeispiels mit Modellcharakter« erst richtig bewusst wurde und sie sich schließlich vehement für den Erhalt weiterer ebenfalls zum Abriss vorgesehener historischer Bauten einsetzten, vielmehr entstand sogar noch während der DDR-Zeit und verstärkt nach der Wende der Wunsch nach architektonischen und städtebaulichen »Verbesserungen«, beispielsweise durch Reduzierung der Geschosse oder durch nachträgliches Aufbringen von Satteldächern und durch Fassadenüberformungen. Sicher hat das Bernauer Umgestaltungsprojekt auch dazu beigetragen, den insbesondere in den 1980er Jahren wachsenden Widerstand der Bevölkerung gegen die verfehlte Baupolitik der DDR zu stärken.

Anmerkungen

1 Nach einer Begriffsbestimmung der Internationalen Statistikkonferenz von 1887 werden Städte mit einer bestimmten Einwohnerzahl als Landstädte (weniger als 5.000), Kleinstädte (5.000–20.000), Mittelstädte (20.000–100.000) und Großstädte (über 100.000) bezeichnet.

2 Einwohnerstatistik von Bernau. Veröffentlichung der Stadt im Internet.

3 Wernicke, August: Bernauer Stadtchronik, Bernau (Mark) 1894, S. 286.

4 Ebenda, S. 4.

5 Ebenda.

6 Ebenda.

7 Ebenda, S. 337-339.

8 Ebenda, S. 141.

9 Brandenburgisches Landesamt für Denkmalpflege, Registratur, IfD-Objektakte Bernau, Wohnbauten 1957.

10 Ebenda.

11 Ebenda.

12 Topfstedt, Thomas: Städtebau und Stadtplanung in Brandenburg seit 1945, in: Baukunst in Brandenburg, Köln 1992, S. 254.

13 Collein, Edmund: Rekonstruktion der Stadtzentren, in: Zur Rekonstruktion der Stadtzentren. 1. Kolloquium für Städtebau der Hochschule für Architektur und Bauwesen, Weimar 1960, S. 7.

14 Topfstedt, Thomas: Städtebau in der DDR 1955–1971, Leipzig 1988, S. 164.

15 Andrä, Klaus: Städtebauliche Entwicklungen 1945 bis 1989 im Osten Deutschlands, in: Alte Städte, neue Chancen, Bonn (= Monumente Kommunikation) 1996, S. 146.

16 Goralczyk, Peter: Städtebaulicher Denkmalschutz in den 40 Jahren der Existenz der DDR, in: Alte Städte, Neue Chancen, Bonn (= Monumente Kommunikation) 1996, S. 314.

17 Siehe Anm. 15, S. 140.

18 Deiters, Ludwig: Erhaltung kulturgeschichtlicher Werte bei der Rekonstruktion märkischer Städte, Diss. TU Dresden, Typoskript, 1965, S. 50 ff.

19 Ebenda, S. 38.

20 Ebenda.

21 Ebenda, S. 39.

22 Ebenda.

23 Ebenda, S. 48.

24 Ebenda, S. 108.

25 Ebenda.

26 Ebenda, S. 118.

27 Ebenda, S. 120.

28 Ebenda, S. 125, 126.

29 Denkmalpflege im Land Brandenburg, Tagung in Rheinsberg vom 23. bis 25. Oktober 1990, hrsg. vom Landschaftsverband Rheinland (Rheinisches Amt für Denkmalpflege, Arbeitsheft 44), Köln 1990, S. 10.

30 Koch, Dietrich/Rätzel, Peter: Rekonstruktion der Altstadt Bernau, in: Deutsche Architektur 18 (1968).

31 Ebenda.

32 Ebenda.

33 Ebenda.

34 Hübler, Manfred/Hübler, Mechthild: Zur Gestaltung des Stadtkerns von Bernau. Planung und Realisierung, in: Architektur der DDR 39 (1985).

35 Siehe Anm. 16, S. 306.

36 Siehe Anm. 12, S. 254.

Der Wiederaufbau des Berliner Gendarmenmarktes von 1961 bis 1984

Peter Goralczyk

Die Geschichte der Platzanlage. Zerstörungen im Zweiten Weltkrieg. Erste Überlegungen zum Wiederaufbau

Der Berliner Gendarmenmarkt war neben dem Ostteil der Straße unter den Linden das wichtigste Denkmalensemble in Ost-Berlin, das nach den gravierenden Beschädigungen im Zweiten Weltkrieg wiederhergestellt werden musste (Abb. 1).

Die besondere Wertschätzung, die der Platzanlage beigemessen wurde, kam auch darin zum Ausdruck, dass sie in der ersten »Verordnung des Ministers für Kultur zur Erhaltung und Pflege der Denkmale in der DDR« vom Jahr 1961 in die Liste der 32 bedeutendsten Bauten und Ensembles aufgenommen wurde, für deren Bewahrung der Minister für Kultur unmittelbar die Verantwortung übernahm[1] und für die sich die gerade neu gebildete zentrale Leitung für die Kulturarbeit zuständig erklärte.

Eine für Berlin einzigartige Komposition von Bauten und Räumen hatte sich mit dem Gendarmenmarkt im 18. und 19. Jahrhundert herausgebildet.

Im Zentrum einer 1692 in einem rasterförmigen Straßensystem angelegten Berliner Stadterweiterung, der Friedrichstadt, abseits der architektonischen Hauptachsen der Innenstadt, der Friedrichstraße, der Straße Unter den Linden und der Leipziger Straße war, veranlasst von Friedrich II., auf drei von der Bebauung ausgesparten Quartieren eine Platzanlage entstanden. Sie bestand aus einer großen rechteckigen freien Fläche, bebaut mit drei einzeln stehenden Gebäuden, einem Schauspielhaus in der Mitte, flankiert von hohen, die Stadtsilhouette beherrschenden Domtürmen, die vor zwei kleinere ältere Kirchen gestellt wurden. Noch 1893 urteilte der Bauhistoriker Richard Borrmann: »Alles in Allem genommen darf die Neugestaltung des Gendarmen-Marktes durch Friedrich II. für die großartigste

Abb. 1 Der Berliner Gendarmenmarkt, um 1935

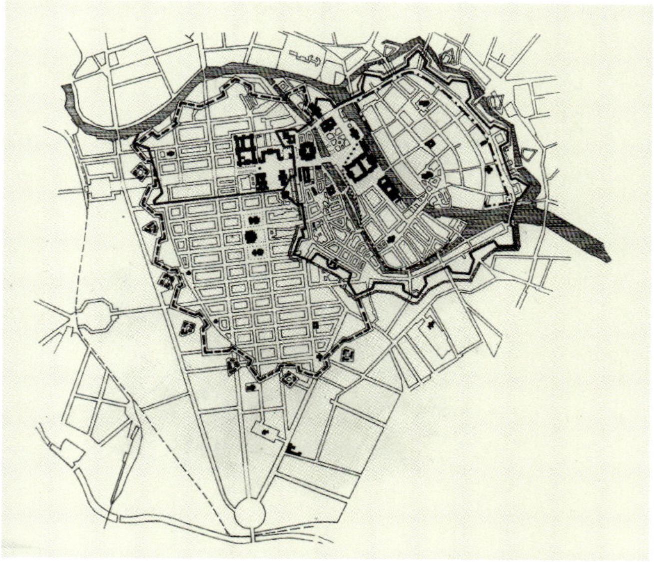

Abb. 2 Der Gendarmenmarkt in der regelmäßigen Blockbebauung der Friedrichstadt um 1800, Zeichnung Peter Goralczyk

Abb. 3 Das Königliche Nationaltheater von Carl Gotthard Langhans auf dem Gendarmenmarkt

bauliche Leistung seit den Tagen Schlüters in Berlin gelten«[2] (Abb. 2).

Das Ensemble scheint für unseren heutigen, historische Bauformen wenig differenzierenden Blick aus einem Guss entstanden zu sein. Tatsächlich hat aber die Realisierung einzelner, gerade aktueller Bauaufgaben über eine Bauzeit von immerhin 350 Jahren zu der auch heute noch einzigartigen Komposition geführt.

Um 1700 entstanden als erstes die zwei Kirchen auf den äußeren der drei freigehaltenen Quartiere: eine Französische Kirche, bestimmt für die im 17. Jahrhundert verstärkt nach Brandenburg und Berlin eingewanderten Hugenotten, eine Deutsche Kirche für die hier ansässige lutherische und die reformierte Bevölkerung. Die Mitte blieb frei für den zur Versorgung der Stadtbewohner notwendigen Marktbetrieb. Die Anlage war bescheiden, was auch in der zeitweisen Umbauung der Französischen Kirche mit den Ställen eines Regiments Gens d'Armes zum Ausdruck kam, auf die die Bezeichnung des Platzes zurückgeht. Der Ort spielte in den städtebaulichen Planungen für Berlin aber immer eine Rolle, in der frühesten Zeit um 1700 z. B. als Punkt in einer gedachten architektonischen Achse, die vom Schlossbau als Zentrum nach Westen bis etwa in die Gegend am Leipziger Platz reichte. Sie ist in einem Plan des Architekten Jean Baptiste Broebes aus dem Jahr 1700 zu erkennen, auf dem die wichtigsten Bauaufgaben der Zeit in einen städtebaulichen Zusammenhang gebracht dargestellt sind. Später lag der Platz in der von Friedrich II. in seiner Frühzeit um 1740 geplanten Nord-Süd-Achse, die von einem Forum mit neuem Residenzschloss, Oper und Bibliothek an der Straße Unter den Linden in die Friedrichstadt hineinführen sollte. Die entscheidende Aufwertung erfolgte jedoch erst am Ende des 18. Jahrhunderts mit dem Bau der Domtürme vor den Kirchenbauten nach den Entwürfen von Carl von Gontard, die vom König veranlasst und finanziert wurden. Gleichzeitig entstand, auch wiederum von Friedrich II., initiiert, auf dem frei gelassenen Quartier in der Mitte nach Entwürfen von Johann Boumann der erste Theaterbau auf dem Platz, ein Französisches Komödienhaus, in dem die für den Hof engagierte Theaterkompanie vor zahlendem Publikum Vorstellungen in der Stadt geben konnte. Später von einem deutschen Theaterprinzipal übernommen etablierte sich in dem Haus das bürgerlich-deutsche Nationaltheater erfolgreich in der Konkurrenz zu den höfischen Theatern.

Um die Hegemonie über dieses damals so bedeutende und populäre Medium Theater wieder zu gewinnen und auf der Grundlage der finanziellen Erfolge des Hauses ließ der preußische König Friedrich Wilhelm III. anstelle des zu eng gewordenen Französischen Komödienhauses in den Jahren 1800–1802 auf dem Platz einen Theaterneubau nach den Entwürfen von Carl Gotthard Langhans als »Königliches Nationaltheater« errichten (Abb. 3). Dieses stattliche Haus brannte jedoch schon 1817 ab. Es folgte schließlich, die Kubatur des Langhansbaus nur wenig überschreitend und unter Verwendung von erhalten gebliebenen Bauteilen desselben, in den Jahren 1818 bis 1821 der Neubau des Theaters nach den Entwürfen von Karl

Abb. 4 Das Königliche Hoftheater von Karl Friedrich Schinkel

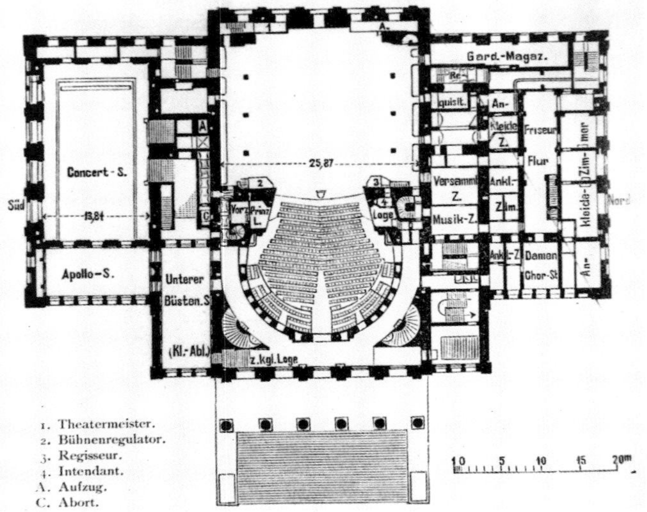

Abb. 5 Das Schauspielhaus mit dem Festlokal und dem kleinen Konzertsaal im Südflügel

Friedrich Schinkel, nun schon wieder als »Königliches Hoftheater« (Abb. 4 und 5) mit einem sogenannten Festlokal, d. h. neben dem eigentlichen Theater einem Raumbereich speziell für Konzert- und Ballveranstaltungen des Hofes (Abb. 6). Schinkels Theaterbau brachte mit der großen Freitreppe, der ionischen Säulenhalle und dem giebelbekrönten erhöhten Mittelteil die für das Ensemble so entscheidende Steigerung der Baukörper zur Mitte hin und damit das spannungsvolle aufeinander

Abb. 6 Der kleine Konzertsaal im Schauspielhaus von Karl Friedrich Schinkel

Bezogensein der den Platz beherrschenden Großbauten (vgl. Abb. 1).

Die Gestaltung des Platzes ging also nicht auf eine Gesamtplanung zurück. Die Herausbildung der Platzgestalt war ein Prozess, bei dem eine Idee zur anderen gefügt wurde, alte Vorstellungen wirksam blieben und mit neuen Gedanken verknüpft wurden.[3]

In der Bebauung, aber auch den Diskussionen um die auszuführenden Entwürfe, den zahlreichen alternativen Ideen spiegeln sich Politik, Kunst und Kultur des gesamten 18. und beginnenden 19. Jahrhunderts in Berlin wider.

Das gilt mit Einschränkungen auch für die bauliche Entwicklung in der folgenden Zeit. Spätestens seit dem Neubau von Schinkel wurde die Besonderheit der Platzgestalt, ihr außerordentlicher Wert im Stadtgebiet, allgemein erkannt. Sie wurde von nun an geschützt und bewahrt bei den rasanten Veränderungen der Stadt im 19. und 20. Jahrhundert. Dennoch haben die Zeit nach Schinkel, der Gestaltungswille der nachfolgenden Generationen, ebenfalls ihre Spuren an den Bauten und der Raumbildung hinterlassen.

Die Umbauung des Platzes an den Rändern veränderte sich in drei großen Neubauschüben. Trotz Mahnungen und Restriktionen wuchsen in der Umgrenzung die Häuser in die Höhe und wurden zu immer größeren kompakteren Einheiten zusammengefasst. Die Kirchen wurden weitgehend neu gebaut. Das Schauspielhaus veränderte sich vollständig im Inneren. Um zusätzlichen Raum für die Bühne zu gewinnen, entstand an seiner Rückseite 1935 ein Neubau als Brücke über die Charlottenstraße. Die Zeit konnte auch hier nicht eingefroren werden. Viele dieser Umbauten waren charakteristisch für die jüngere Zeit und wären z. T. auch wert gewesen, weiterhin bewahrt zu werden.

Sämtliche Bauten am Platz wurden jedoch im Zweiten Weltkrieg schwer beschädigt (Abb. 7). Das Schauspielhaus brannte aus, der Südflügel mit dem Festlokal wurde bereits 1943 durch eine Sprengbombe bis auf die Umfassungsmauern zerstört (Abb. 8). Sämtliche Maueroberflächen waren durch Beschuss

Abb. 7 Der brennende Domturm der Französischen Kirche nach einem Bombenangriff am 7. Februar 1944

Abb. 8 Das Schauspielhaus 1946 mit dem 1943 zerstörten Südflügel

und Splitterwirkung stark in Mitleidenschaft gezogen. Im Portikus zum freien Platz hin war eine Säule bei den Endkämpfen um Berlin 1945 weggeschossen worden. Eine sofort eingebaute hölzerne Stütze und später ein eingefügter Mauerpfeiler verhinderten einen Einsturz dieses imposanten Baugliedes.

Abb. 9 Deutsche Kirche und Domturm mit den Kriegsschäden

Die Kirchenbauten waren Ruinen, ebenso der Domturm der Deutschen Kirche auf der Südseite des Platzes (Abb. 9). In dem stark beschädigten Domturm der Französischen Kirche (Abb. 10), auch hier war wie am Turm der Deutschen Kirche die Kuppel und damit der traditionell als »Dom« bezeichnete Bauteil zerstört, blieben einige Räume im Erdgeschoss erhalten, in denen sich nach nötigsten Instandsetzungen die französische Kirchengemeinde der Friedrichstadt provisorisch einrichtete. Die Ruinen der Deutschen Kirche und des Domturms blieben ungenutzt.

Abb. 10 Französische Kirche und Domturm mit den Kriegsschäden

Der Platz in den städtebaulichen Planungen der Nachkriegszeit

Nur noch vereinzelt standen Häuser in der Umgrenzung des Platzes. Die gesamte Friedrich- und Dorotheenstadt war ein großes Trümmerfeld und nach der Beräumung weitgehend unbebautes Gelände.

Zuerst konzentrierte sich die Wiederherstellung an denkmalwerten Bauten in Ost-Berlin in den 1950er und 1960er Jahren auf den östlichen Bereich der Straße unter den Linden mit dem Opernhaus, dem Zeughaus, der Neuen Wache, dem Prinzessinnenpalais, der Universität und der ehemaligen Königlichen Bibliothek, der sogenannten Kommode. Hier war die Beibehaltung der städtebaulichen Situation unumstritten. Während Unter den Linden ein historischer Bau nach dem anderen, wenn auch in Etappen und über einen langen Zeitraum, restauriert wurde, geschah am Gendarmenmarkt bis auf allernötigste Sicherungen nichts. Die in den 1920er Jahren zur Erweiterung der Bühne gebaute und nun ruinöse Brücke über die Charlottenstraße wurde abgetragen. Wie jedoch mit diesem Platz, seinen Bauten und vor allem auch der Umgrenzung der Platzanlage umgegangen werden sollte, war nicht klar. Und das nicht nur unter den Architekten auf Seiten der DDR, sondern, wie die Ideenentwürfe dazu in den frühen Berliner Zentrumswettbewerben zeigen, auch in der Bundesrepublik und international.[4]

Die Diskussion darüber begann gleich nach Kriegsende. Aus dem Stadtbauamt von Ost-Berlin ist ein erster Entwurf zum Wiederaufbau des Platzes von dem Architekten Richard Ermisch aus dem Jahr 1946 überliefert, dem offenbar als Reaktion darauf eine Entwurfszeichnung von dem Architekten Paul Emmerich aus den Jahren um 1947–49 folgte[5] (Abb. 11).

Beide Planungen sind sehr rigoros. Die gesamte Umbauung, formal erinnernd an den Klassizismus der Bauten des Dritten Reiches, ist einheitlich neu gestaltet ohne Rücksicht auf noch bestehende Gebäude. Die Einordnung in das noch vorhandene rasterförmige Straßensystem der Friedrichstadt ist zum Teil aufgegeben. Von den drei Hauptbauten auf dem Platz werden die kleinen Kirchen hinter den Domtürmen als zur Disposition stehend betrachtet und völlig neu gestaltet. Ein Anliegen beider Planungen ist der Versuch, den Platz zur Friedrichstraße hin zu öffnen, ihn aus der Abschottung durch die regelmäßige Quartierbebauung der Friedrichstadt zu befreien.

Eine Diskussion hat der Vorschlag von Emmerich, obwohl er veröffentlicht wurde, nicht ausgelöst.[6] Ein Impuls, mit Wiederaufbauarbeiten zu beginnen, ging von den Entwürfen nicht aus.

Erneut trat der Wiederaufbau in den Fokus der Öffentlichkeit im Jahr 1957 mit einem Vorschlag des Weimarer Architekten Günther Zimmermann, den er im Rahmen einer Dissertation zur Gestaltung damals offenbar aktueller »monumentaler« Platzanlagen machte, und den er auch in der Zeitschrift des Bundes der Architekten der DDR »Deutsche Architektur« veröffentlichte.[7] In seinem Bebauungsvorschlag ist die Einbindung in das vorhandene Straßensystem der Friedrichstadt nicht

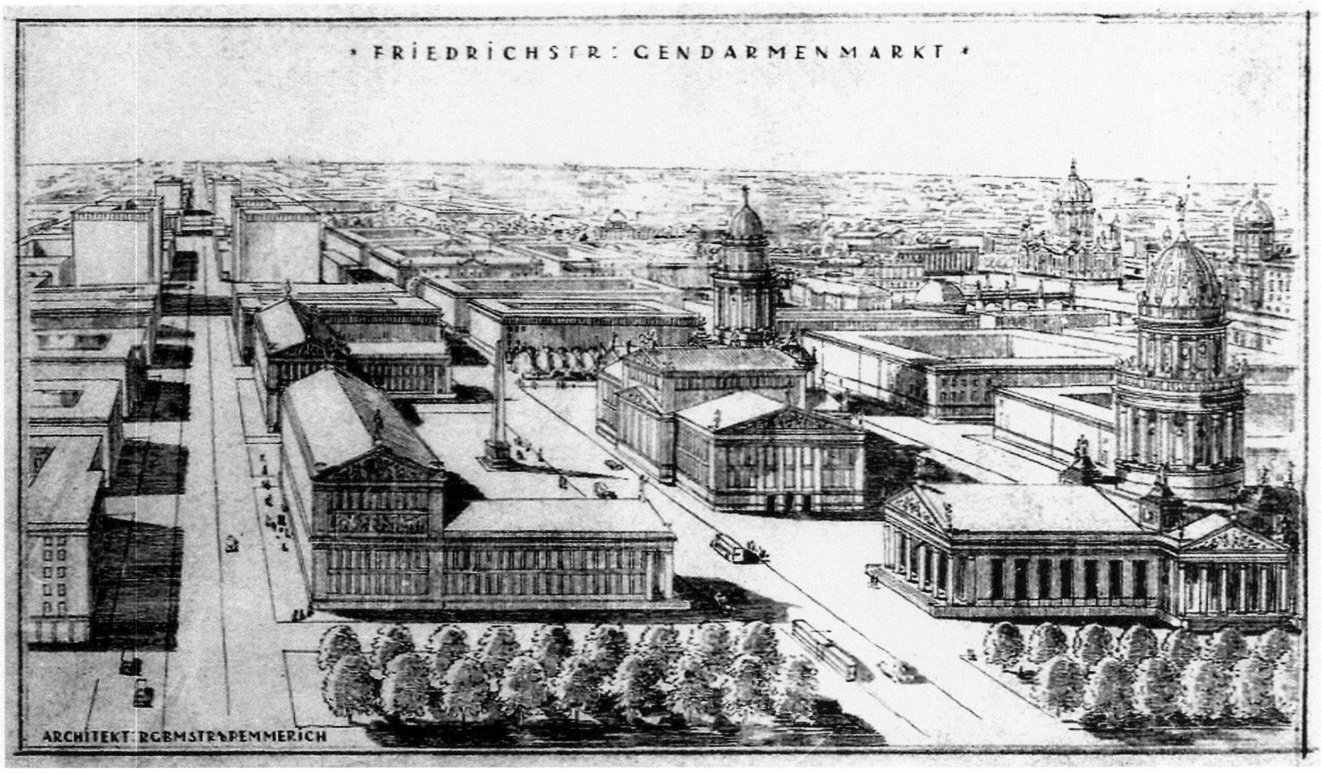

Abb. 11 Der Wiederaufbauentwurf für den Gendarmenmarkt von Paul Emmerich, 1947

mehr in Frage gestellt. Die den Platz durchquerenden Straßen sind aufgegeben, die drei Quartiere zu einer geschlossenen Fläche zusammengefasst, die Gebäudefront an der Rückseite in der Charlottenstraße ist durch eine Überbauung der Straßen geschlossen. Das Ensemble sollte ganz wie bisher von der freien Fläche vor dem Schauspielhaus aus wahrgenommen werden. Widerspruch erregte an seinem Beitrag vor allem der Vorschlag, beim Wiederaufbau auf die sehr stark zerstörten kleinen Kirchenbauten zu verzichten, d.h. nur die Domtürme wieder instand zu setzen und sie anstelle der Kirchen durch einen Portikus auf der Rückseite zu vervollständigen.

Die dominante Symmetrie, die ohnehin die Raumbildung beherrscht, noch mehr zu betonen, zieht sich durch die gesamte Ideengeschichte zur Gestaltung der Platzanlage. Der junge Friedrich Gilly hatte sie in seinen revolutionszeitbedingten Entwürfen zum Neubau des Theaters skizziert. Schinkel nahm diese Tendenz auf, als er nach seinem Theaterbau Vorschläge zum Bau zwei neuer gleicher Kirchen anstelle der bescheidenen vorhandenen an der Rückseite der Domtürme machte. Auch in Gestaltungsvorschlägen für den Platzraum in den 20er Jahren des 20. Jahrhunderts war diese Zielrichtung aktuell – bei Vorschlägen zu einem eventuellen Neubau oder einer Beseitigung der kleinen Kirchen.

In der anschließenden Diskussion zu den Vorschlägen Zimmermanns in der Zeitschrift »Deutsche Architektur« lehnten der Denkmalpfleger in Ost-Berlin Fritz Rotstein und die Mitarbeiter des Instituts für Denkmalpflege der DDR Jochen Hass, M. Boecking und Hans Müther jedoch dieses Ansinnen ab. Die Kirchen waren ein unverzichtbarer gestalterischer Teil der Platzanlage und mussten erhalten bzw. wiederaufgebaut werden.[8] Neu zu bauen, überkommene Strukturen in Frage zu stellen, den Wiederaufbau zu nutzen, um vermeintliche »Fehler« der Vergangenheit zu korrigieren und dieses Ziel auch über die Denkmalpflege zu stellen, war in den 50er Jahren des 20. Jahrhunderts jedoch sehr verbreitet.

In einer Antwort auf die offenbare Frage eines Bürgers nach dem längst überfälligen Wiederaufbau der Platzanlage antwortet Hermann Henselmann 1958 »dass der Chefarchitekt die Erhaltung dieser bedeutenden Baudenkmale selbstverständlich in seinem Aufbauplan vorgesehen hat«.[9] Auch er spricht sich gegen einen Abriss der Kirchen aus, schreibt dann aber weiter, dass er das Rastersystem der Straßen mit der strengen Blockrandbebauung langweilig, stupide und für unbedingt überwindenswert halte. Daher könne er sich vorstellen die Regelmäßigkeit der Umbauung aufzubrechen und z.B. an der Rückseite des Schauspielhauses eine neue Achse nach Westen in Richtung Tiergarten in die Stadt hineinzulegen.

Auch das war kein neuer Vorschlag. Die Wiederaufnahme der Idee zeigt aber den Geist der Zeit, den starken Wunsch nach Veränderung, nach einem tabulosen kreativen Umgang mit dem Überkommenen auch dort, wo es, wie wir heute meinen, vor allem um Wiederherstellung ging. Auch die Umbenennung in Platz der Akademie im Jahr 1950 aus Anlass des 250. Jahrestages der Akademie der Wissenschaften, die in der Jägerstraße und der Markgrafenstraße im Haus der ehemaligen Seehandlung neu angesiedelt war, sollte die Überwindung der militaristischen Tradition an diesem Ort signalisieren.

Erste Entwürfe für das Schauspielhaus. Die Umwidmung zum Konzerthaus und erste Sicherungen

Ein unbedingtes Erfordernis für die Wiederherstellung der Gebäude gab es zur damaligen Zeit noch nicht. Die Domtürme waren reine zweckfreie Architektur, die Kirchen angesichts der menschenentleeren Innenstadt nur wenig interessant für die Gemeinden. Ein weiteres Theater wurde in Ost-Berlin nicht gebraucht. Alle Berliner Bühnen agierten in traditionsreichen Häusern. Dennoch musste hier etwas geschehen. Es musste ein Zeichen für den Wiederaufbau historisch unverzichtbarer Denkmale gesetzt werden, nachdem 1950/51 die Ruine des Schlosses abgerissen war.

1961 legte der Architekt Hanns Hopp zusammen mit seinen Kollegen Heinz Swora und Manfred Prasser einen Entwurf zum Wiederaufbau des Schauspielhauses als Sprechtheater vor.[10] Das Berliner Ensemble sollte vom Haus am Schiffbauerdamm in das neue, moderner angelegte Theater umziehen. Im Gespräch war auch die Verlegung des Maxim-Gorki-Theaters vom ehemaligen Haus der Singakademie hinter der Neuen Wache Unter den Linden an den Gendarmenmarkt. Ein neues Theater sollte hier entstehen, ohne Bezug etwa auf den Theatersaal von Schinkel, der allerdings ohnehin schon lange nicht mehr vorhanden war.

Neuerungen in der Bühnentechnik, vor allem aber striktere Brandschutzanforderungen sowie auch gewandelte Vorstellungen von staatlicher Repräsentation am Theater hatten schon sehr bald zu einer Aufgabe des Schinkelschen Zuschauerraumes und dem Einbau von nacheinander drei neuen Rangtheatersälen in dem Haus geführt. Der zuletzt noch 1936 modernisierte und dem Schinkelschen Theater wieder etwas angenäherte Saal war 1945 ausgebrannt, die Stahlkonstruktionen der Ränge waren durch die Hitze so stark verformt, dass sie nicht wieder zu verwenden waren. Das ursprüngliche »Festlokal« im Südflügel war als kleiner Konzertsaal in der Architektur und mit den Dekorationen der Schinkelzeit noch länger erhalten geblieben. Ausgerechnet diese imposante und lange erhaltene historische Raumbildung wurde aber 1943 bei einem Bombentreffer in den Seitenflügel des Hauses vollständig zerstört (vgl. Abb. 8).

Auf einer Beratung im Jahr 1965 mit der Abteilung Ökonomie des Ministeriums für Kultur, dem Magistrat und dem Architekten Hanns Hopp wurde der Wiederaufbau des Schauspielhauses als Theater verworfen. Notwendig für die Stadt war der Bau eines Konzerthauses, und da der dafür wünschenswerte Neubau nicht finanzierbar war, sollte vorerst das Hauses am Gendarmenmarkt als Konzerthaus ausgebaut werden.

Der Entwurf für das Theater wurde von Hanns Hopp daraufhin überarbeitet mit dem Ziel, in dem Haus einen Konzertsaal einzubauen. Er erreichte im Entwurf für den wiederum in modernen Formen gestalteten Saal eine Kapazität von immerhin 1450 Besucherplätzen. Schon für erste Sicherungsarbeiten forderte Hanns Hopp den Abbruch der noch im Inneren vorhandenen Wände und Decken. Sicherungsarbeiten waren nach seiner Auffassung nur möglich und sinnvoll im Zusammenhang mit einem endgültigen Ausbau. Der Denkmalpfleger Ludwig Deiters im Institut für Denkmalpflege vertrat dagegen die Meinung, dass Sicherungsarbeiten auch ausgeführt werden könnten, ohne dass der Bau vollständig entkernt wäre. Für die formale Gestaltung im Inneren sollten die Optionen offengehalten werden.

Von den Kulturmanagern, die für den möglichst wirtschaftlichen Betrieb eines solchen Hauses zuständig waren, wurde die Forderung gestellt, die Zahl der Besucherplätze zu erhöhen und neben dem großen Konzertsaal auch einen Kammermusiksaal in dem Haus vorzusehen, und zwar in dem vorhandenen, wenn auch zwangsläufig beschränkten Raumvolumen. Die Architekten hielten das offenbar für unmöglich. Der Abteilungsleiter für Ökonomie im Ministerium für Kultur, Herbert Micklich, schlug daraufhin vor, mit dem Ausbau als Konzerthaus als Spielstätte für das Berliner Sinfonieorchester mit 1.450 Besucherplätzen zu beginnen und außerdem »in der Generalperspektive«, wie er sich ausdrückte, den Neubau eines Konzerthauses mit ca. 2.000 Plätzen und Kammermusiksälen vorzusehen.

Auf eine Perspektive für den Bau wollte man sich offenbar unbedingt einigen, um zunächst mit Sicherungsarbeiten beginnen zu können. Das war auch das Ziel der Denkmalpfleger. Restaurierungsarbeiten waren an dem bereits über 20 Jahre von 1944–1965 ruinös stehenden Bau längst überfällig. Ein Wiederaufbau des Schauspielhauses als Auftakt für die Wiederherstellung der Platzanlage war unbedingt notwendig nach dem 1962 von vielen Protesten begleiteten Abriss der Ruine der Bauakademie, einem besonders bemerkenswerten Bau von Karl Friedrich Schinkel. Ebenso unbestritten war die Notwendigkeit der Schaffung eines Konzerthauses für die Stadt. Beides miteinander zu verbinden war für alle Beteiligten eine annehmbare Lösung.

Erste Sicherungen und Wiederherstellungen am Außenbau: die Skulpturen

In diesem Sinne wurde 1966 eine Planung, eine sogenannte Technisch-ökonomische-Zielstellung (TöZ) für die Sicherung des Hauses durch den Architekten Heinz Dübel beim Volkseigenen Betrieb Ingenieur-Hochbau Berlin bis zum Jahr 1970 erarbeitet.[11] Die wichtigste Aufgabe war die Stabilisierung des Außenbaus und die Wiederherstellung der Fassaden in der Form vor der Zerstörung. Da sich der Portikus wegen der fehlenden Säule auf der Nordseite gesenkt hatte, musste die Nordecke des Portikus abgetragen und ins Lot gebracht wieder aufgebaut werden. Das große Einschussloch im oberen Giebeldreieck auf der Ostseite über dem Portikus musste geschlossen werden.

Die Giebelakroterien Apollo musagetes und das geflügelte Pferd Pegasus

Eingebunden in die Sicherungsarbeiten war die Wiederherstellung des bildkünstlerischen Schmucks am Außenbau. Es war hier in der Zeit Karl Friedrich Schinkels ein umfangreiches, in vielfältiger Form auf die Funktionen des Hauses – Schauspiel, Musik, Tanz – bezogenes bildkünstlerisches Programm in einzigartiger Dichte und Qualität verwirklicht worden mit Skulpturen und Reliefs am Außenbau, im Inneren ergänzt durch Malerei und Kunsthandwerk in den Formen des für Berlin charakteristischen strengen Klassizismus.

Das Skulpturenprogramm am Schauspielhaus war nach den Zerstörungen und Beschädigungen im Krieg noch fragmentarisch erhalten mit einigen trotz der Beschädigungen noch immer beeindruckenden Bildwerken.

Es fehlten inzwischen die zwei großen, in Kupfertreibarbeit ausgeführten Skulpturengruppen auf den obersten Giebelspitzen des Hauses, der Pegasus auf der Westseite zur Charlottenstraße und das Apollogespann auf der Ostseite zum freien Platz hin, die noch auf Fotos vom Zustand des Hauses im Jahr 1945 zu sehen waren (vgl. Abb. 8). Sie wurden erst in der Nachkriegszeit ein Raub von Bundmetalldieben. Verschwunden waren auch die großen kannelierten Schalen auf den Giebelecken.

Von den neun Musen, die als Akrotere auf den unteren Giebeln den Pegasus und das Apollogespann auf der oberen Giebelspitze begleiten, fehlten drei. Die Giebelreliefs waren durch den Beschuss des Hauses in den Kämpfen um Berlin und durch die lange Zeit der Preisgabe an die W tterung beschä-

Abb. 12 Der beschädigte Pegasus auf der Westseite des Schauspielhauses

Abb. 13 Entwurf für den Pegasus von Werner Stötzer, 1967

digt. Wie nun dieser bildkünstlerische Schmuck wiederhergestellt werden sollte, in welcher Form, bis zu welchem Grad, war umstritten. Der hier am Schauspielhaus gewählte Weg hatte zwangsläufig auch Bedeutung für die Wiederherstellung des Skulpturenschmuckes an den Domtürmen, der in einem vergleichbaren Umfang erhalten war und ebensolche Beschädigungen und Verluste aufwies.

Gescheiterte Versuche, zu Neuschöpfungen zu gelangen

Angeregt durch die damaligen Mitarbeiter im Institut für Denkmalpflege Dr. Werner Schade und dem Autor sollte der Versuch unternommen werden, die vollkommen verschwundenen Skulpturen bzw. Skulpturengruppen durch Neuschöpfungen modern arbeitender Bildhauer zu ersetzen im Sinne der alten Thematik, in der Form jedoch weitgehend frei gestaltet in einem zeitgenössischen Duktus. Das Skulpturenprogramm sollte thematisch, musste aber nicht unbedingt auch in der Form am Bau als Einheit wiedergewonnen werden. Eine Orientierung dafür bot die Idee des Direktors des Schlosses Charlottenburg, Martin Sperlich, neu von verschiedenen Bildhauern der 1950er Jahre geschaffene Skulpturen auf die Risalite des von ihm verwalteten Schlosses zu stellen.

Die Wiederherstellung des antikisierten Skulpturenprogramms auf diese Art sollte so eine annehmbare Aufgabe für die kreativ arbeitenden Bildhauer der Gegenwart werden. Sie sollten nicht etwas Außerordentliches, Ausgegrenztes, Retrospektives sein – Original und Neuschöpfung sollten unterscheidbar sein, sich in der Thematik aber wieder treffen. Davon versprachen wir uns mehr Akzeptanz für die Erhaltung historischer Bauten.

Ein erster Auftrag für das geflügelte Pferd, den Pegasus auf der Giebelspitze auf der Westseite des Mittelbaus, wurde an den Bildhauer Werner Stötzer erteilt. Der Pegasus auf dem Schauspielhaus von Schinkel, nach einem Entwurf von Friedrich Tieck in Kupfer getrieben, war nur noch auf einigen Fotos überliefert (Abb. 12). Das Modell von Stötzer in einem kleinen Maßstab fand noch Anklang, die Übertragung in den nächstgrößeren Maßstab gelang schon nicht mehr (Abb. 13). Werner Stötzer hatte das kleinere Modell nicht wie noch bei den handwerklich geschulten älteren Bildhauern üblich mit einem mechanischen Vergrößerungsgerät, einem sogenannten Storchschnabel, in den größeren Maßstab übertragen, sondern einen vollkommen neuen größeren Pegasus modelliert, der nichts mehr von der Detailtreue und Eleganz des Tieckschen Pferdes aufwies, sich aber auch von dem ersten, kleineren, in neuen Formen gestalteten Entwurf beträchtlich unterschied. Bei aller bekundeten Bereitschaft, sich auf eine neue Form für die Idee des göttlichen Pferdes einzulassen, hielt es den Vergleich mit der im Foto überlieferten Skulptur von Friedrich Tieck nicht stand, es wurde abgelehnt.

Gegen diesen Weg der Wiederherstellung der verlorengegangenen Skulpturen wandte sich der Architekt Heinz Dübel, mit ihm auch die Kunsthistorikerinnen Dr. Sibylle Badstübner-Gröger von der Akademie der Wissenschaften und Dr. Annegret Janda von der Skulpturensammlung der Staatlichen Museen Ost-Berlin. Das Konzept war auch nicht zu Ende gedacht. Wie sollte bei dieser Zielstellung mit den noch vorhandenen, aber stark beschädigten Bildwerken verfahren werden, z. B. mit den Giebelreliefs? Eine Beschränkung lediglich auf die Erhaltung der noch vorhandenen Skulpturen und die bloße Konservierung der beschädigten und stark reduzierten Bildwerke, d. h. die Akzeptanz des Fragmentarischen, schieden aus. Sie wäre zur damaligen wenig denkmalfreundlichen Zeit sicher als Missachtung der historischen Überlieferung in der Öffentlichkeit gedeutet worden.

Es drohten massive Proteste. Uns Denkmalpflegern wurde klar, dass dieser Weg zu dieser Zeit und an dieser prominenten Stelle nicht gangbar war. Er wurde aufgegeben. Mit einem besseren, eventuell heute noch akzeptierten Resultat sind in der zwei-

Abb. 14 Der neu angefertigte und 1973 wiederaufgestellte Pegasus auf der Westspitze des Schauspielhauses

Abb. 15 Das Apollogespann auf dem Schauspielhaus von Karl Friedrich Schinkel. Vergrößerung aus einem Foto im Messbildarchiv als Vorlage für die Wiederherstellung der Skulpturengruppe

ten Hälfte der 1970er Jahre nach dieser Methode die Giebel am Schloss in Friedrichsfelde von den Bildhauern Baldur Schönfelder und Werner Richter nach antiken Themen neu gestaltet worden. Für die Bildwerke am Schauspielhaus trugen wir von nun an das verfügbare Fotomaterial zusammen, ließen Vergrößerungen anfertigen und stellten sie den Bildhauern für möglichst genaue Repliken zur Verfügung. Wir besuchten die Bildhauer in den Ateliers bei der Arbeit, versuchten sie beim Erfassen der alten Formen zu unterstützen, Gorch Wenske und Achim Kühn bei der Arbeit am Pegasus, dem göttlichen geflügelten Pferd, das mit seinem rechten Huf eine Quelle aus dem Musenberg Helikon schlägt (Abb. 14), die Bildhauer Rommel und Hennig am Apollogespann, dem griechischen Gott Apollo, der als Führer der Musen mit großer Geste die Kithara schlägt, in einer Biga dargestellt, einem römischen Streitwagen, der von zwei zum Sprung ansetzenden Greifen gezogen wird (Abb. 15 und vgl. Abb. 17). Wir kritisierten die Entwürfe, gaben Hinweise auf vergleichbare noch im Original erhaltene Arbeiten, damit die Bildhauer den Duktus klassizistischer Skulpturen treffen konnten. Das Ziel war jetzt die größtmögliche Annäherung an das Original.

Abb. 16 Die von den Bildhauern Gorch Wenske und Achim Kühn rekonstruierte Skulptur der Tugend vor der Wiederaufstellung auf der Spitze des Domturms der Deutschen Kirche

Für die Bildhauer waren das interessante Auftragsarbeiten. Sicher waren sie nicht sehr schöpferisch im Sinne damals aktueller Tendenzen in der Bildhauerei. Die Meister waren aber mit großer Ernsthaftigkeit bei der Sache und empfanden das Anliegen in dieser Form an diesem Ort als legitim. Sowohl der überlebensgroße Pegasus wie das Apollogespann wurden in Gips neu modelliert und für die Wiederaufstellung auf dem Schauspielhaus in der Werkstatt des Kunstschmiedes Fritz Kühn von seinem Sohn Achim Kühn in Kupferblech getrieben, wie das auch bei den alten verlorengegangenen Skulpturen der Fall war. Beide Skulpturengruppen waren schon ursprünglich stark auf Fernsicht angelegt, was die Methode der Rekonstruktion zusätzlich legitimierte. Der Weg ist dann auch, nachdem er sich am Schauspielhaus als sinnvoll und praktikabel erwiesen hatte, fortgesetzt worden bei der Wiederherstellung der großen, auch vollständig verlorengegangenen Skulpturen auf den Domtürmen, einer Allegorie der triumphierenden Religion auf dem Domturm vor der Französischen Kirche und einer Allegorie der Tugend auf dem Domturm vor der Deutschen Kirche. Hier wurden die in Kupfer getriebenen überlebensgroßen Figuren auch noch wie ursprünglich vergoldet (Abb. 16).

Am Schauspielhaus auf der östlichen Giebelspitze war der antike Gott Apollo im römischen Streitwagen, einer Biga, gezogen von Greifen im Bildprogramm als Führer der Musen dargestellt. Schinkel hatte ihn in einer älteren Entwurfsserie noch in einem von Pferden gezogenen Wagen als Helios, d.h. den Sonnengott konzipiert, was aber in der Kombination mit den Musen nicht passte. Von den Sandsteinfiguren der neun Musen, die als Akroterien die Giebel auf der Nord-, Süd- und Ostseite des Hauses unterhalb von Apollo und Pegasus schmücken, waren sechs noch vorhanden. Sie konnten um fehlende Teile ergänzt wieder aufgestellt werden. Drei lebensgroße Musen mussten nach nur spärlich vorhandenen Abbildungen neu hergestellt werden.

Die Giebelreliefs – Erneuerung oder Reparatur?

Wie sollte jedoch mit den großen Giebelreliefs verfahren werden? Nur der Giebel über dem Säulenportikus war in Sandstein ausgeführt (Abb. 17). Die hier aus der antiken Sagenwelt dargestellte Geschichte der allzu stolzen Mutter Niobe, deren Kinder von Apollo getötet werden, und die wohl das tragische Element in Schauspiel und Musik verkörpern sollte, konnte auf die bewährte Art mit Ausbesserungen am Ort repariert werden. In einzelnen Figuren hatte der Bildhauer Tieck bei seiner Interpretation des Themas direkt auf antike Darstellungen zurückgegriffen und so ein besonders eindrucksvolles Beispiel der Antikenrezeption im Berliner Klassizismus geschaffen.

Die Skulpturen in den drei weiteren Giebelreliefs waren jedoch in Stuck-Antragearbeit nach einem Entwurf von Friedrich Tieck von dem Bildhauer Johann Balthasar Jacob Ratgeber ausgeführt worden. Hier waren die Schäden gravierender. Vor allem in den seitlichen Giebelspitzen waren die Darstellungen bis zur Unkenntlichkeit zerstört. Die Oberflächen der Skulpturen waren porös geworden, stellenweise in Schalen aufgebrochen. Die Substanz war jedoch mindestens zu 80 Prozent noch vorhanden.

In Preußen wurde gespart, für Sandstein reichten die Mittel nicht, war die verbreitete Auffassung derer, die für eine vollständige Erneuerung in Sandstein plädierten. Andererseits war eine Aussage von Schinkel überliefert, in der er die Ausführung in Stuck-Antragearbeit favorisierte, sie bei sorgfältiger Ausführung sogar für haltbarer hielt als die Herstellung in einem oft gezwungenermaßen verwendeten sehr weichen Sandstein.[12] Der Stuck bot den Bildhauern größere Freiheit im Modellieren. Darüber hinaus konnten sie in zahlreichen Skulpturen ihr Können entfalten.

Die überlieferten Originale waren trotz der Beschädigungen durchaus wert, erhalten zu bleiben.

Aus dem Jahr 1962 gab es ein von Hanns Hopp in Auftrag gegebenes Gutachten zur Wiederherstellung des Skulpturenschmucks am Schauspielhaus von dem Bildhauer Richard Horn aus Halle. Horn hatte vor allem an der Wiederherstellung des Skulpturenschmucks auf dem Zeughaus mitgearbeitet und galt daher als erfahren. Er schlug darin vor, die hochplastischen Relieffiguren in den drei Giebelfeldern nach Fotos in Gips neu zu modellieren, in Sandstein zu übertragen und am Haus anzubringen.[13]

Wir setzten uns für eine Reparatur in Stuckmörtel an Ort und Stelle ein. Das war damals umstritten. Die Natursteinfachleute rieten alle zu einer Übertragung in den haltbareren Sandstein. Es war auch schwierig, Bildhauer zu finden, die bereit waren, auf einer Holzrüstung in so großer Höhe zu arbeiten.

Das Giebelrelief zum freien Platz hin über dem Säulenportikus, in dem Schinkel seine Auffassung von einem mehr dekorativ bestimmten Skulpturenschmuck am Schauspielhaus hatte durchsetzen können – im Gegensatz zu den von den beauftragten Bildhauern dann tatsächlich ausgeführten Darstellungen ganzer Mythen in den Giebeln der Nord- und Südfassaden –, war durch einen Granateinschuss an der Nordseite besonders stark beschädigt. Es sollte in Sandstein erneuert werden. Der bei uns im Institut für Denkmalpflege tätige Architekt und Bildhauer Leo Meine hatte sich für diese Lösung stark gemacht und an ihr auch mitgewirkt. Die hier auch be-

Abb. 17 Die Giebelreliefs auf der Ostseite des Schauspielhauses über dem Portikus mit dem restaurierten Niobidenrelief, darüber das in Sandstein erneuerte Eros-Relief und das ebenfalls nach Foto neu hergestellte Apollogespann

sonders geringe Relieftiefe kam dem Vorhaben entgegen. Die noch vorhandenen Teile wurden abgeformt, beim Bildhauer Hempel in Dresden im Maßstab 1:1 in Gips wiederaufgebaut, in Teile zerlegt, nach Berlin gebracht und hier von den Bildhauern vom Volkseigenen Betrieb Stuck und Naturstein in Sandstein hergestellt und am Gebäude angebracht (vgl. Abb. 17). Dargestellt sind in einer rein additiven Komposition in der Mitte ein Eros mit weit ausgebreiteten Flügeln vor einem antiken altarähnlichen Thron, flankiert von zwei knienden, ebenfalls geflügelten weiblichen Gestalten vor Tischen mit Masken sowie einer Schlange und einem Schwan. Es sind Darstellungen, die alle etwas mit dem Theater zu tun haben, jedoch in keinem unmittelbaren Zusammenhang miteinander stehen. Ähnlich additive, dekorativ angelegte Kompositionen sollten auch die weiteren zwei Giebel in einer ersten Entwurfsserie von Schinkel für das Schauspielhaus aus dem Jahr 1818 bekommen. Sie kamen jedoch nicht zur Ausführung.[14]

Die Giebelreliefs Orpheus und Eurydike und der Zug des Bacchus

Die großen Giebelreliefs über der Nord- und Südseite mit den fast vollplastischen Figuren, einem Zug des Bacchus, dem antiken Gott der Lebensfreude und des Theaters als Verkörperung des Schauspiels (Abb. 18), und einer Darstellung der Geschichte von Orpheus und Eurydike als Ausdruck für die Macht der Musik (Abb. 19) wurden am Gebäude in Stuck-Antragearbeit restauriert. Das Bachanal oder der Triumphzug des Dionysos und der Ariadne gab den Bildhauern der Schinkelzeit Gelegenheit, eine Fülle unterschiedlicher Figuren miteinander zu komponieren, die alle mit dem Theater zu tun hatten. Das Götterpaar in der Mitte steht in einem antiken Streitwagen, frontal dem Beschauer zugewandt (vgl. Abb. 18). Der Wagen wird von vier Kentauren gezogen, die paarweise seitlich auseinander-

Abb. 18 Der Zug des Bacchus im Nordgiebel des Schauspielhauses nach der Wiederherstellung

Abb. 19 Die Geschichte von Orpheus und Eurydike im Südgiebel des Schauspielhauses nach der Wiederherstellung

strebend im Profil dargestellt sind. In der rechten Giebelhälfte sind mit musizierenden Hirten, denen eine Frau und ein Kind lauschen, die irdischen Verehrer des Gottes darstellt. Die linke Giebelhälfte bevölkert das mythische Gefolge des Gottes, ein die Doppelflöte blasender Satyr begleitet von einer Raubkatze, eine tanzende Mänade, ein lyraspielender Eros, geflügelte Knaben, ein liegender Pan vor einem Weinstock.

Die Mittelgruppe geht dabei auf einen antiken Kameo zurück, der Friedrich Tieck faszinierte wegen der außergewöhnlichen Form der Darstellung einer ins Relief gebrachten Figurengruppe, die sich frontal in den Raum hineinbewegt. Eine aus der Antike überlieferte Darstellung ist somit auch hier wieder ohne Veränderungen in das Figurenprogramm übernommen worden[15] (Abb. 20).

Mit dem Relief über dem Südflügel des Hauses, in dem sich einst der kleine Konzert- und Ballsaal, das »Festlokal« des Theaters befand, wird mit immerhin sechzehn Figuren die Geschichte von Orpheus und Eurydike als Metapher für die Macht der Musik abgehandelt. In der Mitte sitzen die Herrscher der Unterwelt, des Tartaros, Hades und Proserpina. Vor ihnen steht Orpheus mit der Lyra im linken Arm, ihm zu Füßen ein Eros, die Liebe des Orpheus zu Eurydike symbolisierend. Hinter Orpheus taucht das Gespann des Helios aus den Fluten auf, den Beginn des Tages anzeigend. Der wagenlenkende Gott wird von einer Muse mit Lyra begleitet. Hinter Hades und Proserpina wird Eurydike vom Götterboten Hermes herangeführt. Die Büßer der Unterwelt unterbrechen ihre Tätigkeiten, hingerissen vom Gesang des Orpheus. Sisyphos verharrt beim Heraufschleppen seines Steines, Ixion hockt neben seinem vierspeichigen Rad, die drei um das Grab des Peirithoos gelagerten Furien lauschen dem Gesang.

Abb. 20 Die Mittelgruppe aus dem Zug des Bacchus vor der Restaurierung

Die auch hier wieder symmetrisch auf das Götterpaar in der Mitte bezogene Komposition ergibt sich wie zufällig aus der thematisch sinnvollen Anordnung der zahlreichen Figuren in dem vorgegebenen architektonischen Rahmen. Eine wie selbstverständlich wirkende Einheit von Skulptur und Architektur wurde erreicht, die mit der Restaurierung wieder zur Wirkung kommen sollte.

Immer war bei der Restaurierung der Ausgangspunkt, den noch vorhandenen Bestand zu erhalten, wenn er auch z.T. noch so fragmentarisch war. Von dem noch Vorhandenen ging nichts oder nur sehr wenig verloren. Die Darstellungen wurden durch die Rekonstruktion verlorengegangener Skulpturen komplettiert, und damit wurde die Bildgeschichte wiedergewonnen. Es konnten zahlreiche Bildhauer bzw. Handwerker an der Restaurierung des Skulpturenschmucks arbeiten, deren Stärke nicht im Erfinden neuer ausdrucksstarker Formen lag, die dagegen aber Erfahrungen im Umgang mit historischen Formen und vor allem in der handwerklichen Arbeit hatten. Die Methode hat sich dann auch für den Umgang mit den Skulpturen am Französischen und Deutschen Domturm bewährt, wo noch mehr in Stuckmörtel-Antragearbeit ausgeführt war.

Obwohl relativ frühzeitig begonnen, zogen sich die Arbeiten an den Skulpturen bis in die 1980er Jahre hinein.

Religion und Tugend – die Bildwerke an den Domtürmen

Am Schauspielhaus konnte so das umfangreiche Skulpturenprogramm für den Außenbau wiedergewonnen werden, was uns damals sehr wichtig war. Eine Ausdehnung dieses Anspruchs auch auf die Skulpturen der 1780 bis 1785 nach Entwürfen Carl von Gontards errichteten und nach 1781 von Christian Friedrich Unger vollendeten Domtürme ergab sich dabei relativ zwingend. Auf eine Anregung aus dem Institut für Denkmalpflege ermittelte die damals an der Akademie der Wissenschaften der DDR tätige Kunsthistorikerin Dr. Sibylle Badstübner-Gröger die Entstehung des Bildprogramms am Französischen Domturm im Kontext mit dem Bildprogramm am Deutschen Domturm. Sie erkannte die große Bedeutung des Skulpturenensembles für die Entwicklung der Ikonografie protestantischer Bildprogramme und unterstützte beträchtlich die Bemühungen um eine Wiederherstellung.[16] Auch hier war der Zustand der Bildwerke unterschiedlich. Die notwendigen Arbeiten reichten von der einfachen Reparatur durch Vierungen an den Sandsteinfiguren und Antragungen an den in Stuck ausgeführten über die Notwendigkeit der Wiederherstellung ganzer Körperteile bis hin zur vollständigen Rekonstruktion und ihre Ausführung in Kupfertreibarbeit z. B. der Figuren auf den Kuppeln. An beiden Bauten sollten die vollständigen Bildprogramme wiedergewonnen werden, auch wenn sie heute nur noch von wenigen Betrachtern verstanden werden. Sie entstanden, zumindest konnte das für den Figurenzyklus am französischen Domturm nachgewiesen werden, im Dialog mit den Gemeinden und sind aufschlussreich für die Geschichte der reformatorischen Ikonografie in Berlin und Brandenburg und darüber hinaus bedeutend für ganz Deutschland.

Am Domturm der Französischen Kirche bilden den Mittelpunkt Szenen aus dem Leben Jesu, in denen Christus als Lehrer und Prediger in Erscheinung tritt (Abb. 21). Sie sind auf den großen Giebeln der Portikusvorbauten als Reliefs in Kalkstuck dargestellt. In den Rundbogennischen darunter stehen ebenfalls in Stuck modelliert die Freifiguren der Propheten, erweitert durch Darstellungen von Samuel und Joseph von Arimathia. Die Relieftafeln darüber enthalten Szenen aus dem Leben Jesu. Die Attika und die Giebelspitzen sind mit neun Tugendallegorien besetzt, Glaube, Liebe, Hoffnung, aber auch Vertrauen zu Gott, Nächstenliebe, Sanftmut, Geduld, Mäßigung und Keuschheit. Hier sind die Skulpturen wie auch die darüber angeordneten vier Evangelisten auf den für Gontard typischen hohen geschweiften Postamenten auf den Ecken des rechteckigen Turmunterbaus als Vollfiguren in Sandstein ausgeführt. Am Tambour hinter der Ringkolonnade sind in den Halbrundnischen im Wechsel mit Fensteröffnungen sechs Apostel dargestellt mit Relieftafeln darüber, die wiederum szenische Tugendallegorien enthalten. Zusammenfassend heißt es dazu bei Sibylle Badstübner-Gröger: »Verknüpft werden also die alttestamentlichen prophetischen Weissagungen auf Christus (Jes. 53,2; Jerem. 31, 31; Ezechiel 34,23; Dan. 6,27; Sam. I, 16/13)

Abb. 21 Der Domturm der Französischen Kirche nach der Restaurierung

mit dem Leben und der Lehre Christi, das die Evangelisten beschrieben haben und die Apostel weitertrugen. Christus selbst lehrt – wie in den Giebeldarstellungen zu sehen ist – die wahre Religion, die wahre Glückseligkeit, die durch tugendhaften Lebenswandel erlangt werden kann. Dieser Gedanke liegt dem Bildprogramm zugrunde.« (Abb. 22)

Am Domturm der Deutschen Kirche steht die Pauluslegende im Zentrum mit drei Reliefszenen an den Giebeln der Portikusvorbauten. Auch hier sind die Szenen aus dem Alten und dem Neuen Testament mit Tugendallegorien in Verbindung gebracht. An beiden Türmen bilden immer im Wechsel Szenen aus der biblischen Geschichte sowie Tugendallegorien das offenbar aufeinander abgestimmte Programm (Abb. 23).

Die Spitze der Kuppel des Französischen Domturms ist mit einer Allegorie der siegenden Religion bekrönt. Sie steht auf einem Würfel und einem Totenkopf und hält ein Evangelium und einen Palmzweig in den Armen. Auf der Spitze der Kuppel

Abb. 22 Christus und die Samariterin am Brunnen im Giebel auf der Südseite des Französischen Domturms vor der Restaurierung 1975

Abb. 23 Deutsche Kirche und Domturm nach der Restaurierung

des Deutschen Domturms steht eine Allegorie der siegenden Tugend auf einer Kugel, die von einer einen Apfel im Maul haltenden Schlange umwunden ist (vgl. Abb. 16).

Analog etwa zu den im 18. Jahrhundert weit verbreiteten Auffassungen von einer inhaltlichen Bestimmung von Architekturformen ließ Friedrich II. offenbar für die Domtürme ein Figurenprogramm entwerfen und ausführen, das den in den Bauformen enthaltenen Ideen entsprach. Biblische Szenen werden ganz im Sinne der Aufklärung, die in der Religion eine Widerspiegelung allgemein menschlicher Sehnsüchte und Moralvorstellungen sah, mit allegorischen Darstellungen der menschlichen Tugenden verknüpft. Das alte protestantische Bildprogramm wird im Sinne der Zeit neu gedeutet. Durch in ihrem Ideengehalt aufeinander bezogene Darstellungen wird darauf hingewiesen, dass die allgemein menschlichen Werte, die in der christlichen Religion enthalten sind, ein übergeordnetes Prinzip bilden, in dem wiederum auch die Werte der Religion verkörpert werden. Auf der Kuppel des Domturms an der Deutschen Kirche steht z. B. die Allegorie der siegenden Tugend, auf der Kuppel des Französischen Domturms die triumphierende Religion. Damit kann, sehr vereinfacht ausgedrückt, gemeint gewesen sein: Ob atheistischer Glaube an die Tugend als an einen Moralbegriff oder religiöser Glaube an einen Gott, beides kann den höchsten Tempel beanspruchen – das eine ist ohnehin durch die Moral im anderen enthalten. An dem einen Domturm symbolisiert evtl. der Unterbau, der Zentralbau über dem griechischen Kreuz, die reformierte Kirche, die den Ursprung, den eigentlichen Sinn der Religion wieder freigelegt hat. Auf ihr steht die vollendete Form des Rundtempels mit der triumphierenden Tugend als Sinnbild für den Sieg der in der Religion enthaltenen Moralvorstellungen. Auf dem anderen Domturm symbolisiert der Unterbau die allgemein-menschlichen Moralvorstellungen, die in der christlichen Religion enthalten sind, und der auf ihm stehende Rundtempel mit der triumphierenden Religion den Sieg des Glaubens, der wiederum die Moralvorstellungen mit einschließt. Beide, Religion und Tugend, können die höchste Form des Tempels beanspruchen. Das eine Prinzip ist in dem anderen enthalten, die gleichen Erscheinungsformen in der Architektur weisen darauf hin. Der übergeordnete Begriff, dem demnach beide Bauten untergeordnet sind, ist der Gedanke der Toleranz, der in den religionsphilosophischen Vorstellungen Friedrichs II. einen Kulminationspunkt bildete. Zwei gleiche Kuppelbauten entsprechen religionspolitischen Vorstellungen der alten und der neuen Zeit, dem Gedanken der Gleichheit der verschiedenen Glaubensbekenntnisse, der im 17. und 18. Jahrhundert die religionspolitische Orientierung der preußischen Könige bildete, und auch den Toleranzvorstellungen Friedrichs II., die wiederum ganz der damals modernen Aufklärungsphilosophie verpflichtet waren.[17]

Diese mit den Domtürmen überlieferten Gedanken sichtbar an den Bauten wahrnehmbar und als Angebot auch nachvollziehbar zu erhalten, war das gemeinsame Ziel der am Wiederaufbau Beteiligten. Die Kosten waren hoch, auch bei den bescheidenen Honoraren und Stundenlöhnen, die im Osten den Bildhauern, Architekten und Steinmetzen dafür gezahlt wurden.

Der Konzertsaal im Schauspielhaus. Erste Entwürfe. Wie viel Freiraum ist angemessen?

Über den Ausbau im Inneren des Schauspielhauses war, als die Restaurierungen an den Außenbauten liefen, noch nicht entschieden.

Der Architekt Heinz Dübel begnügte sich nicht mit der Planung und Leitung der Sicherungs- und Wiederherstellungsarbeiten. Er arbeitete auch an Vorschlägen für den Ausbau im Inneren als Konzerthaus.

Es wuchs der Druck, eine Lösung zu finden, die einen umfangreichen vollen Konzertbetrieb im Schauspielhaus zuließ, nicht einen eingeschränkten als Spielstätte für das Berliner Sinfonieorchester. Der Schlüssel dazu war die Erhöhung der Zahl der Zuschauerplätze und die Anordnung von für den Betrieb eines Konzerthauses notwendigen Nebenräumen einschließlich eines Kammermusiksaals.

Heinz Dübel legte 1967 zwei Varianten für die Nutzung im Inneren des Hauses vor. Ein Entwurf ordnete den Konzertsaal in der Achsrichtung des alten Schinkelschen Theaters, d. h. in Ost-West-Richtung vom Portikus am freien Platz hin zur Charlottenstraße an. In einer zweiten Variante verlief die Funktionsachse von Nord nach Süd von der Seite der Französischen zur Deutschen Kirche. Sie lag damit um 45 Grad gedreht zur ursprünglichen Richtung des Schinkelschen Saals, analog etwa der Abfolge der Räume, wie sie im langgestreckten Nationaltheater von Carl Gotthard Langhans, dem Vorgängerbau des Schinkelschen Schauspielhauses, angelegt war.[18]

In beiden Varianten konnten jetzt 1.700 Plätze im großen Konzertsaal bereitgestellt werden.

Die Achse in Querrichtung, in der Richtung des Langhansbaus bot funktionelle Vorteile und gewann Anhänger. Wir waren strikt dagegen. Aber auch der uns sonst wohlgesonnene Architekt Klaus Wever, damals Direktor eines Instituts für die Technologie kultureller Einrichtungen beim Ministerium für Kultur, zeigte aus technologischen Gründen Sympathien für die Variante in Querrichtung zum Bau und zum Zuschauerraum Schinkels.

Der Drang zu gestalten, die Bereitschaft, vermeintliche Tabus zu brechen, überkommene Strukturen in Frage zu stellen, rigoros moderne, neue, vermeintlich bessere Raumanordnungen durchzusetzen, war durchaus unter den Architekten verbreitet. Für die Musiker und das Management zählten vor allem eine exzellente Akustik und zahlreiche Zuschauerplätze.

Wir hielten eine Achsdrehung beim Ausbau des Schauspielhauses für katastrophal. Das ließ sich zwar nicht mit einem Substanzverlust begründen, es wäre aber ein gravierender Eingriff in den Bau und die Idee der Platzgestaltung gewesen. Wir plädierten für die Beibehaltung der Achse der inneren Gliederung, wie sie in der Baukörperkomposition vorgegeben war, und das aus zwei Gründen: Die Steigerung des Baukörpers zur Mitte hin war mit dieser funktionalen Achse verbunden. Die wichtigsten Räume des Hauses, Zuschauerraum und Bühne, waren in dem höchsten, von Ost nach West gerichteten Tempelbau angeordnet, der den tiefer liegenden Tempel in Nord-Süd-Richtung mit den weiteren Funktionsräumen, auf der Südseite vor allem den Konzert- und Ballsaal in den Umgrenzungen des alten Langhansschen Theaters überragte.

Diese Steigerung der Baumassen zur Mitte mit zwei sich durchdringenden Tempelbauten und die Drehung der Funktionsachse wieder zum freien Platz zwischen den Domtürmen war die entscheidende Neuerung, die entscheidende Idee Schinkels in der Geschichte der Platzanlage. Sie geht wahrscheinlich zurück auf die Auseinandersetzung Schinkels mit den Theaterentwürfen des jungen Friedrich Gilly für den Platz, den dieser in Formen der für Preußen damals sicher spektakulären radikalen Revolutionsarchitektur entwickelte, als um 1800 ein Neubau des Theaters anstelle des hier stehenden französischen Komödienhauses aktuell wurde.[19] Den Auftrag bekam dann Carl Gotthard Langhans. In seinem Bau realisierte er das Formenvokabular der Zeit um 1800 in einer betont preußisch-rational angelegten Funktionsabfolge. Die Nützlichkeit dominierte die Form, was auch in dem beherrschenden Bohlenbinderdach zum Ausdruck kam, das zu der volkstümlichen Bezeichnung »Koffer« für den Bau geführt hatte.

Die Gliederung der Baukörper in den Entwürfen Friedrich Gillys mit der Steigerung zur Mitte, erreicht durch ein spannungsvolles Zueinanderordnen rein geometrischer Formen – des hohen Kubus des Bühnenhauses und des Halbzylinders des amphitheatralisch angeordneten Zuschauerraumes auf der einen und wohl des Konzertsaals auf der gegenüberliegenden Seite –, hatte wahrscheinlich bei Schinkel zu den sich durchdringenden Tempelbauten geführt, denen wiederum ganz bestimmten Raumgruppen zugeordnet waren.

Die Idee, Zuschauerraum und Bühne in der Mitte des Hauses ausgerechnet an der schmalsten Stelle des Baukörpers anzuordnen, hat Schinkel wiederum ausgehend von seinen Bühnenreformvorstellungen entwickelt, in denen die Verkürzung des Bühnenhauses eine Rolle spielte und die Bestrebung, durch die Hufeisenform des Zuschauerraumes den Besucher möglichst nahe an das Geschehen auf der Bühne heranzubringen.[20] Dieses Beziehungsgeflecht zwischen Außenbau und der räumlichen Gliederung im Inneren sollte unbedingt präsent bleiben bei der Anordnung der nun neuen Funktionen im Konzerthaus, auch wenn sie für die neue Organisation von Bühne und Zuschauerraum nicht optimal war.

Argumente der Denkmalpfleger für die Rekonstruktion des kleinen Konzertsaals von Schinkel im neuen Konzerthaus

In einer Stellungnahme im Jahr 1966 hatten wir dafür plädiert, den neuen Konzertsaal im Inneren des Hauses in modernen Formen zu gestalten (Abb. 24). Die Abfolge der immer neuen Zuschauerräume seit Schinkel sollte durch einen Neubau fortgesetzt werden. Die Gelegenheit des Wiederaufbaus des Gebäudes sollte allerdings auch dazu genutzt werden, den kleinen Konzertsaal im Südflügel des Schinkelschen Schauspielhauses in den ursprünglichen historischen Formen zu rekonstruieren. Dieser Raum war als einziger im Haus bis zur Kriegszerstörung 1943 noch aus der Zeit Schinkels erhalten geblieben. Er war Teil eines sogenannten »Festlokals« im ehemaligen, zur Zeit Schinkels noch »königlichen« Schauspielhaus und bildete mit den Vor- und Nebenräumen eine eigene Raumfolge[21] (vgl. Abb. 5).

Das Konzept erschien uns legitim für das Ensemble. In Dresden war in den Jahren 1977-1985 die Semperoper mit einem umfangreichen, in der bisherigen Denkmalpflege ungewöhnlich hohen Maß an Rekonstruktion wiederaufgebaut worden und hatte große Zustimmung in der Öffentlichkeit erlangt. Beim Wiederaufbau des Charlottenburger Schlosses sind neben freieren Wiederherstellungen große Bereiche rekonstruiert worden. Die Ausstattung der Goldenen Galerie war mit

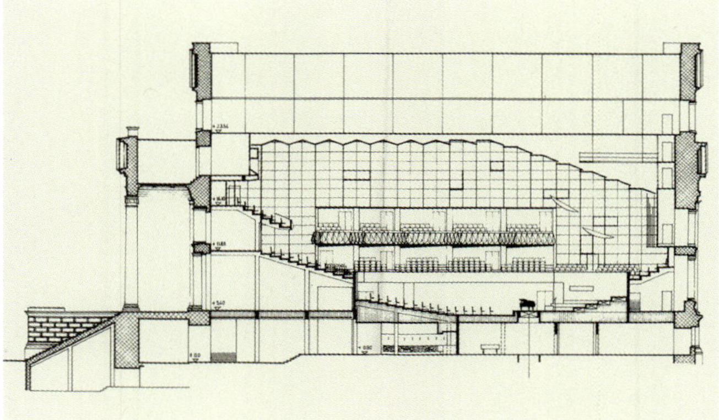

Abb. 24 Der Studienentwurf für den Konzertsaal im Schauspielhaus von Heinz Dübel, 1967

Abb. 25 Der Konzertsaal im Schauspielhaus von Karl Friedrich Schinkel vor der Kriegszerstörung

dem Ziel der größtmöglichen Annäherung an das barocke Original noch in Arbeit.

Für uns war der Konzertsaal im »Festlokal« des Schauspielhauses in vielerlei Hinsicht eine ganz besondere Raumschöpfung, in der sich viele Gedanken der Entstehungszeit im Umgang mit Architektur, Skulptur und Malerei bündelten.

Eine erste Besonderheit war die Geometrie des Raumes (Abb. 25). Schinkel hatte den Konzertsaal in seinem Theater nicht als ein Oval oder einen runden Raum gestaltet, wie es um 1800 in Entwürfen und auch in den wenigen ausgeführten Bauten üblich war; im Langhanstheater am Gendarmenmarkt hatte er eine ovale Form. In den Entwürfen von Friedrich Gilly ist die Tendenz zu erkennen, ihm eine konsequent runde Gestalt zu geben. Im Theaterbau von Schinkel wurde es ein rechteckiger Raum mit einer Empore, einer umlaufenden Galerie, die an den Längsseiten auf Konsolen ruht und an der Ost- und Westseite in Raumerweiterungen, sogenannte Tribünen übergeht, die durch Säulen zum Hauptraum hin abgegrenzt sind.

Die Bestimmung des Neubaus zum Hoftheater, mit dem der Einbau eines Festlokals verbunden war, ließ es für Schinkel ratsam erscheinen, wieder auf die alte rechteckige und

Abb. 26 Die Wandgliederung im Konzertsaal des Schauspielhauses in einer Entwurfszeichnung von Karl Friedrich Schinkel

zweigeschossige Grundform des kleinen Konzertsaals zurückzugreifen, wie er im Apollosaal der Lindenoper vorgegeben war. Im Schauspielhaus war durch die umlaufende Galerie der Raum in zwei nahezu gleich hohe Stockwerke gegliedert. Die zweigeschossige Anlage im Konzertsaal entsprach der zweigeschossigen Gliederung der Fassade am Außenbau. Mit den zusätzlichen Tribünen über den Schmalseiten war er größer und architektonisch anspruchsvoller als der Apollosaal im Opernhaus, vor allem aber auch als der Konzertsaal im alten Nationaltheater von Langhans.

Eine zweite Besonderheit waren der Aufbau und die Gliederung der Wände (Abb. 26). Das Prinzip des Fassadenaufbaus am neuen Bau von Schinkel, das Bauen ausschließlich mit Stützpfeiler und Architravbalken, von ihm der Überlieferung nach abgeleitet von dem inzwischen verschwundenen, jedoch im Stichwerk von Stuart und Revett überlieferten antiken Trassylos-Monument am Burgberg von Athen, taucht neben dem Außenbau auch im Wandaufbau des Konzertsaals auf[22] (Abb. 27). Das Thema wird hier von Schinkel nahezu exemplarisch in vielfältigen Variationen abgehandelt. Schinkel sah darin eine Grundform der griechischen Tektonik, die er in seinem Bau zum Ausgangspunkt für die Neugestaltung machen wollte. Der dabei eingesetzte Wechsel von Wandpfeiler und Skulptur im Obergeschoss des Konzertsaals ging ebenfalls

Abb. 27 Das Trassylos-Monument am Burgberg von Athen in einer Rekonstruktionszeichnung von Mauch/Lohde 1862

Abb. 28 Die sogenannten Incantadas von Saloniki im Sammelwerk von Stuart und Revett

wieder auf ein antikes Monument zurück, die sogenannten »Incantadas von Soloniki«, ebenfalls publiziert von Stuart und Revett in ihrem weit verbreiteten Sammelwerk »The antiquities of Athens«, London 1762–94 (Abb. 28). Von der überlieferten Bezeichnung Incantadas, d.h. die Verzauberten, wurde die Zugehörigkeit des als Fragment erhalten gebliebenen griechischen Monuments zu einem Theater abgeleitet.[23] Von diesen zwei antiken Denkmalen inspiriert taucht im kleinen Konzertsaal die Wandstruktur, gebildet ausschließlich aus Pfeiler und Architrav, wieder auf, ebenso die als Relief angelegten, jedoch nahezu vollplastisch modellierten Skulpturen vor den Pilastern im oberen Wandbereich des Konzertsaals. Dabei wurde jede Skulptur wie am antiken Monument für sich isoliert aufgefasst, d.h. nicht versucht, einen thematischen Zusammenhang unter den Darstellungen herzustellen – eine Auffassung von Skulpturen am Bau, wie sie Schinkel bevorzugte.

Das Skulpturenprogramm in einer ersten, dem König vorgelegten und von diesem bestätigten Entwurfsserie für den Neubau des Schauspielhauses war ebenso additiv angelegt.[24] Es wurde unter dem Einfluss der Bildhauer, die mit den Arbeiten betraut wurden, allen voran Friedrich Tieck, in die heute noch vorhandene, eher dramatische Geschichten erzählende Form gebracht. Diese eröffnete den Bildhauern größere Möglichkeiten, ihr Können in der Figurendarstellung zu entfalten. Eigene neue Schöpfungen wurden dabei mit Zitaten antiker Vorbilder verknüpft.

Der dekorative malerische Schmuck in dem kleinen Konzertsaal war auf die Decke konzentriert. In zwei Wandbildern war überdies die Herkunft der Musik aus der antiken Mythologie oder der göttlichen Idee dargestellt, ein Thema, das die Klassizisten und Romantiker damals sehr beschäftigte. Schinkel machte in seinen Entwürfen für diese Bilder den Versuch, Antike und Mittelalter miteinander zu vereinen. Er scheiterte damit. Die Vorlagen kamen nicht zur Ausführung. Das Thema damit aber in dieser Form zur Diskussion gestellt zu haben, war für die Zeit bemerkenswert.[25]

Der Konzertsaal war einer bereits von Langhans bei seinem Theaterbau am Gendarmenmarkt aufgenommenen Tradition folgend als Erinnerungsraum, als Walhalla für die wichtigsten deutschen Tonkünstler gestaltet. In die Wandfelder im unteren Bereich des Konzertsaals waren auf Konsolen die Büsten berühmter Komponisten aus Vergangenheit und Gegenwart in chronologischer Reihenfolge eingefügt.

All diese Überlieferungen erschienen uns interessant und bedeutungsvoll. Sie sollten nicht durch die Kriegszerstörungen ein für allemal verloren, aus dem öffentlichen Raum getilgt sein. Nur eine Wiederherstellung, die auch die Kopie mit einschloss, konnte wenigstens einen Teil des Gedankenreichtums lebendig erhalten, der sich hier bei näherer Betrachtung erschloss. Die Einmaligkeit der authentischen Überlieferung, ihr ungleich höherer Wert, blieb davon unberührt. Niemand nahm an, dass durch eine Kopie etwa die Qualität eines Originals erreicht werden könne. Die neue Form der Wiederherstellung sollte als eine Etappe wie jede andere in der Geschichte der Platzanlage verstanden werden. Was wurde daraus?

Die Planungen am Gendarmenmarkt wurden immer umfangreicher.

Der »komplexe Wiederaufbau« der Platzanlage

Zum Wiederaufbau des Schauspielhauses kam ab 1977 der Wiederaufbau der Französischen Kirche im Rahmen des Sonderbauprogramms für die evangelische Kirche, finanziert durch die Evangelische Kirche der Union aus Mitteln von Partnergemeinden in der Bundesrepublik, und der Wiederaufbau des französischen Domturms aus staatlichen Mitteln, da der Domturm aus dem Besitz der Krone 1918 in den Besitz des Fiskus übergegangen war. Die Kirchgemeinden waren schon bei der Errichtung nicht an einer Besitzübernahme interessiert, schon wegen der damit verbundenen Baulast. In der Umgrenzung des Platzes sollten Wohnungen, ein Internat des Instituts

Abb. 29 Neubauten am Gendarmenmarkt nach dem Entwurf von Manfred Prasser

für Gesellschaftswissenschaft beim Zentralkomitee der Sozialistischen Einheitspartei Deutschlands entstehen sowie ein Bürogebäude für die Christlich-Demokratische Union der DDR.

Die kleine Lösung, den Konzertsaal nur für das Berliner Sinfonieorchester zu nutzen, wurde aufgegeben. Es sollte am Gendarmenmarkt im Schauspielhaus nun doch eine sogenannte Zentrale Konzertveranstaltungsstätte entstehen.

1976 fasste der Magistrat von Ost-Berlin einen neuen Beschluss mit dem Titel »Städtebauliche Konzeption für die Gestaltung des Platzes der Akademie«, in dem alle Bauvorhaben am Platz erfasst und ihre zukünftige Bestimmung festgelegt wurde.[26] Die Planung und Ausführung der sehr viel umfangreicher gewordenen Bauaufgaben am Gendarmenmarkt übernahm als eine sogenannte »komplexe Investition« die für die Realisierung von Großprojekten immer wieder herangezogene »Aufbauleitung Berlin« unter der Direktion des Architekten Erhardt Gißke.

Das Schauspielhaus sollte als Konzerthaus mit 1700 Zuhörerplätzen wiederaufgebaut werden. Die Französische Kirche, der von Otto March 1905 überformte Bau des 18. Jahrhunderts, sollte als Französische Friedrichstadtkirche die Gemeinden von Friedrichwerder und Friedrichstadt aufnehmen. Der Domturm, vom König angeordnet, auf seine Kosten errichtet und somit seit langem in staatlichem Besitz, war als Besichtigungsobjekt und Hugenottenmuseum vorgesehen. Die Deutsche Kirche und der Domturm waren als Kammermusiksaal für das Konzerthaus geplant. Später wurde davon abgegangen, da die Beeinträchtigung der Akustik durch die z.T. darunter verlaufende Untergrundbahnstrecke nicht zu überbrücken war.

Beim Bau von neuen Häusern in der Umgrenzung des Platzes sollte die Möglichkeit offengelassen werden, sie mit bemerkenswerten Fassaden des 18. Jahrhunderts, entworfen von den Baumeistern Gontard und Unger, zu schmücken.

Die Durchgangsstraßen über den Platz sollten aufgehoben werden. Auf einer großen, etwas hervorgehobenen fußläufigen Fläche zwischen dem Schauspielhaus und den Domtürmen mit den Kirchen sollten sich in Zukunft die Besucher bewegen.

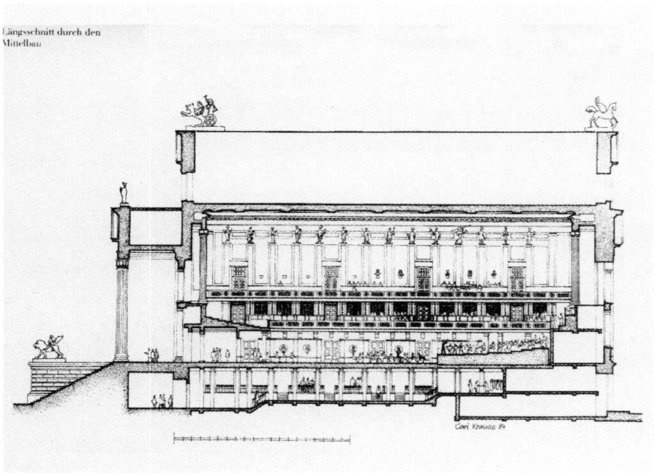

Abb. 30 Der Entwurf des neuen großen Konzertsaals im Schauspielhaus von Manfred Prasser. Zeichnung von Karl Krause 1984

Für den ruhenden Verkehr war der Bau einer Hochgarage vorgesehen.

Die Zeit war fortgeschritten, und, was besonders erfreulich war, sie kam den Anliegen der Denkmalpflege zu Hilfe. In den 1970er Jahren gab es eine allgemein begrüßte Wende in der offiziellen Geschichtsinterpretation der DDR. Sie näherte sich der in Wissenschaft und Öffentlichkeit längst geläufigen an. Ausdruck dafür war das Buch der Historikerin Ingrid Mittenzwei, in der das Wirken des preußischen Königs Friedrich II. gewürdigt und der Monarch wieder als der »Große« bezeichnet wurde. Der Fernsehfilm »Sachsens Glanz und Preußens Gloria« trug zur Verbreitung der neuen Geschichtsinterpretation bei. Die Haltung allgemein zur historischen Überlieferung verbesserte sich. Der Respekt für die Leistungen der Vergangenheit wuchs, wozu wir Denkmalpfleger auch mit unserer langen hartnäckigen Arbeit meinten beigetragen zu haben. Im Jahr 1975 wurde das »Gesetz zur Pflege und zum Schutz der Denkmale in der DDR« verabschiedet.

Unser neuer Partner für den Aufbau des Schauspielhauses als Konzerthaus wurde der Architekt Manfred Prasser. Er hatte im Palast der Republik den großen Saal entworfen und den Bau geleitet, der damals durchaus eine Sensation war, und sich damit für die Aufgabe am Gendarmenmarkt legitimiert. Er hatte auch unter der Leitung von Hanns Hopp an ersten Plänen für den Wiederaufbau des Schauspielhauses mitgewirkt. Ihm stellten wir das von uns zusammengetragene Material zu den Bauten, vor allem historische Fotos, zur Verfügung und erläuterten ihm unsere Anliegen. Manfred Prasser war sehr interessiert an der Aufgabe, zeigte sich als ein begeisterter Verehrer Schinkels. Er bewunderte auch die Domtürme von Carl von Gontard.

Er hatte generell große Hochachtung für alles, was am Gendarmenmarkt entstanden war. Er selektierte nicht in reaktionär oder progressiv, wie es Historiker und Kulturpolitiker in der Vergangenheit mitunter taten. Von einer etwa notwendigen »Verbesserung« der Platzanlage, einer Verstärkung etwa der Symmetrie der Bauten, einem Infragestellen der historischen Architektur der Kirchenanbauten war keine Rede mehr. Ideologische Problematisierungen waren ihm wie auch Erhardt Gißke und dem für das Schauspielhaus verantwortlichen Oberbauleiter Klaus Just fremd. Eine vor allem vielfältige Architektur am Platz wie im gesamten Stadtgebiet war sein Traum, an dem er mitwirken wollte. Er war allerdings auch von vornherein der Auffassung, dass an dieser Stelle akzeptable Lösungen für die Gestaltung der Innenräume der Gebäude nur mit historischen Formen zu erreichen waren. Das galt für das Konzerthaus wie auch für die Französische Kirche.

In dem Magistratsbeschluss wurden die Resultate zahlreicher Untersuchungen und Diskussionen zusammengefasst, noch nicht Entschiedenes aber auch offengelassen.

Wir beteiligten uns an diesem Findungsprozess durch Gespräche mit den Protagonisten der Aufbauleitung von Erhardt

Abb. 31 Der neue Konzertsaal im ehemaligen Schauspielhaus

Gißke, vor allem Manfred Prasser und Klaus Just, aber auch im Stadtbauamt mit dem Stadtarchitekten Roland Korn und dem Leiter der Arbeitsgruppe für historische Bauten Heinz Mehlan und unserem Partner in der Abteilung Kultur beim Magistrat Horst Weiß. Dazu kamen schriftliche Stellungnahmen, vor allem, wenn wir den Eindruck hatten, dass unseren Argumentationen zu wenig Gewicht beigemessen wurde. Viele unserer Auffassungen bis hin zu Formulierungen fanden wir dann in den Erläuterungen zu den Planungen und Entwurfszeichnungen wieder, aber auch in den Beschlussvorlagen, an deren Ausarbeitung wir jedoch nicht unmittelbar beteiligt wurden. In einigen Punkten setzten sich die Bearbeiter aber auch über unsere Argumente hinweg.[27]

Wir hatten dafür plädiert, die Einbindung des Platzes in das Straßensystem der Friedrichstadt in der alten Form zu belassen. Eine Raumbildung mit vier Verkehrsstraßen an der Peripherie und zwei Straßen, die die Platzfläche durchschneiden, ohne dass dadurch die geschlossene Wirkung des Ensembles beeinträchtigt wird, war ein Phänomen, das uns bewahrenswert erschien. Wir konnten uns damit jedoch nicht durchsetzen. Die zusammengefasste fußläufige Platzfläche war das Ziel aller Planer, die sich seit den 1920er Jahren mit dem Gendarmenmarkt befassten. Nachdem wir nicht hatten überzeugen können, wollten wir bei Erhaltung der am Platz noch vorhandenen Bäume einer Neugestaltung der Platzflächen so wenig wie möglich im Wege stehen.

Die wohl vom Abteilungsleiter Kultur beim Magistrat vertretene Idee, einen Rückbau der Umbauung des Platzes auf die Zeit etwa der Revolution von 1848 anzustreben, war für uns Ausdruck einer ideologischen Verengung, die wir am meisten befürchteten. Sie war aber schon wegen des Aufwandes illusorisch, ebenso die Rekonstruktion der Fassaden von Gebäuden, die hier einst standen und für die wir noch, gedrängt vom Stadtarchitekten, Vorlagen lieferten. Wenn auch die dann realisierten Bauten mit vorgefertigten Kunststeinelementen in historisierenden Formen nicht unserem Geschmack entsprachen, hielten wir sie immer noch für besser als rekonstruierte Fassaden des 18. und 19. Jahrhunderts. Zudem war zu erwarten, dass die Umbauung des Platzes ohnehin, wie es bisher auch immer der Fall war, bald wieder verändert beziehungsweise modernisiert werden würde.

Die Aufbauleitung mit Manfred Prasser versuchte an diesem hervorgehobenen Standort durch eine neue Methode der Vorfertigung bzw. der Technologie der Herstellung, die Baukörper der Neubauten variabler zu gestalten, anpassungsfähiger an vorgegebene Grundstücksgrößen, und die Einförmigkeit der Plattenbaufassaden zu überwinden (Abb. 29).

In einer Direktive zu dem Bauvorhaben aus dem Zentralkomitee der SED stand, dass der Bau in der Gestalt des Schinkelschen Schauspielhauses als Konzerthaus wiederaufzubauen sei.[28] Eine Rekonstruktion etwa des alten Theaters der Schinkelzeit schied jedoch für alle Beteiligten aus. Sie war auch nie das Ziel der Denkmalpfleger. Vorstellbar war jedoch nach wie vor, in Kombination mit einem neuen großen Konzertsaal in zeitgemäßen Formen, in dem Haus die Rekonstruktion des kleinen Konzertsaals im Südflügel, der bis 1943 noch im Bau aus der Schinkelzeit erhalten war, dann aber bei einem Bombentreffer vollständig vernichtet wurde.

Für Manfred Prasser war unumstritten, dass der Konzertsaal nur im Mittelteil des Gebäudes in der Ost-West-Achse wie das alte Theater Schinkels liegen konnte. Auch die bereits begonnene vollständige Wiederherstellung der Architektur und der umfangreichen Skulpturenprogramme am Schauspielhaus, an den Domtürmen und den Kirchen stand für ihn ebenso wie für Erhardt Gißke und den Oberbauleiter Klaus Just außer Frage. Es wurde nicht problematisiert, in Frage gestellt, eingespart, vereinfacht, wie wir es z. B. für die Neuanfertigung etwa der Skulptur der triumphierenden Religion auf der Kuppel des

Turms vor der Französischen Kirche befürchtet hatten, die dort ca. sechs Meter hoch, vergoldet, in den Himmel wachsen sollte, als Pendant zu der ebenfalls wiederherzustellenden Allegorie der Tugend auf dem Domturm vor der Deutschen Kirche. In all diesen Fragen gab es unter der Leitung von Erhardt Gißke keine Veränderungsversuche. Die möglichst vollständige Wiedergewinnung der äußeren Gestalt der Bauten wie sie bis zu den Kriegszerstörungen bestanden hatte, war das allein geltende Ziel. Das wurde auch in der Öffentlichkeit überwiegend erwartet.

Der Aufbau des neuen Konzertsaals im Inneren, die Anordnung der Funktionsräume, der Foyers und Treppen war in erster Linie eine Aufgabe der Neugestaltung, nicht mehr der Denkmalpflege. Hier drohte, nachdem der Bau entkernt war und die Umwidmung in ein Konzerthaus feststand, anders als beim Außenbau, kein Verlust mehr an historisch wertvoller Substanz. Hier war unser Konzept für den Innenausbau mit der Rekonstruktion des »Festlokals« ebenfalls keine Denkmalpflege, sondern nur eine mögliche Variante von Neugestaltung, ob modern oder eben historisierend.

Nur mit diesem Team, das sich eine Neugestaltung in historisierender Form vorgenommen hatte, war andererseits ein Wiederaufbau zu realisieren, der über das bei vergleichbaren Aufgaben geläufige Niveau vom »Bauen im Bestand« hinaus ging, wo die fragmentarische historische Substanz oft nur die kaum noch erkennbare Folie für einen Neubau abgibt.

Das Konzept von Manfred Prasser, Erhardt Gißke und Klaus Just wie auch das unsere bot die Möglichkeit, über den reduzierten Bestand hinaus Gedanken an den Bauten wieder sichtbar zu machen, die vor der Zerstörung ihren geschichtlichen Wert in einem beträchtlichen Maß ausmachten.

Die Begleitung durch Publikationen

Mit Untersuchungen und Publikationen wurden die Restaurierungsarbeiten gefördert.

Sibylle Badstübner-Gröger erkundete die Entstehung des Skulpturenprogramms am Domturm der Französischen Kirche. Daraus ging eine Arbeit über den Französischen Dom hervor.[29]

Der klassische Archäologe Detlef Rößler ermittelte Vorbilder aus der Antike für die Skulpturen der Bildhauer Friedrich Tieck und Christian Daniel Rauch am Schauspielhaus im Auftrag des Instituts für Denkmalpflege[30] leistete so einen Beitrag zur Entschlüsselung der Arbeitsweise der Bildhauer in dieser für den Klassizismus in Berlin so charakteristischen Zeit.

Der Historiker Laurenz Demps gab kommentiert die 1786 zur Fertigstellung der Domtürme erschienene Schrift von Karl Ludwig von Oesfeld als Reprintdruck heraus. Er beschäftigte sich im Auftrag des Abteilungsleiters Kultur beim Magistrat Jürgen Schuchard mit der Geschichte der Häuser in der Umgrenzung der Platzanlage. Daraus ging seine in zwei Auflagen erschienene Publikation »Der Gens d' armen Markt«, Berlin (Ost) 1987, hervor.

Der Autor erarbeitete bis 1983 eine Dissertation, die mit dem Titel »Der Platz der Akademie in Berlin« 1987 im Verlag für Bauwesen in Berlin erschien. Den Schwerpunkt bildeten hier die großen Bauten auf dem Platz, das Schauspielhaus und die Domtürme, ihre Baugeschichte und Bedeutung für die Architektur in Berlin.

Der Entwurf von Manfred Prasser zum Neubau im Inneren in den Formen des ehemaligen kleinen Konzertsaals von Schinkel

Nicht folgen wollte und konnte uns Manfred Prasser bei dem Ansinnen, den kleinen Konzertsaal im Südflügel zu rekonstruieren und den neuen großen Konzertsaal in modernen Formen neu zu gestalten. Er erkannte andererseits sehr schnell, dass der kleine Konzertsaal Schinkels ihm das Potential für die Gestaltung des neuen großen Konzertsaals in historischen oder besser historisierenden Formen lieferte. Von der Geometrie des Raumes über den Wandaufbau und die Wandgliederung bis hin zu den Einzelformen war hier alles vorhanden, was er brauchte. Er hatte die gleiche Grundform wie die akustisch besten Konzertsäle in den europäischen Großstädten, die von den Akustikern als »Schuhkarton« bezeichnete Form z. B. des Musikvereinssaals in Wien. Der kleine Konzertsaal wurde das Vorbild für die Gestaltung des neuen großen Konzertsaals, aber verändert in den Proportionen, d. h. um das vier- bis fünffache vergrößert, mit zwei Galerieemporen anstelle von einer im alten Konzertsaal, mit einer weiteren Empore auf der Ostseite, einer Orgel im Westen (Abb. 30). Die Vorlage bot auch die Möglichkeit, in einer relativ kurzen Zeit den Ausbau zu realisieren. Sie gab die große Grundform für den neuen Konzertsaal vor und verkürzte beträchtlich den Prozess der Formfindung für die Einzelheiten. Sie bot aber auch Raum für kreatives Gestalten in einem festgefügten Kanon, forderte es geradezu heraus. Von der Wiederherstellung eines Schinkelschen Raumes konnte jedoch keine Rede sein. Es war ein neuer Raum, angeregt von der Überlieferung des kleinen Konzertsaals, in dem im Inneren vollständig neu gestalteten Schauspielhaus.

Das von der Moderne verteufelte, nun aber doch wieder praktizierte Gestalten mit historischen Formen jenseits ihrer Tabuisierung unter anderem auch durch die Denkmalpflege wurde von den Protagonisten dieses Weges durchaus auch als Innovation empfunden. Die historische Überlieferung sollte nicht nur ein Relikt sein, etwas ein für alle Mal Abgeschlossenes. Sie bot die Möglichkeit, weiter zu gestalten für die Belange der Gegenwart.

Der vollständig neue Ausbau sollte konstruktiv von den historischen Einbauten getrennt sein. Ein von den alten Fundamenten und Mauern unabhängiges Stahlskelett konnte in den Bau eingebracht werden. Das bot auch die Möglichkeit, die Umfassungswände des vorhandenen historischen Baus vollständig zu erhalten und die so überzeugende Struktur des Außenbaus mit der klaren Abfolge der Pfeiler-Architrav-Gliederung in die Innenräume zu übertragen.

Die Grundform des Raumes, die stark plastischen Oberflächen ließen eine gute Akustik erwarten. Ein festlicher Raum war bei der Vielfalt der Formen und Farben, den Skulpturen und Malereien und vielen vergoldeten Ornamenten auf der Grundlage der detailreichen Vorlage sicher zu erreichen.

Wir wehrten uns noch einige Zeit gegen dieses Konzept, auch mit dem Vorwurf, einen neuen Eklektizismus damit zu praktizieren. Wir mussten die Argumente Manfred Prassers jedoch auch anerkennen. Sein überzeugendstes war die rationellere Nutzung des beschränkten Raumvolumens in seinem Ausbauvorschlag, was wiederum entscheidend war für den wirtschaftlichen Betrieb des neuen Konzerthauses. Und ohne den neuen Konzertsaal als Hinzugewinn für den Kulturbetrieb wäre an einen Wiederaufbau des Schauspielhauses wie des gesamten Gendarmenmarktes nicht zu denken gewesen.

Im Nord- und Südflügel mussten die Erschließungstreppen für den so groß wie möglich angelegten Konzertsaal liegen. Dazu kamen die Foyers in der entsprechenden Größe sowie ein Orchesterprobenraum und ein Kammermusiksaal. Der über zwei Geschosse reichende kleine Konzertsaal Schinkels hatte in diesem rationalisierten Gefüge keinen Platz, er ließ sich aber für den großen Saal gut verwenden. Der Entwurf und die Ausführung, das Durcharbeiten der Details, die Fertigung der dekorativen Einzelheiten, die Herstellung der zahlreichen Skulpturen, der Musikerbüsten, der dekorativen Malereien an der Decke waren eine gewaltige Arbeit, die von allen Beteiligten mit großem Engagement geleistet wurde. Die Handwerker erhielten Gelegenheit, ihr Können zu entfalten. Eine Vielzahl von Gewerken musste wieder aktiviert werden. Eine Bauhütte wurde gegründet, in der auch eine Lehrausbildung stattfand. Für die Architekten war es faszinierend, mit dem vorgegebenen Vokabular zu gestalten und auch neuen Funktionsräumen, wo es notwendig war, über die Vorlage hinaus eine Form zu geben. Immerhin hat dabei der Konzertsaal von Schinkel in einer veränderten Gestalt, aber mit vielen ideellen und formalen Anknüpfungspunkten an die ursprüngliche Form und Sinngebung im Schauspielhaus überlebt (Abb. 31).

Erneut in Szene gesetzt wurde beim Ausbau des Schauspielhauses eine Art des freien Umgangs mit historischen Formen, wie sie auch etwa beim Wiederaufbau der Staatsoper durch Richard Paulick und seine Mitarbeiter praktiziert wurde, ohne dass das in irgendeiner Form vorgegeben war oder auch in den Diskussionen über den Neuausbau thematisiert wurde.

Die erneute Metamorphose der Kirchen hinter den Domtürmen

Eine ähnliche Metamorphose wie das Schauspielhaus hatten auch die zwei kleinen Kirchen hinter den Domtürmen am Ende des 19. und dem Beginn des 20. Jahrhunderts erlebt.

Um 1700 in sehr unterschiedlichen Formen gebaut, stand ihre Modernisierung offenbar schon nach dem Bau der Domtürme 1787 an. In Entwurfszeichnungen Friedrich Gillys für den Neubau des Theaters auf dem Platz aus der Zeit um 1800 sind sie der Symmetrie der Platzanlage folgend als Rundbauten mit Flachkuppeln konzipiert. Karl Friedrich Schinkel lieferte nach der Fertigstellung des Schauspielhauses Zeichnungen für ihren Neubau in einer längsrechteckigen Form, »im Stil der Dome projektiert«, »in der Art der italienischen Basiliken«.[31] Als ihre Modernisierung dann tatsächlich aktuell war an der Wende vom 19. zum 20. Jahrhundert wurde jeder Bau in seiner Individualität mit einem starken Bezug auf seine ursprüngliche historische Form gestaltet: Die Deutsche Kirche, 1881–82 nach den Entwürfen der Architekten Hermann von der Hude und Julius Hennicke erneuert, blieb die ursprüngliche Fünfkonchenanlage, jedoch bereichert mit Attika, aufwendigen Fensterumrahmungen, Skulpturenschmuck auf der Attika sowie einer flachen Kuppel als Bedachung[32] (vgl. Abb. 23). Die Französische Kirche, 1905 nach Entwürfen von Otto March erneuert, behielt ebenfalls ihre historische Form als langgestrecktes Rechteck mit halbrunden Konchen auf beiden Schmalseiten, versehen mit einem hohen ziegelgedeckten Satteldach[33] (Abb. 32). Längsfront und Konchen wurden betont durch vorgeblendete flache rustizierte Risalite aus Sandstein mit Vasenschmuck auf den ebenfalls neu hinzugefügten Giebeln. Ebenso betont wurden die Eingangstüren. Die Innenräume wurden vollständig neu gestaltet. Auch bei diesen Erneuerungen waren Alt- und Neubau nicht bzw. nur von einem kundigen Auge voneinander zu unterscheiden. Danach gab es in den städtebaulichen Entwürfen nur noch Vorschläge, die Kirchen beizubehalten oder zugunsten der Symmetrie der Platzanlage auf sie zu verzichten. Ein Verzicht stieß aber, nachdem sie im Zweiten Weltkrieg bis auf die Umfassungsmauern zerstört worden waren, auf den Widerstand der Kirchgemeinden und der Denkmalpfleger. Die Kirchen waren eigenständige architektonisch-künstlerische Leistungen mit einer ebenso eigenen Geschichte in der Platzanlage und somit unbedingt erhaltenswert.

Die Spekulationen über Abriss oder Beibehaltung hatten schließlich ein Ende, als die Kirchgemeinden der Friedrich-

Abb. 32 Die Französische Kirche nach dem Umbau durch Otto March 1905

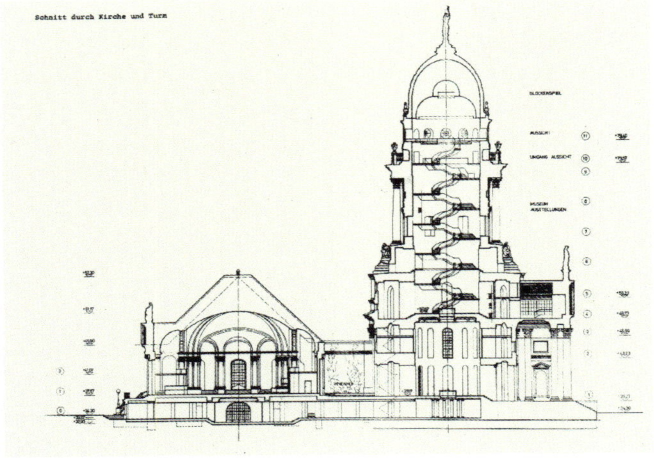

Abb. 33 Entwurfszeichnung zum Neuausbau der Französischen Kirche mit der neuen Ebene in Höhe der ehemaligen Empore, dem Betraum in den Formen von Otto March und der neuen Treppe vor der Westfassade

stadt und des Friedrichswerders die Französische Kirche zu ihrem Gotteshaus ausbauen wollten und die Mittel dafür über die Evangelische Kirche der Union von ihrer Partnergemeinde in der Bundesrepublik Deutschland erhielten. Der Bau wurde 1978–1983 im Äußeren in den Formen von 1906 restauriert, das Innere in den Formen des Marchschen Umbaus neu gestaltet, den aktuellen Bedürfnissen der von den Gemeinden gewünschten Zweigeschossigkeit angepasst. Der bis auf wenige Reste zerstörte große Beetsaal entstand wieder in der Marchschen Form über der Ebene der ehemaligen Empore, die zur Zwischendecke ausgebildet wurde (Abb. 33). Der Neubau einer dabei notwendig gewordenen Außentreppe auf der Westseite wurde ebenfalls in historisierenden Formen gestaltet. 1983 fertiggestellt, beherbergt der Bau neben seiner Funktion als Gemeindekirche auch die Tagungsstätte der Evangelischen Akademie Berlin.

Der Ausbau des Französischen Domturms. Der Platz als Klangraum

Der Französische Domturm, vom König finanziert, 1786 errichtet und daher immer in staatlichem Besitz (die Kirchgemeinde achtete sehr darauf, nicht die damit verbundene Baulast übernehmen zu müssen), wurde im unteren Teil für ein Hugenottenmuseum ausgebaut. Der weitgehend leer gebliebene Turm wurde Besichtigungsobjekt mit einer aufwendigen neuen Treppenanlage, über die der Besucher bei einer Besichtigung auf den Umgang am Kuppelkranz gelangen kann. Ein Glockenspiel, unterhalb der Kuppel eingebaut, erinnert an die ursprüngliche Funktion von Kirchtürmen, die man jedoch in den dominanten Domtürmen am Gendarmenmarkt nur schwer erkennen kann.

Der Platz als Klangraum sollte hier zusammen mit der Architektur für den Stadtbürger und Besucher inszeniert werden.

Deutscher Domturm und Deutsche Kirche. Von der Kunsthalle zum Haus für die politische Bildung

Die Deutsche Kirche, von der Kirchgemeinde zugunsten des Ausbaus der Französischen Kirche aufgegeben, wurde ebenfalls 1983–1996 im Äußeren in der überlieferten Form des Umbaus von 1881–82 restauriert, mit der Attika, den Skulpturen und dem flachen Kuppeldach. Ein anfänglicher Plan der Architekten, die Symmetrie zur Französischen Kirche zu verstärken durch den Bau eines ziegelgedeckten Satteldaches anstelle der Kuppel, wurde auf unser Drängen zugunsten der letzten authentischen Form aufgegeben.
Wie ursprünglich vorgesehen in der Kirche am Deutschen Dom den Kammermusiksaal des Konzerthauses einzubauen war nicht möglich. Die Beeinträchtigung der Akustik durch die z.T. darunter verlaufende U-Bahnstrecke ließ das nicht zu. Der daraufhin geplante Ausbau als Ausstellungsgebäude sollte in sachlich-modernen Formen erfolgen. Der tatsächliche Ausbau wurde dann erst nach 1989 vorgenommen, zusammen mit der Restaurierung des Domturms unter der Leitung des nun Gesamtberliner Landesamtes für Denkmalpflege beim Senat der Stadt nach Entwürfen der 1992 beauftragten Architekten Pleuser und Staab. Beide Domtürme wurden dann noch einmal restauriert. Aufgetretene Schäden an den Giebelreliefs in Stuckantragearbeit mussten beseitigt werden.

Die Umbauung in permanenter Erneuerung

Unsere Bemühungen beim Wiederaufbau des Gendarmenmarktes konzentrierten sich ganz auf die drei großen, den Platz bestimmenden Bauten. Sie sollten so vollständig wie möglich in ihrer ursprünglichen Form, wie sie vor den Zerstörungen im Zweiten Weltkrieg bestanden hatten, wiederhergestellt werden. Veränderungen, Hinzufügungen späterer Zeiten, wie sie bei den Modernisierungen der Kirchen hinter den Domtürmen erfolgten, waren dabei selbstverständlich zu respektieren. Ein Rückbau etwa auf eine ältere, vermeintlich ursprüngliche Form war nie unser Anliegen. Manfred Prasser, Klaus Just und die anderen an den Planungen beteiligten Architekten teilten diese Auffassung. Sie verstanden das Bauen mit historischen Formen als eine dem besonderen Gegenstand angemessene Art durchaus zeitgenössischer Architektur.

Durchgesetzt wurde in diesem Sinne auch der Neubau von Häusern in der Umbauung des Platzes gegen Vorstellungen von einer Rekonstruktion historischer Fassaden, was allerdings auch nicht besonders schwierig war. Die wenigen noch vorhandenen Bauten in der Friedrichstadt aus dem Ende des 19. und dem Anfang des 20. Jahrhunderts blieben selbstverständlich stehen. Sie fügten sich neben ihrem damals beträchtlichen materiellen Wert in die Tradition der immerwährenden Erneuerung des Hausbestands im Rahmen der festgefügten städtebaulichen Ordnung. Der Stadtarchitekt begnügte sich mit der

Vorgabe einer annehmbaren Traufhöhe von etwa 22 Metern für die Neubauten und die Andeutung eines Ziegeldachs.

In der Charlottenstraße hinter dem Schauspielhaus entstand in einer Lücke in der Altbebauung ein Neubau für die Musikhochschule Hanns Eisler, weiter nördlich zwischen der Jäger- und der Französischen Straße ein Bürogebäude für die CDU der DDR sowie ein Internatsgebäude, heute Hotel. In der Markgrafenstraße wurden zwischen der Französischen und der Jägerstraße zwei Wohnhäuser errichtet (vgl. Abb. 29). An der Mohrenstraße als Randbebauung des Platzes auf der Südseite entstand der heute hier noch vorhandene Hotelbau.

Die Freiflächen vor und nach der Wende 1989

Neu zu gestalten waren auch die Freiflächen, nachdem die zwei den Platz bis dahin querenden Straßen aufgegeben waren und ein großer fußläufiger Bereich um das Schauspielhaus und die Domtürme mit den Kirchen entstehen sollte.

Den Entwurf dafür lieferte der Landschaftsarchitekt aus dem Stadtbauamt Hubert Matthes. Mit der durchgängigen ornamental-rechteckigen Natursteinpflasterung und der Anordnung von regelmäßig im Raster gepflanzten niedrigkronigen Ahornbäumen um die Domtürme und Kirchenbauten nahm er Gedanken aus einem Wettbewerb zur Neugestaltung im Jahr 1929 auf, die auch in einem oft publizierten und viel gelobten Entwurf des schwedischen Architekten Steen Eiler Rasmussen und in einem Wettbewerbsbeitrag von Werner Hegemann enthalten waren, und in dem die Domtürme durch kompakte Baumpflanzungen mit dem Schauspielhaus zu einer ehrenhofartigen Anlage vereint werden sollten.[34]

Mit der Geschichte der Freiflächengestaltungen auf dem Platz beschäftigten wir uns nicht ausgiebiger. An die Wiederherstellung etwa einer dieser Gestaltungen war ohnehin nach der Aufhebung der Durchgangsstraßen und der Zusammenführung der drei bis dahin getrennten Platzflächen nicht zu denken. Dabei entgingen unserer Aufmerksamkeit jedoch die noch vorhandenen Teilbereiche der sehr genau und differenziert gestalteten Schmuckanlagen um die Kirchen und Domtürme nach dem Entwurf des Berliner Gartenamtsdirektors Hermann Mächtig aus dem Jahr 1895, die hier die Pflasterungen der Zeit um 1935 und die Kriegszerstörungen überstanden hatten.

Zur Ausführung kam nach dem Entwurf von Hubert Matthes die alle drei Quartiere zusammenfassende Neupflasterung. Um den Domturm und die Französische Kirche und den Domturm der Deutschen Kirche wurden die Kugelahornbäume gepflanzt als »Rückzugsbereich für die Besucher, zum Verweilen im Baumsaal in einer der spätbarocken Architektur Gontards adäquaten geometrischen Ordnung«, wie Hubert Matthes dazu schreibt.

Der Bereich um die Deutsche Kirche war noch Baustelle, als nach der Wende 1989 die Gartendenkmalpfleger des nun neu zuständigen Gesamtberliner Landesdenkmalamtes die hier noch vorhandenen Reste der Gestaltungen von Hermann Mächtig entdeckten, die daraufhin wegen ihres gestalterischen und gartenhistorischen Wertes bewahrt und restauriert wurden.[35] Während den nördlichen Bereich um den Französischen Dom die Neugestaltung von Hubert Matthes schmückt, ist die Südseite um die Deutsche Kirche durch die Gartenanlage und die differenzierten Pflasterungen und Wegeführungen Hermann Mächtigs geprägt. Die Mitte vor dem Schauspielhaus blieb eine durchgehende Pflasterfläche, sparsam gegliedert durch eine Möblierung mit Pollern, Kandelabern und einigen wenigen Bänken für Besucher. Hier konnte nun, als die Arbeiten am Gendarmenmarkt schon weitgehend beendet waren, das einst ebenfalls den Platz schmückende Denkmal für Friedrich Schiller wieder aufgestellt werden.

Die vorsichtige Annäherung beider deutscher Staaten in den 1980er Jahren mit der gleichzeitigen Hinwendung zur historischen Stadt hatte in Berlin zu einem Austausch von in die jeweilige Stadthälfte gehörenden Kulturgütern geführt, von dem auch der Gendarmenmarkt profitierte.

Aus Anlass des 100. Geburtstages des Dichters Friedrich Schiller hatte 1859 ein Förderverein die Erlaubnis erwirkt, diesem großen Vertreter der klassischen deutschen Literatur auf dem Gendarmenmarkt ein Denkmal zu setzen. Das Bildwerk selbst nach einem Entwurf des Bildhauers Reinhold Begas, eine Skulptur des Dichters in zeitgenössischem Kostüm mit einem zeitlosen togaähnlichen Mantel, umgeben von Personifikationen der Lyrik, des Dramas, der Philosophie und der Geschichte in weißem Marmor konnte aber erst 1871 in der Mitte vor dem Schauspielhaus aufgestellt werden. Der engere Bereich um das Denkmal erhielt die Bezeichnung Schillerplatz.

Ein langer Streit über die Berechtigung, Personen aus Kultur und Wissenschaft an diesem Ort zu ehren, war damit entschieden. Als schon einmal der Plan bestand, die Treppenwangen am Schauspielhaus mit Sitzfiguren von Goethe und Schiller zu schmücken, war das noch abgelehnt worden mit dem Hinweis, dass im öffentlichen Raum nur »Personen von Stand« zu ehren seien.[36]

Abb. 34 Das Schauspielhaus mit dem 1989 wiederhergestellten Denkmal von Reinhold Begas für Friedrich Schiller

In der Umbauphase von 1935, als das Schauspielhaus einen neuen, dem Saal von Schinkel wieder etwas angenäherten neuklassizistischen Zuschauerraum, ein neues Bühnenhaus und eine modernere Bühnentechnik bekam, wurden auch die Außenanlagen neu gestaltet. Das Schillerdenkmal wurde entfernt, die Gestaltungen Hermann Mächtigs in der Mitte des Platzes aufgegeben. Das Grün auf dem Platz wurde generell reduziert. Die Fläche vor dem Schauspielhaus erhielt eine Pflasterung, um die Architektur monumentaler wirken zu lassen, wie das im Zuge der damaligen Zeit lag.

Nach dem zweiten Weltkrieg war das Standbild des Dichters im Park am Lietzensee aufgestellt. Die Begleitfiguren befanden sich abgestellt auf einem Lagerplatz im Park vom Schloss Friedrichsfelde. Auf eine Anfrage erklärte sich der damalige Senat von West-Berlin bereit, die Skulptur Schillers für eine Wiederherstellung und Wiederaufstellung des Denkmals auf dem Gendarmenmarkt zur Verfügung zu stellen. Die Begleitfiguren wurden restauriert, die Brunnenschale und das Postament mit dem schmiedeeisernen Gitter nach Fotos neu hergestellt. 1989 konnte das Schillerdenkmal in der Mitte des Platzes vor dem Schauspielhaus wieder aufgestellt werden (Abb. 34). Eine Skulpturengruppe aus dem Werk des für Berlin außerordentlich produktiven Bildhauers Reinhold Begas, von dem nicht mehr viel im Außenraum erhalten war, kehrte damit an ihren ursprünglichen Standort ins Stadtbild zurück. Hubert Matthes erklärte später, dass mit dem Schiller-Denkmal sein Entwurf für die Gestaltung des Platzes ein anderer gewesen wäre.

Wieder einmal konnte wie so oft in der Geschichte des Platzes keine lückenlos durchgängige Gestaltung für die Raumbildung realisiert werden. Für die großartige Wirkung des Ensembles ist es aber vielleicht sogar vorteilhaft, wenn die den Raum ohnehin bestimmende Symmetrie an einigen Stellen konterkariert wird.

Fazit

Es wäre sicher falsch, allein nach denkmalpflegerischen Prinzipien oder Grundsätzen den Wiederaufbau zu beurteilen. Die Beweggründe, die zu dieser Lösung geführt hatten, waren vielfältiger. Zuerst einmal wurde ganz einfach ein Konzerthaus in Ost-Berlin unbedingt gebraucht zur Entfaltung des Musiklebens in der Stadt, und der Gendarmenmarkt mit seinen beeindruckenden Architekturen musste wiederhergestellt

Abb. 35 Der Gendarmenmarkt nach der Kriegszerstörung, 1946

werden. Beides wurde zusammengeführt, auch wenn dabei Wünsche bei den Musikern wie bei den Denkmalpflegern unerfüllt bleiben mussten.

Nach anfänglichem Zögern und kleinen Schritten, initiiert vom Ministerium für Kultur, wurde der Wiederaufbau dann sehr komplex geplant und auch durchgeführt mit der Wiederherstellung des Schauspielhauses, dem Wiederaufbau der Domtürme, der Wiederherstellung der Französischen und Deutschen Kirche und mit Neubauten in der Umgrenzung des Platzes. Wiederherstellungen und Ergänzungen, Komplettierungen, wo sie möglich waren, wurden nicht in Frage gestellt.

Das Eintauchen in die Geschichte des Ensembles, die großartigen Zeichnungen Schinkels, die Fotos von den historischen Bauten und Räumen vor der Zerstörung, aber auch das Kennenlernen bekannter Konzertsäle in europäischen Städten, die alle in historisierenden Formen ausgeführt waren, rief bei den Planern eine Faszination an der kreativen Fülle historisch orientierter Gestaltungen hervor und führte zu dem Wunsch und der Bereitschaft, ebenfalls mit einem solchen historischen Vokabular etwas Überzeugendes und allgemein Akzeptiertes zustande zu bringen. Das fokussierte sich dann auf den großen Konzertsaal im Schauspielhaus, der vollkommen neu geplant werden musste und der die eigentliche neue Bauaufgabe am Platz war.

Eine öffentlich geführte Diskussion über den »richtigen« oder »falschen« Umgang mit der Überlieferung, über den Sinn und das Maß von Instandsetzung, Wiederherstellung und Rekonstruktion gab es nicht. Beraten und auch kontrovers diskutiert wurde in einem kleinen Kreis zwischen den Architekten und Denkmalpflegern. Entschieden wurde in einem größeren Gremium ohne die Denkmalpfleger. Der Wiederaufbau in der praktizierten Form entsprach jedoch durchaus den Vorstellungen und Wünschen der Musiker und Musikmanager, der Konzertbesucher, der Mitglieder der Kirchgemeinden, dem Wunsch der Berliner Bürger, hier einen vielfältig aussagefähigen Raum im sonst zwangsläufig weitgehend neu gebauten Stadtgebiet vorzufinden, der auch mit einer gewissen historischen Vollständigkeit mit den Plätzen reicherer historischer Städte konkurrieren konnte. Der Platz mit dem neu gestalteten Konzertsaal sollte ein Zeichen sein, wie Vergangenheit auch in die Gegenwart hineinreichen kann (Abb. 35 und 36).

Inzwischen ist der Umgang mit dem »Erbe« wieder in die Schranken verwiesen, die von der klassischen Moderne und der modernen Denkmalpflege gesetzt werden. Die Bauproduktion, das »designte Produkt« setzt wieder die Maßstäbe.

Abb. 36 Der Gendarmenmarkt nach dem Wiederaufbau von 1967 bis 1984, Aufnahme 1990

Rücksichtnahme, Harmonie und Anpassung sind Reizworte in der aktuellen Architekturkritik. Nur noch etwa die »weiße« oder »rote Box« neben dem »nachhaltig« konservierten, möglichst fragmentarischen Rest der authentischen historischen Überlieferung wird als zeitgemäß angesehen. Der Reiz, Neues kompromisslos neben das historische Fragment zu setzen, beherrscht das Denken. Ein anderer Weg wird nur noch als Nostalgie betrachtet und entsprechend verurteilt. Das Resultat am Gendarmenmarkt zeigt jedoch, dass es auch hier kein Denk- und Handlungsverbot geben kann, auch wenn das durch international anerkannte Regelwerke vorgeschrieben erscheint.

Anmerkungen

1 Denkmalpflege in unserer Zeit, hrsg. vom Deutschen Kulturbund mit Unterstützung des Instituts für Denkmalpflege, Berlin 1961, o. S.

2 Borrmann, Richard: Die Bau- und Kunstdenkmäler von Berlin, Berlin 1893, S. 129.

3 Goralczyk, Peter: Der Gendarmenmarkt, der heutige Platz der Akademie in der Baugeschichte Berlins, Dissertation, Ms., Halle/Wittenberg, 1983, S. II–IV.

4 Vgl. dazu die Entwürfe im Ideenwettbewerb »Hauptstadt Berlin« des Westberliner Senats, in: Bauwelt 49 (1958) 3, S. 29. Das Planungsgebiet reicht nur bis zum Gendarmenmarkt, einige Autoren schlossen ihn in ihre Bearbeitungen jedoch mit ein

5 Vgl. dazu die Magisterarbeit von Johannes Ommeln: Der Gendarmenmarkt in Berlin. Wiederaufbau der Platzwände in der DDR, Manuskr., FU Berlin, Fachbereich Geschichts- und Kulturwissenschaften, Berlin 2003, S. 15–19.

8 Zechlin, Hans-Josef: Das »schönere« Berlin, in: Neue Bauwelt 16, 14.10.1946, S. 3–6.

7 Zimmermann, Günther: Der bebaute Monumentalplatz und der Platz der Akademie zu Berlin als Beispiel, in: Wissenschaftliche Zeitschrift der Hochschule für Architektur und Bauwesen in Weimar, 4 (1956/57), S. 171–196.

8 Deutsche Architektur 1957, Heft 6, S. 326ff.

9 Landesdenkmalamt Berlin, Archiv, Akte Gendarmenmarkt.

10 Der Entwurf wie auch die folgende Überarbeitung für die Anordnung eines Konzertsaals in dem Haus ist, soweit mir bekannt ist, nicht erhalten. Der Vorgang jedoch wie auch die folgenden Angaben sind in den Akten zum Gendarmenmarkt im Landesdenkmalamt Berlin überliefert.

11 Die Technisch-ökonomische Zielstellung (TöZ) ist in den Unterlagen im Archiv des Landesdenkmalamtes Berlin nicht vorhanden, wohl aber die Angaben, die sich auf diese TöZ beziehen. Darüber hinaus gehen sie auf die Erinnerungen des Autors zurück.

12 Rave, Paul Ortwin: Karl Friedrich Schinkel Lebenswerk, Berlin, Teil 1, Berlin 1941, S. 214.

13 Landesdenkmalamt Berlin, Archiv, Akte Gendarmenmarkt.

14 Vgl. Rave (siehe Anm. 12), S. 194, 1. Entwurfsserie für das Schauspielhaus.

15 Rößler, Detlef: Antike Vorbilder des plastischen Schmuckes des Berliner Schauspielhauses, in: Studien zur deutschen Kunst und Architektur um 1900 (= Fundus-Bücher 75/76), Dresden 1981, S. 169.

16 Badstübner-Gröger, Sibylle: Zur Ikonographie der Bauplastik am Französischen Dom in Berlin, in: Von der Macht der Bilder, hrsg. v. Ernst Ullmann, Leipzig 1983, S. 429-439.

17 Vgl. Goralczyk, Peter: Der Gendarmenmarkt, der heutige Platz der Akademie in der Baugeschichte Berlins, Diss. Martin-Luther-Universität Halle 1984, S. 76-84.

18 Ob die genannten Entwürfe noch existieren, wurde vom Autor nicht ermittelt.

19 Vgl. Goralczyk (siehe Anm. 17), S. 92–104.

20 Vgl. Goralczyk (siehe Anm. 17), S. 128–141.

21 Landesdenkmalamt Berlin, Archiv, Akte Schauspielhaus.

22 Vgl. Peschken (Rave Schinkelwerk) Das Architektonische Lehrbuch, München-Berlin 1979, S. 50ff. Goralczyk, Diss. Halle, S. 151ff.

23 Vgl. dazu Goralczyk (siehe Anm. 17), S. 169ff.

24 Vgl. Anm. 14.

25 Vgl. Rave (siehe Anm. 12), S. 115.

26 Landesdenkmalamt Berlin, Archiv Akte Gendarmenmarkt. Vgl. Ommeln (siehe Anm. 5), S. 29/30.

27 Vgl. Landesdenkmalamt Berlin, Archiv Akte Gendarmenmarkt

28 SAPMO-B Arch, DY30, J IV 2/2A/1963 Protokoll der Sitzung des Politbüros des ZK der SED vom 6.April 1976, Punkt 4 der Tagesordnung, zit. n. Ommeln (siehe Anm. 5), S. 29.

29 Badstübner-Gröger, Sibylle: Der Französische Dom zu Berlin, Berlin 1984.

30 Vgl. Anm. 15.

31 Zit. n. Rave (siehe Anm. 12), S. 232. Zwanzig Jahre später, 1838, wird vom König die Frage aufgeworfen, ob die beiden Kirchen nicht abgebrochen werden könnten und der jeweilige Raum unter den Kuppeltürmen für die Gemeinde genügen möchte (Rave S. 236).

32 Hude, Herrmann/Hennicke, Julius: Der Umbau der Neuen Kirche in Berlin, in: Zeitschrift für Bauwesen 33 (1883), S. 153–166 und Atlas Bl. 30–36.

33 March, Otto: Der Umbau der Französischen Kirche auf dem Gendarmenmarkt in Berlin, in: Zentralblatt der Bauverwaltung 24 (1904), S. 210 sowie 26 (1906), S. 350f.

34 Vgl. Hegemann, Werner: Berliner Plätze, in: Der Städtebau 23 (1928), S. 237f. und Rasmussen, Steen Eiler: Vorschläge zur Umgestaltung des Gendarmenmarktes, in: Der Städtebau 24 (1929), S. 64–66.

35 Vgl. Denkmaltopographie der Bundesrepublik Deutschland. Denkmale in Berlin, Ortsteil Mitte, S. 320.

36 Vgl. Rave (siehe Anm. 12), S. 117f.

Erinnerungen eines Konservators – Wege zur Selbsthilfe

Dieter Zander

Ein glücklicher Umstand war es für junge Architekten in den 1960er Jahren, in einer der Arbeitsstellen des Instituts für Denkmalpflege eine feste Anstellung zu finden. Zum Rüstzeug der Absolventen der TU Dresden gehörte es seinerzeit, durch den Besuch der Vorlesungen bei Hans Nadler (1910–2005) und Wolfgang Preiß (1922–2004) erste Unterweisungen in denkmalpflegerischen Fragestellungen zu erfahren. Die vermittelten Beispiele für den Umgang mit historischen Bauten waren anregend für eigene Belegarbeiten. In der folgenden Praxis in den Arbeitsstellen des Instituts brauchte es dann in der Regel einige Jahre, das denkmalpflegerische Anliegen zu erfassen und zu verstehen. Zu den hauptsächlichen Tätigkeiten gehörten die Beratungen der Eigentümer oder Verfügungsberechtigten der Denkmale und der staatlichen Entscheidungsträger hinsichtlich notwendiger Sicherungs- und Restaurierungsmaßnahmen des Bestands. Aber immer wieder waren auch Vorschläge für denkmalverträgliche Nutzungen zu entwickeln. Für viele unserer Partner war es damals noch ungewöhnlich, dass sich junge Damen und Herren dieser Aufgabe annahmen. Offenbar war bis dahin noch die Vorstellung verbreitet, dass sich nur ältere Herren diesem Fachgebiet widmeten – stattdessen erschienen junge aktive Architekten auf den Baustellen.

Zu den frühen Erfahrungen zählte es auch, dass zeichnerische Darstellungen geeigneter waren, für die Erhaltung der Denkmale zu werben als schriftliche Abhandlungen. Das galt insbesondere dann, wenn Phantasie und Vorstellungsvermögen bei unseren Gesprächspartnern nicht sehr ausgeprägt waren. Wer sollte sich dieser darstellenden Entwurfsarbeit aber annehmen? Die Arbeitsstellen des Instituts waren personell nicht so ausgestattet, dass die wenigen Architekten sich die nötigen Freiräume für das Entwerfen hätten nehmen können. Auch gehörte diese Tätigkeit in den Ämtern und in den Arbeitsstellen des Instituts nicht zu dem eigentlichen Aufgabenprofil der Konservatoren. Nutzungsstudien und Entwurfsarbeiten wurden bis dahin, anknüpfend an die Vorkriegspraxis, von Vertrauensarchitekten wahrgenommen. Eine freiberuflich tätige Architektenschaft aber gab es in den sechziger und siebziger Jahren des vergangenen Jahrhunderts in der DDR kaum noch. Viele gut ausgebildete und für denkmalpflegerische Aufgaben befähigte Architekten blieben in Kombinaten, großen Bau- und Projektierungsbetrieben und Entwurfsgruppen der Bauämter anonym. Da das Baugewerbe inzwischen unter Vernachlässigung des Reparatursektors auf eine industrielle Fertigung ausgerichtet war, standen die Architekten in den neuen Großbetrieben für kleinere Entwurfsaufgaben im Kontext mit dem örtlichen Handwerk nicht mehr zur Verfügung. Der ständig wachsende Bedarf an individueller Entwurfsarbeit für Baudenkmale, deren Erhaltung nicht immer im Interesse der Staatlichen Bauverwaltungen lag – trotz des guten Denkmalschutzgesetzes war ein rechtstaatliches Verwaltungshandeln in vielen Fällen nicht gegeben –, verlangte von den Arbeitsstellen des Instituts, Entwurfsalternativen zu entwickeln.

Die Aufgaben zur Vorbereitung denkmalerhaltender Maßnahmen, für die heute zahlreiche Architekturbüros zur Verfü-

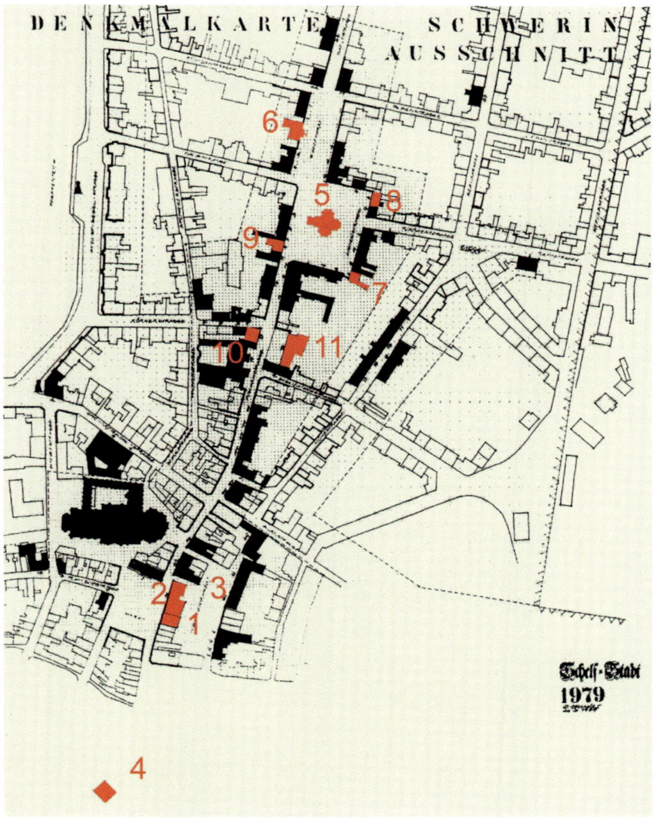

Abb. 1 Kartenausschnitt der Schelfstadt im Norden der Schweriner Altstadt, 1979

gung stehen, mussten seinerzeit in Ansätzen die Architekten/Konservatoren in Selbsthilfe erfüllen, wenn es ihnen nicht gelang, durch persönliche Kontakte den einen und anderen Architekten oder Ingenieur für ein sogenanntes Feierabend-Projekt zu gewinnen. Gerade darin aber lag auch der besondere Ansporn für den in der Denkmalpflege tätigen Architekten. Unter Federführung der Konservatoren entstanden so zahlreiche Gestaltungsvorschläge sowie Sicherungs- und Nutzungskonzepte, wenn ihre Anzahl zwangsläufig auch bescheiden ausfiel. Zugleich verfolgten diese Darstellungen das Ziel, die hohe Qualität der gebauten Umwelt zu veranschaulichen und bei aufgeschlossenen Mitbürgern das Verständnis für den Denkmalschutz zu vertiefen oder neu zu wecken, sodass sie ihrerseits einen Beitrag zu leisten begannen. So manche Zeichnung entstand in diesen Jahren über die Wochenenden an den heimischen Arbeitsplätzen. Mit der Einrichtung der zentralen »Produktionsleitung Denkmalpflege« Ende der 1970er Jahre und dem Aufbau der den Arbeitsstellen des Instituts zur Seite gestellten Spezialbaubetrieben, die über kleine Projektierungsabteilungen verfügten, setzte eine leichte Entspannung ein.[1]

Die nachfolgenden Beispiele aus der damaligen Bezirksstadt Schwerin, für die der Verfasser Zeichnungen anfertigte, stehen stellvertretend für viele Baudenkmale im Land, die bis 1989 allein durch Initiativen der Konservatoren gesichert, restauriert oder einer neuen Nutzung zugeführt werden konnten (Abb. 1).

Die in eine Seen- und Waldlandschaft eingebettete Stadt fand schon 1018 als slawische Burg Zuarin Erwähnung. Über Jahrhunderte hatte sie sich nur langsam um den Domhügel zwischen Burgsee und Pfaffenteich entwickeln können und dehnte sich erst im 15./16. Jahrhundert in östlicher und nördlicher Richtung aus. Die sogenannte Schelfe im Norden wurde im frühen 18. Jahrhundert zu einem selbständigen Gemeinwesen erhoben. Immer wieder zerstörten Feuer im 16. und 17. Jahrhundert die Stadt und führten in der Folge zu erheblichen Veränderungen des Straßen- und Wegenetzes.

Den Baubestand der Alt- und Schelfstadt prägten sehr einfache Fachwerkhäuser. Mit der Rückkehr des Hofes von Ludwigslust nach Schwerin 1837 setzte ein reges Baugeschehen ein, das mit dem Schlossumbau, dem Regierungs-, Theater- und Museumsneubau und dem Umbau des Rathauses Schwerin zu einer repräsentativen Stadt des 19. Jahrhunderts werden ließ.

Ende dieses Jahrhunderts entstanden auch in der Innenstadt gründerzeitliche Straßenzüge und markante Einzelgebäude, die den Maßstab der Fachwerkarchitektur veränderten. Von den Zerstörungen des letzten Krieges blieb die Stadt verschont. Nach Gründung der DDR wurden in den Randlagen drei neue Wohngebiete als Voraussetzung für Industrieansiedlungen errichtet. Die zunehmende Industrialisierung des Wohnungsbaus führte zu einer systematischen Vernachlässigung des alten Baubestands.

Haus Am Markt 13

Im Winter 1975 begann an der Ostseite des Marktes der Abriss von vier Häusern. Das war der erste Flächenabbruch in der Bezirksstadt, dem weitere folgen sollten, darunter das Haus Nr. 13, das sich unmittelbar an das Rathaus anschloss (Abb. 2).

Das dreigeschossige Giebelhaus mit massiver Marktfassade und einer in Fachwerk ausgeführten Rückfront war eines der ältesten Wohnhäuser der Stadt. Ein Vorgängerbau war 1651 bei einem Großfeuer vernichtet worden. Sein Wiederaufbau mit massivem Marktgiebel und reich geschmücktem Fachwerkgiebel auf der Rückseite zum Schlachtermarkt begann unmittelbar danach. Möglicherweise als Folge eines weiteren Feuers 1690 wurde der Marktgiebel abermals verändert, denn nach einer Lithografie des frühen 19. Jahrhunderts war er mit der Jahreszahl 1700 versehen worden. Weitere Veränderungen gab es zwischen 1837 und 1849 und zum Ende des Jahrhunderts. Damals wurden große Schaufensteröffnungen eingebrochen. 1974 beschloss der Rat der Stadt die Rekonstruktion des Marktensembles. Nach dem damaligen Verständnis bedeutete das oftmals den Austausch alter Häuser durch Neubauten. Diese erste Etappe konzentrierte sich auf vier Häuser südlich des Rathauses, die wegen ihres schlechten Bauzustands durch die Bauaufsicht bereits gesperrt und freigezogen waren. In der Planungsvorbereitung wurde das Institut für Denkmalpflege aufgefordert, einen Gestaltungsentwurf für diese Marktfront vorzulegen (Abb. 3). Grundrissentwicklungen

Abb. 2 Ostseite des Alten Marktes bis 1975, Bestandszeichnung von 1966

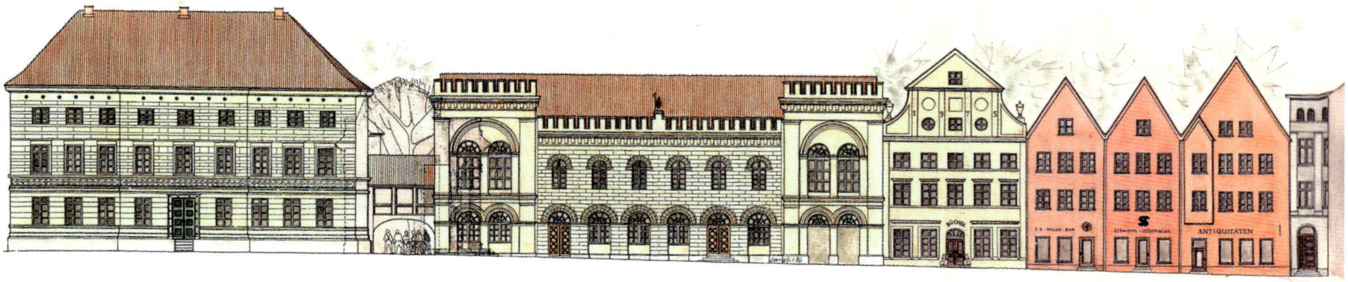

Abb. 3 Ostseite des Alten Marktes seit 1976, Planung von 1976

und Konstruktionen waren ausdrücklich nicht Auftragsgegenstand.

Der baukünstlerische Wert des Hauses Nr. 13 mit Zellengewölbe und Beischlag, bemalter Holzdecke und Resten einer frühen Wandbespannung führte zwangsläufig zu der Forderung nach seiner Erhaltung. Das lehnte die Stadtverwaltung ab und entschied sich für den Abbruch der vier Häuser und einen »originalgetreuen Wiederaufbau« des Hauses Nr. 13. Obwohl dadurch höhere Kosten zu erwarten waren, fiel die Entscheidung gegen eine Instandsetzung und Restaurierung. Der Baubetrieb konnte durch Neubauleistungen eine höhere Produktivität und damit eine bessere Planerfüllung erreichen. Einem zweiten Vorschlag der Denkmalpfleger, von dem Haus wenigstens das Erd- und das 1. Obergeschoss sowie die mit den drei Nachbarhäusern zusammenhängenden mittelalterlichen Keller zu erhalten, wurde ebenfalls nicht entsprochen. Schließlich blieb als Minimalforderung, den Marktgiebel (Abb. 4) nach alten Darstellungen zu kopieren und den stattlichen Fachwerkgiebel auf der Rückseite (Abb. 5) als Nachbau vor den Neubau zu blenden. Die drei benachbarten Häuser wurden Neubauten. In Anlehnung an historische Hausformen des Marktensembles erhielten sie einfache Dreiecksgiebel ohne gliedernde Gesimsbänder und Fensterfaschen. Der Stadt war durch diese Entscheidung ein bedeutender Bürgerbau des 16./17. Jahrhun-

Abb. 4 Am Markt 13, Entwurf für den Neubau des Giebels nach einer älteren Lithografie, 1975

Abb. 5 Am Markt 13, Entwurf für den Wiederaufbau des hinteren Fachwerkgiebels, 1974

Abb. 6 Am Markt 13, Beischlag mit Löwenwange, 2003, Kopie aus dem Jahre 2000 von Stefan Hebert, Schwerin

derts verlorengegangen, die Maßstäblichkeit der beiden Märkte aber konnte bewahrt werden. Von den wertvollen Bauteilen war lediglich die Löwengruppe des Beischlages wieder in das Fassadenbild eingefügt worden (Abb. 6).

Der Fachwerkgiebel der Rückseite lehnt sich in seiner Materialfarbigkeit zwar an das Original an, erreicht aber durch den maßgenauen Zuschnitt der Hölzer, die mit neuen Hartbrandziegeln exakt ausgemauerten Gefache sowie durch die um einen Meter höher gelegte Traufe nicht die für den Vorgängerbau charakteristische Wirkung. Unbefriedigend blieb ebenso die Innengestaltung der öffentlichen Bereiche. Den Funktionsträgern des Stadtbauamtes und des Hauptauftraggebers fehlte es an Einsicht hinsichtlich einer materialgerechten Ausführung, ganz zu schweigen von einfachsten Gestaltungsansprüchen.

Altstädtisches Rathaus

Anfänge eines Rathauses auf dem altstädtischen Markt reichen bis in das 14. Jahrhundert zurück. Zahlreiche Stadtbrände vernichteten auch diese Häuser immer wieder. Nach der Zerstörung des Renaissancebaus 1651 wurde der Nachfolger mit schlichten Fachwerkgiebeln und flachen Paralleldächern schon drei Jahre darauf wieder bezogen.[2] Diese Giebel an der Rückfront zum Schlachtermarkt blieben bis in die Gegenwart erhalten. 1744 wurde an der Marktseite ein Erweiterungsbau mit erkerartigem Vorbau, dem sogenannten Bacchus (Abb. 7 und 8), vollendet, der 1834/35 mit der vorgeblendeten Fassade von Georg Adolph Demmler (1804–1886) (Abb. 9) wieder verlorenging. Seit 1937 waren die Oberbürgermeister und die Stadtverwaltung in dem Rathausneubau am Marienplatz untergebracht. Die Arbeitsstelle Schwerin des Instituts für Denk-

Abb. 7 Altstädtisches Rathaus, Farbigkeit 1744

Abb. 8 Altstädtisches Rathaus, Farbigkeit 1807

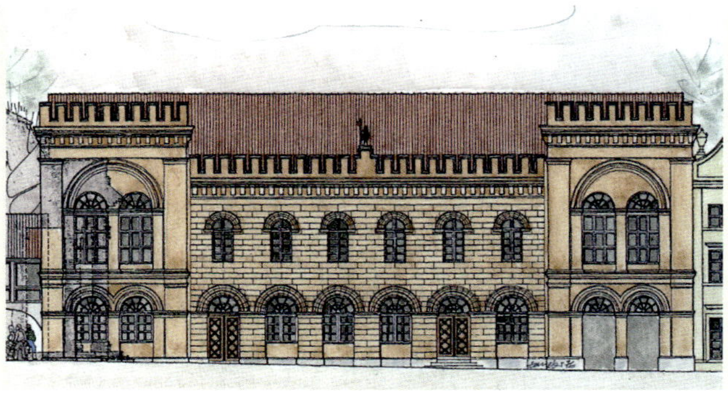

Abb. 9 Altstädtisches Rathaus, 1835 vorgeblendete Fassade in der Farbigkeit der Zeit

malpflege erarbeitete 1976 eine Studie zu dem Haus mit dem Ziel, die Möglichkeiten für eine Rückkehr der Verwaltungsspitze in das Alte Rathaus zu prüfen (Abb. 10). Unter Federführung der Denkmalpfleger entstand in der Folgezeit in einer modernen Architektur ein Erweiterungsbau mit zwei Giebeln an der Schlachtermarktseite (Abb. 11). Diese neuen Bauformen trugen wesentlich zum anspruchsvollen Gesamteindruck des Ensembles bei.

Erste Nachrichten zur Farbigkeit des Hauses reichen bis in die Mitte des 18. Jahrhunderts zurück. Da heißt es, dass »die Marktfassade mit den Stadtfarben gelb und blau, die Fensterluchten aschgrau«[3] gestrichen waren. Ein Gemälde von Johann

Abb. 10 Altstädtisches Rathaus, Bestandszeichnungen und Studie zur Restaurierung und neuen Nutzung, 1976

Abb. 11 Schlachtermarktansicht des Altstädtischen Rathauses nach der Erweiterung 1984

Carl Wilck (1772–1819) zeigt die Fassung des Rathauses 1807 beim Einzug des Herzogs in die Stadt in einem Altrosafarbton und teilweise hellgrau abgesetztem Vorbau. Auf die Erstfassung in Rotocker von Demmler 1835 waren mehr als sieben Anstriche von Grau über Grüngrau und Braun bis Altrosa aufgebracht worden. Um die Entwicklung der Rathausfassade zum Markt mit ihrer wechselnden Farbigkeit nachvollziehbar zu machen, fertigte der Verfasser die hier wiedergegebenen Zeichnungen an (vgl. Abb. 7–9). Nach dem Neuverputz der Fassade 1984 ist die Fassung aus dem Jahr 1835 wiederholt worden.

Mit geringfügigen Abweichungen konnte das bedeutendste Baudenkmal des bürgerlichen Schwerin sein Erscheinungsbild bis heute bewahren.

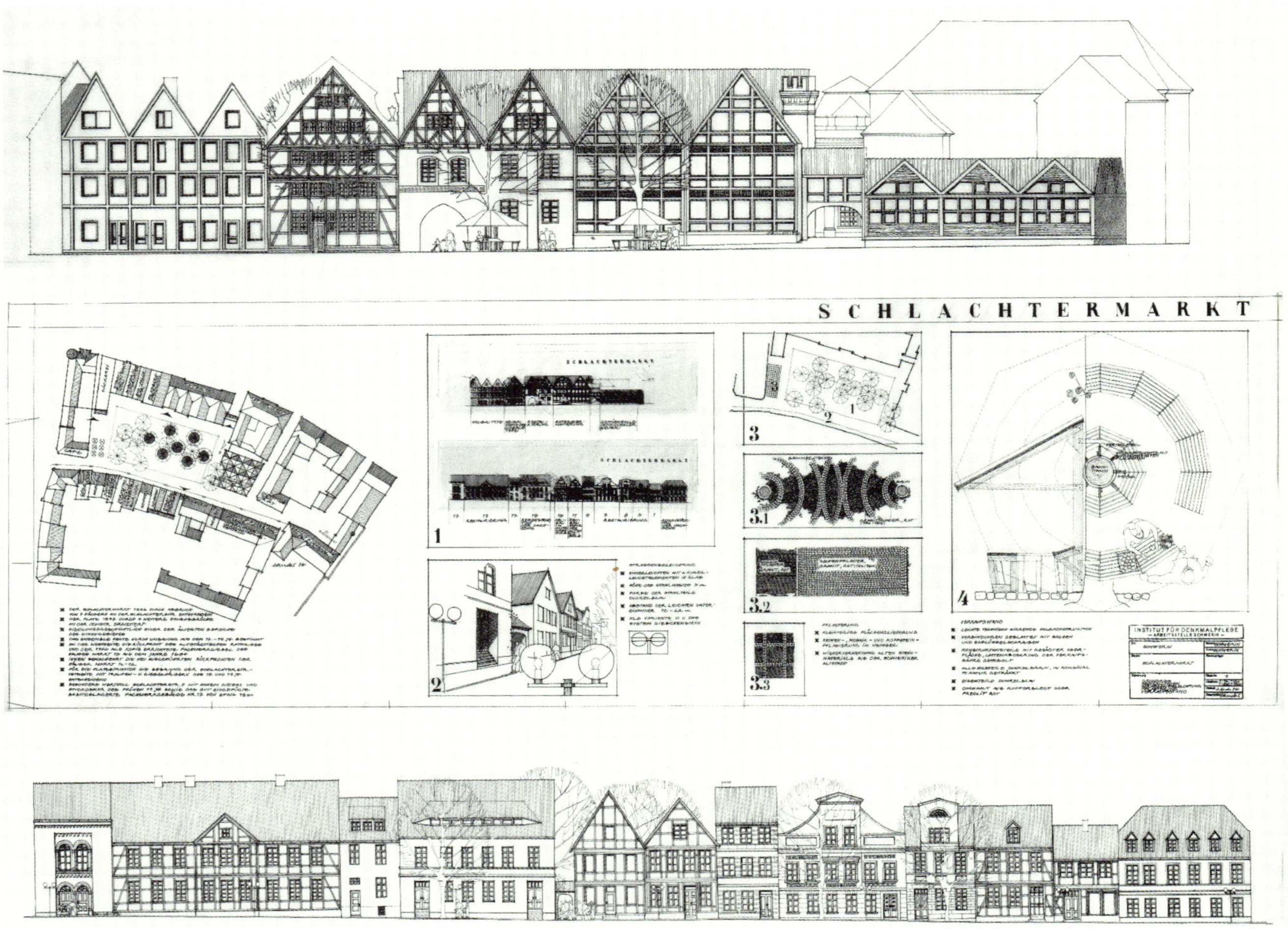

Abb. 12 Schlachtermarkt, Gestaltungsvorschlag, 1976/77

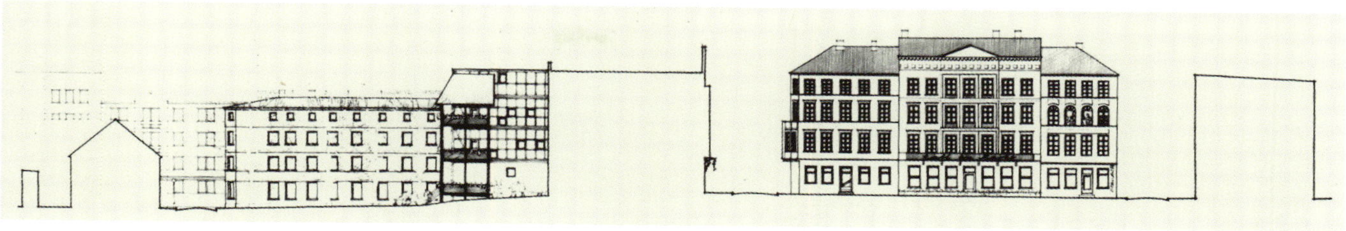

Abb. 13 Freistellung der Südseite des Schlachtermarktes und Vorschlag zum Rückbau der Südwand des Alten Marktes, 1977

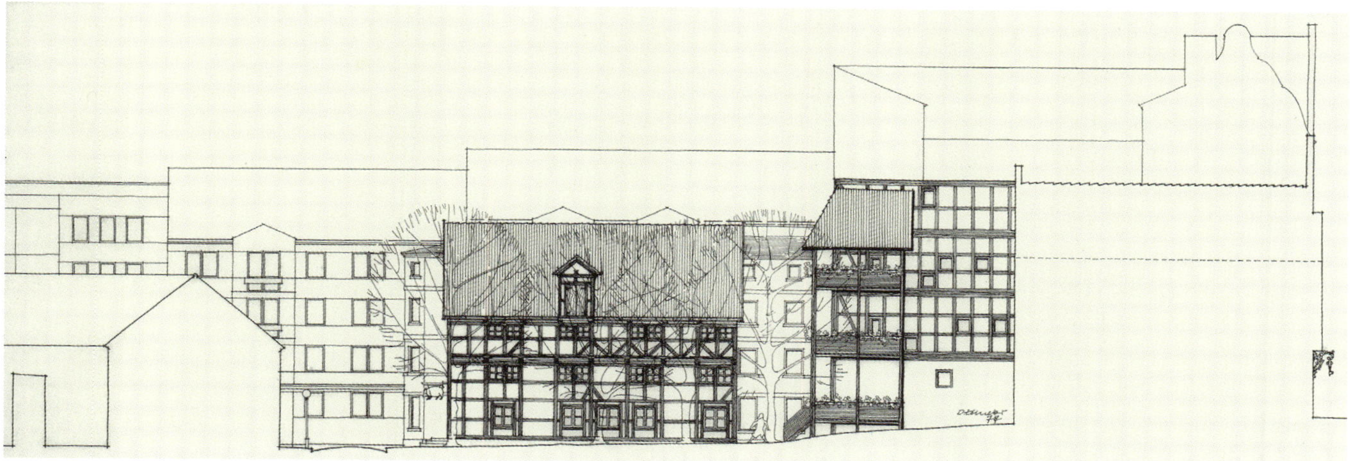

Abb. 14 Südseite des Schlachtermarktes mit Einordnung des zuvor in der Nachbarschaft zerlegten Fachwerkhauses aus dem späten 17. Jahrhundert, 1977

Schlachtermarkt

Der erst 1886 durch Abbrüche entstandene und 1897 durch weitere Abrisse vergrößerte Platz hinter der Ostzeile des Marktes hatte sich über hundert Jahre zu einem beschaulichen Wochenmarkt entwickelt. In Vorbereitung der 825-Jahrfeier der Stadt 1985 sollte der Schlachtermarkt eine Neugestaltung erhalten. Dazu legte die Bauverwaltung 1976 ihre »Konzeption zur Rekonstruktion des Schlachtermarktes und seiner Randbereiche« vor. Wieder sollten zahlreiche Abrisse folgen. Dagegen vorgebrachte Einwendungen des Instituts blieben unberücksichtigt. Die Stadt zeigte aber Entgegenkommen und forderte das Institut auf, einen Gestaltungsentwurf vorzulegen.

Abb. 15 Fachwerkbau des späten 17. Jahrhunderts, das in der benachbarten Salzstraße Neubauten weichen musste

Ein erster Schritt bestand in der Erfassung und Darstellung der Bebauung, des Baumbestands und der Straßenoberflächen. Den auf dieser Grundlage entwickelten Entwurf (Abb. 12 und 16) bestätigte die Stadt und bestimmte ihn für die Ausführung, allerdings mit zwei wesentlichen Einschränkungen.

Nicht akzeptiert wurde der Vorschlag, die entstandene Lücke an der Südseite des Platzes durch die Umsetzung eines Fachwerkhauses des späten 17. Jahrhunderts wieder zu schließen (Abb. 13 und 14) sowie die Wegeoberflächen kleinteilig zu pflastern und nicht zu asphaltieren. An dem Wiederaufbau des in der Nachbarschaft zuvor sorgfältig zerlegten und für eine spätere Verwendung bereitgehaltenen Ständerbaus (Abb. 15) zeigte die Stadtspitze kein Interesse. Der Fachwerkbau musste ein Jahr zuvor von seinem Standort weichen, um dort eine Lücke in der Größe eines künftigen Montageblockes zu gewinnen. Seine Holzbauteile wurden schließlich entsorgt. Straßen und Fußwege sind niveaugleich mit großformatigen Granitplatten belegt und teilweise mit Bitumendecken versehen worden. Für den nördlichen Platzbereich schuf Stephan Horota 1980 einen Brunnen, dessen Gestaltung sich mit dem Text des altbekannten niederdeutschen Rundgesanges »Van Herrn Pastor sien

Abb. 16 Ostseite des Schlachtermarktes mit Neubauten Nr. 11 und 13 nach Giebelformen der Vorgängerbauten unter Verwendung alter Holzbauteile, 1976

Kau« auseinandersetzt. Auch das Glockenspiel des Schweriner Rathauses intoniert die Anfangsmelodie dieses Rundgesanges.

Für die Entwürfe zum Schlachtermarktensemble und zur Restaurierung und Erweiterung des Altstädtischen Rathauses wurden deren Verfasser 1985 mit dem Fritz-Reuter-Kunstpreis des Rats des Bezirks Schwerin ausgezeichnet.

Haus Schlossstraße Nr. 10

Das Haus zählt zu den wenigen hervorgehobenen Wohnbauten des 18. Jahrhunderts in der Stadt, das die in den 1970er Jahren einsetzenden Flächenabbrüche überstand. Es wurde 1766 als zweigeschossiger Fachwerkbau begonnen und wenige Jahre darauf mit einer vorgeblendeten Putzfassade fertiggestellt.[4] Dieser mit Rocailleformen geschmückte farbige Giebel (Abb. 17) ist das einzige bekannte Beispiel der ansonsten weit verbreiteten Kunstform in Mecklenburg.

Langjährige unterlassene Bauunterhaltung führte 1971 zur Räumung des Hauses. Nachdem die Nachweisführung des Instituts für Denkmalpflege für eine wirtschaftliche Reparatur des Hauses von der Bauverwaltung ausgeschlagen wurde, konnte immerhin die Bereitschaft zur Erhaltung des Giebels in situ erwirkt werden. Die durch den Verfasser geplante Giebelsicherung und -restaurierung beinhaltete auch den Rückbau der seit dem ausgehenden 19. Jahrhundert in mehreren Etappen veränderten Erdgeschosszone (Abb. 18 und 19). Im Winter 1976 begannen die Abbrucharbeiten. Zuvor war ein letzter Versuch gescheitert, die Kosten für ein abgebundenes Inge-

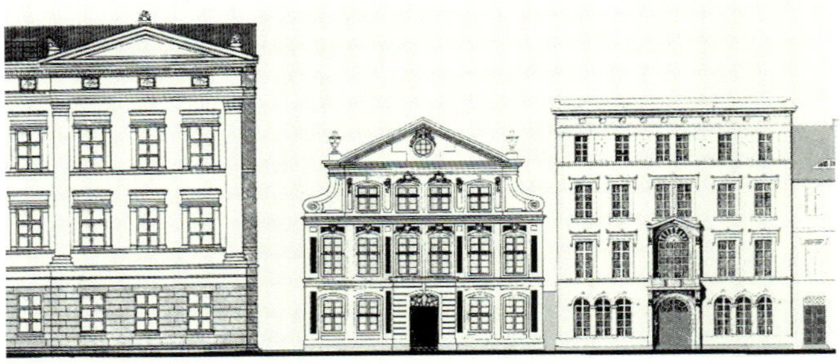

Abb. 17 Ausschnitt der Abwicklung Schlossstraße mit dem Haus Nr. 10 (Haus Miethoff), Zeichnung/Montage, 1971/2008

Abb. 18 Schlossstraße 10 vor der Giebelrestaurierung, Bestandszeichnung 1971

Abb. 19 Entwurfszeichnung der Schlossstraße 10 mit Farbvorschlag nach Befundlage, 1971

Abb. 20 Schlossstraße 10, Sicherungsgerüst des Giebels, 1976

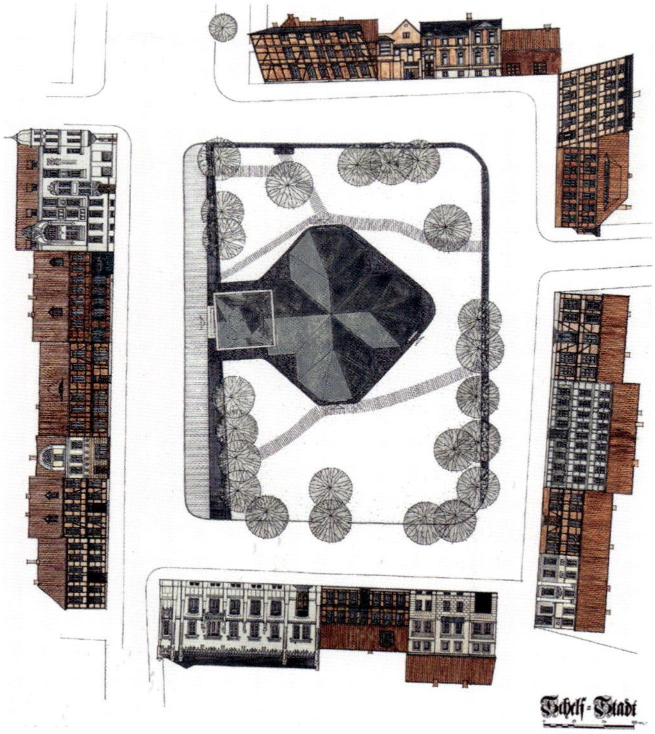

Abb. 22 Platz mit der Schelfkirche und Abwicklung der Umbauung, 1981

nieurgerüst zur Sicherung des Giebels (Abb. 20) durch Erhaltung der unmittelbar anschließenden querliegenden Raumfolge einzusparen. An den gleichzeitig errichteten Neubau ist der alte Giebel angehängt worden. Auf die Gestaltung dieses Ergänzungsbaus konnte das Institut keinen Einfluss nehmen.

Schelfkirche

Der planmäßige Ausbau der Schelfstadt nahm mit dem Abbruch der baufälligen alten Kapelle St. Niclas 1706 bis 1707 und dem 1713 geweihten Neubau seinen Anfang.[5] In viereinhalbjähriger Bauzeit war ein in seiner künstlerischen Bedeutung für Mecklenburg einmaliges Kirchenbauwerk entstanden.

Die in unverputztem Backstein mit Architekturgliedern in Elbsandstein von Jacob Reutz († 1710) und Leonhard Christoph Sturm (1669–1719) geschaffene Schelfkirche (Abb. 21) hatte 1965 ein neues Kupferdach erhalten. Gleichzeitig war die nachgewiesene barocke Ausmalung des Innenraumes wiederhergestellt worden. Schäden an Außenmauerwerk, Sand-

Abb. 21 Längsschnitt durch die Schelfkirche, 1983

Abb. 23 Nordportal der Schelfkirche, 1983/2005

Abb. 24 Turm der Schelfkirche, Galerie, Zifferblatt und Fenster, 1981/84

steingalerie des Turms und an Architekturgliedern führten ab 1983 erneut zu einer umfassenden Restaurierung. Diese Arbeiten sind von der Baudienststelle des Kirchenkreises und der Arbeitsstelle des Instituts für Denkmalpflege vorbereitet und vom Verfasser mit den hier wiedergegebenen Zeichnungen unterstützt worden (Abb. 22). Sie umfassten die Instandsetzung der Sandsteinkonsolen und des Brüstungsgitters der Galerie (Abb. 25), die Restaurierung der Gewände, Gesimse, Kapitelle, Basen und Figurengruppen der Portale (Abb. 23) und ein abschließendes Röteln der gemauerten Quaderfugen, ferner die Wiederherstellung der Funktionstüchtigkeit der Turmuhr mit vier neuen Zifferblättern und die Reparatur der gusseisernen Fenster mit einer blanken Neuverglasung (Abb. 24).

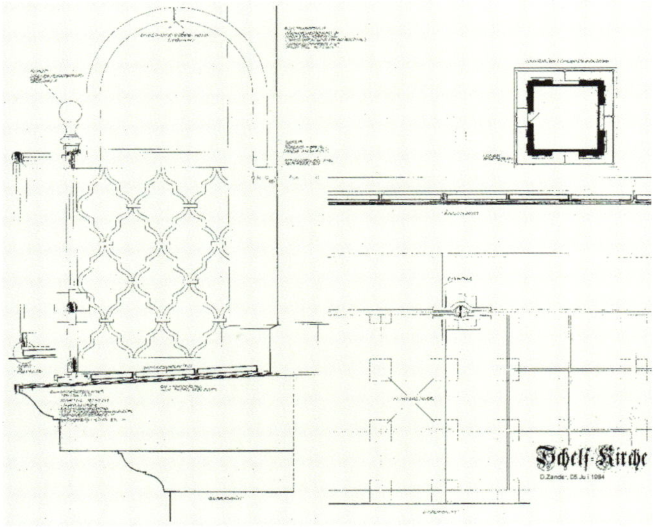

Abb. 25 Turm der Schelfkirche, Sicherung des Galeriegitters und Belag zum Schutz der Kupferabdeckung

Haus Schelfmarkt Nr. 2, sogenanntes Neustädtisches Rathaus

Zu den bevorzugten Häusern des Schelfstadtensembles ist das frühere Neustädtische Rathaus (Abb. 26) zu rechnen. Das vor 1747 in Fachwerk mit Mansarddach und hohem Sockelgeschoss errichtete Wohnhaus war 1776 mit einer massiven Putzfassade und einläufiger Außentreppe versehen und zum Sitz des Stadtrichters und Bürgermeisters der seit 1705 selbständigen Schelfstadt bestimmt worden.[6]

Außergewöhnlich ist im Innern die zweiläufige Holztreppe mit kräftigen Docken und Handlauf, die an ihrer Unterseite mit einer in Tempera auf Holz gemalten mythologischen Szene – Perseus und Andromeda mit dem Haupt der Medusa – geschmückt wurde (Abb. 27). Der Künstler der Malerei ist namentlich nicht bekannt. Vergleichbares gibt es in der Stadt nicht. Nach der Zusammenlegung der beiden selbständigen Städte 1832 zu einem Gemeinwesen wurde es wieder Wohnhaus und diente von 1900 bis 1998 der Stadtverwaltung als Bauamt. Im Zusammenhang umfassender Instandsetzungsarbeiten 1984 konnte nach Zeichnungen des Verfassers die massive Brüstung der Außentreppe (Abb. 28) rekonstruiert und eine nachgewiesene frühe Fassadenfarbigkeit (Abb. 29) wiederholt werden.

Haus Lindenstraße 4

Von den in den 1970er Jahren eingeleiteten Flächenabbrüchen in der Altstadt blieb die Schelfstadt zunächst unberührt. Der schleichende Verfall der Bausubstanz schritt unübersehbar voran. Die Folge davon waren weitere freigezogene Häuser. Diese Entwicklung war dem Institut Veranlassung, noch intensiver nach Nutzungsmöglichkeiten und potentiellen Mietern Ausschau zu halten. Auch begannen sich zunehmend Privatpersonen für Häuser in dem Stadtteil zu interessieren, die sie für eigene Wohn- und Gewerbezwecke auszubauen bereit waren.

Abb. 26 Neustädtisches Rathaus, Schelfmarkt 2, Farbentwurf nach Befundlage, 1983

Abb. 27 Neustädtisches Rathaus, Perseus und Andromeda mit dem Haupt der Medusa, Gemälde der Treppenunterseite ins Obergeschoss, 1984

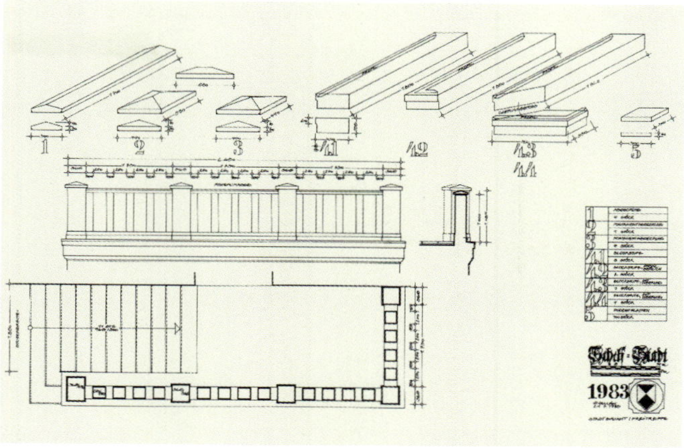

Abb. 28 Neustädtisches Rathaus, Wiederaufbauplan der Treppenbrüstung, 1983

Abb. 29 Neustädtisches Rathaus, Haustür, Farbentwurf nach Befundlage, 1985

Zu dieser Häusergruppe zählt das in der 1. Hälfte des 18. Jahrhunderts entstandene Fachwerkhaus Lindenstraße 4 (Abb. 30) in der Südostecke des Kirchenplatzes, dem um 1810 eine massive Fassade in klassizistischen Formen vorgeblendet worden war. Es ist eines der interessanten Beispiele jener Jahre in der Stadt. Ende des 19. Jahrhunderts ist der durch Kolossalpilaster gerahmte Mitteleingang (Abb. 31) an die Seite verlegt und an der Rückfront ein Flügel angefügt worden. 1986/88 legte der Verfasser ein Nutzungskonzept für einen Werbedesigner mit geräumiger Wohnung, Atelier, Werkstatt, Fotolabor und einer Einliegerwohnung vor (Abb. 32). Bei den Ausbauarbeiten sollte die Eingangstür wieder in die Gebäudemitte gesetzt werden. Die Umsetzung dieser Planung unterblieb durch die politische Wende des Herbstes 1989. Nach anderem Entwurf wurde das Haus in den 1990er Jahren für Wohnzwecke umgebaut. Dabei unterblieb leider der Rückbau der Eingangssituation.

Abb. 30 Lindenstraße 4, Entwurf zur Wiederherstellung des ursprünglichen Fassadenbildes, 1986

Abb. 31 Lindenstraße 4, Haustür um 1820, 1985

Haus Lindenstraße 9

Aufmerksamkeit verdient auch das in der 2. Hälfte des 18. Jahrhunderts in der Nordostecke des Kirchenplatzes gebaute Haus, ebenfalls ein zweigeschossiger Fachwerkbau von fünf Achsen mit steilem Satteldach, dasselbe 1899 durch ein zusätzliches Geschoss mit flachem Pappdach ersetzt.

Da in dem Haus der Dichter, Übersetzer, Literaturhistoriker, Kunstförderer, Sammler und Begründer der Schack-Galerie in München, Adolf Friedrich von Schack (1815–1894), geboren wurde, ist es für die Stadt von besonderer kulturhistorischer Bedeutung. Vor 1989 wurde das leider nicht gewürdigt.

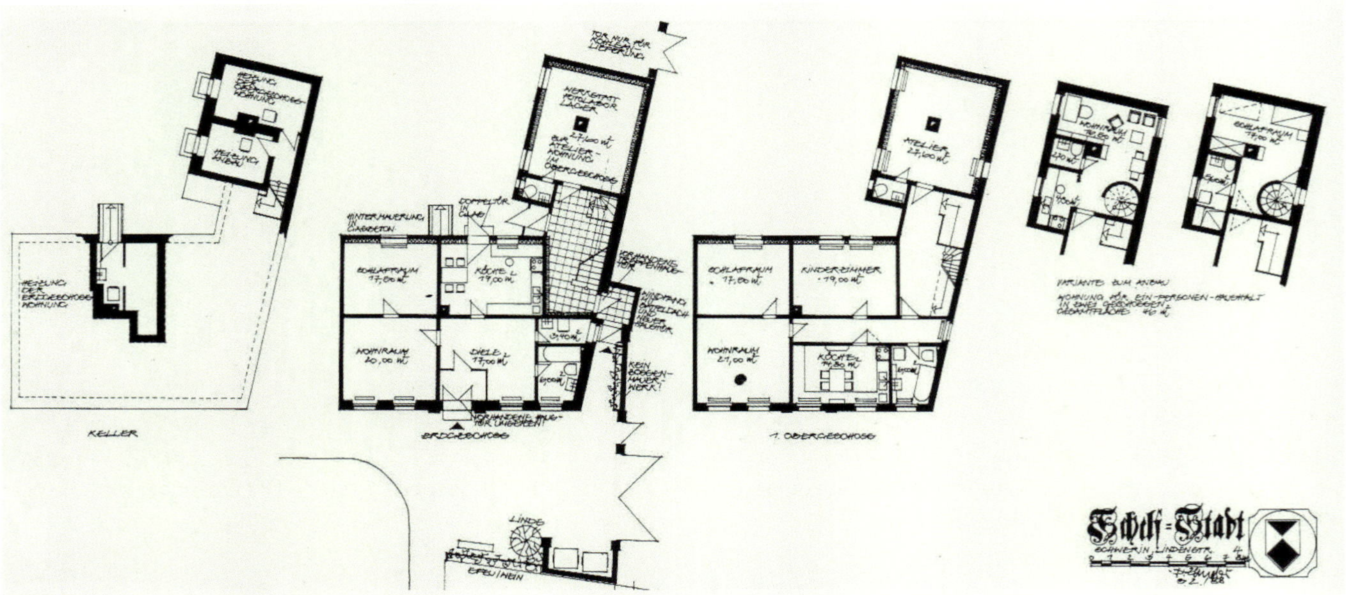

Abb. 32 Lindenstraße 4, Nutzungsstudie für Wohnung und Atelier/Werkstatt eines Werbedesigners, 1988

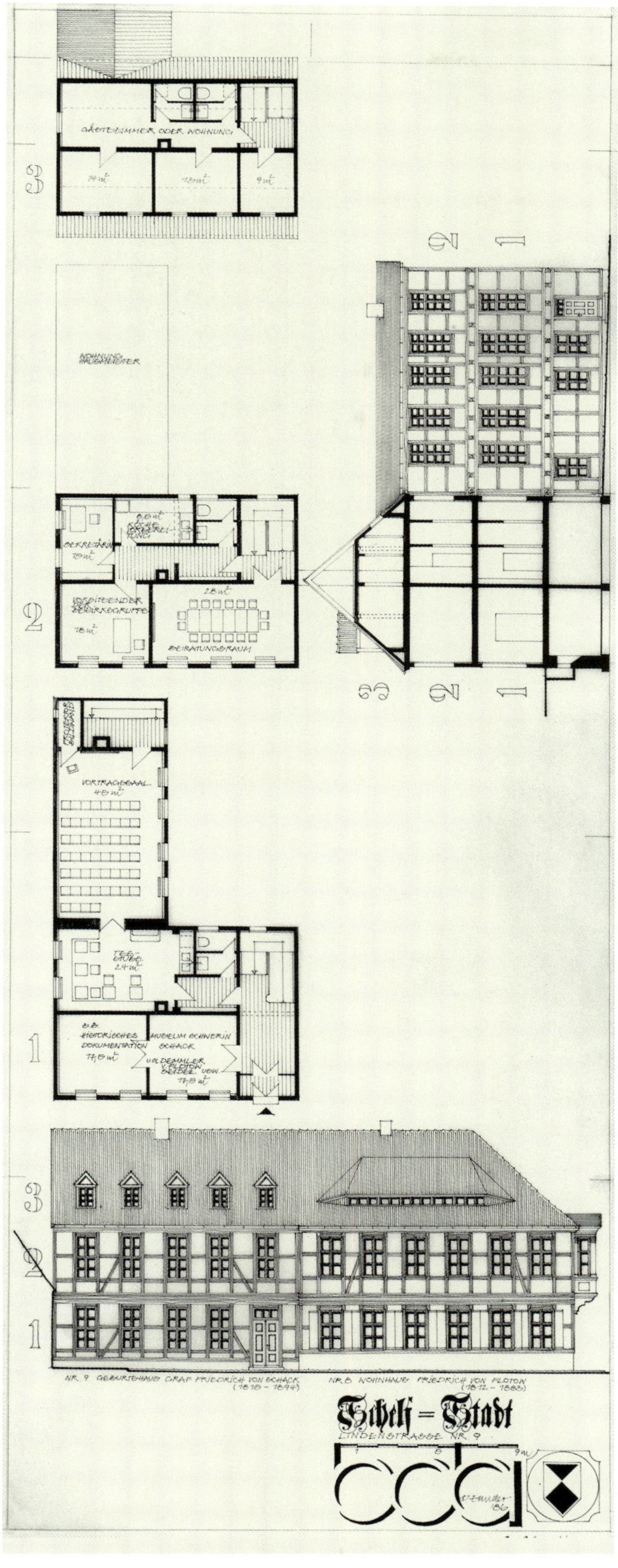

Abb. 33 Lindenstraße 9, Studie zur Nutzung durch die Bezirksgruppe Schwerin des Bundes der Architekten der DDR (BdA), 1987

Abb. 34 Lindenstraße 9, Vorschlag zum Rückbau des um 1900 aufgestockten Hauses, 1987

Von 1893 bis 1921 führte Albertine von Basedow in dem Gebäude mit großem Hinterhaus eine private Mädchenschule. Danach diente es wieder Wohnzwecken. Seit Mitte der 1980er Jahre war das Haus unbewohnt und drohte abgebrochen zu werden.

Die Bezirksgruppe des Bundes der Architekten der DDR (BdA) suchte in diesen Jahren geeignete Räumlichkeiten. Der Verfasser erstellte daraufhin ein Nutzungskonzept (Abb. 33), das zugleich den Rückbau des 2. Obergeschosses vorsah (Abb. 34). Wegen zu hoher Baukosten nahm der Architektenbund Abstand von dem Vorhaben. Stattdessen wurden für drei junge Familien der Transportpolizei mit Unterstützung ihrer Dienststelle zeitgemäße Wohnungen geschaffen, die 1987 bezogen werden konnten. Etwa 95 Prozent der Fachwerkhölzer von Erd- und Obergeschossen mussten bei der Baumaßnahme ausgewechselt werden. Der Rückbau des Dachgeschosses ließ sich nicht realisieren. Verwendung fand aber eine Haustür des frühen 19. Jahrhunderts, die zuvor aus einem Abbruchhaus der nahe gelegenen Körnerstraße geborgen worden war.

Haus Puschkinstraße 9

In der westlichen Zeile des Kirchplatzes ist es dieses Haus (Abb. 35), das noch unverfälscht sein Aussehen der Erbauungszeit aus der Mitte des 18. Jahrhunderts bewahren konnte. Es blieb bis in die 1980er Jahre eines der wenigen privaten Wohngebäude der Stadt. Altersbedingt gaben es die Eigentümer 1986 ab und machten die Erdgeschosswohnung frei. Bereits drei Jahre zuvor war wegen großer Setzungsschäden an der Rückwand (Abb. 36) die Obergeschosswohnung von der Bauaufsicht gesperrt worden. Der Nutzungsvorschlag als Domizil für die Architekten des Bezirks, der für die Lindenstraße Nr. 9 zuvor noch auf Ablehnung stieß, sollte nun zwei Jahre darauf für dieses Haus verwirklicht werden. Der Bezirksvorstand des Architektenbundes hatte die denkmalpflege-

Abb. 35 Puschkinstraße 9, Fassadenbild, 1988

Abb. 36 Puschkinstraße 9, Schadensbild der rückwärtigen Fachwerkwand, 1989

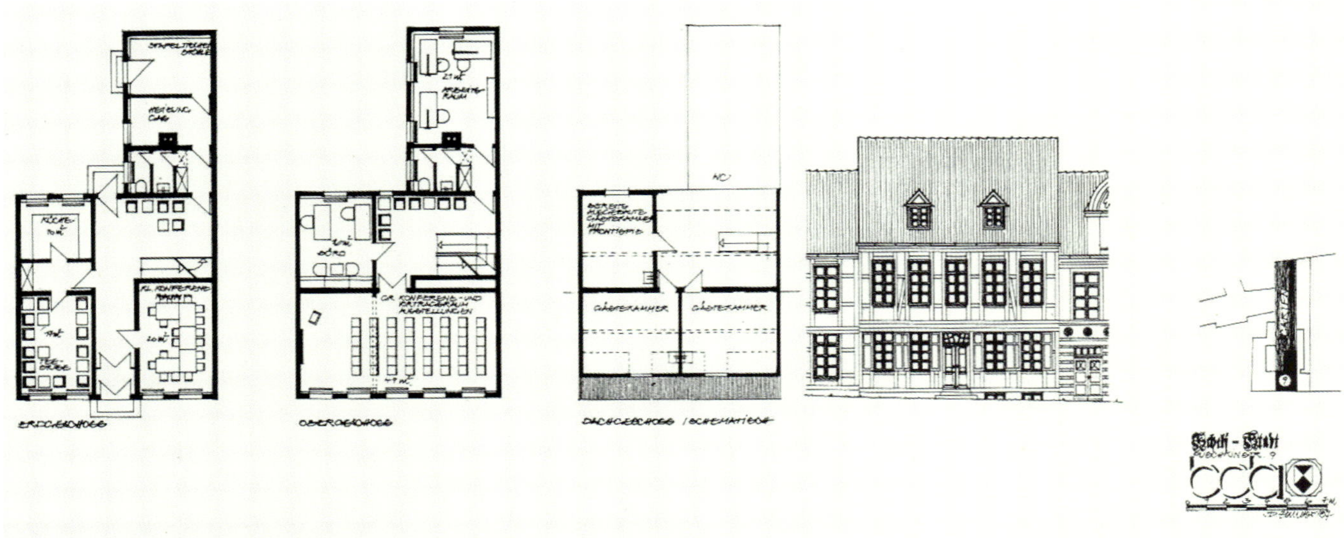

Abb. 37 Puschkinstraße 9, Studie zur Nutzung durch die Bezirksgruppe Schwerin des Bundes der Architekten der DDR (BdA), 1988

rische Zielstellung und das Nutzungskonzept (Abb. 37) des Verfassers 1987 zur Grundlage seiner Bauabsichten erklärt. Im Herbst 1989 wurden die im Jahr zuvor nur schleppend eingeleiteten Bauarbeiten unterbrochen und später ganz eingestellt.

Haus Puschkinstraße 17

1978 bekannt gewordene interne Untersuchungen und Planungen für eine neue Ost-West-Verkehrsführung durch die Schelfstadt, die den Verlust zahlreicher Baudenkmale zur Folge haben sollte, führten zu öffentlichen Widerständen.

Zu den bedrohten Gebäuden gehörten auch die Häuser Puschkinstraße Nr. 17 (Abb. 38) und Nr. 12 (vgl. Abb. 43). Einsprüche der Arbeitsstelle des Instituts wurden ausweichend damit abgetan, dass es zu der Maßnahme noch keine Beschlüsse gäbe. Um gegen Vernachlässigung alten Baubestands zu protestieren, blieb den Bürgern bekanntlich nur der Weg über eine sogenannte Eingabe. Die Bearbeitung von Eingaben durch staatliche Einrichtungen war 1975 durch ein Gesetz geregelt worden.[7] In der täglichen Praxis aber wurde darauf selten in schriftlicher Form geantwortet. Vielmehr gab es mündliche Erläuterungen und Erklärungsversuche, die es erschwerten, die Entscheidungsträger später damit zu konfrontieren und gegebenenfalls zur Verantwortung zu ziehen. Anders verhielt es sich bei auswärtigen Beschwerdeführern, denen man eine Anreise zur mündlichen Anhörung nicht zumutete. Es lag folglich auf der Hand, dass Mitarbeiter des Instituts Freunde und Vertrauenspersonen, die nach Möglichkeit einen öffentlichen Namen hatten, für einen solchen Dienst zu gewinnen versuchten. Einer dahingehenden Bitte des Verfassers entsprach ein prominenter Schauspieler aus Dresden. In seinem Antwortschreiben darauf legte der Oberbürgermeister zwar kein Bekenntnis zur Erhaltung der bedrohten Häuser ab, tolerierte es aber, dass das Institut einen Entwurf für zwei Wohnungen vorlegte (Abb. 39) und einen Baubetrieb dafür gewinnen konnte, neben seiner staatlichen Planauflage die Restaurierungsarbeiten zu übernehmen und zwei Wohnungen für eigene Mitarbeiter zu schaffen. Diese Wohnungen wurden 1983 bezogen.

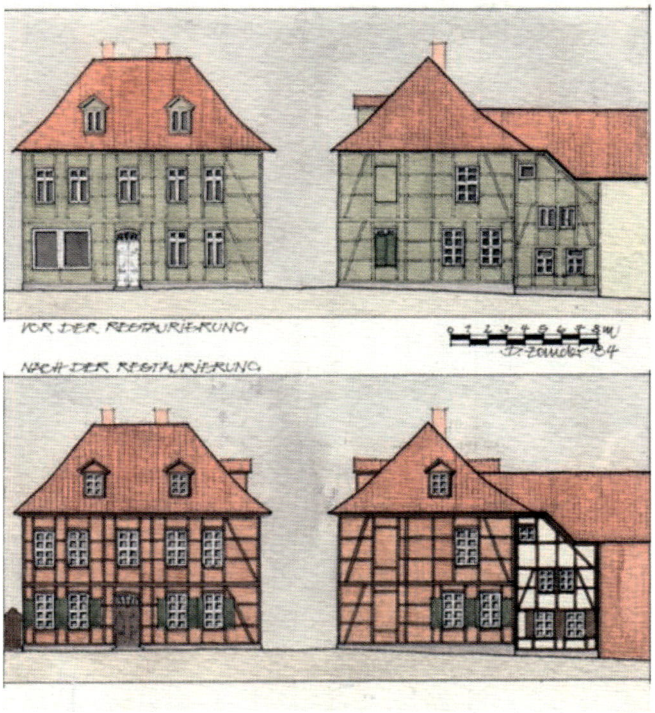

Abb. 38 Puschkinstraße 17, Fassadenbilder vor und nach der Restaurierung, 1984

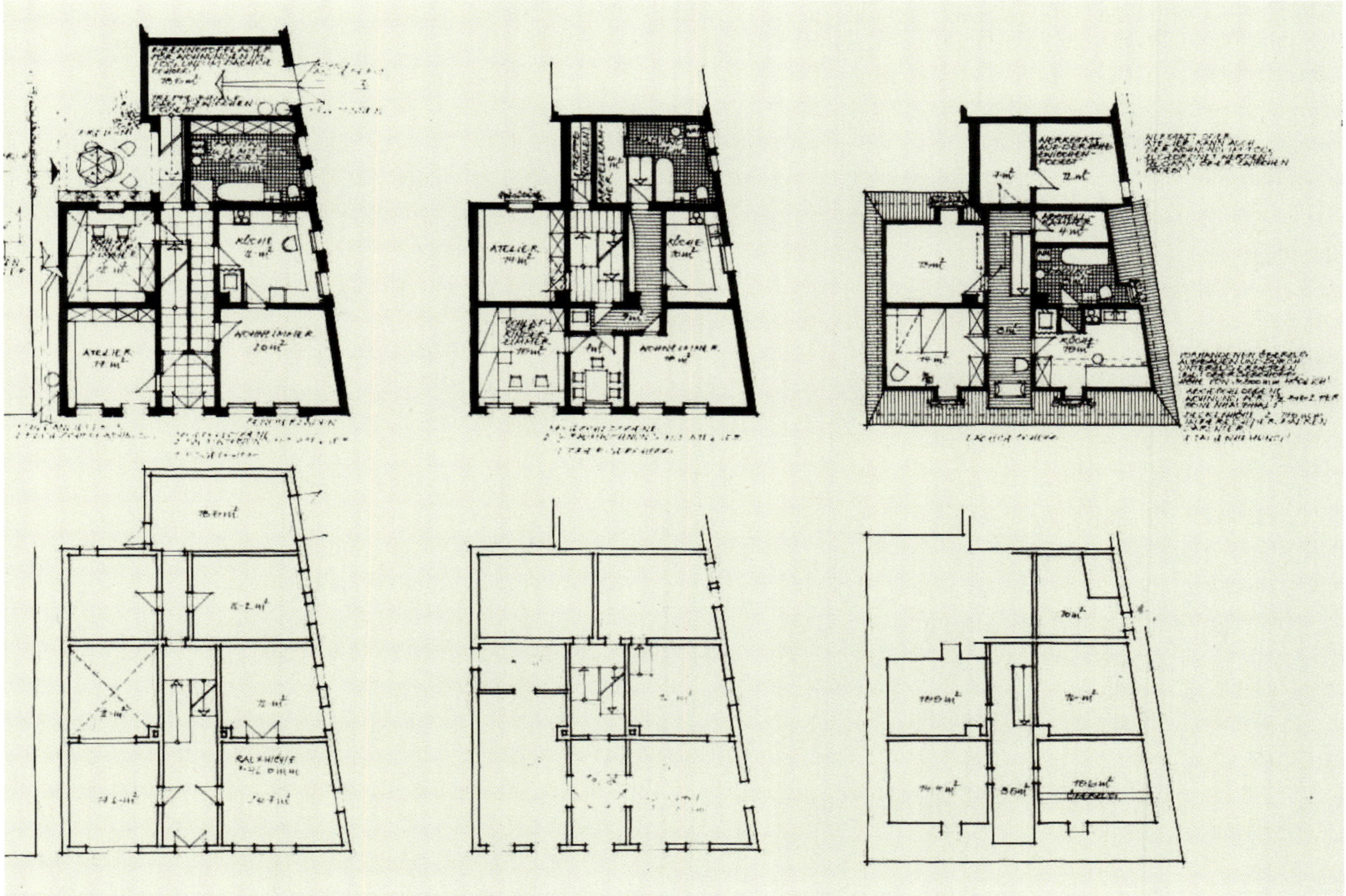

Abb. 39 Puschkinstraße 17, Ausbauentwurf für zwei separate Wohnungen, 1982

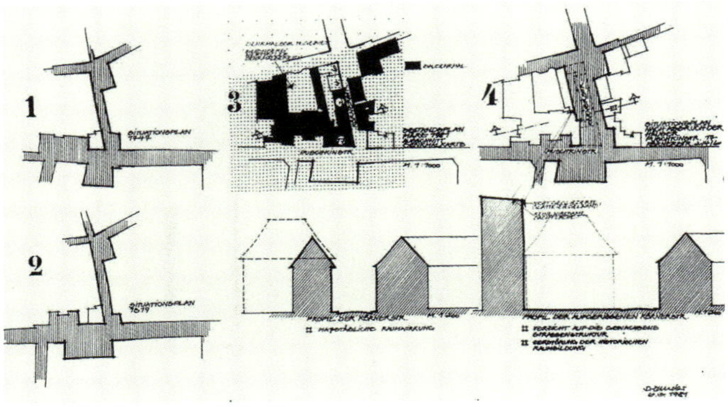

Abb. 40 Puschkinstraße/Körnerstraße, Abbrüche u. a. Puschkinstraße 17 und veränderte Straßenräume nach der geplanten Ost-West-Verkehrsführung durch die Schelfstadt, 1981

Erstmalig war es in der Stadt gelungen, einen bedeutenden Fachwerkbau des 18. Jahrhunderts mit spätbarocker Haustür und Resten früher Ausmalung zu erhalten.

Die zuletzt genannten vier Häuser lassen sich einem zweigeschossigen Gebäudetypus in Fachwerkbauweise zuordnen, den Jacob Reutz dem Herzog Friedrich Wilhelm von Mecklenburg-Schwerin um 1705 für die Bebauung der Haupt- und größeren Querstraßen seiner neuen Schelfstadt vorgeschlagen hatte (Abb. 40). In den Nebengassen sollte es den Bauherren gestattet sein, auch eingeschossige Häuser zu errichten. Dafür hatte Reutz ebenfalls ein Modellhaus entworfen.

Zwölf Varianten dieses eingeschossigen Standardhauses (Abb. 41) blieben bis zum Ende der DDR erhalten, mehrheitlich waren sie viele Jahre ohne die nötige Baupflege geblieben. Zwei Häuser davon mussten in den 1990er Jahren Neubauten weichen. Beide Modellentwürfe hatten eine bebaute Grundfläche von ca. 80 Quadratmeter. Sie wurden über einen Mittelflur erschlossen, der in eine geräumige Küche an der Hofseite mündete. Diese war mit Feuerstelle, Herdglocke und sehr kleiner Vorratskammer ausgestattet. In dem zweigeschossigen Haustyp hatte die Küche zusätzlich die in das Obergeschoss führende Treppe aufzunehmen (Abb. 42). Auf einer Flurseite lagen zwei Stuben, gegenüber waren eine Stube und eine Kammer angeordnet. Im Kern vieler Häuser der Stadt ist dieses frühe Modellhaus noch ablesbar.

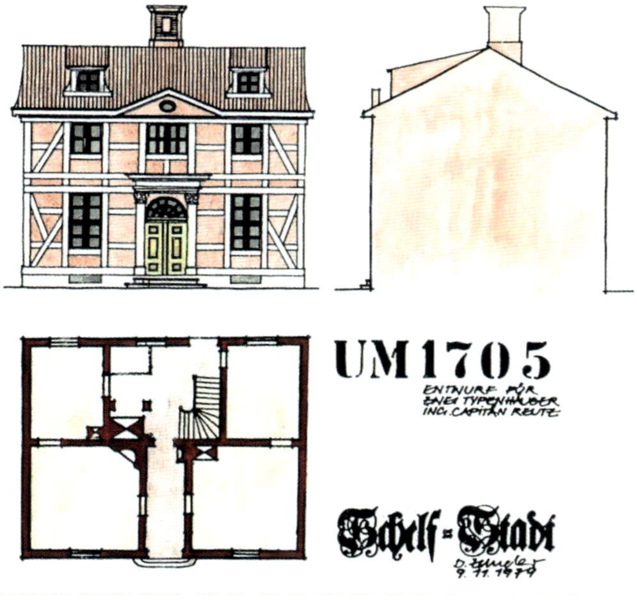

Abb. 42 Entwurf von Jacob Reutz für ein zweigeschossiges Typenhaus, um 1705, Umzeichnung und Ergänzung von 1979

Die Hauptfassaden der Häuser Lindenstraße Nr. 4 und 9 wurden im frühen bzw. späten 19. Jahrhundert überformt. Ihre fünfachsige Kubatur entspricht aber der Entstehungszeit. Dagegen konnten die zwei Beispiele in der Puschkinstraße auch das ursprünglich ziegelsichtige Fassadenbild bewahren. Bis zum Ende des 18. Jahrhunderts bestimmte der Kontrast der beige oder hellgrau gestrichenen Holzteile für tragende und der rote Backstein für füllende Bauglieder die Fassadenfarbigkeit in diesem Ensemble. Das änderte sich erst mit der abwertenden Sichtweise des Fachwerkes als sogenannte »ärmliche« Bauweise. In der Folgezeit verdrängte der Steinbau nach und nach das Fachwerk. Vielfach verbarg man die Holzkonstruktionen auch unter Massivbau vortäuschendem Verputz oder versah die Wände mit einem homogenen Anstrich, der den Häusern ein repräsentativeres Aussehen verleihen sollte.

Haus Puschkinstraße 12, sogenanntes Schleswig-Holstein-Haus

Auf dem Bestandsplan der Schelfe von 1705 schreibt Jacob Reutz das Grundstück der Familie v. Halberstadt zu. An seiner Nordseite gab es damals bereits ein um viele Meter aus der Straßenflucht zurückgesetztes Gebäude. 1737 entstand an dem Standort ein zweigeschossiger Fachwerkbau von ca. 20 × 17 m mit zwei parallelen Walmdächern. Gegen Ende des Jahrhunderts, vor 1787, wurde das Haus um einen eingeschossigen Saalbau von ca. 18 × 11 m erweitert. Mit dem 1779 auf der anderen Straßenseite errichteten Neustädtischen Palais wurde das herrschaftliche Haus für Bedienstete des Palais durchgebaut. Möglicherweise ist in dem Zusammenhang bereits die straßenseitige massive Backsteinmauer vor den Kernbau gesetzt worden (Abb. 43). Schon drei Jahrzehnte darauf erwarb ein Gastwirt aus Dresden das Anwesen, erhöhte den Saaltrakt um ein weiteres Geschoss und eröffnete darin ein Gasthaus.[8] Seit dem Ende des 19. Jahrhunderts waren in dem stattlichen Gebäudekomplex immer wieder verschiedene öffentliche Einrichtungen und Wohnungen untergebracht.

Unterlassene Baupflege bis in die 1980er Jahre ließen das Haus nach und nach verfallen und machten es unbewohnbar. Das Institut für Denkmalpflege legte 1984 eine erste denkmalpflegerische Zielstellung zur Erhaltung des Hauses vor. Es folgten bis 1987 verschiedene Machbarkeitsstudien von Großbetrieben der Stadt, um die Eignung des Hauses für eigene Betriebsbedürfnisse zu prüfen. Der große Reparaturbedarf des Denkmals wirkte immer wieder abschreckend. Auf dem Höhepunkt der Widersprüche zwischen den Zielen eines städ-

Abb. 41 Erhaltungszustände der 1989 noch vorhandenen eingeschossigen Typenhäuser nach Jacob Reutz, 1989

tebaulichen Denkmalschutzes – die Innenstadt war 1975 zum Flächendenkmal erklärt worden – und der auf Abriss orientierten städtischen Baupolitik ließ der Stadtbaudirektor im Spätsommer 1988 drei Häuser neben dem Neustädtischen Palais gegen geltendes Recht sprengen, darunter ein Einzeldenkmal, das wenige Jahre zuvor aufwendig instand gesetzt worden war. Die Absicht der Stadt war es auch in diesem Fall, eine Lücke in der Länge eines geplanten Fertigteilblockes zu gewinnen. Die öffentliche Empörung darüber war so groß, dass sich spontan eine Initiative von ca. zwanzig Architekten, Künstlern, Designern, Schriftstellern, Schauspielern und Denkmalpflegern bildete. Sie begann Alternativen für einen behutsamen Umgang mit der alten Stadt zu entwickeln und präsentierte ihre Arbeiten gegen große politische Widerstände in einer Ausstellung, die sich eines enormen Zuspruchs erfreute und innerhalb von sechs Wochen annähernd 10.000 Besucher fand. Der Verfasser beteiligte sich daran mit einer eigenen Planung (vgl. Abb. 43 und 44). Kernstücke dieses Vorschlags waren die

Abb. 43 Abwicklung der Puschkinstraße mit dem Schleswig-Holstein-Haus, 1989

Gebäudesicherung und die Wiederherstellung des einzigen nachgewiesenen barocken Gartens der Stadt.

Eine vielversprechende Nutzung des späteren Schleswig-Holstein-Hauses Puschkinstraße 12 als Hauptsitz des 1977 eingerichteten Denkmalpflegebetriebes hatte sich angekündigt, gelangte nach den Ereignissen des Herbstes 1989 aber nicht mehr zur Ausführung.

Wie haben sich Gebäudezustände und Nutzungen der genannten Häuser in den vergangenen zwei Jahrzehnten verändert?

1. Als privat geführte Buchhandlung wurde das 1975 dem Volksbuchhandel zugewiesene Haus Markt 13 bis 2007 weiter genutzt. Danach hat ein Antikhandel die Räume übernommen. Da eine Modernisierung bisher nicht erfolgte, blieb in den Innenräumen der »Charme« der 1970er Jahre unverändert. Der Farbanstrich der Hauptfassade, der in den vergangenen Jahrzehnten mehrfach wiederholt worden ist, wird dem historischen Farbton nach der Quellenlage bedauerlicherweise nicht gerecht.
2. Das Altstädtische Rathaus war bis zum Umzug der Stadtverwaltung 1998 in einen angemieteten Zweckbau Sitz des Oberbürgermeisters und einiger Ratsabteilungen. Lediglich im großen Saal des Obergeschosses tagen heute noch die Stadtvertreter. Im Erdgeschoss bedient die Touristinformation Besucher der Stadt.
3. Die stimmungsvollen Wochenmärkte mit Kleingärtnern auf dem Schlachtermarkt werden dort schon viele Jahre nicht mehr abgehalten. Stattdessen wird ein wöchentlicher Bauernmarkt auf dem großen Markt durchgeführt. Der Platz dient überwiegend dem ruhenden Verkehr. Der Brunnen wird nach längerer Pause wieder mit Wasser versorgt, das Glockenspiel schweigt weiterhin.
4. Nach langem Leerstand und weiterem Verfall wurde das Haus zwischenzeitlich privatisiert und 2013 für eine Wohnnutzung durchgebaut. Der Rokokogiebel erhielt einen Anstrich, der sich an dem Farbvorschlag von 1971 orientierte.
5. Seit Beginn der 1990er Jahre wurden die langjährigen Restaurierungsarbeiten an der Schelfkirche mit der Kupfereindeckung der Turmspitze, der Sicherung und Restaurierung der Krypta und der Sarkophage fortgesetzt und zur dreihundertjährigen Wiederkehr der Kirchweihe 2013 zum Abschluss gebracht.
6. Nach dem Freizug des sogenannten Neustädtischen Rathauses sind 2006 nach längerem Umbau sieben Wohnungen vermietet worden. Die in den 1980er Jahren nach Befunden umgesetzte Farbigkeit wurde verändert. Auffallend ist seit geraumer Zeit die Tendenz, dass Eigentümer ihre Häuser als Solitär betrachten und in ihren Farbentscheidungen seltener Rücksicht auf das Ensemble nehmen.
7. Die neuen Eigentümer der Lindenstraße 4 sanierten das Haus in den 1990er Jahren nach einem anderen Konzept. Das alte Fassadenbild wurde aber nicht wiederhergestellt.
8. Unverändert blieb die Lindenstraße 9, ein Wohnhaus mit häufigem Mieterwechsel. Erhalten blieb der Ausbaustandard der 1980er Jahre. Als Geburtshaus des Grafen Friedrich von Schack (Schack-Galerie, München) spielt es in der öffentlichen Wahrnehmung bis heute keine Rolle.
9. Die Restaurierung des Wohnhauses Puschkinstraße 9 erfolgte erst nach 1990 und erfuhr bereits einen Eigentümerwechsel.

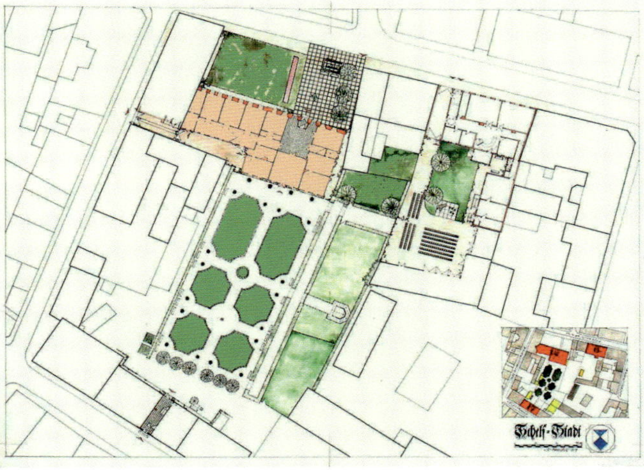

Abb. 44 Puschkinstraße 12, Schleswig-Holstein-Haus, Rekonstruktionsvorschlag des barocken Gartens, 1989

10. Nachdem das Haus Puschkinstraße 17 viele Jahre ungenutzt blieb, wird es heute von Auszubildenden eines Unternehmens bewohnt. Ein prominenter potentieller neuer Eigentümer nahm schließlich Abstand vom Erwerb, da das Haus im Innern eine intensive Behandlung mit heute nicht mehr zugelassenen Holzschutzmitteln bekommen hatte.
11. Die Planungen zur Puschkinstraße 12 fanden nach der Wende keine Berücksichtigung mehr.
    1995 erfolgte eine umfassende Restaurierung zu einem Ausstellungs- und Veranstaltungszentrum. Da das Bundesland Schleswig-Holstein die Maßnahme mit erheblichen Mitteln förderte, wird es unter der Bezeichnung Schleswig-Holstein-Haus geführt. Durch neue Eigentumsverhältnisse der Nachbargrundstücke war eine grenzüberschreitende Wiederherstellung des Barockgartens nicht mehr möglich.

Die Sanierungs- und Restaurierungserfolge an Häusern der Stadt sind unübersehbar durch überwiegend motivierte neue Hauseigentümer, ausreichend zur Verfügung stehende Bauleistungen und umfangreiche Förderprogramme möglich geworden.

Rückblickend bleibt mir einzuschätzen, dass ich in fünfundzwanzig Berufsjahren bis zum Ende der DDR immer wieder um die Erhaltung abrissbedrohter Baudenkmale ringen und streiten musste. In den häufigsten Fällen war ich der Unterlegene. Die Freude an meiner Tätigkeit haben mir diese Niederlagen aber nicht nehmen können, im Gegenteil – sie haben mich immer wieder neu motiviert.

Anmerkungen

1 Statut der Produktionsleitung Denkmalpflege, Verfügungen und Mitteilungen des Ministeriums für Kultur, April 1977, Nr. 3.

2 Krieck, Manfred: Als es vor 300 Jahren ums Schweriner Rathaus ging, Zeitungsartikel im Schweriner Express vom 17.10.1990.

3 Fromm, Ludwig: Geschichte der Haupt- und Residenzstadt Schwerin, Schwerin 1862, S. 281.

4 Nugent, Thomas: Reisen durch Deutschland und vorzüglich durch Mecklenburg, Neuausgabe der 1766/67 verfassten, 1781/82 in deutscher Fassung erschienenen Reisebriefe eines englischen Gelehrten, hrsg. v. Sabine Bock, Schwerin 2000, S. 311.

5 Jesse, Wilhelm: Geschichte der Stadt Schwerin, Von den ersten Anfängen bis zur Gegenwart, Band II: Das 19. Jahrhundert, 1913 (Reprint, Schwerin 1995), S. 269.

6 Declaration, von Anbau- und Extendirung der, bey der alten Residenz-Stadt und Vestung Schwerin nahe anliegenden bisher sogenannten Schelfe, Schwerin 1705.

7 Gesetz über die Bearbeitung der Eingaben der Bürger – Eingabengesetz – vom 19.6.1975, Gesetzblatt der Deutschen Demokratischen Republik, Teil I, Nr. 26.

8 Scheftel, Michael: Baugeschichtliche Untersuchung Schleswig-Holstein-Haus Schwerin, Puschkinstraße 12/Schliemannstraße 2, unveröff. Manuskr., Lübeck 1992.

III. 2.

Schlösser, Herrenhäuser, Burgen und andere Baudenkmale

Denkmalpflege an Schlössern, Herrenhäusern und Burgen in Brandenburg[1]

Peter Goralczyk

Unmittelbar nach dem Ende des Zweiten Weltkrieges wurde die Denkmalpflege in Diskussionen und Auseinandersetzungen einbezogen, in denen es um Art und Ausmaß des Umbruchs ging, der sich nach dem verheerenden Krieg in der sowjetisch besetzten Zone Deutschlands, der späteren DDR, vollziehen sollte.

Für den katastrophalen Krieg wurden die Schuldigen gesucht. Man fand sie auch schon damals in den Eliten. Eine Kollektivschuld sollte es nicht geben. Das Wort Stalins: »Die Hitler kommen und gehen, das deutsche Volk aber bleibt«, wurde im Osten Deutschlands immer wieder zitiert. Das Volk sollte weitgehend »unschuldig« sein, man brauchte es für die Gestaltung der Zukunft, für die Schaffung einer antifaschistisch-demokratischen und später für eine angestrebte sozialistische Gesellschaftsordnung. Andererseits war unübersehbar, dass nur durch die breite Unterstützung der Bevölkerung den Nationalsozialisten das lange Durchhalten im Krieg ermöglicht worden war. Daher war auch das Zutrauen in eine demokratische Willensbekundung zunächst nicht sehr stark entwickelt. Antifaschisten und Kommunisten glaubten zu wissen, was im Interesse des Volkes war, und dass nur ein rigoroser Umbruch, eine grundlegende Veränderung der gesellschaftlichen Ordnung mit neuen Eigentumsverhältnissen die Garantie bot, dass sich niemals wieder ein Faschismus entwickeln könne. Die von den Alliierten verordnete Bestrafung der Kriegsverantwortlichen und die demokratische Umerziehung der Bevölkerung wurde auch gleich genutzt, um zumindest in der Sowjetischen Besatzungszone die Grundlage für eine tiefergreifende sozialistische Umgestaltung von Wirtschaft und Gesellschaft zu schaffen. Umerziehung wurde als eine wichtige Aufgabe angesehen. Dazu gehörte es, Lehren aus dem katastrophalen Verlauf der deutschen Geschichte zu ziehen. Die Vergangenheit wurde unter dem Eindruck der selbstverschuldeten Katastrophe vor allem kritisch gesehen. Nur weniges hielt dieser kritischen Betrachtung stand und wurde als bewahrenswert eingestuft.

Die Bodenreform und die Enteignung und Vertreibung der Gutsbesitzer

Da die Schuld am Zweiten Weltkrieg nicht nur den Eigentümern und Führern von Konzernen und Fabriken, sondern auch den Junkern und Großgrundbesitzern zugewiesen wurde, sollten ihnen die ökonomischen Grundlagen entzogen werden, zumal sie zu großen Teilen das Offizierskorps in Hitlers Armee gestellt hatten und die Beamtenschaft bildeten, die für die Organisation des Krieges verantwortlich war.

So war eine der ersten Maßnahmen der neu gebildeten Verwaltung der Provinz Mark Brandenburg, die an die Stelle des Staates Preußen in den Verband der deutschen Länder getreten war, auf Befehl der Sowjetischen Militäradministration in Deutschland (SMAD) der Erlass der Verordnung über die Bodenreform vom 6. September 1945. Im Artikel 1 dieser Verordnung hieß es: »Die Bodenreform muß die Liquidierung des feudalen junkerlichen Großgrundbesitzes gewährleisten und der Herrschaft der Junker und Großgrundbesitzer im Dorfe ein Ende bereiten, weil diese Herrschaft immer eine Bastion der Reaktion und des Faschismus in unserem Lande darstellte und eine der Hauptquellen der Aggression und der Eroberungskriege gegen andere Völker war«. Enteignet wurde »der gesamte feudaljunkerliche Boden und der Großgrundbesitz über 100 Hektar mit allen Bauten, lebendem und totem Inventar und anderem landwirtschaftlichem Vermögen«.[2] Nicht enteignet wurde an verschiedenen Orten vorerst der Besitz der aktiven Widerstandskämpfer gegen Hitler. Das wurde aber sehr bald nachgeholt, wenn die erhoffte Unterstützung für die neue politische Führung ausblieb.

Die Bewohner der Gutshäuser, die Pächter oder Besitzer wurden, soweit sie den Krieg und den Umbruch überlebt hatten und nicht bereits in die Westzonen geflüchtet waren, mit einer Verfügung der SMAD vom 1. Oktober 1945 ausgewiesen.[3] Sie mussten ihren Besitz verlassen. Die Gutshäuser wurden leer gezogen, womit sie endgültig ihre ursprüngliche Funktion verloren, Wohnsitz einer Großfamilie zu sein, zu der oft drei bis vier Generationen mit ihren Bediensteten gehörten. Viele Schlösser waren allerdings bereits zu reinen Wirtschaftsbetrieben geworden, nachdem sie schon im 19. und zu Beginn des 20. Jahrhunderts von den ursprünglich dort ansässigen alten

Familien verkauft und an bürgerliche Besitzer übergegangen waren.

In die frei gewordenen Häuser zogen zunächst die als Umsiedler und Flüchtlinge bezeichneten Vertriebenen aus den von der Sowjetunion und Polen besetzten deutschen Ostgebieten ein. Sie mussten sich hier in den aufgrund der Raumstruktur völlig ungeeigneten Gutshäusern einrichten. Auf die kunst- und kulturgeschichtlichen Werte der Schlösser und Herrenhäuser wurde dabei wenig Rücksicht genommen. Da Heizmaterial im strengen Winter 1945/1946 kaum vorhanden war, wanderte mancher Ausstattungsgegenstand in den Ofen. Andererseits war für größere Umbauten auch vorerst weder Geld noch Material vorhanden. Dazu kamen die oft exzessiven Nutzungen der Herrenhäuser als Kommandanturen der Roten Armee, die Plünderungen der von ihren Besitzern bereits vorzeitig verlassenen Bauten, die Racheakte der befreiten Zwangsarbeiter, die allgemeine Missachtung des Privateigentums, auch durch die deutsche Bevölkerung in dieser Zeit, die neben einer Aufbruchstimmung nach dem überstandenen Krieg vielfach auch Verbitterung und Enttäuschung empfand.

Gerade die Schlösser und Herrenhäuser wurden von den Härten der Zeit getroffen. Sie waren markante Bauten in den Orten und hatten unter den Kampfhandlungen und deren Folgen zu leiden. Ihr zu Schau gestellter Reichtum, wenn er denn vorhanden war, provozierte die Sieger, aber auch die durch die Niederlage und den Heimatverlust betroffene Bevölkerung.

Der Schutz von Kunstgegenständen, von Sammlungen, Gutsbibliotheken, Archivalien in den ehemaligen Herren-, Gutshäusern und Schlössern und ihre Überführung in Museen, Bibliotheken und Archive wurde zwar im Rahmen einer Schlossbergungsaktion angeordnet, kam aber nur unzulänglich zustande.[4] Selbst wo es gelang, wertvolle Hinterlassenschaften noch am Ort zu sichern wie z. B. im Schloss Wolfshagen in der Prignitz konnte der Abtransport in eine Sammelstelle nicht organisiert werden. Der wertvolle Bestand ging verloren.[5] Priorität hatten offenbar die Transporte zur Versorgung der Bevölkerung. Noch als sich 1957 eine neue Nutzung für das Schloss Lieberose (vgl. Abb. 9) in Brandenburg abzeichnete, musste die zuständige Denkmalpflegerin mehrmals darum bitten, das zusammengestellte Kulturgut endlich abzuholen, damit der Ausbau des Hauses für eine neue Nutzung beginnen konnte.

Der Abriss von Herrenhäusern zur Gewinnung von Baumaterial

Eine besondere Wertschätzung als Zeugnisse beispielsweise einer langen Siedlungsgeschichte oder einer historischen künstlerischen Leistung genossen die Herrenhäuser auf dem Lande nur in beschränktem Maße. Sie waren für die von der Besatzungsmacht eingesetzten politisch Verantwortlichen vor allem Zeichen einer über Jahrhunderte festgefügten Ordnung im Dorf – symbolisiert durch das Nebeneinander von Kirche und Gutshaus –, die nun nach dem Willen der aus SPD und KPD zur SED zusammengeführten Linken beseitigt werden sollte.

Diese allgemeine politische Zielstellung traf mit der Notwendigkeit zusammen, nach der Bodenreform und der Neuaufteilung des Ackerlandes vor allem für die Flüchtlinge aus den ehemaligen deutschen Ostgebieten Hofstellen schaffen zu müssen. Bis Ende 1946 waren etwa 580.000 Flüchtlinge in die Mark Brandenburg gekommen. Sie bildeten hier 1949 bereits ein Viertel der gesamten Landbevölkerung[6], und es war notwendig, diese große neue Bevölkerungsgruppe dauerhaft anzusiedeln. Für sie war als Lebensgrundlage eine Bildung von Neubauernstellen zu schaffen. Eine Neuverteilung des Besitzes der Grundherren, die ohne größere Vermögensverluste aus dem Krieg davongekommen waren, war im Sinne etwa eines »Lastenausgleichs« in der Bevölkerung durchaus populär.[7] Für den Bau von Neubauernhäusern und für neue Hofstellen fehlte jedoch das Baumaterial. Daher sollten die verlassenen Gutsanlagen mit ihren Wirtschaftsgebäuden und Herrenhäusern nach dem Befehl 209 der Sowjetischen Militäradministration vom 9. September 1947, in dem der Bau von 37.000 Neubauernhäusern in der SBZ angeordnet wurde, neben aufgegebenen Fabrikanlagen für die Gewinnung von Baumaterial für die Errichtung von 10.000 Neubauernhäusern in Brandenburg genutzt werden. Der Abriss von Herrenhäusern sollte darüber hinaus, so wurde es von der neu gebildeten Sozialistischen Einheitspartei propagiert, den grundlegenden Wandel in den Besitzverhältnissen auf dem Land dokumentieren und ihn auch festschreiben.[8] Dagegen gab es Bedenken in den Landesregierungen, in denen neben den Kommunisten auch bürgerliche Parteien vertreten waren. Dass es sich bei vielen Gutshäusern um künstlerisch und historisch wertvolle Bauten handelte, war den Mitarbeitern in den Verwaltungen durchaus bewusst. Von der Führung der Sozialistischen Einheitspartei wurde zeitweise der Abriss jedoch als revolutionäres Ziel formuliert und auch entsprechend forciert.[9] Andererseits war klar, zumindest in den Kreisen der Intellektuellen, der Wissenschaftler und der Kulturschaffenden, dass hier ein Kulturverlust drohte, der auch nach einer marxistischen Geschichtsinterpretation nicht akzeptiert werden durfte. Um den Widerspruch zu entschärfen, aber dennoch das politische Ziel beizubehalten, entschloss man sich, wahrscheinlich auf Drängen der Zentralverwaltung für Volksbildung in der Sowjetischen Besatzungszone, Listen von unbedingt zu erhaltenden Bauten und auch von solchen, die für den Abbruch frei gegeben waren, aufzustellen. Sie mussten von der Sowjetischen Militäradministration (SMAD) bestätigt werden und sollten damit für die Kreisbodenkommissionen verbindlich sein, die den Prozess vor Ort leiteten.

Die Listen der zu erhaltenden Häuser wurden nach offenbar immer wieder wechselnden, aber auch immer wieder einengenden Vorgaben von den Konservatoren aufgestellt, die in den wieder eingesetzten Landesregierungen arbeiteten. Grundlage für die Zahl der damals als denkmalwert eingestuften Gutshäuser war dabei offenbar eine Einschätzung oder eine Inventarisation aus dem Jahre 1939.[10] Die Zahl war sicher

Abb. 1 Schloss Reitwein im Oderbruch vor dem Abriss

geringer, als sie nach heutigen Maßstäben gewesen wäre. Aus den erhalten gebliebenen Unterlagen geht hervor, dass die Denkmalpfleger, aber auch andere Mitarbeiter in den Verwaltungen, so sie Gelegenheit dazu hatten, um die Erhaltung eines jeden Baus gerungen haben. Nach diesen Listen sollten im Land Brandenburg 249 Gutshäuser abgerissen werden, was bedeutete, dass auch jene Gutshäuser, die eindeutig als Denkmale klassifiziert waren, zum Abbruch freigegeben werden mussten. Das widersprach jedoch den tatsächlichen Bedürfnissen auf dem Land, denn viele der zum Abbruch vorgesehenen Bauten wurden unbedingt für die weitere Unterbringung von Vertriebenen wie auch für die Ansiedlung von Einrichtungen benötigt, die im Dorf unentbehrlich waren. Zudem erwiesen sich die Abbrüche, wenn sie tatsächlich zustande kamen, als wenig ergiebig für die Gewinnung von Baumaterial.

Tatsächlich abgerissen wurden im damaligen Brandenburg nach einer Untersuchung des Brandenburgischen Staatsarchivs in Potsdam 50 Schlösser und Herrenhäuser, darunter zumeist Ruinen und bei Kampfhandlungen leicht oder schwer beschädigte Bauten, jedoch auch intakte Häuser, die für die Vielfalt der brandenburgischen Kulturlandschaft prägend und unersetzlich waren (Abb. 1).[11]

Die meisten Abrisse erfolgten im Jahr 1948. Im gleichen Jahr fand jedoch auch schon eine Konferenz statt, auf der darum geworben wurde, den Häusern neue Funktionen zu geben. An dieser Tagung nahm auch der für Brandenburg zuständige Konservator Siegfried May teil.[12]

Um intakte und damit gut zu nutzende Gutshäuser weitgehend erhalten zu können und dennoch dem Befehl zu entsprechen, wurden mitunter nur Teile von Bauten abgerissen wie z. B. der Portikus am Gutshaus in Krampfer in der Prignitz oder die drei Achsen des Herrenhauses in Sieversdorf. Die Gutshäuser in Trampe bei Bernau, in Cöthen bei Hohenfinow und Schloss Paretz bei Potsdam wurden durch Umbauten bis zur Unkenntlichkeit verändert, um ihnen in der äußeren Erscheinung den Charakter eines Herrenhauses zu nehmen (Abb. 2).[13] In Neuhausen bei Perleberg wurde eine Ruine aus dem 16. Jahrhundert, die neben dem Gutshaus aus dem 18. Jahrhundert als Teil eines Vorgängerbaus erhalten war, abgebrochen. So durfte das intakte und genutzte Gutshaus stehen bleiben.

Nach dem Bau der 10.000 Neubauernhäuser wurde das Drängen nach weiteren Abbrüchen eingestellt. In einer Verfügung aus dem Jahre 1951 erklärte die Landesregierung die noch stehenden Gutshäuser zum Volkseigentum. Sekundiert wurde dieses Umdenken eventuell auch von der staatlichen Forderung beim Neubau, bei der Entwicklung einer neuen eigenen identitätsstiftenden Architektur im Gegensatz zur neuen Sachlichkeit im Westen an eine »nationale Tradition«, an einen Vorrat an historischen Formen anzuknüpfen. Abbrüche waren von nun an untersagt. Die Vernunft hatte sich offenbar langsam durchgesetzt. Die Planungsorgane machten jetzt verstärkt Vorschläge zur Nutzung dieser Bauten und forcierten die Übernahme in die Rechtsträgerschaft der Gemeinden. Nach der Untersuchung im Brandenburgischen Staatsarchiv hatten 350 Gutshäuser die Abbruchwelle überstanden, das waren mehr als in den Listen ursprünglich zum Abriss vorgesehen waren, wobei die Zahlenangaben schwanken. Es gibt auch Untersuchungen, in denen höhere Verluste festgestellt werden.[14]

Ein umfangreicher Bestand historisch wertvoller Bauten war so in öffentlichen Besitz gelangt und damit ihr materieller und, wenn auch sehr oft nur unterschwellig, ihr historischer und kultureller Wert anerkannt. Die Haltung zu den Bauten blieb zwiespältig und stark von den jeweiligen Einstellungen der Entscheidungsträger vor Ort, im Kreis oder im Bezirk bestimmt. Eine allgemein akzeptierte Strategie, wie mit diesen Gebäuden positiv umgegangen werden solle, wie beispielsweise bei neuer Nutzung auch die historischen und baukünstlerischen Werte bewahrt werden können, existierte nicht. Das politische Verdikt, Herrschaftszeichen einer alten, zu überwindenden Gesellschaftsordnung zu sein, dominierte noch in vielen staatlichen Leitungen. Das änderte sich auch wenig, nachdem die Abrisse verboten waren. Gern in Anspruch genommen wurden, soweit sie erhalten waren, die Wirtschaftsgebäude der Gutsanlagen. Hier machte sich aber auch bald der

Abb. 2 Das bis zur Unkenntlichkeit veränderte Schloss Paretz im Landkreis Havelland

Veränderungsdruck bemerkbar, dem Produktionsgebäude im Allgemeinen ausgesetzt sind. Als kultureller Wert wurden sie von den Denkmalpflegern zur damaligen Zeit auch nur sehr eingeschränkt wahrgenommen.

Die Auseinandersetzungen um den Abriss der Schlossruinen in den Städten

Die Abrisse von Schlossruinen, besonders von wertvollen einstigen Residenzschlössern in den Stadtzentren, wurden gegen erheblichen Widerstand der Öffentlichkeit fortgesetzt. Bei aller Wertschätzung der Tradition sollten die Innenstädte beim Wiederaufbau doch ein neues Gesicht bekommen. In den Jahren 1950/51 fiel die Ruine des Berliner Stadtschlosses. Zehn Jahre später, 1960/61, wurde die Ruine des Potsdamer Stadtschlosses abgerissen (Abb. 3), ebenso die Ruine des Schlosses in Schwedt.

Die Neuordnung der Städte beim Wiederaufbau nach den Kriegszerstörungen, die Schaffung moderner Verkehrsführungen, einer besseren Kommunikation unter den einzelnen Stadtteilen sowie der Bau neuer Dominanten in den Zentren waren starke Forderungen der Politiker und Architekten. Die Neugestaltung der Stadtzentren mit dem zweifellos aufwendigen Wiederaufbau eines alten Schlosses zu verbinden, konnten sich zwar Architekten in ihren Planungsbüros vorstellen, jedoch nicht die Politiker, vor allem nicht die politischen Entscheidungsträger im führenden Gremium der SED, dem Politbüro. Sie setzten sich nicht nur gegen den Widerstand in der Öffentlichkeit durch, sondern auch gegen die Widerstände in der eigenen Partei. Allerdings gab es auch in der Bevölkerung viel Zustimmung für Neubauten in den Städten und Dörfern in der Überzeugung, nun im Besitz unendlich wachsender Ressourcen zu sein, die nicht mehr für Kriege eingesetzt werden mussten, sondern einem friedlichen Aufbau zur Verfügung standen. Die Überwindung und nicht die Bewahrung der historisch gewachsenen Ordnungsprinzipien im Städtebau waren das Ziel der rigorosen Stadterneuerer. In Dresden blieb das weitgehend ausgebrannte Schloss wohl nur erhalten, weil es abseits des damals so wichtigen »Zentralen Platzes« und der »Magistrale« stand, mit denen in den Zentren der Wiederaufbau der Städte beginnen sollte.

Als Ludwig Deiters, der Leiter des damaligen Instituts für Denkmalpflege für das ehemalige Brandenburg – das waren die Bezirke Potsdam und Frankfurt/Oder – eine Gegenargumentation zum beabsichtigten Abriss der Ruine des Potsdamer Stadtschlosses mit Unterstützung der Architekturfakultäten der Hochschulen in Dresden und Weimar ausgearbeitet hatte[15] und diese im Zentralkomitee der SED in Berlin vorstellte, lehnte der damalige Sekretär für Kultur im Zentralkomitee, Alfred Kurella, den Wiederaufbau des Schlosses strikt ab. Er äußerte, dass für die Entwicklung der Kulturarbeit das Schloss nicht gebraucht würde, auch nicht als Sitz für die Bezirksverwaltung oder das Bezirksparlament. Enttäuscht darüber war zumindest damals Alexander Abusch, der damalige Kulturminister, dem Ludwig

Abb. 3 Das Stadtschloss in Potsdam vor dem Abriss

Deiters bei einem zufälligen Zusammentreffen auf der Berliner Mühlendammbrücke von Kurellas Äußerungen berichtete.[16] Abuschs Nachfolger im Amt ab Februar 1961, Hans Bentzien, war wieder ablehnender Meinung. Im gleichen Jahr bewahrte dieser jedoch das nach dem Krieg abgebaute Reiterstandbild Friedrichs II. Unter den Linden in Berlin vor dem Einschmelzen und ließ es im Park von Schloss Sanssouci aufstellen.[17]

Eine einheitliche, ausschließlich ablehnende Haltung zu dem kulturellen Erbe Preußens hatte es in der Sozialistischen Einheitspartei offenbar nicht gegeben, jedoch auch keine dominierende positive Haltung. Die Frage blieb offen. In den Denkmalämtern, die unter der Leitung des Ministeriums für Kultur standen, fühlten sich die Konservatoren und Mitarbeiter im Rahmen ihrer Möglichkeiten uneingeschränkt für die Erhaltung verantwortlich.

Wirklich populär waren die Abrisse nicht. Von kulturell Interessierten wurden sie eindeutig abgelehnt. Wo dies wahrgenommen wurde in den Parteien, dem Kulturbund, etwa der CDU der DDR und in den Abteilungen Kultur der Verwaltungen, überwog die Enttäuschung und das schlechte Gewissen, weil man sich nicht durchsetzen konnte.

Die Folge der Schlossruinenabrisse in Berlin und Potsdam aber war, dass man nun langsam begann, Schlösser, Gutshäuser und Burgen als geschichtliche und kulturelle Leistungen stärker wahrzunehmen und entsprechend respektvoller zu behandeln. Diese Wertschätzung wurde jedoch von einflussreichen Regierungsmitgliedern und Mitarbeitern in den Bezirksverwaltungen oft nur mit Argwohn betrachtet. Vermutlich herrschte unter den Revolutionären der 1950er Jahre eine vergleichbar distanzierte Auffassung vor, wie sie Bruno Taut unter dem Eindruck der Novemberrevolution 1918 im Arbeiterrat für Kunst im Jahr 1919 zu der Frage formuliert hatte: »Was geschieht mit den ehemaligen königlichen Besitztümern?« Er schrieb damals in seiner Stellungnahme: »Der Arbeitsrat für Kunst muss einen genauen Plan für eine neue Regierung ausarbeiten. Die Schlösser dürfen unter keinen Umständen Repräsentationsgelüsten dienen, z.B. als Präsidentenwohnung. Wo es geht, für rein praktische Zwecke: Schulen, Invaliden- und Altersheime (aber nicht für ehemalige Könige und Prinzen, sondern für ehemalige Bettler); wo aber der künstlerische Wert darunter leidet, wie Sanssouci, Potsdam, Berlin Stadtschloss, bleiben sie völlig unbenutzt. Mit dem Repräsentationsgedanken aber müssen wir gründlich aufräumen«.[18] Ablehnung einerseits, Wertschätzung andererseits und Hilflosigkeit im Umgang spiegeln sich darin wieder, wie sie für die Folgezeit auch in der DDR mit den in ihrem ursprünglichen Sinn funktionslos gewordenen Schlössern charakteristisch bleiben sollte.

Das Schicksal von Schlössern und Herrenhäusern im »Kalten Krieg«

Die negative Grundeinstellung gegenüber der Adelskultur wurde in der Atmosphäre des Kalten Krieges weiter verstärkt. So hatte beispielsweise ein Mitglied der Bankiersfamilie Pferdmenges an das inzwischen volkseigen gewordene Gut Lindenberg bei Beeskow, das einst im Besitz der Familie war, geschrieben, dass man sich bei einem Besuch in Lindenberg über den guten Zustand des Gutes gefreut habe, zumal man es ja in Kürze wieder in Besitz nehmen werde.[19]

Aber auch von Seiten der DDR wurde das Verhältnis zwischen Alt- und Neueigentümern schwer belastet. Als ein Beispiel sei hier die Antwort des Bürgermeisters der Gemeinde Marxwalde, dem einstigen Neuhardenberg, angeführt. Als 1958 Carl-Hans Graf von Hardenberg, Teilnehmer am Aufstand des 20. Juli 1944 gegen Adolf Hitler, verstarb, hatte sich seine Frau mit der Bitte an die Gemeinde Marxwalde gewandt, den Verstorbenen gemäß seinem Wunsch auf dem Familienfriedhof an der Kirche beizusetzen. Die Antwort aber lautete: »Wir haben auf dem Gebiet unserer Republik die Junker und Großgrundbesitzer von dannen gejagt und wollen weder sie noch ihre Asche wieder sehen«.[20]

Die Bereiche Denkmalpflege und Heimatschutz waren in der öffentlichen Wahrnehmung der DDR vor allem negativ besetzt. Sie galten als unschöpferisch und wurden als reaktionär beargwöhnt. Sie passten schlecht in eine Zeit, die durch den Aufbruch zu völlig »neuen Ufern« gekennzeichnet sein sollte. Jedoch ging es ohne eine institutionalisierte Denkmalpflege auch nicht, wenn man den Anspruch erhob, auch in diesen Bereichen der Kultur Erbe aller positiven Traditionen der deutschen Geschichte zu sein.

Eine allgemeine Diskussion zur Positionsbestimmung der Denkmalpflege in einem sozialistischen Staat gab es nicht. Sie wurde vermieden. Die Versuche von Gerhard Strauß und Hermann Weidhaas, eine Debatte darüber in Gang zu bringen, in der die allgemeine Forderung gestellt wurde, die »bürgerliche« Tradition in der Denkmalpflege durch eine »sozialistische« zu ersetzen, wurde von den Denkmalpflegern weitgehend ignoriert, zumal nicht benannt werden konnte, worin sie bestehen sollte.[21] Ein Eingehen auf diese Forderung hätte nur dazu geführt, die traditionellen Prinzipien und Ziele der Denkmalpflege in Frage zu stellen und sie noch stärker an tagespolitische Erfordernisse zu binden. Eine Aufforderung an die neuen Machthaber, an die Arbeiter und Bauern und an ihre führende Kraft, die Sozialistische Einheitspartei, sich der Aufgabe der Bewahrung historischer Werte gegenüber positiver einzustellen, war in einer solchen Diskussion zur damaligen Zeit kaum zu formulieren. Genau darum wäre es jedoch gegangen.

Die Praxis der denkmalpflegerischen Arbeit

In der Praxis stellte man sich jedoch dieser Aufgabe. Für die unbestritten wertvollsten Bauten wurden Lösungen zu deren Erhalt gefunden; dazu zählen, wenn auch mit Einschränkungen in der Zahl der ursprünglich dazugehörigen Bauten, die Weiterführung der Verwaltung der Staatlichen Schlösser und Gärten Potsdam-Sanssouci, die Neugründung der Nationalen Forschungs- und Gedenkstätten der klassischen deutschen Literatur in Weimar, die Weiterführung und zum Teil auch Neugründung von Museen in wertvollen Schlössern wie z.B. auf der Heidecksburg in Rudolstadt, der Wartburg, dem Schloss Augustusburg bei Chemnitz, dem Schloss Meiningen in Thüringen und in Brandenburg die Einrichtung von Museen in den Schlössern von Branitz (Abb. 4) und Spremberg oder in den Burgen von Beeskow und Belzig (Abb. 5). Zu einem klaren politischen Bekenntnis, diese Hinterlassenschaft auf breiterer Basis schützen und erhalten zu wollen, konnte man sich jedoch nicht durchringen. Die Trennung der beim Bau der Schlösser und Gutshäuser erbrachten handwerklichen und künstlerischen Leistungen von der »reaktionären« Herrschafts- oder Besitzgeschichte bot dafür die ideologische Rechtfertigung. Die bloße Adelsherrschaft als Glanzpunkt in der Entwicklung des Dorfes oder der Stadt war schwer zu vermitteln. Das gelang nur, wenn sie möglichst exakt zu belegen war.

Ludwig Deiters, der damalige Generalkonservator des Instituts für Denkmalpflege der DDR, versuchte immer wieder, das Eis zu brechen, indem er marxistische Argumente anführte. Er verwies auf eine Äußerung Lenins, in einem Gespräch mit Clara Zetkin, in der er vor einer Verteufelung alles Alten warnte. Ebenso zitierte er eine Äußerung des ersten Volkskommissars für Bildung der Sowjetregierung Lunatscharski, in der dieser betont hatte, dass die Resultate der Leistungen der Vergangenheit heute Eigentum des Volkes und entsprechend zu pflegen und zu bewahren seien. Das Echo war gering.

Nach der Auflösung der Länder im Jahre 1952 wurde in den neu gebildeten Bezirksverwaltungen die Stelle eines Konservators nicht mehr ausgewiesen. Die Konservatoren mit ihren Mitarbeiterinnen und Mitarbeitern, die bis dahin in den Landesregierungen tätig waren, wurden dem ebenfalls neu gebildeten Ministerium für Kultur unterstellt. Sie waren hier zuerst selbständige Institute, die dann später zu einem Institut für Denkmalpflege mit einem Generalkonservator als Leiter vereint wurden. Dort blieben sie mit einem beratenden, aber keinem hoheitlichen Auftrag für die Denkmale in den alten Ländergebieten zuständig. Der Status einer dem Ministerium

Abb. 4 Schloss und Park Branitz bei Cottbus

Abb. 5 Die Burg Eisenhardt in Belzig als Heimatmuseum

für Kultur nachgeordneten Einrichtung gewährleistete nach allgemeiner Auffassung der Konservatoren eine Unabhängigkeit, die ein effektiveres Wirken für die Denkmale ermöglichte als bei einer Einbindung in die Bezirksverwaltungen. Die Konservatoren mit ihren Mitarbeitern wirkten im Institut als »Anwälte« der Denkmale und wurden so akzeptiert, wenn auch mitunter nur sehr widerwillig.[22] Die Entscheidungen lagen jedoch nach wie vor bei den Staatsorganen in den Bezirken und Kreisen. Das Ministerium für Kultur hatte in einer Verordnung zur Denkmalpflege vom Jahre 1961 nur für eine kleine Gruppe herausragender Denkmale die Verantwortung übernommen, für eine sehr viel größere Zahl erst nach dem Erlass des Denkmalpflegegesetzes vom Jahre 1975. Ab Ende der 1960er Jahre gab es Versuche, die regionalen Arbeitsstellen des Instituts für Denkmalpflege den Bezirksverwaltungen zu unterstellen. Jedoch hatte diese Unterstellung nicht das Ziel, eine umfangreichere Denkmalpflege betreiben zu wollen, sondern eher, sich damit einen relativ unabhängigen, unbequemen Mahner vom Hals zu schaffen. Das konnte mit Unterstützung des Ministeriums für Kultur verhindert werden. Die Regionalisierung der Kulturpolitik passte damals nicht in das sozialistische Staatsverständnis und auch nicht eine in der Provinz zu befürchtende, allzu klassenkampfbetonte Denkmalpflege.

Im Institut für Denkmalpflege stellte man sich nun die Aufgabe, zusammen mit zahlreichen kulturell engagierten Bürgern und mit zunehmender Unterstützung des Kulturbundes und der dort vorhandenen Fachgruppe Natur und Heimat, aber auch mit den Referenten für Museen und Denkmalpflege in den Kulturabteilungen der Bezirks- und Kreisverwaltungen, die als Denkmal anerkannten Bauten – gleich welcher Art und Wertigkeit – zu schützen. Dies geschah im Auftrag des Ministeriums für Kultur, das mit ca. fünf Millionen Mark den Haushalt des Instituts finanzierte und in besten Zeiten mit ca. zwölf Millionen Mark Beihilfemitteln für praktische Erhaltungen und Restaurierungen unterstützte. Diese Mittel, jährlich ausgereicht durch das Institut für Denkmalpflege, beförderten die denkmalpflegerischen Arbeiten im Lande. Später, nach der Verabschiedung des Denkmalschutzgesetzes 1975 kamen weitere Mittel aus den Bezirksverwaltungen hinzu.

Die Beweggründe der Mitarbeiterinnen und Mitarbeiter, im Institut für Denkmalpflege zu arbeiten und auch von Mitarbeitern in den staatlichen Verwaltungen, die positiv dem Denkmalschutz gegenüberstanden, waren unterschiedlich. Die einen wollten die Kunst- und Geschichtsdenkmale in ihrem Lebensumfeld vor dem Verfall bewahren, die Besonderheiten einer über Jahrhunderte gewachsenen Kultur auch bei fortschreitender Nivellierung erhalten. Andere wollten die Identität der deutschen Kultur vor einer sich in Machtblöcke polarisierenden Welt schützen, später dann sicher auch das Erbe der gesamtdeutschen Kulturnation bis zu einer eventuell doch noch möglichen Wiedervereinigung bewahren. Und wieder andere stellten sich das Ziel, auch den politisch ungeliebten Denkmalen, den Herrschaftszeugnissen jener überwunden geglaubten Klassengesellschaft, eine Zukunft in der sozialistischen Gesellschaft zu geben, das hieß, die Zeugnisse der Adelskultur zu einem allgemein geschätzten Teil des Erbes in der sozialistischen Kultur werden zu lassen.

Die Rückgewinnung dieses Wertes in der Öffentlichkeit war ein vielschichtiger Prozess, den auch die Denkmalpfleger nicht vollständig überblickten.

Der »Gebrauch« der Schlösser und Gutshäuser

Bei allem Idealismus, der sicher eine wichtige Voraussetzung für die damalige Arbeit war, hat vor allem der Gebrauchswert, die Nutzung, in den späten 1940er bis in die 70er Jahre viele Schlösser und Herrenhäuser vor dem vollständigen Verfall bzw. vor dem Untergang bewahrt. Unabhängig von Ideologien war es notwendig, Schlössern einen Platz im sozialen Leben zu geben.

Die Schlösser wurden nach ihrer Enteignung und auch in der Folgezeit vor allem als »Gebrauchsgegenstände« wahrgenommen, nicht so sehr als schützenswerte kulturelle Überlieferungen aus vergangenen Zeiten wie etwa der Periode der Adelsherrschaft. Angenommen wurden sie hier als Zwischenlösung, bis sich die Möglichkeit ergab, evtl. einmal Neubauten für die darin etablierten Nutzungen zu schaffen. Jetzt dienten sie als Schulen, Internate, Kindergärten, Erholungs- und Altenheime, als Arbeitsstätten für wissenschaftliche Institute, Verwaltungen und Industriebetriebe. In ihnen befanden sich Verkaufsstellen, Arztpraxen, Büros und Wohnungen. Viele erlangten dabei den Status von Gesellschaftshäusern im Dorf oder einer ländlich geprägten Kleinstadt.

Schlösser als Altenheime und Haftanstalten zu nutzen, hatte ja schon zu preußischen Zeiten eine gewisse Tradition. Einen Kulturtourismus, wie er heute praktiziert wird, gab es nicht. Der sogenannte Inlandstourismus war auf begrenzte Landschaften konzentriert, in denen auch die Schlösser davon profitierten. Reiche Leute, die in einem Schloss wohnen wollten oder konnten, gab es ebenfalls nicht. Immer blieb die Abhängigkeit von der Zuweisung von Reparaturleistungen durch die Verwaltungen. Sie erstickten eventuelle Initiativen zur privaten Nutzung im Keim wie z. B. im Fall von Ulrichshusen in Mecklenburg.

Die Nutzung war eine gewisse Garantie für die weitere Existenz eines Gebäudes. Sie zu ermöglichen, zu stimulieren, wurde zu einem Hauptanliegen der Denkmalpflege, obwohl klar war, dass die vom Ursprünglichen abweichende Nutzung auch immer Gefahren für das Denkmal mit sich brachte. Leerstand führte jedoch noch schneller zu gravierenden Schäden. Auch bei einer Anerkennung als kulturell wertvoll waren Aufwendungen für eine Erhaltung nur bei einer Nutzung zu rechtfertigen. Eine Reparatur ohne Nutzung kam nicht in Frage. Das Schloss Groß Rietz bei Beeskow in Brandenburg konnte 1975 eine neue Dachdeckung erhalten, wenn auch nur mit Betonziegeln, weil noch zwei alte Damen darin wohnten, die als Vertriebene dort seit 1945 untergebracht waren (Abb. 6 und 7).

Eine Bestandssicherung, um später dann über den »Gebrauch« entscheiden zu können, wurde zwar immer wieder von den Denkmalpflegern gefordert, aber nie erreicht. Relativ geringe Schäden konnten schnell zur Forderung nach einem Abriss führen. Das Schloss in Dahme ist auf diese Weise weitgehend verlorengegangen, vollständig die Schlösser in Putbus und Neustrelitz, der Nordflügel von Schloss Lieberose, das Schloss Guteborn in der Niederlausitz. Als z. B. fünf Bauten, darunter vier Herrenhäuser in Brandenburg leer standen, setzte das Institut für Denkmalpflege nach vorheriger Absprache mit den Eigentümern und den zuständigen Verwaltungen eine Annonce in die Zeitung, in der die Bauten zum Ausbau als Erholungseinrichtungen angeboten wurden. Dazu gehörten die Reste der Klosterbauten in Altfriedland bei Neuhardenberg, von denen damals noch sehr viel mehr stand als heute sowie das Schloss Kossenblatt bei Beeskow (Abb. 8). Für dieses konnte mit der Archivverwaltung ein verständnisvoller Betreiber gefunden werden.[23]

Abb. 7 Eine im Schloss Groß Rietz für eine Flüchtlingsfamilie abgeteilte Wohnung

Abb. 6 Schloss Groß Rietz im Landkreis Oder-Spree

Abb. 8 Das Schloss Kossenblatt im Landkreis Oder-Spree als Archivverwaltung

Nach der Überwindung beträchtlicher Widerstände war es bereits 1951/52 gelungen, im Schloss Lieberose eine Betriebsberufsschule einzurichten (Abb. 9). Die große Vierflügelanlage war im Zweiten Weltkrieg bei den Endkämpfen in diesem Gebiet am Nord- und Westflügel stark beschädigt worden. Das wurde jedoch nicht zum Anlass genommen, den Bau seinem Schicksal zu überlassen und ihn abzureißen, wie das bei den Schlössern Reitwein im Landkreis Seelow, Hohenfinow (Lkr. Barnim), Landin (Lkr. Rathenow), Kunersdorf (Lkr. Bad Freienwalde) und bei anderen Bauten der Fall war.[24] Der beschädigte Nordflügel des Schlosses Lieberose wurde aufgegeben. In die drei noch intakten Flügel zog eine Schule zur Ausbildung von Buchhaltern in der Landwirtschaft ein. Es schlossen sich für die damalige Zeit umfangreiche Erhaltungsmaßnahmen an. Das Schloss wurde zum gesellschaftlichen Mittelpunkt der Stadt. Eine vollständige Wiederherstellung und die Komplettierung durch Neubauten in einer modernen Formensprache wurde erwogen.

Als Schulen genutzt wurden auch die Schlösser in Neuhardenberg bei Seelow, Meyenburg bei Pritzwalk, Reckahn bei Brandenburg, Blankensee bei Luckenwalde, Wolfshagen in der Prignitz, Lohm bei Kyritz, Dannenwalde bei Fürstenberg, Caputh bei Potsdam, Crieven bei Angermünde. In zahlreichen Bauten verfestigte sich die Wohnfunktion, die mit der Unterbringung von Vertriebenen begonnen hatte, so zum Beispiel in Groß Rietz bei Beeskow, Meseberg (Abb. 10) und Hoppenrade bei Gransee, Steinhövel bei Angermünde, Alt Madlitz zwischen Fürstenwalde und Frankfurt/Oder.

Die Nutzung sicherte die Existenz dieser Bauten und ermöglichte es, sie als Geschichts- und Kunstdenkmale weiter auszuweisen, für sie eine bessere Pflege einzufordern und, wo das möglich wurde, diese auch zu organisieren und denkmalverträglich zu gestalten.

Nicht alle Gutshäuser konnten Museen oder Kulturhäuser werden. Ihr Gebrauch wurde bald nicht mehr als ein Notbehelf angesehen. Er sollte mit Einschränkung die Zukunft für die Bauten werden. Unser Ziel war es, eine neue Funktion und Substanzschutz miteinander in Einklang zu bringen.

Abb. 9 Das in Teilen erhalten gebliebene Schloss Lieberose im Dahme-Spreewald-Kreis als Berufsschule

Das Herrenhaus in Lietzen im Landkreis Seelow in Brandenburg, das von einem landwirtschaftlichen Produktionsbetrieb als Verwaltung genutzt wurde und in dem sich der Direktor auch für die Sicherung und Restaurierung der bemerkenswer-

Abb. 10 Schloss Meseberg bei Gransee im Landkreis Oberhavel mit Wohnungen, Dorfkino und Dorfkonsum

Abb. 11 Das Herrenhaus in Lietzen mit der Gutskapelle im Landkreis Märkisch-Oderland als Verwaltung eines Agrarbetriebes

ten Ausstattung zuständig fühlte, natürlich unterstützt mit Mitteln aus der Kultur, und der auch die kleine Gutskapelle in diese Pflege mit einschloss, wurde von der Denkmalpflege als vorbildlich herausgestellt (Abb. 11). Nicht damit einverstanden war allerdings das für den Landwirtschaftsbetrieb zuständige wirtschaftsleitende Organ, das auf die strikte Trennung von Kultur und Wirtschaftsunternehmen drängte. Eher gelang es schon mitunter, Betriebe zu Aktivitäten für die Bewahrung ihrer Technikentwicklung zu motivieren.

Die Nutzungen verhinderten aber nicht oder nur unzulänglich den rüden Umgang mit den Bauten, vor allem mit den Innenräumen. Sie verhinderten auch nicht weitere Abbrüche, wenn die Bausubstanz wegen unterlassener Instandhaltungen über einen langen Zeitraum so schlecht geworden war, dass sie nur noch mit einem erheblichen Aufwand zu retten gewesen wäre. Oft entschieden sich die Rechtsträger und die staatlichen Verwaltungen dann eher für den Abriss.

Wenn ein Verständnis für den besonderen kulturellen Wert der Gebäude vorhanden war, konnten bei unabwendbaren Veränderungen in der Raumstruktur für die neue Nutzung Ausstattungsstücke wie z.B. Wandbespannungen, Öfen, Kaminumrahmungen ausgebaut und sichergestellt werden. So geschehen in der Plattenburg bei Bad Wilsnack, im Gutshaus Lohm bei Kyritz, im Forsthaus Kloster Zinna bei Jüterbog, im Schloss Neuhausen bei Perleberg, im Schloss Paretz bei Potsdam. Vielfach gingen aber wertvolle Innenausstattungen auch verloren: Wandbespannungen aus dem Schloss Wolfshagen in der Prignitz, Paneele und Kaminumrahmungen aus den Schlössern Königs-Wusterhausen und Rheinsberg (Abb. 12).

Abb. 12 Das Schloss Rheinsberg als Diabetiker-Sanatorium

Die Arbeit der Denkmalpfleger bestand darin, solche Verluste möglichst zu verhindern und die Folgen der unabwendbaren neuen Nutzungen einigermaßen denkmalverträglich zu gestalten. Nicht immer ist das gelungen. Teilabbrüche in den Bauten vor allem von Treppenanlagen, die den bauaufsichtlichen Bestimmungen nicht mehr entsprachen, z.B. in Meyenburg und Wolfshagen in der Prignitz, in Martinskirchen in der Niederlausitz, waren nicht zu verhindern, obwohl es einen Bestandsschutz gab, der aber eher theoretischer Natur war. So wurde seitens der Denkmalpflege ein ständiger Kampf gegen einen groben Umgang mit der Substanz geführt. Die Akten der Denkmalpflege sind voll von den Beschwerden der »ehrenamtlich Beauftragten« über willkürliche Veränderungen und Entstellungen an und in den Baudenkmalen.

Der Schutzstatus war bis zum Erlass des Denkmalpflegegesetzes im Jahre 1975 nicht geregelt. Auch nach der Verabschiedung der Denkmallisten durch die Räte der Kreise, der Bezirke und durch den Ministerrat für die sogenannte »Zentrale Liste« war der Denkmalschutz nur bedingt einklagbar. Es herrschte ständig ein akuter Mangel an Baumaterialien und an Bauleistungen für die Instandhaltung und Instandsetzung. Ein großer Teil der denkmalpflegerischen Aktivitäten im Institut für Denkmalpflege und in den Verwaltungen, aber auch von Seiten der Rechtsträger bestand im Heranschaffen von Geld und Material sowie in den Bemühungen um die Zuweisung von Bauleistungen für Bestandssicherungen und um einigermaßen fachgerechte Restaurierungen. Ausnahmegenehmigungen für den Einsatz von Zink- und Kupferblech, Biberschwanz-Dachsteinen und Schiefer, von Holz für die Dachstuhlinstandsetzungen mussten immer wieder neu erstritten werden. Allein mit Forderungen, Ermahnungen und der Erteilung von Auflagen waren Instandsetzungen und Restaurierungen nicht zu erreichen. Hilfestellungen bis hin zur Übernahme von Ausführungsleistungen wurden zunehmend vom Institut für Denkmalpflege erwartet und auch erbracht. Das förderte den Realitätsbezug in der Arbeit, erhöhte die Akzeptanz der Denkmalpflege in der Öffentlichkeit und kam auch dem Gestaltungsdrang vieler Mitarbeiter, vor allem der Architekten, entgegen. Den Gebrauchswert der historischen Gebäude allzu sehr einengende Forderungen oder auch das Erhalten von Erscheinungsformen, die eher die Missachtung beim Umgang mit einem Bau dokumentieren, waren kaum gefragt. In den Zeiten starker Gefährdungen für die Substanz dominierte der Pragmatismus. In der Regel führte er durchaus zu guten Ergebnissen. Es wäre daher falsch, diese Nutzungen nur unter dem Gesichtspunkt der Verluste zu beurteilen, die dabei eingetreten sind, wie das Günter de Bruyn tut, wenn er die Situation mit den Worten beschreibt: »(...) hier wurde die Kultur vom gutsbesitzenden Adel bestimmt. Als dieser 1945 arm gemacht und vertrieben wurde, entstand eine kulturelle Leere, in die, von der Partei gefördert, der Geschmack des Kleinbürgers einströmte, der zwar durch ständigen Mangel daran gehindert wurde, sich aktiv auszutoben, passiv manches Schöne verfallen ließ«.[25] Die neuen Nutzungen hatten oft substanzerhaltende Maßnahmen zur Voraussetzung oder im Gefolge, und vor allem initiierten sie auch neue positive Beziehungen der Bevölkerung zu »ihren« Herrenhäusern. Die Erinnerung an die Schulzeit, das Leben im Internat, an eine Wohnung im Schloss, an Hochzeiten, Kinobesuche, Tanzveranstaltungen, Abiturbälle in den Herrenhäusern helfen heute, nachdem ein Großteil der Schlösser leergezogen ist, ein weiteres Engagement für die Bauten zu erreichen und auch kommunale Mittel für ihre Erhaltung bereitzustellen. Nicht nur Mangel an Aktivität zur Instandhaltung hat dazu geführt, dass bei allen Verlusten dennoch so viele Herrenhäuser erhalten geblieben sind, wenn auch in einem oft beklagenswerten Zustand, sondern auch die Bemühungen um Pflege und Schutz durch die Bürger, durch die für Denkmalpflege zuständigen Verwaltungen, Bürgerinitiativen und gesellschaftlichen Organisationen haben das möglich gemacht. Die Aneignung des »Erbes« erfolgte robuster, als wir Denkmalpfleger es uns wünschten, sie unterblieb aber wenigstens nicht ganz.

Die Wertschätzung als bauliche und kulturelle Leistung war eng verbunden mit der Erscheinungsform der Bauten, ihrer äußeren Gestalt und möglichst einer wertvollen Ausstattung, wenn auch nur in einzelnen Bereichen.

Die Konservierung lediglich eines inzwischen desolat gewordenen Zustands konnte nur eine Notlösung sein. Jede Restaurierung, die durchgesetzt werden konnte, war darauf gerichtet, dem Bau die glanzvolle Form zurückzugeben, mit der er in die Welt getreten war. So kam es, dass sehr gründliche wiederherstellende Restaurierungen neben umfangreichem, scheinbar hoffnungslosem Verfall existierten. Sicherungen im Hinblick auf die Möglichkeit einer späteren Restaurierung gab es nur in der Zeit unmittelbar nach dem Krieg, danach nur noch, wenn ein starkes gesellschaftliches Interesse an der Erhaltung und Restaurierung nachgewiesen werden konnte.

Die Parkanlagen

Oft besser als die Schlösser überlebten die Parkanlagen die Zeit des Umbruchs. Zunächst blieben sie weitgehend unbeachtet. Einige wurden in die Neuansiedlungsprogramme einbezogen und verschwanden weitgehend wie z. B. der Schlosspark in Wolfshagen in der Prignitz. Andere gingen unter, als die Schlösser abgerissen wurden wie der Park in Kunersdorf bei Bad Freienwalde. Bei einer Nutzung der Herrenhäuser für

Abb. 13 Das Arnim-Schloss in Wiepersdorf bei Jüterbog im Landkreis Teltow-Fläming

kommunale Zwecke wurden sie oft in die funktionelle Bestimmung der Häuser einbezogen. In zahlreichen Schlossparks wurden Thälmannbüsten aufgestellt, auf der großen Wiese vor dem Schloss ein Fußballfeld abgesteckt. Der Schulsport fand in den Parkanlagen statt. Jetzt hießen sie Thälmannpark und nicht mehr Schloss- oder Gutspark und konnten so politisch für den, der das brauchte, leichter akzeptiert werden.

In die denkmalpflegerische Arbeit wurden die Parkanlagen schon sehr früh einbezogen. Die Grundlagenarbeit von Paul Ortwin Rave aus den 1930er Jahren wirkte sich hier für Brandenburg sehr förderlich aus.[26] Anregungen und Anleitungen zu ihrer Pflege durch die Gartendenkmalpfleger in den Arbeitsstellen des Instituts für Denkmalpflege wurden dankbar angenommen. Das Bewusstsein für den besonderen historischen und gestalterischen Wert der Anlagen wuchs allmählich auch in den Kommunen. Das hohe Niveau der wissenschaftlichen Bearbeitung und fachgerechten Pflege wie bei den großen Anlagen in Dessau-Wörlitz, Potsdam oder Weimar konnte in den zahlreichen Anlagen im ländlichen Raum nur selten erreicht werden – in Brandenburg vielleicht am ehesten durch die Anleitung des Instituts für Denkmalpflege in den Parkanlagen von Rheinsberg, Branitz, Neuhardenberg, Wiepersdorf (Abb. 13) und Wiesenburg und in einer besonderen, durch den Braunkohleabbau bestimmten Form in Fürstlich Drehna bei Luckau. Der Anspruch auf eine Erhaltung der zahlreichen Gutsparkanlagen wurde nie aufgegeben.

Die Orientierung auf praktische Mithilfe bei der Erhaltung der Herren- und Gutshäuser, der Garten- und Parkanlagen hat die Arbeit der Denkmalpflege stark bestimmt. Forschung und Publikation traten dabei in den Hintergrund. Das Wenige, was an Publikationen erscheinen konnte, erreichte jedoch eine breite Öffentlichkeit.

Die Universitäten und Hochschulen haben sich kaum mit Themen der Regionalgeschichte befasst. Erst in den 1980er Jahren wurden Lehrstühle für Regionalgeschichte geschaffen. Stützen für die praktische denkmalpflegerische Arbeit waren die Fakultäten für Architektur der Hochschulen bzw. Universitäten in Dresden und Weimar. Außerordentlich förderlich für Berlin-Brandenburg war über die Inventarisation hinaus das Wirken der Arbeitsstelle für Kunstgeschichte an der Akademie der Wissenschaften (Herausgabe des Dehio-Handbuchs, Regionalbibliografien zur Kunstgeschichte, Corpora der Baukunst der Romanik und der Glasmalerei), die nach Auflösung im Jahre 1974 mit ihren Projekten und ihren Mitarbeitern zum Institut für Denkmalpflege kam.

Die Burgen in Brandenburg

Die klassischen Burgen im Land Brandenburg wie die Anlagen in Belzig, Rabenstein und Beeskow waren gut genutzt. Schäden durch eine ungeeignete Nutzung waren kaum zu befürchten.

Die Frühzeit der Entwicklungsgeschichte zahlreicher Schlösser und Gutshäuser, die auf Burgen zurückgingen, blieb von den Denkmalpflegern lange Zeit wenig beachtet. Der Begriff Burg war romantisch besetzt durch die großen Bauten in Thüringen, Sachsen und Sachsen-Anhalt. Die Kenntnisse über Burgen in Brandenburg gingen über die in den alten Inventaren publizierten Bauten kaum hinaus. Erst in den 1980er Jahren machten der Kunsthistoriker Carl Jürgen Gertler und der Historiker Hubert Staroste[27] auf die Wurzeln zahlreicher Herrenhäuser in Brandenburg als Burgen stärker aufmerksam und es wurde die Idee entwickelt, eine Ausstellung zu diesem Thema zu gestalten. Der Alterswert sollte die Schutzwürdigkeit der Orte mit ihrer oft gefährdeten baulichen Hinterlassenschaft unterstreichen. Zu einer Realisierung kam es jedoch nicht.

Eine beachtliche Forschungsarbeit leisteten die Archäologen, zum Teil erzwungenermaßen durch den Braunkohleabbau. Zu nennen sind hier die Arbeiten von Joachim Herrmann sowie die Arbeiten, die 1999 in das Buch von Ines Spazier »Mittelalterliche Burgen zwischen mittlerer Elbe und Bober« einflossen.[28]

Von den trotz Kriegszerstörungen und Abrissen zahlreich erhalten gebliebenen Schlössern und Gutshäusern wurde in den 1950er bis 70er Jahren sehr viel weniger als denkmalwert betrachtet als das heute der Fall ist.

Bauten aus dem späten 19. Jahrhundert wie etwa die Hakeburg bei Stahnsdorf, die Schlösser Groß Behnitz im Havelland, Groß-Leuthen bei Lübben oder Genshagen bei Ludwigsfelde wurden nur mit Einschränkungen als denkmalwert betrachtet. Selbst das Schloss in Meyenburg in der Prignitz, im Kern ein Bau aus dem 16. Jahrhundert, der um 1860 nach Entwürfen des Architekten und Bauhistorikers Friedrich Adler stark überformt wurde, war in seinem Denkmalwert damals umstritten. Als ich zu Beginn der 1960er Jahre einen Kunsthistoriker in der Inventarisation über das Schloss befragte, meinte dieser: »Da brauchen Sie gar nicht erst hinzufahren, da hat damals Friedrich Adler schon alles verdorben!« Erst allmählich wuchs die Wertschätzung für die Bauten des Historismus.

Schlösser für die Kultur

Die größten Chancen für einen Erhalt hatten jene Schlösser und ihre Innenräume, die als Museen genutzt wurden. Das war der Fall vor allem bei den Schlössern aus dem ehemaligen Preußischen Kulturbesitz. Sie wurden zu den Staatlichen Schlössern und Gärten Potsdam-Sanssouci zusammengefasst, allerdings unter Ausschluss der Schlossbauten von Rheinsberg, Königs-Wusterhausen, Oranienburg und Schönhausen im Berliner Bezirk Pankow. Bei weiteren, besonders wertvollen Schlossbauten ist es gelungen, sie nach der Enteignung zu Museen umzuwidmen. Zu einem Ort für Begegnungen und zurückgezogenes, ungestörtes Arbeiten wurde das von einem Künstler-Unterstützungsfonds beim Ministerium für Kultur verwaltete Arnim-Schlösschen in Wiepersdorf bei Jüterbog im Landkreis Teltow-Fläming (vgl. Abb. 13). Oft konnte der neue Status erst erreicht werden, nachdem schon eine Welle der Plünderung über die Schlösser hinweggegangen war und sie ihrer Ausstattung beraubt hatte. Zu Museen wurden die Schlösser Köpenick in Berlin, Spremberg und Lübbenau in Brandenburg, die Burgen in Beelitz und Beeskow und das Gutshaus in Alt Ranft bei Wriezen als Teil eines hier neu errichteten Freilichtmuseums.

Das Schloss Friedrichsfelde in Berlin, in dessen umfangreicher Parkanlage der Ost-Berliner Tierpark eingerichtet wurde, konnte trotz umfangreicher Schäden nach jahrelanger Vernachlässigung zu Beginn der 1970/80er Jahre restauriert werden. Außerdem stattete man die Räume mit bemalten Wandbespannungen und Tapeten aus, die aus Herrenhäusern stammten und dort bei der Anpassung an neue Nutzungsbedingungen ausgebaut worden waren.[29]

Mit der Umwidmung zu Museen waren allerdings nicht alle Probleme gelöst. Es blieb immer ein Defizit an baulichen Erhaltungen, an Bauleistungen, die für den Substanzerhalt notwendig waren. Wie die gesamte Altbausubstanz in den Städten der DDR wurden auch die Schlösser und Herrenhäuser weiterhin ohne kontinuierliche Pflege genutzt, meist auch übernutzt. Die notwendigen Voraussetzungen für eine systematische Pflege und bauliche Unterhaltung wurden nicht geschaffen. Die Bemühungen, für die Denkmale wenigstens zum Teil Abhilfe zu schaffen, etwa durch den Aufbau spezialisierter Baubetriebe, beschäftigte die Denkmalpfleger im Institut für Denkmalpflege und auch in den staatlichen Verwaltungen nach dem Erlass des Gesetzes 1975 bis in die 1980er Jahre hinein.

Konnte ein Herrenhaus oder Schloss den Kulturverwaltungen direkt unterstellt und als Museum genutzt werden, stand ein Abriss oder ein zerstörender Umbau nicht mehr zur Diskussion. Auch ein Leerstand durch Aufgabe der Funktion war nicht mehr zu befürchten. Angestrebt wurde daher immer wieder die Umwidmung der Häuser zu Museen oder ihre Nutzung für kulturelle Zwecke.

Ein wichtiger Schritt in dieser Entwicklung war die Restaurierung und der Ausbau des Schlosses im mecklenburgischen Güstrow ab 1963 als Museum, Bibliothek und Veranstaltungszentrum der Stadt. Der imposante, für die Geschichte Mecklenburgs so wichtige Bau war zuletzt als Feierabendheim genutzt worden. Das Besondere daran war, dass die Restaurierung in Vorbereitung auf die Arbeiterfestspiele 1972 erfolgte, einem kulturpolitisch wichtigen Ereignis, das in regelmäßigen Abständen in einem der Bezirke der DDR stattfand. Man hoffte, dass damit die Einbindung der Schlösser in den sozialistischen Kulturbetrieb gefördert werde. Es blieb jedoch vorerst bei diesem einen Beispiel.

Die Restaurierung fiel in eine Zeit höchster Gefährdung für die weitere Existenz des Instituts für Denkmalpflege. Im Rahmen einer rigorosen Rationalisierung in der Wirtschaft und Verwaltung sollte die Denkmalpflege auf einige wenige Objekte reduziert und das Institut weitgehend aufgelöst werden. Das Blatt wendete sich jedoch sehr bald wieder. Die Auseinandersetzungen mündeten zu Beginn der 1970er Jahre in die Ausarbeitung des schon lange von den Denkmalpflegern angestrebten Denkmalpflegegesetzes, das von der Fraktion des Kulturbundes in der Volkskammer eingebracht und im Jahre1975 verabschiedet wurde; der Kulturbund war immer stärker zu einem Träger des Denkmalgedankens in der DDR geworden.

Durchgesetzt hatte sich nach hartnäckiger Überzeugungsarbeit der Standpunkt des Generalkonservators der DDR, Ludwig Deiters und der Konservatoren, eine Denkmalpflege nach international gültigen Maßstäben zu konstituieren.

Bemühungen, Schlösser oder Herrenhäuser in den ländlichen Gebieten zu erhalten, sie für unterschiedlichste Zwecke zu nutzen, gab es in vielfältigen Formen. Jede mögliche staatliche Regelung wurde dafür auf örtlicher Ebene zum Teil sehr geschickt genutzt. Ein Beispiel: Im Jahre 1968 bildete sich in Freyenstein bei Wittstock in der Prignitz eine »eigenverantwortliche Kommission im Kulturbund« d.h. eine Bürgerinitiative, die sich das Ziel setzte, den kleinen Park mit der Ruine des sogenannten Alten Schlosses, zu dem auch ein noch stehender intakter Bauteil gehörte, nach jahrelanger Vernachlässigung instand zu setzen (Abb. 14). Die Arbeiten erfolgten im Rahmen des sogenannten »Nationalen Aufbauwerks«. Mit diesem »Nationalen Aufbauwerk« wurde den Städten und Gemeinden die Möglichkeit gegeben, Arbeiten zur Verbesserung der Infrastruktur über das in den staatlichen Plänen vorgesehene Maß hinaus zu leisten. Die Arbeiten konnten entlohnt werden, mussten aber außerhalb der Regelarbeitszeit stattfinden. Es beteiligten sich zahlreiche Bürger an diesem Vorhaben: Handwerker, Gewerbetreibende und Schüler, die Landwirtschaftliche Produktionsgenossenschaft, die Produktionsgenossenschaft des Handwerks in Freyenstein und auch das Institut für Denkmalpflege im Rahmen seiner Aufgaben mit Planungs- und Restaurierungsleistungen. Im Jahre 1974 konnten die Arbeiten abgeschlossen werden.[30] Der noch stehende Bauteil des Alten Schlosses wurde Museum. Das ebenfalls im Park stehende größere Neue Schloss blieb weiterhin Werkstatt eines Industriebetriebes. Die erfolgreiche Instandsetzung und von nun an kulturelle Nutzung des Alten Schlosses regte zu Initiativen für das Neue Schloss an.

Abb. 14 Das »Alte Schloss« in Freyenstein in der Prignitz, Landkreis Ostprignitz-Ruppin

Eine nennenswerte Nachfolge konnte das Beispiel jedoch nicht haben. Die Arbeiten im »Nationalen Aufbauwerk« durften in der Folgezeit nur noch als ergänzende Unterstützung für die Erfüllung der staatlich geplanten Aufgaben genehmigt werden. Es blieb in den 1970er Jahren nur bei Einzelfällen gezielter, denkmalpflegerisch orientierter Restaurierungen an den Herrenhäusern im ländlichen Raum.

In Brandenburg konnte erst ab 1983 das Schloss Neuhardenberg[31] bei Seelow zu einer »Bezirkskulturakademie« eingerichtet werden, nachdem die Schule dort ausgezogen war. Auch diese für den Bau damals sehr vorteilhafte Umwidmung erfolgte in Vorbereitung auf Arbeiterfestspiele, die im Bezirk Frankfurt/Oder stattfanden. Beim größten Teil der Schlösser und Herrenhäuser musste jedoch versucht werden, unter den meist sehr ungünstigen Nutzungsbedingungen für eine Erhaltung und pflegliche Behandlung der Bauten zu sorgen.

Das Denkmalpflegegesetz von 1975

Nach der Annahme des Denkmalpflegegesetzes im Jahr 1975 wurde die Instandhaltung und Restaurierung der geschützten Bauten auch in den Bezirksverwaltungen als kulturelle Aufgabe stärker wahrgenommen. Es entwickelten sich Bestrebungen, die in den Bauten ansässigen Betriebe und Institutionen verstärkt für die Planung und Finanzierung von Konservierungs-

und Restaurierungsmaßnahmen in die Pflicht zu nehmen. Das gelang leider nur unzulänglich. Auf den neuen Denkmallisten konnte jetzt zwar der schützenswerte Bestand erfasst und zum Denkmal erklärt werden, für deren Erhaltung jedoch sollten nach den Maßgaben der Wirtschaftsverwaltungen nur die für die Kultur zur Verfügung stehenden öffentlichen Mittel eingesetzt werden dürfen. Diese waren begrenzt und traditionell auf die kreative Kulturarbeit konzentriert. Von den Kürzungen in der Mittelzuweisung, die zum Ende der DDR hin immer stärker erfolgten, wurde auch die Denkmalpflege nicht ausgenommen. Dennoch gelang es partiell immer wieder, Restaurierungen durchzusetzen, vor allem im Zusammenhang mit Jubiläen und Jahrestagen. Für deren Ausgestaltung konnten Sondermittel eingeworben und sogar Restriktionen für den Einsatz von Mitteln und Bauleistungen überwunden werden.

Vieles ging als Folge des Krieges und ideologischer Verdikte in der Nachkriegszeit verloren, vieles aber auch durch Ignoranz und Unvermögen, weil die tatsächlichen Werte der überlieferten Gebäudeensembles der Adelskultur nicht annähernd erkannt wurden. Zahlreiche Bauten konnten aber auch durch ein oft überdurchschnittliches Engagement einzelner Bürger gerettet werden, nicht zuletzt auch durch den Einsatz von Funktionären in den staatlichen Verwaltungen. Allmählich überwand man ideologische Hemmschwellen, und das gab immer wieder zu Hoffnungen Anlass, den Rahmen denkmalpflegerischer Arbeiten ausweiten zu können. Vielleicht wird diese Zeit durch einen Satz charakterisiert, der in den 1980er Jahren dem Ministerpräsidenten und Vorsitzenden des Erberats der DDR, Willi Stoph, zugeschrieben wird – sinngemäß soll er geäußert haben, dass heute niemand mehr das Berliner Schloss abreißen würde, die Maßnahme damals aber richtig war.

Man muss wohl feststellen, dass, nachdem die Schlösser und Herrenhäuser ihre ursprüngliche soziale Funktion verloren hatten, eine generelle Lösung nicht gefunden werden konnte, um sie vor dem Untergang zu bewahren. Jede einzelne Möglichkeit für eine neue Nutzung der Gebäude und damit ihre Einbindung in die Gesellschaft musste genutzt werden. Nur so konnte die Verpflichtung zur Erhaltung wieder entstehen. Der neue Gebrauch dieser Bauten beförderte auch eine allmähliche Anerkennung ihres besonderen kulturellen Wertes in der Öffentlichkeit.

Eindruck an diesen alten Bauten machte, auch im Zustand zunehmenden Verfalls, immer wieder ihre außergewöhnliche Erscheinungsform, die »Geschichtlichkeit« ihrer Architektur und deren Innenraumgestaltung mit dekorativen Stuckdecken, mit Paneelen, farbigen Wandfassungen und oft aufwendig gestalteten Türen und Fenstern. Dies zu erhalten und wiederherzustellen, den alten Glanz zu bewahren und soweit möglich auch angemessen durch Sanierung und Restaurierung zurückzugewinnen, wurde in der Öffentlichkeit mehr und mehr geschätzt.

Die Denkmalpflege wurde in den 1960er und 70er Jahren von der Politik oft kritisiert. Man unterstellte ihr, dass sie nur alles lassen wolle, wie es überliefert sei, dass sie »am Alten« klebe und keinen Beitrag zur Gestaltung der Zukunft leisten wolle oder könne.

In einem langen und mitunter sehr quälenden Prozess wurde erst allmählich begriffen, dass der erhaltene und eventuell auch eindrucksvoll restaurierte historische Bau der Beitrag der Denkmalpflege für die Zukunftsgestaltung war, und dass Sicherung und Restaurierung ein hohes Maß an Kreativität der daran Beteiligten erforderten.

Anmerkungen

1 Überarbeitete Fassung eines Vortrags, gehalten auf der Tagung »Burgenlandschaft Brandenburg« am 29.10.2006 auf der Burg Beeskow.

2 Nehrig, Christel: Bodenreform und Eigentumsfragen im Zusammenhang mit Denkmalen auf dem Lande, in: Brandenburgische Denkmalpflege 4 (1995), S. 104.

3 Ebenda, S. 105 f.

4 Birk, Gerhard: Zum Schicksal von Adelsarchiven in der Nachkriegszeit, aufgezeigt am Beispiel des Arnimschen Guts- und Familienarchivs Boizenburg (Uckermark), in: Brandenburgische Landesgeschichte und Archivwissenschaft. Festschrift für Liselotte Enders zum 70. Geburtstag, hrsg. von Friedrich Beck, Weimar 1997, S. 381–397.

5 Barsewisch, Bernhard von/Foelsch, Torsten: Schloss-Museum Wolfshagen, Groß Pankow 1998, S. 26 f.

6 Schwartz, Michael: Brandenburg als Schmelztiegel? Vertriebenenproblem, »Umsiedlerpolitik« und regionale Gesellschaftsentwicklung 1945–1953, in: Vertreibung, Neuanfang, Integration, hrsg. v. Christoph Kleßmann, Burghard Ciesla und Hans-Hermann Hertel, Potsdam 2001, S. 59; Kotsch, Detlef: Das Land Brandenburg. Zwischen Auflösung und Wiederbegründung, Bibliothek der Brandenburgischen und Preußischen Geschichte, Band 8, Berlin 2001, S. 384.

7 Schwartz (siehe Anm. 6), S. 61 f.

8 Nehrig (siehe Anm. 6), S. 110 f.

9 Nehrig (siehe Anm. 6), S. 110.

10 Goralczyk, Peter: Denkmalpflege vor fünfzig Jahren im Land Brandenburg, in: Brandenburgische Denkmalpflege 4 (1995) 1, S. 12.

11 Wipprecht, Ernst: Herrenhäuser und Landschlösser im Land Brandenburg. Erhaltung und Nutzung, in: Brandenburgische Denkmalpflege 1 (1992) 2, S. 5 f.

12 Goralczyk (siehe Anm. 10), S. 12.

13 Maether, Bernd: Brandenburgische Schlösser und Herrenhäuser 1945-1952, hrsg. v. Brandenburgische Landeszentrale für politische Bildung, Potsdam 1999, S. 22 f.

14 Ebenda, S. 22.

15 Deiters, Ludwig: Argumentation des Instituts für Denkmalpflege zur Wiederherstellung des Stadtschlosses Potsdam Manuskr. im Brandenburgischen Landesamt für Denkmalpflege und Archäologischen Landesmuseum 1959 (Thesen).

16 Aus der Erinnerung des Autors.

17 Gaus, Günter: Neue Porträts in Frage und Antwort. Hans Bentzien, Berlin 1992, S. 234.

18 Taut, Bruno: Was geschieht mit den ehemaligen königlichen Besitztümern? in: Arbeitsrat für Kunst 1918–1921, Ausst.kat. Akademie der Künste, Berlin 1980, S. 69.

19 Nach einem mündlichen Bericht aus Lindenberg.

20 Hardenberg, Reinhild Gräfin von: Auf immer neuen Wegen. Erinnerungen an Neuhardenberg und den Widerstand gegen den Nationalsozialismus, Berlin 2003, S. 152.

21 Dr. Gerhard Strauß war Abteilungsleiter für Kunst, Museen, Literatur in der Zentralverwaltung für Volksbildung der DDR, einem Vorläufer des Ministeriums für Kultur. Er hatte sich 1947/48 darum bemüht, ein »Kulturschutzgesetz« zu initiieren und dazu zusammen mit Prof. Dr. Weidhaas, Inhaber eines Lehrstuhls für Kunstgeschichte an der Universität Weimar, eine Diskussion über »Sozialistische Denkmalpflege« angeregt.

22 Wipprecht, Ernst: Der Adelssitz als Gegenstand der Denkmalpflege nach 1945, in: Schlösser und Gärten der Mark, hrsg. v. Markus Jager, Berlin 2007, S. 149.

23 Niemann, Alexander: Kossenblatt. Das Schloss und die Gartenanlagen, in: Brandenburgische Denkmalpflege 5 (1996) 2, S. 65.

24 Schicksale deutscher Baudenkmale im zweiten Weltkrieg. Eine Dokumentation der Schäden und Totalverluste auf dem Gebiet der Deutschen Demokratischen Republik, hrsg. v. Götz Eckardt, Berlin 1978, S. 137–146, 184–196.

25 De Bruyn, Günter: Die Provinz ist voller Geheimnisse, in: Merian Extra DDR, Hamburg 1990, S. 86.

26 Rave, Paul Ortwin: Verzeichnis der alten Gärten und ländlichen Parke in der Mark, in: Brandenburgische Jahrbücher 14/15 (1939), S.143–190.

27 Carl Jürgen Gertler war Kunsthistoriker an der Arbeitsstelle Berlin des Instituts für Denkmalpflege. Dr. Hubert Staroste arbeitete als Historiker im Amt für Denkmalpflege der Abteilung Kultur des Magistrats von Berlin (Ost).

28 Herrmann, Joachim: Burgen und Befestigungen des 12. und 13.Jahrhunderts in landesherrlicher Territorialpolitik und bäuerlicher Siedlung in der weiteren Umgebung von Berlin, in: Zeitschrift für Archäologie 20 (1986), S. 201–235; Spazier, Ines: Mittelalterliche Burgen zwischen mittlerer Elbe und Bober, Wünsdorf 1999.

29 Wipprecht, Ernst: Schloss Friedrichsfelde – ein Schicksal zwischen Abriss und Ausbau zu einem Museumsschloss, in: Stadtmuseum Berlin, Jahrbuch 1999, Berlin 2000, S. 178–294.

30 Stahmleder, Udo: Freyenstein. Die Wiederherstellung von Schloss und Park, in: Denkmalpflege in der Deutschen Demokratischen Republik 5 (1978), S. 65–69.

31 Im 13. Jahrhundert gegründet unter dem Namen Quilitz, 1814 umbenannt in Neuhardenberg, 1949–90 Ortsname Marxwalde. Ab 1990 wieder Neuhardenberg.

Das Güstrower Schloss – ausgewählte Beispiele aus der jüngeren Restaurierungsgeschichte

Dieter Zander

Das Ziel dieses Beitrages ist es nicht, einen lückenlosen Bericht zur Bau- und Restaurierungsgeschichte des Schlosses Güstrow zu vermitteln. Vielmehr beschränkt er sich auf eine kurze Wiedergabe des Baugeschehens und lenkt das Augenmerk auf eine Auswahl bedeutender Restaurierungsabschnitte der 1960er bis 1980er Jahre (Abb. 1).

Der bisherige Stand der Forschung zur Geschichte und zur Bedeutung des Schlosses in Güstrow ist in zahlreichen jüngeren Publikationen dargestellt worden.[1] Es zählt zu den bedeutenden Bauten der Renaissance in Deutschland, obwohl mit dem Abbruch des Ost- und des halben Nordflügels 1796 wesentliche Teile des Ensembles verlorengingen.

Über das Aussehen des mittelalterlichen Vorgängerbaus der Fürsten von Werle ist bisher nichts Sicheres bekannt. Er diente noch in der ersten Hälfte des 16. Jahrhunderts den Herzögen von Mecklenburg als Wohnsitz und Absteigequartier. 1556 erhielt Herzog Ulrich (1527–1603) die Anlage als Residenz zugesprochen.

Ein Jahr darauf brannte der Südflügel aus. Schon 1558 schloss Ulrich mit Franz Parr († 1580), einem Mitglied der aus Oberitalien stammenden und bis dahin in Schlesien tätig gewesenen großen Künstlerfamilie, einen Vertrag über den Wiederaufbau der Anlage. Schon vor Vollendung des Baus verließ Parr 1565 wieder den Güstrower Hof und zog weiter nach Schweden. Es waren wohl Intrigen, die ihn zu diesem Schritt veranlassten.[2] Zu diesem Zeitpunkt war die westliche Hälfte der Loggia des Südflügels über die Anfänge nicht hinausgelangt und wurde erst 1566 von dem Steinbildhauer Hans Strol

Abb. 1 Schloss Güstrow

Abb. 2 Schlosshof, um 1900

vollendet, die östliche Hälfte blieb nur Planung. Der innere Ausbau der beiden Flügel lag fortan in den Händen des Stuckateurs und Bruders Christoph Parr.

Ein abermaliges Schadensfeuer 1586 an den damals wohl noch mittelalterlichen nordöstlichen Gebäuden des Komplexes gab den Anlass für den Neubau eines Nordflügels und eines Ostflügels. Ihre Hoffassaden waren durch Mitteltürme betont worden. Für den Entwurf und die Ausführung zeichneten der seinerzeit in Wismar ansässige niederländische Bildhauer und Baumeister Philipp Brandin († 1594) und sein Geselle Claus Midow verantwortlich. Beide Flügel waren kurz vor 1600 fertiggestellt.

Der Rat des Bezirks Schwerin fasste 1963 den Beschluss zur Restaurierung und neuen Nutzung des Schlossensembles, das für zwei Jahrzehnte Schwerpunkt der denkmalpflegerischen Arbeiten des Bezirks werden sollte.

Erst während der Restaurierung in den sechziger Jahren des vergangenen Jahrhunderts wurde deutlich, wie rücksichtslos die Innenräume bei den Umbaumaßnahmen zum Landarbeitshaus seit dem frühen 19. Jahrhundert entstellt worden waren.

Aus den umfassenden Sicherungs- und Restaurierungsmaßnahmen werden nachfolgend fünf wesentliche Abschnitte vorgestellt.

Am Beginn des Prozesses stand die Erneuerung der Sandsteinteile des Südflügels. Die Projektbearbeitung war dem Entwurfsinstitut von Heinrich Rettig (1900–1974) an der Technischen Universität Dresden, die Bauausführung dem VEB Elbenaturstein Dresden/Pirna übertragen worden. Voruntersuchungen ergaben, dass sich von den ornamentierten Sandsteinelementen bereits mehrere Zentimeter dicke Schalen großflächig abgelöst hatten und die Galerie erhebliche konstruktive Mängel zeigte.[3]

Da sowohl partielle Ergänzungen als auch eine Verfestigung und Konservierung der Oberflächen ausgeschlossen wurden, kam, entgegen dem denkmalpflegerischen Grundsatz von maximaler originaler Substanzerhaltung nur eine Kopie in Betracht. Als Material wurde Cottaer Sandstein ausgewählt.[4]

Die Auswechselung der schadhaften Teile erforderte die Absteifung der schweren Galeriegewölbe durch eine aufwendige Holz-Stahl-Konstruktion. Bereits 1964 konnten diese umfangreichen Sandsteinarbeiten zum Abschluss gebracht werden.

Abweichend von den Befunden wurden die Böden der drei Galerieebenen jedoch nicht wieder mit Ziegeln im Kalkmörtelbett, sondern mit Sandsteinplatten ausgelegt. Was Walter Ohle (1904–1971) und Rudolf Pilz (1902–1978) seinerzeit zu dieser Abweichung veranlasste, lässt sich heute nicht mehr nachweisen.[5]

Der nach dem vernichtenden Feuer 1586 von Philipp Brandin, Claus Midow und Adolf Brabander errichtete Nordflügel war durch einen mittigen Zwillingsturm mit unterschiedlich hohen Bekrönungen betont worden. In der Ecke zum Westflügel hatte Brandin zur Höhenvermittlung der beiden Hauptdächer geschickt einen weiteren Turm eingefügt.[6] Dieser und der kleinere des Doppelturms waren im 19. Jahrhundert mit Zeltdächern in Ziegeldeckung versehen worden (Abb. 2).[7]

Abb. 3 Hofansicht des Nordflügels, 1974

Während bei der Instandsetzung des Nordwestturms 1969 das Zeltdach unverändert blieb, entschieden sich Bauherr und Institut 1974 für die Wiederherstellung der verlorengegangenen welschen Haube mit Laterne an dem kleineren des Doppelturms (Abb. 3). Die Grundlage für den Rekonstruktionsversuch bildeten der Kupferstich nach Carl Heinrich von der Osten aus dem Jahre 1653 sowie eine Federzeichnung der Hofseite des Nordflügels aus der Zeit um 1735.[8] Der mit reicher Sandsteinarbeit geschmückte Erker im 2. Obergeschoss dieses Turms war durch Schalenabbrüche derart zerstört, dass auch hier nur eine Kopie möglich war.

Die Erneuerung des Außenputzes bildete ab 1965 für viele Jahre den Restaurierungsschwerpunkt. Bereits im 19. Jahrhundert war ein Neuverputz an umfangreichen Fassadenabschnitten notwendig geworden. Die seinerzeitigen Schäden schilderte Adolph v. Sprewitz 1846: »Mit dem Äußeren des Schlosses sah es an manchen Orten ebenso bedenklich aus, und zwar waren alle Gesimse eingestürzt, aller Putz war abgefallen, und auf den verwitterten Vorsprüngen wuchs Gras und Gesträuch und vermehrte die Einwirkung von Regen und Schnee dergestalt, daß sich bereits im Gemäuer Öffnungen fanden, durch welche ein Mensch von Außen einkriechen konnte.«[9]

Beim Abnehmen der verwitterten Altputze zeigte sich, dass das ursprüngliche Fassadenprofil durch den Verputz Ende des 19. Jahrhunderts eine Vergröberung erfahren hatte. Darunter lagen auf den Architekturgliedern teilweise noch mehrere alte Putzschichten. Die früheste war eine ca. 5 mm dünne Schlämmschicht.

Am Südwestgiebel des Hauses konnte Johannes Voss (1934–2012) darauf Farbspuren nachweisen.[10] Abgespitzte Profile wurden nach Analogien wiederhergestellt. Die Ausbildung des Neuverputzes aber orientierte sich an dem Vorbild des 19. Jahrhunderts, lediglich der des Nordwestturms im Schlosshof ist als frei angeworfener Kellenputz ohne Richtlatten hergestellt worden.

Da Putzmörtel ein wichtiges Stilmerkmal darstellt und Aussagen zur Baugeschichte erlaubt, sind Putzanalysen unentbehrlich. Grundsätzlich sollten neue Putze immer mit den Materialien und Werkzeugen der Entstehungszeit hergestellt und wie eine dünne Haut über die Mauerflächen mit all ihren Unebenheiten gezogen werden. Diese Voruntersuchungen unterblieben am Schloss Güstrow, da weder die Erfahrungen noch die technischen Voraussetzungen dafür gegeben waren.

Für alle Putzmörtel gelangte Sumpfkalk aus der Zuckerfabrik Güstrow zur Verarbeitung, der mindestens ein Jahr lang auf der Baustelle gelagert und gepflegt worden war. Da nicht nach historischen Siebkurven[11] gearbeitet werden konnte, sind die Putze überwiegend zu fein und zu fett. Sie erhielten abschließend einen wasserabweisenden mineralischen Anstrich, der nach zwei Jahrzehnten zu wiederholen gewesen wäre.

Ein Geheimnis der Festigkeit alter Putze liegt bekanntlich in ihrer Herstellung. Friedrich Lisch (1801–1883) weist nach Auswertung der Bauabrechnungen des Schlosses aus dem 16. Jahrhundert nach, dass es auch auf den Baustellen des Landes üblich war, Ziegel und Kalk vor Ort zu brennen. Der aus Schweden über Rostock eingeführte Kalkstein wurde gleich nach dem Brand gelöscht und verarbeitet. Allerdings wurde während der Bauzeit in Güstrow auch schon der erste gebrannte Kalk aus Mariager/Jütland in Rostock angeschifft. Das verringerte zwar erheblich das Transportvolumen, barg aber durch Feuchtigkeitseinwirkung die Gefahr des vorzeitigen Abbindens.[12]

Im Gegensatz zu den benachbarten Räumen zeigt der Deckenaufbau des großen Fliesensaals (R4/9, nach Hoppe [siehe Anmerkung 1] R12 – Herzogliche Stube)[13] im ersten Obergeschoss eine besondere Holz-Ziegel-Konstruktion. In die seitlich genuteten, sehr eng verlegten Deckenbalken wurden nach unten überstehende und zugespitzte Ziegelsteine als Rollschicht eingefügt und mit Schiefer und Mörtel verkeilt. Die Balkenunterseite ist mit behauenen, bündig eingeschobenen Dachzie-

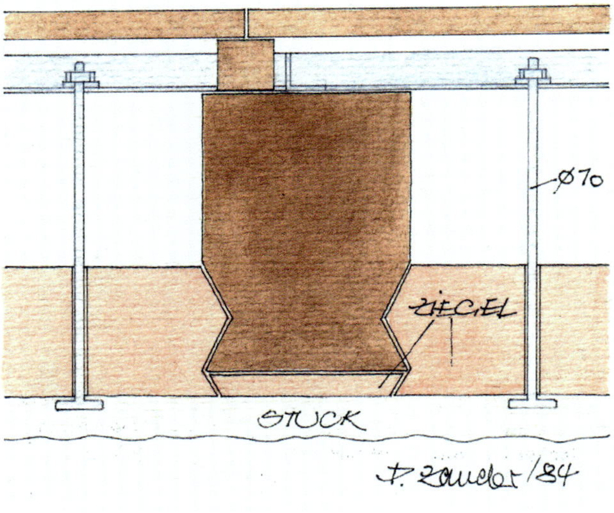

Abb. 4 Deckenaufbau Herzogliche Stube, R4/9, 1984

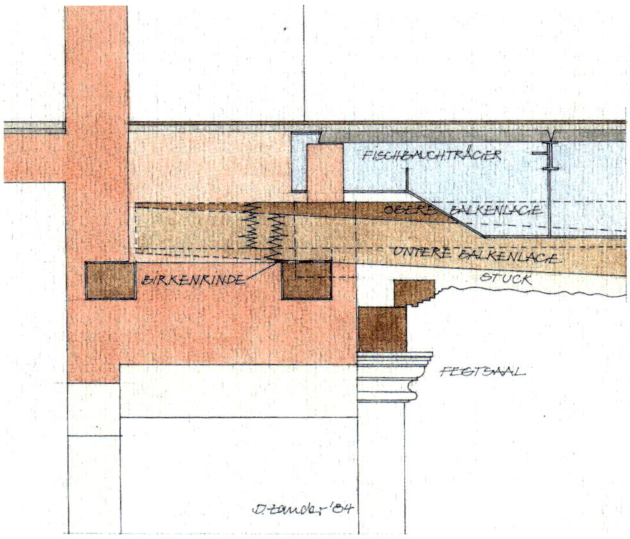

Abb. 5 Deckenaufbau Obere Hofstube, R4/1, 1984

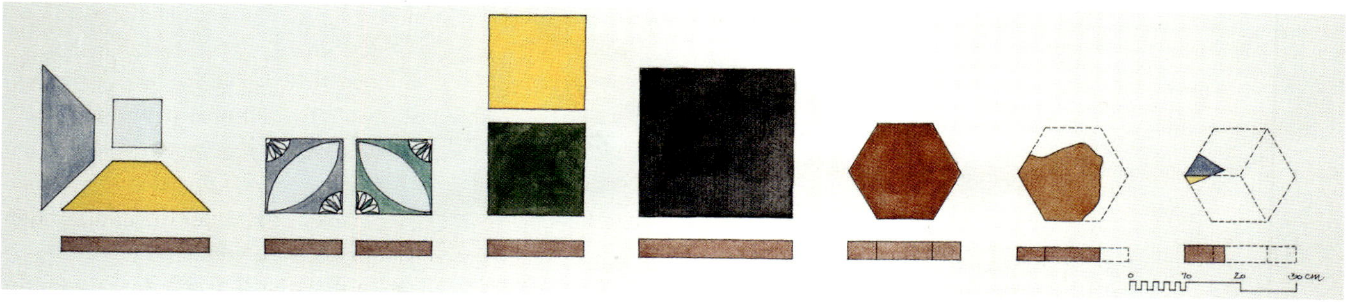

Abb. 6 Fundstücke der Fußbodenkeramik, 1984

geln geschlossen worden. Auf diese Weise entstand eine massive Ziegelschale, die als Stuckträger diente. Da die genuteten Eichenbalken angekohlt waren, ist nicht auszuschließen, dass dieselben aus dem Vorgängerbau geborgen und wieder eingebaut worden sind.

Zu Beginn der Restaurierungsarbeiten 1967 wies die Decke erhebliche Mängel auf. Ziegel hatten sich vielfach aus ihrer Verkeilung gelöst und drohten großflächig herauszufallen. Größere Schäden dürfte die Decke schon früher gezeigt haben, denn bereits im 17. Jahrhundert war ein Längsunterzug mit zwei Säulen und Sattelhölzern eingebaut worden. Um möglichst umfassende Stuckpartien im Original erhalten zu können, ist die Decke mit geringstem Eingriff gesichert worden. Dazu wurde oberhalb der Balkenlage ein Gitterrost aus Winkeleisen gelegt. Anschließend erhielt jeder zweite Ziegel eine Bohrung, durch die ein Rundstahl mit Gewinde und mit angeschweißtem Querstück geführt und mit dem Gitterrost verschraubt worden ist (Abb. 4).

Zusätzlich war in der Achse des Unterzuges ein Trägerbündel eingezogen worden. Daraufhin konnten die hölzernen Säulen und der Unterzug herausgenommen und dem Raum seine besondere Fassung der Erbauungszeit wiedergegeben werden.

Als 1965 die umfangreiche Restaurierung der heute als Festsaal bezeichneten Oberen Hofstube (R4/1, nach Hoppe R/22) begann, waren zunächst die ab 1817 mit der Einrichtung des Landarbeitshauses errichteten Fachwerkwände und Zwischendecken herauszunehmen. Erst danach war eine Untersuchung der reichen Stuckdecke von 1620 in konstruktiver Hinsicht möglich.

Sie besteht aus zwei Balkenlagen, die auf einem von zwei Holzsäulen getragenen Unterzug mit Sattelhölzern aufliegen und in einem Arbeitsgang errichtet sein dürften. Die untere Lage, an der die Stuckaturen haften, ist zur Raummitte hin geneigt. Um 1565 wird der Festsaal eine freitragende Balkendecke mit einer Spannweite von ca. 12,60 m erhalten haben, die sich schon sehr bald verformt haben wird. In der Ebene der unteren Balkenlage waren im Mauerwerk ältere Balkenauflager für größere Querschnitte erkennbar. Ihre Balkenköpfe hatten zum Schutz gegen aufsteigende Feuchtigkeit auf Birkenrinde gelegen. Zur Entlastung der Decke mussten zunächst etwa 80 t[14] Bauschutt herausgenommen, die Balken bis auf das gesunde Holz zurückgeschnitten und durch angebolzte Stahllaschen selbsttragend verlängert werden. Die Verkehrslast des darüberliegenden Museumsraumes nahmen fortan sieben zusätzliche Stahlvollwandträger, sogenannte Fischbauchträger, mit aufgelegten Hohldielen auf (Abb. 5).

Einige Jahre nach Abschluss der Sicherung zeigte der Stuck an den Wandanschlüssen und am Unterzug Rissbildungen. Das war die Folge davon, dass die Deckenbalken nach Beräumung der vierhundertjährigen Auflast eine Tendenz zur ursprünglichen horizontalen Ausgangsform zeigten. Nach Abklingen der Bewegungen in den 1980er Jahren konnten die Risse schließlich vermörtelt werden.

Abb. 7 Bodenfliesen Herzogliche Stube, R4/9, 1984

Abb. 8 nach Friedrich Schlie, Umzeichnung, 1969

Abb. 9 Bodenfliesen Schlafkammer der Kammerjunker, R4/14, 1984

ten in der Schlafkammer der Kammerjunker hat Reinhart Gruner in Zusammenarbeit mit Vera Kopetz gefertigt.[18]

Nach dem Inventarverzeichnis von 1628 war auch die Herzogliche Schlafkammer (R4/10, nach Hoppe R13)[19] mit einem Fliesenboden versehen: »Der oberste Boden, mit Gemelter bemachet, Unden daß Plaster von Blaw: und weißen steinen (...).«[20] Befundstücke ließen sich weder diesem noch anderen Räumen zuordnen. Um die Vielfältigkeit der Fußbodenkeramik des Schlosses künftig erlebbar zu machen, war es das Ziel, die seinerzeit für eine Gaststättennutzung vorgesehenen Räume

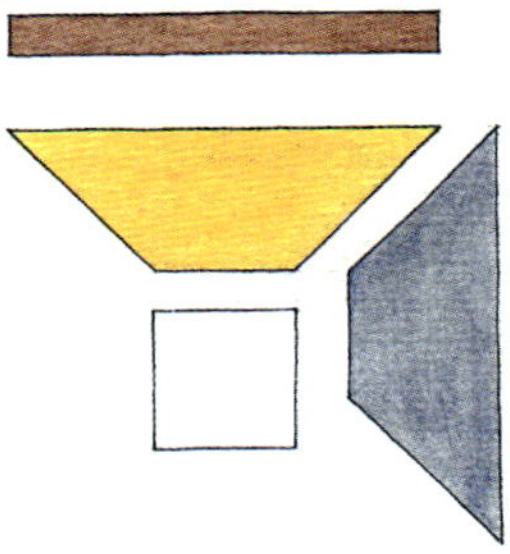

Abb. 10 Bodenfliesen Hochkeller, R2/11, 1984

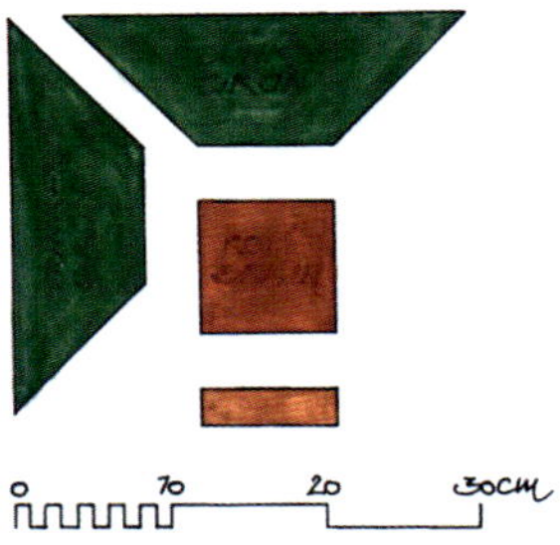

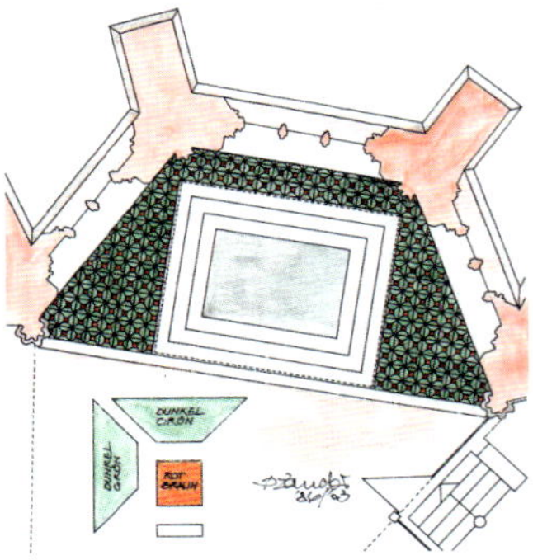

Abb. 11 Dom Schwerin, Fliesenboden von 1596, 1986

Von besonderem Reiz ist die Vielfalt der im Bauschutt der Gewölbezwickel, der verfüllten Schornsteine und unterhalb jüngerer Holzfußböden gefundenen, in Form und Farbe sehr verschiedenen Keramikplatten und Scherben (Abb. 6). Diese Funde lassen den Schluss zu, dass die Mehrzahl der Räume des Erd- und 1. Obergeschosses und des Kellers im Süd- und eines Teils des Westflügels ursprünglich mit farbigen Fliesen geschmückt waren.

Die Untersuchung der Fundstücke erlaubt eine Aussage zur Technologie ihrer Herstellung. Sie sind durchweg von rotem Scherben, haben eine Dicke von 25 bis 33 mm und wurden stehend gebrannt, zu erkennen an Farbverdichtungen und Tropfenbildungen an jeweils einer Plattenkante. Die allseitig gleichmäßige Erwärmung bei stehendem Brand garantierte, dass sich die Platten nicht verformten. Um leuchtende Farben zu erhalten, wurden die getrockneten Rohlinge mit einer weißen Engobe bestrichen.[15]

In der Herzoglichen Stube (R4/9, nach Hoppe R12) (Abb. 7) und in der Schlafkammer der Kammerjunker (R4/14, nach Hoppe R17) (Abb. 9)[16] wurden 1972 nachgebildete Bodenfliesen neu ausgelegt. Die der Herzoglichen Stube sind von besonderer Schönheit. Blau und grün glasierte Platten ergeben vierfach aneinandergefügt ein interessantes Kreismuster. Obwohl Friedrich Schlie (1839–1902) sie schon 1898 publizierte, konnten Reste unter dem Fußboden dieses Raumes erst 1967 wiederentdeckt werden.[17] Vergleichbare Plattenmuster kannte Schlie auch aus der Petrikirche in Rostock und der Marienkirche in Klütz (Abb. 8).

Die Bodenfliesen der Herzoglichen Stube und die im Wechsel gelb und grün zu einem Schachbrettmuster verlegten Platdes Hochkellers komplett mit nachgebrannten Fliesen auszulegen.

Die Gaststätte wird schon viele Jahre nicht mehr betrieben. Bedauerlicherweise konnte dieses Vorhaben in den 1980er Jahren nicht mehr zum Abschluss gebracht werden.

Fertiggestellt worden ist aber ein Raum im Hochkeller (R2/11). Jeweils zwei gelbe und blaue trapezförmige Platten sind wechselseitig so an eine weiße quadratische Mittelplatte gelegt worden, dass ein Kassettenmuster mit einer Seitenlänge von 285 mm entstand (Abb. 10). Auch diese Fliesen kamen aus der Werkstatt von Reinhart und Roswita Gruner.[21] Ein zeitgleicher Fußboden dieser Form hat sich auf dem Podest des sogenannten Christoph-Monumentes der nördlichen Chorumgangskapelle im Dom Schwerin erhalten (Abb. 11).

Der lange Gang im Hochkeller (R2/3;4;5) erhielt grüne und gelbe Platten, die im Schachbrettmuster verlegt worden sind. Der anschließende Raum (R2/13) im Hochkeller des Westflügels ist 1980 mit nachgeformten Sechseckplatten von 100 mm Seitenlänge von Margret Lüdtke ausgestattet worden.[22]

Die blau, gelb und weiß geteilten Platten wurden zu einem isometrischen Würfelmuster aneinandergesetzt (Abb. 12). Sie entsprechen weder in ihrer gelben Farbe noch in der Plattendicke dem Originalscherben. Da liegend gebrannt, sind sie teilweise leicht gewölbt (Abb. 13).

Denkmalpflegerisches und museales Ziel wird es bleiben müssen, den gelbgrünen Fliesenbelag des langen Ganges zu vollenden sowie den repräsentativen größten Kellerraum (R2/1) abschließend mit großformatigen schwarzen und braunen Fliesen, für die es Befundstücke gibt, im Schachbrettmuster zu schmücken.

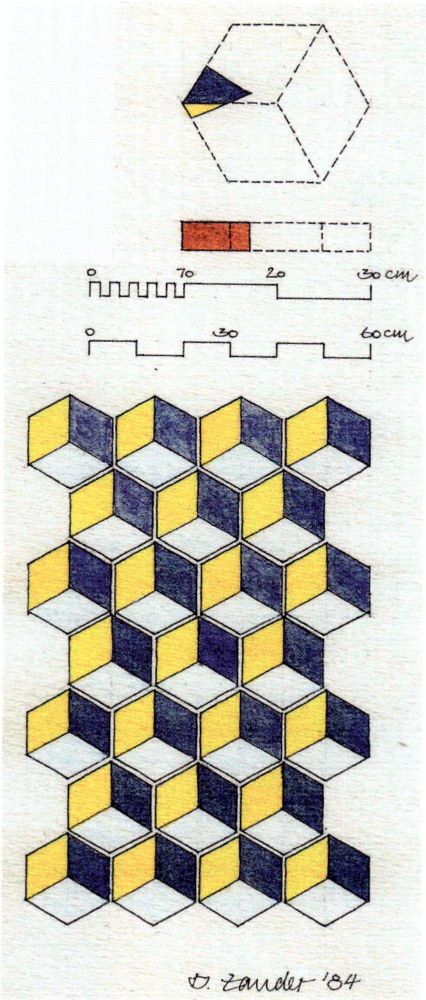

Abb. 12 Bodenfliesen Hochkeller, R2/13, 1984

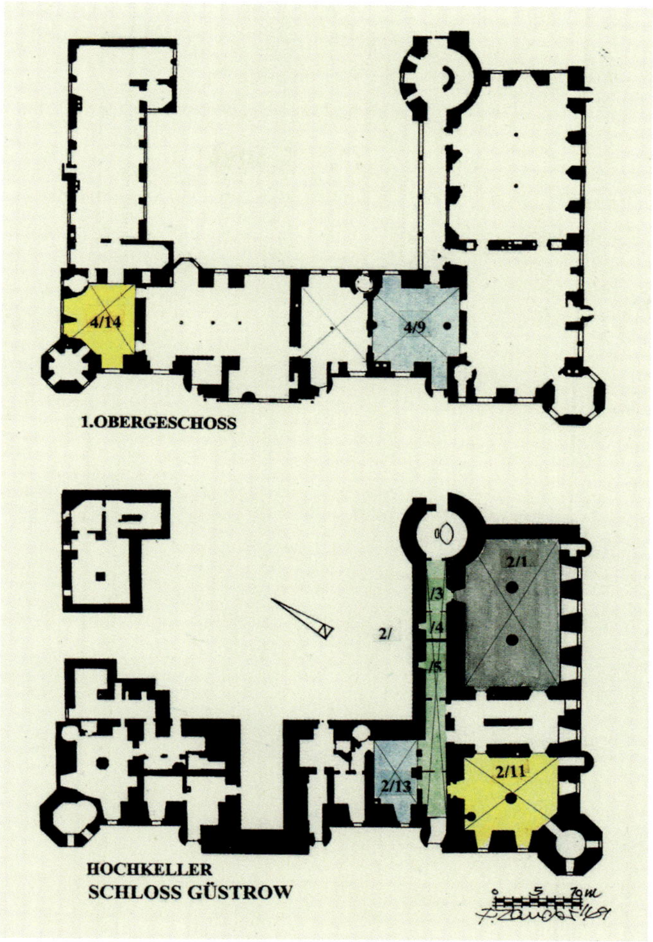

Abb. 13 Zuordnung der Fliesenböden im Hochkeller und 1. Obergeschoss

Die öffentliche Aufmerksamkeit und Anerkennung, die die langjährige Restaurierung des Güstrower Schlosses gefunden hatte, ließ seinerzeit Hoffnung aufkommen, mittelfristig auch die politische Bereitschaft und Unterstützung für die Restaurierung der Schlösser Ludwigslust und Schwerin zu finden. Es ist schon eine Besonderheit, im näheren Umfeld der Bezirks- und Landeshauptstadt über drei so hervorragende Anlagen zu verfügen, die jede für sich eine bedeutende Kunstepoche repräsentiert.

Anmerkungen

1 Gernentz, Wilhelm: Studien zur Baugeschichte des Güstrower Schlosses, Güstrow 1963; Baier, Gerd: Stuckdekor und Stukkateure des 16. und 17. Jahrhunderts im Güstrower Schloss, Mitteilungen des Instituts für Denkmalpflege, Arbeitsstelle Schwerin, Nr. 19, Schwerin 1970; Baier, Gerd/Voss, Johannes: Zur wiederentdeckten Ausmalung eines Turmkabinetts im Güstrower Schloss, Mitteilungen des Instituts für Denkmalpflege, Arbeitsstelle Schwerin, Nr. 22, Schwerin 1973; Fait, Joachim: Das Belvedere auf dem südlichen Treppenturm des Güstrower Schlosses, Mitteilungen des Instituts für Denkmalpflege, Arbeitsstelle Schwerin, Nr. 24, Schwerin 1976; Zander, Dieter/Ende, Horst: Drei Städte – drei Schlösser. Städtebauliche Einbindung und gesellschaftliche Erschließung der Schlösser in Güstrow, Ludwigslust und Schwerin, in: Denkmale in Mecklenburg, hrsg. vom Institut für Denkmalpflege, Arbeitsstelle Schwerin, Weimar 1976; Hoppe, Stephan: Die ursprüngliche Raumorganisation des Güstrower Schlosses und ihr Verhältnis zum mittelalterlichen Schlossbau, in: Forschungen zu Burgen und Schlössern, Band 5, München 2000.

2 Hahr, August: Die Architektenfamilie Pahr. Eine für die Renaissancekunst Schlesiens, Mecklenburgs und Schwedens bedeutende Künstlerfamilie, Straßburg 1908.

3 Die Schäden wurden durch Korrosion der geschmiedeten Stahlklammern verursacht, die den Sandstein sprengten. Durch fossile Brennstoffe gelangen Kohlendioxid und Schwefeldioxid in die Atmosphäre und greifen als »Saurer Regen« den Sandstein an. Bei Bewitterung löst die Kohlensäure den Kalkanteil, der sich durch regelmäßiges Austrocknen nach und nach in der äußeren Verdunstungszone sammelt. Die eindringende Schwefelsäure verwandelt diesen Kalk in hygroskopischen Gips, der bei Feuchtigkeitsaufnahme zur Volumenvergrößerung führt. Eisbildung sprengt schließlich die verkrustete Außenhaut.

4 Bedauerlicherweise gelang es nicht, im Schlosskomplex ein Lapidarium zur Dokumentation ausgewechselter Originalbauteile einzurichten.

5 Walter Ohle war 1956–1971 Chefkonservator der Arbeitsstelle Schwerin des Instituts für Denkmalpflege der DDR; Rudolf Pilz, Schlossbauleiter, war 1965–1970 wissenschaftlicher Mitarbeiter der Arbeitsstelle Schwerin des Instituts für Denkmalpflege der DDR.

6 Vgl. Kupferstich von Caspar Merian aus »Topographia Saxoniae Inferioris«. Franckfurt. Bey Matth. Merians S. Erbe. 1653; Kupferstich nach einer Zeichnung von Carl Heinr. v. d Osten aus »Topographia Saxoniae Inferioris«. Franckfurt. Bey Matth. Merians S. Erbe. 1653; lavierte Feder-

zeichnung aus der 1. Hälfte des 18. Jhs., Staatliches Museum Schwerin (erstmals veröffentlicht bei Gernentz, S. 65, Abb. 8).

7 Vgl. Gernentz (siehe Anm. 1), S.69, Abb. 16.

8 Vgl. Entwurfszeichnung »Hofseite des Nordflügels« vom 6.6.1974, Landesamt für Denkmalpflege.

9 Sprewitz, Adolph v.: Abhandlung über Anlegung von Zwangsarbeits-Anstalten, Altona 1846. A. v.Sprewitz war Leiter des Landarbeitshauses.

10 Johannes Voss war 1964–1998 Chefrestaurator der Arbeitsstelle Schwerin des Instituts für Denkmalpflege, seit 1991 Landesamt für Denkmalpflege Mecklenburg-Vorpommern.

11 Mörtelsande müssen gemischtkörnig sein, kleinere Korngrößen füllen die Hohlräume zwischen größeren Körnern. Ihr in Siebkurven angegebenes Verhältnis bestimmt sehr wesentlich die Festigkeit des Mörtels.

12 Lisch, Friedrich: Über das Mauerwerk des Mittelalters. Jahrbuch des Vereins für mecklenburgische Geschichte und Altertumskunde, 1850, S. 333.

13 Es wäre wünschenswert gewesen, wenn Stephan Hoppe (siehe Anm. 1) seine Raumnummern durch die drei Jahrzehnte lang gebräuchliche Nummernfolge der Räume ergänzt hätte.

14 Die Mengenangabe wurde dem Bautagebuch Schloss Güstrow, 1965 ff. entnommen.

15 Aus dünnflüssigem Tonschlick mit Metalloxiden bestehende Angussmasse, die beim Brennen eine gleichmäßig farbige Oberfläche liefert.

16 Vgl. Hoppe, S. 133.

17 Vgl. Schlie, Friedrich: Die Kunst- und Geschichts-Denkmäler des Grossherzogthums Mecklenburg-Schwerin, II. Band, Schwerin i.M. 1898 S. 364.

18 Reinhart Gruner (geb. 1937) war Maler und Grafiker in Neu Wandrum bei Schwerin. Vera Kopetz (1910–1998) war Malerin und Grafikerin in Schwerin/Ückeritz auf Usedom.

19 Vgl. Hoppe (siehe Anm. 1), S. 133.

20 Inventirung des Fl. Hauses Güstrow, den 15 Aprilis. Anno 1628, MLHA, Hofstaatssachen, Fürstliche Häuser und Schlösser, Güstrow, Nr. 240.

21 Roswita Gruner (geb. 1939) war Innenarchitektin und Keramikerin in Neu Wandrum bei Schwerin.

22 Margret Lüdtke ist Keramikerin und lebte seinerzeit im Kreis Waren/Müritz.

Der ländliche Adelssitz als Gegenstand der Denkmalpflege nach 1945 – das Beispiel des klassizistischen Denkmalensembles Marxwalde/ Neuhardenberg

Ernst Wipprecht

Bei keiner anderen Denkmalart des Landes Brandenburg waren die Verluste und Veränderungen nach 1945 so dramatisch wie bei den ländlichen Adelssitzen. Im Grunde verloren sie durchweg ihre ursprüngliche Nutzung und ihre teilweise seit Jahrhunderten angestammten Besitzer. Im Gebiet östlich der damaligen Demarkationslinie zwischen der Bundesrepublik Deutschland und der DDR gab es wohl kein einziges von Altbesitzern mehr bewohntes Schloss oder Herrenhaus – sieht man von Schloss Tegel im amerikanischen Sektor von West-Berlin einmal ab. Von dem einstigen Reichtum ging im Krieg und in den ersten Jahren danach Unermessliches für immer verloren, darunter das reich ausgestattete Potsdamer Stadtschloss, die großartige Barockresidenz Schwedt an der Oder (Landkreis Uckermark), die Barockschlösser Hohenfinow (Landkreis Barnim) und Wagenitz (Landkreis Havelland) oder die Schinkelschlösser Buckow und Friedersdorf (Landkreis Märkisch-Oderland), um nur einige wenige Beispiele aus der langen Verlustliste zu nennen.

Doch damit nicht genug, in den mehreren hundert Adelssitzen wurde unersetzliches Kunst- und Kulturgut geplündert, zerstreut oder vernichtet. In die Gutshäuser zogen Umsiedler, Konsum-Verkaufsstellen, Friseurstuben, Polikliniken, Schulen, Kindergärten oder Verwaltungen von »Volkseigenen Gütern« (VEG) bzw. »Landwirtschaftlichen Produktionsgenossenschaften« (LPG) ein. Zum Glück fanden sich aber immer wieder auch »Fürsorgende«, die sich Abrissplänen entgegenstellten oder Anstrengungen unternahmen, um schwer getroffene oder gefährdete Denkmale zu sichern. Von den wenigen löblichen Ausnahmen umfassender Restaurierungsprojekte abgesehen waren derartige Erhaltungsinitiativen während der DDR-Zeit wohl die eigentlichen Leistungen für eine Vielzahl solcher Objekte dieser Denkmalart (Abb. 1).

Unter dem Eindruck eines meist kritischen Erhaltungszustands vieler früherer Adelssitze sahen sich die Denkmalpfleger in den östlichen Bundesländern nach den politischen Veränderungen von 1989/90 des Öfteren dem Vorwurf ausgesetzt, sie hätten ihre Aufgabe nicht immer mit dem nötigen Nachdruck betrieben, denn wie sonst wäre der teilweise katastrophale Erhaltungszustand vieler Denkmale hier im Osten Deutschlands zu erklären? Und einige Denkmalpfleger, insbesondere jüngere Kollegen, die die schwierige Nachkriegszeit selbst nicht miterlebt hatten oder aus Gebieten kamen, wo manche Denkmale inzwischen schon mehrfach restauriert worden sind, erklärten die umfassende Restaurierung bzw. Wiederherstellung kriegsbeschädigter Denkmale nach dem langen Zeitraum seit Kriegsende fachlich einfach nicht mehr für verantwortbar. Sicher würden sie unter dem Eindruck der noch immer vorhandenen »Ruinenlandschaft« im Oderbruch oder in Gebieten östlich der Oder differenzierter urteilen. Gerade aber hinsichtlich solcher oder ähnlicher Aspekte dürfte die Restaurierungsgeschichte von Denkmalen nach dem Zweiten Weltkrieg im Osten Deutschlands durchaus Beispielcharakter besitzen. In diesem Sinne sollen hier einige Gedanken zur langwierigen Wiederherstellungsgeschichte des klassizistischen Denkmalensembles Marxwalde/Neuhardenberg vorgetragen werden.

Abb. 1 Neuhardenberg, Hofansicht des Schlosses, Umbauentwurf von K. F. Schinkel, Bleistiftzeichnung, um 1820

Die Situation am Ende des Zweiten Weltkrieges und erste Erhaltungsinitiativen

Obwohl Neuhardenberg während der monatelang tobenden »Schlacht um Berlin« am Ende des Zweiten Weltkrieges mitten in der Hauptkampflinie lag, hatten der Ort und seine kulturhis-

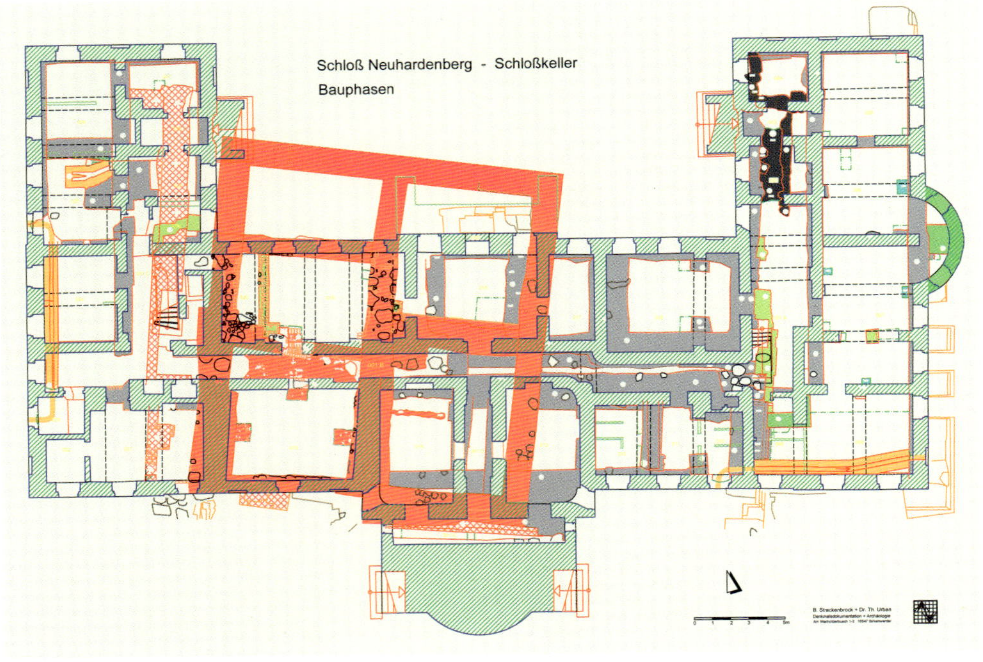

Abb. 2 Neuhardenberg, Schloss, archäologischer Bauphasenplan mit Darstellung von Fundamentresten verschiedener Vorgängerbauten, darunter ein »Festes Haus«

torisch wertvollen Gebäude im Gegensatz zu den Städten und Dörfern des Umfeldes wie etwa Frankfurt/Oder, Fürstenwalde, Podelzig, Seelow oder Wriezen, deren Altstädte bzw. Dorfkerne nahezu vollständig in Schutt und Asche versanken, diese Zeit erstaunlicherweise relativ unbeschadet überstanden. Dennoch bot der Ort damals ein trauriges Bild. Das Schloss war von einem Artilleriegeschoss getroffen, eine Bombe hatte die Dichtung des Schlossteiches durchschlagen, und die Orangerie war weitgehend zerstört. Ein Zeitzeuge, der noch mehrfach zu nennende Lehrer und Heimatforscher Ernst Tietze, bemerkt über diese Zeit unmittelbar nach Ende des Krieges: »Die Felder waren verunkrautet, die Gebäude, wenn nicht zerstört, hatten zum großen Teil weder Türen noch Fenster, viele standen ohne ausreichende Bedachung. Die Wege waren unpassierbar geworden (…)«, und weiter berichtet er: »Das Jahr 1945 wurde das Jahr des Sterbens. Es begann mit dem Mangel an Nahrungsmitteln, nachdem die letzten geretteten Vorräte verbraucht waren. Wir aßen Brennnessel- und Mierensalat, brieten Pferdefleisch mit Rhizinusöl (…)«.[1]

Dass sich diese Situation in Neuhardenberg nicht so schnell zum Besseren gewendet hatte, mögen zwei Nachrichten deutlich machen. So schreibt der Leiter der 1946 im Schloss eingerichteten Zentralschule am 12. November 1951 an das Landesdenkmalamt: »Es gibt allerdings Gebäude (Orangerie, Wasserhaus), die nach wie vor den Witterungseinflüssen ohne Fenster und z. T. ohne Bedachung preisgegeben sind (…)«, und in einem auf den 4. Januar 1953 datierten Schreiben heißt es: »Mit der Verglasung der Türen in der Aula ist jetzt begonnen worden, da das Igelith vollkommen unbrauchbar geworden ist«.[2] Mit der Aula ist immerhin der historisch bedeutendste Raum des Schlosses, der Gartensaal, gemeint. Zum Schicksal der historischen Ausstattung des Neuhardenberger Schlosses erfahren wir aus einem Brief vom 15. Juni 1957, den Tietze an Prof. Willy Kurth, damals Generaldirektor der Staatlichen Schlösser und Gärten von Potsdam-Sanssouci, schreibt. Darin heißt es u. a.: »Es ist mir nicht möglich, alles aufzuführen, was hier durch die Truppen der Roten Armee sichergestellt wurde (…). Fast alles davon war am 16. April vorhanden, wurde aber im Mai 1945 abtransportiert. Bis dahin war das damalige Schloß ein kleines Museum.«[3] Und ergänzend dazu erfahren wir von Reinhild Gräfin von Hardenberg: »1946 besuchte ich unsere alte Heimat wieder (…). Das Service aus Sèvres-Porzellan fand ich noch in dem Raum im Kavalierhaus wieder, wohin wir es, in Kisten verpackt, im März 1945 gestellt hatten. Aber das ganze Porzellan lag zerbrochen auf dem Boden.«[4] Auf diese oder ähnliche Weise verloren fast alle Schlösser und Herrenhäuser im Osten ihr in Jahrhunderten zusammengetragenes Kunstgut, das Theodor Fontane einst veranlasste, derartige Ensembles als sehenswerte »Localität« zu bezeichnen.

Wenn es um erste Erhaltungsbemühungen jener frühen Nachkriegsjahre geht, dann sind vor allem die Initiativen und die Tatkraft von Ernst Tietze zu nennen. So wurde im Sommer 1946 im Schloss eine Zentralschule eingerichtet, wodurch endlich die unverträgliche Nutzung des Schlosses als Getreidespeicher endete und glücklicherweise auch Pläne zum Ausbau als Krankenhaus ad acta gelegt wurden. Noch in den Sommerferien enttrümmerte Tietze eigenhändig mit Helfern und Handwerkern das Schloss, sodass kurz vor dem 1. Oktober 1946 die Zentralschule im Schloss den Betrieb aufnehmen konnte. Später entfaltete er zudem vielfältige Initiativen zur Einrichtung eines Heimatmuseums in Räumen des Schlosses. Sogar die Einrichtung eines Landesmuseums schlägt er im November 1951 vor. In diesem Zusammenhang antwortet das Landesdenkmalamt u. a.: »Ihre Anregung betreffs Einrichtung eines Landesmuseums begegnet sich mit dem schon längst hier gehegten Wunsch zu einer Verwirklichung des gleichen Gedankens.«[5] Das diesbezügliche Schreiben des Landesdenkmalamtes an die Landesverwaltung für Kunstangelegenheiten erhielt dort mit Datum vom 1. Januar 1952 die kurze und nüchtern abgefasste Bemerkung: »Vorgang gegenstandslos, da ›Landesmuseum‹ z. Zt. nicht geplant ist.«

Tietze verfasste auch vielfältige kulturhistorische und heimatgeschichtliche Beiträge über Neuhardenberg, das 1949 in Marxwalde umbenannt wurde. Er konfrontierte die Behörden ständig mit Unzulänglichkeiten vor Ort und warb bei Institutionen sowie Persönlichkeiten um Unterstützung für die Rettung und Erhaltung des klassizistischen Denkmalensembles. Immer wieder informierte er auch das Amt für Denkmalpflege. Als ihn dieses zum »Vertrauensmann« machen wollte, antwortete Tietze im Juni 1953: »Von meiner Bestallung zum Vertrauensmann bitte ich abzusehen. Ich bin wegen meines Eintretens für die Erhaltung unseres Kulturerbes als reaktionär verdächtigt und durch die Gemeindespitzen angegriffen worden (...). Ich werde aber jederzeit inoffiziell sehr gern Ihr Mitarbeiter sein.«[6] Übrigens waren die sogenannten »Vertrauensleute« während der DDR-Zeit unverzichtbare Mitstreiter der Denkmalpflege.

Als Institution hatte die Denkmalpflege des Landes Brandenburg damals bereits ihre Position festigen können, was beispielsweise ein Schreiben des Landesdenkmalamtes vom 30. Oktober 1951 an Lehrer Tietze in Marxwalde erkennen lässt. Es heißt darin: »Ich möchte vorweg darauf hinweisen, daß das Landesdenkmalamt Brandenburg alle Angelegenheiten der Bau-, Kunst-, Boden- und Kulturdenkmale zu bearbeiten hat, wie durch das Ministerium des Innern ausdrücklich erklärt worden ist.« Oder an anderer Stelle: »Die Landesdenkmalämter der DDR halten es nicht für erforderlich, dass irgend ein Denkmal ausdrücklich unter Denkmalschutz gestellt wird. Es stellt vielmehr auch ohne solche Erklärung alles unter Denkmalschutz, was von Menschenhand geschaffen, nur in kultureller oder künstlerischer Hinsicht so wertvoll ist, dass es erhalten werden muss.« Und schließlich: »Denkmale dürfen nicht beseitigt werden, sondern sind nur etwaiger faschistischer oder militaristischer Embleme zu entkleiden; dieses hat nur nach Benehmen mit dem Landesdenkmalamt zu geschehen.«[7] (Abb. 2)

Trotz der für diese Zeit beachtlichen Rolle, die Denkmalpflege und Denkmalschutz offenbar spielten, war das Ringen um Fortschritte in der damaligen Denkmalpflegepraxis im Allgemeinen und erst recht im sozialistischen Musterdorf Marxwalde außerordentlich schwierig, was natürlich nicht allein materielle Ursachen hatte. Immer wieder wurde die Denkmalpflege insbesondere mit Themen konfrontiert, die einen politisch-ideologischen Hintergrund hatten. Zur Illustration dieser Problematik seien hier zwei Vorgänge genannt. So schreibt die Gewerkschaft der Lehrer und Erzieher des Kreises Seelow am 3. November 1950: »GRATIA REGIS« – Dank des Königs steht an der Zentralschule in Marxwalde (...). Wir halten es deshalb angebracht – wenn einige Leute den »Dank des Königs« nicht missen können – zu zeigen, daß diese Übereignung (Rechtsträgerübertragung an die Gemeinde Marxwalde) der »Dank des Volkes« an seine Jugend ist und somit die Inschrift auf GRATIA POPULI abzuändern, beziehungsweise ganz fort zu nehmen ist, was wohl am besten wäre.«[8] Da half auch eine längere Stellungnahme vom 8. Dezember 1950 des Landesdenkmalamtes nichts, in der es heißt: »Er hat eine Politik betrieben, die eine Reform im Geiste einer liberalen Ordnung und im Geiste der Aufklärung der französischen Revolution anstrebte (...). Hardenberg war ein Mann des Fortschritts, dem man die äußerliche Anerkennung für das, was er für sein Volk getan hat, wohl gönnen müßte.« Die Inschrift wurde dennoch beseitigt und konnte erst jetzt wieder angebracht werden.

Abb. 3 Blick auf Schloss und Kirche. Rechts Denkmal für Friedrich II., Bleistiftzeichnung von Karl Blechen, vor 1831

Der andere Fall betrifft das bedeutende Marmordenkmal im Park, das von Prittwitz 1791 zum Andenken an Friedrich II. nach dessen Tod errichten ließ (Abb. 3). Der Stellvertretende Vorsitzende des Rats des Kreises Seelow schrieb am 31. Mai 1963 an das Institut für Denkmalpflege: »Wir sind der Meinung, daß dieses Denkmal unseren Werktätigen außer seinem kunsthistorischem Wert nichts mehr gibt (...). Im Gegenteil, die älteren Einwohner, die noch unter dem Grafen Hardenberg lebten und noch heute mit den damaligen Verhältnissen sympathisieren, werden dadurch immer wieder an die »gute alte Zeit« erinnert (...). Wir schlagen vor, das oben genannte Denkmal in Marxwalde zu entfernen und evtl. in geeigneter Weise dem kunsthistorischen Studium zugänglich zu machen.«[9] Für die Denkmalpflege war ein solches Ansinnen zu diesem Zeitpunkt, also in den frühen 1960er Jahren, allerdings kein aussichtsloser Kraftakt mehr – das Denkmal verblieb an seinem angestammten Ort! Wie unverzichtbar die institutionalisierte Fachdenkmalpflege in der Denkmalpraxis war und noch immer ist, soll schließlich noch an einem anderen Beispiel aus dieser frühen Phase verdeutlicht werden. Dabei geht es um die Denkmalwertbestimmung des Marxwalder Schlossparks. Der Bericht über eine Begutachtung des Parks am 28. August 1953 beginnt mit folgender Feststellung: »Nach Begehung der

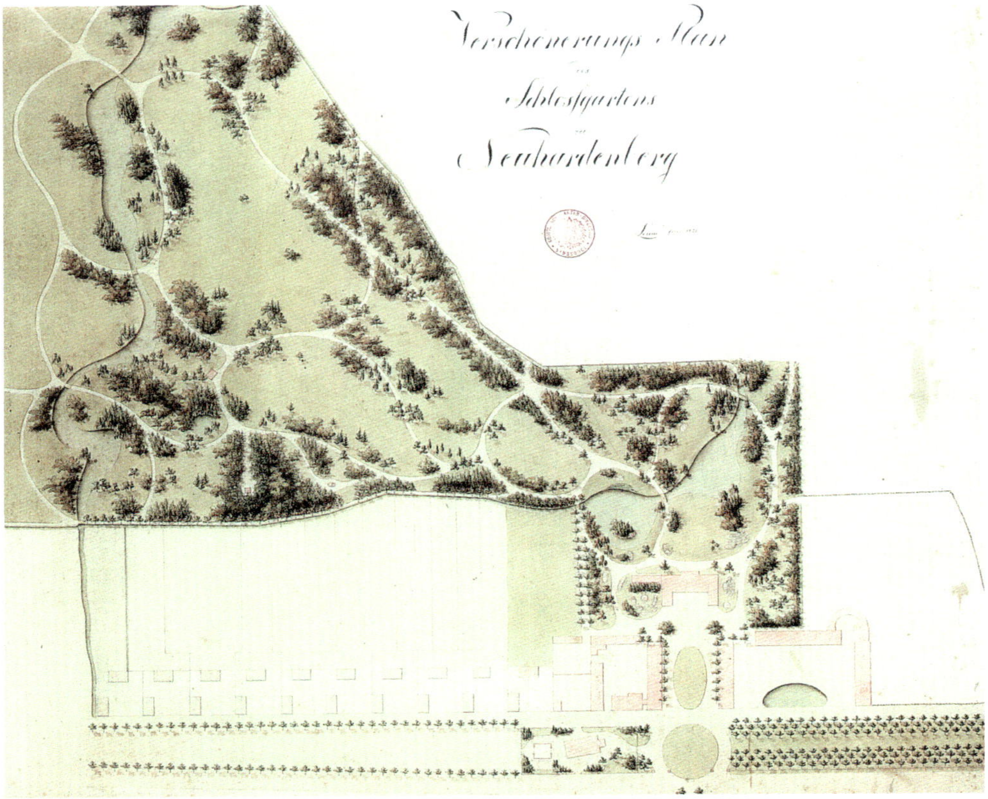

Abb. 4 »Verschönerungs-Plan des Schloßgartens zu Neuhardenberg«, Plan von Peter Joseph Lenné, 1821, kolorierte Handzeichnung

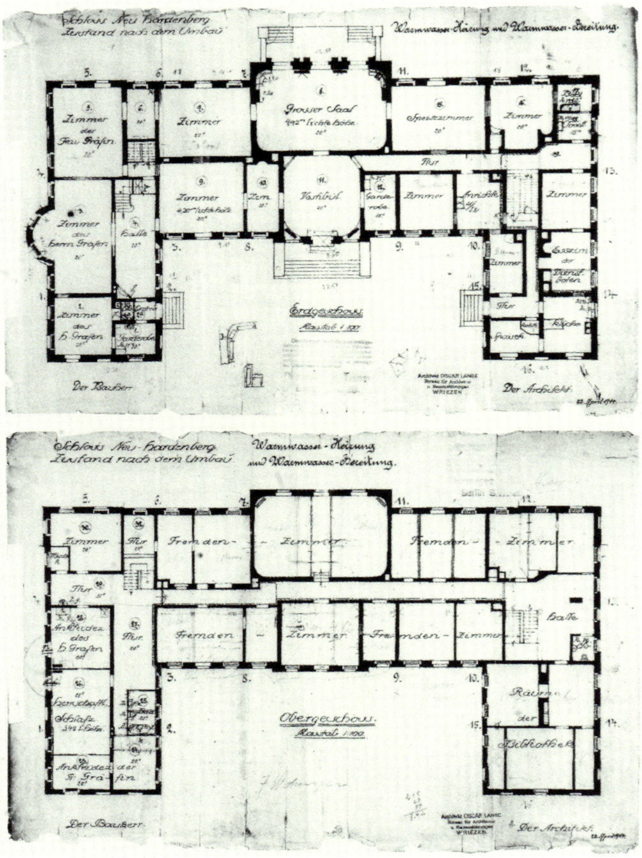

Abb. 5 Neuhardenberg, Schloss, Grundriss des Erd- und Obergeschosses nach einem Umbau, Zustand 1914

Schloßparkanlage kann gesagt werden, daß diese – ca. 8 km nordöstlich von der nächsten Bahnstation gelegen – nur örtliche Bedeutung besitzt.« Und dies bei einem Landschaftsgarten, der nach Plänen von Peter Joseph Lenné unter Mitwirkung von Herrmann Fürst von Pückler-Muskau und möglicherweise auch unter Einbeziehung von Ideen John Adey Reptons, also Gartengestaltern von europäischem Rang, angelegt worden ist (Abb. 4)! Allerdings war der Park zu diesem Zeitpunkt seit Jahren ohne jegliche gärtnerische Pflege gewesen, der Schlossteich verlandet und die Holzbrücken marode, was die eigentlich unverantwortliche Einschätzung zumindest etwas erklären mag.

Wie schon die wenigen hier ausgewählten Vorgänge zeigen, so machen auch die übrigen Nachrichten aus der Marxwalder Amtsakte für den Zeitraum vom Kriegsende bis Anfang der 1960er Jahre nachdrücklich bewusst, wie zäh und kräftezehrend der Kampf der Denkmalpflege damals war. Schon das Durchsetzen einfachster Sicherungsmaßnahmen erforderte außerordentlich viel Langmut. Fast immer ging es mehr darum, nachteilige Entwicklungen für das Denkmalensemble abzuwehren als etwa dringend erforderliche Bausicherungen, Instandsetzungen oder gar Restaurierungen fachlich zu begleiten.

Der Erhalt von Denkmalen war in den frühen Jahren das eigentliche Ziel (Abb. 5). Selbst kleinere Vorhaben wie etwa die Neuanfertigung eines einzigen Fensters oder erste Stuckausbesserungen im Gartensaal zogen sich teilweise über Jahre hin. Immer wieder fehlte der Denkmalpflege auch das nötige Geld, um finanziell überforderte Eigentümer zu unterstützen. Es kam

Abb. 6 Neuhardenberg, Gartensaal. Die gerahmten Stuckreliefs wohl aus der Werkstatt von Johann Peter Echtler. Aufnahme um 1925

vor, dass die Denkmalbehörde zugesagte Fördermittel in Höhe von nur wenigen hundert Mark nachträglich wieder zurückziehen musste. Verständlich wird dies, wenn man weiß, dass im Rahmen des Denkmalfonds für das damalige Land Brandenburg im Jahre 1949 insgesamt nur ganze 12.000 Mark zur Verfügung standen.[10] Andererseits verblüffen aus heutiger Sicht die damaligen Baupreise. So wurde für die Herstellung eines großen, vierflügeligen Kastenfensters entsprechend dem klassizistischen Vorbild für das Schloss nur 112 Mark veranschlagt. Für die Neuanfertigung einer figürlich reich gestalteten Stucksupraporte des Gartensaals mit allen notwendigen Arbeitsgängen weist der Kostenanschlag vom 28. Januar 1953 lediglich 312 Mark aus (Abb. 6 und 7). Die 1964–67 durchgeführte Neuverputzung sämtlicher Fassaden des zweigeschossigen Schlosses mit ihren klassizistischen Putzdekorationen, bei einer Länge des Hauptflügels von rund 50 m und einer Breite von 14,50 m sowie einer Länge von 11,50 m der beiden vorspringenden Seitenflügeln erforderte inklusive Einrüsten und Abschlagen des schadhaften Altputzes sowie aller notwendigen Zusatzarbeiten (Zimmerer-, Dachdecker-, Klempner-, Tischler- und Malerarbeiten) nicht einmal 100.000 Mark, wobei für Restarbeiten wegen der 1967 eingeführten Industriepreisreform sogar noch höhere Kosten entstanden waren. Heute dürften die Kosten für ein derartiges Projekt über 1 Million Euro liegen.

Abb. 7 Schloss Pfaueninsel (Berlin), Teezimmer, Stuckrelief von Johann Peter Echtler, 1793

Marxwalde wird landwirtschaftliches Musterdorf

Anfang der 1950er Jahre gehörte Marxwalde zu jenen wenigen landwirtschaftlichen Musterdörfern in der DDR, durch »deren Planung und Entwicklung die ersten Vorstellungen über Dörfer mit sozialistischem Charakter verbreitet und die Diskussion zu diesem Thema eröffnet werden sollte.«[11] Die Bauakademie der DDR, Planungsgruppe ländliches Bauen unter Leitung von Walter Niemke übernahm dafür die notwendigen Untersuchungen und Planungen (Abb. 8). Mit derartigen Musterplanungen sollten städtebauliche, architektonische und soziale Lösungsbeispiele erarbeitet werden, wie sich in Verbindung mit der fortschreitenden Kollektivierung in der Landwirtschaft die Arbeits- und Lebensbedingungen verbessern ließen. Ein wesentliches Ziel war dabei, den Unterschied zwischen Stadt und Land möglichst aufzuheben.

Marxwalde als Zentraldorf stelle, so die damalige Feststellung »in Bezug auf Bebauung und Pflege eine Ausnahme dar«[12], dessen war man sich jedenfalls bewusst. Niemke sah deshalb die Hauptaufgabe darin »(...) den alten kulturhistorisch wertvollen Teil mit den geplanten gesellschaftlichen Bauten und Einrichtungen organisch zu verbinden und der gesamten Anlage einen einheitlichen Charakter zu verleihen.«[13] Unter dieser Prämisse war zwar vorgegeben, dass der historische Dorfkern weiterhin gesellschaftliches und architektonisches Zentrum bleiben sollte, allerdings hätte das insbesondere durch Schinkel und Lenné geprägte Dorf einen städtischen Charakter erhalten und wäre durch eine Reihe neuer Großbauten völlig überformt und verfremdet worden. Entsprechend der Modellplanung der Bauakademie von 1956 sollten die wichtigsten Altbauten zwar erhalten bleiben, wären aber in ihrer jeweiligen Wirkung stark beeinträchtigt worden. So sollten beispielsweise in der Angerachse, westlich gegenüber der Kirche, ein neues Zentrum der Gemeinde mit einem Saalbau für 400–500 Besucher und in der Schlossachse quasi als Pendant zum Schloss ein weiterer Großbau errichtet werden, durch die die schon der barocken Ausbauphase angehörenden Blickachsen unterbrochen worden wären. Das Zentrum der Gemeinde mit dem Saalbau hätte das Schloss an Bauvolumen weit übertroffen. Der dabei entstehende Platzraum sollte völlig eben gestaltet und mit großformatigen Platten belegt werden, um dort auch Demonstrationen, Kundgebungen und Feste durchführen zu können. Westlich des Schlosses waren im Park ein großer Fußballplatz und ein Altersheim geplant. Das Schloss selbst sollte zum Kulturhaus umgebaut werden, wobei an einen großen Film- und Theatersaal, einen Fernsehraum, einen Tanzsaal, die Volksbücherei u.a. gedacht war, was einer Entkernung des Schlosses gleichgekommen wäre. Die Anfang der 1960er Jahre errichteten dreigeschossigen Wohnbauten auf dem Gelände des ehemaligen Wirtschaftshofes, die inzwischen sehr zum Vorteil der Gesamtanlage, abgerissen worden sind, gehörten allerdings nicht zur Planung der Bauakademie.

Dass es damals nicht zur Realisierung solcher, aus heutiger Sicht natürlich unvorstellbarer Planungen gekommen ist, kann deshalb nur mit größter Genugtuung konstatiert werden. Doch stellt sich die Frage, ob die Denkmalpflege Anfang der

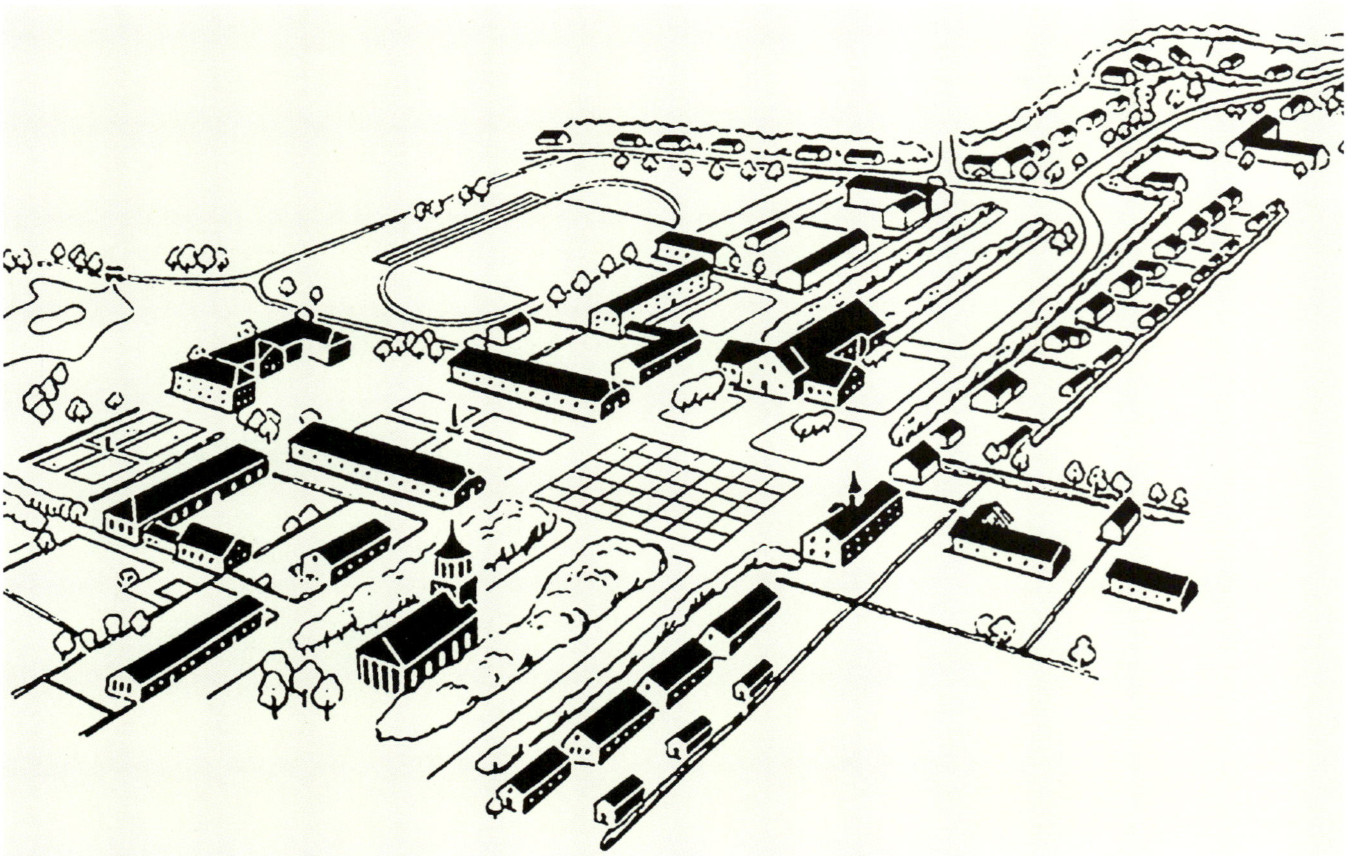

Abb. 8 Walter Niemke: Dorfplanung für Marxwalde (Neuhardenberg), 1956

1950er Jahre eine derartige, sozialistischer Ideologie verpflichtete Musterplanung überhaupt hätte verhindern können, wo Marxwalde doch dank seiner fruchtbaren Ackerböden damals landwirtschaftlicher Vorzeigeort war und für viele Funktionäre der gefährliche »preußische Geist« im Dorf offenbar noch immer nicht ganz überwunden schien. Schadensbegrenzung für das Gesamtensemble und für das Schloss wäre – wie leider nicht selten in der Denkmalpflege – wohl die einzige Chance dieser Profession gewesen. Einzig und allein die Entscheidung auf höchster politischer Ebene, wonach Marxwalde just in dieser Phase zum strategisch bedeutsamen Militärstandort am Rande von Berlin ausgebaut werden sollte, hat die Realisierung dieser Bauakademie-Planungen verhindert. Das galt allerdings ebenso für eine andere, höchst löbliche Zielstellung dieser Musterplanung, wonach nämlich auf dem unter Hardenberg in den 1930er Jahren angelegten Flugplatz künftig ein »friedvoller« Bereich intensiver Schafzucht entstehen sollte.

Mit der Entscheidung zum militärischen Ausbau des Flugplatzbereichs waren für Marxwalde nun jedoch andere Prioritäten gesetzt worden. Das für ein Musterdorf erforderliche monumentale Kulturhaus entstand wie andere Großbauten auch im Zusammenhang mit dem Flugplatzprojekt außerhalb des historischen Dorfkerns. Wohl aus Sorge, dass das Neuhardenberger Schloss ohne Nutzung schnell verfallen könnte, wurde in dieser Zeit selbst von der Denkmalpflege der Gedanke verfolgt, darin ein Empfangsgebäude für den Militärflugplatz zu etablieren. Dass auch diese Idee nicht umgesetzt wurde, hat sich ebenfalls als vorteilhaft für das Denkmalensemble erwiesen. Fazit solcher Entwicklungen: Denkmalpflege ist eben Bestandteil gesellschaftlicher Prozesse und hin und wieder auch auf glückliche Fügungen angewiesen.

Eine »Odyssee« zur Beschaffung von Baukapazitäten und Baumaterialien

Die ideologische Belastung, der das überlieferte klassizistische Bau- und Gartenensemble im Sinne eines eigentlich nicht erwünschten Geschichtszeugnisses aus der »Junkerzeit« anfangs stark unterlag, scheint Anfang der 1960er Jahre weiter abgebaut, wenngleich in dieser Phase vom Rat des Kreises Seelow noch die Beseitigung des Marmordenkmals für Friedrich II. gefordert wurde. Dagegen hatte sich aber das Ringen um erforderliche Baukapazitäten und geeignetes Baumaterial eher noch verschärft. Die Denkmalpflege war nun wohl als Institution besser gerüstet, beispielsweise, um erforderliche Baugutachten oder restauratorische Untersuchungen tatsächlich auch veranlassen zu können. Damals jedenfalls hatte die systematische Ausbildung von Restauratoren in der DDR gerade erst begonnen. Vor allem baute die Denkmalpflege in dieser Zeit ihre Arbeitsbeziehungen zu staatlichen Verwaltungsbehörden und zu anderen Einrichtungen wie etwa der Bauakademie oder dem Kulturbund systematisch aus.

Was Marxwalde betrifft, so wirkte während dieser Zeit in der Region zwischen Berlin und der Oder, dem ehememaligen Bezirk Frankfurt/Oder, eine energiegeladene und durchsetzungsfähige Mitarbeiterin des Denkmalfachamtes aus der Berliner Brüderstraße. Unerschrocken und voller Tatendrang setzte sich die Kunsthistorikerin Ute Schwarzenberger für die Realisierung dringend erforderlicher Sanierungs- und Restaurierungsmaßnahmen ein. Hartnäckig bedrängte sie Bezirks- oder Kreisbaudirektoren, PGH-Vorsitzende (Produktionsgenossenschaft des Handwerks), Leiter oder Mitarbeiter von Dienststellen, deren Aufgabe die Bewirtschaftung von Engpass-Material war, und andere, die Aussicht auf irgendeine Unterstützung boten. An zwei Maßnahmekomplexen für die Schloss-Sanierung soll dieser aus heutiger Sicht kaum mehr nachvollziehbare Kampf anhand von Aktenvorgängen transparent gemacht werden. Einerseits ging es um die äußerst dringliche Neueindeckung des Schlossdaches mit Schiefer und andererseits um den Neuabputz der Schlossfassaden – beides konnte dann in Jahresscheiben über einen längeren Zeitraum erfolgreich umgesetzt werden.

Bereits früh beginnen Berichte über das schadhafte Schieferdach. Doch alles blieb nur Flickwerk. Um das Dach überhaupt dicht zu bekommen, wurde die parkseitige Dachfläche zwischenzeitlich sogar mit Zementfalzziegeln gedeckt, was wegen des höheren Gewichtes dieser Dachsteine noch zu weiteren Schäden am Dachstuhl führte. Es war also höchste Eile geboten.

Zunächst also die Beschreibung der »Odyssee« zur Beschaffung von Schiefer und zur Gewinnung eines geeigneten Schieferdeckers. Da die Neigung des Schlossdaches äußerst gering ist, musste gleichzeitig noch eine Klempnerfirma für die Ausblechung der Kehlen gefunden werden. Mit großem Schwung liefen 1958 die diesbezüglichen Aktivitäten an. Ein privater Schieferdecker aus Berlin erklärte sich im Februar 1958 zur Übernahme der Arbeiten bereit. Da der Betrieb dann doch keinen Schiefer auftreiben konnte, beantragte das Institut für Denkmalpflege beim Ministerium für Bauwesen die Freigabe von 600 Zentnern Schablonenschiefer. Damit auch alles korrekt verlief, musste der Bezirk Frankfurt/Oder den Antrag für diese 30 Tonnen Schablonenschiefer mit der Bestätigung des dringlichen Bedarfs neu stellen. Während einer Besprechung am 9. Januar 1959 beim Bauministerium in Berlin wurde die Bereitstellung des benötigten Schiefers für das 2. Quartal 1959 zugesagt. Geliefert wurden aber nur 15 Tonnen, und zu allem Überfluss war das Material für eine englische Schieferdeckung nicht verwendbar. Schließlich trat auch noch die Berliner Firma vom Auftrag zurück, überließ dem Objekt aber 1.000 Stück Platten englischen Schiefer, die immerhin für ca. 50 Quadratmeter Dachfläche gereicht hätten. Gebraucht wurde aber die zehnfache Menge. Wie dann letztendlich doch noch einige Schieferplatten besorgt werden konnten, darüber schweigt die Amtsakte. Im Jahre 1960 wird nur berichtet, dass das Dach halb gedeckt und die Hofseite lediglich ausgebessert ist.

Auch die Beschaffung von Zinkblech gestaltete sich keinesfalls einfacher. Nachdem viele Versuche gescheitert waren, wurde einfaches Schwarzblech aus dem nahen Eisenhüttenstadt über ein Frankfurter Zwischenlager nach Berlin in eine Verzinkerei gebracht und schließlich in Marxwalde verwendet. Da das ausgebesserte Schieferdach aber weiterhin Probleme bereitete, wurde dann etliche Jahre später eine Kupferdeckung aufgebracht, die bautechnisch geeigneter war und der ursprünglichen Blechdeckung aus der Schinkelzeit besser entsprach. Möglich war dies allerdings nur dank damals guter politischer Beziehungen zwischen der DDR und Chile, das sozialistisches Brudervolk zu werden schien.

Ähnlich kompliziert verlief auch der geplante Neuabputz des Schlosses – hierfür offenbart die Amtsakte allerdings noch wesentlich mehr Aktivitäten seitens des Denkmalamtes, wovon hier allerdings nur in komprimierter Form berichtet werden kann. Nach vielen erfolglosen Versuchen erklären sich nicht zuletzt durch »sanften« Druck von Bezirk und Kreis mehrere Firmen zur Übernahme des Auftrages bereit. Einige Betriebe sagten wegen zu hoher Planbelastungen jedoch schnell wieder ab, andere wiederum sahen sich fachlich nicht zur Ausführung des Außenputzes in historischer Form befähigt. Schließlich konnte die PGH »Finkenherd« gebunden werden.

Am 14. Juli 1959 sollten die Arbeiten dann definitiv beginnen. Die Firma hatte zwar die nötigen Rüststangen zum Aufstellen des Holzgerüstes, leider fehlten aber Abdeckbohlen, was zu einer erneuten Absage führte. Auch nach weiteren Bemühungen konnte im Juli 1960 nur festgestellt werden, dass die jeweiligen Finanzmittel zwar bereitstünden, doch noch immer keine Putzfirma gefunden werden konnte. Am 26. Mai 1964, also vier Jahre später, besichtigte der Kreisbaudirektor das Schloss, konnte dabei aber noch immer keine Freigabe von Bauanteilen oder die Zuweisung eines Baubetriebes bekannt geben. Doch wie ein Wunder stellte sich plötzlich die PGH »Oderbruch« aus dem benachbarten Letschin dieser Aufgabe. Nun fehlten aber wieder die dringend benötigten 15 Tonnen Putzkalk, für die jetzt erneut das Institut für Denkmalpflege zu sorgen hatte. Übrigens wiederholte sich dieses Prozedere noch mehrmals, einmal wurden 15 Tonnen Putzkalk, dann ein Waggon gesackter Wasserkalk und schließlich einfach nur Wasserkalk angefordert. Da im Juni 1965 noch kein Klempner zur Verfügung stand, heißt es in einem Schreiben vom 16. Juni 1965: »(...) daß die Klempnerarbeiten aus Materialmangel (Zinkblech) nicht durchgeführt werden können und bereits ein Teil des neuen Putzes wieder abgefroren« sei.[14] Am 2. Oktober 1967 schließlich konnte die damals verantwortliche Denkmalpflegerin erleichtert an die Gemeinde Marxwalde schreiben: » (...) Wir freuen uns, daß die Arbeiten nun doch außen zu einem Abschluß gekommen sind und wären auch bereit, die restlichen Mark 7.000,– zu übernehmen.«[15] Anfang des nächsten Jahres musste sie dann allerdings der Gemeinde mitteilen, dass das Amt nun keine Möglichkeit zur finanziellen Unterstützung mehr sähe, da die Beihilfen restlos gestrichen worden wären. Hin und wieder wird dem Denkmalpfleger dann sogar gedankt. So schreibt die Gemeinde Marxwalde an die objektbetreuende Mitarbeiterin des Amtes: »Wir sind uns aber auch bewußt, daß die Bereitstellung aller Mittel für uns hauptsächlich auf Ihre Vorschläge und Fürsprache und durch die Unterstützung Ihrer Mitarbeiter erfolgte. Der Rat der Gemeinde spricht Ihnen und Ihren Mitarbeitern dafür seinen herzlichsten Dank aus.«[16]

Die Denkmalpflege hatte es im Marxwalde der DDR-Zeit stets erheblich schwieriger als in anderen Regionen des Oderlandes. Immer wieder mussten denkmalpflegerische Zielvorstellungen mit politischen, wirtschaftlichen oder gesellschaftlichen Rahmenbedingungen oder Vorhaben in Einklang gebracht werden, wobei die Denkmalpflege meist selbst als Initiator zu handeln hatte. Die wenigen für diesen Beitrag ausgewählten Vorgänge für den Zeitraum von 1945 bis in die 1960er Jahre zeigen nachdrücklich, dass konkretes denkmalpflegerisches Handeln keinesfalls nur eine Fachangelegenheit war. Vielmehr musste der Denkmalpfleger viel Zeit aufwenden, um zunächst einmal die notwendigen Voraussetzungen bzw. Rahmenbedingungen zu schaffen oder dabei zumindest tatkräftig mitzuwirken. Gerade auch hinsichtlich derartiger Zusammenhänge sollen schließlich noch einige wenige Vorgänge aus späteren Restaurierungsphasen angesprochen werden. Zwei Ereignisse, die das Schicksal des Marxwalder/Neuhardenberger Denkmalensembles weiter bestimmten, nämlich das Schinkel-Jubiläum 1981 und die Festtage der sozialistischen Landwirtschaft im Rahmen der 22. Arbeiterfestspiele der DDR im Juni 1988 sollen dabei den Hintergrund bilden.

Das Schinkel-Jubiläum 1981 eröffnet neue Perspektiven für das klassizistische Denkmalensemble Marxwalde

Gedenktage, Jubiläen oder Arbeiterfestspiele waren stets willkommene Anlässe, um während der DDR-Zeit größere denkmalpflegerische Aufgaben in Angriff nehmen zu können. Sie hatten in der Regel einen mehrjährigen Vorlauf und waren für die Denkmalpflege meist erfolgreich, wenn dadurch für die DDR internationaler Prestigegewinn zu erwarten war. Besonders günstig war es für jene Stätten oder Städte, die mit großen Namen der Geschichte in Verbindung standen wie etwa Eisleben, Mühlhausen, Stolberg, Torgau oder die Lutherstadt Wittenberg mit Martin Luther und Thomas Müntzer. Auch mit Karl Friedrich Schinkel glaubte die DDR Ende der 1970er Jahre entsprechend renommieren zu können. Das Institut für Denkmalpflege hatte früh genug entsprechende Initiativen eingebracht. Von Schinkels Bedeutung sollte nun endlich auch einmal die preußische Kulturlandschaft außerhalb der Hauptstadt profitieren.

Für den zwischen Berlin und der Oder gelegenen Bezirk Frankfurt/Oder galt insbesondere das Bau- und Gartenensemble Marxwalde als geeignet. Andere frühe bzw. für die preußische Landbaukunst bedeutende Bauten oder Ensembles in diesem Gebiet, die nach Schinkels Plänen errichtet worden sind wie etwa die Schlösser in Buckow (1802) und Friedersdorf

Abb. 9 Blick auf die Kirche mit Grabmal für den Fürsten Hardenberg. Bleistiftzeichnung von Karl Blechen, vor 1831

oder die Wirtschaftsgebäude auf den Gütern in Behlendorf (1802) bzw. Haselberg (1801) waren entweder durch Kriegseinwirkung oder spätere Vernachlässigung wenig attraktiv bzw. ließen nicht die gewünschte Reputation erwarten. Auf Anfrage des Kulturministeriums schlug der Bezirk Frankfurt/Oder dann jedenfalls das klassizistische Dorfensemble Marxwalde vor (Abb. 9).

Einerseits verfiel nach dem Auszug der Zentralschule im Jahre 1975 das Schloss zusehends, und die Nachnutzung als Jugendclub oder als Trainingsstätte für Gewichtheber ließ die Situation schnell dramatisch werden. Grundsätzliches hatte also zu geschehen. Andererseits war die Zeit herangekommen, die Wirksamkeit der dem Rat des Bezirks nachgeordneten Bezirkskulturakademie als Leiteinrichtung für die kulturpolitische und kulturästhetische Aus- und Weiterbildung von Verantwortlichen des Kulturbereichs sowie von Kultur- und Kunstschaffenden zu erhöhen. Zudem hatte sich inzwischen ein stabiles und auch konstruktives Arbeitsverhältnis zwischen der Abteilung Kultur beim Rat des Bezirks und der zuständigen Arbeitsstelle des Instituts für Denkmalpflege herausgebildet. Es bedurfte also nur der Initialzündung, um das Marxwalder Schloss für die Bezirkskulturakademie des Bezirks Frankfurt/Oder zu restaurieren und auszubauen.

Eine günstige Personalkonstellation beförderte zudem das Vorhaben. Der persönliche Sekretär des damaligen Vorsitzenden der SED-Bezirksparteileitung Frankfurt/Oder, Jochen Hertwig, hatte vorher über Jahre hinweg als Mitarbeiter des bezirklichen Bauamtes mit der Fachdenkmalpflege gut zusammengearbeitet. Nun konnte er in seiner neuen Funktion das Vorhaben auch politisch absichern helfen. In aller Stille und ohne die damals üblichen Rituale solcher Begegnungen trafen sich also eines Tages im verwaisten Marxwalder Schloss der Erste Sekretär der Bezirksparteileitung, dessen persönlicher Sekretär und der beim Rat des Bezirks für Kultur zuständige Abteilungsleiter mit dem Generalkonservator des Instituts für Denkmalpflege, Professor Ludwig Deiters und dem zuständigen Gebietsreferenten Ernst Wipprecht, der gemeinsam mit Verantwortlichen der Kulturabteilung des Bezirks ein Konzept zur neuen Nutzung und zur Wiederherstellung des Denkmalensembles erarbeitet hatte. Dieses Konzept vermochte offenbar die Anwesenden während der gemeinsamen Objektbesichtigung zu überzeugen, wie aus den Reaktionen zu schließen war. Doch auch der Erste Sekretär konnte weder die erhofften Projektierungs- und Baukapazitäten noch das erforderliche Baumaterial zusagen. Er versprach aber, die Bildung einer projektgebundenen Baubrigade politisch abzusichern, was dann ohne jeden Beschluss tatsächlich auch geschah. Natürlich gibt es über diese für das weitere Schicksal des klassizistischen Bau- und Gartenensembles so bedeutsame Zusammenkunft im Marxwalder Schloss keinerlei schriftliche Dokumentation. Die Amtsakte schweigt logischerweise über diese zielführende Beratung.

Trotzdem gab es natürlich eine Schwierigkeit nach der anderen. So verweigerte beispielsweise der Leiter der kreislichen Bauaufsicht sogar noch die Genehmigung des eingereichten Bauantrages mit der Begründung: » (...) daß das Schloss Marxwalde nicht im Staatsplan enthalten ist und verwies auf diesbezügliche gesetzliche Regelungen«[17], wie es in einem Be-

Abb. 10 Neuhardenberg (Marxwalde), Schlossvorplatz mit Schloss und Kavalier- bzw. Wirtschaftsgebäuden, Aufnahme 1988

Abb. 11 Neuhardenberg, Blick vom Park auf Schloss, Orangerie und Kirche. Im Vordergrund das Denkmal für Friedrich II., Aufnahme 2005

ratungsprotokoll heißt. Transportkapazitäten konnten von der Bezirkskulturakademie nur bei Bereitstellung von kontingentiertem Dieselkraftstoff gebunden werden. Die Reihe von aus heutiger Sicht geradezu absurd erscheinenden Schwierigkeiten ließe sich beliebig fortsetzen.

Immerhin gab es in dieser Phase aber auch positive Entwicklungen. Dazu gehörte in erster Linie die dringend notwendige Reparatur des flachen und immer wieder witterungsanfälligen Schieferdaches. Da Reparaturschiefer in geeigneter Form und in erforderlicher Menge noch immer nicht beschaffbar war und inzwischen belegt war, dass die Schieferdeckung erst in der 2. Hälfte des 19. Jahrhunderts anstelle einer ursprünglichen Blechdeckung aufgebracht worden war, stand einer Neueindeckung des flachen Schlossdaches mit Kupferblech nichts mehr im Wege. Zumindest war damit aber eine der wichtigsten Voraussetzungen zum dauerhaften Erhalt des wertvollen Gebäudes erst einmal geschaffen, gleich, welches Schicksal dem Schloss noch bevorstand. Als das Schinkel-Jubiläum herangerückt war, bestand zwar zwischen den anvisierten Zielen und dem tatsächlich Erreichten leider eine erhebliche Differenz, immerhin waren aber getroffene Entscheidungen nun nicht mehr umkehrbar, und es gab vor allem eine Perspektive. Nun ging es nicht mehr nur vorrangig um Denkmalerhaltung, sondern auch um Restaurierung und Wiederherstellung.

Im Spätsommer des Schinkel-Jahres gab es dann aber doch noch eine geradezu dramatische Entwicklung. Ein in bester Absicht Ende August zum Schinkel-Jubiläum dem DDR-Fernsehen gegebenes Interview der kulturell und denkmalpflegerisch engagierten Leiterin der Bezirkskulturakademie, Frau Gisela Schramm über das Denkmalensemble Marxwalde ließ bei hohen Funktionären der Hauptstadt die Alarmglocken läuten. Wie konnte sich die »Provinz« ein solches Vorhaben überhaupt leisten, wo doch gerade der Oderbezirk erhebliche Planschulden bei der Bereitstellung seiner für das hauptstädtische Wohnungsbauprogramm und für Sonderprojekte in Ost-Berlin beauflagten Baukapazitäten hatte? Das Interview war wohl an einem Sonntagabend in der »Aktuellen Kamera« im Rahmen von Berichten über entsprechende Aktivitäten im Schinkel-Jahr ausgestrahlt worden und offensichtlich von dem für Wirtschaftsfragen zuständigen Politbüromitglied Günter Mittag gesehen worden. Jedenfalls klingelten in aller Frühe des nächsten Tages die Telefone beim Rat des Bezirks sowie bei der SED-Bezirksleitung, um unverzüglich Rechenschaft zu fordern. Selbst das Institut für Denkmalpflege war durch das Ministerium für Bauwesen zur sofortigen Stellungnahme verpflichtet worden. Im Grunde hätten alle Verantwortlichen in Frankfurt/Oder und Marxwalde einer solchen Anfrage gelassen begegnen können, da Marxwalde ja tatsächlich in keinem Volkswirtschaftsplan verankert war und der Bezirkskulturakademie als Bauherr eigentlich nur die Beschäftigung einiger Betriebshandwerker und der Ankauf von Baumaterialien aus dem Bevölkerungsbedarf vorzuwerfen gewesen wäre. Dennoch musste das Baugeschehen aber über einen längeren Zeitraum ruhen, und sicherheitshalber war die Devise ausgegeben worden, über das weitere Geschehen in der Folgezeit keinerlei Informationen mehr an die Öffentlichkeit dringen zu lassen. Die Umsetzung des gefassten Beschlusses zum Ausbau des Schlosses zur Bezirkskulturakademie bedurfte also schon deshalb eines weiteren gesellschaftlichen Höhepunktes.

Festtage der sozialistischen Landwirtschaft im Rahmen der 22. Arbeiterfestspiele der DDR im Juni 1988

Obwohl so manche Zielstellung zur Restaurierung und Wiederherstellung des klassizistischen Gesamtensembles Marxwalde bis zum Schinkel-Jahr nicht erreicht werden konnte, waren die Fortschritte vor Ort und die Sinnfälligkeit dieses Projektes jedoch unübersehbar, und dies betraf keinesfalls nur das Schloss selbst, sondern auch den Landschaftsgarten sowie die historische Dorfanlage. Die Wahl von Marxwalde als Veranstaltungsort der Festtage der sozialistischen Landwirtschaft im Rahmen der vom Bezirk Frankfurt/Oder auszurichtenden 22. Arbeiterfestspiele der DDR im Juni 1988 versprach jedenfalls die notwendigen Impulse für die dringend notwendigen Fortschritte bei den geplanten Maßnahmen.

In enger Zusammenarbeit zwischen der Abteilung Kultur beim Rat des Bezirks Frankfurt/Oder, der Bezirkskulturakademie Frankfurt/Oder und dem Institut für Denkmalpflege wurden die notwendigen Vorbereitungsdokumentationen zur Beantragung des Vorhabens »Instandsetzung und Ausbau des Schlosses Marxwalde als Werterhaltungsvorhaben mit Rekonstruktionscharakter« beim damaligen Ministerium für Kultur vorgelegt. Mit Schreiben vom 10. Juni 1984 wurde die eingereichte Konzeption vom damaligen Minister Dr. Hoffmann bestätigt. Eine wichtige Hürde war damit zwar genommen, aber die Bereitstellung von Projektierungs- und Ausführungskapazitäten bedeutete dies noch lange nicht. Schließlich musste der inzwischen auf Initiative des Instituts für Denkmalpflege gebildete VEB Denkmalpflege einige spezielle denkmalpflegerische Aufgaben übernehmen. Mit den baulichen Hauptaufgaben wurde der VEB Gebäudewirtschaft Eberswalde beauftragt, der sich zuvor bei der durch den Bezirk Frankfurt/Oder zu realisierenden Umgestaltung des DDR-Gästehauses »Hubertusstock« in der Schorfheide in Vorbereitung des Besuches von Bundeskanzler Helmut Schmidt in der DDR bewährt hatte.

Ohne im Einzelnen auf die vielfältigen Anforderungen an die Denkmalpflege bei derartigen im Volkswirtschaftsplan nicht verankerten Vorhaben eingehen zu wollen, sei hier wenigstens erwähnt, dass Mitarbeiter der Denkmalfachbehörden in solchen Fällen über ihre eigentlichen Arbeitsfelder hinaus wegen des Mangels an geeigneten Planern bzw. Projektanten oder vor allem Bauforschern verschiedenste Sonderaufgaben selbst zu lösen hatten, wozu in Marxwalde u.a. die Erarbeitung zeichnerischer Unterlagen bis zum Maßstab 1:1 für die Neuanfertigung von Fenstern, Türen oder Wandtäfelungen gehörte. Bei den vorgesehenen Restaurierungsarbeiten im

Abb. 12 Neuhardenberg, Blick über den Teich in den östlichen Parkteil, Aufnahme 1994

Park mussten neben den bei solchen Aufgaben unverzichtbaren Archivrecherchen, der Erarbeitung von Baumkatastern oder Pflanzplänen u.a. sogar entsprechende Materialproben für den Wegebau aus verschiedenen Steinbrüchen oder Kiesgruben der DDR durch die Denkmalpfleger selbst beschafft werden. Dies wird heute weitestgehend von entsprechenden Architekturbüros bzw. von Spezialisten übernommen. Allerdings tat man so etwas sogar gern, weil oft nur auf diese Weise denkmalpflegerischer Anspruch umzusetzen war. Darüber hinaus bereicherte es den eigenen Wissens- und Erfahrungsschatz, und schließlich wuchs dadurch zugleich das nötige Verständnis für mancherlei Schwierigkeiten bei Bauherren und Handwerkern.

Nach gründlicher Bausanierung und dem substanzschonenden Ausbau zur Schulungs- und Arbeitsstätte für die damalige Bezirkskulturakademie Frankfurt/Oder sowie nach Erreichen überzeugender Zwischenergebnisse bei der Gesamtrestaurierung und der musealen Ausstattung der histo-

Abb. 13 Neuhardenberg, Schlossvorplatz mit wieder aufgestelltem Obelisk, Aufnahme 1998

Abb. 14 Neuhardenberg, Dorfkirche von Westen mit monumentalem Westturm, Aufnahme 1997

rischen Haupträume wurde das Schloss wie geplant anlässlich der 11. Kulturfesttage auf dem Lande, die im Juni 1988 stattfanden, nach Jahrzehnten erstmals wieder öffentlich zugänglich gemacht. Bereits am ersten Wochenende nutzten mehrere Tausend Besucher diese Gelegenheit und zeigten sich beeindruckt von der historischen Atmosphäre im Inneren. Viele Dorfbewohner waren überhaupt zum ersten Mal im Schloss, andere wiederum erinnerten sich lebhaft an frühere

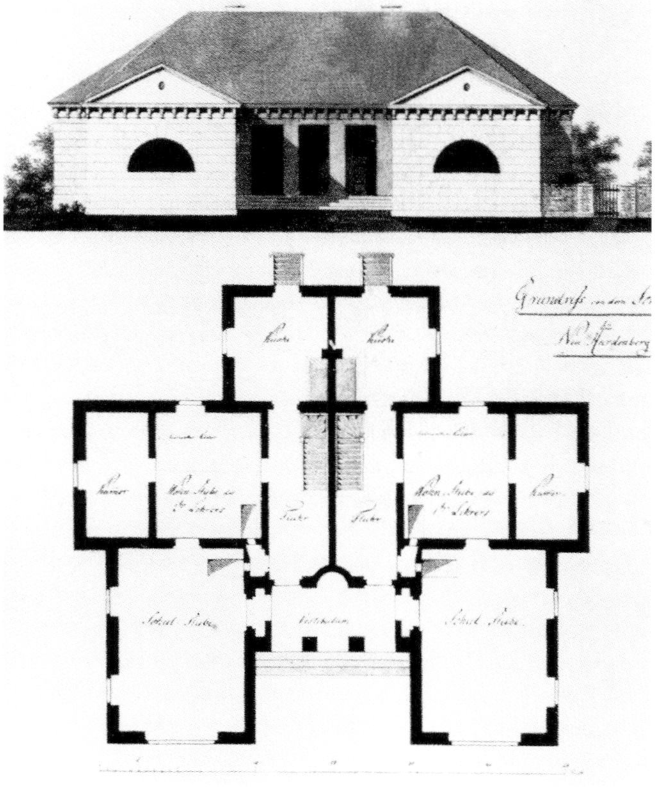

Abb. 15 Neuhardenberg, Schulhaus nach Entwurf von K. F. Schinkel 1801, erbaut 1802, 1867 durch Brand zerstört

Schulsportübungen im nun wiederhergestellten Gartensaal (früher Turnhalle). Die Ausstellung mit Möbeln, Gemälden, Zeichnungen und Grafiken aus der Schinkelzeit sollte zeigen, mit welcher Art von Kunstgut das Schloss künftig wieder angereichert werden könnte. Im Übrigen waren dies überwiegend Leihgaben Berliner und Potsdamer Museen und Einrichtungen, die auf diese Weise dazu beitragen sollten, das im Sinne von kulturell-historischer Neubelebung der ostbrandenburgischen Kulturlandschaft als beispielhaft empfundene Vorhaben zu unterstützen (Abb. 10).

Mit der schrittweisen Restaurierung des Schlosses gingen seit 1986 auch intensive Wiederherstellungs- und Restaurierungsarbeiten an den gärtnerischen Anlagen des Dorfangers, des Schlossvorplatzes und im Landschaftsgarten einher. Immerhin mussten 10.000 Tonnen Schotter aus einem sächsischen Steinbruch per Bahn nach Gusow und von dort mit LPG-Fahrzeugen zur Wiederherstellung von Wegen und der schlossnahen Parkbereiche beschafft werden, damals nicht nur eine logistische Leistung (Abb. 11 und 12). Andere wichtige denkmalpflegerische Aufgaben wie etwa die Fortführung der Restaurierungen im Schlossinneren, die grundlegende Sanierung und Restaurierung der Schinkel-Kirche und der Wirtschaftsgebäude, die Wiederaufstellung des Obelisken auf dem Rondell in der Dorfmitte oder weitere notwendige denkmalpflegerische Erneuerungsarbeiten im Landschaftspark konnten damals allerdings noch nicht bewältigt werden.

Obwohl 1988 viele Wünsche der Denkmalpfleger und anderer Beteiligter notgedrungen offen bleiben mussten, fanden die erreichten Instandsetzungs- und Restaurierungsergebnisse am klassizistischen Denkmalkomplex noch während der DDR-Zeit ein überregionales Interesse. Das damalige Konzept, bei dem von Beginn an neben der Weiterbildung auf kulturellem Gebiet eine museale Nutzung der historisch bedeutenden Haupträume des Erdgeschosses und Konzert- sowie Festveranstaltungen im Gartensaal vorgesehen waren sowie nicht zuletzt die Methodik der vielgestaltigen Instandsetzungs-, Restaurierungs- und Wiederherstellungsarbeiten unter den schwierigen DDR-Bedingungen fanden große Anerkennung. Insgeheim hoffte der beteiligte Denkmalpfleger natürlich auf weitere Vorhaben dieser Art wie etwa das Freienwalder Gilly-Schloss oder für das reizvolle und historisch gut überlieferte Barockschlösschen Groß-Rietz bei Beeskow, ganz im Sinne der Feststellung Fontanes: »Ich bin die Mark durchzogen und habe sie reicher gefunden als ich zu hoffen gewagt hätte«.

Der Deutsche Sparkassen- und Giroverband übernimmt den Schlosskomplex

Nach den politischen Veränderungen von 1989/90 verlor der Schlosskomplex zunächst seine Nutzung als Bezirkskulturakademie und Museum. Schnell zeichnete sich aber ab, dass die Familie von Hardenberg wegen Beteiligung an der Vorbereitung des Hitler-Attentats ihre Neuhardenberger Besitzungen

Abb. 16 Neuhardenberg, Schloss im Rahmen der Festtage der sozialistischen Landwirtschaft, 1988 restaurierter Raum, Aufnahme 1991

Abb. 17 Neuhardenberg, Schloss, Konzertveranstaltung im Gartensaal, Aufnahme 2003

zurückerhalten würde (Abb. 13 und 14). Da die Familie Hardenberg selbst bekannte, »daß es ihr nicht möglich sein würde, Schloss, Park und die dazugehörigen Schinkel-Bauten so zu erhalten, wie es die kulturelle und kulturhistorische Bedeutung unseres Elternhauses erfordert.«[18]

Doch lange währte die Phase der Verunsicherung nicht, denn sehr bald erreichte uns die Nachricht, dass der Deutsche Sparkassen- und Giroverband den Schlossbereich zum Zwecke des Ausbaus zu einem Tagungszentrum erwerben würde (Abb. 15). Eine solche Einrichtung würde schon den früheren Gutswirtschaften vergleichbare wirtschaftliche und kulturelle Voraussetzungen haben, um eine gute und vor allem dauerhafte Erhaltung zu ermöglichen. Und schon bald wurde klar, dass dem Neuhardenberger Bau- und Gartenensemble tatsächlich nichts Besseres geschehen konnte als die Übernahme durch diese Einrichtung. Mit einem für DDR-Verhältnisse völlig ungewohnten Tempo schritten dann auch die vielfältigen und umfassenden Maßnahmen zur Instandsetzung, Restaurierung und zum Ausbau des Schlosskomplexes einschließlich seines Umfeldes und des Landschaftsgartens voran (Abb. 16 und 17). Mit der Beseitigung diverser Baracken, Kohlenschuppen sowie der in den 1970er Jahren errichteten und nicht mehr benötigten Zentralschule in unmittelbarer Nähe des Schlosses ging endlich ein seit langem gehegter Wunsch der Denkmalpflege in Erfüllung. Zu unserer größten Freude gelang sogar der sozialverträgliche Rückbau von drei dreigeschossigen Typen-Wohnblöcken, die in den 1960er Jahren direkt auf dem früheren Gutshof errichtet worden waren. Wohl kaum ein anderer Investor hätte dies bewerkstelligen können (Abb. 18).

Die außerordentlich wirkungsvollen Veränderungen am Schlosskomplex und dessen Umfeld haben inzwischen erfreulicherweise eine Vielzahl von Leistungen auch an anderen Teilen des Neuhardenberger Gesamtensembles nach sich gezogen. Dabei sind insbesondere die komplexen Maßnahmen zur gestalterischen und funktionellen Aufwertung der Angerbereiche

Abb. 18 Neuhardenberg, Abbruch der störenden Wohnblöcke aus den 1960er Jahren, Aufnahme 1997

Abb. 19 Neuhardenberg, Dorfkirche von Osten mit Grabstätte für den Fürsten Hardenberg, Aufnahme 1994

Abb. 20 Neuhardenberg, Dorfkirche, restaurierter Innenraum nach Osten, Aufnahme 2005

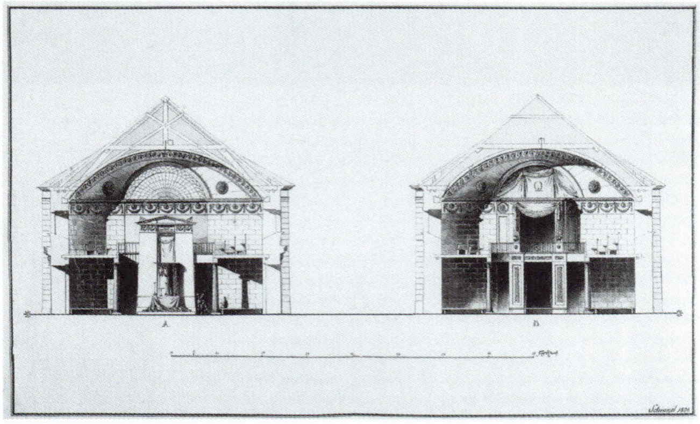

Abb. 21 Karl Friedrich Schinkel. Entwurf für das Innere einer Kirche (wohl Quilitz), 1801

zu nennen, die vom Ministerium für Stadtentwicklung, Wohnen und Verkehr gefördert worden sind. Auf dem Angerrondell steht wieder der Obelisk, und die Kirchengemeinde hat in beeindruckender Weise die umfassende Instandsetzung und Restaurierung ihres Gotteshauses abschließen können (»Sternen-Patenschaften«), was das klassizistisch geprägte Gesamtkunstwerk Neuhardenberg weiter bereichert hat (Abb. 19 und 20).

Wenn Prittwitz der Jüngere von Berlin aus an seinen Rentmeister Friedrich Scheibel in Quilitz (später Neuhardenberg) im Jahre 1801 schrieb: »Schinkels Zeichnung ist allerliebst, wir bekommen so die schönste Land Kirche in der Mark, so wie durch ihr Benehmen, mein alter Scheibel, das schönste Dorf«[19] (Abb. 21), so kann Neuhardenberg nach den vielfältigen Sanierungs-, Restaurierungs- und Wiederherstellungsarbeiten der letzten Jahre heute wohl wieder mit vollem Recht zu den bedeutendsten und historisch interessantesten Dörfern des Landes Brandenburg gezählt werden.

Anmerkungen

1 Tietze, Ernst: Schulanfang 1945 in Neuhardenberg, in: Quilitz, Marxwalde, Neuhardenberg 1348–1998. Zeugnis deutscher Geschichte und europäischer Baukunst, hrsg. von der Ostdeutschen Sparkassenstiftung im Land Brandenburg, Dresden 1998, S. 146.

2 Brandenburgisches Landesamt für Denkmalpflege und Archäologisches Landesmuseum (BLDAM), Registratur, Objektakte Marxwalde.

3 Siehe Anm. 2.

4 Hardenberg, Reinhild Gräfin von: Mein Elternhaus, in: Quilitz, Marxwalde, Neuhardenberg (siehe Anm. 1), S. 143.

5 Siehe Anm. 2.

6 Siehe Anm. 2.

7 Siehe Anm. 2.

8 Siehe Anm. 2.

9 Siehe Anm. 2.

10 Siehe Anm. 2.

11 Niemke, Walter/Grünberg, Hans: Alte Dörfer – neue Dörfer. Anleitung zur Dorfplanung in der Deutschen Demokratischen Republik, Berlin 1959, S. 5.

12 Niemke, Walter: Das märkische Angerdorf. Eine bauwirtschaftliche und baugestalterische Analyse und ihre Auswertung für die bauliche Weiterentwicklung dieser Dörfer unter dem Einfluß einer sozialistischen Produktionsweise, Berlin 1959, S. 19.

13 Niemke, Walter: Dorfplanung am Beispiel Marxwalde, Berlin 1956, S. 41.

14 Siehe Anm. 2.

15 Siehe Anm. 2.

16 Siehe Anm. 2.

17 Siehe Anm. 2.

18 Siehe Anm. 4, S. 144.

19 Rüsch, Eckart: Zur Bau- und Siedlungsgeschichte von Quilitz bis 1814, in: Quilitz, Marxwalde, Neuhardenberg (siehe Anm. 1), S. 63.

Schloss Friedrichsfelde – ein Schicksal zwischen Abriss und Ausbau zu einem Museumsschloss[1]

Ernst Wipprecht

Über zwei Jahrzehnte nach Beendigung des Zweiten Weltkrieges war das Schicksal des von Sigismund von Treskow (1864–1945) wohl behüteten Berliner Schlosses Friedrichsfelde, das Theodor Fontane zusammen mit dem ausgedehnten Park immerhin als »Charlottenburg des Ostends« bezeichnete, außerordentlich kritisch und lange Zeit völlig ungewiss.

Noch vor der Kapitulation Deutschlands wurden Schloss und Park Friedrichsfelde am 23. April 1945 durch die Rote Armee erobert und besetzt. Während der Park durch die Kampfhandlungen bei der Schlacht um Berlin erhebliche Schäden erlitten hatte, blieb das Schloss von Kriegseinwirkungen weitgehend verschont. Bis vor kurzem war nur bekannt, dass das Schloss nach dem Krieg zunächst von Flüchtlingen als Unterkunft genutzt wurde und ein Ausbau zu einem Erholungsheim für Bauarbeiter begann.[2] Durch die heute mögliche Dokumentation der Verbringung von Kunst- und Kulturgut aus Deutschland in die damalige Sowjetunion wissen wir nun Näheres über die Bestimmung des Friedrichsfelder Schlosses während der bis Ende des Jahres 1945 andauernden militärischen Besetzung. So war dort seit Mai 1945 die Selbständige Trophäenkompanie der V. Armee stationiert, die »herrenlose« Kulturgüter von verschiedenen Objekten Berlins hier sammelte. Ende Mai richtete sich das Komitee für Kunstangelegenheiten bei dem Rat der Volkskommissare der UdSSR hier ein Lager ein.[3]

»Aus dem Palast von Treskow selbst wurden etwa 1000 Bände der Literatur, zu Philosophie, Rechtswissenschaften, Geschichte, Kunst und prächtige Ausgaben von Klassikern aus dem 18.–19. Jahrhundert, ebenso Gegenstände aus dem Museumsbereich: Porträts, Gravuren, eine Sammlung von Glasgeschirr usw., in einem Umfang von etwa 15 Kisten« in die Sowjetunion verbracht. Ohne damit Einzelheiten zu kennen, macht die Dokumentation aber doch klar, dass das Schloss schon in dieser Phase seine historischen Sammlungen verlor, darunter möglicherweise auch drei als verschollen geltende wertvolle Gartenpläne, die Folkwin Wendland 1938 noch im Schloss sah. Unter den Bedingungen einer derartigen Bestimmung des Schlosses in den ersten Nachkriegsmonaten und der folgenden Nutzung durch Flüchtlinge löst der Bericht von Lothar Berfelde nach seinem Besuch des Schlosses im Herbst 1947 fast Verwunderung aus, denn immerhin kann er noch zu dieser Zeit über etliche Reste der einstigen Ausstattung berichten. In diesem Zusammenhang muss sicher auch bedacht werden, dass vielleicht der Hausherr vor der anrückenden Front einige ihm wichtig erscheinende Gegenstände vorsorglich in Sicherheit gebracht hatte. Dafür spricht, dass sich der mit einer Schlossansicht bemalte KPM-Teller, der in den Brandenburgischen Jahrbüchern 1939, Band 14/15 abgebildet ist, in seinem Besitz befand, wie ein Familienmitglied später berichtete.

Im Übrigen dürften sich mit der jetzt bekannt gewordenen Nutzung des Schlosses Beobachtungen der unmittelbaren Nachkriegszeit erklären lassen, die ältere Bürger im Umfeld des Schloss- und Parkensembles machten. Sie sprachen nämlich von einer Vielzahl von Kunstguttransporten aus dem Schloss, die im Hinblick auf den möglichen Bestand eher abenteuerlich klangen. Wenn Friedrichsfelde aber Sammel- und Zwischenlager für Kunstgut aus anderen Museen war, dann müssten die damaligen Wahrnehmungen wohl zutreffend sein.

Nach Abzug der sowjetischen Truppen Ende 1945 wurde das Schloss von Flüchtlingen bewohnt, bis im Laufe des Jahres 1947 Bauarbeiten zur Einrichtung eines Erholungsheimes für Bauarbeiter begannen. Im Herbst 1949 wurde das Schloss schließlich als Verwaltungsschule eröffnet, die aber bald wieder aufgegeben wurde. 1950 soll das Schloss schon wieder leer gestanden haben und diente danach offenbar kurzzeitig als Polizeischule und Lagerraum.[4] Der Grund für die schnelle Folge verschiedener Nutzungen ist im Einzelnen nicht bekannt. Wahrscheinlich lag dies aber schon damals am akut gefährdeten Bauzustand des Schlosses. Der Ausbau zu einem Erholungsheim war mit starken Veränderungen und vor allem mit der Einbringung erheblicher neuer Baulasten verbunden (intensiver Dachausbau), die vermutlich die bis dato nicht erkannten Bauwerkssenkungen zusätzlich verstärkt haben dürften. Dies wurde unter anderem an zunehmender Rissbildung deutlich.

Da das bauliche Ergebnis dieses Umbaus bei Beginn der umfassenden Sanierung in den 1960er Jahren noch nachvollziehbar war, konnten damals natürlich auch die mit diesem Projekt verbundenen strukturellen Zerstörungen und Verluste an bis dahin überlieferter Originalsubstanz eindrücklich festgestellt werden (Abb. 1). Abgesehen von Haltungen, die wenig Gespür für einen denkmalgerechten Umgang erkennen ließen, haben sicher auch überzogene Nutzungsansprüche

Abb. 1 Schloss Friedrichsfelde, Festsaal vor Beginn der Sicherungs- und Wiederherstellungsarbeiten, Zustand 1968

zu erheblichen Substanzverlusten geführt. In dem vom Keller bis zum Dach intensiv ausgebauten Schloss waren allein sechs oder sieben gastronomische Einrichtungen nachweisbar.

Auch der zugehörige Schlosspark verkam immer mehr. Während zentraler Treffen der FDJ in Berlin wurde er als Zeltstadt genutzt, und während des Volksaufstandes im Juni 1953 waren dort sogar über einen längeren Zeitraum sowjetische Panzereinheiten stationiert gewesen, was dem Park weitere schwere Schäden zufügte.

Um den endgültigen Verfall zu verhindern, entstand zunächst der Gedanke, den Schlosspark für Ausstellungszwecke zu nutzen, bis dann das naheliegende Projekt der Umgestaltung zu einem Kulturpark für den Stadtbezirk Lichtenberg entstand. Die Abteilung Grünplanung des VEB Bauprojektierung hatte dafür eine umfangreiche Planung erarbeitet. In diesem Zusammenhang sollte der Dresdner Kunsthistoriker Prof. Dr. Ing. Heinrich Sulze für die schlossnahen Bereiche Zuarbeit leisten. Ende Mai 1954 legte dieser dann einen Entwurf vor, der stark von Gestaltungstendenzen sächsischer Gartenbaukunst geprägt war, während die überlieferten Friedrichsfelder Gartenpläne bei seinem Gestaltungsvorschlag wie bei dem gesamten Projekt völlig unberücksichtigt blieben. Obwohl der Gartenplan von Sulze bei den Fachleuten eher auf Ablehnung stieß, sollte er dennoch realisiert werden. Der Beschluss des Berliner Magistrats vom 27. August 1954 zum Ausbau des Friedrichsfelder Schlossparks zum Ost-Berliner Tierpark setzte dann andere Prioritäten.

Infolge weiterer Vernachlässigungen und ungeeigneter Nutzungsformen vor und während der ersten Aufbaujahre des Berliner Tierparks waren die Aussichten zur Rettung des Schlosses weiter gesunken – noch immer war die Hauptschadensursache nicht erkannt. Der langjährige und verdienstvolle Direktor des Berliner Tierparks, Prof. Dr. Heinrich Dathe, erzählte später gern die Geschichte, dass bei einem Rundgang durch das Schloss, das in der Gründungsphase u.a. als Löwen- und Affenhaus dienen musste, ein Tierpfleger plötzlich durch die Erdgeschossdecke verschwand und gottlob bald unverletzt wieder aus dem Keller auftauchte. Mag diese Anekdote möglicherweise auch etwas überzeichnet gewesen sein, im Kern charakterisiert sie aber durchaus den baulichen Zustand des Schlosses, als in den 1960er Jahren wieder einmal die Schicksalsfrage für das Friedrichsfelder Schloss zu stellen war. Kaum jemand wagte sich angesichts des kritischen Zustands für einen Erhalt des Schlosses auszusprechen. Der Abriss des geschichtsträchtigen Gebäudes war eigentlich schon beschlossene Sache.

Glücklicherweise wurde zu diesem Zeitpunkt ein Spezialist für konstruktive Sicherung von Baudenkmalen aus Dresden, Wolfgang Preiß, hinzugezogen, der endlich tieferschürfend nach den Ursachen des immer bedrohlicher werdenden Schadens fragte. Und tatsächlich erwachte nach Kenntnis der Hauptschadensursache allmählich wieder die Hoffnung, dass das inzwischen akut in seinem Bestand gefährdete und baupolizeilich schon lange gesperrte Schloss wenigstens in seinem Außenbau als authentisches Zeugnis zu erhalten und wiederherzustellen sei. Dass trotz aller Widrigkeiten das Schloss am 10. Juni 1981 schließlich der Öffentlichkeit und dabei sogar mit einem interessanten Lösungskonzept für das Innere zugänglich gemacht werden konnte, ließ diese Wiederherstellung damals zu einem beachteten, wenn auch nach denkmaltheoretischen Grundsätzen keinesfalls unumstrittenen Werk der Denkmalpflege in der DDR werden.

Da die Arbeiten in der Schlussphase vom damaligen 1. Sekretär der Berliner Bezirksleitung der SED, Konrad Naumann, und vom Oberbürgermeister Ost-Berlins, Werner Kraack, intensiv begleitet worden sind, darf durchaus von einem gewissen Einfluss des Friedrichsfelder Vorhabens auf die sonstigen, erst langsam zunehmenden denkmalpflegerischen Aktivitäten im Ostteil Berlins ausgegangen werden. In Reflexion auf die vielen, zum Teil schwer beschädigten und ihrer historischen Ausstattung meist völlig beraubten Schlösser und Herrenhäuser im umgebenden Land Brandenburg und sogar noch darüber hinaus kann das Friedrichsfelder Beispiel sicher auch heute noch bewusst machen, dass es bei flexibler Herangehensweise eigentlich nie zu spät ist, um wertvolle Baudenkmale vor dem endgültigen Verlust und vor völliger »Entseelung« zu bewahren. Insofern dürfte die Wiederherstellung des Friedrichsfelder Schlosses während der DDR-Zeit auch nach den politischen Veränderungen noch immer eine gewisse Aktualität besitzen, die es rechtfertigt, anstatt nur einer sachlich abgehandelten Bau- und Restaurierungsgeschichte besser auch einmal die Rahmenbedingungen und Hintergründe darzustellen, unter denen eine derartig komplizierte Erhaltungsmaßnahme damals erfolgen konnte.

Das Raulesche Lustschloss vom Ende des 17. Jahrhunderts

Am 2. April 1265 wird das »eine Meile von Berlin« gelegene Pfarrdorf Rosenfelde, das im Jahre 1700 von Kurfürst Friedrich III. in Friedrichsfelde umbenannt wurde, urkundlich erstmals erwähnt. 1319 erwarben die aufblühenden Städte Berlin und Kölln vom Markgrafen Waldemar den Besitz des überwiegenden Teils dieser bäuerlichen Siedlung und gaben es der Familie Ryke bzw. Reiche zum Lehen. Theodor Fontane mutmaßt denn auch in seinen »Wanderungen durch die Mark Brandenburg«[5], dass sich in Rosenfelde ein Jagdschloss, vermutlich aus dem 16. Jahrhundert befunden habe. Dies kann aber durch archivalische Quellen bisher nicht bestätigt werden. Ebenso ungewiss ist der genaue Zeitpunkt der Errichtung eines Lustschlosses am Ende des 17. Jahrhunderts. Bisher wurde allgemein 1695 als Entstehungsjahr angenommen. Überliefert ist, dass der Holländer Benjamin v. Raule als kurfürstlicher General-Schifffahrtsdirektor in Rosenfelde ab 1682 Grundstücke erwarb. Aus dem inzwischen veröffentlichten Reisetagebuch des Architekten Christoph Pitzler (1657–1707) wissen wir nun sicher, dass der Bau mit seinem Garten im August 1695 jedenfalls schon bestanden hat.[6] Im Übrigen dürfte Pitzlers Besuch deutlich machen, dass es damals in Rosenfelde bereits eine beachtliche Anlage gegeben haben muss, deren Haus und Garten eine Besichtigung lohnte und dessen Ensemble er »holländisch« nannte.

Der holländisch geprägte, zweigeschossige Bau mit fünf Achsen an der Front und vier Achsen in der Breite unter einem abgewalmten Satteldach ist durch Kupferstiche von Johann Baptiste Broebes bis in gestalterische Einzelheiten bekannt (Abb. 2). Die Ähnlichkeit mit holländischen Landhäusern, beispielsweise mit denen in Breukelen bei Utrecht oder Vredenburg bei Amsterdam dürfte zur Entstehungszeit schon wegen der nachgewiesenen originalen Rotfassung mit weißem Fugennetz, wobei die Pilaster hellgrau abgesetzt waren, noch größer gewesen sein als dies heute nachvollziehbar ist. Ein von Folkwin Wendland veröffentlichter Rekonstruktionsversuch des Gartens aus dem Jahre 1975 vollzieht die historische Gestaltungsvielfalt dieses Kernbereichs um 1710 bis in Einzelheiten nach.[7]

Als Raule 1698 in Ungnade fiel und nach Haft in der Spandauer Festung schließlich nur unter Verzicht auf sein gesamtes Eigentum Brandenburg verlassen durfte, ging Rosenfelde als unmittelbarer Besitz an die Krone über. Nach dem Tode Friedrichs I. durfte Markgraf Albrecht Friedrich von Brandenburg-Schwedt Friedrichsfelde nutzen, schon lange bevor er die Besitzung von König Friedrich Wilhelm I. geschenkt bekam.

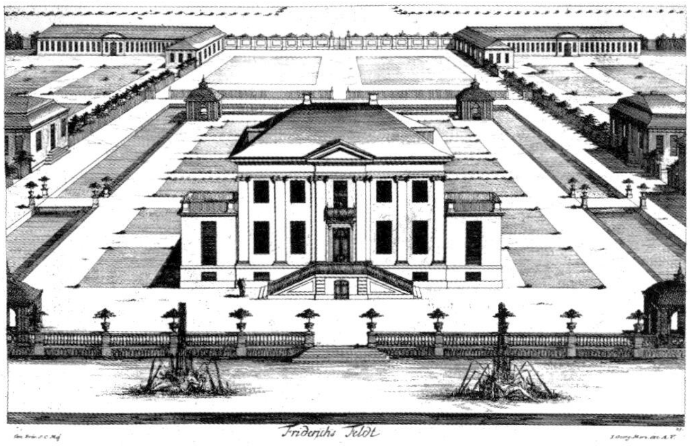

Abb. 2 Jean Baptiste Broebes »Schloßansicht von Süden«, Zustand um 1700, Kupferstich, aus: Vue de Palais et Maison de Plaisance de Majesté de Roi de Prusse, Augsburg 1733

Der Schlossumbau von 1719

Der Besitz des kurfürstlichen Günstlings Raule in Rosenfelde wurde 1698 landesherrlich. Als Schenkung Friedrich Wilhelms I. vom 15. November 1717 gingen die Friedrichsfelder Besitzungen an seinen Stiefonkel, den Markgrafen Albrecht Friedrich von Brandenburg-Schwedt (1672–1731) über. Dieser ließ durch den Hofbaumeister Martin Heinrich Böhme das Schloss auf beiden Seiten um je drei Achsen unter Beibehaltung der ursprünglichen Pilasterordnung der Außenfronten erweitern (Abb. 3). Das abgewalmte Satteldach erhielt reichen plastischen Schmuck sowie über den Mittelrisaliten Dachbalustraden mit Attikafiguren, die dem Dresdner Bildhauer Balthasar Permoser zugeschrieben werden (Abb. 4). Im Innern ist die dreiläufige Treppenanlage im Eingangsbereich des Schlosses aus dieser Zeit überliefert. Nach Bekmanns handschriftlicher Chronik von Berlin, Köln und Friedrichswerder waren die Zimmer in beiden Stockwerken »mit kostbaren Tapeten und Gemählden von den berühmtesten Künstlern, silbernen und güldenen Gefässen und mit dem feinsten Porzellan ausgezieret«.[8]

Abb. 3 Schloss Friedrichsfelde, Südseite, Johann David Schleuen d. Ä., Radierung, um 1765

Abb. 4 Balthasar Permoser, Bacchant, ursprünglich acht Statuen auf den beiden Dachattiken, 1719, um 1930

Zweifellos war mit dem Um- und Erweiterungsbau von Böhme ein großartiger Schlossbau von nobler Haltung entstanden, der nicht zuletzt wegen der außerordentlich qualitätvollen Attikafiguren von Permoser damals wohl zu den bedeutendsten in der Mark gezählt haben dürfte.[9] Wäre das Friedrichsfelder Schloss in diesem Zustand bis heute überliefert, so gehörte es gewiss zu den schönsten und reizvollsten in unserer märkischen Kulturlandschaft (Abb. 5).

Erweiterungsplanung Prinz Ferdinands von Preußen

Als Markgraf Carl von Brandenburg-Schwedt 1762 in Breslau verstarb, fielen die Friedrichsfelder Besitzungen an seine Tochter, die Herzogin von Anhalt-Bernburg. Noch im selben Jahr wurde das Lustschloss nebst allen dazugehörigen Gebäuden, Gärten, Weinberg u.a. für 16.000 Reichstaler an Prinz August Ferdinand von Preußen (1730–1813), dem jüngsten Bruder des Königs Friedrich II., verkauft. Friedrichsfelde wurde nun für zweiundzwanzig Jahre repräsentative Residenz, wobei die Hofhaltung ganz nach der seines Bruders Heinrich in Rheinsberg ausgerichtet war.

Während die Gestaltung und die Entwicklung des Gartens in dieser Zeit insbesondere durch zeitgenössische Pläne und Inventare gut belegt ist, lässt sich das weitere Geschehen am Schloss nur schwer fassen, sieht man einmal von großzügigen Um- und Erweiterungsplanungen ab, die in den 1770er Jahren intensiv betrieben wurden (Abb. 6).

Für das Innere gibt es durch die Überlieferungen von Friedrich Nicolai erstmals ausführlichere Nachrichten. In seiner 1779 erschienenen Beschreibung der »Königlichen Residenzstädte Berlin und Potsdam und aller daselbst befindlichen Merkwürdigkeiten« jedenfalls berichtet er, dass Prinz Ferdinand von Preußen, » (...) sich im Sommer meistens hier aufhält und den Palast sowohl als auch den weitläufigen Garten hat verschönern lassen«.[10] Könnte zu diesen Verschönerungen auch »der im chinesischen Geschmack marmorierte Entré Saal« gehören, der zunächst unverändert blieb? Doch Nicolai war auch von den durch den Herzog von Kurland bereits erfolgten Eingriffen angetan. In der dritten Auflage seines Buchs aus dem Jahre 1786 schreibt er dazu » (...) und hat darin bereits wichtige und geschmackvolle Veränderungen vorgenommen; durch welche das Schloss und der Garten in kurzem zu den schönsten um Berlin gehören werden.«

Zu den vielfältigen Aktivitäten unter Prinz Ferdinand gehört auch eine beabsichtigte Schlosserweiterung. Eine erste überlieferte Nachricht dazu datiert vom 9. Januar 1775, worin der Oberbaudirektor Boumann gegenüber dem Bauherrn ankündigt, »(...) dahero es mit der Zeichnung von dem Friedrichsfeldschen Schlosse bis ausgangs dieser Woche anstand haben muß. (...)«.[11] Aus dem Anschlag Boumanns, der am 24. Januar 1775 gezeichnet ist, erfahren wir, was » das Palais von Ihro Königl. Hoheit Prinz Ferdinand 132 Fuß lang zu verlängern und durchgehends 3 Etagen hoch mit Mansarden-Dach und Dachstuben zu bauen von Materialien und Arbeitslohn kosten würde«. Boumann errechnet eine Bausumme von 35.742 Talern. Später lässt sich auch die Mitarbeit von Carl Gotthard Langhans und Karl von Gontard nachweisen.

Im Verlaufe des Jahres 1784 entscheidet sich Prinz Ferdinand von Preußen plötzlich für einen Residenzneubau im Berliner Tiergarten. 1784 kaufte er dafür die ehemalige Knobelsdorffsche Meierei und ließ dort ab 1785 das Schloss Bellevue erbauen, dessen zugehöriger Park in den Jahren 1786–90 angelegt wurde. Dass dabei gewisse Planungs- und Entwurfsvorstellungen, die für den Friedrichsfelder Schlossumbau entwickelt worden waren, beim Schloss Bellevue Anwendung fanden, liegt nahe.

Die frühklassizistische Umgestaltung des Schlosses

Am 21. Juni 1785 verkauft Prinz Ferdinand sein Friedrichsfelder Anwesen an den Reichsgrafen Carl Friedrich von Medem für 16.000 Goldtaler. Noch im selben Jahr, am 14. Oktober, erfolgt die Übergabe des Besitztums durch von Medem an seinen

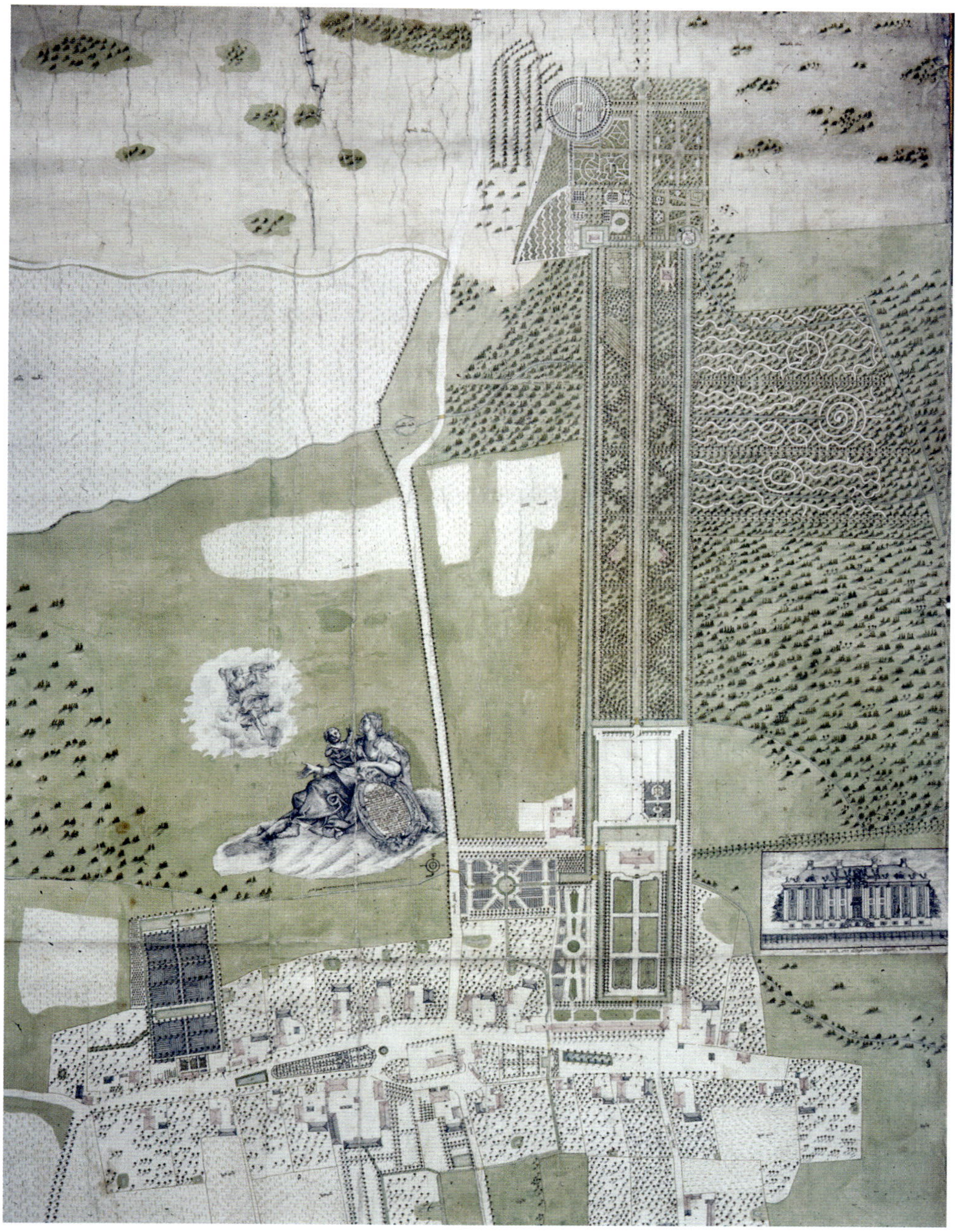

Abb. 5 Plan des Schlossgartens Friedrichsfelde, Christoph Friedrich Reichnow, kolorierte Zeichnung, 1767

Schwiegersohn, Herzog Peter Biron von Kurland (1724–1800). Dieser muss sehr schnell gehandelt haben, denn schon 1786 berichtet Nicolai über wichtige und geschmackvolle Veränderungen. Einige der »vorzüglichsten Zimmer« beschreibt er so: »Im Erdgeschoß ist der im chinesischen Geschmack marmorierte Entré Saal unverändert geblieben. Alle andern Zimmer unten haben vortreffliche seidene Tapeten aus der Bernhardschen Manufaktur zu Berlin erhalten. (...) Im zweyten Geschosse tritt man zuerst in den großen Tanzsaal, mit schöner Stukkaturarbeit mit korinthischen freystehenden Säulen und Architektur. (...) Der ganze Saal ist im edelsten schönsten Geschmack, von ungemeiner Symmetrie und Proportion. (...) Auf dieser Seite ist auch ein Kabinett, in Gestalt eines Zeltes von blau und weißem Atlas.«[12] Nicolai bemerkt zum Saal noch, dass dieser »alfresko von Raimondie aus Bologna gemalt werden [soll], welcher jetzt beschäftigt ist, alle Decken in den Zimmern dieses Sommerpalastes von neuem im arabesken Geschmack zu malen.«[13]

Da Nicolai bei seinem Besuch 1786 das illusionistisch ausgemalte Treppenhaus überhaupt nicht erwähnt und den Tanzsaal als vorhanden beschreibt, liegt es durchaus nahe, dass diese beiden Räume noch weitgehend nach dem seit 1775 nachzuweisenden Erweiterungs-und Umbauprojekt unter Prinz Ferdinand von Preußen fertiggestellt waren (Abb. 7).

Das Friedrichsfelder Schloss wurde von der herzoglichen Familie stets nur für kürzere Zeit genutzt, was die Annahme stützt, dass nach der intensiven Umgestaltungsphase unmittelbar nach Besitzübernahme sowohl am Außenbau als auch

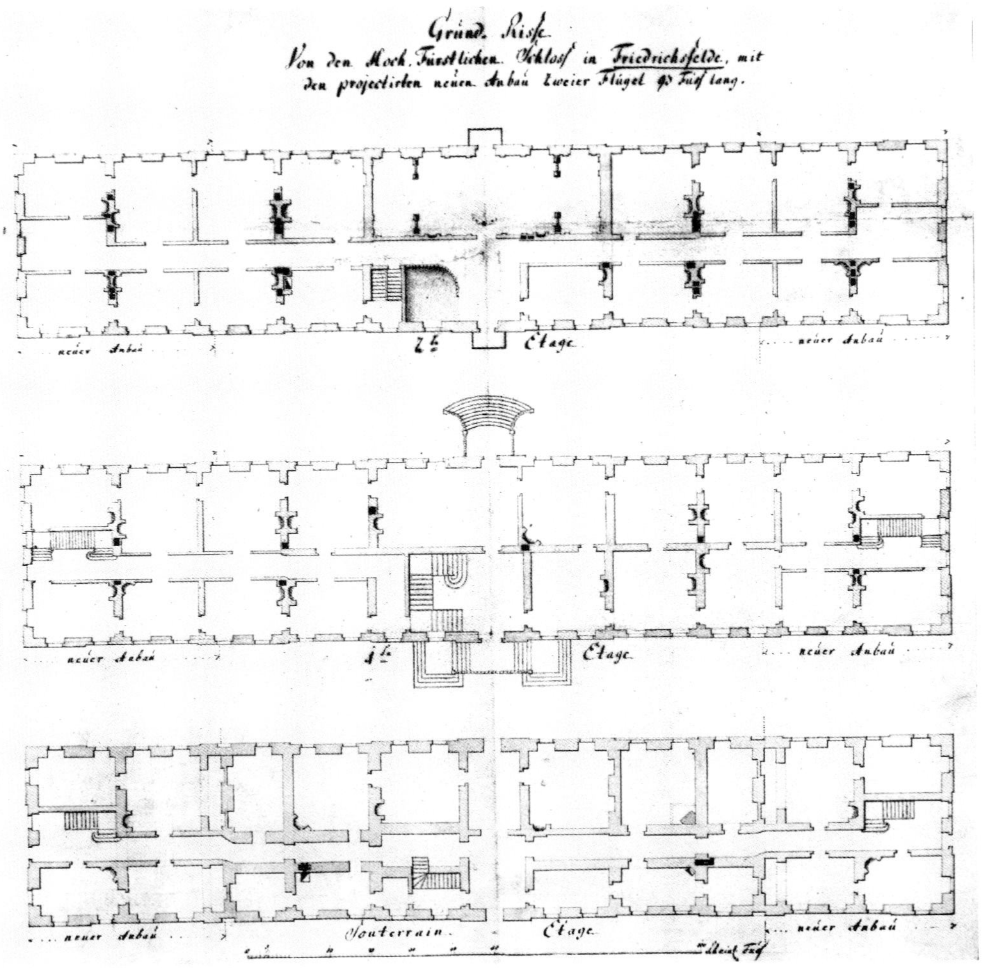

Abb. 6 Entwurfspläne für die unter Prinz Ferdinand von Preußen geplante Erweiterung des Schlosses, wohl von Johann Boumann, um 1775

im Inneren bis zum Verkauf des Schlosses am 19. Dezember 1797 an den Berliner Oberhofbuchdrucker Georg Jakob Decker kaum noch Nennenswertes passierte.

Das barocke Schloss erhält eine neue Außengestaltung

Am 29. März 1800 erwarb Prinzessin Catharina von Holstein-Beck (1750–1811) das Friedrichsfelder Schloss- und Parkensemble und führte dort offenbar ein anspruchsvolles Leben. Neben anderen Persönlichkeiten des damaligen gesellschaftlichen Lebens waren die königliche Familie und insbesondere Königin Luise des Öfteren ihre Gäste, und am 25. Oktober 1805 weilte sogar der russische Zar Alexander I. in Friedrichsfelde, was sicher auf ihre guten Beziehungen zu Russland zurückgeführt werden kann. Immerhin war Catharina von Holstein-Beck Gattin des reichen russischen Fürsten Iwan Barjatinsky. War es logische Konsequenz oder nur Schicksalsfügung – schon 12 Monate nach dem Besuch des Zaren wurde das Friedrichsfelder Schloss Hauptquartier Napoleons I., der dort am 28. Oktober 1806 vor dem Abmarsch seiner Truppen nach Osten auch die Parade abnahm. Und noch einmal, wenngleich einige Jahre später, beherbergte Friedrichsfelde einen weiteren prominenten Teilnehmer dieser die europäischen Staaten erschütternden Auseinandersetzungen von 1806–1814. Diesmal war es der von den verbündeten Armeen während der Völkerschlacht bei Leipzig gefangen genommene sächsische König Friedrich August, der zunächst im Berliner Schloss und dann vom 26. Juli 1814 bis zum 22. Februar 1815 als preußischer Gefangener in Friedrichsfelde blieb.

Wenngleich es bisher keinen schriftlichen Nachweis dafür gibt, darf dennoch angenommen werden, dass der Außenbau des Schlosses während der Holstein-Beck'schen Zeit seine bis 1946/47 überlieferte Gestalt erhielt. Eine farbig angelegte Radierung eines anonymen Künstlers zeigt das Schloss nun mit einem gewaltigen Mansarddach, das durch große Dreieckgiebel mit szenischen Reliefs mythologischen Inhalts über den Längsfronten geschmückt ist. Vor die Mittelachse der Nordfassade ist anstelle der geschwungenen Barocktreppe ein pavillonartiger Anbau getreten, während auf der Südseite eine zweiseitige Rampe entstand. Das ebenfalls dargestellte Nordparterre ist nun als einheitliche Rasenfläche gestaltet und wird auf beiden Seiten jeweils von mehreren Baumreihen, wohl denen aus der Barockzeit, gefasst. Die umlaufenden Kanäle sind zu diesem Zeitpunkt bereits zugeschüttet.

Das Friedrichsfelder Schloss wird bedeutende Gutswirtschaft

Nach dem Tod der Herzogin verkauften deren Erben, Johann Prinz von Barjatinsky und dessen Schwester Anna Gräfin von Tolstoi, die Friedrichsfelder Besitzungen am 24. Juni 1816 an Karl Sigismund von Treskow, dem das Vermögen seiner Mutter und seiner Frau diesen Erwerb ermöglichte.

Den damit angebrochenen neuen Abschnitt der Friedrichsfelder Besitzgeschichte charakterisiert Fontane wohlwollend mit den Worten: »So haben Eifer, Wissen, Intelligenz aus dem Sommerhause Raules einen großen und noch mehr einen wertvollen Besitz geschaffen; aus dem Zehrer ist ein Nährer geworden, aus der Drohne die Biene.« und bezüglich des Schlosses schreibt er: »Aber die Umwandlung hat sich vollzogen, ohn dem Friedrichsfelder Schloß, das so vieles Sterben und Geborenswerden sah, das Geringste von seinem historischen Zauber zu nehmen.« Und weiter: »(....) im Hause konservierte sie (die Sorglichkeit und Pflege) pietätvoll; nichts verlorengegangen von dem geschichtlichen Material, in dessen Besitz der gegenwärtige Besitzer eintrat«, was im Grunde natürlich auch für die Zeit bis 1945 zutrifft.

Soweit dies heute im Einzelnen überhaupt nachvollziehbar ist, gab es zwar die für ein ständig bewohntes Haus üblichen Veränderungen; entscheidend verändert wurde das Friedrichsfelder Schloss seit der Übernahme durch die Treskows bis zum Ende des Zweiten Weltkrieges jedoch nicht mehr. Die Beauftragung Peter Joseph Lennés mit der Verschönerung und Erweiterung des Schlossparks macht deutlich, dass mit dem Friedrichsfelder Bau-, Kunst- und Gartenensemble auch während der Treskowschen Zeit kontinuierlich sensibel umgegangen wurde und es eine hohe Wertschätzung genoss.

Abb. 7 Festsaal mit frühklassizistischer Stuckierung und Deckenmalerei, um 1785, Aufnahme um 1930

Ausbau von Schloss Friedrichsfelde zu einem Erholungsheim

Im Gegensatz zu vielen anderen historisch wertvollen Bauten Berlins hatte das Friedrichsfelder Schloss den Zweiten Weltkrieg baulich einigermaßen glimpflich überstanden. Undichte Stellen des Daches und andere kleinere Mängel konnten relativ schnell provisorisch behoben werden, während der vom letzten Besitzer gehütete Kunstbesitz des Schlosses bis auf geringe Teile restlos verlorenging. Wie in der Sowjetischen Besatzungszone allgemein wurde der ansehnliche Gutsbesitz Friedrichsfelde im Zuge der Bodenreform enteignet und von der Stadt Berlin übernommen, die das Schloss als neue Eigentümerin ab 1947 zu einem Erholungsheim für Bauarbeiter ausbauen ließ und 1949 kurzzeitig als Verwaltungsschule nutzte. Die eingebrachten zusätzlichen Lasten hatten den bereits laufenden Verfallsprozess offenbar noch beschleunigt. Der damalige Ausbau muss recht rigoros erfolgt sein, was insbesondere für die gestalterischen und künstlerischen Überlieferungen zutrifft. Erst in dieser Phase gingen beispielsweise zugunsten der Anlage einer durchgehenden Gaubenreihe für den beabsichtigten Dachgeschossausbau die klassizistischen Dreiecksgiebel über den beiden Hauptfassaden verloren, was ohne Abnahme oder Dokumentation der Stuckreliefs geschah. Auf einem Foto aus dieser Zeit sind die traurigen Reste im Schutt vor dem Schloss erkennbar. Bis auf die Haupttreppe mit ihrem barocken Geländer vom Um- und Erweiterungsbau unter dem Baumeister Böhme, einer klassizistischen Kaminbekleidung aus Marmor, wenige Barocktüren und einige Parkettfußböden war das Schloss aller seiner historischen Ausstattungselemente beraubt. Dem Erholungs- bzw. Schulungsprojekt fielen in dem »im edelsten schönsten Geschmack« ausgeführten Tanzsaal des Obergeschosses von 1786 die bis dahin erhalten gebliebene Bemalung der Voutendecke, ein Werk des Italieners Josef Raimondi aus Bologna, und die antikisierenden Stuckreliefs mit Trophäen und Feldzeichen mit Bildnismedaillons römischer Kaiser zum Opfer (vgl. Abb. 7). Unmittelbar nach Ende des Zweiten Weltkrieges waren derartige Kriegszeichen für eine neue Nutzung offenbar nicht akzeptabel, wenngleich das barocke Treppengeländer ähnliche Motive trägt. Als großer Verlust ist auch die Abnahme bzw. Zerstörung der auf Leinwand bzw. direkt auf dem Putz der massiven Außenwand des Haupttreppenhauses ausgeführten illusionistischen Architekturmalereien mit 14 in Grisaille-Technik gemalten Relieffeldern mit Szenen aus dem Dionysosmythos sowie der Statuen von Athena und Apollo zu beklagen.[14] Während die auf Putz gemalten Architekturfelder des Obergeschosses völlig verlorengingen, lagen die illusionistischen, auf Leinwand gemalten Wandbilder 1947 zwar bereits auf dem Bauschutt vor dem Schloss, wurden aber von Lothar Berfelde gerettet, besser als Charlotte von Mahlsdorf bekannt. Da kein anderes Berliner Museum sie übernehmen wollte, landeten sie schließlich auf dem Depotboden von Schloss Charlottenburg. Von dort aus konnten sie in den 1970er Jahren, also noch während der Teilung Berlins, dank dem dortigen Schlossdirektor, Prof. Dr. Martin Sperlich, unbürokratisch als Vorlage für die beabsichtigte Neuausmalung des Treppenhauses wieder nach Friedrichsfelde zurückgeholt werden, was auf kuriose Art und Weise geschah. Gemeinsam sollte der Autor mit einem Restaurator und unter Leitung des damaligen Chefkonservators der Arbeitsstelle Berlin des Instituts für Denkmalpflege, Dr. Peter Goralczyk, die auf Leinwand gemalten Architekturfelder in Charlottenburg sichten und für die Rekonstruktionsabsicht auswerten, wofür nach einem schwierigen Antragsverfahren ganze drei Reisetage genehmigt worden waren. Natürlich hatte der erfahrene Direktor des Charlottenburger Schlosses die Aussichtslosigkeit des Unternehmens sofort erkannt und entschieden, dass die für Charlottenburg wertlosen Bespannungen nach Friedrichsfelde mitgenommen werden könnten. So erschienen am letzten der drei Tage kurz vor Mitternacht die drei Reiseteilnehmer am S-Bahn-Grenzübergang Friedrichstraße und hatten jeweils stark ramponierte Leinwandrollen von mehr als vier Metern Länge auf den Schultern, was dem diensthabenden Grenzer natürlich »spanisch« vorkam. Doch was sollte er tun, wenn der Dienstvorgesetzte nicht erreichbar war? Beiden Seiten war dabei gewiss nicht ganz wohl – schließlich löste er das Problem, indem er uns mit unserer historischen »Fracht« einfach gehen ließ.

Durch glückliche Fügung waren also die 1947 bereits auf dem Bauschutt liegenden Leinwandbespannungen wieder nach Friedrichsfelde »heimgekehrt«, was für viele andere Gegenstände leider nicht zutraf. Das Kunstgut oder die historischen Ausstattungen, die in der unmittelbaren Nachkriegszeit nicht in alle Winde verstreut wurden, gingen also spätestens mit dem Ausbau des Schlosses in den späten 1940er Jahren zum Erholungs- bzw. Schulungsheim verloren. Immerhin hatte Berfelde bei seinem 1947 erfolgten Einzug in das Friedrichsfelder Schloss noch eine beachtliche Inventarliste aufstellen können, nach der damals u. a. im Haupttreppenhaus noch ein Sandsteinkamin aus dem 17. Jahrhundert und in anderen Räumen Spiegelrahmen aus der Zeit um 1800 bzw. der Biedermeierzeit, Porzellanöfen und Stoffbespannungen vorhanden waren.[15] Übrigens wollte Berfelde in dieser Phase das Friedrichsfelder Schloss zu einem Barockmuseum umwidmen und ausbauen, was bei seiner Sammelleidenschaft sicher eine interessante und adäquate Alternative gewesen wäre.

Es wurde bereits festgestellt, dass das Erholungs- bzw. Verwaltungsschulprojekt sehr schnell wieder aufgegeben werden musste. Wohl insbesondere durch die eingebrachten Zusatzlasten senkten sich die beiden dreiachsigen Seitenteile dramatisch weiter ab und ließen bis zu 15 Zentimeter breite Risse in der Baunaht zwischen dem fünfachsigen Kernbau und den 1719 angefügten Erweiterungsteilen entstehen. Eigentlich ist es sehr erstaunlich, wenn bei einer derartig umfassenden Ausbauplanung die Hauptschadensursache für bereits deutlich erkennbare und noch zunehmende Schäden offenbar nicht ernsthaft ergründet und schon gar nicht erkannt worden war, was allerdings auch für den folgenden Zeitabschnitt bis 1968 gilt.

Das Friedrichsfelder Schloss- und Gartenensemble wird zum Tierpark

Wohl nicht zuletzt in Konkurrenz zum (West-)Berliner Zoo sollte in Ost-Berlin ein Tierpark entstehen. Neben dem Treptower Park und der Wuhlheide wurde dafür auch die Friedrichsfelder Parkanlage als möglicher Standort in Betracht gezogen. Mit Beschluss des Berliner Magistrats vom 27. August 1954 wurde schließlich bestimmt, dass der neue Tierpark auf dem Gelände der früheren Treskowschen Besitzungen anzulegen ist. Nach unglaublich kurzer Zeit wurde der Tierpark Berlin bereits am 2. Juli 1955, also nach nicht einmal einem Jahr, eröffnet, wobei das in seinem Äußeren halbwegs ansehnliche Schloss die Kulisse für das von Wilhelm Pieck, dem damaligen Präsidenten der DDR, vollzogene Eröffnungszeremoniell abgab.

Das Schloss diente in dieser Gründungsphase des Tierparks teilweise als provisorischer Verwaltungssitz, in der der junge und äußerst agile Tierparkdirektor sowie das schaffensfreudige Architektenteam um Heinz Graffunder, dem späteren Hauptarchitekten des »Palastes der Republik« wirkten. In Anbetracht der notwendigen zahlreichen Neubauten wie Raubtierhaus, Caféteria und anderen zahlreichen Vorhaben fand das Schicksal des Schlosses in dieser Phase keinesfalls die ihm eigentlich zustehende Aufmerksamkeit. Vielmehr wurden in den Hauptgeschossen sogar Tierkäfige für Löwen, Tiger und Affen mit all den schrecklichen Konsequenzen für den historischen Bau aufgestellt. Noch in den 1960er Jahren standen die inzwischen längst überflüssig gewordenen Eisenkäfige auf den historischen Tafelparkettfußböden einiger Erdgeschossräume, die derartigen Nutzungen natürlich nicht lange standhielten, sodass die Parkettstäbe aus Eiche unter der Urineinwirkung wie überalterter Pfefferkuchen zusammengeschrumpft waren.

Hier soll nicht nachträglich darüber mutgemaßt werden, wie eine solche Situation überhaupt eintreten konnte. Vorstellbar ist bei einem derartigen Prestigeprojekt jedenfalls so manches. Tiere trafen aus allen Gegenden der Erde in Friedrichsfelde ein, für die in der Anfangszeit selbst einfache Unterkünfte und erst recht nicht besichtigungsfähige Schauanlagen zur Verfügung standen. Von den Besuchern wurde die Besichtigung exotischer Tiere in einem Schloss sicher noch als zusätzliche Attraktion verstanden. An dieser Stelle bleibt deshalb nur die Feststellung übrig, dass dem Schloss auf diese Weise in den ersten Jahren des Tierparks weitere Schäden zugefügt worden sind.

Als die Schicksalsfrage des Schlosses erneut und nun wohl zum letzten Mal gestellt werden musste, war die Einstellung der Tierpark-Verantwortlichen glücklicherweise gewandelt. Insbesondere der populäre Tierparkdirektor, Prof. Dr. Heinrich Dathe, setzte sich nun vehement für die Erhaltung des inzwischen akut gefährdeten Baus ein. Offenbar reizte dabei auch der Gedanke, dass moderne zoologische Schauanlagen im Kontext mit erlebbarer Geschichte eines historischen Schloss- und Parkensembles noch zusätzlich an Ausstrahlung gewinnen könnten. Im Übrigen war zu diesem Zeitpunkt der große Bauboom im Tierpark abgeflaut, sodass die Rettung des Schlosses endlich zur vorrangigen Aufgabe wurde. Bei all den folgenden, keinesfalls einfachen Sicherungs-, Sanierungs- und Wiederherstellungsarbeiten war Dathe nun unbeirrbarer Motor, der die schrittweise Wiederentstehung bis in jede Einzelheit begleitete und sogar bereit war, gegen erhebliche Widerstände noch während des laufenden Bauprozesses eine anspruchsvollere Nutzungsform durchzusetzen. An so manchem Abend wurde im Chefzimmer anhand von Fotos anderer Objekte bzw. von Ideenskizzen die Nutzungs- und Gestaltungsplanung weiter präzisiert und bereichert, was ihm offensichtlich ebenfalls Freude bereitete. Oft musste auch Herr Franz, der umsichtig und verständnisvoll agierende Investbauleiter des Vorhabens, an diesen Sitzungen teilnehmen. Dieser enge Arbeitskontakt zwischen Bauherrn und Planer bzw. Denkmalpfleger war wohl Garant für die insgesamt doch interessanten und beachtlichen Arbeitsergebnisse. Dass das Schloss und dessen unmittelbares Umfeld letztendlich wieder zu einem anspruchsvollen historisch-kulturellem Mittelpunkt der Friedrichsfelder Gesamtanlage entwickelt werden konnte, ist insbesondere auch das Verdienst von Prof. Dr. Dathe.

Sicherungsarbeiten am Schloss

An einem Frühlingstag des Jahres 1967 rief Dathe beim damaligen Generalkonservator des Instituts für Denkmalpflege, Prof. Dr. Ludwig Deiters, an und bat dringend um Teilnahme an einem nachmittäglichen Entscheidungsgespräch zum Friedrichsfelder Schloss, wobei es um Abriss oder Erhalt gehen werde. Die angesprochene Beratung verlief vor allem deshalb sehr konstruktiv und für das in seinem Bestand aufs höchste bedrohte Schloss so günstig, weil Wolfgang Preiß, ein Spezialist für konstruktive Sicherung von Baudenkmalen aus Dresden, der entscheidenden Anteil am Erhalt einer Vielzahl auch hochrangiger Bauten hier im Osten Deutschlands hatte, schnell das eigentliche Hauptübel für den Verfall richtig erkannt hatte. Überzeugend konnte er die dringend erforderlichen Sicherungsmaßnahmen nachvollziehbar darstellen. Noch immer ist mir auch bewusst, wie nachdrücklich er vor zu schneller Abnahme des ebenfalls einsturzgefährdeten Dachstuhls warnte. Da er die Engpässe bei den Baugewerken hier im Osten genau kannte und die doch nicht unerheblichen Sicherungsaufgaben sofort einzuschätzen wusste, wollte er um jeden Preis verhindern, dass das schützende Dach noch vor der Durchführung der den Bestand sichernden Stabilisierungsmaßnahmen an den Fundamenten abgenommen würde.

Insbesondere das Rissbild und das Abkippen der dreiachsigen Seitenteile vom Kernbau ließen Preiß damals nachgebende Fundamentteile vermuten. Die danach veranlassten Fundamentsondagen bestätigten in vollem Maße diese Annahme und hatten im Einzelnen zum Ergebnis, dass das massive, nur 20–30 Zentimeter unter Kellerfußboden angelegte Fundament des fünfachsigen Ursprungsbaus vom Ende des 17. Jahrhunderts zwar keine nennenswerten Schäden aufwies, während aber die fast einen Meter tiefer reichenden Kellerwände der 1719 angefügten Seitenteile zusätzlich noch auf ca. zwei Meter langen Holzpfählen ruhten, die infolge von Grundwasserabsenkung (Bau eines Wasserwerkes 1906) fortschreitend verrotteten. Solange das Grundwasser den Luftzutritt verhinderte, erfüllten die angespitzten Holzpfähle, auch Spiekpfähle genannt, die ihnen zugedachte Aufgabe der Lastübertragung. Mit absinkendem Grundwasserspiegel jedoch verfaulten die außerhalb des Wassers liegenden Pfahlteile und hinterließen Hohlräume, in die sich die Seitenwände des Schlosses unter Lockerung des Mauerwerksgefüges allmählich senkten, ein Prozess, der wohl schon zu Treskows Zeiten begann.

Aus heutiger Sicht stellt sich natürlich die Frage, warum der Baumeister Böhme die angefügten Seitenteile im Gegensatz zum Altbau überhaupt so »sicher« gründen ließ. Möglicherweise stand er aber immer noch unter dem Eindruck des Schicksals seines Lehrers Andreas Schlüter, der wegen konstruktiver Mängel am fast vollendeten und schließlich eingestürzten Berliner Münzturm entlassen worden war (Abb. 8).

Da für die Sicherung des Friedrichsfelder Schlosses mit keinerlei Zuweisungen von staatlich bilanzierten Baukapazitäten zu rechnen war, wurde zunächst das Dach notdürftig repariert und das Gebäude im Interesse der Entlastung entrümpelt, was alles sehr sporadisch und überwiegend mit tierparkeigenen Arbeitskräften geschehen musste. Zwischenzeitlich wurde die Planung für die Fundamentunterfangung in Feierabendtätigkeit realisiert, wobei in Ermangelung von spezialisierter Baukapazität eine traditionelle Sicherungsmethode gewählt wurde. Das Ganze geschah nach dem sogenannten Rösselsprungverfahren, bei dem abschnittsweise unter Entfernung

Abb. 8 Schloss nach Abnahme der stark geschädigten Dachkonstruktion, Aufnahme um 1970

der im oberen Bereich abgefaulten Pfahlreste innen und außen überwiegend in Handschachtung ca. vier Meter tiefe Baugruben bis zur Unterkante der Holzpfähle getrieben werden mussten. Diese wurden anschließend in Fundamentbreite mit Beton bzw. Mauerwerk kraftschlüssig mit den in der Luft hängenden Altfundamenten aus Mischmauerwerk gefüllt. Begonnen wurde jeweils unter den Fenstern, weil dort die geringsten Lasten anfielen. Waren dort die neu eingebrachten Fundamentteile abgebunden, konnten die Zwischenbereiche unterfangen werden. Die Arbeiten waren nicht ungefährlich – jederzeit hätte sich ein Findlingsbrocken vom Altfundament lösen können – und schleppten sich über einen ziemlich langen Zeitraum hin. Die statisch-konstruktive Planung der Fundamentunterfangung lag in den Händen von Dipl.-Ing. Klaus Betzner, der ebenfalls im damaligen Institut für Denkmalpflege als Spezialist für konstruktive Sicherung von Baudenkmalen arbeitete, was natürlich für die Effizienz einer praktischen Denkmalpflege sehr sinnvoll war. Betzner blieb in der Folge dann auch weiterhin für die Lösung statisch-konstruktiver Probleme und für die Erarbeitung diesbezüglicher Projektteile verantwortlich.

Mit dem erfolgreichen Abschluss der Rettungsphase für Schloss Friedrichsfelde wuchs schon wegen der erbrachten Mühen und Aufwendungen die Überzeugung, dass nun der Sanierungs- und Wiederherstellungsprozess unumkehrbar geworden sei. Ab diesem Zeitpunkt stand nicht mehr die Frage im Vordergrund, ob das Schloss bautechnisch bzw. wirtschaftlich zu erhalten sei, sondern es interessierte nur noch, in welcher Form die Sanierung und Restaurierung geschehen konnte.

Nutzung des Schlosses als kulturelles Zentrum des Tierparks

Da nach dem erfolgreichen Abschluss der Sicherungsphase wiederum keine Planungskapazitäten zur Verfügung standen, übernahm das Institut für Denkmalpflege auch die Entwurfsplanungen und das bautechnische Gesamtprojekt einschließlich sämtlicher Ausführungsplanungen, was natürlich ungewöhnlich und nur der Notsituation geschuldet war. Spezialplanungen wie Heizung, Klimaanlage, Elektro und Küche wurden allerdings an entsprechende Fachplaner vergeben.

Angesichts des enormen Publikumszuspruches von jährlich rund zwei Millionen Tierparkbesuchern bot sich eine gastronomische Nutzung geradezu an, zumal es im Tierpark wie allgemein in der DDR ständig gastronomische Versorgungsengpässe gab. Deshalb sollte das gesamte Erdgeschoss, von notwendigen Erschließungsfunktionen abgesehen, als Restaurant ausgebaut werden. Der große Saal in der Beletage war dagegen für vielfältige kulturelle und wissenschaftliche Veranstaltungen vorgesehen. Für das auszubauende Dachgeschoss sah die Entwurfsplanung Räume für die Restaurantverwaltung und ein Tierparkarchiv vor. Die nach heutigen Vorstellungen sicher übertriebene Restaurantküche wurde für das abgetiefte Kellergeschoss geplant und dort auch unter großen Beschaffungsproblemen komplett und funktionstüchtig eingebaut. Allein die Montage des dafür notwendigen Be- und Entlüftungssystems hat den planenden Denkmalpflegern und Fachplanern so manche Schwierigkeit bereitet. Gekocht oder gebraten wurde in der auch höheren Ansprüchen gewachsenen Küche allerdings nie – was sich aus dem parallel zum Küchenausbau entwickelten neuen Nutzungskonzept für das Schloss erklärt, worüber später zu berichten ist.

Unter den gegebenen Bedingungen entsprach das angestrebte Nutzungskonzept durchaus vergleichbaren Beispielen der Findung neuer Nutzungsformen in der Denkmalpflegepraxis der DDR wie bei dem sächsischen Barockschloss Rammenau oder dem thüringischen Schloss Molsdorf bei Erfurt, wo allerdings jeweils mehr wertvolle originale Bausubstanz überdauerte. Forderungen, die Denkmalpfleger während eines Symposiums vom 11.–14. September 1989 in Schleswig-Holstein zum Thema »Gutsanlagen des 16. bis 19. Jahrhunderts im Ostseeraum«[16] erhoben hatten, entsprach es freilich nicht. Für dortige Schloss- und Herrenhauslandschaften konnte angesichts des meist guten Überlieferungszustandes durchaus postuliert werden, »dass die besten Erhaltungsvoraussetzungen immer noch dann gegeben sind, wenn der geschichtliche, funktionelle und ökonomische Zusammenhang des Gutes als Sachgesamtheit erhalten bleibt« oder: »Kontinuität der ursprünglichen Nutzung der Güter ist erfahrungsgemäß die effektivste Form der Konservierung. Umnutzungen bringen häufig nicht vertretbare Eingriffe in die Bausubstanz mit sich und können nur Notlösungen bleiben«, und schließlich aus dänischer Sicht: »Museen, Tagungsstätten und Pflegeheime – mit der größtmöglichen Berücksichtigung des Denkmalwertes – sind eine rettende Nutzungsmöglichkeit, aber an sich kein Ziel«.

Doch die Realität hier im Osten erforderte überwiegend andere Wege. Zu gravierend waren die Zerstörungen bzw. die Auswirkungen, die durch die politisch-ideologisch motivierten Veränderungen der gesellschaftlichen Verhältnisse nach dem letzten Krieg in der sowjetischen Besatzungszone und späteren DDR entstanden waren. Für hunderte von Schlössern und Herrenhäusern unserer märkisch-brandenburgischen Heimat, teilweise im akut gefährdeten Zustand, müssen neue günstige Verwendungsmöglichkeiten und geeignete Nutzer gesucht werden.

Entwicklung und schrittweise Realisierung eines musealen Nutzungskonzepts

Da die Bodenreform auch für das Friedrichsfelder Schloss eine radikale Durchtrennung der traditionellen Besitz- und Nutzungskontinuität bewirkte und die nachfolgende Entwicklung nicht gerade günstig verlief, suchte der Autor dieses Beitrags parallel zu den bestandssichernden ersten Schritten stets nach Möglichkeiten, dem Schloss endlich wieder einen seiner Bedeutung angemessenen Inhalt zu geben. Ein vornehmes Restaurant, damals durchaus schon eine anspruchsvolle Per-

Abb. 9 Schlossansicht von Norden nach der Wiederherstellung des Außenbaus, Aufnahme 1995

spektive, schien ihm jedenfalls nicht optimal. Vor allem war er überzeugt, dass die brandenburgische Kulturlandschaft neben der Wiederherstellung von Denkmalen insbesondere durch Besichtigungs- bzw. Museumsschlösser bereichert werden sollte. Damals jedenfalls war für die märkische Kunstlandschaft im Gebiet von Ost-Berlin sowie der Bezirke Frankfurt/Oder und Potsdam zu konstatieren, dass außer den Schlössern in Potsdam, dem als Kunstgewerbemuseum genutzten Schloss Köpenick und dem Wiepersdorfer Gutshaus – später kam noch das Schloss Marxwalde (Neuhardenberg) hinzu – keines der erhalten gebliebenen, mehrere Hundert umfassenden Objekte als Besichtigungsschloss zugänglich war. Schloss Tegel, nach dem Zweiten Weltkrieg im Gebiet zwischen Elbe und Oder wohl als Einziges in Familientradition verblieben, gehörte zum nicht erreichbaren »westlichen Ausland«. Es gab also hinreichend Grund, eine derartige Nutzungsform, die zudem der ursprünglichen Ausgestaltungsweise dieser Gebäude sehr nahe kommt, für das Friedrichsfelder Schloss ernsthaft zu bedenken und zu betreiben. Obwohl die Ausgangsbedingungen hinsichtlich der überlieferten Originalsubstanz alles andere als günstig waren, galt es, sich eventuell bietende Chancen zu nutzen. Aufgrund des hohen Ansehens, das der Berliner Tierpark bei der Bevölkerung und bei den politischen Verantwortungsträgern genoss, war damals jedenfalls eine anspruchsvollere Perspektive für das Friedrichsfelder Schloss durchaus denkbar, was folgerichtig die Wiederherstellung des barocken Nordparterres mit Neuanlage der Wassergräben einschloss. Mit dem Direktor des Tierparks gab es jedenfalls den notwendigen »Durchsetzer«, war er erst einmal von den entwickelten Ideen überzeugt – was in der Regel allerdings keinesfalls einfach war.

In Anbetracht der Hilflosigkeit der praktischen Denkmalpflege in der DDR hinsichtlich der Erhaltung von Schlössern und Herrenhäusern in den verschiedenen märkischen Kleinlandschaften und darüber hinaus wurde das Friedrichsfelder Vorhaben bei einer Reihe von Denkmalkollegen damals eher skeptisch gesehen. Ob die finanziellen Mittel nicht sinnvoller für dringendere Sicherungsmaßnahmen an akut vom Verfall bedrohten Objekten im Fläming oder im Oderbruch eingesetzt werden könnten, war die nachvollziehbare und verständliche Frage. Doch andererseits war klar, dass Mittel für das ehrgeizige Ziel zum weiteren Ausbau Ost-Berlins zur Hauptstadt der Republik keinesfalls auf Denkmalprojekte irgendwo in der Provinz übertragbar waren. Vielmehr galt es durch überzeugende Leistungen, durch das Beispiel in das Umland auszustrahlen, was in begrenzter Weise dann auch tatsächlich gelang.

Nach Abschluss der erforderlichen Sicherungsarbeiten und den ersten sich abzeichnenden Ergebnissen zur Wiederherstellung in historischer Form war endlich der Zeitpunkt zur Beendigung der Restaurantnutzung zugunsten eines musealen Ausbaus des Schlosses gekommen. Zweifellos hat aber erst die Beschaffung von »heimatlos« gewordenen Wanddekorationen die Möglichkeit der bereichernden Veränderung der bereits

Abb. 10 Gartensaal während des Einbaus der um 1770 entstandenen illusionistisch bemalten Wandbespannungen aus der Oberförsterei in Zinna bei Jüterbog, Aufnahme 1980

Abb. 11 Ein Bild der bemalten Wandbespannung aus der Oberförsterei Zinna während der langwierigen Konservierungs- und Restaurierungsarbeiten, Aufnahme um 1978

Abb. 12 Gartensaal nach Einbau der Wandbespannung aus dem Kloster Zinna, 1981, Aufnahme um 2000

vollständig geplanten und längst in Ausführung befindlichen Wiederherstellungskonzeption als gastronomische Einrichtung eröffnet. Die Denkmalpflege betrieb dies damals so vehement, weil sie neben dem Interesse für das Schloss selbst die Chance sah, hier ein ausstrahlendes Beispiel für weitere ländliche Schlossbauten und Gutshäuser vor allem im nahen und weiteren Umfeld von Berlin schaffen zu können. Es sollte anschaulich werden, dass auf diese Weise zumindest für die bedeutenderen Anlagen wieder eine Nutzungsform gefunden werden kann, die eine Erhaltung mit allen Denkmalwerten auf Dauer ermöglicht, und die diese Objekte wieder zu kulturellen Ausstrahlungspunkten mit überregionaler Anziehungskraft werden lassen kann (Abb. 9). Schmerzlich wurde in der märkischen Kulturlandschaft vermisst, was das Umfeld von Dresden mit seinen immer noch reich ausgestatteten Schlössern und Burgen wie beispielsweise den Besichtigungsschlössern Königstein, Moritzburg, Pillnitz, Rammenau oder Wesenstein so anziehend macht. Auch das engmaschige Netz derartiger Einrichtungen um Prag, wo viele Besichtigungsschlösser als Filialabteilungen der großen Prager Sammlungen betrieben wurden bzw. werden, galt damals als nachzuahmendes Beispiel. Darüber hinaus mag auch der Hinweis auf die Staatlichen Zweigmuseen in Bayern nützlich sein. In einer vom Bayerischen Staatsministerium für Wissenschaft und Kunst 1990 herausgegebenen Broschüre heißt es dazu u. a.: »(…) Den reichen Museumsbesitz überall im Lande zugänglich zu machen, neue Museen zu errichten, ohne dadurch Rang und Anziehungskraft der Metropole zu schmälern, ist seit zehn Jahren ein Hauptziel staatlicher Museumspolitik. (…) 31 Zweigmuseen sind schon jetzt eröffnet. Bis Mitte der neunziger Jahre werden noch etwa 15 weitere dazukommen.[17]

Während Fontane seit 1860 noch in allen Gegenden der »märkisch-brandenburgischen Heimat« überall auf prall gefüllte Schlösser stieß, war dies während der DDR-Zeit völlig anders, und auch heute kann dieses Defizit trotz einiger Lichtblicke, die insbesondere dank der Initiativen der Stiftung Preußischer Schlösser und Gärten Berlin-Brandenburg geschaffen werden konnten, nicht entscheidend abgebaut werden. Nach wie vor hofft der für die märkische Denkmallandschaft damals Mitverantwortung tragende Autor und Denkmalpfleger darauf, dass das hochbarocke Gutshaus von Groß-Rietz eines Tages doch noch ein Dependancemuseum eines der hauptstädtischen Museen wird. Solange Berlin und Brandenburg aber zwei getrennte Länder sind, dürfte ein solches Vorhaben Vision bleiben.

Doch zurück zum damaligen weiteren Ausbau des Friedrichsfelder Schlosses zu einem Besichtigungsschloss. Voraussetzung war dabei natürlich die Beschaffung der »heimatlos« gewordenen bemalten Leinwandbespannungen aus dem 18. Jahrhundert. Für die insgesamt fünf in Friedrichsfelde ein-

Abb. 13 Bildszene einer bemalten Wandbespannung aus Schloss Ostrau, um 1770. Zustand vor der Restaurierung und dem Einbau in das Schloss Friedrichsfelde, Aufnahme um 1975

Abb. 14 Jagdzimmer nach Einbau einer jahrelang ausgelagerten bemalten Wandbespannung aus Schloss Ostrau b. Halle, 1980/81, Aufnahme um 2000

gebauten raumumfassenden Wandbespannungen kann ausnahmslos festgestellt werden, dass sie durchweg aufs höchste gefährdet waren und dass deren Adaption zumindest zu der damaligen Zeit als wirkliche Rettungstat gewertet werden muss (Abb. 10–15). Ergänzt wurde das Einbauprogramm historischer Raumdekorationen noch durch den Erwerb zweier französischer Bildtapetenzyklen, »Amor und Psyche« und »Olympische Feste« (Abb. 16 und 17).

Insgesamt entstanden im Zuge des musealen Nutzungskonzepts sechzehn Innenräume, die mit historischem Kunstgut vorwiegend aus dem 17., 18. und 19. Jahrhundert ausgestattet waren bzw. sind (Abb. 18 und 19). Das Haupttreppenhaus und der Festsaal als bedeutende Innenraumgestaltungen des Berliner Frühklassizismus wurden in ursprünglicher Form rekonstruiert (Abb. 20, 21 und 22). Andere Räume erhielten unter weitgehender Bewahrung der überlieferten Grund- und Aufrissgestaltungen originalbemalte Wandbespannungen oder gewebte Stoffbespannungen. Anhand dieser verschiedenartigen Gestaltungen können wichtige Formen der Innenraum-

Abb. 15 Kleines Rokokozimmer mit kopiertem Kamin und originaler Wandbespannung aus dem Gutshaus Lohm bei Kyritz, um 1750, Aufnahme 1981

Abb. 16 Bildtapete »Amor und Psyche«, Ausschnitt »Psyche im Bad«, Aufnahme um 1980

Abb. 18 Festsaal, Entwurf zur Wiederherstellung der südlichen Innenwand, colorierte Zeichnung, um 1978

Abb. 17 Bildtapete »Olympische Feste«, Detail aus dem Festzug, Aufnahme nach 1990

Abb. 19 Grünes Zimmer mit Ensemble von KPM-Tellern und klassizistischen Stühlen, Aufnahme um 1998

kunst vom 18. bis zum frühen 19. Jahrhundert veranschaulicht werden – im Grunde entstand damals schrittweise eine Art Bespannungs- bzw. Tapetenmuseum, ein Gedanke, der nach Übernahme des Schlosses nach 1989/90 durch das Stadtmuseum Berlin zu einem bestimmenden geworden ist.

Damals standen einige Museumskollegen dem Wiederherstellungskonzept für das Friedrichsfelder Schloss aufgeschlossen gegenüber und versuchten, das Vorhaben zu fördern. Andere wiederum waren insbesondere hinsichtlich der Trägerschaft durch den Tierpark skeptisch. Als ebenfalls städtische Einrichtung hatte das Märkische Museum offiziell den Auftrag zur Ausstattung der Innenräume mit Kunstgut erhalten (Abb. 23). Doch wurde schnell klar, dass unter den damals gegebenen Bedingungen keine üppigen Leihangebote der

Abb. 20 Festsaal nach der Restaurierung und Wiederherstellung, Aufnahme 1981

Abb. 21 Haupttreppenhaus mit barocker Treppenanlage von 1719 und frühklassizistischer Ausmalung, Obergeschoss, um 1775, Aufnahme um 1930

Abb. 22 Haupttreppenhaus, Entwurf zur Wiederherstellung, colorierte Zeichnung, um 1978

Museen zu erwarten waren, weshalb auch Ankaufsmöglichkeiten aus dem Kunsthandel genutzt werden mussten, die aus heutiger Sicht aber eher dürftig ausfielen. Trotz Begleitung der Arbeiten durch hohe politische Verantwortliche in der letzten

Abb. 23 Das wiederhergestellte Haupttreppenhaus mit barockem Dielenschrank, Aufnahme um 1998

Ausbauphase genoss das Vorhaben keinesfalls jene Privilegien, mit denen bestimmten Prestigevorhaben wie etwa der Dresdner Semperoper oder dem Berliner Schauspielhaus ausgestattet worden waren. Nach teilweise unbeschreiblichen Schwierigkeiten gelang es schließlich, für ganze 2.500 Mark (West) benötigte Materialien aus dem Westen einzuführen, und zwar für etwa 1.000 Mark holländischen weißen Mattlack zur Fassung sämtlicher Holzbauteile des Schlosses wie Türen, Fenster einschließlich der inneren Klappläden, Paneele u. a. sowie für die Restsumme französische Stoffe für die Stuhlbespannungen. Wichtig war allerdings, dass das Objekt für bestimmte Betriebe wie beispielsweise den VEB Stuck und Naturstein, den VEB Inneneinrichtungskombinat Berlin (Intercor) oder auch für kleinere Betriebe als Planvorhaben anerkannt wurde. Bauleistungen bzw. Baukapazitäten waren in der DDR bekanntermaßen unglaublich rar. Insofern kann die Gesamtleistung schon allein aus dieser Sicht tatsächlich nicht hoch genug eingeschätzt werden. Ganz zweifellos verdient auch die handwerkliche Umsetzung hohe Anerkennung. Es hat sehr viel Freude bereitet mitzuerleben, wie jeder einzelne Handwerker bemüht war, den geforderten Qualitätsanspruch für sich selbst und für andere Gewerke zu erfüllen. Die Neuanfertigung des Tafelparketts nach historischem Vorbild war damals eine fast unüberwindbare Hürde. Ein kleiner privater Tischlerbetrieb aus dem thüringischen Greiz, die Fa. Assing, stellte sich dieser Aufgabe und erwirkte als Spezialbetrieb sogar die Planfreistellung für diese Arbeiten. Da das barocke Tafelparkett in der Greizer Werkstatt vorgefertigt werden musste, galt es, jeden Raum mit all seinen maßlichen Abweichungen und Schiefwinkligkeiten exakt zu erfassen. Nach nunmehriger Standzeit von mehr als dreißig Jahren machen die Innenräume überwiegend noch immer einen gepflegten Eindruck. Die Arbeiten waren insgesamt kompliziert, bereiteten aber auch viel Freude, vor allem war die Gesamtaufgabe sehr lehrreich. Im Gegensatz zu heute musste der Denkmalpfleger schon einmal selbst die eine oder andere Planungs- und Koordinierungsleistung übernehmen, sollte das Ergebnis in Anbetracht fehlender Planungskapazitäten denkmalgerecht werden.

Auf eine objektive Schwierigkeit sei noch hingewiesen, die mit der Nutzungsänderung verbunden war. Während für die Restaurantnutzung eine einfachere Zu- und Abluftanlage ausgereicht hätte, wie sie geplant und bereits in der Ausführung war, mussten die Bedingungen hinsichtlich des Raumklimas für eine museale Nutzung entschieden verbessert werden, wollte man Museen zur Bereitstellung von Leihgaben bewegen. Dies war natürlich Voraussetzung für das veränderte Konzept, da der Tierpark verständlicherweise über keine eigenen historischen Kunstwerke verfügte. Mit großen Anstrengungen wurde schließlich auch dies geschafft. Bei komplizierter Kanalführung insbesondere in den vorhandenen alten Schornsteinzügen konnte für das Friedrichsfelder Schloss schließlich auch eine Teilklimaanlage realisiert werden.

Nicht zuletzt durch überzeugende Teilergebnisse konnte das museale Nutzungskonzept Schritt für Schritt umgesetzt werden. Einzelne restaurierte historische Bildfelder wurden provisorisch für das Entscheidungsgremium in die baulich noch längst nicht fertiggestellten Räume eingefügt. Auf einen der beiden Marmorkamine des Festsaals, der zu diesem Zeitpunkt weder Paneele noch Türen besaß, wurden z. B. zwei angekaufte repräsentative KPM-Amphorenvasen gestellt, um den Beteiligten der Rapportrunde das eigentliche Ausgestaltungsziel näher zu bringen. Parallel zur Entwicklung des musealen Nutzungskonzepts mussten auch für den Außenbau und für die Innenräume die entsprechenden Gestaltungs- und Ausstattungsplanungen vorangetrieben werden. In mehrjährigen Arbeitsphasen wurden im Vorfeld die teilweise äußerst stark beschädigten bemalten Leinwandbespannungen durch ein Restauratorenteam restauriert und auf wandgroße Rahmen gespannt.

Am 11. Juni 1981 wurde das Friedrichsfelder Schloss als Museumsschloss der Öffentlichkeit übergeben. Im Schloss können seitdem neben dem frühklassizistischen Haupttreppenhaus und dem Festsaal im Obergeschoss eine Raumfolge von fünf Räumen im Erdgeschoss mit originalen bemalten Leinwandbespannungen des 18. Jahrhunderts besichtigt werden. Außerdem war der Einbau von zwei jeweils raumumfassenden Bildtapetenzyklen vorgesehen, deren Restaurierung damals aus finanziellen Gründen aber nur teilweise gelang.

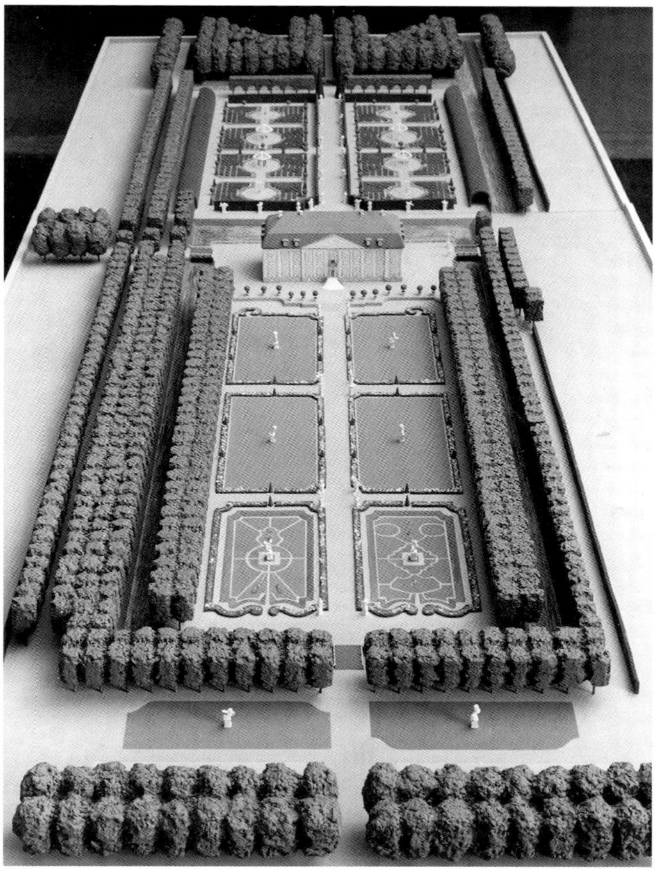

Abb. 24 Modell des Nordparterres nach dem Plan von Chr. F. Reichnow, Aufnahme um 1983

Zudem war das Schloss mit angekauftem Kunstgut und vor allem mit Leihgaben aus verschiedenen Museen ausgestattet. Da das Vorhaben noch zu tiefen DDR-Zeiten erfolgreich abgeschlossen werden konnte, hoffte der Autor dieses Beitrags darauf, dass nach dem Vorbild von Schloss Friedrichsfelde weitere ähnliche Projekte im östlichen Umfeld von Berlin hätten initiiert und umgesetzt werden können. Bei den Schlössern Marxwalde/Neuhardenberg und dem königlichen Schloss in Bad Freienwalde gelang dies tatsächlich. Neben der Nutzung als Besichtigungsschloss bot das historische Ambiente auch den reizvollen Rahmen für Konzertreihen, wissenschaftliche Kolloquien und feierliche Veranstaltungen wie Hochzeiten, Auszeichnungsfeiern, Prüfungen von Musikschülern u.a. Außerordentlich erfreulich war auch, dass der damalige Magistrat von Ost-Berlin dem Tierpark mit der Eröffnung des Schlosses entsprechende Personalstellen für den Betrieb zur Verfügung gestellt hatte.

Der Wiederherstellung des Schlosses folgte einige Jahre später eine weitere Maßnahme, die unter den gegebenen DDR-Bedingungen einfach nicht denkbar schien. Doch im Vorfeld des 750. Berliner Stadtjubiläums wurde das über Jahre vorbereitete Investitionsvorhaben »Nordparterre« 1985 durch Magistratsbeschluss bestätigt und bis 1987 auch realisiert. Insgesamt hat der Schlossbereich durch die vorgenommene Neuanlage des Nordparterres mit dessen holländisch geprägtem Kanalsystem an Ausstrahlung gewonnen und trägt so zur weiteren Steigerung der Attraktivität des Tierparks bei (Abb. 24–26).

1995 wurde das Friedrichsfelder Schloss auf Senatsbeschluss Dependance der Stiftung Stadtmuseum Berlin. Im Grunde muss diese Zuordnung als logische Konsequenz des bereits unter der Regie des Tierparks entwickelten und auch umgesetzten Nutzungsprogramms gesehen werden. Es dürfte einleuchtend sein, dass ein historisch geprägtes Besichtigungsschloss auf Dauer einfach nicht ohne museale Einbindung, ohne entsprechendes Fachpersonal und vor allem ohne Kunstdepot geführt werden kann. Leider haben Stadtmuseum und Tierpark zu keiner Zeit eine fruchtbare und gegenseitig fördernde Zusammenarbeit entwickeln können.

Inzwischen hat der Berliner Senat im Jahre 2009 die Verantwortung für das Friedrichsfelder Schloss wieder an den Tierpark übertragen, dessen Leitung das Schloss zum Verwaltungsgebäude umbauen wollte. Sogar der Ausbau der außer-

Abb. 25 Bereich des ehemaligen Nordparterres vor der Neuanlage mit den früheren Umfassungsgräben, Aufnahme 1978

Abb. 26 Nordparterre nach der Rekonstruktion einschließlich der Wassergräben, Blick von Norden zum Schloss, Aufnahme 1989

ordentlich wertvollen Wandbespannungen wurde erwogen. Glücklicherweise konnte letzteres aber verhindert werden. Unter diesen neuen Bedingungen hat das Stadtmuseum all seine Ausstellungsexponate zurückgezogen, wodurch das Schloss viel von seiner Ausstrahlungskraft verloren hat. Heute versuchen zwei ehrenamtliche Mitglieder des Fördervereins »Freunde des Hauptstadtzoos«, das Schicksal von Schloss Friedrichsfelde zu lenken.

Anmerkungen

1 Der Autor des Beitrags hat zu der Thematik bereits einen längeren und umfassenderen Text veröffentlicht: Schloss Friedrichsfelde – ein Schicksal zwischen Abriss und Aufbau zu einem Museumsschloss, in: Jahrbuch Stiftung Stadtmuseum Berlin, Band V, Berlin 1999, S. 178–294.

2 Petras-Hoffmann, Renate: Friedrich-Wilhelm Diterichs und die Entwicklung des nachschlüterschen Barock und Rokoko in Berlin, in: Wissenschaftliche Zeitschrift der Humboldt-Universität Berlin, 1952/53.

3 Die Trophäenkommission der Roten Armee. Eine Dokumentensammlung zur Verschleppung von Büchern aus deutschen Bibliotheken, hrsg. v. Klaus-Dieter Lehmann und Ingo Kolasa, Frankfurt am Main 1996, S. 100 ff.

4 Wendland, Folkwin: Berlins Gärten und Parke von der Gründung der Stadt bis zum ausgehenden neunzehnten Jahrhundert, Frankfurt am Main/Berlin/Wien 1979, S. 335 ff.

5 Fontane, Theodor: Friedrichsfelde, in: Wanderungen durch die Mark Brandenburg, Band 4: Spreeland, Berlin 1979, S. 142 ff.

6 Berliner Baukunst der Barockzeit. Die Zeichnungen und Notizen aus dem Reisetagebuch des Architekten Christoph Pitzler (1657–1707), hrsg. v. Hellmut Lorenz, Berlin 1998.

7 Siehe Anm. 4, S. 324.

8 Bekmann, Johann Christoph: Handschriftliche Chronik von Berlin, Köln und Friedrichswerder, hg. Manuskr., Stadtarchiv Berlin.

9 Boeck, Wilhelm: Unbekannte Sandsteinfiguren von Permoser, in: Zeitschrift des Deutschen Vereins für Kunstwissenschaften 1938.

10 Nicolai, Friedrich: Beschreibung der Königlichen Residenzstädte Berlin und Potsdam, Berlin 1779, S. 799.

11 Acta betr. Den Bau und die Erweiterung der Residenz Sr. K. H. des Prinzen Ferdinand zu Friedrichsfelde 1775–82, HA, Rep. 157.

12 Nicolai, Friedrich: Beschreibung der Königlichen Residenzstädte Berlin und Potsdam, 3. Aufl., Berlin 1786, S. 1054 ff.

13 Ebenda.

14 Rößler, Detlef: Beschreibung und ikonographische Bestimmung der Stuckreliefs, der bemalten Tapeten-Supraporten und der Giebelreliefs zu Schloss Friedrichsfelde, Berlin 1974 (1980).

15 Berfelde, Lothar: Schloß Friedrichsfelde – Ein Bericht über einen Besuch im Jahre 1947, unveröff. Manuskr., Berlin 1947.

16 Gutsanlagen des 16. bis 19. Jahrhunderts im Ostseeraum – Geschichte und Gegenwart, Internationales Symposium vom 11.–14. September 1989/Icomos Nationalkomitee der Bundesrepublik Deutschland, München o. J. (1990).

17 Schneider, Roland: Das Staatliche Zweigmuseum in Bayern, hrsg. vom Bayerischen Staatsministerium für Wissenschaft und Kunst, München 1990.

Zur Geschichte und Denkmalpflege der Schlösser und Gärten in Potsdam-Sanssouci von 1964 bis 1989

Hans-Joachim Giersberg

Preußische Schlösser und Gärten 1926–1945

Die preußischen Schlösser und Gärten waren ehemaliger königlicher bzw. kaiserlicher und nach 1918 staatlicher Besitz und hatten daher die Unterstützung des Deutschen Reiches und nachfolgend des Preußischen Staates. Als der Kaiser 1918 abdankte und die kaiserliche Familie nach Holland flüchtete, war sich die Regierung der neuen Republik durchaus darüber im Klaren, welche Einmaligkeit an Kunst, Kultur und Geschichte die Schlösser und Gärten darstellten. Schon am 13. November 1918 verfügte sie die Beschlagnahme des preußischen, also des königlichen und später kaiserlichen Eigentums und unterstellte das Hohenzollernvermögen bis zur endgültigen Regelung einer Kronverwaltung (ehemals Krongutverwaltung).

Von diesem Zeitpunkt an begann eine lange Periode von Verhandlungen zwischen dem, wie es offiziell hieß, vormals regierenden preußischen Königshaus und dem Preußischen Staat, die mit dem am 15. Oktober 1926 im Preußischen Landtag ratifizierten Gesetz über die »Vermögensauseinandersetzung« endete. Danach gingen 75 Schlösser und Gärten in den Besitz des Preußischen Staates über, 39 verblieben beim ehemaligen Königshaus. Diese Schlösser und Gärten wurden in der am 1. April 1927 gegründeten »Verwaltung der Schlösser und Gärten« zusammengefasst. Die zäh geführten Verhandlungen führten am Ende zu dem Ergebnis, dass die organisch gewachsene künstlerische Einheit der Schlösser und Gärten zu erhalten ist und geschlossen verwaltet werden müsse. Neben Preußen war es nur Bayern, das aus dem Wittelsbacher Besitz und dessen Verwaltung heraus eine ähnliche Organisation geschaffen hatte, in der die Schlossanlagen mit geschichtlichem und kunstgeschichtlichem Hintergrund zusammengefasst worden sind. So entstand die Preußische Schlösserverwaltung mit ihren Anlagen von der Marienburg an der Weichsel bis nach Brühl im Rheinland. Das Kernstück bildeten jedoch die Schlösser und Gärten in Berlin und Potsdam.

Erster Direktor ab 1927 war Dr. Paul Hübner, der im November 1929 als Ministerialdirigent in das preußische Ministerium für Wissenschaft, Kunst und Volksbildung berufen wurde. Aus diesem Ministerium kam Dr. Ernst Gall (17.2.1888–5.8.1958) als neuer Direktor der Staatlichen Schlösser und Gärten. Am 26. Februar 1946 legte er sein Amt nieder und war danach bis 1953 in München Direktor der Museen und Sammlungen der Bayerischen Schlösserverwaltung.

Die Preußische Schlösserverwaltung bestand in der Größenordnung, wie sie hier geschildert wurde, bis 1945. 1947 wurde Preußen aufgelöst und damit auch die Schlösserverwaltung. An der Nahtstelle zwischen Berlin und Potsdam war dies besonders schwierig, da Ende 1944 die Hauptverwaltung der Schlösser und Gärten, die sich seit der Gründung im Berliner Schloss befand, infolge von Bombenangriffen nach Potsdam verlagert wurde, wo leider auch im letzten Krieg im dortigen Stadtschloss die Akten verbrannten. Gerettet wurden jedoch die Pläne und Inventare aller zur Verwaltung gehörenden preußischen Schlösser. Sie befinden sich bis auf geringe Verluste heute in der Plankammer der Schlösserverwaltung in Potsdam.[1]

Die weitere Geschichte der Preußischen Schlösserverwaltung nach 1945 ist ein differenziertes Kapitel. In Berlin wurden anfangs einzelne Bereiche der Senatsverwaltung für Liegenschaften angegliedert, später dort eine selbständige »Verwaltung der Schlösser und Gärten Berlin« mit Charlottenburg (ohne Garten), Grunewald und der Pfaueninsel geschaffen. Später kam Glienicke (ohne Garten) hinzu. Die Verwaltung in Potsdam hatte nahezu nahtlos den Krieg überstanden und existierte seit 1946 als »Verwaltung der Staatlichen Schlösser und Gärten Potsdam-Sanssouci«. Die Schlösser und Gärten in den anderen preußischen Gebieten, z. B. am Rhein und in Hessen, gingen entsprechend § 135 des Grundgesetzes der Bundesrepublik Deutschland in die neu gegründeten Bundesländer über und bildeten wie in Rheinland-Pfalz und Hessen den Grundstock für neue Schlösserverwaltungen. In Bayern bestand und besteht auch heute noch eine ungebrochene Tradition.

Die Potsdamer Schlösser und Gärten waren anfangs dem neu gegründeten Land Brandenburg unterstellt, nach 1952 jeweils der Regierung der DDR und seit dem 1.1.1969 dem Rat der Stadt Potsdam, Abteilung Kultur. Es ist leicht nachvollziehbar, dass die Stadt Potsdam kaum die Mittel zur Erhaltung der Schlösser und Gärten in dem notwendigen Umfang aufbringen konnte. Das Ministerium für Kultur stellte deshalb ca. 5 Millionen Mark jährlich zweckgebunden für die Schlösser und Gärten der Stadt Potsdam zur Verfügung. Die erforderliche Baukapazität zur Verwendung dieser Mittel sollte von der Stadt

Potsdam kommen. Ein Kuratorium, bestehend aus Fachleuten und Politikern beschloss die Restaurierungsmaßnahmen und kontrollierte diese auch. Außerdem konnten durch vom Ministerium zur Verfügung gestellte Sondermittel polnische Bauleute und Restauratoren mit der Wiederherstellung des Marstalls (Filmmuseum), der Terrassen von Sanssouci, der Neuen Kammern und teilweise des Neuen Palais beauftragt werden.

1991 wurden die Schlösser und Gärten von Potsdam-Sanssouci in eine unselbständige Stiftung des Landes Brandenburg umgewandelt und dem Ministerium für Wissenschaft, Forschung und Kultur unterstellt. Die Finanzierung erfolgte jeweils zur Hälfte durch das Land Brandenburg und die Bundesregierung. Im Nachhinein muss man feststellen, dass die Zuordnung zum Land und das Finanzierungsmodell mit Bundesbeteiligung die Rettung für die Potsdamer Schlösser und Gärten gewesen ist.

Als man 1989 nach dem 10. November wieder über die Glienicker Brücke gehen konnte, trafen sich die beiden Schlösserverwaltungen von Berlin und Potsdam sehr bald an der Nahtstelle der beiden Schlösser Glienicke und Babelsberg, von denen Lenné sagte, sie wären die »Bruderschlösser«, und überlegten, wie man wenigstens in Berlin und Potsdam eine einheitliche Verwaltung der Schlösser und Gärten schaffen könne.

Trotz der mehr als vierzigjährigen Trennung waren die Verbindungen nie abgerissen, und die beiden Verwaltungen hatten oder haben noch immer die einheitlichen Inventarnummern für die Gemälde, Skulpturen usw. behalten. Man arbeitete im Grunde nach den gleichen Prinzipien, hatte die gleichen Probleme, ob sie von außen herangetragen wurden, durch die früheren Raum- und Nutzungsfragen entstanden oder die inhaltlichen musealen Denkmalfragen betrafen. Da das zentrale Bauwerk in Berlin, das Stadtschloss, nicht mehr vorhanden war und sich die meisten Pläne und Inventare der ehemaligen Preußischen Schlösserverwaltung in Potsdam befanden, war es eigentlich logisch, dass die Zentrale in dieser Stadt, in Sanssouci sein sollte. Die Gartendirektion befand sich ohnehin spätestens seit Lennés Zeiten in Sanssouci.

Bei den Überlegungen zum Zusammenschluss musste man sich darauf besinnen, was für die Gründung der Schlösser und Gärten seinerzeit wichtig und von ihrer geschichtlichen Entwicklung her bedeutend war, nämlich die preußische Tradition. Es sind kurfürstliche, zumeist aber königliche Schlösser, die in brandenburgisch-preußischer Zeit entstanden sind. So war es nahezu selbstverständlich, dass die gemeinsame Verwaltung den Namen »Stiftung Preußische Schlösser und Gärten Berlin-Brandenburg« tragen sollte.

Es mutet fast wie eine »unendliche Geschichte« an, als es zur Gründung der genannten Stiftung 1994 kam. Der Staats- und Finanzierungsvertrag für die gemeinsame Stiftung wurde im August 1994 zwischen den Landesregierungen von Berlin und Brandenburg unterzeichnet. Mit im Boot war die Bundesregierung, die einen wesentlichen Anteil der Finanzierung der Schlösser und Gärten trägt. Die gemeinsame Stiftung strebte nach Expansion; es ist vielleicht auch eine wichtige Aufgabe, dass dieser Schatz, den Berlin und Brandenburg treuhänderisch für die nächste Generation verwaltet und erhält, durch Hinzunahme von neuen Anlagen vermehrt wird. So wurde die Idee (von allen) sehr positiv aufgenommen, die Schlösser und Gärten von Berlin und Potsdam durch Schlösser in Brandenburg, die ehemals kurfürstlich oder königlich waren und sogar früher zur ehemaligen Schlösserverwaltung gehörten, zu erweitern. Dazu zählen das Schloss Caputh als einziges in dieser Region erhaltenes aus dem 17. Jahrhundert sowie das Schloss Königs Wusterhausen, das bis 1964 und wieder ab 1998 zur Potsdamer Schlösserverwaltung gehörte und für die Zeit des Soldatenkönigs Friedrich Wilhelm I. im frühen 18. Jahrhundert wichtig ist. Das Schloss Sacrow, das in den 1930er Jahren der Verwaltung der Schlösser und Gärten zugeordnet wurde und in der Nähe der Pfaueninsel liegt, gehört seit Oktober 1991 wieder zur Potsdamer Schlösserverwaltung. Bereits 1991 konnte das Schloss Rheinsberg, die kronprinzliche Residenz Friedrichs II. und später seines Bruders Heinrich, von der Stiftung Schlösser und Gärten übernommen werden. In wenigen Wochen wurde aus dem seit vierzig Jahren als Sanatorium genutzten Schloss ein Museum, das bereits in den ersten Jahren 100.000 Besucher zählte und für die Stadt eine erhebliche kulturelle und wirtschaftliche Bedeutung hat. In den 1990er Jahren kamen auch noch die Schlösser Paretz und Oranienburg zur Schlösserverwaltung.

Dieses preußische Erbe ist nicht nur wegen seiner künstlerischen Weltklasse, sondern auch wegen der geschichtlichen Ereignisse, die mit Sanssouci und den Schlössern und Gärten in Berlin und Brandenburg verbunden sind, bedeutsam. Nicht zuletzt hat die Kultur- und Wissenschaftsorganisation der Vereinten Nationen (UNESCO) 1990 die Potsdamer Schlösser und Gärten und die an der Havel gelegenen Berliner Schlösser als damals einziges Denkmal in den neuen Bundesländern in die Liste des Weltkulturerbes aufgenommen. Das ist Ehre und Verpflichtung zugleich!

Die Schlösser und Gärten Potsdam-Sanssouci nach 1945

Nach dem Einmarsch der sowjetischen Armee am 27. April 1945 in Potsdam wurden die Schlösser unter die Kontrolle eines Bevollmächtigten der Roten Armee, Oberstleutnant J. F. Ludschuweit, gestellt. Bis zum Mai 1946 sind viele Kunstwerke, die sich noch in den Schlössern befanden, verpackt und in die Sowjetunion verbracht worden. Im Mai 1946 wurde Sanssouci wieder unter eine rechtmäßige deutsche Verwaltung gestellt und konnte am 1. Juli des gleichen Jahres für die Bevölkerung zugänglich gemacht werden. Geöffnet waren Schloss Sanssouci und das Neue Palais, ab 1949 folgten die Bildergalerie und dann weitere andere Bauwerke.

Der Neue Garten mit den darin befindlichen Bauwerken war bis zum Jahre 1952 ein Kultur- und Erholungspark der sowjetischen Streitkräfte.

Abb. 1 Potsdam, ehemaliger Marstall, Abnahme der Pferdegruppen auf der Südseite, 1977

Abb. 2 Schloss Sanssouci, Terrassenanlagen vor der Rekonstruktion, vor 1980

Nachdem 1955 die Dresdner Kunstschätze aus der Sowjetunion zurückkamen, bat 1957 die DDR-Regierung um die Rückgabe weiterer Museumsgegenstände. 1958 bis Anfang 1959 wurden 1,5 Millionen Trophäenstücke und 121 Kisten mit Büchern und Fotografien in 300 Güterwaggons in die DDR gebracht. Die Potsdamer Schlösser erhielten einen Teil ihres verschleppten Inventars zurück. Aus 58 Kisten packten Kustoden und Schlossangestellte z. B. Meissner Vasen mit Höroldt-Malerei und figürliches KPM-Porzellan, Möbel aus dem Schloss Sanssouci wie der französische Dokumentenschrank mit Uhrenaufsatz aus dem Schlaf- und Arbeitszimmer von Friedrich dem Großen, auch Kommoden und Standuhren von Johann Melchior Kambly aus dem Potsdamer Stadtschloss waren dabei. Viele hundert Gemälde kamen zu diesem Zeitpunkt zurück, u. a. Bilder von Rubens, van Dyck und Pesne. Die Potsdamer Schlösser hatten dadurch wieder annähernd ihren alten Kunstbesitz zurückerhalten.[2]

Nach dem Tod des seit 1946 amtierenden Generaldirektors Prof. Dr. Willi Kurth (21.11.1881–28.12.1963) im Dezember 1963 übernahm Prof. Wolf Schubert (1903–1977), Landeskonservator in Sachsen-Anhalt und Bevollmächtigter für die sogenannte Republikliste (1946–1964), auf der ausgewählte Bauwerke und Parkanlagen der DDR standen, die Leitung von Sanssouci. Er veranlasste Studenten der Dresdner Technischen Hochschule, eine umfassende Schadensanalyse der Potsdamer Schlösser anzufertigen, die vom Verfasser 1964 in einer umfangreichen Dokumentation zusammengestellt wurde. Sie bildete mit die Grundlage, um staatliche Stellen sichtbar auf den desolaten Zustand der Park- und Schlossanlagen in Sanssouci, dem Neuen Garten und Babelsberg hinzuweisen. Ende 1968 übernahm Joachim Mückenberger die Generaldirektion der Schlösser und Gärten Potsdam-Sanssouci bis zu seinem Eintritt in den Ruhestand Mitte 1991.

Seit 1968 gab es das Bemühen der Stadt und der Schlösser und Gärten Potsdam-Sanssouci als dem Besitzer des ehemaligen Marstalls, das wertvolle Gebäude zu restaurieren und in Zusammenarbeit mit dem Staatlichen Filmarchiv als Filmmuseum der DDR einzurichten. 1973 fasste dann die Stadtver-

Abb. 3 Schloss Sanssouci, Sanierung der Terrassenmauern

Abb. 4 Schloss Sanssouci, Rekonstruktion der Terrassenanlagen 1980–1983

Abb. 5 Schloss Sanssouci, rekonstruierte Terrassenanlage, 1983

ordnetenversammlung von Potsdam einen entsprechenden Beschluss. Damit war nicht nur die Wiederherstellung eines künstlerisch bedeutsamen Bauwerks in Potsdams Innenstadt beschlossen worden, sondern auch eine neue gesellschaftliche Nutzung gefunden, die dem Ruf Potsdams als Filmstadt gerecht werden sollte.

Umfang und Restaurierungsarbeiten waren in dem vorgesehenen Zeitraum von Betrieben der DDR kaum zu bewältigen. Mit den Polnischen Staatlichen Werkstätten für Denkmalpflege (PKZ aus Posen, Kielce und Stettin) konnte schließlich 1974 ein Vertrag über die Projektierung der Restaurierungsmaßnahmen des Marstalls und die Einrichtung eines Filmmuseums abgeschlossen werden. Die Restaurierung des Gebäudes erfolgte von 1977 bis 1980, und das Filmmuseum wurde 1981 eröffnet. Restauriert wurden u. a. auch die großen Pferdeskulpturen auf dem Gesims des Marstalls (Filmmuseum), die 1746 von Friedrich Christian Glume geschaffen wurden. Die 36 zu restaurierenden Skulpturen waren in fünf große Skulpturengruppen gegliedert, u. a. die Mittelgruppe Pferd und Reiter auf dem westlichen Risalit der Südseite. Im September 1980 konnte dann nach zweijähriger Arbeit das bisher in der Geschichte Potsdams größte Restaurierungsvorhaben eines geschlossenen Skulpturenbestands beendet werden (Abb. 1).[3]

Die Arbeiten am ehemaligen Marstall liefen noch, als bereits die Restaurierung der Terrassenanlage vor dem Schloss Sanssouci begann. Ausgeführt wurden die Arbeiten wieder durch PKZ. Schon 1773 hatte man begonnen, die obere Terrasse durchgehend zu verglasen, was in den folgenden Jahren auch auf die übrigen Terrassen ausgedehnt wurde. Die 1980 bis 1983 erfolgte Rekonstruktion hatte das beschlossene Ziel, das Bild der Terrassenanlage aus der Zeit vor 1770 wiederherzustellen (Abb. 2–5).[4] In den Nischen wachsen jetzt wieder Feigen, und an den Spalieren gedeiht Reseda-Wein. Ursprünglich waren nur die 168 Nischen der sechs in der Mitte parabolisch einschwingenden Talutmauern verglast und »in allen mit lauter fremden guten Weinstöcken bepflanzt. Zwischen jeder Nische sind Pfirsich– und Aprikosenbäume befindlich. Jede Terrasse erhält auf ihrem Rande eine Brusthecke mit Obstbäumen nebst im Sommer darauf arrangierten Orangerien und voranstehenden Taxuspyramiden«.[5]

Nach dem Marstall und der Wiederherstellung der Terrassen vor dem Schloss Sanssouci begannen nun 1979/80 die Projektierungsarbeiten, wiederum durch PKZ in enger Zusammenarbeit mit Kunsthistorikern, Restauratoren und Bauleuten der Schlösser und Gärten zur Restaurierung der Neuen Kammern westlich des Schlosses Sanssouci. Entstanden ist dieses Gebäude unmittelbar nach Fertigstellung des Schlosses Sanssouci 1747 durch Johann Boumann nach Entwürfen von Georg Wenzeslaus von Knobelsdorff. Gebaut wurde es als Orangerie zur Unterbringung der tropischen Pflanzen im Winter. Nachdem Ende 1760 in geringer Entfernung zwei Ersatzbauten errichtet worden waren, erfolgte 1771 bis 1775, geleitet von Georg Christian Unger, der Umbau der alten Orangerie zu einem Gästeschloss, für das sich allmählich der Name Neue Kammern durchsetzte. Eine wesentliche Veränderung am Außenbau war das Aufsetzen einer Kuppel in Angleichung an die zwischen 1755 bis 1763 errichtete Bildergalerie. Im Inneren entstanden aus drei westlichen Sälen durch das Einziehen mehrerer Trennwände sieben nach Süden gelegene Gästezimmer – drei Wohn- und vier Schlafzimmer – und nördlich dahinter sieben Räume für die Dienerschaft. Der frühere Heizgang der Orangerie bildete den Flur. Die Raumfolge vom Mittelsaal bis zum östlichen Ende blieb erhalten, lediglich die letzten Fensterachsen wurden für den Einbau eines Treppenhauses, das zum Plateau vor dem Schloss Sanssouci führte, abgeteilt. Sämtliche Wohn-, Schlaf- und Gesellschaftsräume erhielten bemerkenswerte Dekorationen im Stil des späten friderizianischen Rokoko.

Schon 1963 war aus konservatorischen Gründen die Schließung dieses Hauses notwendig geworden. Im August 1982 konnte auf der Grundlage eines weiteren Außenhandelsvertrages mit den Bau- und Restaurierungsarbeiten durch die Auftragnehmer, wiederum PKZ Posen, begonnen werden. Nach umfassenden Sanierungs- und Restaurierungsarbeiten durch deutsche und polnische Fachleute ist das Gästeschloss Friedrichs des Großen seit Mai 1987 wieder der Öffentlichkeit zugänglich.[6]

Es war noch vorgesehen, weitere Arbeiten, z. B. am Neuen Palais, durch PKZ ausführen zu lassen. Das sollte nach 1989 geschehen, aber dazu kam es aus verschiedenen Gründen nicht in dem vorgesehenen Umfang.

Am Ende der 1960er Jahre begannen so umfangreiche Restaurierungsarbeiten, wie es sie zuvor nie gegeben hatte: Riesige Dachflächen wurden erneuert, die Orangerie, das Neue Palais und das Schloß Babelsberg erhielten neue Dächer, das Schloßtheater im Neuen Palais wurde komplett restauriert, das Bühnenhaus wurde allein von den Handwerkern und Restauratoren der Staatlichen Schlösser und Gärten repariert. Das Theater konnte 1969 wieder eröffnet werden.

Nach dem Tod des Gartendirektors Georg Potente 1945 war dieses Amt über Jahre verwaist, bis Dr. Harri Günther 1959 die Gartendirektion übernahm.

Abb. 6 Schloss Sanssouci, Marmorsaal, Blick in die Kuppel mit der alten Sprossenteilung

Abb. 7 Schloss Sanssouci, Marmorsaal, neue Plexiglashaube des Oberlichts, um 1965

Die Gartendenkmalpflege, der sich Dr. Günther dreißig Jahre lang verschrieb, ist eine der schwierigsten Aufgaben der Denkmalpflege überhaupt. Herausforderungen gab es genug, in Sanssouci, im Neuen Garten und im Park Babelsberg. In den Gärten und Parks gab es umfangreiche gartengestalterische Rekonstruktionen mit Neupflanzungen, so wurden neben der bereits erwähnten Restaurierung der Terrassenanlage von Sanssouci die Gartenanlagen um die Römischen Bäder und Charlottenhof, Marmorpalais und Schloss Cecilienhof und der Pleasureground vor dem Schloss Babelsberg neu angelegt.

Nach dem Fall der Mauer galt es die durch den Mauerbau zerstörten Areale (ca. 30 Hektar) schrittweise wiederherzustellen und in die Parkanlagen einzufügen.

Die Parkanlagen von Potsdam waren 1990 dank der kompetenten Arbeit von Dr. Günther und seinen Mitarbeitern qualitativ auf so hohem Niveau, dass sie gemeinsam mit den Schössern in das Unesco-Weltkulturerbe aufgenommen werden konnten.

Eine wichtige Restaurierungsaufgabe wurde 1987 mit der Wiedereröffnung des Jagdschlosses »Stern« erfüllt.

Auch mit Mitteln des eigenen Etats der Schlösser und Gärten konnten in diesen Jahren u. a. folgende Restaurierungsarbeiten vorgenommen werden:

- 1966–67 wurde das im Krieg zerstörte Oberlicht des Schlosses Sanssouci erneuert, leider allerdings nicht in alter Form mit geteilten Fenstersprossen, sondern als ganze Plexiglashaube, die im Winter abgedeckt werden konnte. Man dachte an das Pantheon in Rom mit der oben offenen Öffnung (Abb. 6 und 7)!
- 1967-69 erfolgte der Abbau und Wiederaufbau der statisch gefährdeten östlichen Kolonnade am Schloss Sanssouci.
- Zwischen 1973 und 1975 wurde das Konzertzimmer im Schloss grundlegend restauriert. Die Ausführung oblag dem Wittenberger Restaurator Werner Körber.[7]
- Ebenfalls konnte die Bibliothek des Schlosses Sanssouci von 1973 bis 1974 von den Potsdamer Restauratoren Jörg Borowski, Kurt Kallensee (Holz) und Klaus H. Otto von der Metallwerkstatt der Restaurierungsabteilung der Schlösser und Gärten Potsdam-Sanssouci wiederhergestellt werden.[8]

Im Neuen Palais wurden die drei Deckengemälde in der Marmorgalerie »Apoll vertreibt die Finsternis«, »Die Nacht« und »Die Morgenröte«, 1767 von Bernhard Rode gemalt, von den Restauratoren Fritz Lewecke, Werner Körber, Horst Sassermann und mit Hilfeleistung der Restauratoren aus Sanssouci 1970–71 restauriert.[9]

Die Tätigkeit des Restaurators Fritz Lewecke (28.1.1901–29.1.2001) aus Halle war für die Schlösser und Gärten Potsdam Sanssouci ein Glücksfall. Seine Arbeiten bei den Staatlichen Schlössern und Gärten begannen 1964 mit der Restaurierung des Deckengemäldes im Unteren Vestibül des Neuen Palais. Später restaurierte er 1966–67 mit Mitarbeitern das große Deckengemälde im Marmorsaal des Neuen Palais von C. van Loo, »Ganymed, von Hebe in den Olymp eingeführt«. Nach über 20 Jahren beendete Fritz Lewecke 1988 seine Schaffenszeit in Sanssouci mit der Restaurierung zweier Gemälde von J. Liewens und F. Rusca. Im Alter von 87 Jahren zog sich Lewecke von den Baustellen und den Werkstätten zurück (Abb. 8–10).

Zu der Ausstattung der Schlösser gehören nicht nur Möbel, Gemälde und Skulpturen, sondern auch Textilien.[10] U. a. als Wandbespannungen, Gardinen, Möbelbezüge und Teppiche sind sie ein unerlässlicher Bestandteil der Schlossausstattung des 18. und 19. Jahrhunderts.[11] Ihre Haltbarkeit wird auch ohne extreme Nutzung auf 30 bis 40 Jahre bemessen. Schon im 18. Jahrhundert wurden von Besuchern in Sanssouci die desolaten Vorhänge und Möbelbezüge bemerkt. Goethe berichtet nach seinem Besuch im Schloss Sanssouci am 15. Mai 1778 seinem Freund, er habe »zerrissene Vorhänge« gesehen. Auch die Hausinventare verzeichnen immer wieder sehr schadhafte Textilien und Vorhänge. So sind Ergänzungen oder Ersatz

Abb. 8 Schloss Sanssouci, Marmorsaal, nach der Restaurierung der Stuckierungen

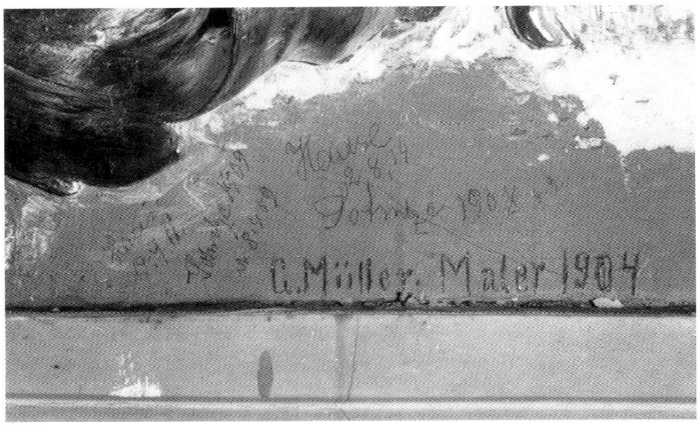

Abb. 9 Schloss Sanssouci, Marmorsaal, Nord-West-Ecke, Krakelüren

Abb. 10 Schloss Sanssouci, Marmorsaal, Deckenbildfehlstellen

notwendig, will man den Gesamteindruck erhalten. Dass man dabei in Preußen sehr sparsam vorging, ist eine Selbstverständlichkeit.

Während Friedrich seinen Bedarf an Raumtextilien aus der laufenden Textilproduktion seiner Zeit beziehen konnte und die so beschafften Gewebe einheimischen Handwerkern zur Verarbeitung und Anbringung überließ, wurde Anfang des 19. Jahrhunderts eine Hoftapezierwerkstatt eingerichtet, die auch in der 1927 gegründeten Schlösserverwaltung für diese Arbeiten zuständig war. Ihr oblag die Neuausstattung und Installation von Räumen mit Textilien wie auch die Verwaltung abgenommener Textilien zur Weiterverarbeitung. Dafür wurde ein genaues Inventar geführt, das teilweise heute noch erhalten ist. Der Bestand der Hoftapezierwerkstatt, der die Zeiten überstand, bildet den Grundstock der heutigen Textiliensammlung der Schlösser und Gärten in Potsdam.

Nach dem Bombenangriff am Ende des Zweiten Weltkrieges auf das Berliner Schloss, wo sich die Hoftapezierwerkstatt befand, siedelten die verbliebenen Mitarbeiter und der erhaltene Bestand nach Sanssouci über. Hier versuchte man unter den schwierigen Verhältnissen der Nachkriegszeit und oft mit untauglichen Mitteln die Textilien in den Schlossräumen in Ordnung zu halten.

Im Zusammenhang mit einem 1968 erarbeiteten generellen Restaurierungsprogramm für die Schlösser und Gärten in Sanssouci wurde 1969 auch die Textilwerkstatt reaktiviert und unter der neuen Leitung von Helene Ebner von Eschenbach auf ein der modernen Denkmalpflege entsprechendes Niveau gebracht. Unter den folgenden Leiterinnen Antonia Otto und Ellen Hertrumpf wuchs die Restaurierungswerkstatt für Textilien zu einer der größten in Deutschland heran, in der sechs Mitarbeiterinnen ihre Ausbildung zur Textilrestauratorin erfolgreich abschließen konnten. Unmittelbar nach der Wiedereinrichtung ging die Werkstatt daran, den Bestand zu sichten und die ersten Gewebekopien zu entwickeln. Kopien wurden von den langjährigen Partnern, der Seidenweberei Eschke (vorher brokat) in Mühltroff (Thüringen), der Textilmanufaktur in Halle und dem Betrieb der Dresdner Posamentierfamilie Manfred Schink/Susanne Heilmann angefertigt. So konnten u.a. die Textilien in den Gästezimmern des Schlosses Sanssouci mit den rot-weiß und blau-weiß gestreiften Tapeten rekonstruiert werden.

In der oben beschriebenen Zeit sind aus heutiger Sicht, trotz vieler Schwierigkeiten, große Restaurierungsvorhaben verwirklicht worden. Dies ist in besonderem Maße dem großen Engagement der Gärtner, Restauratoren und Wissenschaftler zu verdanken.[12]

Anmerkungen

1 Anders, Friedhild Andrea: Schlösser in der Stunde Null. Die Berliner und Potsdamer Schlösser während der Kriegs- und Nachkriegszeit, Potsdam 1999.

2 Giersberg, Hans-Joachim: Preußische Schlösser und Gärten, in: Brandenburg/Preußisches Erbe? Von der Mark zum Land Brandenburg. Rechtliche, historische und politische Aspekte im Lichte der deutschen Einigung, hrsg. von der Brandenburgischen Landeszentrale für politische Bildung und der Friedrich-Ebert-Stiftung, Land Brandenburg, Potsdam 1994, S. 26–32; Eggeling, Tilo: Königsschlösser, Mueumsschlösser. Entstehung, Geschichte und Konzeption der Preußischen Schlösserverwaltung, Potsdam 1998.

3 Giersberg, Hans-Joachim unter Mitwirkung von Rudolf Böhm u.a.: Orangerie. Marstall. Filmmuseum. Zur Geschichte eines Potsdamer Bauwerks, Potsdam-Sanssouci 1981.

4 Karg, Detlef: Die Entwicklungsgeschichte der Terrassenanlage und des Parterres vor dem Schloss Sanssouci, Potsdam – Sanssouci 1980.

5 Wolf, Karl-Heinz: Die Rekonstruktion der Terrassenanlage und des oberen Plateaus am Schloss Sanssouci, in: Denkmale in Berlin und in der Mark Brandenburg. Ihre Erhaltung und Pflege in der Hauptstadt der DDR und in den Bezirken Frankfurt/Oder und Potsdam, Weimar 1987, S. 250–259.

6 Schendel, Adelheid u. a.: Die Neuen Kammern im Park Sanssouci (Baubesprechung zur Dokumentation der Wiederherstellung von 1979 bis 1987), Potsdam-Sanssouci 1987.

7 Die Restaurierung des Konzertzimmers im Schloss Sanssouci, in: Restaurierte Kunstwerke in der Deutschen Demokratischen Republik, hrsg. v. Ministerium für Kultur, Verband Bildender Künstler der DDR, Ausst. im Alten Museum der Staatlichen Museen zu Berlin, 1980, S. 284 f.

8 Bibliothek im Schloss Sanssouci, in: Restaurierte Kunstwerke in der Deutschen Demokratischen Republik, hrsg. v. Ministerium für Kultur, Verband Bildender Künstler der DDR. Ausst. im Alten Museum der Staatlichen Museen zu Berlin, 1980, S. 284 f.

9 Drei Deckengemälde in der Marmorgalerie des Neuen Palais, in: Restaurierte Kunstwerke in der Deutschen Demokratischen Republik, hrsg. v. Ministerium für Kultur, Verband Bildender Künstler der DDR, Ausst. im Alten Museum der Staatlichen Museen zu Berlin, 1980, S. 248–250.

10 »Marmor, Stein und Eisen bricht«. Die Kunst, zu bewahren. Restaurierung in den Preußischen Schlössern und Gärten Potsdam, Ausst.kat., Leipzig 2006, S. 141–145 (Gemälde und Rahmen), S. 150–164 (Skulpturen), S. 165–176 (Architekturfassung/Wandbild), S. 177–193 (Textilien und textile Raumausstattung), S. 193–206 (Holz), S. 207–211 (Papier), S. 217–223 (Metall und Uhren), S. 224–231 (Porzellan, Keramik und Glas), S. 232–240 (Beleuchtungskörper).

11 Textile Kostbarkeiten in Sanssouci bewahrt, Ausst. im Neuen Palais, Sept.–Nov. 1993, Potsdam-Sanssouci 1993.

12 Die Restaurierungsarbeiten in den genannten Zeiträumen sind von A. Schendel aufgelistet in: Denkmale in Berlin und der Mark Brandenburg, Weimar 1987, S. 533–542.

Die Wartburg als Denkmal nationaler Einheit

Heinrich Schleiff

Die Wartburg, hoch über der Stadt Eisenach gelegen, gilt bis heute als die »mittelalterlichste deutsche« Burg schlechthin. Gerade die relativ komplizierte und lange Baugeschichte mit dem entscheidenden Einschnitt der Wiederherstellung durch Hugo von Ritgen ab 1849 stellte die Denkmalpflege nach dem Ende des Zweiten Weltkrieges bei der Vorbereitung und Durchführung notwendiger konservatorischer und baupflegerischer Maßnahmen vor schwierige Aufgaben. Auf der einen Seite mussten die entstandenen Kriegsschäden beseitigt werden, auf der anderen Seite wurde sehr bald deutlich, dass eine »Enthistorisierung« des von Hugo von Ritgen geschaffenen Baubestands und eine teilweise Rückführung auf den Originalbestand als dringend notwendig angesehen wurde.[1]

Nach Kriegsende funktionierte die Verwaltung der Wartburg – der Burghauptmann von der Gabelentz[2] war noch im Amt und hatte als getreuen Adlatus seinen Burgvogt Prof. Hermann Nebe zur Seite. Rechenschaftspflichtig waren sie dem Wartburg-Ausschuss als Verwaltungsorgan der Wartburg-Stiftung. Jener bestand auch nach Kriegsende fort, wurde aber (insbesondere nach dem Ausscheiden des Großherzoglichen Hauses Sachsen-Weimar) neu formiert. In der ersten Ausschusssitzung vom 29. Januar 1946 konnte der Burghauptmann über die durch amerikanischen Artilleriebeschuss zwischen dem 1 und 5. April 1945 entstandenen Schäden[3] und ihre inzwischen (teilweise als Provisorium) erfolgte Reparatur berichten. Auf dieser Sitzung wurde auch die Frage nach dem

Abb. 1 Ansicht der Wartburg vom Luftschiff gesehen, Aufnahme um 1925

ausgelagerten Kunstgut angesprochen, das sich angeblich in einem Depot in Torgau befinden sollte. Zu dieser Frage lagen der Thüringer Landesregierung keine exakten Informationen vor, und der Vertreter der Landesregierung machte deshalb den Vorschlag, dass sich ein Vertreter der Wartburg-Stiftung mit dem zuständigen Landesdirektor in Verbindung setzen sollte, »um eventuell Mobiliar zu erhalten, das bei der Räumung des Schlosses in Weimar anfallen werde.«[4] Die Leitung der Wartburg – Burghauptmann und Burgvogt – bemühte sich engagiert um die Rückführung des Kunstgutes und der wissenschaftlichen Sammlungen einschließlich Bibliothek und Archiv.[5]

Schon zu diesem Zeitpunkt wurde deutlich, dass die Wartburg »symbolisch-propagandistisch auszuwerten« ist. Nach Kriegsende ging es vor allem darum, »mit dazu beizutragen, das Ansehen und die Achtung des deutschen Volkes vor der Welt wiederherzustellen. Die Wartburg ist in den Mittelpunkt eines neuen kulturellen Lebens zu stellen, um so auch für den Gedanken eines neuen demokratischen Deutschland zu werben.«[6] (Abb. 1)

Schon 1946 stellte man mit Besorgnis fest, dass die Decke des Festsaals im Palas bauliche Schwächen aufwies und Veranstaltungen nur mit einer eingeschränkten Teilnehmerzahl durchgeführt werden konnten. Deswegen wurde eine statische Untersuchung beauftragt, der Vorgang aber nicht weiter verfolgt.

Für die Nachkriegsjahre stand die Beseitigung der Kriegsschäden im Vordergrund, aber auch der Rettung des fest in der Burg installierten Kunstgutes (Schwind-Fresken) wurde sofort nach dem Kriege größte Aufmerksamkeit geschenkt. Das Landesamt für Denkmalpflege war zwar bei den Ausschusssitzungen nicht unmittelbar vertreten, erhielt aber alle notwendigen Informationen durch das Landesamt für Volksbildung. Erst 1949 wurde der Landeskonservator Boecking aktiv, nachdem sechs Kopien von Schwind-Fresken des Malers Prof. Fröhlich aus dem Auslagerungsort Winterstein verschwunden waren.

Der Landeskonservator wurde in den folgenden Jahren zu den Ausschusssitzungen hinzugezogen. Ab 1950 gab es wieder regelmäßige Baukostenvoranschläge, die, nach Gewerken und Bauanlagen geordnet, Material- und Finanzbedarf auflisteten. Parallel wurde intensiv über eine Neugestaltung der Ausstellungen auf der Wartburg beraten, die zu diesem Zeitpunkt teilweise noch mit den Jagdtrophäen des Großherzoglichen Hauses »dekoriert« war. In diesen Jahren wurde auch das Problem der besseren Zugänglichkeit des Festsaals im Palas ganz akut. Der damalige Eisenacher Stadtbaurat Czeolowsky wurde mit einer Prüfung betraut und stellte eindeutig fest, dass bei dem Treppenbau »nicht die billigste Ausführung in Frage kommt, sondern (der Plan mit der) geringsten Änderung der Fassaden bzw. der kleinsten Einbüßung irgendwelcher historisch bedeutsamer Räume.«[7]

Vorgesehen waren zwei Treppen auf der Süd- und Nordseite des Palas. Auf der Südseite musste dabei die Kapelle als Durchgangsraum in Anspruch genommen werden. Dieser Raum sollte bei dieser Gelegenheit grundlegend restauriert werden. Diese nach streng denkmalfachlichen Vorgaben durchzuführende Aufgabe wurde durch den neuen Burghauptmann – jetzt Direktor – Siegfried Asche klar formuliert und vertreten. Er legte dabei Wert darauf, denkmalfachliche Entscheidungen durch anerkannte Fachleute bestätigen zu lassen.

Im Streit der Meinungen gab es auch abweichende und der Fachmeinung der Denkmalpfleger entgegengesetzte Auffassungen, wie dies der sehr heftig geführte Disput um die Restaurierung der Kapelle belegt. So äußerte Richard Paulick in der Ausschuss- und Beiratssitzung vom 13. Juni 1953, dass »gesagt wurde, dass wir eine realistische Denkmalpflege treiben wollten. Da gingen aber die Meinungen auseinander. Wir sollten eine realistische sozialistische Denkmalpflege haben. Fortschrittliche Denkmalpflege ginge nach anderen Grundsätzen. Seine Reise durch die Sowjetunion habe ihm andere Gesichtspunkte gezeigt. Bei der Kapelle müsste man z. B. nicht weiß tünchen, sondern schöpferisch gestalten und die fortschrittlichen Ereignisse der Wartburg im Bild darstellen. Man könne nicht die Armut unserer Zeit als unschöpferisch hinstellen. Ein sowjetischer Architekt hätte gesagt, man könne historische Denkmäler nach erhaltenen Plänen rekonstruieren. Das sei auch in mehreren Fällen großartig gelungen. Es müsse eine intensive Arbeit beginnen, um die Kapelle zu dem zu machen, was sie sein sollte. Man dürfe keine puristische Kapelle zeigen (...) Hierzu müsste man die fortschrittlichsten Elemente feststellen und die seien zu entwickeln und dazu müsse man ein Programm erstellen. Das seien die Zeiten der Hl. Elisabeth, Luthers, Goethes und der Burschenschaften.«[8]

Dieser Auffassung widersprachen alle anwesenden Denkmalpfleger und Museumsdirektoren[9]. Dieser Streit endete zugunsten der Denkmalpflege, sodass der Raum in seine wohl 1317–18 entstandenen Formen zurückgewonnen werden konnte. Im Übrigen wurde diese Treppe als einfache Holzspindel in das Untergeschoss geführt.

Das gesamte Landgrafenhaus (Palas) wurde durch den Einzug einer Stahlbetondecke unter dem Fußboden des Festsaals statisch-konstruktiv gesichert und Entlastungs- und Ankermauern des 19. Jahrhunderts beseitigt. Die Innenräume wurden teilweise enthistorisiert, nur die von Moritz von Schwind mit Fresken dekorierten Räume wurden in ihrem Zustand als herausragende Beispiele historistischer Kunst belassen. Dazu zählten der Festsaal[10], das Landgrafenzimmer, der Elisabethengang und die Elisabethkemenate.

Genau so schwierig gestaltete sich die Entscheidungsfindung für den notwendigen Neubau des zweiten Treppenhauses, das zwischen Palas und Neuer Kemenate errichtet werden sollte, nachdem der Zwischenbau abgebrochen worden war. Mit der Entwurfsplanung wurde der Dresdner Architekt Fritz Steudtner beauftragt, der einen schlichten, zurückhaltenden, aber gleichzeitig modernen Bau konzipierte. Der Treppenbau wurde aufgrund baupolizeilicher und brandschutztechnischer Forderungen notwendig, um den wieder einsetzenden Besucherstrom besser organisieren zu können. Bis zu diesem

Abb. 2 Der Palas der Wartburg vor dem Rückbau der neoromanischen Außentreppe, Aufnahme um 1902

Zeitpunkt war der Festsaal im Palas nur über eine enge Treppe zu erreichen. Bei Veranstaltungen dauerte es oft 45 Minuten, bis der letzte Besucher das Gebäude verlassen hatte. Diesen baulichen Missstand wollte man mit dem Neubau des Treppenhauses beseitigen. In den Ausschusssitzungen waren sich Burghauptmann, Wartburg-Ausschuss und Wissenschaftlicher Beirat einig, dass der Neubau auch eine bauliche Zäsur zwischen Palas und neuer Kemenate bilden sollte und mit seiner Dachneigung unter den Firstlinien beider Gebäude liegen musste. Diesen gestalterisch schwierigen Spagat löste Steudtner souverän mit dem jetzt bestehenden Baukörper. Ernst Badstübner bewertet 50 Jahre später diese Baumaßnahme mit folgenden Worten: »Das neue Treppenhaus zwischen Palas und Neuer Kemenate 1953-56 mit den charakteristischen Kennzeichen der deutschen Nachkriegsarchitektur, materialgerecht monumentalisierend unter bewusstem Verzicht auf historisierende Formen«.[11] Während der Bauausführung kam es zu heftigen Irritationen, weil die Arbeiten plötzlich gestoppt wurden und die neu gebildete Bezirksverwaltung in Erfurt versuchte, Einfluss auf das Baugeschehen zu nehmen. Erst nach energischer Intervention des Burghauptmanns und der Denkmalpflege und den Einsatz von Minister Wandel aus Berlin konnten die Bauarbeiten fortgesetzt werden.

Im Außenbereich dieser ersten Bauphase konzentrierten sich die Arbeiten nach dem Neubau des nördlichen Treppenhauses auf die Neugestaltung des oberen Burghofes. Die neuromanische steinerne Freitreppe vor der Westfassade des Palas wurde beseitigt, die gesamte Fassade rekonstruktiv überarbeitet und gestaltet und die Erdmassen des Hofes bis auf den gewachsenen Felsen abgegraben. Leider wurde das von Hugo von Ritgen entworfene und über nahezu ein Jahrhundert bestehende und bewährte Abwasser- und Entlüftungssystem nun durch einen offenen Graben ersetzt (Abb. 2). Dieser Entwässerungsgraben war notwendig, um die Oberflächenwasser von der Palaswand fernzuhalten, denn aufsteigende Feuchtigkeit gefährdete schon immer den Bestand der wertvollen Schwind-Fresken. Dass damit auch funktionstüchtige technische Systeme durch Zerstörung aufgegeben wurden, nahm die damalige Leitung der Wartburg-Stiftung mit ausdrücklicher Rückendeckung der damaligen Kunstkommission der DDR billigend in Kauf. Zu den durchgeführten Arbeiten heißt es in einem von Burghauptmann Dr. Asche verfassten »Protokoll über die Besichtigung der Wartburg«, dass die »Herren Dr. Müther, Dr. Strauß und Herr Uhle aus Berlin, Deutsche Bauakademie, am 20.8.1953, vormittags (die Besichtigung durchführten). Herr Dr. Strauß war vor allen Dingen begeistert von Ausschachtungsarbeiten im Hof und freute sich, dass Herr Dr. Asche die Palasfront wieder so freilegen will, wie sie ursprünglich war.«[12] Die Verbreiterung und Vertiefung des Abflussgrabens entlang der Palas-Hofwand sowie die Entfernung der Bodenmassen bis auf den blanken Felsen sollten zur Entfeuchtung des Mauerwerks beitragen und den Austritt von Salzen im Bereich der Fresken eindämmen und verlangsamen (Abb. 3).[13]

Im Zuge dieser Baumaßnahmen wurde auch das Galeriemotiv über der Dirnitz-Torhalle beseitigt und die Zisterne verändert und damit der hintere Burghof in seiner architektonisch-künstlerischen Aussage zurückgewonnen.[14]

Im vorderen Burghof wurden alle Gebäude neu mit engobierten Dachziegeln eingedeckt, alle schadhaften Fachwerkkonstruktionen fachgerecht in Eichenholz ausgewechselt, die Gefache und Mauerflächen verputzt und getüncht. Auch die Pfeiler der Zugbrücke wurden erneuert. Das Wartburgkreuz erhielt einen neuen Kupferüberzug und wurde vergoldet. Die Instandsetzungs- und Erneuerungsarbeiten erstreckten sich auch auf die Außenanlagen, Treppen, Wege und Straßen und auf das Wartburghotel.

Nach Abschluss dieser sehr komplizierten Baumaßnahmen widmete sich die Leitung der Wartburg intensiv der Restaurierung ihres Kunstgutes. Der Burghauptmann konnte den Mitgliedern des Wissenschaftlichen Beirats am 15. September 1953 berichten, dass »die Restaurierung von Kunstwerken bei den Gemälden begonnen (habe) und dort habe Herr (Restaurator) Münch die wertvollsten Stücke behandelt. (...) Die Bilder seien in den vergangenen Jahren für Riesensummen von einem »Kunstmaler« derart gefährlich übermalt worden, dass wir alles daran setzen mussten, um von einem Fachmann – ein Kunstmaler sei kein Fachmann – alles ordentlich zurückrestaurieren zu lassen. Dies kostet weniger Geld und das sei besonders bezeichnend. Dazu wäre mit der Restaurierung der Plastik begonnen worden und auch bei den Möbeln habe man angefangen.«[15]

In dieser Beiratssitzung wurde auch die Frage diskutiert, ob der Beirat nicht durch Persönlichkeiten aus der Bundesrepublik vergrößert werden sollte und könnte. »Dies liege im Sinne der Regierung und der gesamtdeutschen Bestrebungen für die Einheit Deutschlands...Am 18.10.1953, dem Burschenschaftstag, sollte hier eine Sitzung einberufen werden, in der die neuen Mitglieder aufgenommen würden. Wir hätten damit unser Teil getan und einen Baustein zur Wiederherstellung unseres Vaterlandes gesetzt.«[16]

Obwohl die in dieser Kampagne durchgeführten Arbeiten von der Presse der Bundesrepublik mit Häme begleitet wurde und die unterschwellige Tendenz hatte: »Die Wartburg wird zerstört«, plädierten sowohl der Burghauptmann als auch der Hallenser Konservator Schubert für einen entspannten Umgang mit den Medien. Asche meinte, »dass Denkmalpflege und Handwerksarbeit Zeit brauchen, um eine ordentliche Qualität zu halten, sei auf der Wartburg bewiesen« Und Schubert fügt hinzu: »Er habe häufig Freunde und Kollegen aus dem Westen bei sich und sie sehen sich das an, was sie gerade interessiere. Er habe die Erfahrung gemacht, dass unsere durchaus sachliche Arbeit nicht bekannt sei. Sie wirke aber dann so eindrucksvoll, dass es nachdenklich stimme. Es wäre so erstaunlich, weil diese Arbeit den Besuchern unerwartet sei. Wir hätten es gar nicht nötig, mit Briefen Propaganda zu machen. Wir müssten unsere Arbeit nur zeigen, dass wäre wirkungsvoller. (...) Er habe noch nie jemanden aus dem Westen hier gehabt, der nicht erstaunt gewesen wäre.«[17]

Der Abschluss der Arbeiten wurde mit einer Feierstunde im Palas der Wartburg am 22. und 23. Mai 1954 begangen, bei der der damalige Kulturminister der DDR, Johannes R. Becher die Festansprache hielt[18].

Zu dieser ersten großen Instandsetzung, bei der es nicht nur um die Beseitigung von Kriegsschäden ging, ist festzustellen, dass sie nach denkmalfachlichen Maßstäben und unter aktiver Beteiligung des Denkmalamtes gegen den Einspruch der Staatlichen Baukommission und der Bauakademie ausgeführt wurde und die Wartburg »als Inbegriff einer deutschen Burg schlechthin«[19] galt.

Mit der Bildung der Bezirke 1952 wurde das Thüringer Landesamt für Denkmalpflege in Erfurt aufgelöst und die denkmalpflegerische Betreuung an den Provinzialkonservator der Provinz Sachsen – jetzt Arbeitsstelle Halle – des neu gegründeten Instituts für Denkmalpflege übertragen. Da der Leiter der Arbeitsstelle bereits im Wissenschaftlichen Beirat der Wartburg mitgewirkt hatte, konnte die denkmalfachliche Betreuung der Burg nahtlos fortgesetzt werden. Allerdings verließ der bisherige Direktor Dr. Asche Ende der 1950er Jahre die DDR, und es wurde als kommissarischer Direktor Dr. Hossinger eingesetzt, der die Burg bereits als zeitweiliges Mitglied des Beirats gut kannte. Er wurde aber schon Ende 1960 durch den Kunsthistoriker Werner Noth abgelöst, der bis zum Ende der DDR Chef der Burg war und damit zum Ansprechpartner der Denkmalpflege wurde. Ab 1963 nahm diese Aufgabe dann die wieder gegründete Arbeitsstelle Erfurt des Instituts für Denkmalpflege unter ihrem Chefkonservator Hans Schoder wahr.

Im Mai 1963 besichtigte der Statiker Wolfgang Preiß die Burg und gab Empfehlungen für kleinere Reparaturarbeiten,

Abb. 3 Wartburg, oberer Burghof nach Beseitigung der Terrassierung, Aufnahme nach 1953

er schlug den permanenten Einsatz von zwei bis drei Bauhandwerkern vor. In seinem Gutachten machte Preiß auch auf den Zustand der Schwind-Fresken im Sängersaal aufmerksam, die Spuren aufsteigender Feuchtigkeit und einen starken Salzhorizont zeigten. Er forderte die Zuziehung eines Restaurators, der »geeignete Maßnahmen zur Entfernung der Salze und zur Festigung der Fresken ausarbeiten«[20] sollte. Ins Gespräch wurde ein elektro-osmotisches Verfahren[21] gebracht, das aber aufgrund technischer Unwägbarkeiten nicht zur Ausführung gelangte. Durch das Institut für Denkmalpflege wurden aber Langzeitmessungen an der Nordwand des Palas veranlasst, um die Stärke und möglicherweise auch die grundsätzliche Ursache der ständigen Durchfeuchtung festzustellen. Das Restaurierungsprogramm dieser Jahre beschäftigte sich vor allem mit der Rettung der durch ausblühende Salze gefährdeten Schwind-Fresken. Dazu wurden auch polnische Restauratoren der Universität Thorn um Rat gebeten (1965).

Neben diesen restauratorisch dringenden Arbeiten wurde der Bauunterhalt nicht vernachlässigt, eine zweite Instandsetzungswelle prägt die 1960er Jahre. Jetzt wurden die Aufgangswege zur Burg und die Treppenanlagen wiederhergestellt, die Treppen erhielten neue Porphyrstufen, die Zugbrücke wurde auf neue Pfeiler aufgesetzt und im Erdgeschoss des Gadem wurde endlich das lang angekündigte Café eingerichtet. An den Wehrgängen der Vorburg zeigten sich bei der Untersuchung des Fachwerks schwere Schäden (Schwamm), die nur durch Auswechselung des Holzes und Neuausfachung behoben werden konnten.

Alle diese Arbeiten wurden auch im Westen kritisch und zunehmend sachlicher verfolgt. Das »Hamburger Abendblatt« schrieb beispielsweise am 1. Februar 1966 unter der Überschrift: »Die Wartburg – ein deutsches Symbol« einen sachlichen Bericht: »Sie (die Wartburg) liegt heute unweit des Westrandes der Zonengrenze. Man kann sie von diesseits sehen, aber man kann nicht hinüber. Die Jugend im Westen kennt nicht die Wartburg. (…) Leider haben Feuchtigkeit und Kälte im Inneren der Räume schon durch Jahrzehnte erheblichen Schaden angerichtet; so haben am meisten die Fresken gelitten, (die) trotz aller Bemühungen in ihrer Gesamtheit nicht mehr zu retten (sind). Allein, was sonst Restauration geleistet hat, nötigt Bewunderung ab: befreit von allen unechten Zutaten, treten architektonische Schönheit und Schlichtheit des Bauwerkes und der Räume besser als früher hervor. Die Westfront des Landgrafenhauses, der Sängersaal und die Kemenate der heiligen Elisabeth zeugen davon.«[22]

Nach einer langen Vorbereitungszeit und der Vorlage der Feuchtigkeitsmessungen und der chemischen Analyse verschiedener Palasinnenputze konnte am 6. Mai 1966 in einem kleinen Kreis mit westdeutschen Amtsrestauratoren Möglichkeiten zur Rettung der Schwind-Fresken erörtert und methodische Verfahrensfragen diskutiert werden. Dabei »wurde grundsätzlich Übereinstimmung darüber erzielt, dass (…) die Konservierung der Fresken (im) jetzigen Zustand erreicht werden muss und Maßnahmen zur Restaurierung nur in beschränkten Maße zu ergreifen sind.«[23] Die Sicherung der Fresken sollte mit einer Silikatlösung versucht werden, um eine stabilere Verbindung von Putz und Farbpigment zu erreichen. Erste Proben wurden an Ort und Stelle durch den Bonner Amtsrestaurator Glaise vorgenommen. Durch den Hallenser Amtsrestaurator Konrad Riemann wurde eine Restauratorengruppe aus allen Instituten zusammengerufen, um gemeinsam an den Fresken zu arbeiten. Die während der Arbeiten vom Oktober bis Dezember 1966 auftretenden Schwierigkeiten bei der Sicherung der Malschichten mit Silikat konnten unter Mithilfe von Amtsrestaurator Glaise überwunden werden, und man entschloss sich, Silikat nur für die Härtung des Unterputzes zu verwenden.

In das Jahr 1967 fiel das 900-jährige Bestehen der Wartburg, aus diesem Grunde mussten die Restaurierungsarbeiten unter erheblichem Zeitdruck ausgeführt werden, da zu Ostern des Jahres auf der Burg eine hochrangige Regierungsdelegation aus Berlin erwartet wurde.

In den folgenden Jahren kehrte eine gewisse Routine bei den laufenden Konservierungs- und Restaurierungsarbeiten auf der Wartburg ein. Man konnte sich jetzt auch Problemen zuwenden, die auf eine größere Wirksamkeit bei Kulturveranstaltungen auf der Burg hinzielten, beispielsweise wurde Anfang der 1970er Jahre ernsthaft überlegt, im Festsaal des Palas eine große Konzertorgel zu bauen. Diese Pläne scheiterten allerdings am Veto des Instituts, die den Saal als Gesamtkunstwerk des 19. Jahrhunderts nicht beeinträchtigt wissen wollten. Dafür wurde aber das Orgelwerk in der Kapelle durch eine neue Orgel nach 1977 ersetzt, ebenso übernahm das Erfurter Institut die restauratorische Betreuung der Schwind-Fresken im Jahre 1977, die seitdem durch den Amtsrestaurator Roland Möller verantwortlich begleitet wurde.[24]

1974 drohte die Burgmauer und der südwestliche Schalenturm einzustürzen, hier erfolgte umgehend eine Reparatur, die diese Gefahrenstelle beseitigte.

Das Erfurter Institut für Denkmalpflege konnte 1979 gemeinsam mit der Wartburg-Stiftung eine Ausstellung über die Denkmalpflege in Thüringen durchführen, die die Burganlage nicht nur als Ausstellungsort, sondern vor allem als Ort umfassender konservatorischer, restauratorischer und bauunterhaltender Maßnahmen vorstellte. Der Ausstellungsanlass war zwar der 30. Gründungstag der DDR, allerdings war diese Ausstellung schon lange gedanklich durch Rudolf Zießler konzipiert gewesen und konnte deshalb auch in sehr kurzer Zeit mit Leihgaben aus ganz Thüringen realisiert werden. Hier ist ausdrücklich zu erwähnen, dass die Wartburg-Stiftung immer noch von einem Stiftungsrat vertreten wurde, dessen Vorsitzender jetzt ein leitender Mitarbeiter des Berliner Kulturministeriums war. Der Chefkonservator war ebenfalls Mitglied des Stiftungsrats, damit war gewährleistet, dass auf kurzen Wegen denkmalfachliche Probleme der politischen Führung zur Entscheidung vorgetragen werden konnten. Diese unmittelbare Kommunikation erleichterte manche notwendige Arbeit auf der Wartburg, so auch für die eben genannte Ausstellung, barg aber auch die Gefahr eines Einwandes und einer unliebsamen Verzögerung.

Die 1980er Jahre waren gekennzeichnet durch die Vorbereitungen einer »zentralen Luther-Ehrung«[25], die eine Forcierung der baulichen und restauratorischen Maßnahmen nach sich zog. In einem Grundsatzpapier des Erfurter Instituts vom 16.11.1978 schreibt der Chefkonservator Hans Schoder mit sehr deutlichen Worten, dass der »ständig steigende Besucherstrom die Burg einer Belastung ausgesetzt (hat), die nahe an der Grenze des für dieses Denkmal Vertretbaren liegt. Der materielle Verschleiß führte zu einer Reihe von Schäden, die nicht nur mit technisch-konstruktiven Mitteln gelöst werden können, sondern auch restauratorische Maßnahmen bedingen. Sie sind umfassend zu sehen, da die Belastungserscheinungen sich nicht nur auf die bekannten historischen Räume während des Burgrundganges beschränken. (...) Seit 1977 (sind) restauratorische Untersuchungen nach neuesten denkmalpflegerisch-naturwissenschaftlichen Methoden und umfangreiche Archivstudien durchgeführt worden. (...) Diese Ergebnisse liegen der detaillierten Zielstellung der einzelnen Räume (und Bauteile der Burg) zugrunde.«[26]

Auf der Grundlage der durchgeführten Recherchen wurde jetzt auch die Rekonstruktion der romanischen und gotischen Innenraumfassungen möglich. Der Direktor der Wartburg, Werner Noth, forderte dezidiert, dass »alle baulichen und restauratorischen Maßnahmen« darauf abzielen müssen, nicht »einen Teil der Burganlage in besten Zustand zu versetzen, sondern dass auch im Hinblick auf 1983 eben der gesamte Zustand der Burg Beachtung finden (soll). Der ‚Lutherbezirk' kann also nicht ausgesondert werden.«[27] In den folgenden Monaten wurde nun konzentriert in den mittelalterlichen Räumen des Palas gearbeitet, u. a. wurden durch das Erfurter Institut eine neue Beleuchtungskonzeption erarbeitet, die mittelalterlichen Kamine im Ritter- und Speisesaal rekonstruiert und die Verglasung in allen Palasräumen nach dem vorhandenem Bestand erneuert. 1979/80 wurden die romanische Fugenritzung im Rittersaal rekonstruiert und im Speisesaal die Deckenbalken konserviert. Alle Innenräume wurden restauratorisch malermäßig instand gesetzt, die Fußböden als Estrichfußböden erneuert. Schwierigkeiten ergaben sich aber durch die ausgebliebene Lieferung von Keim-Dekorfarben, die als Importe aus der Bundesrepublik bezogen werden mussten, für die bis zu diesem Zeitpunkt aber keine Freigabe durch das Ministerium vorlag. Dadurch wurde die Fertigstellung der Festsaaldecke massiv gefährdet. Da schon mit Großveranstaltungen zum Luther-Jahr 1983 im Mai gerechnet wurde – das war der Termin der Eröffnung des kirchlichen Luther-Jahres – wurden diese Materialschwierigkeiten auf »höchster Ebene geklärt«[28], und Ende des Jahres 1981 waren alle notwendigen baulichen und restauratorisch-konservatorischen Arbeiten »planmäßig abgesichert«. Trotzdem wurde von allen Beteiligten »eine kämpferische Einstellung gegenüber allen auftretenden Schwierigkeiten gefordert.«[29]

Parallel zu den laufenden Arbeiten wurde auch ein groß angelegtes wissenschaftliches Untersuchungsprogramm ge-

Abb. 4 Der Palas der Wartburg nach Abschluss der steinkonservatorischen Untersuchungen und Ausbesserungsarbeiten 1983, Aufnahme 1999

startet, zu dem auch die gesteinstechnischen Untersuchungen des Seeberger Sandsteins gehörte, der als Baumaterial auch auf der Wartburg verbaut wurde. Dieser Sandstein wurde am Großen Seeberg bei Gotha und im Gebiet zwischen Eisenach und Creuzburg an verschiedenen Stellen gebrochen und auf der Burg verbaut. Diese Untersuchungen lieferten wichtige Erkenntnisse zur Rohdichte, Porosität, Wasseraufnahme und Frostbeständigkeit des verwendeten Natursteins und bildeten die wissenschaftliche Grundlage für die weitere baulich-konservatorische Behandlung des Palas. Neben den geologischen Untersuchungen[30] fanden auch dendrochronologische Untersuchungen der Holzbalken im Palas statt, die einerseits den Baubeginn für den Palas um 1170 bestätigten, zum anderen eine bebeilte Oberfläche aufwiesen. »Als äußerst interessant erweist sich die schwärzliche Oberflächenverfärbung, die nicht von einem Farbauftrag stammt«.[31] Der leitende Restaurator Roland Möller folgerte: »Offenbar hat man durch leichtes Verkohlen eine konservatorische und farbgebende Wirkung beabsichtigt.«[32] Für die Putzarbeiten in den historischen Innenräumen des Palas (Rittersaal mit Kellenputz mit Fugenritzung, Speisesaal mit Kellenglattputz) wurden Putz- und Mörtelanalysen angefertigt. Mit dem Einbau der neuen Orgel[33] in der Kapelle fanden die groß angelegten Instandsetzungs- und Restaurierungsarbeiten am Palas ihren Abschluss (Abb. 4).

Am 21. April 1983 wurde mit dem Besuch des Staatsratsvorsitzenden der DDR Erich Honecker die Wartburg wieder eröffnet und für die Besichtigung freigegeben. Das Luther-Jahr 1983 war für die DDR ein in besonderer Weise nach »außen« wirkendes Ereignis. Deshalb hatten alle Verantwortlichen des Partei- und Staatsapparats mögliche Bedenken hinsichtlich einer Zusammenarbeit mit der Evangelischen Kirche zurückgestellt, im Gegenteil: Gerade mit der Thüringischen Landeskirche wurde eine enge Zusammenarbeit gesucht, und das Erfurter Institut für Denkmalpflege spielte als Vermittler und Berater hier eine wichtige Rolle. Bei dem Festakt auf der Wartburg würdigte Honecker »die Rekonstruktion und Wiedereröffnung als großes kulturhistorisches Werk und als würdigen Beitrag zur Martin-Luther-Ehrung 1983 der DDR.«[34]

In den wenigen Jahren bis zur politischen Wende im Herbst 1989 waren es vor allem die Schwind-Fresken, die dem Denkmalpfleger immer wieder Sorgen bereiteten. Vor 1968 waren ja schon umfangreiche Restaurierungs- und Konservierungsmaßnahmen durchgeführt worden, die leider durch den damals leitenden Restaurator Konrad Riemann von der Hallenser Arbeitsstelle des Instituts für Denkmalpflege nicht dokumentiert wurden. »Die Arbeiten haben sich dennoch bewährt«, urteilt der Chefkonservator Hans Schoder und fährt fort: »Zwanzig Jahre sind gemessen an der Überlastung und Abnutzung der Burg eine respektable Zeitspanne, das sollte man nicht vergessen. Größere Schäden am ersten Bild des Elisabeth-Zyklus sind nun offensichtlich, wenn auch älteren Datums, dieses Fresko hat schon immer Anlass zu besonderer Sorge gegeben. Die Ursachen zu beschreiben, ist momentan nicht möglich, muss aber von kompetenten Denkmalpflegern vorbereitet werden, um zu einer Lösung zu kommen, die vielfältig sein kann. Dabei sind nicht allein technologisch-restauratorische Probleme maßgebend, sondern auch museologische, vordringlich aber methodische.«[35] Hans Schoder schlug vor, einen kleinen Kreis ausgewählter Fachleute aus der Denkmalpflege einzuladen, die eine Schadensbeschreibung und –analyse vorbereiten und Lösungswege zur Diskussion stellen sollten. Zu dieser Problematik hat es eine Zusammenkunft auf der Wartburg gegeben, allerdings ist aus dem vorliegenden Aktenmaterial des (ehemaligen) Instituts für Denkmalpflege Erfurt nicht ersichtlich, zu welchem Ergebnis diese Arbeitsgruppe gekommen ist.

Durch den Restaurator Roland Möller wurden in den 1980er Jahren immer wieder Sicherungsklebungen vorgenommen, die Farbfehlstellen wurden mit Aquarell-Lasuren in den bestehenden Farbkanon eingetönt. Die Erhaltung der Schwind-Fresken erwies sich immer mehr als Langzeitproblem, das einer grundsätzlichen Lösung bedurfte. Deshalb formulierte Roland Möller nicht nur im Hinblick auf besonders gefährdete Einzelbilder, sondern mit Blick auf den gesamten Freskenzyklus: »Die sich (…) für die Erhaltung (…) ergebenden Forderungen nach einem gleichmäßigen Klima lassen sich bei der unabdingbaren Beibehaltung des derzeitigen Führungsbetriebes ebensowenig erfüllen wie die Installation einer Klimaanlage. Da andererseits periodische Eingriffe als Alternative die Erhaltung (…) auf Dauer ebenso nicht garantieren, im Gegenteil, immer mehr Substanz verloren geht, sind (…)Überlegungen zur weiteren Erhaltung (…) (der Fresken) am Originalstandort anzustellen.«[36] Dies führte schließlich dazu, dass am Beispiel des äußerst stark gefährdeten »Ankunftsfreskos« als letztes Erhaltungsmittel für den immer stärker schwindenden Originalbestand der Malerei die Abnahme des Bildes von der Wand und die Übertragung auf einen neuen Träger beschlossen wurde.[37]

Die (DDR-)Akte »Wartburg« schließt mit den Wartburg-Thesen, die in Eisenach am 2. März 1990 vom Vorsitzenden der Vereinigung der Landesdenkmalpfleger in der Bundesrepublik Deutschland, Hans Herbert Möller, und dem Generalkonservator der DDR, Peter Goralczyk, unterschrieben wurden.

In der DDR wurde die Wartburg als national bedeutendes Denkmal gewertet und seiner Bedeutung entsprechend behandelt. Die notwendigen Instandsetzungs- und Unterhaltungsmaßnahmen wurden seit Kriegsende mit wissenschaftlicher Akribie nach denkmalfachlichen Grundsätzen ausgeführt und erfolgten unabhängig von politischen Kampagnen. Eine gewisse Ausnahme bildet das Luther-Jahr 1983, aus diesem Anlass wurde das Restaurierungsprogramm verstärkt und eine Neuaufstellung der bedeutenden Museumsbestände durchgeführt. An der Wartburg als Ort nationaler Einheit war auch die Evangelische Kirche in Deutschland interessiert und hat sich deshalb – vertreten durch die Evangelische Kirche in Thüringen – immer um ein respektables Verhältnis zur Staatsführung bemüht, ohne sich anzubiedern oder aufzudrängen. Dieses sich gegenseitig respektierende Verhältnis, das deutlich die Unterschiede in den verschiedensten Fragen des Zusammenlebens benannte, führte auf der Wartburg zu Begegnungen zwischen der Staats- und Parteiführung der DDR mit dem Bischof der Landeskirche, z.B. 1969 dem Treffen von Walter Ulbricht mit Bischof Moritz Mitzenheim, für das im Torhaus ein eigenes Konferenzzimmer eingerichtet wurde. Diese bauliche Maßnahme stellt aber im Gesamtverlauf aller beschriebenen Arbeiten nur eine Marginalie dar, und dieser Raum wurde anschließend von der Wartburg-Stiftung als Besprechungsraum genutzt. Die Wartburg war (und ist) für die Denkmalpflege eine Herausforderung, da sie sowohl als Baudenkmal, als Geschichtsdenkmal, als Aufenthaltsort bedeutender Persönlichkeiten wie auch als Ereignisort und als Kulturdenkmal eine großartige Geschichte und weit ausstrahlende Bedeutung besitzt und damit heute zu Recht auf der Weltkulturerbeliste steht.

Anmerkungen

1 Einen ersten kurzen Bericht über die bis 1974 durchgeführten Bau- und Instandsetzungsarbeiten an und auf der Wartburg lieferte Hans Müller in seinem Beitrag »Geschichtsdenkmale«, in: Denkmale in Thüringen, hrsg. vom Institut für Denkmalpflege, Weimar 1974, hier bes. S. 50 und 52.

2 Der Landesdirektor im Thüringer Landesamt für Volksbildung, Dr. Wolf, urteilt am 11.02.1946 über den Burghauptmann v. d. Gabelentz: »(Er) erscheint mir nach seiner Haltung ungeeignet, sein Amt weiter auszuüben. Nach meinen Informationen war er Mitglied der NSDAP. Nach den Anweisungen der SMA dürfen NSDAP-Mitglieder nicht in verantwortlichen Funktionen belassen werden. Seine Kenntnisse der baulichen Zustände der Wartburg sind so gering, dass irgendein Angestellter wahrscheinlich besser in der Lage ist, sie zu beurteilen«. V. d. Gabelentz verblieb bis zu seinem Tod im Sommer 1946 im Amt. Vgl. Anm. 3.

3 Schäden waren am Tor- und Ritterhaus, Dirnitz, Bergfried, an der Neuen Kemenate, am Palas und am Gadem entstanden.

4 Alle Zitate – wenn nicht anders gekennzeichnet – aus der Akte Eisenach, Wartburg (14-56.002.019), Archiv TLDA, Bestand Erfurt.

5 Ein herber, bis heute nicht ausgeglichener Verlust war die Beschlagnahme und der Abtransport der wertvollen historischen Waffensammlung (Rüstkammer) der Wartburg im Februar 1946. Das veranlasste den Burgvogt Nebe zu der Äußerung: »Erst wurden wir aufgerüstet, dann

abgerüstet und jetzt sind wir entrüstet!« Dieses Bonmot wurde Anlass heftiger Kritik und einer bösartigen Pressekampagne gegen seine Person.

6 Siehe Anm 4.

7 Siehe Anm. 4

8 Siehe Anm. 4.

9 Als beratende Konservatoren waren Bachmann/Dresden, Nadler/Dresden, Ohle/Berlin, Müther/Berlin, Schubert/Halle und zeitweise Löffler/Dresden beteiligt, als erfahrene Museologen wirkten Scheidig/Weimar und Kunze/Erfurt mit. An den Beratungen nahmen auch die Historiker Wessel und Streisand (beide Berlin) und der Formgestalter Horst Michel/Weimar teil.

10 Ernst Badstübner beschreibt das Ergebnis wie folgt: »Die neuromanische Ausmalung des großen Festsaales im dritten Geschoß von M. Welter aus Köln (1867 vollendet) 1953–56 in der Galerie vor dem Saal abgenommen und auf der Grundlage restauratorischer Befunde eine Rekonstruktion der mittelalterlichen Raumfassung versucht: rote Einfassungen der Arkadenlaibungen vor weißem Grund der Wand«, in: Dehio Thüringen, München/Berlin, 1998, S. 258 ff.

11 Badstüber, wie Anm. 10, S. 258.

12 Wartburg-Stiftung (WBSt), Archiv, Bauakten, Bau 1953, ohne Nr.

13 Vgl. Schall, Petra: Restaurierungsgeschichte der Schwind-Fresken, in: Die Schwind-Fresken auf der Wartburg, Arbeitsheft 14 des Thüringischen Landesamtes für Denkmalpflege, Bad Homburg/Leipzig, 1998, S. 45–60, bes. S. 55–56.

14 Das Problem der Hofgestaltung beschäftigte die Mitarbeiter der Wartburg durch den gesamten Berichtszeitraum. Die starken Besucherströme »zerstörten« die Hofoberfläche, so dass die Unebenheiten mit rot eingefärbtem Beton immer wieder egalisiert werden mussten. Außerdem kam es im Laufe der Jahre immer wieder zu Unfällen. Dies veranlasste die Wartburg-Stiftung nach 1995, Überlegungen zu einer vollkommenen Überarbeitung des Hofes anzustellen, die schließlich auch zu einer neuen trittsicheren und besucherfreundlichen Neugestaltung der Hofoberfläche führte. Vgl. Schleiff, Heinrich: Die Gestaltung des oberen Burghofes der Wartburg, in: Wartburg-Jahrbuch 2006, Regensburg 2008, S. 151–163.

15 Siehe Anm. 4.

16 Siehe Anm.4, eine Erweiterung des Beirats fand nicht statt.

17 Siehe Anm.4.

18 In der Erfurter Wartburg-Akte sind Zeitungsausschnitte aus westdeutschen Zeitungen vom Februar bis Mai 1956 abgeheftet, die in knapper, aber sachlicher Form die Vollendung der Wiederherstellungsarbeiten melden.

19 Badstübner, wie Anm. 10, S. 255.

20 Siehe Anm. 4.

21 Es handelte sich um ein von der Firma Baum & Garbade (Leipzig-) Engelsdorf entwickeltes Verfahren, das mit Aluminiumelektroden arbeitete. Es entstanden an bearbeiteten Gebäuden erhebliche Bauschäden, die die Staatliche Bauaufsicht veranlasste, dieses Verfahren (»Engelsdorfer Methode«) zu verbieten.

22 Siehe Anm. 4.

23 Siehe Anm. 4.

24 Die schwierige Problemlage, die die Erhaltung der Schwind-Fresken darstellt, wird ausführlich dargestellt in dem Sammelband »Die Schwind-Fresken auf der Wartburg – ein interdisziplinäres Forschungsprojekt zu ihrer Erhaltung«, hrsg. vom Thüringischen Landesamt für Denkmalpflege Erfurt und der Wartburg-Stiftung Eisenach, Arbeitsheft 14 des Thüringischen Landesamtes für Denkmalpflege, Bad Homburg/Leipzig 1998. In diesem Band hat Petra Schall die Restaurierungsgeschichte der Schwind-Fresken ausführlich beschrieben (S. 45–61).

25 Siehe Anm. 4.

26 Siehe Anm. 4.

27 Siehe Anm. 4. Schreiben vom 12.12.1978 an das Ministerium für Kultur Berlin.

28 Siehe Anm. 4.

29 Siehe Anm. 4, undatiertes Positionspapier vom Mai 1981. Hier wird auch auf das staatliche Luther-Komitee unter Leitung des Staatsratsvorsitzenden Honecker verwiesen. Dies ist im Übrigen der einzige Hinweis darauf, dass sich Partei- und Staatsführung der DDR im positiven Sinne massiv für ein Bau- und Kunstdenkmal in Thüringen einsetzten.

30 Vgl. auch Klaua, Dieter: Dekorationssteine an romanischen Burgen Thüringens und ihre Herkunft, in: Abhandlungen des Staatlichen Museums für Mineralogie und Geologie zu Dresden, Band 35, Leipzig 1988, S. 15-20. Diese Untersuchungsergebnisse waren Voraussetzungen für weiterführende steinrestauratorische Maßnahmen am Palas in den 1990er Jahren, vgl. Schleiff, Heinrich: Steinrestauratorische Maßnahmen am Palas der Wartburg, in: Der romanische Palas der Wartburg, Band 1, Bauforschung an einer Welterbestätte, Regensburg, 2001, S. 117–125.

31 Siehe Anm. 4.

32 Siehe Anm. 4, Schreiben vom 30.09.1981.

33 Siehe Anm. 4. »Am 26. Mai 1983 wurde in der mittelalterlichen Kapelle (...) eine neue Orgel übergeben. Der VEB Orgelbau Jehmlich, Dresden, erbaute dieses einmanualige Instrument mit Pedal und neun verschiedenen Einzelklangreihen (Registern) in enger Zusammenarbeit mit der Wartburgstiftung und dem Institut für Denkmalpflege Erfurt (...), um den besonderen Forderungen gerecht zu werden. Die Orgel musste sich dem Raum mit Mittelsäule und schlichtem Kreuzgratgewölbe harmonisch einfügen und gleichzeitig gestatten, Orgelmusik von der Renaissance bis zur Gegenwart spielen zu können sowie gottesdienstliche Bedingungen erfüllen. (...) Die Abnahme [zeigte], dass die speziellen Bedingungen in handwerklich ausgezeichneter Arbeit mit optimal klanglichen Eigenschaften erfüllt worden sind.« Schreiben von Chefkonservator Schoder vom 30.05.1983 an ADN Erfurt.

34 Neues Deutschland vom 22. April 1983, S. 1.

35 Siehe Anm. 4, Schreiben vom 14.08.1987 an den Generalkonservator.

36 Siehe Anm. 4.

37 Die Abnahme erfolgte allerdings erst 1992.

Bergbau- und hüttentechnische Flächendenkmale im Erzgebirge

Gerhard Schlegel

Im Denkmalpflegegesetz der DDR vom 19. Juni 1975 sind insbesondere die Denkmale der Produktions- und Verkehrsgeschichte wie handwerkliche, gewerbliche und landwirtschaftliche Produktionsstätten mit ihren Ausstattungen, industrielle und bergbauliche Anlagen mit ihren Ausrüstungen, Verkehrsbauten und Transportmittel, also die Technischen Denkmale aufgeführt. In der Zweiten Durchführungsbestimmung zu diesem Gesetz wird ausdrücklich die Umgebung der Denkmale in den Schutz einbezogen, soweit sie Einfluss auf die Gesamtwirkung des Denkmals hat.

Die Technischen Denkmale zeigen eine große Vielfalt von Eigenheiten, die sich zwar oft in architektonischen Elementen ausdrücken, aber vor allem dem breiten Spektrum der technologischen Abläufe und Funktionen geschuldet sind. Daher gibt es auch nicht den universellen Fachmann zur Bewertung und Betreuung dieser Denkmale.

Es waren deshalb sach- und fachkundige Partner am jeweiligen Denkmal nötig. Das waren oft die vom Institut für Denkmalpflege geschulten ehrenamtlichen Denkmalpfleger, einzelne Mitarbeiter der staatlichen Organe (Räte der Bezirke und der Kreise, Abteilung Kultur) oder auch aktive Mitarbeiter im Kulturbund der DDR. Besondere Bedeutung hatte die Zusammenarbeit mit bestimmten Hochschulen wie z. B. der Technischen Universität Dresden, der Hochschule für Bauwesen Weimar, der Bergakademie Freiberg, die im Rahmen studentischer Arbeiten grundlegende Untersuchungen durchführten und unabhängige Ideen unterbreiteten.

Alle Denkmale wurden in Denkmallisten aufgenommen, einige aufgrund ihrer Bedeutung in die »Zentrale Denkmalliste der DDR«. Hierbei wurden zwar alle oder die meisten Einzelobjekte erfasst, jedoch oft nicht die definitiven Grenzen des Denkmalgebietes und seiner funktionellen Umgebung festgelegt.

Eine Ausgliederung von jüngeren, andersartigen Baulichkeiten im Denkmalschutzgebiet wurde nicht vorgenommen.

Die zeitweilige »Fremdnutzung« von Denkmalsubstanz wurde geduldet, aber nicht als solche definiert und dadurch konnte sich eine Art Gewohnheitsrecht entwickeln.

Die Denkmale haben im Laufe der Zeit ihre ursprüngliche Funktion verloren und erfuhren oft eine andere Nutzung. Dabei wechselten auch ihre Besitzer und damit die jeweils Verantwortlichen. Der Aussagewert der Denkmalgebiete wurde oft nicht erkannt und deswegen manchesmal grob vernachlässigt, sodass in vielen Fällen störende Elemente eingefügt werden konnten.

Trotz gesetzlicher Regelung waren der Erhalt und die Pflege der Technischen Denkmale oft individuellen Auffassungen unterworfen. Stets bemühten sich verantwortungsbewusste Menschen um die Bewahrung der Denkmalsubstanz und ihres Charakters, verantwortungslose hingegen verursachten irreparable Schäden.

Im Erzgebirge sind historische technische Anlagen vielerorts vorhanden; manche nur rudimentär. Sie fanden stets Interesse, vor allem bei Mitgliedern des Kulturbundes, die hier die einzige Möglichkeit zur Traditionspflege sahen. Die Bemühungen, die bedeutsamen Sachzeugen vergangener Produktionsepochen, die Bergbau- und Industriedenkmale zu bewahren, waren vielfältig und leider oft auch zwiespältig.

Das Denkmalschutzgebiet Saigerhütte Grünthal bei Olbernhau

22 Einzelobjekte bilden das Denkmalensemble Saigerhütte.

Die Saigerhütte wurde 1537 zwecks Gewinnung von Silber aus silberhaltigem Schwarzkupfer gegründet. Schwarzkupfer ist das Endprodukt der Sulfidverhüttung. Das Saigerverfahren galt über Jahrhunderte als Spitzenleistung des Hüttenwesens. Die Saigerhütte war das Zentrum der Kupferverarbeitung in Sachsen.

Grünthal umfasste alle betriebsnotwendigen Gebäude wie Hütte, Hämmer, Kupferlager, Kohlhaus, Schmiede, Häuser des Faktors, des Anrichters und des Richters, Zimmerei, Brauerei, Mühle, Schule, Schenke und Arbeiterwohnhäuser. Diese in sich geschlossene mittelalterliche Industrieanlage war von einer Mauer mit Schießscharten umgeben und nur durch zwei Tore und eine Pforte zugänglich. Zum Betrieb der 21 Wasserräder an den Hämmern waren im Natzschung-Tal weitläufige Grabensysteme und mindestens sechs Spannteiche angelegt worden.

Vier Hammerwerke gehörten einst zum Betrieb. Das erste Walzwerk arbeitete ab 1847 und leitete in die Neuzeit über. 1937 wurde Grünthal auf Befehl des NSDAP-Gauleiters Mutschmann nach Olbernhau eingemeindet.

Abb. 1 Saigerhütte Grünthal, Haus des Richters, um 1985

Abb. 2 Saigerhütte Grünthal, Haus des Richters nach der Restaurierung, 2005

Vom umfangreichen historischen Gebäudebestand ist ein großer Teil erhalten geblieben und befindet sich gegenwärtig in einem akzeptablen Zustand. Die Alte Hütte, das Hauptgebäude der Saigerhütte, wurde 1951 abgerissen, die Grundmauern wurden jedoch für eine museale Erschließung des gesamten Areals bewahrt. Im Laufe der Zeit siedelte sich im Park des Faktors eine Gärtnerei an, die einen Betonringschornstein von beträchtlicher Höhe errichtete. Das Kohlhaus war nach mehreren Erweiterungen schließlich zu einer Kegelbahn geworden, Teile der Umfassungsmauer sind niedergerissen, im Graben- und Teichsystem siedeln Kleingärtner. Fast alle Wohnhäuser erfuhren »moderne« Veränderungen wie große sprossenlose Fenster und Anbauten. Das alles ist jedoch reversibel und von Zeit und Geld abhängig.

1947 war der VEB Blechwalzwerk Olbernhau als Sächsische Blechwalzwerke Olbernhau mit den vorhandenen Werksanlagen der F. A. Lange Metallwerke AG Aue gegründet worden und führte die seit 1537 mit Gründung der Saigerhütte Grünthal bestehende Geschichte der Metallurgie am Standort bis 1991 fort. Nach Schließung dieses Werkes gingen alle betrieblichen Gebäude der Saigerhütte in den Besitz der Stadt Olbernhau über. Die Wohngebäude sind Privatbesitz.

Die Denkmalsubstanz wurde von den Rechtsträgern in verschiedener Weise be- oder missachtet. Der »Althammer« funktionierte als Museumsobjekt. Der Leiter des Stadtmuseums Olbernhau, Günther Arnold, versuchte als ehrenamtlicher Denkmalpfleger manche Um- und Ausbauten zu beeinflussen, konnte aber z. B. nicht verhindern, dass große Fenster eingebaut wurden, um Licht in kleine Stuben zu bringen, dass historische Dächer ausgebaut wurden, um zusätzlichen Wohnraum zu schaffen, ebenso die Anlage und Erweiterung einer Gärtnerei im Betriebsgelände, denn Gemüse wurde gebraucht – und die Heizanlage musste zum Brand der Rohbraunkohle mit einem hohen Schornstein arbeiten. Arnold wagte es erfahrungsgemäß nicht, »gegen den Stachel zu löcken«.

Trotzdem war bereits in den 1970er Jahren durch die Anlage ein »Historischer Lehrpfad« angelegt worden. Wissenschaftliche Untersuchungen verschiedener Fachleute und des Instituts für Denkmalpflege Dresden erbrachten Erschließungsstudien und ein Statut für die Saigerhütte Grünthal.

Der Rechtsträger aller technischen Anlagen, der VEB Blechwalzwerk Olbernhau, zeigte jedoch wenig Interesse an der alten Substanz. Zum Glück stand das neue produzierende Werk jenseits der Flöha und außerhalb der Saigerhütte. Deren

Abb. 3 Saigerhütte Grünthal, Zimmerei und Hüttenschule, um 1985

Abb. 4 Saigerhütte Grünthal, Zimmerei und Hüttenschule nach der Restaurierung, 2005

historische Anlagen konnten zum Teil für betriebliche Zwecke genutzt werden. Allerdings fiel das Hüttengebäude wegen schlechten Zustands 1951 dem Abbruch zum Opfer.

In diesem Betrieb arbeitete Bauingenieur Wolfram Drechsel, der um den Wert der verbliebenen Denkmalsubstanz wusste und mit Beharrlichkeit seine Betriebsleitung darauf hinwies, diese zu pflegen oder mindestens zu sichern. Trotz gründlicher Argumentation blieben seine Appelle unbeachtet. Auch der Rat des Kreises, Abteilung Kultur sah keine Gefahr für die Saigerhütte. Also wandte sich Herr Drechsel an das Institut für Denkmalpflege Dresden, um zu retten, was zu retten war. In der Folgezeit entwickelte sich eine gute Zusammenarbeit, als deren Ergebnis auch der Technische Leiter des Werkes, Herr Preißler, bereit war, die immensen Bemühungen von Wolfram Drechsel als »gesellschaftlich nützliche Tätigkeit« anzuerkennen.

So konnte 1985 auch ein Auftrag an die Hochschule für Architektur und Bauwesen Weimar vergeben werden, die Saigerhütte denkmalpflegerisch zu untersuchen. Prof. Hermann Wirth (»Denkmalpflege findet dennoch statt!«) vergab dazu ein Diplom-Thema an C. Hentzschel.

In der Folge sah sich auch Herr Drechsel in der Lage, in enger Zusammenarbeit mit dem Institut eine umfangreiche Analyse der Objekte vorzunehmen und daraus die »Denkmalpflegerische Gesamtzielstellung zum Denkmalschutzgebiet Saigerhütte Grünthal« zu erarbeiten. Bis 1990 war diese Arbeit geleistet. Die mit dem Vorstand des »Saigerhüttenvereins« abgestimmte und vom Bürgermeister am 25.02.1992 unterzeichnete gestraffte Fassung bildet seitdem die Grundlage für alle Maßnahmen an der Saigerhütte Grünthal und in ihrer Umgebung.

Einige Fotos sollen den Erfolg der jahrelangen Bemühungen zeigen (Abb. 1–4).

Das Schneeberg-Neustädtler Bergbaurevier

Der Bergbau auf Silber und Blei, später Zink, Kobalt, Nickel, Wismut und schließlich Uran prägt seit mehr als 500 Jahren das Gesicht der Landschaft um Schneeberg und Neustädtel bis in unsere Zeit. Zahlreiche Halden sind über die Berghänge verstreut, Schachtgebäude stehen darauf und auch Stollenmundlöcher und Spannteiche sind die oberirdischen Zeugen bergmännischer Tätigkeit in der Tiefe. In ihrer Geschlossenheit stellt die Schneeberg-Neustädtler Bergbaulandschaft ein einmaliges Territorium zur Geschichte des erzgebirgischen Bergbaus dar.

Der Uranbergbau der SDAG »Wismut« fand hier von 1946 bis 1957 statt. Allerdings sind davon kaum Sachzeugen geblieben. Die wenigen Kegelhalden wurden abgetragen oder eingeebnet und alle Schachtanlagen entfernt. Lediglich eine Bergarbeitersiedlung entstand 1949–51 in der Nähe der Fundgrube Wolfgang Maßen.

1958 richtete die Deutsche Volkspolizei im oberen Bereich der Bergbaulandschaft zwischen den Fundgruben Priesterhäuser und Wolfgang Maßen eine Kaserne ein. Daraus entstand 1960 die Unteroffiziersschule der Nationalen Volksarmee. In unmittelbarer Nähe an der Hohen Straße wurden 1984 große Wohnblöcke in Plattenbauweise für die Offiziere und ihre Familien gebaut. Man nahm dabei keine Rücksicht auf den Umgebungsschutz für den Denkmalbereich und ließ am südlichen Horizont der historischen Bergbaulandschaft sechsstöckige Häuserzeilen errichten. Obwohl dieser Platz auch energetisch und versorgungstechnisch völlig ungünstig lag, war jeder Einspruch gegen den Standort dieser Wohnanlage im Denkmalschutzgebiet zwecklos. Seitdem wird die historische Bergbaulandschaft im Süden von diesen Häuserwänden bekrönt. 1990 übernahm die Bundeswehr das Objekt und richtete hier das »Gebirgsjägerbataillon Schneeberg« ein, 2008 wurde die Kaserne geschlossen und aufgelassen. Der »Rückbau« dieser Wohnungen ist deshalb von den jetzigen staatlichen Stellen als zukünftige Maßnahme festgeschrieben worden.

Als 1957 die SDAG Wismut ihre Oberhoheit über das Gebiet aufgegeben hatte, erarbeiteten Mitglieder der Fachgruppe Natur und Heimat des Kulturbundes Schneeberg sofort Vorschläge zur Erhaltung der Sachzeugen des historischen Bergbaus. Laien und Fachleute wie Werner Unger und Lothar Wetzel, Volkmar Müller und Siegfried Pausch sowie Otfried Wagenbreth prüften und listeten zahlreiche bergbauliche Objekte auf und suchten Wege zu deren Erhaltung.

Dem Institut für Denkmalpflege, Arbeitsstelle Dresden oblag es, die zahlreichen Sachzeugen der jahrhundertelangen Bergbaugeschichte zu bewerten. Es stellte alsbald die wichtigsten Gebäude und Anlagen unter Schutz. Zugleich war es notwendig, die jeweiligen Rechtsträger über den einmaligen historischen Wert der Anlagen zu informieren, um ein Bekenntnis der Verantwortungsträger der Stadt zu ihrer Geschichte zu erreichen.

In Schneeberg wurde die Bergbautradition von jeher von der Bevölkerung getragen. Den Wiederaufbau des 1945 bis auf die Umfassungsmauern zerstörten »Bergmannsdoms« St. Wolfgang nahm die Kirchgemeinde bereits 1946 in die eigenen Hände und vollendete ihn unter fachlicher und begleitender Aufsicht des Instituts für Denkmalpflege Dresden 1996 nach hunderttausenden freiwilligen Arbeitsstunden.

Der »Bergstreittag« wird traditionell seit 1498 alle Jahre am 22. Juli mit Bergaufzug und Berggottesdienst begangen. Auch die Bergparaden zum »Lichtelfest« am 2. Advent jeden Jahres sind Ausdruck der Traditionspflege. Die vielen Mitglieder der Bergbau- und Knappenvereine paradieren nicht nur gelegentlich, sondern packen auch an, wo es nötig ist.

Deshalb war es nie ein Problem, zahlreiche Helfer zur Rettung und Instandsetzung der bergbaulichen Objekte zu finden. Die Schneeberger Bergbrüderschaft leistete bereits in den 1970er Jahren viele Arbeitseinsätze, zum Teil im Rahmen der VMI (volkswirtschaftliche Masseninitiative), die in der DDR staatliche Anerkennung und Unterstützung fand. Für alle Objekte wurden die Maßnahmen mit dem Institut abgesprochen und in Arbeitsblättern fixiert. Otfried Wagenbreth regte eine Studie zur Erschließung der Bergbaulandschaft an, die auch

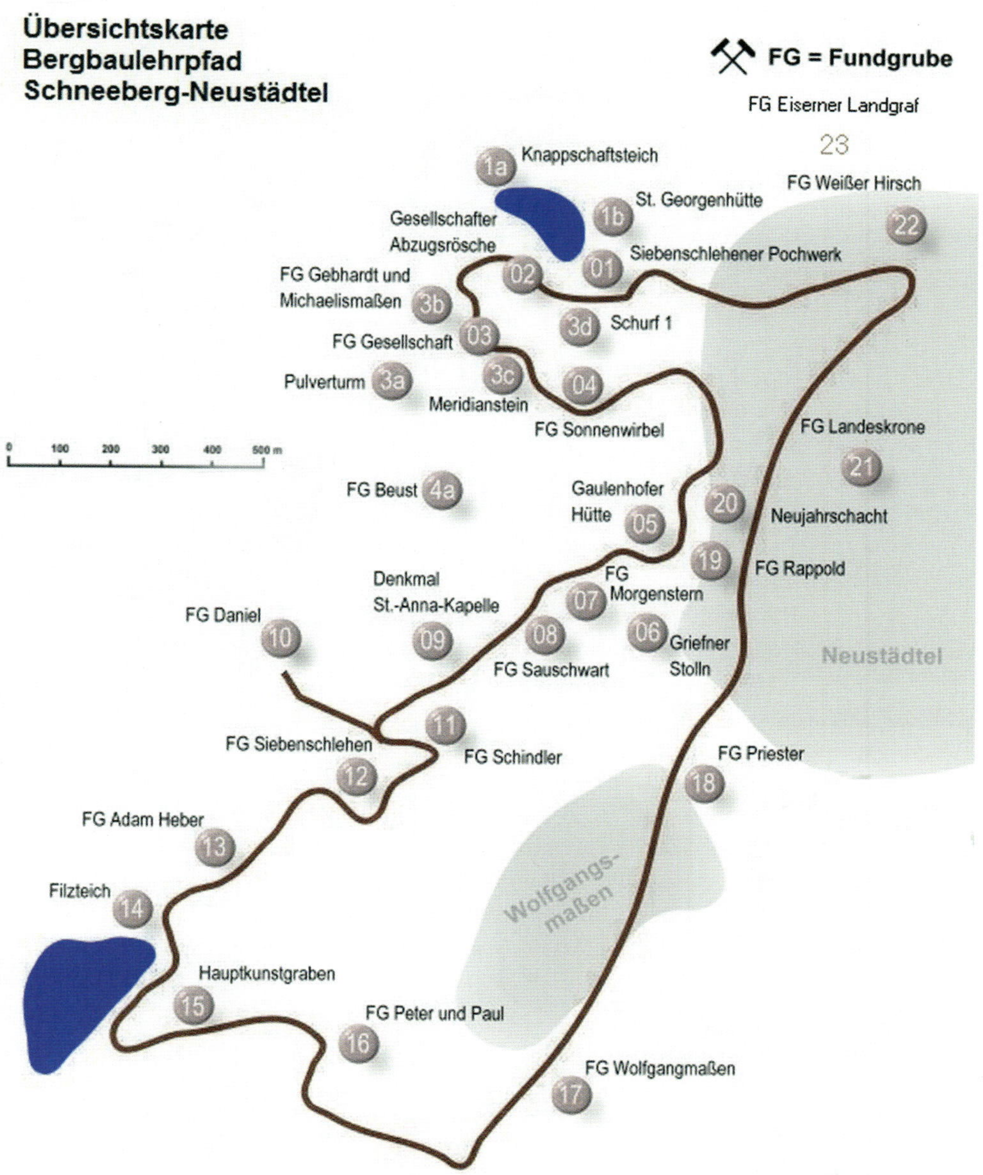

Abb. 5 Übersichtskarte Bergbaulehrpfad Schneeberg-Neustädtel

dazu führte, dass 1978 diese Landschaft als Flächendenkmal entsprechend der zweiten Durchführungsbestimmung zum Denkmalpflegegesetz in die Denkmalliste aufgenommen wurde. Daraus konnte alsbald die Konzeption für einen interessanten und informativen Bergbaulehrpfad entwickelt werden. Dieser Pfad durch die Bergbaulandschaft wurde zum Programm aller weiteren Arbeiten.

Die Finanzen, die aus wenigen Quellen zur Verfügung gestellt werden konnten, bestimmten lediglich das Tempo seiner Realisierung. Aber viel maßgebender waren die Fragen nach Material und auch nach spezifischen Baukapazitäten. Vieles war knapp oder erschien unmöglich. Die Menschen jedoch entwickelten eine ungeahnte Erfindungsgabe, entfalteten persönlichen Einsatz und traktierten die verschiedenen staatlichen Stellen mit Eingaben. Auf Eingaben mussten die staatlichen Organe in jedem Fall reagieren, so sah es das Gesetz vor. Dadurch konnten Stück für Stück die einzelnen Objekte restauriert und rekonstruiert werden. Mit einem Bergbaulehrpfad, der viel Wissen vermittelt, ist jetzt die gesamte Bergbaulandschaft erschlossen.

Die Übersichtskarte skizziert den Bergbaulehrpfad in der Schneeberg-Neustädtler Bergbaulandschaft und die Lage der 23 einzelnen Objekte (Abb. 5). Im Folgenden sind einige davon kurz beschrieben.

Nr. 1: Das Siebenschlehener Pochwerk mit Kobaltkammer, Steigerhaus, Pochwerksteich und Pochwerksgraben ist jetzt Technisches Museum mit rekonstruiertem Wasserrad und Pochwerk. Diese Anlage von 1752 konnte durch Fremdnutzung erhalten werden: Der Verband der Kleingärtner, Siedler und Kleintierzüchter (VKSK) hatte hier sein Domizil. Der VEB

Fischwirtschaft nutzte das Gebäude der Erzwäsche zur Jungfischzucht.

Nr. 3: Die Fundgrube Gesellschaft ist ein Ensemble von Tagesanlagen und talseitiger großer Halde, Fachwerkwohnhaus (Steigerwohnung, Hutstube), Bergschmiede, Zimmerhaus, Brunnenhaus, Pulverturm und wird jetzt außer zu Wohnzwecken vom Christlichen Verein Junger Männer als Herberge genutzt.

Nr. 8: Die Fundgrube Sauschwart mit Halde, Hut-, Steiger- und Treibehaus und rekonstruiertem tonnlägigem Schacht dient jetzt auch als Pension.

Nr. 10: Die Fundgrube Daniel umfasst Schacht, Halde, Huthaus, Vorratskammer und Bergschmiede. Sie ist heute Wohnhaus und Vereinshaus mit historischer Ausstattung.

Nr. 14: Der Filzteich wurde 1483–85 als Spannteich für die zahlreichen Wasserräder des Bergbaus angelegt. Er fasst 367.000 m^3 und dient jetzt dem Wassersport mit Naturstrandbad und als Angelgewässer.

Nr. 16: Das Huthaus Peter und Paul ist das Geburtshaus des sächsischen Bergmaschinendirektors Christian Friedrich Brendel (1776–1861).

Nr. 17: Die Fundgrube Wolfgang Maßen zeigt Huthaus und Kunstwärterwohnhaus, Steigerwohnhaus, Pochwerk, Erzwäsche, Bergschmiede und Haldenzüge.

Nr. 22: Die Fundgrube Weißer Hirsch wurde im 18. Jahrhundert angelegt. Das Treibehaus mit Kehrradstube ist heute Sitz der Bergsicherung Schneeberg. Die Nebengebäude werden als private Wohnhäuser genutzt.

Das Altenberger Bergbaurevier

Das Altenberger Bergbaurevier stellt kein in sich geschlossenes Denkmalensemble dar, sondern wird in Altenberg, Geising und Zinnwald von Einzelobjekten verschiedenen Charakters repräsentiert. Es sind Sachzeugen, welche die 550-jährige Geschichte des osterzgebirgischen Zinnbergbaus dokumentieren und deshalb schrittweise unter Denkmalschutz gestellt wurden.

Kilometerlange Gräben ziehen seit Jahrhunderten am Gebirgskamm hin, um in den Stauteichen etwa 2 Millionen Kubikmeter Aufschlagwasser pro Jahr für die Bergbau- und Aufbereitungsanlagen zu sammeln.

Der Aschergraben (1452–1458) führt am Schwarzen Teich (15. Jahrhundert) vorbei und brachte das Betriebswasser für die Pochwerke und Erzwäschen heran. Er wurde aus technischer Notwendigkeit bis 1945 von seiner Quellfassung in Böhmen bis ins Gelände des Römerschachtes instand gehalten und gepflegt, später nur ab der Staatsgrenze. Wegen der Änderung des Produktionsflusses leitete man sein Wasser seit 1985 ins Schwarzwassertal ab und ließ den historischen Verlauf materiell und ideell verfallen. An diesem Graben unternahm Goethe 1812 eine bergbauliche Wanderung, weswegen 1912 ein Gedenkstein errichtet wurde.

Der Neugraben und der Quergraben (1550–1559) bringen die Gebirgswässer in die Galgenteiche (1550–1553). Die Galgenteiche lieferten kontinuierlich das Aufschlagwasser für die zahlreichen Wasserräder in den Gruben und Pochwerken. Der Kleine Galgenteich hat ein Fassungsvermögen von 35.000 m^3, der Große Galgenteich enthält 656.000 m^3 und der Speicher Altenberg, der erst 1986–1992 angelegt wurde, kann 850.000 m^3 Wasser aufnehmen. Da der Bergbaubetrieb nicht mehr existiert, dienen die beiden großen Teiche in wasserwirtschaftlicher Nutzung als Trinkwasserreservoirs, der Kleine Galgenteich als Freibad.

Der etwa zwei Kilometer lange Zwitterstock Tiefer Erbstollen (1492–1543) dient seit Jahrhunderten zur Entwässerung der Altenberger Grubenbaue. Sein ummauertes Mundloch in Geising entlässt das Grubenwasser ins Heerwasser.

Die Altenberger Pinge ist ein großes Einsturzloch von etwa 180 Metern sichtbarer Tiefe. Sie entstand 1620 durch Zusammenbruch der unterirdischen Grubenbaue. Diese Wunde in der Landschaft vergrößerte sich seitdem und hat jetzt eine Flächengröße von etwa zehn Hektar. Ihr Denkmalschutz dämpft die Begehrlichkeiten der Entsorgungswirtschaft.

Einstöckige Bergarbeiterwohnhäuser mit dicken Mauern und weit herunterreichenden Dächern zeigen bergbauliche Siedlungsstrukturen. Technisch bedingte Gebäude wie Huthäuser, Erzwäschen, Kopfbauten über Schächten und Stollenmundlöcher erinnern an den Bergbau. Das sind das Huthaus Christi Himmelfahrt (1814) im Heerwassertal in Geising (Wohnhaus), das Huthaus Paradies (1872) am Kahleberg, das Pulverhaus in Altenberg (1793), das Wetterhäuschen des Rothzechner Treibeschachtes (1953), das Kopfgebäude des Überhauen 20 (1961) und das Kopfgebäude des Neuen Wetterschachtes (1972).

Diese Sachzeugen des Bergbaus gelangten je nach Produktionsperioden in verschiedenen Besitz und wurden überwiegend auch als Denkmale respektiert. 1889 waren durch Brandstiftung jedoch neun Pochwäschen und eine Schmelzhütte vernichtet worden. Nach 1945 nach den Reparationsdemontagen für die Sowjetunion konnte alles, was der wieder beginnenden Zinnproduktion diente, übernommen, modernisiert oder erweitert werden. Was diesem Vorhaben nicht direkt im Wege stand, wurde geduldet oder anderen überlassen. 1951 brannte die »Wäsche II« ab. Die Pochwerke wurden endgültig stillgelegt. Die »Wäsche III« (16. Jahrhundert) diente fortan dem Betrieb Zinnerz Altenberg als Werkstatt und Lagerraum.

Die Stadt Altenberg übernahm die historische »Wäsche IV« und richtete 1959 darin das Bergbaumuseum Altenberg ein. Die bautechnische Betreuung erfolgte durch den Architekten und Statiker Wolfgang Preiß in Abstimmung mit dem Institut für Denkmalpflege Dresden. 1971 konnte dem Museum die untertägige Bergbauschauanlage »Neubeschert Glück Stolln« (1802–1849) angeschlossen werden. Da das Museum zunächst von Laien eingerichtet worden war, erfolgte 1975 eine Umgestaltung auf wissenschaftlicher Grundlage durch Dr. Werner Quellmalz, Dr. Hans Prescher, Gerhard Schlegel und Dr. Helmut Wilsdorf. Die Leitung übernahm danach Diplom-Geologe

Wolfgang Barsch. Doch bald wurden in der Wäsche IV erhebliche Bauschäden festgestellt, sodass das Museum geschlossen werden musste. Das Institut veranlasste die Rekonstruktion des historischen Aussehens des Gebäudes durch den VEB Denkmalpflege Dresden und die gesamte Bausicherung durch den VEB Hochbau Hermsdorf. Als jedoch festgestellt wurde, dass man die maroden hölzernen Unterzüge durch Stahlträger ersetzte, ließ das Institut einen Baustopp durch den Rat des Kreises Dippoldiswalde verfügen. Damit saß der Museumsleiter auf einer trostlosen Baustelle. Erst als nach 1990 wieder geeignetes Bauholz zur Verfügung stand, konnte das Museum in den jetzt akzeptablen Zustand versetzt werden.

In Zinnwald war das Huthaus Reicher Trost bereits 1913 unter Denkmalschutz gestellt worden und ist seit 1983 Bergbaumuseum mit Bergschmiede und Betstube.

Der Bünau-Stollen in Zinnwald (1550) mit den Weitungen Reicher Trost (1550–1620) ist seit 1992 Besucherbergwerk.

In Geising im Erdbachtal musste nach 1990 die Bergbauschauanlage »Silberstollen« (vor 1632) wegen sicherheitstechnischer Forderungen bis zu deren Erfüllung geschlossen werden.

Die Bergmannshäuser waren seit eh und je Wohnhäuser, deren Besitzer stets entsprechend dem Zeitgeschmack nach Modernisierung und äußerer Schönheit drängten. In diese Absichten musste das Institut für Denkmalpflege oftmals eingreifen.

Unter Denkmalschutz stehen in Geising die als Wohnhäuser genutzte Bünausche Pochmühle (1610), die zum Teil grotesk veränderten Bergarbeiterwohnhäuser an der Dresdner Straße (vor 1550), die Bergarbeiterwohnhäuser an der Feldgasse (um 1580) und das Zinngießerhaus in Geising (vor 1686) mit prächtigem Fachwerk und Renaissance-Portal.

Das Bergarbeiterwohnhaus (1663) in Altenberg Römerstraße 1 steht leer und befindet sich in ruinösem Zustand.

Die Kommunschacht-Siedlung Neugeorgenfeld wurde 1728–1731 von vertriebenen böhmischen Bergleuten errichtet und ist jetzt Ortsteil von Zinnwald-Georgenfeld. Die Denkmaleigenschaften werden hier weitgehend respektiert.

In Altenberg oblag die Pflege des Bergbaugedenksteins (1858) , des Markscheidesteins (1811) und zweier Meridiansteine (1851) der Stadt und wurde von Mitgliedern des Kulturbundes wahrgenommen. Die Kirchgemeinde lagerte die Grabsteine des Bergmeisters Fincke und seiner Frau (1616) ein.

Die bereits 1978 öffentlich geäußerte Meinung des Betriebsleiters des Betriebes Zinnerz Altenberg hingegen war: »Keine Mark und keine Stunde Arbeitszeit für die Denkmäler! Wir haben Planaufgaben zu erfüllen.«

Lange nach dem großen Pingenbruch wurde der Römerschacht (1837–1850) im festen Gestein abgeteuft. Er diente als Förder-, dann als Materialschacht bis 1978. Trotz Denkmalschutz erfolgte 1989 der Abriss.

Der »Anläuteturm« aus dem 16. Jahrhundert war das älteste erhaltene Bauwerk.Darin hing die Anläute-Glocke, womit »frühe um 3. Uhr eine ganze Viertel=Stunde, um 4. Uhr aber nur eine halbe Viertel=Stunde, gleichwie Mittags um 11. und 12. Uhr, und Abends um 7. und 8. Uhr, beydes wegen derer Tage= und Nacht=Schichter von langen Zeiten her täglich geläutet werden muß.«[1] Dieser Turm regulierte das Betriebsgeschehen für die zeitweise 126 Schächte im Altenberger Revier bis zum Jahre 1897 (Abb. 6). Er hatte mehrere Brände und Kriegsgeschehnisse überstanden. Da sich mit der Steigerung der Zinnproduktion die Pinge, das unruhige Bergbauloch, erweitern würde und

Abb. 6 Altenberger Bergbaurevier, der Anläuteturm 1986

Abb. 7 Altenberger Bergbaurevier, Reste des Anläuteturms 1988

Abb. 8 Die Altenberger Pinge mit dem Arno-Lippmann-Schacht im Hintergrund 1967

Abb. 9 Altenberger Bergbaurevier, die »Wiesenhütter-Bauten« 1986

deshalb der Standort des Glockenturms gefährdet sei, erhielt der Nutzer des Turms, seit 1945 die Kirchgemeinde Altenberg, an einem sicheren Standort eine neue Kirche als Bergschadensersatzleistung. Damit fiel der alte Turm in die Rechtsträgerschaft des Betriebes zurück, und seine Rettung wurde notwendig. Die eleganteste Lösung wäre das »Verrollen« gewesen, ein Unterbauen mittels Stahlträgern und horizontalem Transport auf einem Gleisbett etwa 60 Meter weit zu einem neuen Standort. Beispielsweise wurde 1977 die gotische Marienkirche in Most in Nordböhmen über 841 Meter weit »verrollt«. Der Betrieb Zinnerz Altenberg entschied jedoch den Abbruch des Turms und »die Wiedererrichtung aus dem selben Material anderswo«. Der Abbruch erfolgte 1988. Der Turm wurde vom Betrieb komplett geschleift und damit vernichtet, weiter nichts (Abb. 7). Darüber waren die zuständigen staatlichen Stellen vorher nicht informiert worden.

Prof. Eberhard Wächtler (Bergakademie Freiberg) formulierte 1991: »An sich brauchbar erarbeiteten Gesetzen, Konzeptionen und generellen Proklamationen zur Erhaltung, Pflege und Dokumentation Technischer Denkmale stand in der Praxis die Tatsache gegenüber, dass die erreichten Erfolge mitunter nicht einmal die bestehende Substanz sichern konnten.

Es ist rückblickend einfach unbegreiflich, dass … einmalige, die Renaissance repräsentierende Anlagen des Zinnbergbaus in Altenberg, die als konkrete Belege der Werke Georg Agricolas in der Welt kein zweites Mal anzutreffen sind, vom Verfall bedroht sind.«[2]

Der Arno-Lippmann-Schacht (1952–63) war als Zentralschacht zwischen Altenberg und Zinnwald errichtet worden, um die Erze beider Lagerstätten zu fördern und der Aufbereitung zuzuführen (Abb. 8). Allerdings verzichtete man auf die Auffahrung nach Zinnwald. Mit seiner exponierten Lage ist der Förderturm inmitten verschiedenartig nutzbarer Gebäude weithin sichtbar und ermöglicht auch weite Aussicht in die Landschaft.

Die einmaligen modernen Architekturen der Produktionsanlagen, Aufbereitungsgebäude (1980–86) und der Schacht III (1973–79), von Christian Wiesenhütter sind nach 1991 mangels möglicher Nutzungen wieder abgebrochen worden. Wiesenhütter hatte für die landschaftsbezogene Gestaltung seines mit Spitzdächern versehenen Gebäudeensembles den Architekturpreis der DDR erhalten, die damals höchste Auszeichnung für einen Architekten. Als die Gebäude, kaum fertig, in die Denkmalliste aufgenommen wurden, fragte Wiesenhütter: »Bin ich denn schon so alt?« (Abb. 9).

1991 wurde der Betrieb Zinnerz Altenberg im VEB Bergbau- und Hüttenkombinat »Albert Funk« Freiberg geschlossen.

Es fanden sich alsbald interessierte Menschen aus verschiedenen Berufsgruppen und ehemalige Bergleute zusammen, um einen historischen Bergbaulehrpfad im Osterzgebirge anzulegen. Dieser Pfad führt jetzt zu allen bewahrten Sachzeugen des Zinnbergbaus in Sachsen und Böhmen und informiert anschaulich über die bergbauliche Vergangenheit.

Anmerkungen

1 Umständliche Nachricht von der Churfl. Sächß. Schrifftsäßigen freyen Zien = Berg = Stadt Altenberg, in Meissen an der Böhmischen Gränze gelegen, … von M. Christoph Meißnern, Altenbergensi, Verlag Harpeter, Dresden/Leipzig, 1747 (kurz: Christoph Meißner: Altenberger Chronik, 1747), S. 29.

2 Wächtler, Eberhard: Denkmale des Bergbaus in der DDR – ein zusammenfassender Rückblick, in: Der Anschnitt 43 (1991) 3–5, S. 167.

III. 3.

Kirchen

Die Situation der Stadt-, Dorf- und Klosterkirchen aus denkmalpflegerischer Sicht am Beispiel Sachsen-Anhalts

Gotthard Voß

Nach dem Ende der DDR wurden die Kirchen in der Betrachtung der Geschichte und der Arbeit der Denkmalpflege neben den Altstädten besonders schlecht behandelt. Immer wieder tauchten in den Medien beklagenswerte Bauzustände und von den Gemeinden aufgegebene Kirchen auf. Dieses geschah sicher auch, um damit die während der DDR-Zeit durchaus vorhandene unterdrückende Kirchenpolitik zu beweisen. So konnte sich die Vorstellung von Verfall und Verlust weit verbreiten. Da blieb wenig Raum für ein Bemühen um objektivere sach- und fachkundige Rückblicke. Vielleicht war dieser Blick auch gar nicht gewollt, denn was konnte aus diesem untergegangenen Staat ausgerechnet von den Kirchengebäuden außer vom Verfall überhaupt zu berichten sein? Und die, die sich mit dieser Sicht von außen über die Probleme der Landeskirchen und ihrer Kirchengebäude äußerten, meinten, auch die Ursachen benennen zu können. So war noch im Monumente-Heft der Deutschen Stiftung Denkmalschutz Nr. 3 von 2012 zu lesen, dass »der Leerstand der Kirchen verursacht war durch die vom atheistischen Regime manchmal erzwungenen Kirchenaustritte bei abhängigen Berufen (was immer darunter zu verstehen war) und durch die Bevorzugung der Jugendweihe.« Damit sind sicher einige der Ursachen benannt, doch greift es zu kurz, wollte man mit solch wenigen Einzelheiten damalige kirchliche Lebensverhältnisse hinreichend beurteilen. Natürlich mussten die Anliegen der Kirchen mit der sozialistischen Gesellschaftsordnung in einen Konflikt geraten, doch der hat nicht nur negative, häufig sehr schmerzhafte Auswirkungen auf das Innenleben der Kirchengemeinden und damit auch auf die Kirchengebäude gehabt. Erfahrungen aus unterschiedlichen Zeiten und Lebensbereichen zeigen, wie eine Drucksituation als Gegenreaktion auch Neues bewirken kann.

Wir Denkmalpfleger waren vielfach die Beobachter und ebenso die Betroffenen. Deshalb muss auch die Denkmalpflege aus ihrer Sicht vom Umgang mit den Kirchen von 1945 bis 1989 berichten. Ob allerdings jemand, der in dieser Zeit als Denkmalpfleger tätig war, der geeignete Berichterstatter sein kann, sei dahingestellt. Er bringt allerdings den Vorteil der Innensicht mit, die so manches persönliche Erleben einschließen kann. Seine Informationen werden dabei ebenso einseitig und nur ein Versuch bleiben, denn es kann den alles umfassenden Bericht niemals geben. Jede Einzelheit, von Vielen erzählt, die dabei waren, wird wie ein Mosaik zu einem Gesamtbild zusammengefügt, dabei aber immer nur ein Teil der Aufarbeitung sein.

Mir geht es darum, selbst Erlebtes darzustellen, manche Ursachen zu hinterfragen und Entwicklungen zu verstehen, die auch für uns heute zu einer Realität und zugleich Herausforderung werden, denke ich nur an die immer kleiner werden Kirchengemeinden oder an den drastischen Rückgang der Fördermittel. Diese meine denkmalpflegerische Sicht ist in der Erfahrung aus einem mehr als 25jährigen Bemühen während der DDR-Zeit um die Erhaltung vieler großer und kleiner Kirchen in den damaligen Bezirken Halle und Magdeburg, dem heutigen Sachsen-Anhalt, und in der Beobachtung darüber hinaus gegründet.

Die Verallgemeinerung in diesem Beitrag macht das Berichten schwierig, denn zu jedem einzelnen Baudenkmal, jeder Kirche jeder Kirchengemeinde gehört ein ganz eigenes Schicksal. Da gibt es auf der einen Seite eine Vielzahl von Instandsetzungen und bewundernswerten Engagements von Kirchengemeinden und auf der anderen Seite den Verfall nach sehr unterschiedlich begründeter Vernachlässigung. Verallgemeinern kann man sicher dann, wenn es um die gesellschaftliche Bewertung des Umfeldes für die Kirchen, um die Erhaltungsbemühungen der Denkmalpflege und der Landeskirchen geht.

Kirchen nach den Kriegszerstörungen

Die Kirchen gehörten für den sozialistischen Staat, ganz besonders während der beiden Jahrzehnte nach dem Krieg, grundsätzlich nicht zu den das System stützenden Baudenkmalen. Dennoch hat es bis auf wenige Versuche, die Zahl der Kirchen in den Kreisdenkmallisten zu reduzieren, keine staatlichen Verlautbarungen gegeben, unser Handeln als Beratungs- und Forschungseinrichtung dahin zu beeinflussen, die Kirchengebäude bewusst zu vernachlässigen. Ich schließe dies aus der Tatsache, dass mir keine denkmalpflegerischen Vorgänge an Kirchen bekannt sind, in die staatliche Behörden eingegriffen haben. Allein im Magdeburger Dom wurde am Ende der DDR-Zeit die Aufstellung eines von der Stadt Braunschweig der Stadt Magdeburg geschenkten Kruzifixes des Braunschweiger Bildhauers Jürgen Weber hinter dem Hochaltar politisch

Abb. 1 Drübeck, ehemalige Klosterkirche, Blick nach Westen mit barocker Ausstattung ohne Zierarkaden

Abb. 2 Drübeck, ehemalige Klosterkirche, Blick nach Westen nach der Romanisierung, mit wieder eingefügten Zwischenarkaden, abgesenktem Fussboden und geöffneter Südarkade zum neu angefügten Seitenschiff

durchgedrückt. Im Gegenteil: Betrachtet man die 1950er Jahre genauer, fällt auf, in wie vielen Kirchen, die von Zerstörung verschont geblieben waren, von der Denkmalpflege gearbeitet werden konnte, unterstützt durch staatliche Förderungen. Zu diesen gehörte z. B. die Klosterkirche in Drübeck mit einem sehr umfangreichen Programm, die Barockausstattung zugunsten des z. T. erhaltenen romanischen Raumes aufzugeben (Abb. 1 und 2), die Franziskanerkirche in Zeitz, die Nikolaikirche in Burg mit der Aufgabe von Teilen der Ausstattung aus dem 19. Jahrhundert und die Marienkirche in Salzwedel, deren Innenraum nach sorgfältiger Farbuntersuchung entsprechend den Befunden neu ausgemalt wurde. Diese Ambivalenz staatlichen Handelns den Kirchen gegenüber wurde während der gesamten DDR-Zeit einerseits zur Chance, vielfach aber auch zu einem belastenden Problem.

Anders war es mit dem Abbruch von Kirchenruinen als Folge des Zweiten Weltkrieges. So geschehen z. B. in Dresden, Halberstadt und Magdeburg, um Platz zu schaffen für neue städtebauliche Planungen. In der weitgehend zerstörten Magdeburger Altstadt wurden acht Kirchenruinen beseitigt, deren erhaltene Türme und Umfassungswände aus heutiger Sicht für einen Wiederaufbau durchaus geeignet gewesen wären. Von der Katharinenkirche wurde nach dem Abbruch der Umfassungswände des Schiffes in den 1970er Jahren auch das massive Westwerk weggerissen, das als Dominante in der nach Norden führenden, von großen Plattenbauten gebildeten breiten Straßenachse als störend und unpassend nicht gewollt war (Abb. 3). Dafür errichtete man an der gleichen Stelle ein gewöhnliches Hochhaus. Über eine ähnliche Vorgehensweise wäre auch von der Paulskirche in Halberstadt zu berichten, deren gewölbter gotischer Chor unter dem erhaltenen Dach unbeschädigt war (Abb. 4). Er wurde zusammen mit dem romanischen Westbau und dem ruinösen Langhaus abgebrochen zugunsten monotoner Neubauten (Abb. 5a und b).

Andere Ruinen waren als Zeugnisse der Erinnerung an den verheerenden Krieg oder an für das System unliebsame

Abb. 3 Magdeburg, Pfarrkirche St. Katharinen, Kriegsruine, Zustand 1959

Abb. 4 Halberstadt, Paulskirche zu Beginn der Abbrucharbeiten 1969

geschichtliche Vorgänge, wie der Turm der Garnisonkirche in Potsdam, einfach nicht mehr gewollt. Die Forderung zum Abbruch einer Kirchenruine könnte neben politischen Gründen aber auch, angesichts der Trümmermassen in den zerstörten Städten, von dem Kalkül bestimmt worden sein, dass weder die Kirche noch der Staat in absehbarer Zeit die Aufwendungen für einen Wiederaufbau hätten aufbringen können. Der Denkmalwert einer Ruine an sich war damals nur schwer bewusst zu machen. Ein immer wieder beabsichtigter Abbruch der Ruine der großen Nikolaikirche in Zerbst wurde nur deshalb nicht vollzogen, weil es auch durch die Erhaltungsbemühungen der Denkmalpflege und der Kirche zu keiner endgültigen Entscheidung gekommen war. In Magdeburg blieb die Ruine der Johanniskirche erhalten, weil sie, wie auch die beschädigte Magdalenenkapelle, neben den Ruinen der Petri- und Wallonerkirche zur bedeutenden, in der städtebaulich-denkmalpflegerischen Zielstellung gewürdigten Stadtansicht oberhalb der Elbe gehörte (Abb. 6). Die beiden letztgenannten Kirchen konnten sogar einer gottesdienstlichen Nutzung zugeführt werden, da es in dieser zerstörten Gegend an entsprechenden Räumlichkeiten fehlte. Die Petrikirche wurde von der katholischen und die Wallonerkirche von der evangelischen Stadtgemeinde übernommen. Beide Kirchen bekamen mit dem Wiederaufbau in ihrer äußeren Gestalt ein dominantes Aussehen. Die Petrikirche ziert über der Halle – angelehnt an historische Stadtansichten – eine Abfolge von Zwerchgiebeln und die Wallonerkirche hohe abgewalmte Dächer über dem Langhaus und dem Chor. Gleichzeitig war es während der 1970er Jahre gelungen, zwischen den Kirchen neue Gemeindezentren zu errichten. Die Innenräume beider Kirchen mit ihren erhaltenen Pfeilerreihen wurden statt der verlorenen Gewölbe mit flachen Decken überspannt. In der Petrikirche sind Buntglasfenster des Malers Charles Crodel besonders bemerkenswert, die sich sehr gut in den auch sonst neuzeitlich ausgestatteten Raum einfügen. Der dachlose Raum der Johanniskirche wurde zu einem Gedenkort an die verheerenden Zerstörungen der Stadt Magdeburg 1631 und 1945.

Abbruch von Kirchen unter polischem Druck

Die vollständige Beseitigung der noch völlig intakten Universitätskirche in Leipzig, der Marienkirche in Wismar, von der nur noch der Turm erhalten blieb, und der Heilig-Geist-Kirche in Magdeburg, die nach ihrer Kriegserstörung Anfang der 1950er Jahre unter großen Mühen wieder aufgebaut worden war, gehört zu den größten bis heute nicht zu verstehenden Verlusten und war stets ein schwerer Schlag gegen die Denkmalpflege und die vielen Bürger, die sich für eine Erhaltung einsetzten. Diese Abbrüche während der 1960er Jahre sind Einzelbeispiele geblieben, die sich später nicht wiederholt haben. Zu einem vergleichbaren Fall hätte es in Halle mit der Georgenkirche, dem Ort der Predigtstelle des Gründers der Franckeschen Stiftungen, August Hermann Francke, kommen können, wenn es den Stadtarchitekten und andere politisch Verantwortliche nicht gegeben hätte. Hier wurde mit drei Hochhäusern im Gegenüber zu Halle-Neustadt eine städtebauliche Dominante-

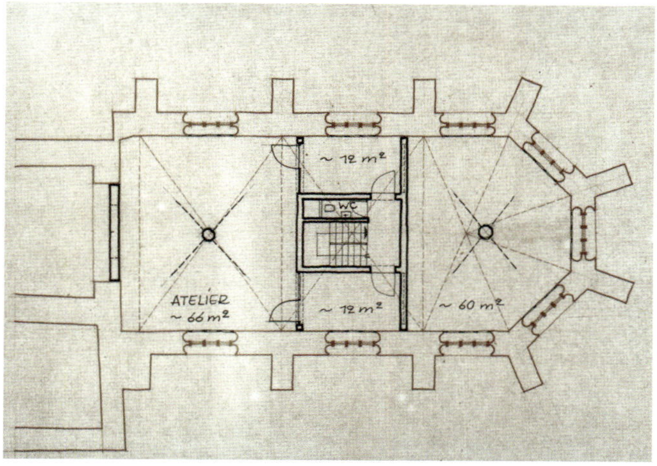

Abb. 5a Halberstadt, Paulskirche, Vorschlag des Instituts für Denkmalpflege zum Ausbau des erhaltenen Chores, Grundriss

Abb. 5b Halberstadt, Paulskirche, Aufriss des Chores

errichtet, in die die Kirche mit ihrem barocken Turm nicht passte. Die Kirchengemeinde, die Denkmalpflege durch ihren sehr engagierten Einsatz und einige Verantwortliche in der Stadtverwaltung konnten aber den Abbruch verhindern.

Eine offene hoheitliche Kampfansage gegen den Bestand an Kirchen, wie sie in der Sowjetunion mit dem Abbruch oder auch einer Fremdnutzung des allergrößten Teils der Kirchen umgesetzt wurde, hat es in der DDR bis auf wenige Ausnahmen nicht gegeben. Es sind vielmehr kontinuierlich staatliche Mittel für die Erhaltung und Restaurierung von Kirchen zur Verfügung gestellt worden, wenn auch niemals in ausreichender Höhe. Eine viel größere und schleichende Gefahr für die Kirche insgesamt und ihre Gebäude kam aus der atheistisch ausgerichteten ideologischen Erziehung schon der Kinder in der Schule und der Masse des Volkes. Das marxistische Bildungskonzept hatte eine Nichtachtung alles Religiösen und damit auch der Kirche zur Folge. Das sichtbarste Ergebnis einer daraus entstandenen allgemeinen Haltung waren immer wieder mutwillig eingeworfene Scheiben an Kirchenfenstern. Eine strafrechtliche Verfolgung dieser Untaten ist mir in keinem Fall bekannt. Zu den dabei entstandenen Verlusten gehörten neben vielen einfachen Bleiverglasungen vor allem Farbscheiben des 19. Jahrhunderts wie z. B. in der Stadtkirche in Wanzleben. Mittelalterliche Scheiben blieben glücklicherweise weitgehend verschont. Sie waren außen mit einer zusätzlichen Verglasung und dazu mit Schutzgittern versehen, die beim Wiedereinbau in den 1950er Jahren nach der Auslagerung während des Zweiten Weltkrieges angebracht werden konnten – für die damalige Zeit eine neue, zunächst selten zu beobachtende vorbildliche Lösung.

Abb. 6 Madgeburg, oberhalb der elbseitigen Stadtbefestigung mit Magdalenen-Kapelle, katholischer Pfarrkirche St. Petri und evangelischer Wallonerkirche. Alle drei Kirchen mit neuen Dächern

Denkmalpflege an Kirchen in einem staatlichen Institut

Für uns, die wir in der DDR lebten und die wir uns der Denkmalpflege verschrieben hatten, waren die politischen und daraus folgernden gesellschaftlichen Verhältnisse eine unabänderliche Tatsache. Wir konnten uns nur darin einrichten, wenn wir den Baudenkmalen und somit auch den Kirchen, die für Gesellschaftssysteme, welcher ideologischen Ausrichtung auch immer, uninteressant sind, eine Hilfe sein wollten. Es galt dabei, Spielregeln der Neutralität zu beachten, das Vokabular beider Seiten zu kennen, um überhaupt Gehör zu finden. Immer ging es darum, trotz der immensen Probleme vor allem im Bauwesen, ein Optimum für die Baudenkmale zu erreichen. Ich selber bin damals niemals in die Situation gekommen, etwas unter Druck gegen meinen Willen und meine Vorstellungen von Denkmalpflege aus politischen Gründen entscheiden und dann auch durchsetzen zu müssen. Aus heutiger Sicht kann man es für die Kirchen als einen Glücksfall betrachten, dass in allen Arbeitsstellen des Instituts für Denkmalpflege Mitarbeiter tätig waren, denen kirchliches Gedankengut nicht fremd war. Einige von ihnen waren selbst Mitglieder einer Kirche bzw. standen ihr nahe. Daraus folgte ein vertrauensvolles Miteinander. Ich habe es sehr selten erlebt, dass man mir, der ich von einer staatlichen Institution kam, im Raum der Kirche mit Zurückhaltung oder gar mit Abwehr begegnet ist. Um unsere konstruktiven Arbeitsverhältnisse mit den kirchlichen Stellen wusste auch die zentrale Berliner Leitung, hinderte uns aber nicht an unserem Wirken, vielleicht auch, weil sie die gelungenen Ergebnisse daraus erkennen konnte. Es gab hin und wieder den politischen Druck vor allem auf die Dresdner Arbeitsstelle, weil natürlich zu spüren war, dass wir uns ungeachtet der Denkmalkategorie bei der Erhaltung der Baudenkmale allein von fachlichen Gesichtspunkten und weniger von einer erwarteten politisch-ideologischen Einstellung leiten ließen. Dieses ist über die Jahre vielen Kirchen sehr zugutegekommen, betrachtet man nicht nur die große Zahl bearbeiteter Kirchen, sondern auch die denkmalpflegerisch-restauratorische Qualität der Instandsetzungen. Dass wir daneben, besonders während der 1980er Jahre, den zunehmenden Verfall vor allem so mancher Dorfkirche mit ansehen mussten, ohne, trotz der verschiedensten Bemühungen, helfen zu können, wurde, wie auch die sich verschlechternden Zustände in den Altstädten, zu einer nur schwer zu ertragenden psychischen Belastung.

Die Kirchen mit ihren häufig reichen Ausstattungen hatten für uns Denkmalpfleger einen hohen Stellenwert. Sie standen in der gesetzlich vorgegebenen Reihenfolge innerhalb der Denkmalverzeichnisse zwar nicht vorn, sondern hinter den politischen und profanen Denkmalgruppen, den technischen, den städtebaulichen und den Gartendenkmalen. Dennoch waren und sind die Kirchen allein schon in ihrer Anzahl – im Landkreis Salzwedel gibt es mehr als 40 romanische Dorfkirchen – und ihrer bau- und kunsthistorischen Bewertung unübertroffen. Die Vertreter der sozialistischen Gesellschaft hatten gegenüber den Kirchengebäuden eine zurückhaltende Scheu. Für sie und alle die, die mit der Kirche keinerlei Berührung hatten, konnten ihre Inhalte nur fremd sein. Dieses erklärt sicher, weshalb die bezirklichen und kreislichen Behörden ihre nach den gesetzlichen Regelungen vorgegebene Genehmigungsverpflichtung an den Kirchen zumeist nicht wahrnahmen. Sie forderten dieses bei den Kirchengemeinden auch nicht ein. Uns Denkmalpflegern fiel damit die Aufgabe zu, diese Leerstelle zu füllen und die erforderlichen denkmalpflegerischen Entscheidungen zu treffen. Mit dieser Arbeitsweise konnten wir den Kirchengemeinden zu wirklicher Hilfe werden, was wiederum für das Ansehen der Denkmalpflege sehr vorteilhaft war.

Zusammenarbeit mit den Evangelischen Kirchlichen Bauämtern

Eine enge und sehr kollegiale Zusammenarbeit verband uns mit dem Bauamt der Evangelischen Kirche der Kirchenprovinz Sachsen in Magdeburg und ihren regionalen Außenstellen und mit dem Bauamt der Evangelischen Landeskirche Anhalt in Dessau. Die guten Kontakte gingen bis zur gegenseitigen Unterstützung bei der Beförderung zu Ortsterminen. Am Beginn eines jeden Jahres gab es Besprechungen mit den jeweiligen Bauämtern zu einzelnen Objekten und zur Planung der Finanzierung bis hin zu Verabredungen über den Austausch von Materialien. Zu den Beihilfen gab es ein Übereinkommen, nach dem das Institut die den Baudenkmalen der Zentralen Denkmalliste zugewiesenen Beihilfen des Ministeriums für Kultur vorwiegend für die großen Kirchen einsetzte, während die Landeskirchen ihre Mittel, die sie auch streuen konnten, kleineren Kirchen zur Verfügung stellten. Diese Zusammenkünfte sind bis heute bei denen, die dabei waren, als etwas Besonderes für die damalige Zeit in guter Erinnerung geblieben.

Abb. 7 Quedlinburg, Stiftskirche St. Servatius. Blick nach Osten mit neuaufgestelltem spätgotischem Kruzifix aus der Stadtkirche in Freyburg/Unstrut

Zwischen den beiden Landeskirchen und dem Institut bestand im Zusammenwirken mit den Eigentümern, den Kirchengemeinden, ein ungeschriebenes Einvernehmen. Vorhaben an großen und kleinen Kirchen wurden im Rahmen von Ortsterminen bis ins Detail besprochen. Im Anschluss daran ausgefertigte Vermerke mit den vereinbarten Festlegungen waren verbindlich, hatten jedoch nach meiner Erinnerung niemals den Charakter einer Genehmigung. Dieses sehr konstruktive Miteinander erleichterte die Arbeit, denn sie bedurfte nur weniger verwaltungstechnischer Formalitäten, und Widerspruchsverfahren waren uns fremd. Es machte außerdem möglich, Teile von Ausstattungen umzusetzen.

Die Stiftskirche in Quedlinburg mit ihrem schwierigen denkmalpflegerischen Erbe der baulichen Umgestaltung zu einer Feierhalle während der Nazizeit war dafür ein herausgehobe-

Abb. 8 Quedlinburg, Stiftskirche St. Servatius. Blick in die Apsis der 1930er Jahre mit Altartriptychon aus der Jakobikirche in Sangerhausen

nes Beispiel. Es sollte der Vorzustand nicht wiederhergestellt, sondern die Wirkung der neuen Apsis und der monumentalen Treppenanlage durch die Aufstellung eines großen Kreuzes vor dem Hohen Chor gemildert werden. Ein spätgotisches Kruzifix aus der Marienkirche in Freyburg an der Unstrut, das dort keine liturgische Funktion zu erfüllen hatte, wurde nach Quedlinburg umgesetzt und damit eine die Raumgestalt sehr verbessernde Lösung geschaffen (Abb. 7). Leider wurde das Kreuz nach 1989 allein wegen des Besitzanspruches wieder zurückgefordert. Dem denkmalpflegerischen Anliegen, den Raum und vor allem den Chor seiner sakralen Würde wieder anzunähern, dient auch ein bemaltes Triptychon, das 1976, aus der Jakobikirche in Sangerhausen, in der Hauptapsis zum Blickfang geworden ist (Abb. 8).

Dieses Einvernehmen galt auch für die Dome im staatlichen Besitz in Magdeburg und Halberstadt, denn die Kirchengemeinden übernahmen für den Gebrauch der Räume und die Gebäudeunterhaltung die Verantwortung. Seit der Beseitigung der Kriegsschäden 1945 fanden die Besprechungen für beide Dome zumeist ohne Vertreter vom Rat des Bezirks statt, auch wenn von dort die sogenannten Bezirksmittel jährlich bereitgestellt wurden. Ich weiß aus Berichten und erlebte in beiden Domen und vielen Kirchen bei den Beratungen, an denen häufig freie Restauratoren und die des Instituts teilnahmen, eine Gesprächskultur, die zu einem denkmalpflegerischen Regulativ wurde. Ein wichtiges Thema war die Anordnung von Ausstattungen, wobei es uns gemeinsam stets darum ging, in den Räumen keinen musealen Eindruck entstehen zu lassen, sondern vor allem liturgische Gesichtspunkte zu berücksichtigen. Dieser Anspruch lag z. B. der neuen Aufstellung der Altäre in der Mittelachse des Magdeburger Doms zugrunde und begründete auch die Standorte der beiden Sandsteinskulpturen der Schutzpatrone des Doms, der Hl. Katharina und des Hl. Mauritius, an den Längswänden des Hohen Chores, mit dem romanischen Osterleuchter dazwischen auf dem unteren Podest der Stufenanlage. An den Domen in Halberstadt und Magdeburg waren nach dem Krieg die staatlichen Hochbauämter bis zu ihrer Auflösung 1951 für die bauliche Betreuung zuständig. Anschließend trug jeweils ein freier Architekt die Verantwortung. Als während der 1970er Jahre der Bauleiter in Magdeburg aus Altergründen ausschied und dem in Halberstadt die Zulassung entzogen wurde, mussten einige der bauleitenden Aufgaben vom Institut in Halle übernommen werden.

Denkmalpflegerische Betreuung der Ausstattungen

Die Betreuung der Domschätze in Halberstadt und des Schatzes an der Stiftskirche in Quedlinburg wurde seit Kriegsende bis zum Jahr 1989 zu einer der wichtigsten Aufgaben der seit 1926 bestehenden, zum Institut in Halle gehörenden Restaurierungswerkstatt. Sie war für uns und auch in den anderen Arbeitstellen des Instituts eine wichtige Stütze, verbunden mit praktischer Arbeit. Große Altäre und große Bildwerke wurden in der Halleschen Werkstatt bearbeitet und mit den Restaurierungsergebnissen Maßstäbe gesetzt.

Da es bis in die 1960er Jahre außerhalb der Werkstätten in den Arbeitstellen keine Ausbildung für Restauratoren gab, wurde eine institutsinterne organisiert. Aus dieser entwickelte sich eine Fachschulausbildung in Potsdam und eine Hochschulqualifizierung zunächst an der Kunsthochschule in Weißensee und später an der in Dresden. Die Werkstattleiter waren in die Ausbildung eingebunden, und der praktische Teil konnte in den Werkstätten durchgeführt werden. Die freien Restauratoren fanden auch nach ihrer Ausbildung hier Unterstützung und Anleitung im Sinne der im Halleschen Institut seit den 1930er Jahren praktizierten Restaurierungsgrundsätze. Die ersatzlose Schließung dieser überaus erfolgreichen Einrichtung und der Auszug nach 2003 aus dem eigens für diese Werkstatt errichteten Gebäude zugunsten einer Werkstatt des Landesmuseums für Vorgeschichte führte zu einem völlig unverständlichen und sehr schmerzlichen Verlust.

Die Schatzräume am Halberstädter Dom waren in der Klausur untergebracht. Sie hatten erhebliche Schäden erlitten und konnten nach Abschluss der Baumaßnahmen 1957 den während des Krieges ausgelagerten, sehr umfangreichen Domschatz wieder aufnehmen. Bei der Einrichtung wurde die Konzeption von 1936 weitgehend beibehalten. Das Eigentumsverhältnis des Domschatzes galt als ungeklärt und spiel-

Abb. 9 Quedlinburg, ehemalige Stiftskirche St. Wiperti. Blick nach Osten, als Scheune genutzt, 1954

Abb. 10 Quedlinburg, ehemalige Stiftskirche St. Wiperti. Blick nach Osten in die katholische Pfarrkirche

te bis 1989 keine Rolle. Die Arbeitsstelle hatte allein die denkmalpflegerische Verantwortung zu tragen, wozu uns jährlich zentrale Mittel des Kulturministeriums zur Verfügung standen. Durch diese Kontinuität und das enge Zusammenwirken mit der Kirchengemeinde konnte es gelingen, den immer wieder unternommenen Versuch zu verhindern, den Domschatz in das städtische Museum einzugliedern.

In Quedlinburg kehrte der während seiner Auslagerung durch Diebstahl etwa um die Hälfte verkleinerte Schatz bald nach Kriegsende in die Stiftskirche zurück, konnte allerdings erst 1962 in der zum romanischen Bau gehörenden Schatzkammer, dem Zither, im nördlichen Querhausarm der Öffentlichkeit zugänglich gemacht werden. Für die Reste eines romanischen Knüpfteppichs wurde Anfang der 1970er Jahre im südlichen Querhausarm ein eigener Raum in Verbindung mit einer davor aufgestellten Orgel eingebaut. Alle mit diesen Aufgaben verbundenen und von gegenseitiger Achtung zwischen den unterschiedlichen Akteuren und ehrlicher Demut den Kunstwerken gegenüber geprägten Kontakte gehörten für mich zu den besonderen Erlebnissen, die mir dabei halfen, mit den oft unüberwindlich scheinenden Beschwernissen fertig zu werden.

Zusammenarbeit mit der katholischen Kirche

Zum katholischen Bischöflichen Amt in Magdeburg war das Verhältnis ähnlich vertrauensvoll, was zur Bereitschaft beitrug, von evangelischen Gemeinden nicht mehr benötigte Kirchengebäude zu übernehmen, denn durch die Zuwanderung vieler katholischer Umsiedler aus dem Osten war der Bedarf nach Gottesdiensträumen erheblich gestiegen. Die Gestaltung bei derartigen Vorhaben verantwortete zumeist das Institut für Denkmalpflege. So wurde in Quedlinburg aus der als Scheune genutzten bedeutenden romanischen Stiftskirche St. Wiperti schon von 1955–58 wieder eine Kirche für die katholische Kirchengemeinde (Abb. 9 und 10). Gleiches geschah in Bernburg mit der bisher evangelischen Pfarrkirche St. Nikolai, deren Innenraum 1965-68 völlig neu gestaltet wurde, und mit der Moritzkirche in Halle, in die die katholische Kirchengemeinde des neuen Stadtteils Halle-Neustadt einzog, weil dort in der »sozialistischen Stadt« kein Neubau einer Kirche genehmigt wurde.

Das Arbeitsverhältnis mit dem Bischöflichen Amt, das über kein eigenes Bauamt verfügte, war Ende der 1960er Jahre besonders intensiv, als nach dem II. Vatikanischen Konzil als Folge der Liturgiereform die Möglichkeit umzusetzen war, von einem vorgezogenen Altar der Gemeinde gegenüber – versus populum – die Messe zelebrieren zu können. Das musste innerhalb des häufig reich ausgestatteten Chores der historischen Räume zwangsläufig zu Konflikten führen. Dennoch entstanden in dieser Zeit unter unserer Anleitung einfühlsame Zelebrationsaltäre, z. B. in Egeln in der Kirche des ehemaligen Klosters Marienstuhl innerhalb seiner reichen Barockausstattung und in der Stiftskirche in Hamersleben (Abb. 11 und 12).

Das Verhältnis zur katholischen Kirche änderte sich, als es ihr ab Ende der 1970er Jahre nur noch mittels der Valuta-Mark möglich war, Baukapazitäten zu bekommen und für ihre Maß-

Abb. 11 Egeln, katholische Kirche des ehemaligen Zisterzienserklosters Marienstuhl. Blick in den Chor mit vollständig erhaltener Barockausstattung, 1954

Abb. 12 Egeln, Klosterkirche Marienstuhl, Anordnung eines neuen Zelebrationsaltars, 1969

sich im Laufe der Jahre so entwickelt, dass, realistisch betrachtet, mit einem allmählichen Rückgang der Anzahl der Kirchen gerechnet werden musste.

In dieser Situation wurde die Möglichkeit sehr aktuell, Kirchen einer neuen Verwendung zuzuführen, verbunden mit einem Rechtsträgerwechsel. Beispielhaft steht dafür das ehemalige Kloster Unserer Lieben Frauen in Magdeburg in staatlichem Besitz. Während des Krieges war der Chor der Kirche schwer beschädigt worden. Anstelle des zerstörten Gewölbes nahmen staatliche Beihilfen ausblieben. Da war es schwer, für denkmalpflegerische Anliegen z. B. in der Magdeburger Bischofskirche St. Sebastian noch Gehör zu finden.

Arbeiten an den Kirchen von 1970–1989

Den während der 1970er Jahre sich kontinuierlich verschlechternden Bauzuständen der Dorfkirchen und den durch den Rückgang an Mitgliedern veränderten Situationen innerhalb der Kirchengemeinden wollte die Kirchenleitung in Magdeburg mit einer Klassifizierung in A-, B- und C-Bauzustandsgruppen, auch unter der Berücksichtigung des Denkmalwertes, begegnen. Es wurde aber sehr bald deutlich, wie wenig Erfolg ein derartig von oben gelenkter Einfluss auf die örtlichen Gegebenheiten haben konnte. Die Aussicht, bei den eigenen Erhaltungsbemühungen nicht mehr unterstützt zu werden und vielleicht die Kirche in der Mitte des Dorfes zu verlieren, hat sogar für manche C-Kirche wieder Aktivitäten ausgelöst. So ist es z. B. gelungen, die aufgegebene Kirche im Dorf Wust im Jerichower Land mit der Hilfe junger Leute für die Gemeinde zu erhalten. Ebenso geschah es mit der romanischen Kirche in Pretzien, nachdem im Innenraum Wandmalereien aus der Bauzeit entdeckt worden waren. Aber auch den weiter vorn eingestuften Kirchen hat diese Rangfolge wenig genutzt. Sowohl die kirchlichen als auch die gesellschaftlichen Verhältnisse hatten

Abb. 13 Magdeburg, Kloster unser Lieben Frauen, Innenraum als Konzerthalle eingerichtet mit neuer Orgel auf dem erhöhten Chor über der Krypta

Abb. 14 Tangermünde, Stadtkirche St. Stephan. Blick nach Westen, Scherenorgel von 1620 mit Emporen im Zustand von 1720, 1983

überspannte man den Chor mit einer Holzbalkendecke, für deren Erhaltung als ein Zeitdokument sich die Denkmalpflege stets eingesetzt hat. Nach der Wiederherstellung des gesamten Raumes und einer Neuordnung der Ausstattung konnte die Kirche schon 1952 der evangelisch-reformierten Gemeinde übergeben werden. Gleichzeitig legte der Leiter der Halleschen Arbeitsstelle eine Studie vor zur Nutzung der Klausur, des nach dem Wiederaufbau weitgehend zerstörten Westflügels und der auf ihre romanische Erscheinung zurückgeführten übrigen Flügel, als Galerie für mittelalterliche und neuzeitliche Kunst. Auch die Kirche wurde später in das Kulturkonzept einbezogen und die Einrichtung einer Konzerthalle vorgeschlagen, nachdem 1971 abzusehen war, dass die Kirchengemeinde den Raum in dieser Größe nicht mehr brauchte. 1977 wurde die Gesamtanlage entsprechend dem vorgeschlagenen Nutzungskonzept der Öffentlichkeit zugänglich gemacht. Der Gebrauch der Kirche als Konzerthaus mit einer neuen Orgel auf dem erhöhten Chorpodest hat dem Raum seinen sakralen Charakter dennoch nicht genommen (Abb. 13). Ähnlich sind auch die Umnutzungen für vielfältige Veranstaltungen der kleinen Katharinenkirche in Stendal und der Mönchskirche in Salzwedel zu bewerten.

Ganz anders geschah der Wechsel der Nutzung bei der Ulrichkirche in Halle. Mit dem zunehmenden Verfall der historischen Wohngebäude in der Altstadt während der 1970er Jahre, auch durch den Bau von Halle-Neustadt, verringerte sich die Zahl der Mitglieder in den Stadtgemeinden. Sie waren dadurch nicht mehr in der Lage, die großen spätgotischen Hallen bei Gottesdiensten zu füllen und zu erhalten. Die zentral gelegene Marktkirche sollte zukünftig die Aufgabe eines Zentrums für die Innenstadtgemeinden übernehmen. Für die Moritzkirche ergab sich die glückliche Lösung einer Übernahme durch die katholische Kirche für die junge Kirchengemeinde in Halle-Neustadt.

Die Ulrichkirche ging nach langen Verhandlungen in den Besitz der Stadt über. Ihre Bereitschaft, aus der Kirche ein Konzerthaus zu machen, wurde jedoch leider mit der Bedingung verbunden, die in sich geschlossene Ausstattung, bis auf die Westempore und die Orgel mit ihrem barocken Prospekt, vollständig herauszunehmen. Das war für den großen Flügelaltar von 1488 mit dem hohen Gesprenge und für die ortsgebundene Kanzel besonders schmerzlich, denn für einen neuen Standort konnte in Halle kein freier Raum entsprechender Größe gefunden werden. Es kam zu einer Translozierung nach Magdeburg in die Wallonerkirche, wo der Altar den hohen und langgestreckten Chor bereichert. Vergleicht man diese denkmalpflegerisch sehr unbefriedigende Lösung mit der Profanierung der Marienkirche in Mühlhausen, ist deren Einrichtung zur Thomas-Müntzer-Gedenkstätte mit der weitgehenden Erhaltung der Ausstattung bis zu den mittelalterlichen Farbfenstern im Chor als sicher einmalig und bis heute als beispielgebend zu bewerten.

Maßnahmen an Baudenkmalen wurden mit den Jahren zunehmend zu etwas Besonderem, wovon die Kirchen sehr betroffen waren. Während nach dem Krieg bis in die 1950er Jahre der freie Baumarkt auf niedrigem Niveau noch funktionierte und Handwerksbetriebe direkt beauftragt werden konnten, was die Maßnahmen zur Sicherung an den drei großen Kirchen in Halberstadt und auch an so manchem Wohngebäude beförderte, verschlechterte sich die Situation am Ende der 1950er Jahre mit der Einführung der Planwirtschaft. Die sogenannten Baubilanzen mussten bei den Kreisbauämtern beantragt werden. Von dort wurde die Bewilligung erteilt und ein Baubetrieb zugewiesen, der erst dann beauftragt werden konnte. Inzwischen waren viele Handwerksbetriebe als Beweis für den mit dem Aufbau des Sozialismus beendeten Kapitalismus beseitigt worden. Dafür wurden große Baukombinate geschaffen, die mit industriellen Methoden den Wohnungsbau voranbringen sollten. Der Baureparatursektor war damit weitgehend zum Erliegen gekommen.

Diese politische Entscheidung ist eine der wesentlichen Ursachen für den allmählichen Verfall vieler Altstädte und einzelner Baudenkmale, besonders zum Schaden der Dorfkirchen. Vor diesem Hintergrund konnten Behördenleiter der Bauämter, als verlängerter Arm örtlicher Politiker, durchaus einen verdeckten Druck mit dem Machtmittel der Bereitstellung von Baukapazität, Gerüsten und Materialien ausüben. Hinter den Ablehnungen steckte aber sicher häufig die zunehmende Schwierigkeit, Bauleistungen entsprechend den beantragten Anforderungen überhaupt noch ermöglichen zu können. Die Situation spitzte sich dann immer besonders zu, wenn staatlich verordnete Feierlichkeiten bevorstanden. So wurden z. B. zum 750. Stadtjubiläum von Berlin 1980 Baukapazitäten aus allen Bezirken dorthin beordert. Da konnten die Kirchen nur zurückbleiben, was z. B. nach den erheblichen Sturmschäden vom November 1972 in der Altmark wie an Kirchtürmen in Salzwedel und Stendal schwerwiegende Folgen hatte. Bis 1989 gelang es nicht, die notwendigen Reparaturen durchzuführen, noch nicht einmal zu beginnen.

In diesem Zusammenhang muss sicher auch angemerkt werden, dass der übergroße Bestand an Baudenkmalen für das verhältnismäßig kleine Land der DDR in den Jahrzehnten nach dem Zweiten Weltkrieg und auch später eine für den Staat kaum zu bewältigende Anforderung war, zumal Werterhaltungen in den Jahrzehnten davor nicht im Vordergrund gestanden hatten. Zum Verständnis der Situation muß man aber auch sehen, ohne irgend etwas rechtfertigen zu wollen, welch erhebliche Auswirkungen auf die Wirtschaft und im Besonderen auf das Bauwesen die ganz unterschiedliche Ausgangssituation nach dem Krieg im Osten und Westen hatte, wobei der Rückstand des Ostens gegenüber dem Westen niemals aufgeholt werden konnte. Auch die ständigen Spannungen zwischen den Europa spaltenden Gesellschaftssystemen mussten spürbare Auswirkungen haben. Dieses bedenkend ist es vielleicht endlich an der Zeit, nicht stets nur die Folgen des Mangels zu beschreiben und die Verluste zu beklagen, nachdem wir heute ebenso erleben, welch großer Aufwand zur Erhaltung unseres außergewöhnlichen Schatzes an historischen Zeugnissen angesichts der gesellschaftlichen Veränderungen notwendig ist, sondern davon zu sprechen, wie viel trotz der damaligen Verhältnisse und Schwierigkeiten durch das aktive Bemühen vieler für die Denkmale geleistet wurde (Abb. 14 und 15).

Abb. 15 Tangermünde, Stadtkirche St. Stephan, Orgel ohne Stützen freigestellt auf der großen Konsole, die Nordempore 1983 auf den ursprünglichen Standort zurückversetzt

Spezialkapazität für die Denkmalpflege

Zum speziellen Einsatz in der Denkmalpflege entwickelte sich im Halleschen Arbeitsgebiet jeweils ein Betrieb in Magdeburg und Merseburg. Ihre Kapazität wurde durch die zuständigen Bauämter für die Denkmalpflege bewilligt, jedoch vorwiegend zum Einsatz an Objekten der Republik- und Bezirksliste der Denkmale, die aus zentralen oder Bezirksmitteln finanziert wurden. Denkmale der unteren Kategorie, der Kreislisten, und hier vor allem die Dorfkirchen, blieben bis auf wenige Ausnahmen unberücksichtigt. An den Domen in Halberstadt und Magdeburg entstanden kleinere Bautrupps, besetzt vorwiegend mit Steinmetzen aus dem Magdeburger Denkmalpflegebetrieb, die kontinuierlich, gleichsam wie Bauhütten, arbeiteten, was sich auf die Qualität der Arbeiten und die ständige Betreuung sehr positiv ausgewirkt hat, nach 1989 aber leider nicht fortgesetzt wurde.

Weitere zentral in Berlin von einer Produktionsleitung koordinierte Denkmalpflegebetriebe entstanden am Ende der 1970er Jahre dort, wo es Arbeitstellen des Instituts für Denkmalpflege gab: in Schwerin, Berlin, Dresden, Erfurt und Halle mit seinem Sitz in Quedlinburg. Sie sollten dem Verfall entgegenwirken, was allerdings bei dem katastrophalen Zustand der Altstädte und mit ihnen der Baudenkmale nur wie ein propagandistisches Alibi wirken konnte. Und dennoch waren sie hilfreich, besonders mit den angegliederten Planungsabteilungen, die für uns im Institut auf der einen Seite die unmittelbare Betreuung vor Ort erleichterten, auf der anderen Seite jedoch mit der Anleitung für die Architekten und Handwerker im Sinne einer Ausbildung, die es sonst nicht gab, zusätzliche Aufgaben brachte (Abb. 14 und 15). Die Auftragsvergabe erfolgte stets ohne Ausschreibung, d. h. ohne Wettbewerb, wodurch sichergestellt war, dass die Spezialleistung wirklich in der Denkmalpflege eingesetzt wurde, eine Kontinuität in der Qualität weitgehend gesichert war und mit der direkten Betreuung durch die Kirchlichen Bauämter und durch uns die Handwerker ständig weiter qualifiziert werden konnten.

Denkmalpfleger als Organisatoren

Neben der Mithilfe bei der Beschaffung von Baubilanzen, d. h. von Handwerkern, in Form von Befürwortungen und Stellungnahmen waren wir in die Beschaffung von Gerüsten und Baumaterialien unmittelbar eingebunden und dabei auf die engen

Kontakte zu den Kirchlichen Bauämtern angewiesen, die über andere Reserven und Verbindungen verfügten.

Die Materialien für Dacheindeckungen wurden zunehmend zu einem großen Problem. Während der Bedarf an Kupferblech z.T. aus DDR-Produktion und vielfach über Valuta-Lieferungen abgewickelt werden konnte, kamen Kupfernägel häufig mit sogenannten Westpaketen als Geschenksendungen. Schiefer kam aus den Gruben im thüringischen Lehesten, mit dem entsprechend unserer Befürwortung für seinen Einsatz die Dächer der Dome in Halberstadt und Magdeburg, der Stiftskirche in Hamersleben und von so manchem Schloss z.B. in Leitzkau und Burgscheidungen eingedeckt werden konnten. Zum schwierigsten Problem wurde es zunehmend, keramisches Eindeckungsmaterial zu beschaffen, denn die Zahl der mit einem Kohlebrandverfahren arbeitenden Ziegeleien ging kontinuierlich zurück. Allein zwei verbleibende Ziegeleien in der Lausitz und in Meißen stellten die von ihnen produzierten, schweren keramischen Biberschwänze, den sogenannten Klosterbiber, ausschließlich für den Einsatz an Denkmalen zur Verfügung, was durch die zentrale Vergabe vom Institut in Berlin sichergestellt wurde. Für kurze Zeit lieferte eine Ziegelei in Sömmerda einen keramischen Falzziegel, der dem großen Bedarf jedoch nicht gerecht werden konnte. Wegen Schwierigkeiten bei der Rohstoffgewinnung musste seine Produktion bald wieder eingestellt werden. So mussten wir uns nach und nach an Dachansichten mit Betonsteinen gewöhnen, was uns bei historisch bedeutenden Dachlandschaften und den Kirchendächern besonders schwer fiel, doch es gab keine Alternative mehr. Heute sind diese Dächer neben den monotonen Eindeckungen aus beispielsweise keramischen Industriebibern zu einem durchaus beachtenswerten Zeitdokument geworden.

Aktivitäten der Kirchengemeinden

Die Situation des Bauwesens, die zumeist neben dem Mangel an Kapazitäten vom Fehlen von Finanzen und Baumaterialien bestimmt war, hat in vielen Kirchengemeinden Improvisationstalente und Aktivitäten freigesetzt, durch die der Kirchbau auch zum Gemeindeaufbau führen konnte. Sie haben sicher ganz entscheidend mit dazu beigetragen, dass in Sachsen-Anhalt beinahe alle Stadtkirchen in einem verhältnismäßig brauchbaren Zustand in die »Deutsche Einheit« eingebracht werden konnten.

Zu den beklagenswerten Einzelfällen gehörte der Dom in Zeitz. Sein kompliziertes Dach mit einer großen Kehle zwischen zwei in Längsrichtung verlaufenden Satteldächern war wiederholt repariert worden. Dennoch kam es 1982 infolge starker Durchnässung zum Einsturz eines der Vierungspfeiler zusammen mit dem Gewölbe aller vier angrenzenden Joche. Erst Anfang der 1990er Jahre konnte dieser Schaden behoben werden. Auch an einigen wenigen Dorfkirchen gab es vergleichbare Fälle, so z.B. in Osmünde im Saalekreis, wo die westliche Hälfte des Turms einstürzte. Dort, wo es zu Instandsetzungen kam, vor allem in den Dörfern, konnten nicht selten die örtliche Gemeinde und die LPG (Landwirtschaftliche Produktionsgenossenschaft), die über Maschinen und Fahrzeuge verfügten, unbürokratisch zur Unterstützung gewonnen werden. Zu einer großen Hilfe wurden für die Kirchengemeinden auch kleinere Bautrupps, die an den Kirchenbauämtern, in den LPGs oder als örtliche Bauhöfe in einigen Dörfern, mehr aber in Städten und in Wohnungsgenossenschaften angesiedelt waren. Da es keinerlei Wettbewerb gab, konnte sich diese von der staatlichen Planung unabhängige Nebenwirtschaft entwickeln. Eine weitere, nicht zu unterschätzende Möglichkeit, Arbeitskräfte zu gewinnen, war die gesetzlich genehmigte sogenannte Feierabendarbeit. Mit dem dafür festgesetzten Stundensatz von 5,50 Mark konnten erstaunlich viele Bauleistungen erledigt werden. Die wenigen Mitarbeiter des Instituts waren allerdings nicht in der Lage, diese doch immer noch zahlreichen Baustellen denkmalfachlich ausreichend zu begleiten, zumal es dort auch keine Architekten gab, die diese Aufgabe hätten übernehmen können. Da waren die Außenstellenleiter der Kirchlichen Bauämter, die es bis in die 1990er Jahre noch gab, sehr gefordert. Die unterschiedlichen, z.T. sehr verschlungenen Wege zum Ziel, die Kirche des Dorfes zu erhalten, sind ein Hinweis darauf, wie häufig trotz der gesellschaftlichen Verhältnisse und des Mangels an den materiellen Voraussetzungen ein öffentliches Bewusstsein für die Kirche des Ortes vorhanden war. Aktivitäten konnten sich aber nur dann entwickeln, wenn, wie es in jeder Gesellschaft geschieht, vor Ort Einzelpersonen bereit waren, Verantwortung zu übernehmen. Dies war damals ungleich schwieriger als in der heutigen Wohlstandsgesellschaft, und dennoch sind neben der großen Zahl an Pfarrerinnen und Pfarrern sehr viele unermüdliche Gemeindemitglieder zu nennen, die Erstaunliches geleistet haben. Sie alle trugen dazu bei, dass, bezogen auf die Gesamtzahl an 2.400 Kirchen z.B. in der ehemaligen Kirchenprovinz Sachsen, die Anzahl von ca. 50–100 aufgegebenen und darunter wenigen ruinierten Kirchen verhältnismäßig überschaubar geblieben ist.

Kirchen in Veröffentlichungen des Instituts für Denkmalpflege

Die Veröffentlichungen des Instituts für Denkmalpflege veranschaulichen, allein schon in der Zahl der vorgestellten Objekte, welchen hohen Stellenwert die Kirchen während der DDR-Zeit in der Arbeit der Denkmalpflege hatten. 1964 stellte ein vom Union Verlag Berlin veröffentlichter Band nach dem Krieg wieder aufgebaute Kirchen vor. Dagegen berichteten die – einer Zeitschrift gleich von 1975–1979 zwei mal jährlich zusammen mit dem Kulturbund der DDR vom Institut herausgegebenen – Hefte »Denkmalpflege in der DDR« nie über eine Kirche. 1982 wurden in einem vom Hauptvorstand der CDU gemeinsam mit dem Institut für Denkmalpflege herausgegebenen opulenten Bildband Leistungen der Denkmalpflege und der Landeskirchen an Kirchen in der DDR dargestellt.

Einen sehr guten Eindruck von der Breite denkmalpflegerischer Arbeit vermitteln die von 1973–1987 erschienenen sogenannten Regionalbände der Arbeitsstellen des Instituts für Denkmalpflege. Wenn auch die Länder seit 1952 nicht mehr existierten, tragen die Titel der einzelnen Bände dennoch die Namen der ehemaligen Länder, z. B. »Denkmale in Sachsen-Anhalt«, die in ihren Grenzen denen der zu betreuenden Bezirke entsprachen. Die Beiträge folgen darin der Gliederung in den Denkmallisten, wobei das Übergewicht eindeutig bei den Kirchen liegt, wie es auch der Schwerpunktsetzung unserer täglichen Arbeit entsprach. Allgemeine Betrachtungen zur Arbeit an Kirchen gibt es in keinem der fünf Bände, dafür aber zur städtebaulichen Denkmalpflege und darin sehr zurückhaltend auch kritische Bemerkungen zur Situation der Altstädte. Die Texte zu einzelnen Stadt- und Dorfkirchen, zu Ausstattungen und zur Bauforschung behandeln ganz fachlich nur den jeweiligen Gegenstand aus kunsthistorischer und denkmalpflegerischer Sicht. Das war sicher auch unserem taktischen Verhalten geschuldet, denn politische Äußerungen hätten weder den Kirchen noch unseren Arbeitsmöglichkeiten genützt. Die sich daraus ergebende, ganz auf das jeweilige Denkmal ausgerichtete Zeitlosigkeit macht diese Berichte für heute und morgen gleichermaßen wertvoll.

Stiftskirche und Kloster Hamersleben – Sanierung und Restaurierung

Gotthard Voß

Das Dorf Hamersleben mit seinem Kloster des ehemaligen Augustiner-Chorherrenstifts liegt am westlichen Rand des Arbeitsgebietes der Halleschen Denkmalpflege, nördlich des Höhenzuges Huy, ganz in der Nähe der Grenze zum Bundesland Niedersachsen, der ehemaligen innerdeutschen Grenze (Abb. 1). Die dorthin führenden Straßen waren früher für die Rübenfahrzeuge der Magdeburger Börde ausreichend, für den übrigen Verkehr aber weniger geeignet. So blieb dieser Ort mit seinem bedeutenden Baudenkmal vom Touristenstrom weitgehend unberührt und war dadurch über die Fachwelt hinaus nur wenig bekannt. Deshalb ist die Sanierung und Restaurierung der großen romanischen Kirche aus der 2. Hälfte des 12. Jahrhunderts mit der im 16. und zumeist im 18. Jahrhundert entstandenen Klausur auf der Nordseite der Kirche, während der 60er und 70er Jahre des 20. Jahrhunderts ohne ein hervorgehobenes Ereignis, sehr bemerkenswert und als ein Sonderfall zu werten. Zur Entscheidung, dieses Denkmalensemble zu sanieren, hat die Aufnahme des Klosters Hamersleben in die Zentrale Denkmalliste der DDR wesentlich beigetragen.

Darüber hinaus wurde die Instandsetzung der Pfarr- und Stiftskirche für die Arbeitsweise der damaligen Halleschen Arbeitsstelle des Instituts für Denkmalpflege wegen des Mangels

Abb. 1 Luftaufnahme von Nordosten, neben der Kirche die Sakristei mit Ostflügel, Westflügel und vorn nach Osten verlängerter Nordflügel, im Hintergrund Gebäude des ausgedehnten Wirtschaftshofes

Abb. 2 Ostansicht der Stiftskirche

an Mitarbeitern und Planern und wegen der allgemein schwierigen Bedingungen im Bauwesen und in der Materialwirtschaft zu einem zeittypischen Beispiel (Abb. 2). Eine auf das Ergebnis ausgerichtete denkmalpflegerische Zielstellung gehörte damals noch nicht zu den Bauunterlagen, wie überhaupt Planungen, außer Bestandszeichnungen, auf den Baustellen nur selten zur Verfügung standen. Es gab für den Umgang mit historischer Bausubstanz kaum Planer. Damit fiel die Hauptverantwortung sehr häufig den Mitarbeitern des Instituts für Denkmalpflege zu. Festlegungen vor Ort, aufgeschrieben in anschließend ausgefertigten Vermerken, waren die Regel. Während der Arbeiten durchgeführte Bauuntersuchungen und dabei gemachte Befunde wurden fotografisch dokumentiert und konnten sofort berücksichtigt werden. Trotz der während der ersten Nachkriegsjahre drängenden großen Aufgabe, zerstörte bzw. erheblich beschädigte Dome, Kirchen, Klosteranlagen und öffentliche Gebäude vor allem in Magdeburg und Halberstadt wiederherzustellen, ist es bewundernswert, wie auch unversehrte Baudenkmale in beachtlicher Zahl, so die Stiftskirche in Hamersleben, die notwendige Zuwendung bekamen.

In Hamersleben wurde 1952 der zunehmenden Schiefstellung des Westgiebels entgegengewirkt mit einer Mauerwerksunterfahrung außen und der Vermauerung der beiden westlichen Arkadenbögen innen, verbunden mit diagonal geführten Ankern. Das komplizierte und umfangreiche Vorhaben war möglich, weil es zu dieser Zeit noch ein weitgehend funktionierendes, zumeist privatwirtschaftlich geführtes Bauwesen gab. An der Sicherung war eine kleine ortsansässige Firma tätig. Ob auch andere Bauzustände im Zusammenhang mit diesen Arbeiten im Blick waren, ist den Akten nicht zu entnehmen. 1962 machte der Pfarrer der katholischen Kirchengemeinde auf erhebliche Schäden am Dach der Kirche mit starken Auswirkungen auf den Innenraum aufmerksam und löste damit den Beginn der umfangreichen, sich über zwei Jahrzehnte hinziehenden Sanierungs- und Instandsetzungsmaßnahmen aus.

Am Anfang stand die Frage, wer in dieser abgelegenen Gegend die Verantwortung für dieses umfangreiche Unternehmen tragen solle. Die Betreuung der Kirche im Staatsbesitz war bis zur Auflösung der Staatshochbauämter Ende der 1940er Jahre gesichert. Danach sollten die Bauämter der Kreise diese Aufgabe übernehmen, ohne dass diese dafür entsprechend personell ausgestattet wurden. So war das Kreisbauamt in Oschersleben zunächst bereit, die Leitung der notwendigen denkmalpflegerischen Maßnahmen zu übernehmen, doch nach genauer Kenntnis des Bauumfanges wurde die Anfrage an das Institut für Denkmalpflege zurückgegeben. Als für diese Aufgabe befähigter Architekt stand in der Nähe lediglich Walter Bolze aus Halberstadt zur Verfügung, ein früherer Mitarbeiter des Staatshochbauamtes und einer der wenigen Architekten, die noch eine Zulassung hatten. Er leitete und organisierte in Halberstadt die Wiederherstellung des Doms, der Liebfrauen- und der Martinikirche und war gleichzeitig der Leiter der Außenstelle des Kirchlichen Bauamtes Magdeburg. Nach seiner Einwilligung trotz eines schon sehr umfangreichen Arbeitspensums wurde er vom Rat des Kreises Oschersleben mit der Bauleitung beauftragt und erfüllte diese umfangreiche Aufgabe bis zum Entzug seiner Zulassung im Jahr 1970 mit bewundernswertem Engagement.

Zum ersten Schwerpunkt wurden 1963 die Arbeiten an den Schieferdächern, eingeschlossen die Zimmererarbeiten an der verhältnismäßig gut erhaltenen Dachkonstruktion, für die zunächst eine PGH (Produktionsgenossenschaft des Handwerks) aus dem Nachbardorf gewonnen und auch der Schiefer in ausreichender Menge aus Lehesten in Thüringen beschafft werden konnte. Nach diesem ersten Erfolg legte Walter Bolze eine fotografische Zustandsdokumentation vor, in der er auf Risse im Bereich der Türme vor allem im Scheitel des westlichen Vierungsbogens hinwies. Um diesen offensichtlichen Schaden zu begutachten, kam im März 1964 Dipl.-Ing. Wolfgang Preiß aus Dresden als einziger Sachverständiger für konstruktive Sicherungen an Baudenkmalen zum ersten Mal nach Hamersleben. Er schlug vor, anstelle einiger Flacheisenbandagen an der Außenseite im Inneren der beiden Türme am Ostende der Seitenschiffe Betondecken anstelle der Holzbalkenlagen einzuziehen. Die Türme sollten anschließend über Flacheisenanker miteinander verbunden werden. Die neuen Decken könnten gleichzeitig als Widerlager für die Auslegerrüstung zur Neueindeckung der Türme mit Schiefer dienen (Abb. 3). Das war eine sinnvolle konstruktive Lösung, die sich jedoch wegen

Abb. 3 Nordostturm mit Auslegerrüstung, 1996

Abb. 4 Innenraum nach Westen vor der Instandsetzung, Orgel auf Empore durch alle drei Kirchenschiffe, Apostelfiguren auf dem Schachbrettfries 1964

der inzwischen unter erheblichem politischen Druck erfolgten Auflösung der allermeisten privaten Handwerksbetriebe sehr schwierig verwirklichen ließ. Bauleistungen waren über die Bezirks- und Kreisbauämter zu beantragen und damit von den Auftraggebern nicht mehr zu beeinflussen. Erst bei Vorlage der behördlichen Bewilligung konnte mit dem zugewiesenen Baubetrieb Kontakt aufgenommen bzw. ein Auftrag erteilt werden. Diese Prozedur war für jedes Jahr zu erneuern und erschwerte die Planungen ganz erheblich. Nach den dennoch erledigten Arbeiten an den Dächern und den Türmen erforderte das Mauerwerk der Kirche, gefügt aus großen, sorgfältig bearbeiteten Werksteinen aus Sandstein, wegen seines zumeist guten Zustands einen geringeren Aufwand. Es mussten lediglich offene Fugen geschlossen werden. Allein am Giebel des südlichen Querhauses hatten sich, wahrscheinlich durch temperaturbedingte Spannungen, Teile des oberen Mauerwerks verschoben, die abgebaut, neu aufgesetzt und mittels Lasuren optisch in die vorhandene Mauerfläche wieder eingebunden wurden.

Der Beginn der Baumaßnahmen regte die Kirchengemeinde dazu an, den Kreuzganghof zu beräumen, wenn er auch nicht zu den von ihr zu nutzenden Räumlichkeiten gehörte, und durch Erdbewegungen den Fuß der Ostapsiden freizulegen.

Walter Bolze hatte in seiner Dokumentation auch Vorstellungen zum Innenraum formuliert, der neben dem romanischen Gesamteindruck auch von der Barockausstattung vom Ende des 17. Jahrhunderts geprägt war, die er weitgehend reduzieren wollte (Abb. 4). Vom Institut für Denkmalpflege ist darauf in den Akten keine Reaktion zu erkennen. Diese Zurückhaltung machte das Fehlen eines denkmalpflegerischen Gesamtkonzepts deutlich und war sicher auch ein Zeichen dafür, wie selten jemand wegen der damaligen schwierigen Reisemöglichkeiten aus Halle nach Hamersleben kommen konnte.

Der Bauleiter musste aber um verbindliche Entscheidungen und einen zügigen Bauablauf bemüht sein. Er ließ im Zusammenhang mit den Dacharbeiten den Dachboden über dem Mittelschiff beräumen. Über der Vierung und dem Chor gab es noch ein hölzernes Kreuzrippengewölbe aus dem 15. Jahrhundert, das ursprünglich auch das Haupt- und die Seitenschiffe überspannte, bis Ferdinand von Quast 1856/57 das Herausnehmen im Rahmen einer Instandsetzung angeregt hatte. Nachdem Bolze ohne ausdrückliche Genehmigung den Abbau des Gewölbes in der Vierung veranlasst, im Chor damit begonnen hatte und die Balkenlage sichtbar war, zeigten sich die Denkmalpfleger aus Halle überrascht und forderten, vielleicht aus Ratlosigkeit, den Wiedereinbau im Chor.

Es fehlte in Verbindung mit einer denkmalpflegerischen Zielstellung auch die Bewertung des Nebeneinanders von romanischem Raum und der jüngeren, sehr bestimmenden Ausstattung. Quast hatte sie schon reduziert mit dem Ziel, sich dem ursprünglichen Erscheinungsbild des Raumes zu nähern. Das Gewölbe im Mittel- und den Seitenschiffen hatte man damals aufgegeben und die großen Apostelfiguren auf die inzwischen freien steinernen Konsolen von den Gewölbeanfängern zwischen den Obergadenfenstern versetzt (Abb. 5). Sie standen bis dahin auf den oberen Kapitellplatten anstelle der abgeschlagenen senkrechten Zahnschnittbänder. Diese wurden 1856 rekonstruiert, womit der großartige Eindruck der unteren Zone der Hochschiffwände mit den hohen monolithischen Säulen wiederhergestellt war. Am Beginn der Arbeiten 1963 standen die Figuren auf hölzernen Konsolen immer in der Achse der Säulen auf dem waagerechten Zahnschnittband (Abb. 6).

Mit der Altarwand und der gegenüberstehenden Orgel, den Apostelfiguren, der Kanzel, zwei Seitenaltären unter dem westlichen Vierungsbogen und dem beiderseitigen Chorgestühl ohne das jeweilige Dorsale waren noch wesentliche, den Raum bestimmende Teile der barocken Ausstattung vorhanden, jedoch ohne das verbindende Gewölbe. Die Fortsetzung des Konzepts von Ferdinand von Quast war durchaus erwünscht. So erinnere ich mich, als mir bald nach meinem Eintritt in das Institut für Denkmalpflege 1965 die Mitverantwortung für dieses Vorhaben übertragen wurde, an Gespräche, in denen überlegt wurde, in welche Kirche der Barockaltar versetzt werden könnte, um die große Apsis mit ihrer erstaunlich gut erhaltenen Malerei aus dem 15. Jahrhundert in den Raum einzubeziehen. Sogar an polnische Kirchen wurde dabei gedacht. Es fand sich aber kein anderer Raum, der Altar blieb in Hamersleben. Doch das Gewölbe darüber, auf das der obere Abschluss des Altars Bezug nahm, war inzwischen leider beseitigt, die Einbindung des Altars durch den Apsisbogen allerdings dennoch gegeben.

Der Beginn der Arbeiten im Innenraum schuf weitere Tatsachen, die einer späteren Entscheidung Vorschub leisteten. Zum Schutz gegen Verschmutzung und Beschädigungen wurden die Apostelfiguren, die beiden Seitenaltäre und das Gestühl aus dem Hauptschiff genommen und im südlichen Kreuzgangflügel unmittelbar an der Kirche vorübergehend eingelagert ohne eine Festlegung, wo und ob überhaupt diese Teile der Ausstattung wieder in den Raum eingefügt werden sollten. Auch die Grabsteine aus dem südlichen Seitenschiff bekamen im Kreuzgang an der zur Kirche gehörenden Nordwand ihren endgültigen Standort.

Die leitenden Mitarbeiter der Denkmalpflege aus Halle zeigten sich sehr beeindruckt von dem freien Raum, womit der weiteren Restaurierung eine Richtung gegeben war. Die Arbeiten am Fußboden konnten beginnen, dessen bauzeitliche Höhe mit wenigen Estrichresten als Belag bei Eingriffen in den Boden festgestellt werden konnte. Weiter zeigte dieser Befund ein von West nach Ost ansteigendes Niveau, dem auch die Basen der Säulen folgten. Die Bänke im Hauptschiff hatten auf einem Holzfußboden gestanden. Dieser wurde aufgenommen und die noch gut erhaltene Dielung als Belag auf den Deckenbalken über der Vierung, dem Chor und zum Teil über dem südlichen Querhaus weiter verwendet. Die Fußbodenplatten wurden aufgenommen, im südlichen Seitenschiff gelagert und der Boden bis auf die neue, geplante Höhe abgetragen.

Gleichzeitig teilte 1966 die PGH Hornhausen mit, die Schieferarbeiten nicht mehr ausführen zu können. Dank der guten Arbeitsbeziehungen zu einer PGH in Magdeburg, die am dortigen Dom und in Halberstadt Schieferarbeiten ausgeführt hatte, gelang es, vorbei an den die sogenannte Baukapazität genehmigenden Behörden, Ersatz für mehrere Jahre zu organisieren. Die Beschaffung von Schiefer und noch mehr der Kupfernägel machte aber zunehmend Schwierigkeiten. Für die notwendige Abhilfe bei Nägeln sorgten häufig Pakete von Verwandten, Freunden oder Partnerkirchen aus Westdeutschland.

Abb. 5 Innenraum, Südwand des Hauptschiffes mit Apostelfiguren auf spätgotischen Gewölbekonsolen nach der Abnahme des Holzgewölbes Mitte 19. Jh.

Abb. 6 Innenraum nach Osten vor der Instandsetzung mit Kanzel und Seitenaltären 1964

Mit Schiefer mussten immer wieder die Baustellen an den Domen in Magdeburg und Halberstadt aushelfen.

Bei den Eingriffen in den Boden des Langhauses stieß man unter den Säulen auf nur flache Fundamente, was als eine Ursache der teilweise schweren Schäden an den Basen gesehen wurde (Abb. 7). Entsprechend dem Vorschlag des Statikers Preiß wurden einige Säulenfüße mit Betonringen unterhalb des Fußbodens umschnürt. Ein fahrbares Gerüst, auf den eingeebneten Boden gestellt, diente den Arbeiten an den Hochschiffwänden. Hier konnte der Putz von früheren Instandsetzungen bis auf wenige schadhafte Flächen verbleiben. Er wurde lediglich in den Fensterlaibungen entfernt, nachdem sich auf den Werksteinen Reste einer Rotfärbung fanden. Einen ähnlichen Befund gab es auch auf den vorderen Flächen der waagerechten Zahnschnittbänder und den oberen Platten der Kapitelle. Die Farbreste wurden ausgebessert und auf den jüngeren senkrechten Bändern lasierend ergänzt. Dieser geringfügige Farbbefund wie auch der nur freigelegte Farbwechsel auf den Quadern der beiden Vierungsbogen gehörte zusammen mit der Malerei in der Hauptapsis zur Raumgestaltung des 15. Jahrhunderts.

Nach dem Absenken des Fußbodens ließ sich die Abfolge der Stufen vom Hauptschiff über den Chorus minor, die Vierung bis zum Hohen Chor nachvollziehen. Sie wurde mit alten und neuen Sandsteinstufen wiederhergestellt, ebenso auch in der Raumabfolge der Seitenschiffe über die Querhausarme bis in die Chorseitenkapellen. Die profilierte Stufe im Hohen Chor blieb als Basis des Barockaltares erhalten. 1968 waren die Arbeiten an den Wänden soweit abgeschlossen, dass der Fußbodenbelag in Verbindung mit den Stufen hergestellt werden konnte. In den Seitenschiffen, den Querhausarmen und den Seitenkapellen wurden alte Platten und im Hauptschiff, der Vierung und dem Chor neue aus Elbsandstein verlegt.

Aus dem 19. Jahrhundert stammende Buntfenster sind im Verlauf der Bauarbeiten leider verlorengegangen, sicher, weil ihre Erhaltung damals mangels kunstgeschichtlicher Wertschätzung noch nicht zu den vordringlichen denkmalpflegerischen Anliegen gehörte. Die Öffnungen sind durch hölzerne Sprossenfenster geschlossen. Diese Entscheidung bestätigte nachträglich der Fund eines bauzeitlichen Zargenfensters mit unterschiedlichen Holzquerschnitten in der Vermauerung einer Fensteröffnung in der Nordwand des nördlichen Querhauses, die durch das anschließende Dach des Ostflügels der Klausur verdeckt und damit geschützt war.

Nachdem der Verbleib der Altarwand im Raum feststand und die Apostelfiguren nicht wieder an den Hochschiffwänden aufgestellt werden sollten, entwickelte sich nach und nach während des Baufortganges ein Konzept für den westlichen Raumabschluss. Eine über alle drei Schiffe reichende Empore lag im Hauptschiff auf drei Holzsäulen und hatte ihr hinteres Auflager auf den Kämpfern zweier durch die Empore verdeckter Bögen. Diese ursprünglich für den Raumeindruck wichtigen, aber nicht sichtbaren Öffnungen gehörten mit ihren auf Durchgänge weisenden Details zu einer westlichen Vorhalle, über deren Existenz jedoch nur wenig bekannt ist. Auf der Empore stand die Orgel, die mit ihrem oberen Abschluss auf das gotische Gewölbe ausgerichtet war. Zu diesem gehörte das spitzbogige Fenster hinter der Orgel, das wohl mit dem Bau des Instrumentes vermauert wurde. Der Wegfall des Gewölbes 1856 verschlechterte die Stellung der Orgel im Raum auf der dominanten Empore durch den erheblich vergrößerten Abstand zur Holzbalkendecke. Diese Situation zugunsten des romanischen Raumes zu verändern und die beiden Durchgänge freizustellen, wurde als denkmalpflegerischer Wunsch zwar formuliert, doch fehlten für diese aufwendige Maßnahme zunächst die notwendigen Voraussetzungen. Doch dann ergab sich mit dem statisch-konstruktiv immer noch labilen Zustand des Westgiebels die Notwendigkeit zum Handeln. Trotz der aus der Sicherung der 1950er Jahre stammenden Vermauerung in den beiden westlichen Arkadenbögen, die mit ihren schräg geführten Zugeisen gleichsam wie Rucksäcke an der hohen Wand wirken sollten, waren die Mauerwerksbewegungen nicht zur Ruhe gekommen, wie jüngere Risse zeigten. Es musste ein Widerlager mit horizontalen, den Westgiebel haltenden Ankern geschaffen werden, für das Wolfgang Preiß einen räumlichen Rahmen vorschlug. Unter den Dächern der beiden Seitenschiffe sollten an den Hochschiffwänden je zwei Stahlbetonbalken angebracht, bis zu den östlichen Türmen geführt und vor dem Giebel durch

Abb. 7 Säulenbasis Südseite, erheblich geschädigt, Betonring bis Oberkante Erdreich

zwei Stahlgitterträger miteinander verbunden werden. Sie wären so zu bemessen und anzuordnen, dass sie gleichzeitig die Lasten der Orgelwerke und der abgehängten Empore aufnehmen könnten. Mit dieser Lösung wäre die Orgelempore mit ihrer Unterseite oberhalb der beiden Bögen zu platzieren und der Abstand der Orgel bis zur Balkendecke soweit verringert, dass sie sich besser in den Raum einfügte.

Als der neue Fußboden im Hauptschiff verlegt, die Planung im Institut für Denkmalpflege für die Arbeiten am Westgiebel in Verbindung mit der Neuaufstellung der Orgel erstellt und die Finanzierung genehmigt war, begann im Frühjahr 1968 der Abbau des Orgelprospektes und das plangerechte Auslegen auf dem neuen Fußboden im Hauptschiff.

Diese Arbeiten verbunden mit der Restaurierung der Holzteile und das Anbringen der Betonbalken an den Außenseiten der Hochschiffwände führte der VEB Denkmalpflege Magdeburg durch. Als einziger Spezialbetrieb für Denkmalpflege im Bezirk Magdeburg arbeiteten in einem kleinen Bautrupp über viele Jahre vier Zimmerleute und ein Steinmetz in Hamersleben. Unabhängig von den für die Vergabe zuständigen Bauämtern konnte die Kapazität dieses Betriebes immer in enger Absprache mit der Halleschen Arbeitsstelle schwerpunktmäßig in Magdeburg und dann auch außerhalb der Stadt im Bezirk Magdeburg und darüber hinaus eingesetzt werden. Für die Arbeitskräfte gab es keine organisierte denkmalpflegerische Ausbildung. Diese geschah beinahe ausschließlich während der Beratungen vor Ort durch die Mitarbeiter des Instituts für Denkmalpflege. Diese Methode bei gleichzeitig nicht vorgegebener Ausschreibungsverpflichtung und dem kontinuierlichen Einsatz der immer gleichen Arbeitskräfte gewährleisteten eine zufriedenstellende denkmalpflegerische Qualität.

Die Gitterträger, hergestellt von einer Stahlbaufirma in Halberstadt, konnten im Frühjahr 1969 montiert und danach die alte Empore abgebaut werden, die bis dahin noch als Arbeits- und Montagebühne gedient hatte (Abb. 8). Eine längere Zeit beanspruchte der Wiederaufbau des Orgelprospektes und der verkleinerten Empore, zu der ein neuer Zugang über eine Brücke führen sollte, zugänglich vom Obergeschoss des Südflügels der Klausur durch eine bis dahin vermauerte Tür. Die sehr komplizierte Zugangslösung zur Orgel entwickelte der Kirchenmaler und Restaurator Fritz Lewecke, der durch seine Planungen für eine große Anzahl von Orgeln über die für diese Aufgabe notwendigen Erfahrungen verfügte. Erst 1980 wurde die Brücke geliefert, wenn auch die Sicherung des Westgiebels in Verbindung mit dem Bau der Empore im Herbst 1970 nach dem Einbau des Rückpositivs innerhalb der Emporenbrüstung abgeschlossen war (Abb. 9). Bei den Planungen zur Neuaufstellung der Orgel gingen wir zunächst davon aus, aus optischen Gründen drei schräggestellte Streben aus Holz als Lastverteiler auf den Kämpfern der Bogenanfänger abzusetzen. Als dann aber die Orgel angebracht war, hielten wir die Stützen für überflüssig, denn die Orgel wirkte zwischen den Hochschiffwänden wie eingespannt und schien von Osten gesehen durch das über die Emporenbrüstung hinaus nach unten geführte Rückpositiv wie auf dem Pfeiler zwischen den beiden Bögen zu ruhen. So stehen die Altarwand und die Orgel, jede für sich ganz eigenständig, einander gegenüber und sind nicht mehr Teil der früheren, den romanischen Raum überdeckenden, in sich geschlossenen barocken Ausstattung (Abb. 9 und 10). Gleichsam als Verbinder zwischen beiden wurde das

Abb. 8 Innenraum nach Westen, Orgel abgebaut, Stahlkonstruktion für die Giebelsicherung und als Substruktion der Orgel 1969

Abb. 9 Innenraum nach Westen mit wieder aufgestelltem Orgelprospekt 1980

Abb. 10 Innenraum nach Osten, heute

Chorgestühl wieder in der Vierung aufgestellt und die verlorenen Rückwände, die Dorsale, wurden in Anlehnung an die vorderen Buchablagen erneuert. Die Zeichnungen dafür übergab Herr Lewecke im Mai 1973 an den VEB Denkmalpflege in Magdeburg, der die Teile allerdings erst nach vielen Anmahnungen Anfang 1980 lieferte. 1982 war das Chorgestühl nach der farblichen Behandlung endgültig fertig.

Die viel zu lange Unterbrechung der Arbeiten innerhalb der Kirche war bedingt durch den Mangel an handwerklichen Ressourcen, anderen denkmalpflegerischen Schwerpunktaufgaben in unserem Arbeitsgebiet und durch die umfangreiche Sanierung der Klausurgebäude.

Die beiden Seitenaltäre und die Kanzel wurden in dieser neuen Raumgestaltung nicht mehr berücksichtigt. Während die Altäre im Kreuzgang für den Prozessionsweg Akzente setzen, konnte die Kanzel zur Reglerkirche in Erfurt gegeben und dort aufgestellt werden. Schwierig gestaltete sich der Verbleib der überlebensgroßen Apostelfiguren. Auf dem großen Dachboden hätten sie zwar Platz gefunden, wären aber wie weggestellt und einer allmählichen Zerstörung ausgesetzt gewesen. Am Ende mehrfacher Umlagerungen wurden sie im dunkleren nördlichen Querhaus im oberen Bereich zwischen den Fenstern der Nord-, Ost- und Westwand, ohne Bezug zum übrigen Raum, einer Depotverwahrung gleich, aufgehängt. Die Alternative wäre die bereichernde Einordnung in eine andere Kirche gewesen, die nicht gefunden werden konnte, oder der Verlust, den wir jedoch nicht hätten verantworten können.

1973 erhielt der Zugang in das südliche Seitenschiff eine von dem Magdeburger Bildhauer Heinrich Apel gestaltete zweiflüglige Tür zum Thema »Das Paradies«. Im gleichen Jahr wurde die erstaunlich gut erhaltene Wandmalerei in der großen Hauptapsis restauriert. Der Hochaltar davor wurde gereinigt, fehlende Teile des Holzwerkes und der Fassung ergänzt und eines der fünf Wechselbilder (die Weihnachtsdarstellung mit der Anbetung der Heiligen Drei Könige) restauriert. Zur Bereicherung des Raumes konnte 1978 ein altes Taufbecken aus der aufgegebenen Kirche in Abberode im Ostharz in der Nähe des Kurortes Wippra unter der Orgel auf ein um zwei Stufen erhöhtes Podest aufgestellt werden, über dem bei Bodenuntersuchungen freigelegten Fundament für die ursprüngliche Taufe.

Als Abschluss der denkmalpflegerischen Arbeit an und in der Stiftskirche bekam im Chorus minor der Zelebrationsaltar, gefügt aus zwei massiven, von einem älteren Altar stammenden Werksteinen, seinen endgültigen festen Standort. Dieser neue liturgische Raum wird zusätzlich durch die aus dem 15. Jahrhundert stammende Madonna am nördlichen Pfeiler hervorgehoben, die wahrscheinlich zu einem gotischen Flügelaltar gehörte. Am 15. September 1984 wurde der Altar nach mehr als 20jähriger Bauzeit geweiht.

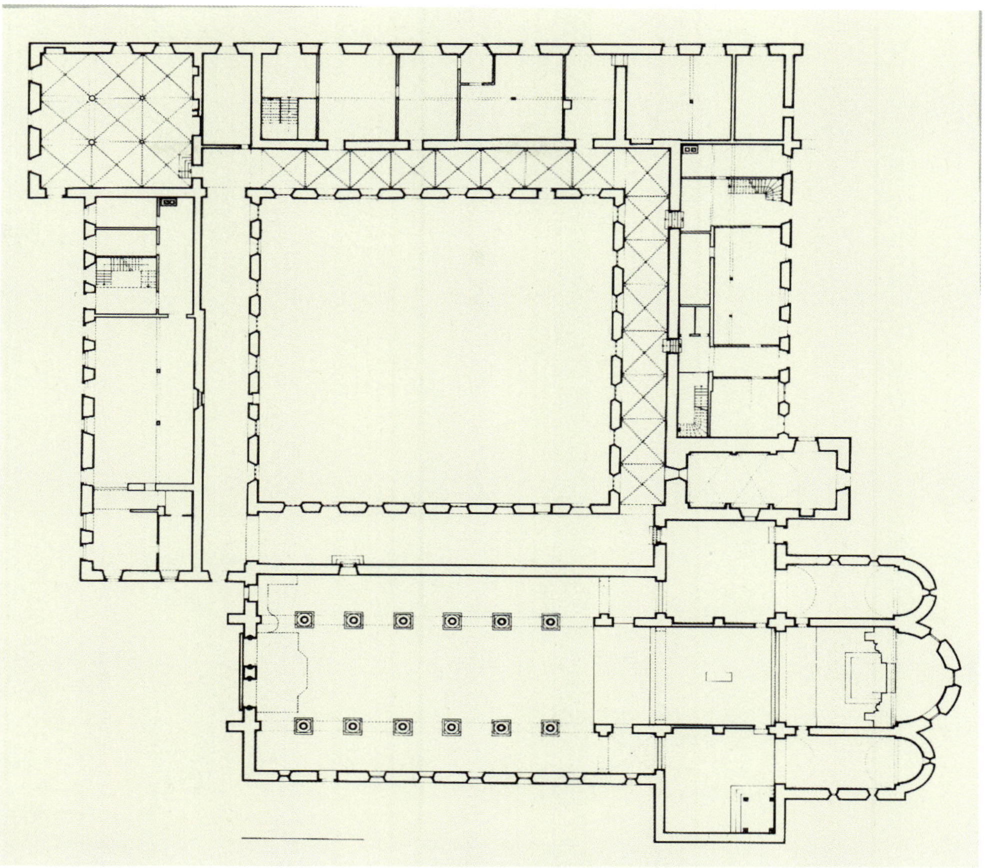

Abb. 11 Grundriss Gesamtanlage, Erdgeschoss nach der Instandsetzung

Rückblickend kann der Begleiter dieser umfangreichen denkmalpflegerischen Maßnahme feststellen, dass ohne die Geduld, die Ausdauer und den aktiven Einsatz des Pfarrers, Herrn Ludger Kemming, das große Werk in dieser Qualität nicht hätte zustande kommen können. Darüber hinaus ist es ausschließlich das Verdienst von Herrn Kemming, nach 1989 durch sein unermüdliches Einwerben der erforderlichen Finanzmittel, die große Orgel wieder zum Klingen gebracht zu haben.

Sanierung der Klausurgebäude

Ungleich schwieriger als die Arbeiten an der Kirche gestaltete sich die Sanierung der vier miteinander verbundenen Klausurgebäude (Abb. 11). Uneinheitlich ist, historisch betrachtet, die erhaltene Bausubstanz. Romanische Bauteile gibt es lediglich in der kreuzgratgewölbten Sakristei innerhalb des zweigeschossigen Anbaus am nördlichen Querhaus. Dessen Obergeschoss, die frühere Bibliothek, gehört zu dem umfangreichen spätgotischen Umbau, der den Innenraum der Kirche veränderte und bei dem auch der Kreuzgang entstand. Um einen geschlossenen Hof gruppiert überspannen den Nord- und den Ostflügel Kreuzrippengewölbe und den Süd- und Westflügel Balkendecken. In diese spätgotische Bauzeit gehört ebenso der Raum in der Nordostecke der Klausur über quadratischem Grundriss, dessen Gewölbe in dreimal drei Jochen von vier Stützen getragen wird. Wie die umgebenden Gebäude aussahen, ist nicht mehr zu ermitteln. Nach 1700 bekamen der Nord-, der Ost- und der Westflügel als zweigeschossige Gebäude mit einheitlichen Trauf- und Firsthöhen ihre heutige Erscheinung.

Seit der Säkularisation 1804 durch die preußische Regierung ist es wiederholt zu Umbauten gekommen, unter denen die zur Nutzbarmachung als Pfarrwohnung im Ostflügel und der des Nord- und Westflügels als Wohnung für den Domänenpächter besonders schwerwiegende Eingriffe waren und auch Substanzverluste verursachten. In allen drei Gebäuden wurde der Kreuzgang, ohne den Wert der Gesamtanlage zu beachten, durch Querwände in kleinere Räume unterteilt. Im Schnittpunkt zwischen dem Nord- und dem Westflügel wurde eine breite Treppe eingefügt in Beziehung zu einem repräsentativen Zugang mit einer außerhalb des Nordflügels vorgelagertem wintergartenartigen Auffahrt. 1963, am Beginn der Arbeiten an und in der Kirche, war die Bausubstanz in einem sehr verbauten und verwahrlosten Zustand.

Der Ostflügel diente seit 1835 als Pfarrwohnung. Vom Erdgeschoss gab es über die vier südlichen Joche des Kreuzganges einen Zugang ins nördliche Querhaus der Kirche. Aus diesem wichtigen funktionalen Zusammenhang zwischen der Kirche und der von der katholischen Kirchengemeinde gemieteten Pfarrwohnung ergab sich zwangsläufig die Notwendigkeit, im Ostflügel mit der Sanierung der Gebäude nördlich der Kirche

Abb. 12 Kreuzgang Ostflügel, Obergeschoss der Pfarrwohnung, Mittelflur während der Sanierung

Abb. 13 Kreuzgang Westflügel nach Norden während der Auswechselung der Balkendecke mit Balken aus Magdeburg von Abbruchhäusern

zu beginnen. Für die ehemalige Klausur war es das vordringliche Ziel, den umlaufenden Kreuzgang, seiner Bedeutung entsprechend, wiederzugewinnen und ihn neben der Kirche zu einem wichtigen Bestandteil der kirchlichen Nutzung zu machen. Dieses setzte Abstimmungen zwischen den Eigentümern der Gebäude voraus. Die Kirchengemeinde gehörte nicht dazu, denn sie war neben der Kirche lediglich Nutzer vom Kreuzgang im Südflügel und einem Teil im Ostflügel. Um den Kreuzgang gänzlich wieder freilegen und den Nord- und Westflügel zukünftig funktionell unabhängig vom Kreuzgang nutzen zu können, mussten die Eigentümer auf ihre bisherigen Nutzungsansprüche verzichten und umfangreichen Umbauten im Erdgeschoss des Nord- und Westflügels zustimmen. Rechtsträger des Ostflügels war und ist der Rat der Gemeinde Hamersleben und des Nord- und Westflügels die LPG. Beide folgten den denkmalpflegerischen Vorstellungen unter der Bedingung, sich an der Finanzierung nicht beteiligen zu müssen. Dieses wurde bis auf den Innenausbau in Aussicht gestellt, ohne dass wir 1967 im Ergebnis der Planung schon eine realistische Vorstellung von den zu erwartenden Gesamtkosten hatten. Wir waren uns allein der Verpflichtung zum Handeln bewusst, um die Erhaltung dieser Gebäude überhaupt zu erreichen und die Gesamtsanierung dieses bedeutenden Bauensembles zu einem Erfolg werden zu lassen.

Eine derartige Herangehensweise war für unsere damalige denkmalpflegerische Arbeit durchaus typisch, denn die Finanzierung erfolgte allein aus einem Fonds für Denkmalpflege des Ministeriums für Kultur in einer jährlichen Höhe von 100.000–150.000 Mark. Die Planungsunterlagen, die mit heutigen Papiermengen nicht zu vergleichen waren, wurden in Form einer sogenannten gleitenden Projektierung vom Institut für Denkmalpflege erarbeitet. Als Bauleiter stand uns vor Ort bis 1970 der Architekt Walter Bolze aus Halberstadt zur Verfügung. Ohne ihn wäre die Sanierung nicht so vorangekommen.

Um im Ostflügel Baufreiheit zu schaffen, wurde zunächst für die Pfarrwohnung ein Ersatz im sehr beengten Obergeschoss des Südflügels entlang der Kirche, in den sogenannten Brüderzellen eingerichtet. Die übergroße Geduld, mit der Pfarrer Kemming und seine Haushälterin die eigentlich unzumutbaren Wohnverhältnisse und Entbehrungen über mehrere Jahre ertragen haben, verdient es, in diesem Bericht dankbar erwähnt zu werden (Abb. 12). Nach dem Schwerpunkt, der Sanierung der oberen Deckenbalkenlage in Verbindung mit der Dachkonstruktion und der Neueindeckung mit Falzziegeln aus einer Ziegelei in Thüringen ging es bei den Arbeiten im Erdgeschoss darum, zwei Gemeinderäume, Sanitäreinrichtungen für Besucher und zwei Treppenaufgänge in den beiden im Obergeschoss getrennt zu nutzenden Wohnungen zu schaffen. Im nördlichen Teil des Kellers gab es für die Zentralheizungsanlage mit neuem Schornstein und das umfangreiche Kohlenlager ausreichend Platz. Während im Erdgeschoss eine geringfügig geänderte Raumstruktur entstand, konnte im Obergeschoss die Raumabfolge ausgehend von einem Mittelflur weitgehend beibehalten werden. Im Dezember 1968 war das Pfarrhaus bezugsfertig, doch fehlten noch die Treppe, die im März 1969 eingebaut wurde, und die Entwässerung. Diese einzurichten verlangte vom Bauleiter erheblichen organisatorischen Einsatz, denn Arbeitskräfte und Materialien mussten außerplanmäßig beschafft werden. Beiden Nutzern, der Kirchengemeinde und der LPG, sollte eine gemeinsame Klärgrube dienen. Sie wurde auf dem Gelände vor dem Westflügel eingetieft. Das Ausheben der Gräben erledigten Hilfskräfte als Feierabendarbeit unterstützt von Technik der LPG, eine Kooperation, wie sie vor allem bei Arbeiten in Dörfern häufig erfolgreich durchgeführt werden konnte. Aus den Beihilfemitteln wurde die Kläranlage finanziert, denn sie war als wichtige Voraussetzung für die Nutzung der sanierten Gebäude ein denkmalpflegerisches Anliegen.

Damit der Kreuzgang von den Einbauten beräumt und als ein zusammenhängender Raum gestaltet werden konnte, musste für die Büros im Nordflügel und die Lagerungen im Westflügel Ersatz geschaffen werden. Außerdem war die große repräsentative Treppe im Bereich des Kreuzganges abzubauen und im Westflügel eine neue Treppe zur Erschließung des Obergeschosses vorzusehen. Im Erdgeschoss reichte der Platz aus für diesen Aufgang, einen Speisesaal mit der dazugehörenden Küche und Sanitäreinrichtungen für Betriebsangehörige der LPG. Wie schon im Ostflügel musste auch hier ein neuer Schornstein für die Heizung im Keller hochgezogen werden.

Die Raumaufteilung im Obergeschoss für Büros, ausgehend von einem Mittelflur, blieb weitgehend erhalten bzw. wurde wiederhergestellt, nachdem die gesamte schwer geschädigte Holzbalkendecke über dem Kreuzgang mit alten Balken von Abbruchhäusern aus Magdeburg erneuert worden war (Abb. 13). Während der Arbeiten am Westflügel musste Walter Bolze seine Tätigkeit als Bauleiter beenden, weil man ihm im Frühjahr seine Architektenzulassung entzogen hatte. Einen Nachfolger konnte das Kreisbauamt nicht einsetzen. Um dennoch die Sanierung weiterzuführen, übernahm das Institut für Denkmalpflege trotz enormer Schwierigkeiten die Verantwortung für die Bauleitung.

Die Klosteranlage war inzwischen zu einer Großbaustelle geworden mit einer Vielzahl von Abhängigkeiten zwischen den einzelnen Bereichen, an denen jedoch viel zu wenig Arbeitskräfte beschäftigt waren. Hinzu kam, dass neben den Nutzern der Gebäude und dem Institut für Denkmalpflege von Seiten der kreislichen Behörden und der Baubetriebe wenig Interesse daran bestand, dieses Vorhaben, so ganz in der Nähe der Grenze und fernab öffentlichen Geschehens, mit der Zuweisung von Baukapazitäten intensiv voranzubringen. Oft blieb uns nichts weiter als gutes Zureden auf der Grundlage einer über viele Jahre entstandenen konstruktiven Zusammenarbeit mit den unterschiedlichsten Partnern. Es konnten Verzögerungen nicht ausbleiben, die den Pfarrer und den LPG-Vorsitzenden hin und wieder zu Hilferufen nach Halle veranlassten. Auch der Generalkonservator forderte 1972 einen Bericht an, denn er zeigte sich beunruhigt vom zögerlichen Baufortgang.

Abb. 14 Nordflügel der Klausur, offener Dachstuhl 1974

Besonders schwierig waren immer wieder die Dachdeckerleistungen und die Bereitstellung keramischer Ziegel für die großen Dachflächen. Als es im September 1973 endlich ge-

Abb. 15 Kreuzgang Südflügel nach Osten während der Auswechselung der Holzbalkendecke mit alten Balken

Abb. 16 Kreuzgang Südflügel nach Einziehen der neuen Holzbalkendecke

Abb. 17 Kreuzgang Nordflügel nach dem Ausbau aller Zwischenwände

lungen war, die Sanierung der Dachkonstruktion der Südseite des Nordflügels zu beenden, konnte die Dachhaut nicht mehr vor dem Wintereinbruch geschlossen werden (Abb. 14). Auch für das Folgejahr stellte das Kreisbauamt keine Dachdeckerkapazität in Aussicht, sondern schlug vor, Feierabendkräfte einzusetzen. Bevor diese durch uns von Halle aus organisiert waren, erklärte sich der VEB Baureparaturen Oschersleben überraschend bereit, die südliche Dachhälfte einzudecken, wenn das Institut für Denkmalpflege das Material beschaffte. Wir konnten diese Bedingung sogar erfüllen, denn der Denkmalpflege gelang es zunehmend, die Verteilung der wenigen noch produzierten keramischen Dachziegel zugunsten der Baudenkmale entsprechend ihrer Bedeutung zu beeinflussen. Häufig wurde die Freude über eine neu gedeckte Dachfläche aber durch Sturmschäden getrübt, die uns immer wieder zurückwarfen. So hatte der Orkan am 13. November 1972 für viele Baudenkmale im Norden Sachsen-Anhalts, auch für die Klausur in Hamersleben, besonders nachhaltige Folgen.

Derartige, über Jahre verursachte Dachschäden und eine zu geringe Nutzung hatten die Bausubstanz der Nordhälfte des Nordflügels besonders schwer getroffen, sodass die Dachstuhlsanierung 1975–1976 einen erheblichen Aufwand erforderte. Auch die Holzbalkendecke über dem Erdgeschoss musste aufgegeben und durch eine Betonkonstruktion ersetzt werden. Beruhigend wirkte auf den Baufortgang die gute fachliche Leistung der Zimmererbrigade des VEB Denkmalpflege Magdeburg. Es war jedoch anschließend wieder nicht möglich, die Dachfläche einzudecken und für die Verantwortlichen unerträglich, die sanierte Dachkonstruktion während des Winters ungeschützt dem Wetter ausgesetzt zu sehen. Die Eindeckung mit Ziegeln aus Reserven in Hamersleben gelang im Frühjahr 1977 mit Feierabendkräften, die wir von Halle aus organisierten und anleiteten. Material war noch eingelagert worden, bevor die Ziegelei in Thüringen die Produktion von Falzziegeln einstellte. Das Gerüst für die Dacharbeiten an der Außenseite des Nordflügels wurde gleichzeitig dazu genutzt, den Zementputz abzunehmen. Dabei zeigten sich im Erdgeschoss einige spätgotische mehrteilige Rechteckfenster mit oberen Quersprossen, vergleichbar denen im Kreuzgang, die wiederhergestellt ein wichtiges Zeugnis der älteren Bauzeit darstellen in den sonst durchweg barocken Fassaden.

In der Mitte der 1970er Jahre gestalteten sich die Arbeiten in Hamersleben für uns Mitarbeiter des Halleschen Teils des Instituts für Denkmalpflege besonders schwierig, weil andere Schwerpunktaufgaben mit Planungen und baubegleitenden Maßnahmen bewältigt werden mussten. Im Jahr des Bauernkriegsjubiläums 1975, zum Gedenken an die Schlacht bei Bad Frankenhausen 1525 vor 450 Jahren. wurden z. B. die Schlösser in Allstedt, Frankenhausen und Heldrungen durchgreifend saniert, der Rote Turm in Halle bekam seine nach Kriegsverlust

Abb. 18 Kreuzgang Ostflügel nach Süden, nach der Instandsetzung mit Neufassung an den Gewölben und Fensterlaibungen

Abb. 19 Kreuzgang Ostflügel, freigelegter Befund an einem Gewölbeschlussstein

rekonstruierte reich gegliederte Spitze wieder aufgesetzt und im Kloster Jerichow erfolgten vergleichbare Maßnahmen wie in Hamersleben, die verbaute mittelalterliche Klausur wieder erlebbar zu machen. An diesen und weiteren Vorhaben fehlte es wie auch sonst an planenden und bauleitenden Architekten. Wenn wir denkmalpflegerische Ziele umsetzen wollten, blieb uns nur der Weg, selber zu handeln und der Verantwortung nicht auszuweichen.

Nach dem Abschluss der Arbeiten am Dachstuhl des Nordflügels und nach dem Einzug des Pfarrers in die Wohnung im Ostflügel wurde der südliche Kreuzgang entlang der Kirche mit dem niedrigeren Obergeschoss darüber frei zur Sanierung (Abb. 15). Auch hier erforderte es der Bauzustand, die gesamte Balkendecke auszuwechseln unter Wiederverwendung von Balken aus Magdeburg. Dieser leider schwerwiegende Eingriff zog den Verlust des historischen Bestands der sogenannten Brüderzellen nach sich, die jedoch auf der neuen Decke weitgehend in ihrer früheren Raumabfolge wiederhergestellt wurden (Abb. 16).

Nachdem die vier Gebäudeflügel der Klausur saniert waren und in ihrer veränderten Raumstruktur unabhängig vom Kreuzgang genutzt werden konnten, war ein wichtiges denkmalpflegerisches Ziel erreicht (Abb. 17). Keine Zwischenwand behinderte mehr den umlaufenden Kreuzgang, und zusammen mit der ehemaligen, gewölbten Küche im Nordwesten erweiterte sich das Raumerlebnis über die Stiftskirche hinaus. Bis allerdings diese Räume öffentlich zugänglich gemacht werden konnten, mussten umfangreiche Restaurierungsarbeiten erledigt werden. Im Kreuzgang waren vor allem die dreiteiligen Fenster mit ihren oberen Quersprossen und der Bleiverglasung erheblich beschädigt bzw. durch die Fremdnutzung z. T. zerstört oder gänzlich verloren. Die Fenster wurden alle wieder vollständig geöffnet, fehlende Werksteine der Gliederungen neu eingefügt und die Bleiverglasung in einigen Feldern repariert, zumeist jedoch in Anlehnung an den Bestand erneuert. Nach dem Abbau der Zwischenwände zeigten sich in allen vier Flügeln unterschiedliche Fußbodenhöhen. Bei Schürfungen im Südflügel stieß man auf das spätgotische Niveau, bis auf das die jüngeren Auffüllungen ringsum abgetragen wurden. Dabei freigelegte Sandsteinplatten und im Nordflügel einige Joche mit Ziegeln im Fischgrätmuster verlegt konnten leider wegen des schlechten Zustands nicht erhalten werden (Abb. 18). Diese Beläge wurden durch neue Sandsteinplatten ersetzt. Trotz der Umnutzungen blieben an den Wand- und Gewölbeflächen größere Partien älterer Putze und darauf, wie auch in vielen der Fensterlaibungen, bauzeitliche Fassungsreste erhalten (Abb. 19). Sie bildeten, in einem Joch des Ostflügels konserviert, die Grundlage für die Neufassung der Gewölbe im Nord- und Ostflügel und in allen Fensterlaibungen.

Abb. 20 Ehemalige Küche vom spätgotischen Umbau zwischen Nord- und Westflügel nach dem Beräumen aller Einbauten

Abb. 21 Ehemalige Küche nach der Instandsetzung der Raumhülle noch ohne Fußboden

Die Restaurierung der ehemaligen Küche im Nordwesten der Anlage – dieser Raum wurde bisher als Remter bezeichnet – wurde zu einem besonderen denkmalpflegerischen Ereignis. In der Zielstellung ging es darum, diesen geschändeten Raum des spätgotischen Umbaus von den späteren Belastungen zu befreien und seiner Bedeutung angemessen einer möglichst kirchlichen Nutzung zuzuführen. Der Zustand der Bausubstanz war katastrophal (Abb. 20). Ohne Rücksicht auf den wertvollen spätgotischen Bestand hatte man Querwände eingezogen, Baumaterialien zusammen mit unterschiedlichstem Unrat gelagert und eine Kartoffeldämpfanlage eingebaut. Dies verursachte bis heute nachwirkende Schäden.

Beim Beräumen und nach dem Ausbau der Zwischenwände zeigte sich die Großartigkeit dieses Raumes. Es wurden aber auch die schweren Schäden an den Pfeilern, den Gewölben mit ihren Rippen, an den Fenstern und Türen sichtbar. Die Sicherung der Gewölbe begann 1972 mit einer Entlastung. Im großen Raum darüber wurde nach dem Abbau der Zwischenwände der Fußboden aufgenommen und der Schutt bis zur Oberkante der Kappen beräumt. Bei dieser Gelegenheit zeigte sich ein wichtiger Befund. Die Gurtbogen, die die beiden nordwestlichen Joche ausscheiden, setzten sich im oberen Raum in geschwärzten Anfängern eines Kamines fort, der wohl beim barocken Umbau aufgegeben wurde. In den beiden Jochen wurden Gewölbe eingezogen. Dieser Bereich, in dem der offene Herd zu vermuten ist, war ursprünglich um eine Stufe erhöht, die bei der Neuanlage des Fußbodens beibehalten wurde. 1973 konnte trotz einer Abstützung der Einsturz des nördlichen der beiden auf der Stufe stehenden und besonders geschwächten Pfeiler zusammen mit dem dazugehörenden Gewölbe nicht verhindert werden. Die empfindliche Lücke wurde geschlossen und dabei sichergestellte Profilsteine wieder eingefügt. Nach dem Schließen nicht mehr benötigter Türen, der Reparatur der Fensternischen und dem Ausbessern geschädigter Gewölberippen durch Antragungen bekamen die Gewölbe und Wandflächen einen neuen Verputz. Mit dem eingebrachten Unterbeton, darin eingeschlossen eine elektrische Fußbodenheizung, war 1981 die bauliche Sicherung des Raumes beendet (Abb. 21). Erst 1984 konnte nach dem Verlegen des Gipsestrichs und dem Einbau einer neuen Treppe für den Zugang vom Kreuzgang endlich die Winterkirche eingerichtet werden. Diese Freude über das gelungene Ergebnis hielt nicht lange vor, denn es kam sehr bald nach dem Einzug zu erheblichen Absandungen vom Gewölbeputz und mehr noch von den Antragungen an den Rippen. Gründliche Untersuchungen und Analysen der alten und neuen Materialien erbrachten bisher kein Ergebnis und daraus folgend kein Restaurierungskonzept. Als Ursache wird die lange Belastung der Gewölbe aus der Kartoffeldämpferei angenommen.

Literatur

Krause, Hans-Joachim/Voß, Gotthard: St. Pankratius zu Hamersleben, Kunstführer Nr. 1906, 4. Auflage, München 2003.

Ortsakten im Landesamt für Denkmalpflege und Archäologie Sachsen-Anhalt.

Denkmalpflege ab 1945 am Beispiel des Merseburger Doms[1]

Gotthard Voß

Es ist notwendig, hin und wieder über die Denkmalpflege in der DDR ab 1945, hier im Besonderen am Beispiel des Merseburger Doms, zu informieren, denn dieser geschichtliche Abschnitt wird mehr und mehr von all dem Neuen unserer Zeit überdeckt und verdient es, öfter in Erinnerung gerufen und gewürdigt zu werden. Jeder, der versucht, diese Zeit aus dem inzwischen eingetretenen Abstand zu beleuchten, wird sich zunächst fragen: Wie und was berichte ich?

Öffentlich verbreitete Bilder und Informationen über den Verfall der Städte, über die marode Wirtschaft, über das Leben in der DDR haben sich in das allgemeine Bewusstsein eingeprägt. Die z. B. im Monumente-Journal der Deutschen Stiftung Denkmalschutz abgedruckten, besonders schwer geschädigten Baudenkmale in den östlichen Bundesländern, vor allem immer wieder Dorfkirchen, wirkten sicher hilfreich für die Einwerbung von Spendengeldern, ließen aber nur wenig Raum für objektivere Darstellungen der Situation der Denkmalpflege und ihrer Hintergründe in unserem Land. Es gab auch damals wirklich eine aktive Denkmalpflege mit vielen durchaus vorzeigbaren und in der Fachwelt anerkannten Ergebnissen. Immer stand und steht jedoch, wenn vielleicht auch unausgesprochen, häufig sicher als Vorwurf gemeint, die Frage im Raum: Wie konnte es zu dieser Anhäufung schlechter Bauzustände kommen und wo waren die, die es hätten verhindern können z. B. auch am Kapitelhaus und der Fürstengruft am Merseburger Dom oder in den Altstädten in Merseburg, Halberstadt und Stendal? Der Versuch, darauf eine Antwort zu geben, mündete zumeist in einer Rechtfertigung und war unserem fachlichen Miteinander nicht förderlich. Das dabei nicht ausbleibende Sich-über-den-Anderen-stellen haben wir manches Mal schmerzlich empfunden.

Im Verlaufe der Jahre seit 1989 durften wir uns dann endlich ein eigenes Bild von Städten und von denkmalpflegerischen Leistungen in anderen deutschen Regionen machen und dabei selbst Erlebtes und Gesehenes mit der Vergangenheit und der Gegenwart vergleichen. Wir sahen zwar keinen Verfall, doch wir fragten häufig nach dem Verbleib alter Häuser, wo wir Kaufhäusern z. B. in Goslar und Regensburg oder anderen Neubauten mitten in den Altstädten begegneten. Wir gewannen neues Selbstbewusstsein und es regte sich auch Stolz, wenn hochran-

Abb. 1 Dom und Schloss von Südosten über die Saale. Kapitelhaus ohne Dach, Ostflügel vom Schloss zerstört, Kammerturm ohne Haube

Abb. 2 Innenraum des Domes nach Osten, nach Abschluss der Neufassung des Raumes 1955

gige Politiker Baudenkmale und sogar Altstädte im östlichen Deutschland als das »Tafelsilber« der Nation bezeichneten. Ich spüre an mir, wie viel besser dieses Gefühl ist für das immer wieder notwendige gegenseitige Erzählen auf Augenhöhe. Ich kann deshalb bei aller Trauer über viel zu viele Verluste auch Positives von unserer Arbeit berichten aus der Freude über die große Zahl erhaltener und genutzter Baudenkmale, die wir in Sachsen-Anhalt in das neue Deutschland eingebracht haben. Danach bekommt die anfangs formulierte Frage jetzt eine andere Ausrichtung: Wie konnte es denn dazu kommen?

Ich beginne mit einem Erlebnis vom Anfang der 1990er Jahre: Nachdem uns im 1991 wieder eingerichteten Landesamt für Denkmalpflege Sachsen-Anhalt vom Wirtschaftsministerium aus Magdeburg der Auftrag erreichte, für die geplante »Straße der Romanik« eine Route zu erarbeiten, und wir dem Minister das bis heute bewährte Ergebnis mit 73 Objekten vorgelegt hatten, stellte ich am Ende der Erläuterungen fest: »Herr Minister, Sie können die Straße der Romanik sofort eröffnen, denn bis auf wenige Ausnahmen – dazu gehören leider auch der Dom in Zeitz, die romanische Neumarktkirche hier an der Saale, die Neuenburg bei Freyburg und das Kloster in Ilsenburg – sind alle genannten Baudenkmale in einem vorzeigbaren Zustand«. Aus heutiger Sicht betrachtet war eine solche Behauptung sicher relativ, doch sie hatte durchaus ihre Richtigkeit.

Der Zweite Weltkrieg hinterließ auch in Mitteldeutschland schwere Verwüstungen. Die Altstädte von Magdeburg, Dessau, Zerbst, die Fachwerk-Oberstadt von Halberstadt und Bereiche hier in Merseburg waren beinahe vollständig verloren. Erheblich beschädigte, z.T. auch ruinierte Monumente überragten die Trümmerlandschaft. Keiner der acht Dome war glücklicherweise als zerstört zu bezeichnen. In Halberstadt fehlten dem Dom das Dach und der Dachreiter über dem erhaltenen Chorgewölbe. Am Magdeburger Dom hatte es im südlichen Seitenschiff und in der Westfassade zerstörende Einschläge gegeben. Am südlichen Querhaus des Stendaler Doms durchschlug eine Bombe das Dach und einen Teil des Gewölbes. Hier in Merseburg waren durch Brückensprengung und bei der weitgehenden Zerstörung des Ostflügels vom Schloss (Abb. 1) durch einen Brand unmittelbar nach dem Krieg die Fenster des Doms zu Bruch gegangen, dazu die Dächer und auch das Dach über dem Kapitelhaus erheblich beschädigt. Bei den Ausstattungen war der Verlust verhältnismäßig gering, da vieles z.T. während des Krieges eingehaust oder ausgelagert werden konnte, vor allem die umfangreichen mittelalterlichen Glasfensterzyklen der Dome in Halberstadt, Havelberg, Stendal und hier in der Vorhalle des Doms.

Den Neuanfang nach der Katastrophe kann ich mir nur schwer vorstellen. Wo beginnen und wie sollte in das Chaos wieder Ordnung kommen? Es gab damals Menschen, die trotz der unbeschreiblichen menschlichen Not den Mut hatten, sich um die Rettung bedeutender Baudenkmale zu kümmern. Bis heute verdienen sie unseren Respekt und unsere Dankbarkeit. Aus den Berichten wissen wir, wie überall in Deutschland die Freude über das Ende der nationalsozialistischen Diktatur zur Motivation wurde. Diese und andere Gemeinsamkeiten hielten nicht lange vor. Nach der Gründung der zwei deutschen Staaten 1949 ging es in dem einen, unterstützt durch großzügige Hilfen von außen, wirtschaftlich stetig bergauf, während in dem anderen Staat, der DDR, das jahrzehntelange Tragen von Kriegslasten und politische Zielsetzungen die wirtschaftliche Entwicklung erheblich behinderten. Das musste sich auch auf die Baudenkmale und die Denkmalpflege auswirken. Als wichtige Hilfe erwiesen sich noch erhaltene Strukturen von damals. Innerhalb der Sowjetischen Besatzungszone blieben die ehemaligen Länder weiter bestehen, so auch die Provinz Sachsen, verbunden mit dem Land Anhalt als Sachsen-Anhalt innerhalb wenig veränderter Grenzen. Darin behielt das Landesamt für Denkmalpflege seinen Platz. Auch die Staatshochbauämter, zuständig für die staatlichen Dome in Magdeburg, Halberstadt und die nördliche Hälfte hier am Dom, arbeiteten bis zu ihrer Auflösung 1949. Baubetriebe konnten noch beauftragt werden, da wo Handwerker den Krieg überlebt hatten. Der Mangel an Material wurde dagegen sofort spürbar.

Am Merseburger Dom begannen die Reparaturen, so die Erneuerung der Fensterverglasung, 1945, kamen aber wegen des fehlenden Glases 1946 schon wieder ins Stocken. Im Juni 1947 ging deshalb ein Schreiben aus dem Landesamt in Halle an den Dresdner Landeskonservator mit der Bitte um Unterstützung mittels einer Glaslieferung aus der Pirnaer Glasindustrie. Derartige Schreiben, sei es an das Kulturministerium, an die örtlichen Behörden, an staatliche Bauämter oder Kirchen, um die bürokratischen Planungswege bei der Materialbeschaffung zu umgehen, gehörten ständig zu unserem wichtigsten Schriftverkehr. Diese Briefe waren zumeist mit dem Slogan verbunden: »Ich gebe dir, was gibst du mir?« und setzten eine konstruktive Zusammenarbeit mit möglichst allen Partnern voraus, auch den politisch uns weniger angenehmen. Ein umfangreiches Beziehungsgeflecht wurde zur wichtigen Unterstützung, ohne die viele denkmalpflegerische Maßnahmen nicht hätten durchgeführt werden können.

An den beschädigten Dächern des Merseburger Doms begannen Instandsetzungsarbeiten erst 1948. Die Reparaturen wurden, wie das Hochbauamt meldete, umfangreicher als zunächst angenommen. Diese Feststellung, die unabhängig von den Kriegsschäden auf viele Baudenkmale zutraf, war ein Hinweis auf den übergroßen Reparaturstau aus den zurückliegenden Jahrzehnten – seit Anfang des 20. Jahrhunderts war in den Domakten des Provinzialkonservators lediglich von Arbeiten 1914 mit Bleiblech auf den Dächern der Vorhallenseitenschiffe zu lesen. Denkmalpflege im wahrsten Sinne des Wortes war neben dem Beheben der Kriegsschäden überall im Lande dringend erforderlich. Wer sollte sie in dieser Zeit erledigen?

Zurück zum Dom: Während über dem Chor Reparaturen am Dachwerk ausreichten, musste die Konstruktion über dem nördlichen Querhaus vollständig erneuert werden. Diese Arbeiten, dazu auch die Reparatur und Neueindeckung der Schieferflächen verliefen so hoffnungsvoll, dass schon 1950 an eine Neuausmalung des Doms gedacht werden konnte, die dann in den Jahren 1952 und 1953 durchgeführt wurde (Abb. 2). Das Ergebnis mit den steinsichtigen Gliederungen und hell gestrichenen Wand- und Gewölbeflächen anstelle einer aufwendigen Raumfassung aus dem 19. Jahrhundert (Abb. 3) prägt nach einer Erneuerung in den 1970er Jahren und einer Säuberung des Raumes 2002 noch bis heute das Innere des Doms. Diese Instandsetzung wurde zu einem der Tradition des Amtes folgenden Beispiel für den sogenannten »Halleschen Weg«. Dieser verfolgte bei aller Zurückhaltung gegenüber Eigendarstellungen die Absicht, mit Ausdruckswerten, die den expressiven Tendenzen in der Architektur der Neuen Sachlichkeit entsprachen und die darum bemüht waren, mit Materialgerechtigkeit und sogar mit stilpuristischen Eingriffen bei Aufgabe jüngerer Ausstattungsteile dem wertvollen Original zu größerer Wirkung zu verhelfen. Befunde älterer Ausmalungen wurden dabei nur z.T. berücksichtigt. Zu dieser Grundhaltung gehörte auch die Offenheit neuen Kunstwerken gegenüber. Dafür stehen im Merseburger Dom die Chorfenster von 1953 mit der Gestaltung einer farbigen Verglasung nach dem Entwurf des Malers Charles Crodel, von dem in Kirchen in Magdeburg und Halberstadt einfühlsame Glasmalereien bis heute als angenehm empfunden werden. Sie entsprangen einer Demut dem wertvollen Bestand gegenüber. Es stand nicht der Künstlername weit vorn wie heute im Naumburger Dom, sondern es ging damals um eine allein dem Altarraum dienende Lösung. Dieses Thema der Fenstergestaltung war während der 1950er Jahre besonders aktuell im Rahmen des Wiedereinbaus der mittelalterlichen Glasfenster, als es darum ging, entstandene Lücken durch Gestaltungen unserer Zeit zu schließen. Auch im Gedanken an diese Aktion empfinde ich Stolz, denn schon so bald nach dem Krieg war es hier in

Abb. 3 Innenraum des Domes nach Osten im Zustand der 1930er Jahre

Abb. 4 Ostflügel zerstört durch Brand nach dem Krieg und Kammerturm ohne Haube

Sachsen-Anhalt gelungen, alle ausgebauten alten Scheiben in Halberstadt, Stendal, Havelberg und in der Vorhalle des Merseburger Doms die Rundscheiben hinter einer kleingliedrigen Schutzverglasung wieder an historischer Stelle einzufügen und nicht, wie heute viel zu häufig zu beobachten, hinter einer großflächigen Schutzverglasung.

Die Ruine des im Krieg fast vollständig zerstörten Ostflügels vom ehemaligen Bischofsschloss neben dem Dom war während der ersten Nachkriegsjahre in großer Gefahr, verlorenzugehen (Abb. 4). 1947 legte ein Merseburger Architekt den ohne Auftrag entstandenen Vorschlag vor, die Ruine zu beseitigen und an ihrer Stelle eine Kolonnade zu errichten. Er verfolgte damit die Absicht, als bewusstes neues Gestaltungskonzept die Ostteile des Doms freier zu stellen und statt der bisherigen Hofbegrenzung einen Ausblick in die Saaleaue zu ermöglichen. Damit sollte nicht ein feudalistischer Zeitzeuge beseitigt werden, wie mit erhaltenen Schlössern durchaus geschehen, sondern es entsprach einer nach dem Krieg in ganz Deutschland zu beobachtenden Einstellung, für die neue Zeit mit neuen Bauideen Zeichen zu setzen möglichst unabhängig von historischen Vorgaben. Der Entwurf für ein reduziertes Schloss fand bei der Landesregierung Zustimmung, und der Architekt wurde mit der Ausführung beauftragt. Dennoch ist es durch Beharrlichkeit der Bürger der Stadt Merseburg mit Unterstützung der Denkmalpflege gelungen, die endgültige Zerstörung dieses eindrucksvollen Ensembles zu verhindern. Der Ostflügel wurde in zehnjähriger Bauzeit, mit uns heute nicht mehr vorstellbaren Vorgängen, wieder errichtet. Damit entstand in Sachsen-Anhalt das einmalige Beispiel für die Rekonstruktion eines während des Krieges weitgehend zerstörten Baudenkmals. Auch in den Folgejahren blieb es bei dieser Zurückhaltung.

Als dritten Arbeitsbereich hätten wir gerne die Rettung des Kapitelhauses und in späteren Jahren auch der Fürstengruft am Merseburger Dom betrieben. Trotz immer wiederkehrender Bemühungen ist dies leider nicht gelungen, sodass Ende der 1980er Jahre katastrophale Zustände eingetreten waren. Ohne dies rechtfertigen zu wollen, nenne ich eine der Ursachen: Nach der Auflösung der Hochbauämter mangelte es hier und bei vielen anderen Baudenkmalen an Bauleitern vor Ort. Diese Lücke konnte das Institut für Denkmalpflege, das von vielen Seiten immer wieder um Hilfe angerufen wurde, nur an einigen Schwerpunkten schließen.

Die 1950er bis Anfang der 60er Jahre brachten einschneidende baupolitische Veränderungen mit nachteiligen Folgen auch für die Denkmalpflege. Dem Regime war für die Entwicklung einer sozialistischen Gesellschaftsordnung die Beseitigung der kapitalistischen Privatwirtschaft eine wichtige Voraussetzung. Auf dem Lande und bei den Handwerkern wurde sie konsequent d.h. mit viel Druck durchgesetzt. Auf die Repressalien reagierten viel zu viele mit dem Gang über die bis dahin noch durchlässigen Grenzen. Die Folgen dieses Auszugs, vor allem der qualifizierten Fachkräfte, waren verheerend, auch für die historische Bausubstanz. Kleinbetriebe verschwanden, und das Bauwesen konzentrierte sich zur Lösung des Wohnraumproblems zunehmend auf den industriellen Wohnungsbau. Es entstanden große Baukombinate ohne Reparaturabteilungen mit angeschlossenen sogenannten Projektierungsbüros, in denen es für Sanierungsplanungen keinen Raum mehr gab. In dieser grundsätzlichen Änderung im Bauwesen liegt sicher eine der Hauptursachen für den schleichenden Verfall der Altstädte wie überhaupt der historischen Bausubstanz begründet. Eine direkte Beauftragung der wenigen für die Denkmalpflege wichtigen, zumeist genossenschaftlich geführten Handwerksbetriebe, war nicht mehr möglich. Die sogenannten Baukapazitäten waren bei den örtlichen Bauämtern zu beantragen. Erst wenn der Einsatz der Firmen genehmigt war, zumeist ohne Freigabe der benötigten Materialien, konnten Aufträge erteilt werden. Diese Auftragserteilungen erfolgten ohne Ausschreibung, denn einen Wettbewerb gab es nicht. Das brachte für die Kontinuität und die Qualität denkmalpflegerischer Arbeit erhebliche Vorteile im Vergleich zu den Problemen mit den Ausschreibungen heute. Für die Denkmalpflege standen nur wenige Betriebe zur Verfügung, die über Voraussetzungen für denkmalpflegerische Leistungen verfügten, z.B. in Magdeburg und hier in Merseburg. Sie qualifizierten sich durch eigene Erfahrungen am Baudenkmal und bei der ständigen Anleitung vor Ort durch die Mitarbeiter des Instituts für Denkmalpflege.

Für Restauratoren im Handwerk gab es keine Spezialausbildung. Eine Besonderheit waren Steinmetzgruppen eines Magdeburger Betriebes an den Domen in Magdeburg und Halberstadt. Den Dombauhütten vergleichbar, waren sie immer vor Ort, begleiteten sämtliche Arbeiten und konnten ständig notwendige Pflegemaßnahmen bis hin zum Schneekehren im Winter auf den Bleigängen erledigen. Sie wurden auch zu Garanten für die kontinuierliche Einhaltung der denkmalpflegerischen Zielstellung.

Nach 1989 hat sich das Landesamt für Denkmalpflege um vergleichbare Einrichtungen mit einer eigenen Bauleitung immer wieder bemüht, leider ohne Erfolg. Die Auswirkungen dieses Mangels können dem aufmerksamen Beobachter z. B am Magdeburger Dom nicht verborgen bleiben. Die umfangreiche Aufgabe einer kontinuierlichen Dombetreuung ist nach meiner eigenen Erfahrung kaum zufriedenstellend von einer Gebäudeverwaltung und dann auch noch aus der Ferne zu erledigen. Diese Verantwortung sollte in Magdeburg und Halberstadt und auch in Havelberg einem mit der notwendigen Kompetenz ausgestatteten Dombaumeister übertragen werden.

Zu den rechtlichen Grundlagen der denkmalpflegerischen Arbeit gehörte eine schon 1952 erlassene Verordnung, die die Zuständigkeiten der örtlichen Behörden und der Denkmalpflege regelte. Die Länderstruktur wurde gleichzeitig zugunsten von kleineren Einheiten, den Bezirken, aufgelöst. Diesen ordnete man die Denkmalämter nicht zu, sondern führte sie in einem zentralen Institut für Denkmalpflege in Berlin mit Arbeitsstellen entsprechend den früheren Ländern zusammen. Mit der Einrichtung dieser Wissenschafts- und Beratungsinstitution endete der bis dahin bestehende Amtscharakter des Fachamtes. In einer 1961 vom Kulturminister erlassenen neuen »Verordnung über die Pflege und den Schutz der Denkmale« wurde diese Struktur der Denkmalpflege festgeschrieben. Sie blieb bis Anfang der 1990er Jahre bestehen.

Der Abstand zur Zentrale in Berlin verschaffte den Arbeitsstellen eine vorteilhafte Unabhängigkeit auch gegenüber den örtlichen Behörden, den Bezirken und Landkreisen. Da in der Verordnung deren Zuständigkeit für die Genehmigung denkmalpflegerischer Maßnahmen zwar formuliert, für das Verfahren jedoch keine Hinweise gegeben waren, agierten wir Mitarbeiter des Instituts für Denkmalpflege an den Denkmalen zumeist so, als hätten wir allein zu bestimmen. Schwerpunkte unserer Arbeit waren bedeutende Einzeldenkmale, vor allem Kirchen, in die sich die örtlichen Behörden nicht einmischten. Mir ist, außer einer Kreuzaufstellung im Magdeburger Dom hinter dem Hochaltar, kein einziger Vorgang begegnet, bei dem es einen politischen Einfluss auf denkmalpflegerische Zielstellungen oder auch auf bauliche Entscheidungen in Kirchen gegeben hat. Dies geschieht heute nach meiner Beobachtung viel zu häufig, so z. B. im Magdeburger Dom und in der Klosterkirche in Jerichow zu Lasten eines denkmalpflegerischen Regulativs.

Die 1960er Jahre waren für den Merseburger Dom eine besonders schwere Zeit. Im Sommer 1961 meldete die Kirchengemeinde Schäden an den Osttürmen und über dem Kirchenschiff. Sie deuteten auf eine nicht ausreichende Dauerhaftigkeit der Nachkriegsreparaturen. Während der Wiederaufbau des Schloss-Ostflügels mehr und mehr zum Schwerpunkt wurde, wurden Maßnahmen am Dom immer wieder aufgeschoben. Als Folge gefährdete in den Innenraum eindringendes Wasser die Ausstattung, vor allem die Orgel. Erst 1964 begannen die Arbeiten an den Helmen der beiden Osttürme (Abb. 5). Dagegen ging es an den komplizierten Dächern über der spätgotischen Halle mit ihren großen Kehlen und mit dem Verputz der Nord- und Südgiebel nur schleppend voran. Nachrichten

Abb. 5 Nordöstlicher Johannesturm mit einer Leiterrüstung umstellt, 1965

darüber in den Akten beweisen die Misere des Bauwesens und dass das Bemühen der Denkmalpfleger und anderer ein Kampf war wie der Don Quichottes gegen die Windmühlen. Man liest von Materialtausch zwischen Denkmalbaustellen, vom Transfer der wenigen Finanzen, um am Jahresende nichts verfallen zu lassen und findet ein Schreiben des Chefkonservators vorbei an allen Planungsinstitutionen direkt an das Walzwerk in Hettstedt mit der höflichen Bitte um eine Sonderlieferung von Kupferblech. Diese Aktionen bezeugen den ganz persönlichen Einsatz hier und an vielen anderen Baudenkmalen – von 1952–1963 hatte das Hallesche Institut auch die drei Thüringer Bezirke Erfurt, Gera und Suhl mitzubearbeiten. Diese sehr bewegte Arbeitsweise mit einer großen Breite an Aufgaben, verbunden mit Improvisationstalent wurde immer wieder von Erfolgen motiviert und durch konstruktive Kontakte unterstützt, von denen ich lediglich das Kirchliche Bauamt in Magdeburg nenne. Diese guten Beziehungen wurden von den politisch Verantwortlichen auch in unserer Berliner Leitung nicht immer mit Wohlwollen betrachtet.

Das Jahr 1968 brachte den Arbeiten am Merseburger Dom und auch am Schloss mit der spöttisch so genannten »Jubiläumsdenkmalpflege« – sie ist uns auch heute nicht unbekannt, denkt man nur an Luther 2017 – einen sichtbaren Schub durch die 10. Arbeiterfestspiele im Bezirk Halle. Diese fanden jährlich

Abb. 6 Ostflügel des Schlosses und Kammerturm nach der Wiederherstellung und Pflasterung des Hofes 1968

Abb. 7 Teilerneuerung des Daches über der Hauptapsis, 1966

in jeweils einem anderen Bezirk statt. Der Ostflügel des Schlosses wurde damals äußerlich fertig (Abb. 6), der Schlosshof gepflastert mit vom Institut aus Thüringen beschafftem Material, und der Schlossgarten konnte in eine neue, der barocken Gestalt angenäherten Form gebracht werden. Am Domdach wurde ein guter Fortgang der Arbeiten erreicht (Abb. 7), die allerdings erst im Sommer 1970 vollständig abgeschlossen

Abb. 8 Innenraum nach Osten

werden konnten. 1972–1974 folgte endlich die Instandsetzung des Innenraumes, bei der die Ausmalung von 1953 wiederholt wurde (Abb. 8).

Über ähnliche Restaurierungsgeschichten könnte von vielen Baudenkmalen berichtet werden. Immer stehen die vielfältigen Maßnahmen in enger Beziehung zu den handelnden Personen, vor allem zu den im Institut für Denkmalpflege tätigen Mitarbeitern. Ihre Zahl war, gemessen an dem überreichen Denkmalbestand unseres Landes, bis heute niemals ausreichend. Bis 1965 waren es drei Kunsthistoriker, davon einer nach und nach zuständig für die mittelalterliche Glasmalerei, und drei Architekten, von denen einer sich auf die Bauforschung spezialisierte. Durch ihn war es dem Institut in Halle möglich, beispielgebend Forschungen, verbunden mit umfangreichen Grabungen in den Domen in Magdeburg, Halberstadt, Naumburg, im Kreuzgang am Zeitzer Dom und in der Quedlinburger Stiftskirche durchzuführen. 1965 konnten drei weitere Architekten eingestellt werden.

Weil vor Ort planende und bautechnisch versierte Fachkräfte fehlten, war für uns Mitarbeiter des Instituts die Begleitung laufender Baumaßnahmen mit sehr vielfältigen Aufgaben verbunden. Sie begannen nach Bauuntersuchungen mit Planungen von Nutzungskonzepten und reichten über denkmalpflegerische Zielstellungen und jährliche Arbeitspläne bis hin zu Ausführungs- und Detailzeichnungen. So habe ich selber gemeinsam mit einem Bauingenieur der Berliner Arbeitsstelle die Unterlagen für die Rekonstruktion des Kammerturms am Merseburger Schloss und für den Roten Turm in Halle neben der Betreuung anderer Vorhaben zumeist außerhalb der Arbeitszeit erarbeitet. Herr Rüger fertigte Zeichnungen für das Kloster Unser Lieben Frauen in Magdeburg, das Schloss in Bernburg und für die Petrikirche in Magdeburg, um nur wenige Beispiele zu nennen. Vieles wurde auf der Baustelle skizziert, nicht selten auf die Wände. Das war für uns junge Architekten damals natürlich eine große Chance, verbunden allerdings mit viel Verantwortung und mit einem hohen Einsatz ohne Aussicht auf besondere persönliche Vorteile. Alle von uns erarbeiteten Bauunterlagen halten mengenmäßig jedoch einem Vergleich mit heutigem Papierwust nicht stand, über dessen Sinnhaftigkeit ich mich an dieser Stelle allerdings nicht auslassen möchte.

Nach der Planung und Vorbereitung von Instandsetzungen fühlten wir uns zuständig für die Begleitung der Maßnahmen, die zum Teil bauleitende Formen annahm und mit häufigen Baustellenbesuchen verbunden war. Dieser Einsatz betraf auch alle Dome, hauptsächlich die in Magdeburg und Halberstadt, nachdem die beiden dort tätigen Architekten Ende der 1960er Jahre bzw. 1976 ihre Arbeit vor Ort beendeten. Die bei allen diesen Aufgaben herrschenden Arbeitsbedingungen kann ich selber heute kaum noch nachvollziehen, z.B. die Reise- und Kommunikationsmöglichkeiten. So hatte ich persönlich 10 Jahre nach meiner Einstellung im Institut keinen Telefonanschluss, der es mir neben vielem anderen ermöglicht hätte, mein Zuhause zu informieren, wenn sich meine Ankunft verschob. Glücklicherweise hatten wir keinen Vergleich zu diesen Verhältnissen, der uns hätte demotivieren können. Auf das alles konnten und mussten wir uns einstellen, doch die psychische Belastung wegen der zunehmenden Verschlechterung des Zustands vieler unserer Städte und Baudenkmale und das Unvermögen, etwas dagegen ausrichten zu können, wurden immer unerträglicher. Und dennoch sind wir wieder und wieder durchs Land gefahren und nicht immer umsonst. Dort, wo etwas geschah, war es ein Grund zur Freude. Die Erfolge und die Wegstrecken bis dahin waren vielfach mit offenen menschlichen Kontakten verbunden, die sicher auch einer der Schlüssel dafür waren, dass trotz der schwierigen Verhältnisse so viel bewahrt werden konnte. Zusammenfassend kann ich für mich feststellen, dass es trotz allem, von dem ich berichtete, eine mein Leben bereichernde Zeit gewesen ist.

Anmerkung

1 Vortrag gehalten bei der Dombaumeistertagung in Naumburg 2011, veröffentlicht im Tagungsband, Petersberg 2012, S. 117–126.

Die Wiederherstellung der Pfarrkirche St. Marien zu Prenzlau

Hans Burmeister

Der 26. Mai 1970 ist ein denkwürdiger Tag in der Geschichte der Pfarrkirche St. Marien zu Prenzlau (Landkreis Uckermark). An diesem Dienstag fanden sich Vertreter der Evangelischen Kirche Berlin-Brandenburg, des Ministeriums für Kultur der Deutschen Demokratischen Republik (DDR), des Rats des Bezirks Neubrandenburg und der Stadtverwaltung Prenzlau im Restaurant »Am Kap« in Prenzlau zusammen, um den »Vertrag über den Wiederaufbau der St. Marienkirche Prenzlau als Denkmal der Kultur von nationaler Bedeutung und internationalem Kunstwert«[1] zu unterzeichnen.

Dieser ungewöhnliche und einmalige Vertrag war das Ergebnis jahrelanger Bemühungen der Kirche und der Denkmalpflege um die Rettung und Sicherung der kunsthistorisch bedeutenden Hauptkirche Prenzlaus, die Ende April 1945 im Zuge von Kriegshandlungen ausgebrannt war. Er ermöglichte den Beginn des Wiederaufbaus des Gotteshauses.

Der Vertrag von 1970 wurde durch die Veränderung der politischen Verhältnisse 1990 gegenstandslos. Auf der Grundlage einer am 19. Februar 1993 unterzeichneten Vereinbarung zwischen der Kirchengemeinde St. Marien und der Stadt Prenzlau, die mit der Übertragung der Bauherrschaft an die Stadt die weitere Finanzierung ermöglichte, konnten die Wiederherstellungsarbeiten bis zu einem gewissen Abschluss weitergeführt werden.

Vorgeschichte

Der erste Bau der Kirche entstand zwischen 1235 und 1250 und war nach dem Ausgrabungsbericht von Joachim Fait eine gewölbte dreischiffige Hallenkirche mit Querschiff, einem gestreckt-rechteckigen Chor und einem doppeltürmigen Westbau aus Feldstein.[2]

Ab 1289 wurde unter Beibehaltung der Westtürme ein großzügiger Neubau aus Backstein begonnen[3], eine 7-jochige Halle mit polygonalen Abschlüssen aller drei Schiffe. Die neue Kirche erhielt die Breite des ehemaligen Querschiffes. Der Neubau wurde in zwei Bauabschnitten mit einer kurzen zeitlichen Unterbrechung ausgeführt. Emil Schwartz gibt den überlieferten Kirchweihtag mit dem 18. Juni 1340 an[4], woraus auf die Fertigstellung des neuen Kirchenschiffes zu schließen ist. In den folgenden Jahrzehnten dürften die Türme aufgestockt und die Kapellen und Vorhallen hinzugefügt worden sein. Bis auf mehrmalige Veränderungen der Turmaufsätze erfuhr das Kirchengebäude bis in die Mitte des 19. Jahrhunderts keine wesentlichen baulichen Umgestaltungen.[5]

Nachdem 1818-1829 der Dachstuhl und der Glockenstuhl instand gesetzt worden war[6], ging man zwischen 1843 und 1847 daran, den Kirchenraum zu sanieren und neu einzurichten. Für die Planung und Leitung des Vorhabens wurde der Berliner Architekt Eduard Knoblauch gewonnen. Der Kirchenraum wurde in neogotischem Stil der Zeit gestaltet, bei weitgehender Entfernung der bis dahin überkommenen Ausstattung – ausgenommen der spätgotische Flügelaltar, die gotische Bronzefünte (Taufbecken) und eine Reihe von Grabsteinen und Epitaphien –, freilich gegen den ausdrücklichen Willen des Konservators Ferdinand von Quast.[7]

Hierbei handelt es sich im Wesentlichen um folgende bauliche Maßnahmen:

1. Abbruch des eingestürzten Totengräberhauses an der Südseite und Abbau sämtlicher Einbauten wie Emporen, Chorschranken, Gestühl und Kanzel
2. Schaffung eines neuen, höher gelegten Fußbodens. Das seit der Erbauungszeit erhaltene Niveau mit ost-westlichem Fußbodengefälle wurde durch Auffüllung horizontal ausgeglichen. Dadurch entstand im Übergangsbereich vom Kirchenschiff zur Turmhalle eine hohe Stufenanlage
3. Egalisierung der Westwand der Kirchenschiffe durch Errichtung einer raumhohen Ziegelwand
4. Einbau einer Orgelempore im ersten westlichen Joch über die gesamte Raumbreite
5. Vermauerung mehrerer Portale, aber Freilegung der westlichen Fensterrose
6. Farbliche Fassung des Kirchenraumes mit sandsteinfarbigem Grundanstrich und aufgemalten roten Fugen
7. Neuverglasung der Fenster
8. Ausstattung der Kirche mit neuer Kanzel, neuem Gestühl und neuer Orgel sowie das Wiederaufstellen des spätgotischen Flügelaltars und des gotischen Taufbeckens.

1878 bis 1885 wurden die Fassaden, insbesondere der Ostgiebel, einer umfassenden Restaurierung unterzogen (Abb. 1),

Abb. 1 Pfarrkirche St. Marien von Südosten, Aufnahme 1902

1903 die Margarethenkapelle.[8] 1929 erfolgte die Neueindeckung des Kirchendachs.

Über die Zerstörung der Kirche im Jahre 1945 berichtet der Prenzlauer Heimatforscher Schwartz: »Noch in den letzten Kriegstagen des II. Weltkrieges, am 27. und 28. April 1945, hat eine fast die ganze Altstadt verzehrende Feuersbrunst auch die Marienkirche ergriffen und schwer zerstört.«[9] Die Kirche brannte vollständig aus. Erhalten blieben die Umfassungswände mit dem wertvollen Ostgiebel, die Pfeilerarkaden der Kirchenschiffe, die ausgebrannten Türme sowie die nur gering beschädigte Margarethen- und Christophskapelle, die Nordvorhalle verlor Dach und Gewölbe. Von der Ausstattung konnten die Skulpturen und Teile des Gesprenges des Flügelaltars und die Bronzefünte gerettet werden.

Die Sorge um den Verlust der verbliebenen Ruine war groß. Eine erste Begutachtung im Sommer 1945 fiel recht pessimistisch aus.[10] Von Oktober bis Dezember 1947 wurden Enttrümmerungsarbeiten durchgeführt, wie aus einem Schreiben der Kirchengemeinde St. Marien hervorgeht.[11] Am 7. Mai 1949 beschloss der Gemeindekirchenrat von St. Marien die Instandsetzung[12], als erster Bauabschnitt war die Abstützung des Ostgiebels vorgesehen. Im Herbst des gleichen Jahres wurden unter großen Mühen auf den Arkaden an der Innenseite des Ostgiebels Stützpfeiler aufgeführt (Abb.2). Am 16. Dezember 1949 sollte auf Anregung des Kirchlichen Bauamtes beim Evangelischen Konsistorium Berlin-Brandenburg für die beteiligten 25 Bauhandwerker nach Abschluss der Arbeiten am Ostgiebel ein bescheidenes Richtfest ausgerichtet werden[13], das aber wegen »Befürchtungen des Gemeindekirchenrats, daß die geplante schlichte Feier mit den Bauleuten Ärgernis bei den kirchlich eingestellten Gemeindegliedern von Prenzlau erregen könnte...,«[14] nicht statt fand. Die von der Kirchenleitung dafür bereitgestellten Mittel in Höhe von 375 Mark wurden den Bauhandwerkern zu gleichen Teilen ausgezahlt. Bemühungen der Kirche und des Denkmalamtes in den folgenden Jahren um weitere Sicherungen, insbesondere der erhalten gebliebenen Margarethen- und Christophskapelle, führten nicht zum Erfolg.

Erst 1957 setzen wieder ernsthafte Verhandlungen mit dem Ziel ein, den Wiederaufbau der Kirche zu prüfen. Anlass war ein Schreiben des Rats der Stadt Prenzlau an das Evangelische Konsistorium Berlin-Brandenburg.[15] Daraufhin fand am 28. Juni 1957 in der Marienkirche eine Beratung statt, an der u.a. Bürgermeister Karl Bitter, Superintendent Dr. Karl Nagel, der Gemeindepfarrer Wolter und Vertreter des Gemeindekirchenrats, Kirchenbaurat Snell, Dr. Ohle vom Institut für Denkmalpflege Schwerin und Vertreter einer Berliner Stahlbaufirma teilnahmen.[16] Hauptziel war die endgültige Sicherung des kunsthistorisch bedeutsamen Ostgiebels. Auf Anregung des Instituts für Denkmalpflege sollte eine über mehrere Joche des Kirchenschiffes zu bemessende Stahldachkonstruktion aufgesetzt werden. Bautechnische und wirtschaftliche Erwägungen, vorgetragen von der Baufirma, führten zu dem Antrag, »daß der künftige Plan- resp. Investträger [der Bauherr] sich für den Aufbau der gesamten Stahlkonstruktion entschlie-

Abb. 2 Pfarrkirche St. Marien von Südwesten, an der Innenseite des Ostgiebels ist einer der 1949 errichteten Stützpfeiler sichtbar, Aufnahme um 1950

ßen möge (...)«.[17] Als Materialbedarf wurden 80 Tonnen Stahl genannt, die Kosten sollten sich auf 172.000 Mark belaufen, die Bauausführung war für 1958/59 vorgesehen. Die erforderlichen finanziellen Mittel sollten von zentraler Stelle genehmigt und bereitgestellt werden. Eine im Namen aller Architekten der Deutschen Demokratischen Republik von Professor Hermann Henselmann an den Ministerpräsidenten Otto Grotewohl schriftlich vorgetragene Bitte um Bereitstellung des Baustahls[18] hatte den gewünschten Erfolg.[19] Die anfangs von der Prenzlauer Nebenstelle des Entwurfsbüros für Hochbau des Rats des Bezirks Neubrandenburg erfolgte Zusage, die erforderliche Bauplanung zu übernehmen, musste auf Anweisung der Neubrandenburger Zentrale zurückgenommen werden.[20] Um die notwendigen Vermessungsarbeiten ausführen zu können, wurden im Dezember 1957 und Januar 1958 von einer Greifswalder Baufirma der Ost- und Westgiebel eingerüstet. Vom 3. bis 11. Januar 1958 erfolgte durch Dipl. Ing. Döhler und Dipl. Ing. Voß die fotogrammetrische Vermessung der Kirche. Parallel dazu wurden vom VEB Bau Prenzlau Aufräumungsarbeiten durchgeführt.[21] Diese Arbeiten beauftragte das Kirchliche Bauamt, das dafür 50.000 Mark bereitstellte.[22]

Trotz intensiver Bemühungen des Kirchlichen Bauamtes, das »namens und im Auftrage der evang. Kirchengemeinde St. Marien (...)«[23] die mit dem Bauvorhaben zusammenhängenden Geschäfte führte, konnte zwischen ihm und den staatlichen Verwaltungsstellen über die Bereitstellung der finanziellen Mittel keine Einigung erzielt werden, was den Ausstieg der Berliner Stahlbaufirma zur Folge hatte.[24] Das Bemühen um einen Wiederaufbau der Kirche war damit scheinbar für einen nicht absehbaren Zeitraum gescheitert.

Im Sommer und Herbst 1959 führte das Institut für Kunstgeschichte der Universität Greifswald Untersuchungen und Grabungen in der Kirche durch.[25] Sie führten zu »überraschend neuen Erkenntnissen im Hinblick auf die Gesamtentwicklung der norddeutschen Baukunst des 13. Jahrhunderts (...)«,[26] wie Fait in seinem Ausgrabungs- und Rekonstruktionsbericht schrieb. Diese Erkenntnisse und weitere ergänzende Untersuchungsergebnisse, soweit sie für den Wiederaufbau und die Restaurierung von Bedeutung sind, sollen weiter unten behandelt werden.

Im April 1961 wurden auf Initiative des Evangelischen Konsistoriums Berlin-Brandenburg wieder Gespräche mit den zuständigen Behörden beim Rat des Bezirks Neubrandenburg aufgenommen[27] mit dem Ziel, die erforderlichen Genehmigungen für die äußere Instandsetzung der Marienkirche zu erlangen. Mit kircheneigenen Mitteln in Höhe von 500.000 Mark sollten 1962 die Stahlbinder für die Dachkonstruktion hergestellt und im darauffolgenden Jahr montiert werden. Mit der Berliner Stahlbaufirma waren diesbezügliche Verhandlungen wiederum erfolgreich geführt worden. Der Rat des Bezirks Neubrandenburg lehnte jedoch die behördliche Freigabe der Stahlmenge von 120 Tonnen mit der Begründung ab, das Material für andere dringende Bauvorhaben zu benötigen. Im Übrigen wurde unterstellt, die Bevölkerung hätte kein Verständnis für den geplanten Wiederaufbau[28], womit ein weiterer Versuch des Wiederaufbaus ins Leere lief.

Ab 1963 fanden fortlaufend Konsultationen zwischen dem Evangelischen Konsistorium und dem Institut für Denkmalpflege statt. Gemeinsam waren der Wille und das Bemühen, Voraussetzungen zu schaffen für die mittlerweile dringend erforderliche Sicherung des Ostgiebels, d.h. die Aufbringung eines Dachstuhles. 1965 wurden ein bautechnisches Gutachten von dem renommierten Statiker und Gutachter Wolfgang Preiss aus Dresden eingeholt[29] sowie ein neues Projekt von dem Berliner Ingenieur Karlheinz Neumann erarbeitet.[30] Im Mai 1966 meldete das Institut für Denkmalpflege einen Baubedarf in Höhe von 150.000 Mark für »Baureparaturen 1967 Marienkirche Prenzlau«[31] beim Rat des Kreises Prenzlau an. Das Kirchliche Bauamt wurde gleichzeitig um Förderung gebeten, das seinerseits die Bereitstellung von Spendenmitteln in Aussicht stellte.[32] Der Gemeindekirchenrat von St. Marien in Prenzlau gab seine Zustimmung, »daß durch kirchliche und staatliche Stellen im Zuge der Erhaltung alter deutscher Kulturgüter die St. Marienkirche zu Prenzlau unter Mitarbeit des Kirchlichen Bauamtes beim Evangelischen Konsistorium Berlin saniert wird und die Bauunterhaltungskosten auf unbestimmte Zeit finanziert werden, ohne daß dadurch die St. Marien-Kirchengemeinde Prenzlau, bzw. die Evangelische Kirche von Berlin und Brandenburg finanziell belastet oder die Eigentumsverhältnisse geändert werden.«[33] Damit waren nunmehr grundlegende Voraussetzungen geschaffen, um den Wiederaufbau in Gang zu setzen (Abb. 3).

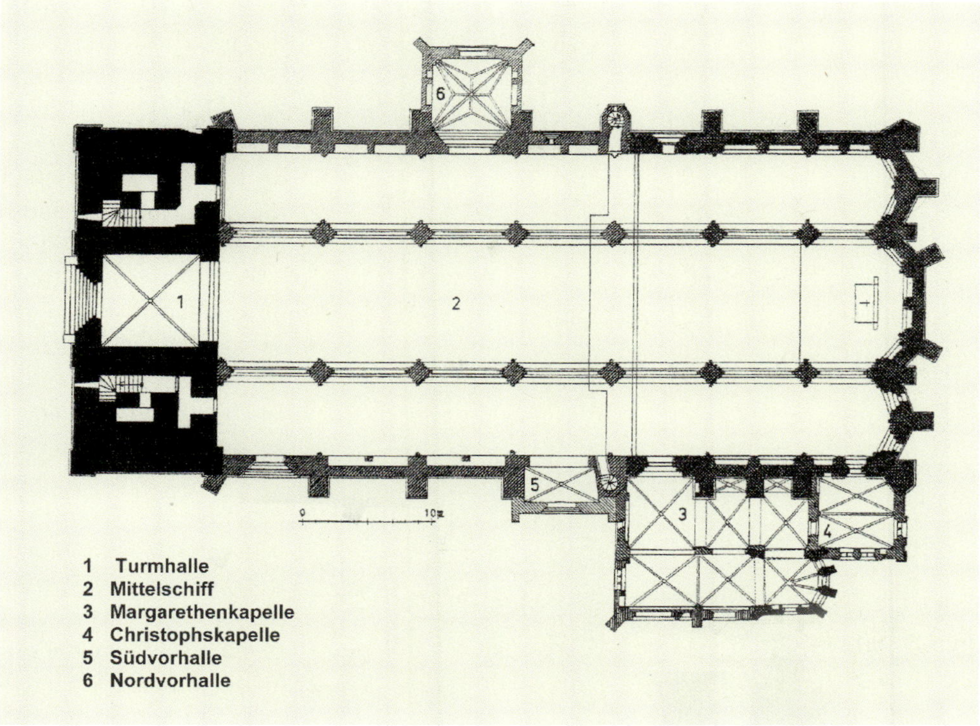

Abb. 3 Pfarrkirche St. Marien, Grundriss des heutigen Zustandes

Im Jahre 1967 gelang der entscheidende Durchbruch in den langjährigen Bemühungen um die Sicherung und den Wiederaufbau der St. Marienkirche. Fast auf den Tag genau zehn Jahre nach der denkwürdigen Zusammenkunft in der Kirchenruine traf sich am 29. Juni 1967 im Hotel Uckermark ein hochrangiges Gremium, um über einen Vertrag zu verhandeln, der Grundlage für den Wiederaufbau der Kirche sein sollte. Teilnehmer waren u. a. der Generalkonservator beim Institut für Denkmalpflege Berlin Prof. Ludwig Deiters, Generalsuperintendent Albrecht Schönherr, derzeit Verwalter im Bischofsamt der Evangelischen Kirche Berlin-Brandenburg, Superintendent Wolfgang von der Heydt für die Kirchengemeinde, Bezirksbaudirektor Hermann Barth aus Neubrandenburg, zwei Vertreter des Ministeriums für Außenhandel und Innerdeutschen Handel sowie Mitarbeiter staatlicher und kirchlicher Behörden.[34] Die Bereitstellung der finanziellen Mittel schien gesichert zu sein[35], obwohl darüber im Aktenvermerk nichts direkt ausgesagt ist. Als Ergebnis des Gesprächs einigte man sich über die Notwendigkeit der Sicherung des wertvollen Bauwerkes (Abb. 4). Es wurden Festlegungen zum weiteren Verfahrensverlauf getroffen und Termine fixiert, wobei auffällt, dass der Bezirksbaudirektor wiederholt Einwände und Bedenken äußerte. Das von Deiters angestrebte Ziel, 1969 die stählerne Dachkonstruktion zu montieren, musste noch einmal ausgesetzt werden.

Noch viele Widrigkeiten, die ihre Ursache in dem gespannten Verhältnis von Staat und Kirche in der DDR hatten, mussten überwunden werden, bis am 26. Mai 1970 der eingangs erwähnte Vertrag unterzeichnet werden konnte, und nun den Beginn des Wiederaufbaus des Gotteshauses möglich werden ließ. Die Kirchengemeinde übernahm als Eigentümerin den Wiederaufbau der Kirche, allerdings ohne finanzielle Belastung. Mit dem Vertrag wurde eine Nutzung als kulturhistorisches Museum und Besichtigungsobjekt unter staatlicher Leitung nach der Wiederherstellung der Kirche vereinbart.

Abb. 4 Pfarrkirche St. Marien, Mittelschiff nach Westen, Aufnahme 1967

Abb. 5 Pfarrkirche St. Marien, Mittelschiff nach Osten, Aufnahme 1967

Der seinerzeit geschlossene Vertrag muss aus der Sicht der damaligen gesellschaftspolitischen Verhältnisse gesehen werden. Unter Berücksichtigung der äußerst schwierigen Beziehungen auf allen Ebenen der staatlichen Verwaltung zur evangelischen Kirche kann sein Zustandekommen nicht hoch genug bewertet werden.

Der Vertrag sah eine Bauzeit von 10 Jahren vor, die Fertigstellung sollte 1980 sein. Drei Baustufen waren geplant:

1. Baustufe: Sicherungsmaßnahmen einschließlich Wiederherstellung des Daches (Abb. 5)
2. Baustufe: Wiederherstellung der Außenhaut einschließlich Fenster und Türen
3. Baustufe: Innere Gestaltung einschließlich der Wiederherstellung der Gewölbe.

Dieses ehrgeizige Ziel war zu hoch gesteckt. Nach 25-jähriger Bauzeit feierte die Kirchengemeinde am 21. Oktober 1995 den Abschluss der 2. Baustufe einschließlich Wiederherstellung des Fußbodens in einer allerdings nicht eingewölbten Kirche.[36]

Das Institut für Denkmalpflege übernahm als Hauptauftragnehmer die fachwissenschaftliche Vorbereitung und Leitung sowie die Projektierung und Ausführung der Wiederherstellung.[37] Der Arbeitsstelle Berlin des Instituts wurden die Aufgaben des Bauherren übertragen, gleichzeitig arbeitete sie die Bauplanung aus. Die dem Institut angeschlossene Bauabteilung in Berlin übernahm die Bauausführung. Die Planung und Bauausführung ging 1978 an den neu gegründeten VEB Denkmalpflege Berlin über, der aus der erwähnten Bauabteilung hervorging. 1990 wurde die Firma Denkmalpflege GmbH Prenzlau (ehemals Werkstatt für Denkmalpflege Prenzlau) mit der Bauausführung sowie das Büro für Architektur und Denkmalpflege Westphal und Schlotter aus Berlin mit der weiterführenden Planung beauftragt.

Seit 1958 wurden baugeschichtliche Untersuchungen vorgenommen und denkmalpflegerische Aufgabenstellungen erarbeitet und fortgeschrieben.[38] Ausgehend von der Baugeschichte wurde die kunstgeschichtliche Bedeutung der Kirche gewürdigt und als herausragendes Denkmal der norddeutschen Backsteingotik hervorgehoben. In einer Zielstellung des Instituts für Denkmalpflege heißt es: »Nach Zerstörung der Marienkirche 1945 ergab sich aus der Bedeutung des Bauwerkes unabweisbar die Forderung ihres Wiederaufbaus. Dessen Ziel war zunächst Wiederherstellung des Zustandes vor der Zerstörung. Da dieser Vorzustand aber in wichtigen Partien geprägt ist durch die Restaurierungen des vorigen Jahrhunderts, steht die gegenwärtige Instandsetzung vor der Frage, inwieweit sie diese Wiederherstellung übernehmen, korrigieren oder verwerfen soll.«[39]

Grundsätzlich wurde beabsichtigt, die Wiederherstellung der Kirche unter Beibehaltung der vorhandenen Substanz vorzunehmen. Notwendige Ergänzungen wurden so ausgeführt, dass sie in Form und Material dem historischen Bestand entsprechen.[40]

Das Kirchendach

Vordringlichste Aufgabe der Wiederherstellung musste die konstruktive Sicherung des 42 Meter hohen Ostgiebels sein. Sie konnte nur durch den Neubau des Hauptdaches erreicht werden. Die 1949 gemauerten Strebepfeiler, die auf den Arkadenwänden aufsetzen und mit der Giebelrückwand durch Stahlzuganker verbunden sind, konnten eine Schwankung der Giebelspitze bei Sturm (laut fotogrammetrischer Vermessung 1958 bis zu 12 Zentimeter) nicht verhindern. Die Standsicherheit des Giebels hatte sich aber während der 27 Jahre des Freistehens noch erwiesen.

An den Nachbau des 1945 verbrannten bauzeitlichen hölzernen Dachstuhles, ein Sparrendach mit zweifach stehendem Stuhl auf den Arkaden, konnte seinerzeit nicht gedacht werden, schon 1957 wurde die Montage einer Stahlbinderkonstruktion beschlossen[41], die dann auch 1972 zur Ausführung kam. Für das Hauptdach wurde ein Bindersystem als Dreigelenkrahmen mit Zugband in Fachwerkkonstruktion mit horizontalen und vertikalen Wandstäben gewählt, nur auf den Außenwänden aufstehend. Die Spannweite der Binder beträgt 25,80 m, der Binderabstand 3,85 m. Die 14 Binder wurden mit Hilfe eines Turmdrehkranes von der Südseite aus montiert. Da die Kranauslegerlänge nicht ausreichte, wurden die am Boden vormontierten ca. 5,6 t schweren Binder auf die westlichen Joche gehoben und zweimal zu einem Gebinde von je 4 Bindern zusammengefasst, das dann jeweils mittels Winden nach Osten verschoben wurde. Die Montage der restlichen 6 Binder erfolgte an Ort und Stelle. Der Einbau der Verbände und Pfetten schloss die Aufbringung der Dachkonstruktion ab.[42] Die Montage dauerte vom 7. November 1972 bis zum 16. Januar 1973. Am 21. Dezember 1972 wurde um 13.25 Uhr die Richtkrone im Beisein des Generalkonservators Deiters aufgezogen und in einem internen Kreis das Richtfest gefeiert (Abb. 6).[43]

Vor der Dachmontage mussten jedoch die insgesamt 220 Meter langen Mauerkronen der Außenwände und Arkaden gesichert und saniert sowie der Stahlbetonringanker und acht Druckriegel aus Stahl quer zur Gebäudeachse zur Stabilisierung der Wände und zur Lastübertragung der Dachkonstruktion und der Windkräfte eingebaut werden.

Für die Durchführung der Bauarbeiten ist 1970–71 in Höhe der Mauerkrone eine 920 Quadratmeter große Arbeitsbühne als doppeltes Holzstangengerüst (16.000 Kubikmeter umbauter Raum) in den Seitenschiffen und im Mittelschiff entlang der Pfeilerarkaden errichtet worden. Moderne Gerüstsysteme standen dafür nicht zur Verfügung.[44]

Im Mai 1973 begann die Dacheindeckung mit 0,7 mm dickem Kupferblech auf Holzschalung. Drei Gründe entschieden darüber, von der traditionellen Eindeckung mit Klosterbibern abzuweichen. Erstens konnten so große Mengen von Dachziegeln dieser Art zu jener Zeit nicht beschafft werden. Zweitens konnte durch das geringere Eigengewicht der Dachhaut die Stahlkonstruktion geringer dimensioniert werden, und drittens garantiert die Metalldeckung eine weitaus längere Wartungsfreiheit. Die Eindeckung der 2.625 Quadratmeter großen Dachfläche einschließlich Ausbildung der aufwendigen Regenentwässerung zog sich über drei Jahre hin. Bautechnisch bedingt musste parallel zu diesen Arbeiten das Mauerwerk der Innenflächen der beiden Kirchengiebel, der Attika sowie das der Ostfassaden der Kirchtürme vor Schließung der Dachdeckung saniert werden.

Abb. 6 Pfarrkirche St. Marien von Südosten mit Kran bei der Montage der Dachbinder, Aufnahme 1972

Der Außenbau

Bereits 1974 konnte mit der Restaurierung der Fassaden begonnen werden. Als erstes wurde der kunsthistorisch wertvolle Ostgiebel der Kirche sowie die Süd- und Nordfassade des Chors eingerüstet. Die Evangelische Kirche Berlin-Brandenburg stellte dafür das Baugerüst moderner Art bereit.[45] Die Arbeiten in diesem Abschnitt wurden mit der Verglasung der drei Chorfenster im Jahr 1977 abgeschlossen. Zehn Jahre später, im Juni 1987, wurden mit der Restaurierung der Nordseite des Langhauses die Arbeiten an der äußeren Kirchenhalle wieder aufgenommen und erst 1991 mit der Verglasung der drei Südfenster beendet. Für die Ausführung dieser Arbeiten stand den Bauhandwerkern allerdings kein modernes Baugerüst mehr zur Verfügung. Wie zur Erbauungszeit mussten sie unter schwierigsten Bedingungen abschnittsweise ein 30 Meter hohes Holzstangengerüst errichten.

Die Restaurierung des mittelalterlichen Maßwerks des Giebels erfolgte unter sparsamem Einsatz neuer Formziegel. So mussten der mit Krabben geschmückte Ortgang und die Fialspitzen neu aufgemauert werden. Die Fenstermaßwerke, meist aus der Restaurierungsphase des 19. Jahrhunderts stammend, waren durch die Hitzeeinwirkung des Brandes von 1945 erheblich beschädigt; größere Partien mussten ersetzt werden, insbesondere an der Nordseite. Hier erhielten die beiden westlichen Fenster vollständig neues Pfosten- und Maßwerk. Die Glaserwerkstatt des Dresdner Denkmalpflegebetriebes übernahm die Verglasung der einundzwanzig über 13 Meter hohen Fenster. Jochen Hass, Mitarbeiter im Institut für Denkmalpflege in Berlin, lieferte dazu neue Entwürfe in Anlehnung an die teppichartige Verglasung Knoblauchs, da die aus dem 19. Jahrhundert stammenden Glasfenster 1945 verlorengegangen waren.

Die Herstellung und Lieferung der erforderlichen Formziegel in einer kaum zu überblickenden Vielfalt und Anzahl – allein für ein Fenstermaßwerk mit Pfosten und Gewände werden rund 50 verschiedene Formen benötigt –, bereitete immer wieder Schwierigkeiten (Abb. 7). Die Ziegelindustrie hatte große Probleme, Ziegel in der erforderlichen Qualität bezüg-

Abb. 7 Pfarrkirche St. Marien, Trauffries an der Südseite nach der Restaurierung, Aufnahme 1988

Abb. 8 Pfarrkirche St. Marien, nördliches Seitenschiff nach Westen mit der freigelegten Wandgliederung des Vorgängerbaus, Aufnahme 1996

lich Konsistenz, Formhaltigkeit und Färbung herzustellen. Nur sukzessive konnte nach vorherigen Verhandlungen von Jahr zu Jahr das Material geliefert werden. Dadurch bedingt, aber auch aus bautechnischen Gründen wurden parallel zu den oben beschriebenen Maßnahmen die Arbeiten an den südlichen Kapellenanbauten, an den Türmen und im Kirchenraum aufgenommen (Abb. 8).

Die Südkapellen

Im Verlauf der Eindeckung des Hauptdaches musste natürlich auch für die Ableitung des Niederschlagswassers gesorgt werden, die an der Südseite nur unter Einbeziehung der großen Kehle zwischen Halle und Margarethenkapelle möglich ist. Dies erforderte schon im Jahre 1974 die Reparatur des erhaltenen, aber beschädigten Dachstuhls dieses Anbaus und die Eindeckung mit Mönch-Nonne-Ziegeln. Die pultdachartige Kehle wurde mit Kupferblech ausgelegt. Erst 1978 konnte der Dachstuhl der Christophskapelle neu errichtet werden. Die Eindeckung erfolgte mit Klosterbibern. In dem vorgenannten Zeitraum konnte auch die Sicherung und Restaurierung des Mauerwerkes dieser Kapellen, sowie der sich westlich anschließenden zweigeschossigen Südvorhalle durchgeführt werden.

Nach Abschluss der Restaurierung dieser Kapellen richtete im September 1979 das Institut für Denkmalpflege hier eine kleine Ausstellung zur Baugeschichte und zum Wiederaufbau der Marienkirche ein, die bei der Bevölkerung eine große Resonanz fand. Innerhalb von fünf Wochen konnten ca. 5.000 Besucher gezählt werden. Es war schließlich das erste Mal seit der Zerstörung, dass die Prenzlauer die Möglichkeit bekamen, Teile der Kirche zu betreten und sich ein Bild von dem Wiederaufbau zu verschaffen. Ein ähnliches Ergebnis war zehn Jahre später zu verzeichnen, als aus Anlass des Tages des Denkmals die Kirche und die Türme für die Bevölkerung geöffnet wurden.

Die Türme

Nach Beendigung der Arbeiten am Ostgiebel erfolgte 1977 die Umsetzung des Baugerüstes an die Nord- und Westseite des Nordturms. Die Mauerwerkssanierung zog sich bis zum Jahreswechsel 1979/80 hin. Da das Kirchliche Bauamt um die Rückgabe des geliehenen Gerüstes bat, musste der geplante Aufbau des Turmabschlusses vorerst zurückgestellt werden.[46] Dieser erfolgte dann im Jahre 1982 mit Hilfe einer Auslegerrüstung. Die nach dem Brand eingestürzten Volutengiebel auf dem aus der 2. Hälfte des 16. Jahrhunderts stammenden sogenannten Türmerhaus, das den eigenwilligen Turmabschluss bildet, wurden nach vorliegenden Messbildaufnahmen neu aufgemauert und der gesamte Renaissanceaufbau wurde geputzt und farbig gefasst. Das Richtfest für den hölzernen Dachstuhl konnte am 13. September 1982 gefeiert werden. Der dem Marktplatz zugewandte Ostgiebel wurde nach historischem Vorbild mit vergoldeten Kugeln und einer Vase geschmückt, während die Spitze des Westgiebels wieder Kugel, Wetterfahne und Kreuz erhielt.

1983 konnte dann dank der Unterstützung durch die Evangelische Kirche Berlin-Brandenburg der Südturm eingerüstet werden, um auch diesen wiederherzustellen. Im Dezember begannen die Arbeiten mit der Sanierung der Mauerkronen und dem Abbinden des hölzernen Dachstuhles. Am 20. Januar 1984 fand das Richtfest statt. Rechtzeitig zum Beginn der Feierlichkeiten anlässlich der Wiederkehr der Verleihung des Magdeburger Stadtrechts an Prenzlau vor 750 Jahren fielen im Juni die Gerüste am oberen Teil des Turms. Im August waren alle Arbeiten beendet (Abb. 9). Der eigentlich als Notlösung in der Mitte des 18. Jahrhunderts in vereinfachter Anlehnung an die Form des Nordturms errichtete Turmabschluss wurde gesichert und saniert. Die neu verputzten Giebeldreiecke erhielten je eine goldene Kugel als Bekrönung, in der westlichen sind Zeitdokumente hinterlegt worden.

Das Satteldach mit einem brückenartigem Übergang zwischen den Türmen (Mittelturm) wurde Anfang des Jahres 1985 aufgebracht. Die Westfassade des Mittelturms konnte erst im Sommer 1988 überarbeitet werden, da vorher kein Baugerüst zur Verfügung stand. Im Zuge der Bearbeitung wurden in einem Bereich seitlich über der Fensterrose an drei behauenen Feldsteinen bisher nicht bekannte figürliche Darstellungen in Form von schwach ausgebildeten Reliefs entdeckt. Dargestellt sind ein Hahn, eine Rosette und ein Kobold.

Alle drei Turmdächer erhielten wie das Kirchendach eine Kupferblecheindeckung. Für die Freigabe des Materials musste sich der Chefkonservator persönlich bei den zuständigen Ministerien verwenden[47], da »gemäß Ministerratsbeschluß und Weisung des Ministers für Bauwesen...die Verwendung von Kupferblech für Dacheindeckungen nicht gestattet (...)«[48] wäre. Eine Ausnahmegenehmigung wurde schließlich für die Marienkirche erteilt.

Um die Gestaltung der Turmabschlüsse gab es im Vorfeld des Wiederaufbaus Untersuchungen und lebhafte Diskussionen. Seit der Erbauung bis Mitte des 16. Jahrhunderts besaßen die Türme je einen Haupthelm mit vier Nebenspitzen. Der Nordturm erhielt nach einem Brand Ende des 16. Jahrhunderts das überkommene Türmerhaus mit Renaissancegiebeln, während der südliche Helm später durch eine barocke Haube ersetzt wurde, an deren Stelle im 18. Jahrhundert in Anlehnung an den nördlichen Abschluss das provisorisch wirkende Giebeldach trat. Vom Ende des 19. Jahrhunderts sind Bestrebungen bekannt, dem Turmpaar neogotische Helme aufzusetzen, die aber wenig Zustimmung fanden und nicht weiter verfolgt wurden. Drei mögliche Varianten wurden jetzt diskutiert:

a) Herstellung der Abschlüsse in der Form vor der Zerstörung 1945,
b) im Sinne der barocken Lösung Herstellung des Nordabschlusses in bisheriger Form und helmartiger Abschluss des Südturms,
c) im Sinne der vermutlich regelmäßigen gotischen Lösung für beide Türme gleichartige Helme von vereinfachter Gestalt.

In der Zielstellung des Instituts für Denkmalpflege heißt es dazu: »Diese Varianten können nicht beliebig austauschbar sein. Vom historischen Standpunkt ist Variante a) zu befürworten, die sich auf historischen Bestand stützt. Demgegenüber kommt Variante c) einer Ideallösung am nächsten. Diese Lösung führt bis zu einem gewissen Grade über das Zeitbedingte hinaus, und insoweit gelangen gegenwärtiges Gestaltungsempfinden und allgemeiner historischer Bezug in ihr zur Deckung. Doch entspricht dem Mehr an allgemeiner Form ein Weniger an konkreter historischer Substanz. Ob diese Lösung deshalb im rechten Verhältnis steht zu der sehr lebendigen, motivreichen Formensprache des Bauwerkes, erscheint sehr fraglich. Variante b) nimmt hier eine Zwischenstellung ein. Ihr spezifisches Problem indessen liegt darin, daß die Form des neu zu gestaltenden Südhelms sich nicht mehr wie im Barockzeitalter aus lebendiger Bautradition ergeben kann, sondern eine singuläre Aufgabe darstellt. Deren Lösung muß aus dem

Abb. 9 Pfarrkirche St. Marien, restaurierter Aufsatz des Nordturms, Aufnahme 1983

Zusammenhang der konkreten architektonischen Situation gefunden werden, ohne in Technik und Stil den Charakter heutigen Bauens zu verleugnen. Alle 3 Varianten zeigen somit aus ihrer inneren Problematik Vorzüge und Nachteile.«[49]

Die Entscheidung fiel, wie oben schon beschrieben, zugunsten der Variante a), die schließlich 200 Jahre Bestand hatte.

Parallel zu den Arbeiten am Außenbau wurden die steinernen Treppenläufe, die bis zur Turmtraufe führen, und die Glockengeschosse instand gesetzt. Um den Übergang zwischen den beiden Türmen zu gewährleisten, wurde im Mittelturm eine Holzbalkendecke eingebaut. Sie liegt in halber Turmhöhe, wo der aus Feldstein errichtete Turmschaft in den aus Backstein gemauerten Turmteil wechselt. Aus dem gleichen Grunde geschah dies im Nord- und Südturm in Höhe der Traufe des Mittelturms. Holztreppen ermöglichen den Zugang zum äußeren Verbindungsgang auf dem Mittelturm.

Die Kirchenhalle

Erklärtes Ziel des Wiederaufbaus war zunächst die Wiederherstellung des Zustands vor der Zerstörung. Wie eingangs bereits beschrieben, ist in wichtigen Partien dieser Vorzustand geprägt durch die Restaurierungen des 19. Jahrhunderts. Daraus ergab sich für die Instandsetzung die denkmalpflegerische Frage, inwieweit diese Wiederherstellungen übernommen, korrigiert oder verworfen werden sollten. In der bereits zitierten Zielstellung heißt es: »Eine einfache Entscheidung dieser Frage ist immer dort gegeben, wo in Ermangelung besserer Quellen die restaurierten Partien den einzigen heute noch bestehenden Zugang zum Original bieten. Hierbei verbieten sich verändernde Eingriffe von selbst, auch wenn die gegebene Lösung ästhetisch bezüglich der Maßwerkergänzung und Mauerfreilegung im Innern unbefriedigend bleibt. Außerdem gibt es aber den Fall, daß die Restaurierung den Originalzustand aus einer zeitbedingten Gestaltungsauffassung und Geschichts-

Abb. 10 Pfarrkirche St. Marien nach Südosten während der Bauarbeiten, Abtragung der 1844–47 eingebrachten Bodenfüllung, Aufnahme 1989

sicht heraus gar nicht erstrebt hat. Hier wird zu erwägen sein, ob im Sinne einer geschlossenen künstlerischen Wirkung des Bauwerks die im vorigen Jahrhundert geschaffenen Lösungen beibehalten werden sollten.«[50]

Die von Knoblauch geschaffene neogotische Raumgestaltung und Ausstattung der Kirchenhalle ging beim Brand 1945 fasst vollständig verloren. In stark beschädigten Resten blieben nur die westliche Wandvermauerung und die Fußbodenauffüllung erhalten. Da die neogotischen Reste gegenüber der erhaltenen gotischen Substanz vergleichsweise gering waren, fiel die Entscheidung zugunsten der Wiederherstellung eines auf Befunden gesicherten mittelalterlichen Zustands. Dies bedeutete aber die Aufgabe der Knoblauchschen Veränderungen (Abb. 10). Die Freilegung der Westwand und Rekonstruktion des Fußbodenniveaus waren nun Teil der Zielstellung. Als unabdingbar wurde auch die Wiederherstellung der Kreuzrippengewölbe als oberem Raumabschluss angesehen. Der Verlauf und das Ergebnis der Arbeiten rechtfertigen diese Entscheidung.

1975 begannen die Arbeiten mit der Sicherung der beiden westlichen Arkadenpfeiler, die infolge des Brandes stark beschädigt worden waren. 1979 konnte die Sanierung der Pfeiler und Arkaden abgeschlossen werden. Im gleichen Jahr erfolgte der Abbruch der von Knoblauch aufgeführten ziegelsteindicken Vormauerung an der Kirchenwestwand. Dadurch wurden die Wandanschlüsse des Vorgängerbaus und die Gestaltung der Westwand der ersten frühgotischen Kirche freigelegt. Die Erkenntnisse und Vermutungen aus den Untersuchungs- und Grabungsergebnissen von 1958 fanden ihre Bestätigung.[51] Im Mittelschiff tritt ein schiffsbreiter gotischer Spitzbogen von 1,65 m Laibungstiefe zu Tage, der die Kirche mit der Turmhalle verbindet. In den Seitenschiffen sind über den Turmzugängen tiefe Wandnischen in Schiffsbreite des Vorgängerbaus angelegt, die mit einem Rundbogen überwölbt sind. In der Abbruchfläche der Außenwände liegt jeweils eine schmale spitzbogige Öffnung.

Im Zuge der Restaurierung sollte der gotische Bogen wieder geöffnet und der als Bausicherung im 19. Jahrhundert eingebaute Segmentbogen entfernt werden. Der vorhandene gotische Bogen wurde als nicht tragfähig angesehen, da er offenbar nicht mehr in seinem vollen Querschnitt vorhanden war und freigelegte Scheitelrisse im Restquerschnitt schon früher zur Abfangung durch den Segmentbogen veranlassten. Auch die Vermauerungen der seitlichen Wandöffnungen in den angrenzenden Bereichen der Seitenschiffe, die zur Ableitung des Horizontalschubes des Segmentbogens notwendig wurden sowie die 1,65 m breite Laibungstiefe weisen darauf hin, dass der Einbau des Segmentbogens hauptsächlich aus statischen und funktionellen Gründen (Einbau einer neuen Empore für die Orgel) notwendig war. Die Beseitigung dieses Segmentbogens durfte daher nur erfolgen, wenn seine statische Wirkung durch eine andere Konstruktion ersetzt werden konnte.[52] Die erarbeitete Lösung sah den Einbau eines neuen Spitzbogens auf dem vorhandenen gotischen Bogen vor. Dieser Bogen wurde auf die gesamte Tragkraft bemessen, die der Segmentbogen rechnerisch aufnehmen kann. Um den neuen Bogen mauern zu können, erhielt der noch vorhandene Segmentbogen ein hölzernes Stützgerüst als Sicherung. Die hallenseitige Wandschale über dem gotischen Bogen wurde durch Vernagelung gesichert. Die Einmauerung des neuen Bogens mit neuzeitlichen Ziegeln erfolgte in 1,50 m langen Abschnitten von den Kämpfern aus. Die statischen Kräfte verliefen nun wieder vertikal über den Spitzbogen in die tragende Wand. Nach seiner Fertigstellung konnte die Aufmauerung des 19. Jahrhunderts schichtenweise von oben nach unten abgetragen und der Segmentbogen samt Stützgerüst ausgebaut werden, womit der Horizontalschub entfiel. Jetzt ließen sich auch die Vermauerungen der Wandnischen in den Seitenschiffen entfernen. Im nördlichen Seitenschiff musste der Rundbogen der Nische nach den vorhandenen Resten ergänzt werden. Er war früher wegen der Schaffung eines Zugangs zur Orgelempore durchbrochen worden. Im südlichen Seitenschiff erhielt der verhältnismäßig schwache Wandpfeiler zwischen Nische und Wandöffnung zwei Bandagen aus Flachstahl, die in der dahinter liegenden Wand verankert wurden. Die vermutlich im Zusammenhang mit der Anhebung des Fußbodenniveaus 1847 nach oben vergrößerten Turmeingänge wurden in Analogie zu den Treppendurchgängen innerhalb der Türme rekonstruiert. Für die Ausführung dieser Rundbögen über den Türöffnungen kamen moderne Mauerziegel zur Anwendung. Die hallenseitige Wandoberfläche aus Feldstein- und Backsteinmauerwerk wurde gesichert und Fehlstellen wurden ergänzt. So zeigt sich heute die Hallenwestwand dem Betrachter in ihrer ursprünglichen Gliederung des Vorgängerbaus.

Besondere Aufmerksamkeit ist dem Ostabschluss des südlichen Seitenschiffes zu schenken. Schon bei den Arbeiten in den Südkapellen fand sich in der Kirchenwand der Christophskapelle ein gotischer Zugang zu einem ehemals in der Kirche vertieft angelegten Raum. Im Zuge der Abtragung der Fußbodenauffüllung des 19. Jahrhunderts wurden in diesem Chorbereich Grabungen vorgenommen. Die Befunde weisen auf einen einschiffigen 3-jochigen Raum hin, dessen Grundriss identisch mit dem des Südchors ist. Ein zweiter Zugang konnte in der Nordwand dieses Raumes festgestellt werden, der direkt zum Hauptchor führte. Die Befunde der Vorlagebündel und Rippen an der Süd- und Ostwand belegen die Einwölbung mit einem Kreuzrippengewölbe, dessen Scheitel über dem heutigen Niveau des Kirchenfußbodens lag.[53] Über Bauzeit und Funktion dieses Raumes liegen bisher keine gesicherten Erkenntnisse vor.

Die Wiederherstellung der gotischen Halle erforderte den Rückbau des im 19. Jahrhundert eingebauten Fußbodenniveaus. Knoblauch hatte das dem natürlichen Geländeverlauf folgende mittelalterliche Niveau, dem auch die Anlage der Portale entsprach, durch Auffüllung horizontal ausgerichtet. Aufgrund der Höhenlage der Portal- und Türschwellen und der Fundamente des Vorgängerbaus sowie der Befunde an den Fundamenten und Sockeln der Arkadenpfeiler konnte das Profil des gotischen Fußbodens zweifelsfrei rekonstruiert werden.[54] Danach steigt der Fußboden von West nach Ost um 1,3 Prozent an, im Bereich des vierten Pfeilerpaares leiten drei Stufen zum Chor über. Sie markieren hier die Baunaht der beiden Bauabschnitte. Wahrscheinlich ist an dieser Stelle auch der Standort der schriftlich überlieferten Chorschranken anzunehmen. Der Fußboden im östlichsten Joch des Mittelschiffes ist als Aufstellungsort des Hochaltars um eine Stufe erhöht. Reste eines wie auch immer gestalteten gotischen Belages konnten nicht gefunden werden. Als neuer Fußbodenbelag wurden 1995 quadratische Ziegelplatten in der Abmessung 20 × 20 cm verlegt. Die Stufen wurden bereits 1990 aus Klosterformatziegeln gemauert.

Der Abtrag der Fußbodenauffüllung stellte auch die Basen der Arkadenpfeiler frei. Eindrucksvoll steigern sie durch die Abnahme ihrer Höhe von Westen nach Osten die Tiefenwirkung der Kirchenhalle beim Eintritt durch das Westportal. Das aus großen behauenen Feldsteinen gefügte Mauerwerk war durch Brand und Verwitterung in den Oberflächen stark beschädigt. Die Fehlstellen in den Pfeilerbasen wurden zur Wiederherstellung der Großformen mit Kalkmörtel geschlossen, die Oberflächen steinartig strukturiert.

Die von Anfang an als unverzichtbar angesehene Wiedereinwölbung konnte bisher nicht verwirklicht werden. Im Jahr 1987 waren die Vorbereitungen soweit fortgeschritten, dass der Baubeginn vorgesehen werden konnte. Die Planung lag vor, die Rippensteine und die Mauerziegel für die Kappen waren geliefert – für die damaligen Verhältnisse eine enorme Leistung. Aber die Ausführung konnte dennoch nicht begonnen werden, weil das notwendige Baugerüst nicht zu beschaffen war. Noch im Herbst 1989 wurden mit der Kirchengemeinde Schneeberg in Sachsen Verhandlungen zum Kauf des dort nicht mehr benötigten Baugerüsts geführt. Das vor Jahren extra für die durchgeführte Wiedereinwölbung hergestellte Stahlgerüst sollte nach baulicher Anpassung nach Prenzlau umgesetzt werden. Bis ins Jahr 1990 liefen die Bemühungen um seine Beschaffung – zu diesem Zeitpunkt kamen andere technische Möglichkeiten des Gerüstbaus ins Spiel, die aber nicht finanzierbar waren. Der Mangel an Geld war jetzt schließlich der Grund, die Wiedereinwölbung für nicht absehbare Zeit aufzugeben.

Die Nordvorhalle

Im Jahre 1987 konnte begonnen werden, den letzten Gebäudeteil, die Nordvorhalle, zu sichern. Im Laufe der Jahre gab es immer wieder Auseinandersetzungen mit den zuständigen Behörden (Kulturministerium der DDR und Rat des Bezirks Neubrandenburg) um die Weiterführung und Finanzierung des Wiederaufbaus. Die Eingliederung der 1984 vom Landkreis Prenzlau gegründeten Werkstatt für Denkmalpflege in den VEB Denkmalpflege Berlin und die Übertragung der Bauleitung an

Abb. 11 Pfarrkirche St. Marien, wiederhergestelltes Gewölbe der Nordvorhalle, Aufnahme 1988

deren Leiter schufen die Voraussetzung für die Weiterführung des Wiederaufbaus der Marienkirche.[55] Der Bezirk beteiligte sich nun auch sporadisch an der Finanzierung.

Die Arbeiten begannen mit der Restaurierung des Außenbaus in der überlieferten Form. Das feingliedrige spätgotische Maßwerk des Nordgiebels wurde nach den Befunden aus der Entstehungszeit um 1410 und den ihnen folgenden Restaurierungen des 19. Jahrhunderts ergänzt. Die Formziegel dafür stellte die Werkstatt für Keramik Marwitz her. Mit dem Richtfest am 4. Februar 1988 konnte das letzte Dach der Marienkirche fertiggestellt werden. Das mit steilem Walm zur Halle ausgebildete Kehlbalkendach erhielt eine klosterformatige Biberschwanzdeckung. Die Wandanschlüsse und die Wasserableitungen wurden auch hier aus Kupferblech hergestellt. Die Fenster erhielten, allerdings erst 1991, eine einfache Verglasung. 1995 wurde der Fußboden wie in der Halle mit Ziegelplatten ausgelegt.

Die Nordvorhalle besaß ein spätgotisches Sterngewölbe auf nahezu quadratischem Grundriss. Die vorhandenen Reste, wie Schildbögen und Gewölbeanfänger, sowie ein erhaltenes Aufmaß von 1937, erlaubten eine genaue Rekonstruktion. Die handwerkliche Ausführung der Wölbung erfolgte durch 4 Maurer in einem verhältnismäßig kurzem Zeitraum von fünf Tagen im November 1988 (Abb. 11). Während es für die Errichtung der Kreuz- und Sternrippen Lehrbögen bedarf, werden die Kappen aus der »freien Hand«, d. h. ohne unterstützende Schalung mit Normalziegeln gewölbt. Die Form der Rippensteine war in den Gewölbewurzeln vorgegeben, der Schlussstein wurde als glatter Zylinder neu geformt. Die Sternrippen wurden nach altem Vorbild ohne Schlussstein zusammengeführt. Die Gewölbekappen erhielten einen Kellenputz. Die Arbeiten erfolgten von einer schweren Arbeitsbühne aus, die während der Bauphase die gesamte Last aufnehmen musste.[56]

Im weiteren Verlauf der Arbeiten entdeckten die Handwerker eine vergessene Gruft unter dem Fußboden mit zwei zerfallenen Särgen. Wer hier wann bestattet wurde, konnte nicht ermittelt werden.[57]

Die Turmhalle

Als letzter Raumteil wurde in den Jahren 1994/95 die Turmhalle im frühgotischem Westwerk ausgebaut. Die von Knoblauch vorgenommenen Veränderungen, wie Bogenvermauerung und Stufenanlage zur Kirche wurden zurückgebaut. Das damals eingezogene Gewölbe war während der Ruinenzeit eingestürzt. So trat nun ein Raum des Vorgängerbaus zu Tage, der durch das aufwendige Portal in der Westwand betretbar ist. Die große Rosette über dem Portal erhellt den Raum. Nach Osten öffnet sich der große Bogen, drei Stufen aus Kalksteinblöcken leiten zur Kirchenhalle über. Die Schildbögen weisen auf die ehemalige Einwölbung des Raumes hin. In den Ecken fanden sich fast unversehrt die mächtigen Konsolsteine, aus Backstein geformt und mit Blattornamenten geziert (Abb. 12). Leider sind keine Rippensteine aus dieser Bauepoche überliefert. Nun war es fast selbstverständlich, dass das fehlende Kreuzrippengewölbe wieder eingebaut werden musste. Der seit 1993 beauftragte Architekt Schlotter aus Berlin entwickelte in Abstimmung mit den Denkmalbehörden einen neuen Rippenstein in einfachsten Formen. Die gleichen Handwerker aus Prenzlau, die seit vielen Jahren hier arbeiteten, krönten ihr Werk mit dem Einbau des großen Kreuzrippengewölbes (Abb. 13). Die Kappen und die Wandflächen erhielten einen Kellenglattputz. Die im Fußboden verlegten Grabplatten, zum größten Teil stark abgetreten und unkenntlich, wurden fachkundig restauriert, fehlende Teilflächen mit Kalksteinplatten ergänzt. Die über dem Gewölbe eingebaute Holzbalkendecke, mit zwei Unterzügen von 30 × 50 cm Querschnitt, ermöglicht den Zugang und die Nutzung des über der Turmhalle liegenden eindrucksvollen Turmraumes.

Die Türflügel des Portals sind aus glatt gehobelten Eichenbohlen in einem veredelten Stahlrahmen gearbeitet.

Das große Rundfenster – mit einem Durchmesser von fast fünf Metern – über dem Portal war jahrhundertelang vermauert und auch vom Kirchenraum her nicht erlebbar gewesen. Knoblauch öffnete zwar das Fenster und setzte eine Rosette

Abb. 12 Pfarrkirche St. Marien, gotische Eckkonsole einer Gewölberippe der Turmhalle, Aufnahme 1995

Abb. 13 Pfarrkirche St. Marien, Gewölbebau in der Turmhalle durch Wolfgang Krieger und Erwin Kruschel, Aufnahme 1995

aus Zinkguss mit farbiger Verglasung ein (beides ging bei dem Brand verloren), aber der Bogen zur Halle blieb verschlossen. Erst mit dem Wiederaufbau wurde die Turmhalle zum Kirchenschiff wieder geöffnet. Heute geht der Blick des Betrachters wieder frei vom Chor durch die weite Halle in die Turmhalle und auf das Fenster. »Dieses große Fenster kann, ja muss mit den Mitteln und im Ausdruck unserer Zeit neu gestaltet werden«.[58] Mit diesen Worten gab der damalige Superintendent Klaus-Heinrich Kanstein die einhellige Meinung der maßgeblichen Entscheidungsträger von Kirche, Stadt und Denkmalpflege wieder. Johannes Schreiter aus Langen in Hessen lieferte den Entwurf für die Rosette. Als Brandcollage ist das Fenster in leuchtenden Farben frei gestaltet. Jeder Betrachter mag seine Deutung suchen und finden.

Am 25. April 1995, genau 50 Jahre nach der Zerstörung der Kirche, wurde im Rahmen einer Feierstunde mit der Übergabe des Fensters eine entscheidende Etappe des Wiederaufbaus abgeschlossen.

Ausstattung

Die Marienkirche war mit einem wertvollen spätgotischen Flügelaltar ausgestattet, der 1512 in Lübeck von einem unbekannten Künstler geschaffen worden war. Die Schnitzfiguren des Schreins, der Flügel und der Predella sowie Teile des Gesprenges überstanden das Brandinferno von 1945 in sicheren Turmräumen, wo man sie 1944 vorsorglich eingelagert hatte. Der in der Nordvorhalle vermauerte Schrein ging leider verloren.[59] Nach Kriegsende konnten die Figuren nur notdürftig untergebracht werden, da den Kirchengemeinden in der völlig zerstörten Stadt keine Räume zur Verfügung standen.[60] Nach jahrelangen Bemühungen kam es 1960 zu einer Aufstellung der Großfiguren und der Predella in einem provisorischen Rahmen an der Südwand in der Nikolaikirche, wo sie bis 1991 blieben. Im Januar 1991 drangen Diebe in die Kirche ein und stahlen 16 Figuren und einen Teil der Predella. Nach der Ergreifung der Täter und der Sicherstellung ihrer Beute in Köln konnten schon im Juni des gleichen Jahres die wertvollen Kunstwerke nach Prenzlau zurück gebracht werden. Leider gingen zwei Apostelfiguren durch den Diebstahl verloren, eine weitere wurde durch die Diebe erheblich beschädigt.[61] Da die Kirchengemeinde keine sicheren Räume zur Verfügung hatte, wurden alle verbliebenen Figuren und Teile im Kulturhistorischen Museum der Stadt Prenzlau im ehemaligen Dominikanerkloster gelagert und als Leihgabe ausgestellt. Wegen des Beginns der Restaurierung des Klosters musste das Museum geräumt werden. Erneut stellte sich die Frage nach einem Aufstellungsraum für die Kunstwerke. Aufstellungsvarianten in der Nikolaikirche wurden entweder von der Kirchengemeinde oder von der Denkmalpflege verworfen. Da lag es nahe, die Figuren in einem vereinfachten Schrein in St. Marien wieder aufzustellen (Abb. 14). Der Architekt

Abb. 14 Pfarrkirche St. Marien nach Nordosten nach der Wiederherstellung, im Chor der vereinfachte Altarschrein, Aufnahme 2001

Gerhard Schlotter lieferte einen Entwurf dazu, die Restauratorin Christiane Thiel aus Potsdam übernahm die Restaurierung und Aufstellung der Skulpturen. Aus sicherheitstechnischen und raumklimatischen Gründen erhielt der Schrein eine Verglasung. Mit einem Gottesdienst am 31. Oktober 1997 – 150 Jahre nach der Wiedereröffnungs- und Einweihungsfeier nach der damaligen Neugestaltung der Kirche – wurde die Wiederaufstellung des Altars an seinem ursprünglichen Standort in St. Marien von der Kirchengemeinde gefeiert.[62]

Das Taufbecken, eine Bronzefünte in Kelchform, um 1400 entstanden, kam schon 1945 nach dem Brand zum Gebrauch in die Nikolaikirche. Es wurde 1997 von Olaf Ignaszewski aus Berlin restauriert und konserviert.

Die Glocken des einstigen umfangreichen Geläuts und die Turmuhr gingen vollständig verloren. Im Verlauf der Bauarbeiten wurden wieder die drei Zifferblätter aus Eichenholz und emailliertem Blech – nach historischen Vorlagen gestaltet – an überlieferter Stelle am Südturm montiert. Das ursprünglich geplante mechanische Uhrwerk konnte nicht verwirklicht werden. Seit 1995 bewegt eine funkgesteuerte Uhr die vergoldeten Zeiger. 2007–2009 erhielt die Kirche wieder ein Geläut aus drei Glocken, die wie früher ihren Platz im Südturm fanden. Eine dient als Stundenglocke für die Uhr.

Nachwort

Die Hauptkirche der Stadt Prenzlau, St. Marien, prägt mit ihrem wiederhergestellten historischen Erscheinungsbild wie seit Jahrhunderten das Stadtbild, das allerdings ein völlig anderes als in der vorhergehenden Stadtgeschichte geworden ist. Mit den anderen mittelalterlichen Kirchen und Stadttürmen zeugt sie von der einstigen Bedeutung der Stadt und dem Fleiß ihrer Bürger, die sie erbauten (Abb. 15 und 16). Die Wiederherstellung der ausgebrannten Kirche war ein langer und schwieriger Weg. Sie ist nicht vollendet, wie ursprünglich geplant. Aber im Ergebnis ist es letztlich gelungen, die weite Kirchenhalle so zu gestalten, dass eine vielfältige Nutzung möglich ist. Von der angedachten Wiedereinwölbung des hohen Kirchenraumes musste aus finanziellen Gründen Abstand genommen werden, dadurch ist eine wie immer gestaltete Fassung des Raumes auch nicht möglich. Wir sollten dabei bedenken, dass unsere Vorfahren vor 700 Jahren die Kirche über 50 Jahre lang, in mindestens zwei Bauabschnitten mit einer etwa 15 Jahre währenden Unterbrechung, erbauten. So nutzten Generationen eine unvollendete Kirche, wie es durchaus üblich war. Den nachfolgenden Generationen bleibt es vorbehalten, darüber zu entscheiden, ob die Wiederherstellung des Bauwerkes einmal vollendet werden soll.

Abb. 15 Pfarrkirche St. Marien von Südosten nach der Wiederherstellung, Aufnahme 2000

Abb. 16 Pfarrkirche St. Marien von Südwesten nach der Wiederherstellung, Aufnahme 201

Danksagung
Zu danken habe ich Roland Schneider vom Brandenburgischen Landesamt für Denkmalpflege und Archäologischen Museum für seine Hilfe und Beratung.

Abkürzungen

AKKP	Archiv Kirchenkreis Prenzlau der Evangelischen Kirche Berlin-Brandenburg
BLDAM	Brandenburgisches Landesamt für Denkmalpflege und Archäologisches Landesmuseum Wünsdorf
IfD	Institut für Denkmalpflege beim Ministerium für Kultur der DDR

Währungsbezeichnungen der DDR

DM	Deutsche Mark (1948–64)
MDN	Mark der Deutschen Notenbank (1964–67)
M	Mark der DDR (1968–90)

Anmerkungen

1 AKKP – BLDAM.

2 Vgl. Fait, Joachim: Die erste Marienkirche in Prenzlau, Wissenschaftliche Zeitschrift der Ernst-Moritz-Arndt-Universität Greifswald IX (1959/60), Gesellschafts- und sprachwissenschaftliche Reihe Nr. 4/5.

3 Vgl. Schwartz, Emil: Geschichte der St. Marienkirche zu Prenzlau, Celle 1957, S. 31 f.

4 Ebenda, S. 45.

5 Ebenda, S.137 f.

6 Ebenda, S. 179 f.

7 Ebenda, S 182 f.; vgl. auch Die Kunstdenkmäler der Provinz Brandenburg, Band III, Teil 1, Berlin 1921, S.168 f.

8 Kunstdenkmäler, S. 194.

9 Schwartz (s. Anm. 3), S. 194; vgl. auch Zimmermann, Wilhelm: Zehn Tage im April 1945, Sonderheft der AG für uckermärkische Gschichte in Buchholz und des Uckermärkischen Geschichtsvereins zu Prenzlau.

10 Archiv Stadt Prenzlau.

11 AKKP, Schreiben Gemeindekirchenrat St. Marien an die Oberpostdirektion Potsdam vom 24.08.1948.

12 Ebenda, Schreiben Gemeindekirchenrat St. Marien an Evangelisches Konsistorium Mark Brandenburg vom 12.06.1949.

13 Ebenda, Schreiben Kirchliches Bauamt an Superintendent Schink (Kirchenkreis Prenzlau I) vom 05.12.1949.

14 Ebenda, Schreiben Evangelisches Konsistorium Berlin-Brandenburg an den Superintendenten des Kirchenkreises Prenzlau I v. 08.12. 1949.

15 Ebenda, Schreiben Evangelisches Konsistorium Berlin-Brandenburg an den Gemeindekirchenrat der St. Mariengemeinde Prenzlau vom 14.05.1957.

16 Ebenda und BLDAM: Niederschrift über den am 28.6.1957 in der Marienkirche zu Prenzlau durchgeführten Ortstermin vom 03.07.1957 vom Institut für Denkmalpflege Schwerin.

17 Ebenda, Niederschrift vom 03.07.1957.

18 BLDAM, Schreiben Magistrat von Groß-Berlin, Chefarchitekt an den Ministerpräsidenten der Deutschen Demokratischen Republik, Genosse Otto Grotewohl vom 10.07.1957.

19 Ebenda, Schreiben Regierung der Deutschen Demokratischen Republik/der Stellvertreter des Vorsitzenden des Ministerrats und Vorsitzenden der Staatlichen Plankommission an den Chefarchitekten beim Magistrat von Groß-Berlin vom 13.03.1958.

20 Ebenda, Schreiben Entwurfsbüro für Hochbau des Rats des Bezirks Neubrandenburg an das Institut für Denkmalpflege Schwerin vom 05.07.1957; Niederschrift über die am 2.10.1957 geführte Besprechung betr. der Projektierung für den Wiederaufbau der Marienkirche in Prenzlau

21 Ebenda, Kurzberichte von Hinrichs (Kreisvertrauensmann Denkmalpflege) vom 30.10.1957, 15.12.1957, 11.01.1958, 05.02.1958.

22 Ebenda, Schreiben Kirchliches Bauamt beim Evangelischen Konsistorium Berlin-Brandenburg an alle Beteiligten vom 04.06.1958, auch AKKP.

23 Ebenda, Schreiben Kirchliches Bauamt an den Rat des Kreises Prenzlau, Abteilung Aufbau vom 14.04.1958.

24 Siehe Anm. 22; Kirchliches Bauamt: Aktenvermerk vom 2.09.1958.

25 Fait (siehe Anm. 2), S. 400; Archiv BLDAM Hinrichs: Berichte vom 18.07.1959 und 27.08.1959.

26 Fait (siehe Anm. 2), S. 400.

27 BLDAM, Schreiben Evangelisches Konsistorium Berlin-Brandenburg an Institut für Denkmalpflege Schwerin vom 30.05.1961.

28 AKKP, Schreiben Rat des Bezirks Neubrandenburg, 1. Stellvertreter des Vorsitzenden an Evangelisches Konsistorium Berlin-Brandenburg vom 6.06.1961; Schreiben Superintendent von der Heydt, Prenzlau an den Generalsuperintendent Braun, Potsdam vom 12.06.1961.

29 AKKP, Schreiben Kirchliches Bauamt an Karlheinz Neumann, Beratender Ingenieur, Berlin, vom 8.03.1965.

30 Ebenda.

31 AKKP, Schreiben Institut für Denkmalpflege Schwerin an den Rat des Kreises Prenzlau, Kreisbauamt vom 26.05.1966

32 AKKP, Schreiben Kirchliches Bauamt an Institut für Denkmalpflege Schwerin vom 28.09.1966 Es heißt hier: »(…) auf Grund einer zentralen Vereinbarung kirchlicher Stellen im Westen mit Vertretern unseres Staatsapparates (…) Spendenmittel in wesentlich höherem Umfang bereitstehen, als dies bisher in unsere Berechnungen mit einbezogen wurde (…).«

33 AKKP, Evangelisches Pfarramt St. Sabinen, Prenzlau: Protokollbuchauszug vom 5.10.1966.

34 AKKP, Superintendent von der Heydt, Prenzlau: Aktennotiz über die Besprechung am 29.06.1967 in Prenzlau wegen des Wiederaufbaus von St. Marien.

35 AKKP, Schreiben Evangelisches Konsistorium Berlin-Brandenburg an den Superintendenten des Kirchenkreises Prenzlau vom 06.06.1967. Das Evangelische Konsistorium Berlin-Brandenburg teilt dem Superintendenten des Kirchenkreises Prenzlau die Bereitstellung der Eigenmittel in Höhe von 480.000 MDN mit.

36 Ev. Kirchengemeinde St. Marien, Einladung zu einem Gottesdienst am 21.10.1995; Pressebericht vom 1.11.1995.

37 AKKP und BLDAM, Vertrag (…) über den Wiederaufbau der Marienkirche vom 26.05.1970, § 4; Schreiben des Generalkonservators an das Kirchliche Bauamt vom 21.05.1970.

38 Fait; BLDAM: Institut für Denkmalpflege Berlin, Dr. Schade, Zur Baugeschichte der Marienkirche in Prenzlau 1966; Dr. Peter Goralczyk, Denkmalpflegerische Aufgabenstellung 1967; Klaus Betzner, Zielstellung des Wiederaufbaus 1974.

39 BLDAM, Klaus Betzner, Zielstellung des Wiederaufbaus IfD 1974.

40 BLDAM, Peter Goralczyk, Denkmalpflegerische Aufgabenstellung IfD 1967.

41 BLDAM, Niederschrift v. 3.7.1957 (siehe Anm. 16).

42 BLDAM, Christa Heese, Erläuterungen zu den bisher ausgeführten Arbeiten, IfD 30.1.1973; Zielstellung des Wiederaufbaus und konstruktive

Sicherung, IfD 1974; VE Industriebaukombinat Magdeburg: Technologische Erläuterungen 1972.

43 Persönliche Aufzeichnungen des Verfassers.

44 Siehe Anm. 42.

45 BLDAM, Schreiben Kirchliches Bauamt an Institut für Denkmalpflege vom 19.1.1976; Schreiben Institut für Denkmalpflege an Kirchliches Bauamt vom 10.3.1976.

46 BLDAM, Schreiben Kirchliches Bauamt an Institut für Denkmalpflege vom 20.06.1979 und 25.09.1979; Schreiben Institut für Denkmalpflege an Kirchliches Bauamt vom 21.08.1979.

47 BLDAM, Schreiben Institut für Denkmalpflege vom 6.09.1982.

48 BLDAM, Schreiben der Beratungsstelle des Ministeriums für Erzbergbau, Metallurgie und Kali Freiberg vom 15.12.1982.

49 Siehe Anm. 39; C. Gertler, Vermerk vom 8.9.1977.

50 Siehe Anm. 39.

51 Fait (siehe Anm. 2).

52 BLDAM, Klaus Betzner, Projekt Marienkirche Prenzlau, Öffnung des großen Spitzbogens in der Westwand der Halle, 5.8.1982.

53 BASD Büro für Architektur, Stadtgeschichte und Denkmalpflege Prof. Dr. K. Westphal, G. Schlotter, Berlin: Studie zur Nutzung der ev. Kirche St. Marien, Prenzlau, September 1993; Abschnitt 7.0 Bauhistorische Bestandsaufnahme der Grabung im südöstlichen Chorbereich.

54 BLDAM, Carljürgen Gertler und Roland Schneider, Denkmalpflegerische Zielstellung für die Wiederherstellung des Fußbodens der Halle, 3.2.1987.

55 Denkmalpflege GmbH Prenzlau: Vereinbarung zwischen dem Rat des Kreises Prenzlau, Abteilung Kultur und dem VEB Denkmalpflege Berlin vom 5.5.1987.

56 BLDAM, Denkmalpflegerische Zielstellung Nordvorhalle vom 9.9.1987; VEB Denkmalpflege Berlin, Dipl. Ing. Peter Bartmann: Projekt Nordvorhalle, 15.12.1987; Peter Bartmann: Rekonstruktion eines Sterngewölbes im freien Vorbau, in: Bauzeitung (1989).

57 Jaitner, Ralf: Wiederentdeckte Gruft in der Nordportalvorhalle der Marienkirche, in: Heimatkalender Kreis Prenzlau 1993.

58 Kanstein, Klaus-Heinrich: Die Rosette von St. Marien, Ansprache am 25.04.1995.

59 Schwartz (siehe Anm. 3), S. 195.

60 AKKP, Schriftverkehr 1951 bis 1957.

61 Presseberichte vom 1. Februar 1991, 14. Mai 1991 und 7. Juni 1991.

62 Schwartz (siehe Anm. 3), S. 186; Presseberichte vom 30.10.1997 und 01.11.1997.

Der überraschende Beginn des Wiederaufbaus der Prenzlauer Hauptpfarrkirche St. Marien[1]

Christa Heese

Als Architektin und Mitarbeiterin im Institut für Denkmalpflege (IfD), Arbeitsstelle Berlin seit 1963, war ich bei Restaurierungen und Instandsetzungen u. a. an mehreren mittelalterlichen Backsteinbauten tätig – Paulikloster Brandenburg/Havel, Schloß Freyenstein, Rathaus und Dom Fürstenwalde, Stadtkirche Wusterhausen/Dosse, Nikolaikirche Treuenbrietzen.

Dies beinhaltete je nach Erfordernis neben Aufmaß, Bauuntersuchung, Recherche, Formulierung der denkmalpflegerischen Zielstellung, denkmalfachlicher Betreuung vor Ort und Dokumentation auch Formsteinbestellungen, Entwurfsstudien, Ausführungszeichnungen sowie Teilprojekte. Letztere waren notwendige Architektenaufgaben von Mitarbeitern des Instituts für Denkmalpflege selbst, da freie Architekten kaum vorhanden waren (keine Neuzulassungen) und die großen Projektierungsbetriebe mit derartigen Aufträgen nur in Ausnahmefällen beauftragt werden konnten.

Der sich daraus ergebende kurze und direkte Weg des Denkmalpflegers zur praktischen Ausführung am Baudenkmal war vorteilhaft, lehrreich, effektiv und letztendlich bei den meist geringen finanziellen Mitteln auch ökonomisch. Häufig war nur notdürftige Bestandssicherung die einzig mögliche Maßnahme für lange Zeit.

Dieses Schicksal hatte auch die schon 25 Jahre in Ungewissheit ausharrende Ruine der Marienkirche Prenzlau, an deren Sicherung und Wiederherstellung ich mitwirken konnte, nachdem ein Vertrag zwischen Staat und Kirche 1970 die Möglichkeit von Instandsetzungsarbeiten eröffnete.

Dazu ein Exkurs in ihre Baugeschichte: Prenzlau – Namensgeber war eine altslawische Burg am Ücker-Übergang im Nordosten des Unterückersees – ist 1187/88 erstmalig urkundlich genannt als befestigter Marktort mit Krug im Bistum Cammin an der Handelswege-Kreuzung von der Ostsee zur mittleren Elbe. Bei Verleihung des magdeburgischen Stadtrechts 1235 durch Pommernherzog Barnim I. wurden die schon anliegenden Siedlerniederlassungen um St. Sabini, um St. Jacobi, um St. Nicolai in einem Straßennetz vereinigt mit mittigem Markt und neuer Hauptpfarrkirche St. Marien. Deren Erstbau war in Feldstein bereits 1250 als Hallenkirche mit Querhaus errichtet worden, anschließend das sorgfältig gearbeitete Feldsteinwestwerk.[2]

Ostseehandel und wachsende Bedeutung von Prenzlau als Hauptstadt der Uckermark ermöglichte der Bürgerschaft bald einen großen Kirchenneubau, der in zwei Bauphasen um den Erstbau herum zügig von Ost nach West errichtet wurde; 1325 erfolgte der Abbruch des Erstbaus und schon 1340 die Weihe des Neubaus.

Diese neue dreischiffige, gewölbte, querschiffslose Hallenkirche von 7 Jochen mit dem außerordentlichen, über den flachen Polygonalschlüssen der Ostfront stehenden, prachtvollen, reich gegliederten Maßwerkgiebel und den aufragenden Türmen ist eine der bedeutendsten gotischen Backsteinkirchen Norddeutschlands (Dehio). Sie war in ihrem Bestand außer den nach Blitzschäden veränderten Turmhelmen bis ins 19. Jahrhundert überkommen, in dessen Verlauf zwei umfangreichere Bautätigkeiten lagen, die Spuren hinterließen.

Während der von 1844–47 im Auftrag von Stadtoberen und Gemeindekirchenrat durch den Berliner Architekten Carl Heinrich Eduard Knoblauch geleiteten Innenrenovierung und »Modernisierung« war die reiche, zum Teil wertvolle historische Ausstattung bis auf Altar und Fünte entgegen den gutachterlichen Weisungen des preußischen Konservators Ferdinand von Quast beseitigt worden. Die weitgehenden baulichen Eingriffe wie die beträchtliche Anhebung des inneren bis dahin von West nach Ost ansteigenden Fußbodenniveaus, die räumliche Abtrennung der Turmhalle, der Neubau einer voluminösen Orgelempore wurden ebenso gegen dessen Einwände durchgesetzt. Jedoch die im Zusammenhang mit Erneuerung von Fenstermaßwerken und Regenrinnenreparatur unaufgefordert eingebrachten Vorschläge Knoblauchs zur »Herstellung des Äußeren« – hier besonders seine Anregung, Formteile der Dachgalerien, der Portale und des Ostgiebels nicht in Backstein, sondern in neu aufgekommenem Zinkguss zu ersetzen –, lehnte Ferdinand von Quast und dies nur mit Hilfe ministeriellen Nachdrucks ab: »denn es liege gar keine Notwendigkeit vor, das Äußere durchgreifend zu restaurieren!«, was auch unterblieb.[3]

Die umfassende Außenrestaurierung von 1878–87 geschah dann in der Amtszeit von Ferdinand von Quasts Nachfolgern Rudolf Bergau (kommissarisch 1877–82), Heinrich von Dehn-Rothfelser (1882–85) und Reinhold Persius (ab 1886). Rudolf Bergau berichtete sehr kurz: »1878 die Nordfront, 1880 die Südfront, 1882 die Ostfront«.[4] Paul Eichholz beschrieb aus der Rückschau und nach Aktenlage: »Diese Erneuerung betraf fast

Abb. 1 Ostfassade der Marienkirche Prenzlau, Tuschezeichnung C. Heese, 1971

Abb. 2 Ostgiebel, Messbild vom Bestand 1970, Lichtpause mit Formsteinpositionen

ausschließlich die äußere Architektur der Kirche, deren Teile in Abschnitten im allgemeinem in ihrer ursprünglichen Form hergestellt wurden. So namentlich Fialen und Wimperge der Dachgalerie, die Zierfriese unter den Hauptgesimsen, die Glasursteine der Wasserschläge und Strebepfeilerabsätze und der ganze Giebel der Nordvorhalle mit seinen Rosetten«.[5] Der bei dieser Beschreibung nicht extra erwähnte Ostgiebel hatte wenig Schäden und war nur peripher ergänzt worden – Ortgang, Giebelabdeckungen mit Krabben, Fialenspitzen.

Gegen Kriegsende am 27./28. April 1945 verwüstete ein verheerender Brand die Prenzlauer Altstadt und erfasste auch die Marienkirche, deren mächtiger, noch aus der Erbauungszeit stammender Dachstuhl mit der Last der Dachziegel ins Innere hinabfallend alle Gewölbe zum Einsturz gebracht hatte.[6] Die zwölf hohen Arkadenpfeiler und ihre Scheidbögen standen noch, deren westliche infolge Ausbrechens der in sie 1847 eingebundenen Emporen aufgerissen und stark geschwächt waren. Die Türme – deren Glocken schon 1942 abgeliefert werden mussten – brannten vollständig aus. Die vermutlich durch Wind nach Nord wirkende Brandhitze im Schiff führte zu Abplatzungen an den nördlichen Fenstermaßwerken, verbog Sturmeisen und drückte so die Fensterpfosten aus dem Lot. Wie durch ein Wunder standen der wertvolle Ostgiebel und die Dachgalerien aufrecht und geradezu vollständig da, auch waren die südlichen Kapellen annähernd verschont geblieben.

Als bei einem Unwetter Ende 1947 die beiden freistehenden Renaissance-Giebel des Nordturms herabgestürzt waren, begannen Gemeinde und Denkmalpflege zur Bestandssicherung mit der Enttrümmerung und Freilegung des Kircheninneren, Bergung von Ziegeln und Formsteinen sowie mit der Vorbereitung einer Stabilisierung des freistehenden Ostgiebels, was schließlich Ende 1949 durch zwei in Höhe von 20 Metern auf die Arkadenscheidbögen aufgemauerten und zusätzlich durch Zuganker mit der 22,4 Meter hohen Giebelwand verbundene Stützpfeiler gelang. Die zuverlässige Sicherung seiner Standfestigkeit war jedoch nur durch ein neues Dach zu erreichen, wofür durch die Gemeinde Aufmaß und Dachprojekt in Auftrag gegeben wurden.

Der DDR-Gründung (7.10.1949) und der Einführung der zentral geleiteten Planwirtschaft folgte am 23.7.1952 die staatliche Gebietsreform. Die fünf Länder wurden in 14 Bezirke mit 217 Kreisen aufgeteilt, wobei sich Verwaltungsgrenzen verschoben.[7] Die ehemalige Provinz Brandenburg teilte sich in die Bezirke Potsdam und Frankfurt/Oder und verlor dabei Teile der Uckermark an den Bezirk Neubrandenburg, der mit den Bezirken Rostock und Schwerin das ehemalige Land Mecklenburg-Vorpommern ablöste. Die überkommenen fünf Denkmalämter wurden zu Arbeitsstellen des wissenschaftlichen Instituts für Denkmalpflege (IfD) umgebildet, dem Ministerium für Kultur nachgeordnet. Die bisherige denkmalfachliche Zuständigkeit für Prenzlau ging damit von Potsdam an die Arbeitsstelle Schwerin über.

Für die Bezirkshauptstadt Neubrandenburg, deren Altstadt und mittelalterliche Hauptpfarrkirche einen ebenso hohen Zerstörungsgrad von ca. 85 Prozent wie in Prenzlau aufwiesen, wurde 1952 der Wiederaufbau beschlossen. Folglich wurde nur

Abb. 3 Südfassade 1970, Messbild

Abb. 4 Ostgiebel von unten/innen, 1964

hier die bezirkliche Bautätigkeit mit Schwerpunkt Wohnungsbau konzentriert, sodass die jahrelangen Bemühungen von Evangelischer Kirchenleitung, Kirchlichem Bauamt und dem Institut für Denkmalpflege um Bewilligung von Arbeitskräften (Baukapazität) bzw. Material (Stahl- und Kupferfreigabe) für die Errichtung eines den wertvollen Giebel sichernden Dachstuhles in der Kreisstadt Prenzlau wirkungslos blieben. Dieser durch staatliche Stellen, hier Rat des Bezirks Neubrandenburg, ideologisch begründeten Infragestellung von Bewertung, Sicherung und Erhaltung bzw. Wiederaufbau von Kirchen – die Verlustzahl ist hoch[8] – suchte das Ministerium für Kultur mit der »Verordnung über die Pflege und den Schutz der Denkmale« vom 28.9.1961, initiiert durch den Generalkonservator Ludwig Deiters, zu begegnen. Darin: Definition des Denkmalbegriffs, Klassifizierung des Denkmalbestands, Denkmalerfassung, Verantwortlichkeiten, Verfahren und Prioritätensetzung in der Liste »Denkmale von besonderer nationaler Bedeutung und internationalem Kunstwert« und unter deren 32 Positionen auch das »Bau – und Kunstdenkmal Marienkirche Prenzlau«.[9]

Während der weiterhin erfolglosen Initiativen von Kirchengemeinde und dem Institut für Denkmalpflege, die seit 20 Jahren wartende Ruine mit ihrem einzigartigen Giebel endlich durch ein Dach zu sichern, ergab sich endlich eine andere Möglichkeit: die Spendenmittel (Valuta, zugesagt 5 Mio. DM) des »Evangelischen Hilfswerkes« der Evangelischen Kirche in Deutschland, die im Rahmen des innerdeutschen Handels BRD – DDR über das Ministerium für Außenwirtschaft verwaltet wurden. So kam am 26.5.1970 der außergewöhnliche Vertrag zwischen Gemeindekirchenrat Prenzlau, Rat des Bezirks Neubrandenburg, und IfD Berlin zustande, in dem das IfD Berlin – inzwischen seit 1969 mit eigener Bauabteilung – als Hauptauftragnehmer die fachwissenschaftliche Vorbereitung, Leitung, Projektierung und Ausführung der Wiederherstellung übernahm. Das Einverständnis der Eigentümer zur künftigen Nutzung allein als Kulturhistorisches Museum unter staatlicher Leitung war der Preis für diesen Vertrag. Er bedeutete jedoch Rettung.[10]

Die Einrichtung der Baustelle an der Marienkirche Prenzlau begann mit Berliner und örtlichen Bauhandwerkern, die bald eine Sumpfkalkgrube anlegten, zur Nutzung auch für andere Denkmalbaustellen. Meine erste Aufgabe war, mit dem Mitarbeiter der Dresdner Arbeitsstelle des IfD, Rudolf Meyer (Geodät und Fotogrammeter) maßgenau den inneren und äußeren Bestand des Bauwerks mittels fotogrammetrischer Aufnahmen zu erfassen wie auch Einzelaufmaße anzufertigen (Abb. 1–6).

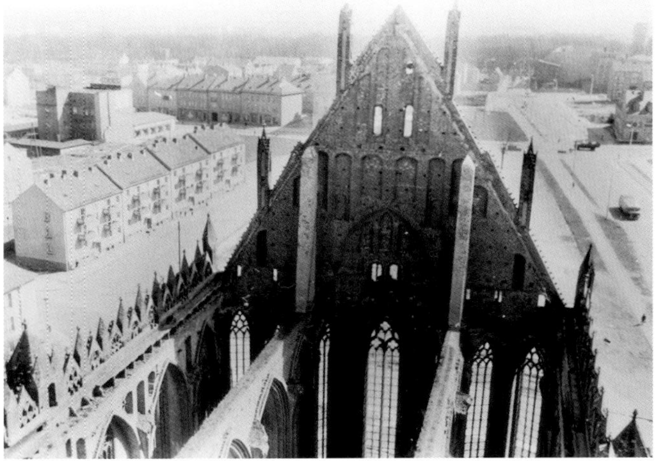

Abb. 5 Ostgiebel von innen, 1964

Abb. 6 Südliche Dachgalerie, 1971, Messbild

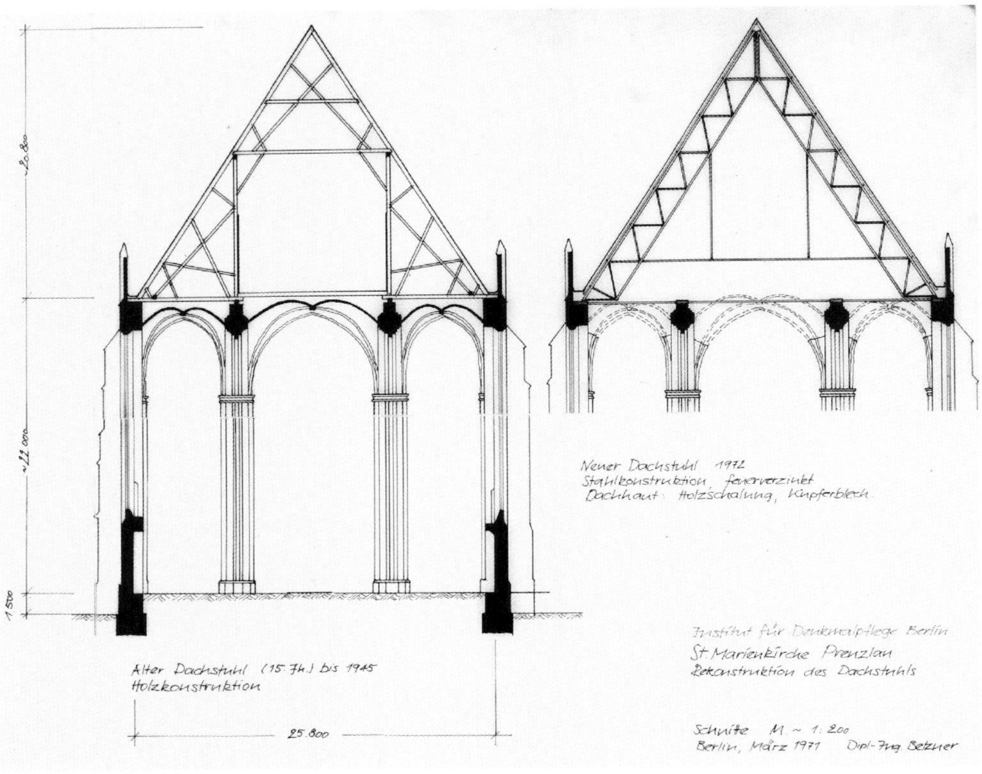

Abb. 7 Gegenüberstellung von ehemaligem Holzdachwerk und neuer Dachkonstruktion, 1971

Nachdem die Stangengerüste standen, wurde das vorhandene Aufmaß von 1958 (oberhalb des Sockels) durch Kontrollmessungen in Höhe Mauerkrone vervollständigt und schließlich die 14 Binderachsen des neuen Stahldachstuhls eingemessen, welches ein Projekt war, das der Mitarbeiter des Berliner IfD Klaus Betzner (Statiker) bearbeitete (Abb. 7). Gegenüber dem ehemaligen Holzdachwerk, das auf den Arkadenscheidbögen und Außenwänden aufgesessen hatte, sollten die neuen Binder nur die Außenwände belasten, welche quer über Arkadenmauern durch Druckriegel gegeneinander auszusteifen waren.[11] Bauleitung und Statiker führten die notwendigen fachlichen Absprachen mit dem Stahlbaubetrieb (Eberswalde/Finow) und dem Montagebetrieb (Industriebaukombinat Magdeburg), auch hinsichtlich Gleisbett für den Kran. Vom 7.11. bis 13.12.1972 wurden die Binder montiert und der seit fast 28 Jahren freistehende Ostgiebel endlich mit dem Dachstuhl verankert! Am 21.12.1972 feierten alle das Richtfest (Abb. 8).

Abb. 8 Bindermontage, November 1972

Als Dachhaut war wegen des nun ungünstigeren Lastfalles die leichtere Kupfereindeckung gewählt worden, was außerdem den Vorteil geringerer Reparaturanfälligkeit haben sollte. In der DDR war diese teure Deckungsart aus Materialmangel nur in Ausnahmefällen möglich, weshalb unseren beiden Klempnern die nötige Erfahrung fehlte. Zur Vorbereitung der Kupferdeckung fertigte ich Ausführungszeichnungen für alle Details. Besondere Aufmerksamkeit galt der Ausbildung des Dachfußpunktes mit begehbarer Rinne hinter den Dachgalerien und ihrer Entwässerung (Abb. 9). Diese anfällige Zone war 1847 und 1878–87 repariert und dabei die Öffnungen zwischen den Wimpergpfeilerchen zugemauert worden, sie konnten durch tiefere Lage der neuen begehbaren Rinne nun wieder geöffnet werden. Für den Anschluß an die Stadtentwässerung gewann ich zwei junge Ingenieure des Landbaukombinates Prenzlau, die in »genehmigter Feierabendarbeit« ein diesbezügliches Projekt fertigten. Während der Aufbringung von Sparren, gespundeter Schalung und Dachpappe,

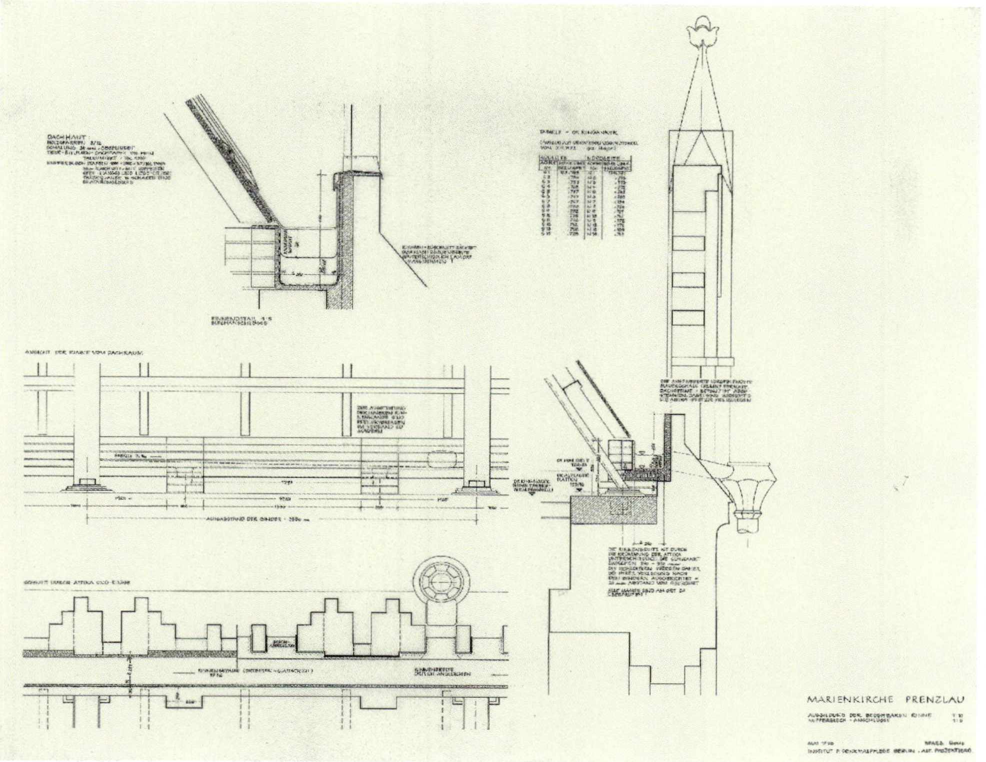

Abb. 9 Rinnenkonstruktion an den Dachgalerien, 1973

die wir selbst talkumierten, wurden schon die Kupferplatten (Kupferwalzwerk Hettstedt) angeliefert. Der Import einer Falzmaschine mit reichlich Spezialwerkzeug und die Möglichkeit, zwei Kupferklempner von der Dombaustelle Erfurt auszuleihen, schufen eine geradezu ideale Situation für dieses Gewerk, als am 4.7.1973 mit der Verlegung der Dachhaut begonnen werden konnte.

Eine weitere wesentliche Aufgabe war die Erfassung der Schäden an den Backsteinarchitekturteilen. Die Formsteinergänzungen des 19. Jahrhunderts waren deutlich zu erkennen und unterschieden sich von den mittelalterlichen Backsteinen durch ihre viel glattere und stärker gesinterte Oberfläche. Das Nachbrennen und Liefern von Klosterformatziegeln und Formsteinen, z.T. schwarz glasiert, brauchte reichlich zeitlichen Vorlauf. Uns standen nur zwei Hersteller zur Verfügung: die »Keramikwerkstatt Hedwig Bollhagen« für besonders komplizierte Formsteine in kleinen Mengen sowie die Handformerei der »Klinkerwerke Großräschen«, deren Verfahren jedoch hinsichtlich niedrigerer Brenntemperatur (für Backstein) verändert werden musste. Dies erforderte einige Probebrände, da auch die Tonqualitäten wechselten. Das Bestreben ging auch aus diesem Grund dahin, möglichst wenig Formsteine zu ersetzen. Der relativ gute Zustand von Ostgiebel und Dachgalerien kam dem entgegen. Das reich gegliederte Mauerwerk hatte den Brand 1945 überstanden und war ungeschützt auch während der drei Jahrzehnte Witterungseinfluss »standhaft« geblieben, jedoch zeigten sich besonders an der Nordgalerie die Randbereiche der Fialenspitzen und Giebelschrägen stark gelockert, einzelne Steine geborsten oder abgefallen (Abb. 10).

Im Bereich des im 19. Jahrhundert erneuerten Mauerwerks waren viele Fugen gerissen, wohl wegen des früher verwendeten Zementmörtels. Da die Zerstörungen im Wesentlichen die Partien betrafen, die 1847 (Fensterpfosten, einige Maßwerke und Dachgaleriefialen) und 1878–1887 (Fialenspitzen, Giebelabdeckungen, Krabben) erneuert worden waren, bestand unsere Arbeit hauptsächlich im sorgfältigen Abnehmen und Wiederaufmauern unter Hinzufügung nachgebrannter Formsteine (Abb. 11–13). Hierzu ist besonders zu bemerken, dass am Giebel eigentlich nur die Reparatur der Ergänzungen von 1878–1887 vorgenommen werden mußte. Es wurden für 22 verschiedene Positionen insgesamt 480 neue Formsteine benötigt. Die

Abb. 10 Fiale nördliche Dachgalerie, 1974

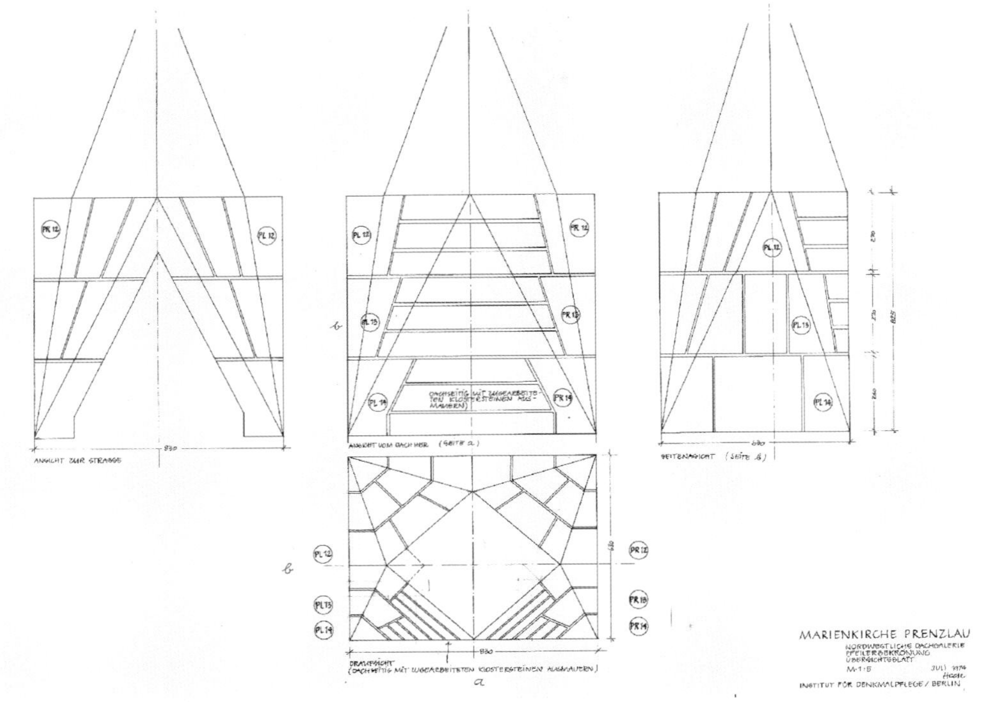

Abb. 11 Fiale nördliche Dachgalerie, Zeichnung für Formsteinbestellung, 1974

Abb. 12 Fialen südliche Dachgalerie, Reparaturarbeiten, 1974

Abb. 13 Südliche Ostgiebelfiale, 1975

Abb. 14 Ostgiebel, große Mittelrose, 1975

bewundernswerten mittelalterlichen Wimperg-Maßwerke des Giebels, deren Formen so stark die Herkunft von der Hausteintechnik erkennen lassen – sie bestehen aus großen Werkstücken von Hand aus dem Ton geschnitten –, waren unbeschädigt und nur von Vogelkot zu reinigen (Abb. 14).

Die sich anschließende Weißfärbung der Giebelblenden fußte auf der Farbuntersuchung des Restaurators Wolf-Dieter Kunze vom IfD und bildete den Abschluss dieses fast sechs Jahre andauernden ersten und für den Bestand des Baudenkmals entscheidenden Bauabschnittes, der unter großem Interesse nicht nur der Prenzlauer Einwohner vor sich gegangen war (Abb. 15).[12]

Abb. 15 Ansicht von Südost nach Wiederherstellung von Dach, Galerien und Ostgiebel, 1977

Anmerkungen

1 Siehe auch den Beitrag von H. Burmeister in dieser Publikation: Die Wiederherstellung der Pfarrkirche St. Marien zu Prenzlau.

2 Fait, Joachim: Die erste Marienkirche in Prenzlau. Ausgrabungs- und Rekonstruktionsbericht, Ernst-Moritz-Arndt-Universität Greifswald 1959/60. Grabung und freigelegte Befunde an der Ostwand des Turmmassivs gaben Aufschluss über den Vorgängerbau von 1250 als dreischiffige, gewölbte Hallenkirche in Feldstein mit apsidenlosem Querhaus und Chor sowie Turmhalle, deren Vorbild in der westfälischen Architektur zu finden ist..

3 1847 erhielt das große Rundfenster über dem Westportal ein Maßwerk aus Zinkguss; Schwartz, Emil: Geschichte der St. Marienkirche zu Prenzlau, S. 179–234; Charbonnier, Azra: C. H. E. Knoblauch (1801–65). Architekt des Bürgertums, München/Berlin 2007, S. 229–234

4 Bergau, Rudolf: Kunstdenkmale der Provinz Brandenburg, Berlin 1885, S. 606.

5 Eichholz, Paul u. a.: Kunstdenkmale des Kreises Prenzlau, Berlin 1921, S. 192 ff.

6 Typ des mittelalterlichen binderlosen Hallenkirchendachwerks mit gezimmerter Wand auf den Arkadenmauern. Abgebildet in Eichholz (siehe Anm. 5), Tafel 17, beschrieben und gezeichnet in Ostendorf, Friedrich: Geschichte des Dachwerks, Leipzig/Berlin 1908, S. 58–60

7 »Prinzip des demokratischen Zentralismus« in: Der große Ploetz, S. 1481 ff.

8 Spektakulär die Sprengung der Hauptpfarrkirche St. Marien in Wismar, Bezirk Rostock im Jahre 1960/61 für 1 Mio. DDR-Mark.

9 Verordnung vom 28.9.1961, Herausgeber Kulturbund und IfD. Liste der Denkmale 2.1.1962. Löste Denkmalschutzverordnung vom 26.6.1952 ab.

10 Eine kulturelle Nutzung war seit langem für die inzwischen verstaatlichte Neubrandenburger Hauptpfarrkirche St. Marien vorgesehen, deren Umbau zu Kunstgalerie (im Dach) und Mehrzweckssaal 1976 begann.

11 Konstruktionsprinzip und Binderform war gutachterlich abgestimmt mit W. Preiß, Sachverständiger für Konstruktive Sicherung von Baudenkmälern; siehe auch Preiß, Wolfgang: Gutachten über die Marienkirche Prenzlau vom 22.8.1964.

12 Siehe auch Beitrag von Christa Heese im Heimatkalender Prenzlau 1976.

Die Sophienkirche in Dresden – Opfer des Missbrauchs politischer Macht

Gerhard Glaser

In der Nacht des 9. November 1938 brannte in Dresden die Synagoge am Rande der inneren Stadt. In der Nacht des 13. Februar 1945 brannten in Dresden die Kreuzkirche, die Frauenkirche, die Katholische Hofkirche, die Dreikönigskirche, die Annenkirche, die Sophienkirche, die Kapelle im Taschenbergpalais, die Matthäuskirche, die katholische Pfarrkirche St. Franziskus Xaverus, die Anglikanische Kirche, die Johanniskirche, die Erlöserkirche, die Amerikanische Kirche, die Schottische Kirche, die St. Paulikirche, die Evangelisch-reformierte Kirche, die Trinitatiskirche, die Jacobikirche, die Lukaskirche, die Krankenhauskapelle Johannstadt, die Diakonissenhauskirche, die Andreaskirche, die Kirche des Ehrlichschen Gestifts, die Zionskirche und die Loschwitzer Kirche. Neun davon wurden innerhalb von sechzig Jahren wieder aufgebaut, drei erinnern als genutzte Ruinen an das Schicksal der Stadt, dreizehn wurden zwischen 1950 und 1962 abgerissen und sind fast vergessen.

Zur ältesten von ihnen, zur Sophienkirche, ist ein Aktenvermerk vom 11. März 1945 überkommen, in dem Oberkirchenrat Kandler über ein Gespräch mit dem Küster und Luftschutzleiter Heeger zu den Kriegsschäden berichtet: *»Die Einmauerung der*

Abb. 1 Ruine der Sophienkirche von Westen

Abb. 2 Innenraum vor Einsturz der Gewölbe im Februar 1946

Kunstwerke hat sich bewährt. Der Hauptaltar von Nosseni ist nur gering beschädigt. In den Heizungsgängen haben sich alle eingelagerten Bilder erhalten. Auch der Glockenstuhl mit einer Glocke ist erhalten.«[1] Dr. Hubert Ermisch schreibt namens der Staatshochbauverwaltung am 21.03.1945: »*Sophienkirche (Ev. Domkirche). Ausgebrannt. In beiden Schiffen je ein Gewölbejoch eingestürzt, die übrigen mehrfach durchlöchert. Die Säulen noch tragfähig. Die neugotischen Seitenanbauten fast ganz erhalten, ebenso die neugotischen Türme (bei einem fehlt der Helm). Der ursprüngliche Backsteingiebel hinter der neugotischen Fassade, die eingestürzt ist, jetzt sichtbar, aber einsturzgefährdet.«* (Abb. 1 und 2).[2] So war es auch selbstverständlich, dass bereits in der 1. Bergungs-/Wiederaufbausitzung der Kulturabteilung der Provisorischen Landesverwaltung Sachsen am 4. August 1945 Sophienkirche und Schloss gemeinsam im Blick auf den späteren Wiederaufbau als Bergungsorte ausgewiesen wurden.

1272, damals als romanische Saalkirche bestehend, fand der Bau seine erste urkundliche Erwähnung als Klosterkirche der Franziskaner. Ab 1351 errichtete man die zweischiffige gotische Hallenkirche, die nach 1421 nochmals um zwei Joche verlängert und anschließend eingewölbt wurde (Abb. 3). Um 1400 ließ Bürgermeister Lorenz Busmann südlich an den Doppelpolygonchor eine Begräbniskapelle für seine Familie

Abb. 3 Das Franziskanerkloster. Historische Darstellung um 1550

anbauen. Im Zuge der Reformation 1541 zunächst mit dem gesamten Kloster leergefallen, wurde die Kirche zunächst als Speicher genutzt. Auf Bitten des Rats der Stadt, unterstützt durch die Kurfürstinwitwe Sophie, übereignete sie der Kurfürst der Stadt, sodass sie 1602 der »Himmlischen Weisheit – Sophie«

Abb. 4 Die 1737 zur Evangelischen Hofkirche erhobene ehemalige Bettelordenskirche mit umgesetztem Schlosskapellenportal und barockem Glockenturm

gemeinde und die sich seit Anfang der 1950er Jahre zuspitzenden Auseinandersetzungen zwischen Staat und Kirche haben die Chancen für die Erhaltung der Ruine und einen späteren Wiederaufbau nicht befördert. So steht das Schicksal dieses Baus exemplarisch für die ideologisch beschränkte Haltung der Partei- und Staatsführung der DDR gegenüber kriegsbeschädigten Kirchenbauten in den ersten 20 Jahren ihrer Herrschaft.

Das Schicksal der Sophienkirche nimmt seinen Lauf mit dem Einsturz der Gewölbe und Pfeiler am 28. Februar 1946 (Abb. 8). Aus den Akten des Landesamtes für Denkmalpflege Sachsen ist zu entnehmen, dass es fortan vor allem um die Bergung der Kunstwerke ging, schließlich Ende 1949 um die Überführung der Särge aus der 1910 von Hans Erlwein angelegten Fürstengruft in die Grablege der Wettiner im Freiberger Dom. Von der heraufkommenden Gefahr des Abbruchs der Ruine zeugt ein Schreiben des Evangelisch-Lutherischen Landeskirchenamtes Sachsens an das Landesamt für Denkmalpflege am 25. Mai 1951, das schon wie ein Hilferuf klingt: »*Nach einer Mitteilung des städtischen Amtes für Kultur- und Naturschutz in Dresden ist die Enttrümmerung der Sophienkirche in Dresden vordringlich. Da in der Ruine eine Vielzahl wertvoller Epitaphe und Grabplatten gesichert und erhalten sind, kann eine Sprengung nicht infrage kommen. Es handelt sich nun darum, ob wenigstens ein Teil der Ruine erhalten bleiben kann, um später entweder durch Ausbau der Seitenräume kirchliche Räume zu schaffen oder kirchliche Kunstdenkmale in dem zu erhaltenden Ruinenteil aufzustellen und der Öffentlichkeit zugänglich zu machen. Wir*

Abb. 5 Die 1864–66 durch Christian Friedrich Arnold zur »Kathedrale« umgebaute Evangelische Hofkirche, hinten rechts die Busmannkapelle

Abb. 6 Wettbewerbsentwurf Mart Stam zum Wiederaufbau der Innenstadt 1948

neu geweiht werden konnte. 1737 wurde sie zur Evangelischen Hofkirche erhoben (Abb. 4) und als solche in ihrem äußeren Erscheinungsbild 1864–66 durch Errichtung einer Turmfront und den Anbau von Seitenschiffen in neugotischen Formen zu einer Kathedrale aufgewertet (Abb. 5). Nach dem Ende der Monarchie 1918 fiel ihr 1926 die Funktion als Bischofskirche der Evangelisch-Lutherischen Landeskirche Sachsens zu.

Trotz ihrer großen stadt- und landesgeschichtlichen, auch kirchengeschichtlichen Bedeutung als hervorragende Begräbnisstätte der Bürger der Stadt und des evangelischen Adels seit dem 15. Jahrhundert wurde die Sophienkirche in der öffentlichen Diskussion des Wiederaufbaus der Stadt unterschiedlich bewertet. In Architekturwettbewerben zum Wiederaufbau der Stadt 1946, um 1948 und 1950 findet sie kaum Beachtung (Abb. 6). 1952 weist sie das Stadtplanungsamt in einem Teilbebauungsplan zum Stadtzentrum vom 26. August ebenso wie die Frauenkirche als wiederaufbauwürdig aus (Abb. 7).

Die zu jener Zeit noch stark ausgeprägte Ablehnung allen historistischen Bauens, die der Kirche fehlende Territorial-

Abb. 7 Teilbebauungsplan Stadtzentrum, Dezernat Aufbau, Abt. Stadtplanung. 26. August 1952

bitten um Ihre gutachterliche Aussprache darüber.«[3] Das Landesamt für Denkmalpflege befürwortet diese Überlegungen in seinem Antwortschreiben vom 22. Juni ausdrücklich.[4] Bürger aller Schichten aus Dresden und Sachsen wenden sich zunehmend an das Landesamt für Denkmalpflege in der Hoffnung und Erwartung, es könne die Bewahrung des Baus bewirken, machen Vorschläge zu seiner sachgerechten Enttrümmerung und zur Nutzung als Ruine und bieten Mithilfe an bis zur kostenlosen Bereitstellung von Bauholz aus dem eigenen Wald.[5] Ein sehr durchdachter Vorschlag zur »Erhaltung der Dresdner Sophienkirche als Panmartyrium, gewidmet den Blutzeugen und Bekennern Jesu Christi in allen Jahrhunderten«, verbunden mit dem Vorschlag zur Bildung einer Bürgerinitiative und sehr konkreten Überlegungen zur schrittweisen Enttrümmerung und Nutzung kam aus Pfaffroda im Erzgebirge im Sommer 1956.[6] Der vorrangig für die Landeskirche tätige Architekt Fritz Steudtner präzisierte ihn mit zeichnerischen Darstellungen und einer Kostenermittlung. *»Das Mittelteil zwischen den beiden Türmen ist soweit abzutragen, dass ein flach liegendes Satteldach eingebaut werden kann, welches mit Dachpappe abzudecken ist. Zwischen die beiden Türme soll ein großes Kreuz aus Doppel-T-Trägern errichtet werden und als Mahnmal den Postplatz beherrschen«*, lesen wir in der Denkschrift des Pfaffrodaer Pfarrers K.-H. Scharf. *»Wir sind entschlossen, alle sonstige Arbeit auf uns zu nehmen. Ich bin bereit, einen Teil der Last zu tragen – aus Dankbarkeit, denn Gott ließ mich in Gnaden nach 10- und 1/2-jähriger Kriegs- und Gefangenenschaftszeit heimkehren.«*[7] Die Zeichnung der Turmfront mit dem 16 m hohen Kreuz (Abb. 9) muss auf die leitenden SED-Funktionäre, denen das Ganze sicher nicht verborgen blieb, wie eine Provokation gewirkt haben, waren sie doch eisern entschlossen, die Religion, das Opium für das Volk, zu bekämpfen, und es erscheint

Abb. 8 Der Innenraum nach Einsturz der Gewölbe am 28. Februar 1946, Blick zum Altar

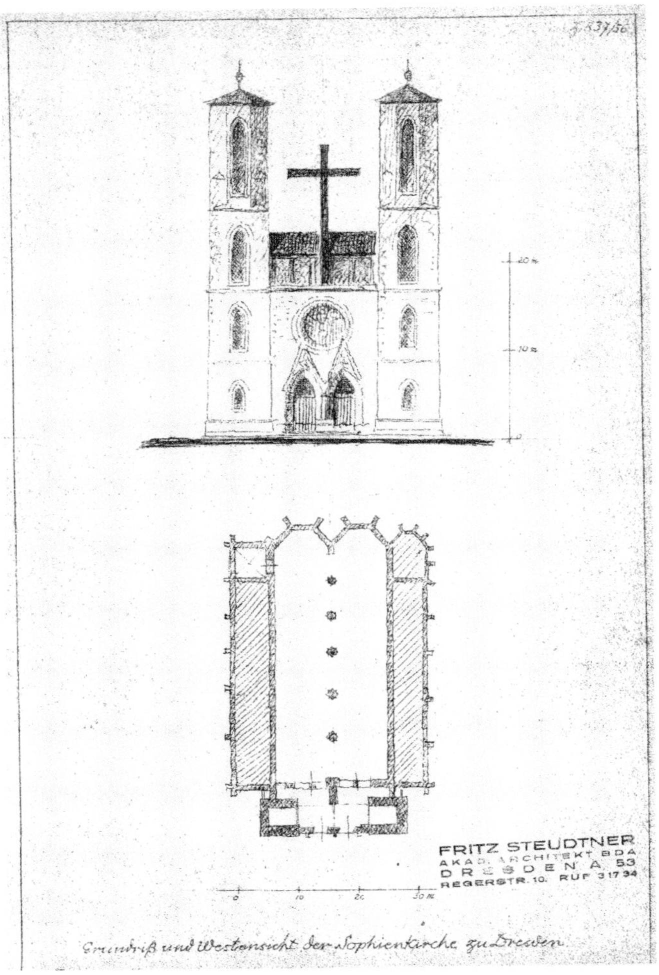

Abb. 9 Wiederaufbauvorschlag. Zeichnung Architekt Fritz Steudner. Sommer 1956

heute die Rede Walter Ulbrichts, des ersten Mannes im Staate, auf der Sitzung der Stadtleitung der SED am 11. August 1956, die hier auszugsweise wiedergegeben werden soll, geradezu als Antwort darauf:

»Soll man doch hier entscheiden, ob dieser Trümmerhaufen wiederaufgebaut werden soll.

(Zwischenruf: Es ist eine sehr alte Kirche!)

Was heißt hier älteste Kirche! Ob sie alt ist oder jung ist – die Frage ist, ob sie dort notwendig ist!

(Zwischenruf: Nein.)

Nun soll die Stadtleitung entscheiden und sich mit den Genossen in der Stadtverwaltung unterhalten. (…)

Dann werden wir uns mit denen beschäftigen, von denen wir wissen, daß sie Einwände erheben. Das sind diejenigen, die nach dem Westen schielen, die der Meinung sind, daß wir in Dresden eine Altertumssammlung aufbauen. Und wenn wir nicht mehr zulassen, daß sozusagen die Partei überfahren wird von allen möglichen Interessengruppen und die Partei ihren Standpunkt vertritt, dann werden wir ein großes Stück vorwärts kommen. (…) Es gibt einige Leute, die sagen, sie sind Fachleute – und auch Fachleute, die wirklich welche sind. Ich bin dafür, daß wir offen das sagen. Wir unterscheiden uns dadurch, daß wir eine moderne sozialistische Stadt aufbauen wollen – was natürlich sehr schwer ist – und wir werden alle wichtigen architektonisch bedeutungsvollen Bauten stehenlassen. (…) Die Durchführung dieser Aufgaben, also der Bau der Stadt, erfordert eine ideologische Überzeugungsarbeit. Man muß die Menschen überzeugen. Denn es sind meist ehrliche Leute, die Einwände erheben – sie meinen es gut – aber sie sind meist noch nicht ganz mitgekommen. Sie sind ein paar Jahre zurück. Sie müssen 7 Türme sehen – aber 7 Kirchtürme, sonst wäre es eine Konkurrenz zum lieben Gott. In der Öffentlichkeit ist man höflich und sagt so etwas nicht. (…) Wir bauen bestimmte Türme, um eine schöne Silhouette der Stadt zu bekommen. Wir sind auch dafür, daß Kirchtürme die Stadt verschönern. Magdeburg hat aber beispielsweise zwei Kirchen entfernt und damit gleich eine wichtige Verkehrsfrage gelöst. Sie müssen sich daran gewöhnen, daß bei Kulturbauten, die geschaffen werden, die neue Macht dokumentiert wird. Es gibt keine Monopole auf Türme«.[8]

Es war eine Frage der Macht. Das Schicksal der Ruine der Sophienkirche wurde an diesem Tage entschieden. Wie aufmerksam allerdings alle Vorgänge gerade um diesen Bau verfolgt wurden, zeigt ein Aktenvermerk von Dr. Fritz Löffler an Dr. Hans Nadler vom 26.11.1958. *»Anruf von Herrn Prof. Rettig (Ordinarius Werklehre und Entwerfen TH Dresden, d. Verf.). Herr Prof. Rettig teilt mit, dass eben der Baudirektor der Hochschule, Herr Dammann, zu ihm gekommen ist mit der Mitteilung, dass Sophienkirche und Taschenbergpalais beschlossen worden ist, abzubrechen.«*[9] Hans Nadler als der verantwortliche Denkmalpfleger bohrte nach bei der Stadtverwaltung, um Ansatzpunkte zu finden, die es ihm ermöglichten, erneut für die Erhaltung der Ruine zu argumentieren. Auf einen Brief vom 27. Mai 1959 erhält er am 19. Juni eine Antwort des Stadtrats für Kultur (Beigeordneter für Kultur, d. Verf.) Meuter: *»Die Stadtverordnetenversammlung hat in einer Sitzung zu Anfang des Jahres den Plan über den Aufbau des Zentrums der Stadt Dresden beschlossen, in dem vorgesehen ist, die Sophienkirche abzubrechen.«* Weiter wird ausgeführt: *»Mir ist bekannt, daß dieser Festlegung eingehende Diskussionen vorausgegangen sind, bei denen auch zum großen Teil die von Ihnen gemachten Angaben vorgetragen wurden. Dennoch haben dann alle beteiligten Gremien einer solchen Lösung zugestimmt und die Stadtverordneten den entsprechenden Beschluß gefaßt. Da die Aufführung der Gründe im einzelnen zu weit führen würde, bin ich gern bereit, evtl. auch unter Hinzuziehung der betreffenden Fachleute, mich mit Ihnen persönlich darüber zu unterhalten.«*[10]

Darin wird einerseits das Fehlen der Argumente für eine Beseitigung der Ruinen deutlich, andererseits das Bemühen, eine offene Konfrontation zu vermeiden, das Ganze auszusitzen und im Übrigen alles im Mündlichen zu belassen. Und dann ging man einfach zur Tagesordnung über, wie die Niederschrift Dr. Löfflers vom 11. Juli 1959 beweist (Abb. 10).[11] Der grundsätzliche Einspruch der Denkmalpfleger und des Vertreters der Technischen Hochschule lief offensichtlich ins Leere. Noch am gleichen Tage schrieb Fritz Löffler einen vertraulichen Brief an Oberbürgermeister Prof. Herbert Gute, wohl in der Hoffnung, dass dieser sich ihrer gemeinsamen Aktivitäten im Interesse linker Künstler vor und zu Beginn des Dritten Reichs erinnere. Er verwies auf die bestehende Gesetzlichkeit, auf die außerordentliche Bedeutung des Kirchenbaus für die Stadtgeschichte und die europäische Kunstgeschichte, aber auch auf die Pflicht, falls man sie doch abtragen wolle, zu einer sachgerechten Dokumentation und Bergung der Kunstwerke. Er machte auf die politische Dimension des Abbruchs aufmerksam, der dem Ansehen der DDR zum Schaden gereichen würde, und plädierte nochmals eindringlich für die Nutzung als Architekturmuseum.[12] Die darauf folgende Antwort des amtierenden Oberbürgermeisters Bohn vom 25. Juli 1959 stellte die Tatsachen insofern bewusst auf den Kopf, als vor dem Stadtverordnetenbeschluss zum Bebauungsplan des Dresdner Stadtzentrums im März 1959 das Thema Sophienkirche bewusst unter der Decke gehalten worden war (Abb. 11).[13] Hans Nadler versuchte nun, die politische Brisanz zu entschärfen, indem er die Reduzierung des Baukörpers der Sophienkirche auf die Dimension der Bettelordenskirche vorschlug und den Bildhauer Walter Thürmer 1960 mit dem Bau eines entsprechenden Modells beauftragte (Abb. 12). Der Kirchenbau sollte sich, wie auch immer genutzt, bescheiden in die »neue sozialistische Stadt« einordnen, hatte sich doch Walter Ulbricht in seiner Rede 1956 explizit gegen Kirchtürme geäußert.

Diese Strategie, die sich bei einem im August 1960 verteidigten Studentenentwurf zum Wiederaufbau des Dresdner Schlosses[14] als »Museumskombinat«, ohne alle Giebel im Gro-

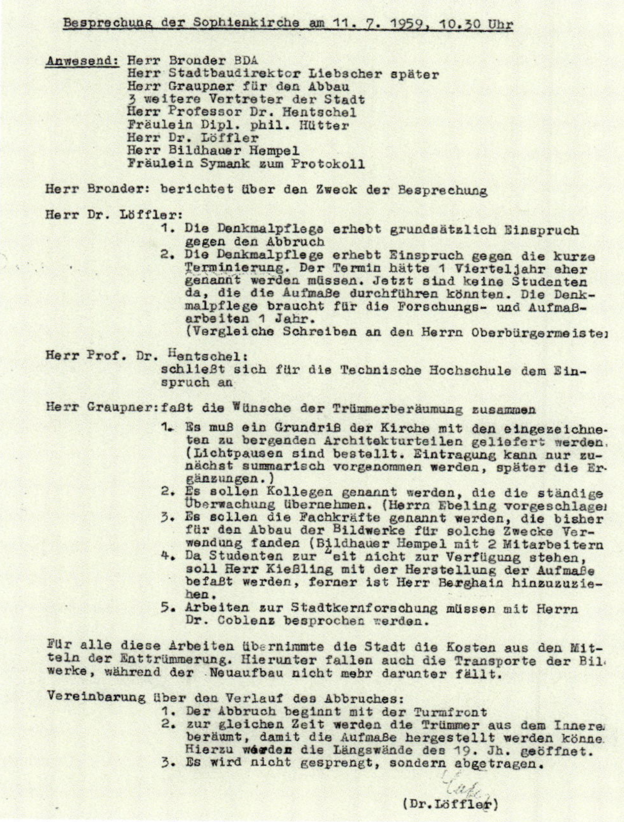

Besprechung der Sophienkirche am 11. 7. 1959, 10.30 Uhr

Anwesend: Herr Bronder BDA
Herr Stadtbaudirektor Liebscher später
Herr Graupner für den Abbau
3 weitere Vertreter der Stadt
Herr Professor Dr. Hentschel
Fräulein Dipl. phil. Hütter
Herr Dr. Löffler
Herr Bildhauer Hempel
Fräulein Symank zum Protokoll

Herr Bronder: berichtet über den Zweck der Besprechung

Herr Dr. Löffler:
1. Die Denkmalpflege erhebt grundsätzlich Einspruch gegen den Abbruch
2. Die Denkmalpflege erhebt Einspruch gegen die kurze Terminierung. Der Termin hätte 1 Vierteljahr eher genannt werden müssen. Jetzt sind keine Studenten da, die die Aufmaße durchführen könnten. Die Denkmalpflege braucht für die Forschungs- und Aufmaßarbeiten 1 Jahr.
(Vergleiche Schreiben an den Herrn Oberbürgermeiste

Herr Prof. Dr. Hentschel:
schließt sich für die Technische Hochschule dem Einspruch an

Herr Graupner: faßt die Wünsche der Trümmerberäumung zusammen
1. Es muß ein Grundriß der Kirche mit den eingezeichneten zu bergenden Architekturteilen geliefert werden. (Lichtpausen sind bestellt. Eintragung kann nur zunächst summarisch vorgenommen werden, später die Ergänzungen.)
2. Es sollen Kollegen genannt werden, die die ständige Überwachung übernehmen. (Herrn Ebeling vorgeschlage
3. Es sollen die Fachkräfte genannt werden, die bisher für den Abbau der Bildwerke für solche Zwecke Verwendung fanden (Bildhauer Hempel mit 2 Mitarbeitern
4. Da Studenten zur Zeit nicht zur Verfügung stehen, soll Herr Kießling mit der Herstellung der Aufmaße befaßt werden, ferner ist Herr Berghain hinzuzuziehen.
5. Arbeiten zur Stadtkernforschung müssen mit Herrn Dr. Coblenz besprochen werden.

Für alle diese Arbeiten übernimmte die Stadt die Kosten aus den Mitteln der Enttrümmerung. Hierunter fallen auch die Transporte der Bil werke, während der Neuaufbau nicht mehr darunter fällt.

Vereinbarung über den Verlauf des Abbruches:
1. Der Abbruch beginnt mit der Turmfront
2. zur gleichen Zeit werden die Trümmer aus dem Innere beräumt, damit die Aufmaße hergestellt werden könne. Hierzu werden die Längswände des 19. Jh. geöffnet.
3. Es wird nicht gesprengt, sondern abgetragen.

(Dr. Löffler)

Abb. 10 Niederschrift Dr. Fritz Löffler zu einer Begegnung am 11.7.1959 mit Vertretern des Rates der Stadt Dresden

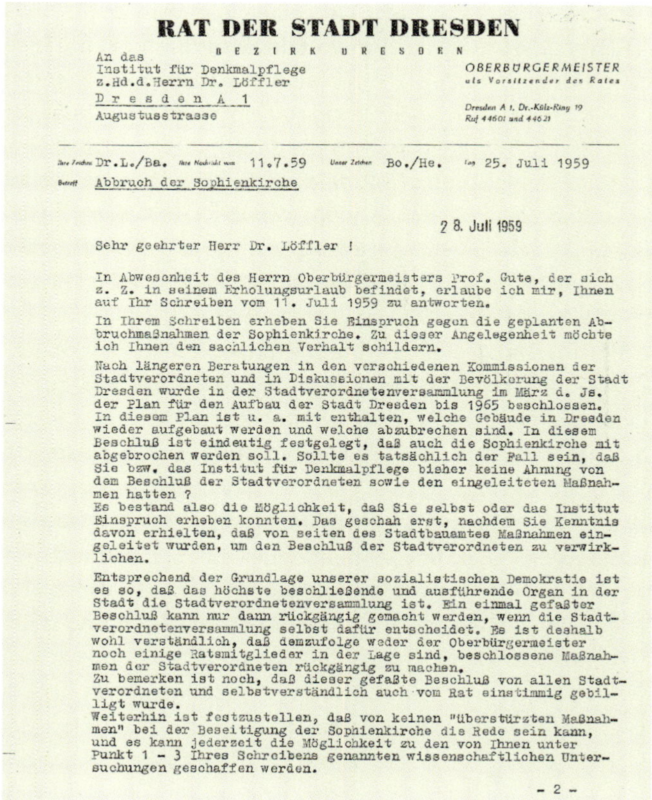

RAT DER STADT DRESDEN
BEZIRK DRESDEN

An das
Institut für Denkmalpflege
z.Hd.d.Herrn Dr. Löffler
Dresden A 1
Augustusstrasse

OBERBÜRGERMEISTER
als Vorsitzender des Rates
Dresden A 1, Dr.-Külz-Ring 19
Ruf 44601 und 44621

Ihre Zeichen Dr.L./Ba. Ihre Nachricht vom 11.7.59 Unser Zeichen Bo./He. Tag 25. Juli 1959
Betreff Abbruch der Sophienkirche

28. Juli 1959

Sehr geehrter Herr Dr. Löffler !

In Abwesenheit des Herrn Oberbürgermeisters Prof. Gute, der sich z. Z. in seinem Erholungsurlaub befindet, erlaube ich mir, Ihnen auf Ihr Schreiben vom 11. Juli 1959 zu antworten.

In Ihrem Schreiben erheben Sie Einspruch gegen die geplanten Abbruchmaßnahmen der Sophienkirche. Zu dieser Angelegenheit möchte ich Ihnen den sachlichen Verhalt schildern.

Nach längeren Beratungen in den verschiedenen Kommissionen der Stadtverordneten und in Diskussionen mit der Bevölkerung der Stadt Dresden wurde in der Stadtverordnetenversammlung im März d. Js. der Plan für den Aufbau der Stadt Dresden bis 1965 beschlossen. In diesem Plan ist u. a. mit enthalten, welche Gebäude in Dresden wieder aufgebaut werden und welche abzubrechen sind. In diesem Beschluß ist eindeutig festgelegt, daß auch die Sophienkirche mit abgebrochen werden soll. Sollte es tatsächlich der Fall sein, daß Sie bzw. das Institut für Denkmalpflege bisher keine Ahnung von dem Beschluß der Stadtverordneten sowie den eingeleiteten Maßnahmen hatten ?
Es bestand also die Möglichkeit, daß Sie selbst oder das Institut Einspruch erheben konnten. Das geschah erst, nachdem Sie Kenntnis davon erhielten, daß von seiten des Stadtbauamtes Maßnahmen eingeleitet wurden, um den Beschluß der Stadtverordneten zu verwirklichen.

Entsprechend der Grundlage unserer sozialistischen Demokratie ist es so, daß das höchste beschließende und ausführende Organ in der Stadt die Stadtverordnetenversammlung ist. Ein einmal gefaßter Beschluß kann nur dann rückgängig gemacht werden, wenn die Stadtverordnetenversammlung selbst dafür entscheidet. Es ist deshalb wohl verständlich, daß demzufolge weder der Oberbürgermeister noch einige Ratsmitglieder in der Lage sind, beschlossene Maßnahmen der Stadtverordneten rückgängig zu machen.
Zu bemerken ist noch, daß dieser gefaßte Beschluß von allen Stadtverordneten und selbstverständlich auch vom Rat einstimmig gebilligt wurde.
Weiterhin ist festzustellen, daß von keinen "überstürzten Maßnahmen" bei der Beseitigung der Sophienkirche die Rede sein kann, und es kann jederzeit die Möglichkeit zu den von Ihnen unter Punkt 1 – 3 Ihres Schreibens genannten wissenschaftlichen Untersuchungen geschaffen werden.

– 2 –

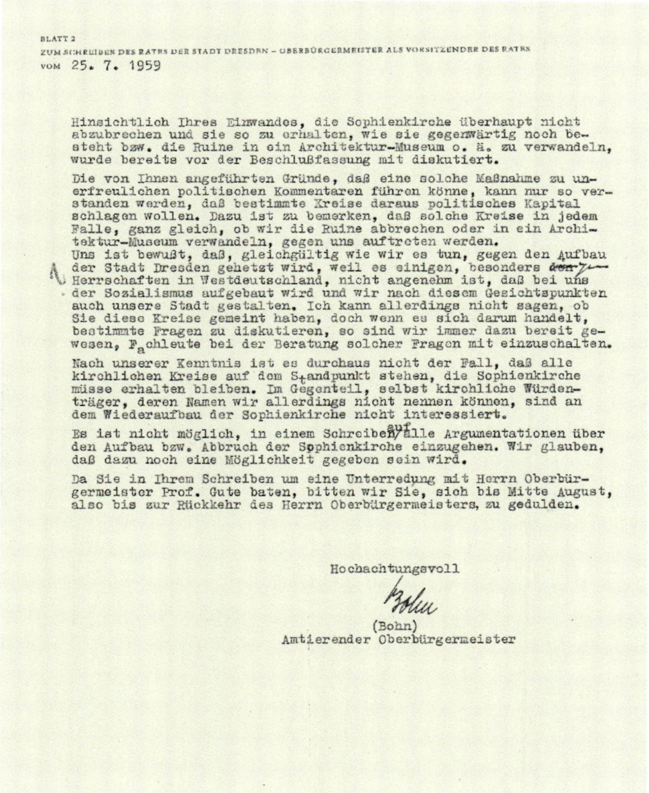

BLATT 2
ZUM SCHREIBEN DES RATES DER STADT DRESDEN – OBERBÜRGERMEISTER ALS VORSITZENDER DES RATES
VOM 25. 7. 1959

Hinsichtlich Ihres Einwandes, die Sophienkirche überhaupt nicht abzubrechen und sie so zu erhalten, wie sie gegenwärtig noch besteht bzw. die Ruine in ein Architektur-Museum o. ä. zu verwandeln, wurde bereits vor der Beschlußfassung mit diskutiert.

Die von Ihnen angeführten Gründe, daß eine solche Maßnahme zu unerfreulichen politischen Kommentaren führen könne, kann nur so verstanden werden, daß bestimmte Kreise daraus politisches Kapital schlagen wollen. Dazu ist zu bemerken, daß solche Kreise in jedem Falle, ganz gleich, ob wir die Ruine abbrechen oder in ein Architektur-Museum verwandeln, gegen uns auftreten werden.
Uns ist bewußt, daß, gleichgültig wie wir es tun, gegen den Aufbau der Stadt Dresden gehetzt wird, weil es einigen, besonders den Herrschaften in Westdeutschland, nicht angenehm ist, daß bei uns der Sozialismus aufgebaut wird und wir nach diesem Gesichtspunkten auch unsere Stadt gestalten. Ich kann allerdings nicht sagen, ob Sie diese Kreise gemeint haben, doch wenn es sich darum handelt, bestimmte Fragen zu diskutieren, so sind wir immer dazu bereit gewesen, Fachleute bei der Beratung solcher Fragen mit einzuschalten.

Nach unserer Kenntnis ist es durchaus nicht der Fall, daß alle kirchlichen Kreise auf dem Standpunkt stehen, die Sophienkirche müsse erhalten bleiben. Im Gegenteil, selbst kirchliche Würdenträger, deren Namen wir allerdings nicht nennen können, sind an dem Wiederaufbau der Sophienkirche nicht interessiert.

Es ist nicht möglich, in einem Schreiben auf alle Argumentationen über den Aufbau bzw. Abbruch der Sophienkirche einzugehen. Wir glauben, daß dazu noch eine Möglichkeit gegeben sein wird.

Da Sie in Ihrem Schreiben um eine Unterredung mit Herrn Oberbürgermeister Prof. Gute baten, bitten wir Sie, sich bis Mitte August, also bis zur Rückkehr des Herrn Oberbürgermeisters, zu gedulden.

Hochachtungsvoll
Bohn
(Bohn)
Amtierender Oberbürgermeister

Abb. 11 Schreiben des amtierenden Oberbürgermeisters Bohn an Dr. Fritz Löffler

Abb. 12 Bildhauer Walter Thürmer. Modell der Sophienkirche in den Dimensionen der Franziskaner-Bettelordenskirche, 1960

ßen Schlosshof, ohne die noch vorhandene Bekrönung des Georgenbaus, auszahlte, führte hier nicht zum Ziel. Während das Modell noch gebaut wurde und die Fachrichtung Architektur der Fakultät Bauwesen der Technischen Hochschule Dresden sich geschlossen hinter die Aussagen des Modells und die Nutzung als Architekturmuseum stellte, brachten – wohl auf Veranlassung der SED-Stadtleitung – leitende Genossen der Stadtverwaltung und des Rats des Bezirks Dresden die nachfolgend zitierte »Konzeption zum Abbruch der Sophienkirche« zu Papier, die am 29.11.1960 beraten wurde:

»Anwesend: Gen. Prof. Frenzel – Zwingerbauleitung
Gen. Geißler – Rat der Stadt
Gen. Breitmann - Rat des Bezirkes
Gen. Läuter – Rat der Stadt, Abt. Kultur
Gen. Bronder – Stadtbauamt
Gen. Graupner – Stadtbauleitung
Gen. Renner – Stadtbauamt

1) In der Frage des Wiederaufbaues des Zentrums der Stadt Dresden liegt ein Beschluß des Politbüros vor, in welchem die wieder aufzubauenden historischen Gebäude festgelegt sind. Die Sophienkirche ist darin zum Abbruch vorgesehen.

2) Aufgrund dieses Beschlusses beschloß die Stadtverordnetenversammlung 1959 ebenfalls den Abbruch der Ruine.

3) Am 10. und 11.7.59 wurden Maßnahmen zum Abbruch eingeleitet.

Verhandelt wurde mit:

Inst. f. Denkmalpflege, Dr. Löffler, Prof. Dr. Hentschel als Berater des Instituts; Koll. Wendel und Suchy, Betriebsleitung VEB Tief- und Straßenbau; Koll. Graupner und Müller, Stadtbauleitung sowie am 11.7. mit: Koll. Liebscher, Bronder, Göpfert, Stadtbauamt; Dr. Löffler; Koll. Graupner, Stadtbauleitung; Betriebsleitung Tief- und Straßenbau. Das Ergebnis der Aussprachen war: Abbruch der Ruine unter Sicherung besonderer denkmalpflegerischer Werte.

4) Bestimmte Kreise der Stadt Dresden protestierten beim Vorsitzenden des Staatsrates, Walter Ulbricht, beim Ministerpräsidenten Otto Grotewohl und Präs. d. Volkskammer Johannes Dieckmann gegen die Abbruchmaßnahmen. Es erfolgte daraufhin am 13.7.59 eine vorläufige Aussetzung der Maßnahmen, die am 20.7. beginnen sollten.

5) Die heutige Aussprache wurde geführt, um die erneute Eingabe zu beantworten.

6) Folgende Vorschläge werden unterbreitet:

a. Der Beschluß des Politbüros und der StadtVO wird durchgeführt.

b. Eine schriftliche Beantwortung der eingegangenen Beschwerde erfolgt nicht.

c. Der Gen. Oberbürgermeister wird beauftragt, dem Superintendenten und einigen unterzeichneten Pfarrern mündlich die Gründe für den Abbruch der Ruine darzulegen.

d. Diese Aussprache soll im Jan. 1961 durchgeführt werden.

e. Die Abbruchsarbeiten sind für das I. Quartal 1961 im Plan der Enttrümmerung aufgenommen.

f. Dem Gen. Bohn wird empfohlen, diese Vorschläge dem 1. Sekretär der Stadtleitung, Gen. John, zur Kenntnis zu geben.

g. Wir empfehlen dem Gen. John, den Genossen Oberbürgermeister zu beauftragen, die vorstehenden Vorschläge zu realisieren.

Der Abbruch der Ruine Sophienkirche ist in komplexem Zusammenhang mit der Gesamtbebauung im Gebiet zwischen Zwinger und Neumarkt zu betrachten. Darunter fällt u. a. auch die Frauenkirche.

Die Genossen kommen zu folgendem Vorschlag:

An der Frauenkirche haben sich in letzter Zeit die Gefahrenquellen vermehrt. Es ist notwendig, im Interesse der Sicherheit der Bevölkerung Sicherungsmaßnahmen durchzuführen. Über deren Umfang sind Untersuchungen durchzuführen und ein Vorschlag zu unterbreiten.«[15]

Angesichts der sich immer mehr verdichtenden Proteste gegen den Abbruch der Sophienkirche (Dekan der Fakultät Bauwesen der TH Dresden, Prof. Walther Kinze, am 27. Januar 1961 an den Rat der Stadt Dresden; Institut für Denkmalpflege, Dr. Hans Nadler, an das Ministerium für Kultur am 30. Januar 1961; Sächsische Akademie der Wissenschaften an Ministerpräsident Otto Grotewohl am 27. Februar 1961; Zwischenbericht Generalkonservator Dr. Deiters zu den Möglichkeiten, die Sophienkirche zu erhalten vom 14. März 1961) entsendet der für Kultur zuständige Stellvertretende Ministerpräsident Dr. Alexander Abusch am 15. März 1961 den Hauptabteilungsleiter im Ministerium für Kultur, Herbert Micklich, nach Dresden. In der Niederschrift zu diesem Besuch stellt Dr. Hans Nadler fest: *»Zunächst wurde ihm der einschlägige Schriftverkehr mit dem Ministerium für Kultur vorgelegt und festgestellt, daß diese Schreiben bis auf einen kurzen Zwischenbescheid nicht beantwortet wurden.«*[16] Am 8. April 1961 schreibt Alexander Abusch an den Präsidenten der Sächsischen Akademie der Wissenschaften, Prof. Frings, dass er kaum noch Möglichkeiten sähe, die Beschlüsse der Stadt jetzt noch zu ändern. Generell solle aber der Schutz der Denkmale erfolgen.[17]

Das Ausweichen vor einer ernsthaften Diskussion und die Hinhaltetaktik auf allen staatlichen Ebenen sind offensichtlich. Bereits am 29. März 1961 hatte der Stellvertretende Oberbürgermeister Dresdens, Bohn, dem Präsidenten des Evangelisch-Lutherischen Landeskirchenamtes, Dr. Johannes, persönlich und schriftlich mitgeteilt, dass der Abbruch der Sophienkirche endgültig beschlossen sei. Der Widerspruch von Dr. Johannes blieb ohne Wirkung. Eine Zeitlang schien es, dass im Rahmen der laufenden Planungen zum Postplatz, an denen auch die Lehrstühle für Städtebau, Prof. Funk, und Verkehrsbau, Prof. Christfreund, der Fakultät Bauwesen der TU Dresden mit beteiligt waren, die Sophienkirche doch noch angemessen in den Wiederaufbau einbezogen werden könnte. In einer Bekundung vom 12. März 1962 fasst Dr. Nadler, Institut für Denkmalpflege, noch einmal zusammen: »*Die Ruine der Sophienkirche ist ein Denkmal von stadtgeschichtlicher, architekturgeschichtlicher und städtebaulicher Bedeutung im Sinne der Verordnung vom 28. September 1961. Ein Abbruch ist weder städtebaulich noch im Zuge der bisher beschlossenen Planung zum Aufbau des Stadtzentrums notwendig.*«[18]

Die Vergeblichkeit aller Bemühungen um die Rettung des Baus wurde in einer Ratssitzung am 6. Juni 1962 offenbar, zu der das Institut für Denkmalpflege erst zwei Tage vorher eingeladen worden war. Dr. Hans-Eberhard Scholze, Stellvertreter von Dr. Nadler, fertigte dazu eine Niederschrift, aus der auszugsweise zitiert sei:

»Die Ratssitzung nahm folgenden Verlauf: Nach der Vorstellung der neu Hinzugekommenen (Denkmalpflege, Stadtbauamt) wurde Dr. Nadler aufgefordert darzulegen, welche denkmalpflegerischen Maßnahmen seiner Ansicht nach in Bezug auf die Sophienkirche durchzuführen seien. Vorher hatte Stadtbaudirektor Uhlig vorgetragen:

›Wir fangen noch diesen Monat an, von fahrbaren Leitern die Gefahrenquellen zu beseitigen. Die Sicherheit der Bauarbeiter muss gewährleistet sein.‹«[19]

Dr. Nadler erläuterte die Probleme:

1. Die Zuständigkeit für den vorgesehenen Abbruch liege beim Minister für Kultur, da die Sophienkirche zum Zwingerensemble und damit zu den Denkmalen von nationaler Bedeutung und internationalem Kunstwert gehöre.

2. Durch die gegenwärtig von Prof. Funk und Prof. Christfreund, TU Dresden, durchgeführten Untersuchungen der Verkehrsverhältnisse und der Erarbeitung eines Planes der neuen Verkehrsführung besonders am Postplatz mit der damit wahrscheinlich verbundenen Verlegung des Postplatzes weiter nach Westen usw. sei die städtebauliche Gestaltung verbunden und ebenso die Entscheidung über die Sophienkirche.

Es sollte untersucht werden, ob eine Erweiterung des östlichen Endes des Zwingergrabens in Richtung Süden möglich ist und das neu zu erbauende Gebäude des Gastronoms mit seiner Westmauer auf der Ostmauer des Grabens stehen könne.

3. Die Sophienkirche mit den zwei Schiffen und zwei Chören ist die älteste Bauurkunde, praktisch die Geburtsurkunde Dresdens. Wird sie abgetragen, so werden 300 Jahre sichtbare Geschichte Dresdens vernichtet.

Dr. Nadler erklärte den internationalen Rang durch ein Beispiel: Beim Architektenkongress in London hat Professor Zachwatowicz aus Warschau Herrn Professor Wiel aus Dresden erklärt, dass er vorhabe, nach Dresden zu kommen, um besondere Studien an der Sophienkirche zu treiben.

Für die Erhaltung erklärte Dr. Nadler drei Möglichkeiten:

a) Erhaltung mit den Türmen der neogotischen Epoche.

b) Erhaltung des mittelalterlichen Teiles, einschließlich der Busmannkapelle, ohne Türme. Rekonstruktion des gotischen Blendbogengiebels (a und b: Verwendung als Architekturmuseum und Museum für die Plastik).

c) Sicherung der Ruine und Erhaltung in einer Grünanlage. Evtl. Freilichtmuseum innerhalb der Mauern.

Sekretärin Auerswald: Beschluß der Stadtverordneten, Bestätigung durch das ZK der SED: Abtragen! Dabei Bergung der wertvollen Teile.

Uhlig: Beschluß, Abtragen, Bergen.

Angriff auf Dr. Nadler und das Institut. Warum erfüllt das Institut nicht die Beschlüsse?

Was sind das für Zustände, wenn der Leiter solche Meinungen vertritt, wie muss das erst im Institut aussehen! Der Leiter habe die Pflicht, den Beschluß der Stadtverordneten durchzuführen.

Auf den Einwand, daß das Institut weder vor noch nach dem Beschluß befragt worden sei und auch den Beschluß nicht zugestellt erhalten habe, stellte Uhlig die Frage, ob Dr. Nadler nicht die Zeitung lese!! (Diese Anwürfe, dieser Ton und diese Art und Weise erinnern an eine Epoche, die wir glaubten überwunden zu haben).

Sekretärin Auerswald: Fordert die Anwesenden auf, über die Sophienkirche zu diskutieren.

Abgeordneter Barsch?: Bergung! Beschluß verwirklichen!

Bernhard: Beschluß! Zügiger Aufbau!

Zips: Beschluß! Begründet auf Aussprachen mit der Bevölkerung!

Bronder: Festlegung des Ablaufes des Abbruches!

Auerswald: Bittet Dr. Nadler, die Denkmalpflege in Dresden weiter zu erläutern. (…)«[20]

Am 26. Juni 1962 erhielten der alte Bauleiter Walter Naumann und der junge Architekt Gerhard Glaser, tätig in der Bauabteilung für kulturhistorische Bauten Dresden, der sogenannten Zwingerbauhütte, auf ihre Bitte hin einen Termin bei Oberbürgermeister Gerhard Schill, um die dramatische Situation der noch immer in den Ruinen des Schlosses befindlichen original erhaltenen barocken Ausstattung des Grünen Gewölbes vorzutragen. Am Ende der sehr positiv verlaufenen Beratung, mit der die Rettung der Ausstattung eingeleitet wurde, fragte Gerhard Glaser, was denn die beginnende Einrüstung der Sophienkirche zu bedeuten habe. Das Gesicht des Oberbürgermeisters versteinerte und er sagte: »Die Beschlüsse der Partei werden umgesetzt und Baufreiheit für die Großgaststätte am Zwinger geschaffen.« Walter Naumann verabschiedete sich hastig, zog seinen Kollegen heftig am Arm und flüsterte: »Komm, bringe nicht das Grüne Gewölbe wieder in Gefahr!« Am gleichen Tage erhielt das Landeskirchenamt durch Stadtarchitekt Ullrich die Ankündigung der Enteignung von der Sophienkirche auf der Grundlage des Aufbaugesetzes, wogegen dieses am 3. Juli Einspruch erhob – ohne Erfolg.

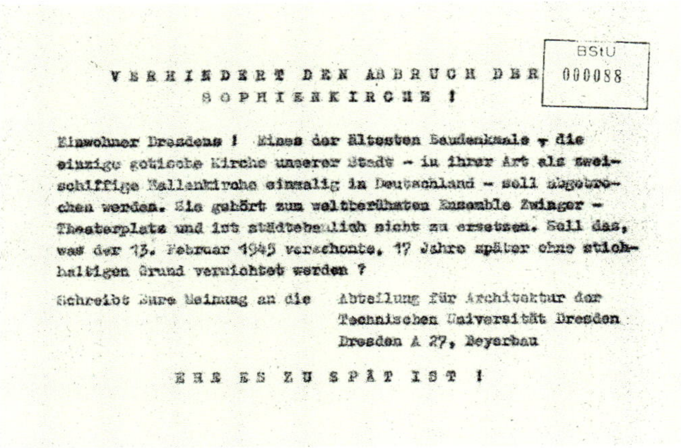
BStU 000088

VERHINDERT DEN ABBRUCH DER SOPHIENKIRCHE !

Einwohner Dresdens ! Eines der ältesten Baudenkmale - die einzige gotische Kirche unserer Stadt - in ihrer Art als zweischiffige Hallenkirche einmalig in Deutschland - soll abgebrochen werden. Sie gehört zum weltberühmten Ensemble Zwinger - Theaterplatz und ist städtebaulich nicht zu ersetzen. Soll das, was der 13. Februar 1945 verschonte, 17 Jahre später ohne stichhaltigen Grund vernichtet werden ?

Schreibt Eure Meinung an die Abteilung für Architektur der Technischen Universität Dresden Dresden A 27, Beyerbau

EHE ES ZU SPÄT IST !

Abb. 13 Flugblatt, verteilt Anfang Juli 1962 in Hausbriefkästen und frei fliegend von der Katholischen Hofkirche

Dr. Hans Nadler, der die Zuversicht nie verlor, glaubte noch immer an den Sieg der Vernunft beim Wiederaufbau der Stadt in dem Sinne, wohl ein neues Stadtzentrum zu schaffen, die historischen Wurzeln der Stadt aber wenigstens punktuell anschaulich zu erhalten. Auch für junge Leute wie z. B. die Architekten Claudia Schrader, Hermann Krüger, Jürgen Schieferdecker und Gerhard Glaser, die gerade ihr Diplom erworben hatten, war es einfach nicht vorstellbar, einen baukörperlich und städtebaulich so wichtigen Bau nicht weiter zu nutzen. Jürgen Schieferdecker, tätig am Lehrgebiet für Erhaltung und Rekonstruktion von Hochbauten und Dr. Bernhard Klemm, an der TU Dresden, legten dem Stadtplanungsamt einen Entwurf zur Nutzung der Kirche als Breitwandkino vor, hatte sie doch genau die dazu erforderlichen Maße. Die in Gouachefarben gemalte Innenraumperspektive hatte einen großen Schauwert und stellte für sich eine künstlerische Leistung dar. Sie ist seit 1962 verschollen. Dr. Fritz Löffler, der führende Kunsthistoriker unter den sächsischen Denkmalpflegern, wurde vorher gefragt, ob man denn mit einer Umnutzung so weit gehen könne. Tief beeindruckt von der perspektivischen Darstellung entgegnete er den jungen Leuten: »Ach was, da machen die Italiener ganz andere Sachen, die nutzen intakte Kirchen als Kino. Hauptsache, der Bau überlebt!« Die Architekten, denen die Haltung der gesamten Fakultät Bauwesen zum Thema Sophienkirche bekannt war, kamen danach auf die Idee, die Fakultät in ihrem Bemühen zu stärken, indem sie Ende Juni/Anfang Juli 1962 Flugblätter in die Briefkästen bekannter Wissenschaftler und Kulturschaffender steckten, in denen sie diese aufforderten, ihre Meinung der Fachrichtung Architektur mitzuteilen, sodass diese im Namen vieler sprechen konnte (Abb. 13). Am Ende dieser Aktion wehten am 4. Juli die noch verfügbaren mit Schreibmaschine geschriebenen und immer wieder vervielfältigten Blätter bei gutem Wind vom Dach der Katholischen Hofkirche über den Theaterplatz.

Diese Aufrufe als »Kampfansage gegen die Kulturpolitik der Stadt Dresden« nahm die Staatsmacht nicht mehr hin, und am Vormittag des 5. Juli 1962 erschienen in der Schinkel-Wache am Theaterplatz, im Zeichensaal der Bauabteilung für kulturhistorische Bauten zwei dunkel gekleidete jüngere Herren, wiesen sich aus und forderten Hermann Krüger und Gerhard Glaser nachdrücklich auf, ihnen zu einer Befragung zu folgen. Der Bitte, noch einmal die Toilette benutzen zu dürfen, gaben sie statt. Dort versicherten sich beide, auf keinen Fall die Namen der mitwirkenden Studenten preis zu geben und sich nur gegenseitig zu belasten, da es ja ohnehin nun geschehen war. Nach dem Einsteigen in die schwarze Limousine wurden die Türen von außen verschlossen, und die Fahrt endete in der Bezirksverwaltung des Ministeriums für Staatssicherheit auf der Bautzner Straße.[21] Etwa zur gleichen Stunde wurde Claudia Schrader, wissenschaftliche Mitarbeiterin am Lehrstuhl für Gesellschaftsbau der TU Dresden, Prof. Dr. Helmut Trauzettel, an ihrem Arbeitsplatz abgeholt. Jürgen Schieferdecker wurde am frühen Nachmittag nach bereits erfolgter Haussuchung vor seiner Wohnung erwartet.

Die erste »Befragung« von Gerhard Glaser begann 12.30 Uhr. Im »Vernehmungsprotokoll des Beschuldigten« ist unter anderem zu lesen:

»Frage: Wer gab Ihnen den Auftrag, Schreiben gegen den Abbruch der Josephien- (Sophien-, geänd. Gl.) kirche an Persönlichkeiten der TU Dresden und andere zu geben?
Antwort: Den Auftrag gab mir keiner. Wir, der Herr Krüger und ich, wollten verhindern, daß weitere Kulturbauten der Stadt Dresden vernichtet werden.
Frage: Welche Kulturbauten wurden Ihrer Meinung nach nach 1945 in Dresden sinnlos vernichtet?
Antwort: Meiner Meinung nach wurde nach 1945 die Rampische Gasse, die Meißner Gasse und Teile des Wackerbardt-Palais sinnlos vernichtet. Diese Bauten waren nach Einschätzung von Fachleuten wiederaufbaufähig da sie nur ausgebrannt waren und der Abbruch viel mehr Mittel kostet als ein Wiederaufbau. Dies bezieht sich auf die Josephien (Sophien-, geändert – Gl.)kirche wo der Abbruch ca. 300.000 DM kostet und die Beräumung und Sicherung nur ca. 200.000 DM. (Zusatz Gl: In jedem Falle ist Abbruch und Neubau teurer als Ausbau der Ruinen.)
Frage: Warum wählten Sie den Weg der anonymen Schreiben und wandten sich nicht an offizielle Stellen der Stadt und der Regierung?
Antwort: Weil bedeutendere und einflußreichere Personen diesen Weg schon gegangen sind und keinen Erfolg hatten. Außerdem fand keine Diskussion mit der Bevölkerung statt. Ich war der Meinung, daß man einflußreiche Kreise der Bevölkerung darauf aufmerksam machen muß um einen Abbruch zu verhindern. Diese Leute sollten ihre Meinung an die TU schreiben, um den Fachleuten wieder Mut zu geben, weiter für den Erhalt der Kirche zu kämpfen.
Frage: Wer erhielt von Ihnen ein solches Schreiben bzw. wurde von Ihnen angesprochen?
Antwort: Ich habe ca. 20 solcher Schreiben bei einflußreichen Leuten wie z. B. Prof. Reichard, Prof. Obenaus, Prof. Koloc, Herrn Theo Adam in den Briefkasten gesteckt. Mit ca. 100 Personen wurde durch mich bzw. Herrn Krüger persönlich gesprochen. Bei diesen Personen handelt es sich um Prof. M. v. Ardenne, Prof. Hentschel,

Prof. Reichard, Herrn Adam und ziemlich alle Mitarbeiter der Staatl. Kunstsammlung sowie unseren Mitarbeitern. Weiterhin wurden alle Personen, die uns nach der Kirche fragten, in dieser Richtung gesprochen. Selbst der Parteisekretär der Staatl. Kunstsammlung Dir. Schöbel ist gegen den Abbruch der Kirche. Weitere Zettel steckten wir in die Briefkästen von Lea Grundig und in die Häuser am Zellschen Weg und Umgebung.
Frage: Wer wußte außer Ihnen und Herrn Krüger von dieser Aktion?
Antwort: Weiter wußte davon Herr Schieferdecker. Herr Schieferdecker hat sich den Text abgeschrieben und wollte weitere Zettel anfertigen. Ob er solche Zettel geschrieben hat, ist mir nicht bekannt. (Am Dienstag gab ich Frl. Schrader einen Zettel, damit sie diesen weitergibt. Geändert/gestrichen Gl.) Am Montag suchte ich Frl. Schrader auf, sie schrieb sich den Text ab und wollte weitere Schreiben anfertigen. Weitere Leute haben nicht den Text von mir bekommen.
Frage: Wußten verantwortliche Mitarbeiter vom Inst. für Denkmalschutz bezw. von den Staatl. Kunstsammlungen von Ihrem Vorhaben?
Antwort: Außer daß wir mit diesen Leuten seit langem über dieses Problem sprechen, haben wir nichts von unseren Vorhaben und diesen Schreiben gesagt.
Frage: Warum haben Sie sich nicht in offiziellen Schreiben an den Staatsrat gewandt?
Antwort: Diese Schreiben werden zur Bearbeitung an die örtlichen Organe übergeben. Da die öffentl. Org. der Stadt Dresden in diesem Falle diejenigen sind, die den Abbruch wollen, sahen wie darin keine Möglichkeit, den Abbruch zu verhindern bzw. eine sachliche Diskussion führen zu können.«[22]

Weitere »Befragungen« folgten in kurzen Abständen durch immer neue, immer intelligentere Offiziere, die letzte begann um 19 Uhr und endete um 1 Uhr morgens, der Delinquent ständig angestrahlt von einer sehr hellen, blendenden Schreibtischlampe. Der Offizier der Staatssicherheit konnte nicht verstehen, wie ein junger Mann, in Schule und Universität sozialistisch erzogen, an solchen »alten Klamotten« hängen konnte. Er wurde zunehmend ärgerlich, als der Befragte auf das Angebot gütlicher Einigung, zukünftiger Zusammenarbeit, nicht einging. Der Befragte empfand es in dieser Stunde als ein großes Glück, völlig ungebunden und weder Frau noch Freundin oder gar kleinen Kindern verpflichtet zu sein. Umso mehr war er verwundert, als sich im Morgengrauen die Tür seines Arrestraumes mit dem hoch liegenden Fenster öffnete und er zu hören bekam, dass die Befragung beendet und er entlassen sei. Zu gleicher Stunde, gegen 5 Uhr früh, wurden auch die anderen drei auf freien Fuß gesetzt.

Im Abstand von fünfzig Jahren stellt sich die Frage: Hatte die Aktion einen Sinn? Hatte sie eine Wirkung? Nein. Hatte sie nicht vielleicht sogar letzte Brücken zu einer Übereinkunft zur städtebaulichen Einordnung der Sophienkirche abgebrochen? Vielleicht, aber doch wohl eher nicht, denn in einem Schreiben per Eilboten von Nadlers Stellvertreter Dr. Hans-Eberhard Scholze an den Generalkonservator, vom 7. Juli 1962, das wie ein letzter Hilferuf klingt, ist zu lesen: »*Werter Genosse Generalkonservator, in den letzten Tagen, nachdem die »Sicherungsarbeiten« an der Ruine der Sophienkirche durchgeführt werden, erhalten wir täglich unzählige Anrufe, Einsprüche gegen diese Maßnahmen. Wir haben jedesmal geraten, doch diese Einsprüche schriftlich oder telefonisch beim Rat der Stadt, Abteilung Kul-*

Abb. 14 Ruine der Sophienkirche von Osten, links die Busmannkapelle

Abb. 15 Ruine der Sophienkirche, Blick von innen gegen die Nordwand

tur, bzw. beim Oberbürgermeister vorzubringen, da unsererseits keine Einflußnahme auf die Arbeiten mehr möglich ist. Die Sicherungsarbeiten werden von einer Schiebeleiter aus durchgeführt und die Mauerkrone (Reste der Balustrade, Simsplatten und der obere Teil des Mauerwerks – etwa 80 Zentimeter) bis fast an die Scheitel der Fenster nach innen abgestoßen. Das Mauerwerk ist sehr fest und muß mit großer Anstrengung aufgebrochen werden. Meiner Meinung nach werden diese Arbeiten schon im Hinblick auf den Abbruch vorgenommen. Die Sicherung müßte anders aussehen.«[23]

Am 13. Juli fand in Gegenwart des Generalkonservators eine »Aussprache über die Bergung kulturhistorisch wertvoller Teile der Sophienkirche« statt. Das Schreiben des Generalkonservators an den Dresdner Oberbürgermeister vom darauffolgenden Tag rekapituliert noch einmal die gegensätzlichen Standpunkte des Instituts für Denkmalpflege und der Technischen Universität einerseits und des Rats der Stadt andererseits und mündet in der Feststellung: *»Es wurde uns erläutert, daß jedoch letztenendes andere Gesichtspunkte, wie die Notwendigkeit mit den Mitteln für die Rekonstruktion von Baudenkmalen hauszuhalten und der Wille, Baufreiheit für die Befriedigung neuer gesellschaftlicher Bedürfnisse zu gewinnen, den Ausschlag gegeben haben für den Entschluß, die Abtragung der Ruine zu beginnen. Diese verantwortliche Entscheidung des Rates stellt dem Institut für Denkmalpflege die Aufgabe, die fachliche Beratung bei der Bergung wertvoller Einzelteile zu übernehmen.«*[24]

Abb. 16 Stand der Abbrucharbeiten im Frühjahr 1963

Die Entscheidung zur Beseitigung der Kirche war letztlich schon 1956 gefallen – Ausdruck des Missbrauchs politischer Macht.

Fortan ging es nur noch um die sachgerechte Bergung von Kunstwerken und Architekturteilen und die Dokumentation bauarchäologischer Feststellungen zur Geschichte der Kirche. Die Leitung der Bergungs- und Dokumentationsarbeiten lag in den Händen des Kunsthistorikers Dipl. phil. Rudolf Zießler, an seiner Seite Dr. phil. Heinrich Magirius[25] (Abb. 14–16). Die Stadtverwaltung und im Hintergrund die Stadtparteileitung gingen davon aus, dass »die Denkmalpflege« sich kümmern solle, wenn ihr an den Relikten gelegen sei und begriff überhaupt nicht, dass deren Mitarbeiter letztlich im Interesse der Stadt handelten, wenn sie dieses gesellschaftliche Eigentum zu bewahren suchten. »Das IfD klärt die Unterbringung der geborgenen Gegenstände«, ist in einem ersten Bericht des Leiters der Stadtbauleitung, Graupner, vom 15.08.1962 zu lesen. Er hält außerdem fest: *»Der Verfügungsberechtigte der Ruine ist für die Schaffung der Einlagerungsstätten verantwortlich (Rat der Stadt Dresden, Abt. Kultur, d. Verf.). Hier sind ebenfalls Finanzierungskosten für das Herrichten der Einlagerungsstätten bzw. Mieten unklar.«* Aufschlussreich ist die Feststellung: *»Die Einzäunung der Straßenseite Kolerabrunnen bis Aufklärungspavillon erfolgt durch eine 2 m hohe dichte Bretterplanke. Damit soll vermieden werden, daß die Fußgänger angeregt werden, den Abtragungsarbeiten zuzusehen und unkontrollierte Diskussionen [zu] führen.«*[26]

Obwohl die Abbrucharbeiten längst im Gange waren, gab es noch immer Bemühungen, wenigstens Teile der Ruine bei der Planung des Umfeldes des »Gastronoms« zu berücksichtigen. So berichtet Dr. Scholze von einem Besuch im städtischen Architekturbüro »Hochbauprojektierung Dresden« bei Architekt Müller und führt u. a. aus, dass das Umfeld derart gestaltet sei, dass von der Ruine *»die Busmannkapelle (überdeckt und als Lapidarium vorgesehen, beleuchtet), eine Achse der Südwand, anschließend an die Busmannkapelle, die beiden Apsiden des Schiffes und (ich glaube) fünf Achsen der Nordwand des Schiffes«*[27] zur Erhaltung vorgesehen seien (Abb. 17).

Unterdessen ging der Abbruch der Ruine Schritt um Schritt voran. Die gestalterische Untersuchung der Einbeziehung der Ruinenteile in die Freiflächengestaltung diente offensichtlich nur der Beruhigung all derer, die sich für die Bewahrung der ältesten gebauten Urkunde der Stadt noch immer einsetzten. Im Sinne dieser Beschwichtigungs- und Hinhaltetaktik war wohl auch der Auftrag des Rats der Stadt an die Fakultät Bauwesen der TU Dresden zu verstehen, einen Vorschlag zur städtebaulichen und verkehrstechnischen Gestaltung des Postplatzes zu erarbeiten. Er wurde Oberbürgermeister Schill am 29. November 1962 mit einem Begleitschreiben von Dekan Prof. Dr. Ing. habil. Bürgermeister übergeben, in dem dieser dem Ernst der Lage entsprechend diplomatisch formuliert: *»Der Postplatz wird auch in Zukunft ein wichtiger Brennpunkt des innerstädtischen Verkehrs sein. Er hat aber darüber hinaus auch eine besondere Bedeutung in städtebaulicher und künstlerischer Beziehung, weil er auf dieser Seite der Stadt den räumlichen Auftakt zur Ost-West-Magistrale der Stadt darstellt. Von hier aus kann der Fremde mit einem Blick gewissermaßen die ganze Geschichte Dresdens erfassen, die Neubauten des Sozialismus und die Großbauten der vorangegangenen Epochen, besonders den Zwinger. Auch aus diesem Grunde besitzen die Ruinen der Sophienkirche eine eigene Bedeutung, die man nicht übersehen sollte und die man nicht hoch genug einschätzen darf.*

Die Fakultät Bauwesen hat seit Beginn der Diskussion über das Schicksal der Sophienkirche immer den Standpunkt vertreten, daß ein Abbruch der Ruinen nicht gutzuheißen sei, daß vielmehr eine städtebauliche Lösung gefunden werden müsse und könne, die die Erhaltung der bau-historisch wie allgemein-historisch wichtigen Ruinen berücksichtigt und gerade aus dieser Einstellung der künstlerischen Lösung des neuen Postplatzes eine besondere Note verleiht, ohne daß damit etwa dem Kirchengebäude eine zu große Bedeutung zugemessen werde. (…)

Die Vertreter der Fakultät Bauwesen sind überzeugt, daß der vorliegende Entwurf eine gute Diskussionsgrundlage für die Gestaltung dieser Stelle des städtebaulichen Organismus unserer Stadt darstellt. Sie halten es für richtig, die mit diesem Entwurf gegebene Sachlage nochmals zu überprüfen. Einem Abbruch des historischen Ruinenbestandes der Sophienkirche aber kann die Fakultät Bauwesen nicht zustimmen.«[28]

Wie doppelgesichtig dieses Spiel der Parteileitung und Stadtverwaltung war, widerspiegelt sich in dem Brief von Dr. Hans Nadler vom 23. November 1962, in dem er sich für die Glückwünsche des Oberbürgermeisters anlässlich seiner Auszeichnung mit dem Nationalpreis der DDR für Kunst und Literatur III. Klasse bedankt (Abb. 18).[29] Diese hier immer noch zum Ausdruck kommende Zuversicht Hans Nadlers, die ihm über schwierigste Situationen seines Arbeitslebens half, die sich in Dresden bei Schloss und Frauenkirche auszahlte, war machtlos gegen den Missbrauch der Macht, erwachsend aus Unbildung und beschränkter Ideologie. Der Tondo mit dem Porträt Nadlers im nordwestlichen Treppenturm der Frauenkirche, angebracht 2010 aus Anlass seines 100. Geburtstages, trägt die Umschrift: »Der die Zuversicht nie verlor«. Diese Zuversicht teilte auch der Generalkonservator der DDR, Ludwig Deiters, indem er in einer »Stellungnahme zur gegenwärtigen Auseinandersetzung um die Reste der Sophienkirche in Dresden« vom 18.12.1962, gerichtet an das Ministerium für Kultur feststellt:

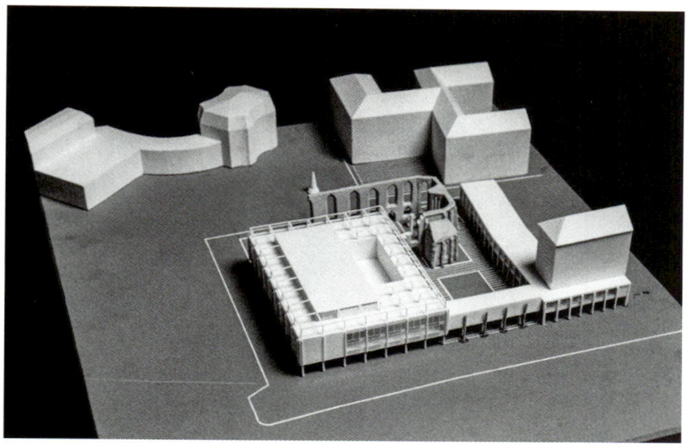

Abb. 17 Modell zur Einbeziehung von Teilen der Ruine der Sophienkirche in die Freiflächengestaltung um den »Gastronom«, VEB Hochbauprojektierung Dresden

»Die Sophienkirche bestand
1. aus einem mittelalterlichen Kern (der eigenartigen zweischiffigen, zweichörigen Anlage der ehemaligen Franziskanerkirche mit der seitlich angebauten Grabkapelle des Bürgermeisters Busmann).

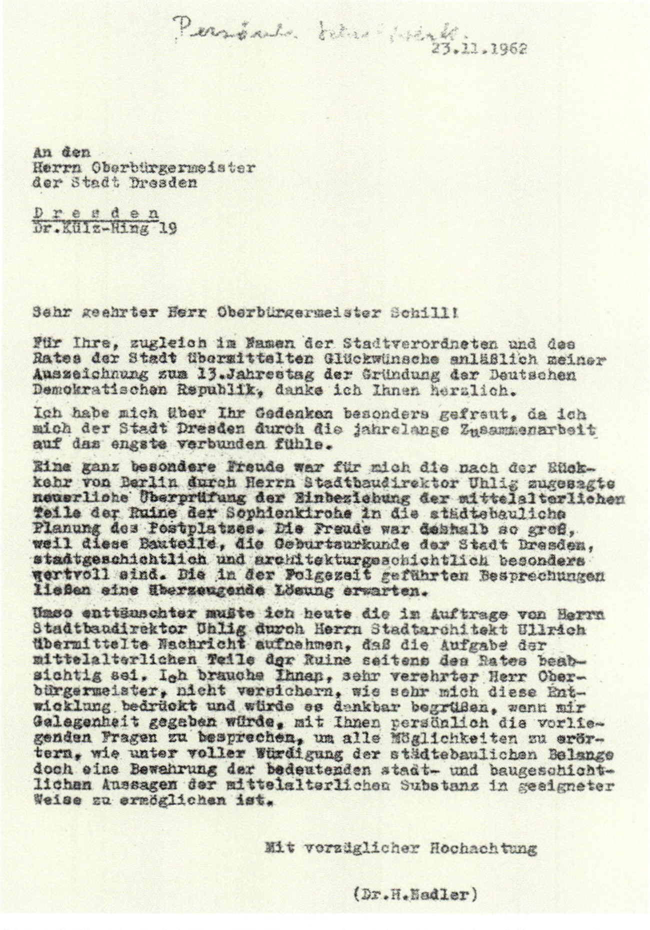

23.11.1962

An den
Herrn Oberbürgermeister
der Stadt Dresden

D r e s d e n
Dr.Külz-Ring 19

Sehr geehrter Herr Oberbürgermeister Schill!

Für Ihre, zugleich im Namen der Stadtverordneten und des Rates der Stadt übermittelten Glückwünsche anläßlich meiner Auszeichnung zum 13.Jahrestag der Gründung der Deutschen Demokratischen Republik, danke ich Ihnen herzlich.

Ich habe mich über Ihr Gedenken besonders gefreut, da ich mich der Stadt Dresden durch die jahrelange Zusammenarbeit auf das engste verbunden fühle.

Eine ganz besondere Freude war für mich die nach der Rückkehr von Berlin durch Herrn Stadtbaudirektor Uhlig zugesagte neuerliche Überprüfung der Einbeziehung der mittelalterlichen Teile der Ruine der Sophienkirche in die städtebauliche Planung des Postplatzes. Die Freude war deshalb so groß, weil diese Bauteile, die Geburtsurkunde der Stadt Dresden, stadtgeschichtlich und architekturgeschichtlich besonders wertvoll sind. Die in der Folgezeit geführten Besprechungen ließen eine überzeugende Lösung erwarten.

Umso enttäuschter mußte ich heute die im Auftrage von Herrn Stadtbaudirektor Uhlig durch Herrn Stadtarchitekt Ullrich übermittelte Nachricht aufnehmen, daß die Aufgabe der mittelalterlichen Teile der Ruine seitens des Rates beabsichtig sei. Ich brauche Ihnen, sehr verehrter Herr Oberbürgermeister, nicht versichern, wie sehr mich diese Entwicklung bedrückt und würde es dankbar begrüßen, wenn mir Gelegenheit gegeben würde, mit Ihnen persönlich die vorliegenden Fragen zu besprechen, um alle Möglichkeiten zu erörtern, wie unter voller Würdigung der städtebaulichen Belange doch eine Bewahrung der bedeutenden stadt- und baugeschichtlichen Aussagen der mittelalterlichen Substanz in geeigneter Weise zu ermöglichen ist.

Mit vorzüglicher Hochachtung

(Dr.H.Nadler)

Abb. 18 Dankesbrief Hans Nadlers an den Dresdner Oberbürgermeister für dessen Glückwünsche zur Auszeichnung mit dem Nationalpreis 1962

2. Aus Zutaten der 2. Hälfte des 19. Jahrhunderts (den Seitenschiffen mit darüberliegender Stützbogenarchitektur, der Attika und dem Turmpaar). Dächer und Gewölbe der Kirche fielen dem Kriege zum Opfer. Gegenwärtig stehen nur noch die unter 1 genannten Teile der Ruine. Die unter 2 genannten Teile wurden seit August dieses Jahres abgetragen.

Dieser gewissermaßen herausgeschälte originale mittelalterliche Bestand hat große örtliche Bedeutung als Dokument der mittelalterlichen Stadtgeschichte Dresdens. Dieser Bauteil ist das letzte gotische Baudenkmal der Stadt. Er ist, da die Sophienkirche Bettelordenskirche war, vielfach mit dem damaligen Leben der Bürgerschaft verbunden. Zeugen davon sind u. a. zahlreiche größtenteils in gutem Zustand geborgene Grabsteine. Einige dieser Grabdenkmale sind von hoher künstlerischer Qualität.

Als Eigenschaften von überörtlicher Bedeutung sind die Einmaligkeit der zweichörigen Anlage und Beziehungen zur Schule Peter Parlers in Prag in der Detailgestaltung der Busmannkapelle zu nennen. Als eine besondere Frage von überörtlicher Bedeutung war die Wirkung der Sophienkirche im Ensemble der Bauten um den Zwinger zu behandeln. Schon in den Gemälden Canalettos beweist sich die städtebaukünstlerisch gute Position der damals noch turmlosen Kirche.

Ich hatte mich darum in meinem Gutachten vom Juli dieses Jahres auf den Standpunkt gestellt, daß die Kirche einschließlich der durchaus qualitätsvollen Türme des 19. Jahrhunderts als Bestandteil des Zwingerensembles zu betrachten sei. Dieser Auffassung widersprach ein Gutachten von Dr. Münzer, das meines Wissens mit der Leitung des Ministeriums für Kultur abgestimmt war. In diesem Gutachten wird dargelegt, daß der Begriff Zwingerensemble nicht ohne weiteres die Sophienkirche einbezöge und man sich in der Wahrnehmung der Rechte aus dem § 7 der VO auf Beratungen zur Gestaltung des Neubaus an dieser Stelle zu beschränken habe.

Danach war die Entscheidung über die Sophienkirche vom Rat der Stadt Dresden selbst zu verantworten. Eine Besprechung, zu der mich der Rat der Stadt Dresden im August geladen hatte, konnte deshalb nur mit der schriftlichen Fixierung dieser Tatsache enden. Der Rat der Stadt entschied in Kenntnis unserer Feststellungen zum Denkmalwert, die Sophienkirche abzureißen. Als Hauptgrund wurde der Platzbedarf für die geplante Großgaststätte »Gastronom« an dieser Stelle genannt. Der Abriß wurde begonnen unter vorläufiger Schonung der mittelalterlichen Substanz, um Bergungs- und Dokumentationsarbeiten zu ermöglichen.

Unterdessen wurde der Vorschlag der TU (Prof. Funk und Prof. Christfreund) zur Verbesserung der Gestaltung und Verkehrslösung des Postplatzes fertiggestellt. Er fand allgemeine Zustimmung. Der Vorschlag ermöglicht unter anderem eine Veränderung des Standortes und der Gestaltung des »Gastronom«.

Folgende Vorteile ergeben sich:

1. *Verlängerung und Abschluß der Nordseite der Thälmannstraße*
2. *maßstäblich gute Beziehung zum Zwinger (Kontrast)*
3. *Abschließen der ungünstigen Blickschneise von der Thälmannstraße zum Zwinger (Zwinger ist so kleinformatig konzipiert, daß er erst aus größerer Nähe sichtbar werden darf)*
4. *Möglichkeit, die Reste der Sophienkirche hinter bzw. neben dem »Gastronom« zu erhalten. (siehe auch beiliegende Modellfotos mit Erläuterungsbericht).*

Aufgrund dieser neuen Möglichkeit hat deshalb Dr. Nadler mit meiner Unterstützung in einer Besprechung beim Baudirektor der Stadt Dresden am 9.10. den Vorschlag unterbreitet, doch wenigstens die mittelalterliche Substanz im Grünraum neben dem »Gastronom« zu erhalten (ähnlich gesichert wie die Klosterkirche in Berlin). Der Vorschlag wurde vom Stadtbaudirektor Genosse Uhlig aufgegriffen und in einem Modell dargestellt. Seine Verwirklichung wurde auf Empfehlung der Stadtleitung vom Oberbürgermeister abgelehnt. Grund dieser Ablehnung schien die Befürchtung zu sein, die Reste der Kirche könnten Raum zu gottesdienstlichen Handlungen bieten, die dort als Demonstration gegen die Abtragungsmaßnahmen unserer staatlichen Organe zu werten seien. Meiner Meinung nach wäre dieser Gefahr leicht zu begegnen, indem man das U-förmige mittelalterliche Mauerwerk zur Straße zu durch eine Mauer oder einen Querbau (siehe Vorschlag Prof. Funk) abschließt.

Das Innere wäre dann – bei offenem Himmel oder überdacht – als Sonderabteilung für Skulpturen und Architekturplastik Dresdens unter die Aufsicht der Staatlichen Kunstsammlungen zu stellen. Im übrigen verläßt eine derartige Argumentation bereits den sachlichen Boden der Auseinandersetzung um Denkmalwert, Instandsetzungskosten und städtebauliche Situation.

Ich schlage deshalb vor:

1. *daß vom Ministerium für Kultur im Zusammenwirken mit der Deutschen Bauakademie und eventuell den Abteilungen für Kultur und für Bauwesen beim ZK eine sachliche Auseinandersetzung um die Erhaltung des mittelalterlichen Restbestandes der Sophienkirche mit dem Rat der Stadt Dresden, Vertretern der örtlichen Parteileitungen und der TU durchgesetzt wird,*
2. *daß bei dieser Auseinandersetzung in geeigneter Form eine Empfehlung des Ministeriums für Kultur gegeben wird, den mittelalterlichen Bestand zu erhalten und im Interesse der Wirkung des Zwingers den Gestaltungsvorschlag von Prof. Funk an dieser Stelle zu verwirklichen,*
3. *daß im Ergebnis dieser Auseinandersetzungen die endgültige Entscheidung über die Teile der Sophienkirche selbst auf örtlicher Ebene getroffen wird (die Einwirkung des Ministeriums für Kultur auf die Gestaltung des Gastronoms jedoch in jedem Fall gesichert wird).*

Dieses Verfahren hat zur Voraussetzung, daß im Sinne des Beschwerde-Paragraphen der Denkmalschutzverordnung weitere Abrißarbeiten bis zur Entscheidung ausgesetzt werden«.[30]

Das war wohl das äußerst Mögliche in der damaligen politischen Situation und barg die Gefahr in sich, dass Denkmalpflege staatlicherseits generell ins Abseits geriet. Eine Wirkung hatte dieser letzte Versuch nicht, denn die Angelegenheit Sophienkirche war längst zu einer Frage der Macht gediehen. Am 1. Mai 1963, zum Weltfeiertag der Arbeit, war das Kampfziel erreicht. Die Sophienkirche war aus dem Stadtbild von Dresden getilgt. Noch einmal eskalierten die Auseinandersetzungen um den Bau, als dieser schon gar nicht mehr vorhanden war – im Oktober 1964, als der Aushub für den Bau des Gastronom begann und auch im Bereich Sophienkirche in die Tiefe gegangen wurde. Das »Verlaufsprotokoll« einer Beratung am 15.10.1964, 9–10.15 Uhr, an der Dr. Nadler und Dr. Magirius seitens des Instituts für Denkmalpflege, der Bodendenkmalpfleger und Direktor des Museums für Vorgeschichte, Dr. Coblenz, der Betriebsleiter des städtischen Bestattungsinstituts, Vertreter der Ausführungsfirmen und der Stadtbauleitung und der für die städtische Denkmalpflege verantwortliche Genosse Benske seitens des Rats der Stadt, Abt. Kultur, teilnahmen, entbehrt nicht grotesker Züge. Die Vertreter der Denkmalpflege versuchen zu retten, was aus den Gräbern zu retten ist, der verantwortliche Bauleiter Harzer pocht auf die Einhaltung des um fünf Monate vorverlegten Eröffnungstermins der Gaststätte im Oktober 1966, der Vertreter der Abteilung Kultur manövriert hilflos und stellt fest: *»Die jetzige Situation hat ergeben, daß die Bevölkerung sehr starkes Interesse an den Ausgrabungen hat. Durch den Menschenauflauf, der sich gestern gebildet hatte, als bekannt wurde, daß historische Funde ans Tageslicht kamen, wurde die Arbeit der Baggerbesatzung und auch die Menschen gefährdet, die sich sogar mit Kleinstkindern am Rande der Grube aufgehalten hatten. Die Baustelle mußte mit Hilfe der Einsatzkommandos der Deutschen Volkspolizei geräumt werden. Es werden ab sofort ständig polizeiliche Streifen das Baugelände beaufsichtigen.*

Das zweite Problem ist, daß der Rat der Stadt eine Verpflichtung im Sinne des nationalen Kulturerbes gegenüber der Bevölkerung hat. Es muß versucht werden, die rechte Seite der zu baggernden Grube mit Hilfe der Institute für Denkmalpflege und dem Bestattungsinstitut von den Funden zu räumen. Der Leiter des Bestattungsinstituts hat dafür Sorge zu tragen, daß Skeletteile gesammelt und an gegebener Stelle beigesetzt werden.«[31] Die wahre Situation widerspiegelt eine Aktennotiz von Dr. Heinrich Magirius vom gleichen Tage.

»Aktennotiz

Betr.: Baugrube des »Gastronom« am Postplatz

Nach dem Abbruch der Sophienkirche 1962/63 bestand für das Institut für Denkmalpflege, Arbeitsstelle Dresden, die Aufgabe, den Bau auch in seinen Fundamenten und mit seinen Bestattungen zu untersuchen. Herr Dr. Scholze hat mehrfach den Rat der Stadt darauf hingewiesen, daß an dieser Stelle umfangreiche Grabungen durchgeführt werden müßten. Diese Forderung ist auch grundsätzlich vom Rat der Stadt akzeptiert worden. Trotzdem ist das Institut nicht darüber informiert worden, daß mit dem Aushub der Baugrube des Gastronom am 29.9.1964 begonnen werden sollte. Ganz zufällig war eine Grabung zur Klärung der ersten Kirche aus dem 13. Jh. in der Woche vom 21.–26.9.1964 angesetzt worden. Diese Untersuchung hat mehr den Charakter einer Notgrabung gehabt und konnte nicht auf die diffizilen Probleme moderner Archäologie eingehen.

In den ersten Wochen berührte die Ausbaggerung das Gelände der Kirche selbst nicht, lediglich die Fundamente der Busmann-Kapelle wurden mit ausgehoben. Ab 12.10. wurde die Baugrube in das Nordschiff der Kirche erweitert, damit kamen zahlreiche Grüfte zu Tage. Weiterhin wurden die Bodenschichten und sämtliche Fundamentprobleme angerührt. Am 13. und 14.10. versuchten wir, die Grüfte in ihrer Lage aufzunehmen und den Inhalt der Grüfte wenigstens im großen ganzen zu untersuchen. Am 14.10. vormittags wurde uns das aber untersagt, da im Schwenkbereich des Baggers

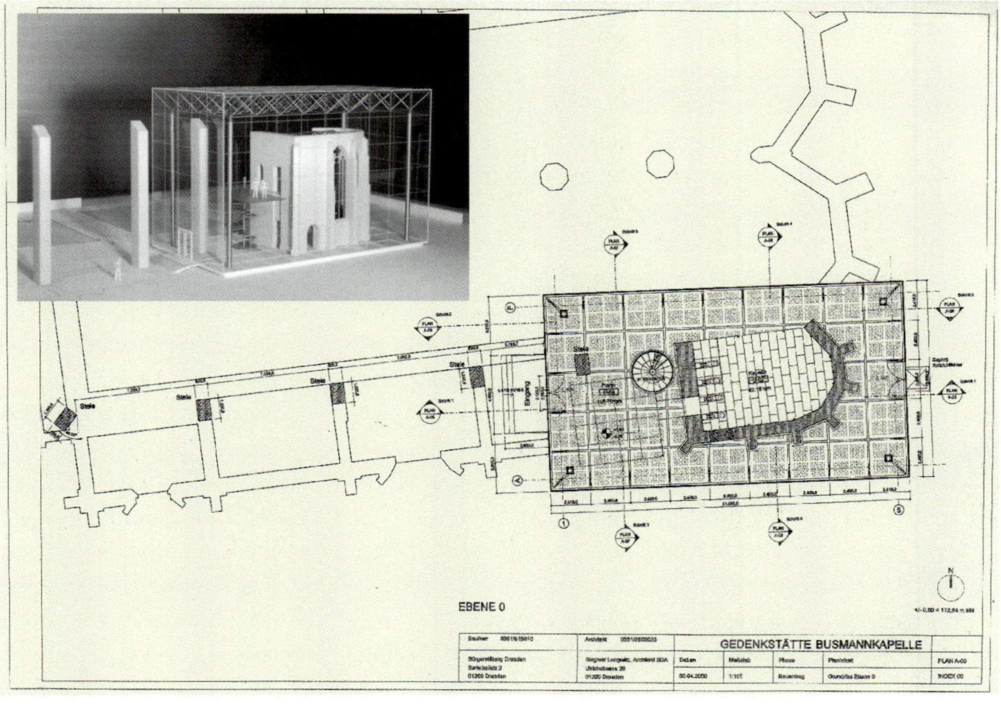

Abb. 19 Wettbewerbsentwurf von Torsten Gustavs und Siegmar Lungwitz zur Gestaltung des Gedenkortes Sophienkirche, 1995

Abb. 20 Die unzerstörte Sophienkirche im Stadtgefüge. Die abstrakt wiedererrichteten südlichen Strebepfeiler der Kirche und die Raumschale der Busmannkapelle sind rot markiert

sich niemand aufhalten darf. Obwohl der Institutsleiter am 13.10. von Herrn Stadtarchitekt Ullrich zugesichert bekommen hatte, daß die Bestatteten, die zum Teil noch nicht vollkommen verwest sind, nicht mit dem Schutt abgefahren werden, geschah das am 14.10. weiterhin, lediglich die Schädel wurden beiseite gelegt.
Von Seiten des Baubetriebes wurden wir auf unsere Bitte hin, daß wir weiterhin Untersuchungen machen möchten, an den Kollegen Harzer von der Aufbauleitung verwiesen. Der Unterzeichnete trug am Nachmittag des 14.10. dem Koll. Harzer die Bitte vor, daß wenigstens in kurzen Zwischenpausen die Bergung der Bestatteten erlaubt werden möchte und daß die Fundamente der mittleren Pfeilerreihe der südlichen Außenwand der Kirche des 13. Jh., die gerade im nördlichen Abschluß der Baugrube liegen, nicht mit ausgebaggert werden möchten. Koll. Harzer teilte mit, daß die Termine für den Abschluß der Baugrube so lägen, daß der Fortgang der Ausbaggerung keine Minute aufgehalten werden dürfte. Unser Institut hätte es versäumt, rechtzeitig die Forderung anzumelden, jetzt dürften wir nur außerhalb des Schwenkbereichs Bergungen vornehmen. Die Fundamente der südlichen Außenwand der Kirche des 13. Jh. und die Fundamente der Pfeiler des 14. Jh. könnten auf keinen Fall erhalten bleiben, sondern müßten des Erdschubs wegen mit herausgenommen werden.
Wenn das Institut noch eine Änderung des Bauablaufes erreichen wolle, so müsse es sich an den Rat der Stadt bzw. an den zuständigen Stadtkulturrat wenden, er seinerseits könne unser Anliegen nicht unterstützen. Übrigens sei noch manche Maßnahme von der Stadt geplant, die uns nicht gefallen würde, aber darüber sei er nicht befugt zu sprechen, dafür sei ja der Stadtkulturrat da. Mir scheint es richtig, sich auf Grund dieser Aussage an den Stadtkulturrat zu wenden. Auf meinen Hinweis, daß die Bestatteten zum Teil noch gar nicht verwest seien, hatte Koll. Harzer zur Antwort, daß das dem Bagger nicht schade. Lediglich meinem Hinweis, daß dem Vorgang Hunderte von Menschen zuschauen, wurde Gewicht beigemessen und es wurde versprochen, daß in Zukunft die Baustelle abgesperrt wird.«[32]

Dann war Stille, und es ging nur noch um Umlagerung und Verbleib der schmerzlich wenig geborgenen Reste. In den folgenden 25 Jahren verschwand die Sophienkirche aus dem öffentlichen Bewusstsein der Stadt. Die Anwälte eines der bedeutenden Kulturdenkmale der Stadt hatten verloren. Aber sie lebten noch, als am 9. Oktober 1989 den tausenden versammelten Menschen in den vier geöffneten größten Kirchen der Stadt, der Kreuzkirche, der Katholischen Hofkirche, der Christuskirche und der Versöhnungskirche, bewusst wurde, dass die totale Ausübung von Macht und ihr Missbrauch in dieser Stunde überwunden worden war.

Der im Mai 1990 neu gewählte Stadtrat, die neue Stadtverwaltung, das neue städtische Denkmalschutzamt und das bereits wieder als sächsisches Landesamt für Denkmalpflege agierende Institut für Denkmalpflege, Arbeitsstelle Dresden, waren sich von Anbeginn ihres gemeinsamen Tuns einig, die Sophienkirche dem Vergessen zu entreißen und an ihrem ursprünglichen Ort angemessen zu erinnern. Einem entsprechenden Stadtratsbeschluss am 10. Februar 1994 folgte 1995 die Auslobung eines Wettbewerbs unter Architekten und bildenden Künstlern zur Gestaltung eines solchen Mahn- und Gedenkortes. Der 1. Preis wurde am 7. Dezember 1995 den Architekten Torsten Gustavs und Siegmar Lungwitz zuerkannt (Abb. 19–21). Seit 2008 wird ihr Entwurf Schritt für Schritt umgesetzt, und es ist zu hoffen, dass 2014, 50 Jahre nach Löschung der letzten Spuren, der Ort der Erinnerung an die älteste Kirche der Stadt und die Toten des 13. Februar 1945, der Ort des Nachdenkens über Ursache und Wirkung und Missbrauch der Macht endgültig ausgeformt sein wird.

Abb. 21 Der Gedenkort Sophienkirche, Dezember 2012

Anmerkungen

1 Landesamt für Denkmalpflege Sachsen, Akten Sophienkirche.
2 Ebenda.
3 Ebenda.
4 Ebenda.
5 Ebenda.
6 Ebenda.
7 Ebenda.
8 Hauptstaatsarchiv Dresden. SED-Bezirksparteiarchiv, Akte IV/2.6.069, Band 3. Schlusswort des Genossen Walter Ulbricht in der Stadtleitungssitzung der SED am 11. August 1956.
9 Landesamt für Denkmalpflege Sachsen, Akten Sophienkirche.
10 Ebenda.
11 Ebenda.
12 Ebenda.
13 Ebenda.
14 Hauptentwurf cand. arch. Gerhard Glaser und cand. Arch. Hermann Krüger bei Prof. Dipl.-Ing. Rolf Göpfert, TH Dresden, Abt. Architektur.
15 Landesamt für Denkmalpflege Sachsen, Akten Sophienkirche.
16 Ebenda.
17 Ebenda.
18 Ebenda.
19 Ebenda.
20 Ebenda.
21 Bautzner Straße 114 in 01099 Dresden, heute »Gedenkstätte Bautzner Straße Dresden«.
22 Bundesbeauftragter für die Unterlagen des Staatssicherheitsdienstes der Ehemaligen DDR.
23 Landesamt für Denkmalpflege Sachsen, Akten Sophienkirche.
24 Ebenda.
25 Ebenda.
26 Ebenda.
27 Ebenda.
28 Ebenda.
29 Ebenda.
30 Ebenda.
31 Ebenda.
32 Ebenda.

Literatur

Bruck, Robert: Die Sophienkirche in Dresden, Dresden 1912.

Fastenrath, Wiebke: Zur ehemaligen Busmannkapelle in Dresden. Denkmalpflegerisches Konzept und künstlerischer Gestaltungswettbewerb, in: Denkmalpflege in Sachsen (= Mitteilungen des Landesamtes für Denkmalpflege Sachsen, Jahrbuch 1996), S. 5–15.

Lerm, Matthias: Abschied vom alten Dresden. Verluste historischer Bausubstanz nach 1945, Leipzig 1993.

Magirius, Heinrich: Die Busmannkapelle an der Sophienkirche in Dresden – ein Meisterwerk der Zeit um 1400, in: Denkmalpflege in Sachsen (= Mitteilungen des Landesamtes für Denkmalpflege Sachsen, Jahrbuch 2006), S. 6–23.

Mittelalterliche Glasmalerei – zu ihrer Erhaltung und Erforschung in Sachsen-Anhalt[1]

Karl-Joachim Maercker/Gotthard Voß

In Deutschland sind nur noch wenige Regionen so reich an mittelalterlicher Glasmalerei wie die zwischen Havelberg/Werben/Salzwedel im Norden und Merseburg/Naumburg/Schulpforta im Süden. Nicht nur in den großen Domen, sondern auch in denen von Stendal, Halberstadt und Naumburg »gibt es eine beträchtliche Zahl« von Bildfenstern. Auch in einigen Kloster- und Stadtpfarrkirchen oder bescheidenen Dorfkirchen blieb Farbverglasung in mehr oder minder großem Umfang erhalten. So ist bis heute das Innere »der Dome in Havelberg, Stendal, Halberstadt und Naumburg, in der Kirche des Klosters Neuendorf östlich von Gardelegen und in der Stadtkirche in Werben« von einer ausdrucksvollen und inhaltsreichen Bilderwelt erfüllt, die noch unvergleichlich viel von der sublimierenden Farb- und Lichtwirkung mittelalterlicher Räume bewahrt.

Dass dieses Erlebnis bilderreicher Geschlossenheit oder einzelner den Innenraum prägender Bildfenster, von größeren oder kleineren Scheibengruppen jetzt noch möglich ist, darf nicht zuletzt als ein Verdienst der Denkmalpflege während des Zweiten Weltkrieges angesehen werden. Damals gelang es, die mittelalterlichen Glasmalereien »in manchmal langwierigen, da meist nur mit beschränkten Mitteln möglichen Notbergungen« zum Schutz vor den Bombenangriffen oder anderen Gefährdungen auszubauen und vorsorglich in Schutzräumen an sicheren Orten zu bergen. In Deutschland sind so bis auf wenige Ausnahmen (vor allem St. Marien zu Lübeck) keine größeren Kriegsverluste an diesen empfindlichen, unersetzbaren Bildwerken entstanden.

»Der Wiedereinbau der Farbfenster konnte erst begonnen werden, nachdem die Kriegsschäden beseitigt waren. Die Denkmalpflege stellte der Umgang mit der mittelalterlichen Glasmalerei vor eine völlig neue und außerordentlich umfangreiche Aufgabe. Denn es hatte« bis zum Zweiten Weltkrieg nur selten Gelegenheit gegeben, den Zustand der Bildverglasung wegen ihrer entrückten Position und schwierigen Zugänglichkeit in Nahsicht sorgfältig zu untersuchen. Spezielle Werkstätten für die Konservierung und Restaurierung alter Glasmalerei gab es damals kaum. »Hinzu kam die Erkenntnis, dass die Glasmalerei bisher vielfach abschätzig als Kunstgewerbe eingestuft, daher wenig beachtet und ausgewertet wurde. Die Rückführung der ausgelagerten Scheiben bot die Möglichkeit, ihre Erhaltung unmittelbar zu prüfen, sie wissenschaftlich zu untersuchen und den gesamten Bestand zu dokumentieren. Dazu fehlte es jedoch an allen notwendigen Voraussetzungen, vor allem an qualifizierten Fachkräften. Berichte zu früheren Instandsetzungen, z. B. den Fenstern im Stendaler Dom, deuten an, was den alleinigen Bearbeiter in der Halleschen Arbeitsstelle, den Kunsthistoriker Karl-Joachim Maercker mit dieser Arbeitsaufgabe erwartete. Ihn hier in diesem Zusammenhang erinnernd zu nennen, ist mir ein wichtiges Anliegen. Er war während seiner Inventarisationstätigkeit zu Beginn der 1950er Jahre in Stendal auf dieses Thema gestoßen und hat ausgehend von dem Handlungsdruck die sehr intensive Beschäftigung mit der Glasmalerei in unserem gesamten Arbeitsgebiet auf sich genommen und sogar weit darüber hinaus gewirkt. Mit seiner Arbeit und den von ihm erzielten Ergebnissen hat Maercker einerseits für die Konservierung und Restaurierung mittelalterlicher Glasmalerei weit über das Hallesche Arbeitsgebiet hinaus Maßstäbe gesetzt und andererseits für ihre Erforschung Entscheidendes geleistet.

Der Anfang des Wiedereinbaus der Glasfenster wurde im Stendaler Dom gemacht, an dessen nördlichem Querhausarm durch einen Bombeneinschlag der Giebel und das Gewölbe über dem anschließenden Joch zerstört war. Schon 1946 wurde der Giebel aufgemauert, 1947 über diesem Bauteil ein neuer Dachstuhl aufgerichtet und 1949 das fehlende Gewölbe eingezogen. Als Abschluss der Instandsetzung des Raumes erhielten die Gewölbe-, Wand- und Pfeilerflächen aufgrund des Befundes einer früheren weißen Ausmalung einen weißen Anstrich. Seit 1951 dient der Dom wieder gottesdienstlichen Veranstaltungen und ist Besuchern zugänglich.«

Die Bildfenster im Stendaler Dom bilden einen Schatz, wie ihn nur wenige Kirchen des deutschen Sprachraumes bis in die Gegenwart bewahren konnten (Abb. 1). Nicht nur die zwölf hohen Fenster des Chores, auch die sechs breiten Querhausfenster und die vier östlichen des südlichen Seitenschiffs sind farbig verglast. Besonders Chor und Querhaus präsentieren sich damit als ein Raumkunstwerk höchsten Ranges. Dennoch kann diese glückliche, vom milden Raumlicht sublimierte Gesamtwirkung des Inneren kaum darüber hinwegtäuschen, dass nur etwa die Hälfte der Domscheiben original mittelalterlich ist. Sie wurden von 1886–1905 durch das Königliche Institut für Glasmalerei in Berlin restauriert und weitgehend ergänzt.

Man hatte die Scheiben damals über die Domfenster verstreut und ohne inneren Zusammenhang vorgefunden. Die Mitarbeiter des Glasmalerei-Instituts nahmen die Arbeiten aufs Ganze gesehen mit Sachkenntnis und Sorgfalt vor. Alle alten Scheiben verwandte man wieder, soweit man das noch feststellen konnte. Durch intensive Bemühungen um die Ikonografie und die Komposition der einzelnen Fenster erreichte man – entsprechend den damals herrschenden Restaurierungsgewohnheiten – ihre dem ursprünglichen Zustand meist nahe kommende, daher plausible Rekonstruktion. Allerdings wurde der innere Zusammenhang vor allem der zwölf Chorfenster kaum erkannt und dementsprechend nicht wiederhergestellt.

»Vor diesem Hintergrund des Wissens um das Vorgehen bei der Restaurierung am Ende des 19. Jahrhunderts entwickelte sich das denkmalpflegerische Konzept zum Umgang mit den Farbglasscheiben im Rahmen ihres Wiedereinbaus. Den Denkmalpflegern war klar, dass die vorherige vollständige und sinngemäße Restaurierung nicht der schon seit den 1930er Jahren zumeist geübten Praxis entsprach. Sie war im Allgemeinen bei der Restaurierung von Kunstgut darum bemüht, möglichst nur den originalen Bestand zu erhalten.« Dennoch war es nach der Auslagerung der Domfenster im Zweiten Weltkrieg keine Frage, dass die Fenster zusammen mit ihren Ergänzungen wieder eingesetzt werden mussten. Allzusehr waren die originalen und hinzugefügten Teile miteinander verbunden. Ein Weglassen der Ergänzungen hätte zahllose Torsi geschaffen, und kein neutraler Bildträger wie bei der Wandmalerei oder der Malerei auf Holz oder Leinwand hätte vermitteln können. Es wäre bei den stets mehrere Scheiben übergreifenden Szenen ein vielfacher Verlust des Sinnzusammenhanges entstanden und bei keinem Fenster auch nur ein annähernd geschlossenes Bild. »Diesem Grundkonzept folgend, ist auch bei allen übrigen Beständen an Farbglasfenstern gehandelt worden bis hin zu neu gestalteten Scheiben bei Fehlstellen, so z. B. an den Fenstern in der Marienkapelle des Halberstädter Doms.«

Die in Stendal von 1957 bis 1963 durchgeführte Instandsetzung der 22 Bildfenster mit ihren 1.300 Scheiben beschränkte sich auf sorgfältige Sicherungsarbeiten, vor allem auf die behutsame Beseitigung der Verschmutzung und die Stabilisierung der Felder, auf Korrekturen in der Abfolge der Szenen innerhalb der Fenster. Gleichzeitig war es möglich, Scheibe für Scheibe in der Nähe zu sehen, fotografisch zu dokumentieren und auf ihren Zustand hinsichtlich der Erhaltung und Ergänzung zu prüfen. Wohl hatte das Berliner Institut seinerzeit wegen schlechten Zustands der Felder eine (nasse) Reinigung und Neuverbleiung vorgenommen und in mehreren Experimenten eine Füllung der schon damals vorgefundenen kleinen Verwitterungsnäpfchen mit Glasmasse versucht, sie jedoch als vergeblich bald wieder aufgegeben. Zu Maßnahmen hinsichtlich des Schutzes der Fenster kam es damals nicht, weil die Verwitterungsschäden anscheinend noch nicht so vorangeschritten waren.

Die in den letzten Jahrzehnten überall in Europa stark vorangeschrittene Korrosion der mittelalterlichen Glasmalereifenster führte »in der Halleschen Arbeitsstelle« zu dem Entschluss, die Bildfenster des Doms beim Wiedereinbringen »ab 1957 als ein erstes Beispiel« mit einer blanken Außenschutzverglasung zu versehen. Sie sollte dem Glasgemälde ein besseres Raumklima bieten und den Verfallsprozess wenn nicht aufhalten, so doch wesentlich verzögern. »Diese Absicht ist, wie die langjährigen Erfahrungen zeigen«, neben dem Stendaler Dom ebenso bei vielen anderen Schutzverglasungen erreicht worden. Allein im Bereich der Arbeitsstelle Halle wurde diese Schutzmaßnahme – in mehreren Varianten – z. B. in den Domen zu Halberstadt, Havelberg, Merseburg und Naumburg, in den Kirchen St. Marien und St. Katharinen in Salzwedel, St. Marien und St. Jakobi in Stendal, St. Johannis in Werben und St. Sebastian in Magdeburg angebracht, ebenso mit unserer Anleitung in einer ganzen Reihe von Kirchen außerhalb des Halleschen Arbeitsbereichs. Sie zählen damit zu den frühesten nicht nur in Deutschland. Erheblich später erst übernahm man in Österreich, Frankreich und England dieses heute gebräuchliche Verfahren. Am Stendaler Dom »und auch später bei anderen Schutzverglasungen« verwendete man einfaches Fensterglas und immer in kleinteilig rechteckiger oder auch rautenförmiger Bleiverglasung. Während die Blankverglasung in der Regel in den alten Fensterfalz eingesetzt wird, ist das Bildfenster mit 5–10 cm Abstand nach innen gezogen, d. h. die

Abb. 1 Stendal, Pfarrkirche St. Jakobi, Blick in den Chor mit mittelalterlicher Glasmalerei in allen Fenstern

Abb. 2 Werben, Pfarrkirche St. Johannis, Blick in den dreischiffigen Chor mit mittelalterlicher Glasmalerei als Teil der reichen Ausstattung

Schutzverglasung liegt der Glasmalerei nicht an. Durch Luftschlitze unten und oben, im Allgemeinen auch an den Seiten, ist eine gleichmäßige Belüftung der mittelalterlichen Fenster vom Kircheninneren her gegeben und eine quasi-museale Situation geschaffen. Die Angriffsmöglichkeiten zur weiteren Korrosion des Glases werden damit erheblich reduziert, aber auch die Herausnahme der Felder wird »für spätere Behandlungen« erleichtert. »Örtliche Versuche haben ergeben, dass durch den Abstand der beiden Fensterebenen der Schatten von den äußeren Bleien ohne störende Auswirkungen auf das Betrachten der Farbscheiben gestreut wird.

War damit eine nicht unerhebliche Voraussetzung zur Bewahrung der Bildfenster an ihrem angestammten Platz gegeben, »musste man sich dennoch dessen bewusst sein, dass« der Zustand fast aller Glasmalereischeiben wenn nicht in jedem Fall durch eine weiterwirkende Korrosion besorgniserregend so doch oft durch eine weiterwirkende Korrosion kritisch bleibt und »damit ihre abschnittweise durchzuführende Konservierung und Restaurierung unbedingt erfolgen muss.« Daher wurden im Halleschen Denkmalamt seit den späten 1950er Jahren Testversuche einer prophylaktischen Behandlung begonnen: Klebungen gesprungener Gläser, Stabilisierungen der vielfach im Bleiverband abgesackten, ausgebauchten oder gebrochenen Scheiben, Korrekturen von späteren Veränderungen des originalen Erscheinungsbildes und anderes mehr. Erste Erörterungen zu den Beständen und Prüfungen erster Konservierungsergebnisse mit westdeutschen, österreichischen, polnischen und tschechischen Fachkollegen vor Ort fanden in jenen Jahren statt. Sie führten infolge der beobachteten Korrosions- und Verwitterungsvorgänge zu neuen Impulsen und Materialüberlegungen, zu ersten Schadensanalysen mit eigens entwickelten Methoden. Intensiviert wurden diese Bestrebungen durch die vierte internationale Tagung des CVMA (Corpus Vitrearum Medii Aevi) in Erfurt 1962, wo zum ersten Mal bei einem solchen Kongress auf Anregung der Halleschen Arbeitsstelle nicht nur wie bisher über die kunsthistorischen Aspekte, sondern intensiv auch über die besorgniserregenden Erhaltungsbefunde und über Konservierungsprobleme an mittelalterlicher Glasmalerei beraten wurde. Eine Ausstellung von besonders wertvollen Scheiben aus der gesamten DDR im dortigen Angermuseum mit der Möglichkeit der Nahbetrachtung ihrer Vorder- und der oft erheblich angegriffenen Außenseite unterstrich die Dringlichkeit dieser Problematik. »Als konstruktives Ergebnis des Kongresses« wurde das Komitee für Konservierung und Technologie im Rahmen des Corpus Vitrearum mit internationaler Zusammensetzung, »darunter mit Teilnehmern aus der DDR,« gegründet, das »in den Folgejahren« wesentlich an der Förderung denkmalpflegerischer Konzepte durch Forschung und ihre Anwendung beteiligt war. Dies gilt ebenso für das Deutsche Technische Komitee. Praktische Versuche, hygroskopische Experimente und anderes führten im weiteren Verlauf zu wirksameren Lösungen. Sie konnten bei den jeweiligen Bestandssicherungen, Konservierungs- und Restaurierungsvorhaben mehr und mehr berücksichtigt werden.

Nach den ersten Rückführungen »der umfangreichen Glasmalereizyklen« folgten die Wiederherstellungen vor allem von Bildverglasungen in St. Annen und Luthers Geburtshaus in Eisleben, in Kloster Neuendorf, St. Katharinen und dem Museum in Salzwedel, der Klosterkirche von Schulpforta »mit ihrer gut erhaltenen Grisaille-Verglasung«, St. Johannis in Werben (Abb. 2), von Scheiben aus der Klosterkirche Dambeck und »den sogenannten Schweizer Scheiben« im Gotischen Haus im Park von Wörlitz. Mit dieser seit den 1950er bis in die 80er Jahre von der Halleschen Denkmalpflege getragenen Restaurierungstätigkeit ist die des »einzigen in der gesamten DDR arbeitenden« Glasmalereirestaurators Heinz Hajna in Erfurt eng verbunden. Er hatte in unserem Arbeitsgebiet durch solide, künstlerische, einfühlsame Leistungen maßgeblichen Anteil daran. Auch bei seinem Wirken im weiteren Bereich der damaligen DDR erwies sich die von unserer Anleitung oder Beratung begleitete Zusammenarbeit als fruchtbar und ergebnisreich. Die zunehmende Erkenntnis der Sensibilität fast aller mittelalterlicher Gläser, des Mechanismus ihrer natürlichen Alterung, akuter Bedrohung durch Korrosion und einen schleichenden Verwitterungsprozess, durch Unachtsamkeit, böswillige Handlung und die durch sorgfältigere Materialuntersuchungen immer komplexer werdenden Fragen zu ihrer ferneren Erhaltung leiteten seit den 1970er Jahren systematische naturwissenschaftliche Forschungen ein. »Diese wurden z.T. auch in der

Arbeitsstelle Halle möglich, denn schon 1964 war für die naturwissenschaftliche Forschung in der Denkmalpflege ein der Restaurierungswerkstatt zugeordneter Chemiker eingestellt worden. Die Notwendigkeit zu intensiverer Forschung führte trotz der staatlichen Abgrenzung« zu einer interdisziplinären gesamtdeutschen, dann auch internationalen Zusammenarbeit. Fachrestauratoren, Chemiker, Physiker und Glastechniker widmeten sich seither zusammen mit Konservatoren und Kunsthistorikern der schwierigen Problematik. Das gemeinsame Wirken in Wissenschaft und Praxis auf breiter Basis hat, »unabhängig von gesellschaftspolitischen Gegebenheiten«, deutliche Fortschritte bei exakten Materialuntersuchungen, besonders bei der Erforschung von Zusammenhängen zwischen Glaszusammensetzung und Korrosionsschäden, und erste Erfolge bei ihrer Bekämpfung oder prophylaktischen Behandlung erbracht.

»Die breitere Wertschätzung der mittelalterlichen Glasmalerei nicht nur in Deutschland« führte bald dazu, die mittelalterliche Glasmalerei in den europäischen Ländern umfassend zu dokumentieren, wissenschaftlich zu untersuchen und den gesamten Bestand in Corpusbänden vorzustellen. 1952 wurde als wissenschaftliche Gemeinschaftsarbeit das »Corpus Vitrearum Medii Aevi« (CVMA) mit Unterstützung vom Comité International d'Histoire de l'Art und der UNESCO ins Leben gerufen. Es sollte eine Veröffentlichung aller erhaltenen mittelalterlichen Fenster durch bildliche Dokumentation und wissenschaftliche Erforschung in Gang setzen. In den vergangenen Jahren ist diese kritische Bestandsbearbeitung des immensen Bildgutes von der Pyrenäenhalbinsel bis Osteuropa stetig vorangeschritten. Bisher (Stand 1998) sind mehr als 60 umfängliche Bände erschienen, in größerer Zahl zumal in Deutschland und Frankreich. Der Arbeit am Glasmalerei-Corpus, einem Jahrhundertwerk, wird man sich noch lange als einer anspruchsvollen Aufgabe zu widmen haben.

In Deutschland nahmen damals zwei Arbeitsstellen die Glasmalereiforschung im Rahmen des CVMA auf, die eine für das Gebiet der Bundesrepublik, seit längerem in Freiburg/Breisgau, unter der Schirmherrschaft der Akademie der Wissenschaften und der Literatur in Mainz. In Ost-Berlin entstand die Abteilung Glasmalerei im Rahmen der Arbeitsstelle für Kunstgeschichte an der damaligen Deutschen Akademie der Wissenschaften. Diese Arbeitsstelle wurde 1971 in das Institut für Denkmalpflege eingegliedert »und mit ihrem Mitarbeiter, dem Kunsthistoriker Erhard Drachenberg, zunehmend zu einer wichtigen Unterstützung der wenigen Mitarbeiter in den Arbeitstellen.« Ungeachtet erheblicher Schwierigkeiten während der Zeit der DDR, »vor allem in Bezug auf die viel zu geringe Personalbesetzung,« konnte die Forschung bisher (Stand 1998) ihre Ergebnisse in sechs großen Corpusbänden vorlegen, zunächst drei Bände über die Glasmalereibestände in Erfurt, »deren erster Band über die Scheiben in den Ordenskirchen und im Angermuseum von Karl-Joachim Maercker zusammen mit Erhard Drachenberg und Christa Schmidt bearbeitet wurde,« ein weiterer über die Scheiben Mühlhausens und zwei von

Abb. 3 Salzwedel, Hauptpfarrkirche St. Marien, Blick in den Chor mit Glasmalerei in drei mittleren Fenstern als Teil der reichen Ausstattung, 1973

Herrn Dr. Maercker über die Bildfenster im Stendaler Dom und in der dortigen Jakobikirche.

Diese Corpusbände sind nicht nur sorgfältige Bearbeitungen zur Kunstgeschichte, z.B. der Geschichte der Verglasung, der Bildthematik und ihres Sinngehaltes oder der Tätigkeit von Werkstätten und ihrer stilistischen Eigenheiten. Ebenso sind nach den Richtlinien des CVMA der Erhaltung, Farbigkeit, der Technik jeweils eigene Abschnitte gewidmet bis hin zur Beschreibung des Umfangs von Schäden, von Nachkonturierungen, Entstellungen an jedem einzelnen Feld der Bildfenster. »Diese umfangreichen Dokumentationen legen auch von der immensen denkmalpflegerischen Beratungstätigkeit vor Ort Zeugnis ab und stellen eine bewundernswerte Arbeitsleistung dar, getragen von großer innerer Zuwendung zu den einmaligen Kunstwerken der mittelalterlichen Glasmalerei und zu den reichen Ausstattungen in so vielen Kirchen des heutigen Landes Sachsen-Anhalt« (Abb. 3).

Der repräsentative Anspruch der Glasmalerei zur wirkungsvollen Gestaltung des Kirchenraumes lässt darüber hinaus inhaltliche Verflechtungen von unterschiedlichen Kunstgattungen, z.B. gemeinsame Aussagen durch Darstellungen der Malerei und Plastik, deutlich werden. Ein ikonografisch integrativer Kontext von Skulptur und Glasmalerei kann an bestimmten Orten beabsichtigt sein, so die übergreifende Thematik im Naumburger Westchor, die die Stiftergestalten mit den Heiligengestalten auf den gleichzeitig geschaffenen Bildfenstern zum Gericht am Jüngsten Tag vereinen will.

Die in Sachsen-Anhalt noch immer in den Kirchen vielfältig erhaltenen Werke der Glasmalerei blieben von den Veränderungen während der protestantischen Zeit, im Vergleich zu zahlreichen anderen deutschen Regionen, weitgehend verschont. Diese Wertschätzung sollte ihr auch in unserer von Umweltbelastungen immer stärker bedrängten Zeit durch Achtsamkeit und kontinuierliche Fürsorge entgegengebracht werden, so wie es für bedeutende Werke der Kunst selbstverständlich ist.

Anmerkungen

1 Der vorliegende Beitrag enthält in wesentlichen Teilen Texte aus zwei Veröffentlichungen von Karl-Joachim Maercker (gest. 7. Februar 2006): Die mittelalterliche Glasmalerei in Sachsen-Anhalt. Aufgaben und Fragen ihrer Erhaltung und Erforschung, in: Denkmalpflege in Sachsen-Anhalt 6 (1998) 2, S. 37–52, und: Die mittelalterlichen Glasgemälde des Stendaler Doms. Fragen ihrer Erhaltung und Erforschung, in: Denkmale in Sachsen-Anhalt. Ihre Erhaltung und Pflege in den Bezirken Halle und Magdeburg, Weimar 1983 und 1986, S. 332–352. Die Textteile Maerckers wurden durch Einlassungen von Gotthard Voß ergänzt, die in Anführungszeichen gesetzt bzw. eingeklammert sind.

III. 4.

Die Restaurierungswerkstätten und Restaurierungsateliers

Die Ausbildung von Restauratoren – der Berufsstand und seine Entwicklung von 1945 bis 1990

Ingo Sandner

Wer bis in die siebziger Jahre des vergangenen Jahrhunderts mit der Erhaltung von Kunst- und Kulturgut befasst war, durfte sich Restaurator nennen. Es war eher eine Tätigkeitsbezeichnung als ein Beruf. Die meisten Restauratoren waren spezialisierte Handwerker der unterschiedlichsten Gewerke, Kirchenmaler und einige wenige akademische Maler. Die Situation nach 1945 glich jener vor dem Krieg. Es gab bis dahin weder eine spezielle Ausbildung noch ein Berufsbild. Im deutschsprachigen Raum war es nur die Akademie für Bildende Künste in Wien, die bereits 1934 eine Akademieklasse für Technologie und Restaurierung von Gemälden unter Robert Eigenberger eröffnete und damit erstmalig 1937 Diplome für Restauratoren vergab.[1] An der Akademie für Bildende Künste in Stuttgart gründete Kurt Wehlte 1948 ein Institut für die Technologie der Malerei und richtete später eine Ausbildungsklasse für Gemälderestauratoren ein. Eine Vollzeitausbildung mit Diplom-Abschluss für die Restaurierung von Gemälden und Skulpturen gab es aber erst seit 1977 unter Rolf Straub. Ganz ähnlich wie in Stuttgart gab es an der Kunsthochschule Burg Giebichenstein in Halle unter Kurt Bunge von 1951 bis 1959 eine Klasse mit dem Schwerpunkt Technologie der Malerei und Unterweisungen in der Restaurierung von Gemälden und gefassten Objekten.

Abb. 1 Katalog der Ausstellung »Restaurierte Kunstwerke in der DDR«, 1980 in Berlin

Nach dem Ende des Zweiten Weltkrieges ging es zunächst um die Sicherung, Bergung und Rettung der verbliebenen Kunstschätze. Vieles war zerstört, beschädigt und durch mangelhafte Aufsicht gefährdet. Die noch durch die sowjetische Militäradministration angeordnete Bodenreform mit Enteignung allen Großgrundbesitzes über 100 Hektar verursachte ein weiteres Problem. Zum eingezogenen Besitz gehörten auch Gemälde, historische Möbel und sonstiges Kulturgut aus den Landsitzen und Herrenhäusern. Es kam zur sogenannten »Schlossbergung«. In aller Eile wurden zentrale Depots zur Aufnahme der Kulturgüter geschaffen. Nach dem Krieg gab es einen gewaltigen Bedarf an Fachkräften für die Konservierung und Restaurierung von Kunst- und Kulturgut. Dem standen nur wenige Restauratoren, die den Krieg überlebt hatten, gegenüber. Die Strukturen der Museen und der Denkmalämter konnten sich zwar rasch neu formieren, Fachkräfte waren aber rar. Kriegsheimkehrer auf Arbeitssuche ließen sich anlernen, halfen unter Anleitung und eigneten sich Wissen und Fertigkeiten an. Es war eine Ausbildung durch Mitarbeit am Objekt, durch die Weitergabe des meist handwerklich dominierten Fachwissens der wenigen Sachkundigen. Dieser Weg war aber die Basis für eine neue Generation von Restauratoren, die bis in die 1980er Jahre die Entwicklung bestimmten. 1980 gab es in der DDR etwa 300 in den Museen und den Arbeitsstellen des Instituts für Denkmalpflege angestellte und ungefähr 100 freischaffende Restauratoren.[2] Das galt damals bereits als Fortschritt gegenüber dem Stand um 1970. Von den in den Museen tätigen Restauratoren besaßen 1978 nur 24 einen Hochschulabschluss, 46 einen Fachschulabschluss, weitere 27 waren Meister oder Techniker, 134 hatten einen Abschluss als Facharbeiter und 30 waren ohne jede Ausbildung, besetzten jedoch Restauratorenstellen. Bis 1980 hatte sich die Zahl der Hoch- und Fachschulabsolventen nur durch die ersten Absolventen in Dresden und Potsdam geringfügig erhöht.[3]

Eine wichtige Rolle im Prozess der Formierung des Berufsstandes spielte die 1966 gegründete Arbeitsgruppe Restau-

Abb. 2 Erstes Heft der »Beiträge zur Erhaltung von Kunstwerken«, 1982

ratoren im Verband Bildender Künstler[4], die 1983 den Status einer Sektion erhielt.[5] Mitglied wurde man gewöhnlich über eine Kandidatenzeit, begleitet durch einen Mentor, dessen Gutachten entscheidenden Einfluss auf die Vollmitgliedschaft hatte. Für jede Spezialisierung gab es eine Fachkommission, die Aufnahmeanträge bearbeitete und entschied. Mit der Mitgliedschaft war eine berufliche Anerkennung verbunden, die auch eine freiberufliche Arbeit ermöglichte. Vorsitzender der Sektion war über viele Jahre Ingo Timm, der Chefrestaurator des Märkischen Museums in Berlin. Der Verband war jedoch nicht nur Interessenvertreter, sondern organisierte auch die Weiterbildung durch Fachtagungen und spezielle Angebote. Die bedeutendste Leistung der Arbeitsgruppe Restauratoren war damals die Ausstellung »Restaurierte Kunstwerke in der Deutschen Demokratischen Republik« 1980 in Berlin (Abb. 1), in deren Nachgang nicht nur die Anerkennung als Sektion folgte, sondern auch ab 1982 die Herausgabe einer eigenen Fachzeitschrift, der »Beiträge zur Erhaltung von Kunstwerken«, möglich wurde (Abb. 2). Die neu erreichte öffentliche Wertschätzung der Arbeit der Restauratoren fand im Geleitwort des Generalkonservators Ludwig Deiters im Katalog der Berliner Ausstellung besonderen Ausdruck.[6]

Für die Denkmalpflege der DDR war das Landesamt für Denkmalpflege von Sachsen Anhalt, später Institut für Denkmalpflege, Arbeitsstelle Halle, beispielgebend für eine besondere Form der innerbetrieblichen Ausbildung von Restauratoren für die Aufgaben der Denkmalpflege. In Fortsetzung der Arbeit von Albert Leusch, der schon vor 1945 eine Kombination von Restaurierungswerkstatt und Ausbildung einführte, organisierte der Werkstattleiter Konrad Riemann eine innerbetriebliche Schulung, aus der die späteren Werkstattleiter der Institute für Denkmalpflege in Schwerin (Johannes Voss) und Erfurt (Roland Möller) hervorgingen.[7] Bald nach 1955 wurden die Mitarbeiter der Restaurierungswerkstatt nicht nur durch eine Mitarbeit am Objekt weitergebildet, sondern erhielten auch die Möglichkeit zu maltechnischen Übungen, zum Erlernen von alten Techniken und zum Studium neuester Fachliteratur. Ebenso wurden die Partnerschaft zu den Kunsthistorikern entwickelt und internationale Kontakte aufgebaut.

Parallel zu den Bemühungen um die Ausbildung von Nachwuchskräften im Denkmalamt führte an der Kunsthochschule Burg Giebichenstein in Halle 1951 bis 1959 Kurt Bunge als Dozent, ab 1957 als Professor, eine Malklasse mit dem Schwerpunkt Technologie der Malerei. Neben Übungen in historischen Maltechniken und Kopie bot er auch Unterweisungen im Restaurieren von Gemälden an. Zu den Studenten, die dieses Angebot nutzten und später als Restauratoren tätig wurden, gehörten Dieter Naether, Luzie Schneider, Friedrich Decker und Klaus von Woyski. Die beiden Letzteren erhielten ein Diplom als »Werkkünstler« (Angewandte Malerei).[8] Dieser Versuch, Restauratoren auf akademischer Ebene auszubilden, endete mit dem Weggang von Kurt Bunge 1959.

In Dresden setzten die Denkmalpfleger stärker auf die Bindung von qualifizierten, freiberuflich tätigen Restauratoren und Kirchenmalern an das Institut. Eine direkte Aus- und Weiterbildung von Restauratoren und Vorpraktikanten begann erst nach 1968 in den neu organisierten Werkstätten. Von einer wissenschaftlich fundierten Ausbildung von Restauratoren, die nicht nur künstlerisch dominiert war – wie die Klasse für Technologie der Malerei in den 1950er Jahren unter Kurt Bunge in Halle – konnte man bis 1968 noch nicht sprechen. Einen ersten Versuch startete die Hochschule für Bildende Künste in Dres-

Abb. 3 Die erste Diplomrestauratorin der DDR, Brunhilde Gubsch, 1968 in den Restaurierungswerkstätten des Instituts für Denkmalpflege, Arbeitsstelle Dresden

den 1964. Der Chefrestaurator der Staatlichen Kunstsammlungen Dresden, Karl-Heinz Weber, erhielt einen Lehrauftrag für die Ausbildung von Restauratoren und betreute zunächst eine Studentin bis zum Diplomabschluss. Brunhilde Gubsch war die erste Diplom-Restauratorin in der DDR (Abb. 3).

Es kam zunächst nicht zur Einrichtung einer Studienrichtung in Dresden, da man von den Bewerbern für eine Ausbildung zum Restaurator künstlerische Voraussetzungen verlangte, wie sie für andere Studienrichtungen an einer Kunsthochschule üblich waren. Spezifische Eignungstests gab es noch nicht. Nach dem Scheitern dieses Versuches bemühte sich der damalige Generaldirektor der Staatlichen Kunstsammlungen Dresden, Max Seydewitz, um die Möglichkeit, Restauratoren im Ausland auszubilden. Der Rektor der HfBK Dresden unterstützte meinen Antrag, nach einem zweijährigen Grundstudium für Malerei in Dresden ein Teilstudium für Restaurierung an einer polnischen Hochschule absolvieren zu können. In Polen gab es bereits an den Kunsthochschulen in Krakau und Warschau sowie der Universität in Thorn eine Ausbildung von Restauratoren. Da eine freie Bewerbung an einer polnischen Hochschule nicht möglich war und kein »Kontingentplatz« in Polen zur Verfügung stand, wurde eine Ausbildung in Leningrad oder Moskau vorgeschlagen. So kam es für mich zu einem Wechsel von der Dresdner Kunsthochschule an das Surikow-Institut (Kunsthochschule) nach Moskau, mit einer Fachausbildung in den Zentralwerkstätten der RSFSR für die Restaurierung von Holztafelbildern und Gemälden auf Leinwand. Nach Abschluss meines Studiums 1968 gab es einen weiteren Diplom-Restaurator in der DDR.

1966/67 waren die Jahre, in denen auf Drängen der Museen und der Denkmalpflege auf ministerieller Ebene der Beschluss gefasst wurde, eine reguläre Restauratorenausbildung auf Fach- und Hochschulebene aufzubauen. Bereits 1968 kam es nach dem Scheitern in Dresden auf Drängen des Generalkonservators des Instituts für Denkmalpflege, Ludwig Deiters, zur Einrichtung einer Studienrichtung für Gemälderestaurierung an der Kunsthochschule Berlin-Weißensee. Ein etwas übereilter Entschluss, der nur mit Kompromissen und provisorischen Lösungen realisierbar war. Das Institut für Denkmalpflege in Berlin stellte Ausbildungsräume in den vorhandenen Restaurierungswerkstätten zur Verfügung. Der Generalkonservator verpflichtete die Werkstattleiter aller fünf Arbeitsstellen des Instituts, Lehraufgaben zu übernehmen. Lehrtätigkeit wurde Bestandteil des Dienstplans und nicht gesondert vergütet. Zur Gruppe der »Lehrer« gehörten Konrad Riemann, Roland Möller, Johannes Voß, Wolf-Dieter Kunze, Ingo Sandner und der Chefrestaurator des Märkischen Museums Berlin, Ingo Timm. Jeder übernahm ein spezielles Lehrgebiet im Block. Keiner von ihnen hatte einen Lehrauftrag der Hochschule und eine Berechtigung, zum Diplom zu führen. Die Berliner Kunsthochschule stellte mit Kurt Robbel einen Professor für die künstlerische Ausbildung, die ebenso wie die Lehre in Kunstgeschichte und in den obligatorischen gesellschaftswissenschaftlichen Fächern an der Hochschule in Weißensee stattfand. Organisatorische Leiterin war die Oberassistentin Sonja Wüsten. Das Lehrprogramm erarbeitete eine Gruppe unter Leitung von Konrad Riemann. Es war das damals optimal Mögliche, wurde allerdings fast nur von den Fachkräften der Denkmalämter getragen. Die Restauratoren der Museen waren bis auf Ingo Timm nicht eingebunden, halfen aber, geeignete Bewerber in einem obligatorischen Vorpraktikumsjahr vorzubereiten. Jährlich waren nur vier Studienplätze verfügbar, eine Einschränkung, die nicht beibehalten werden konnte.

Unbekannt bleibt, was alles den Senat der Berliner Kunsthochschule bewogen haben mag, die Studienrichtung bereits nach vier Jahren wieder zu schließen und auslaufen zu lassen. Es war versäumt worden, das Provisorium auf eine solide Plattform zu stellen. Das betraf die fehlenden Räume für eine Fachausbildung ebenso wie das Ausbleiben der Berufung eines Restaurators zum ordentlichen Hochschullehrer mit dem Recht, zum Diplom zu führen. Die Sonderregelung für Konrad Riemann als Leiter der Fachausbildung wollte man offensichtlich nicht aufrecht erhalten. Die Berliner Absolventen hatten aber eine durchaus gute Ausbildung und als erste Diplom-Restauratoren beste Chancen auf dem Arbeitsmarkt. Einige von ihnen arbeiteten bald als Chefrestauratoren oder Hochschullehrer. Andere wurden erfolgreiche Freiberufler.

Im Rückblick war das ein hoffnungsvoller Beginn. Ein erneuter Versuch des Generalkonservators Ludwig Deiters für einen Neustart in Berlin scheiterte. Nach Gesprächen dazu informierte ich, damals Werkstattleiter der Restaurierungswerkstätten der Dresdner Arbeitsstelle des Instituts für Denkmalpflege, den Dresdner Chefkonservator Hans Nadler, der jede erforderliche Unterstützung für eine Ansiedlung der Hochschulausbildung in Dresden zusicherte. Ein Gespräch mit dem damaligen Rektor der Hochschule für Bildende Künste in Dresden, Gerhard Kettner, stieß auf großes Interesse an einer Ansiedlung der Studienrichtung Restaurierung in Dresden. Diese Zusicherungen führten im Ministerium für Kultur zu der Ansicht, es sei völlig egal, wo die Ausbildung durchgeführt würde, sie müsse nur stattfinden. Das war der Auftrag, den Dresdner Vorschlag entscheidungsfähig zu machen.

Zunächst musste ein Lehrprogramm erarbeitet werden, wofür die Erfahrungen der Ausbildung in Berlin genutzt werden konnten. Es bestand aber die Chance, neben Lehrbeauftragten einen festen Lehrkörper zu berufen und damit das Ausbildungsprogramm in vielen Punkten neu zu formieren. Die naturwissenschaftliche Ausbildung sollte neben der restauratorischen Fachausbildung ein besonderes Gewicht bekommen. Unter diesen Prämissen wurde der Stellenplan erarbeitet. Die damals Beteiligten verstanden Restaurierung als künstlerische Studienrichtung und räumten dem Fach »Künstlerische Grundlagen« ein gewisses Zeitvolumen ein. Das war auch die Grundlage für die Lehrgebiete Historische Maltechniken und Kopie und förderte das ganzheitliche Verständnis für die zu achtende »Aura« eines Kunstwerkes als Unikat. Sie sahen in der Nutzung von wissenschaftlich fundierten Arbeitsmethoden und künstlerischem Einfühlungsvermögen eine untrennbare Einheit für die Arbeit eines Restaurators.[9]

Gelöst werden musste auch die Frage, welche Kriterien für einen Eignungstest als wesentlich gelten sollten. Das betraf die Fachschulausbildung ebenso wie das Studium an einer Hochschule. Von den 1970er bis 80er Jahren waren gerade die Studienprogramme und Eignungskriterien Hauptthemen auf den internationalen Tagungen der Arbeitsgruppe Ausbildung des ICOM-Komitees für Konservierung (ICOM-CC). In vielen Ländern eröffnete man zu dieser Zeit Studienrichtungen für Restaurierung und diskutierte die gleichen Fragen.[10] Damals wurde auf folgende Hauptaspekte Wert gelegt: künstlerische Befähigung und künstlerisches Einfühlungsvermögen, handwerkliches Geschick, gekoppelt mit schöpferischer Phantasie, theoretisches Wissen und Neigung zu wissenschaftlicher Arbeit bzw. zur Aneignung von natur- und kunstwissenschaftlichen Kenntnissen. Daraus ergab sich die Notwendigkeit der Schaffung von entsprechenden Möglichkeiten für die Vorbereitung geeigneter Bewerber. Die Museen sowie die Arbeitsstellen des Instituts für Denkmalpflege stellten Praktikantenstellen zur Verfügung, die von Bewerbern nach bestandenem Eignungstest besetzt werden konnten. Bestandteile der mehrtägigen Eignungsprüfungen waren neben einer Mappe mit eigenen künstlerischen Arbeiten etwa zehn Teilaufgaben, bei denen theoretisches Wissen, die künstlerische Befähigung, das Sehen und Nachempfinden von Farben sowie handwerkliches Geschick getestet wurden. Grundvoraussetzung für eine Zulassung zum fünfjährigen Studium in Dresden war das Abitur und für die etwas später in Potsdam installierte dreijährige Restauratorenausbildung auf Fachschulebene der Zehnklassenabschluss und eine abgeschlossene handwerkliche Ausbildung in einem Bauberuf. Abiturienten hatten in Dresden und auch in Potsdam ein mindestens einjähriges Praktikum in einer Restaurierungswerkstatt nachzuweisen.

Die Ausbildung von Diplom-Restauratoren in Dresden

Ich erinnere mich noch gut daran, wie der Rektor der Hochschule für Bildende Künste, Gerhard Kettner, nach dem Vorlegen des geplanten Raumbedarfs mit mir durch das Gebäude Güntzstraße 34 ging. Wir begannen im Erdgeschoss im Hochschulkonsum. Hier hatte ich als Student noch Lebensmittel gekauft. Kettner sagte: »Der muss raus, hier könnte das Labor rein.« Im zweiten Obergeschoss war die Ausbildung für Kunsterzieher angesiedelt, die inzwischen an die Pädagogische Hochschule ausgegliedert worden ist. Das waren vier große und mehrere kleinere Räume, ausreichend für einen Start mit zehn Studenten. Kettner meinte, der Mietvertrag sei kündbar und »Das räumen wir alles frei!« Nachdem der Senat der Dresdner Hochschule im Herbst 1973 zugestimmt hatte, begannen die Vorbereitungen. Ich erhielt im Februar 1974 eine Stelle als Oberassistent an der Hochschule für Bildende Künste und erarbeitete das Lehrprogramm, den Stellenplan und den Bedarf für die dringendsten Ausstattungen. Die Eröffnung der »Abteilung Restaurierung« als neue Studienrichtung war für den September 1974 geplant. Es standen zehn Studienplätze pro Jahr für ein fünfjähriges Studium mit Diplomabschluss zur Verfügung. Hinzu kamen Studienplätze für eine postgraduale Ausbildung von Absolventen künstlerischer Hochschulen, die nach drei Jahren eine beurkundete Prüfung zu absolvieren hatten. Zur Eignungsprüfung im Frühsommer 1974 bestanden vor allem die nicht mehr zum Studium in Berlin zugelassenen Bewerber, die bereits ein Vorpraktikum an den Museen oder in den Werkstätten der Denkmalpflege absolviert hatten. Andere Bewerber erhielten Praktikantenstellen und kamen im Nachgang zu Studienplätzen. Es bewarben sich jährlich etwa einhundert interessierte Abiturienten für zehn Studienplätze. Die Auswahl erfolgte durch eine Kommission auf der Grundlage der erbrachten Leistungen während des Eignungstests. 1974 begannen auch die ersten sechs postgradualen Studenten die Ausbildung.

Es galt, geeignete, berufungsfähige Lehrkräfte zu finden und Lehrbeauftragte zu verpflichten. Freie Ausschreibungen waren in der DDR nicht üblich. Ich hatte als beauftragter Grün-

Abb. 4 Künstlerisches Grundstudium in der Abteilung Restaurierung, HfBK Dresden

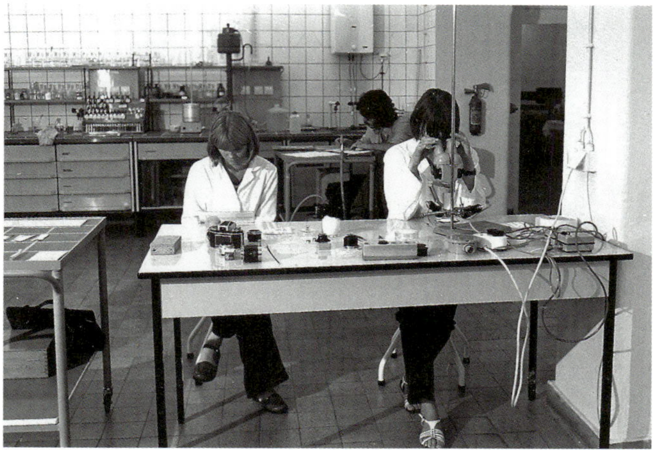

Abb. 5 Postgraduale Studenten/innen während der naturwissenschaftlichen Ausbildung im Labor 1975, HfBK Dresden

dungsdozent ein Vorschlagsrecht. Neben zwei, später drei bereits an der Hochschule tätigen Dozenten für die künstlerische Ausbildung (Abb. 4), die vom Senat bestätigt in die Abteilung Restaurierung kamen, das waren in den Jahren bis 1990 Horst Jokusch, Franz Tippel, Gunter Jakob, Eva-Maria Schreiter und Friedrun Bonzin[11], galt es besonders das neu zu gründende Labor für die naturwissenschaftliche Ausbildung zu besetzen. Es war ein Glücksfall, dass ein Spezialist für Mikroanalytik mit jahrelangen Erfahrungen, Hans-Peter Schramm, der durch den Chefrestaurator Karl-Heinz Weber empfohlen wurde, Interesse an einer Tätigkeit in der Lehre und Forschung bekundete. Er war zu dieser Zeit Direktor einer chemischen Fabrik in der Lausitz. Es war ein schneller Entschluss. Hans-Peter Schramm brachte auch seine Frau, Maria Schramm, mit nach Dresden, die bereits in Freiberg in einem Forschungsinstitut gearbeitet hatte. Später kamen der Chemiker Bernd Hering als Oberassistent und nach dessen Weggang Gerald Woelker hinzu. Damit war das Labor optimal und fachkompetent besetzt. Zwischen dem Labor und den Fachlehrern bzw. Studenten erwuchs eine jahrelange, enge Zusammenarbeit, wie sie selten so produktiv zustande kommt (Abb. 5). Das Labor entwickelte sich darüber hinaus rasch zum Konsultations- und Dienstleistungszentrum für die Restauratoren in der Denkmalpflege und den Museen und kooperierte mit dem Labor an der Fachschule in Potsdam

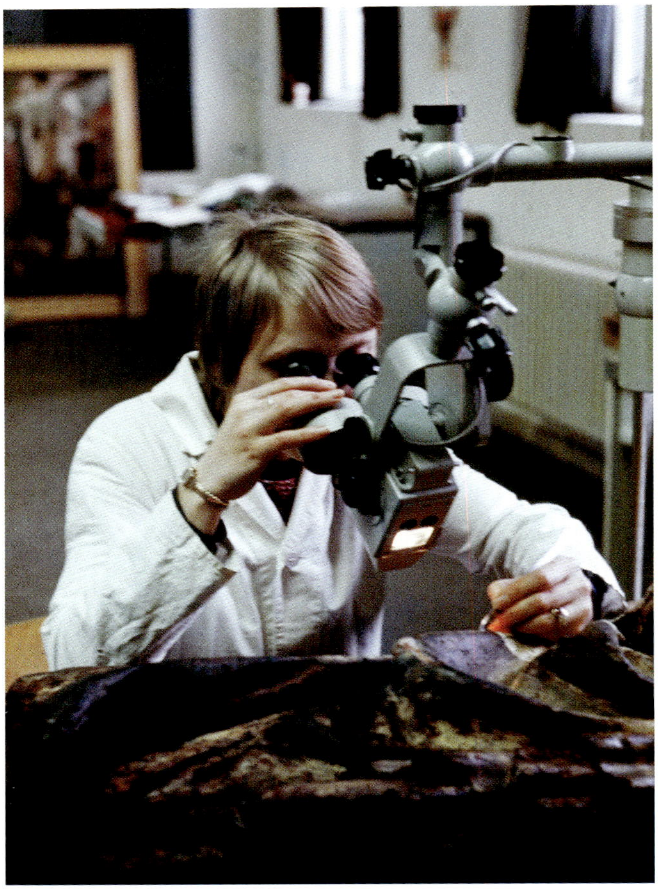

Abb. 6 Fachklasse für die Restaurierung von Skulpturen, Untersuchung der Abfolge von Fassungen, HfBK Dresden

Abb. 7 Fachklasse für die Konservierung und Restaurierung von Gemälden, Behandlung eines großen Leinwandbildes, HfBK Dresden

unter Dietrich Rehbaum sowie wissenschaftlichen Instituten und Partnern an anderen Hochschulen und Universitäten.

Die Fachausbildung für Restaurierung konnte nur durch ein Team der fähigsten Fachkollegen erfolgen. Zu besetzen waren die Lehrgebiete Grundieren und Vergolden, Konservieren von Farbschichten auf Holztafelbildern und Holzskulpturen, Konservieren von Leinwandbildern, Werkstoff Holz im Kunstwerk, Bildreinigung, Kitten und Retuschieren sowie historische Maltechniken und ein Grundkurs für die Konservierung und Restaurierung von Wandmalereien für das dreijährige Grundstudium und die Spezialisierungsrichtungen für die Restaurierung von Gemälden und für Skulpturen (Abb. 6–9).

Die Situation zum Berliner Erstversuch hatte sich noch nicht verändert. Jetzt bestand aber die Möglichkeit, Fachkollegen aus den Museen und der Denkmalpflege einzubinden. Neben den bereits an der Berliner Ausbildung mitwirkenden Restauratoren, die fast alle Lehraufträge erhielten[12], gab es große Bereitschaft, Lehraufgaben zu übernehmen. Dazu gehörte auch der Chefrestaurator der Staatlichen Kunstsammlungen Dresden, Karl-Heinz Weber. Für spezielle Lehrgebiete wie das Vergolden oder die Konservierung von Holzobjekten wurden auch freiberuflich tätige Restauratoren wie Hans Puckelwarz, Peter Taubert und Bernd Bünsche, letzterer ein Absolvent der Berliner Ausbildung, eingebunden. Der Dresdner Kunsthistoriker und Denkmalpfleger Heinrich Magirius übernahm Vorlesungen für das Gebiet Denkmalpflege. Nach Einrichtung der dritten Fachklasse unter Roland Möller 1983 erweiterte sich der Kreis der Lehrbeauftragten nochmals.[13] Nun wurden die Lehraufträge auch vergütet. Das Team der angestellten Lehrkräfte konnte bald durch Dozenturen für Gisela Meier, einer Absolventin des Berliner Vorläufers, Friedrich Decker, Gemälderestaurator bei den Staatlichen Schlössern und Gärten Potsdam, und nach der Vergabe der ersten Diplome auch durch Assistenten erweitert werden. Der Chefrestaurator Weber wurde der erste Honorarprofessor. Die fotografische Ausbildung übernahm Asmus Steuerlein. Es war die maximale Variante, die sich damals organisieren ließ.

Abb. 8 Unterricht im Vergolden, HfBK Dresden

Abb. 9 Während des Retuschierens von Leinwandbildern, HfBK Dresden

Die Ausrüstung der verfügbaren Ausbildungsräume und des Labors ist eine besondere Geschichte, die angesprochen werden muss. Bis heute erzählen sich die beteiligten Lehrkräfte und einstigen Studenten, wie wir vom ersten Stuhl bis zu einer arbeitsfähigen Basis kamen. Die magere finanzielle Ausstattung zwang dazu, neben dem Neukauf von Ausrüstungen an der Technischen Universität Dresden und der Medizinischen Akademie ausgemusterte, aber noch verwendungsfähige Labormöbel und Geräte zu erwerben oder leihweise zu übernehmen. Es gelang, trotz der knappen Mittel und der Lieferengpässe, unter denen die Herstellerfirmen litten, eine gute Basis für die Ausbildung zu schaffen. Das Fliesen der Laborräume war nur möglich, weil einige Quadratmeter fehlerhafter Fliesen akzeptiert wurden, auf Flächen verlegt, vor denen später Schränke und Labortische stehen sollten. Spezielle Materialien, die in der DDR nicht erhältlich waren, sowie Fachliteratur konnten durch das sich ständig erweiternde Netz von Partnerschaften mit Hochschulen in Wien, Kopenhagen, Bern, Köln und dem Restaurierungszentrum in Düsseldorf beschafft werden. Der Dresdner Lehrkörper war ebenso wie die Studenten gut informiert über internationale Entwicklungen. Sondervorlesungen von Gastdozenten aus Wien, Kopenhagen, Bern, Düsseldorf, München, Köln sowie weiteren Zentren fanden in jedem Semester wiederholt statt. Im Gegenzug waren Dresdner Lehrkräfte als Gastdozenten und Vortragende an Partnerhochschulen willkommen. Über diese Wege kamen auch fehlende spezielle Materialien und Fachliteratur nach Dresden. Die Stadt Düsseldorf stellte zur Entwicklung der Beziehungen zwischen dem Restaurierungszentrum der Landeshauptstadt, Schenkung Henkel, unter Leitung von Heinz Althöfer, und der Dresdner Restauratorenausbildung über längere Zeit jährlich 10.000 Mark zur Verfügung. Mit der Meisterklasse für Restaurierung an der Akademie für Bildende Künste Wien unter Helmut Kortan, in der Nachfolge Gerald Kaspar und dem dortigen Labor unter Franz Mairinger, gab es innerhalb des Kulturabkommens der DDR mit Österreich einen Vertrag über den Austausch von Lehrkräften und Studenten (Abb. 10). Einbezogen in die Zusammenarbeit war auch die Hochschule für Angewandte Kunst in Wien mit der durch Hubert Dietrich geführten Restaurierungsklasse. Ähnliche intensive Beziehungen entwickelten sich mit dem Schulteil für Restaurierung an der Königlichen Kunstakademie in Kopenhagen unter Leitung von Steen Bjarnhof und der Fachklasse für Konservierung und Restaurierung an der Schule für Gestaltung (später Fachhochschule) in Bern mit Ulrich Schießl und Volker Schaible.

Mit der durch das Ministerium für Kultur 1978 eingeleiteten Reform der Ausbildung an den Kunsthochschulen der DDR kam es auch zu Veränderungen in der Restauratorenausbildung in Dresden. Grundsatz war eine größere Autonomie der Hochschullehrer, die an Kunsthochschulen zur Fachklassenbildung mit freier Einschreibung für die immatrikulierten Studenten führte. Im Februar 1979 wurden die Fachklassenleiter durch Berufung offiziell bestätigt.[14] In der Abteilung Restaurierung, die bis dahin ein überwiegend einheitliches Ausbildungsprogramm für alle Studenten anbot, kam es zur Gliederung des Studienablaufes in ein zunächst dreijähriges Grundstudium, das später auf zwei Jahre verkürzt wurde, mit nachfolgender Einschreibung in die Fachklassen für Gemälderestaurierung

Abb. 10 Die Gastprofessoren Kaspar und Dietrich aus Wien während der Demonstration der »Wiener Kleisterdoubliermethode« in Dresden

(Ingo Sandner) oder Skulpturenrestaurierung (Gisela Meier). Eine dritte Fachklasse für die Restaurierung von Wandmalereien und historischen Architekturfassungen konnte nach der Berufung von Roland Möller ab 1983 eingerichtet werden. Bemühungen um die Ansiedlung einer Studienrichtung für die Restaurierung von Grafik und Papier scheiterten. In den 1980er Jahren kamen weitere Lehrbeauftragte hinzu, andere schieden aus. Assistentenstellen ermöglichten die Erweiterung des ständigen Lehrkörpers. Die Erarbeitung und Herausgabe von Lehrbüchern für die Ausbildung von Restauratoren über den Verlag der Wissenschaften in Berlin machte die Dresdner Ausbildung auch international bekannt.[15]

Ein wesentlicher Bestandteil der Fachausbildung waren auch die vierwöchigen obligatorischen Praktika in der Sommerpause. Die Betreuung erfolgte durch die Chefrestauratoren der Museen oder die Werkstattleiter der Arbeitsstellen des Instituts für Denkmalpflege. Bis 1990 absolvierten über 200 Studenten in den drei Fachklassen das Studium in Dresden. Hinzu kamen noch etwa 10 postgraduale Studenten. Die Absolventen sind heute in ganz Deutschland als Diplom-Restauratoren in Museen, der Denkmalpflege oder freiberuflich tätig.

Nach 1990 sollte die Ausbildung von Restauratoren zusammen mit der Ausbildung von Bühnenbildnern an der Hochschule für Bildende Künste Dresden abgewickelt werden. Die Empfehlung des Wissenschaftsrats war es, eine Angliederung an die neu zu gründende Fachhochschule Dresden zu prüfen. Das führte zu einer Protestwelle der betroffenen Lehrer und Studenten. Die Gegenwehr fand breite nationale und internationale Unterstützung. Der von den Befürwortern einer Ausgliederung der Restauratorenausbildung höchst unsachlich bis bösartig geführte Diskurs hatte keinen Erfolg. Die Proteste führten schließlich zur Erhaltung der Ausbildung an der Dresdner Kunsthochschule.[16]

Die Ausbildung an der Fachschule in Potsdam[17]

Nahezu parallel zur Dresdner Hochschulausbildung wurde 1976 im Schulteil Potsdam der 1967 gegründeten Fachschule für Werbung und Gestaltung Berlin eine Studienrichtung »Restaurierung von Architekturfassungen« ins Leben gerufen. Die Schule hatte bereits mehrere Jahrzehnte als Fachschule für Angewandte Kunst talentierte Handwerker künstlerisch und technisch weitergebildet.

Die Leitung des Schulteils Potsdam oblag Jürgen Kandler. Fachrichtungsleiter war Heiner Sommer. Nach dessen Wechsel zur Produktionsleitung Denkmalpflege Berlin im Jahre 1980 übernahm Dietrich Rehbaum die Leitung. 1987 wurde die Ausbildung um die Spezialisierung Bauplastik und Steindenkmäler erweitert, welche bis dahin nur im Fernstudium mit dem Konsultationszentrum beim VEB Denkmalpflege Berlin existierte. Auf Betreiben der Produktionsleitung Denkmalpflege, einer den volkseigenen Spezialbetrieben für Denkmalpflege übergeordneten Dienststelle in Berlin, hatte das Ministerium für Kultur den Auftrag erteilt, ein Lehrkonzept für die Ausbildung von Restauratoren zu erarbeiten, das den dringenden Bedarf an Fachkräften in der Baudenkmalpflege abdecken sollte. Treibende Kraft für die Einrichtung der Restauratorenausbildung in Potsdam war Heiner Sommer, ein ehemaliger Absolvent der Fachschule und diplomierter Formgestalter, der bereits seit 1969 an der Schule als Lehrkraft tätig war. Die Erarbeitung der

Abb. 11 Künstlerisches Grundlagenstudium, Fachschule Potsdam

Abb. 12 Naturwissenschaftliche Ausbildung, Fachschule Potsdam

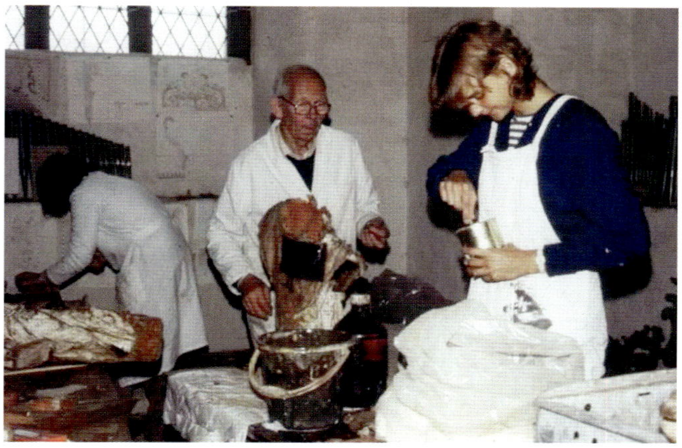

Abb. 13 Praktikum in der St. Stephanskirche, Tangermünde mit Erhard Naumann

Lehrkonzeption erfolgte in Teamarbeit der potenziellen Lehrkräfte in Zusammenarbeit mit leitenden Restauratoren der Museen, Werkstattleitern der Arbeitsstellen des Instituts für Denkmalpflege und Kunsthistorikern. Ähnlich wie in Dresden war auch hier die künstlerische Ausbildung ein fester Bestandteil des Studiums. Federführend dabei war Wolfgang Thiel (Abb. 11). Die naturwissenschaftliche Ausbildung betreuten Dietrich Rehbaum und Jürgen Kandler. Ersterer baute im ständigen Austausch mit dem Dresdner Labor unter Hans-Peter Schramm ein weiteres Konsultationszentrum für die Denkmalpflege auf. Es waren diese zwei chemisch-physikalischen Labors, die an der Schaffung einer wissenschaftlich fundierten Basis für die Arbeit der Konservatoren und Restauratoren wesentlichen Anteil hatten (Abb. 12). Wichtige Partner waren auch Helmut Materna in der Arbeitstelle Halle des Instituts für Denkmalpflege, der einzige angestellte Chemiker im Bereich der Denkmalpflege, und für geologische und mineralogische Grundlagen Dieter Beeger vom Staatlichen Museum für Mineralogie und Geologie in Dresden.

Abb. 14 Praktikum in der Nikolaikirche, Stralsund

Problematisch gestaltete sich die Besetzung des Fachgebietes Konservierungs- und Restaurierungstechniken mit ständigen Lehrkräften. Ausgewiesene freiberufliche Restauratoren waren nicht bereit, für das bescheidene Gehalt eines Fachdozenten zu arbeiten. Deshalb wurde die Vermittlung spezieller Themenkreise der Konservierung und Restaurierung in die Hände renommierter außerschulischer Lehrkräfte gegeben bzw. in Form von Blocklehrveranstaltungen organisiert (Abb. 13 und 14). Ähnlich wie in Dresden konnten dadurch ausgewiesene Fachkräfte in die Lehre eingebunden und das damals optimal Mögliche für ein hohes Ausbildungsniveau erreicht werden. An der Fachausbildung waren neben Heiner Sommer die Fachkollegen Ulrich Schneider, Bernd Hasselmann, Hartwig Pommer, Gerda Ebert und Christian Klenner beteiligt. Lehraufträge für Techniken der Vergoldung erhielten Hans Puckelwarz und Hans Michaelsen, für Abformtechniken M. Rohmann und Fred Müller. Die Ausbildung für die Steinbearbeitung übernahm die Skulpturenwerkstatt der Staatlichen Schlösser und Gärten Potsdam-Sanssouci und für Holz die Holzwerkstatt Zietemann in Potsdam.

Die künstlerische Ausbildung einschließlich Farbenlehre fand ebenso wie die Unterrichtung in Kunstgeschichte, Kulturtheorie/Ästhetik und Ikonographie im Schulteil Potsdam statt. Gestützt wurde die Ausbildung durch eine enge Zusammenarbeit mit den Arbeitsstellen des Instituts, den Spezialbetrieben der Denkmalpflege und kirchlichen Einrichtungen. Die Zusammenarbeit erstreckte sich neben der Begleitung der theoretischen Ausbildung durch deren Mitarbeiter auf Restaurierungsleistungen bzw. ihre Vorbereitung durch die Fachschule. Dazu gehörten unter anderem Projekte wie die Erforschung der Farbigkeit barocker Gebäude in Potsdam, der Fachwerkfarbigkeit in Quedlinburg und Osterwieck und praktische Restaurierungsarbeiten in Sanssouci sowie in den Kirchen von Jüterbog und Tangermünde. Engpässe bei der Beschaffung von speziellen Materialien für Restaurierungsarbeiten sowie von Fachliteratur aus dem westlichen Ausland wurden ausgeglichen, indem die kirchlichen Auftraggeber ausgeführte Leistungen nicht bezahlten, sondern über westdeutsche Partnergemeinden Material und Literatur beschafften. Wesentlicher Bestandteil der praktischen Ausbildung waren in den Sommermonaten mehrwöchige Praktika an über die gesamte DDR verstreuten Objekten. Betreut wurden die Studenten durch die Restauratoren vor Ort.

Für die jährlich zur Verfügung stehenden zehn Studienplätze bewarben sich im Schnitt 40 bis 60 Interessenten. Eine Zulassung erfolgte nur dann, wenn die in einer mehrtägigen Eignungsprüfung gestellten Anforderungen erfüllt wurden. Mitunter gab es Jahre, in denen das verfügbare Kontingent an Studienplätzen nicht ausgeschöpft werden konnte.

Bis 1990 absolvierten 116 Studenten die Ausbildung, neun davon in der Spezialisierungsrichtung Konservierung von Steinobjekten. Der Hauptteil der Absolventen ging in die Spezialbetriebe der Denkmalpflege (VEB Denkmalpflege). Nach 1990 wurde zunächst die gerade erst ins Leben gerufene Spezialisierung Steinkonservierung wieder eingestellt. Es folgten Richtungskämpfe, ob die Ausbildung auf Berufsschulniveau mit dem Ziel der Ausbildung von Restaurierungstechnikern fortzuführen sei oder eine Anbindung an die neu gegründete Fachhochschule näher läge. Letztendlich erfolgte eine Angliederung an die Fachhochschule Potsdam. Die Ausbildung von Restauratoren nach dem Fachschulmodell lief schrittweise aus und wurde 1997 eingestellt.

Die Ausbildung im Fernstudium am Museum für Deutsche Geschichte Berlin[18]

Auf Beschluss des Ministeriums für Kultur wurde 1975 am Museum für Deutsche Geschichte Berlin eine Abteilung »Aus- und Weiterbildung« eingerichtet, deren Mitarbeiter ein vierjähriges Fernstudium für Restauratoren organisieren sollten. Der Direktor der neuen Abteilung, Gerhard Dießner und sein Stellvertreter Walter Pohl organisierten gemeinsam mit weiteren Mitarbeiter/Innen[19] sowie Fachkollegen aus Museen und Denkmalpflege die Voraussetzungen für eine Ausbildung in neun Spezialisierungen.

1976 nahmen die ersten Fernstudenten in den Spezialisierungen Restaurierung von Ur- und Frühgeschichtlichem Kulturgut (5) und Restaurierung von Musikinstrumenten (4) ihr Studium auf. Hinzu kamen acht Externe in unterschiedlichen Spezialisierungen. Voraussetzung für eine Zulassung zum Studium war die Anstellung in einem Museum oder einer Arbeitsstelle des Instituts für Denkmalpflege sowie die Delegierung zum Studium. Da für einige Spezialisierungen wie die Restaurierung von Kunstgut aus Holz, Metall oder Papier die Nachfrage sehr groß war, mussten Eignungsgespräche zur Auswahl der Bewerber geführt werden. Möglichkeiten der Zulassung gab es für jede Spezialisierung in zweijährigem Rhythmus, sodass in einer Matrikel etwa 25 bis 30 Studenten aus drei bis vier Studienrichtungen zusammen studierten. Im Studiengang Museumskunde begann die Ausbildung erst 1983.

Das Fernstudium unterteilte sich in ein Grundstudium, welches ausschließlich am Museum für Deutsche Geschichte stattfand, und in eine fachspezifische Ausbildung. Die Fachausbildung oblag den damit beauftragten Konsultationszentren an den Museen oder Einrichtungen der Denkmalpflege. Das waren:[20]

- Ur- und frühgeschichtliches Kulturgut: Museum für Ur- und Frühgeschichte Weimar, Leitung: Joachim Ersfeld, ab 1984 Hans-Joachim Leithner
- Musikinstrumente: Musikinstrumentenmuseum der Karl-Marx-Universität Leipzig, Leitung: Klaus Gernhardt
- Bücher und Kulturgut aus Papier: Deutsches Buch- und Schriftmuseum der Deutschen Bücherei Leipzig, Leitung: Fritz Funke, ab 1986 Wolfgang Wächter
- Archäologische Ausgrabungen: Landesmuseum für Vorgeschichte Halle, Leitung: Berthold Schmidt
- Kulturgut aus Holz: Kunstgewerbemuseum der Staatlichen Museen Berlin, Leitung: Gerhard Schulz
- Kulturgut aus Textilien: Museum für Deutsche Geschichte Berlin, Leitung: Ruth Rothhaar, ab 1989 Brigitte Krüger; kurzzeitig richtete auch die Fachschule für Angewandte Kunst Schneeberg in einigen Lehrgebieten Möglichkeiten eines Direktstudiums für Textilrestaurierung ein
- Kulturgut aus Keramik/Glas: Staatliche Museen Berlin, Leitung: Uta von Eickstedt
- Kulturgut aus Metall: Museum für Deutsche Geschichte Berlin, Leitung: Eva Fischer, ab 1984 Ute Hausdörfer
- Steinplastiken und Kulturgut aus Stein: VEB Denkmalpflege Berlin, Leitung: 1987 Klaus Rader, ab 1988 Gerhard Kunze.

Monatlich erhielten die Studenten zwei bis drei Tage Unterricht in Berlin und zwei bis drei Tage an dem für die jeweilige Spezialisierung beauftragten Museum. Neben den genannten Hauptverantwortlichen der einzelnen Spezialisierungsrichtungen waren bis 1990 mehr als 110 Lehrbeauftragte in das Fernstudium eingebunden. Nach einer Abschlussprüfung nach vier Jahren erreichten die Absolventen die berufliche Anerkennung ähnlich dem Abschluss an der Fachschule in Potsdam. Sie hatten nach Einarbeitung in der Praxis und einer Kandidatenzeit die Möglichkeit, Mitglied in der Sektion Restaurierung des Verbandes Bildender Künstler der DDR zu werden.

Anmerkungen

1 Koller, Manfred: Streiflichter zur Restauratorenausbildung in Mitteleuropa und zum Diplomstudium in Dresden seit 1974, in: Beiträge zur Erhaltung von Kunst-und Kulturgut, 2010 (2), S. 93–102.

2 Vgl. dazu Sandner, Ingo: Der Stand und die Aufgaben der Aus- und Weiterbildung von Restauratoren in der DDR, in: Neue Museumskunde 24 (1981) 3, S. 206–210.

3 Siehe Anm. 2.

4 Die organisatorische Leitung der Arbeitsgruppe lag bei Hildegard Happe. Initiatoren der Gründung waren: Ludwig Deiters, Eva Zengel, Hans Puckelwarz, Fritz Maenicke, Fritz Lewecke, Konrad Riemann, Matthias Schulz und Ingo Timm.

5 9. Kongress des VBK der DDR, Nov. 1983.

6 Restaurierte Kunstwerke in der Deutschen Demokratischen Republik, Ausst.kat., hrsg. v. Staatliche Museen zu Berlin - Altes Museum, Berlin 1980.

7 Danz, Karoline: Die erste Restaurierungswerkstatt der Denkmalpflege in der Provinz Sachsen unter Leitung von Albert Leusch von 1927 bis 1945. Zur Restaurierungsgeschichte in Sachsen-Anhalt, Diss. Hochschule für Bildende Künste Dresden, 2009.

8 Angaben nach einer Mitteilung von Klaus von Woyski.

9 Sandner, Ingo: Künstlerrestaurator oder Restaurierungsingenieur? in: Fünftes Internationales Seminar für Restauratoren, Band 2, Budapest 1985, S. 89–94.

10 Vgl. dazu die Preprints der Tagungen des ICOM-Komitees für Konservierung (ICOM-CC), Arbeitsgruppe »Training of Restorers«, 1975, 1978, 1981, 1984.

11 In der Startphase lehrten kurzzeitig Rolf Rösner und Gerhard Krüger.

12 Außer Wolf-Dieter Kunze und Roland Möller, letzterer kam 1983 als Fachklassenleiter nach Dresden, waren alle Lehrbeauftragten von Berlin wieder in Dresden mit Lehraufgaben betraut.

13 Eine vollständige Auflistung der Lehrkräfte und Lehrbeauftragten befindet sich im Informationsheft des Fachbereichs Restaurierung von 1990.

14 Genauer beschrieben in: Von der Königlichen Kunstakademie zur Hochschule für Bildende Künste, Dresden 1990, S. 504.

15 Bis 1990 erschienen drei Lehrbücher der HBK Dresden: Historische Maltechniken und Kopie, 1983 (Friedrich Decker); Historische Malmaterialien und ihre Identifizierung, 1989 (Hans-Peter Schramm/Bernd Hering); Konservierung von Gemälden und Holzskulpturen, 1990 (Ingo Sandner, Bernd Bünsche, J. Voss, Hans-Peter Schramm, G. Meier) sowie weitere kleine Lehrhefte.

16 Sandner, Ingo/Schramm, Hans-Peter: »Bellende Hofhunde« – Ein Nachtrag zum Beitrag von Manfred Koller, Beiträge zur Erhaltung von Kunst- und Kulturgut (2011) 1, S. 114 f.

17 Die Ausführungen zur Ausbildung in Potsdam basieren auf einer Zuarbeit von Dietrich Rehbaum. Siehe auch: Rehbaum, Dietrich: Zur Ausbildung von Restauratoren für Architekturfassungen auf Fachschulebene, in: Beiträge zum Internationalen Symposium der VII. Generalversammlung des ICOMOS, Berlin 1987, S. 169–170.

18 Die Ausführungen zum Fernstudium in Berlin basieren auf einer Zuarbeit von Sybille Zimmermann.

19 Beteiligt waren: Gisela Achterberg, Helga Kibbert, Petra Schmidt, Sybille Zimmermann, Jürgen Feige (Museumskunde).

20 Angaben nach: Freigelegt. Zehn Jahre Studium Restaurierung/Grabungstechnik in Berlin, München 2003.

Die Restaurierungswerkstätten und Restaurierungsateliers von 1945 bis 1990[1]

Roland Möller

Gewidmet meinen verehrten Kollegen Konrad Riemann † und Johannes Voss †

Der nachfolgende Beitrag entstand aus der Erinnerung meiner Tätigkeit in der Denkmalpflege, die 1955 mit der Ausbildung in der Restaurierungswerkstatt des Instituts für Denkmalpflege in Halle begann und 1983 als Leiter der Restaurierungswerkstatt der Arbeitsstelle des IfD in Erfurt endete. Danach folgte ein Wechsel an die Hochschule für Bildende Künste Dresden, wo ich mit dem ausdrücklichen Auftrag durch den damaligen Generalkonservator Professor Dr. Ludwig Deiters an dieser Ausbildungsstätte den Studiengang für die »Untersuchung, Konservierung und Restaurierung historischer Wandmalerei und Architekturfarbigkeit« aufzubauen begann. Verschiedene Gründe führten dazu, dass meine gesamten Unterlagen aus meiner 28-jährigen Tätigkeit in der Denkmalpflege verlorengingen; insofern entstammen die nachfolgenden Ausführungen (mit altersbedingten Lücken) im Wesentlichen meinem Gedächtnis. Dennoch versuche ich alle Angaben so objektiv wie möglich darzustellen, wenngleich in dem einen oder anderen Fall subjektive Beurteilungen unterstellt werden dürfen.[2] Das betrifft vor allem die aus eigener Kenntnis intensivere Betrachtung der Restaurierungswerkstatt in Halle, in der es nach dem Zweiten Weltkrieg noch eine Anknüpfung an ältere Traditionen gab, zugleich eine Aufbruchstimmung mit positiver Einstellung zum Mittun im Aufbau für eine neue bessere Gesellschaft. Damals entstanden zahlreiche Neuerungen, z. B. in der Untersuchungstechnologie mit dem Schwerpunkt der Polychromie mittelalterlicher Bildwerke, deren Kenntnisse für den heutigen Restaurator als ganz selbstverständlich erscheinen.[3]

Diese Arbeit versucht die Entwicklung der einzelnen Restaurierungswerkstätten in der Denkmalpflege mit den ihrer Region verpflichteten Aufgaben und gewisse Tendenzen zu beschreiben, mit welchen sich die dort tätigen Restauratoren nach dem Zweiten Weltkrieg zunehmend zu beschäftigen hatten; mit einer Entwicklung, die zunehmend zur Qualifizierung des Berufsstandes der Restauratoren beitrug. Es wird nur bedingt auf Einzelaspekte eingegangen, weil solche – zum ersten Mal ausführlich – in dem die Ausstellung begleitenden Katalog »Restaurierte Kunstwerke in der DDR« enthalten sind und in dem jeweiligen Vorspann zu den Einzelbeiträgen der Kunstkategorien breitgefächert das Arbeitsspektrum der Restauratoren in der Denkmalpflege, in den Museen oder für private Körperschaften präsentieren.[4] Danach folgten bis 1990 und darüber hinaus zahlreiche Einzelbeiträge über Arbeiten mit gezielten Aufgabenstellungen, neuen Methoden und fundierten Ergebnissen, sodass mit Hinweis auf die maßgeblichsten Publikationen hier in diesem Beitrag auf detaillierte Angaben zu Konservierungen und Restaurierungen und entsprechende Abbildungen verzichtet werden kann.[5]

Außer der benutzten Literatur wird für wertvolle Informationen den jetzigen Leiterinnen, den Diplom-Restauratorinnen der Restaurierungsateliers herzlich gedankt: Frau Dr. Karoline Danz in Sachsen-Anhalt, Frau Christine Kelm in Sachsen, Frau Mechthild Noll-Minor in Brandenburg und Frau Elke Kuhnert in Mecklenburg-Vorpommern.[6] Besonderer Dank gebührt meinem langjährigen Kollegen und Freund Johannes Voss † für seine Mühe bei der Durchsicht des Manuskripts mit wichtigen ergänzenden Hinweisen. Wir beide haben nahezu gleichzeitig 1955/1956 in der Restaurierungswerkstatt der Arbeitsstelle des IfD in Halle das Handwerk und die Kunst des Restaurierens zu lernen begonnen und unter Konrad Riemann wesentliche Impulse für alle restauratorischen Besonderheiten und das Problem- und Verantwortungsbewusstsein eines Denkmalpflege-Restaurators mitbekommen – ein Fundus, der unser Berufsleben bestimmte.

1. Die Werkstätten und ihre Aufgabenbereiche

Bestand, Entwicklung, Aufgaben

Bei der Betrachtung der Restaurierungsateliers in der DDR verdienen die bereits vor 1945 bestehenden Werkstätten in den damaligen Ämtern Dresden und Halle eine besondere Aufmerksamkeit, wurden doch an diesen Orten und damit verbindlich für die jeweiligen Arbeitsgebiete Sachsen mit Teilen der angrenzenden Mark Brandenburg und Sachsen-Anhalt mit Thüringen bereits große Teile des Landes seitens der staatlichen Denkmalpflege betreut. Von diesen beiden Amtsbereichen ausgehend kam es vereinzelt zu überregionalen Einsätzen, besonders durch freiberuflich tätige Restauratoren und Kirchenmaler. In den Verwaltungsbereichen Berlin und Brandenburg sowie Mecklenburg und Vorpommern beauftragten die zuständigen Denkmalpflegeämter in der Regel aber ansässige akademische Künstler, Kirchenmaler-Restauratoren und mehr oder minder spezialisierte Handwerker. Während durch den Landeskonservator in Schwerin im Jahre 1957 mit der Anstellung eines Fachschulabsolventen der Tätigkeitsbereich für Holzobjekte abdeckt wurde und so die Keimzelle eines für jene Region ungemein wichtigen Restaurierungsateliers geschaffen wurde, konnte erst durch die Neuordnung der Denkmalpflege im Jahre 1961 mit der auf Bezirke gerichteten Verwaltung und entsprechend geschaffenen Ämtern der Ausbau und die Neubildung von Restaurierungsateliers erfolgen, neben Schwerin in Berlin und in Erfurt.

Aufgaben der Restaurierungswerkstätten

Früher verstand man unter dem Begriff Restaurierung vielfach eine Renovierung, mit z.T. weitgehender Ausbesserung oder Ergänzung von Teilbereichen bis hin zu Erneuerungen durch Übermalung oder Neufassung, welche das ursprüngliche Erscheinungsbild von Innenräumen und Kunstwerken empfindlich beeinträchtigen konnte. Solche aus der Zeit vor 1945 scheinbar unreflektiert erfolgten Restaurierungen entsprachen den damaligen denkmalpflegerischen Vorstellungen, die sich seitdem gewandelt haben.

Wie das Bauwerk selbst werden heute baugebundene oder mobile Werke der Bildenden Kunst in stärkerem Maße als Sachzeugnisse einer gesellschaftlichen und kulturellen Epoche verstanden, als Dokumente, auf deren Individualität die denkmalpflegerischen Maßnahmen gerichtet sein sollten. Das beinhaltet im Gegensatz zu früher eine zeitintensivere Vorbereitung der Konservierungs- und Restaurierungskonzeption, weil dieser systematische Untersuchungen am Objekt selbst, Forschungen zu seiner Geschichte und Herkunft, zum Material, den Veränderungen, Schadensursachen und naturwissenschaftliche Analysen vorausgehen – komplexe Aufgaben, die nur in interdisziplinärer Zusammenarbeit zwischen Restauratoren, Kunsthistorikern, Naturwissenschaftlern und gegebenenfalls anderen Spezialisten zum Ergebnis führen. Auch im Fortgang der praktischen Arbeiten, insbesondere bei Projekten, ist die begleitende interdisziplinäre Mitarbeit selbstverständlich geworden.

Da das Material der Bau- und Kunstwerke je nach verschiedenen Faktoren einem unterschiedlichen Alterungsverhalten und Veränderungen unterliegt (Umwelt, Klima, menschliche und auch denkmalpflegerisch-restauratorische Eingriffe), können sie von Schäden unterschiedlichen Ausmaßes betroffen sein, deren Behebung dem Restaurator differenzierte Behandlungsmethoden abverlangt.

Arbeitsaufgabe ist neben der Kontrolle und Beratung zur Erhaltung der Kunstdenkmale bei einer Bearbeitung die möglichst langwährende erfolgreiche Sicherung und Bestandskonservierung. Bei einer weiteren Restaurierung muss dann über deren Möglichkeiten und Ausmaß jeweils immer unter Respektierung des Originalbestandes entschieden werden, beispielweise ein Verzicht auf ergänzende Zutaten am Bildträger oder dessen Farbigkeit oder die Integration von Fehlstellen oder Ergänzungen, die dazu dienen, dem Kunstwerk zu einer materiellen und ästhetischen Einheit zu verhelfen.[7] Problematisch sind größere Schäden an einem Bildwerk, wenn dieses einen »lebendigen«, nämlich funktionellen Gegenstand darstellt (beispielsweise im Umfeld eines kultischen Raumes), hier sind mitunter Kompromisse mit dem Auftraggeber unumgänglich. Probleme beinhalten auch die Konservierung und Restaurierung von Wandmalereien sowie die Wiederherstellung von historischen Architekturoberflächen, die aufgrund ihrer Materialspezifik verstärkt durch Umweltbedingungen Veränderungen und Zerstörungen unterliegen.

Beschränkten sich die traditionellen Restaurierungswerkstätten Dresden und Halle vor und nach dem Zweiten Weltkrieg im wesentlichen auf die traditionell klassischen Kunstbereiche (Tafelbild, polychromierte Holzskulpturen, Altarretabel, hölzerne Ausstattungsgegenstände), so erweiterten sich diese ab den 1960er Jahren um Werke der bildenden und baugebundenen Kunst aus Stein und Glas; Halle übernahm verstärkt noch spezielle Aufgaben in der Pflege der Kirchenschätze (Textil, Kleinmöbel als Reliquiare)[8], und Dresden die Konservierung von Steinskulpturen. Hingegen wandten sich die in den 1970er Jahren im Aufbau begriffenen bzw. neuen Werkstätten neben den klassischen Feldern von Beginn gleichrangig den aus Umwelteinflüssen erwachsenen aktuelleren Themen zu, eben auch der Konservierung von Kunstwerken aus Stein und der Glasmalerei und den Untersuchungen und der Wiederherstellung von Polychromie im Inneren und Äußeren von Bauwerken. Um diese vermehrten Arbeitsaufgaben entsprechend denkmalpflegerischen Prinzipien qualitativ und quantitativ erfüllen zu können führte das zu Überlegungen, die 1978 unter Leitung von Prof. Dr. Hans Nadler mit Vertretern der fünf Restaurierungswerkstätten des IfD in einer Studie zur »Entwicklung der Restaurierungsateliers« vorgelegt wurden. Diese beinhaltet als Leitpunkte erstens die Tätigkeitsmerkmale der als »Leitateliers« ausgewiesenen Werkstätten des IfD mit ihren Aufgaben und einer Besetzung durch acht Personen unterschiedlicher Spezialisierung, zweitens die Aufgaben und personelle Besetzung der Ausführungsateliers VEB Denkmalpflege und freischaffender Restauratoren (VBK/DDR) und drittens Ausbildungseinrichtungen.[9] Diese Ziele konnten bis 1990 nur teilweise erfüllt werden.

Restaurierungstradition der Werkstätten in den Denkmalämtern Dresden und Halle/Saale

Der bis 1990 erreichte Entwicklungsstand der Restaurierungsateliers mit ihren Tätigkeitsfeldern und die Wirkung der erreichten Ergebnisse in der Öffentlichkeit, auch in der überregionalen Fachwelt wäre nicht ohne die auf längerer Tradition fußenden Werkstätten möglich geworden. Deshalb soll hier auf die Entwicklung des Restaurierungswesens der »alteingesessenen« Werkstätten in den Denkmalämtern Dresden und Halle kurz eingegangen werden.

Dresden – Tendenzen der Restaurierung vor 1945

In Sachsen reichen die Bestrebungen zur Erhaltung der Baudenkmale und historischen bildkünstlerischen Zeugnisse bis in das 19. Jahrhundert und besser fassbar in die Zeit der Königlichen Kommission zur Erhaltung der Kunstdenkmäler 1904 zurück.

Nach deren Berichten und den Ergebnissen der praktischen Tätigkeit gab es anscheinend unterschiedliche Ansätze bei der Bearbeitung der Werke der Bildenden Kunst. Bei der Restaurierung von Gemälden orientierte man sich strenger am Original, bei der Bearbeitung von Skulpturen eher an der Wiederherstellung einer unversehrten, der Originalfassung entsprechenden Fassung, auch im Sinne von Rekonstruktion. Vereinzelt gab es auch »museumsgerechte« Wiederherstellungen, d. h. Konservierungen ohne Komplettierung verlorener Teile und Farbfassung. In jedem Fall entschied die Kommission mit Maßgabe zu der Arbeitsweise, dem Restaurator oblag lediglich die Ausführung.[10]

Nach der Gründung des Landesamtes für Denkmalpflege Sachsen im Jahre 1920 stand der Kunsthistoriker Dr. Walter Hentschel der Restaurierungswerkstatt vor, im Wesentlichen waren die Mitarbeiter die gleichen wie vor dem Ersten Weltkrieg 1914.[11]

Nach einem Bericht des Landesdenkmalpflegers Dr. Walter Bachmann 1945 an das Ministerium kurz nach Ende des Zweiten Weltkrieges müssen zuvor ein Gemälderestaurator, ein Kunstmaler für dekorative und Fassmalerei, ein Holzbildhauer und ein Vergolder tätig gewesen sein, die er für die anstehenden Aufgaben im Lande als notwendig erachtete.[12]

Die Aufgabengebiete der Restaurierungswerkstatt der Arbeitstelle Dresden nach 1945 bis 1990

Bis zur Zerstörung der Stadt Dresden durch den verheerenden Bombenangriff am 13. und 14. Februar 1945 war die Restaurierungswerkstatt im Wackerbarth'schen Palais untergebracht. Nach dem Zweiten Weltkrieg fand das Landesamt für Denkmalpflege unter Leitung von Dr. Hans Nadler im kriegsbeschädigten Landtagsgebäude ihr neues Domizil, wo sich anfangs im Erdgeschoss die Werkstatt und das Kunstdepot befanden.

Zu den bereits in der Vorkriegszeit als fachlich versiert bekannten Restauratoren – Alfred Heese für Gemälde, Willy Rittsche als Maler und Restaurator für gefasste Skulptur, Ernst Baumann für Vergoldungen – kamen weitere Mitarbeiter; diese bestimmten die Restaurierungsmethodik noch bis nach dem Zweiten Weltkrieg. Es waren Bildschnitzer und Vergolder, vornehmlich akademische Künstler, deren Hauptaufgabe nach den Zerstörungen im Zweiten Weltkrieg der Wiederaufbau der Baudenkmale und die Wiederherstellung der Kunstgüter war. Die aus heutiger Sicht teilweise unbefriedigende Qualität einzelner Arbeiten beispielsweise an Flügelaltären mit Ergänzungen oder Innenraumbemalungen resultiert aus den methodischen Vorstellungen der Vorkriegszeit und teilweise akutem Materialmangel.[13]

Ab Mitte der 1960er Jahre konnten im 2. Obergeschoss des Landtagsgebäudes große Ateliers für Gemälde- und Skulpturenrestaurierung mit guten Arbeitsbedingungen eingerichtet werden.[14] Mit dem Ausbau der gut belichteten Ateliers verbesserte sich die technische Ausstattung, z. B. mit einer mobilen Röntgeneinrichtung. Ein Heiztisch stand für die Dublierung großer Leinwandbilder zur Verfügung.

Durch den ständigen Dialog der Restauratoren mit Kunstwissenschaftlern der Arbeitsstelle (Dr. Fritz Löffler, Dr. Elisabeth Hütter, Dr. Heinrich Magirius) wurde ab den 1960er Jahren bei Restaurierungsarbeiten in Dresden die Forderung nach sachgerechter Bearbeitung auf fundierter wissenschaftlicher Untersuchungsbasis und mit hohem künstlerisch-wissenschaftlichem Anspruch durchgesetzt.[15]

Seit den 1960er Jahren wurden viele Decken- und Wandmalereien sowie historische Innenräume und Fassaden, auch Ausstattungen mit Werken der Bildenden Kunst aus verschiedenen Epochen mit wissenschaftlicher Beratung und Betreuung durch das IfD Dresden in Baudenkmalen freigelegt, konserviert und restauriert. Dabei gab es bei den oft komplizierten und zeitaufwendigen Arbeiten eine enge Zusammenarbeit zwischen den Kunsthistorikern mit bewährten freischaffenden Restauratoren (Künstler, Restauratoren, Spezialhandwerker).

Ende der 1960er Jahre übernahm der in Moskau akademisch ausgebildete Diplom-Restaurator Ingo Sandner die Leitung des Restaurierungsateliers, unterstützt in methodischen und konzeptionellen Fragen durch die Kunsthistoriker der Arbeitsstelle.

Nach dem Wechsel von Sandner 1975 an die HfBK Dresden leitete die Kunsthistorikerin Frau Dr. Hütter die Restaurierungsabteilung. Ihre große Sachkenntnis in Restaurierungsfragen und ihr großer Einsatz für die sachgerechte Wiederherstellung der Kunstwerke prägte die Restaurierungen bis zu ihrem Ausscheiden im Jahre 1981; danach folgte Lenard Mühlfriedel als Leiter der Restaurierungswerkstatt.

Halle – Tendenzen und Methoden der Restaurierungswerkstatt vor 1945

Beim Provinzialkonservator von Sachsen-Anhalt war 1926 als erste derartige Werkstatt in Preußen die »Lehr- und Versuchswerkstatt« unter der Leitung von Albert Leusch gegründet worden. Deren wesentlicher Aspekt war es, die Restaurierungsarbeit sowie eine auf die technischen Befunde und die Farbigkeit gerichtete Forschung am Kunstwerk miteinander zu verbinden, als denkmalpflegerischer Auftrag die wichtigsten an ihrem Standort verbliebenen Werke der Bildenden Kunst durch geeignete Maßnahmen zu pflegen und somit die Verantwortung für deren Erhaltung zu übernehmen.[16] Konrad Riemann bemerkte dazu später: »Albert Leusch hat die ihm gestellte Aufgabe mit seinen Mitarbeitern – seit 1930 im neu erbauten Werkstattgebäude – durch vorbildhafte Restaurierungen in zwei Jahrzehnten zu lösen gesucht«.[17] Leusch unternahm nicht nur zahlreiche Versuche zu neuen Restaurierungsmaterialien und -verfahren, sondern als einer der ersten tendierte er zur interdisziplinären Zusammenarbeit, worin sich bereits der heute unabdingbare Anteil wissenschaftlicher Erkenntnisse an der Restaurierungsarbeit andeutete. Gewissermaßen wurden mit der Einführung technisch-wissenschaftlicher Aspekte und methodischer Vorgaben die Grundlagen für eine zeitgemäße Restaurierung in der Denkmalpflege geschaffen. Über die Tätigkeit der mit fünf Restauratoren besetzten Werkstatt beim Provinzialkonservator[18] wird schon bald nach deren Gründung im »Jahrbuch der Denkmalpflege in der Provinz Sachsen und in Anhalt« ab 1931 berichtet.[19] Es waren für die damalige Zeit vorbildhafte Konservierungen und Restaurierungen an Werken der Bildenden Kunst, mit denen aus heutiger Sicht die internationalen Richtlinien zur Denkmalpflege, damals zeitnah in Athen 1931 formuliert, praktisch umgesetzt wurden. Die behutsamen Konservierungen am mobilen Kunstgut wirkten bis weit in die 1960er Jahre nach und entsprechen nahezu der erst nach dem Zweiten Weltkrieg von Cesare Brandi entwickelten Restaurierungstheorie mit ähnlichen, durch die italienische Restaurierungspraxis umgesetzten Leistungen.[20]

Die Restaurierungswerkstatt der Arbeitsstelle Halle nach 1945 bis 1990

Die Werkstatt in Halle war nach 1945 geprägt durch die Tätigkeit von Albert Leusch, seine seit 1926 betriebene Hinwendung zur wissenschaftlichen, konservierenden Denkmalpflege für Bildwerke und Plastik. Die methodischen Ansätze, aber auch die subjektive Behandlung mit eigenen historischen und künstlerischen Impulsen waren vielfach für die restauratorische Tätigkeit nach dem Zweiten Weltkrieg verbindlich.[21] Sie wurde unter der Leitung von Konrad Riemann weiter verfolgt, es wurden allerdings auch zahlreiche methodische und restaurierungspraktische Neuerungen durch die Anwendung technisch-wissenschaftlicher Methoden und entsprechende Geräte eingeführt.

Nach 1945 richteten sich zunächst alle Konservierungsaktionen auf die Sicherung des an ihren Orten verbliebenen Kunstgutes und auf die aus ihren Auslagerungsorten zurückgeführten bedeutenden Schätze in Halberstadt, Quedlinburg und Merseburg, darunter die monumentale Halberstädter Triumphkreuzgruppe, deren Bearbeitung von 1950–56 dauerte.

Maßstab für die Restaurierungspraxis blieb die unbedingte Respektierung des Originals, dem sich die einzelnen Schritte der Konservierung und Restaurierung unterzuordnen hatten – der Restaurator wollte sich als eine Art »Heiler« verstanden wissen. Deshalb verblieben von Überfassungen freigelegte Objekte im diesem Zustand mit geringen Ergänzungen bzw. einer behutsamen Integration der Fehlstellen in verschiedenen Formen; hierzu verhalfen aktuelle Publikationen, beispielsweise die italienischen »Bollettino del Restauro«[22], und intensive fachliche Kontakte zu den überregional bekannten Kollegen wie Johannes Taubert (München) und Ernst Willemsen (Bonn).[23]

In Halle wurden aus der Vorkriegszeit nur zwei Mitarbeiter übernommen. Nach dem Zweiten Weltkrieg war Kurt Bunge Werkstattleiter, ihm folgte ab 1952 Konrad Riemann, und einige neue Kollegen kamen hinzu[24], welche zunächst das Aufgabenspektrum des Halleschen Arbeitsgebiets (mit Thüringen) abzudecken vermochten. Sukzessive folgten in den Jahren nach 1955 neue Stellen für sogenannte Hilfsrestauratoren (gewissermaßen Restaurierungsassistenten), die mit jüngeren Mitarbeitern besetzt wurden. Altersmäßig stand dazwischen ein an der Halleschen Hochschule Burg Giebichenstein studierter Kollege, Dieter Naethe, welcher die Brücke zu den Jüngeren schlug und die Untersuchungsmethodik und Dokumentation durch stratigrafische Zeichnungen vom Fassungsaufbau samt Beschreibung ihrer Besonderheiten ergänzte.[25]

Aus einer engen Verknüpfung von Theorie und Praxis im Werkstattverband mit den jüngeren Mitarbeitern entstanden so bereits in der zweiten Hälfte der 1950er Jahre die Grundlagen für die spätere akademische Ausbildung. Riemann hatte die besondere Gabe, das Wesentliche zu erfassen, selbst zu probieren und seine Mitarbeiter zu selbständigem Denken und Handeln anzuregen.

An der Untersuchung und Restaurierung von Innenräumen war die Werkstatt kaum beteiligt. Was die Wiederherstellung des Inneren der großen, durch den Krieg in Mitleidenschaft gezogenen Domkirchen anbelangt, hatten die Tendenzen der Vorkriegszeit weiterhin Bestand, die, wie der Landeskonservator Dr. Hans Berger formulierte: »das Bestreben nach einheitlicher Raumwirkung und alle überkommenen Werte zur Geltung zu bringen, sie aber auch zu einer der neuen zeitgenössischen Kunstauffassung nahestehenden Gesamtwirkung zusammenzufassen, dabei häufig die Architekturglieder farbtonlich zu lasieren, um die Struktur des Werksteins sichtbar zu lassen«.[26]

Anzufügen ist, dass das Arbeitsgebiet der Halleschen Restaurierungswerkstatt nicht nur die ehemaligen Bezirke des Landes Sachsen-Anhalt und Thüringen umfasste, sondern dass durch die allmählich erreichte Werkstattdominanz hin und wieder als Amtshilfe Beratungen, Untersuchungen und Gutachten im Arbeitsbereich anderer Denkmalämter erfolgten.[27]

Die Restaurierungswerkstatt der Arbeitsstelle Schwerin

In Mecklenburg-Vorpommern waren bis weit nach dem Zweiten Weltkrieg auf dem Gebiet der Denkmalpflege nur freiberuflich tätige Kirchenmaler oder Malermeister tätig, welche auch Restaurierungen am beweglichen Kunstgut durchführten. Spuren ihrer Arbeit sind in Kirchen sowohl an der polychrom gefassten Schnitzplastik wie auch an Wandmalereien bis heute noch erkennbar.

Im Jahre 1956 richtete der zuständige Konservator Dr. Walter eine kleine Werkstatt ein, die durch den an historischem Kulturgut interessierten Fachschulabsolventen Friedrich Fuhrmann besetzt wurde, der sich zunächst mit gefassten Schnitzwerken beschäftigte. Er hospitierte dann mehrfach in der Halleschen Werkstatt (später auch Hans-Jürgen Wolter), wo beide durch direkte Mitarbeit Kenntnis von Arbeitsmethoden zur Konservierung und Restaurierung polychromer Plastiken erlangten. Dem großen Bestand von Wandmalereien in Mecklenburg widmete der Kunsthistoriker Dr. Gerd Baier ganz besondere Aufmerksamkeit und begleitete seitens der Denkmalpflege bei den Restaurierungen die ansässigen Kirchenmaler und freiberuflichen Restauratoren.

Schließlich übernahm Johannes Voss ab1964 den weiteren Auf- und Ausbau der Restaurierungswerkstatt in Schwerin. Die zuvor im Arbeitsbereich Schwerin erfolgte restauratorische Tätigkeit charakterisierte Johannes Voss folgendermaßen: »Im Überblick zur Restaurierung von Werken der Bildenden Künste in den drei Nordbezirken ist ein besonderes Problem genannt worden: der abrupte Generationswechsel innerhalb der Restauratorenschaft. Es gab im Norden keine Berufstradition in diesem Gewerbe wie etwa in den sächsisch-thüringischen Gebieten. Die wenigen Kirchenmaler mit ihrem oft reichen Erfahrungsschatz, aber einer mehr von Gestaltungsideen als von der Konservierung geprägten Restaurierungsmethode verließen zwischen 1960 und 1965 die Arbeitsbühne. Parallel zu dem 1957 begonnenen Aufbau eines Restaurierungsateliers am Institut für Denkmalpflege musste daher ein neuer Stamm freischaffender Restauratoren ausgebildet werden, der sich vornehmlich mit der Polychromie von Innenräumen und ihrer festen Ausstattung befassen sollte.«[28]

Die Zahl der in der Werkstatt tätigen Restauratoren erhöhte sich Ende der 1960er Jahre auf vier, und durch die Anbindung freiberuflicher Restauratoren an die Arbeitsstelle verfügte diese dann bald über einen qualifizierten Stamm an Restauratoren, sodass umfangreichere Projekte auf den verschiedensten Gebieten der Restaurierung bewältigt werden konnten.[29]

Schwerpunkte für die Werkstatt sind die Untersuchung und Restaurierung der zahlreichen bildkünstlerischen Werke (Flügelaltäre, Figuren, Tafelbilder), die Wandmalerei und Innenräume samt deren umfangreicher Ausstattung sowie die zahlreiche Objekte mit der Erforschung und Wiederherstellung der historischen Fassadenpolychromie auch in der Backsteinarchitektur und der Glasmalerei, deren Konservierung sie begleitete. Als ein Meilenstein der Werkstatttätigkeit unter Johannes Voss muss die konzeptionelle Vorbereitung und Begleitung der Wiederherstellung der historischen Farbigkeit des Innenraumes im Doberaner Münster und dessen reiche kostbare Ausstattung mit Bildwerken genannt werden. Häufiges Problem für die Schäden an den Werken der Bildenden Kunst waren zumeist in den großen Kirchenräumen des Ostseegebietes die klimatischen Bedingungen, zu deren Regulierung mit möglichst optimaler Verbesserung die Werkstatt mit Lösungsvorschlägen beitrug.[30]

Die Restaurierungswerkstatt der Arbeitsstelle Berlin

Den Aufbau der Werkstatt für Restaurierung in der Arbeitsstelle Berlin übernahm Wolf-Dieter Kunze nach seinem von Konrad Riemann vorgeschlagenen Wechsel von den Staatlichen Museen Berlin im Jahre 1965. Wie in der damaligen Zeit üblich, hatte anfangs auch Kunze mit der Beschaffung entsprechender Räumlichkeiten und notwendiger Geräte für die Restaurierungswerkstatt einen hohen Aufwand zu betreiben, auch mit der Suche nach geeigneten Mitarbeitern.

Um erst einmal eine Übersicht des Bestandes an Werken der Bildenden Kunst im Land Brandenburg zu gewinnen, unternahm er dazu in zahlreichen Reisen eine systematische Zustandserfassung in einer eigens dafür entwickelten Dokumentationskartei. Im Verlauf seiner Tätigkeit in der Skulpturensammlung der Staatlichen Museen Berlin und später im Institut für Denkmalpflege der Arbeitsstelle Berlin erwarb er sich zunächst große Verdienste um die Erhaltung und Restaurierung von Holzobjekten der Bildenden Kunst, ebenso durch seine Untersuchungen zur historischen Polychromie an Innenräumen und Fassaden, des weiteren durch die systematische Wartung der zu betreuenden Objekte im Land Brandenburg.[31] Wichtig war ihm dabei die Zusammenarbeit mit den Kollegen/innen der Kunstgeschichte, mit denen er größere Restaurierungsprojekte konzipierte; insbesondere Frau Dr. Hannelore Sachs war ihm und seinen Mitarbeitern eine sachkundige Gesprächspartnerin.

Bedeutendes leistete die Werkstatt in methodischer und praktischer Hinsicht bei der Restaurierung des Kunstgutes im Zusammenhang mit der Wiederherstellung des Brandenburger Doms und auch für die Marienkirche und das Rathaus in Frankfurt/Oder. Um seine Farbuntersuchungen an Kunstwerken analytisch unterstützen zu können, richtete er in der Restaurierungswerkstatt ein kleines Labor ein, auf welches die Studenten während ihres Studiums für Analysen zurückgreifen konnten.

Neben seiner Leitung der Restaurierungswerkstatt und Anleitung auch freiberuflich tätiger Restauratoren bürdete ihm das im Jahre 1979 an der Kunsthochschule Berlin-Weißensee begonnene Hochschulstudium eine organisatorische Mehrarbeit auf, weil die restaurierungspraktische Ausbildung unmittelbar in der Institutswerkstatt stattfand. Die damit verbundene Bereitstellung von Materialien und Gerätetechnik für strahlendiagnostische Untersuchungen und seine Unterstützung der mehrfach wechselnden Lehrkräfte erwarb ihm die Wertschätzung aller beteiligten Kollegen.

Die Restaurierungswerkstatt der Arbeitsstelle Erfurt

Bis zur Gründung der Arbeitsstelle in Erfurt des IfD betreute noch die Hallesche Restaurierungswerkstatt die mobilen Kunstwerke im thüringischen Gebiet, wobei nicht wenige Objekte in der Restaurierungswerkstatt in Halle oder von Halle aus vor Ort konserviert und restauriert wurden.[32] Während fachpraktische Aufgaben an den Baudenkmalen, teils kriegszerstört oder sanierungsbedürftig, durch lokale Architekturbüros erfolgten, kamen leitende freiberufliche Restauratoren aus dem Halleschen Bereich, die zusammen mit einheimischen Bauhandwerkern und Kirchenmalern tätig waren und diese so zu denkmalpflegerisch-restauratorischen Aufgaben qualifizierten. Auch in Erfurt rekrutierte sich für den Aufbau der Restaurierungswerkstatt ab 1965 – wie Johannes Voss in Schwerin – der aus der Halleschen Ausbildung kommende und dort langjährig tätige Restaurator Roland Möller. Schwierig war der Anfang mit der Bereitstellung geeigneter Räume, der Beschaffung der technischen Einrichtung und der Suche nach geeigneten Mitarbeitern; um 1980 waren es vier. Aber nicht diese Umstände allein führten dazu, die konservatorische Tätigkeit an Bildwerken und Ausstattungen – vorwiegend Flügelaltäre – durch Außendienste an den Standorten durchzuführen, sondern deren Verbleib im standortgesicherten Klima.

Was die Dominanz einzelner Kunstbereiche anbelangt, überwogen in Thüringen die vielen spätgotischen Altäre, baugebundene und Einzelskulpturen aus Holz und Stein und der Glasmalereibestand. Daraus ergaben sich noch andere Arbeitsaufgaben als sie bis dahin ein traditioneller Werkstattbetrieb erfüllte.[33]

So wie für das gesamte Arbeitsgebiet erfolgte die restauratorische Erfassung der besonders vielen bildkünstlerischen Werke des Erfurter Doms mit dem Ziel, deren Erhaltungszustand zu dokumentieren und anhand des Schadengrades eine Übersicht für die konservatorische Bearbeitung in bestimmten Zeitstufen zu erhalten.[34] In gleicher Weise wurde dies für die Bildwerke aus Stein dringend erforderlich, bei denen besonders in städtischen Industriegebieten Hausbrand und schädigende Abgase zum rapiden Verfall führten. Zu dieser Thematik entstand eine enge Kooperation mit Instituten der Geologie, Mineralogie oder Einrichtungen der Meteorologie und Lufthygiene; diese führten damals die Schadstoffmessungen durch. Parallel dazu wurde begonnen, eine Kartei der historischen Steinbrüche hinsichtlich einer Gewinnung möglichen Ersatzmaterials zu erstellen; notwendig deshalb, weil die aus vielfältigen geologischen Perioden stammenden Gesteine als lokal gewonnenes Material an Thüringer Bauwerken und Bauschmuck Verwendung gefunden hatten.[35] Auf dieser Grundlage begann dann der erste größere Konservierungsversuch in situ an dem Skulpturenzyklus der Marienkirche zu Mühlhausen.[36]

Als ein neuer Arbeitsschwerpunkt kam die Untersuchung historischer Polychromie an Fassaden in Erfurt und anderenorts hinzu und später die intensive Betreuung mit konzeptionellen Vorgaben und materialtechnischen Versuchen zur Konservierung der Glasmalerei, was zur Mitarbeit im Technischen Komitee des CVMA führte.

Nach dem Wechsel des Werkstattleiters im Jahre 1983 an die HfBK Dresden mit dem Auftrag, einen neuen, der Denkmalpflege verpflichteten Studiengang »Restaurierung historischer Wandmalerei und Architekturfarbigkeit« aufzubauen, übernahm der langjährige Mitarbeiter Siegfried Lang die Leitung der Restaurierungswerkstatt und konnte mit deren Verlagerung in ein neues Gebäude verbesserte Arbeitsbedingungen schaffen.

Das Naturwissenschaftliche Laboratorium des IfD in Halle

Bereits in der Vorkriegszeit wurde zur restauratorischen Lösung bestimmter Phänomene in der Restaurierung die Hilfe bestimmter Wissenschaftsdisziplinen hinzugezogen, wobei je nach territorialer Lage die Werkstätten in Dresden und Halle mit für solche Fragestellungen ausgewiesenen wissenschaftlichen Einrichtungen kooperierten (Rathgen-Labor in Berlin, Alexander Eibner- und Dörner-Institut in München bzw. Technische Hochschulen und Universitäten mit ihren Spezialinstituten). Nach dem Zweiten Weltkrieg erwuchsen zunehmend neue Fragestellungen an zu restaurierenden Kunstwerken, ausgelöst durch den Krieg und Einwirkungen verschiedenster Art (Umweltursachen, sich negativ auswirkender Materialeinsatz, empirisch gefällte restauratorische Entscheidungen), die sich an den Bauwerken und am Kunstgut zu Schadensursachen potenzierten. Wegen deren Komplexizität konnten deshalb bestimmte Entscheidungen zu einer erfolgversprechenden Konservierungskonzeption nicht mehr nur vom Restaurator und Denkmalpfleger allein getroffen werden.

Unabhängig von solchen Problemen begann Konrad Riemann Mitte der 1950er Jahre, sich bereits mit nasschemischen Analysemethoden zur Unterstützung der mikroskopischen Farbuntersuchungen zu beschäftigen. Dazu schaffte er bestimmte Materialien und Geräte an[37] und errichtete ein kleines Labor. Das war die Basis für den Ausbau des künftigen Untersuchungs- und Forschungslabors entsprechend den Anforderungen.[38]

Obwohl schon viel früher von Riemann die Forderung nach einem offiziell an die Werkstatt angebundenen naturwissenschaftlichen Laboratorium erhoben worden war, gelang es ihm erst 1965 im Einverständnis mit dem Generalkonservator Professor Dr. Ludwig Deiters, den aus der Industrie kommenden Ingenieur-Chemiker Helmut Materna in Halle anzustellen. Dessen Aufgabe war es, Untersuchungen an Bau- und Kunstdenkmalen auf naturwissenschaftlicher Grundlage durchzuführen sowie Materialien zur Konservierung und Restaurierung zu prüfen und beratend für den gesamten Denkmalpflegebereich der DDR bei der Lösung von Fragestellungen bei aktuellen Objekten zur Verfügung zu stehen, und, sofern möglich, durch eigenes Tun oder in Kooperation mit Fremdinstituten Konservierungsarbeiten insbesondere bei Denkmalobjekten aus Stein aktiv zu unterstützen.[39]

Die Ergebnisse von überprüften und für den Einsatz in der Denkmalpflege für Konservierungszwecke tauglich befundenen Materialien fanden schon bald ihren Niederschlag in einer Schrift, welche anlässlich einer Tagung des VBK/DDR allen Restauratoren zur Kenntnis gegeben wurde.[40]

Die Raumsituation in den Restaurierungswerkstätten

Das Landesamt für Denkmalpflege in Dresden kam nach dem Kriegsverlust des Wackerbarth'schen Palais im Zweiten Weltkrieg im kriegsbeschädigten Landtagsgebäude unter, wo sich anfangs die Restaurierungswerkstatt im Erdgeschoss und das Kunstdepot befand und später mehrere große Atelierräume im Obergeschoss eingerichtet werden konnten.

In der Arbeitsstelle Halle stand nach dem Zweiten Weltkrieg das 1926 eigens für die Restaurierungswerkstatt konzipierte und gebaute Gebäude mit den damals für notwendig befundenen speziellen Arbeitsräumen vollständig zur Verfügung[41], nur geringfügige räumliche Veränderungen erfolgten bis 1990.

Sowohl in Schwerin wie auch in den neugegründeten Restaurierungswerkstätten in Berlin und Erfurt litt deren Ausbau mit notwendigen Arbeitsräumen samt Einrichtung an dem in dieser Zeit (Mitte der 1960er Jahre) akuten Mangel an Raumkapazitäten bzw. der schwierigen Beschaffung notwendiger Einrichtungen und technischer Geräte. Zur Gewährleistung eines einigermaßen arbeitsfähigen Betriebes halfen Improvisation und der Wille zum Erfolg. Auch später bis gegen 1990 ließen sich in Schwerin und in Erfurt die Vorstellungen einer modernen Werkstatt mit entsprechend dimensionierten Räumen, adäquater Einrichtung sowie gut funktionierender Klimatisierung nicht erfüllen; im Nachgang betrachtet blieb in den drei letztgenannten Werkstätten die Klimatisierung trotz fortwährender Verbesserung immer ein Provisorium.

Ausrüstung der Werkstätten mit Werkzeugen und Geräten

Nach 1945 (und teils noch bis in die 1970er Jahre) gestaltete sich die Beschaffung der für die Restaurierung notwendigen speziellen Werkzeuge, Geräte und Kleinmaschinen als schwierig. Zwar verfügten die etablierten Restaurierungswerkstätten über einen gewissen Bestand elementarer Werkzeuge, die als persönliche Handhabe ausgeliehen wurden, wegen deren Abnutzung (bei Skalpellen, Spateln, Injektionsspritzen) jedoch die Beschaffung eines persönlichen Instrumentariums empfohlen wurde; gleiches galt für Lupenbrillen. Für die Beschaffung solcher Gerätschaften waren Kontakte zu Arztpraxen nützlich, von denen solche ausgesonderten Instrumente gerne übernommen wurden, und vor dem Mauerbau 1961 mit freiem Zugang nach West-Berlin oder durch private Reisen in die Bundesrepublik war es möglich, sich spezielle Restaurierungswerkzeuge und Materialien in einschlägigen Geschäften mit unerhört hohem finanziellen Aufwand zu beschaffen. Wenngleich illegal, so rechtfertigten sich solche Anschaffungen hinsichtlich der sachgerechten Behandlung der Kunstobjekte.[42]

Ab Mitte der 1950er Jahre verfügte die Restaurierungswerkstatt in Halle bereits gerätetechnisch über eine gute Ausstattung, neben einem Röntgengerät ein Tisch-Stereomikroskop, ein Operationsmikroskop und spezielle Lupenbrillen (alles Adaptionen aus der Medizintechnik), was zerstörungsarme Freilegungen und eine systematische Untersuchungs- und Dokumentationspraxis ermöglichte.[43]

Außerdem gab es im Eigenbau angefertigte Infrarot-Wärmesysteme und Vakuumpumpen, welche die Übertragungen auf neue Bildträger verbesserten; gewissermaßen waren es Vorläufer der später industriell gefertigten Heiztische.[44]

Die Ausrüstung mit Geräten war in der Restaurierungswerkstatt Dresden ähnlich, allerdings anfangs stärker auf die Bearbeitung von Gemälden ausgerichtet.

Konservierungs- und Restaurierungsmaterialien

Über die Materialsituation in Dresden nach dem Zweiten Weltkrieg gibt es keine Informationen. Mit der Zerstörung des Gebäudes samt der Restaurierungswerkstatt dürften keine Materialien erhalten geblieben sein; möglich, dass die den Krieg überstandenen Restauratoren privat kleine Mengen zur Verfügung hatten bzw. sich anderweitig beschafften, so wie es später in Halle notwendig wurde.

Anfangs konnte man in Halle noch auf Reserven aus der Vorkriegszeit zurückgreifen, danach bis etwa 1960 war die Materialbeschaffung eingeschränkt bzw. nur auf Umwegen möglich. Bestimmte, bereits schon vor dem Zweiten Weltkrieg importierte Materialien wie Edelharze und ganz spezielle Artikel waren bestenfalls als Restbestände noch in Drogerien erhältlich, nach denen dann republikweit gesucht wurde. Spätere Kontakte zu bestimmten Industriezweigen, die zur Durchführung ihrer Produktion auf Importe angewiesen waren, beispielsweise die Porzellanindustrie auf venezianisches Terpentin oder die Farben- und Lackindustrie auf Terpentinöl, Kolophonium oder Holzöl gaben großzügig die benötigten Materialien in geringen Mengen ab, ohne dass die Planwirtschaft Schaden nahm – als Gegenleistung genügte manchmal ein Vortrag über die denkmalpflegerisch-restauratorische Tätigkeit.[45]

Zur Dokumentation bei Konservierungen und Restaurierungen

Dokumentationen in dem heute geforderten Umfang waren bis in die 1950er Jahre nicht üblich. In Halle gab es, von Albert Leusch gleich nach Gründung der Restaurierungswerkstatt eingeführt, das sogenannte »Werkstattbuch«, in welchem der Eingang des Objektes, kurzgefasst die Schäden und Konservierungs- und Restaurierungsmaßnamen, Beobachtungen zu Technologien, mitunter auch Zwischenzustände eingetragen wurden; zudem gab es Fotos vom Vor- und Endzustand. Dieses System wurde noch nach dem Zweiten Weltkrieg beibehalten, allerdings bei Farbuntersuchungen um Zeichnungen von der Stratigrafie der Farbschichten und Mikroschnitte für naturwissenschaftliche Analysen bereichert und die Fotodokumentation um Aufnahmen im Infrarot- und Ultrafluoreszenzbereich und um wichtige Details ergänzt. In der Arbeitsstelle des IfD Berlin führte Wolf-Dieter Kunze in der Restaurierungswerkstatt »Klappkarteien« ein, in welchen der Zustand der bearbeiteten Kunstobjekte bei »Wartungsreisen« eingetragen wurden. Die Verschiedenheit der Arbeitsweise sowohl in den Werkstätten der Denkmalpflege und Museen, mehr noch der freiberuflichen Restauratoren machte ein standardisiertes Dokumentationsschema notwendig, welches dann nach vielen Diskussionen in den 1970er Jahren von der Restauratorengruppe des VBK/DDR erarbeitet und für alle Restaurierungsbereiche verbindlich erklärt und akzeptiert wurde.[46]

Untersuchungen und Dokumentation der Werkstätten durch strahlendiagnostische Techniken

Die Werkstatt in Halle verfügte bereits in den 1950er Jahren über ein von Konrad Riemann angeschafftes transportables Röntgengerät, welches auch anlässlich großer Ausstellungen auf Anfrage interessierter Kunsthistoriker zum Einsatz gelangen konnte, wobei solche Aufnahmen zur zeitlichen Zuordnung einzelner Werke beitrugen.[47] Später ließ er, angeregt durch seine Kontakte zu Kollegen in belgischen und niederländischen Museen, eine sogenannte »Schneiderwiege« bauen, mit der Stereoaufnahmen durchgeführt werden konnten, also eine dreidimensionale Betrachtung ermöglicht wurde. Die Dresdner Werkstatt ließ anfangs in Amtshilfe solche Röntgenuntersuchungen an der TU Dresden durchführen[48], später verfügte sie über ein eigenes Röntgengerät. Auch für die Berliner Restaurierungswerkstatt schaffte Wolf-Dieter Kunze ein Röntgengerät an.

Inspiriert durch ein von der Universität Halle veranstaltetes Kolloquium über technische Fotografie und über den Einsatz von Röntgenstrahlen begann Riemann seine strahlendiagnostischen Untersuchungen im Infrarot- und ultravioletten Licht zur Sichtbarmachung der Maltechnik bei Bildern oder von Veränderungen durch Übermalungen.[49]

Für Aufnahmen in diesen Strahlenbereichen waren bestimmte Filter notwendig, die dank einer guten Beziehung des Institutsleiters zu Verantwortlichen der Firmen Carl Zeiß und Schott in Jena nach vorgegebenen Wünschen hergestellt wurden. Den praktischen Teil dieser Aufnahmen erledigte dann im Wesentlichen der Fotograf des IfD Halle, häufig unter Einbeziehung der jüngeren Mitarbeiter zum Anlernen in diesen technischen Aufnahmeverfahren. Diese Aufnahmetechniken gehörten zum Standard aller Restaurierungswerkstätten und wurden außer von Fotografen auch von den Werkstattleitern selbst ausgeführt.

2. Aufgabenbereiche bei einzelnen Kunstkategorien

Vorsorge

Ideal für den Restaurator wäre, wenn ein mit erheblichem Aufwand konserviertes und restauriertes Kunstwerk danach als dauerhaft »geheilt« entlassen werden könnte – was leider nur selten zutrifft, denn in nicht wenigen Fällen wird der Restaurator im Laufe seines Berufslebens mit seiner einstigen Objektrestaurierung nicht nur einmal konfrontiert. Hinsichtlich solcher bereits in längerer Vergangenheit durchgeführten und notwendigerweise sich wiederholenden Restaurierungen an den »Dauerpatienten« von Kunstwerken aus Holz und Wandmalereien sind routinemäßige Überprüfungen zu deren Zustand angezeigt, auch um mit sofortigen kleineren Konservierungseingriffen größere Folgeschäden zu verhindern.[50] Häufig tragen klimatische Einwirkungen mit sich wiederholenden Trocken- und Feuchte-Zyklen in Innenräumen dazu bei, Objekte der zuvor genannten Kunstkategorien erheblich zu schädigen. Demzufolge ist eine auf das Objekt bezogene sinnvolle Klimaregulierung unbedingt vonnöten, für deren Realisierung die Kenntnisse des Restaurators über das Materialverhalten mitbedacht sein sollten. Solche Tätigkeiten hatten in der Vergangenheit und bis heute bei der Arbeit der Mitarbeiter aller Restaurierungsateliers einen nicht geringen Anteil.[51]

Zur Methodik und Technologie in der Bearbeitung einzelner Kunstkategorien

Innenräume und Fassaden

Während bei der Konservierung und Restaurierung von Werken der Bildenden Kunst ab den 1950er Jahren bei Untersuchungen zunehmend die Möglichkeiten moderner Technik und naturwissenschaftlicher Forschung genutzt wurden, blieben damals solche komplexeren und auch interdisziplinäre Methoden bei der Untersuchung und Wiederherstellung von Innenräumen und Fassaden ungenutzt. Lange Zeit vor und nach dem Zweiten Weltkrieg bedeutete die Instandsetzung eines Raumes seitens der Denkmalpflege meist die Konfrontation und Auseinandersetzung mit Einbauten und Veränderungen aus dem 19. Jahrhundert, besonders in Kirchen.[52]
Bedauerlicherweise wurden noch häufig nach dem Zweiten Weltkrieg historistische Ausstattungen im Sinne einer »Stilreinheit« entfernt, obwohl diese mitunter, z. B. in der Neoromanik oder Neogotik, in solider handwerklicher Qualität ausgeführt waren.[53] Inzwischen hat sich die Bewahrung eines historisch gewachsenes Ensembles in seiner Gesamtheit durchgesetzt, auch der Historismus wird als Zeugnis seiner Epoche positiver bewertet, gepflegt und wiederhergestellt, d. h., historisch gewachsene Zutaten werden in die Konzeption der Restaurierung wenn irgendwie möglich einbezogen. Das betrifft bei Innenräumen deren Ausstattungen wie Altäre, Kanzel, Gestühl, Wandgemälde, Bildfenster. Folglich hatten sich die Restaurierungswerkstätten auch vermehrt mit der Erhaltung dieser Sachzeugnisse auseinanderzusetzen, wobei Industrieprodukte des 19. Jahrhunderts und veränderte Techniken beachtet werden müssen.

Ab Mitte der 1960er Jahre richtete sich die Aufmerksamkeit der Denkmalpflege verstärkt auf die Untersuchung der historischen Polychromie aus verschiedenen Epochen als Bestandteil der Gesamterscheinung am Inneren und Äußeren der Bauwerke. Was die systematische Untersuchung der Farbigkeit an Fassaden anbelangt, gelten die Arbeitsstellen in Dresden und Erfurt als Protagonisten, indem sie die in der Untersuchungstechnologie von Bildwerken gemachten Erfahrungen nutzten und die Ergebnisse verschiedentlich in Rekonstruktionen umsetzten.[54] Die bis in die Nachkriegszeit noch teilweise vorherrschenden Vorstellungen von vermeintlicher »Materialechtheit« mittelalterlicher und nachmittelalterlicher Bauwerke bei mehr oder weniger reich gestalteten Fassaden wurde damit gegen zahlreiche Widersprüche überzeugend widerlegt.

Im Arbeitsbereich Sachsen und Sachsen-Anhalt mit Thüringen folgten die Wiederherstellungen und Ausmalungen von Innenräumen im Wesentlichen den Vorstellungen der Vorkriegszeit, in der Regel bestimmt durch die Denkmalämter (allerdings auch Eigentümern) und ausgeführt von erfahrenen freiberuflichen Restauratoren, Kirchenmalern und Handwerkern. Die Wichtigsten und bei den Ausführungen Leitenden waren in Dresden Willy Rittsche und Max Helas und in Halle Fritz Lewecke.[55] Barock überformte Kirchen oder gotisierende Rekonstruktionen wurden übernommen, zum Teil neu geordnet oder »entkernt«, puristisch behandelt oder es wurde sich auf der Grundlage von Befunden zu ihrer ehemaligen farbigen Gestaltung in der Wiederherstellung genähert[56]; ähnliches galt für Schlossräume. Durch diese Einstellung mit mitunter einem nicht sehr sorgsamen Umgang mit der Originalsubstanz bildete sich ein gewisser Stil in der Restaurierungspraxis heraus, der sich nach dem Zweiten Weltkrieg fortsetzte unter mehr oder weniger starker Berücksichtigung des Originals entweder durch Restaurierung oder aber meist Rekonstruktion der Farbigkeit.

Mit der Anwendung gründlicherer Methoden und sorgfältigerer Untersuchungen gelangen ab den 1960er Jahren gut interpretierbare Befunde zur originalen Farbigkeit und nachfolgenden Fassungen, die bei gutem Erhaltungszustand Freilegungen erlaubten oder Rekonstruktionen bei noch überzeugend vorhandenen Resten.[57] Die seit den 1970er Jahren durchgeführten Restaurierungen und Ausmalungen zahlreicher Räume und Fassaden im kirchlichen und profanen Bereich zeigen im Ergebnis eine authentischere Annäherung an das ursprüngliche farbige Konzept und dessen Wiedergewinnung.[58]

Die Fassaden wurden sowohl in den Jahren vor wie auch nach dem Zweiten Weltkrieg in der Regel entweder intensiv von Farbspuren gereinigt bzw. nach handwerklicher Art neu gestrichen und konnten dabei unter städtebaulichen Gesichtspunkten eine generelle Neugestaltung mit einem gewissen Einfluss durch die Denkmalpflege erfahren, wie das beispielsweise durch den Künstler-Restaurator Willy Rittsche auf der Tagung der Denkmalpfleger in Bautzen 1954 in seinem Vortrag »Über die Wiederherstellung farbiger Hausfassaden und deren Einfügung in das Stadtbild« dargestellt wurde.[59] Obwohl seine Farbbilder nicht auf restauratorischer Befundbasis entstanden, waren sie in gewisser Weise ein Ansatz für Wiederherstellungen historischer Fassadenpolychromie. Erst wesentlich später in den 1970er Jahren kam es, zuerst in den Arbeitsstellen Dresden und Erfurt, zu Untersuchungen und Interpretationen von historischer Polychromie, methodisch in gleicher Weise wie bei den Skulpturen.[60]

Nahm die Öffentlichkeit bei Einzeldenkmalen (Schlossfassaden) die überwiegend rekonstruierte historische Farbgestaltung positiv zur Kenntnis, so gaben die durch Befunduntersuchung abgesicherten Farbrekonstruktionen an Bürgerhäusern Anlass zu heftigen Diskussionen, auch zwischen der Denkmalpflege und den Bauämtern. Denn vielfach, vor allem bei Architekten, gab es noch die Vorstellung vom materialsichtigen oder monochromen Bauwerk, obwohl schon in der ersten Hälfte des 20. Jahrhunderts profilierte Denkmalpfleger einige wegweisende Publikationen mit authentischen Nachweisen über die historische Architekturfarbe an Fassaden vorgelegt hatten.[61] Die von den Arbeitsstellen Dresden und Erfurt durch Zusammenarbeit zwischen Kunsthistorikern und Restauratoren gewonnenen Erfahrungen nützten den anderen Arbeitsstellen, wo es gelegentlich zu gemeinsamen Untersuchungen kam. Allerdings setzte sich erst ab den 1970er Jahren die Erforschung und Wiederherstellung der historischen Polychromie auf Fassaden, nicht nur aus Naturstein ohne oder mit Verputz, sondern auch auf Backstein durch; dies sowohl bei Kirchen, Schlössern, Rat- und Bürgerhäusern als ebenbürtige Arbeitsaufgabe in allen Arbeitsstellen der Denkmalpflege in der DDR als auch international in der Bundesrepublik Deutschland, Österreich, Polen und in der Schweiz.[62]

Erhaltungsmaßnahmen am beweglichen und ortsgebundenen Kunstgut

Einer der Protagonisten in der Bearbeitung von Holzobjekten in der sächsischen Denkmalpflege war Otto Puckelwartz (1876–1938), welcher sich durch die Verwendung des (angeblich) von ihm entwickelten Holztränkungsmittels Puckelin und seine restauratorische Tätigkeit für die staatliche Institution der Denkmalpflege empfohlen hatte. Seine Vorstellungen über die Konservierung des materiellen Bestandes und in der Restaurierung eine weitgehende Instandsetzung der Fassung in Vergoldung und Farbe waren im Wesentlichen für die meisten Restaurierungen an Werken der Bildenden Kunst in Sachsen bis gegen Ende des Zweiten Weltkrieges gültig.[63]

Obwohl vor und nach dem Zweiten Weltkrieg bei Werken der bildenden Kunst grundsätzlich die Konservierung der Restaurierung vorausging, galt dennoch im Allgemeinen die Haupttätigkeit des Restaurators der Restaurierung, welche auch verändernde Zutaten (größere Holzergänzungen und Neufassung) nicht ausschlossen. Heute gilt bei Werken der bildenden Kunst im Wesentlichen die Beschränkung auf die konservatorische Behandlung, um das Original in seiner Authentizität ohne Zutaten zu bewahren. Dabei ist im speziellen Fall sorgsam abzuwägen, ob und was an störenden, das Original beeinträchtigenden Zutaten zu entfernen ist und was an Ergänzungen, Retuschen oder gar Neufassungen notwendig wäre, denn auch im fragmentarischen Zustand kann ein Kunstwerk in seiner ästhetischen und inhaltlichen Aussage wirksam sein.[64]

Zur Konservierung benutzte Festigungsmaterialien für Holzobjekte (Skulpturen, Tafelbilder u. ä.) in den Restaurierungswerkstätten in Dresden und Halle

Durch Anobienfraß und Fäulnisbefall sich in ihrer Struktur auflösende Holzobjekte waren seit jeher ein Erhaltungsproblem. Es gab noch in der Zeit nach dem Zweiten Weltkrieg Beispiele, wo hochgradig desolate Figuren von den Eigentümern (Kirchgemeinden) vernichtet wurden, im günstigsten Fall fanden sie in Depots der Museen eine Aufbewahrung. Andererseits gab es nachweislich durch einzelne Denkmalämter bereits seit den 1930er Jahren Bemühungen um den Einsatz anderer geeigneter Mittel zur Holzstabilisierung, die teils Modifikationen der im Handel angebotenen Industrieprodukte waren (Zellulosederivate, Xylamon u.ä.), aber auch solche, die Restauratoren auf der Basis empirisch ermittelter Parameter selbst herstellten, um einen für das Kunstwerk maximalen Stabilisierungserfolg zu erreichen. Denn wie Überprüfungen ergaben, unterlagen alle diese Mittel im Laufe der Zeit der Versprödung, d.h. sie setzten die Elastizität der Holzstruktur herab.[65]

In Dresden benutzten Otto und Hans Puckelwartz noch bis vor dem Zweiten Weltkrieg als strukturverfestigendes Mittel Puckelin, dessen Zusammensetzung zunächst geheimgehalten wurde.[66] In Halle kam die von Albert Leusch entwickelte »Holztränke« zum Einsatz, deren Rezeptur weniger geheim war.[67] Allerdings war die sich über Tage erstreckende Prozedur, die unter Anleitung der älteren Kollegen in der Regel von den Eleven, den Hilfsrestauratoren, erledigt werden musste, in der Zubereitung äußerst gesundheitsschädigend. Beim Tränkevorgang kamen die desolaten Holzobjekte in das strukturstabilisierende und zugleich lebende Insekten abtötende Tauchbad, um mit der Volltränkung eine möglichst große Tiefenwirkung zu erzielen. Die Einwirkungsdauer betrug mehrere Tage, dann wurde das Objekt aus dem Bad genommen und die Oberfläche mit Lösemitteln (Äthylalkohol, Azeton) gereinigt.[68]

Zur Stabilisierung von desolaten Holztafelbildern war ein Vollbad nicht geeignet, entweder entschied man sich zum rückseitigen Aufstreichen der Tränkelösung oder hing die Tafel in entsprechend flache Wannen mit geringem Kontakt zur Tränke, um mit Hilfe der Saugkraft und Sättigung die Festigung zu erreichen. Außer der Methode des Tränkevollbades wurden die verschiedenen Festigungsmaterialien auch durch die Wurmlöcher mit Infusionsschläuchen oder durch Injektion eingebracht.

Ab den 1960er Jahren erwiesen sich synthetische Materialien mit günstigen Parametern von größerer Wirksamkeit für Holzobjekte wie Acrylharze, die aus einheimischer Produktion durch Vermittlung bezogen werden konnten.[69] In Italien benutzte man für verschiedene Konservierungszwecke sowohl als Festigungs- wie auch Klebemittel fast ausschließlich das Paraloid B 72.[70] Dieses Produkt fand, ab den 1970er Jahren in die DDR importiert, verstärkt für Holzstabilisierungen Verwendung, daneben gab es aber auch verbesserte oder modifizierte Produkte wie das schon lange bekannte Xylamon oder Zellulosederivate.[71]

Gegen den aktiven Befall durch Holzschädlinge kamen am Kunstgut DDT-haltige Holzschutzmittel zum Einsatz (z. B. Hylotox 59), deren Inhaltsstoffe jedoch nach Jahren als kristalline weiße Ausscheidungen sich nachteilig auf den Oberflächen ablagern und nicht nur sehr gesundheitsschädlich sind, sondern sich auch nur schwer entfernen lassen.[72]

Die Begradigung von verbogenen Holztafeln und Übertragung von Tafelbildern bei vollständig zerstörtem Träger sowie Dublierung von Leinwandbildern

Die zahlreichen seit der Vergangenheit benutzten Systeme der Parkettierung zur Begradigung verbogener Holztafeln oder einzelner Bretter verloren fast alle mit der Zeit ihre Wirkung und mussten entweder überarbeitet oder erneuert werden, wozu anstelle von Holz andere Materialien Verwendung fanden –Ideen dazu kamen aus Italien.[73] Bei vollständig zerstörter Holzsubstanz entschied man sich in der Regel zu deren genereller Abnahme.[74] Hier konnte auf Erfahrungen aus der älteren Restaurierungspraxis zurückgegriffen werden, allerdings nicht so, dass der Holzträger bis zur Grundierung reduziert und dann auf Leinwand übertragen wurde, wodurch sich der Oberflächencharakter des Gemäldes verfälschte. Um die Oberflächentextur zu erhalten, erfolgte die Dünnung des Holzes nur bis auf etwa zwei Millimeter Dicke unter der Malschicht, was eine sehr präzise Arbeit erforderte. Neue Bildträger bestanden im Allgemeinen aus Massivholz, Sperrholz oder aus stäbchenverleimten Platten. Experimente auf Kunststoffplatten, Plexiglas oder Leichtmetall setzten sich nicht durch.[75] Bei der Dublierung von Leinwandbildern ist die Wahl einer adäquaten Leinwandstruktur des Trägergewebes weniger problematisch.[76]

Kittmassen

Bei holzsichtigen Oberflächen bilden Wurmlöcher und Fraßgänge ein erhebliches ästhetisches Problem, das durch Verschließen optisch verbessert werden kann, wodurch sich auch ein aus konservatorischen Gründen sowieso notwendiger Schutz gegen Klimaeinwirkungen und Schmutz ergibt. Gängige Maßnahmen waren das Verstopfen und Verkitten mit holzähnlichen Mitteln, z. B. Gemischen aus Zelluloseprodukten und Zuschlagstoffen.[77] Gegenüber den Handelsprodukten wie Brücol[78] lieferten spätere selbst hergestellte Kittmassen aus Bärlappmehl mit Glutinleim hinsichtlich der Oberflächen besser angepasste Ergebnisse, Unterfütterungen mit leimgetränktem Hanf verhinderten Oberflächenspannungen und neue Beschädigungen.

Konsolidierung der Malschicht auf organischen und anorganischen Bildträgern

Zur Wiederbefestigung abgelöster Malschichten und Fassungen, gleich, ob auf Holz, Leinwand, Stein oder von Wandmalerei kamen als Klebemittel traditionell bis gegen Ende der 1950er Jahre Kasein und Glutinleim zum Einsatz. Bessere Sorten wie Stör- und Hasenleim waren in den Jahren nach dem Zweiten Weltkrieg nicht erhältlich und die Reste bald aufgebraucht, sodass Gelatine als die qualitativ beste Glutinleimsorte verblieb. Bei korrekter Handhabung und schwacher Konzentration sind die vorgenannten Leime hervorragende Klebematerialien, wobei dem einen oder anderen Typ von einzelnen Werkstätten und Restauratoren der Vorzug gegeben wurde.[79] Der Nachteil beim Einsatz aller dieser Materialien besteht darin, dass überschüssige Klebelösungen sorgfältigst vom behandelten Bereich entfernt werden müssen, um Oberflächenspannungen und damit oft erst nach Jahren auftretende Nachfolgeschäden heftigsten Ausmaßes zu unterbinden. Leider ließen sich solche Schäden an vor dem Zweiten Weltkrieg bearbeiteten Objekten vielfach feststellen, insbesondere an Wandmalereien. Weniger gebräuchlich waren in der Vergangenheit für die Wiederbefestigung loser Malschichten Wachslösungen und Dispersionen, verschiedentlich und nach dem Zweiten Weltkrieg verstärkt lösliche Zelluloseprodukte. Die Schäden durch organische und vereinzelt synthetische Klebemittel führten ab Ende der 1950er Jahre zur Suche nach Materialien mit besseren Eigenschaften. International ging der Trend dahin, moderne

Kunststoffe für Restaurierungszwecke einzusetzen, mitunter unreflektiert und ohne notwendige Überprüfungen. Diesbezüglich wurden durch das Laboratorium in Halle die Produkte aus der DDR-Produktion für die Anwendung in der Denkmalpflege geprüft und solche mit den günstigsten Parametern empfohlen.[80] Diese als tauglich befundenen Produkte wurde in den Folgejahren durch die für die Denkmalpflege tätigen Restauratoren nahezu gänzlich eingesetzt, wenngleich einige nach ihrer Überprüfung nach mehreren Jahren nicht mehr den an sie gestellten Ansprüchen genügten.[81] Die gründlichen Dokumentationen werden auch künftig Aufschluss geben über die Alterungsbeständigkeit und über deren Reversibilität, was für nachfolgende Eingriffe wichtig ist.[82]

Bei der Restaurierung von Leinwandbildern kamen anfangs noch lange die bewährten Wachs-Harz-Mischungen für die Befestigung loser Farbschollen und als Dubliermassen zum Einsatz oder Kleister in verschiedenen Mischungen.[83] Auch hier kam es später zum Wechsel durch modifizierte Industrieprodukte auf Wachsbasis (BEVA) wegen der besseren Verarbeitbarkeit und wegen des technologisch rationelleren Übertragungsverfahren mittels Unterdruck und Heiztisch.[84]

Beim Einsatz aller organischen Klebemittel, zugleich Malmittel ist besonders in schwachen wässrigen Lösungen durch einen rasch einsetzenden bakteriellen Befall die Beeinträchtigung des Konservierungsmaterials möglich. Dagegen wurden von alters her in kleinsten Mengen giftige Stoffe beigegeben.[85]

Wie schon angedeutet widmeten sich die Restaurierungswerkstätten in viel stärkerem Umfang als vor dem Zweiten Weltkrieg in ihrer der Arbeit den Werken der bildenden Kunst unmittelbar an deren Aufstellungsort. Den Hauptanteil nahm dabei die Sicherung vom Bildträger abgehobener Farbfassungen ein, welche durch sich verändernde Klimaverhältnisse in Innenräumen bei kriegsbeschädigten Bauwerken und durch Heizungseinbau vermehrt auftraten.[86]

Zur Erhaltung von Wandmalereien

Die mittelalterlichen Wandmalereien entstanden nördlich der Alpen selten in Freskotechnik, sondern in der Secco-Malweise, entweder als Kalkmalerei oder mit Bindemittelzusätzen und zum Teil im Schichtenaufbau. In den letzten Jahrzehnten berichteten zahlreiche Publikationen über die variablen Techniken der Wandmalerei, trotzdem sprechen heute noch immer viele (auch Kunsthistoriker) allgemein von Freskobildern.[87]

In der Wandmalerei können sich organische Bindemittelsysteme unter klimatisch ungünstigen Umständen abbauen, andererseits ist bei Bindemittel-Überreicherung das Ablösen einzelner Schichten bzw. der gesamten Malerei vom Untergrund möglich.

Die großen Probleme bei der Erhaltung und Konservierung bestehen in der Bedrohung durch Feuchtigkeit und Salze im Mauerwerk und schädigende Umwelteinflüsse. Trotz moderner bautechnischer Sanierungsverfahren mit verschiedenen Methoden zur Trockenlegung des Mauerwerks zugleich mit der Reduzierung der Salze und neuesten Konservierungsmethoden lässt sich der allmähliche Verfall nur aufhalten, aber nicht stoppen.

Obwohl die Wandmalerei seit jeher im Blickfeld der Denkmalpflege stand, erfolgte deren Betreuung früher fast immer durch freiberuflich tätige Restauratoren und Kirchenmaler, ja teilweise nur durch Handwerker. Selbst die Werkstatt beim Provinzialkonservator in Halle beschäftigte sich vor dem Zweiten Weltkrieg nur gelegentlich mit dieser Thematik, obwohl Albert Leusch vor der Übernahme und dem Aufbau dieser Amtswerkstatt wie auch sein Mitarbeiter Joachim Hellgrewe hauptsächlich mit Wandmalerei- und Raumrestaurierungen zu tun hatte. Anders in Dresden, wo sich Willy Rittsche seitens der Amtswerkstatt verstärkt der Wiederherstellung von Wandmalereien vor und nach dem Zweiten Weltkrieg widmete.

Zum Teil bis nach dem Zweiten Weltkrieg bestand die Bearbeitung der Wandmalerei in der Freilegung von Übermalungen oder Anstrichen, der Festigung loser Malerei und des Putzes, dann Retuschen, die teilweise großzügig bis auf die Originalmalerei ausgedehnt wurden. Üblich war das »Auffrischen« der freigelegten Malerei mit Ergänzung fehlender Konturen, ebenfalls das Erneuern verlorengegangener Farbflächen, zurückhaltend in Lasuren oder farbintensiv, je nach Geschick des Ausführenden. Als Konservierungsmittel für die Festigung dienten überwiegend Kasein-, Leim- oder vereinzelt Wachslösungen.[88]

Im Rückblick ist festzustellen, dass Wandmalereien selten in ihrer komplexen Problematik erforscht und bearbeitet wurden, d.h. ohne eine vorangegangene gründliche Bausanierung (Trockenlegung, Entsalzen), und ohne präzise Analysen zum Putzträger und Malereiaufbau. Erst ab den 1970er Jahren mit den gewonnenen Erfahrungen über das Zusammenwirken von technologischen, bauphysikalischen und witterungsbedingten Ursachen – ein Resultat internationaler Bemühungen – erfolgte ein Umdenken in der Denkmalpflege bei der Bearbeitung dieser sensiblen Kunstkategorie. Die Aktivitäten gingen von Italien aus, deren Ergebnisse von Paul Philippot und Paolo Mora erstmals auf einer Konferenz 1965 in Washington und New York vorgetragen wurden.[89]

Restaurierungstechniken bei Wandmalereien in den Arbeitsgebieten Sachsen und Sachsen-Anhalt vor und nach 1945

In der Dresdner Denkmalpflege kamen seit den 1930er Jahren im Zusammenhang mit der Wiederherstellung von Innenräumen bei der Restaurierung von mittelalterlichen Wandmalereien außer den bekannten wässrigen Restaurierungsmitteln auch Wachslösungen zum Einsatz. Letztere führten zu drastischen Spätfolgen, weil sie durch die abgedichteten Putzoberflächen die Wasserdampfdurchlässigkeit verringerten oder gänzlich abdichteten, zudem die Malereioberfläche vergilbten.[90] Im Bereich der Arbeitsstelle Halle wurden bei der Konservierung von Wandmalereien hauptsächlich Kaseinlösungen eingesetzt, bei deren flächigem Überzug (mit Pinsel und nicht wie später gesprüht) als Spätfolge Überspannungen auf der Malschicht mit einem Aufrollen der Malschichtränder und späterem erneutem Ablösen auftraten.

Wie auch die Beobachtungen durch die Mitarbeiter der Restaurierungswerkstätten Schwerin, Berlin/Brandenburg und Erfurt zeigen, kam es früher offensichtlich immer zu einem raschen Aufdecken der unter jüngeren Schichten verborgenen älteren Wandmalereien mit mehr oder weniger sorgfältiger Berücksichtigung des Originals. Restauratoren und Handwerker benutzten gröbere Werkzeuge, anschließend fand oft eine nicht sehr wirksame Konsolidierung des Putzes und der Malschicht statt. Die Haupttätigkeit lag auf der anschließenden, häufig weitgehenden Rekonstruktion verlorener Malereipartien, seltener erfolgten zurückhaltende Retuschen.[91]

Nach 1945 benutzte in Dresden der Restaurator Willy Rittsche bei der Wiederherstellung von Wandmalereien und Raumfassungen seine eigenen Methoden, allerdings zur Festigung der Malschicht keine Wachslösungen mehr. In Halle sah sich die Werkstatt vornehmlich anderen Aufgaben verpflichtet und nahm nur vereinzelt Einfluss auf die Behandlung der Wandmalereien durch freiberufliche Restauratoren. Man beschränkte sich auf Konsultationen mit methodischen Vorgaben, und nur ausnahmsweise arbeiteten Werkstattmitglieder mit, sodass es erst in den 1960er Jahren durch die Werkstatt selbst zu eigenständig betriebenen Wandmalereirestaurierungen kam.[92] Vornehmlich seit dem ab 1965 organisierten Restauratorenaustausch mit bulgarischen Kollegen und in direkter Zusammenarbeit mit diesen entwickelten sich modernere, den italienischen Praktiken verpflichtete Sichtweisen in der Wandmalereirestaurierung, sodass das von Kirchenmalern dominierte Arbeitsfeld der Wandmalerei dann allmählich zur festen Aufgabe der Institutswerkstätten mit beachtenswerten Leistungen wurde.[93]

Die Problematik bei der Freilegung von Wandmalereien

Wandmalereien konnten in historischen Abständen im Zuge von Erneuerungen durch Putzschichten, von Tünche- oder Farbschichten überstrichen oder durch neue, zeitgemäßere Malereien überdeckt worden sein. Dabei entstanden bereits schon Schäden im Originalbestand, z. B. durch die Hacker, welche der Haftverbesserung für die neue Putzschicht dienten, wodurch Teile der Originalmalerei verlorengingen. Bei Freilegungen war es in der Vergangenheit und nahezu bis in die Gegenwart zum Entfernen von Überputzungen üblich, diese durch Klopfen mit dem Hammer zu lockern oder mit Meißeln zu dünnen. Die dadurch ausgelösten Erschütterungen konnten sich auf die ursprüngliche Putzschicht und Bemalung negativ auswirken; mitunter zeichneten sich Nachfolgeschäden erst nach Jahren ab. Ein weiterer negativer Aspekt dieser mechanischen Beanspruchung bestand darin, dass Teile der Bemalung an der Rückseite der darüberliegenden Schicht hafteten, was eine Reduzierung der Malschicht bedeutete. Dies war besonders drastisch bei Malereien mit Schichtenaufbau, wo es zur Schichtenspaltung kommen konnte, was die ursprüngliche Qualität der Malerei erheblich verringerte.[94]

Sofern sich Wandmalereien nur unter Tüncheschichten oder Übermalungen verbergen, wurden solche früher in der Regel mittels Spachtel oder Messer abgedeckt, das Ergebnis war dann eine wenig solide, meist gröbere Freilegung. Auch hierbei blieben fast immer Teile der Malschicht auf der Rückseite der abgenommenen Schichten haften; diese Malereireste sind nicht nur für immer verloren, sondern machen ebenfalls eine Bewertung der ursprünglichen Originalmalerei unmöglich. Erst ab den 1960er Jahren verwendeten Restauratoren zur Schonung der Originalmalerei (z. B. an Figuren) für Freilegungen spezielle Skalpelle und bessere optischen Hilfen (Lupenbrillen, Mikroskope), und ab den 1970er Jahren bediente man sich noch schonenderer Methoden mit dem Einsatz technischer Hilfsmittel (Ultraschall-Schwinghammer, Mikrosandstrahl [Airbrasive] oder Laser). Solche Gerätschaften sind zwar in der Anschaffung und in der Wartung kostenintensiv, rentieren sich aber durch eine weitaus sensiblere Freilegungsmethodik unter größtmöglicher Schonung der Originalsubstanz.

Über die Notwendigkeit einer Abnahme und Übertragung von Wandmalereien

Ähnlich wie beim Tafel- oder Leinwandbild, wo dessen völlig desolates Trägermaterial Maßnahmen zur Erhaltung der Malerei notwendig macht, verhält es sich auch bei Wandmalereien, wenn nämlich durch die Strukturauflösung des Trägers, Putz oder Mauerwerks infolge von Katastrophen (Erdbeben, Feuer, Beseitigung von Bauteilen) und totaler Versalzung die Abnahme der Malerei mit oder ohne Putz und Mauer als allerletzte Möglichkeit bleibt. Trotz der möglichen unterschiedlichen technischen Verfahren, denen eine aufwendige Präparierung der originalen Oberfläche vorausgehen muss, bleibt eine Abnahme von Wandmalereien und deren Übertragung auf einen neuen Träger immer ein Risiko, da sie immer zu Verlusten an Originalsubstanz führt.[95]

In Sachsen wurden die italienischen Abnahme- und Übertragungsmethoden durch den italienischen Maler und Ingenieur Ermenegildo A. Donadini (1847–1936) bekannt.[96] Auf dieser Tradition konnte nach 1945 das IfD Dresden aufbauen und Wandmalereien aus schwerbeschädigten Häusern bergen und die Artefakte deponieren.[97] Aus ähnlichen und wohlbedachten Gründen griffen die Werkstätten anderer Arbeitsstellen zur Rettung sonst unwiederbringlich verlorener Wandmalereien auf deren Abnahme und Übertragung zurück, wie beispielsweise bei den Stralsunder Bürgerhäusern, deren Gemälde mit Hilfe bulgarischer Restauratoren abgenommen und in das Kloster St. Johannes übertragen wurden.[98]

Mörtel, Putze und ihre Konservierungsmöglichkeiten

Der Putz auf den Bauwerken kann eigenständiges Element sein mit der Funktion des Oberflächenschutzes für das Mauerwerk, durch seine Applikationsform zur wirkungsvollen Oberflächengestaltung beitragen oder als Träger für Wandmalereien dienen. Deshalb ist die Erhaltung historischer Putze für die Denkmalpflege eine grundsätzliche Aufgabe. Als anorganisches Material sind die Mechanismen zur Zerstörung des Putzes ähnlich wie beim Stein, jedoch drastischer wegen seiner wesentlich anfälligeren Struktur, die je nach Zusammensetzung und Mischung sehr unterschiedlich sein kann. Im Allgemeinen sind Putzmörtel zum Steinversatz strukturell etwas anders zusammengesetzt als Oberflächenputze und deshalb stabiler gegen Witterungseinflüsse.[99] In der Vergangenheit wurde versucht, korrodierte oder in der Struktur sich auflösende Putze mit Fluaten oder Kalisilikat (Wasserglas) zu verfestigen, Materialien, die unter ungünstigen Standortbedingungen außer zur Salzbildung auch zur Oberflächenverdichtung führen können. Seit den 1960er Jahren gab es Festigungsversuche mit Kunststoffen in Form von Dispersionen oder Harzen, deren Ergebnisse nicht in jedem Fall positiv waren. In späterer Zeit gelang es der Industrie in den Nachbarländern, Kieselsäureester herzustellen, deren Verwendung die Porenräume im Putz und Stein nicht völlig verschließen und ein bestimmtes Maß an Wasserdampfdurchlässigkeit gewährleisten; es sind Äthylsilikate und Silikone mit speziellen Zugaben je nach Verwendungszweck.[100]

Baugebundene Plastik, Anfänge der Steinkonservierung in der Denkmalpflege – Materialien, Technologien, Kopien

Der Umgang mit beschädigten Objekten aus Stein hat nachweislich eine lange Tradition seit der zweiten Hälfte des 19. Jahrhunderts. In der Regel wurden schadhafte Teile eines Bauwerkes ausgewechselt (nicht immer oder ganz bewusst nicht im gleichen Gesteinsmaterial) oder plastische figürliche Teile kopiert. In Sachsen beschäftigte sich mit dem Problem des Steinzerfalls erstmals wissenschaftlich-methodisch die 3. Königlich Sächsische Kommission zur Erhaltung der Kunstdenkmäler (1894–1919) mit der 1898/99 eingerichteten Versuchsstelle für Steinerhaltung, wozu die ebenfalls gegründete Prüfanstalt für Baumaterialien an der Baugewerkeschule Versuche mit Imprägnierungsmitteln an Baustein machte. Fragestellungen waren, ob durch die Tränkung der Oberflächen von Haustein und plastischen Werken, die der Verwitterung im Freien ausgesetzt sind, diese geschützt werden können.[101]

Die 1899 bereits von dem Berliner Chemiker Friedrich Rathgen (1862–1942) vorgeschlagenen Imprägnierungsmittel für Bauteile oder Bildwerke aus Stein, auch Mörtel (wie Paraffin, Wachs, Testalin oder Kesslersche Fluate) wurden vielfach überall in der Denkmalpflege noch bis nach dem Zweiten Weltkrieg verwendet.[102] Insbesondere die guten Versuchserfolge Rathgens mit Fluaten führten zur weitverbreiteten Ansicht, dass das Fluatieren die Festigkeit für Bruch und Druck des Steins erhöht, die mechanische Abnutzung aber verringert.[103] Ein spezielles Problem an vielen Objekten stellt noch immer die in den 1920er Jahren entwickelte und bis nach dem Zweiten Weltkrieg vielerorts benutzte oder selbst hergestellte »Zwingerpaste« dar, ein Gemisch aus Ätznatron, Sägemehl und Kalk, welches feucht aufgetragen dem gründlichen Entfernen von Farbanstrichen hinsichtlich der propagierten »Materialgerechtigkeit« von Steinoberflächen dient. Diese Paste bleibt bei der meistens nicht sehr intensiven Nachreinigung an Figuren oder Fassaden über lange Zeit aktiv, wovon die Ausblühungen des Natriumsulfats auf den Steinoberflächen zeugen, die den Stein weiter zerstören.

Bis heute werden Kopien von verwitterten Steinskulpturen gefertigt. Vor deren Abformung kommt es zur Vervollständigung der ursprünglichen Form durch Antragmassen, bis in die 1930er Jahre mit Zement, was der Dresdner Kunsthistoriker Walter Hentschel dann untersagte.[104] Heute kommen vor Abformungen Kunstharz- oder silikatgebundene Mörtel bei Formergänzungen zum Einsatz, allerdings mit strikter Beschränkung auf die Fehlstelle (wenn notwendig, mit Dübeln zur Haftverbesserung) und nicht wie damals »auf Null auslaufend« über die benachbarte Oberfläche.

Eine andere Technik für Kopien von mittelalterlichen Steinskulpturen wurde in den späten 1970er Jahren unter Aufsicht der Restaurierungswerkstatt Erfurt angewandt. Die Form, der Abguss und die Ausformung erfolgte in Kunststein, was eine genaue Oberflächentextur garantierte. Ziel war, durch Witterung und Schadstoffe in industriellen und städtischen Ballungsgebieten besonders gefährdete mittelalterliche Steinbildwerke durch deren Umsetzung in den Innenraum zu schützen, in einigen Fällen diese aber am Standort zu belassen und die Kopie als Primärdokument zu deponieren, um in zeitlichen Abständen das Verwitterungspotenzial erforschen zu können.[105] Zwar bedeutet die Auswechselung einzelner Kunstwerke von großer kunstgeschichtlicher Bedeutung und deren Deponierung in Innenräume nach wie vor den besten Schutz gegen den weiteren Verfall[106], aber bei im unmittelbaren Bauverband sich befindenden figürlichen Schmuck ist diese Methode des Auswechselns nicht immer ohne gesteigerten Aufwand bzw. aus bestimmten denkmalpflegerischen Gründen nicht möglich, sondern nur deren Konservierung am Standort.

Probleme der Denkmalpflege bei der Erhaltung von Bildwerken aus Stein nach 1945 – Konservierungsmöglichkeiten

Die ab der zweiten Hälfte des 19. Jahrhunderts zunehmend international und auch in der DDR beobachteten rasanten Verwitterungsprozesse an bildkünstlerischen Zeugnissen aus Stein (auch an Putzoberflächen, Wandmalereien und Glasgemälden) erforderten baldige Maßnahmen zur Erhaltung und neue Denkansätze im Umgang mit der Schadensproblematik.

Nach der Unterbrechung im Zweiten Weltkrieg war die Beständigkeit älterer, mit diversen Mitteln durchgeführter Steinkonservierungen überprüfbar, wobei sich die zuvor favorisierten Mittel wie Alkali-Wasserglas oder Barytwasser als wenig erfolgreich erwiesen. Bei der Verwendung von Wasserglas häuften sich nach einer gewissen Zeit sogar irreversible Schäden. Als ein neuer Aspekt bei beabsichtigten Maßnahmen an Kunstwerken aus Stein kam die Untersuchung und Erhaltung der Polychromie hinzu, denn sensibilisiert durch die Untersuchungen von Farbfassungen mit großartigen Ergebnissen an Einzel- und baugebundenen Plastiken in Innenräumen richtete sich das Augenmerk ab den 1960er Jahren auf die Untersuchung der Polychromie an Schmuck- und Bildwerken am Außenbau.[107] Hinsichtlich des Materialeinsatzes waren für die

Restaurierungswerkstätten die aus den Laboruntersuchungen resultierenden Ergebnisse nach Überprüfung der aus einheimischer Produktion stammenden Mittel enorm wichtig, da ein Import an geeigneten Mitteln aus dem östlichen und sogenannten kapitalistischen Ausland zu dieser Zeit unmöglich war. Trotz der stringenten Planwirtschaft produzierten einige VEB-Betriebe kleine Mengen der durch Labortests ausgewiesenen günstigsten Materialien für den Bedarf der Denkmalpflege. Deren Anwendung erfolgte in der Praxis jeweils abgestimmt auf den Gesteinstyp zur Strukturstabilisierung in verschiedenen Lösungskonzentrationen im Streichverfahren und durch Infusionstränkung.[108]

Von Anfang 1968 an gestaltete sich in der Denkmalpflege der DDR die Steinkonservierung als interdisziplinäre Aufgabe, unterstützt durch Naturwissenschaftler, Restauratoren und durch einen regen Erfahrungsaustausch über Konservierungsmaterialien und Anwendungsverfahren mit Kollegen in Polen, der Tschechoslowakei und der Bundesrepublik Deutschland[109] – die zunehmenden Zerfallserscheinungen an Bauschmuck und Einzelskulpturen bei Baudenkmalen in Sachsen, Sachsen-Anhalt und Thüringen machten bei den Konservierungen eine überregionale interdisziplinäre Zusammenarbeit notwendig.

Eine erste solche projektartige Zusammenarbeit erfolgte durch die Restaurierungswerkstatt der Arbeitsstelle Erfurt im Jahre 1968 am Figurenzyklus aus Kalkstein am Südgiebel der Marienkirche zu Mühlhausen.[110]

Zum positiven Gelingen aller nachfolgenden Steinkonservierungen trug die im Jahre 1972 gegründete Arbeitsgruppe »Steinkonservierung« beim Nationalen Museumsrat der DDR bei, deren nach fachspezifischen Gesichtspunkten beteiligten Mitglieder sich um die Lösung von Teilfragen bemühten und in der Folge auch Forschungsprojekte unterstützten. Über die weiter entwickelten Tendenzen in der Steinkonservierung berichten zahlreiche Publikationen.[111]

Steinkonservierung durch Tränkung mit dem Festigungsmittel im Vakuum

Das in den Restaurierungswerkstätten des bayerischen Denkmalamtes durchgeführte Vakuumverfahren an mobilen Bildwerken aus Stein, welches eine weitgehende Durchtränkung bis zum gesunden Steinkern verspricht, ist an baugebundenen Skulpturen oder Bauschmuck nicht anwendbar. Allerdings wurde ein solches Verfahren schon Ende der 1950er Jahre durch Konrad Riemann an Steinplastiken in der Restaurierungswerkstatt in Halle ausprobiert[112], offensichtlich angeregt durch Versuche in der Restaurierungswerkstatt für archäologisches Fundgut am Römisch-Germanischen Zentralmuseum in Mainz. Dort wurden solche Tränkungen an porösen Steinobjekten mittels Vakuumverfahren (Unterdrucktränkung) durchgeführt, die dann Rolf Wihr in der Technologie erfolgreich verbesserte.[113] In der DDR wurde das Vakuum-Tränkeverfahren bis 1990 nicht weiterverfolgt.

Zur Erhaltung der Glasmalereien

Am kriegsbedingt ausgelagerten Glasmalereibestand wurden nach seiner Rückführung an die alten Standorte teilweise erhebliche Schäden am Glasträger und das Ablösen der Schwarzlotbemalung festgestellt. Das betraf vor allem die in größeren Städten und durch Industrie belasteten großen Zyklen in den Domen und Kirchen (beispielweise in Halberstadt, Erfurt, Naumburg oder Stendal). Vor dem Wiedereinbringen der Bildfenster war es möglich, Scheibe für Scheibe aus der Nähe zu betrachten, ihren Zustand hinsichtlich der Erhaltung und Ergänzung zu prüfen und Notsicherungen durchzuführen.[114]

Vor dem Zweiten Weltkrieg hatten handwerklich tätige Glaser oder Glasmaler vielfach eine nasse Reinigung der Bildfenster mit Neuverbleiung vorgenommen, aber die schadhafte Schwarzlotmalerei blieb – soweit von der Reinigung nicht beschädigt – unbearbeitet. Versuche, die Korrosionserscheinungen in Form kleiner Verwitterungsnäpfchen mit Glasmasse auszufüllen verliefen erfolglos und wurden wieder aufgegeben. Allerdings gab es vor dem Zweiten Weltkrieg in einer Nürnberger Glasmalereiwerkstatt Versuche einer weitergehenden Substanzerhaltung durch die Beschichtung der korrodierten mittelalterlichen Gläser mit einer dünnen Glasschicht. Leider zeigten die so behandelten Gläser nach Überprüfungen in der Nachkriegszeit negative Erscheinungen, die kaum reversibel waren, was zur Folge hatte, dass seitens der Denkmalpflege in der DDR, insbesondere in der Arbeitsstelle Halle, ab Mitte der 1950er Jahre Eingriffe nur ausnahmsweise erfolgten. Diese beschränkten sich neben der trockenen Beseitigung der Verschmutzung auf abgestimmte Sicherungsarbeiten zur Stabilisierung der Felder, auf das Auswechseln weniger gut gelungener Ergänzungen und das Kleben von Rissen.[115]

Die in den letzten Jahrzehnten überall in Europa stark vorangeschrittene Korrosion der mittelalterlichen Glasmalereifenster führte seit den 1960er Jahren international zu Überlegungen, wie ihr durch praktikable und wirksame Maßnahmen zu begegnen sei. Wichtigste Maßnahme bedeutete beim Stand der Kenntnisse und Möglichkeiten zur Konservierung als erster Schutz eine isothermisch wirkende Außenschutzverglasung, die den alterungsgeschwächten Glasbildern ein besseres Raumklima sicherte. So war es möglich, wenigstens das gegenwärtige Erscheinungsbild zu erhalten und den ständigen Korrosionsprozess wesentlich zu verlangsamen. Die Schutzverglasung befindet sich in fünf bis zehn Zentimeter Abstand vor dem Bildfenster und ist oben und unten mit Luftschlitzen versehen, um eine gleichmäßige Durchlüftung zu gewährleisten.[116]

Vor allem die Arbeitsstelle Halle unternahm seit Mitte der 1950er Jahre große Anstrengungen in der Erhaltung des Glasmalereibestandes – eine Aufgabe, die den Kunsthistoriker Karl-Joachim Maercker zeitlebens beschäftigte, der eng mit freiberuflichen Restauratoren für Glasmalerei zusammenarbeitete und hinsichtlich des Materialeinsatzes mit der Amtswerkstatt beriet.[117]

Hinsichtlich des mittelalterlichen Glasmalereibestandes in Thüringen kam es ab den späten 1970er Jahren seitens der Restaurierungswerkstatt des IfD Erfurt dann zu Kontakten mit dem Technischen Komitee des Corpus Vitrearum Medii Aevi (CVMA), aus der eine Zusammenarbeit entstand. Erarbeitet wurden Vorgaben hinsichtlich der Schadensterminologie, der Konservierungs- und Restaurierungstechnologie samt deren Dokumentation, es wurden Proben hinsichtlich geeigneter teilreversibler Klebematerialien durchgeführt und diese in der Praxis umgesetzt.[118] Auch die Werkstätten in Schwerin und Berlin widmeten sich mit unterschiedlichem Zeitaufwand der Erhaltung der Glasmalereibestände in ihren Arbeitsgebieten mit konzeptionellen Vorgaben und der Überwachung der Restauratoren bei der Konservierung und Restaurierung von Glasmalereien.[119]

Tapeten als Ausstattungsstücke

Tapeten waren ab der Barockzeit beliebtes Dekorationselement insbesondere in Profanbauwerken. Gemalte Tapeten auf Leinwand gibt es seit dem 16. Jahrhundert, später setzten sich gemalte und gedruckte Papiertapeten durch.[120] Die gemalten Bildtapeten konnten in den von der Staffelmalerei oder Wandmalerei bekannten Techniken ausgeführt sein und wurden bei Restaurierungen in der Vergangenheit bis zur Gegenwart von Restauratoren in den traditionellen dort angewandten Methoden bearbeitet. Ab den 1970er Jahren kam es bei Tapeten auf Karton oder Papierträger zunehmend zur Zusammenarbeit zwischen den Restaurierungswerkstätten mit in der Papierrestaurierung spezialisierten Kollegen, um deren Methodik mit zu nutzen.[121]

Kunst- und Gebrauchsobjekte aus Metall

In den Werkstätten der Denkmalpflege waren keine Spezialisten für die Konservierung von Metallobjekten tätig. Kleinere Eisenteile auf Holzobjekten (Beschläge, Scharniere, Verschlüsse) wurden entrostet und gegen erneute Korrosion behandelt. Nur in komplizierteren Fällen kam es zur Kooperation mit freiberuflichen Restauratoren und mit spezialisierten Einrichtungen oder mit Werkstätten der Vor- und Frühgeschichte.[122] Allerdings erhielten seitens der Denkmalpflege die erhaltenen Bronzetaufbecken, nicht zuletzt auch wegen ihrer zum Teil erhaltenen Vergoldung und Polychromie, größte Aufmerksamkeit, indem Kunsthistoriker und Restauratoren gemeinsam mit freiberuflichen Metallrestauratoren für deren Erhaltung sorgten.[123]

Zur Erhaltung der Textilien in den Kirchenschätzen

Die Einrichtung einer speziellen Restaurierungsabteilung für die Konservierung und Restaurierung von Textilien innerhalb der Denkmalpflege war nicht vorgesehen. Anstehende Aufgaben übernahmen freiberufliche Textilkünstlerinnen mit großer fachlicher Kompetenz bei den teils problematischen Erhaltungsmaßnahmen an historischen Textilien, welche die bedeutenden Kirchenschätze in der DDR bargen, vor allem in Halberstadt, Quedlinburg, Brandenburg, Erfurt und auch anderenorts.[124] Die Anleitung dazu erfolgte in der Regel durch Kunsthistoriker; seltener waren die Zusammenarbeit zwischen Restauratoren des IfD und den Textilrestauratorinnen – dann innerhalb der Restaurierungswerkstätten des IfD, um das bessere technische Instrumentarium nutzen zu können.[125]

3. Projekte, Zusammenarbeit und Kooperationen

Projekte, teilweise in Zusammenarbeit mit einzelnen Werkstätten und Institutionen

Der bis in die späten 1970er Jahre kaum übliche Terminus »Projekt«, heutzutage in der Denkmalpflege ein vielfach verwendeter Begriff, beinhaltet umfangreiche Vorbereitungen zum Objekt: eine gute Planung, archivalische Recherchen und intensive Untersuchungen, bevor die praktische Arbeit der Konservierung und Restaurierung begonnen werden kann. Das alles ist nur in interdisziplinärer Zusammenarbeit mit einem hochmotivierten Bearbeiterteam aus Restauratoren, Denkmalpflegern, Naturwissenschaftlern, gegebenenfalls Historikern und anderen Wissenschaftszweigen zu bewältigen, um ein erfolgreiches Resultat zu gewährleisten.

In der Rückschau wurden von den Restaurierungswerkstätten verschiedener Arbeitsstellen zahlreiche Objekte mit zeitintensiven Arbeitsphasen und beträchtlichem Aufwand für Untersuchungen und in der Praxisbearbeitung teilweise in »Amtshilfe« durchgeführt, die den Begriff Projekt rechtfertigen[126], z.B. in Halle unter Leitung von Konrad Riemann als zum Teil langwierige Werkstattarbeiten wie die bereits genannte Triumphkreuzgruppe (1954–1956)[127], die Chorschranken in der Liebfrauenkirche zu Halberstadt (1961–1965), die Restaurierung des Altarretabels aus Rossow (1961–1964), die Untersuchungen zur mittelalterlichen Polychromie an Figuren im Dom zu Magdeburg und dem Westlettner in Naumburg (1969–1976).[128] Unter Riemanns Leitung erfolgte auch 1966-67 eine grundlegende Konservierung und Restaurierung der Schwind-Fresken mit spezialisierten Restauratoren aus verschiedenen Arbeitsstellen.[129]

Ebenso führten andere Arbeitsstellen des IfD durch ihre Mitarbeiter und Werkstätten zusammen mit freiberuflichen Restauratoren zeitaufwendige Projektarbeiten durch: in Dresden unter Leitung der Kunsthistoriker Heinrich Magirius und Elisabeth Hütter in der Stiftskirche zu Wechselburg die Wiederherstellung des Lettners in seiner ursprünglichen Form (1966–1972)[130], die Goldene Pforte in Freiberg (1966–1971)[131], die St. Annen-Kirche als Raum samt Ausstattung in Annaberg (1951–1969, 1970, 1975–1990)[132] und besonders aufwendig die Wiederherstellung der Innenräume der Semperoper (1977–1985).[133] Als Beispiele für die Schweriner Werkstatt stehen die Innenraumrestaurierung samt hervorragender Ausstattung des Doberaner Münsters (1977–1984)[134], die Nikolaikirche in Stralsund mit Innenraum und Ausstattung (bis 1979 und

1989)[135] und für Berlin der Dom zu Brandenburg mit Ausstattung und Domschatz (1965–1985)[136] sowie die Marienkirche in Frankfurt/Oder samt Ausstattung (1975–1984).[137] Projekte in Erfurt waren das Altarretabel in der Reglerkirche zu Erfurt (1970–1978)[138], anlässlich des Jubiläums zum Bauernkrieg in Mühlhausen die Marienkirche mit Ausstattung, die Kornmarktkirche und das Rathaus mit Großer Ratsstube und Ratssaal (1973–1975)[139] sowie die Restaurierung aller Räume im Palas der Wartburg (1978–1983).[140]

Zur Tätigkeit freiberuflicher Restauratoren in der Denkmalpflege

In allen Institutswerkstätten waren zeitweise auch freiberufliche Restauratoren tätig, darunter akademische Künstler oder Kirchenmaler, die sich im Auftrag der Denkmalpflege an der Farbwiederherstellung von Innenräumen, der baugebundenen, aber auch mobilen Ausstattung und auch des Äußeren von Baudenkmalen beteiligten. Vor allem in den Jahrzehnten nach dem Zweiten Weltkrieg bearbeiteten solche Kollegen in den Wintermonaten häufig mobiles Kunstgut in den Werkstätten der Arbeitsstellen des IfD. Auch später, als die Institutswerkstätten zu Vorbildern in der Anwendung neuer Restaurierungsmethoden wurden, nutzten jüngere, freiberuflich tätige Restauratoren die Möglichkeit zu einer unmittelbaren Zusammenarbeit und halfen bei umfangreicheren Restaurierungsprojekten mit zeitlichen Vorgaben, diese zu erfüllen. Art, Umfang und finanzielle Vergütung waren in Honorarverträgen festgelegt.

Zusammenarbeit von Werkstätten kirchlicher und institutioneller Einrichtungen

Einzelne kirchliche und staatliche Einrichtungen widmeten sich der Restaurierung des in ihrer Obhut befindlichen Kunstgutes, selbstverständlich in Absprache mit dem jeweils zuständigen Denkmalamt und in direkter Zusammenarbeit mit den Restaurierungswerkstätten. Diese Einrichtungen waren wichtige Partner für die Denkmalpflege und trugen zu einem erheblichen Teil zur Erhaltung des kulturellen Erbes, sonderlich des Kunstgutes bei. Die wichtigsten Restaurierungswerkstätten waren die Werkstätten des Evangelischen Konsistoriums Sachsen-Anhalt in Erfurt (Kirchliche Werkstätten)[141], die Werkstatt des Evangelischen Konsistoriums Brandenburg in Potsdam[142], die Werkstatt des Hochstiftes Meißen[143], die Werkstatt beim Dom zu Erfurt[144], die Werkstatt der Bauabteilung des Evangelischen Konsistoriums Vorpommern in Greifswald[145], die Restaurierungswerkstätten des VEB Denkmalpflege[146], der Baubetrieb und Restaurierungswerkstatt der Wartburg[147] und temporär kam es zur Zusammenarbeit mit den polnischen Restaurierungswerkstätten der PKZ.[148] Anzumerken ist, dass bei zahlreichen Restaurierungen, denen Bauhauptleistungen vorausgehen müssen, die Kooperation mit örtlichen Handwerksbetrieben und Produktionsgenossenschaften notwendig wurde, deren Unterstützung in der Regel sehr kollegial war.

Zur Finanzierung der Restaurierungen

Ein Entgelt seitens der Restaurierungswerkstätten des IfD für Untersuchungen, Konservierungs- und Restaurierungsarbeiten wurde nicht beansprucht, hierfür standen die Lohnkosten. Erst ab Ende der 1970er Jahre kam es für einige Arbeitsstellen zur Forderung von Einnahmen, welche vereinzelt in bescheidener Höhe von Fremdeinrichtungen erstattet wurden. Nur selten gab es dafür Regelungen auf vertraglicher Grundlage.[149]

Die Beteiligung freiberuflicher Restauratoren bei der Bearbeitung von Kunstwerken musste jährlich kostenmäßig geplant werden. Deren Finanzierung erfolgte über den sogenannten Werkstattfonds, welcher die finanziellen Mittel für die geplanten Objekte auswies. In Ausnahmefällen wurden die Kosten für mitarbeitende freiberufliche Restauratoren oder Werkstätten anteilsmäßig von den Auftraggebern übernommen.[150]

4. Werkstatteinrichtungen, Personalien, Ausbildung, Qualifikationen, Studienreisen

Personalien: Anstellung in den Restaurierungswerkstätten, Bildungsmöglichkeiten und Qualifikationen

Wie eingangs berichtet gab es bis nach dem Zweiten Weltkrieg in der Denkmalpflege auf dem Gebiet der DDR nur zwei Restaurierungswerkstätten mit unterschiedlichem Personalbestand mit verschiedenartiger Ausbildung, der dann bis Ende 1950 und danach mehrfach wechselte. Und wie ebenfalls angedeutet gab es bis 1969 auch kein direktes Studium für Restaurierung. Lediglich an der Burg Giebichenstein in Halle, der späteren Hochschule für industrielle Formgestaltung, vermittelte der Professor und Maler Kurt Bunge (in den 1930er Jahren als Restaurator in der Halleschen Denkmalpflegewerkstatt tätig) für interessierte Studenten der Malerei Einführungen in die Restaurierungspraxis.

Also blieb für Bewerber nur die Werkstattausbildung, denen im begrenzten Umfang, je nach freier Stellensituation, die Möglichkeit einer mehrjährigen intensiven Mitarbeit und damit Qualifizierung zum Restaurator geboten wurde. Allerdings war der Zugang zur Restaurierung, gleich ob im Bereich der Museen oder der Denkmalpflege, zu damaliger Zeit nicht einfach. Über die Aufnahme entschieden zum einen die zu bewältigenden Aufgaben, nach deren spezifischen Anforderungen die Bewerber ausgesucht wurden, und zum anderen selbstverständlich der Stellenplan.[151] Im Grunde bestanden nur Chancen für den Eintritt in die Werkstätten mit dem Ausscheiden von Mitarbeitern und dem »Nachrücken« auf die freie Stelle, selbstverständlich mit der niedrigsten Gehaltsstufe.[152] Das alles war angesichts der Aussicht, endlich dem gewünschtem Berufsziel näherzukommen, kein Hindernis.

Bis in die 1960er Jahre hinein setzte der Wunsch zum Eintritt in eine Restaurierungswerkstatt unbedingten Willen und

Beharrungsvermögen seitens des Interessenten trotz anfänglicher Absagen der Werkstatt voraus.

Danach erleichterte sich im Allgemeinen der Zugang für den Bewerber etwas durch dessen vorangegangene akademische oder fachspezifische Ausbildung mit Abschluss in der Restaurierung nahestehenden Gebieten (Malerei, Holzgewerke, Vergolder). Vielfach waren es Absolventen der einschlägigen Fachschulen (Erfurt, Heiligendamm, Schneeberg, Potsdam). Erwähnenswert ist noch, dass im Bereich der Denkmalpflegerestaurierung bis 1957 kein weibliches Mitglied beschäftigt wurde – heutzutage kaum vorstellbar, wo doch weibliche Restauratoren überall dominieren! Konrad Riemann durchbrach mutig vorgefasste Bedenken seitens der Männerwelt gegen weibliche Kollegen, indem er in den Werkstattverband die im Weimarer Schlossmuseum ausgebildete Gemälderestauratorin Angela Lindörfer eingliederte, die sich alsbald in das Team einfügte, akzeptiert und zur Vorreiterin für die Frauen auch in der Restaurierung innerhalb der Denkmalpflege wurde.

In den 1970er Jahren nutzten sogenannte »Aussteiger« (vornehmlich Lehrer) aus privaten und auch politischen Gründen die Möglichkeit, in der Restaurierung das erhoffte berufliche »Nischendasein« zu finden. Denn angeblich politisch neutral, haftete der Denkmalpflege zeitweise der Ruf einer bürgerlichen Institution an, die von einzelnen Funktionären sogar als reaktionär eingestuft wurde in Verkennung der vom Staat übertragenen Aufgabe, dass die sorgfältige Pflege des kulturellen und künstlerischen Erbes eine der Gesellschaft dienende Tätigkeit sei – für den Restaurator eine Selbstverständlichkeit. Allerdings spielte es, wohl Ende der 1970er Jahre, für einige Arbeitsstellenleiter eine Rolle, ob der Bewerber für die Mitarbeit in der Restaurierungswerkstatt der Klasse der Arbeiter- und Bauernschaft entstammte bzw. in einer Partei politisch aktiv war.

Nach der Einrichtung der Restaurierungswerkstätten an allen Arbeitsstellen der Denkmalpflege in der DDR bestand das Personal ab Ende der 1970er Jahre aus vier bis fünf Restauratoren. Natürlich blieb dies in keiner der Werkstätten statisch, weil die Verdienstmöglichkeiten oder bestimmte Vorstellungen einzelne Mitarbeiter zu Veränderungen bewogen, so z. B. in Museen oder in die freiberufliche Tätigkeit zu wechseln.

War die Qualifizierung zum Restaurator bis in die 1970er Jahre mit verschiedenartiger Vorbildung möglich, so führten die jahrzehntelangen Bestrebungen für ein Restauratorenstudium in der DDR endlich ab 1969 an der Kunsthochschule in Berlin-Weißensee zum Erfolg und weiter ab 1975 an der HfBK Dresden sowie an der Fachschule für Werbung und Gestaltung in Potsdam. Die Absolventen dieser direkt fachbezogenen Ausbildungen mit Abschlüssen bildeten später das Personal der Restaurierungsateliers[153]; viele von ihnen hatten vor ihrem Studium ein Vorpraktikum in den Institutswerkstätten durchgeführt.

Vorausgegangen war die Anerkennung des Berufes durch eine im VBK/DDR gebildete »Arbeitsgruppe Restauratoren«, und das Denkmalpflegegesetz aus dem Jahre 1975 beinhaltete nachdrücklich die Aufgabe zur Konservierung und Restaurierung der Werke der bildenden und angewandten Kunst, was einer Gleichstellung der Restauratoren im Fachkollegium der Denkmalpflege entsprach. Das heute international anerkannte Niveau wird durch den Restaurator »neuen Typs« bestimmt, der sich durch seine Ausbildung fachliche und naturwissenschaftliche Grundlagen in den einschlägigen Untersuchungs-, Konservierungs- und Restaurierungsmethoden erworben hat, Einfühlungsvermögen und Verantwortungsbewusstsein gegenüber dem ihm anvertrauten Objekt zeigt und dessen Einmaligkeit und Originalität respektiert.

Wenn die Begriffe Restaurierungswerkstatt und Restaurierungsatelier gebraucht werden, so sind diese das Ergebnis der Entwicklung und der gesetzlichen Festschreibung. Der Begriff »Restaurierungswerkstatt« entsprach traditionell der praktischen Ausbildung und Tätigkeit des Restaurators, die vielfach als handwerksähnlich eingestuft wurde, selbst wenn akademisch ausgebildete Künstler-Restauratoren tätig waren, welche sich dann auch eher als Künstler verstanden wissen wollten.[154] Der inzwischen übliche Begriff »Restaurierungsatelier« entspricht wohl besser der weiter entwickelten Berufsspezifik, die wissenschaftliche, technologische und gewisse künstlerische Fähigkeiten in sich vereint.

Ausbildung in der Restaurierungswerkstatt des IfD Halle

In Halle verfügte die Werkstatt nach 1945 mit einigen Kräften aus der Vorkriegszeit und bis 1955 hinzugekommenen über fünf Mitarbeiter, wonach bis 1958 durch altersbedingtes Ausscheiden durch Nach- und Neubesetzungen noch drei hinzukamen; insgesamt bildeten dann sieben Restauratoren den festen Stamm.[155]

Die handwerklich-praktische Ausbildung in der Restaurierungswerkstatt erfolgte nicht nach einem bestimmten Plan, sondern war abhängig von den jeweiligen zur Behandlung anstehenden Kunstobjekten, an denen mitgearbeitet werden durfte: Flügelaltäre und Holzfiguren mit Farbfassung innerhalb der Werkstatt oder durch Außenarbeit am Standort. Zu den notwendigen theoretischen Kenntnissen gab es Anregungen zum Selbststudium; die damals üblichen Standardwerke waren der »Doerner« (Malmaterial), »Wehlte« (Werkstoffe und Techniken der Malerei), die Zeitschrift »Maltechnik« und weitere Beiträge in Periodika des In- und Auslandes, welche sich verstreut in den Universitätsbibliotheken befanden. Als vorausschauend ließ Konrad Riemann die ihm zugegangenen, damals aktuellsten ausländischen Publikationen übersetzen: Gettens/Stout: Painting materials; Slansky: Technika Malby (merkwürdigerweise von der westlichen Fachwelt kaum beachtet); auch Einzelbeiträge des »Bollettino dell'Istituto Centrale del Restauro« in Rom.[156] Dadurch konnten sich die Mitarbeiter gut über internationale Restaurierungstendenzen informieren, zudem trugen die damals noch öffentlichen Vorlesungen und Gastvorträge im Kunsthistorischen Institut der Universität Halle/Wittenberg nicht unwesentlich zum theoretischen Wissen bei.

Ein Anliegen seitens der Werkstatt in den 1950er Jahren war es, sich durch eigene künstlerische und technologische

Beschäftigung dem Wesen eines Kunstwerkes zu nähern. Dazu dienten zum einen ein freies Naturstudium, zum anderen der Nachvollzug werktechnischer Besonderheiten auf der Grundlage mittelalterlicher Quellenschriften. Mit Genehmigung des Institutsleiters durfte in den Wintermonaten an einem Tag in der Woche das entsprechend vorbereitete und genehmigte Programm durchgeführt werden, was unzweifelhaft der Erweiterung des Kenntnisstandes diente. Indirekt hatte diese Ausbildungsgepflogenheit einen gewissen Bezug zum mittelalterlichen Werkstattbetrieb, mit großer Sicherheit war es die modellhafte Vorbereitung für die späteren Hochschulausbildungen in Berlin-Weißensee und Dresden.

In Halle gestaltete sich dann der (an sich freie) Samstagnachmittag noch so, dass sich ab und zu der Chef (Landeskonservator) zu einem Werkstattbesuch mit seinen wissenschaftlichen Mitarbeitern ansagte, nicht immer, um über ein aktuelles Restaurierungsobjekt zu diskutieren, sondern über generelle Probleme der Denkmalpflege oder Restaurierung – das waren stets intensive und anregende Fachdiskussionen. Die Neulinge in der Restaurierungswerkstatt mit ihren geringen Kenntnissen auf diesen Gebieten durften uneingeschränkt an diesen Gesprächen teilnehmen, die gewissermaßen ein außerplanmäßiges Lernen ermöglichten und dadurch eine nachhaltige Bereicherung der Ausbildung waren.

Innerbetriebliche Qualifizierung für Mitarbeiter der Restaurierungswerkstätten von 1972–74

Bedingt durch gewisse kulturelle und künstlerische Gegebenheiten einzelner Regionen waren die Aufgabengebiete der Restaurierungswerkstätten in den Arbeitsstellen etwas unterschiedlich strukturiert. Die Beibehaltung dieser Eigenheiten blieb unbestritten, allerdings hatten die Mitarbeiter zum Teil sehr verschiedenartige Vorkenntnisse zum Berufsbild des Restaurators, was durch die innerbetriebliche Qualifizierung versucht wurde zu nivellieren. Veranlasst wurde diese vom Generalkonservator Prof. Dr. Ludwig Deiters in Form einer drei Jahre dauernden Qualifizierung, dabei hatten unter Leitung von Konrad Riemann, so wie bereits für die akademische Ausbildung in Berlin-Weißensee, alle Werkstattleiter der Arbeitsstellen des IfD und des Märkischen Museums Berlin die fachtheoretische und praktische Ausbildung zu übernehmen.[157] Die Teilnehmer der Qualifizierung kamen aus den fünf Restaurierungswerkstätten der Denkmalpflege (nach meiner Erinnerung sechzehn Mitarbeiter) und zwei aus den Berliner Museen. Diese theoretische Unterweisung erfolgte in den Wintermonaten in der Arbeitsstelle Berlin als Blockveranstaltung in jeweils zwei und mehr Wochen mit den im Kollegenkreis festgelegten Aufgabengebieten.[158] Der praktische Teil wurde ohne genau umrissene Planvorgaben in den jeweiligen Arbeitsstellen im Rahmen der anfallenden Objekttätigkeit aber mit breitem Spektrum durchgeführt.

Da die innerbetriebliche Qualifizierung der Werkstattleiter ebenso wie das Fachstudium an der Hochschule in Berlin-Weißensee im Rahmen der normalen Dienstzeit erfolgte, entstanden für das Institut außer Reisespesen keine zusätzlichen finanziellen Aufwendungen. Am Ende dieser Ausbildung bekam jeder Teilnehmer ein Zertifikat, das ihm im öffentlichen Dienst seine Befähigung als Restaurator bescheinigte und absicherte. Die Lehrenden erhielten als Auszeichnung das »Banner der Arbeit« – ihnen blieb allerdings eine offizielle staatliche Anerkennung als »Restaurator« versagt. Nach Anmahnungen und Rücksprachen mit dem Generalkonservator wurde von diesem für die Werkstattleiter die Möglichkeit eines postgradualen Diplom-Abschlusses an das inzwischen nach Dresden an die Hochschule für Bildende Künste verlagerte Restauratorenstudium eröffnet.

Lohngefüge und soziale Leistungen

Wie zuvor angedeutet war die Höhe der Entlohnung von der Gehaltsstufe der Mitarbeiter abhängig. Die Restauratoren wurden in den 1950er Jahren beim Lebensmittelbezug als »Schwerarbeiter« eingestuft, wodurch sich die Zuteilung der Grundlebensmittel gegenüber den »Normalverbrauchern« erheblich erhöhte. Aufgrund der gesundheitsschädigenden Tätigkeit stand jedem Mitarbeiter pro Arbeitstag ein halber Liter Vollmilch zu, den es an der Arbeitsstelle zu trinken galt; später fiel diese Sonderleistung weg, allerdings verbesserte sich auch das Lohngefüge etwas. Wie in allen Branchen war der Urlaub relativ kurz, anfangs auf zwölf Tage beschränkt, einbezogen der Samstag, an dem bis 14 Uhr gearbeitet werden musste, um die Achtundvierzigstundenwoche zu gewährleisten. Erst später reduzierte sich die Arbeitszeit auf 45 bzw. 42,5 Stunden und der Samstag war arbeitsfrei, zudem verbesserte sich bei höheren Lohnstufen die Urlaubszeit, später generell auf 18 Tage und mehr.

Die Aufgaben der Werkstattleiter

Die Werkstattleiter waren für die Organisation des gesamten Werkstattbetriebes zuständig und ihrem vorgesetzten Arbeitsstellenleiter, dem Landeskonservator, zur Rechenschaft verpflichtet. Unabhängig von der fachpraktischen Organisation enthielten die Dienstpläne weitere, vielfach routinemäßig zu absolvierende Verpflichtungen. Zudem fiel ein nicht unbeträchtlicher Zeitaufwand für Anfragen, geplante und unvorhergesehene Dienstfahrten mit Besichtigungen von Objekten an.

Dem Werkstattleiter oblag die fachliche Anleitung und Kontrolle der Mitarbeiter, und er hatte für ein gutes Betriebsklima als Motivation zu sorgen, was bei den diesen Beruf ausübenden künstlerisch-sensiblen Charakteren mitunter nicht einfach war.

Es bedurfte im Umgang mit dem Mitarbeitern des kollegialen Dialogs und eines Gespürs für die jeweiligen charakterlichen Eigenheiten, um ihnen eine bestimmte verantwortliche Tätigkeit am Kunstobjekt anvertrauen zu können.[159]

Studienreisen zur fachlichen Profilierung

Die meisten interessierten jüngeren Mitarbeiter nutzten in den 1950er Jahren in der Regel ihren Jahresurlaub für Studienzwecke im Sinne von Weiterbildung, um andere Kultur- und

Kunstlandschaften kennenzulernen, so auch die Restauratoren in der Denkmalpflege. Die wenig problematischen Reisebeschränkungen erlaubten bis 1958, dann bedingt noch bis zum Mauerbau 1961 unter anderem private Reisen in den westlichen Teil Deutschlands, und von dort, mit einiger Findigkeit, in benachbarte Länder. Seitens der Denkmalpflege beantragte und begründete Studienreisen nach Westdeutschland wurden hin und wieder vom Ministerium mit begrenzter finanzieller Unterstützung auch für Restauratoren genehmigt, welche die zur Verfügung gestellten Mittel gut ausnutzten.[160]

Fachliteratur, Zugang und Beschaffung

Selbstverständlich versuchten sich die jüngeren Mitarbeiter im Laufe der Zeit die wichtigste Fachliteratur als Eigenbestand zuzulegen, was in beschränktem Umfang möglich war durch persönliche Kontakte zu auswärtigen Fachkollegen. Dieses Material konnte als »Geschenksendung« deklariert eine gewisse Zeit lang den Zoll passieren.[161]

Auch die in der Werkstatt vorhandene Fachliteratur entstammte den Beziehungen von Konrad Riemann zu seinen Kollegen außerhalb der DDR. Wie zuvor angedeutet, inspirierten die Restaurierungstheorien des Italieners Cesare Brandi, die abschnittsweise in den »Bollettino dell'Istituto Centrale del Restauro« erschienen, schon bald in Halle unmittelbar die dortigen Restaurierungen (Halberstadt, Dom, Christophorusbild mit Kriegsverlust der rechten Bildseite, die in Tratteggiotechnik ergänzt wurde). Auch die in Teilaspekten wichtige »Technika Malby« (Maltechnik) von Bohuslav Slánský gab wesentliche Anregungen für die fachpraktische Restaurierungstätigkeit[162], ebenso einzelne Beiträge im »Bulletin de l'Institut royal du Patrimoine artistique« (Brüssel) und die »Arbeitsblätter für Restauratoren« (Mainz). Allerdings gestaltete sich nach 1961 die Beschaffung von Fachliteratur und Ergebnisberichten von Tagungen im westlichen Europa zu verschiedenartigsten Restaurierungsproblemen sehr schwierig. Selbst Konrad Riemann, als Mitglied des International Institute for Conservation of Historic and Artistic Works (IIC) berufen, durfte dessen Publikation »Studies in Conservation« offiziell nicht beziehen und war wie andere Kollegen auf Geschenkexemplare angewiesen. Während bis in die 1970er Jahre trotz Deklarierung solche »Geschenksendungen« meistens konfisziert wurden, waren die Publikationen der östlichen Nachbarländer weiterhin zugänglich; vornehmlich die Zeitschriften »Ochrona zabytków« (Polen), »Památky pěče« (Tschechien) oder die »Österreichische Zeitschrift für Kunst und Denkmalpflege« informierten über neue Tendenzen und beispielhafte Restaurierungen in diesen Ländern.[163]

Publikationen über Restaurierungen in der DDR

Aus verschiedenen Gründen gab es keine eigenen periodischen Publikationen über die Restaurierungstätigkeit der Werkstätten in der Denkmalpflege, außer am Mecklenburgischen Landesamt für Denkmalpflege: ab 1952 mit zunächst einem Band, dann jährlich in Form von Mitteilungsheften, in denen auch über restauratorische Tätigkeiten an Werken der bildenden Kunst berichtet wurde, anfangs durch Mitarbeiter der Kunstgeschichte, später durch den leitenden Restaurator und vereinzelt seine Mitarbeiter.[164]

In den ersten Nachkriegsjahren wurde die vom Kulturbund der DDR initiierte, ab 1952 monatlich erscheinende Zeitschrift »Natur und Heimat« für Mitteilungen über Arbeiten der Denkmalpflege genutzt.[165] Später veröffentlichten Restauratoren vereinzelt in der »Neuen Museumskunde«[166] und in den Tagungsberichten wissenschaftlicher Kolloquien über Themen wie Klimaeinfluss auf Kunstwerke, Architekturpolychromie, Holz-, Stein- und Glasmalereikonservierung. Gelegentlich informierten regionale Ausstellungen und verstreut wissenschaftliche Fachzeitschriften über die neuesten Restaurierungsergebnisse.[167] Einen ersten umfassenden Überblick mit Nachweis der Leistungen der Restauratoren in der Denkmalpflege, in den Museen und der freiberuflich Schaffenden seit dem Ende des Zweiten Weltkrieges vermittelte die 1980 in Berlin durchgeführte Ausstellung »Restaurierte Kunstwerke« mit einem reich bebilderten Katalog.[168] In diesem werden alle Sachgebiete der Konservierungs- und Restaurierungstätigkeit nach einem einleitenden Überblick anhand von Einzeldarstellungen behandelt, sodass er als Fachbuch gelten kann.

Dem daraus erwachsenen dringenden Wunsch der Restauratoren nach einem eigenen Publikationsorgan folgend erschienen ab 1982 bis 1989 in vier Heften die »Beiträge zur Erhaltung von Kunstwerken in der DDR«, herausgegeben von der Zentralen Arbeitsgruppe Restauratoren im Verband Bildender Künstler der DDR (die Reihe setzte sich nach 1990 fort).

Vorträge in der DDR und gesellschaftliche Tätigkeit

Wie in allen Kultur- und anderen Einrichtungen der DDR gehörten öffentliche Vorträge von Mitarbeitern der Denkmalinstitute zur Schaffung eines breiteren Verständnisses für die Erhaltung des Kunstgutes mit zu ihrem Aufgabenbereich, auch für die Werkstattleiter.[169] Ab den 1970er Jahren konstituierten sich in den meisten Bezirken der DDR auf gesellschaftlicher Basis Arbeitsgruppen mit speziellen Themenbereichen, die in relevanten Sachgebieten Einfluss auf gewisse Entwicklungen unternehmen wollten. Themen wie »Die Bedeutung der Denkmalpflege in der sozialistischen Gesellschaft«, »Farbgestaltung in der Stadt«, »Der Naturstein in der Denkmalpflege« u. a. forderten zur ehrenamtlichen Mitarbeit in einzelnen Bezirken auf, wo sich hauptsächlich die Werkstattleiter oder einzelne Mitarbeiter der Restaurierungswerkstätten durch Vorträge (anschließend publiziert) oder die Durchführung von Ausstellungen einbrachten.[170]

Andere Formen der Fort- und Weiterbildung

Verschiedene Veranstaltungen der Denkmalpflege, zentral oder auf Bezirksebene oder Treffen der Arbeitsgruppe Restauratoren im VBK/DDR boten die Basis zum Erfahrungsaustausch, wenngleich in der Regel nur die Werkstattleiter als »leitende Mitarbeiter« daran teilnahmen. Die Ergebnisse wurden allerdings mit den Mitarbeitern in der Werkstatt besprochen. Nach der Gründung der Arbeitsgruppe Restauratoren im VBK/DDR trafen sich ab den 1980er Jahren in verschiedenen Bezirken monatlich außerdienstlich alle ortsansässigen Restauratoren der Denkmalpflege, der Museen und Freiberufliche spartenübergreifend, um über ausgewählte oder aktuelle Themen zu diskutieren.

Durchführung fachbezogener gesetzlicher Auflagen

Durch den Umgang mit giftigen und leicht brennbaren Konservierungsmitteln waren die Restaurierungswerkstätten zum Treffen bestimmten Vorkehrungen verpflichtet, für die der Gesetzgeber Verordnungen geschaffen hatte und die unbedingt zu befolgen waren. Die Leiter dieser Werkstätten hatten deshalb die Aufgabe, an Schulungen des Arbeits-, Gesundheits- und Brandschutzes teilzunehmen und in regelmäßigen Abständen die Mitarbeiter über die Regularien zu unterrichten, worüber schriftliche Nachweise geführt wurden. Giftige und brandgefährdete Materialien mussten in entsprechend gesicherten Räumen und Behältnissen aufbewahrt und über deren Verbrauch in gewissen Abständen Buch geführt werden. Hinsichtlich möglicher Havarien und körperlicher Verletzungen absolvierten alle Mitarbeiter der Werkstätten Kurse in Erster Hilfe und Brandschutz. In Werkstätten mit Röntgeneinrichtungen mussten Benutzer und Mitarbeiter besondere Sicherheitshinweise beachten.

Schulungen politischer Art

Ab den 1970er Jahren wurden leitende Mitarbeiter der Arbeitsstellen zur Teilnahme am jährlich ab Herbst stattfindenden Parteilehrjahr der Sozialistischen Einheitspartei Deutschlands (SED) eingeladen, deren Veranstaltungen in der regulären Arbeitszeit stattfanden; verbürgt hier nur für Erfurt, wo Denkmalpflege und Museen gemeinsame Veranstaltungen durchführten. Kritische Diskussionsbeiträge seitens der Nichtgenossen zu allgemeinen politischen und wirtschaftlichen Unzulänglichkeiten waren nicht gewünscht und führten gelegentlich sogar zu deren Ausschluss von diesen Schulungen. An den pflichtgemäßen periodischen Zusammenkünften der Gewerkschaftsgruppe, bei denen über alle aktuellen politischen und sozialen Themen und Probleme unterrichtet und diskutiert wurde, nahmen alle Angestellten der Arbeitsstelle teil,.

Ehrungen für Restaurierungsleistungen

Wie in allen gesellschaftlichen Bereichen gab es auch in der Denkmalpflege für besondere Leistungen der Restauratoren Ehrungen in Form von Medaillen und Orden in gewissen Abstufungen. Üblich anlässlich staatlicher Jubiläen waren Auszeichnungen wie »Aktivist«, seltener die »Verdienstmedaille der DDR«, für beruflich (hervorragende) Erfolge das »Banner der Arbeit« oder der »Vaterländische Verdienstorden« und in ganz seltenen Fällen der »Nationalpreis der DDR«.[171] Solche Auszeichnungen beschränkten sich nicht nur auf Restauratoren der Arbeitsstellen des IfD, sondern bezogen freiberuflich Tätige bei gemeinsam erfüllten Aufgaben mit ein. Natürlich waren damit Geldprämien verbunden, die zumindest teilweise ein Äquivalent zu dem über die normale Arbeitszeit hinaus häufig beträchtlichen zusätzlichen Stundenaufwand darstellten, den einzelne, meist leitende Mitarbeiter bei vorgegebenen Terminabschlüssen ohne zusätzliche Vergütung zu erbringen hatten.

5. Mitarbeit der Restauratoren in nationalen und internationalen Gremien

Mitgliedschaft im VBK/DDR

Ein offizieller Status in der administrativen Anerkennung der freiberuflich tätigen Restauratoren fehlte bis in die 1970er Jahre. Die Kollegen, sofern nicht Handwerksmeister, galten für die Finanzbehörde steuerlich betrachtet mitunter als »vagabundierendes Gewerbe«, und auch staatlich vergebene Aufträge verlangten nach einer steuerlichen Ordnung. Bis in jene Jahre verstand sich eine Reihe der Kollegen als Künstler oder Kunstschaffende, woraus der Begriff des Maler-Restaurators entstand, der sich bis in die 1990er Jahre hielt.[172] Aus dieser Zwitterstellung erwuchsen teilweise für einige Kollegen Schwierigkeiten, nämlich wenn sie in den periodisch stattfindenden Bezirkskunstausstellungen den Nachweis ihrer freikünstlerischen Leistung zu erbringen hatten. Dieses Problem verlangte innerhalb des Künstlerverbandes nach einer Lösung, die schließlich zur Gründung einer Arbeitsgruppe Restauratoren und wenig später zur Gründung der Sektion Restauratoren im VBK/DDR führte. Dieser Status bot auch für in der Denkmalpflege oder in Museen angestellte Restaurator/Innen eine Chance, sich im VBK/DDR zu bewerben, um so trotz jahrelanger Tätigkeit gewissermaßen die fehlende Anerkennung und den Status einer ausgebildeten Fachkraft zu erhalten.

Zur Mitarbeit der Restauratoren im VBK/DDR

Mit der Gründung der Arbeitsgruppe Restauratoren im VBK/DDR 1966 ergab sich die Möglichkeit, eines die Fachgebiete übergreifenden Austausches zu Problemen der Konservierung und Restaurierung. Einige Werkstattleiter waren in der zentralen Leitung und in den alsbald gegründeten Fachgruppen tätig. Bei deren jährlichen Zusammenkünften an jeweils unterschiedlichen Orten gab es thematisch gegliederte Vorträge, Diskussionen und Informationen über aktuelle Restaurierungen aus dem Bereich der Restaurierung und Denkmalpflege, woran die Werkstattleiter einen hohen Anteil hatten.[173]

Mitarbeit in der Arbeitsgruppe »Steinkonservierung« des Nationalen Museumsrates der DDR

Die Gründung der Arbeitsgruppe Steinkonservierung bei der Fachsektion Restauratoren des Rates für Museumswesen der DDR reicht bis in die 1960er Jahre zurück. Bis zur Bildung eines arbeitsfähigen Gremiums, in dem sich Geowissenschaftler, Chemiker, Physiker, Restauratoren, Denkmalpfleger und Museumsfachleute, zeitweise noch Mitarbeiter der Ämter für Meteorologie und Lufthygiene, zur interdisziplinären Zusammenarbeit vereinigten, dauerte es allerdings noch einige Jahre. Dann fanden regelmäßig jährliche Zusammenkünfte statt, in der Regel an Arbeitsschwerpunkten einzelner Arbeitsstellen, um direkt am Objekt die verschiedensten Gesichtspunkte (Schadensphänomene, Ursachen, Verläufe) und Möglichkeiten der Konservierung zu erörtern. Zahlreiche Bemühungen zur Erhaltung von Kunstwerken aus Stein in der DDR, vornehmlich in Mitteldeutschland, Berlin und Brandenburg, wurden gemeinsam von Restauratoren, Denkmalpflegern und dem Chemiker des naturwissenschaftlichen Labors durchgeführt, zum Teil auch unter Mitarbeit anderer wissenschaftlicher Einrichtungen. Über diese Arbeiten geben zahlreiche Publikationen und Berichte einen anschaulichen Überblick.[174]

Mitarbeit der Restaurierungswerkstätten im Technikkomitee des Corpus Vitrearum Medii Aevi (CVMA)

Die am IfD in Berlin bestehende Arbeitsgruppe für Glasmalereiforschung war Mitglied des internationalen Corpus Vitrearum Medii Aevi (CVMA). Zu ihrer Aufgabe gehörte es außer der Erforschung und Inventarisation der in der DDR befindlichen Glasmalereien und auch Maßnahmen zur Erhaltung dieser fragilen Kunstgattung zu organisieren. Die allgemeine Konservierungsproblematik gab in den 1970er Jahren Anlass zur Bildung eines internationalen Technikkomitees innerhalb des CVMA, welchem sich das nationales Komitee in der DDR anschloss; es bestand aus einem Kunsthistoriker, einem Naturwissenschaftler und einem Restaurator.[175]

Durch die Zusammenarbeit mit den in der DDR verstreut ansässigen Glasmalerei-Restauratoren erwuchs der Gedanke eines Erfahrungsaustausches, wozu die Corpus-Gruppe ab 1980 jährlich eintägige Kolloquien über Fragen der Konservierung und Restaurierung mittelalterlicher Glasmalerei durchführte. Einleitende Vorträge berichteten über internationale Tendenzen in der Konservierung der Glasmalerei und Kurzvorträge von einzelnen Teilnehmern, darunter nicht wenige von den Leitern der Restaurierungswerkstätten des IfD, informierten über aktuelle Maßnahmen und ihre Erfahrungen im praktischen Umgang bei der Konservierung der Glasmalerei, speziell zu der schadhaften Schwarzlotmalerei – ein Problem mit Diskussionspotential in all den Jahren bis heute.[176]

Das große Interesse weiter gesellschaftlicher Kreise, der beträchtliche finanzielle Aufwand zur Rettung des kostbaren Glasmalereibestandes und nicht zuletzt die nach Erfurt einberufene internationale CVMA-Tagung im Jahr 1989 führte trotz heftiger Bedenken hinsichtlich der fragilen Kunstgattung Glasmalerei dennoch dazu, eine Ausstellung als repräsentativen Überblick über den in der DDR vorhandenen Bestand durchzuführen. In der Vorbereitung, Transportsicherung und zum Teil beim Aufbau der Ausstellung hatten die Restaurierungswerkstätten des IfD und die freiberuflichen Restauratoren beträchtliche Aufgaben zu erfüllen.[177]

Mitarbeit im IIC und ICOMOS

Von den Restauratoren der Denkmalpflege wurde einzig Konrad Riemann aufgrund seiner zu jener Zeit vielbeachteten Leistungen zur Erforschung mittelalterlicher Polychromie auf Bildwerken als Mitglied in das IIC aufgenommen. Bedauerlicherweise wurde ihm aufgrund der politischen Umstände (Mauerbau 1961 und nachfolgende Beschränkungen) keine Teilnahmen mehr an IIC-Tagungen gestattet. So musste sich seine Mitarbeit auf Kurzberichte über seine Forschungsergebnisse per Brief beschränken; in einem Fall durfte er 1970 im Ausland publizieren.[178] Restauratoren der DDR waren nicht im ICOMOS vertreten.

Teilnahme an Tagungen und Vorträge außerhalb der DDR

Bis 1965 waren für einzelne Mitarbeiter der Denkmalpflege – auch leitende Restauratoren – noch Begegnungen mit Fachkollegen bei den deutsch-deutschen Jahrestagungen der Deutschen Denkmalpflegevereinigung möglich, sofern deren Exkursionen aus den benachbarten Institutsbereichen der Bundesrepublik bis in die DDR »herüber« reichten. In Einzelfällen wurde einigen Restauratoren der Restaurierungswerkstätten zu fachlichen Zwecken Studienreisen seitens des Ministeriums für Kultur nach Westdeutschland noch bis 1961 gestattet[179], danach bis Ende der 1960er Jahre nur noch in Ausnahmefällen. Diese gab es nur im Zusammenhang mit Projekten, deren Besonderheit spezielle Restaurierungstechnologien und Materialien verlangten, die in der DDR nicht bekannt und verfügbar waren.[180]

Ab den 1970er Jahren wurden die Einladungen an leitende Restauratoren von westdeutschen oder internationalen Fachgremien zu Tagungen mit Vorträgen über bestimmte Themen nur ausnahmsweise, meistens aber nicht genehmigt. In zahlreichen Fällen gelangten solche personengebundenen Einladungen überhaupt nicht bis zu den Adressaten, sie wurden von den Behörden kommentarlos unterschlagen oder aus Scheingründen abgesagt.[181] Mitunter entsandte man anstelle des eingeladenen Fachspezialisten andere Restauratoren.[182] Solche willkürlichen Entscheidungen unterlagen offenbar keiner bzw. einer nicht erklärbaren Methodik oder waren bewusstes System.[183] Verständlicherweise konnten die einladenden Institutionen für solche außerhalb jeglicher Normalität getroffenen Entscheidungen kein Verständnis aufbringen, und die Betroffenen waren ungewollt diskreditiert. Leider fand auch die Bitte aus Florenz 1966 an die Restauratoren, nach der verheerenden Flutkatastrophe bei der Bergung der Kunstgüter aktiv mitzuhelfen, beim Kulturministerium der DDR kein Gehör.

Die Beschränkungen betrafen teilweise sogar die östlichen »Bruderländer« einschließlich der UdSSR bzw. es wurden wie bereits angedeutet anstelle der Eingeladenen völlig andere Personen geschickt.[184] Davon waren auch Kunsttransporte betroffen, deren Begleitung aus Sicherheitsgründen nach internationalen Gepflogenheiten der jeweils objektbearbeitende und betreuende Restaurator übernimmt. Hin und wieder gab die Denkmalpflege ihre Einwilligung zur Ausleihe von Kunstgut für Ausstellungen. Zuständig für die Abwicklung der Reisemodalitäten war jedoch die höhere Dienststelle im Ministerium für Kultur; auch hier erfolgten teilweise unverständliche Entscheidungen für die Begleitung der Kunsttransporte.[185] Dann gab es noch ab den 1970er Jahren in größeren Abständen für Mitarbeiter der Restaurierungswerkstätten des IfD aufgrund gegenseitiger paritätischer Abmachungen zwischen den Denkmalinstitutionen der DDR und den östlichen Bruderländern sogenannte Austauschreisen; ebenso durch Partnerschaften einzelner Bezirke der DDR mit einigen östlichen Ländern.[186]

Kontakte zu Kollegen außerhalb der DDR

Die wichtigsten Kontakte zu auswärtigen Kollegen und Institutionen waren die Folge der national und international anerkannten Leistungen mit teils innovativen Restaurierungsmethoden, vor allem durch die Hallesche Werkstatt unter Konrad Riemann. Davon profitierten auch die Mitarbeiter in erheblichem Maße bis hin zu Einladungen mit praktischer Mitarbeit bei den gastgebenden Einrichtungen. Mit dem Ausbau der anderen Werkstätten des IfD erweiterten sich solche Beziehungen, nicht zuletzt durch die Forschung und Entwicklung neuer Themen, beispielsweise auf dem Gebiet der Stein- und Glasmalereikonservierung. Die Kontakte bestanden in regem schriftlichen Austausch, in geringerem Maße in gegenseitigen (meist einseitigen) Besuchen, in Vorträgen oder Gutachten, mit Kollegen in folgenden Ländern: Belgien, Bulgarien, der Bundesrepublik Deutschland, Jugoslawien (Serbien), Österreich, Polen, Schweden, Tschechoslowakei und der UdSSR.[187]

Schlussbetrachtungen

Aufbauend auf den Werkstatttraditionen aus der Zeit vor dem Zweiten Weltkrieg setzten sich diese danach in Dresden und Halle mit ihren individuellen Gepflogenheiten fort. Trotz schwieriger Bedingungen in der Materialbeschaffung wurden durch motivierte Mitarbeiter in den beiden Restaurierungswerkstätten des IfD und durch den Einsatz moderner technischer Arbeitsmittel beachtenswerte Leistungen auf den klassischen Gebieten der Restaurierung vollbracht (polychrom gefasste Flügelaltäre und Holzskulpturen, Tafel- und Leinwandbilder und eingeschränkt bei Wandmalereien), deren Ergebnisse auch das Niveau der ab 1965 neu eingerichteten Werkstätten beeinflussend bestimmten. Die schon früh in Halle und später in Dresden begonnenen Forschungen zur Polychromie, zuerst an mittelalterlichen Bildwerken, wurden in allen Restaurierungsateliers auf baugebundene Plastik, Innenräume und Fassaden ausgedehnt, zudem wurde die Erhaltung von Steinplastiken und Glasmalereien in die Arbeitsaufgaben einbezogen. In der Rückschau halten die Leistungen der Restaurierungswerkstätten der Denkmalpflege von 1945 bis 1990 – mit Einschränkungen – im internationalen Maßstab einem Vergleich stand, obgleich solche Bewertungen damals unmittelbar nicht direkt stattfinden konnten. Veröffentlichungen, seltener Teilnahmen an Tagungen, vor allem Kontakte aus der Zeit vor 1961 zu Fachkollegen waren es, die den Informationsfluss aufrechterhielten. So gesehen sind Unannehmlichkeiten und Einschränkungen für die Entwicklung einzelner persönlicher Schicksale zwar bedauerlich, was aber, wie die Betrachtung vergangener Gesellschaftssysteme lehrt, für das Große und Ganze – hier für die Erhaltung von Kulturgütern – letztlich keine Bedeutung hat.

Anhang

Es folgt eine Auflistung von Restauratoren, die bei der Durchführung von Restaurierungen an Werken der Bildenden und Angewandten Kunst, Raum- und Fassadenfassungen für die Arbeitsstellen des Instituts für Denkmalpflege im Zeitraum von 1945 bis 1990 tätig waren.

Jeweils am Anfang werden die Mitarbeiter der Restaurierungswerkstätten der fünf Arbeitsstellen des IfD genannt, dann die eng mit den Werkstätten verbundenen freien Mitarbeiter, welche spezielle Restaurierungsaufgaben übernahmen, des weiteren durch große Berufserfahrung ausgewiesene freiberuflich tätige Restauratoren, die vielfach entfernt von ihren Wohnorten von einzelnen Arbeitsstellen mit der Durchführung oder Leitung umfangreicher Objektrestaurierungen beauftragt wurden; diese werden bei den jeweiligen Arbeitsstellen des IfD aufgeführt. Da sich die meisten freiberuflichen Restaurator/Innen spartenübergreifend betätigten, wird auf einen Hinweis bezüglich deren Spezialisierung in ihrer Tätigkeit in der jeweiligen Arbeitsstellen verzichtet, nur ausgesprochene Spezialisten sind unter dem entsprechenden Fachgebiet aufgeführt. Die alphabetische namentliche Nennung umfasst im Wesentlichen die von mir erfassten und für die Denkmalpflege tätigen Restauratoren zwischen 1945 bis 1990. Restauratoren, die durch Kirchliche Bauämter oder durch Privatinstitutionen und Museen beauftragt wurden, sind in diesem Beitrag nicht gesondert aufgeführt, auch keine kurzzeitigen Mitarbeiter und Volontäre, die in Vorbereitung auf ihr Studium oder während ihrer obligatorischen Praktika in den Werkstätten tätig waren. Nur ausnahmsweise werden die Namen von Kirchenmalerfirmen erwähnt, aber keine Betriebe, obwohl deren Leistungen bei größeren Restaurierungsvorhaben bemerkenswert waren.

Arbeitsstelle Dresden des IfD

angestellte Restauratoren nach 1945:
Ernst Baumann (Vergolder), Alfred Heese (Maler und Restaurator), Walter Rittschel (Maler und Restaurator)

freier Mitarbeiter der Werkstatt nach 1945:
Walter Thürmer (Bildhauer)

angestellte Restauratoren nach 1945 bis 1990:
Ingo Sandner (Werkstattleiter 1965–1975), Lenard Mühlfriedel (Werkstattleiter ab 1981). Mitarbeiter: Christine Kelm, Manfred Eisbein, Gertrud Große-Ruyken (verh. Kiesewetter), Brunhilde Gubsch, Arnd Kiesewetter, Annette Richter, Andreas Schulze. Christine Vöhringer

enge Zusammenarbeit mit freiberuflichen Restauratoren innerhalb der Werkstatt:
Jana Bösenberg, Kurt Nollau, May Schoder, Helmut Wagner (Tischler)

enge Zusammenarbeit des IfD Dresden mit freiberuflichen Restauratoren:
Helmar Helas (Maler und Restaurator, leitender Restaurator), Erich Hennig (Maler und Restaurator), Hans Riedel, Matthias Schulz (Maler und Restaurator, leitender Restaurator), Peter Taubert (Leitender Restaurator)

freiberufliche Restauratoren:
Günther Alpha, Peter Diedrich, Bernd Garte, Helmut Georgi, Gerhard Gesche, Frank-Michael Heidrich, Achim Heim, Matthias Hennig, Peter Kaiser, Hans Kazzer (Bildhauer und Restaurator), Manfred Klotz, Hildegard Kowalski, Friedbert Kühn, Claus Liebscher, Max Merbt, Katharina Maubach, Wolfgang Piltz, Werner Pitzschler, Ingolf Pönicker, Fritz Riedel, Günter Schreiber, Kurt Schütze, Rosi Schwabe (Bildhauer-Restaurator), Volker Wiesner

Steinrestaurierung:
Werner Hempel, Egmar Ponndorf, Zwingerbauhütte Dresden

Textilrestaurierung:
Frau Decker, Dresden

Glasmalereirestaurierung:
Fa. Lehmann, Berlin; Glasmalereiwerkstatt VEB Denkmalpflege, Dresden

Möbelrestaurierung:
Jochen Flade

Restauratoren in der Werkstatt des Hochstifts Meißen
Ullrich Böduel (Restaurator und Werkstattleiter), Roland Bunge (Fotograf), Arne Mai, Dietmar Ullrich, Peter Vohland

Arbeitsstelle Halle des IfD
angestellte Restauratoren nach 1945:
Kurt Bunge (Maler-Restaurator, Werkstattleiter 1945–1950), Konrad Riemann (Restaurator, angestellt 1946, Werkstattleiter 1952–1988)
Mitarbeiter: Georg Brinz (Restaurator), Willy Heimlich (Tischler), Otto Hermann, Dieter Naethe, Otto Stollberg, Max Wottke

freier Mitarbeiter der Werkstatt nach 1945:
Paul Conrad (Schnitzer)

angestellte Mitarbeiter von 1955–1961:
Angela Lindörfer (verh. Möller), Ingrid Käppler, Roland Möller, Johannes Voss, Gisela Wittenberg (verh. Reinhard)

angestellte Mitarbeiter ab 1961:
Bernd Bünsche, Karoline Danz, Gabriele Georgi, Susanne Gerlach, Elke Müller, Sven Öhmig, Ulf Palitza, Jürgen Pursche, Annett Zaglmaier

Naturwissenschaftliches Laboratorium:
Helmut Materna (Chemiker)

kurzzeitige temporäre Zusammenarbeit innerhalb der Werkstatt:
Erwin Baum, Potsdam (Ev. Konsistorium Brandenburg), Friedrich Fuhrmann (IfD Schwerin), Frieder Hofmann (Maler und Restaurator), Frau Koch (Ev. Konsistorium Brandenburg), Fritz Müller (Maler und Restaurator), Herr Schaper (Ev. Kirchgemeinde Stendal)

enge Zusammenarbeit mit freiberuflichen Restauratoren in der Werkstatt:
Susanne Schirmer, Anita Winges (verh. Krohner)

Mitarbeit der Kunstgeschichte in der Werkstatt:
Pia Roland (Kunsthistorikerin), Leipzig

enge Zusammenarbeit des IfD Halle mit freiberuflichen Restauratoren:
Fritz Lewecke (Maler und Restaurator, leitender Restaurator), Frieder Hofmann (Maler und Restaurator, leitender Restaurator), Erhard Naumann (Maler und Restaurator, leitender Restaurator)

freiberufliche Restauratoren:
Hans-Peter Betke, Fritz Bens, Edgar Giegold, Joachim Körber, Werner Körber, Ernst-Thomas Kroll, Helma-Konstanze Kroll, Dankwart Kühn, Hans-Harm Lewecke, Karl-Heinz Metzner, Fritz Müller, Jürgen Pursche, Horst Sassermann

Textilrestaurierung:
Friederike Happach, Evemarie Schaper, Erdmute Frank

Glasmalereirestaurierung:
Heinz Hajna, Hans Lesert, Fa. Müller, Quedlinburg

Arbeitsstelle Schwerin des IfD
angestellte Restauratoren:
Friedrich Fuhrmann (Werkstattleiter 1956-1966), Johannes Voss (Werkstattleiter 1964–1999)
Mitarbeiter: Matthias Bresin, Vollrat Dreyer, Frank Hösel, Andreas Mieth, Wilfried Spiller, Hans-Jürgen Wolter

enge Zusammenarbeit des IfD Schwerin mit freiberuflichen Restauratoren:
Gunter Hermann (Maler und Restaurator, leitender Restaurator), Lothar Mannewitz (Maler und Restaurator, leitender Restaurator)

freiberufliche Restauratoren:
Walter Bleisch (Maler-Restaurator), Hans Jürgen Gürke, Paul-Joachim Gürke, Bernd Hasselmann, Henning und Margarethe Henningsen, Herr Günther, Manfred Kastner (Maler und Restaurator), Erich Kliefert (Glasmaler und Restaurator), Fred Kluth (Maler und Restaurator), Detlef Krohn, Hermann Lindner, Karl-Heinz Metzner, Hans Todemann, Matthias Zahn

Mitarbeit von Restauratoren des VEB Denkmalpflege Schwerin:
Wieland Geipel, Rolf Krause, Andreas Mieth

Textilrestaurierung:
Christa Maria Jeitner, Friederike Happach, Margit Reiter

Glasmalereirestaurierung:
Heinz Hajna, Fa. Lehmann, Glasmalereiwerkstatt VEB Denkmalpflege Dresden

Steinrestaurierung:
Lange (Steinbildhauer), Zwingerbauhütte Dresden

Restaurierung von Papiertapeten:
Charlotte Dennhar

Arbeitsstelle Berlin/Brandenburg des IfD
angestellte Restauratoren:
Wolf Dieter Kunze (Werkstattleiter 1965–1994)
Mitarbeiter: Brigitte Bölke, Hans Burger, Sabine Eckelmann, Katharina Klein, Gisela Meier, Heinz Seifert, Sabine Stachat, Annette Stahms, Werner Ziems

Zusammenarbeit mit freiberuflichen Restauratoren in der Werkstatt:
Erwin Baum, Brigitte Bub, Roland Enge, Thomas Flierl, Martin Jessel, Ekkehard Koch, Martina Runge, Susanne Kunze

enge Zusammenarbeit des IfD Berlin/Brandenburg mit freiberuflichen Restauratoren:
Fritz Lewecke (Maler und Restaurator, leitender Restaurator), Frieder Hofmann (Maler und Restaurator, leitender Restaurator), Werner Körber (leitender Restaurator), Dankwart Kühn (Maler und Restaurator, leitender Restaurator), Erhard Naumann (Maler und Restaurator, leitender Restaurator)

freiberufliche Restauratoren:
Heidi Fritsche, Wieland Geipel, Edgar Giegold, Rainer Hauswald, Jochen Hochsieder, Joachim Körber, Bernhard Klemm, Christian Klenner, Herr von Koppingen, Hans-Harm Lewecke, Andreas Mieth, Jürgen Pursche, Ulrich Schneider

Textilrestaurierung:
Christa Jeitner

Glasmalereirestaurierung:
Fa. Lehmann

Möbelrestaurierung und mikroskopische Holzbestimmungen:
Karl-Heinz Groß, Manfred Becker

Metallrestaurierung:
Wolfgang Gummelt

Arbeitsstelle Erfurt des IfD
angestellte Restauratoren:
Roland Möller (Werkstattleiter 1965–1983), Siegfried Lang (Werkstattleiter 1983–2000)
Mitarbeiter: Tim Beickert, Dorothea Broselat, Gisela Engelhardt, Jana Körber, Holger Reinhardt, Uwe Wagner, Regina Urbach (verh. Becker)

enge Zusammenarbeit mit freiberuflichen Restauratoren in der Werkstatt:
Siegfried Lang, Christel Matthes, Kirchliche Werkstätten

enge Zusammenarbeit des IfD Erfurt mit freiberuflichen Restauratoren:
Fritz Lewecke (Maler und Restaurator, leitender Restaurator), Erhard Naumann (Maler und Restaurator, leitender Restaurator), Jürgen Scholz (leitender Restaurator), Kurt Tümmler (leitender Restaurator)

freiberufliche Restauratoren:
Karl-Heinz Bastian, Hans-Peter Betke, Wolfgang Bruhm, Peter Koch, Rainer Luck, Frieder Hofmann, Albert Hornemann, Horst Jährling (Maler und Restaurator),Michael John, Werner Körber, Fa. Kruse (Kirchenmaler und Restauratoren), Christel Matthes, Heinz Metzner, Angela Möller, Manfred Möller, Rolf Möller, Walter Möller, Carola Müller, Klaus Münster, Josef Pratter, Fa. Richwien (Kirchenmaler und Restauratoren), Horst Sassermann, Ute Schlencker, Kurt Unsinn

Mitarbeit bei Restaurierungen durch die Kirchlichen Werkstätten Erfurt:
Elisabeth Heise (Werkstattleiterin), Eva Maria Abel, Juliane Adler, Albert Hornemann, Hiltrud Hornemann, Jana Körber, Rainer Luck

Mitarbeit von Restauratoren des VEB Denkmalpflege Erfurt:
Angelika Porst, Thomas Staemmler

Textilrestaurierung
Christa Maria Jeitner, Margit Reiter

Glasmalereirestaurierung
Heinz Hajna, Herr Sperling (Kirchliche Werkstätten Erfurt), Domwerkstatt Erfurt

Steinkonservierung
Gerhard Kunze, Stephan Scheidemann

Möbelrestaurierung:
Jürgen Geinitz

Naturwissenschaftliche Untersuchungen:
Dr. Rolf Dieter Bleck (Labor des Museums für Ur- und Frühgeschichte Weimar), Dr. Dieter Klaua (Geologische Forschung und Erkundung Jena), Prof. Dr. Hans-Peter Schramm, (Labor der Hochschule für Bildende Künste Dresden)

Anmerkungen

1 Die teilweise bis in die 1980er Jahre gebräuchliche Bezeichnung »Restaurierungswerkstatt« veranlasst den Autor, überwiegend diese in seinem Beitrag zu gebrauchen.

2 Der Mangel meiner fehlenden Unterlagen wird ausgeglichen durch die bis 1990 erschienenen »Schriften zur Denkmalpflege in der Deutschen Demokratischen Republik«, herausgegeben vom Institut für Denkmalpflege Berlin, von denen fünf Bände ab 1973 bis 1987 länderweise erschienen: Thüringen 1973, Mecklenburg 1976, Sachsen 1978, Sachsen-Anhalt 1983, Berlin und Mark Brandenburg 1987, ferner durch Einzelberichte über die Entwicklung und Tätigkeit einzelner Restaurierungswerkstätten, die allerdings erst nach 1990 erschienen.

3 Einen gewissen Überblick vermittelt Prof. Dr. Ludwig Deiters in seinem Geleitwort zum Katalog »Restaurierte Kunstwerke in der Deutschen Demokratischen Republik«, Berlin 1980, S. 6–10. – Im Jahre 2002 fand in Halle/Saale eine Fachtagung zum 75-jährigen Bestehen der Restaurierungswerkstatt am Landesamt für Denkmalpflege Sachsen-Anhalt statt, deren Beiträge über die Entwicklung der Restaurierung generell aus der Zeit vor dem Ersten Weltkrieg bis über 1990 hinaus berichteten. Die Vorträge sind in einer 2004 veröffentlichten PDF-Datei wiedergegeben. – Verständlicherweise werden in meiner Betrachtung die älteren Werkstätten in Dresden und Halle eine etwas größere Aufmerksamkeit erhalten als die später eingerichteten, deren Leiter durch ihre Ausbildung vor allem in der Halleschen Werkstatt oder durch deren Anregungen im Wesentlichen geprägt wurden.

4 Der Katalog »Restaurierte Kunstwerke« gliedert die ausgestellten Objekte mit zahlreichen Beispielen: Plastik (Holzskulpturen, Altäre, Reliefs, Steinskulpturen einschließlich der Polychromie); Bildwerke auf verschiedenen Trägermaterialien (Leinwand, Pappe, Sperrholz, Metall, Stein-Schiefer); Architekturfarbigkeit und Wandmalerei (einschließlich Keramikschmuck, Wandbespannung); Glasmalerei; Möbel u.a. Ausstattungsgegenstände aus Holz (Vertäfelung, Kleinmöbel und Reliquiare, Orgeln); Textilien (Teppiche, liturgische und profane Kleidung, Vorhänge); Grafik und Buch (Pergament, Papyrus, Papier, einschließlich Buchdeckel, Ledereinbände, Druck, Zeichnung, Malerei); zudem grundsätzliche Beiträge zum Wesen der Restaurierung der Kunstwerke, zum Klima, zur Restaurierungsdokumentation und zur Restauratorenausbildung in der DDR.

5 Auf die wichtigste Literatur wird im Text im Zusammenhang der jeweiligen Einzelaspekte hingewiesen.

6 Weitere aufschlussreiche Hinweise in: Christliche Kunst im Kulturerbe der Deutschen Demokratischen Republik, Berlin 1982; Mitteilungen des IfD Schwerin, besonders ab 1982, Heft 22; Beiträge zur Erhaltung von Kunstwerken ab 1982; Mühlfriedel 1997; Hütter 1997.

7 Die je nach Grad der Beschädigung eines Kunstwerks zu erörternden Möglichkeiten beschreibt Cesare Brandi in seiner Teoria del restauro, Rom 1963, die in der Charta von Venedig 1964 weitgehend übernommen wurden.

8 Für die Restaurierungswerkstatt Halle war und ist die ständige restauratorische Betreuung eine zum Teil zeitintensive Aufgabe, beherbergen doch die in dem Arbeitsgebiet erhaltenen Kirchenschätze in Halberstadt, Quedlinburg und Merseburg einen reichen Bestand an im Material unterschiedlichen Werken der Metallkunst, Textilien, Teppiche, Handschriften, Urkunden und Möbel. Diese in Jahrhunderten zu umfangreichen Sammlungen angewachsenen Kunstschätze sind zumeist museal und sachgemäß aufgestellt und gegen chemisch-physikalische Schäden durch Klimaschwankungen, Lichteinwirkung und Mikroorganismen geschützt.

9 Die teilnehmenden Restauratoren der Arbeitsgruppe waren: K. Riemann, R. Möller, W.-D. Kunze, J. Voss, L. Mühlfriedel. Die personelle Besetzung der Leitateliers der Denkmalpflege sah vor: den Chefrestaurator (Dipl.-Restaurator), ein Kunsthistoriker, je ein Dipl. Rest. für Gemälde, Plastik, historische Wandmalerei und Architekturfassung, ein chemotechnischer Mitarbeiter (Ingenieur), ein Restaurator für Holz (Fachschulabschluss), ein Restaurator (Fachschulabschluss) entsprechend den örtlichen Gegebenheiten für entweder Metall, Textil, Glas, Stein, Keramik oder Papier und mit überregionalen Aufgaben.

10 Allerdings zog die Kommission zu bestimmten Fragen den Restaurator der Gemäldegalerie Otto Nahler als Sachverständiger hinzu. –Am 1. Juni 1904 gründete die Kommission die Malerwerkstatt, gewissermaßen als Vorläufer der späteren «Amtswerkstatt«. Tätig war unter Leitung der Kommission der Maler Jantsch mit monatlich fester Vergütung (und ab 1905 je nach Bedürfnis zusätzlich noch zwei Maler). Im Ergebnis einer Ausschreibung wurde ein Herr Löhr als Maler und Herr Hiemann für Tischlerarbeiten ausgewählt. Weiterhin waren Otto Puckelwartz als Vergolder und Dosse mit deutlicher Arbeitsteilung tätig. Diese Mitarbeiter der Restaurierungswerkstatt beschäftigten sich anfangs hauptsächlich mit der Konservierung, der Imprägnierung und Strukturverfestigung von stark geschädigten Bildwerken und deren Ergänzung in Holz, Farbe und Vergoldung.

11 Außer den zuvor genannten (Puckelwartz, Dosse, Löhr) waren vor dem Ersten Weltkrieg noch ein Vergolder und Holzbildhauer tätig und temporär für zusätzliche Arbeiten im Stücklohn drei Maler.

12 Mühlfriedel 1997, S. 85.

13 Als solche Restaurierungen werden z.B. die Flügelaltäre in der Johanniskirche zu Plauen in der Klosterkirche Pirna und die Schablonendecke in Altmörbitz von den Mitarbeitern der Arbeitsstelle Dresden des IfD benannt; Mühlfriedel 1997, S. 86; Magirius 1989, S. 165ff.

14 Im Erdgeschoss waren die Werkstätten für Holz- und Möbelrestaurierungen untergebracht (später auch für Metallarbeiten), wo auch freiberufliche Mitarbeiter eigenständig Ausstattungsstücke bearbeiteten und wichtige Zuarbeiten für Tafelbilder, Holzskulpturen, Altäre ausführten.

15 Mehrfach hatten sich die nachfolgenden Generationen mit den Instandsetzungen der 1904 gegründeten Restaurierungswerkstatt auseinanderzusetzen, weil teils erhebliche Ergänzungen wie Überarbeitungen und Übermalungen mit daraus resultierenden Schäden festgestellt wurden; das betraf insbesondere die damals entwickelten und verwendeten öligen und harzhaltigen Holztränkungsmittel.

16 Das Arbeitsgebiet umfasste damals die drei Regierungsbezirke Merseburg, Magdeburg und Erfurt, das Eichsfeld und Südthüringen um Schleussingen.

17 Riemann 1983, S. 353.

18 Außer Leusch 1925 waren fest angestellt Otto Stollberg, Herr Melitz, Max Wottke, Joachim Hellgrewe, Willy Heimlich, Kurt Bunge, freie Mitarbeiter waren Paul Conrad und Karl Rödel; zum erweiterten Kreis für die Restaurierung von Innenräumen gehörten die freiberuflichen Künstlerrestauratoren Fritz Lewecke, Karl Völker und Rudolf Koch, auch die Bildhauer Richard und Paul Horn.

19 Jahrbuch der Denkmalpflege Prov. Sachsen u. i. Anhalt, 1931: H. Giesau, Die Muttergottesstatue aus Horburg, ein Werk des Naumburger Meisters, S. 18–24 (mit Untersuchungsbericht von A. Leusch zur Polychromie); Leusch und Giesau, die Instandsetzung des Schnitzaltars zu Marienborn, S. 42–46; E. Haetge, Zwei spätgotische Bilder aus dem Halberstädter Domschatz, S. 47. 1935/36: Hermann Goern, Reiterdenkmäler in der Provinz Sachsen, S. 7–15 (Werkstattarbeiten S. 8–9); Alfred Stange, Der Halberstädter Schrank, S. 36–42; Eberhardt Lutze mit einem Beitrag von H. Giesau, Das romanische Triumphkreuz in Schulpforta, S. 44–47; H. Giesau und A. Leusch, Neue Arbeiten unserer Werkstatt, S. 74–96. 1937/38: H. Goern, Die Kirche in Plößnitz und die Erneuerung ihrer Denkmale, S. 33–41.

20 Dazu Brandi 1963. – Aus der Tätigkeit der Halleschen Werkstatt wird auf Objekte verschiedener Materialspezifik verwiesen: den romanisch bemalten Schrank aus der Liebfrauenkirche Halberstadt, das monumentale romanische Triumphkreuz in der ehem. Klosterkirche Schulpforta, die Muttergottesstatue aus Stein des Naumburger Meisters aus Horburg, und den ornamentierten romanischen Estrichfußboden in der ehem. Klosterkirche zu Ilsenburg. –Daneben gibt es zahlreiche Beispiele von Holzobjekten (Einzelfiguren, Flügelaltäre), deren Beschädigungsgrad aus Gründen ihrer kirchlichen Nutzung Ergänzungen des Schnitzwerks und der Farbfassung verlangten, wobei, sofern kein originalen Teile existierten, solche durch bewusst neue Formen im Sinne des Zeitgeistes ergänzt wurden, z. B. die Restaurierung des Flügelaltars in der Kirche zu Plößnitz, wo in den Seitenflügeln anstelle der verlorenen Figuren die übrige Fläche in Schrifttexten nach Entwurf des Offenbacher Schriftkünstlers Rudolf Koch ausgefüllt wurde; vgl. Goern 1937/38, S. 36 ff. mit Abb.; oder eine Marienstatue aus Elende (in der Marienkirche zu Heiligenstadt), welche eine Fassung mit neu entwickelten Mustern bekam.

21 Solche Akzente setzenden Restaurierungsbeispiele sind die in Anm. 19 und 20 genannten konservierten Objekte mit strikter Respektierung des Originals (Romanischer Schrank in Halberstadt; romanisches Triumphkreuz in Schulpforta) oder Restaurierungen mit zurückhaltenden bzw. mit als neu ablesbaren Ergänzungen (Schnitzaltäre Marienborn, Plößnitz).

22 Die »Bollettino del restauro« standen in Halle schon zeitig zur Verfügung, die u. a. abschnittsweise die Restaurierungstheorien von Cäsare Brandi veröffentlichte. Das betrifft vor allem Retuscheformen, die unmittelbar an Objekten umgesetzt wurden z. B. an Tafelbildern im Dom zu Halberstadt, wo auf der Mitteltafel des Georgaltars dessen Fehlstellen mit der hellen, optisch herausstechenden Grundierung durch »Patinierung« zurückgedrängt und größere Fehlstellen in Stricheltechnik ergänzt wurden bzw. die Rekonstruktion des fehlenden Seitenteils einer Bildtafel mit Christophorusdarstellung erfolgte, optisch ablesbar durch hellere Farbtöne.

23 Beide Kollegen waren öfter privat in der DDR und besuchten außer in Halle auch andere Restaurierungswerkstätten, wo es stets zu einem regen Informationsaustausch kam.

24 Mitarbeiter aus der Vorkriegszeit waren Kurt Bunge, Otto Stollberg, Max Wottke, Willy Heimlich, Paul Conrad; nach 1945 kamen dazu Konrad Riemann, Georg Brinz, Otto Hermann, Dieter Naethe, ab 1955 bis 1961 Roland Möller, Johannes Voss, Angela Lindörfer, Gisela Wittenberg und Ingrid Käppler. Nach dem Abgang der meisten jüngeren Mitarbeiter um die Mitte der 1960er Jahre wechselte der Personalbestand öfter.

25 Naethe war ein Absolvent von Kurt Bunge, der an der Kunsthochschule Burg Giebichenstein in Halle Professor für Malerei war und interessierten Studenten die Grundlagen der Restaurierung vermittelte.

26 Berger 1983, S. 20 führt Beispiele und Beiträge aus den 1930er Jahren an mit Verweisen auf L. Grote; Huisburg, in: Deutsche Kunst und Denkmalpflege 1935, S. 154–156; H. Giesau, Wiederherstellung von Baudenkmälern der Provinz Sachsen, in: Jahrbuch der Denkmalpflege in der Provinz Sachsen und in Anhalt, 1933/34, S. 122–128.

27 Zum Beispiel durch Riemann und Mitarbeiter für die Arbeitsstelle Dresden zu Polychromieuntersuchungen am Lettner in Wechselburg oder der Goldenen Pforte in Freiberg; für Berlin die Restaurierung des großen Flügelaltars aus Rossow, für Schwerin Konsultationen zur sachgerechten Instandsetzung von Bildwerken aus Holz durch freiberufliche Restauratoren.

28 Voss 1976, S. 278.

29 In der Reihenfolge ihrer aufgenommenen Tätigkeit: Friedrich Fuhrmann 1956, Hans-Jürgen Wolter 1962, Johannes Voss 1964, Vollrat Dreyer 1966, Wilfried Spiller 1966. Nach Ausscheiden von Wolter (1981) und Dreyer (1977) folgten Andreas Mieth (1980–1983), Matthias Bresin (1986-1990) und Frank Hösel (1987).

30 Zum Thema Kunstwerk und Klima: Voss 1980 (c), S. 381–383, 1982 (a), S. 4–14.

31 Die Seminararbeit von Ellen Hansbach, »Gespräche mit dem Restaurator Wolf-Dieter Kunze«, 2005 an der HfBK Dresden vorgelegt, unterrichtet über dessen Wirken mit detaillierten Angaben zur Restaurierungswerkstatt.

32 Beispielsweise das romanische Kruzifix aus Klosterlausnitz; das Inventar aus der Dorfkirche in Aue am Berg (roman. Kruzifix, Madonna 14. Jh., gemalter Flügelaltar Ende 15. Jh.) oder spätgotische Tafelgemälde im Dom zu Erfurt.

33 Ähnlich wie in der Restaurierungswerkstatt der Arbeitsstelle Berlin wurden die mobilen Kunstwerke in ihrem Erhaltungszustand erfasst (nahezu 300, meist kleinere und mehrere große Flügelaltäre), für deren Erhaltung und teilweise notwendige Konservierung die Mithilfe von freiberuflichen Restauratoren und den Kirchlichen Werkstätten Erfurt notwendig war.

34 Die Anregung ging von Bischof Aufderbeck aus. Zwar war das gesamte Kunstgut bereits in den 1920er Jahren erfasst und im Inventarband beschrieben, jedoch gab es durch Auslagerungen im Zweiten Weltkrieg Verluste, Standortveränderungen und eine Deponierung; nur die für die Liturgie wichtigen Bildwerke befanden sich wieder in der Domkirche. –Die neuerliche zeitintensive Sichtung des gesamten Kunstgutes erfolgte in den späten 1960er Jahren zusammen mit der Mitarbeiterin des Domarchivs, Frl. Trott, wobei der Erhaltungszustand definiert wurde in 1 = gut, 2 = zufriedenstellend und evtl. für eine spätere Bearbeitung vorzusehen und 3 = Bildwerke mit akuten Schäden, die eine baldige Konservierung erforderlich machen würden mit Kostenschätzung.

35 Im Vorgriff auf das Kapitel Steinkonservierung wird bereits hier die durch Geologen erstellte Steinbruchkartei der im Arbeitsgebiet historisch betriebenen Steinbrüche genannt; diese Arbeit erfolgte in Absprache mit der Dienststelle der Geologischen Erkundung Jena in freiberuflicher Tätigkeit durch deren Mitarbeiter Dr. Gäbler und Dr. Klaua; die Unterlagen befinden sich im Landesamt für Denkmalpflege Thüringen in Erfurt.

36 Während der Anfangsphase in der praktischen Durchführung des Konservierungsvorhabens erfuhr die Restaurierungswerkstatt Unterstützung durch den auf dem Gebiet der Steinkonservierung erfahrenen Restaurator Eberhard Worch von der Denkmalpflege Nordrhein-Westfalen in Münster; vgl. Möller 1983, S. 172–184.

37 Zum Beispiel Auflicht- und Durchlichtmikroskope mit höheren Auflösungen, Abzugschrank, notwendige Chemikalien und Vergleichsmaterialien (Pigmente, Harze).

38 Aus den Untersuchungen erwuchsen Fragestellungen, die nur in enger Zusammenarbeit mit Naturwissenschaftlern zu klären waren. Seit

den 1950er Jahren wurden in Amtshilfe mikrochemische und -biologische Analysen im naturwissenschaftlichen Labor des benachbarten Museums für Ur- und Frühgeschichte durchgeführt, mineralogische im geologisch-mineralogischen Institut der Universität Halle.

39 Neben der Prüfung neuer Materialien auf ihre Tauglichkeit für Konservierungszwecke war von Anfang ein wesentlicher Schwerpunkt der Labortätigkeit des Chemikers die Erhaltung der Kunstwerke aus Stein, wo im Rahmen der internationalen Bemühungen unter Berücksichtigung der regionalen Gegebenheiten eigene Lösungen versucht werden sollten.

40 Riemann/Materna 1969.

41 Das Werkstattgebäude in Halle verfügte ursprünglich über folgende Raumordnung im Hochparterre (von außen Zutritt über mehrere Stufen): Großes Atelier, Raum für Kreidegrundarbeiten und Übertragungen, Holz- oder Bankraum, 2 kleinere separierte Arbeitsräume, der Raum des Leiters und ein Depot für Kunstobjekte (durch Stahltüren und Schutzgitter gesichert und von außen mit Laderampe zugänglich). Im Keller: Tränkeraum, Maschinenraum, zwei Materialräume (Flüssigkeiten und Feststoffe separiert), Dunkelkammer, Dusche und zwei Toiletten und Raum mit Heizungsanlage. Auf dem Dachboden: Lager für Holz und Verpackungsmaterial. Auf dem Boden erfolgte in den 1960er Jahren ein Ausbau mit kleinen Büroräumen, und im Keller wurden Laborräume für spezielle Arbeiten eingerichtet.

42 Es darf an dieser Stelle nicht verschwiegen werden, dass die Anschaffung dieser Artikel illegal war und gegen die Gesetzesvorschriften der DDR verstieß, was außer dem Risiko der Beschlagnahme durch Zollbeamte auch noch einen erhebliche finanziellen Verlust bedeutete, bewegte sich doch der Umtauschkurs zwischen zehn bis fünfzehn Ostmark für eine Westmark.

43 Dem Bezug der für medizinische Zwecke hergestellten, durch mehrere Arme bewegliche Operationsmikroskope ging allerdings ein längerer Planungsvorlauf voraus, deshalb dienten zunächst Tischstereomikroskope mit selbstgefertigtem Armsystem für den operativen Einsatz. Freigabegenehmigungen durch staatliche Organe für bestimmte Geräte waren noch bis in die 1980er Jahre erforderlich. In der Beschaffung notwendiger Werkzeuge und Geräte halfen persönliche Kontakte zu Handwerksmeistern, auch Ärzten, und zu großen Industriebetrieben, wo leitende Personen uneigennütziges Entgegenkommen außerhalb der Planvorgaben zeigten, indem diese ein großes Verständnis für die spezielle Material- und Gerätelage in der Restaurierung aufbrachten und auf diese Weise im Rahmen ihrer Möglichkeiten an der Erhaltung kultureller Zeugnisse mitwirkten.

44 Über den Bestand an Geräten und Materialien der Restaurierungswerkstatt Halle gibt eine Auflistung einer Seminararbeit vollständigen Überblick, die vor dem Auflösen der Restaurierungswerkstatt entstand. Vgl. Labahn/Ottweiler 2009.

45 Der Verbrauch bestimmter Materialien wie Blattgold oder große Mengen an Spiritus oder Aceton musste rechtzeitig geplant und für das kommende Jahr angemeldet werden. Spiritus als reinen Äthylalkohol machte der Zoll durch Vergällung ungenießbar. – Zu den später zur Verwendung gekommenen Materialien vgl. Wagner 1999.

46 Der Einführung dieser Dokumentationsschemata gingen zuvor jahrelange Diskussionen insbesondere mit einzelnen freiberuflichen Restauratoren voraus, denen zu detaillierte Einblicke in ihre Restaurierungsmethoden ungelegen kamen, aber gerade dieses und die verwendeten Materialien zu dokumentieren war Anliegen der Arbeitsstellen. – Zu der Dokumentation in Text und Bild kamen noch Übersichts- und Detailzeichnungen, welche auf Einzelblättern die Schäden und Maßnahmen der Konservierung und Restaurierung verdeutlichten. – Mit der Zeit kam es zur Definition spezifischer Merkmale durch Symbole mit dem Ziel, verständliche schematische Darstellungen zu schaffen. Diese wurden zum Teil den bereits anderen in der Restaurierung gebräuchlichen Nomenklaturen (Italien, Polen) oder Wissenschaftsdisziplinen (Geologie, Biologie u. a.) entlehnt und für Wandmalerei, Skulptur und Glasmalerei eingeführt. Dazu auch Timm 1979, S. 384.

47 Das Röntgengerät benutzte Riemann auch außerhalb seines eigenen Tätigkeitsbereichs für Untersuchungen anlässlich von Ausstellungen in Museen und für andere Arbeitsstellen; beispielsweise machte Riemann während der Cranach-Ausstellung 1953 in Weimar von den meisten Gemälden Röntgenaufnahmen, welche der kunsthistorischen Forschung wesentliche Hinweise auf die Arbeitsweise Cranachs in verschiedenen Zeitabschnitten gaben. Gleiches beabsichtigte Robert Oertel mit seinen Röntgenuntersuchungen an italienischen Tafelbildern im Altenburger Lindenau-Museum.

48 Alfred Heese, Gemälderestaurator der Restaurierungswerkstatt Dresden, veranlasste 1953 aufgrund von Übermalungen und Unstimmigkeiten der Bildkomposition eines Gemäldes der Cranachwerkstatt im Institut für Röntgenkunde der Technischen Hochschule Dresden Röntgenaufnahmen durch Christian Ruscher, der in einem anschließenden Beitrag über die Methodik und Ergebnisse der Röntgenaufnahmen berichtete; daraufhin erfolgte die Freilegung mit Wiedergewinnung der originalen Bildkomposition; Heese/Ruscher 1953, S. 295/296.

49 Das Kolloquium Mitte der 1950er Jahre organisierte Dr. Heinrich Nickel von der Universität Halle. Unter den zahlreichen auswärtigen Fachleuten war auch Johannes Taubert (später Bayerisches Denkmalamt München), dessen naturwissenschaftliche Untersuchungen an Bildtafeln (Dissertation 1956) durch Infrarotstrahlen gute Erkenntnisse mit der Aufdeckung der Unterzeichnung und damit zur Klärung der Meisterfrage beitrugen, ähnlich wie bereits schon Christian Wolters 1938. – Die Begegnung von Riemann mit Taubert führte alsbald über die technische Fotografie hinaus zu intensivem Austausch über aktuelle Probleme der Restaurierung, sonderlich über Fragen zur Polychromie an mittelalterlichen Skulpturen, vgl. Wolters 1938; Taubert 1956; Riemann 1982, S. 89–95; Sandner 1989, S. 15–27.

50 Außer der periodischen Zustandsüberprüfung besonders fragiler Kunstwerke an ihrem Standort verlangen die Kirchenschätze eine ständige Wartung, Pflege und Kontrolle der individuellen Klimata, um so Schäden zu verhindern; beispielsweise wird der Domschatz zu Halberstadt seit 1951 von der Halleschen Restaurierungswerkstatt betreut.

51 Voss (siehe Anm. 30).

52 Historisierende Anschauungen führten im 19. Jahrhundert vielfach zur Beseitigung nicht stilgerechter Einbauten zugunsten der einheitlichen Gesamtwirkung. Zugleich verfolgte man auch ein Konzept zugunsten eines harmonischen Gesamteindrucks, wobei verschiedene, sehr heterogene Bauphasen und Veränderungen miteinander vereint wurden. Allerdings beseitigte man noch bis in die 1970er Jahre viele Renovierungen des 19. Jahrhunderts – eine Art »neuer« Purismus nach dem Zweiten Weltkrieg, was für Kirchenräume nicht immer ein Gewinn war.

53 Hannelore Sachs äußerte sich dazu folgendermaßen: »Oberster Grundsatz heutiger Denkmalpflege ist die Bewahrung der vorhandenen originalen Substanz, wobei ein Baudenkmal als organisch gewachsenes historisches Dokument verstanden wird, dessen An- und Umbauten aus den verschiedenen Epochen ebenso wie der ursprüngliche Bau seine künstlerische Gesamtheit ausmachen. Alle Maßnahmen dienen dem Ziel, jedes Denkmal in seinem spezifischen Charakter wirksam und erlebbar zu machen. Voraussetzung und Bestandteil aller praktischen Arbeiten aber sind archäologische, bau- und kunstgeschichtliche Untersuchungen, deren Forschungsergebnisse Grundlage jeder wissenschaftlichen Restaurierung oder Rekonstruktion sind«; Sachs 1982, S.18

54 Kaiser/Möller 1973, S. 94–129 und 1990, S. 146-166; Magirius 1973, S. 278–291; Schulz, 1978, S. 293–295; Hütter/Möller 1980, S. 173–180.

55 Im Denkmalpflegebereich Dresden Max Helas (Fördergersdorf, Dorfkirche) und Willy Rittsche (Kriebstein, Burgkapelle) vor dem Zweiten Weltkrieg, und danach Rittsche (Freiberg, Dom), Helmar Helas und Matthias Schulz (Annaberg, St. Annenkirche); Mühlfriedel, 1997, S. 85–96; Magirius 1989, S. 169. – Für den Halleschen Bereich verweist Hans Berger auf Tendenzen zu Innenräumen der 1930er Jahre, durch F. Lewecke (Huysburg) und derselbe nach dem Zweiten Weltkrieg (Halberstadt, Liebfrauenkirche; Jerichow, Stiftskirche u. a.); Berger 1983, S.14, 20 ff.

56 Zu den Ergebnissen äußerte sich Heinrich Magirius: »Die Rolle der spätgotischen Blumen, Flammen und Strahlen ist dem leitenden Restaurator W. Rittsche jedes Mal so wichtig, dass er aufgrund nur allgemeiner Feststellungen der Originale sich zu Rekonstruktionen entschloss, die

sehen meist der ursprünglichen Form nur ganz von Ferne ähnlich«; Magirius 1889, S. 173.

57 Ergänzend zu den Untersuchungen am Bau ist ein gründliches Studium aller erreichbaren Quellen (bildliche Darstellungen, ältere Beschreibungen, Rechnungen, Berichte über frühere Restaurierungen u. ä.) unabdingbar – der mitunter vorgenommene Vergleich mit Farbfassungen an anderen Bauten aus der gleichen Zeit birgt die Gefahr der Verallgemeinerung und sollte vor allem bei spärlicher Befundlage deren Interpretation nicht beeinflussen.

58 Einige Beispiele der wichtigsten nach 1970 von den Arbeitsstellen durchgeführten Innenraumrestaurierungen in Dresden: Leipzig/Thomaskirche; Annaberg/Annenkirche. In Halle: Halle/Marktkirche; Salzwedel/Katharinenkirche; Tangermünde/Stephanskirche. In Schwerin: Bad Doberan/ehem. Klosterkirche. In Berlin: Frankfurt (Oder)/Franziskanerkirche. In Erfurt: Heiligenstadt/Marienkirche; Saalfeld/Johanneskirche.

59 Zur Tagung der Denkmalpfleger in Bautzen 1954 zeigte Rittsche seine Farbskizze vom Marktplatz in Bautzen mit den Barockfassaden »in ursprünglicher Farbigkeit, die für ein mittelalterliches Stadtbild so kennzeichnend ist«; allerdings basierten die Farbrekonstruktionen nicht auf Untersuchungen, sondern waren künstlerische Interpretationen. Dennoch sollte die Farbskizze für die Südseite des Freiberger Obermarktes, vom IfD Dresden veranlasst, als Grundlage für die Ortssatzung zum Schutze der Freiberger Altstadt dienen.

60 Siehe Anm. 53.

61 Phleps 1929/1930; Wolff Metternich 1941; Wildemann 1941. –Noch auf einer Denkmalpflegetagung 1965 in Thüringen polemisierten selbst einzelne Fachkollegen heftig gegen die auf Befundergebnissen beruhenden Wiederherstellungen einiger Bürgerhausfassaden, obwohl diese durch neueste Untersuchungsmethoden und naturwissenschaftliche Analysen abgesichert waren.

62 Siehe Anm. 53.; ferner Kobler/Koller, 1974/75, Sp. 278 ff.; Möller 1980 (a), S. 145–155; 1988, S. 99–127; 1990, S. 58–74; Hütter/Möller 1980, S. 173–180; Kunze 1982, S. 67–78; zur Fachwerkfarbigkeit Schauer 1980, S. 10–13, 1990, S. 77–108.

63 Kestel 1998, S. 84–95; Kelm 2007.

64 Brandi 1963 erläutert die verschiedenen Möglichkeiten einer konservatorisch-restauratorischen Behandlung von Kunstwerken. – Übersicht zu Konservierungs- und Restaurierungsmöglichkeiten beim Tafelbild u. a. Bildträgern siehe Gronau/Timm 1980, S. 17–27; zu Holz- und Steinskulpturen Mühlbächer/Lang 1980, S. 93–100, zum Stuck Möller 1987, S. 4–22; 2007, S. 75–199.

65 Sachbezogene Beiträge über die Behandlung wurmzerstörter Holzschnitzereien und Malereien auf Holz bzw. zur Restaurierung von Wandmalereien und Kirchenausmalungen folgten dazu in überregionalen Denkmalpflegeschriften. Walter 1926/27, S. 153–157; Jantsch 1934, S. 119–122.

66 Siehe Anm. 62.

67 Sie besteht aus einer Mischung aus Naturharzen, Kolophonium und Dammar mit Zusätzen von Wachs und Holzöl als Weichmacher, alles gelöst in Äthylalkohol und Azeton.

68 Kritisch bei dieser Tränkung war, dass in Öl-Harz-Technik ausgeführte Farbüberzüge angelöst wurden – zwar bei Übermalungen vorteilhaft, weil dadurch deren sonst aufwendige Freilegung entfiel, aber bei in Leimfarbentechnik ausgeführten originalen Farbfassungen mit grobkristallinen Pigmenten (z. B. Azurit) konnte es zu Farbverdunkelungen kommen. Diese ließ sich zum Teil vermeiden, indem die freiliegende originale Fassung durch eine dünne Glutinleimschicht abgedeckt wurde, die sich nach der Volltränkung entfernen ließ. Bei öl- oder harzgebundenen Farbfassungen und Überfassungen war das natürlich nicht möglich und deshalb größte Aufmerksamkeit geboten, damit die Tränkelösung nicht bis zur Oberfläche drang und die Farben anweichte.

69 Acrylate als Harz- oder Dispersion wurden in der tschechischen Denkmalpflege zur Strukturverfestigung von Holz und Stein eingesetzt, und anfangs wurden auch diese Produkte von dort bezogen. Wenig später stellte das VEB Stickstoffwerk Piesteritz verschiedene Typen von Acrylatharzen her; der für Konservierungszwecke gebräuchlichste Typ war LT 30. Zur Verwendung Oemig 1984, S. 98–101.

70 Paraloid ist ein Acrylcopolymer mit anscheinend den günstigsten Eigenschaften, welches von der Fa. Rohm und Haas (USA) produziert wird.

71 Voss 1990 (b), S. 207–305.

72 Ebenda, S. 305–307.

73 Brachert 1955, S. 10–30; Carità 1956, S. 101–131. Bünsche 1990, S. 316–320.

74 Bildtafeln und Holzskulpturen bestehen in Mitteldeutschland zumeist aus Linde. Sie ist gegenüber tierischen Parasiten besonders anfällig, ihre Holzstruktur wird in ihrer Statik daher stärker beeinträchtigt als beispielsweise bei Eiche. Zum Umgang mit Holztafelbildern und Holzskulpturen: Bünsche 1990, S. 307–329.

75 Nach dem Zweiten Weltkrieg verstärkten sich die Überlegungen und Bestrebungen, dem unterschiedlichen Materialverhalten bei ungünstigen Klimabedingungen entgegenzuwirken, die in der Regel in Kirchenräumen herrschten; so kamen außer Sperrholz gelegentlich auch andere starre Materialien wie Aluminium oder Kunststoff zur Anwendung. Für neue Bildträger wurden in Halle anfangs Sperrholzplatten bevorzugt, nach Kenntnisnahme analoger italienischer Verfahren in den späteren 1950er Jahren auch durch Stäbchen verleimte Platten. – Kam anfänglich noch Wachs-Harz-Klebemittel zur Wiederbefestigung des gedünnten Bildoriginals auf dem neuen Träger zum Einsatz, waren es später vermehrt Kaltleime, wie sie aus der Furniertechnik des Tischlergewerbes bekannt sind und die auch klimaresistent sind. – Bünsche 1984, S. 70–75; dgl. 1990, S. 307–312.

76 Zum textilen Bildträger Meier 1990, S. 57–94, 257–261. Zur Dublierung von Leinwandbildern Sandner 1990, S. 130–154.

77 Duosan ist ein Zelluloseprodukt mit Lösungsmittelgemischen. In Halle wurde ein selbstgefertigter Holzkitt mit dem Namen »Naethelin« benutzt, ein Gemisch aus Duosan mit fein geriebenem Holz- und Korkmehl sowie Farbpigment, das entsprechend der Originalfarbe zugegeben wird, benannt nach dem Entwickler Dieter Naethe aus der Halleschen Werkstatt.

78 Brücol ist der Name des fabrikmäßig hergestellten Kitts auf der Basis eines Zelluloseprodukts mit Lösungsmittelgemischen und Holzmehlarten, die auch die Farbe des Endprodukts bestimmen.

79 Wegen der konsequenten Verwendung des einen oder anderen Festigungsmaterials durch die Werkstätten wurden die Fachkollegen scherzhaft in »Kaseiner« und »Leimer« unterschieden.

80 Siehe Anm. 40 – Durch die Untersuchung und Bewertung von H. Materna ließ sich auch die in den Auslandspublikationen teilweise übersteigert propagierte generelle Überlegenheit der Kunststoffe gegenüber den Naturstoffen relativieren. Ferner Anm. 68.

81 Das anfangs favorisierte Polyvinylacetat (PVAC) als Klebemittel für abgelöste Wandmalerei bildete zwischen dem Putzträger und der Malschicht ein gummiartiges Häutchen, was die Dampf- und Wasserdurchlässigkeit verhinderte und somit eher schädlich war. Andererseits baute sich der ebenfalls für die Wiederbefestigung loser Wandmalerei benutzte Polyvinylalkohol (PVA) bei vorhandenem höheren Feuchtmilieu schell ab; hingegen in Kombination mit Zelluloseprodukten war es beständiger, wie sich überhaupt Zellulose für spezielle Verwendungszwecke durch zahlreiche Typenvarianten besser eigneten, diese waren allerdings schwer erhältliche Importprodukte.

82 Als gutes Beispiel zu dieser Thematik lässt sich der romanische Halberstädter Schrank anführen, dazu Riemann: »Im Zusammenhang der Neuaufstellung des Domschatzes erfolgte 1932 die Freilegung der durch Marmorierung überdeckte Vorderseite des Schrankes. Als Folge seiner Schutzvermauerung im Zweiten Weltkrieg im Dom-Kapitelsaal kam es 1959 zu kleinen neuen Schäden. Notwendig wurde die Festigung loser Fassung mit Kasein und das Festlegen des gelösten starren Per-

gamentes mit Kunststoffkleber [Möller: Duosan-Rapid, ein Kleber auf der Basis von Nitrozellulose]; die dicke Grundierung wurde an den Rändern mit eingefärbtem Kreidegrund umzogen; optisch herausfallende Stellen mit verlorener Malschicht optisch mit Aquarellfarbe patiniert; rostgeschwärzte Eisenbänder der Vorderseiten, welche das Figurenbild stark beeinträchtigten, entrostet, isoliert und farblich dem Grau der Anböschung in gestricheltem Auftrag angeglichen; die Farbflächen der Innenseiten mit leicht ammoniakalischen Mitteln gereinigt und alle Flächen mit Mastix-Firnis überzogen«; Riemann/Krause 1983, S. 359.

83 Außer Wachsharzmischungen waren es Kleistermischungen, emulgiert mit Venetianer Terpentin und Zusätzen wie Naturharze und Glutinleim.

84 Siehe Anm. 75. Sandner 1990, S. 130–154; Heißsiegelkleber BEVA 371 ist ein Produkt der Fa. Lascaux (Schweiz) aus verschiedenen Komponenten synthetischer Copolymere, Naturharzen und Lösungsmitteln, siehe Schramm, 1990, S. 53.

85 Zum Beispiel Nitrobenzol, späterhin wirksamere Mittel wie Natriumfluorid, Pentachlorphenol oder Natrium-Pentachlor-Kresol, letztere auch als Fungizide. Kleinere Mengen dieser Giftstoffe unterlagen zwar den gesetzlichen Bestimmungen in der Aufbewahrung und Verwendung, aber darüber war nicht Buch zu führen wie bei der mengenmäßig größeren Verwendung von Lindan (Hexachlorcyclohexan), für dessen Bezug eine Freigabegenehmigung notwendig war; als Insektizid war es als Holzschutzmittel für Kunstobjekte besser geeignet als das viele Jahre gebräuchliche Hylotox, welches weiß auskristallisierte und dann immer noch atmungsschädlich war. Dazu auch Voss 1990 (b), S. 305–306.

86 Durch die längeren zeitlichen Außenarbeiten gab es allerdings für die Bearbeiter finanzielle Einbußen, weil laut Reisenkostenverordnung sich nach einer gewissen Dauer die Tagesspesen reduzierten, was für die Geringerverdienenden nicht erfreulich war.

87 Zu den Techniken der Wandmalerei grundlegend bei Mora u. Mora/Philippot 1977.

88 Beispiele solcher Restaurierungen erfolgten durch W. Rittsche an großflächigen Wandmalereien in der Justkirche zu Kamenz (1933/36) und in der Kapelle der Burg Kriebstein (1936).

89 P. Philippot und P. Mora; deren 1965 veröffentlichter Vortrag befasste sich erstmals mit der Gesamtproblematik zur Entstehung und Erhaltung von Wandmalereien auf der Grundlage von Untersuchungen und Restaurierungsergebnissen des Istituto del Restauro Rom. Dazu auch Baier/Möller 1990, S. 135–145; Emmenegger 1990, S. 76–81. Zu den notwendigen bauseitigen Vorausleistungen Landmann 1990, S. 245–250.

90 Die in den 1930er Jahren verwendeten Wachslösungen waren Handelsprodukte, z. B. Lapidensin, was allerdings bei ständiger Durchfeuchtung des Mauerwerks von hinten (und mangelnder Baupflege) an der Oberfläche zur Salzbildung (Magnesiumsulfat) und Putzschalen führt.

91 Beispiele: Anklam, Marienkirche, die figürliche Malerei wenig ergänzt (1936/37); Berlin, Marienkirche, der Totentanz, Übermalungen entfernt und keine Retuschen (1955/58); Creuzburg, Liboriuskapelle, Heilige und Elisabethzyklus, Freilegung mit Ergänzung der Konturen und flächigen Farblasuren (1937/38).

92 Beispielsweise durch die Hallesche Werkstatt die Wandmalereien in der Hauptapsis der ehem. Klosterkirche Hamersleben oder die Christophorusdarstellung im Remter (Sepultur) des Magdeburger Doms.

93 Obwohl die bulgarischen Restauratoren im Wesentlichen ihre Ausbildung in Moskau erfuhren, gab es bereits vereinzelte Kontakte zum Internationalen Konservierungszentrum in Rom (ICROM), wo sie von den durch Cesare Brandi und Paulo Mora entwickelten Methoden zur Konservierung und Restaurierung der Wandmalerei Kenntnis bekamen und im eigenen Land anwendeten. – Außer der Zusammenarbeit von deutschen Restauratoren an Wandmalereien in Bulgarien (Nessebar 1968) erfolgte dann 1969/70 im Magdeburger Dom die Restaurierung der Gewölbebemalung in der RedekinKapelle mit bulgarischen Restauratoren. In der DDR entwickelte sich durch die Restaurierungswerkstätten zunehmend eine intensive Beschäftigung mit der Untersuchung, Konservierung und Restaurierung von Wandmalereien, was teilweise zu beispielhaften Ergebnissen führte: Güstrow, Schloss, Turmkabinett; Baier/Voss 1983, S. 212–242. Erfurt, Dom, Christophorus-Bild; Möller 1985, S. 165–171.

94 Ausführlich bei Riemann 1980, S. 222–223.

95 Im Gegensatz zu den früher besonders in Italien häufig und mit artistischem Geschick durchgeführten Übertragungen gilt heute diese aus denkmalpflegerischer Notwendigkeit entschiedene Maßnahme nur als die allerletzte, »als ultima ratio«! –Die verschiedenen Techniken der in Italien praktizierten Verfahren (strappo, stacco, stacco a massello) wurden im 19. Jahrhundert von Italienern auch in Deutschland verbreitet. Diese Techniken erfuhren nach dem Zweiten Weltkrieg wiederum von Italien ausgehend hinsichtlich der Transferierung an den ursprünglichen oder neuen Standort Verbesserungen, denn zuvor waren nicht wenige strappierte Wandgemälde auf Leinwand übertragen, deren Webstruktur dann die Oberfläche bestimmte und die Malerei so zum Leinwandbild mutierte. Deshalb kamen starre Träger (Platten aus Asbestzement, Kunststoff u. a.) zur Verwendung, später wich man auf Wabenkarton in verschiedener Dicke aus, den beidseitig dünne Schichten aus mit Epoxidharz verklebtem Glasflies bedeckten. Mit diesem neuen Trägersystem konnte jede dem ursprünglichen Standort angepasste Form hergestellt werden.

96 E. Donadini wirkte später als Professor an der Akademie für Kunstgewerbe in Dresden und galt als exzellenter Könner auf dem Gebiet der Abnahmetechnologien, was er durch seine Arbeit an zahlreichen Objekten seit Anfang des 20. Jahrhunderts bewies, z. B. wurden vor dem Abtragen der Klostergebäude der ehemaligen Paulinerkirche in Leipzig die Wandmalereien im Bibliotheksflügel des Kreuzgangs im stacco a massello-Verfahren gerettet.

97 Zum Beispiel auch Fragmente der Frauenkirche, die teils im Verfahren« stacco a massello«, sonst überwiegend in »strappo« abgenommen wurden.

98 Die Abnahme und Übertragung der mittelalterlichen Wandmalereien aus der Semlower Straße 10/11 (Hausabriss) und anderen Altbauten auf neue Träger erfolgte in den Jahren 1966-1970 unter Anleitung des bulgarischen Restaurators Saberski. Die abgenommenen Wandmalereien wurden in den Archivräumen des Johannisklosters in Stralsund untergebracht; dazu Voss 1970, S. 96-102; 1976, S. 274–276.

99 Pursche 1984, S. 10–38, 65–122 mit umfangreichen Literaturangaben.

100 In der DDR wurde ab den späten 1970er Jahren jährlich im VEB Chemiewerk Nünchritz die für Konservierungszwecke der Denkmalpflege benötigten Menge als Ethylsilikat NT 120 produziert, welches fortan in den Restaurierungswerkstätten und von freiberuflichen Restauratoren für die Strukturverfestigung von Putz und Stein Verwendung fand.

101 In Dresden erfolgten durch die Versuchsstelle bis 1906 Versuche mit Wachs, Testalin, Keßlerschen Fluaten, Bariumhydroxid und Wasserglas. – Über die damals aufbewahrten Versuchskörper verschiedener und unterschiedlich verwitterter Gesteinsarten und die Tränkungsergebnisse mit Fragebögen gibt es keinen Nachweis, angeblich seien diese während der Kriegseinwirkungen verloren gegangen (mündlicher Hinweis durch Prof. H. Nadler). –Einen großen Verdienst hatte die Kommission bei der Erhaltung der Kunstdenkmäler durch prophylaktische Schutzmaßnahmen wie z. B. die Errichtung eines Schutzbaus zur Erhaltung der Goldenen Pforte am Freiberger Dom; solche Überlegungen und Realisierungen haben bis heute ihre Berechtigung.

102 Testalin ist die alkoholische Lösung einer Ölsäurekaliseife mit essigsaurer Tonerde.

103 Hinsichtlich der Verwendung von Fluat warnten in Dresden damals einige Architekten davor, dass sowohl aufsteigende Bodenfeuchtigkeit als auch Regenwasser durch feine Lücken und Risse dieses Überzuges eindringen und dessen Verdunstung durch die Imprägnierung gehindert werden könnte. – In Dresden kam wohl daraufhin in der denkmalpflegerischen Praxis kein Fluat an verwitterten Kunstdenkmälern aus Stein zum Einsatz, sondern nur an kalkhaltigen Baustoffen (Putzoberflächen).

104 Anstelle von Zement wurde dann ein Kunstharzmörtel (Dekosil) verwendet.

105 Diese Abgusskopien fertigte die Firma Ochsenfarth, Paderborn, an, welche ab den späten 1970er Jahren die Reinigung und Konservierung der Bausteine des Erfurter Doms unter Aufsicht der Denkmalpflege durchführte; die Konservierung und Untersuchung der Portalskulpturen auch hinsichtlich ihrer ursprünglichen Polychromie erfolgte durch die Restaurierungswerkstatt der Arbeitsstelle Erfurt des IfD.

106 Das zeigt die Schutzumbauung für die Goldene Pforte im Freiberger Dom. – In jüngerer Zeit, nach 1973, erfolgte aus Schutzgründen die Umsetzung des Nordportals der Schlosskirche in Chemnitz mit Figuren von Hans Witten in das Innere; die Erstinformation darüber in: Denkmale in Sachsen 1978, S. 397–398.

107 Wie im Abschnitt »Naturwissenschaftliches Laboratorium« bereits angedeutet, bedeutet für dieses Einrichtung die Erhaltung der Denkmalobjekte aus Stein eine Schwerpunktaufgabe, um im Rahmen der internationalen Bemühungen und unter Berücksichtigung der regionalen Gegebenheiten eigene Lösungen zu versuchen. Dazu Beeger 1988 (a), S. 7–13. Zur Polychromie an plastischen Bildwerken im Inneren und Äußeren von Bauwerken : Riemann 1967, S. 236–246; 1970, S. 15–24; 1974 S. 193–201; 1980, S. 100–103, 108–111, 114–118, 252–254; Hütter/Magirius 1983, S. 166–183; Magirius 1977, S. 57–59, 221–235; 1998, S. 319–332; Riedel 1982, S. 23–28.

108 Materna gibt einen kurzen Überblick zum Problem der Verwitterung des Natursteins mit ihren verschiedenartigen Erscheinungsbildern und den Maßnahmen der Erhaltung und führt einige Konservierungsbeispiele in der Zusammenarbeit mit dem Labor an. Nach Mitte der 1960er Jahre kam es in der Koordinierung von Konservierungsmaßnahmen durch das Denkmalpflegelabor zu einer überregionalen Zusammenarbeit mit Denkmalpflegern, Restauratoren, Geo- und Naturwissenschaftlern, Handwerkern und der Industrie; Materna 1983, S. 411–422.

109 Zu Polen gab es seit den 1960er Jahren gute Kontakte mit Dr. J. Lehmann, Labor des Nationalmuseums Torun; z.T. mit Dr. Domaslowski, Labor der Kopernikus-Universität Torun; in der CSSR mit Dr. Losos, Labor der Denkmalpflege in Prag; auch mit K. Schmidt-Thomsen, Hauptkonservator am Westfälischen Landesamt für Denkmalpflege in Münster. In diesen Einrichtungen gab es seit längerem teils gut ausgestattete naturwissenschaftliche Laboratorien, die hinsichtlich der Strukturverfestigung poröser Steinobjekte Versuche mit Kunststoffen (Polyurethan, Epoxid, Silikate) durchführten.

110 Bereits das Erkunden der Schadensproblematik und die konzeptionelle Vorbereitung erforderte die koordinierte und überregionale Zusammenarbeit zwischen Labor, Denkmalpflegern, freiberuflichen Restauratoren, Geo- und Naturwissenschaftlern und Handwerkern. Die dabei gemachten Erfahrungen setzten wesentliche Impulse für künftige Konservierungen. Epoxidharzlösungen konnten gut in die Porenräume eindringen, die aber dadurch irreversibel verklebten; dagegen waren die damaligen Produkte des Äthylsilikats weniger erfolgreich in der Strukturstabilisierung, auch weil deren Anwendungstechnik noch nicht ausgereift war, was sich aber alsbald mit modifizierten Äthylsilikaten zum Positiven veränderte; Möller 1973 (a), S. 172–184.

111 Vgl. dazu Anm. 173 und Kiesewetter/Materna 1990, S. 237–244.

112 Riemann veranlasste einen Vakuumbehälter im Eigenbau, da Stahlbehälter zu diesem Zweck in jener Zeit unmöglich zu beschaffen waren. Es sollten Sandsteinfiguren mittels Unterdruck verfestigt werden, was aber nur bedingt gelang, weil kein vollständiges Vakuum erreicht werden konnte. Aber in gleichem Zusammenhang wurde das Abgussverfahren geprobt, um mit der Kopie eine größere Genauigkeit des Oberflächenbildes zu erhalten als mit den traditionellen, durch Steinbildhauer gefertigten Kopien. Es handelte sich um Sandsteinfiguren (Putti) des 18. Jahrhunderts aus dem Park des Schlosses Molsdorf, damals im Garten des Hofmann'schen Hauses in Erfurt aufgestellt.

113 Wihr 1980, S. 130ff.

114 Schadfaktoren sind aggressive Luft, temperaturbedingte Spannungen, schädliche Kondensfeuchtigkeit sowie mechanische Beschädigungen. –Nach dem Zweiten Weltkrieg gab es auf dem Gebiet der DDR noch keine für Glasmalerei spezialisierten Restauratoren; dieser Berufsstand entwickelte sich erst allmählich bis in die 1970er Jahre, zuvor waren es Glasmaler, die vornehmlich Buntverglasungen ausführten oder auch neue Glasmalereien schufen wie z.B. die Firma Müller in Quedlinburg. Dazu Drachenberg 1980 (a), S. 255–257.

115 Maercker 1983, S. 332–337.

116 Der beträchtliche finanzielle, materielle und zeitliche Aufwand für die Anbringung der Schutzverglasung konnte bei den in der DDR mit etwa 4.000 mittelalterlichen Scheiben erhaltenen Bestand (zumeist große Zyklen) nur sukzessive erfolgen. Für diese Außenschutzverglasung kommt normales Fensterglas, manchmal Antikglas und bei besonders kostbaren Scheiben Sicherheitsglas zur Verwendung. Erstmals wurde ein derartiger isothermischer Schutz 1950 bei der Restaurierung der Glasmalereien in der ehemaligen Klosterkirche in Neukloster (Mecklenburg) angewendet.

117 Bis in die 1970er Jahre veranlasste und überwachte nahezu nur der Kunsthistoriker des IfD Halle Dr. K. J. Maercker die Konservierungsmaßnahmen, die im Wesentlichen der Glasmalereirestaurator Heinz Hajna (anfangs noch Kirchliche Werkstätten Erfurt, später freiberuflich tätig) ausführte. Später beschäftigten sich zunehmend auch andere Glaserwerkstätten mit Konservierungsaufgaben an historischen Glasmalereien, betreut von Kunsthistorikern und Restauratoren der betreffenden Arbeitsstellen des IfD.

118 Einen Überblick gibt der Katalog zur Ausstellung »Mittelalterliche Glasmalerei in der DDR« in Erfurt, 1989, besonders S. 9–12. Ferner: Richter/Möller/Müller, News Letter 37/38, 1984, S. 25/26; Drachenberg 1980 (a).

119 Voss 1976, S. 261; 5/1998, S. 68–74.

120 Übersicht zur Raumdekoration und Technik der Tapete in Teynac/Nolot/Vivien 1982.

121 Beispiele aus Berlin in Kunze 1984 (b), S. 43–48; aus Schwerin in Voss 1976, S. 276-278.

122 Beispielsweise wurde bei einer Tür mit spätgotischen Bilddarstellungen das Trägermaterial – Eisen – durch die Werkstatt der Ur- und Frühgeschichte Thüringens in Weimar mühevoll konserviert, indem mit Hilfe des Mikroskops der Rost unterhalb der pustelartig abgehobenen Malschicht entfernt und mit Tallin konserviert wurde, bevor von den Bildrestauratoren der Kirchlichen Werkstatt Erfurt die Festigung, Reinigung und Restaurierung mit behutsamen Retuschen durchgeführt werden konnte; Abel 1993, S. 114–115.

123 Sachs 1987, S. 65–72; Voss 1988, S. 723–726.

124 Bei der Bearbeitung von archäologischem Fundmaterial oder bestimmten technischen Untersuchungen der Textilrestauratorinnen boten die Werkstätten bessere Voraussetzungen bei einer sachgerechten Bearbeitung als deren private, eher kleinere Ateliers. Dazu Happach 1983, S. 381–410; 1984, S. 84–91; 1989, S. 55–63. Jeitner 1987 (a), S. 188–210; 1987 (b), S. 81–85; Sachs 1980, S. 134–138.

125 Grundsätzliches zur Erhaltung von Textilien durch Restaurator/innen siehe Happach 1980, S. 300–305.

126 Amtshilfe erfolgte einerseits durch in bestimmten Gebieten spezialisierte Restauratoren bei ähnlichen Aufgaben in anderen Arbeitsstellen, und andererseits wurde sie notwendig bei zeitlichen Vorgaben für die Durchführung von Restaurierungen beispielsweise im Zusammenhang staatlicher Jubiläen.

127 Die Restaurierung der Triumphkreuzgruppe im Halberstädter Dom durch die Hallesche Werkstatt gab den Anlass zu gezielten langfristigen Forschungen zur Untersuchung und Dokumentation der Polychromie an mittelalterlichen baugebundenen und mobilen Kunstwerken. Vgl. Anm. 106 zur Polychromie.

128 Siehe Anm. 106, Riemann 1980, S. 100–103.

129 Siehe Anm. 106, Riemann 1974, S. 193–201, 1980, S. 252–254.

130 Siehe Anm. 106, Hütter/Magirius 1983, S. 166–183.

131 Siehe Anm. 106, Magirius 1977, S. 57–59, 221–235; 1998.

132 Zum Emporenzyklus siehe Anm. 106, Riedel 1982, S. 23–28; Magirius 1998, S. 319–332.

133 Bei der Wiederherstellung der Innendekoration und Malereien der kriegszerstörten Semperoper von 1977–1985 waren vornehmlich die wissenschaftlichen Mitarbeiter des IfD Dresden für die Konzeption, Anleitung und Kontrolle während der Ausführung verantwortlich. Eingebunden in die Leitungstätigkeit waren die erfahrenen Restauratoren Helmar Helas und Matthias Schulz, welche zusammen mit einer großen Zahl freiberuflicher Restauratoren im Teamwork eine großartige Leistung erbrachten. Zusammenfassend bei Magirius 2000, S. 271–301.

134 Zu Doberan: Voss 1975, S. 285–309; 1980 (c), S. 122–125; Baier/Voss 1983, S. 16–22. Voss 1986, S. 672–679; 1987, S. 32–42; 1989 (c), S. 141–153; 1990 (a), S. 123–132; Voss/Brüdern 2008.

135 Zu Stralsund: Baier 1976, S. 210–213; Voss 1980, S. 71/72.

136 Zu Brandenburg: Sachs/Kunze 1987, S. 171–187; Jeitner 1987 (a), S. 81–85; 1987 (b), S. 188–210.

137 Zu Frankfurt/Oder: Kunze 1987 (a), S. 42–51; Sachs 1987, S. 65–72; Denkmale in Berlin und in der Mark Brandenburg 1987, S. 423–446.

138 Möller 1980 (c), S. 30–32; Kaiser/Möller 1998, S. 24–27; Möller 1999, S. 17–23.

139 Denkmalpflege in Thüringen 1980, S. 18, 49–54; Möller 2004, S. 35–57.

140 Denkmalpflege in Thüringen, S. 22–30; Möller 1984 (b), S. 4–34.

141 Aus einem »Evangelischen Kirchenbautrupp«, der für die Beseitigung der Kriegsschäden an Kirchen in Erfurt bald nach Ende des Zweiten Weltkriegs entstand, formierte sich eine Kerngruppe aus verschiedenen Bauhandwerkern, die ab 1948 durch die Leitung der für Erfurt zuständigen Kirchenprovinz Sachsen finanziell unterstützt wurde. Eine Erweiterung führte ab 1952 zur Bildung der »Kirchlichen Werkstätten«, die fortan als Spezialwerkstatt mit mehreren Abteilungen die Aufgabe hatte, außer liturgischen Geräten auch Kunstgut sachgemäß zu konservieren und zu erhalten. Die Entwicklung erfolgte in Etappen: Zuerst gab es die Glaserwerkstatt (seit 1946), dann die Holz- und Metallwerkstatt; danach wurde von Elisabeth Heise die Werkstatt für Farbfassungen aufgebaut, hinzu kam in den 1970er Jahren eine Paramentikwerkstatt. Die fachliche Betreuung erfolgte einerseits durch Architekten und Kunsthistoriker des Konsistoriums der Kirchenprovinz Sachsen aus Magdeburg und der Denkmalpflege in Halle, vor allem durch den Leiter der Restaurierungswerkstatt, ab 1975 vermehrt durch den Leiter und Mitarbeiter der Restauratorenwerkstatt der Arbeitsstelle des IfD Erfurt. – Ziel waren außer der Einflussnahme auf die Einhaltung denkmalpflegerischer Prinzipien die methodischen und fachpraktischen Hinweise zu den beauftragten Konservierungs- und Restaurierungsaufgaben konkret zum Objekt. Außer der Werkstatttätigkeit waren die Kirchlichen Werkstätten sehr oft mit Notsicherungen am Kunstgut betraut, ihr Einsatzgebiet reichte Ende der 1980er Jahre weit über das Gebiet der kirchlichen Provinz Sachsen hinaus. Abel 1993, S. 110–118.

142 Offensichtlich nach dem Vorbild des Evangelischen Konsistoriums Sachsen-Anhalt richtete das Brandenburgische Konsistorium bzw. dessen Kirchliches Bauamt in Potsdam für die Erhaltung kirchlicher Kult- und Kunstgegenstände eine Werkstatt ein, die ab Mitte der 1950er Jahre zunächst mit einer Person (Erwin Baum) besetzt wurde. Durch periodische Mitarbeit in der Halleschen Denkmalpflegewerkstatt konnte er seine restauratorische Erfahrung erweitern. Nach einem Zwischenaufenthalt in der Werkstatt des IfD Berlin war er bis in die 1990er Jahre wieder für das Kirchliche Bauamt Potsdam tätig.

143 Auf Anregung des IfD, Arbeitsstelle Dresden wurde im Jahre 1979 vom Hochstift Meißen eine eigene Restaurierungswerkstatt eingerichtet, deren organisatorische Unterbringung und Einrichtung dem Dombaumeister Dr. Ing. Otto Baer oblag. Die fachliche Anleitung und Qualifizierung der Restauratoren erfolgte durch wissenschaftliche Mitarbeiter des IfD Dresden, intensiv betreut vor allem durch Frau Dr. Elisabeth Hütter. Dies war notwendig, weil die Mitarbeiter in der Werkstatt außer dem Leiter (Herrn Böduel bis 1984) zunächst keine qualifizierten Restauratoren waren, sondern Künstler oder Kunstinteressierte aus verschiedenen Berufen mit unterschiedlichen Einstellungen zum Thema Restaurierung, die sich außer dem Erlernen restauratorischer Praktiken und theoretischen Studien später an verschiedenen Ausbildungsstätten offiziell zum Restaurator nachgraduierten. –In Zusammenarbeit mit dem IfD, sonderlich durch die kunsthistorische Betreuung von Heinrich Magirius, Elisabeth Hütter und restauratorisch durch Lenard Mühlfriedel erfolgte beispielsweise die aufwendige Untersuchung und Freilegung der Farbigkeit des figurenreichen Westportals des Doms von 1980 bis 1986. Weitere Untersuchungen und Restaurierungen an wichtigen Denkmalen betreute die inzwischen im Ruhestand befindliche und in West-Berlin ansässige Denkmalpflegerin Frau Dr. Hütter; vgl. Hütter 1997, S. 97–100.

144 In den 1960er Jahren richtete das damalige bischöfliche Generalvikariat die »Domwerkstätten« ein, deren Baugewerke für den gesamten kirchlichen Verwaltungsbereich der ehemaligen Bistümer Fulda und Würzburg für Thüringen tätig war. Die Restaurierung zahlreicher Bildwerke führte gelegentlich die Restaurierungswerkstatt in Halle durch, überwiegend aber freiberufliche Restauratoren, die bis 1965 von der Restaurierungswerkstatt des IfD Halle betreut wurden, danach von der Restaurierungswerkstatt des IfD Erfurt vor allem im Zusammenhang mit der Wiederherstellung des Dominneren. Davon ausgenommen war zunächst der reiche mittelalterliche Bestand an baugebundener Glasmalerei. Durch die in den 1970er Jahren begonnene wissenschaftliche Bearbeitung des gesamten mittelalterlichen Glasmalereibestandes wurde auf den äußerst desolaten Zustand der Schwarzlotmalerei auf den Buntglasscheiben aufmerksam gemacht, auf den baldigst durch Konservierungsmaßnahmen reagiert werden musste. Dies führte ab den späten 1970er Jahren beim Dombauamt zur Einrichtung einer Werkstatt für Glasmalereikonservierung nach dem Vorbild der Spezialwerkstatt beim Kölner Dom mit zwei handwerklich gut ausgebildeten Glasern. Konzeptionell und später in der praktischen Tätigkeit wurden diese vom Technischen Komitee des CVMA unterstützt, und die ortsansässige Restaurierungswerkstatt des IfD Erfurt übernahm die laufende Beratung in der praktischen Ausführung und Schulung bei der aufwendigen Dokumentation, sodass alsbald die tätigen Kollegen selbständig die Konservierung der Glasmalerei durchführten. Später konnte sich die Werkstatt für die Restaurierung von Glasmalerei beim Dom durch einen eigenen Kunsthistoriker erweitert werden, der neben den Forschungen auch Einfluss auf die praktische Tätigkeit nahm.

145 Die Werkstatt der Bauabteilung des Evangelischen Konsistoriums Vorpommern in Greifswald wurde 1984 eingerichtet und 1990 aufgelöst, sie hatte immer nur einen fest angestellten Restaurator, temporär unterstützt durch zusätzliche Kräfte. Tätig waren von 1984 bis1986 Frau Dipl. Restauratorin Katharina Blüm, von 1987–1990 Reinhard Labs und 1988 Frau Kohl.

146 Anfang der 1980er Jahre sollten nach dem Vorbild der in Polen gegründeten PKZ-Restaurierungsbetriebe auch solche in der DDR als VEB Denkmalpflege eingerichtet werden. In der DDR gab es bereits einige auf denkmalpflegerische Aufgaben spezialisierte Baubetriebe des Handwerks, die dann ab den 1970er Jahren zunehmend in Betriebe der auf wirtschaftlicher Basis tätigen VEB Denkmalpflege umgewandelt wurden. Mit diesen zusammen entstandenen Restaurierungswerkstätten war die Vorstellung verbunden, die praktische Restaurierungsarbeit zunehmend in die VEB-Werkstätten zu verlagern, um in den Restaurierungswerkstätten der Arbeitsstellen des IfD die wissenschaftliche Arbeit zu verstärken, also die Absicht einer Trennung von praktischer und theoretischer Arbeit. In den Arbeitsstellen, besonders intensiv in Berlin, wurde dieses Konzept allgemein für nicht sinnvoll betrachtet und kam bis 1990 nicht recht zum Tragen. Allerdings bedeutete der Ausbau des VEB Denkmalpflege mit einigen Spezialisierungsabteilungen wie die Untersuchung und Restaurierung von Baufassungen und von Wandmalereien, der Glasmalerei und Laboreinrichtungen eine gute Ergänzung zu den teilweise personell schwach besetzten Institutswerkstätten. Bedauerlicherweise war die Zusammenarbeit zwischen den Restaurierungswerkstätten der Arbeitsstellen des IfD und denen der regional vertretenen VEB Denk-

malpflege nicht immer gut, denn obwohl die grundsätzlichen denkmalpflegerischen Entscheidungen für die zu bearbeitenden Objekte bei den verantwortlichen Mitarbeitern der Arbeitsstellen des Instituts lagen, erfolgten die Ausführungen durch die Restauratoren des VEB vielfach autark. Dass das Vorhaben politisch gewollt war, zeigte sich unter anderem darin, dass bei in den östlichen Ländern stattfindenden Fachkongressen häufig nur Restauratoren der VEB-Werkstätten vertreten waren.

147 Die ständige Bauunterhaltung an der Wartburg führte in den 1960er Jahren dazu, auf der Burg in verschiedenen Baugewerken versierte Handwerker zu einer Art Bauhütte zusammenzuführen. Allerdings wurde die am beweglichen Kunstgut notwendige Konservierung und Restaurierung von spezialisierten Museumswerkstätten oder freiberuflichen Restauratoren durchgeführt; erst in den späten 1970er Jahren schuf die Wartburgstiftung eine Stelle für die Restaurierung ihres Kunstguts. Wie bereits angedeutet bildeten die bedeutenden Wandmalereien von Moritz von Schwind in den Räumen des Wartburg-Palas eine Schwerpunktaufgabe. Die Schäden wurden nach mehrmaligen Restaurierungsetappen zuletzt 1967/68 unter Konrad Riemann durch Fachrestauratoren beseitigt, woran sich örtliche Maler und ein inzwischen von der Wartburgstiftung angestellter Handwerker-Restaurator beteiligten. Dieser und eine weitere Kraft waren später von 1980–1983 in die Restaurierung der Palasräume mit eingebunden, was sie befähigte, später unter Anleitung der Restaurierungswerkstatt des IfD Erfurt eigenständig kleinere Konservierungsarbeiten fachgerecht auszuführen.

148 Beispielsweise des IfD Erfurt mit der Evangelischen Landeskirche in Thüringen für die periodische Betreuung von in deren Depot gelagertem Kunstgut oder mit der Stadt Erfurt zur Überlassung von Untersuchungsergebnissen von historischen Fassaden mit dem Verkauf minutiös ausgearbeiteter Farbvorlagen.

149 Zu einer ersten Kooperation mit polnischen Restauratoren kam es bei der Restaurierung der Stuckaturen und der Polychromie im Schloss Güstrow nach 1963 durch ein Team unter Leitung von Frau Ewa Bialas, bedauerlicherweise ohne die Schweriner Werkstatt mit einzubeziehen, was zu erheblichen Auseinandersetzungen führte. Restauratoren der PKZ waren auch ab 1982 mit der Wiederherstellung von Räumen in mehreren Stralsunder Bürgerhäusern tätig, leider fehlen von allen ihren Aktionen die Dokumentationen.

150 Ab den 1970er Jahren standen hin und wieder für Restaurierungszwecke in Sachsen-Anhalt und Thüringen Sondermittel der dem Evangelischen Konsistorium Magdeburg nachgeordneten Klosterkammer zur Verfügung, die für deren vom Staat verwalteten Besitz (Forst, Ländereien) finanzielle Abgaben erhielten und diese u. a. für die Erhaltung des im kirchlichen Besitz befindlichen Kunstguts verwendeten. –Andere Stiftungen, deren Aufgabe die finanzielle Unterstützung spezieller denkmalpflegerischer Aufgaben war (ähnlich der Stiftung Denkmalschutz oder aus Lottomitteln), gab es in der DDR damals nicht.

151 Weitere ausschlaggebende Gesichtspunkte waren bestimmte Vorkenntnisse mit Abschlüssen entweder in den Grundrichtungen Malerei- oder Holztechniken, erworben an Kunstakademien, künstlerischen Fachschulen oder im Handwerk.

152 In Halle betrug das Anfangsgehalt Mitte der 1950er Jahre 252 Mark, das sich mit den Arbeitsjahren und verschiedenen zu erreichenden Gehaltsstufen bis auf etwa 500 Mark erhöhte; dies konnte unter günstigen Umständen nach über fünfjähriger Tätigkeit erreicht werden. Übrigens galt dieser Zeitraum als notwendig für die Ausbildung zum Restaurator, der sich mit der Höhergruppierung dann auch so bezeichnen durfte. –Allerdings ist das geringe Einkommen zu relativieren durch die bis 1958 eingeführten Lebensmittelbezugskarten, welche die Grundnahrungsmittel zu niedrigen Preisen zur Verfügung stellten. Auch das allgemeine Preisniveau, Mieten, Verkehrsmittel, öffentliche Ausgaben waren sehr niedrig.

153 Die Lücken, die durch aus Altersgründen aus dem Berufsleben ausgeschiedene Kollegen/innen entstanden, wurden durch die Absolventen des Hochschulstudiums in Berlin-Weißensee, später in Dresden und des Fachschulstudiums in Potsdam allmählich ausgefüllt, sodass bis 1990 ein ausgewogenes Verhältnis zwischen Personal und Menge der Arbeitsaufgaben bestand – noch ohne die inflationären Tendenzen wie wenige Jahre später auf dem Arbeitsmarkt für Restauratoren in Deutschland, bedingt durch die Vielzahl von Absolventen (Universität, Hochschulen, Fachhochschulen) und weitere Qualifizierungsmöglichkeiten auf dem Gebiet der Denkmalpflege (z. B. Ausbildung zum Restaurator im Handwerk). –Die Absolventen der DDR wurden durch die staatliche Absolventenlenkung an die Institute für Denkmalpflege, Museen und in die Werkstätten des VEB Denkmalpflege mit dreijähriger Arbeitsplatzbindung delegiert, was den Absolventen die Chance bot, unter Anleitung zu arbeiten und Berufserfahrung sammeln zu können. Dazu Timm 1987, S. 91–96; Magirius 1987, S. 89–91 zur Stellung des Restaurators und Kunsthistorikers in der Denkmalpflege.

154 Der »Künstler-Restaurator« gehörte einer Generation an, die teilweise bis in die 1990er Jahre aktiv blieb.

155 Restauratoren aus der Vorkriegszeit waren Kurt Bunge, Otto Stollberg, Max Wottke, Paul Conrad, von denen Anfang der 1950er Jahre Bunge, Wottke und Conrad ausschieden. Neu dazu kamen Konrad Riemann, Georg Brinz, Otto Hermann, Dieter Naethe, ab 1955 Roland Möller, Johannes Voss, Angela Lindörfer.

156 Doerner 1954; Wehlte 1967; Maltechnik – Restauro 1955; Gettens/ Stout 1947; Slánský 1953 und 1956. Die unmittelbar benachbarte Restaurierungswerkstatt des Museums der Vor- und Frühgeschichte bezog die»Arbeitsblätter für Restauratoren«. Auch in den Landesbibliotheken in Halle, Dresden und Weimar waren bis 1961 auch noch jüngere Publikationen und internationale Zeitschriften vorhanden.

157 Es waren neben Konrad Riemann Wolf-Dieter Kunze, Roland Möller, Ingo Sandner und Johannes Voss, zudem der Chemie-Ingenieur Helmut Materna (IfD Halle), Ingo Timm (Märkisches Museum Berlin) sowie Dr. Werner Schade (IfD Berlin), welche über die Geschichte der Restaurierung und Denkmalpflege referierten. –Für den Kollegen Kunze fielen zusätzliche Aufgaben durch die Bereitstellung von Raumkapazitäten und Geräten für die angereisten »Dozenten« an.

158 Im Jahresrhythmus wurden von den jeweiligen Dozenten schriftliche Aufgaben vergeben, über deren Ergebnis dann und nach der Korrektur im folgenden Jahr gesprochen wurde.

159 Nicht das »Drauflosarbeiten« war die Aufgabe, sondern ein kritisches Einschätzen des Mitarbeiters durch sein persönliches Wissens und Könnens, seine Begabung, Geduld, Bereitschaft, durch seine handwerklich-künstlerischen Fähigkeiten und die Fähigkeit, von Mal zu Mal in seiner Tätigkeit Erfahrungen sammeln zu können, wobei ihn der ihm vorgesetzte Werkstattleiter begleitete.

160 Zum Beispiel Reise von R. Möller und J. Voss 1959 nach Süddeutschland zum Studium mittelalterlicher Schnitzplastik und nach München zum Erfahrungsaustausch in der Restaurierungswerkstatt des Bayerischen Landesamtes für Denkmalpflege. –Natürlich war die an die Gehaltsgruppe gebundene Urlaubszeit von 12 Tagen (plus Wochenenden) sehr knapp bemessen, aber bei detailliert für Studienzwecke vorbereiteten Reisen genehmigte der Amtschef wohlwollend und verständnisvoll eine gewisse Verlängerung; diese Tage wurden dann selbstverständlich als unbezahlter Urlaub vom Monatslohn abgezogen.

161 Später gelang das im Zuge der politisch sich verändernden Situation immer seltener, und nur manchmal wurden solche Sendungen durch Intervention der Arbeitsstellenleiter, weil »fachlich unbedingt wichtig«, von den Zollbehörden freigegeben.

162 Die Restaurierungstheorie von Cesare Brandi wurde in den periodisch erscheinenden Bollettino dell'Istituto Centrale del Restauro in den 1950er Jahren abschnittsweise vor seiner zusammenfassenden Publikation Teoria del restauro veröffentlicht. In den Arbeitsblättern für Restauratoren wurden in 24 Sachgruppen separiert aktuelle Funde, Konservierungen und Restaurierungen mit präzisen Angaben zu den angewandten Methoden, Technologien und Materialien anhand von Arbeiten beschrieben, auch die Anwendung und Bewertung neuer Materialien, die in der DDR zu jenem Zeitpunkt nicht erhältlich waren und teilweise erst nach Jahren mit ähnlichen Produkten aus einheimischer Industrie verglichen werden konnten.

163 Ochrona zabytków (Polen), hrsg. v. Ministerium für Kultur und Kunst (Abt. Museen und Denkmalpflege), Warszawa; Památková péče, Organ der und hrsg. von der Tschechischen Denkmalpflege, Prag; Österreichische Zeitschrift für Kunst und Denkmalpflege, hrsg. v. Österreichischen Bundesdenkmalamt, Wien.

164 Das Landesamt für Denkmalpflege Schwerin veröffentlichte 1951/52 einen Band »Denkmalpflege in Mecklenburg«, dem folgten in nummerierter Folge die »Mitteilungen des Institutes für Denkmalpflege« als Nachweis der Tätigkeit an die ehrenamtlichen Vertrauensleute der Bezirke Rostock, Schwerin, Neubrandenburg. Anfangs kam außer der Baudenkmalpflege auch die Bodendenkmalpflege zu Wort (ab 1994 fand die Reihe als »Denkmalschutz und Denkmalpflege« ihre Fortsetzung).

165 Die Zeitschrift Natur und Heimat beinhaltete vor allen in den 1950er Jahren einzelne Berichte über denkmalpflegerische Arbeiten.

166 Neue Museumskunde, hrsg. v. Rat für Museumswesen beim Ministerium für Kultur der DDR unter Mitarbeit des Nationalen Museumsrats der DDR, Berlin.

167 Abhandlungen des Staatlichen Museums für Mineralogie und Geologie zu Dresden, hrsg. v. Dr. G. Mathé, Deutscher Verlag für Grundstoffindustrie Leipzig. – Farbe und Raum. Zeitschrift für Anstrichtechnologie, Farb- und Oberflächengestaltung, hrsg. v. Verlag für Bauwesen, Berlin. Bildende Kunst, hrsg. v. Verband Bildender Künstler der DDR, Berlin.

168 Mit dem Gebot der konservatorischen Sicherheit kam es im Jahre 1980 zu der vielbeachteten Ausstellung »Restaurierte Kunstwerke« in der DDR, in der anhand der ausgestellten Objekte und begleitet von einer alle Sachgebiete umfassenden Publikation eine anschauliche und vielfältige Übersicht über Konservierungs- und Restaurierungsmaßnahmen durch die Restaurierungsateliers der Denkmalpflege, einzelne Museen und freiberuflich tätige Restauratoren erfolgte. – Zwar veröffentlichte ab den 1970erJahren das Institut für Denkmalpflege im Auftrag des Ministeriums für Kultur der DDR, der Gesellschaft des Kulturbundes der DDR und des ICOMOS-Nationalkomitees der DDR periodisch Hefte zur »Denkmalpflege in der DDR«, deren Beiträge aber im Wesentlichen über Baudenkmalpflege berichteten. –Durch Restauratoren verfasste exemplarische Beiträge werden nach Sachgruppen gegliedert im Folgenden benannt: Skulpturen und Bildwerke aus Holz: Dreier 1975, S. 277–284; Hornemann 1984, S. 64–70; Kunze 1984 (a),Ausstellungstext; 1987, S. 224–235; 1995, S. 96–107; Matthes 1989, S. 106-115; Möller, A. 1980, S. 112–115; 1987, S. 22–31; Spiller 1975, S. 271–277; Vöhringer 1982, S. 95–103; Voss 1981, S. 452–460; 1982 (a), S. 482–493; Wolter 1975, S. 257–270. –Bildwerke aus Stuck: Krohner 1980, 1982 (a), S. 14–19; 1982 (b), S. 20–22. –Architekturfassung, und Wandmalerei: Riemann 1980, S. 224–226. Lewecke/Hofmann/Sassermann 1980, S. 244–243; 1980, S. 248–250. Helas/Schulz/Riedel u.a.1980, S. 246- 248. Hermann 1989, S. 28–35. –Papier und Druckerzeugnisse: Eckhard 1980, S. 344–353.

169 In einzelnen Fällen führte das zur unkomplizierten und raschen Zusammenarbeit bei speziellen Analysen oder in der Beschaffung bestimmter Geräte z. B. in Betrieben wie dem VEB Zeiss und Schott in Jena, wo spezielle optische Teile wie Mikroskopzubehör oder Aufnahmefilter angefertigt und rasch geliefert wurden.

170 Um nur einige zu nennen: 3. Bezirksfachtagung Denkmalpflege zum Thema »Der Naturstein in der Denkmalpflege«, Leipzig 1981; Gesellschaft für Geologische Wissenschaften der DDR, Thema »Aspekte der Beziehungen zwischen Geologie und Vorgeschichte, Archäologie und Denkmalpflege«, Leipzig 1983; 11. Seminar der Zentralen Arbeitsgruppe Architektur und bildende Kunst, Thema »Farbe in der Stadt«, Gera 1979 oder z. B. in der TU Dresden oder dem Geologischen Dienst Jena. Ebenso die Mitarbeit bei Ausstellungen über Denkmalpflege und restaurierte Kunstschätze in einzelnen Bezirken, z. B. in Eisenach 1979 oder Frankfurt/Oder 1984.

171 Die kleineren Auszeichnungen verliehen die Leiter der Arbeitsstelle in Verbindung mit der Gewerkschaftsleitung, die höheren Orden übergaben Vertreter der Abteilung Kultur bei den zuständigen Räten der Bezirke und die höchsten wurden anlässlich von zentralen Veranstaltungen zentral in Berlin überreicht.

172 Es handelt sich um Kollegen mit Abschluss an einer Kunstgewerbe- oder Kunsthochschule, die gelegentlich (aus Überlebensgründen) auch in der Restaurierung tätig waren.

173 Vgl. dazu die zuvor genannten Publikationen im Katalog »Restaurierte Kunstwerke« oder in »Beiträge zur Erhaltung von Kunstwerken« 1–4, 1982–1990. Ihnen lagen in der Regel Vorträge zugrunde, die anlässlich von Tagungen der Sektion Restauratoren im VBK/DDR gehalten wurden sowie zahlreiche Aufsätze in diversen Fachzeitschriften.

174 Vgl. Denkmale in Thüringen 1973, S. 172–184; Denkmale in Sachsen-Anhalt 1983, S. 411–422. Ferner zu Einzelaspekten der Steinkonservierung: Beeger 1976, S. 1–12; 1988, S. 7–13, 28–31, 61–69, 129–137; 1988 (b), S. 21–31; 1988 (d), S. 61–69; Fiedler 1988, S. 71–78. Goralczyk 1988, S. 47–59. Kiesewetter 1988, S. 35–45. Klaua 1988, S. 15–20. Lang, 1978, S. 424–427; 1980 (b), S. 18–23; 1981, S. 275–277; 1988, S. 83–93; Lang/Scheidemann/Staemmler 1989, S. 115–129. Materna 1983, S. 411–422; 1988, S. 71–82; Materna/Lang/Kiesewetter 1990, S. 251–257. Kiesewetter/Beeger 1990, S. 33–45. Möller 1977, S. 31–38; 1981, S. 19–27; 1983 (b), S. 50/51; 1988, S. 99–127.

175 Das Technikkomitee bestand aus dem Leiter der Arbeitsstelle für Glasmalereiforschung und des Technischen Komitees des CVMA in der DDR im IfD Berlin Dr. habil. Erhard Drachenberg, Dr. Wolfgang Müller, Zentralinstitut für Anorganische Chemie an der Akademie der Wissenschaften der DDR und dem Werkstattleiter, Hauptkonservator Roland Möller, IfD Arbeitsstelle Erfurt.

176 Die jährlichen Tagungen fanden in der Regel im Schloss Friedrichsfelde in Berlin statt, die Vorträge wurden nicht veröffentlicht, es gab nur Ergebnisprotokolle.

177 Der Katalog »Mittelalterliche Glasmalerei in der Deutschen Demokratischen Republik, 1989« informiert über das inhaltliche Anliegen, die gezeigten Glasgemälde mit Literaturangaben. Weitere Beiträge über Glasmalerei und deren Erhaltung durch Werkstattleiter des IfD siehe Anm. 117, 118; Möller 1989, S. 101–113.

178 Riemann 1970, S. 15–24.

179 Siehe Anm. 159.

180 Beispielsweise Möller und Voss 1966: Im Zusammenhang der Restaurierung der Schwind-Fresken auf der Wartburg hielten sich beide zur Aneignung bestimmter Konservierungsmethoden mit neuen Materialien mehrere Wochen in den Restaurierungswerkstätten der Landesämter für Denkmalpflege im Rheinland (Bonn) und Westfalen (Münster) auf. – Reisen aus ähnlichen Gründen in die benachbarten östlichen Länder wurden ebenfalls, wenn fachlich gut begründet oder bei entsprechenden Einladungen, gestattet.

181 Allgemeine Praktiken waren Absagen seitens der vorgesetzten Dienststellen, begründet mit Krankheit, familiären Problemen, zu kurzen Fristen in der Visa-Bearbeitung u. ä. – Im Falle R. Möller wurde vor seiner Reise zur Teilnahme an Kolloquien in England oder Algerien (mit vorbereiteten Vorträgen) auf dem Flugplatz in Berlin-Schönfeld mitgeteilt, dass es Probleme mit den Visa gäbe, der jeweilige Vortrag aber zu übergeben sei, um von anderen Teilnehmern (aus der DDR) vorgelesen zu werden – selbstverständlich wurde dieses Ansinnen abgelehnt.

182 In der Regel Kollegen, Mitglieder der SED, die vermutlich als »linientreu« galten und bei denen keine Fluchtgefahr aus der DDR bestand (die anderen damit unterstellt wurde). Die offensichtliche (nur teilweise begründete) Angst zur Republikflucht von Personen im öffentlichen Einrichtungen, auch Restauratoren, war u. a. Grund für untersagte Reisen zu Fachveranstaltungen in das »kapitalistische Ausland«. Für die Einstufung als »Reisekader« gab es bestimmte politisch motivierte Kriterien.

183 Beispielsweise R. Möller zu Kolloquien über Wandmalerei- und Steinkonservierung 1978 im Westfälischen Amt für Denkmalpflege Münster, 1979, in Farnhelm (England), 1980 in Tassili (Algerien); oder J. Voss zum Kolloquium zur Restaurierung des Hochaltars in der Stadtkirche zu Schwabach 1981. Andererseits gab es für R. Möller bezüglich seines viermonatigen Studienaufenthaltes/Teilnahme am Wandmalereikurs des International Centre for Conservation in Rom 1975 (ICCROM) kei-

ne Auflagen oder Repressalien, wenngleich dann 1978 nach einer Teilnahme mit Vortrag anlässlich der internationalen Tagung über Steinkonservierung in Wien bis 1986 überhaupt keine Reisen und Vorträge mehr außerhalb der DDR gestattet wurden. Ausnahme blieb – mit kommerziellem Hintergrund – 1984 eine gutachterliche Tätigkeit für das LDA Niedersachsen in der Burg Dankwarderode in Braunschweig.

184 Nicht mitgeteilt wurden zum Beispiel Einladungen vom Allunionsinstitut für Restaurierung Moskau 1981 zu der in Tblissi (Georgien) veranstalteten Tagung über die Konservierung von Wandmalereien oder zum gleichen Thema vom ICOMOS 1982 in Bukarest (Rumänien); zu beiden Veranstaltungen entsandte man völlig andere, in der Fachthematik nicht unbedingt kompetentere Kollegen.

185 Beispielsweise konnte anlässlich der in Köln 1978 durchgeführten Ausstellung von europäischem Rang »Die Parler und der Schöne Stil 1350–1450« W.-D. Kunze von der Arbeitsstelle Berlin des IfD den Transport bedeutender Kunstwerke begleiten, andererseits J. Voss, Arbeitsstelle Schwerin, ebenfalls wichtige restaurierte Objekte ohne Begründung nicht. –Zu einer gewissen Aufweichung der Reisebeschränkungen kam es Anfang der 1980er Jahre, so durfte 1983 der Diplom-Restaurator Arndt Kiesewetter von der Arbeitsstelle Dresden an dem mehrmonatigen ICCROM-Kurs für Steinkonservierung in Venedig teilnehmen.

186 Allerdings gab es ab den 1980er Jahren für freiberufliche Restauratoren bessere Möglichkeiten zu Studienreisen oder zur Teilnahme an Tagungen in der Bundesrepublik und im westlichen Ausland, die von der Künstleragentur auch zur Beschaffung von Devisen organisiert wurde, sofern die einladende Personen oder Institution die Reise- und Unterhaltskosten übernahm.

187 Namen der wichtigsten Kollegen und Institutionen außerhalb der DDR: Belgien: l'Institut royal du Patrimoine artistique Brüssel. Bulgarien: Kontakte zu Restauratoren der Denkmalpflege in Sofia, ab1967 Austausch zur Mitarbeit an Wandmalereien in Nessebar, dann 1969/70 im Magdeburger Dom, Redekinkapelle, mit Damian Saberski. Bundesrepublik Deutschland: Christian Wolters, Bayerische Staatsgemäldesammlungen München. Johannes Taubert, Fritz Buchenrieder, Klaus Endemann, Bayerisches Landesamt für Denkmalpflege. Hermann Kühn, Laboratorium des Doernerinstituts München. Wolfhart Glaise, Ernst Willemsen, Rheinisches Landesamt für Denkmalpflege Bonn. Kurt Schmidt-Thomsen, Westfälisches Landesamt für Denkmalpflege Münster. Jugoslawien (Serbien): Anika Zkovran, Konservatorin am Nationalmuseum Belgrad. Österreich: Helmut Kortan, Meisterschule für Konservierung und Technologie der Akademie der Bildenden Künste Wien; Ernst Bacher, Manfred Koller, Gertrud Tripp, Josef Zykan, Österreichisches Bundesdenkmalamt Wien. Polen: Janusz Lehmann, Laboratorium des Nationalmuseums Poznan. Leonard Thorwirt, Wieslaw Domaslowski, Kopernikus-Universität Torun, Lehrstuhl für Restaurierung und Laboratorium. Bohdan Marconi, Akademie der Bildenden Künste und Atelierleiter der Werkstätten der PKZ in Warschau. Rudolf Koszlowski, Leiter der Restaurierungswerkstätten des Wawels in Kraków. Władysław Ślesinski, Akademie der Künste, Abt. Restaurierung in Kraków. Schweden: Peter Tangeberg, Nationalmuseum Stockholm. Tschechoslowakei: Mojmír Hamsík, Leiter der Restaurierungsabteilung im Nationalmuseum auf dem Hradschin in Prag. Bohuslav Slánský, Abteilung Restaurierung an der Akademie der Künste Prag. Ludvil Losos, Chemiker am Laboratorium der tschechischen Denkmalpflege in Prag. UdSSR (Russland): Direktor Gorin, Allunionsinstitut für Konservierung und Restaurierung Moskau.

Literatur

Es werden nur von Mitarbeitern und Restauratoren der Arbeitsstellen des IfD oder im Auftrag der Denkmalpflege von freiberuflichen Restauratoren bis 1990 verfasste wesentliche Beiträge aufgeführt, ausnahmsweise auch ältere, sofern deren Bezug zu dieser Thematik relevant ist, und nach 1990 solche, die die Entwicklung und Leistungen der Werkstätten zum Inhalt haben.

Abel, Eva-Maria u. a.: Kirchliche Werkstätten für Restaurierungen in Erfurt – zu ihrer Geschichte und Wirksamkeit, in: Beiträge zur Erhaltung von Kunstwerken 5, hrsg. v. Zentrale Arbeitsgruppe Restauratoren im VBK/DDR, Berlin 1993, S. 110–118.

Abhandlungen des Staatlichen Museums für Mineralogie und Geologie zu Dresden, hrsg. v. G. Mathé, Leipzig 1988.

Arbeitsblätter für Restauratoren, hrsg. v. Arbeitsgemeinschaft des technischen Museumspersonals (ATM) Trier und dem Römisch-Germanischen Zentralmuseum Mainz, Mainz, ab 1968.

Bachmann, Walter: Das Imprägnieren wurmkranker Hölzer, in: Zeitschrift für Denkmalpflege I (1926/27), S. 153–157.

Baier, Gerd/Voss, Johannes: Zur Rekonstruktion der mittelalterlichen Farbigkeit der Klosterkirche Doberan, in: Farbe und Raum 37 (1983) 8, S. 16–22.

Baier, Gerd/Voss, Johannes: Zur wiederentdeckten Ausmalung eines Turmkabinetts im Güstrower Schloß, in: Mitteilungen des IfD, Arbeitsstelle Schwerin, Nr. 22, 1973, S. 212–242.

Baier, Gerd: Restaurierung großer Kirchenbauten, in: Denkmale in Mecklenburg, Weimar 1976, S. 193–227.

Baier, Gerd: Ziele und Methodik der Restaurierung von Wandmalerei, in: Baudenkmalpflege. Beiträge zur Methodik und Technologie, hrsg. v. Institut für Denkmalpflege, Berlin 1990, S. 135–145.

Beeger, Dieter: Dekorationsgesteine in der Architektur Sachsens vom 11. Jahrhundert bis zur Renaissance, in: Geologie und Denkmalpflege. Beiträge zur Verwendung, Verwitterung und Konservierung von Gesteinen in Architektur und Plastik der DDR (= Abhandlungen des Staatlichen Museums für Mineralogie und Geologie Dresden, Band 35), Dresden/Leipzig 1988 (a), S. 7–13.

Beeger, Dieter: Steininventar und Verwitterungsschäden an der Südfassade der Stadtkirche St. Marien in Zwickau, in: Geologie und Denkmalpflege. Beiträge zur Verwendung, Verwitterung und Konservierung von Gesteinen in Architektur und Plastik der DDR (= Abhandlungen des Staatlichen Museums für Mineralogie und Geologie Dresden, Band 35), Dresden/Leipzig 1988 (b), S. 21–31.

Beeger, Dieter: Steinkonservierung in der Denkmalpflege der DDR, unter Mitarbeit von Helmut Materna, Roland Möller und Egmar Ponndorf, in: Abhandlungen des Staatlichen Museums für Mineralogie und Geologie Dresden, Band 25, 1976, S. 1–12.

Beeger, Dieter: Zur Dokumentation der in der Architektur und Plastik verwendeten Gesteinsarten und der auftretenden Verwitterungsformen, in: Geologie und Denkmalpflege. Beiträge zur Verwendung, Verwitterung und Konservierung von Gesteinen in Architektur und Plastik der DDR (= Abhandlungen des Staatlichen Museums für Mineralogie und Geologie Dresden, Band 35), Dresden/Leipzig 1988 (c), S. 129–137.

Beeger, Dieter/Bleck, Rolf-Dieter/Kühne, Ellen: Verwendung, Zerfall und Konservierung von Naturstein in Architektur und Plastik 1975–1985 (Bibliographie der im Zeitraum von 1975 bis 1985 erschienen Veröffentlichungen), hrsg. v. Staatliches Museum für Mineralogie und Geologie Dresden, 1988 (d).

Beeger, Dieter/Materna, Helmut: Zum Stand und der Erhaltung des Sandsteinskulpturenschmuckes auf der Dachbalustrade des Museums für Deutsche Geschichte in Berlin, in: Geologie und Denkmalpflege. Beiträge zur Verwendung, Verwitterung und Konservierung von Gesteinen in Architektur und Plastik der DDR (= Abhandlungen des Staatlichen Museums für Mineralogie und Geologie Dresden, Band 35), Dresden/Leipzig 1988 (e), S. 61–69.

Berger, Hans: Denkmale in Sachsen-Anhalt, in: Denkmale in Sachsen-Anhalt, Weimar 1983, S. 11–56.

Bildende Kunst – Zeitschrift für Malerei, Plastik, Grafik, Kunsthandwerk und Industrieformgestaltung, hrsg. v. Verband Bildender Künstler der DDR, Berlin.

Bollettino dell'Istituto Centrale del Restauro, hrsg. v. Istituto poligrafico dello Stato, Rom.

Brachert, Thomas: Gemäldepflege, Ravensburg 1955.

Brandi, Cesare: Teoria del Restauro, Rom 1963.

Bünsche, Bernd: Fugensicherung und Stabilisierung an mittelalterlichen Holztafelbildern, in: Beiträge zur Erhaltung von Kunstwerken 2, hrsg. v. Zentrale Arbeitsgruppe Restauratoren im VBK/DDR, Berlin1984, S. 70–75.

Bünsche, Bernd: Zum Umgang mit Bildträgern auf Holz, in: Sandner, Ingo: Konservierung von Gemälden und Holzskulpturen, mit Bernd Bünsche, Gisela Meier, Hans-Peter Schramm und Johannes Voss, Berlin 1990 (Holzbestimmung S. 203–206; Holztafeln und Holzskulpturen S. 207–224; Konservierung des Bildträgers auf Holz S. 287–306).

Bünsche, Bernd: Zum Umgang mit Holztafelbildern, in Sandner, Ingo: Konservierung von Gemälden und Holzskulpturen, mit Bernd Bünsche, Gisela Meier, Hans-Peter Schramm und Johannes Voss, Berlin 1990 (Verleimung von Holztafelbildern und Holzskulpturen S. 307; Planierung von Holztafelbildern S. 312; Druckroste und Stützrahmen S. 316; Parkettierung S. 316; Holztafelbildübertragungen S. 321–329).

Carità, Roberto: Pratica della parchettatura, in: Bollettino dell'Istituto del Restauro 27/28 (1956), S. 101–131.

Christliche Kunst im Kulturerbe der Deutschen Demokratischen Republik, hrsg. v. Hauptvorstand der Christlich-Demokratischen Union Deutschlands in Zusammenarbeit mit dem Institut für Denkmalpflege, Berlin 1982.

CV News Letter, hrsg. v. Comité Technique du Corpus Vitrearum, Romont (CH).

Deiters, Ludwig: Geleitwort, in: Restaurierte Kunstwerke in der Deutschen Demokratischen Republik, Ausst.kat., hrsg. v. VBK/DDR, Berlin 1980, S. 6–10.

Denkmale in Berlin und in der Mark Brandenburg (= Schriften zur Denkmalpflege in der Deutschen Demokratischen Republik), hrsg. v. Institut für Denkmalpflege, Berlin 1987.

Denkmale in Mecklenburg (= Schriften zur Denkmalpflege in der Deutschen Demokratischen Republik), hrsg. v. Institut für Denkmalpflege, Berlin 1976.

Denkmale in Sachsen (= Schriften zur Denkmalpflege in der Deutschen Demokratischen Republik), hrsg. v. Institut für Denkmalpflege, Berlin 1978.

Denkmale in Sachsen-Anhalt (= Schriften zur Denkmalpflege in der Deutschen Demokratischen Republik), hrsg. v. Institut für Denkmalpflege, Berlin 1983.

Denkmale in Thüringen (= Schriften zur Denkmalpflege in der Deutschen Demokratischen Republik), hrsg. v. Institut für Denkmalpflege, Berlin1973.

Denkmalpflege in Thüringen, Ausstellungsführer zur Ausstellung, hrsg. v. Wartburg-Stiftung Eisenach und IfD, Arbeitsstelle Erfurt, 1980, S. 18, 49–54.

Die Schwind-Fresken auf der Wartburg – ein interdisziplinäres Forschungsprojekt zu ihrer Erhaltung, hrsg. v. Thüringischen Landesamt für Denkmalpflege (Landeskonservator Prof. Rudolf Zießler und Wartburg-Stiftung Eisenach, Burghauptmann Günter Schuchardt), Bad Homburg/Leipzig 1998.

Doerner, Max: Malmaterial und seine Verwendung im Bilde, hrsg. v. Toni Roth und Richard Jacobi, 10. Aufl., Stuttgart 1954.

Drachenberg, Erhard/Müller, Wolfgang. Mittelalterliche Glasmalerei, in: Baudenkmalpflege. Beiträge zur Methodik und Technologie, hrsg. v. Institut für Denkmalpflege, Berlin 1990, S. 197–211.

Drachenberg, Erhard: Geschichte, Zustand und Sicherung der mittelalterlichen Glasmalerei im Erfurter Dom, zus. m. Roland Möller und Wolfgang Müller, in: News Letter, 31/32, 1980 (a).

Drachenberg, Erhard: Glasmalerei, in: Restaurierte Kunstwerke in der Deutschen Demokratischen Republik, Ausst.kat., hrsg. v. VBK/DDR, Berlin 1980 (a), S. 255–257.

Dreyer, Vollrat: Die Restaurierung der Doberaner Dorotheentafel, in: Mitteilungen des IfD, Arbeitsstelle Schwerin, Nr. 23, 1975, S. 277–284.

Eckardt, Helmut: Graphik, Buch, in: Restaurierte Kunstwerke in der Deutschen Demokratischen Republik, Ausst.kat, hrsg. VBK/DDR, Berlin 1979, S. 344–353.

Emmenegger, Oskar/Möller, Roland/Pursche, Jürgen: Wandmalereitechnologie und -Schäden, in: BMFT-Forschungsprojekte (= 8. Arbeitsheft zur Denkmalpflege in Niedersachsen), Hannover 1990, S. 76–81.

Fachtagung zum 75-jährigen Bestehen der Restaurierungswerkstatt am Landesamt für Denkmalpflege Sachsen-Anhalt. PDF-Datei, hrsg. v. v. Landesamt für Denkmalpflege und Archäologie Sachsen-Anhalt, 2004.

Farbe und Raum. Zeitschrift für Anstrichtechnologie, Farb- und Oberflächengestaltung, hrsg. v. Verlag für Bauwesen Berlin. Heft 8, 1977 mit dem Schwerpunkt Denkmalpflege.

Fiedler, Gerhard: Die Trierer Prophetenstatuen in der Skulpturensammlung der Staatlichen Museen Berlin und ihre Restaurierung, Mitarb.: D. Beeger, H. Materna und R. Möller, kunsthistorische Einführung von E. Fründ, in: Geologie und Denkmalpflege. Beiträge zur Verwendung, Verwitterung und Konservierung von Gesteinen in Architektur und Plastik der DDR (= Abhandlungen des Staatlichen Museums für Mineralogie und Geologie Dresden, Band 35), Dresden/Leipzig 1988, S. 71–78.

Geologie und Denkmalpflege. Beiträge zur Verwendung, Verwitterung und Konservierung von Gesteinen in Architektur und Plastik der DDR (= Abhandlungen des Staatlichen Museums für Mineralogie und Geologie Dresden Band 35), Dresden-Leipzig 1988.

Gettens/Rutherford/Stout: George Painting materials, New York 1942, 4. Aufl., 1947.

Giesau, Hermann: Wiederherstellung von Baudenkmälern der Provinz Sachsen, in: Jahrbuch der Denkmalpflege in der Provinz Sachsen und in Anhalt, 1933/34, S. 122–128.

Goern, Hermann: Die Kirche in Plößnitz und die Erneuerung ihrer Denkmale, in: Jahrbuch für Denkmalpflege in der Provinz Sachen und in Anhalt 1937/38, hrsg. v. Hermann Giesau und Ludwig Grote im Auftrage der Provinzial-Denkmäler-Kommission, Burg b. M., 1938, S. 33–41.

Goralczyk, Peter/Beeger, Dieter/Materna, Helmut: Zur Verwitterung von Skulpturen aus Carrara-Marmor (Schlossbrückenskulpturen und Humboldt-Denkmale in Berlin), unter Mitarbeit von J. Klimes, in: Geologie und Denkmalpflege. Beiträge zur Verwendung, Verwitterung und Konservierung von Gesteinen in Architektur und Plastik der DDR (= Abhandlungen des Staatlichen Museums für Mineralogie und Geologie Dresden Band 35), Dresden/Leipzig 1988, S. 47–59.

Gronau, Hans-Joachim/Timm, Ingo: Bildträger, in: Restaurierte Kunstwerke in der Deutschen Demokratischen Republik, Ausst.kat., hrsg. v. VBK/DDR, 1980, S. 17–27: Holztafelbilder, Leinwandbilder, Pappe (Hartfaserpappe), Sperrholz, Metalltafeln, Schiefertafeln; konservatorische Probleme und restauratorische Maßnahmen (Grundierung und Farbschichten, dieGemälderetusche, Maltechnische Ausführung der Retusche, der Schlussfirnis, Firnisschäden und ihre Behebung); Naturwissenschaftliche Methoden zur Untersuchung von Gemälden.

Grunert, Siegfried: Eine Theorie zu der an Marmorskulpturen beobachteten Innenverwitterung, in: Geologie und Denkmalpflege. Beiträge zur Verwendung, Verwitterung und Konservierung von Gesteinen in Architektur und Plastik der DDR (= Abhandlungen des Staatlichen Museums für Mineralogie und Geologie Dresden Band 35), Dresden/Leipzig 1988, S. 95–98.

Hansbach, Ellen: Gespräche mit dem Restaurator Wolf-Dieter Kunze, Seminararbeit an der HfBK Dresden, 2005.

Happach, Friederike: Beobachtungen zur Technik der Reliefstickerei an zwei Kaselkreuzen des 16. Jahrhunderts in Halberstadt, in: Beiträge zur Erhaltung von Kunstwerken 2, hrsg. v. Zentrale Arbeitsgruppe Restauratoren im VBK/DDR, Berlin1984, S. 84–91.

Happach, Friederike: Seidenwirkereien des 14. Jahrhunderts an Bursen und einer Mitra aus den Domschätzen Halberstadt und Quedlinburg, in: Beiträge zur Erhaltung von Kunstwerken 4, hrsg. v. Zentrale Arbeitsgruppe Restauratoren im VBK/DDR, Berlin1989, S. 55–63.

Happach, Friederike: Textilien, in: Restaurierte Kunstwerke in der Deutschen Demokratischen Republik, Ausst.kat., hrsg. v. VBK/DDR, 1980, S. 300–305.

Happach, Friederike: Zur Restaurierung und Pflege mittelalterlicher Textilien, in: Denkmale in Sachsen Anhalt, 1983, S. 381–410.

Heese, Alfred/Ruscher, Christian: Die Freilegung eines Gemäldes aus der Cranachwerkstatt, in: Natur und Heimat 10 (1953), S. 295/296.

Helas, Helmar/Schulz, Matthias/Riedel, Hans u. a.: Katholische Hofkirche Dresden, in: Restaurierte Kunstwerke in der Deutschen Demokratischen Republik, Ausst.kat., hrsg. v. VBK/DDR, Berlin 1980, S. 246–248.

Hermann, Gunter: Die simultane Darstellung mehrerer zeitlich unterschiedlicher Raumfassungen und Bildprogramme in der Kirche zu Lübsee/Kreis Grevesmühlen, in: Beiträge zur Erhaltung von Kunstwerken 4, hrsg. v. Zentrale Arbeitsgruppe Restauratoren im VBK/DDR, Berlin 1989, S. 28–35.

Hofmann, Frieder: Anmerkungen zu Stuccolustroarbeiten, in: Beiträge zur Erhaltung von Kunstwerken 4, hrsg. v. Zentrale Arbeitsgruppe Restauratoren im VBK/DDR, Berlin 1989, S. 39–43.

Hofmann, Frieder: Die Wiederherstellung des Schlosses Friedrichsfelde aus der Sicht des Restaurators, in: Beiträge zur Erhaltung von Kunstwerken 1, hrsg. v. Zentrale Arbeitsgruppe Restauratoren im VBK/DDR, Berlin 1982, S. 60–66.

Hornemann, Albert: Zur Restaurierung des spätgotischen Flügelaltars zu Kerspleben – Probleme, Kompromisse, Lösungen, in: Beiträge zur Erhaltung von Kunstwerken 2, hrsg. v. Zentrale Arbeitsgruppe Restauratoren im VBK/DDR, Berlin1984, S. 64–70.

Hütter, Elisabeth/Magirius, Heinrich: Der Wechselburger Lettner, Weimar 1983, insbesondere Abschnitt 5: Ergebnisse der Farbuntersuchungen, S. 166–183.

Hütter, Elisabeth/Möller, Roland: Architekturfarbigkeit (Außenfarbigkeit, Innenräume), in: Restaurierte Kunstwerke in der Deutschen Demokratischen Republik, Ausst.kat., hrsg. v. VBK/DDR, Berlin 1980, S. 173–180.

Hütter, Elisabeth: Die Restaurierungswerkstatt am Dom zu Meißen – ein Bericht, in: Denkmalpflege in Sachsen 1894–1994, 1. Teil, hrsg. v. Landesamt für Denkmalpflege in Sachsen, Weimar 1997, S. 97–100.

Hütter, Elisabeth: Untersuchungen zur Polychromie an der Goldenen Pforte, in: Elisabeth Hütter und Heinrich Magirius, Studien zur Goldenen Pforte am Dom zu Freiberg. Kunst des Mittelalters in Sachsen – Festschrift Wolf Schubert, hrsg. v. E. Hütter, F. Löffler und H. Magirius, Weimar 1967, S. 222–235.

Jahrbuch der Denkmalpflege in der Provinz Sachen und in Anhalt, hrsg. v. Hermann Giesau und Ludwig Grote im Auftrage der Provinzial-Denkmäler-Kommission, Burg b. Magdeburg, ab 1931.

Jantsch, Carl: Die Behandlung alter wurmzerstörter Holzschnitzereien und Malereien auf Holz, in: Deutsche Kunst- und Denkmalpflege 8, 1934, S. 119–122.

Jeitner, Christa-Maria: Beobachtungen am Brandenburger Hungertuch, in: Beiträge zur Erhaltung von Kunstwerken 3, hrsg. v. Zentrale Arbeitsgruppe Restauratoren im VBK/DDR, Berlin 1987 (a), S. 81–85.

Jeitner, Christa-Maria: Gemusterte Seidenstoffe bis zur Mitte des 15. Jahrhunderts im Brandenburger Domschatz, in: Denkmale in Berlin und in der Mark Brandenburg, Weimar 1987 (b), S. 188–210.

Kaiser, Gerhard/Möller, Roland: Die Reglerkirche zu Erfurt (= Kleine Kunstführer Nr. 2332), Regensburg 1998, S. 24–27.

Kaiser, Gerhard/Möller, Roland: Erfurter Bürgerhausfassaden der Renaissance – Zur Wiederherstellung der Einheit von Schmuckform und Farbigkeit, in: Denkmale in Thüringen, Weimar 1973, S. 94–129.

Kaiser, Gerhard/Möller, Roland: Restaurierung von Farbfassungen am Außenbau, in: Baudenkmalpflege. Beiträge zur Methodik und Technologie, hrsg. v. Institut für Denkmalpflege, Berlin 1990, S. 146–166.

Kelm, Christine: Geschichte der Restaurierung in Sachsen. Vortrag an der HfBK Dresden, 2007.

Kestel, Jörg: Leben und Werk des sächsischen Restaurators Otto Puckelwartz (1876–1938). Zur Geschichte der Restaurierungswerkstatt des Landesamtes für Denkmalpflege Sachsen, in: Denkmalpflege in Sachsen, 1998, S. 84–95.

Kiesewetter, Arnd/Beeger, Dieter: Der Totentanz vom ehemaligen Georgentor des Dresdener Schlosses, in: Geologie und Denkmalpflege. Beiträge zur Verwendung, Verwitterung und Konservierung von Gesteinen in Architektur und Plastik der DDR (= Abhandlungen des Staatlichen Museums für Mineralogie und Geologie Dresden, Band 35), Dresden/Leipzig 1988, S. 33–45.

Kiesewetter, Arnd/Materna, Helmut: Tendenzen und Probleme der Natursteinkonservierung, in: Baudenkmalpflege. Beiträge zur Methodik und Technologie, hrsg. v. Institut für Denkmalpflege, Berlin 1990, S. 237–244.

Kiesewetter, Arnd: Aspekte und Tendenzen der Steinkonservierung. Eindrücke vom V. UNESCO-Kurs zur Erhaltung und Behandlung von Stein in Venedig, in: Beiträge zur Erhaltung von Kunstwerken 2, hrsg. v. Zentrale Arbeitsgruppe Restauratoren im VBK/DDR, Berlin 1984, S. 101–103.

Klaua, Dieter: Dekorationsgesteine an romanischen Burgen Thüringens und ihre Herkunft, in: Geologie und Denkmalpflege. Beiträge zur Verwendung, Verwitterung und Konservierung von Gesteinen in Architektur und Plastik der DDR (= Abhandlungen des Staatlichen Museums für Mineralogie und Geologie Dresden, Band 35), Dresden/Leipzig 1988, S. 15–20.

Kobler, Friedrich/Koller, Manfred: Farbigkeit der Architektur, in: Reallexikon zur deutschen Kunstgeschichte, Band 7, München 1974/75, Spalte 174–428.

Kreisel, Heinrich: Die Farbgebung des Äußeren alter Bauwerke, in: Deutsche Kunst und Denkmalpflege (1963), S. 111–136.

Krohner, Anita: Die stuckierten Chorschranken in der Klosterkirche zu Hamersleben, in: Beiträge zur Erhaltung von Kunstwerken 1, hrsg. v. Zentrale Arbeitsgruppe Restauratoren im VBK/DDR, Berlin1982 (a), S. 14–19.

Krohner, Anita: Farbuntersuchung an der Stuckempore zu Gröningen, in: Beiträge zur Erhaltung von Kunstwerken 1, hrsg. v. Zentrale Arbeitsgruppe Restauratoren im VBK/DDR, Berlin 1982 (b), S. 20–22.

Krohner, Anita: Untersuchung eines Tafelbildes, in: Bildende Kunst 3 (1980), S. 119–121.

Kunze, Wolf-Dieter: Das Rathaus zu Frankfurt/Oder – Ein Beitrag zur Technologie der Abfärbung gotischer Backsteinfassaden. In Beiträge zur Erhaltung von Kunstwerken 1, hrsg. v. Zentrale Arbeitsgruppe Restauratoren im VBK/DDR, Berlin 1982, S. 67–78.

Kunze, Wolf-Dieter: Das Tafelbild Maria mit dem Kind, in: Restaurierte Kunstschätze des Bezirks Frankfurt/Oder. Ausstellung über die Arbeit des Instituts für Denkmalpflege Berlin, Frankfurt/O. 1984 (a).

Kunze, Wolf-Dieter: Der Frankfurter Marienaltar und die Geschichte seiner Restaurierungen, in: Beiträge zur Erhaltung von Kunstwerken 3, hrsg. v. Zentrale Arbeitsgruppe Restauratoren im VBK/DDR, Berlin 1987 (a), S. 42–51.

Kunze, Wolf-Dieter: Kunst, Geschichte und Naturwissenschaft. Erfahrungen und Erkenntnisse eines Restaurators, in: Beiträge zur Erhaltung von Kunstwerken 2, hrsg. v. Zentrale Arbeitsgruppe Restauratoren im VBK/DDR, Berlin 1995, S. 96-107.

Kunze, Wolf-Dieter: Restaurierung einer Leinwandtapete, in: Beiträge zur Erhaltung von Kunstwerken 2, hrsg. v. Zentrale Arbeitsgruppe Restauratoren im VBK/DDR, Berlin 1984 (b), S. 43–48.

Kunze, Wolf-Dieter: Vier restaurierte Renaissance-Altäre, in: Denkmale in Berlin und in der Mark Brandenburg, hrsg. v. Institut für Denkmalpflege Berlin, Weimar 1987 (b), S. 224–235.

Labahn, Friederike/Ottweiler, Wibke: Der historische Bestand der Restaurierungswerkstatt am Landesamt für Denkmalpflege und Archäologie Sachsen-Anhalt – Erfassung und Erschließung, Seminararbeit Hochschule für Bildende Künste Dresden, 2009.

Landmann, Helge: Bauwerkstrockenlegung und -entsalzung, in: Baudenkmalpflege. Beiträge zur Methodik und Technologie, hrsg. v. Institut für Denkmalpflege, Berlin 1990, S. 245–250.

Lang, Siegfried/Scheidemann, Stephan/Staemmler, Thomas: Konservierung und Restaurierung gefaßter Bildwerke aus Stein. Entwicklung und Stand der Methodik und Technologie in Thüringen, in: Beiträge zur Erhaltung von Kunstwerken 4, hrsg. v. Zentrale Arbeitsgruppe Restauratoren im VBK/DDR, Berlin 1989, S. 115–117. (St. Scheidemann: Untersuchungs- und Restaurierungsmethoden an Bildwerken aus Stein, S. 118–123; Th. Staemmler: Beispiel 2, Der Begriff plastisches Bildwerk, S. 123–129).

Lang, Siegfried: Entwicklung und Stand der Steinkonservierung in Thüringen, in: Geologie und Denkmalpflege. Beiträge zur Verwendung, Verwitterung und Konservierung von Gesteinen in Architektur und Plastik der DDR (= Abhandlungen des Staatlichen Museums für Mineralogie und Geologie Dresden, Band 35), Dresden/Leipzig 1988, S. 83–93.

Lang, Siegfried: Fußgängerbereich in Erfurt – Probleme der Steinkonservierung in Altstadtgebieten, in: Architektur der DDR, 27 (1978), S. 424–427.

Lang, Siegfried: Konservierung und Restaurierung des Chorgestühls im Dom zu Nordhausen, in: Bildende Kunst 3 (1980), S. 126–128.

Lang, Siegfried: Natursteinschäden: Möglichkeiten und Grenzen der Steinkonservierung, in: Farbe und Raum 34 (1980), S. 18–23.

Lang, Siegfried: Zur Restaurierung von Steinplastiken, in: Neue Museumskunde 24 (1981), S. 275–277.

Lewecke, Fritz: Drei Deckengemälde in der Marmorgalerie des Neuen Palais in Potsdam, in: Restaurierte Kunstwerke in der Deutschen Demokratischen Republik, Ausst.kat., hrsg. v. VBK/DDR, Berlin 1980, S. 248–250.

Lewecke, Fritz/Hofmann, Frieder/Sassermann, Horst: Deckengemälde im Lusthaus (Karussell) des Schlosses Sondershausen, in: Restaurierte Kunstwerke in der Deutschen Demokratischen Republik, Ausst.kat., hrsg. v. VBK/DDR, Berlin 1980, S. 244–243.

Maercker, Karl-Joachim: Die mittelalterlichen Glasgemälde des Stendaler Doms – Fragen ihrer Erhaltung und Erforschung, in: Denkmale in Sachsen-Anhalt, Weimar 1983, S. 332–352.

Magirius, Heinrich: Der Dom zu Freiberg, Berlin 1977.

Magirius, Heinrich: Die Goldene Pforte an der romanischen Marienkirche. Zu Fragen der Ikonographie der Goldenen Pforte, in: Hütter, Elisabeth/Magirius, Heinrich: Studien zur Goldenen Pforte am Dom zu Freiberg (= Kunst des Mittelalters in Sachsen – Festschrift Wolf Schubert), hrsg. v. E. Hütter, F. Löffler und H. Magirius, Weimar 1967, S. 179–221.

Magirius, Heinrich: Die Semperoper zu Dresden. Entstehung, künstlerische Ausstattung, Ikonographie, 2. Aufl., Leipzig 2000 (Zum Wiederaufbau der Oper nach 1945 unter den Aspekten der Denkmalpflege: S. 271–301).

Magirius, Heinrich: Geschichte der Denkmalpflege Sachsen – von den Anfängen bis zum Neubeginn 1945, Berlin 1989.

Magirius, Heinrich: Restaurator und Kunsthistoriker in der Denkmalpflege, in: Beiträge zur Erhaltung von Kunstwerken 3, hrsg. v. Zentrale Arbeitsgruppe Restauratoren im VBK/DDR, Berlin1987, S. 89–91.

Magirius, Heinrich: Zur Emporenpolychromie der St. Annenkirche in Annaberg. Die Restaurierung des Innenraums der St. Annenkirche und ihre Emporenreliefs 1975–1988, 1998: S. 319–332.

Magirius, Heinrich: Zur Farbigkeit an Renaissance- und Barockfassaden, in: Denkmale in Sachsen, Weimar 1978, S. 278–292.

Maltechnik – Restauro. Internationale Zeitschrift für Farb- und Maltechniken, Restaurierung und Museumsfragen, hrsg. v. Callwey-Verlag, München.

Materna, H.: Reinigung von Fassaden, Mitarb. Siegfried Lang und Arnd Kiesewetter, in: Baudenkmalpflege. Beiträge zur Methodik und Technologie, hrsg. v. Institut für Denkmalpflege, Berlin 1990, S. 251–257.

Materna, Helmut: Die Konservierung und Restaurierung des Rolandbildes in Buch (Arbeitsbericht), in: Geologie und Denkmalpflege. Beiträge zur Verwendung, Verwitterung und Konservierung von Gesteinen in Architektur und Plastik der DDR (= Abhandlungen des Staatlichen Museums für Mineralogie und Geologie Dresden), Band 35, Dresden/Leipzig 1988, S. 79–82.

Materna, Helmut: Probleme der Steinkonservierung, in: Denkmale in Sachsen-Anhalt, Weimar 1983, S. 411–422.

Matthes, Christel: Die Restaurierung der Madonna von Waltershausen. Bemerkungen zur Verantwortung des Restaurators, in: Beiträge zur Erhaltung von Kunstwerken 4, hrsg. v. Zentrale Arbeitsgruppe Restauratoren im VBK/DDR, Berlin1989, S. 106–115.

Meier, Gisela. Textile Bildträger, in: Sandner, Ingo: Konservierung von Gemälden und Holzskulpturen, Berlin 1990 (S. 57–74; 5. Schäden an Geweben, Grundierungen und Farbschichten S. 75–94; 8.2.1 Schäden am Bildträger [Holz] S. 231–256; 2.3 Schäden durch unsachgemäße konservatorische und restauratorische Maßnahmen S. 257–258; 8.4 Schäden durch Funktionsänderung S. 259; Schäden durch Katastrophen und mutwillige Eingriffe S. 260; 8.6 Schäden durch Unachtsamkeit S. 260–261).

Mieth, Andreas: Eine spätmittelalterliche Sebastianskulptur aus Pötewitz. Beobachtungen zur bildhauerischen Praxis und der Versuch einer Rekonstruktion verlorener Teile, in: Beiträge zur Erhaltung von Kunstwerken 4, hrsg. v. Zentrale Arbeitsgruppe Restauratoren im VBK/DDR, Berlin1989, S. 91–98.

Mitteilungen des Instituts für Denkmalpflege – Außenstelle Schwerin an die ehrenamtlichen Vertrauensleute der Bezirke Rostock, Schwerin, Neubrandenburg, hrsg. v. IfD Schwerin, ab 1952.

Mittelalterliche Glasmalerei in der DDR, Ausst.kat. Erfurter Angermuseum, Texte und Redaktion: Mitarbeiter der Abteilung Glasmalerei im Zentralen Bereich Dokumentation und Publikation am IfD der DDR, Erfurt 1989. (Technik, Schäden, Restaurierung S. 9–12, danach Katalogteil.)

Möller, Angela: Die Restaurierung des Tafelbildes »Muttergottes mit der Akelei«, in: Bildende Kunst 3 (1980), S. 112–115.

Möller, Angela: Zur Untersuchung am »Heiligen Grab« in der Johanniskirche zu Saalfeld, in: Beiträge zur Erhaltung von Kunstwerken 3, hrsg. v. Zentrale Arbeitsgruppe Restauratoren im VBK/DDR, Berlin 1987, S. 2[illegible]–31.

Möller, Roland: »Dornenkrönung« vom 2. Flügelpaar des Regleraltars, in: Restaurierte Kunstwerke, 1980 (c), S. 30–32.

Möller, Roland: Albert Leusch aus der Sicht der Enkelgeneration mit einem Beispiel aus seiner Arbeit, in: Fachtagung zum 75-jährigen Bestehen der Restaurierungswerkstatt am Landesamt für Denkmalpflege Sachsen-Anhalt, PDF-Datei 2004, S. 35–57.

Möller, Roland: Beobachtungen zur Werktechnik des Reglermeisters, sein Einfluss als Hauptmeister und Maler auf die Farbfassung der Bildwerke und der Schreinarchitektur des Hochaltars in der ehemaligen Augustiner-Chorherrenkirche zu Erfurt, in: Polychrome Skulptur in Europa. Technologie, Konservierung, Restaurierung – Tagungsbeiträge, hrsg. v. Ulrich Schießl und Renate Kühnen, HfBK Dresden, 1999, S. 17–23.

Möller, Roland: Das Stuckretabel im Dom zu Erfurt. Ein Vorbericht, in: Beiträge zur Erhaltung von Kunstwerken 3, hrsg. v. Zentrale Arbeitsgruppe Restauratoren im VBK/DDR, Berlin1987, S. 4–22.

Möller, Roland: Dekorationssysteme auf Natursteinmauerwerk, in: Der Naturstein in der Denkmalpflege, 3. Bezirksfachtagung Denkmalpflege Leipzig 19. und 20 September 1981, hrsg. v. Kulturbund der DDR, Gesellschaft für Denkmalpflege, Bezirksvorstand Leipzig, Leipzig 1981, S. 19–27.

Möller, Roland: Die Restaurierung des Wandbildes »Heiliger Christophorus« im Dom zu Erfurt, in: Fünftes internationales Seminar für Restauratoren in Veszrém/Ungarn 1985, Band 1, Budapest 1985, S. 165–171.

Möller, Roland: Die Westtürme der ehem. Augustiner Chorherrn-Stiftskirche zu Altenburg, in: Altenburger Geschichtsblätter 7 (1990), S. 58–74.

Möller, Roland: Forderungen des Restaurators an Steinkonservierungsmittel, in: Abhandlungen des Staatlichen Museums für Mineralogie und Geologie Dresden, Band 27, Dresden 1977, S. 31–38.

Möller, Roland: Mittelalterliche Glasmalerei in Erfurt und ihre Erhaltung. Vortrag zur Jahrestagung des internationalen Komitees für Glasmuseen und -sammlungen am 22.9.1986 in Erfurt.

Möller, Roland: Natürliche Steinfarbe und Oberflächenstrukturen als Dekorationssysteme an Bauwerken des 12. und 13. Jahrhunderts, in: Aspekte und Beziehungen zwischen Geologie und Vorgeschichte, Archäologie und Denkmalpflege, Vortrags- und Exkursionstagung vom 24. bis 27. August 1983 in Leipzig, hrsg. v. R. A. Koch, Leipzig, i. A. des Vorstandes der Gesellschaft für Geologische Wissenschaften der DDR, Berlin 1983, S. 50/51 (Vorträge im Text gekürzt).

Möller, Roland: Natürliche Steinfarbe und Oberflächenstrukturen als Dekorationssysteme an Bauwerken in vorromanischer Zeit bis zur Mitte des 13. Jahrhunderts, in: Geologie und Denkmalpflege. Beiträge zur Verwendung, Verwitterung und Konservierung von Gesteinen in Architektur und Plastik der DDR (= Abhandlungen des Staatlichen Museums für Mineralogie und Geologie Dresden, Band 35), Dresden/Leipzig 1988, S. 99–127.

Möller, Roland: Oberflächen- und Materialuntersuchungen, in: Das Heilige Grab in Gernrode – Bestandsdokumentation und Bestandsforschung, hrsg. v. Landesamt für Denkmalpflege und Archäologie Sachsen-Anhalt, Leitung Hans-Joachim Krause und Gotthard Voss, Berlin 2007, S. 75–199.

Möller, Roland: Probleme und Überlegungen zum Verfahren der Sicherung der Glasmalerei in der Augustinerkirche zu Erfurt, in: Richter, Ch./Möller, R./Müller, W.: Problems and considerations regarding the methods used to protect the stained glass in st. augustine's church in Erfurt. News Letter 37/38 (1984) (a), S. 25/26.

Möller, Roland: Sicherung der Schwarzlotmalerei – Material und Methode, in: E. Drachenberg, R. Möller, W. Müller, Geschichte, Zustand und Sicherung der mittelalterlichen Glasmalerei im Erfurter Dom. News Letter, 31/32, 1980 (a).

Möller, Roland: Steinkonservierung, in: Denkmale in Thüringen, Weimar 1973, S. 172–184.

Möller, Roland: Steinstrukturbilder in Bauwerken, Wand- und Glasbildern in der Spätromanik und Gotik, in: Bau- und Bildkunst im Spiegel internationaler Forschung, Festschrift Edgar Lehmann, Berlin 1989, 101–113.

Möller, Roland: Wandmalerei im Dom zu Erfurt, in: Restaurierte Kunstwerke in der Deutschen Demokratischen Republik, Ausst.kat., hrsg. v. VBK/DDR), Berlin 1980 (b), S. 234–236.

Möller, Roland: Zur Architekturfarbigkeit des 16. Jahrhunderts in Weimar, in: Von Farbe und Farben, Festschrift Albert Knöpfli, Zürich 1980 (c), 145–155.

Möller, Roland: Zur Restaurierung der Räume im Wartburg-Palas, in: Beiträge zur Erhaltung von Kunstwerken 2, hrsg. v. Zentrale Arbeitsgruppe Restauratoren im VBK/DDR, Berlin1984 (b), S. 4–34.

Mora, Paolo und Laura/Philippot, Paul: La conservation des peintures murales, Bologna 1977.

Mühlbecher, Eva/Lang, Siegfried: Plastik, Holz- und Steinskulpturen, in: Restaurierte Kunstwerke in der Deutschen Demokratischen Republik, Ausst.kat., hrsg. v. VBK/DDR, Berlin 1980, S. 93–100.

Mühlfriedel, Lenard/Sandner, Ingo: Zur Restaurierung mittelalterlicher Bildwerke, in: Denkmale in Sachsen, Weimar 1978, S. 326–339.

Mühlfriedel, Lenard: Die Abteilung Restaurierung – zur Erhaltung von Kunstgut im Landesamt für Denkmalpflege, in: Denkmalpflege in Sachsen 1894–1994, hrsg. v. Landesamt für Denkmalpflege Sachsen, 1. Teil, Weimar 1997, S. 85–96.

Nadler, Hans: Denkmalpflege in Bautzen, in: Natur und Heimat 9 (1954), S. 259–261, mit farbigem Titelbild des Marktplatzes in Bautzen von W. Rittsche.

Natur und Heimat, hrsg. v. Deutscher Kulturbund zur demokratischen Erneuerung Deutschlands, Zentrale Kommission Natur und Heimatfreunde, Berlin, Dresden.

Nimoth, Torsten: Zur Restaurierungsgeschichte und dem Umgang mit Wandmalereien in Sachsen, in: VDR Beiträge zur Erhaltung von Kunst und Kulturgut (2012) 1.

Ochrona zabytków (Zeitschrift), hrsg. v. Ministerium für Kultur und Schöne Künste, Abt. Museen und Denkmalpflege, Warszawa.

Oemig, Sven: Zur Verwendung von Schkopauer Polyacrylat-Dispersionen in der Restaurierungspraxis, in: Beiträge zur Erhaltung von Kunstwerken 2, hrsg. v. Zentrale Arbeitsgruppe Restauratoren im VBK/DDR, Berlin 1984, S. 98–101.

Österreichische Zeitschrift für Kunst und Denkmalpflege.

Památková péče (Zeitschrift), hrsg. v. Tschechische Denkmalpflege, Praha.

Philippot, Paul/Mora, Paul: Technik und Konservierung der Wandmalereien, hrsg. anlässlich der Konferenz von Washington und New York 1965 (gemeinsame Veranstaltung vom Internationalen Studienzentrum für die Konservierung der Kulturgüter und Ausschuss des ICOM für die Museumslaboratorien).

Phleps, Hermann: Farbige Architektur bei den Römern und im Mittelalter, Berlin 1929/1930.

Pursche, Jürgen: Mittelalterliche Putze in Regensburg. Farbige Architektur – Regensburger Häuser, Bauforschung und Dokumentation (= Arbeitsheft 21 des Bayerischen Landesamts für Denkmalpflege), München 1984, S. 10–38; 65–122.

Restaurierte Kunstwerke in der Deutschen Demokratischen Republik, Ausst.kat. zur Ausst. April–Juni 1980 im Alten Museum Berlin, hrsg. v. VBK/DDR, Berlin 1979.

Richter, Christa/Möller Roland/Müller, Wolfgang: Problems and considerations regarding the methods used to protect the stained glass in St. Augustine's church in Erfurt, in: News Letter 37/38 (1984) S. 25/26.

Riedel, Hans: Der Emporenzyklus der St. Annenkirche Annaberg und seine Restaurierungsprobleme, in: Beiträge zur Erhaltung von Kunstwerken 1, hrsg. v. Zentrale Arbeitsgruppe Restauratoren im VBK/DDR, Berlin1982, S. 23–28.

Riemann, Konrad: 1. Plastik, 2. Wandmalerei, in: Restaurierte Kunstwerke in der Deutschen Demokratischen Republik, Ausst.kat., hrsg. v. VBK/DDR, Berlin 1979, Plastik S. 100–103, 108–111, 114–118; Wandmalerei S. 221–224, 252–254.

Riemann, Konrad: Die Fresken Moritz von Schwinds auf der Wartburg. Ein Beitrag zur Technik der Malerei. Teil I: Das Entstehen, in: Neue Museumskunde 17 (1974), S. 193–201.

Riemann, Konrad: Die Triumphkreuzgruppe im Dom zu Halberstadt. Beobachtungen bei der Instandsetzung, in: Kunst des Mittelalters in Sachsen – Festschrift Wolf Schubert, hrsg. v. E. Hütter, F. Löffler und H. Magirius, Weimar 1967, S. 236–246.

Riemann, Konrad: Infrarotuntersuchungen an einem Altarbild des Hans Raphon, in: Beiträge zur Erhaltung von Kunstwerken 1, hrsg. v. Zentrale Arbeitsgruppe Restauratoren im VBK/DDR, Berlin1982, S. 89–95.

Riemann, Konrad: Polychromierte Bildwerke aus Stein und Stuck des 12. und 13. Jahrhunderts, in: Palette 36, hrsg. v. SANDOZ-AG, Basel 1970, S. 15–24.

Riemann, Konrad: Untersuchungen zur Technik und Farbigkeit mittelalterlicher Malerei und Stuckplastik, mit Beiträgen von Hans-Joachim Krause, in: Denkmale in Sachsen-Anhalt, Weimar 1983, S. 353–380.

Riemann, Konrad: Wandmalerei in der Krypta der Stiftskirche St. Servatius, in: Restaurierte Kunstwerke in der Deutschen Demokratischen Republik, Ausst.kat., hrsg. v. VBK/DDR, Berlin 1980, S. 224–226.

Riemann, Konrad/Materna, Helmut: Beiträge zur Anwendung von Kunststoffen in der Restaurierungs- und Konservierungspraxis, hrsg. v. IfD der DDR mit Unterstützung des Zentralvorstandes des VBK/DDR, Manuskr., 1969.

Sachs, Hannelore/Kunze, Wolf-Dieter: Der böhmische Altar im Dom zu Brandenburg, in: Denkmale in Berlin und in der Mark Brandenburg. Ihre Erhaltung und Pflege in der Hauptstadt der DDR und in den Bezirken Frankfurt/Oder und Potsdam, Weimar 1987, S. 171–187.

Sachs, Hannelore: Aufgaben und Methoden der Denkmalpflege, in: Christliche Kunst im Kulturerbe der Deutschen Demokratischen Republik (hrsg. v. Hauptvorstand der Christlich-Demokratischen Union Deutschlands in Zusammenarbeit mit dem Institut für Denkmalpflege, Berlin 1982. S. 18–26.

Sachs, Hannelore: Das Bronzetaufbecken aus der Marienkirche zu Frankfurt/Oder. Überlegungen zur Oberflächenbehandlung, in: Beiträge zur Erhaltung von Kunstwerken 3, hrsg. v. Zentrale Arbeitsgruppe Restauratoren im VBK/DDR, Berlin 1987, S. 65–72.

Sachs, Hannelore: Künstler – Restaurator. Vier Textilgestalterinnen der DDR, in: Bildende Kunst 3 (1980), S. 134–138

Sandner, Ingo: 1. Grundlagen, 2. Konservierungsmethoden für Leinwandbilder, in: Sandner 1990 (Grundlagen, S. 11–25; Konservierungsmethoden S. 95–170, 203–206; 262–286).

Sandner, Ingo: Die Konservierung von Leinwandbildern – der internationale Stand, Tendenzen, Forschungs- und Entwicklungsvorhaben, in: Beiträge zur Erhaltung von Kunstwerken 1, hrsg. v. Zentrale Arbeitsgruppe Restauratoren im VBK/DDR, Berlin 1982, S. 131–136.

Sandner, Ingo: Konservierung von Gemälden und Holzskulpturen, mit Bernd Bünsche, Gisela Meier, Hans-Peter Schramm und Johannes Voss, Berlin 1990.

Sandner, Ingo: Restauratorenausbildung, in: Restaurierte Kunstwerke in der Deutschen Demokratischen Republik, Ausst.kat., hrsg. v. VBK/DDR, Berlin 1979, S. 385–388.

Sandner, Ingo: Unterzeichnungen auf sächsischen Tafelbildern um 1500, in: Beiträge zur Erhaltung von Kunstwerken 4, hrsg. v. Zentrale Arbeitsgruppe Restauratoren im VBK/DDR, Berlin 1989, S. 15–27.

Schauer Hans-Helmut/Schneider, Ulrich: Pflege und Wiederherstellung von Fachwerkbauten, in: Baudenkmalpflege – Beiträge zur Methodik und Technologie, hrsg. v. Institut für Denkmalpflege, Berlin 1990, S. 77–108.

Schauer Hans-Helmut/Schneider, Ulrich: Zur Farbigkeit von Fachwerkfassaden im Harzgebiet, in: Farbe und Raum (1980) 6, S. 10–13.

Schramm, Hans-Peter: Werkstoffe für die Konservierung, in: Sandner 1990, S. 26–54.

Schulz, Matthias: Denkmalpflegerische Untersuchungen und Erneuerungen an Renaissance- und Barockfassaden, in: Denkmale in Sachsen 1978, S. 293–296.

Slánský, Bohuslav: Technika Malby, 2 Bde., Prag 1953 und 1956.

Spiller, Willfried: Ein gotisches Tafelbild: Christus als Schmerzensmann, in: Mitteilungen des IfD, Arbeitsstelle Schwerin, Nr. 23, 1975, S. 271–277.

Studies in Conservation, Zeitschrift des IIC, hrsg. v. International Institute for Conservation of Historic and Artistic Works IIC, London.

Tagung der Denkmalpfleger in Bautzen, in: Natur und Heimat 6 (1954), S. 175 mit Hinweis auf den Vortrag von W. Rittsche: Wiederherstellung farbiger Hausfassaden und ihre Einfügung in die Gesamtheit des Stadtbildes.

Taubert, Johannes: Farbige Skulpturen. Bedeutung, Fassung, Restaurierung, München 1978.

Taubert, Johannes: Zur kunstwissenschaftlichen Auswertung naturwissenschaftlicher Gemäldeuntersuchungen, Diss., Marburg 1956.

Teynac, Francoise/Nolot, Pierre/Vivien, Jean-Denis: Die Tapete (übersetzt aus dem Französischen von Dr. Ernst Wolfgang Mick), München 1982.

Timm, Ingo: Restaurierungsdokumentation, in: Restaurierte Kunstwerke in der Deutschen Demokratischen Republik, Ausst.kat., hrsg. v. VBK/DDR, Berlin 1979, S. 384.

Timm, Ingo: Zur Stellung des Restaurators und zur Definition des Berufsbildes, in: Beiträge zur Erhaltung von Kunstwerken 3, hrsg. v. Zentrale Arbeitsgruppe Restauratoren im VBK/DDR, Berlin1987, S. 91–96.

Vöhringer, Brigitte: Praktische Möglichkeiten der Restaurierung von Holztafelbildern am Beispiel der 5. Gebots-Tafel aus der Kreuzkirche in Dresden, in: Beiträge zur Erhaltung von Kunstwerken 1, hrsg. v. Zentrale Arbeitsgruppe Restauratoren im VBK/DDR, Berlin1982, S. 95–103.

Voss, Johannes: Beobachtungen zu drei Schreinen der 1. Hälfte des 14. Jhs. im Doberaner Münster, in: Die mittelalterliche Plastik in der Mark Brandenburg. Protokollband des Internationalen Kolloquiums vom 2. bis 4. März 1989 in den Staatlichen Museen zu Berlin, Bodemuseum, hrsg. v. Lothar Lambacher, Berlin 1990 (a), S. 123–132.

Voss, Johannes: Bericht zur Restaurierung des großen Westfensters im Doberaner Münster, in: Denkmalschutz und Denkmalpflege in Mecklenburg-Vorpommern 5 (1998), S. 68–74.

Voss, Johannes: Der Corpus-Christi-Altar im Doberaner Münster/Nachtrag, in: Mitteilungen des IfD, Arbeitsstelle Schwerin, Nr. 31, 1986, S.672–679.

Voss, Johannes: Der Lettneraltar zu Doberan – Geschichte und Restaurierung, in: Bildende Kunst, hrsg. v. VBK/DDR, 3/1980 (c), S. 122–125

Voss, Johannes: Der Schrein eines Corpus-Christi-Altares in der ehem. Klosterkirche zu Bad Doberan, in: Mitteilungen des IfD, Arbeitsstelle Schwerin, Nr. 23, 1975, S. 285–309.

Voss, Johannes: Der Standort des Kreuzaltares in der ehem. Zisterzienserkloster-Kirche Doberan, in: Bau- und Bildkunst im Spiegel internationaler Forschung, Festschrift für Edgar Lehmann, hrsg. v. IfD Berlin, 1989 (a), S. 141–153.

Voss, Johannes: Die Bronzefünte der Georgenkirche zu Wismar, in: Mitteilungen des IfD, Arbeitsstelle Schwerin, Nr. 32, 1988, S. 723–726.

Voss, Johannes: Die Reliefs des Nowgorodfahrer-Gestühl in St. Nikolai zu Stralsund, in: Die Parler und der Schöne Stil 1350–1400. Resultatband zur Ausstellung des Schnütgen-Museums in der Kunsthalle Köln, hrsg. v. Anton Lechner, Köln 1980 (b), S. 71–72.

Voss, Johannes: Die Restaurierung des Doberaner Münsters in den Jahren 1962–1984, in: Beiträge aus dem Kloster Amelungsborn, hrsg. v. Berthold Ostermann und Dieter Schrader, Band 5, Lengerich/Westfalen 1989 (b), S. 37–94.

Voss, Johannes: Die Substanz der Geduld – Erinnern an das Wirken des Restauratoren Wilfried Spiller (1932–2006), in: Mecklenburgische und Pommersche Kirchenzeitung 62 (2007) 6, S. 10.

Voss, Johannes: Ein unbekannter Typ spätmittelalterlicher Bildhauerzeichnungen, in: Neue Museumskunde 1 (1983) (a), S. 49–59.

Voss, Johannes: Erwägungen über »Typen« und »Serienproduktion«, in: Unter der Lupe. Neue Forschungen zur Skulptur und Malerei des Hoch- und Spätmittelalters, Festschrift für Hans Westhoff zum 60. Geburtstag, hrsg. v. Anna Morath-Fromm; Gerhard Weilandt, Stuttgart 2000, S. 269–276.

Voss, Johannes: Freskoübertragung in Stralsund, in: Mitteilungen des IfD, Arbeitsstelle Schwerin, Nr. 19, 1970, S. 96–102.

Voss, Johannes: Friedrich Fuhrmann (1926-1983), in: Mitteilungen des IfD, Arbeitsstelle Schwerin, Nr. 28, 1983 (b), S.544–545.

Voss, Johannes: Holz als Bildträger, in: Sandner 1990, Anatomie des Holzes S. 174; Holzbestimmung S. 203–206; Schäden am Bildträger Holz, Organismen S. 231–256; Materialien für Holzschutz S. 297; Festigung destabilisierter Hölzer S. 297; Kriterien der Holzfestigung S. 299; Arbeitsschutz bei der Konservierung S. 305–307.

Voss, Johannes: In memoriam Heinz Hajna, in: Beiträge zur Erhaltung von Kunstwerken 5, hrsg. v. Zentrale Arbeitsgruppe Restauratoren im VBK/DDR, Berlin 1993, S. 123.

Voss, Johannes: Klima und Standort, in: Sandner 1990, S. 16–25.

Voss, Johannes: Konrad Riemann zum 75. Geburtstag, mit Angela und Roland Möller; in: Denkmalpflege in Sachsen-Anhalt 4 (1996) 1, S. 31–32.

Voss, Johannes: Kunstwerk und Klima, in: Restaurierte Kunstwerke, Katalog zur Ausstellung 1980, hrsg. v. VBK/DDR, Berlin 1980 (c), S. 381–383.

Voss, Johannes: Kunstwerk und Klima: –Die Berücksichtigung lokaler Klimate bei der Konservierung und Restaurierung von Kunstwerken, in: Beiträge zur Erhaltung von Kunstwerken 1, hrsg. v. Zentrale Arbeitsgruppe Restauratoren im VBK/DDR, Berlin 1982 (a), S. 4–14.

Voss, Johannes: Nachruf für Walter Bleisch, in: Beiträge zur Erhaltung von Kunstwerken 6, hrsg. v. Zentrale Arbeitsgruppe Restauratoren im VBK/DDR, Berlin 1995, S. 127/128.

Voss, Johannes: Restaurierung bildkünstlerischer Werke. Ergebnisse und Probleme ihrer Erhaltung und Wiederherstellung, in: Denkmale in Mecklenburg, Weimar 1976, S. 243–279.

Voss, Johannes: Restaurierung plastischer Bildwerke in Mecklenburg – Probleme und Ergebnisse, in: Beiträge zur Erhaltung von Kunstwerken 1, hrsg. v. Zentrale Arbeitsgruppe Restauratoren im VBK/DDR, Berlin 1982 (b), S. 29–37.

Voss, Johannes: Schablonen – eine Retuschierhilfe (auf Drucktapeten), in: Beiträge zur Erhaltung von Kunstwerken 4, hrsg. v. Zentrale Arbeitsgruppe Restauratoren im VBK/DDR, Berlin 1989 (c), S. 36–38.

Voss, Johannes: Spätgotische Skulpturen aus Nussbaumholz in Mecklenburg und Vorpommern, in: Mitteilungen des IfD Arbeitsstelle Schwerin, Nr. 27, 1982 (c), S.482–493.

Voss, Johannes: Zur Polychromie der Madonnenfigur am Kreuzaltar im Doberaner Münster, in: Beiträge zur Erhaltung von Kunstwerken 3, hrsg. v. Zentrale Arbeitsgruppe Restauratoren im VBK/DDR, Berlin 1987, S. 32–42.

Voss, Johannes: Zur Restaurierung des Altarretabels in Wusterhusen, in: Mitteilungen des IfD, Arbeitsstelle Schwerin, Nr. 26, 1981, S.452–460.

Voss, Johannes/Brüdern, Jutta: Das Münster zu Bad Doberan, München/Berlin 2008.

Wagner, Lisa: Überblick über die in der DDR hergestellten und verwendeten Produkte zur Konservierung von bemalten oder gefassten Holzobjekten, Seminararbeit HBK Dresden, 1999.

Wehlte, Kurt: Werkstoff und Techniken der Malerei, Ravensburg 1967.

Wihr, Rolf: Restaurierung von Steindenkmälern, München 1980 (zur Untertränkung, S. 129–131).

Wildemann, Theodor: Die Farbe in der Außenarchitektur und die Frage des Aussenputzes, in: Jahrbuch der Rheinischen Denkmalpflege, Düsseldorf 1941, S. 223–192.

Wolff Metternich, Franz Graf: Die Denkmalpflege und das Problem der Farbe, in: Jahrbuch der Rheinischen Denkmalpflege, Düsseldorf 1941, S. 205–222.

Wolter, Hans-Jürgen: Die Restaurierung eines unbekannten Kruzifixus aus Techentin, in: Mitteilungen des IfD, Arbeitsstelle Schwerin, Nr. 23, 1975, S. 257–270.

Wolters, Christian: Die Bedeutung der Gemäldeuntersuchung mit Röntgenstrahlen für die Kunstgeschichte, Frankfurt/Main 1938.

IV.

Anhang

Biografien der Autoren

Ernst Badstübner

Prof. em. Dr. phil., geboren 1931 in Stettin. Studium der Kunstgeschichte und der Klassischen Archäologie an der Berliner Humboldt-Universität, dort auch 1960 Promotion und 1988 Habilitation. Nach dem Staatsexamen wissenschaftlicher Assistent und Oberassistent an der Arbeitsstelle für Kunstgeschichte bei der Deutschen Akademie der Wissenschaften zu Berlin, nach der Auflösung der Akademie-Arbeitsstelle 1971 Oberkonservator am Institut für Denkmalpflege der DDR, zunächst Mitarbeiter in der Zentralen Forschungsabteilung, seit 1975 in der praktischen Abteilung und später stellvertretender Chefkonservator der Arbeitsstelle Berlin, nach der Abwicklung des Instituts für Denkmalpflege der DDR Abteilungsleiter Inventarisation des neu geschaffenen Brandenburgischen Landesdenkmalamtes. 1992 Berufung zum Burghauptmann der Wartburg, 1994 bis zur Emeritierung Inhaber des Lehrstuhls für Kunstgeschichte des Mittelalters am Caspar-David-Friedrich-Institut der Ernst-Moritz-Arndt-Universität Greifswald. Publikationen vorrangig zur mittelalterlichen Sakralarchitektur im nördlichen Mitteleuropa, insbesondere in den Kulturlandschaften Thüringen und Mark Brandenburg. Ehrenvorsitzender der Wartburg-Gesellschaft zur Erforschung von Burgen und Schlössern, von 1992 bis 1998 Erster Vorsitzender der Dehio-Vereinigung, Mitglied der Akademie gemeinnütziger Wissenschaften zu Erfurt.

Hans Burmeister

Dipl.-Ing. (FH), geboren 1935 in Prenzlau, nach Abitur 1954 Maurerlehre. 1955–1957 Studium an der Hochschule für Architektur und Bauwesen Weimar, 1958–1963 an der Ingenieurschule für Bauwesen Wismar. 1957–1984 Tätigkeit in Planungsbüros des Bezirks Neubrandenburg, 1984–1990 Aufbau und Leiter der Werkstatt für Denkmalpflege Prenzlau, hier Bauleitung Wiederaufbau St. Marien Prenzlau sowie Sicherungs- und Restaurierungsarbeiten an den Wehranlagen und dem Dominikanerkloster in Prenzlau sowie an Dorfkirchen. 1982–1990 ehrenamtlicher Beauftragter für Denkmalpflege beim Rat des Kreises Prenzlau. 1991–1998 Mitarbeiter in der Unteren Denkmalschutzbehörde des Kreises Prenzlau bzw. Uckermark. Mitbegründer der Interessengemeinschaft für Denkmalpflege im Kulturbund 1978 in Prenzlau.

Ludwig Deiters

Prof. Dr.-Ing., 1921 in Berlin geboren, dort 1940 auch Abitur. 1941–45 Wehrdienst und Gefangenschaft. 1946–50 Architekturstudium an der TU Berlin. 1950–56 als Architekt an der Bauakademie der DDR, zeitweilig bei Hermann Henselmann, Planung u.a. der Schule II in Eisenhüttenstadt. 1954–56 zeitweilig freiberuflicher Architekt im Architektenkollektiv Buchenwald, beteiligt an der Planung der Gedenkstätten in Buchenwald, Ravensbrück und Sachsenhausen. 1957–61 Konservator für die Bezirke Potsdam und Frankfurt/Oder im Institut für Denkmalpflege, 1961–86 Generalkonservator des Instituts für Denkmalpflege. 1967 Promotion über städtebauliche Denkmalpflege an der TU Dresden (Georg Münter und Georg Funk), 1967–8 Honorarprofessor an der Hochschule für Architektur und Bauwesen Weimar und an der Kunsthochschule Berlin. 1969–90 Mitglied des Konsultativkomitees, davon sechs Jahre auch des Exekutivkomitees des ICOMOS. Zahlreiche Fachbeiträge in Büchern, Zeitschriften u.a.

Horst Ende

Dipl.-phil., geboren 1940 in Meißen/Elbe. Nach dem Abitur 1959–1964 Studium der Kunstgeschichte, der Deutschen Geschichte sowie Ur- und Frühgeschichte an der Humboldt-Universität Berlin. Ab 1964–2004 zunächst wissenschaftlicher Mitarbeiter, später Abteilungsleiter im Bereich Inventarisation, Forschung und Dokumentation im Institut für Denkmalpflege, Arbeitsstelle Schwerin bzw. Landesamt für Denkmalpflege Mecklenburg-Vorpommern. Mitbeteiligt an mehreren Publikationen des Instituts/Landesamtes, unter anderem Inventar Kreis Greifswald 1973, Topographien Bezirk Neubrandenburg 1974, Mecklenburgische Küstenregion 1989 und Vorpommersche Küstenregion 1995. Zahlreiche Aufsätze und Beiträge in Publikationen des Schweriner Instituts/Landesamtes und regionaler Herausgeber von 1966 bis 2012, daneben eigene Veröffentlichungen zu Denkmalen in Mecklenburg, darüber hinaus aktive Vortragstätigkeit.

Hans-Joachim Giersberg

Prof. Dr. phil., geboren 1938. Studium der Kunstgeschichte, Geschichte und Völkerkunde Mittel- und Südamerikas an der Humboldt-Universität Berlin 1959–1964. Ab 1964 wissenschaftlicher Mitarbeiter für Skulpturen, später für Denkmalpflege bei den Staatlichen Schlössern und Gärten Potsdam-Sanssouci. Ab 1978 Schlösserdirektor, ab 1991 amtierender Generaldirektor der Stiftung Schlösser und Gärten Potsdam-Sanssouci. Seit Januar 1995 Honorarprofessor für Kunstgeschichte an der Universität Potsdam, von April 1995 bis zur Pensionierung 2001 Generaldirektor der Stiftung Preußische Schlösser und Gärten Berlin-Brandenburg.

Gerhard Glaser

Prof. Dr.-Ing., 1937 in Halle/Saale geboren, dort 1951–55 Oberschule, Abitur an den Franckeschen Stiftungen Halle. Von 1955–61 Architekturstudium an der Technischen Hochschule Dresden. 1961–65 als Architekt und Bauleiter bei der Bauabteilung für Kulturhistorische Bauten Dresden, in dieser Zeit Wiederaufbau Albertinum zur Gemäldegalerie Neue Meister, Sicherung Ruinen Schloss Dresden u. a. 1965–76 Institut für Denkmalpflege, Arbeitsstelle Dresden. 1975–76 Aufbau des VEB Denkmalpflege Dresden als Spezialhandwerksbetrieb. 1975 Promotion „Das Grüne Gewölbe im Dresdner Schloss …". 1977–81 VEB Denkmalpflege Dresden, Leiter des Projektierungsateliers, dabei Betreuung vieler Objekte, u. a. Dresdner Schloss, Katholische Kirche, Semperoper, Schlösser Weesenstein und Kuckucksstein, Rathaus und Altstadt Torgau. 1982–93 Chefkonservator für die Bezirke Chemnitz, Cottbus (bis 1990), Dresden und Leipzig. 1994–2002 Sächsischer Landeskonservator. 1994–2006 Mitglied der Deutschen Akademie für Städtebau und Landesplanung, 1995 Honorarprofessor an der Hochschule für Technik und Wirtschaft Dresden. 1998–2008 Mitglied des Kultursenats des Freistaates Sachsen. 2002 Ruhestand. Freier Architekt, u. a. am Schloss Dresden, Mitglied in Wissenschaftlichen Beiräten Klassik Stiftung Weimar, Schloss Hartenfels Torgau, Zinzendorfschloss Bertelsdorf. 2008 Ehrenbürger der Stadt Torgau.

Peter Goralczyk

Dr. phil. und Dipl.-Ing., geboren 1936. Studium der Kunstgeschichte an der Berliner Humboldt-Universität, anschließend Studium der Architektur an der Technischen Universität Dresden. Ab 1965 Arbeit im Institut für Denkmalpflege der DDR als wissenschaftlicher Mitarbeiter. Ab 1975 Leiter der Arbeitsstelle der Bezirke Potsdam und Frankfurt/Oder, später auch Ost-Berlin. Dissertation zur Baugeschichte des Gendarmenmarktes in Berlin. 1987–1990 Generalkonservator. 1990-2001 Mitarbeiter im Brandenburgischen Landesamt für Denkmalpflege und Archäologischen Landesmuseum als Gebietsbearbeiter und als Leiter der Abteilung Bestandsforschung. Ab 2001 Mitarbeit bei der Restaurierung des Schlosses Meyenburg in der Prignitz, insbesondere Bauforschung und Dokumentation in Mühlberg am ehemaligen Kloster Marienstern, an der Kirche, am Westflügel und am Propsteigebäude. Baugeschichtliche Untersuchungen am Lubwartturm in Bad Liebenwerda, am Schloss in Lieberose, am Rathaus in Mühlberg, am Schloss in Doberlug, am Neuen Schloss in Freyenstein (Prignitz) und am Haus Brüderstraße 13 in Berlin.

Wolfgang Hähle

Dipl.-Ing., 1936 in Sachsenburg geboren. 1955–1961 Studium der Architektur an der TH/TU Dresden. Anschließend vier Jahre Architekt für Hochschulbauten, danach Assistent am Lehrstuhl für Hochbau und Entwerfen bei Prof. Leopold Wiel und Bernhard Klemm. Intensive Beschäftigung mit Altstadtsanierung und Neubauten neben Baudenkmalen. 1969–1976 Mitarbeiter bei der Außenstelle der Bauakademie der DDR in Dresden, beschäftigt an Forschungsprojekten zur Sanierung von Wohngebäuden. Von 1976–2001 Leiter der Abteilung für praktische Denkmalpflege am Institut/Landesamt für Denkmalpflege in Dresden. Von 2001–2008 Vorsitzender des Baubeirates für die Rekonstruktion des Festspielhauses Hellerau. Nach dem Ausscheiden aus dem Staatsdienst tätig als freier Architekt bis 2010.

Christa Heese

Dipl.-Ing., geboren 1935 in Waldenburg/Schlesien. Nach dem Abitur in Brandenburg/Havel von 1954–1961 Studium der Architektur (Vertiefungsrichtung Städtebau, Wahlfach Denkmalpflege) an der Technischen Universität Dresden. Ab 1963 wissenschaftliche Mitarbeiterin im Institut für Denkmalpflege DDR, Arbeitsstelle Berlin, Schwerpunkt Praktische Denkmalpflege. Erforschung und Betreuung bei Sicherung und Wiederherstellung von Baudenkmalen in den Bezirken Potsdam, Frankfurt/Oder, Neubrandenburg. Von 1977–1986 Architektin im VEB Ingenieurhochbau Berlin, Projektierungsgruppe Platz der Akademie (Gendarmenmarkt): Bestandsaufnahmen an Schauspielhaus, Französischem und Deutschem Turm, Bearbeitung von Teilprojekten zum Wiederaufbau, fachliche Begleitung der Skulpturenrestaurierung. Ab 1987 Oberkonservatorin im Institut für Denkmalpflege der DDR für überregionale Aufgaben: Denkmalfachliche Betreuung der Wiederherstellungsobjekte Marienkirche und Stadttore in Neubrandenburg sowie bei der Restaurierung des Theaters Putbus. Von 1990–2000 Gebietsreferentin für drei Stadtbezirke in der Abteilung Praktische Denkmalpflege beim Landesdenkmalamt Berlin.

Werner Heinrich

Dipl.-Ing., geboren am 6.9.1931 in Pirna/Elbe. Nach Abitur Kurzausbildung als Zimmerer. 1951–1957 Architekturstudium an der TH Dresden. Bis 1958 Entwurfsbüro Dresden-Süd, danach wissenschaftlicher Assistent an der Dozentur für Baukonstruktionslehre der TH Dresden. Mitarbeit am Modellforschungsprojekt „Altstadtsanierung Görlitz" mit Entwurfs- und Bauaufgaben im sog. Peterskirchviertel. Erste Kontakte zum Institut für Denkmalpflege, Arbeitsstelle Dresden sowie dem Bausachverständigen für konstruktive Sicherung von Baudenkmalen, Wolfgang Preiß. Ab 1965 Gebietsreferent am Institut, später Landesamt für Denkmalpflege Sachsen. Betraut mit Aufgaben in den Landkreisen Dippoldiswalde, Pirna und Sebnitz, zuletzt der Stadt Dresden. Vortragstätigkeit und ständige Zusammenarbeit mit Wolfgang Preiß.

Reiner Koppe

Dipl.-Phil., geboren 1937 in Breslau, verstorben 2013 in Berlin. 1954 Abitur in Berlin. Studium Iranistik an der Humboldt-Universität Berlin, Arabistik an der Martin-Luther-Universität Halle-Wittenberg. Examen 1958. Arbeit an der Akademie der Wissenschaften zu Berlin am Institut für Orientforschung und in der Zentralen Leitung für Dokumentation und Information. Ab 1978 Leiter des Messbildarchivs im Institut für Denkmalpflege, 1991 bis zur Pensionierung 2002 mit dieser Aufgabe im Brandenburgischen Landesamt für Denkmalpflege.

Karl-Joachim Maercker

Dr. phil., geboren 1921 in Mölln/Mecklenburg, verstorben 2006 in Halle. Besuch der Schule in Rostock und Wismar. 1939 –1945 Kriegsdienst in Norwegen, nach Entlassung aus der Gefangenschaft dort Notabitur als Zulassung zum Studium der Klassischen Archäologie und Kunstgeschichte in Rostock und Halle. 1951 Dissertation über „Mittelalterliche Goldschmiedearbeiten in Mecklenburg". 1951 Mitarbeiter beim Landeskonservator Sachsen-Anhalt der späteren Arbeitsstelle Halle des Instituts für Denkmalpflege bis zur Pensionierung 1986. Zunächst Inventarisation im Landkreis Quedlinburg und der Stadt Stendal, dort Begleitung des Wiedereinbaus der mittelalterlichen Buntfenster 1957/58 und später vieler anderer, daraus sich ergebende zunehmende Spezialisierung und Mitarbeit im CVMA. Veröffentlichungen im Corpus Vitrearum.

Roland Möller

Prof., Dipl.-Restaurator, geboren 1935. Studium Dekorative Wandmalerei an der Fachschule für angewandte Kunst Erfurt 1953–55. Ab 1955 Ausbildung zum Restaurator in der Restaurierungswerkstatt des Instituts für Denkmalpflege, Arbeitsstelle Halle. 1965–83 Leiter der Restaurierungswerkstatt der Arbeitsstelle Erfurt. 1983 Diplom für Gemälderestaurierung an der Hochschule für Bildende Künste Dresden, dort ab 1983 Oberassistent und ab 1986 Dozent im Studiengang Restaurierung für die Restaurierung von historischer Wandmalerei und Architekturfarbigkeit. 1989 Professor bis zur Emeritierung 2000.

Thomas Noky

Dipl.-Ing., geboren 15. März 1962 in Dresden. Studium der Architektur an der TU Dresden 1983–1990, Diplomthema zum Schloss Hoyerswerda. Aufbaustudium Denkmalpflege in Bamberg von 1990–1992. Materialsammlung zum Thema „Fenster in Stadt und Land Sachsens von der Renaissance bis um 1840". Wissenschaftlicher Mitarbeiter an der TU Dresden, Institut für Baugeschichte, Architekturtheorie und Denkmalpflege, Lehrstuhl für Denkmalpflege und Entwerfen 1994–1999. Referent für Volksbauweise am Landesamt für Denkmalpflege Sachsen in Dresden seit 2002. Freiberufliche Tätigkeit in der Denkmalpflege, u. a. formgetreue Bauaufmaße, Planungen und Beratungen, Seminare von 1997–2011. Seit 2011 Referent für Volksbauweise und Gebietsreferent für den Vogtlandkreis und die Stadt Plauen am Landesamt für Denkmalpflege Sachsen in Dresden. Veröffentlichungen zur Volksbauweise, zu historischen Fenstern und anderen denkmalpflegerischen Themen, u. a. zu Tagungen des Arbeitskreises für Hausforschung und in Jahrbüchern des Landesamtes für Denkmalpflege Sachsen. Seit 1993 Ausbau eines Umgebindehauses zur Eigennutzung.

Reinhard Rüger

Dipl.-Arch., geboren 1934. Studium der Architektur in Halle an der Hochschule für industrielle Formgestaltung, heute Hochschule für Kunst und Design, Burg Giebichenstein. Von 1965–1991 Mitarbeiter im Institut für Denkmalpflege der DDR, Arbeitsstelle Halle. Ab 1991 als Freier Architekt weiterhin an vielen Einzeldenkmalen tätig. Während der ersten Jahre lag das Arbeitsgebiet vorwiegend im Bezirk Magdeburg. Zu den wichtigsten Aufgaben gehörte die fachliche Beratung und Betreuung bei der Wiederherstellung kriegsbeschädigter Sakral-und Profanbauten am Elbufer in Magdeburg, wobei die Intensität der Bearbeitung häufig von bauarchäologischen Voruntersuchungen, der Erstellung von Entwurfs- und Ausführungszeichnungen bis hin zur Bauüberwachung reichte. In den späteren Jahren verlagerte sich das Tätigkeitsfeld stärker in den südlichen Raum des heutigen Landes Sachsen-Anhalt mit den Schwerpunkten Kirchen, Burgen und Schlösser in und um Halle, in Aschersleben, Bernburg, Plötzkau, Quedlinburg, Querfurt, Sangerhausen und Naumburg. Eine besondere Rolle bei der intensiven Bearbeitung spielten die Luther- und Müntzergedenkstätten in Eisleben und Mansfeld und die Schlösser Allstedt und Heldrungen.

Ingo Sandner

Prof. Dr. phil., am 12.1.1941 in Waldheim/Sachsen geboren. Nach dem Abitur Besuch der Hochschule für Bildende Künste Dresden (Malerei) von 1963–1965 und 1965–68 der Kunsthochschule Moskau (Malerei und Restaurierung). 1974–1977 außerplanmäßige Aspirantur mit Promotion an der Universität Leipzig. 1968–1974 Leiter der Restaurierungswerkstatt der Arbeitsstelle Dresden. Von 1974–1993 Gründungsdozent, später Professor und Leiter, 1982–1988 Rektor der Abteilung Restaurierung der Hochschule für Bildende Künste Dresden. 1994–2005 Professor für Restaurierung an der Fachhochschule Köln und von 2005–2007 Gastprofessor am Institut Konserwacji Zabytkow in Nysa (Neiße, Polen). Viele Gastvorlesungen, Seminare und Vorträge an Hochschulen, Universitäten und Institutionen des In- und Auslandes. Mehr als 70 Fachbeiträge, davon vier Bücher. Forschungsgebiete: Weiterentwicklung von Konservierungs- und Restaurierungsmethoden, Tafelmalerei des 15. und 16. Jahrhunderts in Deutschland u.a. Mitgliedschaften: ICOM, ICOMOS, IIC, VDR.

Hans-Hartmut Schauer

Dr.-Ing., geboren 1936 in Halle (Saale). Nach dem Abitur drei Jahre Maurerlehre und Arbeit im Holzbau. Seit 1957 Architekturstudium an der Hochschule für Architektur und Bauwesen in Weimar, Abschluss 1963 als Dipl.-Ing. 1967 externe Promotion in Weimar. Seit 1963 im Büro für Städtebau des Bezirks Halle tätig als Stadtplaner, 1976 Wechsel zum Institut für Denkmalpflege, Arbeitsstelle Halle für das Arbeitsgebiet Städtebauliche Denkmalpflege. Betreuung der Planungs- und Bauarbeiten für alle Städte und Dörfer in den damaligen Bezirken Halle und Magdeburg, speziell Fachwerkstädte. Nach 1990 zuständig für die nordwestlichen Landkreise von Sachsen-Anhalt, zuletzt für Wernigerode, Halberstadt und Quedlinburg. Ende 2001 Verabschiedung in den Ruhestand. Zahlreiche Aufsätze in Fachzeitschriften, mehrere Buchveröffentlichungen.

Gerhard Schlegel

Dipl.-Mineraloge, geboren am 29. Juli 1936 in Bockau im Erzgebirge. Studium 1955–58 an der Humboldt-Universität Berlin und 1958–60 an der Bergakademie Freiberg. 1960–78 als Betriebsgeologe im VEB Zinnerz Altenberg tätig. In dieser Zeit ehrenamtliche Betreuung der Bergbaumuseen und der bergbaulichen Anlagen im Osterzgebirge, Erforschung des historischen Bergbaus im sächsischen und böhmischen Erzgebirge innerhalb einer Arbeitsgruppe der Akademie der Wissenschaften und der Technischen Universität Dresden. 1978–81 Beauftragter für Bunt- und Schwarzmetalle der DDR im Rohstoffinstitut Dresden des Ministeriums für Geologie. 1982–92 Oberkonservator für Technische Denkmale und stellvertretender Chefkonservator im Institut für Denkmalpflege, Arbeitsstelle Dresden. Seit 1992 im Ruhestand. 2008 die Denkmalpflegerische Konzeption zur Wiedererrichtung der „kursächsischen Postdistanzsäule Radeberg" ausgearbeitet und bis zu deren Aufstellung 2012 betreut.

Heinrich Schleiff

Dipl.-Phil., geboren 1941. Studium der Kunstgeschichte, Deutschen Geschichte sowie Ur- und Frühgeschichte an der Humboldt-Universität Berlin 1961–1966. Seit 1966 für die Denkmalpflege tätig, zunächst in der Erfassung, seit 1969–1975 als Gebietsreferent im Institut für Denkmalpflege Berlin, seit 1.1.1976 im Institut für Denkmalpflege, Arbeitsstelle Erfurt als Oberkonservator und Gebietsreferent (Mittel-, Süd- und Westthüringen). 1992 Abteilungsleiter „Praktische Denkmalpflege", Hauptkonservator und bis 2001 Stellvertreter des Landeskonservators. Ab 2001 Sonderreferent für ausgewählte Objekte im Freistaat Thüringen (Betreuung der Stiftung Thüringer Schlösser und Gärten, der Klassikstiftung Weimar, der Wartburg bei Eisenach, des Augustinerklosters in Erfurt usw.). 1968–1991 Mitglied des Arbeitskreises für Haus- und Siedlungskunde bei der Akademie der Wissenschaften der DDR, Institut für Volkskunde. 1991–2007 Mitglied des Beratungsausschusses für das Deutsche Glockenwesen. Veröffentlichungen zu Problemen der Denkmalpflege, Glockenkunde und zum Fachwerk.

Reinhard Schmitt

Dipl.-Phil., geboren 1950. Studium der Klassischen und Provinzialrömischen Archäologie sowie der Ur- und Frühgeschichte 1970–1979 an der Humboldt-Universität zu Berlin. Seit 1979 im Auftrag des Instituts für Denkmalpflege, Arbeitsstelle Halle, bauarchäologisch und bauhistorisch tätig. Seit 1990 im Landesamt für Denkmalpflege Sachsen-Anhalt, Referatsleiter

Bauforschung (seit 2004 Sachgebietsleiter für Bauforschung im Landesamt für Denkmalpflege und Archäologie Sachsen-Anhalt). Zahlreiche Veröffentlichungen über bauhistorische Forschungen und archivalische Studien vor allem zu zahlreichen Burgen, Schlössern, Klöstern und Kirchen in Sachsen-Anhalt (u. a. Allstedt, Arnstein, Eckartsburg, Falkenstein, Goseck, Halberstadt, Havelberg, Heldrungen, Huysburg, Ilsenburg, Jerichow, Kapellendorf, Konradsburg, Merseburg, Naumburg, Neuenburg, Quedlinburg, Querfurt, Rudelsburg, Saaleck, Schönburg, Weißenfels, Wendelstein, Zeitz). Mitherausgeber der Zeitschrift „Burgen und Schlösser in Sachsen-Anhalt".

Raine Schöne

Dipl.-Ing. Arch., geboren 1940 in Dresden. Studium der Architektur an der Technischen Hochschule/Technische Universität Dresden 1959–1967. 1968–1970 wissenschaftlicher Mitarbeiter TU Dresden, Sektion Architektur. 1970–1979 Stadtarchitekt in Halberstadt. 1979–1990 Leiter der Projektierungsateliers im VEB Denkmalpflege Halle, Sitz Quedlinburg, in dieser Zeit Schwerpunkt Fachwerksanierung. 1970–1990 verschiedene Veröffentlichungen in Fachzeitschriften. 1990–2005 Baudezernent in Halberstadt mit den Schwerpunkten Stadtsanierung/Stadterneuerung/Neubau Stadtzentrum. Veröffentlichungen in Fachblättern und Vortragstätigkeit. 2001–2010 Lehrauftrag für Bau- und Planungsrecht an der Hochschule Harz in Halberstadt/Wernigerode. Nach 2005 beteiligt an der Wiedererrichtung des Dachreiters auf dem Dach des Domes, am Wiederaufbau der Stolbergischen Kurie am Domplatz Halberstadt und Leiter der Arbeitsgruppe „Welterbe Kirchenschatz am Dom zu Halberstadt" (im Verfahren).

Günther Thimm

Dipl.-Ing., geboren 1931. Nach Gärtnerlehre und Gärtnergehilfe von 1953–1956 Studium der Garten- und Landschaftsgestaltung an der Ingenieurschule für Gartenbau in Erfurt und von 1971–1975 Externstudium der Landschaftsarchitektur, Sektion Architektur an der Technischen Universität in Dresden. 1956–1978 Entwurfsleiter auf dem Gebiet der Landespflege. 1979–1996 Oberkonservator am Institut für Denkmalpflege in Erfurt bzw. dem Thüringischen Landesamt für Denkmalpflege, Arbeitsschwerpunkt Gartendenkmalpflege. 1997–2001 freier Mitarbeiter und Gartenreferent in der Stiftung Thüringer Schlösser und Gärten in Rudolstadt. 2000–2008 stellvertretender Vorsitzender des Arbeitskreises Historische Gärten in der Deutschen Gesellschaft für Gartenkunst und Landschaftskultur (DGGL) e.V. und Vorsitzender des Fördervereins e.V. Schloss Molsdorf. Veröffentlichung mehrerer gartendenkmalpflegerischer und gartenhistorischer Fachbeiträge und Mitautor verschiedener Publikationen.

Gotthard Voß

Dipl.-Ing., 1938 in Rostock geboren, dort 1957 Abitur, danach bis 1960 Ausbildung zum Zimmerer in Wismar. 1960–65 Studium der Architektur an der TH/TU in Dresden. Während dieser Zeit Mitarbeit bei Dipl.-Ing. Wolfgang Preiß, Sachverständiger für konstruktive Sicherung an Baudenkmalen. Nach dem Diplom 1965 Anstellung als wissenschaftlicher Mitarbeiter der Arbeitsstelle Halle des Instituts für Denkmalpflege, in dieser Zeit Betreuung vieler bedeutender Baudenkmale in den beiden Bezirken Halle und Magdeburg, u.a. der Klosteranlagen in Hamersleben und Jerichow und Mitwirkung bei der Planung zur Wiederherstellung zweier im Krieg zerstörter Turmhelme am Schloss in Merseburg und über dem Roten Turm auf dem Marktplatz in Halle. Von 1992–2003 Landeskonservator und Leiter des Landesamtes für Denkmalpflege Sachsen-Anhalt.

Ernst Wipprecht

Dipl.-Ing., geboren 1938 in Ermsleben/Ostharz. Nach dem Abitur Studium der Architektur an der Technischen Universität Dresden. Nach dem Diplom 1962 Beginn der beruflichen Laufbahn in der Arbeitsstelle für Kunstgeschichte an der Akademie der Wissenschaften in Berlin (Prof. Edgar Lehmann), dort an Bauforschungs- und Ausgrabungsaufgaben beteiligt (Breitungen, Konradsburg, Wechselburg u.a.). Ab 1966 bis zum altersbedingten Ausscheiden aus dem Berufsleben 2003 in der praktischen Denkmalpflege tätig, zunächst im Institut für Denkmalpflege, Arbeitsstelle Berlin und ab 1991 im Brandenburgischen Landesamt für Denkmalpflege. Bis 1990 für die denkmalpflegerische Betreuung des gesamten Denkmalbestandes des damaligen Bezirkes Frankfurt/Oder verantwortlich. Mit der Neugründung des brandenburgischen Denkmalamtes Stellvertretender Landeskonservator und Leiter der Abteilung Praktische Denkmalpflege. Mitautor zahlreicher Publikationen und Vorsitzender verschiedener Vereine wie etwa der „Gesellschaft für Denkmalpflege".

Dieter Zander

Dipl.-Ing., 1937 geboren in Schwerin. Nach Abitur und Maurerlehre 1959 bis 1965 Studium der Architektur, Vertiefungsrichtung Industriebau, an der Technischen Universität Dresden. 1965 bis 1990 Konservator an der Arbeitsstelle Schwerin des Instituts für Denkmalpflege der DDR. 1990 Chefkonservator, von 1991 bis zum Eintritt in den Ruhestand 2002 Landeskonservator und Leiter des Landesamtes für Denkmalpflege Mecklenburg-Vorpommern mit Sitz in Schwerin.

Abbildungsnachweise

Abkürzungen

BLDAM	Brandenburgisches Landesamt für Denkmalpflege und Archäologisches Landesmuseum
BGKHH	Burg Giebichenstein Kunsthochschule Halle
LfDS	Landesamt für Denkmalpflege Sachsen
LAKD-AD	Landesamt für Kultur und Denkmalpflege Mecklenburg-Vorpommern
LDASA	Landesamt für Denkmalpflege und Archäologie Sachsen-Anhalt
LDA	Landesdenkmalamt Berlin
TLDA	Fotoarchiv Thüringisches Landesamt für Denkmalpflege

Ludwig Deiters: Das Institut für Denkmalpflege in der DDR – Erinnerungen und Reflexionen (S. 16–46)
Abb. 1, 5, 6, 9, 10, 13, 14, 17 (Joachim Fritz/BLDAM), Abb. 2, 8, 11, 12, 15, 18–20 (Ernst Wipprecht), Abb. 3 (Bildarchiv BLDAM), Abb. 4 (Regina Wunderlich/BLDAM), Abb. 7 (Dieter Möller/BLDAM), Abb. 16 (Wolfgang Bittner/LDA)

Horst Ende: Ein schwieriger Neuanfang – das Mecklenburgische Landesamt für Denkmalpflege von 1946 bis 1952 (S. 47–59)
Abb. 1–15 (Fotosammlung/LAKD-AD)

Peter Goralczyk: Das Haus Brüderstraße 13, Amtssitz des Instituts für Denkmalpflege – vom städtischen Adelspalais zum bürgerlichen Wohn- und Geschäftshaus und zum Bürogebäude (S. 60–81)
Abb.1–4, 6, 11, 16 (Plansammlung LDA), Abb. 5, 7, 12, 14, 15 (Archiv LDA), Abb. 8 (Messbildarchiv/BLDAM), Abb. 9, 10 (Stiftung Stadtmuseum), Abb. 13 (Bildarchiv BLDAM), Abb. 17–20 (Wolfgang Bittner/LDA),

Reinhard Rüger: Ein Tag wie mancher andere – Erinnerungen eines Mitarbeiters der Arbeitsstelle Halle des Instituts für Denkmalpflege (S. 82–89)
Abb. 1, 8 (K.Geipl/Archiv LDASA), Abb. 2, 4, 9 (Olaf Karlson/Archiv BGKHH), Abb. 3, 7 (LDASA), Abb. 5 (Gunar Preuß/LDASA), Abb. 6 (K. A. Harnisch/ BGKHH), Abb. 10 (Schütze/Rodemann/LDASA)

Rainer Schöne: Der Aufbau von »Spezialkapazitäten« in der Denkmalpflege (S. 90–95)
Abb. 1, 2 (Hartmut Schauer/LDASA), Abb. 3–6 (Gunar Preuß/LDASA), Abb. 7 (K.Geipl/LDASA)

Reiner Koppe: Das »Messbildarchiv« im Institut für Denkmalpflege (S. 96–103)
Abb. 1–6 (Messbildarchiv/BLDAM)

Ernst Wipprecht: Von der Arbeitsstelle Berlin des Instituts für Denkmalpflege zum Brandenburgischen Landesamt für Denkmalpflege – Wandel in Zeiten des Umbruchs (S. 104–116)
Abb. 1, 4 (Bildarchiv BLDAM), Abb. 2, 6, 7 (Regina Wunder/BLDAM), Abb. 3, 5, 8 (Dieter Möller/BLDAM), Abb. 9 (Archiv BLDAM)

Peter Goralczyk: Denkmalpflege und Politik – ein Rückblick (S. 118–127)
Abb. 1-6 (Wolfgang Bittner/LDA), Abb. 7,8 (Archiv LDA)

Ludwig Deiters: Anmerkungen zur Methodik und Praxis der Denkmalpflege (S. 128–139)
Abb. 1–3, 5–7, 9, 17, 18 (Bildarchiv BLDAM), Abb. 4, 17 (F. Beck), Abb. 8 (Plansammlung BLDAM), Abb. 10–15 (Fotosammlung LAKD-AD), Abb. 19 (Messbildarchiv BLDAM)

Ernst Badstübner: Denkmalerfassung und Inventarisation (S. 140–150)
Abb. 1–8 (Bibliothek LDA)

Reinhard Schmitt: Bauforschung in den Arbeitsstellen des Instituts für Denkmalpflege (S. 151–163)
Abb. 1 (Plan I, Reinbacher 1963), Abb. 2 (Denkmale in Berlin/Brandenburg 1987, S. 428), Abb. 3, 4 (Denkmale in Thüringen 1974, S. 191, 238), Abb. 5 (Sareik 1993, S. 31), Abb. 6 (Küas/Krause 1968, Z 23), Abb. 7 (Hütter/Magirius 1983, Taf. Ia), Abb. 8 (Magirius 1972, Plan 8), Abb. 9–11 (Denkmale in Sachsen 1979, S. 226, 399, 404), Abb. 12 (Leopold/Schubert 1984, Zeichnung Abb. 40), Abb. 13, 16, 17 (Denkmale in Sachsen-Anhalt 1983, S. 176, 185, 233), Abb. 14 (Leopold 1969, S. 526), Abb. 15 (Leopold/Schubert 1994, Fig. 1), Abb. 18 (Schmitt 2011, S. 102, Abb. 4), Abb. 19 (Karl Geipel/

LDASA), Abb. 20 (Schmitt 1989, Beilage), Abb. 21 (Schmitt 1988, S. 27), Abb. 22 (Reinhard Ulbrich/LDASA), Abb. 23, 24 (Schmitt 1997, Abb. 38–40)

Ernst Wipprecht: Erhaltung und Wiederherstellung von Denkmalen nach Zerstörung im Zweiten Weltkrieg – eine abgeschlossene Aufgabe in der Denkmalpflege? (S. 164–189)
Abb. 1, 2, 6, 9–11, 17, 26 (Ernst Wipprecht), Abb. 3, 4 (Volkmar Billeb), Abb. 5, 13, 14, 27 (Dieter Möller/BLDAM), Abb. 6–8 (Bildarchiv BLDAM), Abb. 12 (Klaus Block), Abb. 15, 16, 19 (Walter Fricke), Abb. 18 (Messbildarchiv BLDAM), Abb. 20–22 (Frankfurt/O., Stadtbauamt), Abb. 23–25 (Rudolf Hartmetz), Abb. 28, 28a, 30 (Peter Thieme und Florian Profitlich), Abb. 29 (Regina Wunder/BLDAM), Abb. 31 (Winfried Mausolf)

Gotthard Voß: Gedenktage und bedeutende öffentliche Feiern als Fördermöglichkeit für Denkmale (S. 190–195)
Abb. 1–5 (Archiv LDASA)

Werner Heinrich: Konstruktive Sicherung von Baudenkmalen – Hilferufe an den Dresdner Statiker Wolfgang Preiß (S. 196–200)
Abb. 1 (Archiv Werner Heinrich), Abb. 2 (Archiv LfDS), Abb. 3 (Messbildstelle Dresden), Abb. 4 (Rainer Boehme)

Gotthard Voß: Ein Bauingenieur im Institut für Denkmalpflege (S. 201–206)
Abb. 1–7 (Archiv LDASA)

Hans-Hartmut Schauer: Aufgaben und Methoden der städtebaulichen Denkmalpflege am Beispiel von Sachsen-Anhalt (ehemalige Bezirke Halle und Magdeburg) (S. 207–223)
Abb. 1, 5, 6, 8–10, 13, 17, 20, 21, 24–27, 31–34, 36–38 (Plansammlung LDASA), Abb. 2–4, 7, 11, 12, 14–16, 18, 19, 22, 23, 28–30, 32, 35 (Archiv LDASA)

Thomas Noky: Pflege und Erhaltung ländlicher Denkmale – ein Blick zurück (S. 224–239)
Abb. 1 (Baumgarten/Heim, Landschaft und Bauernhaus in Mecklenburg, Berlin 1987, S. 146, Abb. 203), Abb. 2a (Petka, Bildsammlung LfDS), Abb. 2b (Rabich, Bildsammlung LfDS), Abb. 3a, 3b (Bildsammlung LfDS), Abb. 4a, 4b (Plansammlung LfDS), Abb. 5 (Bock, Sabine: Denkmale in Raum und Zeit. Neue Beiträge zur Denkmalpflege. Hermann Wirth zum 60. Geburtstag, Schwerin 2000, S. 116), Abb. 6 (»Glück auf«-Heftes 16/17), Abb. 7 (Baumgarten/Heim, Landschaft und Bauernhaus in Mecklenburg, Berlin 1987, S. 14, Abb. 11), Abb. 8 (Akademie der Wissenschaften der DDR, Geographisches Institut, Arbeitsgruppe Heimatforschung (Hrsg.): Das Altenburger Land. Berlin 1974, S. 86, Abb. 14), Abb. 9 (Helbig, Bildsammlung LfDS), Abb. 10 (»Merkblätter für Denkmalpflege Nr. 16«, »Laubengänge II«, bearbeitet von Walter von Fritschen unter Mitarbeit von Jochen Helbig, Dresden), Abb. 11 (Deutscher Kulturbund, Zentrale Kommission Natur und Heimat des Präsidialrates, Zentrales Aktiv »Bauten im Dorf« (Hrsg.): Alte Bauten im neuen Dorf. Berlin 1963), Abb. 12 (Hans-Dirk Hoppe), Abb. 13 (Führer zur Exkursion des AHS »Bauernhäuser im oberen Vogtland« im Jahre 1972 nach Rodewisch, S. 7 und 8. Gezeichnet von Jochen Helbig, Dresden), Abb. 14, 15 (Werner Radig, Das Bauernhaus in Brandenburg und im Mittelelbegebiet), Abb. 16 (Baumgarten/Heim, Landschaft und Bauernhaus in Mecklenburg, Berlin 1987, S. 56, Abb. 65), Abb. 17, 18, 22 (Bildsammlung LfDS), Abb. 19–21 (Kahle/Bildsammlung LfDS), Abb. 23 (Scholze, Bildsammlung LfDS)

Günther Thimm: Zur Gartendenkmalpflege in Thüringen (S. 240-245)
Abb. 1 5 (Fotoarchiv TLDA)

Wolfgang Hähle: Görlitz als frühes Beispiel zur denkmalgerechten Sanierung und Modernisierung von historischen Altstädten mit Modellcharakter (S. 248–257)
Abb. 1–3, 5–10 (Plansammlung LfDS), Abb. 4, 15–17 (Archiv LfDS) Abb. 11–14 (Fotosammlung LfDS)

Gerhard Glaser: Die Altstadt von Torgau und der Wohnungsbau als soziale und kulturelle Aufgabe (S. 258–269)
Abb. 1–11, 13, 14, 17 (Archiv LfDS), Abb. 12, 15, 16, 18a–18c (Gerhard Glaser), Abb. 19 (Bauakademie der DDR)

Hans-Hartmut Schauer: Bemühungen der Denkmalpflege zur Erhaltung der Fachwerkstadt Quedlinburg (S. 270–279)
Abb. 1–3, 9 (Plansammlung/LDASA), Abb. 4–8 (H.-H. Schauer/Fotosammlung LDASA), Abb. 10–14 (Manfred Paul)

Heinrich Schleiff: Wiederaufbau und Stadtreparatur konnten den Verfall unserer Städte nicht aufhalten (S. 280–286)
Abb. 1–4 (Fotoarchiv TLDA)

Ernst Wipprecht: Die Bernauer Altstadt – ein gescheitertes Modellprojekt zur »sozialistischen Umgestaltung von Klein- und Mittelstädten« (S. 287–303)
Abb. 1 (Ullrich Hasse), Abb. 2, 4, 13, 14 (Ernst Wipprecht), Abb. 3, 5 (Regina Wunder/BLDAM), Abb. 6 (Helmut Petersen), Abb. 7, 8, 11, 12 (Fotoarchiv BLDAM), Abb. 9, 10 (Ludwig Deiters), Abb. 15–18 (Dieter Möller/BLDAM)

Peter Goralczyk: Der Wiederaufbau des Berliner Gendarmenmarktes von 1961 bis 1984 (S. 304–328)
Abb. 1, 3–15, 18–20, 22, 24–26, 32, 33, 35 (Fotoarchiv LDA), Abb. 2 (Peter Goralczyk), Abb. 16 (Dieter Möller/BLDAM), Abb. 17, 21, 23, 29, 34, 36 (Wolfgang Bittner), Abb. 27 (Mauch/Lohde 1862), Abb. 28 (Stuart/Revett), Abb. 30 (Karl Krause), Abb. 31 (Sebastian Runge)

Dieter Zander: Erinnerungen eines Konservators – Wege zur Selbsthilfe. (S.329–347)
Abb. 1–14, 16–19, 21–26, 28–35, 37–41, 43–44 (Dieter Zander), Abb. 15 (Stadtbauamt Schwerin), Abb. 20 (Rudolf Schmidt), Abb. 27 (Jürgen Renisch), Abb. 36, 42 (Achim Bötefür)

Peter Goralczyk: Denkmalpflege an Schlössern, Herrenhäusern und Burgen im Land Brandenburg (S. 350–363)
Abb. 1–14 (Fotoarchiv BLDAM)

Dieter Zander: Das Güstrower Schloss – ausgewählte Beispiele aus der jüngeren Restaurierungsgeschichte (S. 364–370)
Abb. 1 (Fotosammlung LAKD-AD), Abb. 2, 4–13 (Dieter Zander), Abb. 3 (Friedrich Schlie, Kunst- und GeschichtsDenkmäler des Grossherzogthums Mecklenburg-Schwerin, 1901)

Ernst Wipprecht: Der ländliche Adelssitz als Gegenstand der Denkmalpflege nach 1945 – das Beispiel des klassizistischen Denkmalensembles Marxwalde / Neuhardenberg (S. 371–384)
Abb. 1, 13–15 (Staatliche Museen zu Berlin), Abb. 2 (Günther/Harksen, Peter Joseph Lenné. Katalog der Zeichnungen, Tübingen 1993), Abb. 3 (Joachim Fritz/BLDAM), Abb. 4, 17, 19 (Volkmar Billeb), Abb. 5, 11, 18, 21 (Ernst Wipprecht), Abb. 6 (Dr. Urban & Partner), Abb. 7, 12 (Bildarchiv BLDAM), Abb. 8 (Messbildarchiv/BLDAM), Abb. 9 (Ingrid Bartmann), Abb. 10 (Manfred Hamm), Abb. 16 (Walter Niemke), Abb. 20 (Walburg Kupke)

Ernst Wipprecht: Schloss Friedrichsfelde – ein Schicksal zwischen Abriss und Ausbau zu einem Museumsschloss (S. 383–402)
Abb. 1, 10, 25 (Renate Worel/BLDAM), Abb. 2, 3, 4, 7, 8, 21 (Bildarchiv BLDAM), Abb. 5, 6 (Bildstelle Deutsches Zentralarchiv Merseburg), Abb. 9 (Wolfgang Bittner/LDA), Abb. 11, 12, 16, 17, 19, 23, 24 (Ernst Wipprecht), Abb. 13 (Frieder Hofmann), Abb. 14, 18, 22, 26 (Dieter Möller/BLDAM), Abb. 15 (Dieter Breitenborn), Abb. 20 (Joachim Fritz/BLDAM)

Hans-Joachim Giersberg: Zur Geschichte und Denkmalpflege der Schlösser und Gärten in Potsdam-Sanssouci von 1964 bis 1989 (S. 403–409)
Abb. 1 (G. Porikys), Abb. 2–10 (Stiftung Preußische Schlösser und Gärten Berlin-Brandenburg)

Heinrich Schleiff: Die Wartburg als Denkmal nationaler Einheit (S. 410–417)
Abb. 1–4 (Fotoarchiv TLDA)

Gerhard Schlegel: Bergbau- und hüttentechnische Flächendenkmale im Erzgebirge (S. 418–424)
Abb. 1, 3, 5–9 (Fotosammlung LfDS), Abb. 2, 4 (Gerhard Schlegel)

Gotthard Voß: Die Situation der Stadt-, Dorf- und Klosterkirchen aus denkmalpflegerischer Sicht am Beispiel Sachsen-Anhalt (S. 426–437)
Abb. 1–15 (Fotosammlung LDASA)

Gotthard Voß: Stiftskirche und Kloster Hamersleben – Sanierung und Restaurierung (S. 438–450)
Abb. 1 (S.P. Luftbild GmbH, Dattenberg/Linz), Abb. 2–20 (Fotosammlung LDASA)

Gotthard Voß: Denkmalpflege ab 1945 am Beispiel des Merseburger Doms (S. 451–457)
Abb. 1 (Bildarchiv Merseburg), Abb. 2–8 (Fotosammlung LDASA)

Hans Burmeister: Die Wiederherstellung der Pfarrkirche St. Marien zu Prenzlau (S. 458–472)
Abb. 1 (Messbildarchiv/BLDAM), Abb. 2 (Edith Grametke), Abb. 3, 11–14 (Hans Burmeister), Abb. 4–9 (Joachim Fritz/BLDAM), Abb. 10 (Renate Worel), Abb. 15 (Roland Schneider/BLDAM), Abb. 16 (Wolfgang Bittner/LDA)

Christa Heese: Der überraschende Beginn des Wiederaufbaus der Prenzlauer Hauptpfarrkirche St. Marien (S. 473–479)
Abb. 1, 7, 9, 11 (Christa Heese), Abb. 2–6, 8, 10, 12–15 (Fotoarchiv BLDAM)

Gerhard Glaser: Die Sophienkirche in Dresden – Opfer des Missbrauchs politischer Macht (S. 480–495)
Abb. 1, 3, 8, 14, 20 (Deutsche Fotothek Dresden), Abb. 2, 4, 5, 9–12, 15–18 (Archiv LfDS), Abb. 6, 7 (Stadtplanungsamt Dresden), Abb. 13 (Bundesbeauftragter Unterlagen Staatssicherheit der DDR), Abb. 19 (Siegmar Lungwitz), Abb. 21 (Peter Schumann)

Karl-Joachim Maercker/Gotthard Voß: Mittelalterliche Glasmalerei – Erforschung und Erhaltung in Sachsen-Anhalt (S. 496–500)
Abb. 1–3 (Fotosammlung LDASA)

Ingo Sandner: Die Ausbildung von Restauratoren – der Berufsstand und seine Entwicklung von 1945 bis 1990 (S. 502–512)
Abb. 1 (Katalog »Restaurierte Kunstwerke in der DDR« Berlin 1980), Abb. 2 (Beiträge zur Erhaltung von Kunstwerken, 1982), Abb. 3–14 (Ingo Sandner)

Register

Baulichkeiten sind bis auf wenige Ausnahmen unter ihrem jeweiligen Standort verzeichnet. Verweise auf Abbildungen erscheinen als Seitenangabe.